hänssler

EUGENE H. MERRILL

# Die Geschichte Israels

## Ein Königreich von Priestern

Übertragen und herausgegeben von
Helmuth Pehlke

Der **Autor**: Eugene H. Merrill ist Professor für semitische Sprachen und Altes Testament am Dallas Theological Seminary (USA).
Der **Herausgeber/Übersetzer**: Helmuth Pehlke, Th.M., Th.D., ist Dozent und Fachbereichsleiter für Altes Testament und semitische Sprachen an der Freien Theologischen Akademie in Gießen.

Erschienen unter dem Titel: Kingdom of priests



Übersetzer: Helmuth Pehlke

hänssler-Hardcover
Bestell-Nr. 392.629
ISBN 3-7751-2629-5



Titelfotos:
Tetradrachme Bar Kochbas, 132-135 nach Christus
© The Israel Museum, Jerusalem

Elfenbeinrelief Beer Safad, Chalkolithikum
© The Israel Museum, Jerusalem

Streitwagen auf einem Relief aus Tell Halaf
© Hirmer Fotoarchiv, München

Karte von Israel
© Carta Map and Publishing Company

Umschlaggestaltung: Ingo C. Riecker
Satz: AbSatz, Klein Nordende
Druck und Bindung: Ebner Ulm
Printed in Germany

INHALT

## 10. Das geteilte Königreich ........................ 475



## 11. Jehus Dynastie und das damalige Juda ........................ 531

KARTEN

# VORWORT DES HERAUSGEBERS

Eine Geschichte Israels in unserer heutigen Zeit herauszubringen erscheint zunächst überflüssig, da in den letzten zwei Jahrzehnten viele Gesamtdarstellungen veröffentlicht worden sind. Die hier vorliegende Geschichte Israels unterscheidet sich jedoch von den anderen Werken. Sie nimmt das AT als primäre Basis ihrer Ausführungen. Es wird als vertrauenswürdiges und verlässliches Dokument verstanden. Der Autor sieht sich nicht nur dem AT als Wort Gottes verpflichtet, sondern auch einer wissenschaftlichen Geschichtsschreibung. Deshalb ist diese Geschichte Israels keine reine Nacherzählung der alttestamentlichen Begebenheiten, sondern es wird versucht nach historiographischen Gesichtspunkten, eine Geschichte Israels aus dem AT, außerbiblischen Dokumenten und archäologischen Funden zu rekonstruieren und in einem Gesamtbild darzustellen.

Um dem Leser ein Gesamtbild der Geschichte Israels zu vermitteln, beschränkt sich Merrill nicht nur auf die so genannten historischen Bücher des ATs, sondern benutzt dafür auch die prophetische sowie die poetische und weisheitliche Literatur. Durchweg wird der Leser auch immer wieder auf theologische Ausführungen stoßen, was im Sachgegenstand begründet liegt. Nach Meinung evangelikaler sowie auch historisch-kritischer Theologen hat das AT eine ganz bestimmte Absicht: Der damalige sowie der heutige Leser soll dazu angeleitet werden, im Bewusstsein der Gegenwart des israelitischen Gottes Jahwe sein Leben zu führen. Wenn das die erklärte Absicht des ATs ist, muss das auch in einer Geschichte Israels herausgearbeitet und berücksichtigt werden, will man das AT sachgemäß betrachten.

Da in den letzten Jahren wieder vermehrt Stimmen laut geworden sind, die die Historizität des ATs in Frage stellen, und da das amerikanische Original nur marginal dazu Stellung bezieht, wurde in der vorliegenden deutschen Fassung das erste Kapitel mit einem Aufsatz von Merrill erweitert. Für diese Genehmigung möchte ich dem Zondervan-Verlag noch einmal ganz herzlich danken. Auch in anderen

Belangen wurde das Original für die deutsche Fassung überarbeitet, was besonders die Fußnoten betrifft. Soweit es mir möglich war, habe ich deutsche Literatur eingearbeitet und, wo es mir wichtig erschien, auch auf neuere englischsprachige Literatur verwiesen. Der Haupttext des Buches ist im Wesentlichen eine Übersetzung des amerikanischen Originals. Allerdings schien es mir an verschiedenen Stellen geboten, die Ausführungen zu straffen und für den deutschen Leser zugänglicher zu machen. Dafür hatte ich die ausdrückliche Genehmigung des Autors. Die semitischen Wörter sind in einer international üblichen Umschrift wiedergegeben worden, die den Fachleuten geläufig ist; der Laie sollte die diakritischen Zeichen einfach ignorieren.

Jetzt bleibt mir noch die erfreuliche Aufgabe, den verschiedenen Mitarbeitern an der deutschen Fassung zu danken. Frau Ilka Huttel hat die Kapitel 4 bis 15 aus dem Englischen übersetzt. Frau Dr. Höfner, Frau Dagmar Gleiss und Frau Tina Arnold haben die deutsche Fassung mehrfach lektoriert. Besonders möchte ich mich bei Frau Arnold bedanken, die das Manuskript für den Druck fertig stellte. Mein besonderer Dank gilt aber dem Hänssler Verlag, besonders dem Seniorchef Friedrich Hänssler, der das gesamte Projekt tatkräftig unterstützte. Zum Schluss danke ich auch all denen, die mich immer wieder aufmunternd unterstützt haben, besonders meine Frau, die aber jetzt auch froh und dankbar ist, dass das Projekt zum Abschluss gekommen ist.

Möge diese Geschichte Israels, die aus evangelikaler Sicht geschrieben wurde, vielen eine Hilfe sein, den Gott Abrahams, Isaaks, Jakobs und des Volkes Israels in seinem Geschichts-Wirken besser verstehen zu lernen. Darüber hinaus möchte dieses Buch auch eine Alternative zu den aus historisch-kritischer Sicht geschriebenen Büchern über die Geschichte Israels sein.

*Helmuth Pehlke*
Hüttenberg, im Oktober 1999

# VORWORT DES AUTORS

Der Untertitel dieses Buches im englischen Original (»Ein Königreich von Priestern«) weist bereits auf die besondere Natur einer Geschichte Israels hin. Sie kann nicht nur auf der Grundlage einer normalen historischen Wissenschaft erarbeitet werden, da sie hauptsächlich auf das AT zurückgreift, das kein Geschichtsdokument im modernen Sinn ist. Das AT ist zunächst und in erster Linie theologische Literatur, nicht historische. Daher muss man, wenn man seine Absicht und Botschaft erkennen möchte, theologisch und nicht nur historisch arbeiten.

Im Gegensatz zu vielen Wissenschaftlern soll hier festgehalten werden, dass das AT trotzdem den Anspruch hat, zuverlässig Geschichte zu berichten, da es als Urkunde über Jahwes Bundesbeziehung zu seinem Volk Israel verstanden werden will, ein Bericht, der immer wieder geschichtliche Ereignisse aus der Sicht Gottes interpretiert und sie als vorhergesagt erzählt. Dabei wird vorausgesetzt, dass die berichteten Ereignisse in Raum und Zeit geschehen sind, und somit die theologische Botschaft ihre Basis in tatsächlicher Geschichte hat.

Dieses Buch soll nicht in erster Linie die theologische Bedeutung der Ereignisse interpretieren – was biblischer Theologie vorbehalten ist –, sondern die historischen Daten herausarbeiten und die Geschichte Israels rekonstruieren, so weit es die Dokumente zulassen. Dies muss gemäß der normalen historiographischen Methode getan werden, indem jede verfügbare Quelle genutzt wird: biblischer Text, außerbiblische Dokumente und die Ergebnisse der Archäologie. Dabei muss immer der einmalige Charakter des Materials berücksichtigt werden.

Welchen Beitrag kann ein solches Unternehmen leisten? Wenn sauber gearbeitet wird, können die Ergebnisse helfen, die alttestamentliche Vergangenheit Israels richtig zu verstehen und einen entscheidenden Beitrag dazu leisten, die Wahrhaftigkeit des alttestamentlichen Dokuments festzustellen. Das Letztere ist notwendig, wenn die religiöse und theologische Botschaft Auswirkungen haben soll. Ob das Unternehmen Erfolg hat, muss der Leser selbst entscheiden.

# VORWORT DES AUTORS ZUR DEUTSCHEN AUSGABE

Nachdem dreizehn Jahre seit dem Erscheinen der englischen Ausgabe verstrichen sind, erscheint die Arbeit nun in einer deutschen Fassung. Dies gibt mir die Möglichkeit, meine Freude und Genugtuung als Autor auszudrücken. Denn es hat Gott gefallen, durch dieses Werk vielen in der evangelikalen englischsprachigen Welt zu helfen, sein Wirken in der alttestamentlichen Zeit besser zu verstehen. Es ist meine Hoffnung und mein Gebet, dass die deutschsprachigen Leser in ähnlicher Weise von der deutschen Fassung profitieren mögen. Für viele Jahrzehnte gab es in Deutschland keine Geschichte Israels, die das Alte Testament als historische Literatur ernst genommen hätte. Daher möchte dieses Werk eine verlässliche und konstruktive Alternative zu den Ansichten und Meinungen der Forscher bilden, die sich der historisch-kritischen Tradition verpflichtet fühlen.

Die Hilfe und Unterstützung, die dieses Werk von verschiedenster Seite von der Entstehung seines englischen Originals bis hin zur deutschen Fassung erhielt, ist so groß und vielfältig, dass es an dieser Stelle unmöglich ist, allen zu danken. Dennoch möchte ich eine Person nennen: Helmuth Pehlke, Dozent für Altes Testament an der Freien Theologischen Akademie in Gießen. Er war es, der die deutsche Überarbeitung initiierte und durchführte. Nur er und wahrscheinlich auch seine liebe Frau kennen die Zeit und das persönliche Engagement, die zur Fertigstellung des Projekts notwendig waren. Dafür möchte ich ihm herzlich danken. Meine Freude über die Fertigstellung der deutschen Fassung hat auch eine ganz persönliche Seite. Helmuth Pehlke war mein Student in Dallas, Texas, und ist nun mein verehrter Fachkollege. Uns beide verbindet darüber hinaus der gleiche Auftrag, das Königreich unseres Herrn zu bauen und zu fördern. Ihm und allen, die an der Fertigstellung der deutschen Fassung beteiligt waren, möchte ich nochmals herzlich danken.

*Dr. Dr. Eugene H. Merrill*
Professor für Altes Testament, Dallas Theological Seminary,
im November 1999

## ABKÜRZUNGEN

*a) Zeitschriften und Buchreihen*

| | |
|---|---|
| AASOR | Annual of the American Schools of Oriental Research |
| AB | Assyrologische Bibliothek |
| ABD | The Anchor Bible Dictionary |
| ADAJ | Annual of the Department of Antiquities of Jordan |
| AfO | Archiv für Orientforschung |
| AHW | Akkadisches Handwörterbuch |
| AJA | American Journal of Archaeology |
| AJSL | American Journal of Semitic Languages and Literatures |
| ANET | Ancient Near Eastern Texts |
| AO | Der Alte Orient (Leipzig) |
| AOAT | Alter Orient und Altes Testament |
| AS | Assyriological Studies |
| ASOR | American Schools of Oriental Research |
| AT | Altes Testament |
| AUSS | Andrews University Seminary Studies |
| BA | Biblical Archaeologist |
| BAR | Biblical Archaeologist Reader |
| BARev | Biblical Archaeology Review |
| BASOR | Bulletin of the American Schools of Oriental Research |
| BES | Bulletin of the Egyptiological Seminar |
| Bib | Biblica |
| BibRev | Bible Review |
| BibSac | Bibliotheca Sacra |
| BiKi | Bibel und Kirche |
| BN | Biblische Notizen |
| BSOAS | Bulletin of the School of Oriental and African Studies |
| BTB | Biblical Theology Bulletin |
| BWANT | Beiträge zur Wissenschaft vom Alten und Neuen Testament |
| BZ | Biblische Zeitschrift |

| | |
|---|---|
| BZAW | Beihefte zur Zeitschrift für die alttestamentliche Wissenschaft |
| CAD | Assyrian Dictionary of the Oriental Institute of the University of Chicago |
| CAH | Cambridge Ancient History |
| CBQ | Catholic Biblical Quarterly |
| CHJ | The Cambridge History of Judaism |
| EA | El Amarna |
| EI | Eretz Israel |
| EQ | Evangelical Quarterly |
| FRLANT | Forschungen zur Religion und Literatur des Alten und Neuen Testaments |
| GTJ | Grace Theological Journal |
| HAT | Handbuch zum Alten Testament |
| HSM | Harvard Semitic Monographs |
| HTR | Harvard Theological Review |
| HUCA | Hebrew Union College Annual |
| IASH.P | Israel Academy of Sciences and Humanities, Proceedings |
| IEJ | Israel Exploration Journal |
| Interp. | Interpretation |
| JANES | Journal of the Ancient Near Eastern Society |
| JAOS | Journal of the American Oriental Society |
| JBTh | Jahrbuch für Biblische Theologie |
| JBL | Journal of Biblical Literature |
| JCS | Journal of Cuneiform Studies |
| JEA | Journal of Egyptian Archaeology |
| JETh | Jahrbuch für evangelikale Theologie |
| JETS | Journal of the Evangelical Theological Society |
| JJS | Journal of Jewish Studies |
| JNES | Journal of Near Eastern Studies |
| JNWSL | Journal of Northwest Semitic Languages |
| JPOS | Journal of the Palestine Oriental Society |
| JQR | Jewish Quarterly Review |
| JRAS | Journal of the Royal Asiatic Society |
| JSJ | Journal for the Study of Judaism |

| | |
|---|---|
| JSOT | Journal for the Study of the Old Testament |
| JSOTS | Journal for the Study of the Old Testament Supplement Series |
| JSS | Journal of Semitic Studies |
| JTS | Journal of Theological Studies |
| KAI | Kanaanäische und Aramäische Inschriften |
| LexTQ | Lexington Theological Quarterly |
| LÜ | Luther-Übersetzung (1984) |
| MDOG | Mitteilungen der deutschen Orientgesellschaft |
| MIOF | Mitteilungen des Instituts für Orient-Forschung |
| NEASB | Near Eastern Archaeological Society Bulletin |
| Or | Orientalia |
| OTS | Oudtestamentische Studiën |
| OTWSA | Oud Testamentiese Werkgemeenschap Suid Afrika |
| PEQ | Palestine Exploration Quarterly |
| POTT | Peoples of Old Testament Times |
| RA | Revue d'assyriologie et d'archéologie orientale |
| RB | Revue Biblique |
| RlA | Reallexikon für Assyriologie |
| SEÅ | Svensk Exegetisk Årsbok |
| SJOT | Scandinavian Journal of the Old Testament |
| TA | Tel Aviv |
| ThB | Theologische Bücherei |
| Th Bei | Theologische Beiträge |
| Th R | Theologische Rundschau |
| ThRV | Theologische Revue |
| TD | Theology Digest |
| TLZ | Theologische Literatur Zeitung |
| TRE | Theologische Realenzyklopädie |
| TUAT | Texte aus der Umwelt des Alten Testaments |
| TWAT | Theologisches Wörterbuch zum Alten Testament |
| Tyn Bull | Tyndale Bulletin |
| UF | Ugarit Forschungen |
| VT | Vetus Testamentum |
| VTS | Vetus Testamentum Supplementum |
| VuF | Verkündigung und Forschung |

| | |
|---|---|
| WdO | Welt des Orients |
| WHJP | World History of the Jewish People |
| WTJ | Westminster Theological Journal |
| WZKM | Wiener Zeitschrift für die Kunde des Morgenlandes |
| ZA | Zeitschrift für Assyriologie und vorderorientalischer Archäologie |
| ZÄS | Zeitschrift für ägyptische Sprache und Altertumskunde |
| ZAW | Zeitschrift für die alttestamentliche Wissenschaft |
| ZDMG | Zeitschrift der deutschen morgenländischen Gesellschaft |
| ZDPV | Zeitschrift des deutschen Palästina-Vereins |
| ZThK | Zeitschrift für Theologie und Kirche |

*b) Biblische Bücher (ohne Apokryphen)*

| | |
|---|---|
| Am | Amos |
| Apg | Apostelgeschichte |
| 1. Chr | 1. Chronik |
| 2. Chr | 2. Chronik |
| Dan | Daniel |
| Eph | Epheser |
| Esr | Esra |
| Est | Ester |
| Gal | Galater |
| Hab | Habakuk |
| Hag | Haggai |
| Hebr | Hebräer |
| Hes | Hesekiel (Ezechiel) |
| Hiob | Hiob (Ijob) |
| Hld | Hoheslied |
| Hos | Hosea |
| Jak | Jakobus |
| Jer | Jeremia |
| Jes | Jesaja |
| Joel | Joel |
| Joh | Johannes |
| 1. Joh | 1. Johannes |
| 2. Joh | 2. Johannes |
| 3. Joh | 3. Johannes |
| Jona | Jona |
| Jos | Josua |
| Klgl | Klagelieder |
| 1. Kön | 1. Könige |
| 2. Kön | 2. Könige |
| Kol | Kolosser |
| 1. Kor | 1. Korinther |
| 2. Kor | 2. Korinther |
| Lk | Lukas |
| Mal | Maleachi |
| Mi | Micha |
| Mk | Markus |
| Mt | Matthäus |
| 1. Mo | 1. Mose (Genesis) |
| 2. Mo | 2. Mose (Exodus) |
| 3. Mo | 3. Mose (Levitikus) |
| 4. Mo | 4. Mose (Numeri) |
| 5. Mo | 5. Mose (Deuteronomium) |
| Nah | Nahum |
| Neh | Nehemia |
| Obd | Obadja |
| Off | Offenbarung |
| 1. Petr | 1. Petrus |
| 2. Petr | 2. Petrus |
| Phil | Philipper |
| Philm | Philemon |
| Pred | Prediger (Kohelet) |
| Ps | Psalm(en) |
| Ri | Richter |
| Röm | Römer |
| Rut | Rut |
| Sach | Sacharja |
| 1. Sam | 1. Samuel |
| 2. Sam | 2. Samuel |
| Spr | Sprüche (Sprichwörter) |
| 1. Thess | 1. Thessalonicher |
| 2. Thess | 2. Thessalonicher |
| 1. Tim | 1. Timotheus |
| 2. Tim | 2. Timotheus |
| Tit | Titus |
| Zef | Zefanja |

*c) sonstige Abkürzungen*

| | |
|---|---|
| AT | Altes Testament |
| aVO | alter Vorderer Orient |
| bspw. | beispielsweise |
| bzw. | beziehungsweise |
| ca. | circa |
| d. i. | das ist (im Sinne von m. a. W. – mit anderen Worten) |
| et al. | und andere (zumeist Herausgeber) |
| FB | Frühe Bronzezeit |
| FE | Frühe Eisenzeit |
| FN | Fußnote |
| Hrsg. | Herausgeber |
| i. A. | im Allgemeinen |
| Jh. | Jahrhundert |
| Jt. | Jahrtausend |
| Kap. | Kapitel |
| MB | Mittlere Bronzezeit (mit den Phasen I und II, A und B) |
| ME | Mittlere Eisenzeit |
| ND | Nachdruck |
| NT | Neues Testament |
| s. | siehe |
| SpB | Späte Bronzezeit |
| SpE | Späte Eisenzeit |
| V. | Vers |
| vergl. | vergleiche |
| z. B. | zum Beispiel |

# 1. Geschichtsschreibung und Geschichte Israels

## Einleitende Überlegungen

Jede wissenschaftliche Arbeit geht von bestimmten Voraussetzungen aus, mögen sie auch noch so vorsichtig formuliert sein; sie geben dem Unternehmen einen Unterbau und machen es erst durchführbar. Dies gilt besonders für die Geschichtsschreibung, da beachtet werden muss, dass die überlieferten Ereignisse in der Vergangenheit stattgefunden haben. Deshalb müssen ihre Wirklichkeit und Bedeutung aufgespürt werden, was manchmal nur zum Teil möglich ist, und diese Berichte müssen zu einem Ganzen zusammengefügt werden, das glaubwürdig und für den modernen Leser verständlich ist.

Wenn die herauszuarbeitenden geschichtlichen Daten in Form einer erzählten Geschichte über ein Volk in dessen heiliger Literatur eingeschlossen sind, dann wird diese Aufgabe noch viel schwieriger und komplexer und die Voraussetzungen sind vorhersehbarer als das Resultat. Dabei muss auch noch bedacht werden, dass die persönliche Ansicht über die Verlässlichkeit und Autorität dieser Literatur die Voraussetzungen und die Arbeitsweise und somit auch das Resultat beeinflusst.

Eine Geschichte Israels ist fast ganz auf das AT angewiesen. Es ist eine Sammlung von Schriften, die Judentum und Christentum als Heilige Schrift, als Wort Gottes, ansehen. Je nachdem, wie sehr sich ein Historiker auf den besonderen Charakter des ATs einlässt, wird auch seine Arbeitsweise aussehen. Skeptiker werden die Quellen nur als Sammlung von Mythen, Fabeln, Legenden, Poesie und anderen Literaturarten sehen, die mit wenig historischer Verlässlichkeit von einem uraltem Volk abgefasst und überliefert wurden. Das AT ist aber ein einmaliges literarisches Werk, ein Buch, das bezeugt, göttliche Offenbarung zu sein. Daher sollte es nicht wie jedes andere alte Dokument behandelt werden, sondern muss als Wort Gottes Beachtung finden, auch in Bezug auf seinen Wert und auf seine Autorität als historische Quelle.

Betrachtet man das AT als Wort Gottes, ändert sich die Aufgabe, eine Geschichte Israels zu schreiben, wesentlich: Sie wird zur theologischen Arbeit. Wenn man von der Voraussetzung ausgeht, dass das Berichten der Geschichte Israels ein anderes Niveau hat als das

Berichten der Geschichte irgendeines anderen Volkes, weil im ersten Fall Geschichte und Theologie miteinander verwoben sind, müssen wir bereit sein zuzugeben, dass Skeptizismus, wie er in normaler Geschichtsschreibung notwendig ist, hier fehl am Platze wäre. Indem wir uns unter die Autorität der Quellen stellen, die wir untersuchen wollen, können wir nicht das ablehnen, was wir nicht verstehen oder was wir für unmöglich halten.

Das bedeutet jedoch nicht, dass eine Geschichte des alten Israels, zeitgenössisch betrachtet, nichts anderes sein könnte als die Nacherzählung biblischer Geschichten. Dass das AT sehr alte Ereignisse als heilige Geschichte erzählt, sie also hauptsächlich als theologisches Phänomen beschreibt, nicht als soziales oder politisches, rechtfertigt die Versuche, die Geschichte Israels mit den Mitteln normaler Geschichtsschreibung zu rekonstruieren. Mit dieser Methode arbeitet dieses Buch: Die Geschichte Israels wird als ein Zusammenfließen politischer, sozialer, ökonomischer und religiöser Faktoren verstanden. Das AT als Heilige Schrift ist dafür nicht die ausschließliche Grundlage, wohl aber die wichtigste. Auch die literarischen und archäologischen Quellen der alten vorderorientalischen Welt, zu der Israel gehörte, müssen sehr sorgfältig beachtet werden.

## Probleme bei der Rekonstruktion der Geschichte Israels nach den Vorgaben zeitgenössischer Geschichtsschreibung

### Die Frage nach der Zuverlässigkeit der biblischen Quellen

Eine logische Folge dieser hohen Bewertung des ATs als Gottes Wort, das den Menschen offenbart wurde, ist die Akzeptanz seiner absoluten Zuverlässigkeit. Diese Zuverlässigkeit bleibt für die meisten konservativen evangelikalen Wissenschaftler nicht nur auf die Autographen, also die ersten, ursprünglichen Dokumente, beschränkt, sondern gilt ihrer Meinung nach auch für das gesamte AT in seiner ursprünglichen Form. Das bedeutet, dass das AT ihrer Meinung nach nicht nur frei von theologischen Fehlern ist, sondern seine Aussagen auch auf dem Gebiet der Naturwissenschaft und Geschichte wahr und maßgebend sind, wo immer das seine Absicht ist. Zugegebenermaßen ist diese Sicht des ATs als eines unfehlbaren Zeugen der Geschichte Israels für viele wissenschaftlich orientierte Menschen problematisch, denn sie fußt auf einer theologischen Voraussetzung: Die biblischen Texte, die in diesem Buch als historische Dokumente benutzt werden, sind göttlichen Ursprungs und wurden in übernatürlicher Weise bewahrt.

### Das Fehlen vor-mosaischer Dokumente

Obgleich es Anzeichen dafür geben mag, dass Mose beim Schreiben von 1. Mo ältere Dokumente benutzte, kann deren Existenz nicht zweifelsfrei bewiesen werden. Daher liegt der Gedanke nahe, dass er sich entweder auf eine unfehlbare, ununterbrochene mündliche Tradition verlassen konnte, die sich über Tausende von Jahren erstreckte, oder dass er sein Wissen durch direkte göttliche Offenbarung empfing. Letzteres wird von den meisten Wissenschaftlern abgelehnt. Aber auch der Vorschlag einer mündlichen Tradition leidet unter dem Fehlen einer gleichwertigen Analogie. Der alte Vordere Orient bezeugt zwar eine bemerkenswerte mündliche Übermittlung von Traditionen, jedoch weder über eine derart lange Zeitspanne, noch in dieser Größenordnung.

### Die Auswahl historischer Begebenheiten

Jede Art von Geschichtsschreibung kann nur bestimmte Ereignisse berichten, andere muss sie dagegen auslassen, denn dem Geschichtsschreiber sind einerseits nur bestimmte Daten zugänglich, andererseits wählt er unter diesen nach seinem Interesse und Anliegen aus. Der alttestamentliche Bericht über die Geschichte Israels zeigt diese Auswahltätigkeit der Autoren: Die Schreiber des ATs haben ein theologisches Hauptanliegen. Die Fakten, die für die Hauptthemen wichtig sind, wie z. B. das Heil oder die Erlösung, werden berichtet, andere dagegen nicht beachtet. Sicherlich umfasst die Geschichte Israels mehr Ereignisse, als im AT erzählt werden, was an den verschiedenen Berichten der Königs- und Chronikbücher sichtbar wird. Auch gibt es häufige Hinweise auf nicht kanonische Dokumente, wie die Berichte im »Buch Jaschar« (Jos 10,13; 2. Sam 1,18; LÜ: Buch des Redlichen), das »Buch der Kriege des Herrn« (4. Mo 21,14), die in 1. Kön 16,20 und 2. Kön 15,15 erwähnten Annalen oder die anderen Dokumente, auf die 1. Chr 29,29; 2. Chr 9,29; 12,15; 20,34; 24,27; 26,22 hinweisen. Zu gerne wüsste man, was diese außerkanonischen Dokumente berichteten.

Das Problem des heutigen Historikers ist also die selektive Natur des ATs, das die Geschichte Israels nicht in einer chronikartigen, politischen Schilderung darbietet, sondern beschreibend und einseitig die Werke Gottes unter den Menschen darstellt. Es ist eine Heilsgeschichte, nicht bloße Historie.

## Grundsätze für die Erstellung einer Geschichte Israels

### Die Anerkennung des ATs als Offenbarung

Dieses Buch über die Geschichte Israels versteht das AT als Offenbarung Gottes in geschriebener Form. Dieses Bekenntnis setzt natürlich die göttliche Inspiration des ATs voraus und besteht auf seiner absoluten Zuverlässigkeit, auch auf dem Gebiet der Geschichte. Das bedeutet aber nicht, dass es auf diesem Hintergrund keine Schwierigkeiten machen würde, eine Geschichte Israels zu schreiben – manchmal gibt es sogar unlösbare Probleme –, aber sie kann geschrieben werden – unter der Voraussetzung, dass diese Probleme nicht in den Quellen ihren Ursprung haben. Meist liegt es am Historiker, der auch nur ein Mensch, also nicht unfehlbar ist, und der bestimmte Fakten entweder nicht kennt oder sie falsch interpretiert. Da die biblischen Dokumente für den Historiker nicht immer vollständig sind, kann es hilfreich sein, sie durch außerbiblisches Material zu ergänzen.

## Die Anerkennung der biblischen Auswahl

In Übereinstimmung mit dem oben Gesagten erkennt dieses Buch die biblische Auswahl der historischen Ereignisse an. Ein solcher Auswahlprozess sollte nicht verwundern, denn verschiedene andere Dokumente der gleichen Zeit berichten ebenfalls selektiv. So werden z. B. einige herausragende alttestamentliche Ereignisse in außerbiblischen Dokumenten nicht erwähnt, obwohl man das eigentlich erwarten würde. Zum anderen werden viele wichtige Ereignisse aus der Umwelt Israels im AT nicht berichtet. Es ist merkwürdig, dass ägyptische (oder noch eigenartiger: hetitische) Texte Israels Auszug aus Ägypten nicht erzählen, dagegen das AT noch nicht einmal den Namen eines so mächtigen Mannes wie Hammurabi auch nur beiläufig nennt. Die Erklärung dafür kann nur die Auswahltätigkeit des Schreibers sein. Deshalb kann man diese unorthodoxe Geschichtsschreibung auch nicht an modernen Standards messen. Der moderne Historiker muss die Ereignisse so akzeptieren, wie die Dokumente sie berichten. Es kann nicht die Aufgabe des Historikers sein vorzuschlagen, was die Quellen hätten berichten sollen und was nicht. Man kann nur mit dem arbeiten, was sie berichten, und sein Bestes tun, dieses richtig zu verstehen und einzuordnen.

## Die Anerkennung der biblischen Absicht

Jeder, der eine Geschichte Israels schreiben will, trägt die Last, das AT in dessen Eigentümlichkeiten verstehen zu müssen. Das AT ist nicht nur ein historisches Buch, sondern es ist eine progressive Offenbarung der Gedanken und Absichten Gottes; und deshalb muss es theologisch gelesen und interpretiert werden. Obwohl alle Fakten zusammen einen Korpus geschichtlicher Information bilden, hat doch jedes Datum, jedes Ereignis und jede Person des ATs auf dem

Hintergrund des Gesamten eine besondere Bedeutung. So ist der Auszug Israels aus Ägypten mehr als eine aufregende Episode, die das Fundament für die nationale Einheit Israels legte. Es ist ein paradigmatisches Ereignis, das die erlösenden Taten Jahwes für sein Volk Israel und darüber hinaus für die ganze Welt zeigen soll. Diese Sichtweise beeinträchtigt die literarische Geschichtlichkeit des ATs nicht. Es anders zu sehen, bedeutet zu verkennen, dass das AT als geschichtliches Werk die Grenzen gewöhnlicher Geschichtsschreibung weit überschreitet.

Mit dem Aufriss dieser Problematik ist aber noch nicht wirklich gesagt, wie diese Spannung zwischen geschichtlichen und theologischen Aussagen aufgelöst werden kann. Das Folgende will einige Fragen dazu beantworten:

## Die theologische Perspektive der alttestamentlichen Geschichte[1]

Wenn man das AT sorgfältig liest, wird einem die Spannung zwischen geschichtlichen und theologischen Aussagen oft deutlich bewusst. Ihre Verbindung wird verschieden bewertet. Manche meinen, sie schlössen einander aus, andere sind der Ansicht, sie stimmten überein, so dass kein Unterschied gemacht werden könne.[2]

Fundamentale Fragen, die dieses Problem berühren sind: (1) Ist das AT ein Geschichtsbuch? (2) Ist es ein theologisches Kompendium? (3) Ist es vielleicht eine Verschmelzung von beidem, eine Geschichte der israelitischen Religion? (4) Ist es Heilsgeschichte, eine interpretierende Nacherzählung des Glaubens Israels?

---

[1] Das Folgende stammt aus dem *New International Dictionary of Old Testament Theology and Exegesis.* W. VanGemeren et al., Hrsg., Grand Rapids, 1997, Bd I, S. 68-85, und wird hier mit Erlaubnis des Zondervan Verlags und des Autors in Übersetzung und – soweit möglich – mit deutscher Literatur wiedergegeben. Wir danken Verlag und Autor für ihre Zustimmung.

[2] Vergl. F. Deist, »The Problem of History in Old Testament Theology«, *OTWSA* 24, 1981, 23-28.

Diese und ähnliche Fragen müssen beantwortet werden, will man die Spannung auflösen, die die Verquickung von Geschichte und Theologie im AT verursacht.

## Das AT ist grundlegend theologisch

Wer das AT als göttliche Offenbarung ansieht, kommt zu dem Schluss, dass das AT aus theologischen Texten besteht. Ungeachtet kritischer oder literarischer Analyse präsentiert sich das AT selbst als Äußerung der Gedanken und Absichten Gottes. Er spricht vielfältig von sich und seinen Werken durch verschiedene Zeugen. Selbst wer diese Voraussetzungen über den Charakter der Bibel nicht teilt, muss doch einräumen, dass das AT wiederholt sich selbst als das Wort von und über Gott präsentiert. Dieses Selbstverständnis findet sich entweder als Faktum oder ist daraus abzuleiten, wie das alte Israel das AT wahrgenommen hat.

Dies sagt noch nichts über die literarische Form, in der die theologische Botschaft vermittelt wurde. Es gibt so etwas wie ein literarisches »Kleid«, in das der »Körper« der Wahrheit eingehüllt ist, das die Autoren und Verfasser der Texte je nachdem gewählt haben, ob sie ein Vorhaben oder eine kategorische Aussage festhalten oder einen Bericht geben wollten. Literarische Gattungen und Stile müssen aber literarisch und formkritisch behandelt werden. Dabei ist es wichtig, die theologische Botschaft zu beachten, die nicht unbedingt nur in einem »rein theologischen« Text zu finden ist, wenn es so etwas überhaupt gibt, denn Theologie hat mit dem Inhalt zu tun, Literaturart mit der Form der Kommunikation.

### Die Verwandtschaft der Geschichte mit der Theologie

Wer das AT vorurteilsfrei gelesen hat, steht unter dem Eindruck, Geschichte gelesen zu haben. Sicher wird es für viele eine unbekannte Geschichte sein – eine Geschichte, die durch bestimmte literarische Formen weitergereicht wird, die jeden Historiker heute fremd anmuten. Dennoch ist es Geschichte. Wer sich dessen bewusst ist, dass sich Geschichtsschreibung nahezu jeder literarischen Form bedienen kann, wird beim Lesen des ATs den Eindruck erhalten, dass es tatsächlich historische Ereignisse berichtet und interpretiert. Wer sich in Geschichtsschreibung auskennt, wird aber auch bemerken, dass es im AT einen fundamentalen Unterschied zwischen reporterhaft geschriebener Geschichte und als Ideologie geschriebener Geschichte gibt, die sich bestimmter literarischer Formen bedient[3] (wie etwa der Mythe, der Legende, der Sage, der Ätiologie; aber auch der Hymnus, die Totenklage und andere Gattungen werden gebraucht). Dies kann nur bedeuten, dass die Geschichte, die im AT berichtet wird, nuanciert gesehen werden muss.

Der Begriff »Erzählung« scheint die beste Bezeichnung für die biblischen Berichte zu sein, ungeachtet der literarischen, technischen Klassifikationen, mit denen man die einzelnen Perikopen bezeichnen mag.[4]

Das AT ist eine Erzählung oder eine Sammlung von Erzählungen mit erkennbaren Charakteren, Handlungen, Themen, Krisen, Lösungen und anderen Elementen, die aus der Erzählliteratur allgemein bekannt sind.[5]

Genauer gesagt: Es ist eine Erzählung im Dienst der Geschichtsschreibung, also erzählte Geschichte. Dies stimmt mit der Geschichtsschreibung des aVOs und des klassischen Zeitalters überein: Geschichte und Erzählung wurden nicht als Gegensätze gesehen, sondern als natürliche und nötige Ergänzungen, im Gegensatz

---

[3] Siehe J. Schildenberger, *Literarische Arten der Geschichtsschreibung im Alten Testament.* Einsiedeln, Köln, 1964.

[4] J. Barr, »Story and History in Old Testament Theology«. *TD* 24, 1976, 266-267.

[5] Für die literarischen Konventionen zur Erzählliteratur siehe: A. Jolles, *Einfache Formen, Legende, Sage, Mythe, Rätsel, Sprüche, Kasus, Memorabile, Märchen, Witz.* Tübingen, 2. Aufl., 1958. Einen neueren Überblick bietet J. L. Ska, *Our Fathers Have Told Us. Introduction to the Analysis of Hebrew Narratives.* Rom, 1990.

zu den meisten modernen Konventionen.[6] »Biographie« ist die Geschichte von Einzelnen, »Geschichte« ist die Erzählung über das Leben Vieler, auf nationaler und internationaler Ebene.

Ausgehend von diesem Verständnis alttestamentlicher Geschichte lässt sich die Frage, wie diese mit der Theologie verbunden ist, folgendermaßen beantworten: Das AT ist erzählte oder historisierte Theologie. Wenn Biographie, bzw. Geschichte als Geschichte von Einzelnen, bzw. von Gruppen angesehen werden kann, dann könnte man Theologie als »Erzählung« oder »Geschichte Gottes« definieren. Das bedeutet, dass Gott sich offenbart hat – in der Schöpfung, im Ereignis und im Dialog – in einer Weise, die zu Geschichte wurde. Diese Geschichte gab dem AT seine einmalige historiographische Fassung, weil sie aus Gottes Perspektive, nach seinem Plan und seinen Zielen geschrieben wurde. Je nachdem, welche Voraussetzungen man hat, auch wenn sie sehr versteckt sein mögen, wird man zu bestimmten historisch-philosophischen Folgerungen über den Ablauf der erzählten Geschichten und über die Faktizität der berichteten Ereignisse kommen. Ist das AT ein Bericht der Geschichte, wie Gott sie vorherbestimmt (oder wenigstens erlaubt) hat, oder ist es nur der Bericht eines uralten Volkes, das versuchte, die Ereignisse herauszufinden und zu interpretieren, die sein Leben und sein Verständnis von Gott zutiefst formten? Diese Fragen sind fundamental für das theologische Verständnis des ATs.

## Die historische Natur biblischer Theologie

Wenn Geschichte und Theologie nicht getrennt werden können, wie zeigt sich dann dieses Aufeinander-Bezogen-Sein in der Praxis? Grundsätzlich ist der historische Rahmen der alttestamentlichen Botschaft in Form einer Erzählung vorgegeben. Innerhalb der Erzäh-

---

[6] A. R. Millard, »Story, History, and Tradition.« *Faith, Tradition, and History: Old Testament Historiography in Its Near Eastern Context.* A. R. Millard et al., Hrsg., Winona Lake, 1994, S. 47-50.

lung wird die Botschaft entfaltet. Es werden Ereignisse erzählt, von denen jedes Teil der Geschichte ist, durch die sich Jahwe selbst offenbart. Deshalb muss man, wenn man in das AT schaut, auf folgende Elemente der Erzählung achten: Anfang, Handlungsverlauf (Plot), Betonungen, Höhepunkt, Schluss(folgerung). Aber gerade weil Theologie die Geschichte Gottes ist, hat sie auch eine pädagogische Absicht, nämlich die Zuhörer oder Leser zur Entscheidung und Verpflichtung zu führen. Die Erzählungen wollen nicht nur Information über Gott geben; sie wollen klar und eindeutig mitteilen, in welch schlimmem geistlichen Zustand der Mensch steckt und wie er aus dieser Lage befreit werden kann: indem eine erlösende, heilende Beziehung zwischen Gott und Mensch hergestellt wird.[7]

Wenn die Erzählung in ihren Fakten ernst genommen wird, müssen auch die Personen und Ereignisse, die diese Fakten hervorrufen, ernst genommen werden. Die Erzählung muss dann als wahre Geschichte angesehen werden. Also als eine Erzählung, die nicht nur über Ereignisse nachsinnt, sondern die akkurat und integer diese Ereignisse berichtet, wie sie sich wirklich zugetragen haben. Das setzt nicht voraus, dass die Erzählung alles ungefiltert und ohne jede Färbung berichten muss, aber es bedeutet, dass die berichteten Fakten der Wirklichkeit entsprechen, also wirkliche und wahre Fakten sind.[8]

In vielen Fällen sind die Fakten jedoch nur Gott bekannt und können deshalb nur durch direkte Offenbarung Gottes mitgeteilt werden. Andere Fakten sind aus einem privaten oder persönlichen Rahmen zu erschließen. In manchen Fällen stammen die Fakten aus privilegierten Unterhaltungen oder Gedanken, die Teil der Erzählung sind: Die Sprecher machen sie sich zu eigen oder diese Informationen werden der »Allwissenheit des Erzählers« zugeschrieben.[9]

---

[7] W. VanGemeren, *The Progress of Redemption.* Grand Rapids, 1988, S. 31-34.

[8] V. P. Long, *The Art of Biblical History.* Grand Rapids, 1994, S. 98-99, 191-193.

[9] R. Alter, *The Art of Biblical Narrative.* New York, 1981, S. 157.

Gewöhnlich gibt es Hinweise im Text, die anzeigen, wann etwas Derartiges vorliegt. So kann der Leser wissen, wann die berichteten Ereignisse Wirklichkeit wiedergeben oder wann nur Umstände berichtet werden, die das Ereignis wahrscheinlich hervorriefen. Die theologische Nützlichkeit der vom Erzähler rekonstruierten Ereignisse, Gespräche oder Gedanken sind Gegenstand lebhafter Debatte. Aber wenn sie in einen theologischen Rahmen hineingestellt werden, der den gesamten Text als Offenbarung sieht, dann werden diese Probleme geringer.

Lässt man die theoretischen und epistemologischen Probleme beiseite, bleibt die Notwendigkeit, das Wesen der Geschichte zu erörtern, auf der Theologie basiert. Nach einer Zeit skeptischer Kritik im späten 19. und frühen 20. Jh. – in der dem AT jede historische Zuverlässigkeit abgesprochen wurde –, gab es eine Gegenreaktion, die besonders G. v. Rad anführte. Er versuchte, das AT historisch und theologisch zu »rehabilitieren«, indem er erklärte, dass Israels Glaube in historischen Ereignissen verwurzelt und gegründet sei.[10] Das trug dazu bei, die Bedeutung der historischen Basis biblischer Theologie wieder zu erkennen und bewirkte eine neue Wertschätzung des ATs als Zeugnis der Aktivitäten Gottes in Zeit und Raum.

Für v. Rad und seine Anhänger war Geschichte jedoch der Bericht über die Vergangenheit, wie die israelitischen Tradenten sie rekonstruiert und interpretiert hatten. Obwohl man das AT als einen Bericht über Gottes Heilstaten ansah (»Heilsgeschichte«), meinte man doch, der alttestamentliche Bericht könne niemals Ereignisse bezeugen, wie sie sich wirklich zugetragen hätten, sondern nur ihre Bedeutung. Das hieße, die alten Tradenten hätten aus der Vergangenheit bestimmte Ereignisse und Erzählungen von Ereignissen genommen, über deren theologische Implikationen nachgedacht und sie dann im Prozess der Überlieferung umgestaltet, ausgeschmückt und geändert. Es ergab sich ein Credo, das eine bestimmte Wahrheit bekannte, ohne den Anspruch absoluter historischer Faktizität zu erheben. Somit existiere Geschichte im AT auf zwei Ebenen: einmal

---

[10] G. v. Rad, »Der Anfang der Geschichtsschreibung im alten Israel.« *Gesammelte Studien zum Alten Testament*, Bd I, München, 1965, S. 149-150, 152-154.

auf der Ebene des tatsächlichen Geschehens (v. Rads »kritisches Minimum«) und auf der Ebene des Bekenntnisses als der Grundlage für Existenz und Zeugnis Israels (sein »theologisches Maximum«).[11]

Doch wenn Geschichtsschreibung vom Interpreten fordert, er solle selbst entscheiden, was geschehen sei oder sich ereignet habe, öffnet sie sich radikalem Subjektivismus. Und das AT besitzt dann keine echte historische und theologische Autorität mehr.

## Der Charakter der Geschichtsschreibung im AT

Das AT ist hauptsächlich eine Geschichtserzählung, die eine bestimmte theologische Perspektive vermitteln will. Es ist offenbar, dass der Inhalt Geschichtsschreibung ist, die sich verschiedener literarischer Gattungen bedient. Die Geschichtsschreibung des ATs ist durch folgende Charakteristika gekennzeichnet:

### *Sie ist überwiegend erzählend*

Von Anfang bis Ende wird Gottes Handeln an den Menschen, ihre Reaktion darauf und ihre individuellen und korporativen Beziehungen in Erzählungen mitgeteilt. Selbst die so genannten Gesetzestexte, Paränesen und prophetischen Reden werden in eine Rahmenerzählung gestellt, wodurch sie bestimmte Ereignisse in der Geschichte rechtfertigen, erklären oder auf sie reagieren. Die Einordnung der Psalmen und der Weisheitsliteratur ist schwieriger. Man kann beobachten, dass einige Überschriften der Psalmen und der Weisheitsliteratur versuchen, auch sie in eine historische Erzählung einzubetten. So gibt es zwar viele Einzel-Erzählungen, aber aufmerksame Leser merken, dass alle Teil einer großen Erzählung sind, die enorm komplex ist, das gesamte AT umspannt und im Grunde von einer umfassenden Botschaft getragen und durchzogen wird.

---

[11] Ders., *Theologie des Alten Testaments.* Bd I, München, 6. Aufl., 1969, S. 117-121.

### *Sie ist biographisch*

Es wurde oben dargelegt, dass die Geschichte des ATs aus Gottes Sicht erzählt wird, nicht aus der des Menschen. Das ist charakteristisch. Doch erzählt das Dokument nicht primär eine Geschichte *über Gott.* Er ist und bleibt zwar Hauptakteur und Protagonist, aber immer erzählt er seine Geschichte durch das Leben und Reden der *Menschen.* Die Theos-Zentralität der Bibel wird durch ihre Anthropos-Zentralität vermittelt.

Daraus kann man folgern, dass die Geschichte des ATs aus Biographien besteht. Besonders offensichtlich ist das in 1. Mose. Dort werden die großen Kulturen und Reiche der damaligen Zeit in Mesopotamien und Ägypten in den Schatten gestellt durch die scharf gezeichneten und mit großer Intensität erzählten Ereignisse aus dem Leben Abrahams, Isaaks, Jakobs und Josefs. Auch die anderen Bücher des ATs haben, wenn auch weniger intensiv, diesen Schwerpunkt. Selbst zur Zeit der Monarchie schenkt das AT nicht so sehr Israel und Juda seine Aufmerksamkeit, von der größeren Welt des aVOs ganz abgesehen, sondern den einzelnen Königen und Propheten. Ein herausragendes Beispiel dafür ist in den Königs-Büchern die Betonung der Propheten Elija und Elisa, denen 14 von 47 Kapiteln gewidmet sind (ca. 33 %).

### *Sie ist standpunktgebunden*

Jede Geschichtsschreibung ist subjektiv gefärbt. Objektive Geschichtsschreibung gibt es nicht. Jeder Geschichtsschreiber, wie sehr er sich auch um Objektivität bemüht, sieht die Vergangenheit und interpretiert Quellen durch die »Brille« von Ausbildung, Erfahrung und Vorurteilen. Deshalb kann es auch keine neutrale Betrachtung der Vergangenheit geben. Die Vergangenheit, die in einem Dokument beschrieben wird, kommt zu uns als Bündel von Fakten, verbunden mit Meinungen und Überzeugungen. Daher entsprechen die historischen Berichte nie hundertprozentig den tatsächlichen Ereignissen, die sie wiedergeben wollen.

Die »heilsgeschichtliche Schule« sagt, das AT sei weitaus mehr eine Interpretation der Geschichte als der exakte Versuch, die Geschichte so zu rekonstruieren, wie sie sich wirklich zugetragen hat. Bis zu einem gewissen Grade hat sie damit auch Recht. Aber ihre Annahme, das Mythologisieren sei weit verbreitet gewesen, ist falsch. Daher ist auch ihre daraus abgeleitete Annahme nicht richtig: die Interpretation von Ereignissen müsse zwingend von den wirklichen Fakten des historischen Ereignisses abweichen oder ihnen widersprechen. Im Prinzip gibt es keinen Grund für die Annahme, dass historische Ereignisse nicht mit der Art und Weise übereinstimmen könnten, wie sie erzählt oder verstanden worden sind.[12a]

Das AT ist zugegebenermaßen eine tendenziöse Komposition[12b], in der das theologische Interesse das historische überwiegt, aber nicht so, dass der Anspruch der alttestamentlichen Dokumente auf historische Zuverlässigkeit und Glaubwürdigkeit beeinträchtigt wäre. Dissonanz (wenn überhaupt) zwischen Ereignis und Bedeutung(en) wird nur durch Unterschiede in Blickwinkel, Betonung und Sinn des Ereignisses verursacht: Ob das Ereignis aus Gottes Sicht oder aus der Sicht eines Menschen berichtet wurde, bestimmt die Betonung, die dem Ereignis gegeben wurde und ist entscheidend für die Bestimmung der theologischen Tragweite.

### *Sie ist theozentrisch*

Die eigentümliche Darstellung der Geschichte im AT hat ihren Grund im Selbstbekenntnis des ATs, Gottes Wort zu sein. Das ist ihr Anfang, ihr Thema und ihr letztes Zeugnis. Man kann darüber dis-

---

[12a] J. Goldingay, »That You May Know That Yahweh Is God: A Study in the Relationship Between Theology and Historical Truth in the Old Testament.« *TB* 23, 1972, 87-91.

[12b] »Eine Tendenzschrift kann historisch sehr genau sein, ja, es ist sogar zu erwarten, dass ein Autor seine Botschaft glaubwürdig machen will, indem er gerade die Tatsachen sprechen lässt! Dabei müssen wir unterscheiden zwischen Tendenzliteratur, in der der Zweck bestimmter Ereignisse angegeben wird, und tendenziöse Literatur, in der die Tatsachen um des beabsichtigten Zwecks willen verzehrt wiedergegeben werden.« J. v. Bruggen, *Wie lesen wir die Bibel.* Neuhausen, 1995, S. 165.

kutieren, ob die Schrift wirklich Offenbarung ist, doch wird man kaum leugnen können, dass dies ihr uneingeschränktes Selbstzeugnis ist. Wer das AT liest, ohne kritische Anliegen zu berücksichtigen, liest es wie eine Geschichte über das Herzens-Anliegen Gottes, den Menschen wieder mit sich zu versöhnen. Das große erlösende Werk wird durch Geschichte und Wort vollbracht, mit dem Ziel, alle Dinge wieder unter seine Herrschaft zu bringen. Die Schöpfung, besonders die des Menschen, ist keine Randerscheinung der Erzählung, aber sie kann nicht das Zentrum der Erzählung verdrängen: Gott selbst.

### *Sie ist selektiv*[13]

Der primäre Fixpunkt für die Ausführungen des ATs ist seine Gott-Bezogenheit. Wenn die Bibel tatsächlich die Geschichte Gottes erzählt, wird verständlich, warum sie Ereignisse ignoriert, die nichts zur zentralen Botschaft beitragen, so wichtig sie auch für die Weltgeschichte des aVOs sein mögen. Das trifft sogar dann zu, wenn die Dokumente des aVOs diese Ereignisse ausführlich berichten. Das Umgekehrte ist genauso wahr: Ereignisse, die in keinem historischen Dokument erwähnt werden, erzählt das AT manchmal bis ins Detail. Es wird also nur das berichtet, was zur Geschichte Gottes beiträgt und was der theologischen Absicht des Textes entspricht. Manchmal werden Jahrhunderte übergangen, wie die ca. 335 Jahre zwischen dem Tod Jakobs und der Geburt Moses über eine recht kurze Zeitspanne kann in vielen Kapiteln berichtet werden, wie über die ca. 40 Jahre zwischen 2. Mo 12 und 5. Mo 33. Die Ereignisse dieser 40 Jahre werden in 125 Kapiteln beschrieben! Was in der Hyksos-Zeit in Ägypten geschah, ist von großer Bedeutung für die Weltgeschichte damals, aber nur von geringer Bedeutung für die Geschichte Gottes mit seinem Volk. Andererseits waren für die Geschichte Gottes mit seinem Volk andere Vorgänge wichtig: die Befreiung aus der ägyptischen Knechtschaft durch den Auszug aus Ägypten, das Herstellen einer Bundesbeziehung zwischen dem Volk und Jahwe am Sinai, das

---

[13] B. Halpern, *The First Historian.* New York, 1988, S. 6-7.

Mitteilen der Bundes-Satzungen und die göttliche Fürsorge während der Wüstenwanderungen – dies alles interessierte die Weltmächte der damaligen Zeit nicht. Das bedeutet, dass die göttliche Geschichte laut und deutlich spricht, nicht nur durch das Berichtete, sondern auch durch das nicht Berichtete.

Natürlich gibt es auch Ereignisse, die das AT und außerbiblische Dokumente berichten. Dann hat man nicht nur – bestenfalls – Gelegenheit, zwei sich ergänzende Berichte zu vergleichen, sondern – schlimmstenfalls – zwei Berichte, die nicht übereinstimmen und widerstreitende Ideologien enthalten. Ein bekanntes Beispiel ist die Belagerung Jerusalems durch den Assyrer Sanherib im Jahr 701 v. Chr.: Sie endete gemäß dem Bericht des ATs dadurch, dass Jahwe seine Engel aussandte, die die assyrische Armee vernichteten (2. Kön 18,13-19,37). Sanheribs Schreiber berichten dagegen nur von der Belagerung, aber nicht, wie sie endete, nur, dass Hiskia Tribut zahlen musste.[14] Diese Berichte stimmen genug überein, um die geschichtliche Glaubwürdigkeit des Ereignisses zu sichern, divergieren aber genug, um zu zeigen, dass die Schreiber Ursache und Wirkung sehr verschieden einordneten. Die Gesinnung des interpretierenden Wissenschaftlers bestimmt, welche Version er oder sie für glaubwürdiger hält.

### *Sie ist historiographisch*[15]

Ist ein Text subjektiv und selektiv, so sagt das nichts darüber aus, ob er Historie enthält oder ob er zu Recht den Anspruch erhebt, Geschichtsschreibung zu sein. Um einen Text als Geschichtsdokument zu diskreditieren, müssen andere Kriterien herangezogen wer-

---

[14] D. Luckenbill, *The Annals of Sennacherib.* Chicago, 1924, S. 33-34. Siehe auch *TUAT,* Bd I, S. 388-390. Zur historischen Verlässlichkeit der assyrischen Königs-Inschriften siehe: A. Laato, »Assyrian Propaganda and the Falsification of History in the Royal Inscriptions of Sennacherib.« *VT* 45, 1995, 198-226.

[15] R. Smend, »Überlieferung und Geschichte. Aspekte ihres Verhältnisses.« *Zur ältesten Geschichte Israels.* Gesammelte Studien, Bd II, München, 1987, S. 16-17.

den. Die Glaubwürdigkeit des ATs als historische Quelle darf nicht davon abhängig gemacht werden, ob seine Texte der Norm moderner Geschichtsschreibung entsprechen. Das trifft besonders auf die Texte zu, in denen ein starkes theologisches Interesse zum Vorschein kommt oder übernatürliche Ereignisse Teil des historischen Berichtes sind.

An dieser Stelle soll nicht über Plausibilität oder historische Verifizierbarkeit von Wundern diskutiert werden, auch nicht darüber, dass das AT sie häufig wie Fakten berichtet. Doch angesichts der vielen Wunderberichte im AT muss die Frage gestellt werden, ob Geschichtsschreibung das Transzendente einschließen darf oder nicht. Oder anders formuliert: Können die Existenz Gottes und seine übernatürlichen Eingriffe in die menschliche Welt Material der Geschichtsschreibung sein?

Die überwiegende Mehrzahl der Historiker wird auf diese Frage antworten, dass Berichte nur dann historisch verlässlich seien, wenn sie mit der Realität übereinstimmen, die heute noch erfahrbar ist. Wenn jedoch das Dokument etwas berichtet, was allgemein nicht nachvollziehbar, was einmalig oder nicht wiederholbar ist, besonders, wenn es um metaphysische Dinge und Ereignisse geht, dann gestehen diese Wissenschaftler dem Dokument keine historische Glaubwürdigkeit mehr zu.[16]

Hier soll darauf nicht näher eingegangen werden, aber doch noch einmal betont werden, dass es einen Unterschied zwischen faktischer Historizität und literarischer Form gibt, welcher sich die Geschichtsschreibung bedient. Ob man nun den Berichten im AT Glauben schenkt oder nicht – es kann keinen Zweifel daran geben, dass die Autoren oder Schreiber die Ereignisse aufzeichneten, damit man ihren Berichten Glauben schenke, und dass sie gemäß den damals akzeptierten literarischen Standards für Geschichtsschreibung schrieben.[17]

---

[16] R. G. Collingwood, *The Idea of History*. Oxford, 1946, S. 135-139.

[17] Siehe hierzu besonders K. L. Younger, Jr., *Ancient Conquest Accounts: A Study in Ancient Near Eastern and Biblical History Writing*. JSOTS 98, Sheffield, 1990.

### *Sie ist durchgehend kontextuell*

Das Wesen der meisten theologischen Methoden ist abstrakt und existentiell. Das trifft jedoch nicht auf biblische Theologie zu, da sie *per definitionem* eine Disziplin ist, die mit historischen Ereignissen und Entwicklungen arbeitet. Diese Theologie arbeitet mit der Voraussetzung, dass Geschichte im AT im normalen Sinn zu verstehen ist. Es ist eine Geschichte, die folgerichtig mit ihren eigenen Daten umgeht und die ihren Platz und ihre Bezugspunkte auch in der außerbiblischen Umwelt hat. Das AT enthält diese Art der Geschichtsschreibung, denn überall zeigen ihre Autoren Interesse für ihre Vergangenheit, für die ihrer Vorfahren und an ihrer Umwelt.

Wenige Beispiele müssen hier genügen: Der Historiker, der den Bau des salomonischen Tempels erzählt, datiert den Baubeginn in das vierte Regierungsjahr Salomos. Dieses vierte Jahr identifiziert er mit dem 480. Jahr nach dem Auszug (1. Kön 6, 1). Mit solchen Informationen verbindet er nicht nur die Zeit Moses theologisch mit der Davids, sondern zeigt auch, dass Geschichte für ihn Kontinuität und Verknüpfung bedeutet. Vom Exodus wird gesagt, dass er 430 Jahre nach der Übersiedelung Jakobs und seiner Familie nach Ägypten geschah (2. Mo 12, 40-41): »Als die 430 Jahre um waren, *an eben diesem Tag* zog das ganze Heer des Herrn aus Ägyptenland.« So zeigt der Erzähler, dass der Auszug wirklich zu einem bestimmten, realen Zeitpunkt stattgefunden hatte und schlägt die Brücke zu den Erzvätern und zur Verheißung auf der einen Seite und zur Befreiung des Volkes als Erfüllung der Verheißung (1. Mo 15, 13-14) auf der anderen.

Ein weiteres Beispiel ist 4. Mo 13, 22. Dort wird gesagt, dass *Hebron sieben Jahre vor Zoan in Ägypten erbaut worden* sei. Zoan ist mit Tanis zu identifizieren, dessen Gründung die meisten Wissenschaftler auf ca. 1730 v. Chr. ansetzen. So kann gut datiert werden, wann Hebron erbaut wurde.[18] Das AT hat bemerkenswertes Interesse an Orten und Ereignissen, die auch aus dem aVO bekannt sind.

---

[18] R. de Vaux, *The Early History of Israel.* London, 1978, S. 258-259; A. Negev, Hrsg., *Archäologisches Bibellexikon.* Neuhausen, 1991, S. 182-183.

Dadurch kann man ihre Existenz nachweisen. Zugleich wird so sichtbar, dass die Heilsgeschichte in das allgemeine historische Milieu einzugliedern ist, dessen Teil sie war.

Der Teil des ATs, der über die späte Geschichte Israels berichtet, ist ohne Parallele in den Dokumenten des aVOs, da die in der Bibel berichteten Ereignisse sich in keinem zeitgenössischen außerbiblischen Dokument finden. Von der Zeit der Reichsteilung im Jahr 931 v. Chr. bis zur Wegführung der Einwohner aus dem nördlichen Königreich im Jahr 722 v. Chr. setzt der Erzähler alles dran, die chronologischen und königlichen Verbindungen zwischen Israel und Juda aufzuzeigen. Alle alttestamentlichen Dokumente verweisen ständig auf die geschichtlichen Zusammenhänge von Ägypten, Assyrien und anderen ausländischen Mächten mit dem Volk Gottes. Diese Hinweise intensivieren sich nach dem Jahr 722, aber besonders nach dem Fall Jerusalems 586, dem Anfang des babylonischen Exils. Jetzt werden häufig Synchronismen erwähnt: Jojakims 37. Jahr des Exils ist Ewil-Merodachs erstes Jahr als König (2. Kön 25,27); Zedekias zehntes Regierungsjahr ist Nebukadnezars 18. Jahr (Jer 32,1); die Wiederaufnahme des Tempelbaus unter Haggai ist das zweite Jahr des Darius (Hag 1,1). So zeigen die Schreiber des ATs in ihren Berichten über die Geschichte Israels alle Charakteristika verlässlicher Geschichtsschreibung.

### *Sie ist interpretierend*

(Die folgenden Ausführungen ähneln denen, die besagen, dass der biblische Bericht standpunktgebunden und selektiv sei.) Ein Text teilt sowohl durch das, was er erzählt, als auch durch das, was er auslässt, etwas mit. Hier soll der Fokus auf besondere literarische Eigenarten gerichtet werden, die der Verfasser benutzt, um seine Bewertung bestimmter Situationen, seine Reaktion darauf und die Intention seiner Erzählung deutlich zu machen. Sie kommen im Pentateuch relativ häufig vor. Besonders lässt sich das in 5. Mose mit seinen paränetischen Aufforderungen und Ermahnungen, die Bundespflichten zu erfüllen, beobachten.

Auch die Geschichtsbücher des ATs – Samuel, Könige, Chronik und Esra-Nehemia – sind voll solcher Bemerkungen über Personen und Ereignisse. So informiert der Autor des Samuel-Buches seine Leser, dass die Überbringer göttlicher Offenbarung zu seiner Zeit »Propheten« genannt wurden, in Samuels Tagen aber »Seher« (1. Sam 9,9). Er erklärt auch, weshalb die Israeliten den Philistern wiederholt unterlagen: Die Philister waren zu dieser Zeit in Verarbeitung und Nutzung von Eisen den Israeliten überlegen (1. Sam 13,19-22). Auch die lakonische Bemerkung, dass im Frühjahr, wenn die Könige ins Feld zu ziehen pflegten, David in Jerusalem blieb (2. Sam 11,1), enthält eine theologische Interpretation: Der Erzähler beurteilt damit Davids Entscheidung, entgegen der Gewohnheit seinem Heer nicht voranzuziehen, und weist so darauf hin, dass Davids Verhalten in Jerusalem falsch war und furchtbare Konsequenzen für den König haben sollte.

Der bekannteste Fall indirekter Kritik ist die des »deuteronomistischen Historikers«, der von der Zeit des Zusammenbruchs 722 auf die Geschichte Israels zurückblickt und unter anderem folgende theologische Folgerungen über Ursachen und Wirkungen zieht (2. Kön 17): Er sagt, der König von Assyrien habe Samaria erobert und die Einwohner nach Assyrien deportiert (V. 6), weil die Israeliten sich gegen den Herrn, ihren Gott, versündigt hatten (V. 7). So seine dogmatische Behauptung. Darauf folgt in der Erzählung eine fast endlose Aufzählung spezifischer Ereignisse der gesamten Geschichte der Nation in einem Zeitraffer von 17 Jahren (V. 7-23). Diese Verse sind mehr als nur Rekapitulation der 700-jährigen Geschichte. Sie sind eine Predigt, die über diese Zeit nachsinnt und daraus bestimmte Lektionen zu ziehen versucht. Diese Art, Geschichte zu erzählen und zu interpretieren, ist eine Eigenart alttestamentlicher Geschichtsschreibung.[19]

---

[19] W. Dietrich, *Die frühe Königszeit in Israel, 10. Jahrhundert v. Chr.* Biblische Enzyklopädie, Bd III, Stuttgart, 1997, S. 100-102.

## Das Alte Testament als historisches Dokument

Nach diesem theoretischen Abschnitt über Geschichte, Theologie und Charakteristika der alttestamentlichen Geschichte soll jetzt das AT in seiner kanonischen Fassung betrachtet werden. Dabei wird gefragt, ob überhaupt und in welcher Form die narrative Präsentation Informationen enthält und welche Bedeutung jeder einzelne Abschnitt und das Ganze in der Zusammenschau haben.

### Der Fokus der alttestamentlichen Geschichte: Die Ebene Moabs

Beginnt man das AT zu lesen, gewinnt man den Eindruck, die Geschichte Israels fange mit 1. Mo an. Wenn man nur die gegenwärtige Reihenfolge der biblischen Bücher betrachtet, ist das auch richtig. Fragt man jedoch nach dem »Sitz im Leben«, d. h. nach den Umständen, die der Anlass für die Entstehung des ersten Buches der Bibel sowie für den Rest der fünf Bücher Mose waren – und eigentlich für das gesamte AT –, gelangt man zu einem ganz anderen Schluss. Denn nichts weist in der Bibel darauf hin, dass Israel vor Mose eine Literatursammlung besaß, die für seine Religion als autoritativ gegolten hätte und als Offenbarung Gottes angesehen worden wäre. Eine solche Literatur gab es erst, nachdem Mose den Pentateuch kurz vor seinem Tod in der Ebene Moab verfasst hatte (5. Mo 1,1-8; 31,24-29).

Häufig wird bestritten, dass Mose den (ganzen) Pentateuch verfasst habe. Darauf lässt sich Folgendes antworten: Zwar wird nirgends im Pentateuch ausdrücklich gesagt, dass Mose der Autor von 1. Mo und 3. Mo gewesen sei; aber es wird gesagt, dass Mose Teile, wenn nicht sogar das gesamte 2., 4. und 5. Mosebuch geschrieben habe (2. Mo 17,14; 24,4.7; 34,27; 4. Mo 33,1-2; 5. Mo 31,9.11). Dies scheinen auch das restliche AT (Jos 1,8; 8,31; 1. Kön 2,3; 2. Kön 14,6; 21,8; Esr 6,18; Neh 13,1), das frühe Judentum (*Baba Bathra* 14b-15a), Josephus (*Ad Apionem 1:8*) und das NT uneingeschränkt zu vertreten (Mt 19,8; Joh 5,46-47; 7,19; Apg 3,22).

Dazu kommt, dass seit frühster Zeit die Einheit des Pentateuchs allgemein anerkannt war, man also von einem einzigen Autor ausging. Nach diesen Zeugnissen war es also eindeutig Mose, der den gesamten Pentateuch zusammengetragen und geschrieben hat.[20]

Wenn wir von dieser Rekonstruktion ausgehen, dann verlangt sie nach einem Anlass, der dazu führte, dass die alten hebräischen Traditionen niedergeschrieben wurden. Vergegenwärtigen wir uns die damalige Situation: Die Zuhörer, zu denen Mose in der Ebene Moabs sprach, hatten die großen Taten Gottes auf dem Sinai gesehen. Viele der Ältesten unter ihnen hatten selbst an der größten Tat Gottes teilgenommen: dem Auszug aus Ägypten und dem Bundesschluss mit Jahwe am Sinai. Sie alle hatten von den Verheißungen gehört, die ihren Erzvätern gegeben worden waren, besonders von der Verheißung, das Land Kanaan zu besitzen. Dieses Land konnten sie nun im Westen sehen, jenseits des Jordans. Wie viel sie von der fernen Vergangenheit wussten, ist nicht bekannt. Doch ist es unvorstellbar, dass sie bei der Bedeutung dieser Verheißungen keinerlei historische Quellen darüber besessen haben sollten. Es ist jedoch spekulativ, über diese Quellen nähere Angaben machen zu wollen.

Die Lage, in der sie sich befanden, verlangte nach Klärungen und Antworten durch Mose. Er, der Israel 40 Jahre theokratisch geführt hatte, durfte nicht in das verheißene Land einziehen. Wenn es ihm verwehrt war, weshalb sollte es ihnen dann erlaubt sein? Selbst wenn der Einzug unter Josuas Befehl stattfinden sollte, welche politische, moralische oder selbst theologische Berechtigung besaßen sie, über den Fluss zu ziehen, die befestigten kanaanitischen Städte zu vernichten und Männer, Frauen und Kinder zu töten? Diese und andere Fragen mussten für sie sehr problematisch gewesen sein.

Mose musste sich diesen Fragen stellen und versuchen, seinem Volk eine umfassende Antwort zu geben – wer sie waren, was ihre Ursprünge waren, in welcher Beziehung sie zu den anderen Völkern der damaligen Welt standen und, am wichtigsten, welche Rolle sie im Plan ihres Gottes Jahwe zu spielen hatten. Er hatte sie erwählt, erlöst

---

[20] R. B. Dillard und T. Longman, III., *An Introduction to the Old Testament.* Grand Rapids, 1994, S. 37.

und mit ihnen einen Bund geschlossen, das wussten sie. Aber was bedeuteten diese Ereignisse im Licht der universalen, allumfassenden Absicht ihres Gottes? Die Schriften der Tora antworteten darauf, ein umfangreiches schriftliches Werk, das Israel die *raison d'être* gab und auch in seinem Kontext weit genug war, um über die Schöpfung, den Fall, die Flut und die Zerstreuung der Menschen über die Erde zu berichten. Aus diesen universalen Ereignissen und Geschehen ist Israel hervorgegangen, um die Frage nach der Erlösung und deren Implikationen für die Weltgeschichte anzusprechen. Deshalb kann gesagt werden, dass der historische Bericht des ATs in Moab seinen Anfang nahm, am Vorabend der Landnahme.[21]

## 2. Mose bis 4. Mose: Das Entstehen einer Nation

Mose hielt es wohl zuerst einmal für nötig, einen Überblick über die Vergangenheit des Volkes zu geben, der den Aufenthalt in Ägypten und den Auszug einschloss. Natürlich basiert diese Theorie auf keinem Text, denn die Dokumente besagen nicht, wann Mose seine Geschichte niedergeschrieben hat und in welcher Reihenfolge. Theologisch und logisch ist es aber wahrscheinlich, dass er zuerst die Dinge niederschrieb, die am dringlichsten waren, wohl dann erst die, die weiter zurück lagen (z. B. 1. Mo). Es scheint, dass 5. Mo die Texte abschloss, indem es als Zusammenfassung und Ausblick diente.

4. Mo 33, 1-4 – das Vorwort zu der »Lagerplatzliste«, die mit dem Auszug beginnt und mit der Versammlung in der Ebene Moabs endet (4. Mo 33, 5-49) – sagt, Mose habe auf Jahwes Befehl die Lagerplätze ihrer Wanderung aufgeschrieben (4. Mo 33, 2). Damit bestätigt die Tradition, dass Mose sich entweder während der Wanderung Notizen machte, die er dann im gegenwärtigen Bericht (2. Mo 12, 37 - 4. Mo 33, 49) zusammenfasste, oder er verfasste einen Bericht aus der Erinnerung.[22] Die erste Annahme erscheint wahr-

---

[21] Siehe S. 66.

[22] T. R. Ashley, *The Book of Numbers*. Grand Rapids, 1993, S. 623; P. J. Budd, *Numbers*. Waco, 1984, S. 351-352.

scheinlicher, weil Mose immer wieder geboten wird, Ereignisse aufzuschreiben. Die »Lagerplatzliste« war mehr als nur eine Liste. Denn sie fasst die gesamte Wanderung zusammen und dient so als Erinnerung an die Ereignisse, die mit diesen Orten verbunden waren. Die Erwähnung von Aarons Tod »im 40. Jahr des Auszugs der Israeliten aus Ägyptenland« (4. Mo 33,38) unterstützt diese Vermutung. Sie deutet auch an, dass die Ereignisse erst am Ende von Moses Leben vollständig niedergeschrieben worden sind.

Der Anfang der Wanderung ist nicht mit dem Anfang der Geschichte des israelitischen Volkes identisch, sondern beschreibt nur den Teil, der dem Exodus folgte. Der Auszug war ein entscheidender Punkt in der Geschichte des Volkes: Die Befreiung aus der Knechtschaft war ein einmaliges Ereignis. Außerdem stellt er den Übergang zwischen einem nicht eindeutig definierten Volk und einer Nation dar. Sie wurden zwar erst durch den Bundesschluss am Sinai zur Nation, aber die Befreiung durch den Auszug war wesentlich für diesen Prozess.

Auf der anderen Seite bedeutet die Tatsache, dass sie gerade erst zu einem Volk wurden, nicht, dass sie keine historische Realität waren. Viele Nationen, wenn nicht alle, haben in ihrer Geschichte eine Stufe durchlaufen, die man als »pränational« bezeichnen könnte. Auf dieser Stufe verschmolzen die verschiedenen sozialen, politischen und ethnischen Elemente miteinander zu einem Gebilde wie Königreiche, Nationen, Staaten oder Ähnlichem. Auch Israel wusste etwas über seine prä-nationale Existenz als Volk: Einmal waren ihnen ihre Gefangenschaft unter einer Weltmacht bekannt und sicherlich kannten sie auch noch ihre ältesten Wurzeln, die in die Zeit der Erzväter zurückreichten.

Gemäß der Tradition, die im AT bezeugt ist und die Mose jetzt vielleicht als erster niederschrieb, bestand Israel aus den Nachkommen der zwölf Söhne Jakobs, dessen späterer Name »Israel« ihnen als Gattungsbezeichnung dienen sollte (2. Mo 1,1-7). Jakob selbst stammte von Abraham ab, der von Jahwe erwählt worden war und die Gnade seines Bundes erfahren hatte. Er war der eigentliche Gründer der Nation. Die Bücher 2. Mo, 3. Mo und 4. Mo beziehen sich, wenn sie vom Ursprung des Volkes sprechen, häufig auf diese Linie der Vorfahren, um zu zeigen, dass Israel nicht *ad hoc* aus verschiedenen Gruppen entstanden war, sondern die nationale Verkörperung der Verheißung darstellte, die ihren gemeinsamen Vorfahren gegeben worden war: Sie sollten eine Nation werden (2. Mo 2,24; 3,6.15.16; 4,5; 6,3.8; 32,13; 33,1; 3. Mo 26,42; 4. Mo 32,11).

Der Mittelpunkt der ersten vier Mose-Bücher ist die Geschichte vom Sinai-Bund. 2. Mo 1-18 führen zum Sinai-Ereignis hin und bereiten den Leser darauf vor. 2. Mo 25 bis 4. Mo 36 folgen dem Sinai-Ereignis und berichten von dessen Konsequenz. Nirgends ist die theologische Formung der Geschichte Israels deutlicher als hier. Das Schließen des Bundes, das die anderen Nationen nicht beobachtet hatten und das für sie unwichtig war, wurde zum entscheidenden Merkmal und Faktor in Israels historischem und selbst in seinem eschatologischen Leben. Am Sinai entschied sich ihre Ausrichtung, ein dienendes Volk zu sein. Sie waren aus Ägypten befreit worden, damit sie in die Vorrechte und Pflichten der Bundesgemeinschaft hineingenommen werden konnten. Israels künftiges Verhalten, ob es die Bundes-Bedingungen halten oder sie verletzen würde, sollte sein Schicksal als Nation bestimmen; das betont besonders 3. Mo 26, 3-45.

### 1. Mose: Die Geschichte von Israels Ursprung

Die historisch-kritische Forschung, selbst die, die an der Möglichkeit eines historischen Kerns in 2. Mo bis 4. Mo festhält, verneint, dass 1. Mo als Geschichte bezeichnet werden kann.[23] Seit Gunkel ist es

[23] J. A. Soggin, *Einführung in die Geschichte Israels und Judas.* Darmstadt, 1991, S. 82, sieht hinter der Gestalt Abrahams die Rückwanderer aus dem babylonischen Exil. N. P. Lemche, *Die Vorgeschichte Israels.* Stuttgart, 1996, S. 19-33, geht der Frage nach, ob die Berichte über die Erzväter Geschichte sind oder nur Erzählung. Er sieht keine »obligatorische historische Verbindung zwischen einer Erzählung und ihrem Inhalt«. Die Erzväter-Erzählungen setzten keine geschichtlichen Erinnerungen voraus. Sie seien als literarische Kunstprodukte aufzufassen (S. 21). Weiter sagt er: »Es ist in aller Deutlichkeit festzuhalten: Niemals hat ein Abraham, . . ., gelebt; und ebenso wenig ein Isaak, ein Jakob: Nie hat es einen Exodus aus Ägypten gegeben, . . . Auch ist Israel niemals vierzig Jahre lang durch die Wüste gewandert, . . .« Es ist auch »von Grund auf falsch, die Erzählungen des Pentateuch für geschichtliche Berichte zu

üblich geworden, 1. Mo als Sammlung von Mythen, Sagen, Legenden, Novellen und anderer Literaturgattungen einzustufen, nicht aber als Geschichte.[24] Außerdem vertritt die historisch-kritische Forschung mit Entschiedenheit, dass Mose nichts mit der Komposition von 1. Mo zu tun gehabt habe. Vielmehr sei 1. Mo in erster Linie das Produkt des großen, kreativen Theologen des post-exilischen Israels, des »Jahwisten«.[25]

Die kritische Ansicht über die Entstehung von 1. Mo als Schriftstück und über seine historische Authentizität steht nicht in Einklang mit dem Selbstzeugnis der Bibel.[26] Dieses Zeugnis ist aber ernst zu nehmen, wenn man Israels eigene Darstellung seines Glaubens verstehen will. Denn außerhalb des biblischen Dokuments gibt es keinen Bericht vom Glauben des alten Israels. Dieses Zeugnis sagt indirekt, das spätere jüdisch-christliche Zeugnis ausdrücklich, dass Mose

---

halten. Sie sind vielmehr deutlich das Ergebnis literarischer Konstruktion, die nicht Geschichte nachzeichnen, sondern Literatur schaffen wollte.« (S. 219-220). H. Donner, *Geschichte des Volkes Israel und seiner Nachbarn in Grundzügen.* 1. ATD Ergänzungsreihe 4/1, Göttingen, 1984, S. 72, meint, dass »die Traditionen der Vorzeit geschichtliche Erinnerungen bewahren, die aus der uns vorliegenden Endgestalt unter Anwendung historischer Methoden erhoben und ausgewertet werden müssen«.

[24] H. Gunkel, *Genesis.* ND der 3. Aufl. von 1910, Göttingen, 9. Aufl., 1977, S. xiii-xxvi; G. W. Coats, *Genesis: With an Introduction to Narrative Literature.* Grand Rapids, 1983.

[25] J. Van Seters, *Prologue to History: The Yahwist As Historian in Genesis.* Louisville, 1992, S. 332.

[26] Es ist schon bezeichnend, dass auch N. P. Lemche, *Vorgeschichte Israels*, S. 20, das so sieht, der sonst nicht an die Historizität der frühen Erzählungen glaubt. Er schreibt: »Ohne Zweifel hielten die alten Erzähler, die über das Leben Abrahams, Isaaks und Jakobs sowie über die frühen israelitischen Generationen berichteten, ihre Erzählung für Geschichte«. Natürlich war es den Schreibern damals unmöglich, »Geschichte im modernen Sinne zu schreiben.« Aber »eine gewisse Geschichtsvorstellung kann man den alten Erzählern nicht abstreiten.« Denn ihre Erzählungen sind »nach einem chronologischen Schema geordnet« und »nicht als isolierte Episoden, sondern als Teile einer Gesamtgeschichte verstanden – einer Gesamtgeschichte, die sich von der Schöpfung der Erde bis hin zum Fall Jerusalems 587 oder 596 v. Chr. erstreckt.«

für den Text des Pentateuchs, der fünf Bücher Mose, verantwortlich sei. Jetzt muss noch gezeigt werden, in welcher Weise dieser Text zum theologischen Charakter der Geschichte des ATs beiträgt.

Wie schon oben gesagt, zeigt das AT, dass Mose seinem Volk in dauerhafter Form hinterlassen wollte, wer sie waren, woher sie kamen und was ihr Ziel als Jahwes Bundesvolk war. Dies verlangte nach einem Grundriss ihrer Geschichte bis zu diesem Zeitpunkt. Zum einen kannten sie sich als Volk, das aus der ägyptischen Knechtschaft befreit worden war, um am Sinai eine Nation des Bundes zu werden, zum anderen als Nachfahren eines einzelnen Vorfahren, die es nach Ägypten verschlagen hatte. Was also fehlte, war eine Erzählung, die das aktuelle Volk mit den Vorfahren der Vorzeit verband.

Diese Erzählung ist 1. Mo. Die Tradition sagt nichts darüber, wie Mose oder irgendein anderer Autor in den Besitz dieser Erzählungen der vor-mosaischen Zeit gelangte. Manche meinen, das Wort *tôlēdôt* (1. Mo 2,4; 5,1; 6,9; 10,1; 11,10.27; 25,12.19; 36,1.9; 37,2) deute an, dass es sich hier schon um schriftliche Berichte handelte.[27] Aber dies ist für die biblische Sicht nicht wichtig, sondern die Funktion von 1. Mo als einleitendem Vorwort für die Geschichte Israels ist von Bedeutung. Dass 1. Mo diese Funktion hat, wird durch interne biblische Beweise deutlich, wie die Erwähnung der Erzväter (in 2. Mo bis 4. Mo) und die ihnen gegebenen Verheißungen, die den historischen und theologischen Hintergrund für Israel abgeben.

Eine weitere Verbindung besteht in den überschneidenden Informationen am Ende von 1. Mo (1. Mo 50,22-26) und am Anfang von 2. Mo (2. Mo 1,1-7), besonders der unscheinbare Satz »und Josef starb« (1. Mo 50,26; 2. Mo 1,6). Mit diesem Satz und der zusätzlichen Information »sie salbten ihn und legten ihn in einen Sarg in Ägypten« endet eine Ära; und mit dem gleichen Satz und einer zusätzlichen Information beginnt die nächste Ära (»die Israeliten zeugten Kinder und mehrten sich und wurden überaus zahlreich«, 2. Mo 1,7).

---

[27] R. K. Harrison, *Introduction to the Old Testament.* Grand Rapids, 1969, S. 547-551.

1. Mo berichtet Geschichte in einem Schema des Wechsels von Ausbreitung und Reduzierung. Es beginnt mit dem ursprünglichen Menschenpaar Adam und Eva, deren Nachkommen sich ausbreiteten, wie es in 1. Mo 6,1 heißt: »Die Menschen begannen sich zu mehren auf Erden.« Durch das göttliche Gericht der Flut wurde diese Zahl auf acht Menschen reduziert: Noah und seine Frau, dazu seine drei Söhne und deren Frauen (1. Mo 7,13). Danach wird von der Zunahme der Nachkommen Noahs berichtet. Noahs Söhne wurden die Stammväter von Völkern, die sich auf Erden ausbreiteten (1. Mo 10,32). Dann wird wieder reduziert, jedoch diesmal nicht physisch zu einer Handvoll Menschen (Noah), sondern auf eine Familie mit weitreichender theologischer Bedeutung (Abraham). Aus allen Völkern und Nationen dieser Erde wird ein Einzelner herausgerufen, der der Ahnherr eines neuen Geschlechts wird. Durch ihn soll die Menschheit gesegnet werden (1. Mo 12,1-3). Wie mit Adam oder Noah beginnt mit Abraham wieder der Prozess des Wachstums, der dann schließlich so ausgedrückt wird: »Das Land [Ägypten] war voll von ihnen« (2. Mo 1,7).

Israel im Land Moab sollte diesen Ablauf ihrer Geschichte verstehen, damit sie begriffen, wer sie waren. Sie mussten erfassen, dass sie kein Zufall der Geschichte waren, eine Nation unter vielen, sondern, dass sie – in gewisser Hinsicht – die Achse der Geschichte waren. Die Geschichte der Welt vor Abraham führte zu ihm, und die Geschichte nach Abraham führte zu ihnen. Sie sollten ein Königreich von Priestern und eine heilige Nation sein (2. Mo 19,6), was besonderes Vorrecht und bedrückende Verantwortung zugleich war. Ihre Existenz und ihr Anspruch auf das Land Kanaan hatten ihren Grund in der Erwählung Gottes, wie in 1. Mo deutlich dargelegt wird.

## 5. Mose: Das Paradigma der Geschichte Israels

Heute ist es in der alttestamentlichen Wissenschaft normal, 5. Mo in seiner jetzigen Form in die exilische oder gar nach-exilische Zeit zu datieren. Gleichzeitig wird eingeräumt, dass schon vor der Zeit des Königs Josia, ca. 650 v. Chr., eine Vorform existierte, bekannt als

»Buch des Gesetzes« (2. Kön 22-23). Es gibt aber auch die Ansicht, 5. Mo stelle den ideologischen Rahmen oder Prüfstein dar, auf dessen Hintergrund die deuteronomistische Geschichte geschrieben wurde. Diese Sammlung, von Josua bis 2. Könige, sei abgefasst worden, um eine Geschichte Israels von Mose bis zu König Josia zu geben, deren leitendes Prinzip es sei, zu zeigen wie genau das Volk Israel die deuteronomistischen Bündnisforderungen erfüllt oder wie sehr es sie verletzt habe.[28]

Ein Problem dieser Ansicht ist zu erklären, wie Israel nach den Forderungen eines Buches hätte leben können, noch ehe es abgefasst worden war. Außerdem stellt sich die Frage, wie die deuteronomistische Geschichte realistisch Israels Vergangenheit mit ihrem Auf und Ab als Beispiel für das Einhalten bzw. Nicht-Einhalten von noch nicht geschriebenen Bündnisregeln nehmen konnte. Meist wird als Lösung angeboten: (a) Die deuteronomistische Tradition gehe, lange vor ihrer Niederschrift, im Kern auf Mose selbst zurück und (b) die historische Schilderung der deuteronomistischen Geschichte sei eine theologisierende Version davon, d. h. sie kenne die Fakten der israelitischen Geschichte, fühle sich aber frei, diese Fakten so zu korrelieren und zu interpretieren, dass sie in einen Ursache-Wirkung-Zusammenhang passen:[29] Gehorchte Israel den mosaischen Bundes-Satzungen, wurde es gesegnet, wenn nicht, trafen es die Flüche.

Neben 3. Mo ist 5. Mo am wenigsten offensichtlich ein Geschichtsbuch. Aus einer gewissen Perspektive ist es im Wesentlichen eine Sammlung von Predigten und anderen Ansprachen Moses, der am Ende seines Lebens das große Verlangen hatte, dem Volk noch einmal deutlich Jahwes Bundestreue gegenüber Israel vor Augen zu malen und es auf das Leben in Kanaan vorzubereiten. Deshalb ist der Text voller Warnungen, Ermahnungen, Lob, Tadel, Ermutigung und Drohungen. Die moderne Wissenschaft sieht das Buch aber auch als Bundesdokument. Ohne in die Debatte einzusteigen, welches kultu-

---

[28] E. W. Nicholson, *Deuteronomy and Tradition.* Philadelphia, 1967, S. 121-124.

[29] J. Van Seters, *In Search of History.* New Haven und London, 1983, S. 228, 360-361.

relle Milieu durch die Form und den Inhalt des Buches reflektiert wird, kann man doch sagen, dass es Alttestamentler gibt, die 5. Mo gattungsgeschichtlich den Staatsverträgen (Suzerän-Vasall) zuordnen. Denn es enthält alle Elemente eines solchen Vertrages.[30]

Diese Modelle erklären aber nicht die anhaltenden historischen Hinweise, die in 5. Mo vorhanden sind. Sie treten vorwiegend außerhalb der ersten vier Kapitel auf, die, in Anlehnung an Bundestexte, als »historischer Prolog« bezeichnet werden können und deshalb schon in ihrer literarischen Form historisch sind. Historische Reflexion bestimmter geschichtlicher Ereignisse findet man darüber hinaus in 5. Mo 1-5.22-33; 9,7-10; 11; 23,3-8; 24, 9; 25, 17-19; 26,5b-9; 29,2-9; 32,6-18.50-52. Das Buch schließt außerdem mit einer historischen Begebenheit, mit der Erzählung über Moses Tod und Beerdigung (5. Mo 34,1-8).

Die historischen Hinweise in 5. Mo verfolgen hauptsächlich ein pädagogisches Ziel: Das Israel der Gegenwart und Zukunft sollte vom Israel der Vergangenheit lernen. Der selektive Gebrauch historischer Ereignisse gibt hilfreiche Einsichten in die theologische Verwendung der Geschichte. So rekapitulierte Mose, als er die Bunderneuerung bekanntgab, den ursprünglichen Bundesschluss vom Sinai. Dadurch konnte er die passenden Vergleiche und Kontraste herstellen (5. Mo 5,1-5). Als er das Volk für die Landnahme vorzubereiten suchte (5. Mo 9,1-5), erinnerte er daran, wie ungehorsam sie in der Vergangenheit gewesen waren, besonders bei der Anbetung des goldenen Kalbes, und welche katastrophalen Auswirkungen dieser Götzendienst gehabt hatte (5. Mo 9,7-10,11). Schließlich ermahnte er sie, die Bundes-Satzungen zu halten, weil Jahwe immer treu zu ihnen gestanden hatte – im Exodus und während der Wüstenwanderung (5. Mo 29,2-9). Selbst eine statische Bundesverbindung hat so ihre Grundlage in der historischen Begegnung und muss in geschichtlicher Erfahrung ausgelebt werden.

---

[30] K.A. Kitchen, *Alter Orient und Altes Testament.* Wuppertal, 1965, S. 42; E.H. Merrill, *Deuteronomy*. Nashville, 1994, S. 27-32; K. Baltzer, *Das Bundesformular.* 1960.

## Josua – 2. Könige: Die Beurteilung der historischen und theologischen Erfahrungen Israels

Die Bücher Josua, Richter, Samuel und Könige werden in der alttestamentlichen Wissenschaft oft als »deuteronomistisches Geschichtswerk« bezeichnet. Offensichtlich erzählen sie Israels Geschichte unter den Aspekten des Gehorsams oder Ungehorsams gegenüber den Bundes-Satzungen in 5. Mo. Man kann die kritischen Annahmen, die zu diesem Ansatz führten, in Frage stellen,[31] aber man wird kaum bezweifeln, dass diese Bücher eindeutig die Anliegen aus 5. Mo reflektieren. Diese Beziehung zu 5. Mo beweist, dass das Zeugnis der Bibel über die Autorenschaft und Herkunft des 5. Mo glaubhaft ist. Denn wenn das »deuteronomistische Geschichtswerk« tatsächlich einen deuteronomistischen Rahmen voraussetzte, dann kann man daraus auf die chronologische und theologische Vorrangigkeit von 5. Mo schließen.[32] Die These, das »deuteronomistische Geschichtswerk« gebe theologische Geschichte wieder, wird durch viele interne Hinweise gestützt. Zunächst gibt es keine guten, objektiven Gründe, den Wahrheitsanspruch des Textes anzuzweifeln, selbst da, wo er von übernatürlichen Taten eines Josua, Elia oder Elisa berichtet. Aber man kann auch nicht guten Gewissens behaupten, diese Berichte gehörten in die Kategorie normaler Geschichtsschreibung. Die biblische historische Erzählung ist sehr selektiv, standpunktgebunden und in ihrer Natur interpretierend; d. h. sie will nicht nur die Fakten wiedergeben, sondern sie erklären – auf dem Hintergrund eines göttlichen Planes und göttlicher Absicht.

Nirgends wird das deutlicher als in dem langen Bericht über Niedergang und Fall des Nordreiches im Jahre 722 v. Chr. Zunächst berichtet das AT über die Regierungszeit des letzten Königs, Hosea

---

[31] C. Westermann, *Die Geschichtsbücher des Alten Testaments: Gab es ein deuteronomistisches Geschichtswerk?* Gütersloh, 1994, verneint dies. J. G. McConville, »Narrative and Meaning in the Book of Kings.« *Bib* 79, 1989, 31-49, entfaltet eine unterschiedliche Theologie in 5. Mo und in den König-Büchern.

[32] J. G. McConville, *Grace in the End: A Study in Deuteronomic Theology.* Carlisle, 1993, S. 73-78.

(2. Kön 17,1-6), dann wird das schreckliche Ende dieses Reichs kommentiert: Der theologische Historiker bringt den Niedergang mit der jahrhundertelangen Bundesuntreue des Volkes in Zusammenhang (V. 7-23). »Dieses alles fand statt«, sagt er, »weil die Israeliten sich gegen den Herrn, ihren Gott, versündigt hatten, der sie aus Ägypten herausgeführt hatte, aus der Hand des Pharaos, des Königs von Ägypten« (V. 7). Dann greift er in der Geschichte Israels auf die Zeit vor der Gründung der Monarchie zurück, um zu erläutern, dass Israels Anbetung fremder Gottheiten die größte Sünde gegen Jahwe war (V. 8).

Der gleiche Historiker – oder andere – hatten bis dahin Einzelheiten der Geschichte Israels erzählt. Jetzt wird in der Zusammenfassung alles auf den einen Punkt gebracht: Die Sünde des theologischen Hochverrats (Götzendienst) hatte den heiligen Zorn Gottes über das Volk heraufbeschworen. Man kann sich des Eindrucks nicht erwehren, dass das gesamte Dokument von diesem zentralen Punkt aus geschrieben worden ist. Wer das deuteronomistische Geschichtswerk genau studiert, kann nur zu dieser Folgerung kommen: Es ist zwar Geschichte und will auch so verstanden werden. Aber es ist Geschichte, die alles ignoriert, was nicht zu diesem zentralen Punkt des Bundesbruches beiträgt, Geschichte, die sich auf Ereignisse konzentriert, die diese Rebellion illustrieren.

Beim vorsichtigen Vergleich zwischen 5. Mo und den historischen Büchern kommt man zu dem Ergebnis, dass die Geschichte Israels die Folge systematischer Missachtung jener Bundes-Satzungen ist, die Mose dem Volk doch eindrücklich eingeschärft hatte. Wäre hier Platz dafür, könnte man das eindrucksvoll nachweisen; doch soll ein Beispiel genügen: die Zusammenfassung von 2. Kön 17.

Der theologische Erzähler leitet seine Erklärung für den Grund des göttlichen Gerichts über Israel damit ein, dass die Israeliten »gegen den Herrn, ihren Gott, gesündigt hatten« und dass sie »andere Götter fürchteten« (2. Kön 17,7).[33] Dies verstößt gegen das

---

[33] T.R. Hobbs, *2 Kings.* Waco, 1985, S. 226-227; H.-D. Hoffmann, *Reform und Reformen: Untersuchungen zu einem Grundthema der deuteronomistischen Geschichtsschreibung.* Zürich, 1980, S. 127-132.

Kernprinzip des Bundes: »Du sollst keine anderen Götter neben mir haben« (5. Mo 5,7). Die Übertretung der Bundes-Satzung ist zentral in dieser Anklage – wie die Aussage: »... wandelten nach den Satzungen der Völker, die der Herr vor Israel vertrieben hatte« (2. Kön 17, 8) verdeutlicht: Sie missachteten die Bundes-Satzungen in 5. Mo und schlossen einen Bund mit den Göttern Kanaans.

Diese Bundesuntreue wird daraus ersichtlich, dass die Israeliten eine Vielzahl von Anbetungszentren errichteten (2. Kön 17, 9-11). Das widersprach der sehr nachdrücklichen Anweisung, dass Jahwe nur an einem zentralen Heiligtum angebetet werden sollte (5. Mo 12, 1-14). Die Symbole des Heidentums, die die Israeliten aufrichteten – heilige Steine und Aschera-Pfähle (2. Kön 17,10) –, hätten sie eigentlich vernichten sollen (5. Mo 12, 3). Diese Gegenstände waren Zeichen geistlichen Ehebruchs; sie kennzeichneten den Versuch, die unsichtbaren Mächte der Natur sichtbar zu machen. Das war für Israel zwar tabu (5. Mo 5, 8-10; 7, 25-26), wurde aber trotzdem während der gesamten prä-exilischen Geschichte praktiziert – mit verheerenden Folgen.

Die theologische Interpretation der Geschichte Israels schließt, wie sie anfing. Die Zusammenfassung endet: »Aber sie verließen alle Gebote des Herrn, ihres Gottes« (2. Kön 17,16; vergl. V. 7). Der Inhalt dieses Satzes wird durch sieben spezifische Vergehen illustriert:

(a) sie machten sich zwei gegossene Kälber als Götzen (V. 16; vergl. 2. Mo 32,4; 1. Kön 12,28-29);
(b) sie fertigten sich einen Aschera-Pfahl (V. 16; vergl. 1. Kön 14,15.23);
(c) sie beteten alles Heer des Himmels an (V. 16; vergl. 5. Mo 17, 2-5);
(d) sie beteten Baʿal an (V. 16; vergl. 1. Kön 16,31);
(e) sie opferten ihre Kinder als Feueropfer (V. 17; vergl. 5. Mo 12,31; 2. Kön 16,3);
(f) sie praktizierten Wahrsagerei und Zauberei (V. 17; vergl. 5. Mo 18, 10-12; 1. Sam 28,3-7);
(g) und sie verkauften sich, zu tun, was dem Herrn missfiel (V. 17; vergl. 1. Kön 21,20).

Die letzte Aussage umschließt die gesamte Zeit der historischen Bücher und schildert den damaligen Zeitgeist treffend.

## Chronik, Esra und Nehemia: Geschichte aus der nach-exilischen Perspektive

Distanz bewirkt oft eine verfeinerte, neue und vielleicht auch eine widersprüchliche Sicht von Personen und Ereignissen. So wird z. B. der amerikanische Unabhängigkeitskrieg von den modernen britischen Historikern anders gesehen und interpretiert als von den amerikanischen Augenzeugen. Identische Fakten werden von verschiedenen Menschen zu verschiedenen Zeiten verschieden aufgefasst und verstanden.

Wer das AT nur oberflächlich liest, könnte verführt werden, die deuteronomistische Geschichte Israels, die nicht später als 560 v. Chr. abgefasst wurde, in ihrem Wesen anders einzuschätzen als die Geschichte Israels, die man beim Chronisten nachlesen kann, der sie um 400 v. Chr. oder etwas später aufgezeichnet hat. Die Aufzeichnungen von Esra bis Nehemia, die über die Ereignisse von 540 bis 430 v. Chr. berichten, reflektieren die gleiche Sicht, das gleiche Interesse und die gleichen Themen wie die des Chronisten.

Dass es zwischen den beiden Geschichtswerken Unterschiede gibt, kann nicht geleugnet werden, auch wenn sie viel seltener und nicht so wichtig sind, wie viele Wissenschaftler meinen. Die meisten Varianten der beiden Geschichtswerke betreffen die Auswahl der Daten.[34] Der Chronist diskutiert die Affären des Nordreiches nur selten ausführlich, sondern ist fast ausschließlich an Juda interessiert. Er scheint mit Absicht Dinge wegzulassen, die die davidische Dynastie in Verruf bringen könnten. So übergeht er Davids Ehebruch und andere Schandtaten des Königshauses ganz, die in der deuteronomistischen Geschichtsschreibung eine große Rolle spielen.

---

[34] S. L. McKenzie, *The Chronicler's Use of the Deuteronomic History*. Atlanta, 1985, S. 71-73.

Andererseits berichtet der Chronist über viele Einzelheiten des davidischen Bundes und dessen Wirkungen auf den Kultus und die Geschichte des Volkes. Wie der deuteronomistische Historiker sieht er die Geschichte des Volkes als eine Folge von Bundestreue oder -untreue, dabei spielt aber der Sinai-Bund für ihn keine große Rolle. Vielmehr übergeht er diesen und wendet sich statt dessen der Zion-Theologie zu, die in der Erwählung des Hauses Davids zu einer ewigen Dynastie gründet. Auch im Buch der Könige ist David der Standard für alle folgenden Herrscher, jedoch ist dort das Interesse am Kult nicht so ausgeprägt wie beim Chronisten. Beherrschend in den Chronik-Büchern sind Davids kultische Aktivitäten. Zusammenfassend schildert der Chronist Davids Aufstieg zur Macht (1. Chr 11-14), um ihn dann den Lesern als Erbauer des Anbetungsortes und als Organisator der kultischen Dienste und des Tempelpersonals zu präsentieren (1. Chr 15-17; 22-29). Zwar war es ihm verwehrt, selbst den Tempel zu bauen, doch bereitete er dessen Erbauung durch Salomo vor. Danach widmet sich der Chronist fast ausschließlich den kultischen Aspekten der Regierungszeit Salomos, wie er es bei David getan hatte (2. Chr 1-7; nur Kap. 8-9 behandeln ein anderes Thema).

Der Rest der chronistischen Geschichte zeigt die gleiche Betonung wie bei den Berichten über David und Salomo. Die meisten Hauptereignisse des deuteronomistischen Geschichtswerkes werden auch vom Chronisten erwähnt, wenn auch manchmal viel kürzer. Ungewöhnlich viel Platz räumt er den Königen ein, die versuchten, das Land nach geistlichen Prinzipien zu regieren. So widmet er bspw. Joschafat vier Kapitel (2. Chr 17-20), weil »der Herr mit Joschafat war, denn er wandelte wie vormals sein Vater David…« (2. Chr 17,3-4). Hiskia erhält ebenfalls vier Kapitel (2. Chr 29-32), denn »er tat, was dem Herrn wohlgefiel, wie sein Vater David« (2. Chr 29,2) und Josia werden zwei Kapitel (2. Chr 34-35) gewidmet, da »er tat, was dem Herrn wohlgefiel, und wandelte in den Wegen seines Vaters David« (2. Chr 34,2). Diese Könige und ihre Regierungszeit werden nicht gelobt, weil sie politisch oder kulturell etwas erreicht hätten, sondern weil sie geistliche Erneuerung brachten und die Bundes-Satzungen wieder einführten, die schon für David verpflichtend gewesen waren (2. Chr 17,3-6; 31,20-21; 34,2.33).

Strategisch war es für den Chronisten wichtig, genau so zu berichten, wie er es tat, weil er und auch Esra und Nehemia ihre Werke schrieben, als die davidische Dynastie schon lange nicht mehr bestand. Deshalb muss die Geschichte, die sie niederschrieben, als eine Entwicklung, die zu einem neuen Zeitalter führte, verstanden werden. Dieses Zeitalter wurde durch den Erlass des Persers Kyrus eröffnet (2. Chr 36,22-23), der die Rückkehr der jüdischen Gefangenen nach Palästina und den Wiederaufbau des Tempels ermöglichte und so die Hoffnungen des Volkes Gottes wieder belebte (Esr 1,1-4; 3,8-13; 5,1-5; Neh 9). Die theologische Tendenz dieser historischen Berichte ist nicht zu übersehen.

## Die Propheten: Wechselbeziehungen in der Geschichte

Der jüdischen kanonischen Tradition zufolge sind die Bücher Josua bis Könige als »vordere Propheten« bekannt; Jesaja, Jeremia, Hesekiel und die zwölf Kleinen Propheten als die »späteren Propheten«. Diese Einteilung zeigt, dass die Propheten nicht nur als wichtige Persönlichkeiten in der frühen Sammlung galten, sondern auch an ihrer Entstehung beteiligt waren. Daher muss man auch das »deuteronomistische Geschichtswerk« als eine prophetische Interpretation von Israels Vergangenheit verstehen.[35]

Diese Sicht der Autorenschaft scheint wahrscheinlich, muss aber unbewiesen bleiben. Doch steht zweifelsfrei fest, dass die kanonischen Propheten, deren Schriften uns erhalten geblieben sind, Männer ihrer Zeit waren. Das wird daran sichtbar, dass sie ihre Botschaften mit historischen Ereignissen ihrer Zeit verbanden. So wurden sie selbst zu Historikern, denn ihre Interpretation der Vergangenheit des Volkes wurde Teil der Dokumente, die unser Verständnis der

---

[35] Siehe dazu S. L. McKenzie, »The Prophetic History and the Redaction of Kings«. *Hebrew Annual Review* 9, 1985, 203-220.

Geschichte Israels noch heute prägen.[36] Hier können nur wenige Ereignisse kurz betrachtet werden, an denen Israels Propheten historisches Interesse zeigten und Geschichte theologisch reflektierten.

Der große Prophet *Jesaja* verbindet, wie auch die anderen Propheten, sein Leben und seinen Dienst mit der Regierungszeit der Könige, deren Zeitgenosse er war (Jes 1, 1). Wie die anderen seiner Zunft sah Jesaja die Gegenwart als logische und theologische Folge der Vergangenheit. Zugleich gab ihm die Gegenwart eine Basis für eschatologische Hoffnung und Erwartung. Gleich dem »deuteronomistischen Historiker« und dem Chronisten sieht er die gegenwärtigen Umstände als Ergebnis der Vergangenheit. So spricht er gleichnishaft von Israel als einem Weinberg, der von einem engagierten Weingärtner bepflanzt und gewartet wurde. Als dieser die Früchte genießen wollte, fand er nur verfaulte Früchte (Jes 5, 1-3). Die Korruption Israels, die dadurch verdeutlicht werden sollte, ist nur das unvermeidliche Resultat des Ungehorsams gegenüber Jahwes Bundeserwartungen (Jes 4-7).

*Jeremia* gebraucht ein anderes Bild, um die Geschichte darzustellen: Von der Zeit des Exodus bis zur Wüstenwanderung und zur Einnahme des Landes von Milch und Honig »machtet ihr mein Land unrein und mein Eigentum mir zum Greuel« (Jer 2, 7). Diese Geschichte wird zu Jeremias Zeit von Jahwe folgendermaßen charakterisiert: »Mein Volk tut eine zwiefache Sünde: Mich, die lebendige Quelle, verlassen sie und machen sich Zisternen, die doch rissig sind und kein Wasser halten können« (Jer 2, 13). Das ist auch das große Thema im AT, das die Geschichte Israels durchzieht: Sie vergessen Jahwe und folgen anderen Göttern.

*Hesekiel* erzählt im Detail die Geschichte von den Schwestern Ohola und Oholiba, mit denen sich Jahwe, obwohl sie schon in jungen Jahren in Ägypten zu Huren geworden waren, trotzdem vermählte (Hes 23, 2-4). Ohola (»ihr Zelt«) war Samaria und Oholiba (»mein Zelt ist in ihr«) war Jerusalem (Hes 23, 4). Wenig später zeigte

---

[36] A. Laato, »History and Ideology in the Old Testament Prophetic Books.« *SJOT* 8, 1994, 282-286.

Ohola ihren wahren Charakter: Sie gab sich als Prostituierte den Assyrern hin, die sie aber blutig ins Exil verschleppten. Obwohl Oholiba all das sah, trieb sie es noch schlimmer: Sie betrieb ihr Gewerbe nicht nur mit den Assyrern, sondern auch mit den Babyloniern. Das Ergebnis war dasselbe: Verrat und Deportation. Diese Entwicklung hatte zum damaligen Zeitpunkt schon begonnen und sollte sich bis zum Ende steigern (V. 29). Die Bedeutung der Allegorie wird in V. 37-38 gegeben: Israel hat Ehebruch begangen, seine Kinder den Götzen geopfert, das Heiligtum und den Sabbat Jahwes entweiht. Israel zeigte also keine Bundestreue – das vorherrschende Motiv der alttestamentlichen Geschichtsdokumente.

Ein letztes Beispiel soll die Illustrationen abschließen. In *Hoseas* Buch spricht Jahwe zu seinem Volk und sagt, er habe sie aus Ägypten herausgeführt, um einen Bund mit ihnen zu schließen (Hos 11,1-4). Dieses Mal wird Israel als geliebter Sohn dargestellt, als Erwählter, der reich ausgestattet war, jedoch jeglichen Annäherungsversuch und Ausdruck göttlicher Zuwendung abwies. Das Resultat war die unvermeidliche Eroberung und Zerstreuung durch die Assyrer (V. 5), wenn auch nicht mit unumkehrbaren und dauernden Konsequenzen (V. 8-11). Hosea, Jesaja, Jeremia, Hesekiel und viele andere Propheten begriffen gut den entscheidenden Punkt in der Geschichte ihres Volkes. Aber weitaus wichtiger war, dass sie in der Lage waren, daraus die richtige Lehre für Gegenwart und Zukunft zu ziehen, denn sie interpretierten die Ereignisse theologisch.

### Die Schriften: Interaktionen mit Jahwe und mit der historischen Gemeinde

Mit »Schriften« sind hier die Psalmen und die Weisheitsliteratur des ATs gemeint. Beide antworten praktisch auf die »normale«, direkte Offenbarung Gottes, wie wir sie etwa bei den Propheten vorfinden, die im Namen Jahwes sprachen (»so spricht der Herr«). Sie geben Antworten auf die direkte Offenbarung, indem sie Richtlinien für das Privat- und Gemeinschaftsleben nennen. Die direkte Offenbarung wird im alltäglichen Leben zur Anwendung gebracht, weil moralisches und gesellschaftliches Handeln Jahwe nicht gleichgültig ist (Spr 16,1-4). Denn das Leben vor Jahwe und moralisches bzw. gesellschaftliches Leben und Handeln gehören unbedingt zusammen.[37] In diesem Sinne sind die Schriften auch Offenbarung, denn Gott offenbarte sich vielfältig (Hebr 1, 1-3). Dieser Begriff könnte jedoch als zu oberflächlich oder als missverständlich abgetan werden. Eigentlich soll damit ausgedrückt werden, dass diese Texte Ausdruck der menschlichen Gefühle, der Anbetung und des Philosophierens von Menschen sind, die darum bemüht waren, dass die direkte Offenbarung Jahwes im alltäglichen Leben des Einzelnen und des Volkes zum Tragen kommen sollte. Dieser Textkorpus ist also nicht direkte göttliche Offenbarung. Das soll aber nicht ihre Qualität oder ihren Charakter als Heilige Schrift beeinträchtigen.

Die Schriften sollten als Theologie im praktischen und systematischen Sinn verstanden werden. Sie dokumentieren die durchdachten und durchbeteten theologischen Konstruktionen ihrer Autoren, die versuchten, ihre Erfahrungen mit Gott, dem Leben und den kanonischen Schriften, die es zu ihrer Zeit gab, in Worte zu kleiden. So verstehen wir sie als Ausdruck der Interaktion mit Jahwe und mit der Gemeinde des Glaubens.[38]

Wenn man diese Schriften als »praktisch«, »systematisch« oder »philosophierend« klassifiziert, schließt man damit ihre Historizität nicht aus. Die Propheten und Weisen in Israel waren mit den historischen Wurzeln ihrer Kultur tief verbunden, ob sie es nun in Worte kleideten oder nicht. Ihre Theologie, richtig verstanden, stimmte mit den großen Themen der theologischen Geschichte des ATs überein. Doch ist es hier wichtiger, diese Texte auch als historische Texte zu lesen: Wie können diese Autoren dazu beitragen, das Bild der Geschichte Israels abzurunden?

---

[37] A. Schoors, *Die Königreiche Israel und Juda im 8. und 7. Jahrhundert v. Chr. Die assyrische Krise.* Biblische Enzyklopädie, Bd V, Stuttgart, 1998, S. 216-218.

[38] C. Westermann, *Theologie des Alten Testaments in Grundzügen.* ATD Ergänzungsreihe 6., Göttingen, 2. Aufl., 1985, S. 180-182; R.E. Murphy, *The Tree of Life: An Exploration of Biblical Wisdom Literature.* New York, 1990, S. 125-126.

Die Psalmen sind hier besonders hilfreich. Zusätzlich zu den Informationen aus ihren Überschriften rekapitulieren und re-interpretieren sie verschiedene Abschnitte in der Geschichte Israels. David berichtet poetisch von Ereignissen seines abwechslungsreichen Lebens, von denen einige auch in der historischen Literatur zu finden sind, wie etwa Ps 18; 32; 35; 51; 55; 57; 59; 60; 63. Es gibt aber auch andere Texte, die die Geschichte nur als Rahmen nutzen, um theologische Einsichten und Ermahnungen mitzuteilen. Manche scheinen regelrechte Glaubensbekenntnisse von den mächtigen Taten Gottes für sein Volk zu sein.

Ps 78 ist ein gutes Beispiel: Er beginnt mit der Erzählung vom Sinai-Bund (V. 5) und geht zurück bis zur Befreiung durch den Exodus (V. 12-13) – ein Ereignis, das Israel in seinem Abfall vergessen hatte. Dann wird die Wüstenwanderung ausführlich erzählt (V. 14-42) und vermerkt, dass das Volk Gott missachtete, der doch die Quelle ihrer Segnungen war und der Ägypten mit Plagen geschlagen hatte (V. 43-53). Anschließend zeigt er, wie Israel dem Bund ungehorsam war – während der Landnahme (V. 54-59) und der Richterzeit (V. 60-66) sowie zur Zeit der Erwählung Judas und Davids (V. 67-72).

Ps 105 geht weiter zurück in die Geschichte Israels: Er erzählt von der Zeit der Erzväter und von Jahwes Verheißung, aus ihren Nachkommen eine Nation zu machen (V. 6-11). Für ihn stellt der Auszug ebenfalls ein zentrales Ereignis dar (V. 24-38). Auch Ps 106 blickt auf den Exodus zurück (V. 6-12), betont aber mehr Israels Ungehorsam während der Wüstenwanderung (V. 13-33), ihren Götzendienst und die Strafe während der Richterzeit (V. 34-46). Ps 135 feiert Jahwes Sieg über Ägypten, Sihon und Og (V. 8-11). Es waren Siege, die dem Volk Gottes zeigten, dass es jederzeit siegen konnte (V. 13-14). Schließlich wird in Ps 136, dem großen »*ḥesed*-Psalm«, gezeigt, wie stark Jahwes Arm in der Geschichte war, angefangen mit dem Exodus bis hin zur Landnahme. Diese Siege waren nicht historische Zufälle, sondern hatten letztlich ihren Grund in Jahwes Bundestreue (*ḥesed*).

## Schlussfolgerung

Es gibt eine Geschichte der Theologie und eine Theologie der Geschichte. Beide bilden nicht das Thema der Geschichte im AT. Man muss unbedingt beachten, dass das AT Geschichte *und* Theologie ist. Seine theologische Natur beeinträchtigt nicht seine historische Glaubwürdigkeit oder die Wirklichkeit der berichteten Ereignisse. Seine historische Natur sollte aber auch nicht dazu verleiten, es *nur* als Geschichtsbuch zu verstehen und es so seiner theologischen Interpretation der historischen Ereignisse zu berauben. Was im AT steht, ist die Geschichte über Gottes ewige Absicht mit der Menschheit und mit seinem Volk, wie sie in der Schöpfung, im Ereignis, im Wort und in der Reflexion darüber sichtbar wird. Das ist nicht die ganze Geschichte, aber die wahre Geschichte. Sie genügt, um zur Erlösung und zum wahren Leben zu führen.

# 2. Der Ursprung des Volkes

## Israel in Moab[1]

Am Ende des 15. Jh. v. Chr.[2] versammelte sich eine riesige Zahl von Menschen, die als »Israel« bekannt war, als ein Volk, das einmalig war unter allen Nationen, in der Ebene Moabs. Mose, der seit mehr als 40 Jahren ihr Führer gewesen war, wusste, dass er bald sterben sollte, und hatte daher bereits die Führung an den jüngeren Josua abgegeben. So lagerte das Volk westlich des Jordans und bereitete sich auf die Eroberung Kanaans vor. Dies war ein bedeutender Moment. Denn Israel war nur ein Volk von Sklaven gewesen, bevor es auf wunderbare Weise aus den Händen der damaligen Supermacht Ägypten befreit worden war und Jahwe, den Gott des Himmels und der Erde, am Sinai erfahren hatte. Dort hatten sie einen Bund mit ihm geschlossen und wurden so zu seinem Volk, zu seinem Vasall. Jetzt, nach ca. 40 Jahren, waren sie östlich von Jericho angekommen und bereit, eine Verheißung ihres Bundesgottes in die Tat umzusetzen, nämlich Kanaan zu ihrer Heimat zu machen.

Daher ergaben sich für die Israeliten eine ganze Reihe an gewichtigen Fragen, die jetzt nach Antworten verlangten. Zwar hatten Mose und viele seiner Vorgänger von den Verheißungen Gottes entweder durch direkte Offenbarung oder durch mündliche Tradition erfahren und diese göttlichen Absichten ihren Zeitgenossen auf verschiedene Art und Weise mitgeteilt, aber es hatte bis dahin noch keine systematische Darstellung gegeben. Die historischen Entwicklungen und theologischen Begründungen, wie es zur Entstehung des Volkes und seinem besonderen Verhältnis zu Gott gekommen war, waren noch nicht aufgearbeitet worden. Ebenso verlangten das besondere Vorrecht und die Verantwortung, als sein Volk in Übereinstimmung mit seinem Heilsplan zu leben, nach einer Klärung. Daher mussten

---

[1] Der Leser möchte entschuldigen, dass am Anfang dieses Kapitels eine gewisse Wiederholung aus Kapitel 1 zu finden ist. Aber Merrills Aufsatz, der den größten Teil des ersten Kapitels bildet, sollte in seiner Ganzheit wiedergegeben werden.

[2] Die Argumentation für die in diesem Buch angenommenen Daten werden auf S. 128-146 näher ausgeführt.

zunächst folgende Fragen beantwortet werden: Wer war dieses Volk wirklich? Was war die Bedeutung Israels? Wie war es zur Entstehung dieses Volkes gekommen? Was war sein besonderer Auftrag als Mitglied der Völkerfamilie und der Nationen? Und weitergehender: Welche Bedeutung hatten die Schöpfung, der Himmel und die Erde, und welche der Mensch? Welches Ziel hatte der Schöpfer für seine Schöpfung? Wenn Israel das souverän erwählte Volk von Dienern Gottes war, wie würde seine Rolle in der Ausführung des großen Heilsplanes Gottes aussehen?

## Die Absicht der Tora

Die jüdischen und christlichen Traditionen lehren beide, dass Mose, Mittler des Bundes und Sprachrohr Jahwes, seinem Volk diese Fragen beantwortete. Es war der letzte große Dienst seines langen und produktiven Lebens.[3] Die schriftliche Fixierung dieser Antworten ist

---

[3] Die historisch-kritische Methode im 18. Jh., z. Zt. der Aufklärung, kam zu dem Ergebnis, Mose könne nie den Pentateuch verfasst haben. Man nahm an, der Pentateuch sei aus verschiedenen Dokumenten oder Überlieferungen entstanden, die sich lange nach den traditionellen Daten für Mose gebildet hätten. Für Darstellungen und historische Entwicklungen dieser Forschungsmethode siehe: H.-J. Kraus, *Geschichte der historisch-kritischen Erforschung des Alten Testaments.* Neukirchen, 3. erw. Aufl., 1982; C. Houtman, *Der Pentateuch. Die Geschichte seiner Erforschung neben einer Auswertung.* Kampen, 1994. Diese Forschungsrichtung und ihre Hypothese wurde aber immer wieder kritisiert, in neuerer Zeit besonders durch W.H. Green, *Die Höhere Kritik des Pentateuchs.* Gütersloh, 1897; B. Jacob, *Das Erste Buch der Torah.* Berlin, 1934, S. 949-1049; U. Cassuto, *The Documentary Hypothesis and the Composition of the Pentateuch.* Jerusalem, 1961; W. Möller, *Grundriss für alttestamentliche Einleitung.* Berlin, 1958, S. 96-124; S. Külling, *Die Datierung der Genesis P-Stücke.* Kampen, 1964, S. 131ff; K. Kitchen, *Alter Orient und Altes Testament.* Wuppertal, 1965, S. 48-53; E. Blum, *Die Komposition der Vätergeschichte.* Neukirchen, 1984; ders., *Studien zur Komposition des Pentateuch.* Berlin, 1990; G.J. Wenham. »Genesis: An Authorship Study and Current Pentateuchal Criticism.« *JSOT* 42, 1988, 3-18; ders. »Method in Pentateuchal Source Criticism.« *VT* 41, 1991, 84-109, und allgemein zu dieser Forschungsrichtung G. Maier, *Das Ende der historisch-kritischen Methode.* Wuppertal, 1974. Besonders seit dem Erscheinen von R. Rendtorffs Buch: *Das überlieferungsgeschichtliche Problem des Pentateuchs.* Berlin, 1977, ist in den eigenen Reihen

heute unter zwei Namen bekannt: Die Juden bezeichnen sie als Tora, die Christen als Pentateuch, als die fünf Bücher Mose. Obwohl die Tora meistens als »Gesetz« charakterisiert wird, beinhaltet sie dennoch Geschichte, allerdings sehr qualifizierte Geschichte.[4]

## Das erste Buch Mose (Genesis)

Das erste Buch Mose dokumentiert, dass der Gott Israels der Schöpfer aller Dinge ist. Außerdem will es den Lauf der Geschichte der Menschheit aufzeigen, angefangen bei der Schöpfung bis hin zur Entwicklung Israels zum Volk Gottes. Das Buch offenbart Gottes Absichten als Schöpfer und beschreibt die sündige Weigerung der Menschheit, sich nach dem göttlichen Willen zu richten. Demgegenüber stehen in der Genesis die Abmachungen und Verheißungen jenes Bundes, durch den Gott, trotz des Ungehorsams der Menschen, letztendlich doch sein Ziel erreichen wird. Dies schließt die Erwählung Abrahams ein, der durch seine unzählbaren Nachkommen eine Quelle des Segens für die gesamte Welt werden sollte.[5]

---

dieser Forschungsrichtung viel in Bewegung geraten. Siehe u. a. E. Otto, »Stehen wir vor einem Umbruch in der Pentateuchkritik?« *VuF* 22, 1977, 82-97; H. H. Schmid, »Auf der Suche nach neuen Perspektiven für die Pentateuchforschung.« *VTS* 32, 1981, 375-394; E. Zenger, »Wo steht die Pentateuchforschung heute?« *BZ* 24, 1980, 101-116; ders. »Auf der Suche nach einem Weg aus der Pentateuchkrise« *ThRv* 78, 1982, 353-362; A. H. J. Gunneweg. »Anmerkungen und Anfragen zur neueren Pentateuchforschung« *ThR* 48, 1983, 227-253; 50, 1985, 107-131; R. N. Whybray, *The Making of the Pentateuch: A Methodological Study. JSOTS* 53, Sheffield, 1987; H. Utzschneider, »Die Renaissance der alttestamentlichen Literaturwissenschaft und das Buch Exodus: Überlegungen zu Hermeneutik und Geschichte der Forschung.« *ZAW* 106, 1994, 197-223; R. Rendtorff, »The Paradigm is Changing: Hopes – and Fears.« *Biblical Interpretation* 1, 1993, 34-53; ders. »Directions in Pentateuchal Studies.« *Currents in Research Biblical Studies* 5, 1997, 43-65.

[4] Siehe S. 25 ff.

[5] G. v. Rad, *Das erste Buche Mose*. Göttingen, 1976, S. 122-123. Die Absicht der Erzväter-Geschichten wird gut erklärt durch J. Goldingay, »The Patriarchs in Scripture and History.« *Essays on the Patriarchal Narratives*. A. R. Millard und D. J. Wiseman, Hrsg., Winona Lake, 1983, S. 1-4.

## Das zweite Buch Mose (Exodus)

Das zweite Buch Mose erzählt die Geschichte der Nachkommen Abrahams von ihrer Befreiung aus der ägyptischen Knechtschaft bis zu ihrer Entwicklung zum Volk Gottes in der sinaitischen Wüste. Obwohl Israel als unwertes Objekt der Gnade erscheint, wird genau dieses Volk von Gott erwählt, um mit ihm einen formellen Vertrag zu schließen. Damit verfolgt Gott zwei Ziele: 1. Israel sollte die göttlichen Heilswahrheiten erhalten und bewahren, und 2. sollten an ihm diese Wahrheiten für die anderen Völker sichtbar gemacht werden, was seinen Höhepunkt in der Menschwerdung Jesu Christi fand. Um diesen Bund herum sind die Hauptthemen des Buches folgendermaßen angelegt: Zunächst der historische Exodus, der seinen Höhepunkt im Bundesschluss (2. Mo 20-24) fand. Dann folgen kultische Vorschriften, die klären, wie sich der Vasall dem Souverän nähern kann (durch Opfer und Ritual) und wie der Ort beschaffen sein soll, an dem der Kult-Akt vollzogen werden soll, die Stiftshütte.

## Das dritte Buch Mose (Levitikus)

Das dritte Buch der Tora gibt die Normen der Heiligkeit für die, die den Zugang zum unermesslich heiligen Bundesgott herstellen und aufrechterhalten sollten. Diese Normen galten nicht nur für das Volk als Ganzes, sondern speziell für die Priester, die in den öffentlichen Gottesdiensten die Mittler-Rolle innehatten.

## Das vierte Buch Mose (Numeri)

Das vierte Buch des Pentateuchs beschreibt die Wanderung Israels vom Sinai zur Ebene Moabs. Eine Reise, auf der das Volk immer wieder gegen den Herrn und seine theokratischen Verwalter rebellierte. Sie fand ihren traurigen Tiefpunkt im Tod der Erwachsenen der aus Ägypten befreiten Generation. Daraus ergab sich die Notwendigkeit der Aktualisierung der Bundessatzung für die neue

Generation, die Kanaan erobern sollte. Das Buch gibt die historischen Ereignisse zwischen dem Bundesschluss am Sinai und der Ankunft Israels in der Ebene Moabs wieder, eine Spanne von ca. 38 Jahren. Dadurch ist Numeri in erster Linie Geschichtsschreibung und leistet einen wichtigen Beitrag zum Verständnis des wandernden Volkes.

## Das fünfte Buch Mose (Deuteronomium)

Das fünfte Buch ist eine Ansprache Moses an das Bundesvolk vor dem Einzug ins Land Kanaan. Literarisch gesehen ist 5. Mo hauptsächlich ein Bundestext mit allen Elementen, die für solche Texte charakteristisch sind und die auch sonst im aVO vorkommen.[6] Dieses Buch beabsichtigt, mit Zusätzen und Klarstellungen die grundlegende Botschaft des Bundes von 2. Mo 20-23 zu wiederholen. Diese Wiederholung war nötig geworden, da sich die geschichtlichen Gegebenheiten seit dem Bundesschluss am Sinai vor 40 Jahren entscheidend verändert hatten: Die erwachsene Generation, mit der der sinaitische Bund geschlossen worden war, war am Aussterben bzw. schon tot. Jetzt war es an der jungen Generation, selbst auf Jahwe zu hören und auf seine Bundessatzungen zu antworten. Der Bund musste also bestätigt werden, so wie es in der ganzen östlichen Mittelmeerwelt Sitte war, wenn eine Generation des Vasallen-Volkes gestorben war.[7] Zudem war der sinaitische Bund, genau wie seine teilweisen Anklänge in 4. Mo, besonders auf die vorübergehenden

---

[6] M. G. Kline, *The Structure of Biblical Authority.* Grand Rapids, 1972, S. 9-14; K. Baltzer, *Das Bundesformular.* Neukirchen, 1960, S. 40-47

[7] P. C. Craigie, *The Book of Deuteronomy.* Grand Rapids, 1976, S. 28, 30-32; J. A. Thompson, *Deuteronomy.* Leicester, 1974, S. 17-21; D. J. McCarthy, *Treaty and Covenant.* Rom, 1978, S. 157ff; M. Weinfeld, *Deuteronomy and the Deuteronomistic School.* Oxford, 1972; ders., *Deuteronomy 1-11.* AB 5, New York, 1991, S. 6-9.

Nöte einer nomadischen Gesellschaft abgestimmt. Die Stämme hatten aber nun die Grenze zu Kanaan erreicht und bereiteten sich auf ein sesshaftes Leben in Kanaan vor. Deshalb war auch eine Modifikation des Bundes nötig geworden, weil sich mit dem Einzug in das verheißene Land der Status Israels bald stark ändern sollte: Sie würden nicht mehr Nomaden sein, sondern sesshaft. 5. Mo enthält Moses Abschiedsrede, in der er sein Volk daran erinnert, wer sie sind, woher sie kamen und was ihr Auftrag und ihre Mittler-Rolle unter den Nationen sein sollte – von dem Tag an, an dem sie das verheißene Land für sich in Anspruch nehmen würden.

## Die Geschichte der Patriarchen

Die Geschichte Israels beginnt nicht erst mit Mose und auch nicht mit den Ereignissen des Exodus und des Bundesschlusses. Es gab bereits eine Vorgeschichte des Volkes, die Mose auf der Ebene Moabs verfasste und zu einem systematischen Bericht verarbeitete, indem er über Israels Ursprung, Auftrag und Bestimmung schrieb. Dadurch stellte er seine Fähigkeiten als Geschichtsschreiber unter Beweis. Als Augenzeuge und als Forscher sammelte und ordnete er Rohmaterial, das die Vergangenheit dokumentierte. Er schuf ein literarisches Meisterwerk, das heute als »Tora« bekannt ist. Sie ist ein Geschichtsbuch, aber mehr als das. Sie ist ein theologisches Werk, dessen Absicht es ist zu zeigen und herauszustellen, dass Gott, der Schöpfer, durch das auserwählte Israel seine schöpferische und erlösende Absicht für alle Menschen vollbringen will.[8]

---

[8] Dass die Patriarchen-Geschichten eine nuancierte Geschichtsschreibung sind, sieht u. a. J. T. Luke. »Abraham and the Iron Age: Reflections on the New Patriarchal Studies.« *JSOT* 4, 1977, 35-47, bes. 47.

## Abraham: Ahnherr der Nation

### Abrams Herkunft

Eine Geschichte Israels muss mit dem Ruf Gottes an Abram beginnen, der Vater der auserwählten Nation zu werden. Am Ende des kurzen Geschlechtsregisters in 1. Mo 11, 10-26 erscheint der Name Terach, der der Vater Abrams, Nahors und Harans war. Er lebte in Ur in Chaldäa (V. 28), der berühmten sumerischen Stadt, die am Euphrat lag, ca. 240 km nordwestlich der gegenwärtigen Küste des persischen Golfes.[9] Die befriedigendste Rekonstruktion der biblischen Chronologie rechnet mit der Geburt des Abram im Jahr 2166 v. Chr.[10] Ur war zu dieser Zeit unter der Kontrolle der Gutäer, einem barbarischen Bergvolk.[11] Die Stadt war der Mittelpunkt einer großen Anzahl von Stadtstaaten, welche von den hochkultivierten Sumerern spätestens von der Mitte des 4. Jt. v. Chr. an bewohnt waren. Ur, wie es Terach und Abram vorfanden, war eine Weltstadt, in der nicht nur Sumerer, sondern auch Semiten lebten, wie Terach und Abram. Ihre intellektuellen und kulturellen Traditionen vermischten sich mit

---

[9] Über die Ausgrabungen in Ur berichtet C. L. Woolley, *Ur in Chaldäa.* Wiesbaden, 1956.

[10] Dass die Erzväterzeit ungefähr in die MB I-II (ca. 2000-1800) fällt, wurde von J. J. Bimson in seinem Artikel »Archeological Data and the Dating of the Patriarchs.« *Essays on the Patriarchal Narratives.* A. R. Millard und D. J. Wiseman, Hrsg., Winona Lake, 1983, S. 53-89, gezeigt. Siehe auch J. Bright, *A History of Israel.* Philadelphia, 3. Aufl., 1981, S. 85; K. A. Kitchen, »Genesis 12-50 in the Near Eastern World.« *He Swore an Oath, Biblical Themes from Genesis 12-50.* R. S. Hess et al., Hrsg., Carlisle, 1994, S. 67-92.

[11] Dies ist die in Deutschland gebräuchlichste Bezeichnung dieses Volkes. Andere nennen es Gütig, Gütigem oder Qutû. Näheres über die Gutäer in C. J. Gadd. »The Dynastie of Agade and the Gutian Invasion.« *CAH,* 3. Aufl., I:2, 454-461; W. W. Hallo, »Gutium,« *RlA*, Bd III, S. 708-711; W. I. Awdijew. *Geschichte des Alten Orients.* Berlin, 1953, S. 58-60. Die Herrschaft der Gutäer dauerte ca. 2240-2115.

denen der Sumerer.[12] Zu dieser Zeit hatte Sargon (2371-2316)[13] bereits das von den Semiten beherrschte Reich von Akkad, das etwa 320 km nordwestlich von Ur lag, gegründet. Daher lässt sich mit großer Wahrscheinlichkeit vermuten, dass Abram zwei Sprachen fließend sprechen konnte: neben sumerisch auch akkadisch. Woher Abrams Vorfahren kamen und weshalb sie sich in Ur niederließen, wird nicht berichtet. Das Verschmelzen der sumerischen und semitischen Rasse während des 3. Jt. im südlichen Mesopotamien ist so gut dokumentiert, dass es keinen zwingenden Grund gibt, nach einem anderen Ur zu forschen.[14]

Als Hauptgottheit wurde in Ur die sumerische Mondgottheit Nannar verehrt, im Akkadischen Sin genannt. Abram und seine Familie waren wahrscheinlich treue Verehrer Sins und seiner Sippschaft, denn Jos 24,2 spricht davon, dass er und seine Familie jenseits des Stromes (Euphrat) anderen Göttern gedient hatten. Andere Wis-

---

[12] D. O. Edzard, »The Early Dynastic Period.« *The Near East: The Early Civilisations.* J. Bottéro et al., Hrsg., New York, 1967, S. 86-87; T. Jacobsen, »The Assumed Conflict Between Sumerians and Semites in Early Mesopotamian History.« *JAOS* 59, 1939, 485-495; F. R. Kraus, *Sumerer und Akkader.* Amsterdam, London, 1970.

[13] Die außerbiblischen Daten in diesem Kapitel sind aus der *Cambridge Ancient History*, 3. Aufl., entnommen.

[14] C. H. Gordon hat vorgeschlagen, Abram mit Ura' in Syrien in Verbindung zu bringen, denn es liegt näher an Haran und scheint nach seiner Sicht auch besser zu den Erzählungen über Isaak und Jakob zu passen, denn ihre Frauen kamen aus Abrams Verwandschaft in Aram oder dem oberen Syrien. Siehe sein »Abraham of Ur.« *Hebrew and Semitic Studies.* D. W. Thomas und W. D. McHardy, Hrsg., Oxford, 1963, S. 77-84; C. H. Gordon, *Geschichtliche Grundlagen des Alten Testaments.* Einsiedeln, Zürich, Köln, 1961, S. 41, FN 26. Man meinte auch, dass das syrische Ur in den Ebla-Texten erwähnt werde, aber – wie P. C. Maloney gezeigt hat – sehen die Keilschriftzeichen für das syrische Ur anders aus als die für das sumerische. Vergl. »The Raw Material.« *BARev* 6.3, 1980, 59. Mit sehr gewichtigen Argumenten hat H. W. F. Saggs, »Ur of the Chaldees.« *Iraq* 22, 1960, 200-209, das südmesopotamische Ur als das Ur der Chaldäer verteidigt. Die Apposition »der Chaldäer« ist sicherlich eine spätere Erklärung, denn die Chaldäer und Kaldu (d. i. Chaldea) sind erst seit dem 9. Jh. v. Chr. bekannt. Die Absicht dieser Apposition soll unzweifelhaft dazu dienen, das südliche Ur von anderen Städten des gleichen Namens zu unterscheiden.

senschaftler gehen so weit, den Namen Terach als eine Form des hebräischen Wortes *yāreāḥ* (Mond) anzusehen; dann wäre dieser Name ein Zeugnis für Terachs persönliche religiöse Ausrichtung.[15] Nachdem er und seine Familie Ur verlassen hatten, ließen sie sich in Haran nieder, einer weiteren Hochburg der Sin-Verehrung.

Abram wurde ins Heidentum hinein geboren, was um so erstaunlicher ist, da er doch ein direkter Nachkomme der erwählten Linie Sems war (1. Mo 9,26). Diese erstaunliche Tatsache soll nur kurz behandelt werden. Abram ist mit Sem durch eine Genealogie verbunden, die sicherlich nicht vollständig ist, sondern selektiv. Das bedeutet, dass die Namen, die erwähnt werden, repräsentativ sind für viele andere Personen, die aus den verschiedensten, uns unbekannten Gründen nicht genannt werden.[16] Wenn man diese Genealogie allerdings als eine geschlossene, also vollständige interpretieren würde, dann wären Sem und Abram Zeitgenossen gewesen.[17] Was aber nicht der Fall sein kann, da sich einige Fragen kaum klären ließen: Wie konnten Abrams unmittelbare Vorfahren in so kurzer Zeit heidnisch werden und warum musste Abram überhaupt zu seiner heiligen Mission berufen werden, da doch Gläubige vorhanden gewesen wären, die Gott zu seinem Zweck hätte gebrauchen können? Und warum werden von Sem und Abram so unterschiedliche Lebensspannen berichtet? Sem starb im Alter von 600 Jahren – noch

---

[15] W. G. Dever und W. M. Clark, »The Patriarchal Traditions.« *Israelite and Judean History*, J. H. Hayes und J. M. Miller, Hrsg., Philadelphia, 1977, S. 127. Wahrscheinlicher ist jedoch, dass der Name sich herleitet vom akkadischen *tarḫu*, »Steinbock«. Siehe C. Westermann, *Genesis 1-11*. Neukirchen, 1974, S. 748.

[16] Form und Funktion der Genealogien im AT und im aVO sind behandelt worden von R. R. Wilson, *Genealogy and History in the Biblical World*. New Haven, 1977; J. M. Sasson, »A Genealogical ›Convention‹ in Biblical Chronography.« *ZAW* 90, 1978, 171-185; G. Hasel, »The Meaning of the Chronogenealogies of Genesis 5 and 11.« *Origins* 7, 1981, 53-70.

[17] Eine »geschlossene Genealogie« lässt keine Personen aus. Das würde bedeuten, dass Noah im Jahr 2168 starb, nur zwei Jahre vor Abrams Geburt. Sem wäre dann 2016 gestorben, nur 25 Jahre vor Abrams Tod. Siehe 1. Mo 9,28; 11,10f; 25,7. Wir nehmen an, dass Terach 130 war, als Abram geboren wurde. Siehe FN 18.

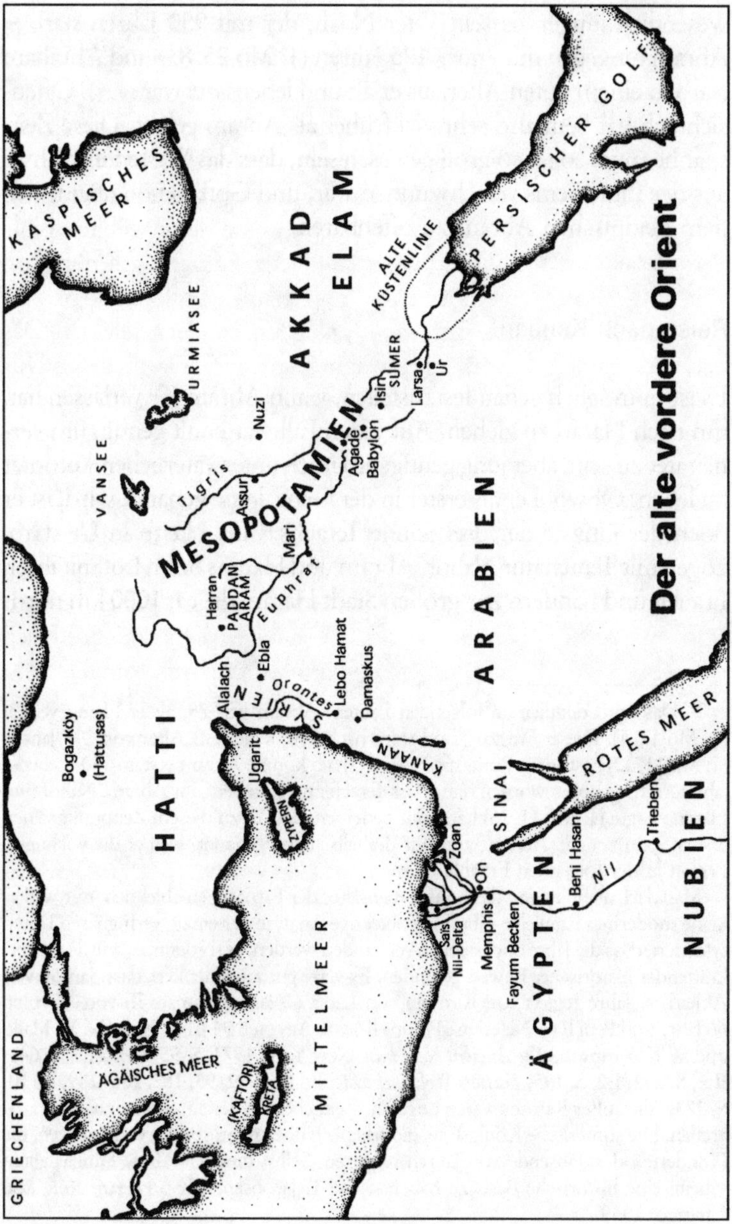


**Der alte vordere Orient**

wesentlich jünger als sein Vater Noah, der mit 950 Jahren starb – Abram hingegen mit »nur« 175 Jahren (1. Mo 25, 8: »und Abraham starb in einem guten Alter, als er alt und lebenssatt war ...«). Offensichtlich hat Sem also sehr viel früher als Abram gelebt. Diese Zeitspanne muss sogar so groß gewesen sein, dass das Wissen um Jahwe aus der Linie Sems verschwunden war, und Gott es nötig fand, sich dem heidnischen Abram zu offenbaren.

### Reise nach Kanaan

Es ist unmöglich genau festzustellen, wann Abram Ur verlassen hat, um nach Haran zu ziehen. Auf jeden Fall war er alt genug, um verheiratet zu sein, aber jung genug, um noch unter väterlicher Autorität zu leben. Obwohl er als erster in der Genealogie genannt wird, ist er doch der jüngste der drei Söhne Terachs.[18] Da Haran in Ur starb, zogen mit Terach nur Nahor, Abram und Harans Sohn Lot mit ihren Frauen und Kindern zur großen Stadt Haran, die ca. 1000 km nord-

---

[18] Das wird deutlich an folgenden Fakten: Abram war 75, als er Haran verließ (1. Mo 12, 4). Dieser Wegzug fand statt, nachdem Terach im Alter von 205 Jahren (1. Mo 11, 32) gestorben war (Apg 7, 4). Deshalb konnte Abram erst im 130. Lebensjahr Terachs geboren worden sein. Dass Terach im 70. Lebensjahr Abram, Nahor und Haran zeugte (1. Mo 11, 26) kann nur bedeuten, dass er zu diesem Zeitpunkt seinen ersten Sohn zeugte. Abram wird nur deshalb zuerst genannt, weil er die wichtigste Person in der folgenden Erzählung ist.

Man darf nicht *a priori* das hohe Lebensalter der Patriarchen ablehnen, nur weil es keine modernen Parallelen gibt. Eine objektive Analyse der einzig verfügbaren Daten erfordert, dass die Jahre buchstäblich verstanden werden, es sei denn, es würde ein entkräftender historischer Beweis gefunden. Es wäre gut zu bedenken, dass Sargon von Akkad 56 Jahre regiert hat, Rim-Sin von Larsa 60 Jahre, Ramses II. von Ägypten 66 Jahre und Pepi II (= Neferkare Phiops II.) von Ägypten 94 Jahre. Siehe W. W. Hallo und W. K. Simpson, *The Ancient Near East.* New York, 1971, S. 55; *CAH* I:2, S. 641; II:2, S. 232; I:2, S. 195; *Fischers Weltgeschichte.* Bd II, S. 92, 95, 182, 288-289, Bd III, S. 273. Alle außer Ramses waren ungefähr Zeitgenossen der alttestamentlichen Patriarchen. Die sumerische Königsliste, die erheblich übertreibt, spricht von Königen, die Hunderte oder Tausende von Jahren regierten. Selbst diese erwähnte Langlebigkeit scheint eine historische Basis zu haben. Siehe T. Jacobsen, *The Sumerian King List.* Chicago, 1939.

westlich von Ur lag. Warum Terach und seine Familie Ur verließen, kann nur vermutet werden. Es könnte durchaus sein, dass, nachdem die Gutäer Ur erobert hatten, politische und soziale Unruhen sie dazu veranlassten. Terach konnte nicht wissen, dass die barbarischen Gutäer 2115 vertrieben werden würden und Ur-Nammu die berühmte Ur-Dynastie gründen würde. Zu dieser Zeit müssten Terach und seine Familie schon in Haran angekommen sein. Weitere 25 Jahre danach verließ Abram Haran, um nach Kanaan zu ziehen (1. Mo 12,4; Apg 7,4).

In den Jahren, in denen er in der Gegend von Haran wohnte, hat er sicher den semitischen Dialekt der Amoriter erlernt und sich den halbnomadischen Lebensstil angeeignet, dem er auch in Kanaan folgte. Haran wurde zu dieser Zeit hauptsächlich von einem Volk bewohnt, das die Sumerer MAR.TU nannten, das den Akkadern als Amurru bekannt war und das im AT Amoriter genannt wird.[19] Die Amoriter bewohnten während dieser Zeit nicht nur die Hauptstädte Nordwest-Mesopotamiens, sondern hatten sich, hauptsächlich aus wirtschaftlichen Gründen, bis in den Südosten und Südwesten ausgedehnt.[20] Dadurch entstanden amoritische Stadtstaaten wie Isin, Larsa und – der wichtigste – Babylon. Hammurabi selbst (1792-1750), der bekannteste Herrscher des altbabylonischen Reiches, war ein Nachkomme dieser Amoriter. Wichtig für das Verständnis der biblischen Geschichte ist die südwestliche Ausbreitung der Amoriter: Sie drangen in Syrien und Kanaan ein, besetzten diese Länder und dehnten sich bis zur nordöstlichen Grenze Ägyptens aus. Die Amoriter, die früher einmal fälschlicherweise als reine Nomaden eingestuft wurden,[21] sind höchstens Halbnomaden gewesen, denen

---

[19] Über die *MAR.TU* oder *Amurru* im oberen Mesopotamien während des frühen 2. Jt. siehe J. Bottéro, »Syria During the Third Dynasty of Ur.« *CAH* I:2, S. 562-564. D.O. Edzard, *Die Zweite Zwischenzeit Babyloniens.* Wiesbaden, 1957, S. 30-45.

[20] I.J. Gelb, »An Old Babylonian List of Amorites.« *JAOS* 88, 1968, 39-46.

[21] J. Kupper, *Les Nomades en Mesopotamie au temps des rois de Mari.* Paris, 1957.

eindeutig Siedlungen aus dieser Zeit zugeordnet werden können.[22] So haben archäologische Untersuchungen vieler Stätten in Syrien und Kanaan aus der Sicht vieler Wissenschaftler überzeugend ergeben, dass die ursprünglichen Bewohner im letzten Teil der FB (2200-2000) durch ein anderes Volk verdrängt worden sind. Dieses Volk waren die Amoriter.[23]

Der biblische Erzähler berichtet, dass Jahwe Abram aufforderte, sein Land Haran zu verlassen und in ein Land zu gehen, das er ihm nach und nach zeigen werde. Manche meinen, Abram sei mit seinem Anhang nicht nur allein umhergezogen, sondern er sei einer unter vielen, ein Teil der amoritischen Migration gewesen.[24] Dagegen spricht, dass Abram in der Bibel nie als Amoriter bezeichnet wird. Gleichwohl könnte die Bezeichnung »Abram, der Hebräer« darauf

---

[22] Über den doppelten Lebensstil der Amoriter siehe M. B. Rowton, »Urban Autonomy in a Nomadic Environment.« *JNES* 32, 1973, 201-215; M. Liverani, »The Amorites.« *POTT,* D. J. Wiseman, Hrsg., Oxford, 1973, S. 113-114.

[23] Vergl. D. Meijer, *A Survey in Northeastern Syria.* Leiden, 1986. Diese Hypothese wurde besonders von K. Kenyon, durch ihr Buch *Amorites and Canaanites.* London, 1966, S. 76-77, verbreitet. Einige Jahre danach gab es eine starke Gegenreaktion zu dieser Hypothese besonders durch C. H. J. de Geus, »The Amorites in the Archaeology of Palestine.« *UF* 3, 1971, 41-60. Trotzdem wird diese von Kenyon vertretene Hypothese weiter befürwortet, da es die bisher beste Erklärung für die Bewegungsfreiheit der Patriarchen in Kanaan während dieser Zeit darstellt und am besten die Siedlungsgewohnheiten, wie sie im AT beschrieben sind, reflektiert. Siehe E. H. Merrill, »Ebla and Biblical Historical Inerrancy.« *BibSac* 140, 1983, 320-321, besonders 306-308; B. Mazar, »Canaan in the Patriarchal Age.« *WHJP,* B. Mazar, Hrsg., Bd II: Patriarchs, Tel Aviv, 1970, S. 169-187, 276-278.

Die Jahresangaben für die Bronzezeitalter befinden sich im Anhang, Tabelle 1.

[24] J. Kaplan, »Mesopotamian Elements in the Middle Bronze II Culture of Palestine.« *JNES* 30, 1971, 293-307, bes. 305-306; G. E. Mendenhall, »The Amorite Migrations.« *Mari in Retrospect.* G. D. Young, Hrsg., Winona Lake, 1992, S. 233-241. Selbstverständlich ist die Amoriter-Hypothese für die geschichtliche Zuverlässigkeit der Patriarchen-Erzählungen unnötig: Abram hätte auch unabhängig von den Amoritern vom oberen Mesopotamien nach Kanaan ziehen können.

hindeuten, dass er mit einigen dieser umherziehenden Menschen in Verbindung gebracht wurde.[25]

## In Kanaan

Als Abram nach Kanaan zog, kam er in ein Land, das zweifellos einen Kulturwechsel erfahren hatte. Die Kanaaniter waren länger als 1000 Jahre das vorherrschende ethnische Element in diesem Land gewesen.[26] Es ist allerdings nicht klar, wer die Kanaaniter zur Zeit des Abrams waren, obwohl das AT ursprünglich Kanaan mit Ham, dem Sohn Noahs, verbindet (1. Mo 9,18b). Ferner ist es nicht sicher, ob die Kanaaniter ethnisch zu den Semiten zu zählen sind. Sie sprachen eine semitische Sprache, die mit der zu vergleichen sein könnte, die

---

[25] W. F. Albright wies darauf hin, Abram sollte nicht als Nomadenhirte angesehen werden, sondern als Karawanen-Reisender oder Händler, d. h. er war im besten Falle ein Halbnomade. Siehe sein »From the Patriarchs to Moses: I. From Abraham to Joseph.« *BA* 36, 1973, 11-15. Daten für herausragende Ereignisse im Leben der Patriarchen gibt Anhang, Tabelle 2.

[26] Man hat die Bezeichnung »Kanaan« oder »Kanaaniter« in außerbiblischen Dokumenten bis vor kurzem nicht früher als Mitte des 18. Jh. gefunden. G. Dossin, »Une mention de canaanéans dans une lettre de Mari« *Syria* 50, 1973, 577-582, der einen Brief aus Mari aus dem 18. Jh. beschreibt, der Kanaaniter erwähnt (*ù Ki-na-aḫ-num*$^{\text{meš}}$). D. Charpin, »Mari entre l'est et l'ouest: politique, culture, religion.« *Akkadica* 78, 1992, 4, ist der Meinung, dass in den Mari-Briefen noch weitere Hinweise auf die Kanaaniter zu finden sind. Nach A. F. Rainey, »Who is a Canaanite? A review of the textual evidence.« *BASOR*, 304, 1996, 1-15; S. Smith, *The Statue of Idri-Mi.* London, 1949, S. 15; M. C. Astour, »The Origins of the Terms ›Canaan‹, ›Phoenician‹ and ›Purple‹.« *JNES* 24, 1965, 346-347, gibt es keinen Grund, daran zu zweifeln, dass die Kanaaniter die Bevölkerung Palästinas während der FB waren. R. de Vaux sagt in »Palestine in the Early Bronze Age.« *CAH* I:2, S. 234, es habe keinen Wechsel während des 3. Jt. gegeben, weder in Rasse noch Kultur. Deshalb seien die Kanaaniter als die Gründer der FB anzusehen. Jetzt hat man aber unter den Ebla-Texten, die ca. 500 Jahre früher zu datieren sind als Idri-Mi von Alalach, einen Text gefunden, der von einem »Herrn Kanaans« ($^{d}$*be ka-na-na-im*) spricht. Siehe G. Pettinato, *The Archives of Ebla.* Garden City, 1981, S. 253. Über die Kaaniter siehe auch N. Na'aman, »The Canaanites and Their Land.« *UF* 26, 1994, 397-418.

Abram von Haran bekannt war.[27] Ausgrabungen auf dem Tel Mardich, dem alten Ebla, ca. 250 km südwestlich von Haran, haben Tausende von Tontafeln ans Tageslicht gebracht. Sie sind in einer dem Kanaanäischen verwandten Sprache geschrieben. Einige Wissenschaftler nennen diese Sprache Urkanaanäisch.[28] Diese Tontafeln wurden ca. 2500 v. Chr. beschrieben, also vor Abrams Zeit. Sie zeigen auch eine bemerkenswerte Ähnlichkeit zwischen den Sprachen Nordwest-Mesopotamiens, Syriens und gegebenenfalls auch Kanaans.[29] Da Abram mit dem Amoritischen vertraut war, hat er sicher schnell den Dialekt seines neuen Heimatlandes gelernt.

Die amoritischen Besetzer Kanaans hatten sich hauptsächlich im zentralen Hügelland angesiedelt und lebten von Viehherden und

---

[27] S. Moscati, Hrsg., *An Introduction to the Comparative Grammar of the Semitic Languages.* Wiesbaden, 1964, S. 3-8; W. L. Moran, »The Hebrew Languages in Its Northwest Semitic Background.« *The Bible and the Ancient Near East.* G. E. Wright, Hrsg., Garden City, 1965, S. 59-64.

[28] Pettinato, *Archives.* S. 56. Verschiedene wissenschaftliche Ansichten über die Sprache von Ebla finden sich bei L. Cagni, Hrsg., *La Lingua di Ebla. Atti de Convegno Internazionale (Napoli, 21-23 aprile 1980).* Neapel, 1981; J. Huehnergard, »Languages, Introductory Survey.« *ABD*, Bd IV, S. 156. Über die Ausgrabungen und andere archäologischen Daten siehe P. Matthiae, *Ebla: An Empire Rediscovered.* Garden City, 1981.

[29] Einen vorsichtigen, informativen Überblick über die historische, soziale, religiöse und linguistische Bedeutung Eblas im alten Syrien geben L. Vigano und D. Pardee, »Literary Sources for the History of Palestine and Syria: The Ebla Tablets.« *BA* 47, 1984, 6-16. Siehe auch I. M. Diakonoff, »The Importance of Ebla for History and Linguistics.« *Eblaitica* 2, 1990, 3-30; B. Kienast und H. Waetzoldt, »Zwölf Jahre Ebla: Versuch einer Bestandsaufnahme.« *Eblaitica* 2, 1990, 31-78; R. R. Stieglitz, »Ebla and the Gods of Canaan.« *Eblaitica* 2, 1990, 79-90; M. C. Astour, »An Outline of the History of Ebla (Part I).« *Eblaitica* 3, 1992, 3-82; G. Buccellati, »Ebla and the Amorites.« *Eblaitica* 3, 1992, 83-104; P. Michalowski, »Third Millenium Contacts: Observations on the Relationships Between Mari and Ebla.« *JAOS* 105, 1985, 293-302; G. Pettinato, *Ebla. A New Look at History.* Baltimore und London, 1991.

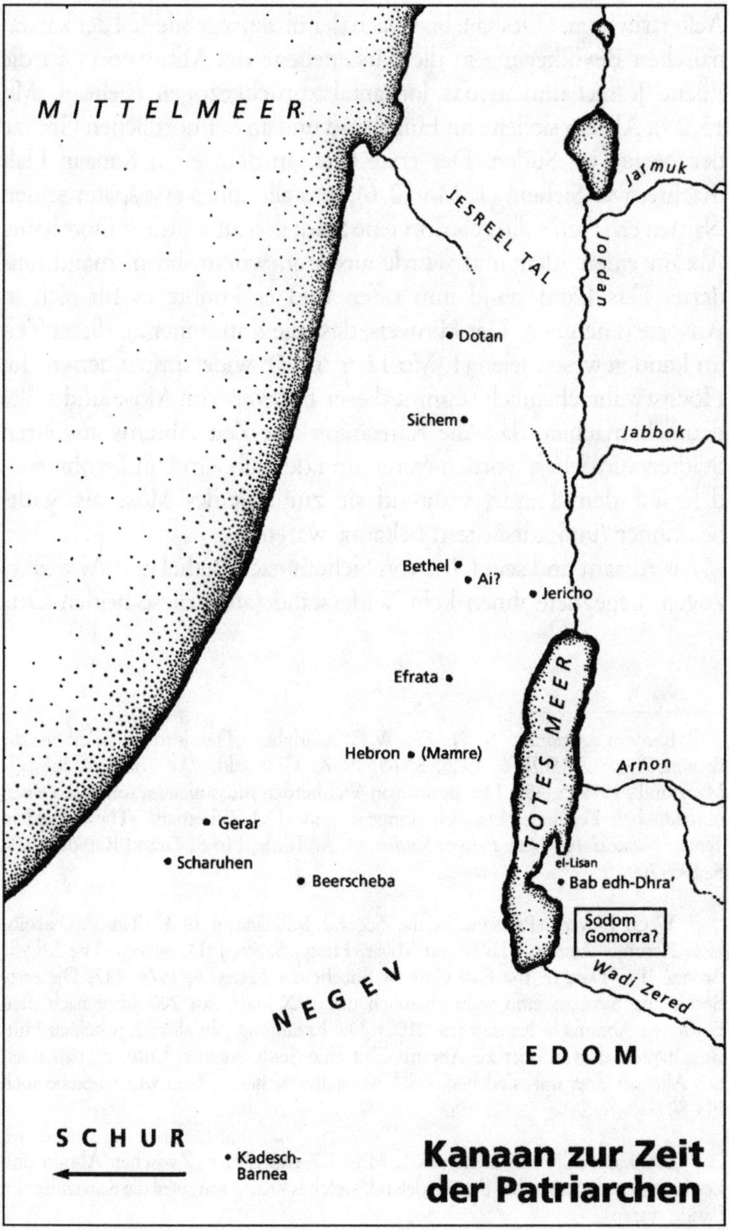


Kanaan zur Zeit der Patriarchen

Ackerfrüchten.[30] Deshalb hatte sich der überwiegende Teil der kanaanäischen Bevölkerung in die Küstenebene des Mittelmeers, in die Ebene Jesreel und in das Jordantal zurückgezogen (siehe 4. Mo 13,29). Abram siedelte im Hügelland und an der nördlichen Grenze der Negev im Süden. Der erste Ort, an dem er in Kanaan Halt machte, war Sichem (1. Mo 12,6), was allerdings erst später seinen Namen erhalten sollte, als dort eine Stadt gebaut wurde.[31] Dort baute Abram einen Altar und wurde ansässig, woran ihn niemand hinderte. Das Land stand ihm offen und er konnte es für sich in Anspruch nehmen. Der Hinweis, dass die Kanaaniter zu dieser Zeit im Land gewesen seien (1. Mo 12,6; 13,7), widerspricht dem nicht. Höchstwahrscheinlich stammt dieser Hinweis von Mose und sollte deutlich machen, dass die Kanaaniter zur Zeit Abrams aus ihren Städten vertrieben worden waren und deshalb »im Land wohnten«, d.h. auf dem Lande, während sie zur Zeit des Mose als Stadtbewohner (in Stadtstaaten) bekannt waren.[32]

Als Abram und sein Clan von Sichem nach Bethel und Ai weiterzogen, begegnete ihnen kein Widerstand (auch diese beiden Ort-

---

[30] Kenyon, *Amorites.* S. 76-77; W.F. Albright, »The Jordan Valley in the Bronze Age.« *AASOR* 6, 1926, S. 68; N.K. Gottwald, *The Tribes of Yahweh.* Maryknoll, 1979, S. 452. Der Besitz von Viehherden muss nicht automatisch einen nomadischen Lebensstil mit sich bringen: Siehe D.J. Wiseman, »They Lived in Tents.« *Biblical and Near Eastern Studies.* G.A. Tuttle, Hrsg., Grand Rapids, 1978, S. 195-200.

[31] W.G. Dever, »Palestine in the Second Millennium BCE: The Archaeological Picture.« *History*, Hayes and Miller, Hrsg., S. 99; J. D. Seger, »The Middle Bronze II C Date of the East Gate of Shechem.« *Levant* 6, 1974, 117. Die erste Besiedlung Sichems fand wahrscheinlich um 1900 statt, fast 200 Jahre nach dem Eintreffen Abrams in Kanaan (ca. 2100). Die Erzählung gibt allerdings keinen Hinweis darauf, dass es dort zu Abrams Zeit eine Stadt gegeben hätte. Er baute seinen Altar an einer unbesiedelten Stelle, wo später Sichem gebaut wurde. Siehe auch FN 80.

[32] Das kann man besonders aus 1. Mo 13,7 entnehmen. Zwischen Abram und Lot kam es zum Streit über das Weideland, welches knapp war, weil die Kanaaniter im Lande waren.

schaften erhielten erst später ihre Namen).[33] So blieb es auch, während sie das gesamte Hügelland südwärts durchzogen. Da sich also die Kanaaniter hauptsächlich auf die Ebenen und Täler zurückgezogen hatten und die Amoriter, unter denen Abram lebte, zumindest eine Art Nomadenleben führten, konnte der Erzvater frei umherziehen und sich niederlassen, wo er wollte, ohne dabei von einer einheimischen Volksgruppe gestört zu werden.

## Reise nach Ägypten

Einige Zeit, nachdem Abram in der Negev angekommen war, zwang ihn eine Hungersnot, nach Ägypten zu ziehen, um zu überleben. Ägypten war seit Urzeiten die Kornkammer der östlichen Mittelmeer-Welt, da durch die regelmäßigen Nil-Überschwemmungen weite Teile des Uferlandes mit fruchtbarem Schlamm bedeckt wurden. Dass Abram ohne Schwierigkeiten nach Ägypten ziehen konnte, war nicht einmalig in der Geschichte: Die Ägypter hatten jahrhundertelang Semiten großzügig Gastfreundschaft gewährt.[34] Natürlich existierten auch gewisse Vorurteile gegenüber den bärtigen Ausländern. Im Großen und Ganzen aber empfing man Semiten freundlich, besonders wenn sie zum Handel bereit waren.[35]

---

[33] Siehe 1. Mo 28,16 und Jos 8,28. Da Ai »Ruine« bedeutet, ist dieser Name der Ortschaft wohl erst nach der Eroberung durch die Israeliten gegeben worden. Die genaue Lage Ais wird bis heute diskutiert. Eine gute Zusammenfassung des Problems gibt J. J. Bimson, *Redating the Exodus and Conquest.* Sheffield, 1978, S. 215-225. Bethel hieß früher Luz, dieser Name erscheint sonst nirgendwo. Gesichert ist die Gründung dieser Stadt in der frühen FB. Siehe J. L. Kelso, »The Excavation of Bethel 1934-1960.« *AASOR* 39, 1968.

[34] C. Aldred, *The Egyptians.* New York, 1961, S. 103-104. Diese Verhältnisse dauerten während der ersten Zwischenzeit und des Mittleren Königreichs an. Siehe O. Tufnell und W. A. Ward, »Relations Between Byblos, Egypt and Mesopotamia at the End of the Third Millennium B.C.« *Syria* 43, 1966, 165-241, bes. 221-223.

[35] Beachte den interessanten Text: »The Instruction for King Meri-ka-re.« *ANET*, J. Pritchard, Hrsg., Princeton, 2. Aufl., 1955, S. 414-418, bes. S. 416b: »Siehe, den

Abram besuchte Ägypten zum Ende der ersten Zwischenzeit, wahrscheinlich während der 10. oder 11. Dynastie. Als er in Ägypten eintraf, standen die großen Pyramiden des alten Königreichs in der Nähe von Memphis schon über 400 Jahre. Diese erfolgreiche Zeit hatte allerdings mit der 6. Dynastie aufgehört. Danach war es 300 Jahre lang mit Ägypten bergab gegangen, politisch, gesellschaftlich und religiös,[36] hauptsächlich weil die Nomarchen, lokale Herrscher, erstarkt waren. Wenn Abram im Jahre 2091 in Kanaan eingetroffen und wahrscheinlich bald darauf nach Ägypten gezogen war, dann ist es gut möglich, dass er es während seines Aufenthaltes in Ägypten mit Pharao Uakare Cheti (= Wahkare Achthoes, ca. 2120-2070) zu tun hatte.[37]

## Abrams Trennung von Lot

Trotz Abrams List segnete der Herr ihn in Ägypten, bevor er in die Negev zurückkehrte. Von dort zog er mit großem Reichtum in die Gegend von Bethel und Ai. Seine Viehherden waren jetzt so groß, dass er und Lot unmöglich friedlich dasselbe Weidegebiet nutzen konnten. Dazu kam wahrscheinlich noch, dass auch nicht-sesshafte Kanaaniter das Weideland für sich beanspruchten. Um die zuneh-

armen Asiaten …: Er wohnt nicht an einem Ort, sondern seine Beine sind dafür gemacht, auf Abwege zu geraten.« Siehe auch A. Volten, *Zwei altägyptische politische Schriften.* Analecta aegyptiaca IV, Kopenhagen, 1945, S. 48; W. Helck, *Die Lehre für Merikare.* Wiesbaden, 1977; E. Brunner-Traut, *Lebensweisheit der Alten Ägypter.* Freiburg, 1985, Nr. 16; E. Blumenthal, »Die Lehre für König Merikare.« *ZÄS* 107, 1980, 5-41. Siehe auch K. A. Kitchen, »Genesis 12-50 in the Near Eastern World.« *He Swore an Oath,* S. 68-71.

[36] E. Otto, *Ägypten – der Weg des Pharaonenreiches.* Urban Taschenbücher 4, Stuttgart, Kohlhammer, 5. Aufl., 1979, S. 89-107.

[37] Wahrscheinlich war dieser Pharao der Verfasser der berühmten »Lehre für König Meri-ka-re.« Vergl. W. C. Hayes, »The Middle Kingdom in Egypt«. *CAH* I:2, S. 466-468. Siehe auch FN 35.

menden Spannungen abzubauen, schlug Abram die Trennung vor. Auch an dieser Begebenheit wird deutlich, dass über Land frei verfügt werden konnte. Man musste es weder von Landbesitzern kaufen, noch musste man sich um eine Erlaubnis bemühen, sich irgendwo niederlassen zu dürfen. Also stimmt die gesamte Erzählung mit den Besiedlungsmodellen überein, die von Kanaan während dieser Zeit bekannt sind.

Lot, der begehrlich nach Osten schaute, entschied sich für die grüne Jordan-Ebene (1. Mo 13,10f); wahrscheinlich das untere Jordantal, das sich östlich von Bethel bis zum Toten Meer erstreckt.[38] Eine Analyse der Kultur dieser Gegend zeigt, dass die einheimischen Kanaaniter auch dort von den Amoritern verdrängt worden waren, genau wie ihre Volksgenossen aus dem Hügelland.[39] Einige Wissenschaftler meinen, die berühmt-berüchtigten Städte der Ebene, darunter Sodom, seien in dem Gebiet nördlich des Toten Meeres zu lokalisieren.[40] Wahrscheinlicher ist jedoch, sie südöstlich des Meeres zu suchen, wie es die Tradition bisher getan hat und wie auch neuere Ausgrabungen zu bestätigen scheinen.[41] Demzufolge zog Lot das Jordantal südwärts entlang, bis er die Außenbezirke Sodoms erreichte (1. Mo 13,12).

---

[38] Y. Aharoni, *Das Land der Bibel.* Neukirchen, 1984, S. 14.

[39] Jericho war die führende Stadt dieses Gebietes, wurde aber um 2300 vernichtet. Danach wurde sie von einer großen, nomadischen Bevölkerung wieder aufgebaut und bewohnt. Die FB-MB-Kultur reicht bis ca. 1900; siehe Kenyon, *Amorites,* S. 9, 33, 35. Die nicht-städtische Natur dieses Gebiets würde erklären, warum Lot die Jordan-Ebene für sich in Anspruch nehmen konnte.

[40] W. C. Van Hatten, »Once Again: Sodom and Gomorrah.« *BA* 44, 1981, 87.

[41] Siehe besonders die noch andauernde archäologische Arbeit von W. E. Rast und R. Th. Schaub, »Survey of the Southeastern Plain of the Dead Sea.« *ADAJ* 19, 1974, 5-53; »Bab edh-Dhra' 1975«. *AASOR* 43, 1978, S. 1-60; »Preliminary Report of the 1979 Expedition to the Dead Sea Plain, Jordan«. *BASOR* 240, 1980, 21-61; »The Dead Sea Expedition Bab edh-Dhra' and Numeira: May 24 - July 10, 1981.« *AASOR* Newsletter 4, 1982, S. 4-12; »Preliminary Report of the 1981 Expedition to the Dead Sea Plain, Jordan.« *BASOR* 254, 1984, 35-60.

Abram hingegen konnte von der Höhe Bethels aus das ganze Land überblicken, das Gott ihm und seinen Nachkommen zu geben versprochen hatte. Der Befehl: »... durchziehe das Land in die Länge und Breite ...« (1. Mo 13, 17) bedeutet Übertragung von Besitz und Herrschaft über das ganze Gebiet.[42] Daher zog er jetzt mit seiner Familie und seinen Herden zum Lagerplatz Mamre, der nach einem amoritischen Häuptling benannt war (1. Mo 14, 13) und später zur Stadt Hebron werden sollte (1. Mo 13, 18). Die Erwähnung Hebrons in diesem frühen Kontext kann also nur ein erklärender Zusatz von Mose sein. Denn nach 4. Mo 13, 22 wurde die Stadt erst sieben Jahre nach der Erbauung Zoans, einer der Hauptstädte der Hyksos im östlichen Nildelta, gegründet, d. h. Hebron entstand um 1727, also 300 Jahre nach Abram.[43]

## Könige des Ostens

Jetzt nehmen die Erzväter-Erzählungen einen ganz anderen Charakter an. Bisher handelte es sich hauptsächlich um individuelle biographische Erzählungen, die nahezu unmöglich in einen internationalen

---

[42] Die göttliche Verheißung des Landes und anderer Segen (1. Mo 12, 1-3; 15, 18-21; 17, 1-8) wird Abram in der Form eines Bundes mitgeteilt, der von den Wissenschaftlern als Schenkungsbund bezeichnet wird: Der Geber ergriff die Initiative zum Bundesschluss, und sehr oft waren damit weder Voraussetzungen noch Qualifikationen des Empfängers verbunden. Siehe M. Weinfeld, »The Covenant of Grant in the Old Testament and the Ancient Near East.« *JAOS* 90, 1970, 184-203; S. E. Loewenstamm, »The Divine Grants of Land to the Patriarchs.« *JAOS* 91, 1971, 509-510.

[43] Zoan wird mit Avaris oder besser mit Tanis, einer Hyksos-Stadt, ca. 20 km von Avaris entfernt, gleichgesetzt. Einige Wissenschaftler identifizieren Zoan und Tanis mit Per-Ramesse. Siehe J. Hawkes, *The First Great Civilisations.* New York, 1973, S. 315. Siehe dazu auch M. Bietak, »Canaanites in the Eastern Nile Delta.« *Egypt, Israel, Sinai.* A. F. Rainey, Hrsg., Tel Aviv, 1987, S. 41-56. Ob Zoan Avaris oder Tanis ist, hat wenig Einfluss auf die Chronologie, da beide Hyksos-Städte um die gleiche Zeit gegründet wurden, ca. 1720. Siehe W. C. Hayes, »Egypt: From the Death of Ammenemes III to Seqenenre II.« *CAH* II:1, S. 57-58.

Kontext einzuordnen sind.[44] In 1. Mo 14 aber begegnet Abram Herrschern, die nicht nur mit Namen aufgeführt werden, sondern deren Territorien und militärische Allianzen ebenfalls genau beschrieben werden. Fast alle Wissenschaftler räumen zwar ein, dass die Erzählung als Geschichtsschreibung verstanden werden will; gleichzeitig sind sie sich aber einig, dass die genannten Könige nicht in außerbiblischen Quellen zu identifizieren sind.[45] Somit kommt es zu zwei Reaktionen: Die einen vertreten einen extremen Skeptizismus und sehen im Bericht eine historische Konstruktion. Die anderen, was aber genauso falsch ist, identifizieren die erwähnten Herrscher mit bekannten Persönlichkeiten des aVOs. So wollte man in »Amrafel, König von Schinar« Hammurabi von Babylon sehen. Schinar ist zwar tatsächlich die biblische Bezeichnung für Mesopotamien (1. Mo 10, 10; 11, 2), aber Hammurabi (1792-1750) lebte 300 Jahre später als Abram. Außerdem kann Amrafel auch sprachwissenschaftlich nicht mit Hammurabi gleichgesetzt werden. Gleiche Versuche, in »Arjoch von Ellasar« Arrijuk oder Arriwuk von Mari und in »Kedor-Laomer von Elam« Kudur-lagamar von Elam und in »Tidal, König von Völkern« Tudhalija I. von Hatti zu sehen, sind ebenfalls aus chronologischen und sprachwissenschaftlichen Gründen fehlgeschlagen. Daher erscheint es ratsam, auch wenn man die Erzählung für historisch verlässlich hält, doch einzuräumen, dass

[44] Das sollte nicht bedeuten, dass die Berichte über die Erzväter unhistorisch seien, nur weil sie Erzählungen sind. Zunehmend wird anerkannt, dass Erzählungen Geschichte sehr effektiv zu vermitteln vermögen. Siehe J. T. Luke, »Abraham and the Iron Age.« *JSOT* 4, 1877, 37; L. Stone, »The Revival of Narrative: Reflections on an New Old History.« *Past and Present* 85, 1979, S. 3-24; ders., »›Disillusioned‹ with Numbers and Counting, Historians Are Telling Stories Again.« *The Chronicle of Higher Education*, 13 June, 1984, S. 5-6.

[45] So E. A. Speiser, *Genesis*. New York, 1964, S. 108-109; N. E. A. Andreason, »Genesis 14 in Its Near Eastern Context.« *Scripture in Context*. C. D. Evans etal., Hrsg., Pittsburgh, 1980, S. 60, 62-65; N. M. Waldman, »Genesis 14 – meaning and structure.« *Dor le Dor* 16, 1987, 256-262. Argumente für ein frühes Datum und für die Historizität von 1. Mo 14 finden sich bei N. M. Sarna, *The JPS Torah Commentary, Genesis*. Philadelphia, New York, Jerusalem, 1989, S. 102-103; K. A. Kitchen, »Genesis 12-50 in the Near Eastern World.« *He Swore an Oath*. S. 71-74.

die Könige des Ostens nicht identifiziert werden können.[46] Vor einigen Jahren dachte man, dass die Identifikation der Herrscher der Städte in der Jordan-Ebene zum Toten Meer durch die Ebla-Texte gelungen sei.[47] Jetzt neigen jedoch die Wissenschaftler dazu, dies eher zu verneinen. Insgesamt kann man aber feststellen, dass es im biblischen Bericht nichts gibt, das den neu gefundenen außerbiblischen Dokumenten widerspräche. Auch die in der Bibel geschilderten Umstände fügen sich gut in das Bild der damaligen Zeit ein. Die vier Könige des Ostens, die oben erwähnt wurden, fielen dem biblischen Bericht zufolge in Kanaan ein, was aber nicht bedeuten muss, dass sie das mit ihrer gesamten militärischen Macht taten. Es ist durchaus wahrscheinlich, dass es Stoßtrupp-Unternehmen waren, die unerwarteten Erfolg brachten, so dass die Städte der Ebene schließlich in Lehnspflicht genommen wurden (1. Mo 14,4).

Doch nach zwölf Jahren rebellierten die Städte. Deshalb erschienen die Könige des Ostens erneut, schlugen den Aufstand nieder und nahmen Gefangene und Beute mit sich. Als Abram erfuhr, dass sein Neffe Lot unter den Gefangenen war, verfolgte er sie mit seinen Verbündeten Mamre, Eschkol und Aner und überfiel sie siegreich in der Gegend von Hoba, nördlich von Damaskus. Wie konnte Abram nach dem biblischen Bericht mit nur 300 militärisch ausgebildeten Männern diesen Sieg erringen? Es wird verständlich, wenn man zu

---

[46] Siehe K.A. Kitchen, *Alter Orient und Altes Testament.* Wuppertal, 1965, S. 19-21. Er weist darauf hin, dass die Herrscher bisher nicht in der außerbiblischen Geschichte gefunden worden sind, aber ihre Namen häufig in der MB erscheinen; ders., »Genesis 12-50 in the Near Eastern World.« *He Swore an Oath.* S. 71-74. S. Yeivin möchte die Patriarchen in das 18.-16. Jh. legen, 300 Jahre später als die hier akzeptierte Chronologie, damit er die Könige mit bekannten Herrschern identifizieren kann. »The Patriarchs in the Land of Canaan.« *WHJP,* Bd II, S. 215-217.

[47] D.N. Freedman, »The Real Story of the Ebla Tablets.« *BA* 41, 1978, 143-164. G. Pettinato, der dies zuerst behauptete, hat diese Äußerung jetzt zurückgenommen. Er hält jedoch an der Erwähnung von Sodom und Gomorra in den Ebla-Texten fest. Siehe sein *Archives,* S. 387. Die Identifizierung von erwähnten Ortschaften in den Ebla-Texten ist besonders schwierig. Siehe Kienast und Waetzoldt, »Zwölf Jahre Ebla,« *Eblaitica* 2, 1990, 54-55. Man sollte auch nicht zuviel AT in die Ebla-Texte hineinlesen. Beachte die geäußerte Vorsicht von R. Biggs, »The Ebla Tablets: An Interim Perspective.« *BA* 43, 1980, 82-83, 85.

seinen Männern noch die Truppen seiner amoritischen Verbündeten hinzuzählt. Die gemeinschaftlichen Truppen, wobei Abram das kleinste Kontingent gestellt hätte, könnten dann eine Stärke von mehreren tausend Mann erreicht haben. Was die Truppenstärke der Könige des Ostens betrifft, gibt es keinen Hinweis im Text, dass sie eine große Armee anführten.

## Abram und seine Kultur

Als Hebräer wird Abram zum ersten Mal in 1. Mo 14,13 bezeichnet, und zwar von einem Nichtisraeliten. Das auserwählte Volk nannte sich selbst nur selten »Hebräer«, besonders in ihrer Frühzeit. Der Grund dafür war, obwohl die ethnische Bezeichnung Hebräer ursprünglich von Eber kommt, einem Vorfahren Abrams (1. Mo 10,21.25), dass die Zeitgenossen sowie auch spätere Generationen sich durch den ähnlich klingenden Namen *ʿapiru* (oder *Ḫapiru*) sich verleiten ließen, beide zu verwechseln.[48] Das bedeutet, dass, obwohl die Hebräer sich selbst eindeutig von den *ʿapiru* unterschieden, andere diese Unterscheidung nicht verstanden oder wahrnahmen, wenn sie Abram und seine Nachkommen abfällig als Hebräer bezeichneten. Dies führte dazu, dass die Hebräer in späteren Zeiten eine andere Bezeichnung für sich wählten, nämlich Israeliten.

In 1. Mo 15 und 16 wird von ungewöhnlichen Handlungen Abrams und seiner Frau berichtet, die wohl nur auf dem Hintergrund der Sitten, Gebräuche und Gesetze des aVOs zu verstehen sind, besonders auf dem Hintergrund von Praktiken der Hurriter, die in den Nuzi-Tafeln belegt sind. Diese Quellen, die vor mehr als 50 Jahren publiziert wurden, sind hauptsächlich Dokumente bedeutender hurritischer Familien, die um 1500 und später in Nuzi, dem

---

[48] Eine ausführliche Diskussion über die ʿapiru findet sich in den Ausführungen über die Landnahme. Siehe aber auch M. Gray, »The Habirû-Hebrew Problem in the Light of the Source Material Available at Present.« *HUCA* 29, 1958, 135-202; M. Greenberg, *The Ḫab/piru.* New Haven, 1955; M. B. Rowton, »Dimorphic Structure and the Problem of the ʿApiru-ʿIbrim.« *JNES* 35, 1976, 17-20.

modernen Jorgan Tepe, ca. 80 km südöstlich von Assur gelegen, lebten.[49] Sie behandeln Erbschafts- und Eigentumsrechte, Sklavenhaltung, Adoption und Ähnliches. Schon früh erkannten Wissenschaftler, dass die darin beschriebenen sozialen und familiären Regelungen an die Erzväter-Erzählungen erinnern. Deshalb wurden sie verwendet, um bis dahin kaum erklärbare Sitten zu deuten. Ein Problem, bei dessen Klärung man auf die Nuzi-Tafeln zurückgriff, war der Einwand Abrams gegenüber Gottes Verheißung von unzählbaren Nachkommen, dass er keinen leiblichen Erben habe, sondern dass sein Knecht Elieser von Damaskus erben werde (1. Mo 15,3). Diese Andeutung zeigt, dass Elieser als Sohn adoptiert war. Noch deutlicher wird die Adoption durch die Aussage Jahwes, dass Elieser nicht Abrams Erbe sein würde, sondern ein Sohn, »der von deinem Leibe kommen wird, der soll dein Erbe sein« (1. Mo 15,4). Die Tontafeln von Nuzi behandeln einen vergleichbaren Fall, der belegt, dass ein Sklave, der von einem kinderlosen Ehepaar als Sohn adoptiert worden war, der rechtmäßige Erbe sein konnte. Ein anderes Beispiel ist Sarais Unfruchtbarkeit und ihr Versuch, sich trotzdem Nachkommenschaft zu sichern (1. Mo 16,1-6). Sie gab einfach Abram ihre Dienerin Hagar als Ersatzfrau, damit das Kind aus dieser Verbindung, Ismael, als legales Kind Abrams und Sarais angesehen werden

---

[49] Die Ausgrabung und Publikation der Texte beschreibt C.J. Mullo Weir, »Nuzi.« *Archaeology and Old Testament Study*, D.W. Thomas, Hrsg., Oxford, 1967, S. 73-86; E.A. Speiser, »New Kirkuk Documents Relating to Family Laws.« *AASOR* 10, 1928-29, S. 1-73; ders., »New Kirkuk Documents relating to Security Transactions.« *JAOS* 52, 1932, 350-367; D.I. Owen und M.A. Morrison, Hrsg., *General Studies and Excavations at Nuzi 9/1.* Winona Lake, 1987; E.R. Lacheman und M. Maidman, *Joint Expedition with the Iraq Museum at Nuzi VII: Miscellaneous Texts.* Winona Lake, 1989; M. Morrison, et al., *The Eastern Archives of Nuzi and Excavations at Nuzi 9/2.* Winona Lake, 1993; M.P. Maidman, *Two Hundred Nuzi Texts from the Oriental Institute of the University of Chicago, Part 1.* Chicago, 1994; W. Mayer, *Nuzi-Studien I: Die Archive des Palastes und die Prosopographie der Berufe.* Neukirchen, 1979. U. Worschech, *Eine sozialgeschichtliche Studie.* Frankfurt/ Main, 1983, lehnt einen Vergleich mit den Nuzi-Tafeln ab (S. 181-195). Allerdings ist er der Ansicht, dass die Patriarchen-Erzählungen das Rechtsmillieu des aVOs durchaus reflektieren (S. 207).

sollte. Auch hier gibt es eine Parallele in den Nuzi-Texten, die dieselbe Lösung für eine ähnliche Situation beschreibt.[50]

In letzter Zeit haben Wissenschaftler jedoch vermehrt auf die unsachgemäße Anwendung des Nuzi-Materials als Illustration der Sitten und Gebräuche der Erzväter hingewiesen.[51] Ferner wird gesagt, dass die Historizität der biblischen Berichte durch dieses Material nicht bewiesen werden kann.[52] Geht man jedoch von der traditionellen biblischen Chronologie aus, dann ergibt sich folgende Schwierigkeit: Die Patriarchen lebten vier- bis fünfhundert Jahre früher, als die Dokumente von Nuzi datiert werden. Dieses Problem der Zeitverschiebung ist so groß, dass C. H. Gordon die Zeit der Erzväter in die SpB (ca. 1550-1200) datierte, um die Nuzi-Texte anwenden zu können.[53] Das ist unhaltbarer Subjektivismus. Die wohl beste Lösung des Problems scheint, in den Nuzi-Texten ein überliefertes Brauchtum zu sehen, das nicht erst zur Zeit dieser Texte entstand, sondern bereits Jahrhunderte vorher gewachsen und ausgeübt worden war. Dafür spricht, dass ähnliche Sitten wie sie in den Nuzi-Texten beschrieben sind, auch von anderen, früheren Orten bekannt sind, so dass sie tatsächlich helfen können, die Sitten und Gebräuche der

---

[50] Andere Parallelen sind bei C. H. Gordon, »Biblical Customs, Adoption at Nuzi and the ›Wife-Sister‹ in Genesis.« *HUCA* 46, 1975, 5-31 zu finden.

[51] Wohl die ausgewogenste Kritik äußert M. J. Selman, »The Social Environment of the Patriarchs.« *Tyn Bull* 27, 1976, 114-136.

[52] J. Van Seters, *Abraham in History and Tradition.* New Haven, 1975; T. L. Thompson, *The Historicity of the Patriarchal Narratives.* Berlin, 1974; ders., »The Background of the Patriarchs: A Reply to William Dever and Malcolm Clark.« *JSOT* 9, 1978, 2-43. Siehe auch R. de Vaux, *Das Alte Testament und seine Lebensordnungen.* Bd I, Freiburg, 1964, S. 52; ders., *The Early History of Israel.* London, 1978, S. 241-256.

[53] »Hebrew Origins in the Light of Recent Discovery.« *Biblical and Other Studies*, A. Altmann, Hrsg., Cambridge, 1963, S. 5-6. Zur so genannten »Comparative Method« siehe den grundlegenden Artikel von S. Talmon, »The ›Comparative Method‹ in Biblical Interpretation – Principles and Problems.« *VTS* 29, 1977, S. 320-356.

Patriarchen zu verstehen.[54] Es gibt also keine stichhaltigen Gründe dafür, die beiden Begebenheiten aus der Abraham-Erzählung, für die es zeitgenössische Analogien gibt, später zu datieren als oben angesetzt oder sie als einmalige Ereignisse ohne zeitgenössische Analogien zu werten.

## Vernichtung Sodoms und Gomorras

Die Geschichte dieser Städte endete nicht mit der dramatischen Rettungsaktion durch Abram und seinen Verbündeten. Denn einige Zeit nach diesem Ereignis erschien der Herr Abram, jetzt Abraham genannt (1. Mo 17, 5),[55] und verkündigte ihm, dass er beabsichtige, Sodom und Gomorra wegen ihrer schweren Sünden zu vernichten. Obwohl Abraham für diese Städte vor Gott eintrat, konnte er Gottes Zorn nicht von ihnen abwenden. Die Städte, ihre Umgebung und ihre Einwohner wurden vernichtet, nur Abrahams Neffe Lot und seine beiden Töchter entkamen (1. Mo 19, 29). Die Zerstörung lässt sich durch einen vulkanischen Ausbruch oder eine Erdgas-Explosion erklären, die große Mengen Magma in die Luft warf, die dann auf die Städte herabfielen.[56]

Dieses Ereignis fand in der Zeit zwischen der Verheißung an Abraham und Sara, dass sie innerhalb eines Jahres einen Sohn haben würden (1. Mo 18, 14), und der Geburt Isaaks (1. Mo 21, 2) statt; es

---

[54] M. J. Selman, »Comparative Customs and the Patriarchal Age.« *Essays on the Patriarchal Narratives.* A. R. Millard und D. J. Wiseman, Hrsg., Winona Lake, 1983, S. 91-139. T. Frymer-Kensky, »Patriarchal Family Relationships and Near Eastern Law.« *BA* 44, 1981, 209-214; M. A. Morrison, »The Jacob and Laban Narrative in the Light of Near Eastern Sources.« *BA* 46, 1983, 155-164.

[55] Abram = »erhabener Vater« wurde zu Abraham = »Vater der Vielen«. Über die Herkunft und theologische Bedeutung dieser Namen siehe D. J. Wiseman, »Abraham Reassessed.« *Essays on the Patriarchal Narratives.* S. 158-160.

[56] Archäologen führen die Vernichtung dieser Städte auf ein großes Erdbeben zurück. Siehe M. D. Coogan, »Numeira 1981.« *BASOR* 255, 1984, 81.

könnte um 2067 gewesen sein.[57] Es ist möglich, dass die Ebla-Tafeln Sodom und Gomorra erwähnen. Da diese Dokumente wohl nicht früher als 2300 zu datieren sind, könnten wenigstens diese beiden Städte nicht vor diesem Datum zerstört worden sein. Neuere Ausgrabungen bei Bab edh-Dhra' und an anderen Orten am südöstlichen Ende des Toten Meeres, die auf oder nahe der el-Lisan Halbinsel liegen, haben die Überreste von wenigstens fünf Ortschaften ans Licht gebracht. Die späteste dieser Siedlungen reicht bis vor 2000 v. Chr. zurück.[58] Man ist versucht, einige oder auch alle diese Ortschaften mit den biblischen Städten in Verbindung zu bringen, da ihre geographische Lage und ihre Daten mit Beschreibungen im AT in Einklang gebracht werden können. Es muss aber auch gesagt werden, dass man mangels außerbiblischer literarischer Dokumentation bei der Identifikation dieser Orte vorsichtig sein muss. Doch scheint durch diese archäologischen Funde die Geschichtlichkeit der Erzväter-Erzählungen zunehmend erhärtet zu werden.[59]

### Abraham und die Philister

Kurz nach der Vernichtung der Städte wanderte Abraham südwestwärts von Mamre zu einem Gebiet, das zwischen Kadesch-Barnea und Schur lag, im nördlichen Teil der Sinai-Halbinsel. Dort lebte auch ein gewisser Abimelech, König von Gerar. Abraham sagte seiner Frau, sie solle vorgeben, seine Schwester zu sein, eine List, die er vorher schon in Ägypten gebraucht hatte. Deshalb meinen kritische Wissenschaftler, dasselbe Ereignis sei hier zum zweiten Mal berichtet

[57] Eine ausführliche Argumentation dieser Daten ist zu finden bei E. H. Merrill, »Fixed Dates in Patriarchal Chronology.« *BibSac* 37, 1980, 242-243.

[58] Rast und Schaub, »Bab edh-Dhra' 1975.« *AASOR* 43, 1978, S. 2; Van Hatten, »Sodom und Gomorrah.« *BA* 44, 1981, 89.

[59] Albright, »Jordan Valley.« *AASOR* 6, 1926, S. 62, sagt sogar, man könne die Aufgabe Bab edh-Dhra's durch seine Einwohner kaum von der Vernichtung der biblischen Städte trennen.

worden.[60] Ähnlich wird auch Isaaks Lüge gegenüber Abimelech, seine Frau Rebekka sei seine Schwester, gesehen.[61] Aber die drei Erzählungen sind im Detail verschieden; ihnen ist nur die Lüge über die Beziehung zur eigenen Ehefrau gemeinsam. Auch gibt es keinen Grund, warum Abraham nicht eine List wiederholen sollte, die ihm doch zuvor Vorteile verschafft hatte. Isaak könnte dieses Verhalten von seinem Vater gelernt haben.[62]

Von größerem historischen Interesse und größerer Schwierigkeit ist die Einordnung Abimelechs als Philister (1. Mo 21,32,34; 26,1). Es wird allgemein angenommen, dass diese Bezeichnung anachronistisch ist, da die Philister als Teil der Einwanderungswellen der Seevölker an der kanaanäische Küste nicht vor 1200 v. Chr. erschienen sind.[63] Schwierig ist auch der Name Abimelech, der semitisch und nicht philistäisch ist.[64]

Abimelech bedeutet »mein Vater ist König« und könnte durchaus ein Titel und kein Personenname sein.[65] Diese Annahme könnte

---

[60] H. Gunkel, *Genesis.* 2. rev. Aufl., Göttingen, 1902, S. 198; R. Kilian, *Die Vorpriesterlichen Abrahamsüberlieferungen, Literarkritisch und Traditionsgeschichtlich untersucht.* Bonn, 1966, S. 6-15, 210-219, 291-294, 305; C. Westermann, *Genesis 12-36.* Neukirchen, 1981, S. 187-189.

[61] Siehe dazu N. H. Ridderbos, »Zijn de drie stukken Genesis 12,10-20, Genesis 20, en Genesis 26, 1-11 te beschouwen als parallelle weergaven van eenzelfde verhaal?« *Gereformeerd Theologisch Tijdschrift* 42, 1940, 33; C. A. Keller, »Die Gefährdung der Ahnfrau. Ein Beitrag zur gattungs- und motivgeschichtlichen Erforschung alttestamentlicher Erzählungen.« *ZAW* 66, 1954, 181-191.

[62] G. L. Archer, *Einleitung in das Alte Testament.* Bd I, Bad Liebenzell, 1987, S. 165/166.

[63] Van Seters, *Abraham,* S. 52; G. W. Ahlström, *The History of Ancient Palestine from the Paleolithic Period to Alexander's Conquest.* Sheffield, 1993, S. 184. Dagegen siehe V. P. Hamilton, *The Book of Genesis, Chapters 18-50.* Grand Rapids, 1995, S. 94.

[64] R. de Vaux, *The Early History of Israel.* Philadelphia, 1978, S. 503-504.

[65] Kitchen, *Alter Orient und Altes Testament,* S. 34; ders., »The Philistines,« *POTT,* D. J. Wiseman, Hrsg., S. 56-57; D. J. Wiseman, »Abraham in History and Tradition. II: Abraham the Prince.« *BibSac* 134, 1977, 232-233.

dadurch bestätigt werden, dass Isaak viele Jahre später mit einem Philisterkönig gleichen Namens zu tun hatte. Aber nicht nur ein Titel, sondern auch ein Personenname kann für verschiedene Herrscher stehen, die zu unterschiedlichen Zeiten am gleichen Ort lebten, wie folgendes Beispiel zeigt: Josua besiegte einen kanaanäischen König, Jabin von Hazor (Jos 11,1ff), und mindestens 100 Jahre danach schlugen Debora und Barak ebenfalls einen König von Hazor mit Namen Jabin (Ri 4). Sachdienlicher wäre vielleicht der Hinweis auf den Gebrauch der Titel *Pharao* und *Zar*, die fast wie Personennamen gebraucht wurden. Deshalb kann man auch bei Abimelech nicht allein aufgrund des Namens auf seine ethnische Herkunft schließen. Es ist durchaus möglich, dass ein Philister einen semitischen Titel annimmt oder dass er einen semitischen Namen trägt, da er sich der semitischen Kultur angepasst hat.

Verwirrender ist das Problem der Anwesenheit von Philistern in Kanaan fast 1000 Jahre vor Ankunft der Seevölker. Eine Anzahl von Texten aus Mari, Ugarit und anderen Plätzen erwähnen ein Volk von Kaptara, dessen Ursprung Kreta oder ein anderer Ort im Mittelmeerraum war.[66] Auch die Bibel bringt die frühen Philister mit den Kaphtorim in Verbindung, d. h. ihr Ursprung lag in Kaphtor oder Kreta (5. Mo 2,23; Jer 47,4; Am 9,7; 1. Mo 10,14). Die Kaptara und die Kaphtorim waren identisch und aufgrund ihrer weiten Reisen, die in außerbiblischen Dokumenten erwähnt werden, kann erklärt werden, wie sie während der MB auch an die Küste Kanaans gelangten.[67] Die Ankunft der Seevölker hätte dann lediglich die Zahl der Philister vermehrt, die schon im Land waren.[68] Könnte es sein, dass das auch

---

[66] R. de Vaux, *Early History*, S. 504.

[67] Sollte ein später assyrischer Text über das Königtum des Sargon von Akkad verlässlich sein, könnten die Kaptara schon zu dieser Zeit (ca. 2350) existiert haben. Siehe Gadd, »Dynasty of Agade.« *CAH* I:2, S. 429-430.

[68] Y. M. Grintz, »The Philistines of Gerar and the Philistines of the Coast.« *Studies in Memory of Moses Schorr 1874-1941*. L. Gingberg und A. Weiss, Hrsg., New York, 1944, S. 96-122.

Israels Exodus-Route erklären würde? Sie nahmen nicht den Weg durch das Land der Philister, obwohl es der kürzere Weg gewesen wäre, da sie sonst befürchten mussten, von den wehrtüchtigen Philistern attackiert zu werden (2. Mo 13,17). Die Erwähnung der Philister ist auch eines der Hauptargumente für eine Spätdatierung des Exodus (ca. 1250) und der Landnahme (nach 1200). Wenn jedoch die Philister schon zur Zeit der Erzväter in Kanaan lebten, dann steht dieses Problem einer Frühdatierung (1446) des Exodus nicht mehr im Wege.

Nach der Geburt Isaaks kam es zum Streit zwischen Abraham und Abimelech über Weideland und Wasserrechte. Durch einen Bundesschluss, bei dem beide versicherten, die Grenzen und Quellen des anderen zu respektieren, wurden diese Streitigkeiten beigelegt. Einen ähnlichen Vertrag gab es später zwischen Isaak und einem anderen Abimelech (1. Mo 26,26-33). In beiden Berichten wird der Bund in Beerscheba geschlossen, Quelle des Eides, ein Platz, der aufgrund dieser Bündnisse seinen Namen erhielt.[69] Die archäologischen Fakten sprechen dafür, dass Beerscheba erst nach der MB gegründet wurde. So ist es wohl wahrscheinlich, dass Abraham mit seiner Familie diese Stätte nicht permanent besiedelte, sondern dass sie dort nur ein Heiligtum und einen Zeltplatz für ihre jahreszeitlichen Wanderungen hatten.[70] Die biblischen Erzählungen erwähnen Beerscheba bis zur Zeit der Landnahme nicht als urbanes Zentrum (1. Mo 21,14.31-33; 22,19; 26,23.33; 28,10; 46,1; vergl. Jos 15,28). Es war für die Erzväter zwar ein wichtiger Aufenthaltsort, aber wohl ohne feste Gebäude.

---

[69] Ein Bund konnte auch Eid genannt werden; siehe G.M. Tucker, »Covenant forms and contract forms.« *VT* 15, 1965, 488-490.

[70] Y. Aharoni, »Excavations at Tel Beer-Sheba.« *BA* 35, 1972, 11-17; ders., »Excavations at Tel Beer-Sheba.« *Tel Aviv* 2, 1975, 146-168.

## Eine Frau für Isaak

Sara starb in Hebron (1. Mo 23,1f) und wurde in einer Höhle, die Abraham mit dem dazugehörigen Land von dem Hetiter Efron gekauft hatte, beerdigt. Drei Jahre später wollte Abraham für seinen fast 40-jährigen Sohn Isaak (1. Mo 25,20) eine Frau finden. Da er darauf bedacht war, dass sein Sohn innerhalb des Clans heiratete, sandte er seinen Diener zurück nach Aram-Naharaim, dem oberen Mesopotamien (1. Mo 24,10). Von dort war er ursprünglich nach Kanaan gezogen.[71] Sein Bruder Nahor hatte viele Kinder gezeugt, so auch Kemuël, »von dem die Aramäer herkommen« (1. Mo 22,21) und Betuël, den Vater der Rebekka und des Laban (1. Mo 22,23; 24,29). Die Herkunft der Aramäer scheint allerdings an einer anderen Stelle des AT anders erklärt zu werden. In 1. Mo 10,22 heißt es, dass Aram ein »Sohn Sems« ist. Die Bezeichnung »Sohn Sems« kann aber auch allgemein für Nachkommenschaft stehen. Dann widersprechen sich beide Bibelstellen nicht, denn die Aramäer stammen in diesem Fall wie die Israeliten von Terach ab, der ein Nachkomme Sems war.[72]

Abrahams Diener reiste zur Stadt Nahors (1. Mo 24,10). Wahrscheinlich wird damit nur der Aufenthaltsort von Abrahams Bruder beschrieben, obwohl akkadische Texte eine Stadt Nahur(u) erwähnen. Die Texte, die diese Stadt erwähnen, sind aber wesentlich später zu datieren, so dass Abrahams Diener diese Stadt gar nicht besucht haben kann.[73] Wie auch immer, Betuël und Laban waren sich einig, dass Rebekka Isaaks Frau werden sollte. Nachdem alle üblichen Formalitäten erledigt waren, zog sie mit dem Diener zu Isaak.

---

[71] T. J. Prewitt, »Kinship Structures and the Genesis Genealogies.« *JNES* 40, 1981, 92.

[72] M. F. Unger, *Israel and the Arameans of Damascus.* ND, Grand Rapids, 1980, S. 8-10.

[73] W. F. Albright, *Von der Steinzeit zum Christentum.* Bern, 1949, S. 237-238. – Naḫur(u) scheint nicht früher als 1750 dokumentiert zu sein. Nahor, Abrahams Bruder, wäre aber um 2100 in diesen Ort gezogen. Es ist aber möglich, dass die Stadt erst viel später den Namen ihres Gründers annahm.

Danach heiratete Abraham Ketura und wurde der Ahnherr von Clans wie Jokschan, Midian und anderen (1. Mo 25,2-4; 1. Chr 1,32-33). Die Midianiter sollten eine wichtige Rolle in der kommenden Geschichte Israels spielen. Sie und andere Clans wurden Nomaden und lebten auf der arabischen Halbinsel. Abraham starb mit 175 Jahren und hinterließ sein Erbe den beiden Hauptsöhnen, Isaak und Ismael. Die Nachkommen Ismaels, die Ismaeliten, besiedelten die Wüste östlich und südlich von Edom und organisierten sich wie Israel in einer Föderation von zwölf Stämmen. Ihre genaue Verwandtschaft zu den Midianitern ist unklar. Die Bezeichnungen Ismaeliter und Midianiter scheinen manchmal austauschbar zu sein (1. Mo 37,25.27-28.36).

## Jakob: Vater der Nation

### Segen und Exil

Isaak war der Sohn des Bundes, durch den Gott seine Heilsverheißungen wahrmachen wollte, nämlich Abraham zu einer Nation zu machen und seinen Nachkommen Land zu geben (1. Mo 12,1-3; 15; 17,1-4; 25,21-24). Obwohl Isaak 40 Jahre alt war, als er heiratete, dauerte es noch weitere 20 Jahre, bis Rebekka ihm Zwillinge gebar und sich so die Verheißung von 1. Mo 25,20 und 26 erfüllte. Abraham war zu dieser Zeit 160 Jahre alt und konnte noch 15 Jahre lang mit seinen eigenen Augen Gottes Treue beobachten.[74] Esau, der erwartete Bundeserbe, verlor sein Erstgeburtsrecht und die Vorrechte des Bundes und musste sich damit begnügen, Vater der edomitischen Stämme zu werden. Jakob dagegen erfuhr die Gunst Gottes, indem er das Vorrecht erhielt, Vater der erwählten Nation zu werden. Und das, obwohl er zu unlauteren Mitteln griff und mit Hilfe seiner Mutter andere manipulierte.

---

[74] Eine Begründung dieser Zahlen findet man bei Merrill, »Fixed Dates.« *BibSac* 137, 1980, 243-244.

Das Ergebnis der Machenschaften Jakobs war die Entfremdung von seinem Bruder Esau und seine Flucht nach Paddan Aram[75], dem nordwestlichen Mesopotamien. Dorthin floh er nicht nur vor seinem Bruder, sondern auch um eine Frau unter seinen Verwandten zu finden. Jakob müsste zu dieser Zeit ca. 76 Jahre alt und wohl kinderlos gewesen sein.[76] Bei seiner Flucht in die Heimat seiner Mutter begegnete ihm der Herr in Bethel und ermutigte ihn. Der Ort, der vorher als Luz bekannt war, erhielt jetzt einen neuen Namen, weil Jakob ihn als Haus Gottes ansah. Dort erneuerte Gott die Verheißungen des Bundes, die er Abraham und Isaak gegeben hatte (1. Mo 28, 13-15).

Schließlich erreichte Jakob das Haus Labans. Dort entschied man nach reiflichem Überlegen, dass Jakob Labans jüngere Tochter Rahel heiraten sollte. Zuvor jedoch sollte Jakob Laban sieben Jahre dienen. Es könnte durchaus sein, dass dieser Dienst etwa dem altbabylonischen Herdenvertrag entsprach, worin festgehalten wurde, dass der Hirte für eine feste Dienstzeit als Lohn Teilhaber am Wachstum und am Profit der Herde wurde. Ein sehr guter Hirte konnte so durchaus zu großem Reichtum gelangen, er konnte sogar reicher werden als sein Arbeitgeber. So scheint die Situation zwischen Jakob und Laban gewesen zu sein, da später berichtet wird, dass die Söhne Labans Jakob als Gefahr für ihr Erbe ansahen.[77] Auch Rahel scheint in diesem Sinne gedacht zu haben. Sie nahm die Hausgötter mit, was der Ver-

---

[75] Dieser Ausdruck kommt vom akkadischen *paddanu*, Straße, und der Bezeichnung Aram; er heißt also die »Straße von Aram«. Weil dieser Ort mit Aram Naharaim, Aram der beiden Flüsse, in 1. Mo 24, 10 (vergl. 28, 2) und mit Haran in 27, 43 und 28, 10 gleichgesetzt wird, könnte es sein, dass der Name nur eine Umschreibung für Haran ist. Interessant ist, dass das akkadische Wort *ḫarrānu* auch Straße bedeutet. Siehe *CAD*, Ḫ, S. 107-113.

[76] Diese Zahl basiert darauf, dass Josef ca. 14 Jahre nach der Ankunft Jakobs in Paddan Haran geboren wurde, und dass Jakob, als er nach Ägypten zog, ca. 130 Jahre alt war und Josef 40.

[77] Die Ansicht, das Arrangement zwischen Laban und Jakob reflektiere hurritische Pseudoadoption, wird von den meisten Wissenschaftlern heute zu Recht abgelehnt. Die Parallelität mit dem altbabylonischen Herdenvertrag ist dagegen kaum zu leugnen. Siehe z. B. M. A. Morrison, »The Jakob and Laban Narrative in Light of Near Eastern Sources.« *BA* 46, 1983, 156-160.

such einer eifrigen, liebenden Frau gewesen sein könnte, für sich und ihren Ehemann die Rechtsansprüche auf den größten Teil des Besitzes ihres Vaters zu erhalten (1. Mo 31,19).[78]

Jakob musste aber erfahren, dass Laban listiger war als er. Er erhielt nach sieben Jahren beschwerlicher Arbeit nicht Rahel sondern deren ältere Schwester, Lea, als Frau. Laban verlangte sogar, Jakob müsse, wenn er Rahel wolle, noch weitere sieben Jahre für ihn arbeiten. Nachdem die 14 Jahre vorüber waren, überredete Laban Jakob, noch weitere sechs Jahre bei ihm zu bleiben. So blieb er insgesamt 20 Jahre, was deutlich macht, dass Jakob für Laban eine Quelle großen wirtschaftlichen Segens war.

Jakob wurden von seinen zwei Frauen und ihren beiden Dienerinnen elf Söhne und wenigstens eine Tochter geboren. Diese Söhne, einschließlich Benjamin, der später in Kanaan geboren wurde, waren die Stammväter der zwölf Stämme Israels. Viele, die sich der traditionsgeschichtlichen Schule verpflichtet fühlen, sehen in den Berichten über Jakob und seine zwölf Söhne eine Legende, die eine Begründung für einen allgemeinen Ursprung und eine Reihe von Traditionen für jene zwölf Stämme geben möchte, die dann nach der Landnahme als *Israel* bekannt wurden.[79] Wer aber diese Erzählungen unvoreingenommen liest, trifft nicht auf unüberwindliche historische Probleme. Zwar gibt es Wunder in den Berichten, wie z. B. ein direktes Eingreifen des Herrn für Jakob und seine Frauen, aber die historische Zuverlässigkeit der beschriebenen Ereignisse kann nur durch ein positivistisches Lesen der Geschichte verneint werden. Doch wenn Gott aus der Geschichte ausgeschlossen wird, fehlt die Ursache für viele berichtete Ereignisse, und die Bibel wird zu einem Werk der menschlichen Fiktion, mag die Absicht noch so fromm sein.

Die Geburt der elf Söhne im Zeitraum von sieben Jahren ist kein so schwerwiegendes Problem, wie oft behauptet wird. Es könnte sich

---

78 Ebd., S. 161-162.

79 M. Noth, *Geschichte Israel*, Göttingen, 7. Aufl., 1969, S. 83-88.

etwa so zugetragen haben: Die ersten vier wurden von Lea in den ersten vier Jahren geboren (1. Mo 29,31-35). Rahel wurde während dieser Zeit eifersüchtig, weil sie nicht schwanger werden konnte und drängte Jakob deshalb, mit ihrer Dienerin Bilha zu schlafen – ähnlich wie Sara veranlasst hatte, dass Abraham mit Hagar den Ismael zeugte. Die beiden Söhne Bilhas, Dan und Naftali, sind wahrscheinlich auch in den ersten vier Jahren geboren worden (1. Mo 30,1-8). Nachdem Bilhas Söhne geboren worden waren, dachte Lea, sie könne keine Söhne mehr gebären und gab Jakob daher ihre Dienerin Silpa als Ersatz für sich. Silpa gebar zwei Söhne im fünften und sechsten Jahr (1. Mo 30,9-13). Aber Lea wurde auch wieder schwanger und gebar zwei weitere Söhne, Issachar und Sebulon, im sechsten und siebten Jahr (1. Mo 30,17-20). Auch Rahel bekam einen eigenen Sohn, Josef, im siebten Jahr (1. Mo 30,22-24). Sicherlich ist das oben Gesagte hypothetisch, aber es zeigt doch, wie man mit Problemen umgehen kann, wenn man aufgeschlossen an das biblische Dokument herantritt.

## Rückkehr nach Kanaan

Nachdem Jakob 20 Jahre in Paddan Aram gewesen war, kehrte er nach Kanaan zurück. Auf dem Weg schloss er Frieden mit seinem Schwiegervater Laban (1. Mo 31,43-54) und seinem Bruder Esau (1. Mo 33,1-17), bevor er in Sichem ankam. Die meisten Wissenschaftler sind der Meinung, dass Sichem ungefähr zu dieser Zeit gegründet (ca. 1910) wurde.[80] Es ist unwahrscheinlich, dass diese

[80] Sichem ist bereits in ägyptischen Ächtungstexten um 1850 als Skmimi erwähnt. Siehe W. Harrelson, »Shechem in Extra-biblical References.« *BA* 20, 1957, 2. Dever ist der Meinung, dass die Besiedelung Sichems bereits in der MB-II-A stattfand, die er von 2000-1800 datiert. Ein Datum in der Mitte des 19. Jh. wäre mit dem AT durchaus vereinbar. »The Patriarchal Traditions.« *Israelite and Judean History*, S. 99, vergl. S. 84. K. Jaroš, *Sichem*. Freiburg und Göttingen, 1976, sieht eine kontinuierliche Besiedelung Sichems erst mit dem Chalkolithikum nachgewiesen (S. 24), es habe aber zu dieser Zeit noch keine befestigte Stadt, sondern lediglich ein offenes Lager (S. 25) gegeben. Die ersten festen Bauten Sichems stammten seiner Meinung nach aus der MB-II-A (S. 26). Erste Befestigungsmauern wurden wohl während der frühen MB-II-B errichtet, zwischen 1750-1725.

Stätte zur Zeit Jakobs bereits unter diesem Namen bekannt war. Zweifellos wurde die Stadt nach dem Sohn des Hamor benannt, dem Obersten des Clans, der zu dieser Zeit in diesem Gebiet lebte (1. Mo 33,19), aber höchstwahrscheinlich wurde diese Benennung noch nicht zu dessen Lebzeiten vorgenommen. Wahrscheinlich sollte der Satz »Er kam wohlbehalten [in Frieden] zu der Stadt Sichem« (33,18) so verstanden werden: Jakob kam nach Schalem, das ist die Stadt Sichem.[81] Das würde bedeuten, dass der Ort zur Zeit Jakobs Schalem hieß und erst später den Namen Sichem erhielt.

Vor den Toren der Stadt kaufte Jakob Land, grub einen Brunnen und wohnte mehrere Jahre dort. Am Anfang lebten Jakob und Hamor friedlich miteinander. Eines Tages jedoch wurde Jakobs Tochter Dina von Hamors Sohn Sichem vergewaltigt. Dinas Brüder Levi und Simeon rächten sie, indem sie alle Männer der Stadt, selbst Hamor, aber auch Sichem, durch eine List töteten. Aus Angst vor Vergeltung durch die im Umkreis lebenden Kanaaniter verließ Jakob das Gebiet und zog nach Bethel. Dort hatte er eine Gotteserscheinung, in der Jahwe die Verheißung von Land und Nachkommen erneuerte. Wiederum nannte Jakob den Platz »Bethel«, Haus Gottes, denn er hatte die Gegenwart Gottes übernatürlich erlebt.

Auf dem Wege nach Efrata, Bethlehem, starb Rahel bei der Geburt Benjamins, ihres zweiten Sohnes. Jakob stellte einen Gedenkstein auf und zog zum Haus seines Vaters nach Hebron. Isaak lebte noch, starb aber 15 Jahre später, mit 180 Jahren. Nachdem Jakob ein oder zwei Jahre in Hebron gelebt hatte, sandte er seinen Lieblingssohn Josef nach Sichem, der seine Brüder, die dort die Schafe ihres Vaters hüteten (1. Mo 37,12-13), aufsuchen und sich nach ihrem Wohlergehen erkundigen sollte. Aber er fand seine Brüder nicht gleich, da sie nach Dotan weitergezogen waren, ca. 25 km nordwestlich. Als seine Brüder ihn dann kommen sahen, einigten sie sich zunächst darauf ihn zu töten. Da Ruben jedoch Einspruch erhob, verkauften sie ihn

[81] Dieses Verständnis zeigen bereits die Septuaginta, die syrische Übersetzung, Eusebius und Hieronimus. Siehe F. Delitzsch, *Commentar über die Genesis*, Leipzig, 4. Aufl., 1872, S. 425. Das hebräische *šālēm* des masoretischen Textes kann ein Adjektiv sein und die Bedeutung »sicher« haben, aber gewöhnlich wird dieser Gedanke im Hebräischen durch *bêšālôm* ausgedrückt.

an Ismaeliter, die nach Ägypten zogen. So kam Josef als Sklave nach Ägypten.

## Judas Ehe

Juda, der vierte Sohn Leas, heiratete eine Kanaaniterin, die ihm drei Söhne gebar. Die Ehe mit Angehörigen anderer Clans, besonders mit einer Kanaaniterin, war für die Patriarchen verwerflich, was unter anderem daran erkennbar wird, dass Abraham und Isaak sehr sorgfältig Frauen für ihre Söhne unter ihren eigenen Verwandten aussuchten (1. Mo 24,3; 27,46), und sich Jakobs Söhne weigerten, der Heirat zwischen Dina und Sichem zuzustimmen, obwohl sie keinem anderen Mann mehr verheiratet werden konnte, weil Sichem sie geschändet hatte. Sie beriefen sich darauf, dass es eine Schande sei, ihre Schwester einem Clan-Fremden zu geben (1. Mo 34,14). Zweifelsohne bestand für die Söhne Jakobs immer wieder die Versuchung, sich der kanaanäischen Kultur und Religion anzupassen, was durch eine Heirat sicherlich beschleunigt werden würde. Wegen dieser schleichenden Anpassung war Jakob beunruhigt, da er doch bereits hatte feststellen müssen, dass sein ältester Sohn Ruben teilweise den kanaanäischen Lebensstil praktiziert hatte, indem er mit seines Vaters Nebenfrau Bilha geschlechtlich verkehrt hatte (1. Mo 35,22).[82]

Aber Jakobs Interesse, seine Familie frei von kanaanäischen Einflüssen zu halten, war verschwindend gering im Vergleich zum Interesse Jahwes, der die Erzväter berufen hatte, ein Volk zu sein, das sich von den anderen klar unterscheiden sollte. Jetzt aber wurde die radikale Einmaligkeit Israels unter den Völkern in Gefahr gebracht, da Juda eine Kanaaniterin heiratete, was die synkretistischen Tendenzen in der Familie offenbar machte. Der Verkauf Josefs nach Ägypten sollte als göttliche Reaktion auf diese Ehe Judas verstanden werden.[83]

---

[82] Siehe S. Gevirtz, »The Reprimand of Reuben.« *JNES* 30, 1971, 98; Ch. F. Pfeiffer, *Ras Shamra and the Bible.* Grand Rapids, 1962, S. 31-32.

[83] Zum Problem der chronologischen Einordnung von 1. Mo 38 siehe J. Goldi, »The Youngest Son or Where does Genesis 38 Belong?« *JBL* 96, 1977, 27-44.

Allerdings nicht in erster Linie im Sinne einer göttlichen Strafe, sondern im Sinne einer segensreichen Vorsehung. Denn Gott wollte durch Josef die Nation Israel reinigen, wachsen und reifen lassen, damit sie ein brauchbares Volk von Dienern würde (1. Mo 50,19-21).

## Jakobs Zug nach Ägypten

An dieser Stelle soll die Chronologie einiger Ereignisse auf dem Hintergrund der ägyptischen Geschichte erörtert werden, und zwar der Verkauf Josefs, die Ehe Judas und der Zug Jakobs und seiner Familie nach Ägypten.

Geht man von dem Beginn des ägyptischen Exils Israels im Jahre 1876 aus, dann wurde Josef 1916 geboren. Da er 17 Jahre alt war, als er verkauft wurde (1. Mo 37,2), erreichte er Ägypten im Jahre 1899. Juda, Leas vierter Sohn, war wohl nicht mehr als drei Jahre älter als Josef.[84] Demnach hat er nicht viel früher als 1900 geheiratet, als er ca. 19 Jahre alt war. Wenn Judas Hochzeit der Grund war, warum Jahwe erlaubt hatte, dass Josef nach Ägypten verkauft wurde, dann hätte die Hochzeit 1901 oder 1900 stattgefunden, kurz nachdem Jakob und seine Familie von Sichem nach Hebron gezogen waren.

Im Jahr 1876, als Jakob 130 Jahre alt war (1. Mo 47,9), lebte Josef schon seit 23 Jahren in Ägypten. Er hatte im Haushalt Potifars ca. zehn Jahre gearbeitet und war wahrscheinlich drei Jahre lang unter der Anschuldigung, Potifars Frau vergewaltigt zu haben, im Gefängnis gewesen (1. Mo 40,1; 41,1). Als er 30 Jahre alt war, wurde er aus dem Gefängnis entlassen und begann seinen Dienst als eine Art Agrarminister im Kabinett des Pharaos (1. Mo 41,46). Zu diesem Zeitpunkt fingen wohl die sieben fetten Jahre an, gefolgt von den sieben Hungerjahren (1886-1872). Die erste Reise der Söhne Jakobs nach Ägypten, um Getreide zu kaufen, könnte in das zweite Jahr der Hungersnot gefallen sein (1878). Die zweite Reise wäre dann ins Jahr 1877 zu datieren (1. Mo 43.1; 45,6.11). Ein Jahr später, 1876, zogen

---

[84] Siehe Seite 97-100.

Jakob und seine gesamte Familie dann nach Ägypten, in der Mitte der Hungersnot (1. Mo 46,6).[85] Josef müsste zu diesem Zeitpunkt 40 Jahre und Juda ca. 43 Jahre alt gewesen sein.

In der Liste der Personen, die Jakob nach Ägypten begleiteten, werden auch Perez und Serach aufgeführt, die Söhne Judas, die aus der gesetzwidrigen Vereinigung mit seiner Schwiegertochter Tamar hervorgegangen waren, und sogar seine Enkel Hezron und Hamul (1. Mo 46,12). Perez und Serach waren Zwillinge, die erst geboren wurden, nachdem Judas dritter Sohn Schela erwachsen geworden war (1. Mo 38,14). Bedenkt man das frühe Alter, in dem selbst im alten Israel die Männer heirateten, ist es durchaus möglich, dass Juda bereits mit 19 Jahren verheiratet war und in seinen ersten beiden Ehejahren zwei seiner Söhne geboren wurden, die Söhne Er und Onan, Er um 1900 und Onan um 1899. Schela, der dritte, kam wohl zwei oder drei Jahre danach, nicht später als 1896. Als er im heiratsfähigen Alter war, wurde er Tamar nicht zum Mann gegeben. Deshalb verkleidete sie sich als Prostituierte und wurde von ihrem eigenen Schwiegervater, Juda, schwanger, frühestens wohl 1880. Neun Monate danach gebar sie die Zwillinge Perez und Serach. Daher war Perez um 1876, als der Clan Jakobs in Ägypten einwanderte, erst ca. drei Jahre alt; er konnte also unmöglich schon Söhne haben und auch nicht seine beiden Söhne Hezron und Hamul nach Ägypten mitbringen. Die Liste in 1. Mo 46 hat also nicht nur die Absicht, die Namen derer wiederzugeben, die wirklich nach Ägypten gezogen sind, sondern auch die Namen derer, die der einwandernden Generation noch geboren werden sollten.[86] So zeigt auch die Tatsache, dass Josefs Söhne, Ephraim und Manasse, die in Ägypten geboren wurden, bereits auf dieser Liste aufgeführt sind, dass man den Satz in 1. Mo 46,8: »Dies sind die Namen der Söhne Israels, die nach Ägypten kamen,« nicht zu wörtlich nehmen darf.

---

[85] Siehe Merrill, »Fixed Dates«. *BibSac* 137, 1980, 241-251.

[86] Delitzsch, *Genesis*, S. 486-487.

## Die Erzählung über Josef

### Rahmen

Generell wird die Erzählung über Josef als eine weisheitliche Komposition betrachtet, ohne jede historische Basis oder mit bestenfalls geringer Historizität.[87] Das AT jedoch beschreibt die Ereignisse des Lebens und Berufes Josefs als tatsächlich geschehene Geschichte. Unter denen, die die Geschichtlichkeit der Josef-Erzählung akzeptieren, besteht keine Einigkeit hinsichtlich des geschichtlichen Umfeldes, in dem sie handelt. Einige, die mit einem 215-jährigen Aufenthalt in Ägypten rechnen, meinen, Josef habe am Hofe der Hyksos-Könige gedient,[88] und begründen ihre Meinung damit, dass ein Hyksos-König[89] viel eher einem Semiten wie Josef ein hohes staatliches Amt gegeben hätte, als einem gebürtigen Ägypter. Aber nichts deutet auf einen 215-jährigen Aufenthalt Israels in Ägypten hin und auch die Erzählung an sich lässt sich viel besser einem ägyptischen Hintergrund zuordnen.

---

[87] G. v. Rad, »Josephsgeschichte und ältere Chokma.« *Gesammelte Studien zum Alten Testament*, München, 1965, S. 272-280. W. Dietrich, *Die Josephserzählung als Novelle und Geschichtsschreibung*. Neukirchen, 1989.

[88] G.E. Wright, *Biblische Archäologie*. Göttingen, 1958, S. 48-51; P. Montet, *Das alte Ägypten und die Bibel*. Zürich, 1960, S. 26ff.

[89] Die Hyksos waren Semiten, die sich im Nildelta im 18. Jh. ansiedelten und schließlich 150 Jahre den größten Teil Unterägyptens politisch kontrollierten (1720-1570). Siehe D. B. Redford, »The Hyksos Invasion in History and Tradition.« *Or* 39, 1970, 1-51; J. v. Beckerath, *Untersuchungen zur politischen Geschichte der zweiten Zwischenzeit in Ägypten*. Glückstadt, 1965; J. Vercoutter, »Die Zweite Zwischenzeit und die Invasion der Hyksos in Ägypten.« *Fischers Weltgeschichte*. Bd II, S. 350-359. Hornung, *Grundzüge*, S. 67ff, ist der Ansicht, es habe ein Volk der Hyksos nie gegeben. Diese Auffassung scheint durch die Archäologie bestätigt zu werden. Vergl. M. Bietak, »Hyksos«, *Lexikon der Ägyptologie*, Bd III, Sp. 94-103. Dass die Hyksos ein Volk gewesen seien, beruht auf den Ausführungen des Manetho, wie sie von Josephus in seiner Schrift *contra apionem* I, § 82, §§ 75-77, überliefert worden sind.

Nach der Chronologie, die diesem Werk zugrunde liegt, kam Josef um 1899 nach Ägypten, stieg um 1886 zur Macht auf und starb 1806 (1. Mo 50,22) im Alter von 110 Jahren. Er lebte also zur Zeit der bedeutenden 12. Dynastie des Mittleren Königreichs von Ägypten, die 1991 begann und 1786 endete. Es ist sehr schwierig, die Chronologie dieser Periode zu rekonstruieren. Bei den folgenden Ausführungen werden daher die Daten der *Cambridge Ancient History* zu Grunde gelegt, dem Standardwerk für alte Geschichte. Nach diesen Daten wurde Josef in den letzten Jahren der Regierung von Amenemhat II. (1929-1895) nach Ägypten verkauft.[90] Dessen Regierungszeit zeichnete sich durch die Weiterentwicklung der Landwirtschaft und des Wirtschaftslebens aus. Ferner pflegte er intensive Beziehungen zum westlichen Asien, so dass Josef wegen seiner ethnischen Herkunft nicht unwillkommen gewesen wäre. Während der Regierung von Sesostris II. (1897-1878) war er wahrscheinlich im Gefängnis, ca. ein Jahrzehnt nach seiner Ankunft in Ägypten. Demnach legte er auch Sesostris' Träume aus und diente ihm als hoher Regierungsbeamter. Es ist bezeichnend, dass während der Regierungszeit Sesostris II. der Nomarch (Gaufürst) Chnumhotep II. vom Oryxgau den Beduinenscheich Abischai empfing, ein Ereignis, das auf den berühmten Wandgemälden der Gräber von Beni-Hasan abgebildet ist. Auch brachte Sesostris außergewöhnlich viele asiatische Geschäftsleute und Sklaven zur Arbeit nach Ägypten. Diese Politik war alles andere als anti-semitisch.[91] Die herausragendste Leistung dieses Monarchen war sein Landgewinnungs- und Flutkontrollprojekt im Fajûm. Eines der Hauptprojekte war ein Kanal, der die Fajûm-Oase mit dem Nil verband, um sie zu entwässern. Im Alter-

---

[90] Über die Regierungszeit schreibt G. Posener, »The Middle Kingdom of Egypt.« *CAH* I:2, S. 502-504; E. Hornung, *Grundzüge der Ägyptischen Geschichte.* Darmstadt, 3. Aufl., 1988, S. 57-58. Die Daten der 19. Dynastie befinden sich im Anhang, Tafel 3.

[91] Posener, *CAH,* I:2, S. 541-542, bemerkt: »Die biblische Geschichte über Josef erinnert an den Sklavenhandel.« (S. 542); ders., »Les Asiatiques en Egypte sous les XII$^{e}$ et XIII$^{e}$ dynasties.« *Syria* 34, 1957, 145-163.

tum war das Gebiet der Oase fast ganz von einem riesigen See bedeckt. Die Ruinen dieses Kanals heißen bis zum heutigen Tag *Bahr Jûsuf*, Fluss des Josef.[92] Könnte es nicht sein, dass sich in dieser Bezeichnung ein Beitrag Josefs an den Projekten Sesostris' erhalten hat? Trotz einer gewissen Ungenauigkeit in der ägyptischen Chronologie ist die folgende Rekonstruktion durchaus denkbar: Der biblische Text berichtet, dass es vor der siebenjährigen Hungersnot sieben Jahre lang Rekordernten gab, die wahrscheinlich erst nach Josefs Entlassung aus dem Gefängnis angefangen haben. Bemerkenswert ist, dass ägyptische Dokumente berichten, es habe bei Regierungsantritt von Sesostris III. (1878-1843) eine längere Hungerszeit gegeben. Demnach starb Sesostris II. am Ende der Rekordernten.

Sesostris III., einer der wichtigsten Pharaonen des Mittleren Reichs, wäre dann der Herrscher gewesen, der Jakob und seine Familie eingeladen hatte, sich im östlichen Nildelta niederzulassen, der Kornkammer des alten Ägyptens. Eines der ersten Probleme, das ihm nach seinem Regierungsantritt begegnete, war der Versuch der Gaufürsten, mehr Macht zu erlangen. Anlass dafür könnte die Verzweiflung der Menschen gewesen sein, verursacht durch die Hungersnot. Sie sahen vielleicht, dass die Zentralregierung keine Lösung anzubieten hatte. Aber dieser Aufruhr wurde niedergeschlagen und Sesostris, vielleicht mit Josef als Ratgeber, teilte das Land in drei Teile. Die Gaue wurden zentral von drei Büros der Residenz verwaltet, die dem Wesir (Ministerpräsidenten) unterstellt waren.[93]

Diese Art der Verwaltung wird vielleicht in 1. Mo 47 reflektiert. Zur Zeit der Hungersnot verkaufte Josef das Getreide, das in den Jahren des Überflusses eingelagert worden war. Es dauerte nicht lange, bis er alles Geld des Landes in die Schatzkammern eingesammelt hatte (V. 14-15). Als die Menschen kein Geld mehr hatten, nahm er ihr Vieh als Bezahlung für das Getreide (V. 16-18), und als

[92] Posener, *CAH* I:2, S. 505, 510-511; Hornung, *Grundriss*, S. 58.

[93] Posener, *CAH* I:2, S. 505-506; Hornung, *Grundriss*, S. 60. Für weitere Hinweise darauf, dass Sesostris der besagte Pharao ist, siehe J. R. Battenfield, »A Consideration of the Identity of the Pharao in Genesis 47.« *JETS* 15, 1972, 77-85.

dem König alles Vieh gehörte, nahm er die Felder und Äcker, ja die Menschen selbst, als Entgelt. Nur das Eigentum der Priester ließ er unberührt (V. 19-23). Als dem Pharao praktisch alles gehörte, gab Josef den Ägyptern Saatgut, verlangte aber, dass 20% der Ernte dem Pharao als Steuer abgeliefert werden sollte, den Rest konnten sie für sich behalten. Dadurch ermöglichte Josef dem König, Land und Volk zu kontrollieren wie nie zuvor. Dies müsste die Entwicklung eines Mittelstandes gefördert haben, was tatsächlich von der Zeit des Sesostris berichtet wird. Handwerker und Kaufleute vermehrten sich während seiner Regierung stark.[94]

Sesostris war aber nicht nur mit internen Aufgaben beschäftigt. Er verstärkte den ägyptischen Einfluss auf Nubien im Süden und unternahm wenigstens einen Feldzug nach Palästina, wo er nach eigenen Darstellungen bis nach Sekmem (wahrscheinlich Sichem) vordrang. Auch die so genannten Ächtungstexte aus dieser Zeit bezeugen sein ungewöhnliches Interesse an Palästina und Syrien, sowie seine gute Kenntnis der politischen Lage. Viele Orte, die in seinen Texten aufgeführt werden, sind auch im AT erwähnt.[95]

Josef starb um 1806, gegen Ende der Regierungszeit des letzten großen Königs der 12. Dynastie, Amenemhat III. (1842-1797).[96] Von Josef ist aus dieser Zeit nichts bekannt. Amenemhat kümmerte sich um die Ausbeutung der Türkis-Brüche und Kupferminen auf dem Sinai, sowie um die Landgewinnung im Fajûm-Becken. Außerdem war er mit verschiedenen Bauvorhaben beschäftigt. Sein Einfluss war weitreichend; mit seinem Tod aber begann der Niedergang der einst so mächtigen 12. Dynastie.

---

[94] J. Vercoutter, »Das Mittlere Reich.« *Fischers Weltgeschichte*, Bd II, S. 334-335; W. C. Hayes, »Notes on the Goverment of Egypt in the Late Middle Kingdom.« *JNES* 12, 1953, 31-39.

[95] Pritchard, *ANET*, S. 328-329.

[96] Posener, »Middle Kingdom.« *CAH* I:2, S. 509-512.

Chronologisch und historisch gesehen bildet das Mittlere Reich den Hintergrund für die Josef-Erzählung. Wenn gezeigt werden kann, dass Josef nicht in der Hyksos-Zeit am Hofe diente, dann verlieren die Argumente für einen 215-jährigen Aufenthalt in Ägypten ihre Beweiskraft. Im Folgenden soll gezeigt werden, dass 1. Mo 37-50 eine einheimische ägyptische Kultur reflektiert, nicht die der Hyksos.

So sind z. B. die Personennamen in der Josef-Geschichte ägyptisch und stammen nicht von den Hyksos.[97] Auch wenn nur wenige Inschriften der Hyksos überliefert worden sind, so sind uns doch eine Vielzahl von Personennamen bekannt. Unter anderem sieht J. Van Seters auf Grund dieser Personennamen und anderer Kriterien in den Hyksos Semiten, hauptsächlich Amoriter.[98] Manetho, ein ägyptischer Priester und Geschichtsschreiber, meinte, die Bezeichnung »Hyksos« bedeute »Hirtenkönige«. Das Wort kommt aber vom ägyptischen *hekau-chasut*, »Herrscher der Fremdländer«. So wurden im Mittleren Reich Beduinen-Häuptlinge betitelt.[99] Auf jeden Fall waren die Hyksos keine Ägypter; denn ihr Lebensstil, ihre Traditionen, Sitten und Namen unterscheiden sich von denen der Ägypter.

---

[97] Montet, *Das alte Ägypten und die Bibel.* Zürich, 1960, S. 32-33.

[98] J. Van Seters, *The Hyksos.* New Haven, 1966, S. 194-195, versucht, alle Eigennamen auf einen semitischen Ursprung zurückzuführen. Einige halten die Namen für kanaanitischen Ursprungs. Siehe W. F. Albright, »The Role of the Canaanites in the History of Civilization.« *The Bible and the Ancient Near East.* G. E. Wright, Hrsg., Winona Lake, 1979, S. 335f, 354, FN 27; B. Landsberger, »Assyrische Königsliste und ›Dunkles Zeitalter‹,« *JCS* 8, 1954, 31-45, 47-103, 106-133. Andere sind der Meinung, sie seien hurritisch. Siehe W. Helck, *Die Beziehungen Ägyptens zu Vorderasien im 3. und 2. Jahrtausend v. Chr.* Wiesbaden, 2. Aufl., 1971, S. 102f. Zu den Hyksos allgemein siehe P. Labib, *Die Herrschaft der Hyksos in Ägypten und ihr Sturz.* Glückstadt, 1936, und D. B. Redford, *Egypt, Canaan, and Israel in Ancient Times.* Princeton, 1992, S. 98-122.

[99] Ibid., S. 187. Hornung, *Grundzüge*, S. 67.

Der erste ausländische Name in der Josef-Erzählung ist Potifar, Aufseher der Elitegarde des Pharao und Josefs Herr. Er wird nicht nur als Ägypter bezeichnet (1. Mo 39, 1), sondern auch sein Name ist ganz und gar ägyptisch.[100] Josef heiratete Asenat, die Tochter Potiferas, des Priesters von On (Heliopolis). Ihr Name bedeutet: »Neith (eine ägyptischen Gottheit) gehörend«. Der Name ihres Vaters ist eine Variante von Potifar. Josef erhielt eventuell nach seiner Hochzeit den Namen Zafenat-Paneach,[101] was vielleicht »der, der die Ernährung des Lebens gibt« bedeutet. Nimmt man dagegen an, dass Josef während der Zeit der Hyksos einem ägyptischen Edelmann gedient hat, dann wäre kaum zu erklären, dass sein guter semitischer Name unter einer semitischen (Hyksos-) Herrschaft in einen ägyptischen verwandelt wurde. Ebenfalls kaum zu erklären wäre dann seine Hochzeit mit der Tochter eines ägyptischen Priesters, zumal sein Schwiegervater am Kultzentrum in Heliopolis tätig war, das doch südlich der politischen Kontrolle der Hyksos lag.

Außerdem werden in der Josef-Erzählung verschiedene Sitten und Vorurteile der Bevölkerung beschrieben, die nur einen ägyptischen Hintergrund zulassen: Als Josef zum ersten Mal nach seiner Entlassung aus dem Gefängnis vor dem Pharao erscheinen soll,[102] rasierte er sich, um den König nicht zu beleidigen. Das gleiche tat der Ägypter Sinuhe, als er nach Ägypten zurückgekehrt war, nachdem er viele Jahre unter der semitischen Bevölkerung von Syrien gelebt hatte.[103] Die Hyksos jedoch trugen Bärte. Hätte Josef sich vor dem

---

[100] Auf ägyptisch heißt der Name *P'-dy-p'R'*, »der, den der Re gab«; Montet, *Ägypten und die Bibel*, S. 33.

[101] Zur Erklärung des Namens siehe K. A. Kitchen, »Genesis 12-50 in the Near Eastern World.« *He Swore an Oath*, S. 80-84.

[102] Nach der hier bevorzugten Datierung hätte es sich dabei um Sesostris II. gehandelt, einem Ägypter.

[103] Pritchard, *ANET*, S. 18-22. A. Gardiner datiert diese Erzählung in die Zeit des Sesostris I. (1971-1928). *Egypt of the Pharaos.* London, 1961, S. 130. Eine Übersetzung der Geschichte des Sinuhe geben A. Jepsen und K.-D. Schunck, Hrsg., *Von Sinuhe bis Nebukadnezar.* Berlin, 4. Aufl., 1988, S. 73-83.

Besuch bei einem bärtigen Hyksos-König rasiert, dann wäre das eine Beleidigung gewesen. Als Josefs Brüder mit der Bitte um Getreide zu ihm kamen und seine wahre Identität noch nicht kannten, setzte er sie zur Essenszeit von den Ägyptern getrennt, »weil die Ägypter nicht mit den Hebräern essen dürfen, es ist ihnen ein Greuel« (1. Mo 43, 32). Hätte Josef sich als Repräsentant eines semitischen Hyksos-Königs verstanden, dann wäre es wohl mehr als seltsam gewesen, wenn er sich von anderen Semiten abgesondert hätte. Josefs Benehmen, das mit alten ägyptischen Sitten übereinstimmt, zeigt also eindeutig, dass die Josef-Erzählung nicht in die Zeit der Hyksos passt, sondern an einem ägyptischen Hof ihren Platz hat.

Ein anderes Detail der Erzählung, das ägyptische Vorurteile noch deutlicher herausstellt, ist Josefs Aussage, alle Viehhirten seien den Ägyptern ein Greuel (1. Mo 46, 34). Da die Hyksos selbst Viehhirten waren, hätten sie die Hebräer nie abwertend als Viehhirten bezeichnet und auch keine Rücksicht auf diese Einschätzung der Ägypter genommen. Und schließlich stimmen die Einbalsamierung Jakobs nach seinem Tod und die Art der Trauer mit den ägyptischen Praktiken überein.[104] Auch wenn die Bestattungsriten der Hyksos bis heute noch nicht ganz verstanden werden können, so ist doch eins klar: Sie unterscheiden sich eindeutig von denen der Ägypter, deren Riten in 1. Mo 50 als einmalig unter den Völkern des aVOs beschrieben werden.

Auch die Sprache deutet auf einen ägyptischen Hintergrund hin: Als Josefs Brüder zum ersten Mal nach Ägypten reisten, sprachen sie untereinander Hebräisch, in der Annahme, er sei ein Ägypter (1. Mo 42, 23) und werde sie daher nicht verstehen. Um sie in ihrem Missverständnis zu lassen, sprach Josef mit ihnen auch weiterhin ägyptisch. Hätten seine Brüder geglaubt, Josef sei ein Hyksos, wäre es unnütz gewesen, untereinander Hebräisch zu sprechen, da auch die Hyksos einen semitischen Dialekt sprachen, und Josef deshalb das meiste hätte verstehen können.

---

[104] J. Ruffle, *The Egyptians.* Ithaca, 1977, S. 197-210, Van Seters, *Hyksos*, S. 45-48.

Zusammenfassend kann gesagt werden, Josef lebte in ägyptischer Umgebung und war in einer ägyptischen Verwaltung tätig, die nicht unter der Kontrolle der Hyksos stand. Das schließt einen 215-jährigen Aufenthalt Israels in Ägypten auch dann aus, wenn man die Frühdatierung des Auszugs (1446) akzeptiert. Eine Spätdatierung des Exodus (ca. 1260), zusammen mit einem 215-jährigen Aufenthalt in Ägypten, würde Josef in eine ägyptische Dynastie nach den Hyksos plazieren. Damit ist gleichzeitig klar, dass die Annahme eines Aufenthalts von 215 Jahren in Ägypten nicht stichhaltig ist.

## Von Josef zum Exodus

Die Hyksos-Herrschaft über Ägypten fiel in die Zeit zwischen dem Tod Josefs und der Geburt Moses, über die sich das AT ausschweigt. Die Beziehungen zwischen Hyksos und Israeliten waren wohl zuerst friedlich. Diese Annahme gewinnt an Gewicht, wenn die »Feinde« in 2. Mo 1,10 die Hyksos waren. Sie beherrschten Unterägypten ca. 150 Jahre (1720-1570). Um das Jahr 1720 herum eroberten sie die Stadt Avaris und bauten sie wieder auf. Dies ist auf der so genannten Vierhundert-Jahr-Stele dokumentiert, die von August Mariette im Jahr 1863 in Avaris gefunden wurde.[105] Dieser Stein wurde um das Jahr 1320 von Seti, dem Wesir des Pharaos Haremhab, aufgestellt, um an das 400. Jubiläum des Wiederaufbaus der Stadt zu erinnern. Die Hyksos-Herrschaft begann während der 13. Dynastie, die gezwungen wurde, sich in südlichere Gebiete zurückzuziehen und Memphis zu ihrer Hauptstadt machte. Als auch Memphis von den Hyksos erobert wurde, zog das Königshaus weiter nach Süden und erlosch um das Jahr 1633.[106]

---

105 Siehe S. 85, FN 43.

106 Hayes, »From the Death of Ammenemes.« *CAH* II:1, S. 44-54; Vercoutter »Die Zweite Zwischenzeit und die Invasion der Hyksos in Ägypten.« *Fischers Weltgeschichte,* Bd II, S. 346ff.

Während dieser Ereignisse kontrollierte die 14. ägyptische Dynastie (bis ca. 1603) das westliche Delta. Ihr Machtzentrum war Sais. Die Könige dieser Dynastie widerstanden der Hyksos-Herrschaft fast bis zu ihrem Ende. Die Dynastien 15 und 16 waren zeitgleich mit den Hyksos. Sie regierten vom Fall Memphis (1674) bis zur Vertreibung der Hyksos aus Ägypten im Jahre 1567.[107] Auch wenn die Hyksos kulturell nicht so weit entwickelt waren wie die Ägypter, lernten sie doch von ihnen und übernahmen ägyptische Kunst und Wissenschaft.[108] Sie identifizierten auch ihre Gottheiten mit denen der Ägypter, besonders Ba'al, Reschef und Teschub.[109] Wahrscheinlich führten sie im Gegenzug Pferd und Kampfwagen in Ägypten ein, bzw. dehnten ihren Gebrauch aus.[110] Auch der Kompositbogen wurde von ihnen eingeführt.[111] Die bekannteren Hyksos-Herrscher der 15. Dynastie waren Salitis, Chian (der sich selbst »Sohn des Re« nannte) und Apopi I. Seine Tochter heiratete einen Prinzen von Theben, der sich ebenfalls »Sohn des Re« nannte.[112] Er war der Hyksos, gegen dessen Herrschaft die Ägypter aus Theben zuerst massiven Widerstand leisteten, und der schließlich aus Oberägypten in das Delta zurück vertrieben wurde. Der ägyptische Aufstand, der dafür verantwortlich war, wurde von Ta'â II. (= Seqenenre) aus der 17. Dynastie (1650-1567) angeführt. Sein Sohn Kamose vertrieb die verhassten Hyksos nicht nur aus Oberägypten, sondern schließlich auch aus dem Delta. In seinem dritten Regierungsjahr (1575) griff

[107] Ibid., S. 54-64.

[108] R. J. Williams, »The Egytians.« POTT, S. 87; Vercoutter, »Zweite Zwischenzeit.« *Fischers Weltgeschichte*, Bd II. S. 350-359.

[109] Van Seters, *Hyksos.* S. 171-180.

[110] J. Finegan, *Archaeological History of the Ancient Middle East.* Boulder, 1979, S. 254-255.

[111] de Vaux, *Lebensordnungen.* Bd. II, S. 50-51.

[112] Der Gebrauch von Re oder Ra in den Namen der Hyksos-Könige ist bedeutsam für die Frühdatierung des Exodus. Siehe S. 122ff.

Kamose den Hyksos Apopi an, starb aber, bevor er seine Mission beenden konnte. Sein Bruder Amosis (1570-1546), der Gründer der 18. Dynastie (1567-1320), erreichte dieses Ziel: Sein General Ahmose eroberte erst Memphis, dann Avaris. Damit aber noch nicht zufrieden, verfolgte Ahmose die Hyksos bis nach Scharuhen (ca. 1563) und stellte so sicher, dass sie Ägypten nie mehr belästigen würden.[113]

[113] Für die gesamte Zeit siehe T. G. H. James, »Egypt: From the Expulsion of the Hyksos to Amenophis I.« *CAH* II:1, S. 289-96; E. Otto, *Ägypten – der Weg des Pharaonenreiches.* Stuttgart, 5. Aufl., 1979, S. 136-140.

# 3. Der Auszug: Geburt einer Nation

## Die Bedeutung des Auszugs

Der Auszug ist das bedeutendste historische und theologische Ereignis des ATs, weil er die mächtigste Tat Gottes für sein Volk darstellt. Eine Tat, die es von der Sklaverei in die Freiheit brachte, vom Einzelnen zur Einheit führte und von Menschen der Verheißung, Hebräern, zu einer Nation der Erfüllung, Israel, machte. Das erste Buch Mose dient als Einleitung und Rechtfertigung dafür. Hier nimmt die alttestamentliche Offenbarung ihren Anfang. Es ist ein Dokument, das als inspirierter Kommentar und ausführliche Auslegung verstanden werden will. In der weitergehenden Analyse dient der Auszug als Typus der Befreiung, die Jesus Christus für die Menschen des Glaubens vollbracht hat. Damit darf er nicht nur für Israel, sondern auch für die Gemeinde Jesu als ein bedeutsames Ereignis gelten.[1]

## Der geschichtliche Rahmen des Auszugs

### Das ägyptische Neue Reich

Nach 1. Kön 6, 1 ereignete sich der Auszug 480 Jahre vor der Grundsteinlegung des salomonischen Tempels. Salomo begann den Tempelbau 966, in seinem vierten Regierungsjahr. Nach den in diesem Buch erarbeiteten Daten geschah der Auszug im Jahr 1446. Bevor die Gründe für dieses Datum gegeben werden, sollte zunächst die 18. Dynastie der Ägypter näher betrachtet werden, weil sie nach der Frühdatierung die Dynastie des Auszugs wäre.[2]

Wie bereits in Kapitel 2 gesehen, wurde die 18. Dynastie von Ahmosis gegründet, der die Hyksos aus dem Land vertrieb. Viel-

---

[1] Siehe z. B. C. Westermann, *Theologie des AT in Grundzügen.* ATD Ergänzungsreihe, Bd VI, Göttingen, 2. Aufl., 1985, S. 192-193; E. Martens, *God's Design.* Grand Rapids, 1981, S. 256.

[2] Die Daten für die 18. und 19. Dynastie erscheinen im Anhang, Tabelle 4.

leicht ist er der König, von dem gesagt wird, dass er Josef nicht kannte (2. Mo 1, 8).[3] Das muss aber nicht unbedingt bedeuten, dass er Josef nicht persönlich kannte, sondern dass seine Sympathien nicht mehr Josef und seinem Volk galten. Hatte er doch gerade die Hyksos besiegt, die ethnisch mit den Hebräern verwandt waren. Deshalb war er wohl auch besorgt über die Bevölkerungsexplosion der Hebräer, denn sie stellten eine latente Gefahr für seine neu geschaffene Autorität dar. Entweder er oder sein Nachfolger Amenophis I. (1546-1526) war für die Repressalien gegenüber den Hebräern verantwortlich. Diese wurden zur Sklavenarbeit an öffentlichen Bauvorhaben gezwungen (2. Mo 1, 11-14).[4] Weil jedoch diese Maßnahme ihre gewünschte Wirkung verfehlte, erließ der König ein Edikt mit dem Befehl, alle neugeborenen hebräischen Jungen zu ermorden (2. Mo 1, 15-16). Der König, der diese Anweisung gab, war entweder Amenophis oder, wahrscheinlicher, Thutmosis I.

Wann aber wurde Mose geboren? Wenn ein Auszugsdatum von 1446 angenommen wird, dann wurde er um das Jahr 1526 geboren. Denn das AT sagt, dass Mose 80 Jahre alt war, als der Auszug begann (2. Mose 7, 7) und dass er 120-jährig starb (5. Mo 31, 1; 34, 7).[5]

---

[3] W. F. Albright, »From the Patriarchs to Moses: II. Moses out of Egypt.« *BA* 36, 1973, 54.

[4] Obwohl K. A. Kitchen die Spätdatierung des Exodus akzeptiert, weist er auf viele Beispiele der Sklavenarbeit, auch bei semitischen Gruppen, in der Ziegelherstellung während der 18. Dyn. hin. Vergl. »From the Brickfields of Egypt.« *Tyn Bull* 27, 1976, 139-140.

[5] Weil das Leben Moses sich in drei Perioden von je 40 Jahren einteilen läßt – er war 40 als er den Ägypter ermordete, 80 als er aus dem midianitischen Exil zurückkehrte, 120 als er starb – vermuten viele Wissenschaftler, dass die Jahreszahlen nicht wirkliche Jahre reflektieren. Man sagt, dass 40 Jahre eine ideale Generation darstellen. Demnach hätte Mose dreimal so lange wie eine ideale Generation gelebt. Diese Auslegung sei auch auf die 40-jährige Regierungszeit Sauls, Davids und Salomos anzuwenden, sowie auf die 40-jährige, oder manchmal 20-jährige, Amtszeit der Richter oder der Friedenspausen während ihrer Tätigkeit. Es ist aber durchaus möglich, ja sogar wahrscheinlich, dass Gott selbst vorsätzlich die Geschichte nach diesem Schema geordnet hat. – Wenn man unvoreingenommen die Erzählungen mit diesen Jahreszahlen liest,

Sein Tod trat am Ende der Wüstenwanderung ein, ca. 1406. Somit muss er um das Jahr 1526 geboren worden sein, in dem Jahr, in dem Amenophis starb. Es muss aber eingeräumt werden, dass man bisher keine absoluten Daten für die Pharaonen des Neuen Reiches erstellen konnte. Deshalb werden auch hier wieder die Daten der *Cambridge Ancient History*, einem in der internationalen Fachwelt anerkannten Werk der alten Geschichte, verwendet.[6] Daten, die nur wenige Jahre von den angegebenen abweichen, beeinträchtigen das hier vorgetragene Argument nicht.

Thutmosis I. (1526-1512) folgte auf Amenophis. Der erstere war ein Bürgerlicher und heiratete die Schwester des Königs. Er war wahrscheinlich der König, der das Mordedikt herausgab. Deshalb war Mose bei seiner Geburt in Todesgefahr. Sein Bruder Aaron, der drei Jahre früher geboren worden war (2. Mo 7,7), scheint nicht bedroht gewesen zu sein. Das würde bedeuten, dass der König, der

---

erhält man den Eindruck, dass sie buchstäblich zu verstehen sind. D. h. die Zahl 40 kann symbolischen wie typologischen Wert haben. Über die Zahlen in der Bibel siehe J. J. Davis, *Biblical Numerology*. Grand Rapids, 1968, S. 52-54, der aber meint, dass nur die Zahl 7 einen symbolischen Wert habe, S. 124.

[6] Die Daten über Amenophis (=Amenhotep) sind dem Essay von T. G. H. James, »Egypt: From the Expulsion of the Hyksos to Amenophis I.« *CAH*, 3. Aufl., II:1, S. 308, entnommen. Für die Daten von Thutmosis I., Thutmosis II., Hatschepsut, Thutmosis III. und Amenophis II. siehe W. C. Hayes, »Egypt: Internal Affairs from Thutmosis I. to the Death of Amenophis III.« *CAH* II:1, S. 315-321. Alternative Daten für die 18. Dyn. geben W. W. Hallo und W. K. William, *The Ancient Near East*. New York, 1971, S. 300-301; oder E. Hornung, *Grundzüge der Ägyptischen Geschichte*. Darmstadt, 3. Aufl., 1988, S. 162. Die teilweise recht unterschiedlichen Daten des Neuen Reiches, die bei den einzelnen Wissenschaftlern bis zu über 25 Jahren variieren, sind darin begründet, dass der Regierungsantritt von zwei Königen nicht festzulegen ist. Die Thronbesteigung des Thutmosis I. wird von einigen in das Jahr 1504 datiert, von anderen auf 1490 oder 1479. Auch der Regierungsantritt von Ramses II. wird unterschiedlich gesehen, entweder im Jahr 1304 oder 1290 oder 1279. Vergl. E. Hornung, *Untersuchungen zur Chronologie und Geschichte des Neuen Reiches*. Wiesbaden, 1964; R. Krauss, *Das Ende der Amarnazeit*. Hildesheim, 1978; K. A. Kitchen, »The Basics of Egyptian Chronology in Relation to the Bronze Age.« *Middle or Low?* P. Åström, Hrsg., Göteborg, 1987, S. 37-55. Siehe auch den sehr informativen Artikel von W. A. Ward, »The Present Status of Egyptian Chronology.« *BASOR* 288, 1992, 53-66. Auch die Länge der Regierungszeiten mancher Pharaonen des Neuen Reiches kann nicht festgelegt werden.

das Mordedikt erließ, erst nach der Geburt des Aaron, aber vor der Geburt des Mose den Thron bestieg. Demnach müsste es Thutmosis I. gewesen sein.

Thutmosis II. (1512-1504) heiratete seine ältere Halbschwester Hatschepsut. Er starb recht jung, unter mysteriösen Umständen. Vor seinem Tod ernannte er seinen Sohn Thutmosis III. (1504-1450) zum Ko-Regenten und Erben. Dieser neue, tatkräftige Herrscher war wohl der berühmteste und mächtigste König des Neuen Reiches. Sein Anfang war aber nicht besonders verheißungsvoll, da er der Sohn einer Konkubine war und seine Halbschwester, die Tochter der Hatschepsut und des Thutmosis II., heiratete. Er wurde jedoch militärisch und politisch sehr erfolgreich und besiegte alle umliegenden Länder. Auch führte er wenigstens sechzehn Feldzüge in Palästina durch. Die ersten zwanzig Jahre seiner Regierung wurde er jedoch von seiner mächtigen Schwiegermutter Hatschepsut bestimmt. Obwohl sie als Frau nicht Pharao werden konnte, nahm sie diese Position *de facto* ein, wie aus ihrer Titulatur »König von Ober- und Unterägypten« und aus ihrer figürlichen Darstellung im königlichen Ornat zu schließen ist. Sie war eine der faszinierendsten und einflussreichsten Personen der ägyptischen Geschichte.[7] In den frühen Jahren von Thutmosis III. hielt sie die Fäden der Regierung fest in ihrer Hand. Der König war ihr gegenüber machtlos. Erst nach ihrem Tod schien er offiziell seine Abneigung ihr gegenüber zum Ausdruck gebracht zu haben, da er nun ihren Namen aus jeder Inschrift löschen ließ. Das allgemeine Bild, das man aus der ägyptischen Literatur von ihr erhält, macht sie zur besten Kandidatin für die Tochter des Pharaos, die Mose aus dem Schilfkasten befreite. Ihrem Charakter entsprechend besaß sie den Mut und die Unabhängigkeit, sich über das Gebot des Königs hinwegzusetzen. Obwohl ihr Geburtsdatum nicht bekannt ist, scheint sie einige Jahre älter gewesen zu sein als ihr Ehemann, Thutmosis II., der mit Ende zwanzig, im Jahr 1504 starb.[8]

---

[7] S. Ratié, *Hatschepsut. Die Frau auf dem Thron der Pharaonen.* Mannheim, 1974; H. Kneifel, *Hatschepsut. Die Pharaonin.* München, 1995.

[8] Steindorff und K. C. Seele, *When Egypt Ruled the East.* Chicago, 1957, S. 39-40.

Bei der Geburt von Mose könnte sie noch ein Teenager gewesen sein.

Thutmosis III. war noch unmündig, als er 1504 den Thron bestieg und war demnach jünger als Mose.[9] Wenn Mose, so wie es den Anschein hat, als Pflegekind der Hatschepsut aufwuchs, dann besteht die große Wahrscheinlichkeit, dass er eine echte Gefahr für den jungen Thutmosis darstellte, zumal sie selbst keine eigenen Söhne hatte. Das hätte Mose zu einem Königskandidaten gemacht, wenn er nicht semitischer Herkunft gewesen wäre. Die biblische Erzählung berichtet von einer wirklichen Feindschaft zwischen dem Pharao und Mose. Dass Mose, nachdem er den Ägypter erschlagen hatte, aus Ägypten fliehen musste, ist ungewöhnlich. Noch ungewöhnlicher ist aber, dass der Pharao sich persönlich um die Tat kümmerte, was darauf hindeutet, dass er Mose wirklich loswerden wollte. Moses selbstgewähltes Exil begann 1486, als er 40 Jahre alt war (Apg 7,23). Thutmosis III. regierte zu diesem Zeitpunkt offiziell seit achtzehn Jahren. Die betagte Hatschepsut, die drei Jahre später starb, hatte wohl nicht mehr die Macht, sich zu Gunsten von Mose einzusetzen.[10]

40 Jahre lang war Mose ein Flüchtling aus Ägypten, der unter den Midianitern des Sinais und Arabiens wohnte. Der Grund für sein langes Exil war die lange Lebens- und Regierungszeit des Pharaos, der ihm nach dem Leben trachtete. Erst nach dessen Tod fühlte sich Mose frei, nach Ägypten zurückzukehren (2. Mo 2,23; 4,19). Thutmosis III. starb im Jahr 1450 und sein Sohn Amenophis II. (1450-1425) bestieg den Thron. Demnach wäre dieser Amenophis der Pharao des Auszugs.

Von allen Königen der 18. Dynastie regierte nur Thutmosis III. lange genug, um der Grund für das 40-jährige Exil des Mose gewesen

---

[9] Thutmosis III. wurde Ko-Regent in den späten Regierungsjahren von Thutmosis II., wahrscheinlich jedoch nicht früher als 1508. Vergl. Hayes, »Internal Affairs.« *CAH* II:1, S. 316-317.

[10] Thutmosis III. übernahm die Regierungsgeschäfte von Hatschepsut 1483. Um die Erinnerung an sie aus dem Bewusstsein des Volkes zu löschen, machte er die von ihr aufgestellten Monumente unleserlich und tötete ihre Beamten. *Ibid.*, S. 319.

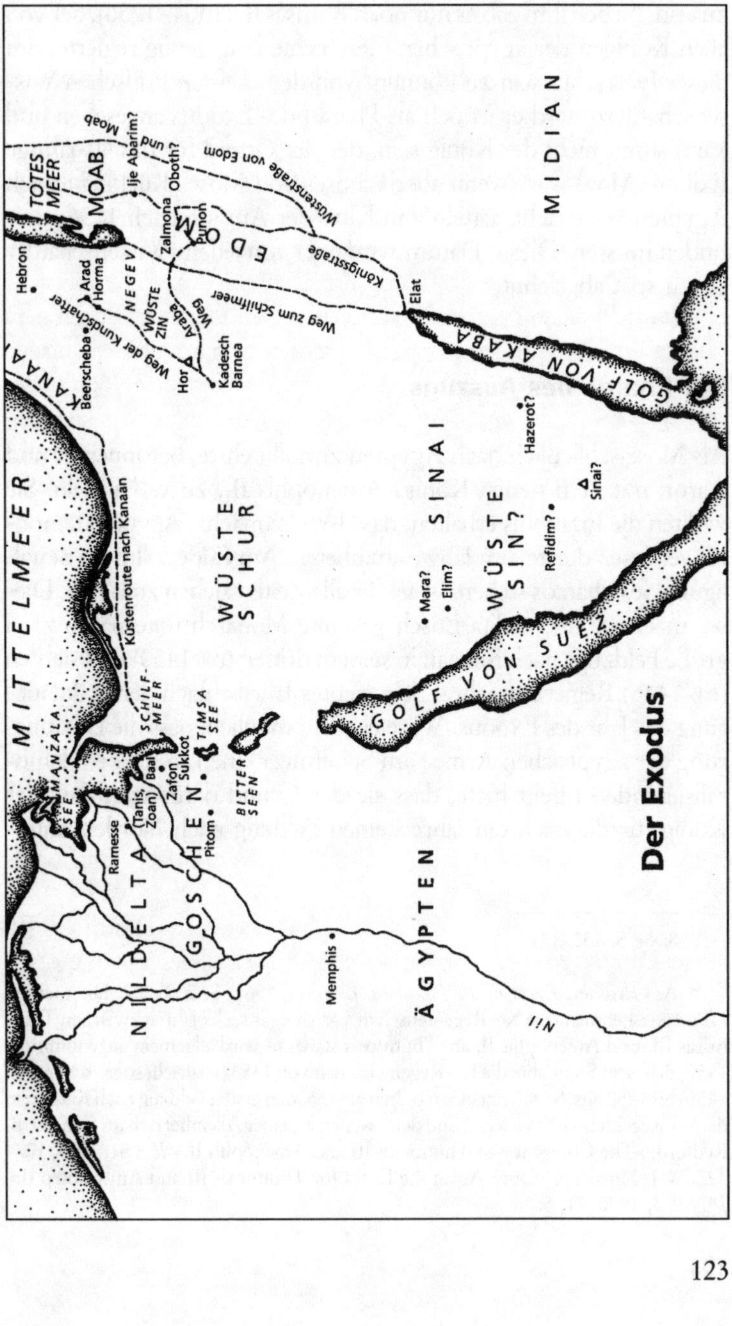
Der Exodus
MITTELMEER
KANAAN
TOTES MEER
MOAB
Moab
Hebron
Arad
Horma
Beerscheba
NEGEV
WÜSTE ZIN
Weg der Kundschafter
Küstenroute nach Kanaan
Hor
Kadesch Barnea
Araba
Weg
Weg zum Schilfmeer
Königsstraße
Wüstenstraße von Edom
Zalmona
Punon
Oboth?
Ije Abarim?
und
EDOM
Elat
GOLF VON AKABA
MIDIAN
SINAI
Hazerot?
Sinai?
Refidim?
WÜSTE SIN?
Mara?
Elim?
WÜSTE SCHUR
GOLF VON SUEZ
MANZALA-SEE
SCHILF-MEER
TIMSA SEE
BITTER SEEN
Baal Zafon
Sukkot
Pitom
(Tanis, Zoan)
Ramesse
NILDELTA
GOSCHEN
ÄGYPTEN
Memphis
Nil

Der Exodus

zu sein. Neben ihm gab es nur noch Ramses II. (1304-1236), der von allen Königen der ägyptischen Geschichte lang genug regierte, um dieser Herrscher sein zu können. Von den meisten kritischen Wissenschaftlern wird er jedoch als Pharao des Exodus angesehen und kann somit nicht der König sein, der der Grund für das 40-jährige Exil des Mose war. Wenn aber Ramses Tod Moses Rückkehr nach Ägypten verursacht hätte, dann hätte der Auszug nach 1236 stattfinden müssen. Dieses Datum wird aber von jedem Wissenschaftler als zu spät abgelehnt.[11]

## Der Pharao des Auszugs

Als Mose schließlich nach Ägypten zurückkehrte, begannen er und Aaron mit dem neuen König, Amenophis II., zu verhandeln. Sie wollten die Erlaubnis erhalten, dass Israel zunächst Ägypten temporär verlassen durfte, um Jahwe anzubeten. Am Ende sollte die Bewilligung des Pharaos stehen, Israel für alle Zeiten ziehen zu lassen. Dieser mächtige und militaristisch gesinnte Monarch unternahm zwei große Feldzüge nach Kanaan in seinem dritten (ca. 1450) und siebten (ca. 1446) Regierungsjahr.[12] Sein siebtes Jahr ist nach der Spätdatierung das Jahr des Exodus. Wäre es nicht möglich, dass die Dezimierung der ägyptischen Armee am Schilfmeer einen so starken demoralisierenden Effekt hatte, dass sie der Grund dafür war, dass der König für die nächsten Jahre keinen Feldzug nach Norden unter-

---

[11] Siehe S. 130-131.

[12] A. Gardiner, *Egypt of the Pharaohs.* London, 1961, S. 200-202. Die meisten Historiker nehmen eine Ko-Regentenschaft von drei bis sechs Jahren zwischen Thutmosis III. und Amenophis II. an. Thutmosis starb, so wird allgemein angenommen, 1450; d. h. sein Sohn übte die Ko-Regentenschaft von 1453 (vielleicht sogar schon von 1456) bis 1450 aus. So scheint es am besten zu sein, den ersten Feldzug nach Kanaan in die Ko-Regentenschaft zu legen und den zweiten in seiner Alleinherrschaft. Siehe D. B. Redford, »The Coregency of Thutmosis III and Amenophis II.« *JEA* 51, 1965, 107-122. W. J. Murnane, »Once Again the Dates for Thutmosis III and Amenhotep II.« *JANES* 3, 1970-71, 5.

nahm? Bei seiner nächsten Militäraktion war seine Armee wesentlich kleiner war als sonst.[13]

Amenophis II. als den Pharao des Auszugs zu sehen, wird durch zwei weitere Überlegungen unterstützt: Er hatte hauptsächlich Memphis zu seiner Residenzstadt gemacht, obwohl doch die meisten Könige der 18. Dynastie in Theben residierten, im Süden des Landes, also weit entfernt von den Israeliten im Delta.[14] Somit wohnte er relativ dicht am Land Goschen und Mose und Aaron mussten nicht weit reisen, um ihn zu sprechen. Zum anderen sagt eine Inschrift, dass die königliche Autorität nicht auf seinen ältesten Sohn überging, wie allgemein in Ägypten üblich, sondern auf seinen jüngeren Sohn Thutmosis IV. Dies wird mindestens im Text der so genannten Traumstele impliziert, die nahe dem Sockel der großen Sphinx in der Nähe von Memphis gefunden wurde.[15] Dieser Text, der einen Traum beschreibt, in dem Thutmosis IV. versprochen wurde, dass er eines Tages König sein würde, bedeutet, dass er durch ein unvorhergesehenes Ereignis wie den vorzeitigen Tod seines älteren Bruders an die Macht gekommen sein könnte.[16] Natürlich ist es unmöglich zu beweisen, dass der vorzeitige Tod seines Bruders durch die zehnte Plage verursacht wurde. Der biblische Text sagt nur, dass jede Erstgeburt in Ägypten, die nicht durch das Blut des Passalammes geschützt war, getötet wurde: (2. Mo 12,29: »Der Herr schlug alle Erstgeburt in Ägypten vom ersten Sohn des Pharao an, der auf seinem Thron saß, bis zum ersten Sohn des Gefangenen im Gefängnis …«).

---

13 Gardiner, *Egypt.* S. 202.

14 Hayes, »Internal Affairs.« *CAH* II:1, S. 333-334. Unter den Königen der 18. Dynastie war es üblich, den Gau um Memphis den Kronprinzen zu unterstellen. D.B. Redford, »A Gate Inscription from Karnak and Egyptian Involvement in Western Asia During the Early 18th Dynasty.« *JAOS* 99, 1979, 277.

15 Der Text steht in J.B. Pritchard, *Ancient Near Eastern Texts Relating to the Old Testament.* Princeton, 2. Aufl., 1955, S. 449.

16 Hayes, »Internal Affairs.« *CAH* II:1, S. 321.

## Die Zehn Plagen

Bevor die historische Verbindung der Exodus-Erzählung mit der 18. Dynastie weiter aufgezeigt wird, ist es notwendig, auf Moses Rückkehr nach Ägypten, die zehn Plagen und das Exodus-Ereignis näher einzugehen. Mose floh in seinem 40. Lebensjahr aus Ägypten (1486) und fand in Midian Zuflucht (2. Mo 2,15). Die Midianiter waren Nachkommen Abrahams und seiner Frau Ketura (1. Mo 25,2) und lebten auf der arabischen Halbinsel, wahrscheinlich direkt östlich des Sinais, gegenüber dem Golf von Aqaba.[17] Mose lernte den midianitischen Priester Jitro (oder Reguel) kennen, der offensichtlich ein Anbeter Jahwes wurde (2. Mo 18,11).[18] Mose heiratete dort Zippora, eine der Töchter Jitros, und zeugte mit ihr zwei Söhne, Gerschom und Elieser (2. Mo 18,3-4). Am Ende des 40-jährigen midianitischen Exils erschien Jahwe dem Mose am Berg Sinai in einem brennenden Busch und stellte sich als Gott Abrahams, Isaaks und Jakobs vor. Dort sagte er Mose, dass endlich die Zeit für Israel gekommen sei, das Land ihrer Knechtschaft zu verlassen und in das Land der Verheißung, Kanaan, zu ziehen und gab ihm den Auftrag, das Volk aus Ägypten herauszuführen.

Wahrscheinlich wenige Monate nach dieser Offenbarung begegneten Mose und Aaron dem Pharao, höchstwahrscheinlich Amenophis II. Sie baten zunächst um Erlaubnis, eine Pilgerfahrt in die Wüste unternehmen zu dürfen, um Jahwe anzubeten. Die Antwort darauf war ein vom König verordneter härterer Sklavendienst. Dies bewegte

---

[17] Hilfreich in der Frage nach der Identität und Identifizierung des Wohnraumes der Midianiter ist R. de Vaux, *The Early History of Israel.* Philadelphia, 1978, S. 330-338. Siehe auch J. F. A. Sawyer und D. J. A. Clines, Hrgs., *Midian, Moab and Edom.* Sheffield, 1983, S. 147-162. E. Knauf, *Midian.* Abhandlungen des Deutschen Palästina Vereins, Wiesbaden, 1988.

[18] Obwohl die Erzählung in 2. Mo 18, 1-12 Jitro nicht als zu Jahwe Bekehrten schildert, wird darin doch ausgesagt, dass er Jahwe als Größten aller Götter anerkennt. Siehe U. Cassuto, *A Commentary on the Book of Exodus.* Jerusalem, 1967, S. 216-217. Eine traditionsgeschichtliche Analyse gibt G. W. Coats, »Moses in Midian.« *JBL* 92, 1973, 3-10.

die Israeliten dazu, an der Autorität Moses zu zweifeln, so dass er sich an Jahwe wandte, um seinen Ruf bestätigt zu erhalten. Noch einmal versicherte Jahwe ihm die Erlösung seines Volkes (2. Mo 6, 6). Durch den Bundesschluss wollte er sie zu seinem besonderen Schatz machen (V. 7) und sie sicher in das Land führen, das er den Erzvätern verheißen hatte (V. 8). Alle folgenden Audienzen beim Pharao brachten nicht die erhoffte Erlaubnis für das Volk, in die Wüste zum Gottesdienst ziehen zu dürfen. Denn der König ahnte wohl, dass es Israels wahre Absicht war, Ägypten für immer zu verlassen. Um seinen göttlichen Auftrag zu beweisen, vollbrachte Mose Zeichen und Wunder vor dem Pharao. Das erste Zeichen war, dass Aarons Stab zur Schlange wurde und die Schlangen, die vorher Stäbe der ägyptischen Zauberer gewesen waren, verschlang. Die nächsten zehn Plagen waren Strafgerichte. Sie kamen immer dann, wenn der Pharao hartnäckig den Auszug der Israeliten verweigerte. Die letzte Plage war der Tod jedes Erstgeborenen, eine Plage, die selbst vor dem Haus des Pharaos nicht Halt machte.

Es ist unmöglich genau zu bestimmen, was bei jeder Plage geschah, zumal die ägyptischen Quellen sich darüber ausschweigen. Es ist aber deutlich, dass jede Plage ein Abweichen von den Abläufen der Natur darstellte, eine Anomalie, die das Wetter, die Tiere, das Wasser oder andere Dinge betraf. In ihrer Absicht scheinen die Plagen auch polemisch gewesen zu sein. Jede von ihnen drückte die Souveränität Jahwes über die Gottheit oder Gottheiten aus, die für den von der Plage beeinträchtigten Bereich zuständig waren. Skeptiker sehen in den Plagen eine weit übertriebene Erzählung von ansonsten ungewöhnlichen, aber natürlichen Ereignissen.[19] Eine ernsthafte Beurteilung der Plagen jedoch erlaubt diese Ansicht nicht. Die Plagen müssen so verstanden werden, wie sie geschildert sind, als einmalige, aber doch historische Ereignisse, durch die sich der Zorn des souveränen Gottes manifestierte, der nicht nur Ägypten, sondern auch seinem

---

[19] Siehe die Ausführungen bei B. S. Child, *The Book of Exodus.* Philadelphia, 1974, S. 164-168. G. Hort sieht in den Plagen Naturphänomene und historische Ereignisse: »The Plagues of Egypt.« *ZAW* 69, 1957, 84-103; *ZAW* 70, 1958, 48-59, bes. 58-59. R.R. Stieglitz, »Ancient Records and the Exodus Plagues.« *BARev* 13:6, 1987, 47-49.

Volk zeigen wollte, dass er der Herr über alles im Himmel und auf Erden ist. Er erwies sich als fähig, die Hebräer aus der Knechtschaft zu befreien und sie durch einen Bund zu seinem Volk von Dienern zu machen.

Als die letzte Plage ihre Wirkung getan und Jahwe alle menschliche Selbstsicherheit zunichte gemacht hatte, gab der Pharao nach und bat Mose und Aaron, mit den Israeliten Ägypten zu verlassen (2. Mo 12, 31-32). Doch als sie dann wirklich Ägypten verließen, änderte der Pharao doch wieder seine Meinung und verfolgte sie. Er brauchte die Israeliten als Sklavenarbeiter, um sein öffentliches Bauprogramm durchzuführen. Zwei Millionen Israeliten hatten aber bereits Rameses (d. i. Goschen, 1. Mo 47, 6-11) verlassen und waren in Sukkot,[20] westlich vom See Timsa, angekommen. Von dort wandten sie sich nordwärts, offensichtlich um über die Route am Mittelmeer in Kanaan einzuziehen. Wenn sie diesen Weg weitergezogen wären, dann hätten sie sich sicherlich mit den Philistern auseinandersetzen müssen. Auch hatten die Ägypter zu den verschiedenen Zeiten hier Festungen gebaut und unterhalten.[21] Deshalb leitete Jahwe sie südwärts, offenbar nachdem sie durch das Schilfmeer gezogen waren.

## Die Route des Auszugs

Die genaue Stelle des Durchzugs durchs Schilfmeer kann heute nicht mehr bestimmt werden. Auf keinen Fall aber zog Israel durch das Rote Meer, den heutigen Golf von Suez, da er zu weit südlich liegt und nicht zur Beschreibung der Reiseroute passt. Ferner ist die hebräische Bezeichnung *jam sûph*, »Schilfmeer«, völlig unpassend

---

[20] Vielleicht ist es *t-k-w* (Tel el-Maskhûṭah) westlich der Bitter-Seen. Siehe Y. Aharoni, *Das Land der Bibel*, S. 202.

[21] Siehe E.Z. Oren, »The ›Ways of Horus‹ in North Sinai.« *Egypt, Israel, Sinai: Archaeological and Historical Relationships in the Biblical Period*, A.F. Rainey, Hrsg., Tel Aviv, 1987, S. 69-119.

für das Rote Meer. Die Übersetzung Rotes Meer für *jam sûph* basiert auf der Lesart der Septuaginta, die annahm, dass »Schilfmeer« die alte Bezeichnung für das Rote Meer wäre.[22] Laut des biblischen Berichtes lagerten die Israeliten bei Pi-Hahirot (unbekannt), zwischen Migdol (unbekannt) und dem Meer, gegenüber von Baal-Zefon (2. Mo 14, 2). Der letztgenannte Ort wird mit Tel Defenneh identifiziert, der westlich vom See Manzala liegt, einer südlichen Bucht des Mittelmeeres.[23] Nach den uns heute zur Verfügung stehenden wissenschaftlichen Kenntnissen ist das Schilfmeer hier zu suchen. Obwohl für den Bau und die Unterhaltung des Suez-Kanals Baggerarbeiten notwendig waren, war der See Manzala doch immer noch so tief, dass ein Durchqueren des Sees zu Fuß unter normalen Umständen nicht möglich war. Die Beschreibung des israelitischen Durchzugs und das Ertrinken der ägyptischen Kavallerie schließt das Durchwaten eines Sumpfgebietes aus. Es bedurfte einer mächtigen Tat Gottes, einer Tat, die so eindrücklich war, dass sie für alle Zeiten als ein beispielhaftes Maß für alle erlösenden und rettenden Handlungen Gottes in der Geschichte Israels gelten sollte. Wenn nicht tatsächlich ein echtes Wunder mit solchen Ausmaßen stattgefunden hätte, dann wären alle folgenden Erwähnungen des Auszugs als Vorbild der souveränen Macht und rettenden Gnade Gottes hohl und leer.[24]

---

[22] Für die Ansicht, dass *yam sûph* »fernes Meer« oder »Meer des Untergangs« bedeutet und somit in mythopoetischer Weise das Rote Meer meint, siehe B. F. Batto, »The Reed Sea: Requiescat in Pace.« *JBL* 102, 1983, 27-35. K. A. Kitchen, »Exodus.« *ABD*, Bd II, S. 703, sieht im hebr. Wort *sûph* eine Ableitung des ägyptischen *twf*, *tjuf* »Schilfrohr«.

[23] Tell Defenneh ist wahrscheinlich mit dem späteren Tahpanhes/Daphnai zu identifizieren (Jer 2, 16; 43, 7-8; 44, 1). Siehe K. A. Kitchen, »Exodus.« *ABD*, Bd II, S. 703.

[24] Als Beispiel mag B. S. Childs, »A Traditio-Historical Study of the Reed Sea Tradition.« *VT* 20, 1970, 406-418, dienen, der zwar einen historischen Kern im beschriebenen Geschehen sieht, aber die Details des biblischen Textes verneint. Ähnlich N. P. Lemche, *Die Vorgeschichte Israels. Von den Anfängen bis zum Auszug des 13. Jahrhunderts v. Chr.* Biblische Enzyklopädie, Bd I, Stuttgart, 1996, S. 54, der sagt, dass die Erzählung vom Exodus einen geschichtlichen Hintergrund besitzen könnte.

## Das Datum des Auszugs

Bevor die Wüstenwanderung betrachtet werden soll, ist es notwendig, sich mit der Datierung des Auszugs auseinanderzusetzen. Die Frage ist nicht nur wichtig, weil der Auszug selbst ein zentrales historisches und theologisches Ereignis ist, sondern auch, weil die vorhergehende und nachfolgende Geschichte durch die Bestimmung des Datums des Auszugs stark beeinflusst wird.

### Interne biblische Evidenz

Das Jahr 1446 wurde bereits als Datum des Auszugs vorgeschlagen. Die vorherige Diskussion über die Hyksos und das Neue Reich sowie der historische Rahmen der Josef-Erzählung basierten auf diesem Datum. Da aber die meisten Wissenschaftler für eine Spätdatierung des Exodus plädieren, ist es wichtig, alle verfügbaren Daten sehr sorgsam zu untersuchen.

Es gibt zwei grundlegende biblische Daten, die direkt mit diesem Thema zu tun haben. 1. Kön 6, 1 sagt, dass der Auszug 480 Jahre vor der Grundsteinlegung des Tempels stattfand. Nach der hier angenommenen Datierung begann Salomo im Jahr 966 mit dem Tempelbau,[25] dann wäre der Auszug im Jahr 1446 geschehen. Es gibt aber verschiedene Gründe, warum man allgemein dieses Datum nicht akzeptiert, sondern meistens eines um 1260.[26] Um zu einer Spätdatierung des Exodus zu gelangen, nimmt man diese 480 Jahre nicht buchstäblich, sondern sieht in ihnen in kryptischer Weise zwölf Generationen von je 40 Jahren.[27] Da aber eine Generation ca. 25 Jahre

---

[25] E. R. Thiele, *The Mysterious Numbers of the Hebrew Kings.* Grand Rapids, 1965, S. 28; siehe auch S. 29 und 55. Thieles Rekonstruktion der Chronologie des geteilten Königreichs bildet die Basis der Datierungen in diesem Buch.

[26] John Bright, *Geschichte Israels.* Düsseldorf, 1966, S. 111-112.

[27] H. Donner, *Geschichte des Volkes Israel und seiner Nachbarn in Grundzügen.* ATD Ergänzungsreihe Bd IV/1, Göttingen, 1984, S. 92.

dauert, wird die Zeit zwischen dem Exodus und dem Beginn des Tempelbaus auf 300 Jahre reduziert (12 x 25). Deshalb habe der Exodus um 1266 stattgefunden.[28] Wenn nun gezeigt werden könnte, dass das alte Israel oder eine andere Nation zu dieser Zeit mit derartigen Jahreszahlen so umgegangen ist, müsste dieser Deutungsweise Recht gegeben werden.[29] Doch dafür gibt es keine Hinweise. Diejenigen, die die 480 Jahre auf 300 reduzieren wollen, müssten den Beweis dafür antreten. Leider begegnet als Argument aber immer wieder nur der Zirkelschluss, dass der Auszug so früh nicht stattgefunden haben kann und deshalb die 480 Jahre nicht wörtlich zu nehmen seien. Es müssten aber eindeutige Beweise vorgebracht werden, die zeigen, dass die 480 Jahre nicht buchstäblich zu verstehen sind. Bisher ist das nicht gelungen.

Eine zweite Stütze erhält die Frühdatierung aus dem Gespräch des Richters Jeftah mit den Ammonitern. Er sagt ihnen, dass sie keinen Grund für ihre Feindschaft gegenüber Israel hätten, da sie 300 Jahre lang, nach dem Sieg der Israeliten über Sihon, den König der Ammoniter, nie das Besitzrecht Israels an Transjordanien angezweifelt hätten. Diese etwas längeren Ausführungen Jeftahs machen klar (Ri 11, 15-27), dass er über die Zeit der Geschichte Israels spricht, die vor der Landnahme liegt und die 40 Jahre nach dem Auszug begann. Es wird von den meisten akzeptiert, dass Jeftah die Ammoniter am Ende des 12. Jh. (ca. 1100) besiegte, so dass man folgern kann, dass Jeftah über Ereignisse, die um 1400 geschahen, spricht.

Offensichtlich kann man 300 Jahre nicht ohne Probleme auf Idealgenerationen aufteilen, 300 Jahre lassen sich nicht exakt durch 40 teilen, so dass die Befürworter eines späten Datums für den Auszug, die sich über die biblische Evidenz hinwegsetzen, noch nach anderen

---

[28] J. Gray, *I & II Kings*. Philadelphia, 1970, S. 159-160.

[29] K. A. Kitchen meint, dass die 480 Jahre aus einer größeren uns jetzt unbekannten Gesamtmenge ausgewählt worden sind, wie es in einigen ägyptischen Texten getan wurde. Die 480 Jahre wären dann eine angehäufte Zahl, die aber in Wirklichkeit nur 300 Jahre wären. Leider gibt Kitchen keine Evidenz, dass diese Praxis auch für 1. Kön 6, 1 zutrifft. Siehe sein *Alter Orient und Altes Testament*. Wuppertal, 1965, S. 30.

Erklärungsmodellen suchen. So postuliert man eine geteilte Landnahme und sagt, dass Jeftah nicht von der Landnahme der zwölf Stämme Israels spricht, sondern von einer vor dem Auszug erfolgten Besitznahme des Transjordanlandes durch einen Stamm oder Stämme, die sich erst später mit den Stämmen assoziierten, die eine Exodustradition hatten.[30] Die Eroberung Transjordaniens hätte somit mehr als ein Jahrhundert vor der eigentlichen Landnahme stattgefunden. Es wird dabei aber übersehen, dass Jeftah in seiner Rede die Bezwinger Sihons mit den Israeliten gleichsetzt, die aus Ägypten kamen (Ri 11,13.16).

Zusätzlich zu diesen spezifischen chronologischen Daten beschreibt das AT das Milieu vor und während des Auszugs so, dass ein frühes Datum für den Auszug sehr wahrscheinlich ist. Es wurde bereits gezeigt, dass die Mose-Erzählung gut in die Zeit und Gegebenheiten der 18. ägyptischen Dynastie passt. Im Gegensatz dazu ist eine Spätdatierung des Exodus, die immer in die Zeit Ramses II. verweist, mit den biblischen Daten nicht vereinbar. Moses Rückkehr nach Ägypten aus seinem midianitischen Exil fand erst statt, nachdem der Pharao, der ihm nach dem Leben trachtete, gestorben war. Erst nach 40-jährigem Exil kehrte er nach Ägypten zurück; d. h. dass der in Frage kommende König wenigstens 40 Jahre regiert haben muss. Aus der 19. Dynastie kommt deshalb nur Ramses II. (1304-1236) in Frage. Jedoch kann er nicht der Pharao des Exodus sein, denn nach dem biblischen Bericht stirbt der König mit der außergewöhnlich langen Regierungszeit vor dem Auszug, ist also nicht selbst der Pharao des Auszugs.

Nach der Spätdatierung des Exodus muss Merenptah (1236-1223) der Pharao des Exodus gewesen sein. Selbst wenn der Exodus in seinem ersten Regierungsjahr stattfand, würde eine 40-jährige Wüstenwanderung bedeuten, dass die Landnahme erst 1196 anfing. Die Richterzeit darf dann nicht länger gewesen sein als von 1156, 40

[30] T. J. Meek, *Hebrew Origins*. New York, 1960, S. 30-31; 34-35. Noch extremer ist die Aussage von V. Fritz, *Die Entstehung Israels im 12. und 11. Jahrhundert v. Chr.* Stuttgart, 1996, S. 110: »Die Bibel scheidet für die Epoche der Landnahme als literarische Quelle aus.«

Jahre nach der Landnahme, bis zum Tod Simsons, dem letzten Richter in Israel, im Jahr 1084. Diese Zeit ist aber offensichtlich viel zu kurz für die Richter, selbst wenn man ihre Tätigkeit teilweise zur gleichen Zeit, aber an verschiedenen Orten ansetzt. Merenptah unternahm in seinem fünften Regierungsjahr (1231) einen Feldzug ins obere Kanaan. In einer Inschrift behauptet er, dass er während dieses Feldzugs Israel angetroffen und besiegt hätte.[31] Aber Israel kann sich unmöglich innerhalb von fünf Jahren von Ägypten befreit, Zeit am Berg Sinai verbracht haben, in der Wüste umhergewandert sein, Sihon und Og besiegt und sich selbst in Kanaan etabliert haben. Die Vertreter der Spätdatierung müssen alle normalen und akzeptierten historiographischen Methoden ignorieren und das einzige uns zur Verfügung stehende Dokument dieser Ereignisse, das AT selbst, neu ordnen und interpretieren.[32]

## Die Evidenz für die Spätdatierung

### Fehlen einer sesshaften Besiedelung Transjordaniens

Es werden drei Hauptargumente für eine Spätdatierung des Auszugs vorgebracht, von denen eines selbst bei den Vertretern dieser Richtung als sehr zweifelhaft gilt. Es soll als erstes vorgestellt werden:

Viele Jahre lang hat der Archäologe Nelson Glueck auf Grund von Tonscherben, die er auf der Oberfläche und am Hang der Tells fand, argumentiert, dass es in Transjordanien und in der Negev keine sesshafte Besiedelung zwischen 1900 und 1300 gegeben habe.[33] Fast alle Alttestamentler akzeptierten dies und schlossen daraus, dass die

---

[31] R. Borger et al., Hrsg., *TUAT,* Bd I, S. 544-552; H. Donner, *Geschichte,* S. 92.

[32] Das ist die Vorgehensweise der kritischen Wissenschaftler. Siehe H. H. Rowley, *From Joseph to Joshua.* London, 1950, S. 129-144. V. Fritz, *Die Entstehung Israels,* S. 104ff.

[33] N. Glueck, »Exploration in Eastern Palestine and the Negev.« *BASOR* 55, 1934, 3-21; *BASOR* 86, 1942, 14-24.

Erwähnung einer sesshaften Bevölkerung in den Mose-Büchern und im Josua-Buch ein Datum nach 1300 für die Wüstenwanderung erforderlich mache. Daraus folgte, dass das Datum für den Auszug nicht viel früher gewesen sein konnte. Gluecks Oberflächenforschung wurde aber durch Ausgrabungen etlicher dieser Tells nicht bestätigt. Die Funde zeigten, dass viele dieser Ortschaften durch die gesamte SpB und früher bewohnt waren.[34] Einige Orte, die einen wesentlichen Bestandteil der Mose-Josua-Erzählung bilden, hatten sich während der SpB sogar recht weit entwickelt.

## Bau der Stadt Ramses durch die Israeliten

Ein Argument für die Spätdatierung findet sich im biblischen Text selbst. 2. Mo 1, 11 zeigt, dass die Israeliten als ägyptische Sklaven vom Pharao zum Bau der Städte Pitom und Rameses (oder Raamses) herangezogen wurden. Diese Städte hießen ursprünglich Pi-Aton und Per-Ramesse und wurden von den Israeliten nicht neu gebaut, sondern wiederaufgebaut.[35] Die Annahme, dass dieser Vers für das Datum des Exodus relevant ist, stammt von der Annahme, dass die Stadt Rameses nach Ramses II., dem berühmten König der 19. Dynastie, benannt wurde. Dass er eine Stadt mit diesem Namen mit Hilfe der *ʿapiru*-Sklaven baute oder wieder aufgebaut hatte, ist möglich. Der Papyrus, der immer als Beweis herangezogen wird, sagt dies jedoch nicht ausdrücklich.[36] – Es ist trotzdem ein dürftiger

[34] J. A. Sauer, »Transjordan in the Bronze and Iron Ages: A Critique of Glueck's Synthesis.« *BASOR* 263, 1986, 1-26; J. J. Bimson, *Redating the Exodus and the Conquest.* Sheffield, 1978, S. 67-74. J. R. Kautz, »Tracking the Ancient Moabites.« *BA* 44, 1981, 27-35; G. L. Mattingly, »The Exodus Conquest and the Archaeology of Transjordan: New Light on an Old Problem.« *GTJ* 4, 1983, 245-262. Siehe allgemein zur Bronzezeit in Palästina R. Gonen, »Urban Canaan in the Late Bronze Period.« *BASOR* 253, 1984, 61-73; U. Worschech, *Das Land jenseits des Jordan. Biblische Archäologie in Jordanien.* Wuppertal, 1991, S. 106-112.

[35] E. P. Uphill, »Pithom and Raameses: Their Location and Significance.« *JNES* 27, 1968, 291-316; *JNES* 28, 1969, 15-39.

[36] Zum Papyrus, Leiden 348, siehe M. Greenberg, *The Ḫab/piru.* New Haven, 1955, S. 56, FN 162.

Beweis anzunehmen, dass die Stadt aus 2. Mo 1, 11 die gleiche sei, die Ramses II. gebaut hat und dass die *'apiru* mit den Israeliten gleichzusetzen wären. Vor einigen Jahren hat bereits W. F. Albright gezeigt, dass die »Ramsesbauten« nicht aus der 19. Dynastie stammen können, sondern dass sie auf die Hyksos zurückgehen.[37] Deshalb ist es durchaus möglich, dass die Israeliten eine Stadt mit Namen Rameses lange vor der Herrschaft Ramses II. wieder aufbauten.

Es wurde von verschiedenen konservativen Wissenschaftlern angenommen, dass 2. Mo 1, 11 ein Anachronismus sei. Das würde bedeuten, dass die Israeliten eine Stadt wieder aufbauten, die vielleicht Tanis hieß, und irgendwann später hätte ein inspirierter Herausgeber den Namen der Stadt zu Rameses verändert, weil der ursprüngliche Name nicht länger gebräuchlich war und deshalb ohne Bedeutung für die späteren Leser gewesen wäre.[38] Das wäre eine mögliche Lösung, wofür auch andere Beispiele herangezogen werden könnten, aber es scheint unnötig zu sein, wenn gezeigt werden kann, dass der Name Rameses schon vor dem frühen Datum für den Auszug in Gebrauch war.

Ein Faktor, der von denen übersehen wird, die annehmen, dass die Stadt Rameses nach Ramses II. benannt wurde, ist die Zeit, die nach dem biblischen Dokument zwischen dem Bau der Städte und dem Exodus liegt. Die Erzählung berichtet, dass die Israeliten gezwungen wurden, an dem Bauprojekt zu arbeiten. Aber je stärker die Ägypter

---

[37] *Von der Steinzeit zum Christentum.* Bern, 1949, S. 224-225. G. L. Archer, Jr., weist auf ein Wandgemälde aus der Zeit Amenophis III. (1417-1379) hin, auf dem der Name Ramose, ein berühmter Wesir, erscheint. Das zeigt, dass Namen wie Ramses schon vor der 19. Dynastie gebraucht wurden. Deshalb muss die Stadt aus 2. Mo 1, 11 nicht auf Grund ihres Namens in die Zeit Ramses II. datiert werden. Siehe »An Eighteenth-Dynasty Rameses.« *JETS* 17, 1974, S. 49-50; Hayes, »Internal Affairs.« *CAH* II:1, 342, 405.

[38] So z. B. C. F. Aling, »The Biblical City of Ramses.« *JETS* 25, 1982, 136-137. Aling weist aber auch darauf hin, dass der Name Ramses oder eine Variante davon schon seit der 12. Dynastie belegt ist (S. 133). Wenn man jedoch in 2. Mo 1, 11 einen Anachronismus sieht, dann muss man das auch in 1. Mo 47, 11 annehmen, wo gesagt wird, dass Jakob und seiner Familie der Distrikt von Ramses als Wohnort zugewiesen wurde. Ein Vergleich dieser beiden Stellen scheint jedoch einen Anachronismus auszuschließen.

die Israeliten unterdrückten, um so stärker vermehrten sich die Letzteren. Das bedeutet, dass Generation auf Generation folgte. Als selbst die stärkste Unterdrückung die Vermehrung der Israeliten nicht verhindern konnte, initiierte der Pharao den Kindermord. Dieses Ereignis gehört in die Zeit der Geburt Moses. Gemäß dem biblischen Bericht war Mose beim Auszug 80 Jahre alt. D. h., dass zwischen dem königlichen Edikt, die hebräischen Knaben umzubringen, und dem Auszug eine Zeitperiode von 80 Jahren lag. Wenn Ramses II. der Pharao des Auszugs gewesen sein sollte und die Stadt Rameses nach ihm benannt worden ist, dann schließt seine Regierungszeit die Jahre des Wiederaufbaus der Städte, das Edikt des Knabenmordes und die ersten 80 Jahre des Mose ein. Das wären insgesamt wohl 100 Jahre oder mehr. Selbst wenn Mose zur Zeit des Auszugs nur 40 Jahre alt gewesen wäre, so wäre die 68-jährige Regierungszeit des Ramses nicht ausreichend, um diese lange Zeitperiode zu decken. Jedoch berichtet keine biblische Erzählung davon, dass Mose zur Zeit des Auszugs so jung war. Sollte dem AT überhaupt irgendeine historische Zuverlässigkeit zugebilligt werden, dann kann die Stadt Rameses nicht vor dem Exodus nach Ramses II. benannt worden sein.

### Hinweise für eine Landnahme im 13. Jahrhundert

Das dritte und am häufigsten gebrauchte Argument für eine Spätdatierung des Exodus basiert auf der archäologischen Evidenz einer massiven und weit verbreiteten Vernichtung der Städte und Ortschaften des zentralen Kanaans während dieser Zeit. Weil es eine unbestreitbare Dokumentation einer solchen Zerstörung gibt und weil, so das Argument, das einzige historische Ereignis, das zeitlich dafür in Frage kommen könnte, die israelitische Landnahme wäre, ist die Schlussfolgerung, dass sie die Ursache für die Vernichtung sein muss. Der Auszug muss deshalb kurz vorher stattgefunden haben.[39]

[39] So z.B. H.T. Frank, *Bible, Archaeology and Faith.* Nashville, 1971, S. 95; K.A. Kitchen, *Alter Orient und Altes Testament*, S. 25-29; R.K. Harrison, *Old Testament Times. Grand Rapids*, 1970, S. 175-76.

Bei dieser Interpretation der archäologischen Daten gibt es aber erhebliche Probleme. Denn es gibt kein schriftliches Dokument einer kanaanäischen Ortschaft aus der Mitte des 13. Jh., das die neue Bevölkerung erwähnt, so dass auch die Eindringlinge nicht identifizierbar sind. Außerdem werden die angenommenen Zeichen eines Kulturwechsels nach wie vor heftig diskutiert. So können die neuen Elemente in den gegenständlichen Dokumenten nicht als typisch israelitisch klassifiziert werden.[40] Es sollte beachtet werden, dass die einzigen außerbiblischen Texte, die politische Unruhen und militärische Konflikte in entfernt ähnlicher Weise wie die Landnahme berichten, die Amarna-Briefe sind. Sie bezeugen die Streitigkeiten zwischen den einzelnen kanaanäischen Stadtstaaten und sprechen von den *'apiru*, deren Loyalität zu den verschiedenen Zeiten unterschiedlichen Herrschern galt.[41] In diesen Briefen wird die Zeit der Pharaonen Amenophis III. und Amenophis IV. (Echnaton), von ca. 1380-1358, beschrieben, die Zeit des traditionell angenommenen Datums der Landnahme. Obwohl die *'apiru* nicht zu schnell mit den Hebräern gleichgesetzt werden sollten, scheint der Fall für einige doch überzeugend genug zu sein, in den Amarna-Briefen die Zeit des späten Auszugs reflektiert zu sehen. Es soll eine frühe Landnahme durch bestimmte Stämme stattgefunden haben, vielleicht durch die Josef-Stämme Ephraim und Manasse, ca. 1375. Die eigentliche Landnahme durch die Stämme des Exodus wäre dann mehr als ein Jahrhundert später geschehen.[42]

Jetzt muss die Frage nach der Bedeutung der Zerstörungsschichten aus dem 13. Jh. und die Abwesenheit solcher Schichten aus dem

---

[40] K. Kenyon, *Archäologie des Heiligen Landes.* Neukirchen, 1967, S. 201-202.

[41] J. A. Knutson, Hrsg., *Die El-Amarna Tafeln mit Einleitung und Erläuterungen.* Bd II, ND, Aalen, 1964; W. Moran, *The Amarna Letters.* Baltimore, 1992.

[42] Meek, *Hebrew Origins*, S. 23-25. Meek datiert den Auszug und die Landnahme um 1200. V. Fritz, *Das Buch Josua.* Handbuch zum Alten Testament, Bd I/7. Tübingen, 1994, S. 10, sagt, dass auf Grund der literarkritischen Analyse des Josua-Buches die dort berichteten Ereignisse nicht zur Rekonstruktion der Landnahme herangezogen werden könnten.

frühen 14. Jh. beantwortet werden.[43] Der letzte Punkt soll zuerst diskutiert werden. Die Wissenschaftler stimmen darin überein, dass die Amarna-Briefe echt sind und realistisch die Tumulte in Kanaan im frühen 14. Jh. beschreiben. Diese Art von Bürgerkrieg und Belästigung der Bevölkerung durch die *'apiru* und andere hinterließ sehr wenige sichtbare Rückstände einer Invasion oder Eroberung, die archäologisch auswertbar sind.[44] Könnte es also sein, dass die israelitische Landnahme ebenso archäologisch nicht nachweisbar ist? Es kann deswegen keine archäologischen Anzeichen einer Eroberung im frühen 14. Jh. geben, weil die kanaanäischen Städte und Ortschaften, mit wenigen Ausnahmen, nicht vernichtet worden sind. Diese Erhaltungspolitik geht auf Mose zurück und wurde von Josua ausgeführt. Mit anderen Worten, Zeichen einer großen Zerstörung in der Zeit von 1400-1375 würde die Vertreter der Frühdatierung des Auszugs in große Verlegenheiten bringen, denn das biblische Zeugnis ist

[43] Dieses Problem wird von E. H. Merrill behandelt in: »Palestinian Archaeology and the Date of the Conquest: Do Tells tell Tales?« *GTJ* 3, 1982, 107-121.

[44] Kenyon, *Archäologie*, S. 178-180; G. E. Mendenhall, »The Hebrew Conquest of Palestine.« *BA* 25, 1962, 72-73; V. Fritz, »Die Landnahme der israelitischen Stämme in Kanaan.« *ZDPV* 106, 1990, 64, macht darauf aufmerksam, dass die Zerstörung der Städte am Ende der SpB außerordentlich schwer zu datieren sei, »da nur an wenigen Orten eindeutig datierbare Fundstücke aufgetaucht sind.« S. Ahituv gibt Evidenz einer Zerstörung durch die Ägypter, aber keines seiner Beispiele vom inneren Kanaan ist früher als Thutmosis III. (1504-1450) oder später als Seti I. (1318-1304). Keine der Städte oder Ortschaften, die von den *'apiru* oder Ägyptern vernichtet wurden, erscheinen in den Eroberungsberichten des Buches Josua. Das bedeutet, dass das kanaanäische Hügelland von den Tumulten der Amarna-Zeit, das ist die Zeit der biblischen Landnahme, weitgehend verschont blieb. Siehe sein Artikel, »Economic Factors in the Egyptian Conquest of Canaan.« *IEJ* 28, 1978, 93-96, 104-105. Thutmosis IV., der während der Zeit der israelitischen Wüstenwanderung regierte (1425-1417), unternahm nur einen Feldzug nach Kanaan, auf dem er Gezer einnahm. Weder Amenophis III. (1417-1379) noch Amenophis IV. (1379-1362), die während der Zeit der Landnahme herrschten, fielen auch nur einmal in Kanaan ein. Siehe J. M. Weinstein, »The Egyptian Empire in Palestine: A Reassessment.« *BASOR* 241, 1981, 13-16. M.W. Several, »Reconsidering the Egyptian Empire in Palestine During the Amarna Period.« *PEQ* 104, 1972, 128-129, geht sogar so weit, dass er behauptet, die Zeit der Amarna-Briefe sei eine Zeit von vorher nie dagewesenen Frieden gewesen, weil Ägypten eine starke Kontrolle über Kanaan ausgeübt hätte. Die Amarna-Briefe beschreiben jedoch keine friedvolle Zeit.

einmütig darin, dass Israel befohlen wurde, die kanaanäische Bevölkerung auszurotten, jedoch ihre Städte und Ortschaften zu verschonen. Die biblischen Texte sagen eindeutig, dass dieser Auftrag treu ausgeführt wurde. Die einzigen Ausnahmen dieser Regel waren Jericho, Ai und Hazor.[45] Jericho hat so unter extremem Wetter und unwissenschaftlicher Ausgrabung gelitten, dass die Wissenschaftler über die Chronologie der Stadt sehr zerstritten sind. Deshalb muss man sich fragen, ob dieser Ort überhaupt Bedeutung für die Diskussion haben kann.[46] Auch die Wichtigkeit von Ai ist für die Debatte in Frage zu stellen, da die genaue geographische Lage und damit die Identifikation Ais fraglich sind, so dass der Zeitpunkt der Zerstörung nicht sicher bestimmt werden kann.[47] In Bezug auf Hazor argumentierte Yigael Yadin, der die Stadt ausgrub, zuerst, dass sie eine furchtbare Feuersbrunst um 1400 erlebte. Er verband diese Katastrophe mit der Landnahme der Israeliten. Später jedoch setzte er das Datum für die Vernichtung der Stadt in das 13. Jh.[48] Was immer der Grund für die Veränderung des Datums war, viele Wissenschaftler sind überzeugt, dass sein ursprüngliches Datum das richtige war.[49]

---

[45] Siehe dazu H. Pehlke, »Das Verhältnis der Archäologie zur Exegese, dargestellt an drei Beispielen.« *JETh* 10, 1996, 28-32.

[46] Kenyon, *Archäologie*, S. 202-204; R. Moorey, *Excavation in Palestine.* Grand Rapids, 1983, S. 215-225; B. G. Wood, »Did the Israelites conquer Jericho?« *BARev* 16:2, 1990, 44-59; ders., »Dating Jericho's Destruction: Bienkowski Is Wrong on All Counts.« *BARev* 16:5, 1990, 45, 47-49, 68-69; P. Bienkowski, »Jericho Was Destroyed in the Middle Bronze Age, Not the Late Bronze Age.« *BARev* 16:5, 1990, 45-46, 69; R. Riesner, »Die Mauern von Jericho. Bibelwissenschaft zwischen Fundamentalismus und Kritizismus.« *Theologische Beiträge* 14, 1983, 79-86.

[47] Bimson, *Redating*, S. 215-225. W.H. Stiebig, Jr., »New Archaeological Dates for the Israelite Conquest: Part II: Proposals for an MB II C Conquest.« *Catastrophism and Ancient History* 10:2, 1988, 61-71, gibt eine Zusammenfassung der Argumente.

[48] Y. Yadin, »The Rise and Fall of Hazor.« *Archaeological Discoveries in the Holy Land.* New York, 1967, S. 62-63; ders., »Excavations at Hazor, 1955-1958.« *BAR* E. F. Campbell, Jr., und D. N. Freedman, Bd II, Garden City, 1964, S. 224; ders., »The Fifth Season of Excavations at Hazor, 1968-69.« *BA* 32, 1969, 55.

[49] Bimson, *Redating*, S. 194.

Eine Landnahme im 14. Jh. ist archäologisch nicht nachweisbar. Außerdem hatte Mose gesagt, dass der Herr Israel Städte geben würde, die sie nicht gebaut hätten; Häuser voll von guten Dingen, die sie nicht gesammelt hätten; Zisternen, die sie nicht gegraben hätten; Weingärten und Olivenbäume, die sie nicht gepflanzt hätten (5. Mo 6, 10-11). Und nach der Eroberung sagte Josua, dass der Herr ihnen ein Land gegeben hatte, für das sie nicht gearbeitet hatten; Städte, die sie nicht gebaut hatten; Weingärten und Olivenbäume, die sie nicht gepflanzt hatten (Jos 24, 13). Deshalb ist die Annahme vieler Wissenschaftler, dass es einen gewaltsamen Umsturz im Lande gegeben hat, nicht mit dem biblischen Zeugnis der Landnahme vereinbar. Wenn sich also aus dieser Zeit keine archäologischen Hinweise auf eine großflächige Zerstörung finden lassen, dann spricht das nicht gegen, sondern für eine frühe Landnahme.

Aber wie sind die archäologisch nachweisbaren Zerstörungen der kanaanäischen Städte im 13. Jh. zu beurteilen? Zunächst einmal sollte man sich darüber im Klaren sein, dass durch die israelitische Landnahme im frühen 14. Jh. diese Städte zum größten Teil israelitisch waren und nicht mehr kanaanäisch. Zur Zeit gibt es noch keine Methode, die es ermöglicht, zwischen kanaanäischen und israelitischen kulturellen Phänomenen der SpB zu unterscheiden.[50] Zweitens ist es möglich, die nachweisbare Zerstörung einem anderen Ereignis zuzuordnen als der israelitischen Eroberung. Das Buch der Richter macht sehr deutlich, dass Israel immer wieder von Feinden außerhalb und innerhalb ihres Landes überrannt wurde. Zu keiner Zeit in seiner Geschichte hatte Israel mehr darunter zu leiden als im 13. Jh., also zu einer Zeit, in die viele den Auszug datieren. Eine traditionelle Chronologie datiert das Richteramt der Debora in diese Zeit und wenig später das des Gideon. Obwohl die Erzählungen keine Details über die Zerstörung durch die Feinde, Kanaaniter und Midianiter, geben, ist jedoch die Tatsache, dass Jabin von Hazor Israel mit Gewalt für zwanzig Jahre unterdrückte (Ri 4, 3) und dass viele der israelitischen

---

[50] Kenyon, *Archäologie*, S. 201-202.

Stämme sich unter der Führung von Debora und Barak versammelten, um sich aus dem Würgegriff der Kanaaniten zu befreien (Ri 5, 12-18), ein nicht zu übersehendes Zeichen von weit verbreiteten militärischen Auseinandersetzungen. Diese Kämpfe hätten durchaus die gewaltigen Zerstörungen in den israelitischen Städten hervorrufen können.[51] Die midianitische Unterdrückung scheint Israel nicht in gleicher Weise betroffen zu haben wie die kanaanäische, da die Midianiter lediglich die Äcker und die Ernte vernichteten. Aber auch hier werden sich während der siebenjährigen midianitischen Schikanierung kriegerische Auseinandersetzungen ergeben haben. Außerdem wurden, nachdem Gideon die Midianiter vertrieben hatte, durch den dann folgenden Bürgerkrieg auch Gebäude zerstört. Gideons Sohn Abimelech, der sich selbst zum König gemacht hatte, verwandelte die Stadt Sichem in ein Trümmerfeld (Ri 9, 45), bevor er in der nicht erfolgreichen Belagerung von Tebez[52] ums Leben kam.

Es gibt also keine anderen Hinweise, durch die die Zerstörung der palästinischen Ortschaften erklärt werden könnte, außer dem biblischen Zeugnis. Hierfür gilt, dass eine vorsichtig rekonstruierte Chronologie, die auf einer legitimen Hermeneutik basiert, zu dem Ergebnis kommt, dass die Landnahme nicht als Erklärungsmodell für die Zerstörungen im 13. Jh. in Frage kommt. Die beste Alternative bietet die Unterdrückung der Israeliten durch die Kanaaniter und Midianiter und ihre Befreiung durch die heroischen Anstrengungen der Richter.

Die Argumente, die gewöhnlich für eine Spätdatierung des Auszugs und der Landnahme vorgebracht werden, sind im Einzelnen und zusammen nicht überzeugend und mit den biblischen Daten unvereinbar. Ein Datum um 1446 wird von den im AT geschilderten Ereignissen am besten unterstützt. Ein späteres Datum wird der dargelegten Evidenz nicht gerecht.

---

[51] Bright, *Geschichte*, S. 159; Kenyon, *Archäologie*, S. 227-229.

[52] E. F. Campbell, Jr., und J. F. Ross, »The Excavation of Shechem and the Biblical Tradition.« *BA* 26, 1963, 16-17.

## Die Daten und die Länge des Aufenthaltes in Ägypten

### Das Problem

Die Festsetzung des Datums des Auszugs auf 1446 erlaubt eine Rekonstruktion der frühen Chronologien. Zuerst wird die Dauer des Aufenthaltes in Ägypten erörtert, und dann die Hauptdaten der Patriarchen-Erzählungen. Wie bereits im zweiten Kapitel ausgeführt, hat die Dauer des Aufenthaltes in Ägypten entscheidende Folgen für ein richtiges Verständnis der Patriarchen- und der Josef-Erzählungen. Ein Aufenthalt von 215 Jahren datiert Josef z. B. in die Hyksos-Zeit, aber ein Aufenthalt von 430 Jahren in eine der ägyptischen Dynastien. Die Implikationen sind gravierend. Denn ein Aufenthalt von nur 215 Jahren hat zur Folge, dass Abraham und seine Nachkommen 215 Jahre später lebten als traditionell angenommen wird, so dass sie einem anderen geschichtlichen und kulturellen Hintergrund zugeordnet und die berichteten zeitgenössischen Ereignisse neu überdacht werden müssten, wie z. B. die Zerstörung der Städte in der Ebene.

### Die Offenbarung an Abraham

Das Ereignis, mit dem begonnen werden soll, ist die Offenbarung Jahwes an Abraham, dass seine Nachkommen für 400 Jahre Fremdlinge in einem anderen Land sein würden, wo sie Not erfahren sollten (1. Mo 15,13). In der vierten Generation jedoch würden sie aus ihrer Gefangenschaft von Jahwe befreit und im Lande Kanaan angesiedelt werden (1. Mo 15,16). Die Gegenüberstellung von 400 Jahren und vier Generationen scheint hier besagen zu wollen, dass eine Generation 100 Jahre dauerte.[53] Schwieriger zu verstehen ist die Charak-

[53] W. F. Albright meint in *The Biblical Period for Abraham to Ezra*. New York, 1963. S. 9, dass das hebräische Wort *dôr* (Generation) im frühen Hebräisch Lebenszeit bedeutete, deshalb werde in 1. Mo 15,16 von vier Lebenszeiten von je 100 Jahren gesprochen. Das verwandte akkadische Wort *dāru* hat ebenfalls die Bedeutung

terisierung dieses Aufenthaltes als eine Zeit der allgemeinen Drangsal, obwohl doch nur die letzte Zeitperiode bitter war, als ein neuer König auftauchte, der nichts von Josef wusste.[54]

Die Lösung für dieses Problem ist darin zu suchen, dass wohl die nachfolgenden Generationen, die über den ägyptischen Aufenthalt reflektierten, ihn insgesamt als eine Zeit der Unterdrückung und des Sklaventums ansahen. Sie kannten ja nur die letzten Jahre vor dem Auszug, so dass sie ihn wirklich als das Ende einer Zeit unerträglicher Verfolgung empfanden.

## Argumente für einen langen Aufenthalt

Der lange Aufenthalt in Ägypten findet seine Stütze in der Aussage des Mose, dass Israel 430 Jahre in Ägypten weilte (2. Mo 12, 40-41). Damit würde der Zug des Jakob und seiner Söhne nach Ägypten in das Jahr 1876 zu datieren sein (der Auszug 1446 + 430-jähriger Aufenthalt), ein Datum, das vom biblischen Dokument als gesichert gelten kann. Ein Problem ist jedoch die Lesart der Septuaginta von 2. Mo 12, 40-41 und der Gebrauch dieser Lesart von Paulus in Gal 3, 17. Die Septuaginta sagt, die Israeliten lebten in Ägypten und Kanaan 430 Jahre. Paulus scheint dies zu bestätigen, wenn er sagt, dass das Gesetz 430 Jahre nach der Verheißung eines Nachkommens an Abraham gegeben wurde. Es ist wahr, die Zeit vom Ruf an Abraham, Haran zu verlassen, bis zur Wanderung Jakobs nach Ägypten beträgt 215 Jahre. Damit würde der Aufenthalt in Ägypten 215 Jahre

---

Lebenszeit. Siehe *CAD*, D, S. 115. Für die Ansicht, dass der Aufenthalt tatsächlich 400 Jahre lang war, siehe H. Hoehner, »The Duration of the Egyptian Bondage.« *BibSac* 126, 1969, 306-316.

[54] Das ist der Grund, weshalb z. B. L. J. Wood, *A Survey of Israel's History*. Grand Rapids, 1970, S. 37, meint, dass der neue König, der Josef nicht kannte, ein Hyksos gewesen sein muss und nicht ein Ägypter. Die Hyksos kamen um 1720 an die Macht, das würde 280 Jahre der Unterdrückung bis zum Exodus 1446 bedeuten. Aber 280 Jahre sind nicht 400, und somit bleibt das Problem der 400-jährigen Unterdrückung bei Wood ungelöst.

gedauert haben. So wäre es möglich, dass Paulus und die Septuaginta tatsächlich sagen, die 430 Jahre beziehen sich auf die gesamte Zeit vom Ruf Abrahams bis zum Exodus.

Es ist aber schwer, der Chronologie der Septuaginta zu folgen. Neben der eindeutigen Aussage eines 430-jährigen Aufenthaltes spricht außerdem noch der offensichtlich ägyptische Hintergrund der Josef-Geschichte dagegen (siehe S. 109-112). Die Zeitangabe des Paulus lässt sich auch anders erklären. Denn er sagt nicht ausdrücklich, dass er sich auf die erste Verheißung an Abraham bezieht. Diese Verheißung wurde nicht nur einmal gegeben, sondern sie wurde gegenüber unterschiedlichen Personen (Abraham, Isaak und Jakob) mehrere Male zu verschiedenen Zeiten wiederholt. Das letzte Mal geschah es, als Jakob nach Ägypten ziehen wollte (1. Mo 46, 3-4). Somit scheint Paulus nicht von Abraham persönlich zu sprechen, sondern von der Abrahams-Verheißung, die zum letzten Mal genau 430 Jahre vor dem Auszug Jakob zugesprochen wurde.

## Argumente für einen kurzen Aufenthalt

Die Theorie eines 215-jährigen Aufenthaltes ist deshalb für viele Wissenschaftler so attraktiv, weil es dann eine leichtere Erklärung für die vier Generationen von 1. Mo 15, 16 und für die vier Generationen von Levi bis Mose (2. Mo 6, 16-20) geben würde. Es ist völlig unproblematisch, für die Zeit von Levi bis Mose 215 Jahre anzusetzen, aber wie können nur vier Generationen 430 Jahre ausmachen?[55] Die Bedeutung der vier Generationen in 1. Mo 15, 16 wurde bereits erklärt; sie sind gleichzusetzen mit Jahrhunderten. Die Antwort auf die Genealogie-Frage (2. Mo 6, 16-20) ist dagegen vielschichtiger.

Levi war ca. 44 Jahre alt, als er mit seinem Vater Jakob nach Ägypten hinabzog.[56] 2. Mo 6, 16 berichtet, dass Levi 137 Jahre alt war, als

---

[55] Rowley, *From Joseph to Joshua*, S. 70-73.

[56] E. H. Merrill, »Fixed Dates in Patriarchal Chronology.« *BibSac* 137, 1980, 244.

er starb; somit lebte er 93 Jahre in Ägypten. Sein Sohn Kehat verbrachte sein ganzes Leben (oder fast sein ganzes Leben) in Ägypten und starb mit 133 Jahren (2. Mo 6, 18). Amram, der nur in Ägypten lebte, wurde 137 Jahre alt. Sein Sohn Mose verließ Ägypten, als er achtzig Jahre alt war. Zusammen lebten alle vier 443 Jahre in Ägypten (eingeschlossen die Jahre, die Mose in Midian verbrachte); eine Zahl, die die 430 Jahre nicht wesentlich überschreitet. Die vier Generationen – Levi, Kehat, Amram, Mose – repräsentieren zusammen ungefähr 430 Jahre. Ungefähr deshalb, weil die Überschneidungen der einzelnen Generationen nicht exakt bestimmt werden können. Diese Art der Berechnung stimmt zwar mit der heutigen Ansicht über Chronologie nicht überein, aber im aVO konnten solche Chronologien für literarische Zwecke verwendet werden, die bei oberflächlicher Betrachtung zunächst als strikt sukzessiv erscheinen, obwohl sie gar nicht diesen Anspruch hatten.[57]

Kenneth Kitchen sieht, in der in 2. Mo 6, 16-20 gebrauchten Struktur, Stamm (Levi), Clan (Kehat), Familie (Amram), Einzelperson (Mose), keine unmittelbar aufeinander folgenden Generationen.[58] Eine Struktur, die dieser parallel ist, findet sich in Jos 7, 16-18, wo Stamm (Juda), Clan (Serach), Familie (Sabdi) und Einzelperson (Achan) erscheinen. Dort wird Achan, obwohl aus der Familie Sabdi, als der Sohn des Karmi identifiziert. Mose müsste deshalb auch nicht ein Sohn des Amram im engen Sinne sein, obwohl 2. Mo 6, 20 dieses auszusagen scheint.

Unterstützt wird diese Vorstellung, dass die Genealogie von 2. Mo 6, 16-20 selektiv ist – und somit der ägyptische Aufenthalt von

---

[57] Ein bekanntes Schema einer Chronologie, die diachronisch angeordnet zu sein scheint, aber in Wirklichkeit hauptsächlich synchronisch ist, ist die so genannte sumerische Königsliste. Die Dynastien, die darin aufgeführt werden, erscheinen offensichtlich sukzessiv angeordnet. Zeitgenössische Dokumente zeigen jedoch, dass die Dynastien häufig parallel existierten. Siehe Th. Jakobsen, *The Sumerian King List.* Assyriological Studies 11., Chicago, 1939, S. 161-164. Die gleiche Methode wurde offensichtlich bei der Chronologie der Richter verwandt. Vielleicht wurden deshalb auch die vier Generationen von Levi bis Mose ausgewählt, weil ihre Jahre insgesamt ca. 430 waren.

[58] Kitchen, *Alter Orient und Altes Testament*, S. 23.

langer Dauer –, dadurch, dass Bezalel, einer der Künstler, der den Bau der Stiftshütte beaufsichtigte (2. Mo 31, 2-5), ein Zeitgenosse des Mose und doch die siebte Generation nach Jakob war (1. Chr 2, 1.4.5.9.18-20), während Mose nur vier Generationen von Jakob entfernt war. Elischama, der Stammeshäuptling von Ephraim zur Zeit der Wanderung Israels vom Sinai (4. Mo 1, 10), war neun Generationen von Jakob entfernt, obwohl auch er ein Zeitgenosse Moses war (1. Chr 7, 22-26). Noch erstaunlicher ist, dass Josua, rechte Hand des Mose, elf Generationen von Jakob entfernt war (1. Chr 7, 27). Obwohl es durchaus vorstellbar ist, dass elf Generationen nicht mehr als 215 Jahre ausmachen, ist festzuhalten, dass die vier Generationen von Levi bis Mose nicht unbedingt einen kurzen Aufenthalt favorisieren, da diese Genealogie nicht alle Namen umfasst, sondern eine repräsentative Auswahl gibt.

Gegen einen kurzen ägyptischen Aufenthalt spricht außerdem, dass es unmöglich ist, dass in nur 215 Jahren aus einer Großfamilie von 70 Mitgliedern (oder 75) 600.000 Männer wurden, die Frauen und die Kinder nicht mitgerechnet (2. Mo 12, 37). Selbst die 430 Jahre erscheinen unter normalen Umständen als eine zu kurze Zeitspanne dafür. Die biblische Erzählung macht jedoch deutlich, dass dieses phänomenale Wachstum ein Resultat des göttlichen Segens und der Bewahrung war. Mathematisch kann gezeigt werden, dass, über einen Zeitraum von zehn oder zwölf Generationen, 430 Jahre für diese explosive Wachstumsrate ausreichen würden, jedoch 215 Jahre dafür vollkommen unzureichend wären.[59]

Gemäß der oben dargelegten Fakten scheint ein langer Aufenthalt in Ägypten einem kurzen bei weitem vorzuziehen zu sein, da er am besten mit der biblischen Chronologie harmoniert und auch mit dem ägyptischen historischen Hintergrund übereinstimmt.

---

[59] Für die mathematische Evidenz siehe C. F. Keil, *Exodus*, S. 439-441.

## Die Chronologie der Patriarchen

Das Erstellen der Daten für den Auszug und den Aufenthalt in Ägypten führt zu einer gewissen Präzision im Bestimmen der Daten für die Zeit der Patriarchen. Diese Daten können aber nur dann akzeptiert werden, wenn man auch bereit ist, die Informationen, die die biblische Erzählung gibt, als Fakten anzuerkennen. Wenn jedoch jemand meint, aus welchem Grund auch immer, dass die lange Lebensdauer der Patriarchen nicht möglich sei oder dass die Erzählungen selbst keine historischen Tatsachen, sondern Legenden und Sagen enthalten, dann kann man natürlich wenig Bedeutungsvolles über die Chronologie oder die Geschichte sagen. Eine Ablehnung der einzig verfügbaren Daten ist eine Ablehnung einer realistischen Hoffnung, diese frühe Geschichte Israels überhaupt rekonstruieren zu können. In Übereinstimmung mit den historiographischen Prinzipien, mit denen in diesem Buch gearbeitet wird, ist der biblische Bericht prinzipiell vertrauenswürdig.

Gemäß 1. Mo 47, 9 war Jakob 130 Jahre alt, als er mit seiner Familie nach Ägypten zog und dort vor dem König erschien. Wie bereits gezeigt wurde, kam er dort im Jahre 1876 an, d. h. Jakob wurde im Jahre 2006 geboren. Zur Zeit seiner Geburt war sein Vater Isaak 60 Jahre alt, d. h. Isaak wurde im Jahre 2066 geboren (1. Mo 25, 26). Abraham war 100 Jahre alt, als Isaak geboren wurde (1. Mo 21, 5), d. h. er selbst wurde im Jahre 2166 geboren. Wie immer man auch diese Fakten und Zahlen einschätzen mag, sicher ist, dass in immer stärkerem Maße anerkannt wird, dass die Erzväter-Erzählungen am besten in die FB oder MB des aVOs passen.[60] Es kann durchaus sein, dass es nie zur allgemeinen Zufriedenheit nachgewiesen werden kann, dass die Patriarchen historische Persönlichkeiten waren. Jedoch wird es zunehmend schwieriger, ihnen gegenüber so skeptisch zu bleiben, wie es in der Vergangenheit üblich war, denn die Erzählungen der Erzväter sind essenziell kompatibel mit dem,

---

[60] K. A. Kitchen, »Genesis 12-50 in the Near Eastern World.« *He Swore an Oath.* R. S. Hess et al., Hrsg., Carlisle, 2. Aufl., 1994, S. 67-80.

was man über diese Zeit mit ihren Ortschaften weiß, in die sie nach dem biblischen Zeugnis einzuordnen sind.

## Die Wüstenwanderung

### Vom Schilfmeer zum Sinai

Dieser oben skizzierte historische Hintergrund liegt den folgenden Ausführungen zu Grunde. Nachdem das Schilfmeer von den Stämmen überquert worden war, wahrscheinlich in militärischer Formation (2. Mo 12,51), zogen sie nun drei Tage lang durch die Wüste Schur und erreichten Mara, wo das bittere Wasser süß gemacht wurde (2. Mo 15,22-25). Von dort zogen sie weiter nach Elim und kamen in die Wüste Sin, 45 Tage nachdem sie Ägypten verlassen hatten (2. Mo 16,1). Dort wurden sie das erste Mal mit Manna[61] versorgt. Sie zogen dann weiter nach Refidim[62], wo sie von den Amalekitern angegriffen wurden (2. Mo 17,8-16). Der Ursprung dieser kriegerischen nomadischen Stämme ist unsicher.[63] Sie könnten sich auf einen Amalek zurückführen lassen, der von Timna, einer Nebenfrau Elifas, der ein Sohn Esaus war, geboren worden war (1. Mo 36,12.16). Wenn das stimmt, dann ist der Angriff der Amalekiter äußerst verwerflich gewesen, denn er richtete sich gegen ein Brudervolk. Deshalb ist es wohl auch nicht verwunderlich, dass

---

[61] P. Maiberger, *Das Manna. Eine literarische, etymologische und naturkundliche Untersuchung.* Bd II, Wiesbaden, 1983.

[62] Diese fünf Plätze, Schur, Mara, Elim, Sin und Refidim, können wie viele andere nicht exakt lokalisiert werden. Schur war ein Gebiet, das sich über die westliche zentrale Negev ausbreitete (1. Mo 16,7; 20,1; 25,18; 1.Sam 15,7; 27,8). Mara (2. Mo 15,23; 4. Mo 33,8-9) sowie auch Elim (2. Mo 15,27; 16,1; 4. Mo 33,9-10) erscheinen nur im Bericht der Wüstenwanderung. Die Wüste liegt zwischen Elim und Refidim (2. Mo 16,1; 17,1; 4. Mo 33,11-12). Refidim lag zwischen Alusch (4. Mo 33,14) und dem Gottesberg (2. Mo 17,1.8; 19,2). Siehe auch die Karte auf S. 154.

[63] G.L. Mattingly, »Amalek.« *ABD*, Bd I, S. 169-171.

Amalek unter den Bann Gottes (hebr. *ḥērem*) geriet (2. Mo 17, 14).[64] Zum zweiten Mal traf Israel auf die Amalekiter, als sie versuchten vom Süden her in Kanaan einzuziehen (4. Mo 14, 39-45). Später, zur Zeit der Richter, verband sich Amalek mit den Moabitern (Ri 3, 13) und den Midianitern (Ri 6, 3) in ihren Streifzügen gegen Israel. Saul besiegte sie (1.Sam 15, 1-9). Aber selbst David setzte sich mit ihnen auseinander in seinen Wüstenstreifzügen und erschlug viele von ihnen (1. Sam 27, 8+9; 30). Schließlich starben sie aus. Zum letzten Mal werden sie zur Zeit Hiskias (um 700) erwähnt (1. Chr 4, 41-43).

Unter Josuas Befehl besiegten die Israeliten die Amalekiter und erreichten danach im dritten Monat nach dem Auszug (2. Mo 19, 1) den heiligen Berg in der Wüste Sinai, der von der Tradition im südlichen Teil der Sinai-Halbinsel lokalisiert wird. In der gegenwärtigen Diskussion wird dagegen entweder ein nördlicher oder mehr zentraler Standort angenommen.[65] Da aber die Lage der meisten, wenn nicht sogar aller Orte dieser Reiseroute, nicht mehr mit Sicherheit identifiziert werden kann, ist es unmöglich, sich genau festzulegen. Die Hauptaussage der Erzählung bleibt davon unberührt, nämlich dass Israel am Gottesberg Jahwe begegnete und beide, der Souverän und der Vassal, ein Bundesverhältnis eingingen.

## Der Sinaibund

Die theologischen Implikationen des Bundes vom Sinai gehören nicht zu einer Geschichte Israels und werden deshalb hier nicht behandelt. Durch diesen Bund bestätigte Jahwe die Erlösung seines Vasallen Israel von der ägyptischen Knechtschaft, indem er sie zu seinen Dienern machte (2. Mo 19, 6: Ein Königreich von Priestern und eine heilige Nation). Jetzt sollten sie die Aufgabe bekommen, als

---

[64] Das hebr. Wort *ḥērem* beschreibt den Akt der Übergabe einer Person oder einer Sache an Gott zu seinem ausschließlichen Gebrauch. Es kann, so wie hier, bedeuten, dass die Person oder die Sache vernichtet wird. Siehe *TWAT* Bd III, S. 195-196.

[65] Die verschiedenen Ansichten werden bei S. Herrmann, *Geschichte Israels in alttestamentlicher Zeit.* München, 1973, S. 100-103, aufgeführt.

Priester zwischen dem heiligen Gott und den abgefallenen Nationen dieser Welt zu vermitteln, bzw. für sie einzustehen, um ihnen nicht nur Gottes Erlösung zu verkündigen, sondern auch um die Wiege für den Menschen zu werden, der die letztendliche Erlösung sein und bringen würde.[66]

Das biblische Dokument bestätigt, dass alle zwölf Stämme Israels am Sinai anwesend waren und am Bund mit Jahwe beteiligt waren. Dies steht im Gegensatz zur Ansicht von M. Noth und anderen, die die Sinai-Traditionen, wie die des Exodus, nur als Gut von ein oder zwei Stämmen ansehen. Diese Stämme teilten dann das Verständnis ihrer Vergangenheit mit den anderen Stämmen, bis das Erbe eines jeden Stammes Allgemeingut aller Stämme wurde.[67] Das biblische Dokument sagt jedoch, dass das gesamte Israel am Auszug teilnahm und ganz Israel Jahwe am Sinai begegnete.

Von historischer Relevanz ist auch, dass die literarische Form, in der der sinaitische Bund überliefert worden ist (2. Mo 20-23), den Bündnisformen des aVOs dieser Zeit, besonders den hetitischen Staatsverträgen, außergewöhnlich ähnlich ist.[68] Im fünften Buch Mose ist die Ähnlichkeit noch offenkundiger, da dort der Bund für die junge Generation der Israeliten, die in Kanaan einzogen, aufgezeichnet wurde.[69] G. Mendenhall, M. Kline, K. A. Kitchen und

---

[66] W. Eichrodt, *Theologie des Alten Testaments.* Bd I, Stuttgart und Göttingen, 8. Aufl., 1968, S. 9-15; 327-330.

[67] M. Noth, *Geschichte Israels.* Göttingen, 7. Aufl., 1969, S. 129-130; besonders aber ders., *Überlieferungsgeschichte des Pentateuch.* Stuttgart, 1948.

[68] G.E. Mendenhall, *Recht und Bund in Israel und dem Alten Vorderen Orient.* Theologische Studien 64, Zürich, 1960; K. Baltzer, *Das Bundesformular.* Neukirchen, 2. rev. Aufl., 1964; K. A. Kitchen, »The Fall and Rise of Covenant, Law and Treaty.« *Tyn Bull* 40, 1989, 118-135. Einen Überblick über die neuere Diskussion zum Thema Bund im AT gibt E. Zenger, »Die Bundestheologie – ein derzeit vernachlässigtes Thema der Bibelwissenschaft und ein wichtiges Thema für das Verhältnis Israel – Kirche.« *Der Neue Bund im Alten. Zur Bundestheologie der beiden Testamente.* E. Zenger, Hrsg., Freiburg, 1993, S. 13-49.

[69] J. A. Thompson, *Deuteronomy: An Introduction and Commentary.* Leicester, 1974, S. 14-21.

andere haben gezeigt, dass 2. Mo 20-23 sowie 5. Mo dieser Struktur folgen und die wichtigsten Elemente der klassischen Staatsverträge enthalten, die man recht zahlreich in Bogazköy, dem alten Chattuscha, in der heutigen Türkei gefunden hat.[70] Da diese Texte zum größten Teil aus der SpB stammen und biblischen Texten sehr ähnlich sind, kann mit einiger Sicherheit angenommen werden, dass beide aus der gleichen Zeit stammen, einer Zeitperiode, die allgemein als das mosaische Zeitalter bezeichnet wird. Um ein späteres Datum für das 5. Buch Mose ansetzen zu können, weisen viele Wissenschaftler auf eine Ähnlichkeit in Form und Inhalt mit den Neu-Assyrischen Staatsverträgen des 7. Jh. hin.[71] Ein vorsichtiger Vergleich jedoch zwischen diesen Staatsverträgen und den biblischen Texten offenbart unüberbrückbare Probleme bei dieser Interpretation. So ist z. B. das Segensformular ein integraler Bestandteil der SpB Staatsverträge und der biblischen Texte, aber in den assyrischen Dokumenten ist es nicht belegt.[72] Es ist ziemlich eindeutig, dass Mose ein Bündnis-Schema benutzte, das im 15. und 14. Jh. gebräuchlich war, und dieses auch als Modell den biblischen Texten zu Grunde liegt.[73] Warum Mose dies tat, ist gut zu verstehen, auch wenn er natürlich eine neue literarische Form mit eigenen, besonderen Elementen hätte schaffen können. Aber er wollte nicht innovativ, sondern erzieherisch tätig werden. Deshalb gebrauchte er eine Form, mit der die meisten bereits vertraut waren, um, einem pädagogischen Prinzip folgend, die Menschen vom Bekannten zum Unbekannten zu führen. Indem er die profunden

---

[70] Einige dieser Staatsverträge sind in *TUAT*, Bd I, S. 131-154; E. F. Weidner, *Politische Dokumente aus Kleinasien.* Leipzig, 1923; J. Friedrich, *Staatsverträge des Hatti-Reiches in Hethitischer Sprache.* Leipzig, 1. Teil, 1926, 2. Teil, 1930; und *ANET*, S. 201ff, enthalten. Eine Auswertung dieser Verträge unternahm V. Korošec, *Hethitische Staatsverträge.* Leipziger rechtswissenschaftliche Studien, Heft 60, Leipzig, 1931.

[71] M. Weinfeld, *Deuteronomy and the Deuteronomic School.* Oxford, 1972, S. 59-157; ders., *Deuteronomy 1-11.* New York, 1991, S. 5; R. Frankena, »The Vassal Treaties of Esarhaddon and the Dating of Deuteronomy.« *OTS* 14, 1965, S. 122-154.

[72] M. Weinfeld, »The Loyalty Oath in the Ancient Near East.« *UF* 8, 1976, 397.

[73] K. A. Kitchen, »Ancient Orient, ›Deuteronism‹, and the Old Testament.« *New Perspectives on the Old Testament.* J. B. Payne, Hrsg., Waco, 1970, S. 1-24.

profunden theologischen Wahrheiten des Jahwe-Israel-Bündnisses in die Form der internationalen Verträge kleidete, wusste das Volk genau, was alles in das Bundesverhältnis mit eingeschlossen war.

## Vom Sinai nach Kadesch-Barnea

Der Bundesschluss, die begleitende Zeremonie der Ratifizierung, die Einsetzung der Priester und andere für die neu formierte theokratische Gemeinschaft wichtige Elemente nahmen einen Zeitraum von ca. neun Monaten ein (2. Mo 19,1; 40,17). Im ersten Monat des zweiten Jahres nach dem Auszug (ca. 1445) wurde die Stiftshütte errichtet und exakt einen Monat später bereiteten sich die Stämme vor, aus der Sinai-Region in Richtung Norden, nach Kanaan zu ziehen (4. Mo 1,1). Der eigentliche Aufbruch geschah zwanzig Tage später, genau am zwanzigsten Tag des zweiten Monats des zweiten Jahres (4. Mo 10, 11-12). Das bedeutet, dass Israel sich am Sinai fast ein ganzes Jahr aufgehalten hatte. Es ist unmöglich, etwas über das alltägliche Leben während dieser Zeit zu erfahren, außer dass das Volk hauptsächlich einem nomadischen Lebensstil folgte. Obwohl auf der südlichen Sinai-Halbinsel beachtliche Oasen und Weideland vorhanden sind, reichen sie doch nicht aus, um so viele Menschen und Tiere ausreichend mit Wasser und Nahrungsmitteln zu versorgen. Trotzdem konnte das Volk mit seinen Tieren überleben, da nach dem biblischen Bericht das ganze Unternehmen von Anfang bis zum Ende, von Ägypten bis Kanaan, nur durch übernatürliche Taten Gottes möglich war, durch die er sein Volk befreite und am Leben erhielt. Zusätzlich gibt es Hinweise, dass Gott es während dieser Zeit mehr regnen ließ als sonst vielleicht üblich (Ps 68, 10-11).

Unter großen Schwierigkeiten zog Israel immer weiter nordwärts. Da die meisten Plätze, die in den Reiserouten von 4. und 5. Mo genannt werden, heute nicht mehr lokalisiert werden können, ist die exakte Reiseroute nicht sicher.[74] Das erste Lager war Tabera (Kivroth

---

[74] Deshalb ist sie aber nicht unhistorisch, wie von einigen, unter anderen von G. I. Davies, behauptet wird. Er sieht in den Reiseroutenberichten einmal eine deuterono-

Hatta'awah = Gräber der Lüsternheit, 4. Mo 11,3.34), nur drei Tagesreisen vom Sinai entfernt (4. Mo 10,33), was heute nicht mehr identifiziert werden kann. Das gleiche gilt auch für Hazerot (4. Mo 11,35), ein Hauptlagerplatz während der Wüstenwanderung. Kadesch-Barnea dagegen ist mit dem heutigen Tel el-Qudeirat gleichzusetzen, der in der Wüste Zin liegt, ca. 80 km süd-südwestlich von Beerscheba (4. Mo 20,1).[75] Von Kadesch aus erkundeten die zwölf Spione das ganze Kanaan (4. Mo 13) bis zum Norden nach Rehob, wahrscheinlich der gleiche Ort wie Bet Rehob, westlich von Dan und ca. 40 km nördlich vom See Genezareth. Wenn der Ausdruck Lebo Hamat (= zum Eingang Hamats, 4. Mo 13,21) als Ortsname zu verstehen ist (das moderne Lebweh), dann hätten sie ihre Erkundigungszüge bis an die Quellen des Orontes ausgedehnt, ca. 160 km nördlich vom See Genezareth.[76] Ihre Spionage führte sie auch nach Hebron, das von den Riesen der Anakim bewohnt war und bereits seit fast 300 Jahren existierte (4. Mo 13,22). Vielleicht war es den Erzvätern auch als Mamre oder Kirjat Arba bekannt (1. Mo 13,18; 23,2; Jos 14,15). In der Nähe von Eschkol (= Traube) schnitten die Spione dann eine Rebe mit einer riesengroßen Weintraube ab.

Als die Spione nun nach Kadesch-Barnea zurückkehrten, berichteten die meisten von ihnen, dass Kanaan von Riesen bewohnt sei, die in Städten mit unüberwindbaren Mauern lebten. Obwohl Josua und Kaleb diesem Bericht der Mehrheit widersprachen, entschied sich das Volk, dem übertriebenen Bericht zu glauben, und widersetzte sich

---

mistische Ausschmückung der alten Erzählungsquelle und dann die Priesterschrift. Beide zusammen schildern eine wirkliche Reise, die der exilischen Gemeinde Hoffnung geben sollte. Siehe sein »Wilderness Itineraries and the Composition of the Pentateuch.« *VT* 33, 1983, 12-13.

[75] R. Cohen, »The Excavations at Kadesh-barnea (1976-78).« *BA* 44, 1981, S. 104, meint, dass der Ort bereits in der MB I bestanden hätte. Er ist ferner der Ansicht, dass die Zerstörung der MB I Ortschaften, die von einigen Wissenschaftlern den Amoritern zugerechnet wird, umherziehenden räuberischen israelitischen Stämmen auf ihrem nördlichen Weg von Ägypten zugerechnet werden sollte. Das würde allerdings den Auszug in das Jahr 2000 datieren. Ders., »The Mysterious MB I People.« *BARev* 9, 1983, 16-29.

[76] Y. Aharoni, *Das Land der Bibel.* Neukirchen, 1984, S. 72-74.

den Anweisungen von Mose. Als Resultat dieser Rebellion verfügte der Herr, dass diese Generation der Erwachsenen in den Wüsten der oberen Sinai-Halbinsel herumwandern sollte. 38 Jahre dauerte diese Wanderung, bis die gesamte Generation, ausgenommen Josua und Kaleb, ausgestorben war. Die Landnahme Kanaans, die eigentlich zwei Jahre nach dem Auszug hätte beginnen können, begann also erst 40 Jahre danach (1406).

Weil sie sich der Strafe Gottes aber nicht beugen wollten, griff Israel noch während der Wüstenwanderung die Amalekiter und die Kanaaniter im südlichen Hügelland an. Mose hatte sich gegen dieses Unternehmen ausgesprochen und nicht erlaubt, die Bundeslade auf diesen Feldzug mitzunehmen, denn sie symbolisierte die Gegenwart des himmlischen Feldherrn Jahwe. So kam es, wie es kommen musste. Israel erlitt eine demütigende Niederlage und wurde von den feindlichen Truppen bis nach Horma verfolgt (Tel el-Mischasch),[77] ca. 13 km östlich von Beerscheba. Diese Lektion reichte offensichtlich, um sie von weiteren ähnlichen Vorhaben abzuhalten.

## Von Kadesch-Barnea nach Moab

### Begegnung mit den Edomitern

Im 40. Jahr machte Mose Pläne, um den Marsch nach Kanaan wieder aufzunehmen. Diesmal wurde eine Strategie verfolgt, die den Einfall in das Land vom Osten über den Jordan und über den Gebirgspass nahe Jericho vorsah. Um sie erfolgreich in die Tat umzusetzen, musste Mose das Volk durch die Territorien der Edomiter und der Moabiter führen, da die gangbarste Route von Kadesch nordwärts und östlich am Toten Meer entlang, durch das Herzland dieser beiden Nationen führte. Dieser Weg, der auch die Königsstraße genannt wurde, konnte leicht an den Stellen verteidigt werden, an denen er über schmale Gebirgspässe führte. Um auf ihm zu reisen,

[77] *Ibid.*, S. 208.

musste man daher die Erlaubnis derer haben, die diese Pässe kontrollierten.

Zuerst sandte Moses Botschafter, die den König von Edom daran erinnerten, dass es nicht nur eine historische Verbindung zwischen seinem Volk und den Israeliten gab, sondern dass sie auch miteinander verwandt waren.[78] Die Edomiter waren hauptsächlich Nachkommen Esaus, der das Land besetzt hatte, nachdem er sich von seinem Bruder Jakob getrennt hatte (1. Mo 36, 6ff). Die biblische Tradition weist darauf hin, dass die ursprünglichen Bewohner Edoms, vorher als Seir bekannt, die Horiter gewesen waren, die vielleicht mit den Hurritern der aVO-Texte in Beziehung zu bringen sind.[79] Esau vertrieb sie durch eigene Macht und durch einen gnädigen Akt Gottes (5. Mo 2, 12.22; 1. Mo 36).

Moses Appell an die gemeinsamen Wurzeln wurde genauso wenig gehört wie die Erwähnung der Befreiung Israels aus Ägypten durch Jahwe und die ernsthafte Zusicherung, die Straßen nicht zu verlassen und weder die Nahrungsmittel noch das Wasser Edoms unentgeltlich zu benutzen (4. Mo 20, 14-21). Zunächst wich Israel ihnen aus und schlug das Lager, nachdem sie Kadesch verlassen hatten, im Hügelland von Hor auf, wo Aaron starb (4. Mo 20, 27-29). Dieser Berg, der noch identifiziert werden muss, lag wahrscheinlich nordöstlich von Kadesch, an der Straße nach Atharim.[80] In der Zwischenzeit

---

[78] Einen allgemeinen Überblick über die Identität und Geschichte der Edomiter und Moabiter gibt J.R. Bartlett, »The Moabites and Edomites.« *Peoples of Old Testament Times.* D.J. Wiseman, Hrsg., Oxford, 1973, S. 229-258. M. Noth, *Die Welt des Alten Testaments.* Berlin, 1962, S. 72-73.

[79] Historisch und auch sprachlich sind die Horiter mit den Hurritern wohl nicht gleichzusetzen. Siehe R. de Vaux, »Les Hurrites de l'histoire et les Horites de la Bible.« *RB* 74, 1967, 481-503. M. Weippert, *Edom. Studien und Materialien zur Geschichte der Edomiter auf Grund schriftlicher und archäologischer Quellen.* Dissertation, Tübingen, 1971. Dagegen sehen A. Kammenhuber, »Die Hurriter und das Problem der Indo-Arier.« *Revue Hittite et Asianique* 36, 1978, 85-90, und G.E. Mendenhall, *The Tenth Generation.* Baltimore, 1973, S. 158, eine Beziehung zwischen diesen beiden Völkern.

[80] Aharoni, *Land der Bibel,* 208.

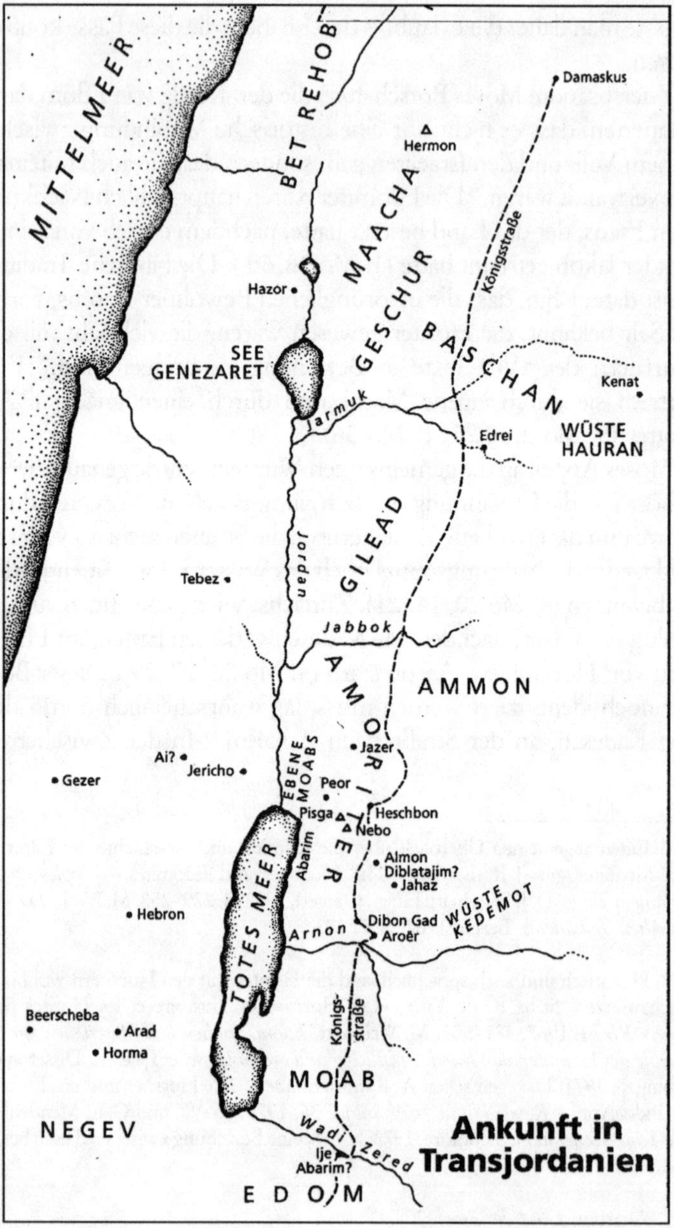
MITTELMEER
BET REHOB
Damaskus
Hermon
MACHA
Königsstraße
Hazor
GESCHUR
BASCHAN
SEE
GENEZARET
Kenat
Jarmuk
Edrei
WÜSTE
HAURAN
GILEAD
Jordan
Tebez
Jabbok
AMORITER
AMMON
EBENE
MOABS
Jazer
Ai?
Jericho
Gezer
Peor
Pisga
Heschbon
Nebo
Abarim
Almon
Diblatajim?
Jahaz
TOTES MEER
WÜSTE
KEDEMOT
Hebron
Dibon Gad
Aroër
Arnon
Königs-
straße
Beerscheba
Arad
Horma
MOAB
NEGEV
Wadi Zered
Ije
Abarim?
EDOM
Ankunft in
Transjordanien

hatte der König des kanaanäischen Stadtstaates von Arad erfahren, wo Israel sich aufhielt und wollte einen Präventivschlag gegen Israel führen. Es ist unmöglich zu wissen, welches Arad im biblischen Bericht gemeint ist, aber wahrscheinlich ist es Tel el-Milḥ und nicht Tel ʻArad, da dieser Ort nach der FB bis zur Eisenzeit unbesiedelt gewesen zu sein scheint.[81] Tel el-Milḥ liegt ca. 20 km östlich von Beerscheba und ca. 96 km nordöstlich von Kadesch. Der König von Arad war besorgt, denn sein Geheimdienst hatte erfahren, dass Israel in Richtung seiner Stadt zog, auf der Straße nach Atarim (4. Mo 21,1), ein Tal, das Arad mit Kadesch verband. Diese Bewegung könnte nahe legen, dass Mose den Plan, die Königsstraße zu benutzen, aufgegeben hatte, und erneut beabsichtigte, vom Süden her in Kanaan einzuziehen. Jahwe gab den Israeliten Sieg über Arad in der Nähe von Horma; also in der gleichen Gegend, in der Israel 38 Jahre zuvor eine vernichtende Niederlage einstecken musste.

## Begegnung mit den Amoritern

Dieser kanaanäische Widerstand scheint Mose entmutigt zu haben, so dass er sich wieder südwärts wandte mit der Absicht, um Edom herum nach Osten zu ziehen. Dies hätte aber einen langen Marsch von mehr als 160 Kilometern nach Elat am Roten Meer (Golf von Aqaba) und dann wieder über 300 Kilometer zurück in nördlicher Richtung bis zur Ebene Moabs beinhaltet. Es ist sehr schwierig, die Reiseroute der Israeliten zu rekonstruieren, weil die Informationen sehr dünn und viele lokale Namen nicht mehr zu identifizieren sind. Indem man die Erzählung von 4. Mo 21 mit der Liste der Lager in 4. Mo 33 vergleicht, kann man aber eine allgemeine Route aufstellen.[82]

---

[81] *Ibid.*, S. 223-224.

[82] Vorgeschlagene Reiserouten findet man in Y. Aharoni und M. Avi-Yonah, *Der Bibel Atlas.* Augsburg, 1991, Karte S. 52.

Nachdem die Israeliten Hor verlassen hatten, wandten sie sich ostwärts nach Zalmona, vielleicht es-Salmaneh, innerhalb der Grenzen Edoms (4. Mo 33,41). Von hier zogen sie ca. 30 km südöstlich nach Punon (Feinân), wo es Kupferminen gab, so dass sich hier das Ereignis mit der bronzenen Schlange hätte abspielen können.[83] Obot, der nächste Lagerplatz, wird in beiden Listen erwähnt (21,10; 33,43) und kann nicht exakt lokalisiert werden, ist aber wohl östlich von Edom zu suchen.[84] 5. Mo 2,1-8 sagt, dass die Israeliten von Hor den Weg zum Roten Meer nahmen und dann nach Norden schwenkten, wobei sie nicht dem Weg durch die Araba oder der Königsstraße folgten, sondern dem Wüstenweg von Moab. So vermieden sie die bevölkerungsreichen edomitischen Orte. Nach dem Lagerplatz Obot wird Ije-Abarim, an der moabitischen Grenze, genannt. Es bestand aus dem Wadi Sered, der beständig Wasser führt und vom östlichen Plateau in die südöstliche Ecke des Toten Meeres fließt.[85] Von dort wandten sie sich nördlich, überquerten den Fluss Arnon (4. Mo 21,13) und schlugen ihren Lagerplatz im amoritischen Territorium in Dibon-Gad (Dhiban) auf, weniger als 65 km von ihrem Bestimmungsort am Jordan entfernt.

Israel wanderte ohne einen Zwischenfall durch das östliche Territorium der Edomiter und durch das Kernland der Moabiter. Auch wenn die Moabiter für Israel keine Gefahr darstellten, hatte Jahwe Mose trotzdem gesagt, er solle ihnen kein Leid antun, da er selbst Moab das Land gegeben hatte (5. Mo 2,9). Die Moabiter hatten ihren Ursprung in der inzestuösen Verbindung zwischen Lot und seiner ältesten Tochter (1. Mo 19,37) und waren so mit Israel direkt verwandt. Sie hatten die Ureinwohner vom hohen östlichen Plateau vertrieben und ein Königreich gegründet, dessen südliche Grenze der Fluss Sered war und dessen nördliche sich am Arnon orientierte. Die

---

[83] Aharoni, *Land der Bibel*, S. 210-211.

[84] M. Noth, *Das vierte Buch Mose (Numeri)*. ATD, Bd VII, Göttingen, 1966, S. 139.

[85] Ije-Abarim wurde vorläufig als el-Medeijineh identifiziert, ca. 32 km südöstlich des Toten Meeres. Siehe Aharoni, *Land der Bibel*, S. 209.

ursprünglichen Bewohner waren die Emiter gewesen, eine Untergruppierung der Anakim, von der Rasse der Rephaim, die offensichtlich sehr große Menschen waren, da ihr Name »die Furchtbaren« bedeutet und sie im AT als Riesen beschrieben werden (4. Mo 13, 33). Ihr Ursprung liegt im völligen Dunkel.[86]

Nachdem Israel in Dibon-Gad angekommen war, sah es sich mit feindlichen Amoritern konfrontiert, die zu dieser Zeit das gesamte Transjordanien zwischen dem Arnon und dem Jabbok kontrollierten, ausgenommen die ammonitischen Gebiete im Osten. Diese Amoriter waren höchstwahrscheinlich Nachkommen der früh nach Kanaan immigrierten Amurru und Abraham war, wie bereits früher schon ausgeführt wurde, wohl ein Teil dieser Migration gewesen. Von frühester Zeit an hatten sie die kanaanäischen Ureinwohner aus dem Hügelland vertrieben, deren Platz eingenommen und zunächst ein halbnomadisches Leben geführt. Später jedoch wurden sie sesshaft. Diese Situation hatte sich kaum bis zur Ankunft Israels verändert, wie der Bericht der zwölf Kundschafter deutlich macht (4. Mo 13, 29). Selbst die östlichen Plateaus waren von den Amoritern eingenommen worden mit dem Resultat, dass beide, Moabiter und Ammoniter, ihr Territorium sehr verkleinern mussten (4. Mo 21, 26-30).[87] Obwohl Mose den kommenden Konflikt voraussah, entschied er sich, einer Route zu folgen, die durch das Land der Amoriter nach Beer (unbekannt), Mattana (unbekannt), Nahaliël (unbekannt), Bamot (unbekannt) und schließlich nach Pisga führte, was am Ende des Hochplateaus, von dem man das Tote Meer überblicken konnte, lag (4. Mo 21, 16-20). Dieser Weg führte dicht an der amoritischen Hauptstadt Heschbon vorbei und hätte sicherlich ein

---

[86] C. L'Heureux, »The Ugaritic and Biblical Rephaim.« *HTR* 67, 1974, 265-274.

[87] M. Liverani, »The Amorites.« *POTT*, S. 125-126, ist der Ansicht, dass in der israelitischen Tradition die Amoriter eine Bezeichnung für die Bevölkerung Transjordaniens vor dem Auszug war. Vielleicht auch G. E. Mendenhall, »The Amorite Migrations.« *Mari in Retrospect.* G. D. Young, Hrsg., Winona Lake, 1992, S. 233-241.

amoritisches Eingreifen provoziert. Deshalb bat Mose Sihon, den amoritischen König, um Erlaubnis, diesen Weg ziehen zu dürfen. Diese Bitte wurde dem König bereits aus der Wüste Kedemot durch Boten übermittelt (5. Mo 2, 26ff). Leider wurde diesem Gesuch nicht stattgegeben. Im Gegenteil, Sihon griff Israel in der Nähe von Jahaz an (Chirbet el – Medeijineh?), ca. 32 km südlich von Heschbon. Israel blieb jedoch siegreich und nahm innerhalb kurzer Zeit Heschbon ein, tötete Sihon und besetzte das gesamte amoritische Land vom Arnon bis Jaser, nordöstlich von Jericho.

Die Reihenfolge der Ereignisse sowie auch die Beschreibung der Reiseroute sind außerordentlich schwer zu rekonstruieren, da die verschiedenen Listen unterschiedliche Ortsnamen nennen.[88] Die Haupterzählung (4. Mo 21, 13-32) scheint die Reiseroute kurz zusammenzufassen (V. 16-20) und berichtet dann über die Kommunikation mit Sihon, seine Halsstarrigkeit und seine Niederlage bei Jahaz und anderen Plätzen (V. 21-32). Die ursprüngliche Anfrage, durch das Land Sihons ziehen zu dürfen, hatte Mose von der Wüste Kedemot aus gemacht, die im 4. Mose-Bericht nicht erwähnt wird, wohl aber in Moses Resümee über die Eroberung Transjordaniens in 5. Mo 2, 26. Dies war wahrscheinlich das erste Lager nach Dibon-Gad und vor Beer. Die Lagerliste von 4. Mo 33 erwähnt keinen der

---

[88] Siehe E. H. Merrill, »4. Mose.« *Das Alte Testament erklärt und ausgelegt.* J. F. Walvoord und R. F. Zuck, Hrsg., Neuhausen, 1990, S. 292 f; J. Van Seters, »The Conquest of Sihon's Kingdom: A Literary Examination.« *JBL* 91, 1972, 195 ff, versucht die verschiedenen Berichte in 4. Mo 21, 21-35, 5. Mo 2, 26-37 und in Ri 11, 19-26 zu harmonisieren, indem er mit deuteronomistischen Quellen (5. Mo 2, 26-37; Ri 11, 19-26) arbeitet, auf die die Version von 4. Mo basieren soll. Der Redaktor von 4. Mo hat das Spottlied gegen Moab (4. Mo 21, 27-30) in die Erzählung eingeschoben. Der »kryptische und künstliche« Bericht von der Eroberung Jasers und auch die Geschichte vom Krieg gegen Og entnahm er aus 5. Mo 3, 1-7. Eine Variation dieser Sicht, nämlich dass 4. Mo 21, 21-25 die Quelle der beiden anderen Berichte des Sihon-Feldzuges sei, wird von J. R. Bartlett in seinem Artikel: »The Conquest of Sihon's Kingdom: A Literary Re-examination.« *JBL* 97, 1978, 347-351, vorgeschlagen. Die Sicht Bartletts stimmt teilweise mit der biblischen Tradition überein, obwohl er die mosaische Verfasserschaft von 4. und 5. Mose verneint und nicht wahrhaben will, dass ein einzelner Autor das gleiche Ereignis mit unterschiedlicher Betonung berichten kann.

Namen aus 4. Mo 21, 13-20, aber es fügt Dibon-Gad hinzu, den ersten Halt nördlich des Arnon (4. Mo 21, 13), sowie Almon Diblatajim (Chirbet Deleilat esch-Scherqijeh), ca. 20 Kilometer nördlich von Dibon-Gad und die Berge von Abarim, nahe dem Nebo (4. Mo 33, 47). Diese Berge gehören zu einer Gebirgskette, deren bekannteste Gipfel wohl Pisga (4. Mo 21, 20) und der Nebo (5. Mo 32, 49) waren. Wahrscheinlich starteten die Israeliten von hier, um Heschbon, Jaser, Aroer und alle anderen Ortschaften, die von den Amoritern kontrolliert wurden, zu erobern.

Nördlich des Königreichs des Sihon regierte der Amoriter Og von Baschan. Sein Herrschaftsgebiet reichte von Jaser nördlich bis an den Fluss Jarmuk und vom Jordan östlich bis an das ammonitische Königreich. Baschan lag eigentlich nördlich vom Jarmuk, aber zur Zeit der Landnahme scheint Og auch das Gebiet südlich des Jarmuks kontrolliert zu haben, eine Region, die als Gilead bekannt ist. Baschan und Gilead waren gut bewässerte Hochebenen mit grünen Wäldern, Feldern und Weiden. Sie waren so einladend, dass die Stämme Ruben, Gad und der halbe Stamm Manasse sich entschieden, dort zu siedeln und nicht über den Jordan nach Kanaan zu ziehen.

Israel bewegte sich so schnell nordwärts, dass Og sie nicht abfangen konnte, bevor sie vor seiner Hauptstadt Edrei standen, ca. 50 km in ost-südöstlicher Richtung vom See Genezareth gelegen. Dort wurde der körperlich sehr große König besiegt und getötet (4. Mo 21, 35) und seine 60 Städte wurden eingenommen (5. Mo 3, 4). Israel kontrollierte damit das amoritische Land in Transjordanien, vom Tal des Arnon im Süden bis zum Berg Hermon im Norden, ein Landstrich mit einer Ausdehnung von ca. 240 km.

## Begegnung mit den Moabitern

Als es Balak, dem König von Moab bewusst wurde, dass Israel das ganze Transjordanien, nördlich seines Königreichs, kontrollierte, befürchtete er, dass sein Gebiet als nächstes erobert werden würde. Andererseits hatte die Niederlage Sihons bewirkt, dass das Gebiet nördlich des Arnons von den Amoritern befreit worden war, ein Territorium, das die Moabiter schon immer für sich beansprucht hatten. Um die israelitische Gefahr abzuwenden und um das Gebiet östlich vom Toten Meer wieder in Besitz nehmen zu können, griff Balak auf die Dienste des Bileam zurück, des international bekannten Wahrsagers von Petor. Diese Stadt, wahrscheinlich das in den akkadischen Texten erwähnte Pitru,[89] lag in der Nähe des Euphrats (4. Mo 22, 5), wahrscheinlich im oberen Mesopotamien (5. Mo 23, 5). Keilschrifttexte des sehr wichtigen ammonitischen Stadtstaates von Mari dokumentieren die Existenz einer komplexen Zunft von Propheten, die Experten in verschiedenartigen okkulten Praktiken und Wahrsagerei waren.[90] Die meisten dieser Dokumente werden 1700 v. Chr. datiert, jedoch sind diese Art von Propheten und ihre prophetischen Techniken in der gesamten östlichen Mittelmeerwelt Jahrhunderte vor und nach diesem Datum bezeugt. Somit passt die Rolle und Funktion des Bileam, wie er von Moab im 14. Jh. gedungen wurde, perfekt in die damalige Umwelt, wie sie in den außerbiblischen Quellen belegt ist.

Balak wollte, dass Bileam gegen Israel Flüche im Namen Jahwes, des israelitischen Gottes, aussprechen sollte. Diese Bitte setzte voraus, dass Bileams Spezialität darin lag, dass seine (Fluch- und Segens-)Sprüche durch göttliche Kraft auch Wirkung zeigten. Darin unterschied er sich vom alttestamentlichen *nābî'* oder *rō'eh*, einem Propheten, der nur den Willen Gottes verkündigen, ihn aber nicht bewirken konnte. Wenigstens bei diesem Ereignis war Bileam auch als *bārû* oder *maḫḫû* tätig, ein Prophet, der durch verschiedene Maßnahmen Omen unterscheiden und interpretieren konnte. Auch war er ein Manipulator, einer, der den Ruf hatte, die Gottheiten über-

---

[89] W. F. Albright, *Yahweh and the Gods of Kanaan.* Garden City, 1969, S. 15, FN 38. Siehe auch die Inschrift Salmanasser III. in *ANET,* S. 278b.

[90] H. B. Huffmon, »Prophecy in the Mari Letters.« *BA* 31, 1968, 101-124; J. F. Craghan, »The ARM X ›Prophetic‹ Texts: Their Media, Style, and Structure.« *JANES* 6, 1974, 39-58; A. Malamat, *The Early Israelite Experience.* Oxford, 1989, S. 79-96; F. Ellermeier, *Prophetie in Mari und Israel.* Herzberg, 1968.

reden zu können, etwas Bestimmtes zu tun.[91] Da Jahwe Israels Gott war, war es nur logisch, dass Bileam Jahwe anrief, um das von Balak gewünschte Ziel, Israel zu verfluchen, zu erreichen. Was aber nicht geschah, da die Flüche, die Bileam auszusprechen versuchte, noch auf seiner Zunge zu Segenssprüchen wurden. In Ungnade gefallen musste er nach Petor zurückkehren. Offensichtlich kam er später nach Moab zurück und ermutigte Israel, am Baalskult in Peor teilzunehmen, nur wenige Kilometer östlich vom Jordan (4. Mo 25; 31, 8.16; 2. Petr 2, 15; Jud 11; Offb 2, 14). Weil die Midianiter an dieser Verführung Israels teilnahmen (4. Mo 25, 6.16-18), wurden sie bestraft und viele von ihnen starben mit Bileam (4. Mo 31, 1-12). Es ist schon ironisch, dass das Volk, das Mose Unterschlupf gewährte und aus dem seine Frau stammte, Israel zu seinem ersten nach dem Sinai-Ereignis bedeutsamen Abfall von Jahwe anstiftete.

Nach dieser Krise widmete Mose nun seine ganze Aufmerksamkeit der Eroberung Kanaans. Auch wenn er daran nicht mehr persönlich teilnehmen sollte, was er wusste, da er unbeherrscht an den Felsen geschlagen hatte (4. Mo 20, 10-12), kam ihm als Bundesmittler doch die Verantwortung für die Landnahme und Verteilung des verheißenen Landes zu. In Vorahnung der Entscheidungen, die Mose treffen würde, baten die Führer der Stämme Ruben und Gad (und etwas später auch Manasse), dass man ihnen erlauben solle, in Transjordanien zu bleiben und ihnen ihr Erbteil im Land dort zuzuweisen. Sie begründeten ihre Bitte damit, dass dieses Land für sie als Rinderzüchter ideal wäre und es für sie deshalb keine Notwendigkeit gab, noch anderswo zu suchen. Nachdem ihnen das Versprechen abgenommen worden war, den anderen Stämmen bei der Eroberung des Landes zu helfen, gab Mose ihrer Bitte nach und verteilte ihre Anteile. An Ruben und Gad fiel das Gebiet zwischen dem Arnon im

---

[91] Über den mesopotamischen Prophetismus oder Wahrsagerei im Allgemeinen siehe A.L. Oppenheim, *Ancient Mesopotamia.* Chicago, 1964, S. 206-227. Bileam praktizierte eine Art von Beschwörung, die durch eine Kombination von rituellem Wort und Akt angeblich den Ablauf von göttlich bestimmten Ereignissen verändern konnte. Siehe H.W.F. Saggs, *The Greatness That Was Babylon.* New York, 1968, S. 311-314; F.L. Moriarty, »Word as Power in the Ancient Near East.« *A Light unto my Path.* H.N. Bream et al., Hrsg., Philadelphia, 1974, S. 345-362.

Süden und dem Jaser im Norden, also alles, was zuvor von Sihon von Heschbon beherrscht worden war. Da die Städte, die Ruben und Gad zufielen, jeweils auch im Gebiet des anderen Stammes lagen (4. Mo 32, 34-38), vermischten sich die beiden Stämme wohl miteinander und verloren dadurch ihre Identität. Später verteilte Josua diese Territorien neu, wahrscheinlich um genau dieses zu verhindern (Jos 13, 8-33). Das östliche Territorium von Manasse, aufgeteilt zwischen den Clans von Machir und Jair, war im wesentlichen identisch mit dem alten Königreich Og. Der Clan Machir nahm den südlichen Teil, also Gilead, so weit südlich bis zum Anteil von Ruben und Gad. Der Clan Jair erhielt die Region nördlich von Gilead, genauer definiert als Ogs Königreich von Argob. Wahrscheinlich reichte es im Norden bis an den Hermon und grenzte im Süden an die kleinen Königreiche von Maacha und Geschur, gerade oberhalb des Jarmuk (5. Mo 3, 13-14). Ein dritter, Nobach, offenbar in keiner Verbindung mit Manasse stehend, nahm Kenat und die umliegenden Dörfer ein (4. Mo 32, 42). Kenat (Qanawât) lag ca. 95 km östlich vom See Genezareth, in der Wüste von Hauran.

Jetzt war die Zeit gekommen, in der Mose sterben sollte. Er hatte verschiedene Dinge geregelt, wie z. B. den Plan für die Landnahme, die Landzuteilung für die westlichen Stämme, die Lage der Asylstädte, was er zusammen mit anderen Anweisungen in seiner letzten Rede an das Volk wiederholte. Diese Ausführungen finden sich in der formalen Aufzeichnung des 5. Buches Mose. Obwohl weder Form noch Inhalt dieses Buches der Bibel eine mosaische Verfasserschaft verneinen und nichts erwähnt wird, was die historisch-kritische Ansicht eines anonymen deuteronomistischen Historikers des 7. Jh. v. Chr. als Verfasser zwingend vorschreiben würde, wird doch das Letztere als gesichertes Ergebnis der Wissenschaft angesehen. Dagegen spricht, dass die Details, ja der gesamte Tenor des Buches, mit dem übereinstimmen, was man von der SpB in Kanaan weiß, und es im Einklang mit den anderen Mose-Büchern steht, für die es einen befriedigenden literarischen und theologischen Abschluss darstellt. Die ältere Generation der Israeliten war tot und die jüngere musste jetzt mit einer auf die zeitgenössischen Gegebenheiten angepassten Form des Bundes konfrontiert werden. Das 5. Mose-Buch ist dieser modifizierte Bund, auf den die Israeliten am Vorabend der Landnahme antworten konnten und mussten.[92] Um Gottes Treue gegenüber seinem Bund und die Bedeutung Israels für die Geschichte zu dokumentieren, verfasste Mose die Bücher der Tora zu diesem Zeitpunkt.

[92] P.C. Craigie, *The Book of Deuteronomy*. Grand Rapids, 1976, S. 30-32.

# 4. Die Landnahme

## Das Land als Erfüllung der Verheißung

Zentrales und unerlässliches Element in der Verheißung Jahwes an die Erzväter war der dauerhafte Besitz des Landes Kanaan. Jahwe hatte Abraham von Haran dort hingeführt, hatte dort einen Bund mit ihm geschlossen, ihn mit einem Erben gesegnet und gesagt, dass seine Nachkommen, obwohl sie zunächst 400 Jahre lang in einem fremden Land zur Arbeit gezwungen werden sollten, doch eines Tages nach Kanaan zurückkehren würden. Lange danach erschien Jahwe dem Mose und bestimmte ihn dazu, sein Volk Israel aus Ägypten in das verheißene Land zu führen. Dabei nannte Jahwe Israel »meinen Sohn«. Aber dieser Sohn war inzwischen der Sklave eines anderen Herrn geworden, eines unbarmherzigen und strengen Dienstherren, der sich weigerte, frühere Rechte Jahwes auf sein Volk anzuerkennen. Deshalb musste Jahwe sein Volk durch eine mächtige Demonstration seiner Kraft und Liebe befreien und den Tyrannen vernichten. Dann brachte er es durch das Schilfmeer zum Bundesschluss am Sinai. Dort machte er seinen Anspruch auf das Volk geltend und bot ihnen das außergewöhnliche Vorrecht an, seine Diener in der Mission zu sein, die Menschheit mit sich zu versöhnen. Israels Annahme dieses Auftrags führte zu einem Vertrag, in dem Jahwe und Israel sich in gegenseitigen Verpflichtungen verbanden und durch den alle früheren Verheißungen, die an die Erzväter ergangen waren, für Israel erneuert wurden. Jetzt waren sie eine Nation geworden, und wie jede andere Nation hatten sie einen König, nämlich Jahwe selbst, und eine Verfassung, das Buch des Bundes (2. Mo 20-23) und (später) das fünfte Buch Mose. Was ihnen noch fehlte, war ein Land, um ihrer Nation Seriosität und Stabilität zu geben. Beides war ihnen als Geschenk Jahwes verheißen worden, so dass sie als sein Vasall nur noch das göttliche Mandat auszuführen brauchten: das Land für Jahwe, den König, einzunehmen und zu besetzen.

Das Volk stand am Vorabend der Landnahme auf der Hochebene Moabs bereit. Mose war gestorben, und die Aufgabe des Bundesmittlers war auf die Schultern Josuas gelegt worden. Ermutigt durch die Verheißung Jahwes, mit ihm zu sein, wie er mit Mose gewesen war, arbeitete Josua zuversichtlich die Strategie für die Landnahme des verheißenen Landes aus.

## Die alte vorderorientalische Welt

Bevor die biblische Geschichte weiter verfolgt wird, soll dem Umfeld, in dem diese Ereignisse stattfanden, Aufmerksamkeit geschenkt werden. Es ist nötig daran zu erinnern, dass die biblische Geschichte nicht nur Teil einer größeren Geschichte ist, sondern dass sie auch die Geschichte Israels mit der Geschichte der anderen zeitgenössischen Völker verbindet. Man begegnet hier einem Problem: Das traditionelle Datum der Landnahme (ca. 1406-1399)[1] wie auch das des Exodus waren in den letzten Jahrzehnten heftiger Kritik ausgesetzt. Ein Datum um 1250 oder später wird heute allgemein vorgezogen. Sicherlich reflektiert Josuas Erzählung der Landnahme die alte vorderorientalische Welt, von der sie ein Teil war. Genauso wichtig ist, dass das Milieu, in dem sich die Ereignisse des Buches Josua abspielen, genau beachtet wird, weil es das Verständnis besonderer Nuancen dieses Teils der alttestamentlichen Geschichte fördert.

### Mesopotamien

Obwohl Mesopotamien für Kanaan in der SpB kaum Bedeutung hatte, mögen doch einige Bemerkungen hilfreich sein:

Nachdem die Hetiter unter ihrem König Mursilis I. im Jahre 1595 Babylon besiegt hatten, füllte sich das so entstehende Vakuum schnell durch ein Volk aus dem östlichen Bergland, die Kassiten oder Kaskäer, die das Gebiet bis ca. 1150 v. Chr. beherrschten.[2] Sie scheinen

---

[1] Siehe S. 236f.

[2] Eine Beschreibung dieser dunklen Zeit der babylonischen Geschichte geben C. J. Gadd, »Hammurabi and the End of his Dynasty.« *CAH* II:1, S. 224-227; M. S. Drower, »Syria c. 1550-1500 B.C.« *CAH* II:1, S. 437-444; D.J. Wiseman,

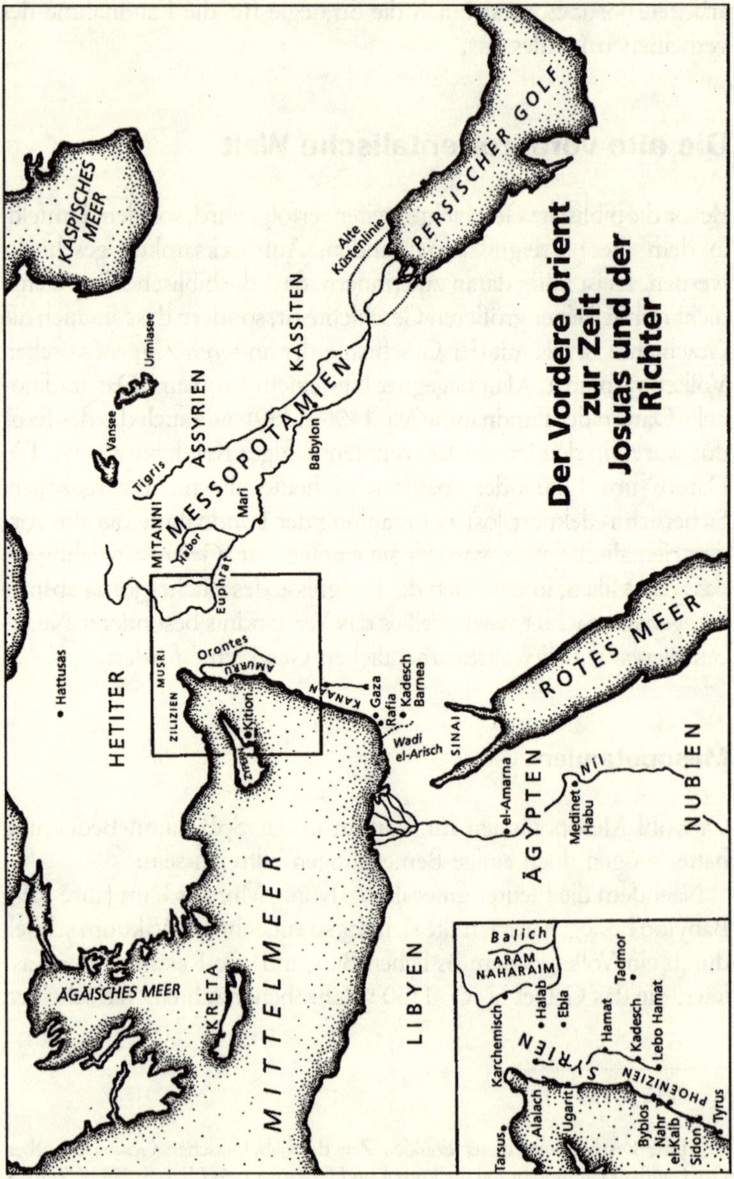


Der Vordere Orient zur Zeit Josuas und der Richter

nicht so barbarisch gewesen zu sein wie oft geschildert wird. Leider liegt ihre Herrschaft zum größten Teil im Dunkeln, so dass kein endgültiges Urteil über sie gefällt werden kann. Von besonderem Interesse ist die Korrespondenz des Kassitenkönigs Burnaburias II. mit dem Pharao Amenophis. Dieser Brief, der in den Archiven von Amarna gefunden wurde, protestiert gegen die neu geschlossene Allianz der Ägypter mit den Assyrern, den Feinden Burnaburias im Norden.[3] Er beschwerte sich auch brieflich bei Amenophis IV. über die schlechte Behandlung, die seine Botschafter erfahren hätten, als sie durch Kanaan reisten, das zu dieser Zeit eine ägyptische Provinz gewesen sein muss.[4] Dieser Brief, der auf ca. 1370 datiert wird, reflektiert die Umstände, die am Ende der Landnahme – nach der traditionellen biblischen Chronologie – geherrscht haben, eine Zeit, die das AT selbst als gesetzlos und gefährlich beschreibt.

Im Norden Babylons begannen die Assyrer Unruhe zu stiften, nachdem sie lange von der politischen und kulturellen Überlegenheit der Hurriter dominiert worden waren und sich ruhig verhalten hatten.[5] Erst durch Aššur-uballiṭ (1365-1330) erstarkte Assyrien so weit, dass es sich vom Joch Mitannis befreien konnte. Später griff Aššur-uballiṭ mit Waffengewalt innenpolitisch im kassitischen Babylonien ein. Er schrieb wenigstens zwei Briefe an Pharao Amenophis IV.,[6] den er dringend um Gold bat, das er zum Abschluss seiner Palastarbeiten brauchte,[7] und gab ihm wahrscheinlich später, nur

---

»Assyria and Babylonia c. 1200-1000 B.C.« *CAH* II:2, S. 443-447; E. Cassin, »Babylonien unter den Kassiten und das mittelassyrische Reich.« *Fischer Weltgeschichte*, Bd III, S. 9ff., 62ff.

[3] J. A. Knudtzon, *Die El-Amarna-Tafeln.* Bd I-II, Aalen, 1964, Nr. 9.

[4] Ibid., Nr. 8.

[5] G. Wilhelm, *Grundzüge der Geschichte und Kultur der Hurriter.* Darmstadt, 1982, S. 9-68.

[6] Knutzdon, *Die El-Amarna-Tafeln*, Nr. 16; A.K. Grayson, *Assyrian Royal Inscriptions.* Bd I, Wiesbaden, 1972, S. 47-49, Nr. 10-11.

[7] *Fischer Weltgeschichte*, Bd III, S. 78.

widerstrebend, seine Tochter zur Frau. Denn er brauchte ägyptische Hilfe im Kampf gegen die Hurriter und Kassiten. Für Aktivitäten in Kanaan unter Aššur-uballiṭ gibt es keinen Hinweis. Erst der Assyrerkönig Tiglat-Pileser I. (1115-1077) wurde gegen Ende der Richterzeit in Israel aktiv.

## Mitanni (Hurriter)

Das Königreich des hurritischen Volkes lag geographisch gesehen wie ein Puffer zwischen Assyrien im Osten und den Hetitern im Westen an den Flüssen Balich und Habor, Nebenflüssen des oberen Euphrats. Während der Amarna-Zeit (ca. 1400-1350) erreichte Mitanni den Höhepunkt seiner Macht, also zu der Zeit der Landnahme.[8] Da das Reich wegen dieser geographischen Lage kaum zu verteidigen war, wurde es ständig von fremden Mächten überrannt. Für Kanaan war es so gut wie nie eine ernsthafte Gefahr.

## Kleinasien (Hetiter)

Die Heimat der Hetiter war Anatolien, auf dem Gebiet der heutigen Türkei. Diese Indogermanen, deren Ursprung umstritten ist, hatten die Ḫattier, eine Volksgruppe, die vor ihnen dieses Gebietes bewohnte, ihrer Herrschaft unterworfen und um 1800 v. Chr. einen stabilen, kulturell hochstehenden Staat geschaffen.[9] Nach einer Zeit des Niedergangs etablierte sich das mittlere Reich der Hetiter, das

---

[8] J.-R. Kupper, »Northern Mesopotamia and Syria.« *CAH* II:1, S. 36-41; Drower, »Syria.« *CAH* II:1, S. 417-436; A. Goetze; »The Struggle for the Domination of Syria (1400-1300 B.C.).« *CAH* II:2, S. 1-8.

[9] O.R. Gurney, *The Hittites.* Baltimore, 1964, deutsch: *Die Hethiter.* Dresden, 1969; S. Lloyd, *Early Highland Peoples of Anatolia.* New York, 1967; W. v. Soden, *Einführung in die Altorientalistik.* Darmstadt, 1985, S. 26-27; F. Cornelius, *Geschichte der Hetither.* Darmstadt, 1973, S. 34-38; H. Otten, »Das Hethiterreich.« *Kulturgeschichte des Alten Orients.* H. Schmökel, Hrsg., ND, Augsburg, 1995, S. 313-446.

seine Macht nicht nur in Anatolien ausdehnte, sondern sogar imperialistische Operationen in alle Himmelsrichtungen unternahm. Von Bedeutung für die Geschichte Israels waren die militärischen Unternehmungen im Süden und Südosten durch Tutḫalija II., der um 1440 Ḫalab (Aleppo) attackierte, einnahm und vom Mitanni-Reich trennte. Auch nahm er Amenophis II. den größten Teil Syriens ab.[10] Der Erfolg hielt jedoch nicht lange an: Durch einige mitannisch-ägyptische Bündnisse und innere Unruhen wurden Tutḫalija und seine Nachfolger gezwungen, den syrischen Besitz aufzugeben.

Dies änderte sich wieder durch den hetitischen König Šuppiluliumaš (1380-1346)[11], der allgemein als Gründer des hetitischen Reiches gilt. Zur Zeit der Landnahme unter Josua machte er die Hetiter zur vorherrschenden Macht im östlichen Mittelmeerraum, indem er Feldzüge unternahm und internationale paritätische Verträge und Vasallenverträge abschloss.[12] Wahrscheinlich in seinem ersten Jahr begab sich Šuppiluliumaš auf einen unbedeutenden Feldzug ins syrische Gebiet, das zu dieser Zeit unter nomineller Kontrolle des mitannischen Königs Tušratta stand, der in einem Brief an Amenophis III. schrieb, die Hetiter seien gezwungen worden, sich zurückzuziehen.[13] Die Ägypter und Hetiter hielten aber eine zweckmäßige, wenn auch unterkühlte Verbindung aufrecht. So gratulierte Šuppiluliumaš Amenophis IV. brieflich zur Thronbesteigung.[14] Obwohl Amenophis mit Tušratta durch Heirat verwandt war, mischte er sich in die mitannisch-hetitischen Probleme nicht ein. Der ehrgeizige Hetiter konnte aber nicht lange zurückgehalten werden. In einem groß ange-

---

[10] O. R. Gurney, »Anatolia c. 1600-1380 B.C.« *CAH* II:2, S. 5-20; F. Cornelius, *Geschichte der Hetither*, S. 126-129.

[11] Goetze, »Domination of Syria.« *CAH* II:2, S. 5-20; K. A. Kitchen, *Šuppiluliuma and the Armana Pharaos.* Liverpool, 1962.

[12] Vergl. D. Sürenhagen, *Paritätische Staatsverträge aus hetitischer Sicht.* Pavia, 1985; G. Mendenhall, *Recht und Bund in Israel und dem Alten Vorderen Orient.* Zürich, 1960.

[13] Knudtzon, *El-Amarna*, Nr. 17.

[14] Ibid., Nr. 41.

legten Feldzug (ca. 1365) nahm er das gesamte Gebiet zwischen Mittelmeer und Euphrat in Besitz; im Süden sogar bis zum Libanon. Dieses Unternehmen verursachte einen Großalarm in Gubla (Byblos), wie man der Korrespondenz zwischen Rib-Adda von Gubla und Amenophis entnehmen kann.[15] Um Ägypten nicht zu verärgern, zog Šuppiluliumaš nicht weiter südwärts. Da Amenophis mit religiös-philosophischer Introspektion beschäftigt war, hatten die Hetiter nichts von ihm zu befürchten. In Kanaan entstand so ein Vakuum des Einflusses der großen Mächte, das Israel die Landnahme ermöglichte.

## Syrien

Nach diesen Ereignissen waren die syrischen Staaten zwischen den Hetitern und dem Königreich Mitanni hin- und hergerissen. Ḫalab zusammen mit Alalach und Tunip wurden hetitische Vasallenstaaten. Dagegen konnte Ugarit seine Selbstständigkeit gegenüber den Ägyptern und Hetitern zunächst behaupten, bis es sich später auf die Seite Ägyptens stellte. Der Staat Amurru nutzte das Patt zwischen den beiden Großmächten und weitete seinen Einfluss vom mittleren Orontes bis zum Mittelmeer aus. Sein König ʻAbdi-Aširta war für Rib-Adda von Gubla eine große Bedrohung. Aziru, ein Sohn ʻAbdi-Aširtas, eroberte später Gubla (Byblos). Er schloss auch ein Bündnis mit Niqmadu von Ugarit und beide Könige stellten sich auf die Seite der Hetiter. Mitanni reagierte sofort darauf, was zu einem Gegenschlag der Hetiter führte. Šuppiluliumaš schloss einen Vertrag mit Niqmadu und griff dann die Hauptstadt Mitannis, Wasuganni, an, aus der der mitannische König Tušratta aber bereits geflohen war. So brachte Šuppiluliumaš Syrien unter beständige hetitische Kontrolle. Er wäre vielleicht durch Kanaan bis nach Ägypten gezogen, wenn nicht die Bedrohung durch die Assyrer immer mehr zugenommen

---

[15] Ibid., Nr. 68-96; R. F. Youngblood, »*The Correspondence of Rib-Haddi, Prince of Byblos.*« Ph. D. Dissertation, Dropsie College, 1961.

hätte, die bis zu seinem Tode seine Aufmerksamkeit in den Osten lenkte.[16]

## Ägypten

Ägypten war eine bedeutende Macht während der Landnahme. Eigenartig erscheint, dass die ägyptische Geschichtsschreibung weder vom Auszug noch von der Landnahme berichtet. Kennt man jedoch die ägyptische Vorliebe, nur Siege zu erwähnen, nicht Niederlagen, dann verwundert es nicht. Amenophis II. (1450-1425), der Pharao des Auszugs, hatte in seinem fünften Jahr, dem Jahr des Exodus, entweder wenig Interesse, Palästina zu erobern oder zu wenig Mut. Sein Sohn Thutmosis IV. (1425-1417) unternahm nur einen Feldzug nach Norden, nach Aram-Naharaim, der während Israels Wüstenwanderung stattfand, aber keinen Einfluss auf die Landnahme hatte. Amenophis III. (1417-1379) regierte Ägypten in der Zeit der israelitischen Landnahme. Seine Interessen waren jedoch nicht auf Kanaan gerichtet, sondern auf Jagd und Kunst. Militärisch betätigte er sich nur im Süden gegen Nubien. Das war offensichtlich eine glückliche Fügung für Israel, denn, wie bereits oben gezeigt wurde, blieb beim Kampf der Mitannier, Hetiter und später der Assyrer ein Vakuum bestehen, das Ägyptens Desinteresse an Kanaan geschaffen hatte. Nur die Kanaaniter, vollkommen unorganisiert, standen den Israeliten im Weg.

Das Desinteresse Ägyptens an Expansion änderte sich mit der Thronbesteigung Amenophis IV. (1379-1362) nicht.[17] Dieser Sohn

---

[16] Zur Herrschaft Šuppiluliumaš und seinen Verwicklungen in Syrien siehe K. A. Kitchen, *Šuppiluliuma and Amarna Pharaos.* Liverpool, 1962; F. Cornelius, *Geschichte der Hetither,* S. 136-172.

[17] Über die Epoche von Amenophis IV. (Echnaton) und ihre Beiträge zur Geschichte und Kultur siehe: J. A. Wilson, *The Culture of Ancient Egypt.* Chicago, 1951, S. 213-231; E. Hornung, *Grundzüge der Ägyptischen Geschichte.* Darmstadt, 3. Aufl., 1988, S. 93-99; J. Yoyotte, »Das Neue Reich in Ägypten.« *Fischer Weltgeschichte*, Bd III, S. 247-255.

Dieser Sohn Amenopohis' III. und seine mitannische Frau Teje gehören zu den schillerndsten Figuren der vorderorientalischen Geschichte. Sein Hauptbeitrag lag nicht auf den Gebieten Politik, Militär oder Kultur, sondern auf dem der Religion: Er entwickelte eine Art Monotheismus, in dem die Verehrung Re-Harachte staatlich verordnet war. Diese Gottheit war allumfassend und wurde durch Aton, das Bild der Strahlensonne, repräsentiert.[18] Der Pharao zentralisierte den neuen Kult mit dem Bau einer neuen Stadt, Achetaton (el-Amarna), die dieser Gottheit geweiht war. Auch nahm er den Namen Echnaton an, um auf seine religiöse Hingabe hinzuweisen, in der er sich verloren zu haben scheint: Es blieb ihm keine Zeit mehr, die Außenpolitik des Landes aktiv wahrzunehmen. Viele der Amarna-Briefe, die man in den königlichen Archiven fand, sind von kanaanitischen Herrschern geschrieben worden, die formal die ägyptische Oberherrschaft anerkannten und an Echnaton appellierten, ihnen zur Hilfe zu kommen und sie aus den verschiedensten Gefahren zu befreien. Ähnliche Appelle hatte man bereits an seinen Vater gerichtet, aber die Briefe zeigen, dass die Bitten nicht erfüllt wurden. Offensichtlich gingen die Pharaonen lieber ihren Hobbys nach. Die Zeit der Herrschaft der Pharaonen Amenophis III. und Echnaton überschneiden sich mit dem traditionellen Datum für die Landnahme der Israeliten. Man kann also sagen, dass Gott die Umstände schuf, unter denen sein Volk das verheißene Land für sich in Anspruch nehmen konnte.

## Die ʿapiru[19]

Zum Überblick über die vorderorientalische Welt vor und während der Landnahme gehört, die Ereignisse in Kanaan selbst zu betrachten und damit das Augenmerk besonders auf die *ʿapiru (Ḫabiru)* zu rich-

[18] Siehe dazu J. Assmann, *Ägypten-Theologie und Frömmigkeit.* Stuttgart, 1984. S. 232-257.

[19] Siehe dazu auch S. 132f.

ten. Ihre anarchische und furchterregende Gegenwart wird in den kanaanitischen Amarna-Briefen immer wieder beschrieben. Sie werden dort als plündernde Söldner geschildert, die eine Gefahr für alle kanaanitischen Staaten darstellten. Zu anderen Zeiten schlugen sie sich bei militärischen Konflikten der Stadtstaaten auf eine der beiden Seiten. Als man die *ʿapiru* in den Amarna-Briefen erwähnt fand, schlossen viele Wissenschaftler daraus, man habe damit endlich eine außerbiblische Bestätigung für die Landnahme der Israeliten gefunden.[20] Zwei Faktoren spielten bei dieser Schlussfolgerung eine große Rolle: (1) Die Gleichzeitigkeit der Briefe mit dem traditionellen Datum der Landnahme. (2) Die erstaunliche linguistische Ähnlichkeit der Bezeichnung *ʿapiru* oder *Ḫabiru* und *ʿibrî* (»Hebräer«). Aber nur wenig später wurden Hinweise auf die *ʿapiru* im gesamten aVO gefunden. Sie tauchen bereits in der altakkadischen Epoche auf (ca. 2360-2180). In vielen Texten erschien der Name in der logographischen Form SA.GAZ. Diese Bezeichnung wird in den Amarna-Briefen bevorzugt, ausgenommen in den Briefen des Königs von Jerusalem, Abdi-Ḫepa.[21] Die Bezeichnung SA.GAZ ist etymologisch von einem sumerischen Verb abzuleiten, das »morden« bedeutet. Ein $^{LU}$SA.GAZ war also ein Mörder. Im Akkadischen wird dieser Ausdruck zu *ḫabbātu* »Räuber«, was vielleicht auch mit »Verschlepper« zu übersetzen ist.[22] Die syllabische Form *ḫabiru/ḫapiru/ʿapiru* ist chronologisch und geographisch weit verbreitet. Die akkadische Etymologie ist unklar. W. F. Albright hat den Begriff mit dem Wort *epēru* »Staub« assoziiert (vergl. das hebräische *ʿāpār*) und vorgeschlagen, dass die *ʿapiru* Karawanenleute waren oder »Staubige«. Dieser Vorschlag wurde aber von den meisten nicht akzeptiert.

---

[20] Über die Gleichsetzung ʿApiru = Hebräer siehe M. Greenberg, *The Ḫab/piru.* New Haven, 1955, S. 3-12; O. Loretz, Habiru-Hebräer. *Eine sozio-linguistische Studie über die Herkunft des Gentiliziums ʿibrî vom Appelativum ḫabiru.* Berlin, 1984.

[21] Um diese Ausnahme zu erklären, nimmt W. L. Moran die syrische Herkunft des Schreibers und vielleicht auch seines Herrn an. Siehe »The Syrian Scribe of the Jerusalem Amarna Letters.« *Unity and Diversion.* H. Goedicke und J. J. Roberts, Hrsg., Baltimore, 1975, S. 156.

[22] *CAD*, Ḫ, S. 13-14. *AHW*, Bd I, S. 303-304.

Es ist klar, dass keine der Bezeichnungen für die *ʿapiru* irgendeine ethnische Bedeutung hat. Die *ʿapiru* waren keine Nation, sondern wohl eher eine bestimmte Gesellschaftsschicht. In den Dokumenten wird auf sie herabgeblickt als wandernde und wurzellose Söldner, die willig waren, ihre Dienste an die zu verkaufen, die am besten dafür zahlten. Das wird in den Amarna-Briefen sehr deutlich.[23]

Von besonderem Interesse ist die Frage nach der Verwandtschaft zwischen den *ʿapiru* und den Hebräern. Es ist offensichtlich, dass die beiden Bezeichnungen nicht synonym sind, da die *ʿapiru* in der Geschichte früher erscheinen als Abraham, selbst wenn man das frühestmögliche Datum für ihn annimmt, und da sie viel zahlreicher gewesen sind, als es für den Clan der Patriarchen im AT möglich erscheint. Auch sind der Charakter, die Sitten und Gebräuche der *ʿapiru* mit dem Bild, das die Bibel von den Hebräern gibt, nicht in Einklang zu bringen. Auch wenn die Bezeichnungen *ʿapiru* und *ʿibrî* phonetisch und linguistisch ähnlich sind, so scheinen sie doch etymologisch nicht vom gleichen Wort zu stammen. Die Etymologie des einen Wortes (*ʿapiru*) ist, wie bereits gesagt, unbekannt.[24] Das andere Wort (*ʿibrî*) scheint von dem Vorfahren Abrahams Eber (*ʿēber*) abgeleitet worden zu sein. Ein Hebräer war demnach ein Eberiter. Dies kann angesichts von 1. Mo 10, 21 als gesichert gelten, wo es heißt: »Sem, dem Vater aller Söhne Ebers.« Die Genealogie der Semiten in 1. Mo 11, 10-26 fängt mit Sem an, endet mit Abraham und führt im Mittelteil die Linie Eber näher aus (V. 14-17). Der Verfasser der Genealogie scheint damit aussagen zu wollen, dass Abraham ein Semit war (er stammte von Sem ab), aber auch, dass seine Wurzeln speziell in der Linie Ebers zu finden sind, was Abraham zu einem Eberiten macht, also zu einem Hebräer.[25]

---

[23] Greenberg, *Ḫab/piru*, S. 70, 76.

[24] Ibid., S. 90-91.

[25] Ibid., S. 92-93.

Aufgrund der Ähnlichkeit der Wörter *'apiru* und *'ibrî* ist es wahrscheinlich, dass sie verwechselt wurden.[26] Der Lebensstil der Patriarchen mag manchen Beobachter dazu verleitet haben, in Abraham, dem Hebräer, Abraham, den *'apiru*, gesehen zu haben. Das könnte erklären, warum im AT die Israeliten selten von sich als Hebräern sprechen. Außerdem war es eine Bezeichnung, die gewöhnlich von Ausländern in einem abwertenden Sinne gebraucht wurde. So wurde sie von Potifars Frau benutzt, als sie Joseph beschuldigte, sich ihr sexuell nähern zu wollen (1. Mo 39,14.17). Die Tochter des Pharaos bezeichnete das Kind Mose ebenfalls als einen Hebräer (2. Mo 2,6) und auch von den Philistern wurden die Israeliten in gleicher Weise betitelt (1. Sam 4,6.9).

Obwohl es gut möglich ist, dass Unkundige nicht eindeutig zwischen den *'apiru* und den Hebräern unterschieden haben, kannten die Israeliten den Unterschied doch sehr genau. Dies kann an der allgemeinen Zurückhaltung abgelesen werden, sich selbst Hebräer zu nennen. Bestätigt wird dies durch ein oder zwei Bibelstellen, in denen Ausländer von den Israeliten Hebräer (genauer wohl *'apiru*) genannt werden. In 1. Sam 13 lässt Saul das Schofar blasen und sagt: »Lasst die Hebräer hören« (V. 3). Dass er sich mit diesem Satz nicht an die Israeliten wendet, wird deutlich an der folgenden Unterscheidung zwischen den »Männern von Israel« und den »Hebräern« (V. 6f). Der gesamte Abschnitt impliziert, dass Saul zu diesem frühen Zeitpunkt seiner Regierung und in Anbetracht der philistäischen Gefahr Söldnertruppen angeworben hatte, die an der Seite seiner eigenen israelitischen Miliz kämpften. Diese Söldner waren wohl mehr *'apiru* als Hebräer. Die politische Wendefähigkeit der *'apiru*, die gut dokumentiert ist, scheint auch in einem späteren Satz reflektiert zu werden: »Die Hebräer, die vorher bei den Philistern waren ... liefen über zu den Israeliten, die mit Saul und Jonatan waren« (1. Sam 14,21).

---

[26] Ibid., S. 93-94, FN 44.

Daraus kann ebenfalls geschlossen werden, dass die Hebräer und die Israeliten nicht identisch sind.[27]

## Die ʿapiru und die Landnahme

Während die Israeliten zwischen den Hebräern und den *ʿapiru* eindeutig unterschieden, war diese Unterscheidung bei den Schreibern der Amarna-Korrespondenz ziemlich verschwommen. Das Chaos in Kanaan, das diese Briefe beschreiben, wird zum größten Teil den Aggressionen der *ʿapiru* angelastet. Da die Landnahme nach der traditionellen Datierung genau in diese Zeit fällt, lässt sich vermuten, dass neben den *ʿapiru* auch die Israeliten für den Tumult in Kanaan verantwortlich waren, obwohl beide nicht gesondert in den Amarna-Texten identifiziert werden. Für die Kanaaniter waren demnach also die *ʿapiru* Hebräer und die Hebräer *ʿapiru.*

Dieser Zusammenhang gilt als so wahrscheinlich, dass Verteidiger der Spätdatierung des Exodus behaupten, die Landnahme unter Josua gehe dem Exodus-Ereignis unter Mose voraus.[28] Dies erfordert aber eine totale Re-Interpretation der biblischen Tradition, bei der man den biblischen Befund (sowohl zum Exodus aller zwölf Stämme, als auch zum Sinai-Bund und der Wüstenwanderung) zu Gunsten eines Exodus von nur bestimmten Stämmen und einer frühen Landnahme durch andere Stämme verwerfen muss.[29] Es scheint jedoch weitaus zufriedenstellender zu sein, die Hypothese der späten Landnahme aufzugeben und in den Amarna-Dokumenten ein außerbiblisches Zeugnis für eine frühe Landnahme durch alle zwölf Stämme zu sehen.

---

[27] Siehe dazu besonders N. K. Gottwald, *The Tribes of Yahweh.* Maryknoll, N.Y., 1979, S. 417-425. Zur neueren Diskussion über die Entwicklung dieser Bezeichnung in Bezug auf die Hebräer, siehe N. Na'aman, »Ḫabiru and Hebrews: The Transfer of a Social Term to the Literary Sphere.« *JNES* 45, 1986, 271-288.

[28] Z. B.: T. J. Meek, *Hebrew Origins.* New York, 1960, S. 21-23.

[29] H. Donner, *Geschichte des Volkes Israel und seiner Nachbarn in Grundzügen.* ATD Ergänzungsreihe 4/1, Göttingen, 1984, S. 87-88. Vergl. hier S. 132.

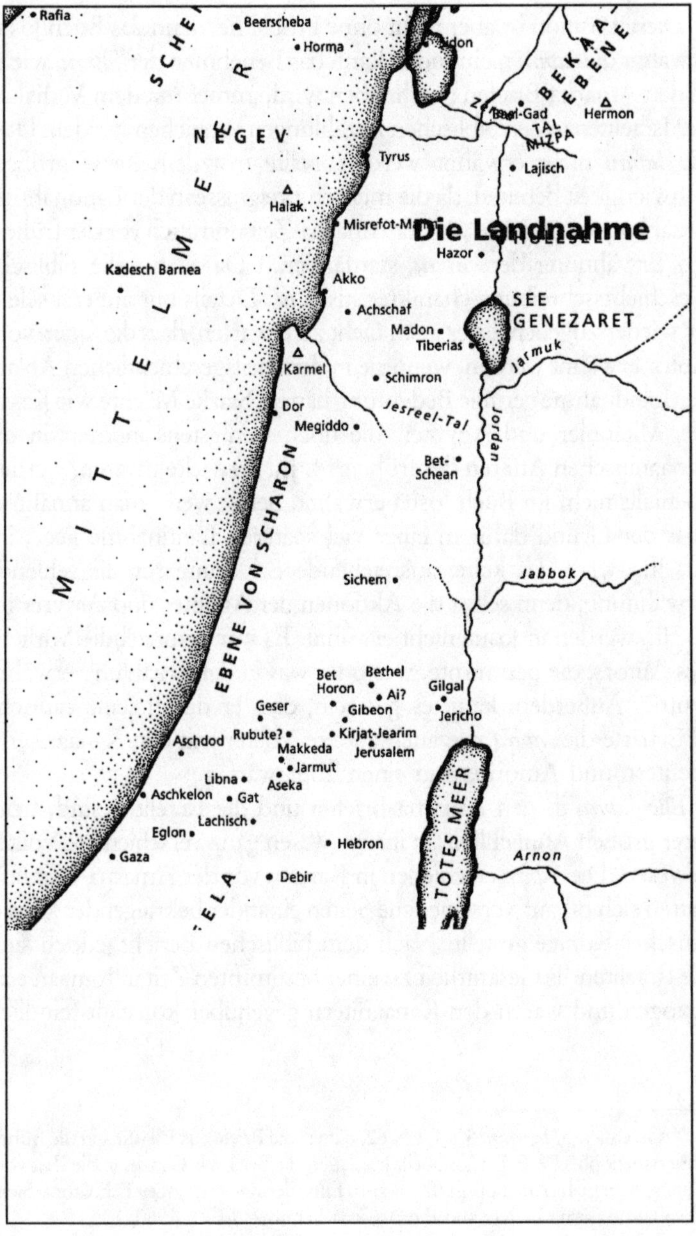
Die Landnahme
Rafia
Beerscheba
Horma
NEGEV
Halak
Kadesch Barnea
MITTELMEER
Sidon
BEKAA-EBENE
Hermon
TAL MIZPA
Lajisch
Tyrus
Hazor
Akko
Achschaf
SEE GENEZARET
Madon
Tiberias
Jarmuk
Karmel
Schimron
Dor
Jesreel-Tal
Megiddo
Jordan
Bet-Schean
EBENE VON SCHARON
Sichem
Jabbok
Bet Horon
Bethel
Ai?
Gilgal
Geser
Gibeon
Jericho
Rubute?
Kirjat-Jearim
Jerusalem
Aschdod
Makkeda
Jarmut
Libna
Aseka
Aschkelon
Gat
Lachisch
Eglon
Hebron
Gaza
Debir
TOTES MEER
Arnon

Diese Position ist aber nicht ohne Probleme, denn das Buch Josua erwähnt die *'apiru* nicht, noch kann das Benehmen der *'apiru*, wie es in den Amarna-Briefen beschrieben wird, immer mit dem Verhalten der Israeliten in den biblischen Erzählungen verglichen werden. Dass die *'apiru* nicht erwähnt werden, sollte trotzdem keine größere Schwierigkeit bereiten, da die meisten Ereignisse in der Landnahme-Erzählung ca. 25 Jahre vor der Amarna-Zeit und auch vor der frühesten Erwähnung der *'apiru* stattfanden.[30] Da es für die biblische Geschichtsschreibung charakteristisch ist, Details nur äußerst selektiv wieder zugeben, ist es auch nicht zu erwarten, dass die *'apiru* vom Autor erwähnt werden, wenn sie in dem heilsgeschichtlichen Ablauf der Landnahme geringe Bedeutung hatten. Starke Mächte wie Kassiter, Mitannier und Ägypter, die doch wenigstens indirekt in die kanaanitischen Affären des frühen 14. Jh. verwickelt waren, werden ebenfalls nicht im Buch Josua erwähnt. Selbst wenn man annähme, dass der Grund dafür in einer viel späteren Landnahme liege, im 13. Jh., wäre das keine ausreichende Erklärung für die fehlende Erwähnung, denn selbst die Aktionen der Ägypter und Assyrer im 13. Jh. werden in Josua nicht erwähnt. Es war demnachdie Vorliebe des Autors, die bestimmte, wer oder was in der Erzählung erwähnt wurde. Außerdem kann es gut sein, dass er durch seine typische Unschärfe die *'apiru* wie auch andere Völker mit den Kanaanitern, Hetitern und Amoritern in einen Topf warf.

Die *'apiru* in den Amarna-Briefen und die Israeliten sind, trotz ihrer großen Ähnlichkeit, in ihrem Wesen ganz verschiedene Völker gewesen. Die *'apiru* erschienen in Kanaan vor der Amarna-Zeit und hatten sich oft auf verschiedene Seiten einander bekriegender kanaanitischer Könige gestellt. Nach dem biblischen Bericht jedoch sind die Israeliten als Gesamtheit zu einer bestimmten Zeit in Kanaan eingezogen und waren den Kanaanitern gegenüber konstant feindlich

[30] Greenberg, *Ḫab/piru*, S. 74, FN 62, datiert die Briefe aus Palästina in die frühen Jahre Amenophis IV. E.F. Campbell, Jr., datiert die Briefe als Ganzes in die Zeit vom 13. Regierungsjahr Amenophis III. bis zum Ende der Regierungszeit Echnatons. Siehe sein »The Amarna Letters and the Amarna Period.« *BA* 23, 1960, 10.

gesonnen. In welcher Beziehung die *'apiru* und die Israeliten während und nach der Landnahme standen, kann heute nicht mehr geklärt werden. Wahrscheinlich sind die *'apiru* angesichts der erfolgreichen Einnahme Kanaans durch die Israeliten einfach in andere Gebiete gezogen, wie es ihrem nomadischen Leben entsprochen hätte. Oder, wie es oben dargestellt wurde, sind einige von ihnen im Land geblieben und wurden entweder von Israel eingegliedert oder dienten Israel als Söldner.

Wichtig ist es zu beachten, dass die Amarna-Briefe Aktivitäten der *'apiru* aus zwei Gebieten der östlichen Mittelmeerküste berichten, aus Syrien und Palästina. Da die Landnahme nicht über Palästina hinausging, sind die syrischen Amarna-Briefe nicht von unmittelbarer Bedeutung. Von den palästinischen Texten erwähnen nur 16 die *'apiru*: [31]

1. EA 243: Biridija von Megiddo klagt über sehr starke Konfliktbereitschaft der SA.GAZ im Lande.
2. EA 246: Biridija beschwert sich, zwei Söhne des Labaju von Sichem hätten die SA.GAZ bestochen, Krieg gegen ihn zu führen.
3. EA 254: Labaju von Sichem schreibt, er habe nicht gewusst, dass seine Söhne mit den SA.GAZ zu tun hatten.
4. EA 271: Milkilu von Geser bittet um Hilfe gegen die SA.GAZ, die er wohl selbst angestellt hatte.

---

[31] Die Texte sind in J.A. Knudtzon, *Die El-Amarna-Tafeln.* Aalen, 1964, (ND der Ausgabe 1915) veröffentlicht. Eine neuere Übersetzung und Bearbeitung ist W.L. Moran, *The Amarna Letters.* Baltimore, 1992. W.F. Albright identifizierte als Autor des Briefes AO 7096 (EA 366) Šuwardata in J.B. Pritchard; *ANET,* S. 486, FN 13.

Natürlich gibt es auch viele andere Texte, die aus Palästina kommen und die SA.GAZ/*'apiru* nicht erwähnen. Das Bild, das vom Zustand Palästinas dort gezeichnet wird, ist aber kein anderes. Es gibt die gleichen Streitereien unter den Städten, die gleichen Kleinlichkeiten, die gleiche kriecherische Ergebenheit gegenüber dem Pharao, die gleiche chaotische, gesetzlose Umgebung, verursacht durch wirkliche oder befürchtete Invasionen gewalttätiger Außenseiter. Siehe die Beschreibung von E.F. Campbell, »Amarna Letters.« *BA* 23, 1960, 2-22.

5. EA 273: Baʿlat-UR.MAḪ$^{MEŠ}$ von Ṣapuna[32] schreibt, das Land des Königs sei zu den SA.GAZ übergelaufen, und bittet den Pharao eindringlich um Hilfe.
6. EA 274: Baʿlat-UR.MAḪ$^{MEŠ}$ bittet um Hilfe, damit Ṣapuna nicht an die *ʿapiru* verloren geht
7. EA 286: ÈR-Ḫeba von Jerusalem berichtet, das ganze Land sei an die *ʿapiru* verloren gegangen. Zusätzlich seien alle Gouverneure abgefallen.
8. EA 287: ÈR-Ḫeba berichtet, Geser, Aschkalon und Lachisch hätten »den Feind« mit Lebensmitteln, Öl und anderen Notwendigkeiten versorgt. Bei »dem Feind« handelt es sich offensichtlich um Milkilu von Geser und die Söhne Labajus von Sichem, die mit den *ʿapiru* kollaborierten.
9. EA 288: ÈR-Ḫeba beschwert sich, dass der König nichts von sich hören lasse, obwohl die *ʿapiru* Turbazu von Zilu, Zimrida von Lachisch und Japtiḫ-Addu von Zilu getötet hätten.
10. EA 289: ÈR-Ḫeba weist darauf hin, Milkilu habe den Ort Rubutu für sich erobert, die Leute von Gat-Karmel hätten einen Außenposten bei Bet-Schean gegründet und Labaju habe den *ʿapiru* Sichem gegeben.
11. EA 290: ÈR-Ḫeba beschwert sich, Milkilu und Schuwardata hätten Rubutu eingenommen. Außerdem sei eine Stadt in der Nähe Jerusalems in die Hände der Leute von Qeila gefallen. So sei das Land des Königs jetzt in den Händen der *ʿapiru.*
12. EA 298: Japaḫi von Geser schreibt, sein Bruder habe gegenüber den SA.GAZ bei Muḫḫazi kapituliert.
13. EA 299: Japaḫi meldet, die SA.GAZ bedrängen ihn schwer.
14. EA 305: Šubandu aus dem südlichen Palästina beobachtet, dass die SA.GAZ ihm mit großer Feindschaft begegnen.
15. EA 318: Dagantakala vom südlichen Palästina beschreibt die große Nötigung, die er von den SA.GAZ/ḫabbāti erlitten habe.

[32] Siehe FN 38.

16. EA 366: Šuwardata aus dem südlichen Hügelland sagt, er habe die SA.GAZ geschlagen, obwohl ihn alle seine Freunde – außer ÈR-Ḫeba von Jerusalem – verlassen hätten.[33]

Die wichtigsten Personen in diesen Texten sind Labaju von Sichem und Milkilu von Geser. Labajus Söhne bezahlten *'apiru*-Söldner, damit sie Megiddo angriffen, und verbündeten sich mit ihnen bei einem Angriff auf Jerusalem. Es ist interessant, dass Sichem nicht zu den Städten gehört, die Josua erobert hatte. Jedoch fand am Lebensende Josuas in Sichem die Bundeserneuerung statt.[34] Das könnte bedeuten, dass Labaju und seine Söhne genügend Zeit zur Kapitulation an die *'apiru* (Israeliten) hatten – ein Prozess, der in der Amarna-Zeit begann (EA 287, 289).[35]

Das Buch Josua berichtet (Kap. 12, 21), dass Josua und die Israeliten 31 Könige besiegten, darunter den König von Megiddo. Leider erklärt die Erzählung nicht, wie das geschah. Vielleicht beschreibt der König von Megiddo diesen israelitischen Angriff, wenn er berichtet (EA 246), dass die Söhne des Labaju die SA.GAZ angeworben haben.[36]

Milkilu von Geser scheint einmal (EA 271) von den SA.GAZ angegriffen worden zu sein, ein anderes Mal war er ihr Verbündeter (EA 287). Horam von Geser, der wahrscheinlich ein Vorgänger von

---

[33] Ursprünglich war dieser Brief mit dem Siglum AO 7096 versehen worden. Wir folgen hier der Zählweise A. F. Raineys, *El Amarna Tablets*, 359-379. AOAT 8, Neukirchen, 2. rev. Aufl., 1978, S. 33ff.

[34] K. Jaroš, *Sichem. Eine archäologische und religionsgeschichtliche Studie mit besonderer Berücksichtigung von Jos 24.* Göttingen, 1976.

[35] E. F. Campbell und J. F. Ross, »The Excavation of Shechem and the Biblical Tradition.« *BA* 26, 1963, 9-11. Campbell und Ross meinen, Sichem sei von den Israeliten ohne Waffengewalt gewonnen worden. Dies bestätigen die Amarna-Texte.

[36] H. H. Rowley, *From Joseph to Joshua.* London, 1950, S. 100-111.

Milkilu war, hatte nach Josua 10,33 Armee[37] und Leben verloren, als er die Israeliten überfiel, um Lachisch zur Hilfe zu eilen. Milkilu dagegen, der zuerst gegenüber den SA.GAZ feindlich gesinnt war, verband sich später mit ihnen. Sehr interessant ist Jos 16,10. Dort heißt es, dass die Israeliten die Kanaaniter aus Geser nicht vertrieben, sondern dass die Einwohner Sklaven der Ephraimiter wurden, was mit ÈR-Ḫebas Beschwerde übereinstimmt, dass Milkilu das Land des Königs den *ʿapiru* gegeben hätte (EA 287).

Baʿlat-UR.MAḪ$^{MEŠ}$ von Ṣapuna, einem bislang unbekannten Ort[38], schreibt, wie auch Šu-bandu und Dagantakala, von der unmittelbaren Gefahr durch die SA.GAZ. Japaḫi[39] von Geser sagt, sein Bruder habe sich den SA.GAZ bei Muḫḫazi (Tel Maḥoz, westlich Gesers)[40] ergeben. Da dieser Ort im Bericht von der Landnahme nicht erwähnt wird, ist er für dieses Buch unwichtig.

Dagegen sind die Briefe, die aus Jerusalem stammen, für uns von großer Wichtigkeit. Ihr Absender, ÈR-Ḫeba (Abdi-Ḫepa), beschreibt ein allgemeines Überlaufen zu den *ʿapiru.* Er ist besonders beunruhigt über die Untreue der Städte Geser, Aschkalon und Lachisch: Geser ergab sichunter der Herrschaft Milkilis Josua kampflos. Aschkalon wird im Buch Josua nicht erwähnt, aber Ri 1,18 berichtet, dass die Männer von Juda es als Teil ihres Erbes nahmen.

---

[37] Ibid., S. 100. Rowley sieht zwischen Jos 10,33 und 16,10 einen Widerspruch, der darin liege, dass die erste Bibelstelle besagt, Geser sei vernichtet worden, und die zweite, die Stadt sei unter die Herrschaft der Israeliten gekommen. Jos 10,33 sagt jedoch lediglich aus, dass Horam, der König von Geser, der Alliierte von Lachisch, dort eine vernichtende Niederlage im Kampf gegen Josua erlitt. Mit keinem Wort wird gesagt, dass die Stadt Geser vernichtet worden sei.

[38] E.F. Campbell, »Amarna Letters.« *BA* 23, 1960, 20 identifiziert Ṣapuna mit Zaphon, im unteren Jordantal. Diese Identifizierung hat sich aber nicht durchsetzen können.

[39] Oder Yapaʿu nach Shlomo Izre'el, »Two Notes on the Gezer-Amarna Tablets.« *TA* 4, 1977, 163, einer neueren Studie über EA 299.

[40] Y. Aharoni, *Das Land der Bibel.* Neukirchen, 1984, S. 444, gibt als möglichen modernen Namen das arabische Tel Abu Sultan an, das englische Original, *The Land of the Bible.* Philadelphia, 1979, S. 440, den Tel Maḥoz.

Da Aschkalon in der Amarna-Korrespondenz mit Geser assoziiert wird und Geser ursprünglich den Israeliten gegenüber feindlich gesinnt war, bevor sie sich Josua ergaben, wäre es gut möglich, dass Aschkalon – wie Geser – sich nach einer Zeit der Feindschaft mit Israel verbündete (EA 287).

Lachisch erscheint in Jos 10 als Verbündete Jerusalems im amoritischen Widerstand gegen die Israeliten. Nachdem Josua den König von Lachisch geschlagen hatte (V. 26), nahm er die Stadt ein (V. 31-32), obwohl der König von Geser der Stadt zur Hilfe kam (V. 33)[41]. Es kann durchaus sein, dass danach Lachisch und Geser mit den Israeliten kollaborierten, wie ÈR-Ḫeba in EA 287 behauptet. Zimrida von Lachisch (EA 288) ist eindeutig nicht mit Jafia von Lachisch (Jos 10,3) zu identifizieren. Es ist gut möglich, dass Zimrida nach Jafia an die Macht kam, nachdem dieser bei Makkeda gefallen war.

In einem anderen Brief (EA 289) sagt der König von Jerusalem, dass Milkilu von Geser Rubutu eingenommen habe (Rabba, nahe dem modernen Latrun).[42] Josua erwähnt die Einnahme der Stadt nicht, vielleicht weil Milkilu den Israeliten dieses Problem abgenommen hatte. Der gleiche Brief berichtet von einer Garnison, welche der König von Gat (Šuwardata?) in Bet-Schean eingesetzt hatte. Gat wurde weder von Josua angegriffen (Jos 11,22), noch gelang es dem Stamm Manasse, die Kanaaniter aus Bet-Schean zu vertreiben (Jos 17,16; Ri 1,27).

Die Amarna-Texte vermitteln den Eindruck, dass die SA.GAZ/*ʿapiru* gegen die Städte und Ortschaften kämpften, die außerhalb des Gebietes lagen, das die Israeliten nach dem biblischen Bericht für sich einnahmen. Die Briefe, die die Gebiete erwähnen, die von der israeli-

---

[41] Der biblische Bericht sagt, dass die gesamte Bevölkerung vernichtet wurde. Daraus lässt sich aber nicht unbedingt schließen, dass die Stadt nicht später wieder bevölkert wurde und dann den *ʿapiru* (Israel) gegenüber freundlich gesinnt war (EA 287). Diese Gesinnung scheint sich in EA 288 wieder geändert zu haben. Beachtenswert ist, dass der Text nicht sagt, die Gebäude der Stadt seien zerstört worden. Siehe dazu E. H. Merrill, »Palestinian Archaeology and the Date of the Conquest: Do Tells tell Tales?« *GTJ* 3, 1982, 112.

[42] Aharoni, *Das Land der Bibel*, S. 445.

tischen Landnahme berührt waren, stehen in keinem Widerspruch zu biblischen Berichten, sie ergänzen einander vielmehr. Möglicherweise muss man die SA.GAZ/*'apiru* außerhalb Zentralpalästinas von denen, die innerhalb lebten und eventuell die Israeliten darstellten, unterscheiden. Y. Aharoni ist darüber erstaunt, dass nur vier Städte, die während der Amarna-Zeit im zentralen Hügelland existierten, in den Briefen erwähnt werden. Er erklärt das mit der starken Dominanz von Sichem und Jerusalem.[43] Aber ist es nicht wahrscheinlicher, dass der Grund für die Nicht-Erwähnung der anderen Städte darin zu suchen ist, dass zu dieser Zeit das Innere Kanaans bereits in israelitischer Hand war, ausgenommen Sichem und Jerusalem, wie der biblische Bericht zeigt?[44]

Zusammenfassend kann man sagen, dass sowohl in der Amarna-Korrespondenz als auch im AT nichts gegen eine Frühdatierung der Landnahme spricht, sondern in der Tat vieles dafür. Denn das gesamte historische Milieu dieser Zeit liefert den bestmöglichen Hintergrund für die Landnahme, da alle großen internationalen Kräfte dieser Zeit offensichtlich kein besonderes Interesse an Kanaan hatten und so dieses Vakuum durch die Vorsehung Gottes von Israel gefüllt werden konnte.

---

[43] Ibid., S. 182.

[44] Die Rekonstruktion des historischen Milieus der Landnahme macht Probleme. Eines davon ist, dass die Personennamen in den Amarna-Briefen mit denen in Josua/Richter nicht korrespondieren. Vergegenwärtigt man sich aber, dass die Eroberung unter Josua im Großen und Ganzen vorbei war, als der Aufruhr durch die *'apiru* stattfand, den die Amarna-Briefe bezeugen, ist es leichter verständlich, warum einige Namen nicht identisch sind.

## Die Strategie Josuas

### Feldzug gegen Jericho

Josua, Moses Nachfolger als Bundesmittler, hatte sich bereits als weiser und mutiger Führer hervorgetan. Als er nun am Ostufer des Jordans stand und die Landnahme plante, hatte er klare militärische Ziele. Er erkannte, dass Kanaan aus zwei Hauptgebieten mit zwei beherrschenden ethnischen Elementen bestand: Im Süden und im Hügelland wohnten die Amoriter, besonders in den Städten, und im Norden, besonders in der Jesreel-Ebene, eine starke kanaanitische Bevölkerung. Aus strategischen Gründen war ihm klar, dass das Prinzip des »Teilens und Eroberns« den größten Erfolg versprach. Um das zu erreichen, musste er in Kanaan nördlich des Toten Meeres einfallen, um in das Landesinnere vorzudringen. Diese Route führte an Jericho vorbei. Aber genau hier sah Josua das größte Problem: Jericho hatte starke und hohe Verteidigungsmauern, die verhindern sollten, dass Feinde in das Innere Kanaans einfielen. Da es die Zeit des Frühlingsregens war, führte der Jordan Hochwasser – eine zusätzliche Barriere. Der Herr hatte aber Josua befohlen, sofort mit der Landnahme zu beginnen (Jos 1,2.11). Deshalb sandte er Späher über den Fluss, die das Land erkunden und insbesondere mögliche Schwachpunkte in der Verteidigung Jerichos auskundschaften sollten. Dabei brachten sie in Erfahrung, dass die Einwohner das Vorhaben Israels schon kannten und dass sie Angst hatten, weil sie von Israels Siegen auf dem Sinai und in Transjordanien gehört hatten. Diese Stimmung unter der kanaanitischen Bevölkerung war für die Landnahme sehr nützlich, was sich aber hätte ändern können, wenn kein Weg gefunden worden wäre, den Jordan zu überqueren.

Genau zu diesem Zeitpunkt offenbarte Jahwe, dass er, der göttliche Heerführer, für Israel kämpfen werde, wie er es auch in Ägypten getan hatte. Damals hatte er das Wasser des Schilfmeeres geteilt, als Zeichen seiner kosmischen und erlösenden Macht. Und jetzt hielt er die Fluten des Jordans an, was das Gleiche symbolisierte: Er, der größte König, initiierte die Landnahme, indem er den Fluss besiegte, der das Land beschützte. Danach sollte sein Volk Israel wissen, dass

Jahwe den Sieg errungen hatte und dass sie einen Triumph nach dem anderen erringen könnten, wenn sie anerkannten, dass sie ein Teil des Heeres des Allmächtigen waren.[45]

So kam es, dass, als die Bundeslade – das Symbol der Gegenwart des Herrn der Heerscharen – anfing, den Fluss zu überqueren, sich das Wasser zurückzog, als ob es sich Jahwe unterordnete, und dass das Volk trockenen Fußes die andere Uferseite erreichte. Als weiteres äußeres Zeichen der Erlösung befahl Jahwe Josua, alle männlichen Mitglieder des Volkes, die in der Wüste geboren worden waren, zu beschneiden. Damit gehörten sie zeichenhaft zum Bundesvolk. Nun konnten sie Passa feiern, ein Fest, das vor dem Exodus eingesetzt worden war, um die Erlösung des Bundesvolkes aus der ägyptischen Knechtschaft zu feiern. Genau wie vorher dem Mose erschien Jahwe Josua in einer Theophanie. Dadurch unterstrich er Josuas Rolle als Bundesmittler. Durch die ähnliche Abfolge von Beschneidung, Passa und Theophanie wie beim Exodus bestätigte Gott, dass für ihn das Israel der Landnahme das Israel des Auszugs war. Der Gott, der sein Volk aus Ägypten errettet hatte, würde sein Volk auch in Kanaan retten.

Nachdem die Israeliten als Erinnerung an die Flussüberquerung ein Steinmal errichtet hatten, zogen die wehrhaften Männer von Gilgal (Chirbet el-Mafjar), ihrem ersten Lager in Kanaan, südwärts in das nur ca. 3 km entfernte Jericho (Tell es-Sultan). Die Stadt lag zu dieser Zeit auf einem Hügel, der sich vom dicht vorbeifließenden Wadi steil emporhob. Auch die Straße, die nach Beth-Horon und in das Innere des Landes führte (Jos 10,10), verlief in unmittelbarer Nähe. Zwar war Jericho im Vergleich zu anderen SpB-Städten relativ klein (ca. 4 ha), ließ sich aber gut verteidigen und war fast unmöglich einzunehmen. Josua wollte diese Stadt offensichtlich deswegen erobern, weil sie die Route, die er in das Innere des Landes nehmen wollte, bewachte und sie sich im Falle einer Nicht-Einnahme zu einem gefährlichen Ort der kanaanitischen Widerstandsbewegung im Rücken Israels entwickeln konnte. Außerdem hatte Jahwe Jericho dazu ausgewählt, dass es sein Gerichts-Handeln erfahren sollte.

---

[45] F. M. Cross, *Canaanite Myth and Hebrew Epic.* Cambridge, MA, 1973, S. 103-105.

Dieses Gerichts-Handeln, das mit dem terminus technicus *ḥāram* (»der Vernichtung geweiht«) bezeichnet wird, beinhaltete, dass jeder Ort, jedes Volk, das dazu bestimmt war, Jahwe übereignet wurde und unter seinem Bann stand. Gebannte lebende Objekte mussten vernichtet werden, andere Objekte wurden Jahwe zum eigenen Gebrauch übergeben. In keinem Fall durfte das so dem Herrn Geweihte ohne seine ausdrückliche Genehmigung zurückbehalten werden.[46]

Ein erstes Beispiel für den Bann war die Vernichtung der Kanaaniter und ihrer Städte in der Nähe von Horma (4. Mo 21, 3). Es ist schon merkwürdig, dass der Name Horma sich von der Wurzel *ḥērem* ableitet. Das gleiche Verfahren wurde auf Sihon und auf die Amoriter in Transjordanien angewandt (5. Mo 3, 6). Mose hatte außerdem die Israeliten ermahnt, bestimmte kanaanitische Städte unter den Bann zu stellen, so dass sie mit diesen Städten keine Verträge schließen und niemanden von den Einwohnern heiraten durften (5. Mo 7, 1-3). Sie sollten vielmehr die Altäre, die heiligen Steine, die Aschera-Pfähle und Götterbilder vernichten. Der Grund dafür war, dass Israel, obwohl es Gottes Volk war, unter kanaanitischem Einfluss vom wahren Gott abfallen würde (5. Mo 20, 17-18).

Der *ḥērem* beschränkte sich manchmal nur auf die Vernichtung der Einwohnerschaft, während die Städte verschont blieben. So erfüllte sich Gottes Verheißung, die Mose verkündigt hatte, nämlich dass der Herr dem Volk Städte geben werde, die sie nicht gebaut hätten, Häuser mit Lebensmitteln und Zisternen mit Wasser (5. Mo 6, 10-11; 19, 1) sowie Weinberge und Olivenhaine, die sie nicht gepflanzt hätten (Jos 24, 13). Als die Landnahme offiziell abgeschlossen war, erinnerte Josua das Volk daran, dass es Jahwe war, der ihnen alles gegeben hatte.

Sorgfältiges Studium der biblischen Texte zeigt, dass während der Landnahme nur drei kanaanitische Städte – Jericho, Ai und Hazor – die gesamte vernichtende Kraft des *ḥērem* erfuhren, d. h. die Städte

---

[46] R. de Vaux, *Das Alte Testament und seine Lebensordnungen.* Bd II, Freiburg, Basel, Wien, 1960. S. 72-74; N. Lohfink, »Ḥaram, ḥeræm.« TWAT, Bd III, S.192-213; J. P. U. Lilley, »Understanding the Ḥerem.« *Tyn Bull* 44.1, 1993, 169-177.

wurden samt ihren Einwohnern vernichtet. Von den anderen Orten wird nur berichtet, dass die Israeliten sie einnahmen (hebr. *lākad*) und die Einwohner mit dem Schwert erschlugen. Man kann nur spekulieren, warum gerade Jericho unter den totalen *ḥērem* gestellt wurde. Vielleicht sollte die erste kanaanitische Stadt, der man begegnete, allen anderen als Warnung dienen, die Heiligkeit Jahwes und seine mächtigen Taten ernst zu nehmen.

Der Ort Jericho war schon um 7500 v. Chr. besiedelt.[47] Unglücklicherweise haben der Zahn der Zeit, das Wetter und amateurhafte sowie professionelle Ausgrabungen den Tell-es-Sultan (= Jericho) archäologisch und historisch fast unbrauchbar gemacht. Auf Grund einiger Skarabäen des Pharaos Amenophis III. hat der britische Archäologe John Garstang die Schicht D in das 15. Jh. v. Chr. datiert und dann postuliert, dass das die Stadt war, die Josua vernichtet habe.[48] Das Datum der Landnahme sah Garstang um 1400 v. Chr., und damit verbunden hielt er auch an einem frühen Datum des Auszugs fest. Seine Schlussfolgerungen wurden unterstützt durch seine Entdeckung der Mauern, die – im Gegensatz zu einem normalen Angriff mit dem Sturmbock – nach außen gefallen waren, den abschüssig geformten Tell hinunter. Dieses Phänomen brachte er mit der biblischen Beschreibung der Einnahme Jerichos in Verbindung, die besagt, dass die Mauern Jerichos hinunterfielen (hebr. taḥtêhā), also den Hang der Stadt hinunter (Jos 6,20)[49].

---

[47] K. Kenyon, *Archäologie im Heiligen Land.* Neukirchen, 1967, S. 45-47; A. Negev, Hrsg., *Archäologisches Bibellexikon.* Neuhausen, 1991, S. 210. Besonders K. Kenyon, *Excavations at Jericho.* Bd III: *The Architecture and Stratigraphy of the Tell.* T. A. Holland, Hrsg., London, 1981. Die frühesten Besiedelungsreste sind nach der Karbon-14-Methode von 9687 bis 7770 v. Chr. datiert worden. Siehe K. M. Kenyon, »Jericho.« *The New Encyclopedia of Archaeological Excavations in the Holy Land.* Bd II; E. Stern, Hrsg., New York, 1993, S. 675.

[48] John Garstang und J. B. E. Garstang, *The Story of Jericho.* London, 1940, S. 120.

[49] Ibid., S. 136; R. Riesner, »Die Mauern von Jericho, Bibelwissenschaft zwischen Fundamentalismus und Kritizismus.« *Th Bei* 14, 1983, 79-86; B. G. Wood, »Did the Israelites Conquer Jericho? A New Look at the Archaeological Evidence.« *BARev* 16/2, 1990, 44-58.

Einige Jahre nach Garstang grub Kathleen Kenyon, eine international anerkannte Archäologin, mehrere Jahre auf dem Tell-es-Sultan. Sie kam zu einem anderen Ergebnis als Garstang. Sie behauptete, dass Letzterer den Beleg missgedeutet hätte, da die Skarabäen des Amenophis zu einem späteren Grab gehörten, als Garstang angenommen hatte. Deshalb müsse Garstangs Schicht D um das Jahr 1300 datiert werden.[50] Dieses neue Datum bringt nicht nur Probleme für die Frühdatierung des Auszugs und der Landnahme, sondern auch für die Spätdatierung.

Alles zusammengenommen mangelt es der archäologischen Forschung über Jericho an eindeutiger Beweiskraft. Es ist deshalb unwissenschaftlich, einen chronologischen oder historischen Rahmen anhand der archäologischen Funde für die Landnahme zu erstellen.

### Feldzug ins zentrale Hügelland

Nachdem Jericho gefallen und vernichtet war – ein Ereignis, das von Anfang bis Ende als Wunder Gottes eingeordnet werden sollte –, sandte Josua Kundschafter zur nächsten kanaanitischen Festung, nach Ai. Da die Stadt aber zur Zeit der Abfassung von Josua nicht mehr bewohnt war (Ai bedeutet Ruine), hielt es der Erzähler für notwendig, Ai genauer zu lokalisieren. Es lag nahe Bet-Awen östlich von Bethel (Jos 7,2). Obwohl Ai von vielen Wissenschaftlern mit dem et-Tell (der Hügel) identifiziert wird[51], der weniger als fünf Kilometer östlich von Bethel (Beitin) liegt, wird diese Identifikation längst nicht von allen befürwortet. Es gibt viele triftige Gründe dagegen, wie

---

[50] K. Kenyon, *Digging up Jericho.* New York, 1957, S. 260; dies., »Palestine in the Time of the Eighteenth Dynasty.« *CAH,* II:1, S. 545.

[51] Siehe besonders J. A. Callaway, »The 1964 'Ai (Et-Tell) Excavations.« *BASOR* 178, 1965, 13-40; ders., »New Evidence of the Conquest of 'Ai.« *JBL* 87, 1968, 312-20; ders., »The 1968-69 'Ai (Et-Tell) Excavations.« *BASOR* 198, 1970, S. 7-31; A. Rainey, »Bethel is Still Beitin.« *WTJ* 33, 1970/71, 175-188.

David Livingston und andere Wissenschaftler gezeigt haben.[52] Leider hat die zweite der drei Ortschaften, die unter den *ḥērem* kamen, nur minimalen Wert für die Datierung der Landnahme. Die vernichtende Eigenart des *ḥērem* mag der Grund dafür sein, dass weder Jericho noch Ai bedeutsame chronologische Daten durch archäologische Funde liefern.

Nachdem Josua zunächst eine Niederlage gegen Ai einstecken musste (Jos 7,4-5), erfuhr er, dass das Gesetz des *ḥērem* bei der Eroberung Jerichos verletzt worden war. Achan, ein israelitischer Bürger, hatte etwas von dem gestohlen, das nur Jahwe gehörte. Dafür wurden Achan und seine Familie vernichtet (Jos 7,22-26). Erst danach war es Josua möglich, mit einem Heer von 30.000 Mann Ai anzugreifen und die Stadt durch eine geschickte Taktik von Scheinangriff und Hinterhalt vernichtend zu schlagen. Auch die Truppen aus dem benachbarten Bethel, die Ai helfen wollten, wurden besiegt. Der biblische Bericht erzählt dann, dass alle Einwohner, insgesamt 12.000 Menschen, umgebracht wurden, so dass es keine Überlebenden gab. In der Stadt wurde Feuer gelegt, so dass nichts als rauchende Asche vom Ort übrigblieb; eine Ruine (ʻay) im wahrsten Sinne des Wortes. Nur einige Rinder und bestimmte Schätze der Stadt wurden von der Vernichtung verschont, weil Jahwe es ausdrücklich befohlen hatte (Jos 8,27). Ai ist ein Beispiel dafür, dass der *ḥērem* modifiziert werden konnte. Über Israels Auseinandersetzung mit Bethel soll hier mehr gesagt werden. Die archäologischen Ergebnisse sind mehrdeutig, obwohl es gewisse Anzeichen für eine Besiedelung während des 14. Jh. gibt.[53] Vielleicht wurden die Betheliter vernichtet, aber ihre Stadt wurde, wie die meisten kanaanitischen

---

[52] D. Livingston, »The Location of Biblical Bethel and Ai Reconsidered.« *WTJ* 33, 1970, 20-44; ders. »Traditional Site of Bethel Questioned.« *WTJ* 34, 1971/72, 39-50. Er schlägt vor, el-Bireh mit Bethel gleichzusetzen (S. 40) und lokalisiert Ai mit dem nahe gelegenen Tell (S. 43). Eine Zusammenfassung der Argumente für und wider et-Tell gibt W. H. Stiebing, Jr., »New Archaeological Dates for the Israelite Conquest: Part II: Proposals for an MB II C Conquest.« *Catastrophism and Ancient History* 10:2, 1988, 61-71.

[53] Aharoni, *Das Land der Bibel*, S. 218. Es gibt Anzeichen für eine Besiedelung im 14. Jh. von Beitin, aber Beitin ist nicht mit Bethel gleichzusetzen. J. J. Bimson meint,

Städte, bewahrt, damit die Israeliten darin wohnen konnten. Das Buch der Richter berichtet, dass die Ephraimiter Bethel einnahmen, ein Ereignis, das erst nach dem Tode Josuas stattfand.[54]

## Sichem und die Bundes-Erneuerung

Josua hatte durch die Vernichtung Ais das Hügelland militärisch in zwei Hälften geteilt. Danach wandte er sich nach Norden, nach Sichem (Tell Balâṭah), das ca. 40 km von Bethel lag, ohne auf Widerstand zu stoßen.[55] An diesem Ort, der durch die Verbindung mit der Gotteserfahrung der Patriarchen schon eine gewisse Heiligkeit hatte, versammelte Josua das Volk. Dort wurde der Bund in einer feierlichen Zeremonie bestätigt, wie Mose es befohlen hatte (Jos 8, 30-35; 5. Mo 27, 2-8). Jahre später, kurz vor seinem Tod, versammelte Josua das Volk noch einmal in Sichem zur Bundeserneuerung (Jos 23, 1-

---

selbst wenn Beitin Bethel wäre und et-Tell Ai, bliebe doch das Datum für die Landnahme unsicher. Denn et-Tell unterstützt weder eine Landnahme im 15. noch im 13. Jh. Beitin wurde am Ende der MB und im 13. Jh. zerstört. Siehe J. J. Bimson, *Redating the Exodus and Conquest.* Sheffield, 1978, S. 255.

[54] Ri 1, 22-26 ist der einzige Bericht eines Krieges gegen Bethel. Ein Betheliter gewährte den Israeliten Einlass in die Stadt, mit dem Ergebnis, dass alle Einwohner vernichtet wurden, ausgenommen der Kollaborateur. Die Stadt selbst wurde nicht zerstört. Zu dem technischen Ausdruck: »Die Stadt mit der Schärfe des Schwerts schlagen« (V. 25) siehe Merrill, »Palestinian Archaeology.« *GTJ* 3, 1982, 113-114.

[55] Dies geschah am Anfang der Landnahme, ca. 1406 v. Chr. Eine zweite Versammlung in Sichem fand 40 Jahre später statt. Israels freier Zugang nach Sichem bedeutet, dass die Einwohner entweder Josua willkommen hießen oder dass der Ort zu dieser Zeit nicht bewohnt war. Das Erstere scheint das Wahrscheinlichere zu sein, denn die Einwohner von Sichem kooperierten mit den *'apiru* der Amarna-Texte. Obwohl die Versammlung, von der Jos 8 berichtet, ca. 30 Jahre vor den frühesten Amarna-Briefen stattfand, ist es doch durchaus möglich, dass die Freundlichkeit der Bewohner von Sichem gegenüber den *'apiru*/Hebräern eine langfristige Politik war.

24, 28)[56]. Israel hatte freien Zugang zu den Bergen Ebal und Garizim, zwischen denen Sichem lag, was darauf hindeutet, dass entweder Sichem zu diesem Zeitpunkt unbewohnt war oder dass es sich ohne Kampf ergeben hatte.[57] Stark traditionsgeschichtlich arbeitende Wissenschaftler sind dagegen der Meinung, dass Sichem, wenn es je eingenommen wurde, nur nach brutalen Attacken der Simeon- und Levi-Stämme fiel. Als Basis dafür wird der Bericht über die Vergewaltigung von Jakobs Tochter Dina durch den Sohn des Hamor (1. Mo 34) angesehen, der als ätiologische Sage eingestuft wird, die erklären soll, wie Israel Sichem unter seine Kontrolle brachte.[58]

Obwohl diese Deutung mehr Probleme aufwirft als hier erörtert werden könnten, sollen doch einige Beobachtungen erwähnt werden: Erstens scheint sich Jakob so vor Rache gefürchtet zu haben, obwohl die Einwohner Sichems durch seine Söhne stark dezimiert worden waren, dass er schnell nach Bethel zog. Die Landnahme-Erzählung gibt aber eine gegensätzliche Bewegung des Volkes an, nämlich von Bethel nach Sichem. Und zweitens, warum sollten die Stämme Simeon und Levi an der Eroberung Sichems während der Landnahme beteiligt gewesen sein? Simeons Anteil des Landes lag in der Negev, und Levi war zur Zeit Josuas ein religiös tätiger Stamm, der vom normalen militärischen Dienst befreit war. Das dritte und stärkste Argument gegen eine ätiologische Interpretation des Ereignisses ist, dass es in der Landnahme-Erzählung keinerlei Zeichen für einen Kampf um Sichem gibt. Auch der Hinweis darauf, dass in den

---

[56] Manche Wissenschaftler sehen in Jos 8 und 24 zwei unterschiedliche Traditionen des gleichen Ereignisses. Siehe J.A. Soggin, *Joshua: A Commentary*. Philadelphia, 1972, S. 220-244. Dabei wird aber vergessen, dass jede Generation ihre Hingabe an den Bund mit Jahwe neu bestätigen sollte. Daher war es für die neue Generation angemessen, sich bei dem offiziellen Abschluss der Landnahme, kurz vor dem Tode Josuas, in Sichem zu versammeln. Siehe M.H. Woudstra, *The Book of Joshua*. Grand Rapids, 1981, S. 148-149; M.G. Kline, *The Structure of Biblical Authority*. Grand Rapids, 1972, S. 54-56.

[57] Siehe FN 55.

[58] R. G. Boling, *Josua*, Grand Rapids, 1982, S. 251-254; Meek, *Hebrew Origins*, S. 124-128.

Amarna-Tafeln die Gefährdung des Königs von Sichem durch andere kanaanitische Könige beschrieben wird, kann nicht als Argument benutzt werden, da die in den Briefen erwähnten Ereignisse in der Zeit zwischen den beiden Versammlungen in Sichem stattfanden (ca. 1406-1366).

## Südlicher Feldzug

Nachdem Josua das nördliche Kanaan militärisch offensichtlich vom Süden getrennt und Israel strategisch im zentralen Bergland plaziert hatte, entschlossen sich die Kanaaniter und andere Bewohner des Landes, ihre Differenzen zu vergessen und eine gemeinsame Front gegen Israel zu bilden. Die Hiwiter (Horriter oder Hurriter?) von Gibeon (el-Jîb)[59], ca. 11 km südlich von Bethel gelegen, waren so erschrocken über das, was mit Jericho und Ai geschehen war, dass eine Delegation von Gibeonitern sich als Reisende aus großer Entfernung ausgab und zu Israels Heimatbasis Gilgal ging, um Josua zu überreden, mit ihnen einen Nichtangriffspakt zu schließen. Da Mose Bündnisse mit fernen Ländern erlaubt hatte (5. Mo 20,10-15), zögerte Josua nicht, diesen Vertrag zu unterzeichnen. Dadurch wurden die Gibeoniter zu Sklaven der Israeliten (5. Mo 20,11; Jos 9,15.21.27), was für sie sicherlich vorteilhafter war als eine totale Vernichtung.[60] Aber eigentlich standen die Gibeoniter wie die Kanaaniter unter dem *ḥērem* und hätten vernichtet werden müssen (5. Mo

---

[59] H. A. Hoffner, »The Hittites and Hurrians.« *POTT*, D. J. Wiseman, Hrsg., S. 225. Über die Ausgrabungen, Geschichte und Bedeutung des Ortes siehe J. B. Pritchard, *Gibeon: Where the Sun Stood Still.* Princeton, 1962, S. 24-34; J. Blenkinsopp, *Gibeon and Israel.* Cambridge, 1972.

[60] F. Ch. Fensham, »The Treaty Between Israel and the Gibeonites.« *BA* 27, 1964, 96-100 denkt, dass dies ein Suzerän-Vasallen-Bündnis war. Dagegen meint J. M. Grintz, »The Treaty of Joshua with the Gibeonites.« *JAOS* 86, 1966, 114-116, 124-126, dass es ein so genanntes Protegé-Bündnis war. Der Protegé regierte weitaus unabhängiger vom Suzerän als der Vasall. Zu diesem Bündnis siehe auch G. Noort »Zwischen Mythos und Rationalität des Kriegshandelns Yhwhs in Josua 10,1-11.« *Mythos und Rationalität*, H. H. Schmid, Hrsg., Gütersloh, 1988, S. 149-161.

20, 16-17; Jos 9, 24). So unterzeichnete Josua das Bündnis, ohne die eigentliche Sachlage zu kennen. Die Gibeoniter wurden verschont, mit ihnen die benachbarten Hiwiter von Kefira (Tell Kefire), Beerot (Nebi Samwil? vielleicht Chirbet el-Burǧ[61]) und Kirjat-Jearim (Qiryat Yeʿarim) – alles Dörfer, die weniger als 8 km von Gibeon entfernt lagen.

Das israelitisch-hiwitische Bündnis wurde recht bald auf die Probe gestellt, denn Israel, als der überlegene Partner, hatte die Verpflichtung, seinem neuen Vasallen zur Hilfe zu eilen, wenn ein Feind ihn bedrohen sollte. Eine Koalition amoritischer Könige, die Gibeon für das Überlaufen ins israelitische Lager bestrafen wollten, stellten eine solche Bedrohung dar (Jos 10, 1-5). Der Führer dieser *ad hoc* geformten Allianz war Adoni-Zedek[62] von Jerusalem, einer Hochburg der Jebusiter. Offensichtlich wurden die Jebusiter zu den Amoritern gerechnet, denn Adoni-Zedek wird mit den Amoriterkönigen aufgeführt (Jos 10, 5). Wie lange Jerusalem unter amoritischer Hoheit war, kann nicht gesagt werden, wahrscheinlich jedoch seit der vermuteten amoritischen Migration nach Kanaan während der FB IV (ca. 2200). Mit wahrscheinlich nur kleinen Unterbrechungen blieb die Stadt jebusitisch bis zur Zeit Davids, der sie um 1004 v. Chr. eroberte und zur Hauptstadt seines Reiches machte. Verbunden mit Adoni-Zedek waren Hoham von Hebron, Piram von Jarmut (Chirbet Yarmuk, ca. 30 km west-südwestlich von Jerusalem), Jafia von Lachisch (Tell ed-Duweir, ca. 50 km südwestlich von Jerusalem) und Debir von Eglon (Tell el-Hesi, ca. 58 km südwestlich von Jerusalem). Diese fünf Städte bildeten so etwas wie ein Dreieck im nördlichen Juda und waren wohl die wichtigsten amoritischen Enklaven zu dieser Zeit. Wenn Israel sie besiegen könnte, hätte es das gesamte Gebiet gewonnen.

---

[61] Aharoni, *Land der Bibel*, S. 220.

[62] Dass dieser Name in den Amarna-Tafeln nicht als König von Jerusalem erwähnt ist, sollte nicht überraschen, denn die Regierungszeit des Adoni-Zedek lag ca. 30 Jahre vor dem frühesten Amarna-Brief. R. S. Hess, *Amarna Personal Names*. Winona Lake, 1993.

Als die fünf Könige Gibeon belagerten, wurde Josua in Gilgal darüber informiert. Nach einem Nachtmarsch von ca. 42 km erschien Josua vor Gibeon und es kam zu einer gewaltigen Schlacht. Von den Israeliten verfolgt zogen sich die Amoriter zurück. Sie flohen zunächst über den Bet-Horon-Pass, westlich von Gibeon, dann südwärts am westlichen Rand der Schefela entlang, bis nach Aseka (Tell ez-zakarije) und Makkeda, fast 33 km von Gibeon entfernt. Auf ihrer gesamten Flucht traf sie der Zorn Gottes, in Form von Hagelsteinen (Jos 10,11).[63] Die Könige selbst entkamen und fanden Unterschlupf in einer Höhle bei Makkeda. Als Josua erfuhr, wo sie sich versteckt hielten, ließ er die Höhle scharf bewachen, so dass sie nicht entkommen konnten. Er selbst eilte den Amoritern nach, die von Hagelsteinen verschont geblieben waren. Sein Befehl an die Soldaten ist höchst interessant: Sie sollten den Amoritern unter allen Umständen verwehren, in ihre Ortschaften zurückzukehren, da Josua die Städte unbeschädigt haben wollte (Jos 10,19). Wieder ist zu beobachten, dass der *ḥērem* keine Gebäude betraf, sondern nur die Menschen. Daher ist es auch müßig, nach so genannten Brandschichten der erwähnten Städte zu suchen, die auf eine gewaltsame Landnahme hinweisen würden, war es doch Josuas Politik, die Städte unversehrt zu lassen, damit die Israeliten darin wohnen könnten. Nachdem er die Armeen der Amoriter aufgerieben hatte, kehrte er zur Höhle zurück und ließ ihre fünf Könige hinrichten.

An diese Erzählung schließt sich der Bericht über die Einnahme verschiedener amoritischer Städte und die Vernichtung ihrer Einwohner an. Bei sorgfältiger Betrachtung der Details entsteht der Eindruck, dass die Städte selbst – vielleicht mit einer Ausnahme –

---

[63] Die historisch-kritische Wissenschaft verneint die Historizität dieses Wunders. Nach V. Fritz, *Das Buch Josua.* HAT I/7, Tübingen, 1994, S. 112, ist dieser Vers ein redaktioneller Zusatz. Viele Interpreten rechnen aber wenigstens mit einem historischen Kern dieser Erzählung, um den herum ein poetischer Bericht des Heiligen Krieges gebaut wurde. Siehe z. B. T. C. Butler, *Joshua.* WBC, Waco, 1983, S. 113, 115-117. J. S. Holladay, Jr., »The Day(s) the Moon Stood Still.« *JBL* 87, 1968, 170, 176 meint, dass der Wunsch Josuas, Sonne und Mond mögen still stehen, eine Bitte um ein gutes astrologisches Zeichen gewesen sei, das Josua Siegeszuversicht geben sollte.

unversehrt blieben, aber alle Einwohner umgebracht wurden. Die erste Stadt, die dieses Schicksal ereilte, war Makkeda (Chirbet el-Kheisun?)[64]. Der Erzähler benutzt das Verb *lākad* (nehmen), das immer eine Einnahme, aber keine Zerstörung beschreibt.[65] Wenn dagegen eine Stadt nach der Einnahme vernichtet wurde, wird es in den Berichten besonders erwähnt. Ein anderer Ausdruck in den Erzählungen, der beachtet werden sollte, ist: »Er schlug Makkeda mit der Schärfe des Schwerts« (Jos 10,28). Dieser bildliche Ausdruck ist nur passend, wenn damit die Tötung der Einwohner beschrieben wird, da er sich kaum eignet, die Zerstörung von Mauern und Gebäuden zu beschreiben. Auch erwähnt der Erzähler im gleichen Vers, dass der König und alle Einwohner von Makkeda vernichtet wurden (*heḥĕrim*). Zusammengefasst: Josua nahm Makkeda ein, ließ die Gebäude unversehrt, erschlug aber die Einwohner und den König mit der Schärfe des Schwerts.

Danach zog Josua vor Libna (vielleicht Tell eṣ-Ṣâfi, ca. 13 km südwestlich von Makkeda) und verfuhr mit ihr wie mit Makkeda. Diesmal gab (*nātan*) Jahwe die Stadt und den König in die Hände Israels. Josua schlug beide mit der Schärfe des Schwerts und hinterließ keinen Überlebenden (Jos 10,29-30). Dann wurde Lachisch angegriffen. Diese wichtige Stadt lag ca. 16 km südlich von Libna. Auch sie gab der Herr in die Hand Josuas, der mit ihr das Gleiche tat wie zuvor mit den anderen Städten. Selbst die Militärhilfe Horams, des Königs von Geser, mehr als 30 km nördlich von Lachisch, vermochte die Stadt nicht zu retten. Danach wurde Eglon angegriffen, das ca. 13 km südwestlich von Lachisch lag. Der Fall Eglons wird ebenfalls mit fast den gleichen Worten wie bei den anderen Städten beschrieben. Hebron war die nächste Stadt, die fallen sollte. Auch hier sind mit »Stadt« die Einwohner gemeint, d. h. die Gebäude Hebrons und der umliegenden Dörfer blieben verschont. Darauf deutet auch Jos 14,6-15

---

[64] So nach dem *Oxford Bible Atlas*. H. G. May, Hrsg., New York, 3. Aufl., 1984, S. 134.

[65] Merrill, »Palestinian Archaeology.« *GTJ* 3, 1982, 113.

hin[66], wo berichtet wird, dass die Stadt fünf Jahre nach der Einnahme von Israeliten bewohnt wurde. Die letzte Stadt, die auf diesem Feldzug eingenommen wurde, war Debir (Tell Beit Mirsim), ca. 25 km südwestlich von Hebron. Ihr erging es wie den anderen Städten.

Der Bericht über den so genannten südlichen Feldzug wird in Jos 10,40-43 zusammengefasst: »So schlug Josua das ganze Land auf dem Gebirge und im Süden und im Hügelland und an den Abhängen mit allen seinen Königen und ließ niemanden übrig und vollstreckte den Bann an allem, was Odem hatte, wie der Herr, der Gott Israels, geboten hatte« (V. 40). Also kein Wort von der Zerstörung der Städte und Ortschaften, was ja auch nicht berichtet werden konnte, da die Israeliten die Städte intakt ließen, wie Mose geboten hatte.[67]

## Nördlicher Feldzug

Josua kehrte von dem erfolgreichen südlichen Feldzug nach Gilgal zurück, Israels Hauptquartier während der frühen Phase der Landnahme.[68] Er blieb jedoch nicht lange dort, sondern plante die Invasion

---

[66] Der Feldzug gegen die amoritische Allianz war bestimmt nicht früher als 1405. Kaleb war, nach eigenem Zeugnis, 85 Jahre alt, als er Hebron einnahm (Jos 14,10.13-14). Da er zwei Jahre nach dem Auszug (V. 7) 40 Jahre alt war, müsste die Einnahme Hebrons auf ca. 1399 datiert werden.

[67] Selbst M. Weippert, *Die Landnahme der israelitischen Stämme in der neueren wissenschaftlichen Diskussion.* FRLANT 92, Göttingen, 1967, der die Landnahme als ein allmähliches Durchdringen des Landes durch die Stämme ansieht und nicht als eine militärische Operation, muss eingestehen, dass eigentlich keine archäologische Evidenz vorhanden ist. Auch J. M. Miller, »Archaeology and the Israelite Conquest of Canaan: Some Methodological Observations.« *PEQ* 109, 1977, 88, der die Landnahme als einen gewalttätigen Umsturz einstuft, muss zugeben, dass »die verfügbare archäologische Evidenz einfach nicht so richtig mit dem biblischen Bericht der Landnahme in Einklang gebracht werden kann, gleichgültig, welches Datum dafür angenommen wird.« Man darf nicht erwarten, dass Fakten übereinstimmen, wenn die Landnahme falsch interpretiert wird.

[68] Gilgal war ein ideales logistisches und strategisches Zentrum. Siehe A. Malamat, »How Inferior Israelite Forces Conquered Fortified Canaanite Cities.« *BARev* 8, 1982, 31.

in das Herzland der Kanaaniter, in das Jesreel-Tal und nach Galiläa. Zu diesem Zeitpunkt waren die Kanaaniter bereits über alles informiert, was sich im zentralen und südlichen Landesteil ereignet hatte und formten deshalb eine Allianz, um der sicher eintretenden Auseinandersetzung mit Israel widerstehen zu können.

Initiator und Führer der Allianz war Jabin, König von Hazor (Tell el-Qedaḥ), der größten Stadt des Nordens und wahrscheinlich ganz Kanaans. Diese Metropole breitete sich über mehr als 44 ha aus, hatte ca. 40.000 Einwohner und lag auf einem Hügel ca. 20 km nördlich des Sees Genezareth und weniger als 8 km südwestlich des Hule-Sees[69] – den Wassern von Merom.[70] Da Hazor zu dieser Zeit die führende Stadt der Region war (Jos 11, 10),[71] war es auch für Jabin nicht schwer, eine Allianz mit seinen Nachbarn zu formen. An diesem Bündnis waren Jobab, König von Madon (Qarn Hattin), ca. 8 km westlich von Tiberias gelegen, und die Könige von Schimron (Tell Semuniyeh) und Achschaf (Tell Keisan) beteiligt (Jos 11, 1). Schimron lag am nördlichen Zipfel der Jesreel-Ebene, ca. 25 km von der Mittelmeerküste entfernt. Achschaf lag ca. 10 km südöstlich von Akkos. Hazors direkter Einfluss auf die Nachbarstaaten erstreckte sich auf einen Halbkreis von über 65 km nach Süden und Westen. Andere Könige, die an diesem Bündnis teilnahmen, aber namentlich nicht genannt werden, regierten im Norden Galiläas, im Jordantal südlich Kinnerets (See Genezareth), in der Ebene von Jesreel und auf den Höhen von Dor, wahrscheinlich auch an den Südhängen des Karmel-Höhenzugs entlang der Mittelmeerküste. Zusätzlich warb Jabin um Unterstützung bei den kanaanitischen, amoritischen, hetitischen, perisitischen, jebusitischen und hiwitischen Herrschern zu

---

[69] Dieser See wurde von den ersten Siedlern unseres Jahrhunderts so gut wie ganz trockengelegt. Heute hat der Staat Israel dort ein großes Naturreservat eingerichtet.

[70] Über die Ausgrabungen und die Geschichte dieses Gebietes unterrichtet das *Archäologische Bibel-Lexikon.* A. Negev, Hrsg., Neuhausen, 1991, S. 307.

[71] Über die Ausgrabungen und die Geschichte dieser Stadt berichtet *Archäologisches Bibel-Lexikon.* S. 178-182.

beiden Seiten des Jordans und vom Hermon, nördlich des Hügellandes von Ephraim. Mit massiver Infanterie und vielen Kampfwagen erwartete er Israel nahe den Wassern von Merom, einem sehr geeigneten Kampfplatz.

Mit einem Blitzangriff begegnete Josua den Kanaanitern und besiegte sie. Die, die entkommen konnten, flohen bis nach Sidon, mehr als 65 km nördlich, und nach Misrefot Majim (Chirbet el-Mušerif) an der Mittelmeerküste zwischen dem Karmel und Tyrus sowie in das Tal von Mizpe (Merğ-ʿĀyūn?)[72], ein wenig südlich des Berges Hermon. Da griff Josua die Stadt Hazor an, nahm (*lākad*) sie ein und tötete ihren König und die Einwohner. Danach setzte er die Stadt in Brand, so dass sie bis auf die Grundmauern zerstört wurde (Jos 11,11). Dies stellte gegenüber seinem üblichen Vorgehen eine Ausnahme dar. Es ist zu beachten, dass der Erzähler die Einnahme der übrigen Städte anders schildert: Diese Städte, die eine Allianz mit Hazor bildeten, wurden von Israel mit der Schärfe des Schwerts geschlagen und es wurde an ihnen der Bann vollstreckt, aber keine der Städte, die auf einem Hügel stand, wurde wie Hazor niedergebrannt (Jos 11,12-13). Eine Stadt einzunehmen und sie mit der Schärfe des Schwerts zu schlagen, ja selbst den Bann an ihr zu vollstrecken, ist offensichtlich nicht dasselbe wie sie bis auf die Grundmauern niederzubrennen. Wird das Letztere getan, wie im Falle Hazors, dann wird es ausdrücklich erwähnt.

## Das Datum der Landnahme

Der Grund, warum in diesem Buch immer wieder betont wurde, dass Josua die Gebäude der meisten kanaanitischen Städte nicht vernichtete, liegt darin, dass damit das wichtigste Argument der alttestamentlichen Forschung für eine Spätdatierung der Landnahme entkräftet wird. Die meisten Wissenschaftler nehmen an, dass bei der Landnahme die kanaanitischen Städte gewaltsam zerstört wurden,

[72] Aharoni, *Das Land der Bibel*, S. 249.

was durch Brandschichten nachgewiesen werden kann.[73] Durch Grabungen wurden solche massiven Zerstörungen ans Tageslicht gebracht, die allerdings erst in das 13. Jh. zu datieren sind. Da viele Wissenschaftler diese Zerstörungen mit der Landnahme in Verbindung bringen, schließen sie auf ein spätes Datum der Landnahme (13. Jh.). Wenn aber, wie gezeigt, dieses so genannte archäologische Argument nicht greift, weil unter Josua kaum Städte zerstört wurden, fehlt jeglicher Anhaltspunkt für eine Spätdatierung.

Auch kann man kritisch anmerken, dass ein eindeutiges, konstantes, literarisches Zeugnis wie die Bibel zu Gunsten nicht-literarischer Quellen, die noch dazu unsicher sind, abgelehnt wird. Es gibt kein außerbiblisches Dokument aus dem 13. Jh., das die Einwohner der vernichteten Städte oder die Vernichter beschreibt oder gar identifiziert. Es ist also nur eine Vermutung, wenn auf der Basis nicht-literarischer Quellen angenommen wird, die vernichteten Städte seien von Kanaanitern bewohnt gewesen und von Israeliten zerstört worden, zumal kulturelle Unterschiede zwischen eindeutig kanaanitischen Ortschaften und eindeutig israelitischen so gering sind, dass es nahezu unmöglich ist, sie voneinander zu unterscheiden.[74] Die Zerstörung der Städte in Kanaan (oder Israel) im 13. Jh. war eine Katastrophe, deren Realität und allgemeiner Zeitrahmen nicht verneint werden kann. Sie kann aber auch als eine Vernichtung israelitischer Städte und Orte durch ihre Feinde in den Tagen der Richter erklärt werden. So fällt nach der alttestamentlichen Chronologie z. B. das Leiden des Volkes Israel während der Zeit der Debora in die

---

[73] Bspw. sagt Y. Yadin (»Is the Biblical Account of the Israelite Conquest of Canaan Historically Reliable?« *BAR* 8, 1982, 23), dass die Archäologie weitestgehend bestätigt, dass am Ende der SpB die semi-nomadischen Israeliten eine gewisse Anzahl wichtiger kanaanitischer Städte vernichteten. Danach hätten sie dann langsam und graduell ihre eigenen Siedlungen auf den Ruinen aufgebaut. Die Möglichkeit und nach der biblischen Überlieferung die wahrscheinlichere Erklärung für die Brandschichten ist die, dass sie während der Zeit der Richter entstanden sind, nicht bei der Landnahme unter Josua. Siehe E. H. Merrill, »The Late Bronze/Early Iron Age Transition and the Emergence of Israel.« *BibSac* 152, 1995, 145-162; W. G. Dever, »Israel, History of, Archaeology and the ›Conquest‹.« *ABD*, Bd III, S. 555.

[74] Kenyon, *Archäologie*, S. 202.

Zeit, die für die angeblich späte Landnahme in Betracht kommt (13. Jh.).

Wenn die These, die in diesem Buch immer wiederholt wird, richtig ist – die biblische Überlieferung scheint sie zu bestätigen –, dass Josua vorsätzlich eine Politik der Nicht-Zerstörung verfolgte, dann sprechen die durch die Archäologie nachgewiesenen Zerstörungen sogar ausdrücklich dagegen, dass in dieser Zeit die Landnahme stattgefunden haben könnte. Deshalb sind auch die Versuche, eine frühe Landnahme durch Zerstörungen im frühen 14. Jh. nachzuweisen, sinnlos und sollten besser aufgegeben werden.

Es wurde bereits darauf hingewiesen, dass nur drei Städte, Jericho, Ai und Hazor, mit dem *ḥērem* belegt und ganz zerstört wurden. Jericho und Ai können für eine Chronologie nicht herangezogen werden; die Gründe dafür wurden bereits genannt. Somit bleibt dafür nur Hazor übrig. Leider gibt es um die Ausgrabungen von Hazor manche Kontroverse. In seinen ursprünglichen Publikationen über Hazor hatte der Archäologe Y. Yadin unzweideutig gesagt, dass Hazor um 1400 eine seiner vielen Zerstörungen durch Feuer erlebte. Das ist die Zeit, die die traditionelle Chronologie für die Landnahme vorschlägt.[75] Später jedoch revidierte sich Yadin und setzte die Brandschichten 150 Jahre später an. Dadurch wurde das angenommene Datum der Landnahme im 13. Jh. praktisch bestätigt. Diese Revision ist aber nicht unwidersprochen geblieben. J. Bimson hat z. B. in einer sehr sorgfältig erarbeiteten Studie über die archäologischen Funde von Hazor und anderswo gezeigt, dass Yadins Korrektur nicht nur unnötig war, sondern auch ohne Basis ist. Wenn das Datum, das Yadin ursprünglich annahm (1400), korrekt ist, dann unterstützt der einzige Ort, der für eine Chronologie der Landnahme brauchbar ist, Hazor, ein frühes Datum der Landnahme.[76]

Auch die abschließende Zusammenfassung der Landnahme (Jos 11,16-20) bestätigt die obige Interpretation: Der Erzähler sagt, dass

---

[75] Y. Yadin, »Further Light on Biblical Hazor.« *BA* 20, 1957, 44; ders., »The Third Season of Excavation at Hazor, 1957.« *BA* 21, 1958, 30-47.

[76] Bimson, *Redating*, S. 185-200.

Josua das ganze Land vom Berg Halak (Jebel Halaq), tief in der Negev, bis zum Baal-Gad, im Bekaa-Tal, westlich des Hermons, eingenommen, alle Könige dieser Gebiete gefangen genommen und getötet hatte. Ferner hatte er alle Einwohner vernichtet, ausgenommen die Gibeoniter, die ihn durch eine List bewogen hatten, einen Bund mit ihm zu schließen. Von einer Zerstörung der Städte und Ortschaften wird aber nichts berichtet, obwohl es bei einer Zusammenfassung zu erwarten wäre, die die allgemeine Politik und Vorgehensweise wiederholt, – wenn, ja wenn es solche Zerstörungen tatsächlich auch gegeben hätte.

## Der Feldzug gegen die Anakim[77]

Wie ein Nachtrag zum Hauptbericht der Landnahme liest sich der Bericht des Geschichtsschreibers über Josuas besonderen Feldzug gegen die Anakim (Jos 11,21-23). Israel war dieser Rasse der Riesen begegnet, als sie das Land ausgekundschaftet hatten (4. Mo 13,21-33). Ihren Ursprung sieht das AT in Anak (4. Mo 13,22), einem Nachkommen des Arba (Jos 15,13), nach dem die Stadt Kirjat-Arba, später als Hebron bekannt, benannt worden war (Jos 14,15). Während der Zeit Josuas bestanden die Anakim aus drei Clans, die sich auf die drei Söhne Anaks, Ahiman, Scheschai und Talmai, zurückführten (4. Mo 13,22; Jos 15,14). Die Mehrzahl bewohnte das Bergland Judäas. Von diesem Feldzug berichtet der Geschichtsschreiber, um zu zeigen, dass selbst Riesen sich der Macht Jahwes beugen mussten.

Eine Datierung der Angriffe gegen die Anakim ist schwierig. Jedoch scheint der Ausdruck »zu der Zeit« (Jos 11,21) die Handlung mit den vorher berichteten Ereignissen zu verbinden. Außerdem wird berichtet, dass Kaleb die Städte Hebron und Debir als Erbteil erhielt, obwohl er sie erst von den Anakim befreien musste (Jos 15,13-15). Zweifelsfrei war der Feldzug Josuas gegen die Riesen auch der Feldzug Kalebs, denn die beiden Männer arbeiteten zusam-

---

[77] S. 151.

men. Der Kriegszug folgte offensichtlich der Bitte Kalebs um sein Erbteil, eine Bitte, die er im 85. Lebensjahr machte (um das Jahr 1399; siehe Jos 14,7.10). Er bat um das Gebiet um Hebron, welches Josua ihm dann auch zuteilte. Wie viel Zeit zwischen der Zusage des Erbteils und der militärischen Operation lag, ist unbekannt. Der Ausdruck »zu dieser Zeit« scheint aber auf eine kurze Zwischenzeit hinzuweisen.

Die Anakim, die überlebten, wohnten nun in drei der fünf philistäischen Städte, in Gaza, Gat und Aschdod. Vielleicht waren Goliat und andere Riesen unter den Philistern ursprünglich keine Philister, sondern Nachkommen des Anak, die unter den Philistern lebten und deshalb als solche bezeichnet wurden (1. Chr 20,4-8; Jer 47,5).

## Alternative Modelle der Landnahme

Josua 12-19 beschreibt hauptsächlich die Territorien der Stämme. Nach den ersten Feldzügen, die zusammen ca. sieben Jahre gedauert hatten (ca. 1406-1399), mussten sie jetzt das Land besiedeln, denn die verlassenen Städte würden bald wieder in Besitz genommen werden, wenn Israel noch länger in Gilgal bliebe. Sicher hatte die Besiedlung durch die Israeliten schon früher angefangen und war auch jetzt noch im Gange, aber der allergrößte Teil der Israeliten blieb in und um Gilgal. Denn die offizielle und permanente Besiedlung des Landes konnte erst stattfinden, als das eroberte Land durch Los oder Zuweisung unter den Stämmen und Clans aufgeteilt worden war. Doch bevor das Besiedelungsschema beschrieben wird, ist es angebracht, zwei alternative Ansichten der Landnahme zu beschreiben: zum einen das traditionsgeschichtliche Modell und zum anderen das soziologische. Die hypothetischen Voraussetzungen der alttestamentlichen Wissenschaft, die in den letzten 200 Jahren dominierend waren, haben auch zu einer besonderen Auffassung über die Entstehung und Natur Israels geführt, die den alttestamentlichen Bericht herausfordert. Dagegen wird in diesem Buch die These vertreten, dass der alttestamentliche Bericht *prima facie* als verlässliche Historiographie zu akzeptieren ist[78], es sei denn, es gibt überzeugende interne und externe Gründe, dies nicht zu tun. Unter den internen Gründen, die vorgebracht werden, die Verlässlichkeit des biblischen Zeugnisses in Frage zu stellen, sind die von vielen Wissenschaftlern angenommenen Widersprüche, Dubletten und Ähnliches im Text des ATs. Die externen Argumente entstammen der Archäologie und historischen Daten, die der biblischen Tradition zu widersprechen scheinen. Kann jedoch gezeigt werden, dass alle internen und externen Probleme, die beigebracht worden sind, um das Zeugnis des ATs anzuzweifeln, durch andere, ebenso plausible Erklärungen im traditionellen biblischen Rahmen gelöst werden können, dann besteht kein Grund, die Verlässlichkeit der Aufzeichnungen des ATs anzuzweifeln. Obwohl es unmöglich ist, dies zu jedermanns Zufriedenheit zu tun – denn es gibt in jeder Disziplin, auch der Historiographie, die verschiedensten theologischen, philosophischen und anderen Voraussetzungen –, kann man zeigen, dass sie genauso viel Zuverlässigkeit für sich in Anspruch nehmen können wie jede andere Rekonstruktion. Nirgendwo kann das besser gezeigt werden als im Falle der Landnahme und Besiedelung Kanaans.

## Traditionsgeschichtliches Modell

Kaum ein anderer Wissenschaftler hat die Diskussion über den Ursprung und die Entwicklung Israels stärker dominiert als Martin Noth. Deshalb wird hier seine Vorstellung von der Landnahme als repräsentativ für die gesamte traditionsgeschichtliche Schule angesehen.[79] So gut wie alle Vertreter dieser Schule stimmen darin überein, dass es eine Konföderation aus zwölf Stämmen gegeben habe,

---

[78] Siehe Seite 25ff.

[79] M. Noth, *Das System der zwölf Stämme Israels.* Darmstadt, 1966; ders., *Überlieferungsgeschichtliche Studien.* Darmstadt, 1967, S. 40-47; ders., *Geschichte Israels.* Göttingen, 7. Aufl., 1969, S. 67-104. Noths Hypothese der »Amphyktionie« muss heute weitgehend als überholt und als dem Wissensstand nicht mehr entsprechend betrachtet werden. Siehe O. Bächli, *Amphiktyonie im Alten Testament.* Basel, 1977;

die spätestens um 1200 als »Israel« bekannt gewesen sei. Als Basis dafür dienen frühe poetische Texte, die von den zwölf Stämmen oder speziell (1. Mo 49) von einem Bund der zwölf Stämme sprechen, wie das Debora-Lied (Ri 5). Die Entstehung dieser Konföderation muss erklärt werden. Welche zwingenden Gründe konnte es für einen Zusammenschluss der verschiedenen, ursprünglich einzelnen Stämme geben? Diese Frage beantworten die Wissenschaftler verschieden. Noth ist der Ansicht, man könne nicht wissen, was den Zusammenschluss bewirkt habe. Aber nachdem der Zusammenschluss vollzogen gewesen sei, habe die Vereinigung einen gemeinsamen religiösen Glauben hervorgebracht.[80] J. Bright dagegen argumentiert, es müsse genau umgekehrt gewesen sein, denn derselbe Glaube habe die Stämme verbunden.[81] Beide stimmen jedoch darin überein, dass der Zusammenschluss der Stämme die religiösen und historischen Traditionen, die sie in die Amphiktyonie eingebracht hätten, vermischt und zu einem gemeinsamen Gut des ganzen Israels gemacht habe. Das bedeutet, dass die Stämme keinen gemeinsamen Ursprung gehabt hätten, also auch nicht von den zwölf Söhnen eines Vaters abstammen könnten. Der Bericht des ATs über den gemeinsamen Ursprung reflektierte dann nur das Resultat der Vereinigung aller Traditionen.

Als Ursache für die Gründung des Stämmeverbandes werden auch die politischen und geographischen Erfordernisse angesehen. Man sagt, die israelitischen Stämme seien in der Mehrheit, wenn nicht sogar ausschließlich, nicht-kanaanitisch gewesen und – angesichts

---

G. Fohrer, »Altes Testament – ›Amphiktyonie‹ und ›Bund‹.« *TLZ* 91, 1966, 801-816, 893-904; C. H. J. de Geus, *The Tribes of Israel.* Assen, 1976; H. M. Orlinski, »The Tribal System of Israel and Related Groups in the Period of the Judges.« *Studies and Essays in Honor of A. A. Neuman.* M. Ben-Horin, B. D. Weinryb und S. Zeitlin, Hrsg., Philadelphia, 1962, S. 375-387. Eine Präsentation und Kritik an der Noth'schen Hypothese sowie eine alternative Rekonstruktion findet sich bei J. Liver, »The Israelite Tribes.« *WHJP*, Bd III: Judges, B. Mazar, Hrsg., Tel Aviv, 1971, S. 193-208.

[80] M. Noth, *Geschichte Israels.* Göttingen, 7. Aufl., 1969, S. 125-127.

[81] J. Bright, *Geschichte Israels.* Düsseldorf, 1966. S. 133-135, 145-149; ders., *A History of Israel.* Philadelphia, 3. Aufl., 1981, S. 148-150, 164-165.

des kanaanitischen, besonders des philistäischen Drucks – gezwungen gewesen, sich zu vereinigen, um ihre Eigenständigkeit zu wahren und Vernichtung und Assimilation zu verhindern. Es wird dabei nicht ausgeschlossen, dass einige Stämme gleiche historische Erfahrungen oder Traditionen besessen haben könnten. Zum Beispiel seien einige von ihnen Nomaden gewesen, andere hätten eventuell auch die Sklaverei erfahren und andere hätten ähnliche Gottheiten angenommen. Diese Faktoren seien alle einem Zusammenschluss der Stämme im Heiligen Land sehr förderlich gewesen.

Hier eine sehr typische Rekonstruktion dieses Prozesses: Einige Stämme, vielleicht auch alle, seien Nachfahren amoritischer Einwanderer gewesen, die zwischen 2200-2000 v. Chr. in Kanaan eindrangen, von der oberen Euphrat-Baliḫ-Habor-Region her. Einige von ihnen (Asser, Naftali, Sebulon, Gad und Issachar) seien erfolgreich gewesen und hätten sich im Lande niederlassen können. Andere seien weniger erfolgreich gewesen und hätten weit verstreut im Lande gelebt. Rubens Gebiet auf der Ostseite des Toten Meeres sei begrenzt gewesen und der Stamm habe begonnen auszusterben. Simeon und Levi hätten versucht, Sichem einzunehmen, was aber misslang und zur Vertreibung führte, so dass Simeon immer kleiner und schließlich von Juda absorbiert worden sei. Levi sei entweder gezwungen gewesen, nach Ägypten zu emmigrieren, oder über ganz Kanaan verstreut worden, um nie wieder als politische Einheit zu existieren. Die Josef-Stämme (Ephraim und Manasse) seien nach Ägypten gezogen. Eine andere Hypothese besagt, sie hätten ihren Ursprung in der Wüste östlich Jerichos gehabt und seien zur Amarna-Zeit in Kanaan eingewandert, vielleicht als die berühmt-berüchtigten *ʿapiru* der Amarna-Briefe. Juda habe von frühester Zeit an die Negev bewohnt; wahrscheinlich die Gegend um Kadesch-Barnea. Dan habe zuerst ein kleines Gebiet nahe der Scharon-Ebene besiedelt, um später, vielleicht unter philistäischem Druck, nahe Laisch im hohen Norden zu wohnen. Benjamin schließlich habe seinen Ursprung im Osten, mit den Josef-Stämmen. Er habe ein kleines Gebiet im zentralen Kanaan um Jericho bewohnt.

Am Auszug aus Ägypten seien demnach nicht alle Stämme beteiligt gewesen, sondern nur Levi und Josef, vielleicht auch nur Levi allein. Da starke und kontinuierliche biblische Traditionen Mose mit dem Stamm Levi verbinden und Mose in Ägypten war, muss der Stamm Levi auch dort gewesen sein. Sollte die Josua-Mose-Verbindung irgendeine historische Basis haben, dann muss Ephraim auch ein Stamm des Exodus gewesen sein, denn Josua war Ephraimiter. Da niemand die Bruderschaft zwischen Ephraim und Manasse verneinen kann, muss auch Manasse in Ägypten gewohnt haben. Für viele Wissenschaftler stellt das ein Problem dar, da sie den Exodus spät datieren, aber die *'apiru* mit Ephraim und Manasse gleichsetzen. Dadurch müssen sie die Aktivitäten der Josef-Stämme in Kanaan um mehr als ein Jahrhundert vor dem Exodus datieren. Damit würde Josua zeitlich vor Mose anzusetzen sein; und wenn Josua an einem Exodus teilgenommen hätte, dann nicht an dem des Mose. Vielleicht waren deshalb die Josef-Stämme mit Levi in Ägypten gewesen, sind aber mehr als ein Jahrhundert früher unter Josua ausgezogen. Die spätere Dominanz Moses ist weniger eine Reflektion der historischen Tatsachen, als vielmehr das Resultat der Stärke der Tradition, die Mose als Befreier und Gesetzgeber darstellt.

So wird angenommen, dass Mose wenigstens Levi zum Sinai geführt habe, wo er durch den midianitischen Priester Jitro in den Jahwismus eingeführt wurde. Da Mose bereits den »Gott der Väter« (Elohim, El Schaddai, usw.) durch seine eigenen Stammestraditionen gekannt habe, habe er den midianitischen Wüsten- und Berggott Jahwe für die Befreiung durch den Exodus verantwortlich gemacht und ihn als den Gott seiner Vorfahren bekannt. Ein Gott, der schon immer gegenwärtig, dessen Name aber unbekannt gewesen war. Deshalb sei Mose ein Missionar für Jahwe geworden, als er und sein Stamm Levi in Kadesch-Barnea auf Juda trafen. Juda habe sich zum Jahwismus bekehrt und sei dann nordwärts nach Kanaan gezogen, habe Simeon assimiliert und sei das Zentrum des Jahwismus geworden. Das Dokument J, eine der Pentateuch-Quellen, sei in Juda verfasst und dann in ganz Israel verbreitet worden, wahrscheinlich zur Zeit Salomos. Als Mose dann in Transjordanien ankam, sei er dort auf Ruben und Gad gestoßen. Diese Stämme hätten es vorgezogen, dort zu bleiben, hätten aber den Jahwismus angenommen. Gleichzeitig hätten sie Mose ihre eigenen Traditionen mitgeteilt, die dann als normativ für das gesamte Israel akzeptiert worden seien. Danach sei Mose gestorben.

Die Hypothese sagt also, dass nur die Josef-Stämme am mosaischen Auszug teilgenommen hätten. Sie und Levi seien um 1250 von Josua über den Jordan geführt worden. Hier hätten sich beide vereinigt, mit Juda und Benjamin im Süden und mit den unabhängigen Stämmen im Norden (Asser, Naftali, Sebulon, Gad, Issachar), indem Mose seine Stämme Ephraim und Manasse im Hügelland zwischen ihnen ansiedelte. So sei das ganze Land von Dan bis Beerscheba von nicht-kanaanitischen Stämmen besiedelt worden, die schließlich dachten, sie hätten einen gemeinsamen Ursprung und eine gemeinsame Geschichte.[82]

Die These erklärt weiter, wie sich die verschiedenen Traditionen vereinigt haben könnten. Es wird als sehr wahrscheinlich angesehen, dass zu einem sehr frühen Zeitpunkt die Stämme einen allgemeinen aramäischen Ursprung und eponyme Vorfahren und Gottheiten anerkannten. Mose habe den Jahwismus bei Levi, Josef, Juda, Ruben und Gad eingeführt. Josua habe die unabhängigen Stämme auch ermutigt, den Jahwismus anzunehmen – mit dem Resultat, dass traditionelle Stammesunterschiede verloren gegangen seien. Die formale Schaffung dieser Verbindung sei beim Landtag zu Sichem geschehen (Jos 24). Jedoch bleibt die Frage unbeantwortet, welche Gegebenheit welche Folge hervorrief, ob zuerst durch die Bekehrung zum Jahwismus und dann die politische Einheit erfolgte oder ob es umgekehrt war.

Noth in seiner Hypothese einer Amphiktyonie[83] und viele seiner Kollegen bestehen darauf, dass die Konföderation auf der Akzeptanz verschiedener, ursprünglich selbstständiger Traditionen beruht habe:

1. Die Verheißungen an die Väter. Einige der Stämme hätten ihre Existenz im und ihre Rechte auf das Land Kanaan als die Erfüllung

---

[82] Verschiedene Variationen dieser Meinung findet man bei B. Mazar, »The Exodus and the Conquest.« *WHJP*, Bd III, S. 79-93.

[83] Eine Definition des Begriffs »amphiktyonisch« und starken Widerspruch gegen die Ansicht, die alte israelitische Stammes-Union könne so bezeichnet werden, findet man bei N. P. Lemche, »The Greek ›Amphictyony‹ – Could It Be a Prototype for the Israelite Society in the Period of the Judges?« *JSOT* 4, 1977, 48-59.

der Verheißungen verstanden, die Gott ihren Vorfahren gegeben habe.

2. Eine Befreiung durch Wunder. Eine Rettung aus Knechtschaft hätten einige Stämme erlebt, wobei Noth sich nicht sicher war, welche Stämme es waren. Erstaunlicherweise trennt er Mose vom ursprünglichen Geschehen.

3. Eine Manifestation Gottes im Bund. Einige Stämme – wobei nicht genau identifizierbar sei, um welche es sich gehandelt habe, aber wahrscheinlich sei Levi dabei gewesen – hätten etwas äußerst Wichtiges am Sinai erfahren, was sie als Offenbarung Jahwes angesehen hätten.

4. Eine Wüstenwanderung. Da das Thema eines Aufenthaltes in der Wüste in der Tradition so dominant ist, müssten einige der Stämme so etwas erfahren haben.

5. Eine Eroberung oder Erbschaft des Landes. Da Eroberung eines der Hauptmotive sei, müssten einige der Stämme ihr Territorium mit Gewalt erobert haben.

Diese fünf Traditionen, die irgendwie unter den zwölf Stämmen verteilt gewesen seien, wären später umgestaltet und verfeinert worden, um dann allgemeines Gut der gesamten Konföderation zu werden. So sei die Geschichte, wie sie im kanonischen Pentateuch enthalten ist, durch Vermischung der Traditionen und Überarbeitung dieser und vielleicht auch anderer ursprünglich unabhängiger Elemente entstanden. Die Redaktion sei so kunstvoll gewesen, dass man kaum die Brüche sehen könne. Der naive Leser, so wird gesagt, sehe nicht, dass unter der wunderbaren, gleichmäßigen Erzählung der frühen Geschichte Israels ein komplexer Prozess des Sammelns, Redigierens und Zusammenfügens von Materialien liege, deren Wert in Fragen der Ursprünglichkeit, Essenz und Historizität höchst zweifelhaft sei. Man könne so gut wie nicht wissen, wie die Geschichte wirklich gewesen sei. Man könne nur wissen, wie die Redaktoren diese Geschichte gesehen hätten, als sie die Traditionen für ihre eigenen theologischen, politischen und apologetischen Absichten nutzten.[84]

---

[84] Über die Philosophie und Methode, mit denen die Redaktoren arbeiteten, siehe M. Miller, *The Old Testament and the Historian*. Philadelphia, 1976, S. 49-69.

## Soziologisches Modell

Da das traditionsgeschichtliche Modell eine unbefriedigende Rekonstruktion ergibt, ist zu fragen, ob neuere Versuche, die Landnahme und die Kolonisierung des Landes zu erklären, befriedigender sind. In den letzten Jahren ist das so genannte »soziologische Modell« immer mehr in den Mittelpunkt gerückt. Vor allem hat die Wissenschaft die These von einer so genannten »Bauernrevolte«[85] beschäftigt. Diese Hypothese hat N. Gottwald besonders ausführlich und eindrücklich dargestellt.[86] Auf den Arbeiten von G. E. Mendenhall,[87] W. R. Smith[88] und M. Weber[89] basierend, vertritt Gottwald die These, dass die Konföderation der Israeliten das Resultat einer organisierten Bauernrevolte war, die den kanaanitischen Staat herausforderte. Obwohl Gottwald den nicht-kanaanitischen Ursprung und die nicht-kanaanitische Identität der israelitischen Stämme bejaht, mini-

---

[85] Eine guten Überblick dazu bietet W. Brueggemann, »Trajectories in OT Literature and the Sociology of Ancient Israel.« *JBL* 98, 1979, 161-185. Siehe auch M. Weippert, *Die Landnahme der israelitischen Stämme in der neueren wissenschaftlichen Diskussion.* Göttingen, 1967; W. Thiel, *Die soziale Entwicklung Israels in vorstaatlicher Zeit.* Neukirchen, 2. Aufl., 1985; W. Schottroff, »Soziologie und Altes Testament.« *VuF* 19, 1974, 46-66; E. Otto, »Sozialgeschichte Israels. Probleme und Perspektiven. Ein Diskussionspapier.« *BN* 15, 1981, 87-92; ders., »Historisches Geschehen – Überlegungs- und Erklärungsmodell. Sozialhistorische Grundsatz- und Einzelprobleme in der Geschichtsschreibung des frühen Israel.« *BN* 23, 1984, 63-80; N. P. Lemche, »On Sociology and the History of Israel: A Reply to Eckardt Otto – and Some Further Considerations.« *BN* 21, 1983, 48-58; F. S. Frick, *The Formation of the State in Ancient Israel. A Survey of Models and Theories.* Dacatur, 1985; N. K. Gottwald, »The Israelite Settlement as a Social Revolutionary Movement.« *Biblical Archaeology Today. Proceedings of the International Congress on Biblical Archaeology, Jerusalem, April 1984.* Jerusalem, 1985, S. 34-46.

[86] *The Tribes of Yahweh.* Maryknoll, 1979.

[87] *The Tenth Generation: The Origins of the Biblical Tradition.* Baltimore, 1973.

[88] *Lectures on the Religion of the Semites.* Edinburgh, 1889; *Kinship and Marriage in Early Arabia.* London, 1903.

[89] »Gesammelte Aufsätze zur Religionssoziologie.« *Das Antike Judentum.* Tübingen, 1921.

malisiert er sie jedoch und konzentriert sich auf die *de facto*-Existenz Israels in Kanaan und dessen Bemühungen, eine neue soziale Ordnung in Kanaan zu schaffen.[90]

Nach Gottwald begann diese Bewegung des sozialen Umbruchs mit den *ʿapiru* der Amarna-Zeit, denn ihr Verhalten war für die Bauern in Kanaan ein Modell, das sie nachahmten. Dann folgte der Zusammenschluss der einzelnen Gruppen durch kultische, soziopolitische und militärische Interessen. Diese nennt er das elohistische Israel. Schließlich kam eine Koalition zu Stande, die aus den *ʿapiru*, Elohisten und den transhumanten Hirten aus Kanaan und Ägypten bestand. Es war ein Verband, der sich jetzt Israel nannte und Jahwe anbetete.[91] Summarisch betrachtet behandelt Gottwalds Hypothese nicht die Landnahme, sondern einen Klassenkampf zwischen den Bauern (Israel) und dem Adel (Kanaaniter). Das Resultat dieses Kampfes war die Konföderation der Stämme und später die Monarchie.

Weder kann noch muss hier ausführlich auf diese Hypothese eingegangen werden, da sie bereits von den verschiedenen Wissenschaftlern in Rezensionen und Aufsätzen heftig kritisiert wurde.[92] Außerdem hat J.M. Miller gezeigt, dass die Arbeit ein modernes Konstrukt ist, das den biblischen Traditionen übergestülpt wird[93] und sich nicht auf den biblischen Text stützen kann. Die Bauernrevolte ist nichts anderes als eine Hypothese, die auf einer

---

[90] Gottwald, *Tribes of Yahweh*, S. 210-219.

[91] Ibid., S. 497. Diese Hypothese setzt eine Massenbekehrung voraus, für die es keine Evidenz gibt. Siehe auch J. Milgrom, »Religious Conversion and the Revolt Model for the Formation of Israel.« *JBL* 101, 1982, 169, 175-176.

[92] M.L. Chaney, *JBL* 103, 1984, 89-93; E. H. Merrill, Buchbesprechung von *The Tribes of Jahweh. BibSac* 138, 1981, 81-82; W. R. Witfall, »The Tribes of Yahweh: A Synchronic Study with a Diachronic Title.« *ZAW* 95, 1983, 197-209; F. R. Brandfon, »Norman Gottwald on the Tribes of Yahweh.« *JSOT* 21, 1981, 101-110.

[93] J. M. Miller, »The Israelite Occupation of Canaan.« *Israelite and Judean History*. J.H. Hayes und J. M. Miller, Hrsg., Philadelphia, 1977, S. 279.

anderen Hypothese aufbaut (der Traditionsgeschichte nach M. Noth u. a.).

Demgegenüber soll jetzt auf die Glaubwürdigkeit des biblischen Berichtes hingewiesen werden. Zunächst fällt auf, dass in ihm kein Versuch unternommen wird, die Glaubwürdigkeit des Erzählers zu untermauern oder den Vorgang der Landnahme zu bagatellisieren. Es ist durchaus nicht unmöglich, dass einige 100.000 Menschen ein vorübergehendes Lager in Gilgal aufschlugen und die wehrhaften Männer Militäraktionen gegen die Städte und Ortschaften in ganz Kanaan unternahmen, da es im Gebiet von Gilgal, Jericho sowie im unteren Jordantal genügend Weiden, Wasser und Felder gab, um eine solche Gruppe von Menschen und Vieh mit dem Lebensnotwendigen zu versorgen. Weder ein biblisches noch ein außerbiblisches Dokument existiert, das von vornherein eine weitläufige Besetzung dieses Gebietes, vielleicht auch über den größten Teil der westlichen Talhänge, ausschließen würde. Es kann auch nicht verwundern, dass Josua und Israel in ihren militärischen Unternehmungen so erfolgreich waren: Die Kanaaniter und ihre Verbündeten waren schon durch den Bericht über Israels Siege und die bevorstehende Invasion demoralisiert. Außerdem waren sie unvorbereitet, da sie sich ständig gegenseitig bekriegten. Ferner waren die Israeliten meist weit in der Überzahl, außer vielleicht beim nördlichen Feldzug gegen Hazor. Schließlich sagt der biblische Bericht auch, dass Yahweh für Israel kämpfte. Dies war also ein heiliger Krieg[94] und durch die göttliche Intervention wurden Taten vollbracht, die sonst nicht möglich gewesen wären. Wer dagegen behauptet, dass die Landnahme, wie die Bibel sie beschreibt, nicht möglich gewesen sei, weil sie das Übernatürliche erwartet oder voraussetzt, der argumentiert gegen das Zentrum des biblischen Glaubens. Denn Gott zeigte ja gerade seinen mächtigen Arm, um seinem Volk den Sieg über das Unmögliche zu ermöglichen. Dieses Zentrum biblischen Glaubens kann nur theologisch und nicht historisch verstanden werden.

---

[94] Siehe G. v. Rad, *Der Heilige Krieg im Alten Israel.* Zürich, 1951; S.-M. Kang, *Divine War in the Old Testament and in the Ancient Near East.* Berlin, 1986.

## Die Landzuteilung an die Stämme

Die Zuteilung des eroberten Landes an die Stämme und die Kolonisation sind ebenfalls nicht unvorstellbar. Allerdings war dieser Prozess sehr komplex. Einige der Berichte scheinen einander zu widersprechen. Aber dass Josua bei der Landzuteilung das Los warf, dass er die Bemühungen beaufsichtigte, das Land zu besiedeln und dass er noch erlebte, wie die meisten Ziele sich verwirklichten, sprengt nicht die menschliche Vorstellung. Alle Wissenschaftler glauben, dass es eine Zeit in der Geschichte Kanaans gegeben hat, in der es keine Israeliten im Lande gab. Aber danach kam es irgendwie zu einer derartigen Zusammensetzung der Bevölkerung, dass das Land schließlich Israel genannt wurde.[95] Die kritische Sicht erlaubt für diese Metamorphose nur einen Zeitraum von ca. 200 Jahren. Die traditionelle Sicht arbeitet mit einem Zeitraum von 350 Jahren, eine Periode, die dem komplexen und schwierigen Prozess, wie er im AT impliziert ist und durch alternative Modelle gefordert wird, am ehesten gerecht wird.

### Allgemeine Landverteilung

Josuas Landverteilung wird durch eine allgemeine Beschreibung der Grenzen der transjordanischen Territorien (Jos 12,1-6) und durch eine Liste der Hauptstädte im eigentlichen Land Kanaan (V. 7-24) eingeleitet. Die Stämme Ruben, Gad und der halbe Stamm Manasse hatten gebeten, man möge ihnen das Land der Königreiche Sihon und Og und der früheren amoritischen Herrscher von Heschbon und Baschan zuteilen. Dieses Gebiet erstreckte sich im Süden vom Fluss Arnon bis zum Berg Hermon im Norden und vom See Genezareth, dem Jordan-Tal und dem Toten Meer im Westen bis zu den Wüsten und dem Königreich von Ammon im Osten. Dieses Land wurde ihnen als Erbteil zugewiesen. Das Erbteil der übrigen Stämme

---

[95] Eine moderate kritische Sicht bei gleichzeitigem Ernstnehmen der biblischen Traditionen vertritt Y. Aharoni, »The Settlement of Canaan.« *WHJP*, Bd III, 1971, S. 94-128.

bestand aus den angeführten 31 Städten, neben unzweifelhaft vielen anderen weniger bedeutenden. Die Reihenfolge in der Liste ist wohl die Reihenfolge der Eroberungen, auch wenn gewisse Städte in den Eroberungsberichten fehlen.

Trotz der sehr umfangreichen Eroberungen gab es noch Gebiete, die nicht erworben worden waren (Jos 13, 1-7). Dazu gehörte das Territorium der Philister vom Wadi el-Arisch im Süden bis Ekron im Norden, also die Schefela und das Küstengebiet. Die Philister lebten hauptsächlich in ihren fünf bedeutenden Städten. Andere Volksgruppen, wie die Geschuriter[96] und die Awiter lebten unter ihnen, besonders im Gebiet der südlichen Wüste (Jos 13, 1 - 4a). Im Norden Kanaans erstreckte sich das uneroberte Gebiet von Meara (nicht bekannt), einer sidonischen Kolonie, bis Afek, das an der Grenze zu den Amoritern lag. Es ist wahrscheinlich das heutige Afqa, südöstlich des phönizischen Byblos gelegen.[97] Unter »Amoritern« sind nicht die Menschen zu verstehen, die in Kanaan lebten, sondern die Bewohner des Königreichs von Amurru, das das zentrale Syrien beherrschte. Offensichtlich war das die Nordgrenze des verheißenen Landes.[98] Die östliche Grenze der nördlichen Territorien, die noch nicht erobert waren, reichte von Baal-Gad, westlich des Hermon, bis nach Lebo Hamat (oder »Eingang von Hamat«) in der Bekaa-Ebene, östlich von Gebal (Byblos). Die Südgrenze verlief nordöstlich von Misrefot Majim, ca. 30 km südlich von Tyrus an der Mittelmeerküste, bis nach Baal-Gad.[99] In diesen Grenzen lagen die Königreiche von Tyrus, Sidon und vielleicht Teile von Gebal. Geographisch schloss es

[96] Diese Geschuriter, die in einem nicht identifizierbaren Gebiet in der Negev wohnten (Jos 13, 2), sind nicht zu verwechseln mit den Bewohnern des Königreichs von Geschur, östlich des Sees Genezareth. Siehe dazu A. Soggin, *Joshua*, S. 132; B. Mazar, »Geshur and Maacah.« *JBL* 80, 1961, 16-28.

[97] Aharoni, *Das Land der Bibel*, S. 248.

[98] M. Liverani, »The Amorites.« *POTT*, S. 123-126.

[99] Y. Aharoni und M. Avi-Yonah, *Der Bibel-Atlas*. Hamburg, 1982, Karte 62, identifizieren Misrefot-Majim mit dem Litani-Fluss, der sonst nicht im AT erwähnt wird.

das Libanon-Gebirge ein, südlich des Orontes-Tales, bis zu den Hügeln von Galiläa und alles an der Mittelmeerküste bis zur Bekaa-Ebene. Spätere Ereignisse zeigen, dass dieses nördliche Gebiet selten unter israelitischer Herrschaft stand, wenn überhaupt.

## Spezielle Landverteilung

Das Land wurde wie folgt verteilt: *Ruben* erhielt ein Gebiet östlich des Toten Meeres, das zwischen dem Fluss Arnon im Süden und einer Linie lag, die ca. 26 km nördlich des Toten Meeres begann und irgendwo südlich von Jaser endete. *Gad* empfing alles nördlich von Jaser, entlang des Jordans bis zum See Genezareth. Seine östliche Grenze verlief wenige Kilometer westlich der ammonitischen Stadt Rabba in nordwestlicher Richtung bis nach Mahanajim am Fluss Jabbok, dann das Jordan-Tal aufwärts bis Kinneret. Das östliche Territorium von *Manasse* war das Land zwischen Ammon im Osten und Gad im Westen. Sein südlichster Punkt war Mahanajim, und im Norden ging es über den Fluss Jarmuk hinaus. Grob gesprochen besaß *Gad* das südliche und westliche Transjordanien, *Manasse* den nördlichen und östlichen Teil. Die in Jos 13 geschilderten Zuordnungen scheinen sich von denen in 4. Mo 32 zu unterscheiden. Es gibt aber gute Gründe dafür, dass die beiden Abschnitte sich nicht widersprechen:[100] So kann die eine Liste die ursprüngliche Zuteilung durch Mose darstellen, und die andere die einige Jahre später unter Josua revidierte Fassung. In der früheren Liste werden die Territorien von Ruben und Gad ungeordnet aufgeführt, was der Grund für eine bittere Fehde zwischen diesen Stämmen war.[101] Josua hatte das wohl gesehen und verteilte daher das Land neu, um Streit zu vermeiden.

---

[100] Butler, *Joshua*, S. 157-163.

[101] E.H. Merrill, »4. Mose.« *Das Alte Testament, erklärt und ausgelegt.* J.F. Walvoord und R.B. Zuck, Hrsg., Bd I, Neuhausen, 1990, S. 307-309.

So ließen er und der Priester Eleasar das Los darüber bestimmen, wie die restlichen Stämme Kanaan besiedeln sollten (Jos 14,1-5). Zuerst wurde den Führern des Stammes *Juda* mit ihrem betagten Sprecher Kaleb ihr Gebiet zugeteilt. Josua wurde dabei daran erinnert, dass Mose Kaleb versprochen hatte, eines Tages ein Gebiet jenes Landes zu besitzen, in dem er als Spion tätig gewesen war, was 45 Jahre zurücklag, als Kaleb 40 Jahre alt gewesen war. Die Kundschafter waren im zweiten Jahr nach dem Exodus (1445 v. Chr.) ausgesandt worden. Kalebs Erinnerung an dieses Ereignis könnte dann um das Jahr 1399 stattgefunden haben oder sieben Jahre nach dem Beginn der Landnahme. Als die Kundschafter zurückgekehrt waren, hatten nur Kaleb und Josua die Israeliten ermutigt, in Kanaan einzudringen, obwohl die Anakim im südlichen Hügelland lebten. Jetzt beanspruchte Kaleb sein Stück Land, so dass ihm Hebron und andere Städte der Anakim zugeteilt wurden. Danach muss die Eroberung Hebrons erfolgt sein (Jos 11,21-22; 15,13-19; Ri 1,9-15). Nachdem Kaleb die Anakim aus Hebron vertrieben hatte, nahm er ca. 25 km südwestlich auch Debir ein. Er versprach, seine Tochter dem jungen Krieger, der die Stadt einnehmen würde, zur Frau zu geben. Sein Neffe Otniël eroberte die Stadt und ließ sich in Debir nieder – darauf deutet die Bitte seiner Frau hin, die sich als Mitgift Wasserquellen nahe der Stadt wünschte. Später wurde er Israels erster Richter. Man ist versucht, die Eroberung Hebrons und Debirs mit der in Jos 11,21-23 gleichzusetzen, da beide Städte in den Berichten erwähnt werden. Beide Städte hatten offensichtlich eine Gemeinsamkeit: Sie waren beide von Anakim bewohnt.

Das andere Erbteil *Judas* (Jos 15,1-12) bestand aus einem großen Gebiet, das begrenzt war durch eine Linie, die im Süden vom Toten Meer bis nach Kadesch-Barnea und dann nordwestlich zur Mündung des Wadi el-Arisch verlief. Die östliche Grenze bildete das Tote Meer, die westliche, wenigstens theoretisch, das Mittelmeer. Die nördliche Grenze begann dort, wo der Jordan in das Tote Meer fließt und lief dann westwärts über Bet Hogla (ʿAin Ḥajlah) zu den Wassern von En-Schemesch (ʿAin el-Ḥod) und En-Rogel, an der Kreuzung der Täler Kidron und Hinnom bei Jerusalem. Dass die Linie das Hinnom-Tal hinauflief, bedeutete, dass Jerusalem selbst nördlich von

Juda lag, im Territorium von Benjamin. Von Jerusalem an verlief Judas Grenze westlich bis nach Kirjat-Jearim (Tell el-Azhar) und Bet-Schemesch (Tell er-Rumeileh). Im letzten Teil verlief sie durch Schikkaron (Tell el-Fûl), gerade nördlich von Ekron und zum Mittelmeer nahe Jabneel (Yebna). Die Städteliste, die der Beschreibung des Grenzverlaufs folgt, enthält sowohl die Städte, die erobert worden waren, als auch die, die Juda bisher nur versprochen waren. Die Erwähnung Jerusalems (Jos 15,63) besagt nicht, dass die Stadt Juda zugesprochen worden wäre, sondern nur, dass Juda einen nicht erfolgreichen Versuch unternommen hatte, die Jebusiter für immer aus der Stadt zu vertreiben (siehe Ri 1,8).

Die Grenze des Landes *Ephraims* (Jos 16,5-10) fing bei Atrot Addar (Kefr ʿAqab) an,[102] ca. 13 km nördlich von Jerusalem. Die Südgrenze verlief westwärts zum oberen Bet Horon (Bet ʿUr el Foqa) und wahrscheinlich südwestwärts, um in der Nähe von Schikkaron auf die Grenze Judas zu treffen. Die Südgrenze muss also am Jordan angefangen haben und dann westwärts durch Jericho nach Atrot-Adda verlaufen sein. Die Nordgrenze verlief von Michmetat (Chirbet Maḫne), weniger als 8 km südlich von Sichem, in östlicher Richtung nach Taanat-Silo (Chirbet Ṭaʿana el Foqa) und nach Janoach (Chirbet Yanun), dann südlich nach Jericho und östlich zum Jordan. Westlich schlängelte sie sich von Michmetat nach Tappuach (Šēḫ Abu Zarad) zum Wadi Kana und folgte seinem Lauf. Der in der Nähe des modernen Tel Aviv in das Mittelmeer fließt.

Zusätzlich erhielt Ephraim Städte im Gebiet von Manasse (Jos 16,9). Andere Städte blieben in der Hand der Kanaaniter; hervorgehoben wird Geser. Eine nicht genauer bezifferte Anzahl von Kanaanitern lebte unter den Ephraimitern als Sklaven.

Die Clans von *Manasse*, die nicht in Transjordanien blieben, siedelten im Gebiet nördlich von Ephraim bis zur Jesreel-Ebene im Norden. Demnach war ihre südiche Grenze gleichzeitig Ephraims nördliche. Die Stadt Tappuach, die ein Teil der Region En-Tappuach war, wurde aus einem nicht näher erklärten Grund Ephraim zugesprochen (Jos 17,8). Andererseits erhielt Manasse verschiedene Städte,

---

[102] *Oxford Bible Atlas*, S. 123.

Hermon
Lajisch
DAN
Litani
HULE SEE
Jordan
SEE KINNERET
MANASSE
Golan
Ramot
BASCHAN
Jarmuk
Jabneel
Jordan
Remet (Jarmut)
Kedesch
Hazor
Hukkok
NAFTALI
En-Hazor
Kana
Hosa
Tyrus
Abdon
Bet-Emek
Negil
Kabul
Achschat
JIFTACH-EL
Rimmon
Gat-Hefer
Kesullot
Helef
Endor
ISSACHAR
Jesreel Tal
Bet-Schean
Ibleam
Taanach
Jesreel
Schunem
Sarid Tabor
Jafia
Helkat
SEBULON
ASSER
Misrefot-Majim
Achsib
Karmel
Jokneam
Megiddo
Schihor Libnat
(Wadi Zerqa)
Dor
MANASSE
MITTELMEER

Die Stammesgebiete
Wadi Kana
Shilo
Janoa
Mahanajim
Afek
Michmetat
Tappuach
Schilo
Jordan
Timnat
Sera
Jaser
Rabba
AMMON
EFRAIM
Bethel
Unteres Bet-Horon
Oberes Bet-Horon
Atarot
Gibeon
Jericho
EBENE
MOABS
Jabneel
Gezer
Gibea
DAN
Ajalon
BENJAMIN
Heschbon
Schikkaron
Kirjat-Jearim
Anatot
Bet-Hogla
Bezer
Jerusalem
Ekron
En Schemesch
Bet-
Schemesch
SCHEFELA
JUDA
TOTES MEER
RUBEN
Hebron
Arnon
Debir
Ziklag
Beerscheba
Horma

die man geographisch wohl eher Asser und Issachar zurechnen könnte, wie Bet-Schean (Tell el-Ḥoṣn oder Besan), Jibleam (Chirbet Belʿame), Dor (Chirbet el-Burğ)[103], Endor (Chirbet eṣ Ṣafṣafe), Taanach (Tell Taʿannek) und Megiddo (Tell el-Mutesellim). Manasse konnte diese Städte wegen kanaanitischer Feldschanzen in dieser Region nicht alle von Anfang an bewohnen, sondern besiegte die Kanaaniter schrittweise, die zu Arbeitssklaven gemacht wurden. Sowohl Ephraim als auch Manasse fühlten sich durch die Kanaaniter in den Tälern und Ebenen eingeschränkt und verlangten deshalb von Josua mehr Land. Josua antwortete ihnen, sie sollten zuerst die Kanaaniter, die unter ihnen in den bewaldeten Gebieten wohnten, vertreiben, was sie nach und nach so weit stärken werde, dass sie dann auch die Kanaaniter aus Jesreel vertreiben könnten (Jos 17, 14-18).

Jetzt blieben noch sieben Stämme übrig, unter denen der Rest des Landes aufzuteilen war. Josua berief seine Führer nach Silo (Chirbet Selun), das neue kultische und politische Zentrum,[104] und gab ihnen die Anweisung, Kundschafter in das Restgebiet auszusenden. Nach ihrer Rückkehr schilderten sie die geographischen Eigenarten des Landes und beschrieben, wie man es aufteilen könnte (Jos 18, 1-10).

Gemäß ihrem Bericht teilte Josua das Land weiter auf. Zuerst erhielt *Benjamin* das schmale Gebiet zwischen Juda und Ephraim mit den wichtigen Städten Jericho, Bethel, Gibea, Gibeon und Jerusalem. Der Clan *Simeon*, der vielleicht durch Gottes Gericht bei Peor dezimiert worden war, war zu klein, um ein eigenes Territorium zu beanspruchen und war deshalb *de facto* ein Clan innerhalb Judas (Jos 19, 1ff). Einige der größeren Städte, die sie bewohnten, waren:

---

[103] Weitere Erläuterungen dazu S. 199.

[104] Zwar war Silo während der SpB meist unbewohnt (vergl. Boling, *Josua*, S. 422), doch in verschiedenen Zeiten bewohnt und hätte durchaus vom 14. Jh. an als Kultzentrum für die Israeliten dienen können. Der Archäologe I. Finkelstein, »Excavations at Shiloh 1981-1984: Preliminary Report.« *TA* 12, 1985, 123-180, fand im Stratum VI Reste einer Keramik von kultischer Natur, Asche und Knochen. Diese Schicht wird der SpB zugerechnet.

Beerscheba, Horma und Ziklag (Tell eš-Šariʿa), die letztere wurde als philistäisches Lehen an David berühmt (1. Sam 27,6).

Nördlich der Jesreel-Ebene lag das Territorium von *Sebulon* (Jos 19,10-16). Von Sarid (Tell Šadud) aus, weniger als 16 km nördlich von Megiddo, verlief die Süd-Grenze Sebulons westwärts nach Jokneam (Tell Qemun). Die Ost-Grenze verlief in Richtung Jafia (Yafa) und dann in nördlicher Richtung nach Gat-Hefer (Chirbet ez-Zerraʿ) und Rimmon (Rummane). Oberhalb machte die Grenze einen Knick nach Westen und verlief durch das Tal von Jiftach-El (Wadi el-Malik).

Auch *Issachar* bekam ein Territorium im Gebiet von Galiläa zugeteilt. Seine westliche Grenze verlief auf einer Linie von Jesreel (Zerʿin) nordwärts durch Schunem (Sôlem) bis Kesullot (Chislottabor). Von Jesreel verlief die Grenze ostwärts in Richtung Remet (Jarmut),[105] ca. 5 km vom Jordan entfernt und ca. 13 km nördlich von Bet-Schean. Von hier verlief sie nordwärts am Jordan entlang und dann westwärts zum Berg Tabor. Issachar erhielt also ein sehr kleines Gebiet, von dem das meiste in der frühen Geschichte durch Kanaaniter kontrolliert wurde.

*Asser* erhielt einen Bereich an der Mittelmeerküste, nördlich des Karmels (Jos 19,24-31). Von Helkat (Tell el-Qassis) am Kischon verlief die Grenze nordwärts nach Achschaf und wahrscheinlich bis Achsib (ez-Zîb). Im Süden fing die Grenze an der Mittelmeerküste an und berührte den Berg Karmel und den Schihor von Libnat (Wadi Zerqa).[106] Dann machte sie einen Knick nach Nordosten und grenzte an Sebulon und das Tal Jiftach-El. Von dort setzte sie sich nach Norden fort in Richtung Bet-Emek (Tell Mīmâs) und lief über Negiël (Chirbet Yaʿnîn) und Kabul weiter nordwärts nach Ebron (Abdon?), Kana (Qânā) und Hosa (Usu?) an das Mittelmeer, ca. 8 km südlich von Tyrus. Die westliche Grenze bis Achsib im Süden bildete die Mittelmeerküste.

---

[105] *Oxford Bible Atlas*, S. 138.

[106] Ibid., S. 49. Aharoni, *Das Land der Bibel*, S. 272, identifiziert Schihor-Libnat mit der Mündung des Kischon, was bedeutet, dass der Karmel dann außerhalb von Asser lag.

Es gibt viele Probleme in der Rekonstruktion der Grenzen des Territoriums von Asser. Das größte ist der Verlust des Karmel-Gebirges und der Mittelmeerküste von dort bis Achsib. Die zuerst gegebene Grenze von Helkat nach Achschaf scheint die westliche gewesen zu sein, die östliche verlief vom Tal Jiftach-El nach Tyrus. Es ist durchaus möglich, dass zu dieser Zeit eine kanaanitische Bevölkerung das Karmel-Gebirge und die Küste nördlich davon kontrollierte. Ein zweites Problem ist die geographische Lage Dors, das in Asser liegen soll, obwohl es gerade vorher Manasse zugeschlagen worden war. Eine Erklärung wäre, dass aus einem nicht erwähnten Grund Manasse Städte wie Dor besaß, die im Territoriums Assers lagen (Jos 17,11).[107]

Das sechste Landlos in Silo erhielt *Naftali* (Jos 19,32-39). Seine südliche Grenze fing bei Helef (Chirbet ʿIrbâda) an und verlief von dort ostwärts nach Jabneel (Tell en-Naʿam) und endete am Jordan. Von Helef verlief die Grenze nach Westen und Norden durch Hukkok (Yakuk), nahe dem Nordwestufer des Sees Genezareth. Obwohl der Rest der nördlichen und westlichen Grenze nicht näher spezifiziert wird, wird doch durch die zusammenfassende Darstellung des Territoriums deutlich, welchen Umfang Naftalis Erbe hatte. Issachar lag im Süden, Sebulon und Asser im Westen und der Jordan im Osten; dadurch wird deutlich, dass das Gebiet von Naftali bis nach Tyrus im Norden reichte und im Osten erst der Jordan die Grenze bildete. Diese Ausmaße werden durch die Liste der befestigten Städte bestätigt (En-Hazor [Hazzur], Kedesch [Tell Qades] und Hazor [Tell el-Qedaḥ]), die alle in Nord-Galiläa lagen.

*Dan* war der letzte Stamm, der sein Erbteil erhielt (Jos 19,40-48). Es lag westlich Benjamins, zwischen Juda und Ephraim. Aber weil es Dan nicht möglich war, dieses Gebiet in der Schefela und in der Küstenebene einzunehmen, wanderte der Stamm nach Norden und besetzte das kleine Königreich von Leschem (Lajisch), nördlich des Hule-Sees (Jos 19,40-48; Ri 18,1-10.27-29).

---

[107] Eine andere mögliche Lösung wurde in der vorigen Fußnote vorgeschlagen: Wenn Schihor-Libnat mit dem Kischon zu identifizieren ist, dann lag Dor außerhalb von Asser.

Das letzte Erbteil fiel an *Josua* (Jos 19,49-50). Wie Kaleb hatte er Gottes Souveränität über das Land der Verheißung verteidigt und erhielt jetzt seinen Teil. Die Stadt, um die er bat und die er erhielt, war Timnat-Serach (Chirbet Tibne), im westlichen Hügelland Ephraims.

## Asylstädte/Freistädte

Mose hatte angeordnet, es solle im verheißenen Land sechs Asylstädte geben: Drei sollten in Transjordanien liegen, drei westlich des Jordans (4. Mo 35,6-34; 5. Mo 4,41; 19,2). Menschen, die versehentlich jemanden getötet hatten, sollten dorthin fliehen können und Asyl erhalten, bis sie eine faire Gerichtsverhandlung bekommen könnten. Sie durften dort wohnen bis zum Tode des Hohenpriesters, der zur Zeit des Totschlages im Amt war. Wer hingegen des Mordes schuldig war, durfte sich nicht in eine Freistadt flüchten, sondern sollte gleich hingerichtet werden. Diese Asylstädte waren: Kedesch (Tell Qades) in Naftali, ca. 8 km vom Hule-See, Sichem (Tell Balâṭa) in Ephraim, Hebron in Juda, Bezer (Umm el-ʿAmed) in Ruben, ca. 8 km östlich Heschbons, Ramot (Tell Rāmît) in Gad, Golan (Saḥm el-Ǧōlân) in Manasse, ca. 30 km östlich des Sees Genezareth. So konnte jemand, der versehentlich getötet hatte, von jedem Punkt im Lande eine rettende Asylstadt erreichen.

## Städte der Leviten

Die sechs Asylstädte gehörten zu den 48 Städten, die die *Leviten* als Erbteil erhielten (4. Mo 35,1-8). Sie waren dem Herrn geweiht, an Stelle aller Erstgeborenen in Israel (4. Mo 3,41), und dienten ihm im Kult. Sie erhielten nicht wie die anderen Stämme ein Territorium zugewiesen, sondern bestimmte Städte mit ihrem Weideland, wo sie unter ihren Volksgenossen leben und ihnen religiös dienen konnten. Sie durften keinem säkularen Beruf nachgehen, aber begrenzt Land- und Viehwirtschaft betreiben. Ihre genaue Funktion in den ihnen zugewiesenen Städten ist unklar. Sehr wahrscheinlich beaufsichtigten sie die religiösen Aktivitäten, die außerhalb des Zentralheiligtums erlaubt waren. Natürlich übernahmen sie auch den Dienst an der Stiftshütte und dem Tempel, wenn sie an der Reihe waren.[108]

Die *Kohatiter*, die alle von Levi abstammten (4. Mo 26, 57), erhielten Städte in Juda, Simeon, Benjamin, Ephraim, Dan und im westlichen Manasse. Die Priester unter ihnen lebten nur in Juda, Simeon und Benjamin. Die levitischen Städte in diesen Stammesgebieten, 13 an der Zahl, wurden alle von Priestern bewohnt. Der Grund dafür erscheint zunächst rätselhaft, besonders in der frühen Zeit, wird aber später deutlich, als Jerusalem Hauptstadt und Kultzentrum wurde: Dann war es nämlich gut, dass die Priester nicht zu weit von Jerusalem entfernt wohnten. Die berühmten Priesterstädte waren: Hebron, Debir, Bet-Schemesch – alle in Juda und Simeon – sowie Gibeon und Anatot in Benjamin. Hebron und Debir waren zwar *Kaleb* zugeteilt worden, einem nicht-Leviten, aber sein Anrecht galt offensichtlich nur dem Umfeld der Städte. Die Städte selbst waren von Priestern bewohnt. Bet-Schemesch war kurz die Heimat der Bundeslade gewesen (1. Sam 6). Gibeon war der Ort, wo die mosaische Stiftshütte zur Zeit Davids stand (2. Chr 1, 3). Anatot war die Heimatstadt des Priester-Propheten Jeremia. Dass Gibeon von Priestern bewohnt war, impliziert die Vertreibung der Hiwiter, die dort ursprünglich lebten. Die nicht-priesterlichen Kohatiter lebten z. B. in folgenden Städten: Sichem, Geser und Bet-Horon in Ephraim, Ajalon in Dan und Taanach im westlichen Manasse.

Die *Gerschoniter*, ebenfalls ein Clan der Leviten, erhielten 13 Städte in Issachar, Asser, Naftali und im transjordanischen Manasse. Die besonders wichtigen Städte waren Jarmut, Golan, und Kedesch. Die beiden letzten waren auch Asylstädte. Die *Merariter* bewohnten zwölf Städte in Ruben, Gad und Sebulon. Besonders erwähnt werden Beser und Ramot, zwei Asylstädte, und Heschbon. Diese Verteilung der levitischen Städte über das ganze Land garantierte den leichten Zugang für alle Israeliten, die die Leviten brauchten.

---

[108] R. de Vaux, *Lebensordnungen*, Bd II, S. 192-201.

Nachdem das Land verteilt worden war, erlaubte Josua den Kriegern aus den Stämmen Ruben, Gad und Manasse, zu ihren transjordanischen Wohnsitzen zurückzukehren. Sie hatten die Forderung Josuas erfüllt, ihren Volksgenossen bei der Eroberung Kanaans zu helfen, bevor sie ihr Privileg nutzen konnten, sich im Ostjordanland niederzulassen. Auf ihrem Weg nach Transjordanien errichteten sie am Jordan einen Altar. Dieser Altar, so sagten sie, solle als Erinnerung dienen, als Symbol für die Einheit der transjordanischen Stämme mit denen im Westen und für ihren gemeinsamen Glauben. Als sich die Nachricht davon verbreitete, glaubte Josua zunächst, dieser Altar solle ein Gegenstück zum zentralen Heiligtum in Silo sein. Hätte sich dieses Missverständnis nicht aufklären lassen, wäre Josua (und mit ihm die Stämme westlich des Jordans) bereit gewesen, ihnen den Krieg zu erklären. Ohne Frage reflektiert die Reaktion des Josua seine Interpretation von 5. Mo 12, wo es heißt, dass die Gemeinde Israels nur einen zentralen Kultort haben soll. Lokale Altäre für persönliches Opfern waren zwar erlaubt, aber für das gesamte Israel, für das Bundesvolk Jahwes, war nur ein einziger Platz für die gemeinsame Anbetung vorgesehen. Deshalb sandte Josua eine Delegation zu den Führern der im Osten angesiedelten Stämme, um die Bedeutung des Altars zu erfahren. Pinehas, der Führer der Delegation, war mit ihrer Erklärung zufrieden und kehrte mit den anderen Gesandten nach Silo zurück. Als sie ihren Bericht gaben, zerstreute das die Furcht Israels.

## Die zweite Bundes-Erneuerung in Sichem

Viele Jahre danach, als Josua wusste, dass er bald sterben sollte, berief er die Führer der Stämme nach Sichem, um sie zu ermahnen, dem Bund treu zu bleiben, und um mit ihnen festlich die Bundes-Erneuerung zu begehen. Dem Befehl Moses folgend, hatte Josua schon beim Einzug in das Land eine solche Zeremonie ausgeführt (5. Mo 27, 1-8; Jos 8, 30-35). Jetzt tat er es wieder, zweifellos deswegen, weil er bei der Errichtung des Altars am Jordan durch die östlichen Stämme vermutet hatte, sie seien von Jahwe abgefallen. Außerdem sprach er zu einer neuen Generation von Israeliten, einer Generation, von denen die meisten noch nicht persönlich an der ersten Bundes-Erneuerung teilgenommen hatten. So erneuerte die versammelte Gemeinde nach mehr als 30 Jahren ihr Versprechen der Hingabe an Jahwe.[109]

Zuerst gab Josua in seiner Ansprache einen Rückblick auf Gottes mächtiges Wirken in der Vergangenheit des Volkes (Jos 23). Er hatte für sie gekämpft und ihnen das Land als Erbe gegeben. Obwohl sie ihre Territorien noch nicht vollständig eingenommen hatten, versicherte er ihnen doch den Erfolg, der allerdings von ihrem Gehorsam gegenüber den Bundes-Bestimmungen abhängig sein sollte. Wenn sie diesen Vertrag nicht einhielten, würde das Gottes Strafe zur Folge haben, auch ihren Ausschluss aus dem Land.

In Jos 24 wird dann von der Bundes-Erneuerung berichtet. Es war im aVO Sitte, dass jede Generation des Vasallenvolkes die Bundes-Bestimmungen hörte und darauf antwortete. Jahwe hatte Mose den Bund am Sinai offenbart und Mose hatte den Bundestext, in der Hauptsache 2. Mo 20-23, und den historischen Kontext, in dem er angeboten (2. Mo 19) und akzeptiert (2. Mo 24) wurde, niedergeschrieben. Fast 40 Jahre später hatte er die Bundes-Satzungen in der Moab-Ebene wiederholt, diesmal jedoch mit Zusätzen und Erweiterungen, die der neuen Generation angemessener waren. Josua hatte mit dem Volk den Bund am Anfang der Landnahme bestätigt (Jos 8,30-35). Jetzt, im Wissen, dass die neue Generation andere Umstände erfahren würde, rief er das Volk für eine zweite Bundes-Erneuerung zusammen.

Die Erneuerungszeremonie ging wie folgt vor sich:[110] Josua

---

[109] Diese Datierung resultiert aus den Fakten, dass Josua, der mit 110 Jahren starb (Jos 24,29), diese Rede am Ende seines Lebens hielt (Jos 23,1-2.14). Er hatte wohl das gleiche Alter wie Kaleb bzw. war etwas jünger. Kaleb war 85 im Jahre 1399 v. Chr. (Jos 14,6-12). Somit starb Josua wohl frühestens um das Jahr 1375 oder 30 Jahre nach der Bundes-Erneuerung von Jos 8. Siehe »Die Chronologie der Richter« für die Argumentation, dass Josua 1366 starb.

[110] Siehe dazu D. R. Hillers, *Covenant: The History of a Biblical Idea.* Baltimore, 1969, S. 58-66. Hillers weist darauf hin, dass die Passage nicht der eigentliche Bundestext ist, sondern eine Beschreibung, wie der Bund gehalten wurde (S. 61). Es gab hier keinen Grund für einen langen Bundestext, da aller Wahrscheinlichkeit nach Josua das Volk zu einer Beachtung des Bundes, wie er sich in 5. Mo vorfindet, aufrief.

versammelte das Volk vor Jahwe (Jos 24,1). Er erzählte von Gottes Taten für das Volk, wiederholte ihre heilige Geschichte bis zur Gegenwart (V. 2-13) und forderte sie auf, ihn nachzuahmen und alle anderen Herrscher (Gottheiten) abzulehnen und nur Jahwe treu zu sein (V. 14-15). Das Volk stimmte Josuas Interpretation ihrer Geschichte zu und gelobte vollkommenen Gehorsam (V. 16-18). Josua erinnerte sie dann daran, dass es schwer sein würde, die Bundes-Bestimmungen einzuhalten, und dass Ungehorsam den Zorn des heiligen Gottes hervorrufen würde (V. 19-20). Trotzdem schwor das Volk, Jahwe zu gehorchen und alle anderen Götter abzulehnen (V. 21-24). Jetzt fand die eigentliche Bundes-Zeremonie statt, ein Ritus, der im Aufschreiben der Verpflichtung und im Errichten einer Erinnerungs-Stele bestand (V. 25-28). Es war sehr passend, dass die Zeremonie bei Sichem stattfand, da dort Abraham, der Ahnherr Israels, in eine Bundes-Beziehung zu Gott gerufen worden war und dort einen Altar errichtet hatte, der die Erscheinung Gottes dokumentierte (1. Mo 12,6-7). Dies machte deutlich, dass der Gott der Väter auch der Gott Josuas, der Gott der neuen Generation war.

Recht bald danach starb Josua und wurde in seiner Stadt Timnat-Serach beerdigt. Da mit der Landverteilung die Verheißung an die Erzväter erfüllt und das Ende einer Ära gekommen war – die Zeit der Patriarchen –, berichtet der Erzähler, dass Josefs Gebeine, die mehr als vier Jahrhunderte aufbewahrt worden waren, in Sichem beerdigt wurden. So wie Sichem (genauer die Stadt Dotan) der Ort der Trauer war, von dem Josef nach Ägypten hinabgezogen war, um die Errettung des Volkes Israel vorzubereiten, so wurde es jetzt zum Ort, an dem er mit Jubel über Israels Befreiung durch Jahwe und die Erfüllung seiner Verheißung heraufzog. Zum Schluss starb der Hohepriester Eleasar, der auch in Ephraim beerdigt wurde. So war klar: Israel trat in eine neue Ära ein.

# 5. Die Ära der Richter: Bundesbruch, Anarchie und menschliche Autorität

## Das literarkritische Problem im Buch der Richter

Die Meisten, die das AT studieren, sind sich der verwirrenden historischen und literarischen Probleme bewusst, die beim Vergleich des Buches Richter mit dem Buch Josua entstehen. Die Hauptschwierigkeit besteht in den Verweisen auf den Tod Josuas in Ri 1,1 und 2,8, auf die Berichte von Eroberungen und Abfall folgen. Kritische Wissenschaftler sehen hier in der Regel gegensätzliche Traditionen, die es nahezu unmöglich machen, die Redaktion des Buches zu rekonstruieren.[1]

Statt mit einer vermeintlichen Verschmelzung verschiedener Traditionen oder Quellen zu arbeiten, lässt sich dieses Faktum anders erklären, am besten, indem man Ri 1,1-2,9 als literarische Brücke versteht: Sie verbindet die Erzählung am Ende des Josua-Buches mit der Einleitung zu den Erzählungen im Richter-Buch. Jos 24,29 sagt: »Josua, der Sohn Nuns, der Knecht des Herrn, starb, als er 110 Jahre alt war.« Mit denselben Worten erwähnt der Autor von Ri 2,8 Josuas Tod. Um das Richter-Buch nicht mit dem Abfall Israels zu beginnen und um zu zeigen, dass dieser Abfall nicht direkt auf Josuas Tod folgte, beginnt der Erzähler mit dem Bericht über einen Feldzug Judas und Simeons gegen die Kanaaniter, die immer noch im südlichen Hügelland verstreut lebten. Wichtig dabei ist, dass die Feinde nun Kanaaniter waren, anders als anfangs bei der Eroberung unter Josua – bei ihm waren es Amoriter, die er wahrscheinlich endgültig

---

[1] O. Eissfeldt, *Einleitung in das Alte Testament.* Tübingen, 1964, S. 337-339, 342; J.A. Soggin, *Introduction to the Old Testament.* Philadelphia, 1980, S. 166-170; W. Richter, *Traditionsgeschichtliche Untersuchungen zum Richter-Buch.* Bonn, 1963; S. Warner, »The Dating of the Period of the Judges.« *VT* 28, 1978, 455-456. Sein Skeptizismus bezüglich der Historizität des Buches soll hier nur als typisches Beispiel dienen. Er schreibt: »Unter Historikern scheint genereller Konsens darüber zu herrschen, dass die Daten, die im ersten Teil des Buches erwähnt werden, problematisch sind; dass der editorielle Rahmen des zweiten Hauptteils ganz sicher sekundär ist und in Wirklichkeit mit den in ihm enthaltenen Geschichten nur wenige Berührungspunkte hat. Der dritte Teil des Buches ist auch problematisch, denn es ist schwierig, wenn nicht sogar unmöglich, über die Authentizität der enthaltenen Daten zu urteilen.« Betrachtet man derartige Hypothesen, wundert es nicht, dass das Richter-Buch ein Problem für die kritische Forschung ist.

aus Juda vertrieben hatte.[2] Der kanaanitische König, gegen den gekämpft wurde, war Adoni-Besek, König von Besek (Chirbet Ibziq), das etwa 5 km nördlich von Geser lag.[3] Er wurde vom Stamm Juda gefangen genommen und nach Jerusalem gebracht, wo er starb.

An dieser Stelle mag sich der aufmerksame Leser fragen, wie der Stamm Juda Zugang zu Jerusalem haben konnte, da die Stadt bis zur Zeit Davids in jebusitischer Hand war. Es scheint, als habe der Erzähler mit dieser Frage gerechnet, denn er schildert nun, wie Israel von Jerusalem, zumindest zeitweise, Besitz ergriff. Dazu benutzt er das literarische Stilmittel des Rückblicks. Er schaut auf eine frühere Periode zurück, als Josua noch am Leben war. Deshalb wird in Ri 1, 8 von einer Eroberung Jerusalems erzählt – ein Ereignis, das zwar nicht explizit im Buch Josua berichtet wird, aber doch darin durch den Tod des Königs von Jerusalem während Josuas südlichem Feldzug (Jos 10, 22-27) angedeutet ist. Zum berichteten Zeitpunkt war Jerusalem vom Stamm Juda eingenommen und niedergebrannt, die Bevölkerung jedoch nicht ausgerottet worden. Kurz darauf gewannen die Jebusiter wieder die Oberhand und konnten danach weder durch Juda (Jos 15, 63) noch Benjamin (Ri 1, 21) vertrieben werden.

In der rückblickenden Zusammenfassung wird dann von der Eroberung des Hügellandes, der Negev, der Schefela und Hebrons berichtet. Der letztere Bericht nimmt wahrscheinlich Bezug auf einen bestimmten Feldzug gegen Hebron, der durch Kalebs Wunsch

---

[2] Der Feldzug in den Hügeln von Juda unter Josua (Jos 10, 6) war gegen die Amoriter gerichtet und nicht nur die Stämme Juda und Simeon waren daran beteiligt. Aus diesem Grund wird es sich nicht um den in Ri 1, 1-2, 9 genannten Feldzug gehandelt haben. Darüber hinaus ist Josua jetzt tot (Ri 1, 1). Juda und Simeon haben ihr gemeinsames Territorium zugewiesen bekommen (Jos 15, 1; 19, 1). Ferner gibt es eine spürbare Distanz zu allen anderen Ereignissen aus dem Buch Josua. Laut R. G. Boling, *Judges.* Garden City, 1975, S. 66, ist Ri 1 »ein Rückblick auf das Verhalten der Generation, die Josua überlebte«.

[3] Es gibt weder textliche noch andere Hinweise, die den Schluss zulassen, Adoni-Besek sei eine Verfälschung des Namens Adoni-Zedek (Jos 10, 1), wie G. F. Moore, *A Critical and Exegetical Commentary on Judges.* New York, 1895, S. 16, annimmt.

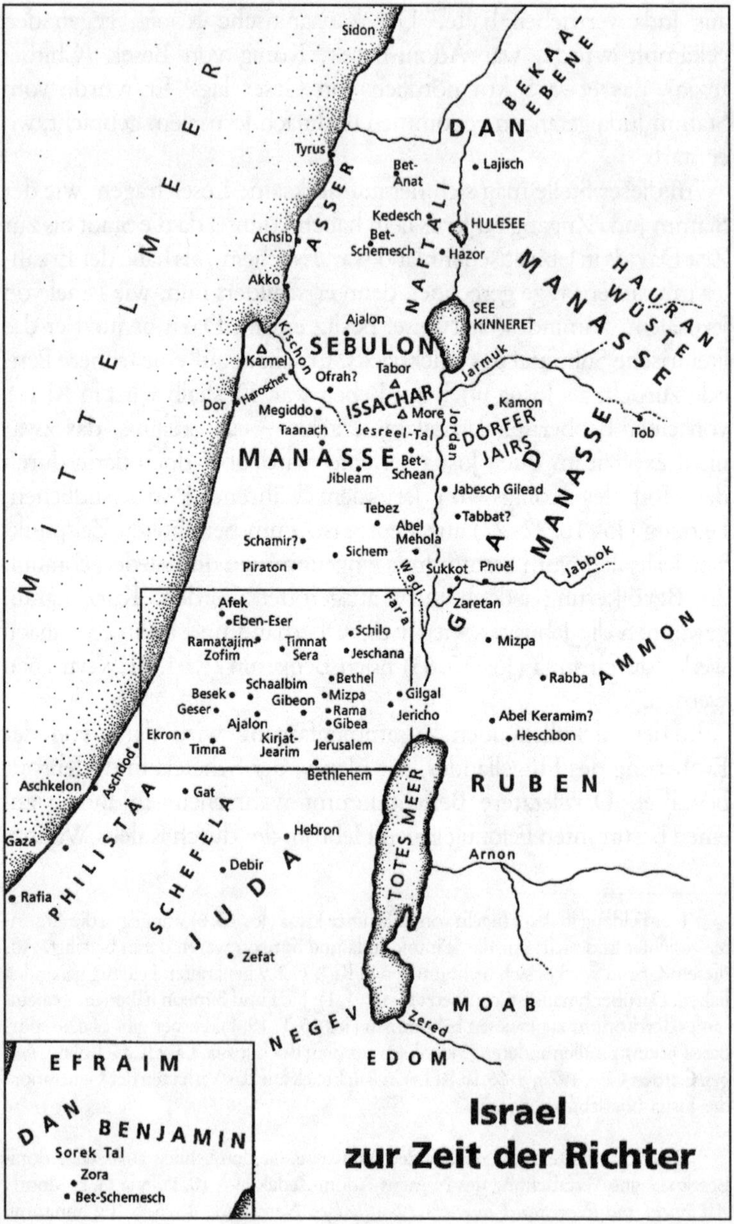


**Israel zur Zeit der Richter**

nach einem Erbteil ausgelöst wurde (Jos 11,21-23; 14,13-15; 15,13-19) und bezieht sich nicht auf eine frühere Niederlage der amoritischen Könige durch Josua und ganz Israel (Jos 10,36-37)[4]. Auch die Gefangennahme Debirs (Ri 1,11-15; Jos 10,38-39) passt zum Bericht von Kalebs Feldzug, nicht zu dem der israelitischen Eroberung des Südens. Diese Wiederholung der Geschichte von Kaleb und Otniël macht Sinn, da Otniël kurz darauf als der erste Richter vorgestellt wird. So entsteht zwischen dem Buch Josua und dem der Richter eine weitere literarische und historische Brücke.

Der parenthetische Rückblick in die Zeit Josuas endet mit dem Bericht der Zuteilung Hebrons und Debirs an Kaleb. Die eigentliche Erzählung wird in 1,1-7 wieder aufgenommen, in denen die kontinuierlichen Eroberungen durch Juda und Simeon beschrieben werden. Zunächst wird die Verbundenheit der Keniter[5] mit Juda und ihre gemeinsamen Attacken auf die kanaanitische Festung Zefat erwähnt, einen Ort, der auch Horma genannt wurde (Ri 1,17).[6] Danach nahmen sie die drei Philisterstädte Gaza, Aschkelon und Ekron ein.[7] Am Ende wird berichtet, dass Juda und Simeon das gesamte südliche Hügelland, einschließlich Hebron, eroberten, aber

---

[4] Auch hier ist entscheidend, dass die Feinde in dem frühen Feldzug Amoriter waren. Bei den Feinden während der Eroberung Hebrons unter Kaleb handelte es sich um Anakim (Jos 11) und Kanaaniter (Ri 1). Die Anakim scheinen ein kanaanitisches Volk gewesen zu sein, kein amoritisches, obwohl sie mit den Amoritern zusammengelebt haben könnten (4. Mo 13, 22; Jos 15, 13-14).

[5] Das Alte Testament identifiziert die Keniter als Midianiter (Ri 1,16) und erwähnt, dass ihr Vorfahr Hobab, Moses Schwager, Israel wenigstens einen Teil des Weges vom Sinai nach Kanaan begleitet hatte (4. Mo 10,29-32). Siehe dazu H. H. Rowley, *From Joseph to Joshua*. London, 1950, S. 152-155.

[6] Es soll hier daran erinnert werden, dass Israel gewisse kanaanitische Städte auf dem Weg nach Kanaan zerstört hatte, die zusammenfassend Horma genannt wurden (von *ḥērem* »der Bann«). Folglich (4. Mo 21,1-3) muss Zefat eine Stadt gewesen sein, die aus diesen Ruinen neu aufgebaut worden war. Vergl. Aharoni, *Das Land der Bibel.* Neukirchen, 1984, S. 224.

[7] Die Luther-Übersetzung von 1984 liest in Ri 1,18: »Doch eroberte Juda *nicht* …« was durch den hebräischen Text nicht gestützt wird.

die Ebenen nicht besetzen konnten, da die Kanaaniter eiserne Streitwagen einsetzten.[8]

Dem Muster der Eroberungen im Buch Josua folgend, lenkt der Erzähler die Aufmerksamkeit nordwärts – zur Einnahme Bethels, die den Josef-Stämmen mit Hilfe einer Kriegslist aus Bestechung und Bedrohung gelang (Ri 1, 22-26). Bethel hatte einen großen Teil seiner Einwohner verloren, als Josua Ai eroberte, jedoch wird nur am Rande die Einnahme der Stadt selbst erwähnt (Jos 12, 16). Deshalb muss sich das Ereignis, das im Richter-Buch beschrieben wird, auf eine spätere Episode beziehen, in der Ephraim versuchte, sich die ihm zugeteilten Territorien (also auch das Gebiet um die Stadt) anzueignen (vergl. Jos 16, 1-2). Ähnlich bemühte sich auch der westliche Stamm Manasse, sein Erbe einzufordern. Der Erzähler berichtet in ähnlichen Worten, wie es auch in Josua getan wird (Ri 1, 27-28 vergl. Jos 17, 12), von den vergeblichen Versuchen Manasses, die Kanaaniter aus einigen Städten zu vertreiben, vor allem aus der Ebene Jesreel (Beth-Schean, Taanach, Jibleam und Meggido) und der Küstenebene (Dor). Schließlich besiedelte Manasse diese fünf Städte, obwohl sie, genau genommen, zu Issachar und Asser gehört hätten (Jos 17, 11). Der Grund dafür ist, dass diese Städte geographisch an Manasse grenzten und durch kanaanitische Interventionen von den Stämmen, die ursprünglich ein Anrecht auf sie hatten, getrennt waren.

Nördlich der Ebene Jesreel bot sich das gleiche Bild: Sebulon konnte die Kanaaniter nicht aus Kitron und Nahalol vertreiben. Asser konnte sie aus Akko, Sidon, Achsib und vielen anderen Orten nicht ausweisen. Naftali war in Bet-Schemesch und Bet-Anat zum Zusammenleben mit den Kanaanitern gezwungen. Die Daniter im

---

[8] Da die Eisenzeit in Palästina um 1200 v. Chr. begann, scheint der Gebrauch von Eisen bei den Kanaanitern ein Problem zu sein für die in diesem Buch benutzte Chronologie. Dadurch würden die Juda-Simeon-Feldzüge in Ri 1 auf etwa 1350 datiert. Da die Hetiter jedoch bereits ca. 1400 v. Chr. Eisenerzeugnisse sowohl herstellten als auch einsetzten, stand der Möglichkeit Kanaans, im 14. Jh. Eisenwaren zu importieren nichts im Wege. Vergl. H. Pehlke, »Das Verhältnis der Archäologie zur Exegese.« *JETh* 10, 1996, 19-20; J. Hawkes, *The First Great Civilisations.* New York, 1973, S. 113; L. Cottrell, *The Anvil of Civilisation,* New York, 1957, S. 157; V. G. Childe, *New Light on the Most Ancient East,* New York, 1969, S. 157.

Süden sahen sich einer starken Opposition von Amoritern gegenübergestellt, die offenbar nach der Eroberung durch die Israeliten in den Tälern, und hier vor allem in Ajalon und Schaalbim (Selbiṭ), lebten.[9] Die Ephraimiter kamen Dan jedoch zu Hilfe und sorgten dafür, dass sich die Amoriter westlich einer Linie vom Skorpionen-Pass in Richtung Norden (»Anstieg der 'Aqrabbîm«) aufhielten (Ri 1, 34ff). Dies ist wahrscheinlich die Demarkationslinie zwischen dem eigentlichen Hügelland und der Schefela oder dem westlichen Tiefland. Wenn das stimmt, dann bewohnten wahrscheinlich sowohl Amoriter als auch frühe Philister dasselbe Gebiet, zumindest bis zur zweiten Einwanderungswelle der Philister um 1200 v. Chr.

Angesichts dieses Versagens, das verheißene Land nicht schnell genug erobern und besetzen zu können, waren Josua und das Volk frustriert und litten unter ihrer Unzulänglichkeit. Vielleicht erschien ihnen deswegen der Engel Jahwes in Bochim (unbekannt) und teilte ihnen mit, dass der Grund für ihr Versagen ihr Übertreten der Bundessatzungen Jahwes war. Sie hatten nämlich mit einigen der Einwohner, den Gibeonitern, einen Bund geschlossen und die Altäre anderer Bewohner nicht zerstört. Deshalb hatte Jahwe, wie es für den Fall einer Bundesverletzung angekündigt war, die Kanaaniter und ihre Götter zur Maßregelung Israels im Land gelassen (Ri 2, 1 - 3).

Es scheint, dass der Erzähler seinen Bericht von der Inbesitznahme des Landes nach der Eroberung erneut unterbricht, um auf die zweite Bundes-Erneuerung in Sichem zu sprechen zu kommen. Diesen Schluss lässt der Wortlaut in Ri 2, 6: »Als Josua das Volk entlassen hatte, und die Israeliten hingezogen waren, ein jeder in sein Erbteil,« und Jos 24, 28 zu: »So entließ Josua das Volk, einen jeden in sein Erbteil«. Eine Wiederholung von Kap. 1, 1 - 2, 5 (unter

---

[9] Die Wanderung Dans nordwärts nach Lajisch muss in der frühen Zeit der Richter stattgefunden haben. Sie kann jedoch nicht vor den Siedlungsbemühungen geschehen sein, die in Ri 1, 34—36 beschrieben werden, da sie durch den amoritischen Druck ausgelöst wurde. Auch fand sie eindeutig vor der Ankunft der Seevölker/Philister um 1200 v. Chr. statt. Wie R. de Vaux hervorhebt, ist dies der einzige Text, in dem die Amoriter in den Ebenen angesiedelt sind, eine Tatsache, welche die Ansicht unterstützt, die Eroberung des Hügellandes unter Josua sei bereits ein *fait accompli.* Vergl. *The Early History of Israel*, Philadelphia, 1978, S. 133, FN 28.

Auslassung von 1, 8-15) findet sich in Ri 2, 6-7: »... und die Israeliten hingezogen waren, ein jeder in sein Erbteil, um das Land einzunehmen«, was eine Zusammenfassung aller folgenden Besiedelungsversuche darstellt. Nach der Zeremonie in Sichem versuchte das Volk, in seiner Rolle als Vasall des souveränen Gottes, das Land zu besiedeln. Sie taten es in Treue, solange die Generation der Ältesten noch lebte, die Josua überlebt hatten. Erst danach fingen sie an, Baal anzubeten, und stürzten die Nation in einen geistlichen Abgrund – Abfall und Anarchie kennzeichnen daher das Buch.[10]

## Die Chronologie des Richter-Buches

### Dauer dieser Periode

#### Beginn der Richter-Zeit

Um ein chronologisches und historisches Gerüst für die gesamte Ära der Richter erstellen zu können, muss sowohl die interne biblische Evidenz dargestellt als auch ein Überblick über die des damaligen Nahen Ostens gegeben werden.

Für die Chronologie der Richterzeit müssen die *termini a quo* und *a quem* fixiert werden.[11] Letztere basieren auf relativ gesicherten Daten, die später genauer betrachtet werden sollen. Zunächst kann festgehalten werden, dass Josua im Alter von 110 Jahren starb, einige Jahre, nachdem die Landnahme begonnen hatte. Die Landnahme wiederum kann von 1406 bis 1399 datiert werden, da sie genau 40 Jahre nach dem Exodus im Jahre 1446 (5. Mo 1, 3) begann und

---

[10] In der Zeit der Richter fehlte eine zentrale Autorität fast vollkommen und es mangelte auch an nationalem oder religiösem Zusammengehörigkeitsgefühl. Siehe dazu besonders A. J. Hauser, »Unity and Diversity in Early Israel Before Samuel,« *JETS* 22, 1979, 289-303.

[11] Einen hilfreichen Überblick verschiedener Ansätze gibt J. H. Peet, »The Chronology of the Judges – Some Thoughts.« *Journal of Christian Reconstruction* 9, 1982/83, 161-181.

sieben Jahre dauerte, wie aus dem Zeugnis Kalebs hervorgeht: Er sagt, er sei 40 Jahre alt gewesen, als er und Josua das Land erkundeten, und 85 Jahre beim Abschluss der Eroberungen (Jos 14,7-10). Da die Spione zwei Jahre nach dem Auszug ausgesandt wurden, also 1444, war dies Kalebs 40. Lebensjahr. Sein 85. Lebensjahr fällt dann auf das Jahr 1399, das demnach auch das Ende der Landnahme markieren muss. Geht man davon aus, dass Josua etwa gleich alt wie Kaleb war, dann könnte er beim Exodus ca. 30 Jahre alt gewesen sein, was allerdings nicht gesichert ist. Dafür spricht, dass er sich schon 1446 im Krieg gegen die Amalekiter (2. Mo 17,9-13) als fähiger Krieger hervorgetan hatte, auch wenn er später rückblickend als »jung« bezeichnet wird (2. Mo 33,11). Josua wäre demnach ca. 1476 geboren und nach einer Lebenszeit von 110 Jahren ca. 1366 gestorben. Erst danach begann Otniël, der erste Richter, sein Richteramt.

Die zweite Argumentationslinie, aus der auf die Anfangszeit der Richter geschlossen werden kann, beruht auf Jos 24,31 und Ri 2,7, wo betont wird, dass Israel nicht nur zu Lebzeiten Josuas Jahwe treu diente, sondern auch zur Zeit jener Ältesten Israels, die ihn überlebten. Es kann sich hierbei nicht um Älteste gehandelt haben, die mit Josua die Zeit des Exodus und der frühen Wüstenwanderung erlebten, da diese zur rebellischen Generation Israels gehörten, die zum Tod in der Wüste verurteilt war (4. Mo 14,26-35). Nur wer den biblischen Bericht vollkommen außer Acht lässt, kann zu dem Schluss gelangen, eine bedeutende Zahl der über 20-jährigen Männer könne die Wüstenzeit überlebt haben. Doch selbst wenn dies der Fall gewesen wäre, wurden nach dem Gericht in Kadesch-Barnea Älteste ernannt, die alle bei der Wüstenwanderung jünger als 20 Jahre gewesen sein müssen. Einige könnten natürlich auch bedeutend jünger gewesen sein. Wer in Kanaan einzog, konnte nicht früher als 1464 geboren worden sein, also 20 Jahre vor der Rebellion in Kadesch-Barnea. Wenn einer von ihnen genauso alt wurde wie Josua, könnte er bis 1354 gelebt haben. Wurde er jedoch kurz vor der Auflehnung geboren, hätte er bis 1340 am Leben sein können. Das Jahr 1340 kann als wahrscheinlicher Zeitpunkt für den Beginn der israelitischen Baals-Anbetung angesehen werden. Diese Datierung könnte aber auch etwas zu früh sein, da Ri 2,10 auf eine ganze Generation von

Ältesten hinweist, die bereits gestorben war und auf eine nächste Generation, die nichts von Jahwe und seinem Erlösungswerk wusste. Otniël, der erste Richter, begann zudem erst acht Jahre nach dem Gericht Jahwes, sein Richteramt auszuüben (Ri 3, 8-9).

Gegen eine derart späte Datierung spricht jedoch die Einführung Otniëls als Richter. Nachdem Kaleb Hebron und Debir erworben hatte, nahm Otniël, ein Neffe Kalebs, dessen Tochter Achsa zur Frau. Wenn die Hochzeit 1399 oder kurz darauf stattgefunden hätte, wäre Otniël um 1340 recht alt gewesen, selbst wenn er bei seiner Hochzeit sehr jung gewesen sein sollte. Dies ist möglich, wenn auch unwahrscheinlich, denn Otniël scheint 40 Jahre nachdem er Israel befreit hatte, gestorben zu sein (Ri 3, 11). Es könnte deshalb argumentiert werden, dass Älteste, die so alt waren wie Josua, in Kanaan einziehen durften. Eleasar, Aarons Sohn, zog in Kanaan ein und war deutlich über 20 Jahre, als die ältere Generation vom Einzug nach Kanaan ausgeschlossen wurde (vergl. 2. Mo 6, 23.25). Daher wäre es möglich, dass der Abfall und die darauf folgende Zeit der Richter nach dem Tod dieser Ältesten begann.[12] Insgesamt scheint 1360-1350 eine realistische Datierung des Übergangs zwischen Josua und den Richtern zu sein.

## Ende der Richter-Zeit

Das Ende der Richter-Zeit kann präziser datiert werden als der Anfang. Die Argumentation für diese Datierung ist jedoch sehr komplex. Die Integrität und Genauigkeit des biblischen Textes werden in der gesamten Argumentation vorausgesetzt. Zunächst ist das in Ri 11, 26 genannte Datum entscheidend. Der Richter Jeftah weist hier die Anklage des feindlichen Königs von Ammon, Israel halte ammonitisches Territorium illegal besetzt, mit den Argumenten zurück, dass Israel dieses Land schon seit 300 Jahren besitze und es

---

[12] Warner geht sogar so weit, die Anfangszeit der Ära der Richter auf 1373 v. Chr. zu datieren. »Period of the Judges.« *VT* 28, 1978, 463.

zur Zeit der transjordanischen Eroberung nicht Ammon gehört habe, sondern den Amoritern. Wenn, so Jeftah, Ammon einen legitimen Anspruch auf dieses Gebiet habe, warum hätten die Ammoniter sich mit der Einforderung 300 Jahre Zeit gelassen? Jeftah sprach zu den Ammonitern also 300 Jahre nach der Eroberung Sihon, einem Ereignis, das 1406 stattgefunden hatte, und 18 Jahre nach dem Beginn der ammonitischen Unterdrückung (Ri 10, 8). Diese Unterdrückung hatte also 1124 (1406 – 300 + 18 = 1124 v. Chr.) begonnen, und endete erst, als Jeftah Ammon 1106 besiegte, im selben Jahr, in dem er die Unterredung mit dem König hatte (Ri 11, 33). Mit diesen Daten ist die Geschichte des Richteramtes Simsons verbunden. Denn beim genauen Lesen von Ri 10, 7-8 zeigt sich, dass die ammonitische Unterdrückung, die im Jahr 1124 begann, mit dem Beginn der Unterdrückung durch die Philister zusammenfiel.[13] Der Erzähler berichtet zunächst über die ammonitische Gefahr und ihren Ausgang (Ri 10, 8b-12, 7), bevor er sich der Bedrohung durch die Philister und ihrem Ende (Ri 13, 1-16, 31) zuwendet.

Die Philister belästigten Israel 40 Jahre lang (Ri 13, 1), also von 1124 bis 1084. Simson wurde zu Beginn dieser Periode geboren und richtete »Israel zu den Zeiten der Philister zwanzig Jahre« (Ri 15, 20; 16, 31). Das bedeutet, die Jahre seiner Führung fielen in die 40-jährige Herrschaft der Philister (Ri 14, 4), überdauerten sie aber offensichtlich nicht, da die Philister, kurz nachdem Simson den Tempel Dagons niedergerissen hatte, Israel immer noch bedrohten. Höchstwahrscheinlich begannen Simsons Heldentaten etwa in der Mitte dieser Zeit, als er ungefähr 20 Jahre alt war. Er starb, nachdem er das Richteramt 20 Jahre ausgeübt hatte, kurz vor dem Ende der philistäischen Unterdrückung.

Betrachtet man das Ganze aus einem anderen Blickwinkel, fällt auf, dass der entscheidende Sieg der Israeliten gegen die einfallenden Philister durch Samuel in Mizpa gelang (1. Sam 7, 11.13) und zwar 20 Jahre nachdem die Bundeslade in die Hände der Philister gelangt

---

[13] Moore, *Judges*, S. 277; A. Malamat, »The Period of the Judges.« *WHJP*, Bd III, Benjamin Mazar, Hrsg., Tel Aviv, 1971, S. 157.

war (V. 2).[14] Wie oben bereits ausgeführt, endete die Unterdrückung durch die Philister 1084, d.h. in dieses Jahr ist die Schlacht von Mizpa zu datieren. Die Schlacht von Afek, in der die Bundeslade geraubt wurde, hätte demnach um 1104 oder etwa in der Mitte der 40-jährigen Philisterperiode stattgefunden. Es könnte sein, dass dieser Angriff der Philister ein Vergeltungsschlag auf Simsons frühe Heldentaten war. Die hier vorgeschlagene Chronologie lässt sich mit allen bekannten Informationen aus dem Leben und der Karriere sowohl Samuels als auch Simsons in Einklang bringen. Der große Prophet war ohne Zweifel zur Zeit der Schlacht von Afek noch sehr jung, aber »alt«, als Israel nach einem König verlangte und er Saul salbte (1. Sam 8, 1.5; 10, 1). Zugegeben, »alt« ist ein sehr subjektiver Begriff, aber das gleiche Wort wird benutzt, um David im Alter von 70 Jahren zu charakterisieren (1. Kön 1, 1.15, vergl. 2. Sam 5, 4).[15] War Samuel zu diesem Zeitpunkt 70 Jahre alt, muss er 1121 geboren worden sein. Im Jahr 1104, zur Zeit des Raubs der Bundeslade, wäre Samuel dann 17 Jahre alt gewesen. Samuel lebte mindestens noch 25 Jahre nach Sauls Thronbesteigung, denn der Richter-Prophet salbte David zum König, als dieser vermutlich zwölf Jahre alt war. David wurde 1041 geboren, also scheint es nicht zu weit hergeholt, seine Salbung in den frühen 1020ern anzusiedeln. Samuel lebte bis zur Flucht Davids vor Saul (1. Sam 25, 1), also möglicherweise in den späten 1020ern. Der Prophet zählte zu dieser Zeit bereits fast 100 Jahre, wenn man 1121 als sein Geburtsdatum annimmt. Erscheint dieses Alter zu hoch (vergleiche jedoch Eli, der mit 98 starb), kann man Samuels Geburtsdatum auch einige Jahre später ansetzen. Wurde er zum Beispiel 1116 geboren, war er lediglich zwölf Jahre, als die Lade gestohlen wurde, und starb mit etwa 95 Jahren.

---

[14] R.W. Klein, *1 Samuel*, Waco, 1983, S. 65-66.

[15] Die Salbung Sauls im Jahre 1051 wird später begründet werden.

## Komprimierung der Chronologie

Diese Ausführungen über die Chronologie der Richter-Zeit sollen zeigen, dass die biblischen Daten konsistent sind, und sollen helfen, Fragen zu beantworten, die sich mit der Gesamtzeit vom Auszug bis zu Salomo beschäftigen. Da die meisten Wissenschaftler ein spätes Datum für den Exodus und die Landnahme befürworten (ca. 1275-1250), bleiben bestenfalls 300 Jahre für alle Richter, Saul, David und die ersten vier Regierungsjahre Salomos. Davids 40-jährige Regierung lässt sich kaum bezweifeln, auch Saul müssen in jedem Fall 20 Jahre zugestanden werden. Damit bleiben nur 235 Jahre für alle Ereignisse, die im Buch der Richter berichtet werden. Die gängigen Lösungen lehnen entweder die Zahlen des Richter-Buches ab oder nehmen beträchtliche Überschneidungen in den Zeiten von Unterdrückung und Befreiung an. Das Arbeiten mit gewissen Überschneidungen in der Amtszeit der Richter ist, wie wir noch sehen werden, in jedem Lösungsversuch unerlässlich.

Selbst wenn man das frühe Datum des Auszuges annimmt (1446), gibt es ernsthafte Probleme. Von den 480 Jahren, die vom Auszug bis zu Salomos viertem Jahr veranschlagt werden (1. Kön 6, 1), müssen vier Jahre für Salomo, 40 für David, 40 für Saul, mindestens 45 für die Landnahme und 40 für die Wüstenwanderung gerechnet werden. Dies lässt 311 Jahre für die Richter-Zeit übrig. Addiert man jedoch all jene Daten in Richter, die für die Dauer von Unterdrückung, Richteramt und Zwischen-Zeiten des Friedens erwähnt sind, so beläuft sich die Summe auf 407 Jahre. Dies ist weder mit einem frühen Auszugsdatum, noch mit 1. Kön 6, 1 zu vereinbaren, es sei denn, man rechnete damit, dass sich die Amtszeiten einiger Richter überschnitten haben.

Ein weiteres Problem ergibt sich aus Apg 13, 19-20, wo der Apostel Paulus in seiner Synagogenrede in Pisidien (Antiochien) erwähnt, dass zwischen dem Ende der Landnahme und dem Erscheinen Samuels 450 Jahre vergangen seien. Was Paulus mit diesem Verweis auf Samuel sagen möchte, ist nicht eindeutig. Es scheint am sinnvollsten, dies als Hinweis auf den Beginn des öffentlichen Auftritts Samuels als Prophet zu sehen. Samuel übernahm dieses Amt von Eli, der starb, als er erfuhr, dass die Philister nach der Schlacht von Afek die Bundeslade geraubt hatten. Diese Schlacht sollte auf 1104 datiert werden. Folgt man der Argumentation des Paulus, muss Otniëls Amtsantritt in das Jahr 1554 verlegt werden, eine offensichtliche Unmöglichkeit. Die 450 Jahre, die Paulus nennt, passen in kein Datierungsschema, das sich an 1. Kön 6,1 orientiert. Aus diesem Grund plädieren viele Wissenschaftler für eine andere Lesart von Apg 13,19-20: Die 450 Jahre werden aufgeteilt in den Aufenthalt in Ägypten (400 Jahre), die Wüstenwanderung (40 Jahre) und die Eroberung (7 Jahre), was insgesamt ca. 450 Jahre ergibt.

Dagegen spricht aber besonders 2. Mo 12,40, da dort der Aufenthalt in Ägypten eindeutig mit 430 und nicht mit etwa 400 Jahren angegeben wird.

Eine bessere Lösung bietet die Sicht, Paulus habe die im Buch Richter angegebenen Daten von Unterdrückung, Richteramt und Frieden addiert und so eine Summe von 407 Jahren erhalten. Wenn man die 40 Jahre Elis (1. Sam 4,18) addiert, des Richters, der Samuel vorausging, beläuft sich die Gesamtzahl auf ungefähr 450 Jahre.[16] Obschon diese Methode der chronologischen Rekonstruktion dem modernen Leser nicht befriedigend erscheinen mag, ist es gut möglich, dass Paulus sie verwendete. Er stellte keine wissenschaftliche Berechnung auf, sondern benutzte und ordnete die in Richter und Samuel angegebenen Daten in einer ihm geeigneten Weise. Seine Interpretation dieser Daten in einer öffentlichen Rede impliziert, dass seine Zuhörer seinen Zugang zur Chronologie verstanden und sogar teilten, auch wenn er für uns ungewöhnlich erscheinen mag.

Es gibt folglich keinen Grund, die biblischen Daten der Chronologie der Richter abzulehnen, da die Zahlen sinnvoll interpretiert werden können, wenn man sich auf die Voraussetzungen der Chronologie des ATs einlässt. Nur wenn Wissenschaftler meinen, die Informationen des kanonischen Textes auf subjektiv-kritischer Basis ablehnen oder neu interpretieren zu müssen, werden buchstäblich

---

[16] Vergl. E. H. Merrill, »Paul's Use of 'About 450 Years' in Acts 13:20.« *Bib Sac* 138, 1981, 246-251.

unüberwindliche Probleme sichtbar, die noch kreativere (vielleicht sogar nihilistische) Lösungen fordern.

## Die alte Welt des Nahen Ostens

### Das Schweigen des Alten Testamentes

An der Geschichte der Nation Israel in der Richter-Zeit überrascht, dass man keinerlei Verweise auf die entscheidenden Entwicklungen der großen Nationen dieser Zeit findet, ja nicht einmal auf die Aktivitäten der Ägypter. Ereignisse internationaler Politik und militärische Feldzüge scheinen Israel nicht betroffen zu haben, so dass man den Eindruck gewinnt, als habe sich die Geschichte Israels von dem turbulenten Weltgeschehen komplett abgeschirmt abgespielt. Dieses Schweigen hat zwei Ursachen: Erstens ist die Stille selbst ein deutliches Zeugnis dafür, dass die Großmächte so sehr mit anderen Dingen beschäftigt waren, dass sie weder Zeit noch Energie für einen belanglosen Staat aufbringen konnten.[17] Zweitens ist die außerbiblische Welt dieser Zeit, gemäß Geist und Methode biblischer Historiographie, einfach nicht von Interesse, da es im AT um heilige Geschichte geht. Die Interessen der Schreiber des ATs decken sich mit denen Jahwes, des Herrn der Geschichte, der vor allem die Geschichte seines eigenen, auserwählten Volkes erzählen möchte, die Geschichte seiner Erlösung. Nur wenn Babylonien, Assyrien oder Ägypten für diese Heilsgeschichte von Bedeutung sind, wird ihnen Platz in der biblischen Erzählung eingeräumt. Bis zu den Berichten über die israelitische Monarchie, als Israel selbst ein bedeutendes Königtum wurde, wird man vergeblich einen Blick auf die außerbiblische Welt zu erhaschen suchen.

---

[17] A. Malamat, »The Egyptian Decline in Canaan and Sea Peoples.« *WHJP*, Bd III, S. 23.

## Mesopotamien

Um zu verstehen, wie Palästina 300 Jahre in einem politischen Vakuum existieren konnte, muss man sich wenigstens kurz mit der außerbiblischen Geschichte befassen, zunächst mit Mesopotamien. Auf das altbabylonische Reich folgten 1595 v. Chr. die Kassiten, die bis etwa 1150 das mittlere und untere Mesopotamien beherrschten. Dies war für das gesamte Gebiet eine Zeit relativen Rückschrittes und Inaktivität. Daher hatten die westlichen Länder nichts von Mesopotamien zu befürchten. Im Norden waren die Assyrer jedoch ständig stärker geworden und hatten mit der imperialistischen Politik begonnen, die sie später berühmt machen sollte. Aššur-uballiṭ (1365-1330) war für den Aufstieg der Assyrer und die Befreiung von hurritischer Herrschaft verantwortlich. Er regierte gegen Ende der Landnahme, zur Zeit des Josua und zu Beginn der Richter-Zeit. Wegen seiner Schwierigkeiten mit den Kassiten im Süden sowie den mitannischen Hurritern im Westen blieb ihm jedoch kein Spielraum für kanaanitische Abenteuer.

Nahezu 40 Jahre war Assyrien mit anti-kassitischen Aktivitäten beschäftigt. Dann führte Adad-nirari I. (1307-1275) mehrere Invasionen in das Königreich Ḫanigalbats an, einen hetitischen Vasallenstaat, der sich in den oberen Ḫabur- und Baliḫ-Tälern befand.[18] Dies brachte offensichtlich die Hetiter gegen ihn auf, die allerdings zunächst nicht bereit waren, gegen den Assyrer vorzugehen, oder die aus Angst vor Ägypten nicht dazu in der Lage waren. Schließlich schloß Ḫattušiliš III. aber doch einen Vertrag mit Ramses II. von Ägypten (1284) und eroberte mit dessen moralischer Unterstützung das Territorium des Ḫanigalbat von den Assyrern zurück.

Obgleich Tukulti-ninurta I. (1244-1208) in seinen nördlichen, östlichen und südlichen Feldzügen herausragende Erfolge verzeichnete, scheiterten seine Versuche, die hetitische Macht entscheidend zu beschneiden. Dies schwächte Assyrien derart, dass es selbst das kassitische Babylonien nicht mehr kontrollieren konnte. Aššur-nirari

---

[18] J. M. Munn-Rankin, »Assyrian Military Power 1300-1200 B.C.« *CAH* II:2, S. 276-279.

III. (1203 - 1198), Enkel des Tukulti-ninurta, musste sich sogar König Adad-šuma-uṣur von Babylon, das jetzt nicht mehr kassitisch war, unterwerfen. Diese Situation dauerte bis zur Herrschaft Aššur-rēši-iši I. (1133 - 1116), der Babylon besiegte, als es von dem berühmten Nebukadnezar I. (1124 - 1103) regiert wurde.[19] Dadurch konnte Assyrien vorübergehend erstarken, vor allem anfangs unter Tiglat-Pileser I. (1115 - 1077), der sich bald gen Westen wandte und Musri, Tadmor und weitere aramäische Gebiete besiegte, bevor er schließlich das Mittelmeer erreichte. Dort forderte er den ihm schuldigen Respekt von Ägypten, Phönizien und den Hetitern ein, die sich jetzt im nördlichen Syrien aufhielten, und erhielt ihn auch.

Er unternahm jedoch keinerlei Anstrengungen, im Süden nach Israel selbst einzumarschieren. Seine Herrschaft endete etwa sieben Jahre nach 1084, dem Jahr, das in diesem Buch für das Ende der Richter-Zeit vorgeschlagen wurde.[20]

## Kleinasien

Die zweite Großmacht der damaligen Zeit waren die Hetiter. Ihr Königreich gelangte unter Šuppiluliumaš (1380 - 1346) zu überragender Bedeutung. Zur Zeit des Todes Josuas hatte Šuppiluliumaš Syrien besetzt und im Süden alle Gebiete bis nach Gubla (Byblos) für sich in Anspruch genommen.[21] Er drang im Süden allerdings nicht nach Kanaan vor, wofür es zwei Gründe gab: Erstens war er sich über die Stärke Ägyptens im Unklaren und zweitens wurde er an seinen Ostflanken ständig von Mitanni und Assyrien angegriffen.

Die Hetiter kontrollierten Syrien bis zur Regierungszeit des Muwatalliš (1320 - 1294), der den Imperialismus der ägyptischen

---

[19] D. J. Wiseman, »Assyria and Babylonia c. 1200 - 1000 B.C.« *CAH* II:2, S. 453 - 454.

[20] S. 239f.

[21] A. J. Spalinger, »Egyptian-Hittite Relations at the Close of the Amarna Period and Some Notes on Hittite Military Strategy in North Syria.« *BES* 1, 1979, 55.

19. Dynastie zu spüren bekommen sollte.[22] Im Jahr 1300 griff Ramses II. die Hetiter in Kadesch nahe dem Orontes an, wurde aber besiegt und zurückgedrängt. Wegen der dauernden Bedrohung durch die Assyrer konnten die Hetiter diese Niederlage der Ägypter aber nicht für sich ausnutzen. Der Hetiter Ḫattušiliš war sogar gezwungen, mit Ramses 1284 einen Paritäten-Vertrag zu schließen, in dem jede Nation versprach, nicht in das Gebiet der anderen vorzudringen.

Nach dem Tod Ḫattušiliš verloren die Hetiter weiter an Stärke und versuchten nicht, in Israel einzudringen. Sie kontrollierten jedoch weiterhin einen großen Teil Syriens, bis es zum plötzlichen und gewaltsamen Ende des Reiches durch die Seevölker um 1200 kam,[23] so dass sie in der Spätzeit der Richter keine Rolle mehr spielten.

## Ägypten

Zur Zeit der Richter Israels wurde Ägypten von der späten 18., der 19. und der 20. Dynastie regiert. Die Amarna-Zeit (ca. 1379-1350), in der die Landnahme abgeschlossen wurde, ist bereits zum Teil untersucht worden. In der Diskussion wurde deutlich, dass die ägyptischen Könige an Kanaan, obwohl es *quasi* als ägyptische Provinz bezeichnet werden konnte,[24] nur wenig oder kein Interesse zeigten, auch wenn die kanaanitischen Vasallen mit ihren verzweifelten Aufrufen sie dazu bewegen wollten, ihre Haltung zu ändern und einzugreifen.

---

[22] A. Goetze, »The Hittites and Syria (1300-1200 B.C.).« *CAH* II:2, S. 252-256.

[23] Die letzten verzweifelten Jahre hetitischer Unabhängigkeit beschreibt I. Singer, »Western Anatolia in the Thirteenth Century B.C. According to the Hittite Sources,« *AS* 33, 1983, S. 205-217, bes. 216-217.

[24] Siehe N. Naʿaman, »The Canaanites and Their Land,« *UF* 26, 1994, 397, 401-403, 405-406.

Erst zur Regierungszeit Setis I. (1318 - 1304), einem König aus der 19. Dynastie, startete Ägypten eine Expedition nach Kanaan,[25] die auf einer Stele gut dokumentiert ist. Auf dieser Stele wird der Feldzug von Bet-Schean nach Jesreel beschrieben. Erwähnt wird, der König habe Rafia (Tell Refah) und Gaza erobert, die beide an der südlichen Mittelmeerküste lagen, sowie Bet-Schean, Akko, Tyrus und andere weiter nördlich gelegene Städte. In Bet-Schean, so wird berichtet, habe er *'apiru* getroffen, womit wahrscheinlich zu diesem späten Zeitpunkt Israeliten gemeint waren.[26] Und doch hat Seti offensichtlich jeden Kontakt mit Kanaan außer mit der Küstenebene und dem Tal Jesreel, die beide außerhalb des israelitischen Siedlungsgebietes lagen, vermieden.[27] In seinem zweiten Feldzug drang er nördlich nach Kadesch und Amurru vor. In einem vierten Kriegszug verlor er Kadesch erneut und schloss einen Vertrag mit dem Hetiter Muwatalliš (1320 - 1294).[28] Auf jedem dieser Feldzüge mied er das Innere Kanaans. Über Ramses II. (1304 - 1236) braucht nur noch wenig berichtet zu werden.[29] Zwar kommt er nicht als Pharao des Exodus

---

[25] R. O. Faulkner, »Egypt: From the Inception of the Nineteenth Dynasty to the Death of Ramses III.« *CAH* II:2, S. 218 - 221. Es besteht die Möglichkeit, dass Horemheb zu Beginn der Regierungszeit Tutanchamums (ca. 1360) als einer der Oberkommandierenden einen Feldzug in einen Teil Kanaans unternahm. Vergl. C. Aldred, »Egypt: The Amarna Period and the End of the Eighteenth Dynasty.« *CAH* II:2, S. 72. Wenn das stimmt, hat sich dadurch nicht viel im Inneren Kanaans verändert.

[26] B. Mazar beschreibt in: »The Historical Development,« *WHJP*, Bd III, S. 15, diese semitischen Stämme als »den Israeliten ethnisch nahe stehend«. Wahrscheinlicher ist, dass es Israeliten waren.

[27] Y. Aharoni, »The Settlement of Canaan,« *WHJP*, Bd III, S. 94 - 95.

[28] Der Verlust Kadeschs wird dadurch impliziert, dass Ramses II. in seinem 4. Regierungsjahr versuchte, es wiederzuerlangen. Vergl. Faulkner, »Nineteenth Dynasty.« *CAH* II:2, S. 221. Der Text des Vertrages ist in J. B. Pritchard, *ANET*. 2. Aufl., Princeton, 1955, S. 476 - 479 zu finden.

[29] Faulkner, »Nineteenth Dynasty.« *CAH* II:2, S. 225 - 232; A. J. Spalinger, »Traces of the Early Career of Ramses II.« *JNES* 38, 1979, 271 - 286; K. A. Kitchen, *Pharaoh Triumphant: The Life and Times of Ramesses II, King of Egypt*. Warminster, 1982. Vergl. S. 132ff.

in Frage, doch war er fast sieben Jahrzehnte ein Zeitgenosse der israelitischen Geschichte – und zwar während der wichtigsten Zeit der Richter-Epoche. Er wird jedoch weder im Buch der Richter erwähnt, noch findet sich in seinen umfangreichen Annalen ein Hinweis auf Israel.[30] Daraus ist zu schließen, dass weder die eine noch die andere Seite Interesse aneinander hatte.

Der erste größere Feldzug von Ramses II. in ein fremdes Land fand in seinem 4. Regierungsjahr statt, und zwar im libanesischen Nahr el-Kalb gegen die Hetiter. Im folgenden Jahr (1300) traf er bei Kadesch am Orontes wieder auf die Hetiter und erlitt eine schwere Niederlage. Dies muss der Rebellion unter den kanaanitischen Vasallen Auftrieb gegeben haben, denn Ramses hatte danach noch einige Jahre Probleme mit diesen kleinen Staaten. Auch mied er das Innere Kanaans, das Israel in Besitz genommen hatte. Um 1284 schloss er einen Paritätsvertrag mit Ḫattušiliš. Im Jahr 1270 heiratete er die Tochter des hetitischen Königs, eine Tatsache, die Ramses der eigenen Überlegenheit gegenüber Ḫattušiliš zuschrieb. Die anderen kriegerischen Kontakte, die er auf der Stele dokumentierte, waren kleinere Gefechte in Moab, Edom und in der Negev. Bei keinem dieser Kämpfe wird eine Konfrontation mit Israel beschrieben, da Israel offensichtlich auf diese Gebiete keinerlei Anspruch erhob.

Merenptah (1236-1223) dagegen führte nicht nur mindestens einen Feldzug, in seinem fünften Regierungsjahr, 1231, in Palästina durch, sondern erwähnt auch eine Niederlage, die er Israel zugefügt hatte.[31] Dieser Überfall scheint jedoch auf das Gebiet Jesreel beschränkt gewesen zu sein.[32] Wie bereits ausgeführt wurde, spricht

---

[30] Als Ausnahme wird das Küstenvolk der »Asar« erwähnt, das einige Wissenschaftler mit dem Stamm Asser gleichsetzen. Dann wäre der Stamm schon zu Beginn des 13. Jh. im nördlichen Kanaan anzusiedeln. Vergl. Mazar, »Historical Development«, S. 19.

[31] Faulkner, »Nineteenth Dynasty.« *CAH* II:2, S. 232-235.

[32] Malamat, »Egyptian Decline.« *WHJP*, Bd III, S. 24. Der Autor zeigt, dass Geser zu dieser Zeit von Ägypten kontrolliert war, was sich mit dem biblischen Zeugnis vereinbaren lässt: Durch die israelitische Landnahme war Geser unberührt geblieben und wurde weiterhin von Kanaanitern bewohnt.

dieser Verweis auf Israel gegen eine späte Datierung des Exodus sowie der Landnahme. Denn wie konnte Israel ein starker Gegner für Merenptah in Kanaan gewesen sein, wenn, wie aus einer späteren Datierung gefolgert werden muss, der Auszug zu Beginn seiner Regierungszeit stattfand?[33]

Nach Merenptah bis zur Herrschaft Scheschonqs (945-924) aus der 22. Dynastie gab es kein nennenswertes ägyptisches Engagement in Syro-Palästina. Selbst Ramses III. (1198-1166), der sowohl die Libyer als auch die Seevölker schlug und zurückdrängte, unternahm lediglich einen Vorstoß nach Palästina, der sich auf Edom beschränkte.[34] Nach seinem Tod gingen alle syrisch-palästinischen Provinzen verloren, und während der restlichen Zeit der 20. Dynastie, bis etwa 1085, spielte Ägypten in israelitischen Angelegenheiten keine Rolle mehr.[35]

---

[33] Das Determinierungszeichen, mit dem Israel als ein »Volk« erwähnt wird, suggeriert nicht eine unorganisierte Menschenmenge, sondern eine organisierte, der es möglich war, das gesamte innere Hügelland zu besetzen. Zu dieser Schlussfolgerung kommen G. W. Ahlström und D. E. Edelman in ihrer detaillierten literar-strukturellen Studie der Merenptah Stele: »Merneptah's Israel.« *JNES* 44, 1985, 59-61. Siehe auch K. A. Kitchen »The Physical Text of Merenpath's Victory Hymn (The ›Israel Stela‹).« *Journal of the Society for the Study of Egyptian Antiquities* 24, 1994, 71-76.

[34] Faulkner, »Nineteenth Dynasty.« *CAH* II:2, S. 244. P. Grandet schlug kürzlich vor, Ramses habe Festungen in Bet-Schean errichtet. Selbst wenn sich diese Theorie als richtig erwiese, hätte sie doch keine Auswirkungen auf die ägyptische Beteiligung in Zentralkanaan. Vergl. »Deux Établissements de Ramses IIIen Nubie et en Palestine,« *JEA* 69, 1983, 109-114, sowie Malamat, »Egyptian Decline.« *WHJP*, Bd III, S. 35.

[35] J. M. Weinstein, »The Egyptian Empire in Palestine: A Reassessment,« *BASOR* 241, 1981, 17-18, versucht, beispiellose ägyptische Aktivitäten in Kanaan während des 13. und frühen 12. Jh. zu postulieren. Von allen Orten, die er als ägyptische Befestigungen aufführt, liegt keiner im Inneren Kanaans, wo Israel dominierte.

## Syrisch-kanaanitische Staaten

Auch die politischen Gegebenheiten in Palästina und Syrien während der Richter-Zeit sollen kurz beschrieben werden.[36] Etwa gegen Anfang von Otniëls Regierungszeit begannen die Hetiter, ganz Syrien zwischen Mittelmeer und Euphrat und im Süden bis zum Libanon zu beherrschen. Welche Besorgnis dies bei den kanaanitischen Staaten auslöste, kann beispielsweise in dem Brief gesehen werden, den Rib-Adda aus Gubla (Byblos) seinem ägyptischen Vorgesetzten schrieb. Andere Königreiche stellten sich schnell auf die Seite der Hetiter oder auf die Mitannis. Ḫalab (Aleppo), Alalach und Tunip wurden zu Vasallen der Hetiter. Ugarit, mit seiner charakteristischen Geistesfreiheit, entschloss sich schließlich zur Loyalität gegenüber Ägypten. Amurru jedoch sah in der Patt-Situation der Großmächte eine Gelegenheit, seinen Einflussbereich auszudehnen, so dass König ʿAbdi-Aširta Gubla bedrohte und sein Sohn und Nachfolger Aziru diese wichtige phönizische Stadt annektierte. Dann schloss er einen Vertrag mit Niqmaddu von Ugarit, der beide in den hetitischen Einflussbereich stellte. Der Hetiter Šuppiluliumaš hatte zu diesem Zeitpunkt der Kontrolle Mitannis über Syrien ein Ende bereitet und sein eigenes System von Vasallenstaaten geschaffen, das Ugarit und Amurru einschloss.

Mit dem Eindringen Setis I. aus der 19. ägyptischen Dynastie nach Syrien brach Amurru seinen Vertrag mit den Hetitern, doch diese eroberten es nach erfolgreichem Kampf bei Kadesch gegen Ramses II. (1300) zurück.[34] Gegen Ende des hetitischen Reiches machten einige syrische Staaten wie etwa Ugarit ihr Recht auf Unabhängigkeit geltend, aber bis zum gewaltsamen Sturz der Hetiter durch die Seevölker blieben die meisten syrischen Staaten unter hetitischer Kontrolle.

---

[36] A. Goetze, »The Struggle for the Domination of Syria (1400-1300 B.C.).« *CAH* II:2, S. 8-16; zur Haltung Ugarits siehe A. F. Rainey, »The Kingdom of Ugarit.« *BA* 28, 1965, 107-112.

[34] Faulkner, »Nineteenth Dynasty.« *CAH* II:2, S. 220-221.

Diese Seevölker waren eine Konföderation ethnischer und nationaler Gruppen, die ursprünglich aus ägäischem Gebiet stammten, einige mögen sogar aus Sizilien oder Italien gekommen sein.[38] Eventuell unterstützen sie Muwatalliš bei seinem Sieg über Ramses in Kadesch. Als sie zum ersten Mal nach Palästina (um 1230) vordrangen, zogen sie auf dem Landweg über Zilizien und marschierten offenbar bis nach Ägypten. Denn Merenptah sagt, er habe einige der aus Libyen in Ägypten eingefallenen Seevölker zum Rückzug gezwungen.[39] Es könnte gut sein, dass die 600 Philister, die Schamgar erschlug (Ri 3,31), Angehörige dieser Seevölker waren, die vom Norden in das Land eingedrungen waren.[40]

Eine zweite Invasion, die in den Ras Schamra- und anderen Texten dokumentiert ist, zerstörte sowohl die hetitische Hauptstadt Ḫattusas (Bogazköy) als auch Tarsus, Karchemisch, Sidon und Kition vollständig.[41]

Zu dieser Zeit siedelten sich die Seevölker dauerhaft an der unteren Mittelmeerküste an und wurden dort und in Israel als »Philister« bekannt. Diese Philister sollten nicht mit jenen verwechselt werden, die mit den Patriarchen und dem Exodus in Verbindung stehen; auch wenn die Seevölker die gleiche Abstammung wie die frühen Philister haben, so stellen sie doch eine zweite Einwanderungswelle dar.[42]

---

[38] Den Hintergrund der folgenden Diskussion beleuchtet T. Dothan, *The Philistines and Their Material Culture.* New Haven, 1982, S. 1-23.

[39] T. Dothan, »What We Know About the Philistines.« *BARev* 10, 1984, 16-28.

[40] Vergl. B. Mazar, »The Philistines and Their Ways with Israel.« *WHJP*, Bd III, S. 172, 324-325, FN 16.

[41] Kition liegt auf Zypern, einer Insel, die viele archäologische Hinweise einer Eroberung durch die Seevölker zu Tage gefördert hat. Vergl. V. Karageorghis, »Exploring Philistine Origins on the Island of Cyprus.« *BARev* 10, 1984, 16-28.

[42] Eine plausible Hypothese, dass die Philister aus Kanaan stammen, zur Ägäis migrierten und dann als Teil des Seevolkes zurückkehrten, ist bei T. D. Proffit nachzulesen: »Philistines: Aegeanized Semites.« *NEASB* 12, 1978, 5-30.

Mit dieser Invasion der Seevölker über Land ist eine weitere von See zu verbinden, mit der sie versuchten, einen Brückenkopf in Ägypten zu errichten. Ramses III. beschreibt die Invasion, die in seinem achten Regierungsjahr stattfand (ca. 1190), auf Wandreliefs in Medinet Habu und nennt folgende Völker: Peleset, Tjekker, Scheklesch, Scherden, Weschesch und Denyen. Diese, so sagt Ramses, hatten die Hetiter und Amurru vorher erobert. Peleset und Tjekker ließen sich in Kanaan nieder, erstere als die biblischen Philister an der unteren Küste, und letztere an der oberen Küste um Dor.[43] Ab dem Jahre 1200 etwa zeigten sich die Philister als unversöhnliche Feinde Israels, was in großen Teilen des Richter-Buches sowie des ersten Samuel-Buches behandelt wird.

Mit diesem Überblick über die Geschichte der Nachbarn Israels in der Zeit von 1360-1085 sollte deutlich geworden sein, dass Israel von den internationalen Geschehnissen der Zeit fast völlig unberührt blieb. Nur die Ankunft der Philister stellte ein größeres Problem dar, was ausführlich in biblischen Zeugnissen wiedergegeben wird. Sonst schweigt das AT über Ereignisse in den umliegenden Ländern, da sie für die Geschichte Israels irrelevant sind. Insgesamt wird daran die souveräne göttliche Vorsehung sichtbar, durch die Gottes Volk in dieser schwierigen Zeit seiner Entwicklung behütet wurde.

## Die Richter Israels

### Das Grundmuster dieser Periode

Der Rückblick im Richter-Buch endet mit einem Verweis auf Josuas Tod in Kap. 2,6-9. Dann, von Kap. 2,10-3,6 an, stellt der Autor das Grundmuster vor, das Israels Geschichte länger als 300 Jahre charakterisieren sollte: Nachdem Josuas Generation verstorben war, begann das Volk, Jahwe zu verlassen und die Götter Kanaans anzubeten.

---

[43] Malamat, »Egyptian Decline.« *WHJP*, Bd III, S. 34. W. Helck, *Die Beziehungen Ägyptens zu Vorderasien im 3. und 2. Jahrtausend v. Chr.* Wiesbaden, 2. Aufl., 1971, S. 224-234.

Dies erzürnte Jahwe und er sandte Feinde gegen Israel, um es zu bestrafen, aber auch, um es zur Rückkehr zu veranlassen. Als Israel Buße tat, gab Jahwe dem Volk Richter, die die Nation befreiten und für eine friedliche Zeit sorgten. Israel fiel jedoch erneut von Jahwe ab und diese ganze Kette von Ereignissen wiederholte sich. Die ganze Zeit über blieben fremde Völker im Land. Zum einen, weil sie Gott als Strafinstrument gebrauchte, und zum anderen, um Israels Loyalität gegenüber Jahwe zu testen und um die neue Generation von Israeliten Kriegserfahrung zu lehren. Die Feinde, die im Lande blieben, waren Philister, Kanaaniter, Sidonier und Hiwiter. Sie alle lebten in der Küstenebene oder im unteren Bekaa-Tal, nördlich Galiläas. Dazu kamen noch andere Völker, wie die Amoriter, Hetiter und Jebusiter, mit denen Israel Mischehen einging und deren Religion sie teilweise übernahmen.

### Kanaanitischer Götzendienst

Von der Richter-Zeit bis zum babylonischen Exil durchdrang die kanaanitische Religion alle Schichten israelitischen Lebens und Denkens. Die epischen und kultischen Texte von Ugarit (Ras Schamra) und die Beschreibungen des ATs ermöglichen die Rekonstruktion der Hauptlinien der kanaanitischen Religion und ihrer Ausübung.[44]

Die Religion Kanaans baute auf der Kernvorstellung auf, dass die Naturgewalten Ausdruck der göttlichen Gegenwart und Aktivität

---

[44] Vergl. J. C. de Moor, »The Semitic Pantheon of Ugarit.« *UF* 2, 1970, 187-228; C. H. Gordon, »Canaanite Mythology.« *Mythologies of the Ancient World*, S. N. Kramer, Hrsg., Garden City, 1961, S. 183-218; A. S. Kapelrud, *Baal in the Ras Shamra Texts.* Kopenhagen, 1952; P. D. Miller »Ugarit and the History of Religions.« *JNSL* 9, 1981, 119-128; J. Obermann, *Ugaritic Mythology.* New Haven, 1948; U. Oldenburg, *The Conflict between El and Ba'al in Canaanite Religion.* Leiden, 1969; H. Ringgren, *Die Religionen des Alten Orients.* ATD Ergänzungsreihe, Sonderband, Göttingen, 1979, S. 198-246; A. Jirku, *Der Mythos der Kanaanäer.* Bonn, 1966; D. Kinet, *Ugarit – Geschichte und Kultur einer Stadt in der Umwelt des Alten Testaments.* Stuttgart, 1981, S. 65-108, 135-149. H. Niehr, *Religionen in Israels Umwelt. Einführung in die nordwestsemitischen Religionen Syrien-Palästinas.* Würzburg, 1998, S. 20-82.

seien. Überleben und Wohlstand versuchte man dadurch zu sichern, dass man die für jedes Ereignis verantwortlichen Götter fand und sie durch geeignete Rituale dazu bewog, ihre Macht wirksam werden zu lassen. Mit Mythen versuchte man, sich der Realität zu nähern und es wurden Rituale entwickelt, die von Kultpersonal, wie Priestern, ausgeübt wurden.[45]

In diesem Buch sollen nicht alle kanaanitischen Mythen im Detail beschrieben werden. Die Texte sind nicht immer vollständig erhalten, außerdem sind die Ausführungen nicht systematisch und es ist deshalb schwierig, ein harmonisches Bild zu erhalten. Die folgenden Ausführungen sollen daher nur ein allgemeines Bild der Gottheiten und ihrer Aktivitäten geben: El ist der Höchste im Pantheon der Götter. Wie sein Name vermuten lässt, ist er nahezu unpersönlich, eine transzendente, mächtige und wohlwollende Vaterfigur, die sich kaum für menschliche Angelegenheiten interessiert. Manchmal scheint er am Rande der Senilität zu sein, was sich darin zeigt, dass jüngere Götter ihn immer wieder verführen oder ungerecht behandeln. Er sitzt einsam im erhabenen Glanz auf dem Berg des Nordens, wo die Flüsse ihren Ursprung haben. Dort hält er Hof und unterhält die anderen Götter. Seine Frau ist Aschera, die Muttergottheit, deren Fruchtbarkeit die gesamte Erde am Leben erhält. Sie ist in der Bibel gemeint, wenn »die Ascherim« oder »Haine« erwähnt werden. Das Symbol ihrer Gegenwart und Macht war der immergrüne Baum. Auch ein hölzerner Pfahl (»Aschera-Pfahl«) konnte ihr Symbol sein und als Schrein für Riten dienen.

Die wichtigste Gottheit war jedoch Baal, der »Herr« des Landes. Viele Wissenschaftler sehen Baal als Epithet des Gottes Hadad, des Sohnes Dagans (Dagon), der in den Mari-Texten und in anderen Quellen aus dem oberen Mesopotamien häufig erwähnt wird.[46] Sie

---

[45] Eine wichtige Studie über Mythen, besonders in Beziehung zum AT, ist J. W. Rogerson, *Myth in Old Testament Interpretation.* BZAW 134. Berlin, 1974. Zum Mythos allgemein siehe M. Eliade, *Cosmos and History: The Myth of the Eternal Return.* New York, 1959; H. Cancik, *Mythische und historische Wahrheit.* Stuttgart, 1970.

[46] Das Folgende wird besonders in Oldenburg, *Conflict*, S. 46-163, dargestellt. R. R. Stieglitz, »Ebla and the Gods of Canaan.« *Eblaitica* 2, 1990, 84-85.

nehmen an, mit der amoritischen Einwanderung in Kanaan nach 2200 v. Chr. sei auch der amoritische Kult und Götterhimmel übernommen worden, darunter auch Hadad. Die Einführung neuer Götter habe dann entweder zur Abkehr von den alten geführt oder, was wahrscheinlicher sei, zu einer Mischung von alt und neu. Die Gottheit, die in Mari Hadad genannt worden sei, habe man in Ugarit Baal genannt. Diese These wird vom Baal-Mythos selbst unterstützt, der Baal im Streit mit anderen Gottheiten zeigt, unter ihnen El. Dadurch entsteht der Eindruck, El sei immer weiter verdrängt worden, während Baal an Bedeutung gewonnen habe.

Der amoritische Gott des Sturmes, Hadad, zeigte sich in Regen, Donner und Blitz. In Kanaan übernahm Baal diese Rolle, und da die kanaanitische Landwirtschaft vollkommen vom Regen abhing, ist seine Bedeutung offensichtlich. Baal musste jedoch um Anerkennung und Bekanntheit kämpfen. Er bedrohte nicht nur El, den Ursprung der Potenz, sondern traf auf weitere Feinde, wie Yammu (das Meer), Naharu (der Fluss) und sogar Motu (der Tod). Sie alle waren eifersüchtig darauf bedacht, ihre Rolle im Kreislauf der Natur zu wahren (Saat und Ernte, Regen und Dürre, Leben und Tod), und kämpften unermüdlich gegen Baal, um seinen Palastbau zu verhindern, der als Zeichen seiner Souveränität galt, und wollten seinen Tod.

Baal jedoch frustrierte alle auf die eine oder andere Weise: Er nahm Els Frau bei sich bietenden Gelegenheiten zur Gemahlin. Im Nahkampf schlug er Yammu und Naharu gnadenlos zusammen und zeigte so die Überlegenheit des Regens über Meer und Fluss. Als er von Motu ermordet wurde, konnte er von seiner Schwester Anat wieder zum Leben erweckt werden und so selbst den Tod bezwingen. Langfristig gesehen errang er die Vormachtstellung und beherrschte das Pantheon und den Kult.

Der Ritus dramatisierte diesen Mythos, wobei sexuelle Aktivitäten im Vordergrund standen. Der Baal zugeschriebene Regen wurde als sein Samen angesehen, der auf die Erde fällt, sie befruchtet und mit Leben erfüllt; so wie im Mythos Baal die Göttin der Fruchtbarkeit Aschera schwängerte. Die kanaanitische Religion war erschreckend sinnlich und pervers. Sie verwendete als Hauptdarsteller in ihrem Drama männliche und weibliche Kult-Prostituierte.

Anders als in Israel gab es kein zentrales Heiligtum: Baal konnte überall angebetet werden, wo ein Ort mit der heiligen Gegenwart der Götter erfüllt war. Diese Orte lagen ursprünglich auf Hügeln (»Opferhöhen«), später allerdings auch in Tälern oder in Städten und Dörfern. Jede Seite war durch einen Pfahl (aschera), eine Säule (masseba) oder ein anderes Symbol des Kultes gekennzeichnet. Da Baal nicht im eigentlichen Sinne allgegenwärtig war, hatte jede Kultstätte ihren eigenen lokalen Baal. Deshalb gab es Baal-Peor, Baal-Berit, Baal-Zebub und so weiter. Dies erklärt, warum die Götter Kanaans im AT manchmal Baʿalîm (»die Baals«) genannt werden. Theoretisch gab es zwar nur einen Baal, der jedoch Herr vieler Orte war.

Diese stark vereinfachte und gedrängte Beschreibung kanaanitischer Mythen und Rituale soll zunächst genügen, um das Wesen des israelitischen Abfalls zu charakterisieren: Das Volk Gottes wandte sich von Jahwe ab, vom wahren Ursprung des Wohlstandes und der Fruchtbarkeit, zu verdorbenen Vorstellungen, die das Ergebnis göttlichen Segens mit seiner Ursache verwechselten. Es war in jedem Fall ein ungeheuerlicher Akt des Bundesbruches und der Untreue, der mit »anderen Göttern nachhuren« (Ri 2,17) beschrieben wurde.

## Otniël

Nach Josuas Tod geschah der erste Abfall größeren Stils, dessen Ergebnis die Besetzung Israels durch Kuschan-Rischatajim aus Aram-Naharaim war. Der Autor benutzt einen Ausdruck, der oft wiederholt wird: »Die Israeliten vergaßen den Herrn, ihren Gott, und dienten den Baalen und den Ascheren.« (Ri 3,7) Sie hatten also nicht nur Interesse an diesen Götter-Mythen, sondern nahmen aktiv an diesen Ritualen teil, beispielsweise als sie den Baal-Peor anbeteten (4. Mo 25). Kuschan-Rischatajim kann nicht näher identifiziert werden, aber der zweite Teil des Namens »Rischatajim« ist zweifellos ein von seinen Feinden hinzugefügtes Epithet, kein Name, da es »zweifache Bosheit« bedeutet. Aram-Naharaim, wörtlich »Aram von den beiden Flüssen«, bezieht sich auf eine Region am oberen Euphrat oder im nördlichen Syrien, das vielleicht als das »Kuschan-rôm« in den Annalen Ramses III. oder dem »Nhr(y)n« anderer ägyptischer Quellen identifiziert werden kann.[47] Kein Teil des Namens ermöglicht es, eine Datierung vor 1340 auszuschließen, da »Naharin« und »Naharima« zumindest in ägyptischen und akkadischen Texten schon im 15. Jahrhundert erscheinen.[48] Allerdings lehnen viele Wissenschaftler das Element »Aram« als nicht zu Naharaim passend ab. M. Unger weist jedoch seine Existenz in einem Text Naram-Sins bereits 2300 v. Chr. nach.[49]

Wie bereits erwähnt (S. 237f), muss die Zeit des Richters Otniël um 1350 datiert werden. Die Invasion Kuschan-Rischatajims geschah acht Jahre zuvor, also um 1358. Dies ist sehr wahrscheinlich, da zu dieser Zeit der mächtige assyrische König Aššur-uballiṭ selbst unter ständigen Angriffen eines aramäischen Stammes zu leiden hatte, der als die Sutu bekannt war. Der hetitische König Šuppiluliumaš sah sich sowohl von Mitanni als auch von Assyrien matt gesetzt. Obwohl er den größten Teil Nordsyriens bis 1360 unter seine Kontrolle gebracht hatte, genossen seine Vasallenstaaten, darunter Naharema (Aram-Naharaim), viel Freiheit und konnten sehr wohl – unabhängig oder auf Befehl des hetitischen Königs – Auslandsfeldzüge durchführen.[50] Ägypten konnte nur hilflos zusehen, außerstande einzugreifen.

Welchen Schaden Kuschan-Rischatajim Israel zufügte, wissen wir nicht. Aber eine acht Jahre dauernde Besetzung war sicher nicht ohne Widerstand durchzuhalten, so dass, nachdem Otniël die Aramäer vertrieben hatte, Zerstörungen vorhanden gewesen sein müssen.

---

[47] M. F. Unger, *Israel and the Aramaeans of Damascus*. Grand Rapids, ND 1980, S. 40-41, 134-135; A. Malamat, *JNES* 13, 1954, 231ff.

[48] A. Malamat, »The Aramaeans«, *POTT*, D. J. Wiseman, Hrsg., Oxford, 1973, S. 140.

[49] Unger, *Israel and the Aramaeans*, S. 39.

[50] Goetze, »Domination of Syria.« *CAH* II:2, S. 16.

Beweise dafür finden sich in einigen archäologischen Untersuchungen.[51] Spekulationen darüber hinaus sind jedoch nicht ratsam.

Interessanter und bedeutender ist es, das Wesen und die Aufgabe eines Richters näher zu betrachten. Diese Personen wurden allein von Jahwe auserwählt, begabt und mit Macht ausgestattet, um in bestimmten Notfällen die Führung zu übernehmen und Orientierung zu geben. Ihr Amt war nicht erblich. Der Begriff »Richter« beinhaltete keine richterliche Funktion, da diese den Ältesten vorbehalten blieb. Das Amt des »Richters« war das eines militärischen Führers und Beschützers.[52] In letzter Zeit hat man in den Ebla-Texten Parallelen zum Amt des biblischen Richters festgestellt: Auch die Richter (*di-ku*) in Ebla übten ein nicht-richterliches Amt aus, neben dem der Könige und der Ältesten.[53] In Israel dienten die Richter in der Zeit zwischen den großen Bundes-Mittlern (Mose und Josua) und den Königen als *ad-hoc*-Gouverneure und -Generäle, die die spezielle Aufgabe hatten, das Volk von den Feinden zu befreien, die sie Jahrhunderte bedrängten.

## Ehud

Nachdem Otniël die Aramäer vertrieben hatte, herrschte in Israel 40 Jahre Frieden. Da die Unterdrückung durch Kuschan-Rischatajim wahrscheinlich ganz Israel betraf, ist anzunehmen, dass es keine Überschneidung mit anderer Fremdherrschaft gab und dass Otniël während dieser Jahre der einzige Richter in Israel war. Die Friedenszeit unter seiner Führung war auf das ganze Land ausgeweitet. Geht

---

[51] W. F. Albright, »The Amarna Letters from Palestine.« *CAH* II:2, S. 108, weist darauf hin, dass Palästina im 14. Jh. eine sehr geringe Bevölkerung hatte. Er schließt das aus dem Fehlen befestigter Städte. Das Vorhandensein nur einiger weniger verbliebener Stadtkerne könnte auf Zerstörung durch die Aramäer und andere Vorgänger in den frühen Tagen der Richter hinweisen.

[52] Malamat, »Period of the Judges.« *WHJP*, Bd III, S. 131.

[53] G. Pettinato, »Ebla and the Bible – Observations of the New Epigrapher's Analysis.« *BARev* 6, 1980, 40.

man von 1358-1350 für die Zeit der Unterdrückung aus, dann könnte Otniëls Richteramt um 1310 mit seinem Tode geendet haben, so dass dann der Kreislauf aufs Neue begann.

Die nächste Unterdrückung scheint auf das Gebiet um Jericho »die Palmenstadt« begrenzt gewesen zu sein (Ri 3,13). Der Feind war der moabitische König Eglon, dessen Existenz kaum zu bezweifeln ist, auch wenn er außerhalb der Bibel nicht dokumentiert ist. Zusammen mit seinen ammonitischen und amalekitischen Verbündeten griff Eglon Israel an und übte 18 Jahre lang zumindest örtlich begrenzt Hegemonie aus. Diese Periode ist nicht genau zu datieren, da zwischen Otniëls Tod und dem neuen Bundesbruch einige Zeit vergangen sein muss. Erst danach kann die Invasion stattgefunden haben, möglicherweise im ersten Viertel des 13. Jh. (1300-1275).[54]

Als sein Volk in der Not der Unterdrückung zu ihm schrie, antwortete Jahwe und erweckte Ehud aus dem Stamm Benjamin. Er gab vor, Eglon Tribut zahlen und ihm einen geheimen Rat geben zu wollen, so dass er ihn ermorden konnte.[55] Nach dieser Tat floh Ehud in das Hügelland von Ephraim, wo er das israelitische Militär sammelte, das ihm zur Furt des Jordans folgte. Als die Moabiter in ihr Heimatland zurückzukehren versuchten, fanden sie ihren Weg versperrt und wurden bis auf den letzten Mann niedergemetzelt. Die 80 Friedensjahre, die dann folgten, müssen sich auf den östlichen Teil Mittel-Israels beziehen, den Moab kontrolliert hatte.

## Schamgar

Nach Ehud befreite der dritte Richter, Schamgar, Israel von den Philistern. Dieses vermutlich einmalige Ereignis kann mit dem frühen Eindringen der Seevölker um 1230 in Verbindung gebracht werden.

---

[54] S. Warner, »Period of the Judges.« *VT* 28, 1978, 459, widerspricht N. Glueck. Er nimmt an, dass Moabiter, Edomiter und Ammoniter Transjordanien zwischen 1400 und 1375 besetzten und zur Zeit Ehuds fest angesiedelt waren.

[55] Malamat, »Period of the Judges.« *WHJP*, Bd III, S. 155.

## Debora

Nach Ehuds Tod, einem Ereignis, das nicht genau datiert werden kann, sich aber nach den 80 Friedensjahren ereignet haben muss, wandte sich Israel wieder von Jahwe ab. Diesmal konzentrierte sich das Gericht Gottes auf den Norden des Landes. Dazu benutzte er Jabin, den König von Hazor, und seinen General Sisera aus Haroschet (Tell el ʻAmr), einer Stadt am Fluss Kischon östlich des Karmelgebirges. 20 Jahre wurden die nördlichen Stämme und die Bewohner des Jesreeltals von den Kanaanitern unterdrückt, die militärisch überlegen waren. Ri 4, 3 verweist auf ihre eisernen Streitwagen und unterstreicht so nicht nur den strategischen Vorteil, sondern kann auch dazu dienen, diesen Bericht zu datieren: Eisen fand erst ab dem 12. Jh. v. Chr. Verwendung für größere Kriegsgeräte. Diese Unterdrückung zwischen 1200 und 1220 zu datieren, ist mit den biblischen Daten und außerbiblischen Informationen aus archäologischen Untersuchungen durchaus vereinbar.[56]

Rettung aus dieser Notlage brachte Debora aus Ephraim, die ihren »Verwaltungssitz« zwischen Rama und Bethel hatte. Da das angegriffene Gebiet weit nördlich lag, reagierte sie auf die dringlichen Hilferufe zunächst damit, dass sie Barak von Kedesch (weniger als 17 km nördlich von Hazor) in Naftali ermutigte, die Sache in die Hände zu nehmen und Jabin am Berg Tabor entgegenzutreten. Jahwe werde Sisera an den Fluss Kischon führen, so dass Barak und seine Truppen aus Naftali und Sebulon dann vom Tabor hinabsteigen und die Feinde dort überwältigen könnten. Barak weigerte sich jedoch, ohne Debora in diese Schlacht zu ziehen, da er sehr wohl wusste, dass sie als gesalbte Richterin Israels die Gegenwart und Macht Jahwes symboli-

---

[56] Y. Yadin, »Excavations at Hazor, 1955-58.« *BAR*, Bd II, S. 223, schlägt 1230 vor. Wissenschaftler, die auf eine spätere Datierung der Landnahme bestehen, treffen hier auf Schwierigkeiten, da sie die Existenz Hazors gegen Ende des 13. Jh. nicht erklären können, wenn diese Stadt durch Josua zerstört wurde. Wenn Hazor allerdings von Josua um 1400 vernichtet wurde, könnte es leicht wieder aufgebaut und von Debora 1230 erneut zerstört worden sein. Vergl. A. Malamat, »Period of the Judges.« *WHJP*, Bd III, S. 135, der im Gegensatz zu Yadin den Fall Hazors zwischen 1150 und 1125 ansiedelt.

sierte.[57] Auf seinen Wunsch hin schloss sich Debora ihm und seinen Truppen am Tabor an. Durch ihre Gegenwart ermutigt, gelang es Barak wegen des rapiden Anstiegs des Kischon (Ri 5,21),[58] die Kanaaniter zu schlagen. Das unerwartete Anschwellen des Flusses hatte nämlich die Streitwagen Siseras bewegungsunfähig gemacht und die Pferde der Kanaaniter so erschreckt, dass die Armee in Verwirrung geraten und geflohen war. Keiner von ihnen überlebte, nur Sisera selbst entkam (Ri 4,15-17).

Er floh nach Zaanannim, einer Stadt in der Nähe von Kedesch in Issachar[59] und suchte Zuflucht im Zelt des Keniters Heber. Die Keniter waren mit den Midianitern verwandt, wie aus der Tatsache ersichtlich ist, dass Moses Schwiegervater sowohl als Midianiter als auch als Keniter bezeichnet wird (2. Mo 18,1; Ri 1,16). Ihr Name lässt sich von einer hebräischen Wortwurzel ableiten, die mit »Schmied« wiedergegeben werden kann. Dass sie in Zelten wohnten, weist also nicht in erster Linie auf ein Hirten- und Nomadenleben hin, sondern vielmehr auf eine Beschäftigung, die das Reisen von Auftrag zu Auftrag nötig machte.[60] So können auch Hebers Zug nach Norden und seine Angliederung an Jabin mit der Entwicklung der Eisenindustrie durch die Philister und Kanaaniter erklärt werden. Hebers Frau Jaël brachte Sisera in ihrem eigenen Zelt um und stellte so ihre Loyalität gegenüber ihren israelitischen Verwandten über die semitische Gastfreundschaft.

---

[57] Eine Darstellung Deboras als Werkzeug Jahwes in der Berufung Baraks gibt J.S. Ackerman, »Prophecy and Warfare in Early Israel: A Study of the Deborah/Barak Story.« *BASOR* 220, 1975, 5-14.

[58] Da der Anstieg des Kischon im narrativen Text von Ri 4 nicht erwähnt wird, argumentiert G. W. Ahlström, der Hinweis auf den Fluss in Kap. 5 sei mythopoetisch und habe keinen historischen Wert. Als »Beweis« zitiert er die Funktion, die das Rote Meer in der Geschichte des Auszugs spiele. Siehe sein »Judges 5:20f and History.« *JNES* 36, 1977, 287-288.

[59] Vergl. Karte 16 in Y. Aharoni, *Das Land der Bibel,* S. 229.

[60] R. de Vaux, *Early History,* S. 537-538.

In einem Lied feierten Debora und Barak die Niederlage Siseras und das Ende der Unterdrückung durch Jabin (Ri 4,24).[61] Unter besonderer Berücksichtigung des entscheidenden Zusammentreffens am Kischon erinnerten sie an Jahwes Taten von der transjordanischen Eroberung bis zur Gegenwart (Ri 5,1-5; vergl. 5. Mo 33,2-3; Ps 68,7-9; Hab 3,3): Vor Debora, in den Tagen Schamgars und Jaëls, hatten Banden und Gesetzlose aller Art die Straßen für Reisende unsicher gemacht. Diese chaotischen Zustände waren Ausdruck des Gerichtes Jahwes, weil Israel andere Götter angebetet hatte. Dann hatte Jahwe Debora erweckt, die eine Armee aus den Stämmen zusammengestellt und am Kischon und in Zaanannim gewaltige Siege errungen hatte.

Das Gedicht in Ri 5 drückt allerdings auch etwas von dem provinziellen Wesen der Unterdrückung und dem Mangel an Einheit unter den Stämmen Israels aus: Debora scheint Richterin ganz Israels gewesen zu sein, aber sie hatte keine vereinte Front gegen die Kanaaniter im Norden schaffen können. Sie erwähnt die Teilnahme einiger Ephraimiter, Benjamins, Machirs, Sebulons, Issachars und Naftalis. Ruben hatte nur seine Teilnahme erwogen, Gilead (d. h. Gad) noch nicht einmal das. Dan hatte sich bei den Schiffen aufgehalten, was sprichwörtlich Feigheit umschreiben mag. Auch Asser war zu Hause geblieben. Wegen ihres Fehlens auf der Liste sind Juda und Simeon verdächtig. Dies bedeutet allerdings nicht, im Gegensatz zu der Meinung traditioneller Kritiker,[62] dass Juda und Simeon nicht schon Teil der israelitischen Konföderation waren, sondern nur, dass Distanz und die beginnende Rivalität die Einheit der Nation in Frage zu

[61] Eine literarische und traditionell-historische Analyse dieses wichtigen Gedichtes bietet D. N. Freedman, »Early Israelite History in the Light of Early Israelite Poetry.« *Unity and Diversity.* H. Goedicke und J. J. M. Roberts, Hrsg., Baltimore, 1975, S. 3-35. Siehe auch R. D. Patterson, »The Song of Deborah.« *Tradition and Testament: Essays in Honor of Charles Lee Feinberg.* J. S. Feinberg und P. D. Feinberg, Hrsg., Chicago, 1981, S. 123-160.

[62] Zum Beispiel A. D. H. Mayes, »The Period of the Judges and the Rise of the Monarchy.« *Israelite and Judean History.* J. H. Hayes und J. M. Miller, Hrsg., Philadelphia, 1977, S. 310; D. N. Freedman, »Early Israelite History.« *Unity and Diversity.* S. 15.

stellen begonnen hatten.[63] Juda könnte sich seiner Isolation bewusst geworden sein; die östlichen Stämme gingen eindeutig eigene Wege.

## Gideon

Nach dem Triumph Deboras herrschte 40 Jahre lang Frieden im Land. Am Ende dieser Zeit begann Israel wieder, fremden Göttern zu huldigen. Diese Friedenszeit muss auf jeden Fall auch für Zentral-Israel gegolten haben, da die nächste Unterdrückung sich auf dieses Gebiet beschränkt. Nimmt man Y. Yadins Datierung der Zerstörung Hazors an, müsste diese 40-jährige Friedenszeit von 1230-1190 gedauert haben. Da die Eroberung und Unterdrückung durch die Midianiter, die besonders gewaltsam war, sieben Jahre lang anhielt, lässt sie sich in das Jahrzehnt 1190-1180 datieren. Städte und Häuser wurden vollkommen zerstört, so dass der Gebrauch von Zelten und Höhlen notwendig wurde (Ri 6,2). Auch Feldfrüchte und Herden wurden der Bevölkerung abgenommen und das Land geplündert.

Die Unterdrückung war gewaltig, es erstreckte sich vom Jordan-Tal bis nach Gaza im Südwesten, jedoch deutet die Erzählung nicht auf ein gesamtnationales Geschehen hin.[64] Dies ist von zentraler Bedeutung, denn oft wird eingewandt, der Bericht könne nicht wahr sein, weil die Midianiter militärisch nicht in der Lage gewesen seien, ganz Israel zu überrennen. Von einem Einfall in ganz Israel ist aber im AT gar nicht die Rede. Außerdem wird nur im AT die enorme militärische Stärke der Midianiter beschrieben: Der Erzähler betont, die Midianiter seien von Amalekitern und anderen östlichen Volksstämmen begleitet worden. Sie sollen wie »eine große Menge Heuschrecken« (Ri 6,5) aufgetaucht sein, so dass es unmöglich war, sie

---

[63] Aharoni, »Settlement of Canaan.« *WHJP*, Bd III, S. 109; vergl. auch C. L. Meyers, »Of Seasons and Soldiers: A Topological Appraisal of the Premonarchic Tribes of Galilee.« *BASOR* 252, 1983, 56-57.

[64] Malamat, »Period of the Judges.« *WHJP*, Bd III, S. 143.

zu zählen (Ri 8,10). Selbst wenn man Übertreibungen annimmt, wird klar, dass die Midianiter ein mächtiger Feind waren, besonders wenn man bedenkt, dass Israel Stammes-Solidarität fehlte und eine starke politisch-militärische Führung.

In seiner unendlichen Geduld erweckte Jahwe einen Sieger, um das Volk zu erlösen, als es in der Not zu ihm schrie (Ri 6,7), Gideon, den Sohn Joaschs, des Abiësriters. Er lebte in der manassitischen Stadt Ofra (vielleicht das moderne Affule in der Jesreel-Ebene).[65] Dass es in diesem Gebiet, das früher von Kanaanitern erobert worden war, überhaupt eine israelitische Siedlung gab, zeigt die Gründlichkeit, mit der Debora 40 Jahre zuvor die Kanaaniter besiegt hatte. Wie bei früheren Ereignissen offenbarte sich Jahwe in der Person des »Engels des Herrn«. Zunächst weigerte sich Gideon, dem Ruf Jahwes Folge zu leisten. Er meinte, Gott habe sein Volk den Midianitern ausgehändigt, und er, Gideon, sei nicht in der Lage, das Volk zu führen, da er niedriger Herkunft sei. Aber Jahwe brachte all seine Proteste zum Schweigen, indem er durch ein wundersames Feuer das Opfer verzehrte, das Gideon für ihn vorbereitet hatte. In dieser Nacht zerstörte Gideon den Altar des Baal und den Pfahl der Aschera, die sein Vater errichtet hatte, und errichtete an deren Stelle einen Altar für Jahwe. Dieses Zeichen seiner Verehrung Jahwes brachte die abgefallene Dorfgemeinschaft gegen Gideon auf, die ihn sogar umgebracht hätte, wenn Gideons Vater Joasch nicht eingeschritten wäre. Joasch argumentierte, wenn Baal Gott sei, dann solle er selbst sich an Gideon für das »Sakrileg« am Baals-Altar rächen (Ri 6,11-32).

Schließlich versammelten sich die Midianiter und ihre Verbündeten in der Jesreel-Ebene, um gegen Israel zu kämpfen. Nachdem Gideon seinen eigenen Clan erfolgreich umgestimmt hatte (Ri 6,28-32), rief er die Abiësriter, die anderen Sippen vom Stamm Manasse und die Stämme Asser, Sebulon und Naftali zusammen und bereitete sie auf den Kampf vor. Die Liste der israelitischen Stämme bestätigt die These, dass die Feinde Israels zu dieser Zeit nur begrenzte Gebiete angriffen, in diesem Fall die Gebiete um Jesreel und Galiläa. Somit herrschten die Richter auch nur über begrenzte Gebiete.

---

[65] Aharoni, *Das Land der Bibel*, S. 278.

Als Gideon die Gegenwart Jahwes durch ein Zeichen versichert worden war (Ri 6,36-40), nahm er seine Position an der Quelle Harod ein, südlich des Hügels More, an dem die Midianiter lagerten.[66] Dann befahl Jahwe Gideon, die Zahl seiner Kämpfer drastisch zu verringern, damit nach dem Sieg für jedermann deutlich werden sollte, dass Jahwe der Sieger war, nicht etwa Israel. Mit nur 300 Männern triumphierte Gideon in dieser Nacht durch eine Überraschungsstrategie: Er verwirrte den Feind durch Blasen des Schofars und Zerbrechen von Krügen, in denen ihre Fackeln versteckt gewesen waren. Die Midianiter griffen sich voll Panik gegenseitig an, und als kaum einer mehr von ihnen übrig war, flohen sie Richtung Osten in die Wüste. Gideon verfolgte sie bis nach Bet-Schitta (Lage unbekannt) in Richtung Zereda (Zaretan – das moderne Tell Umm Ḥammad), das am Jabbok östlich des Jordans liegt. Die ungefähre Lage Bet-Schittas kann aus seiner Verbindung zu Abel-Mehola (Chirbet Tell el-Ḥilu) bestimmt werden, das westlich des Jordans liegt, gegenüber Tabbat (Ras Abu Tabat) und nordwestlich von Zaretan.[67]

Um die Flucht der midianitischen Häuptlinge über den Jordan zu verhindern, sandte Gideon eine Botschaft an die Ephraimiter, die Furten des Jordans im Süden bis nach Bet-Bara zu bewachen (Ri 7,24), wahrscheinlich nahe der Mündung des Wadi Farʿa gelegen. So wurde Ephraim in die Sache verwickelt, da die midianitischen Fluchtrouten innerhalb ephraimitischen Gebietes lagen. Die Strategie bewährte sich und die Ephraimiter überreichten Gideon die abgehauenen Köpfe der beiden Führer Oreb und Seeb. Gleichzeitig beschwerten sie sich darüber, nicht zu Gideons Armee gehören zu dürfen. Er jedoch versöhnte sie, indem er sie davon überzeugte, dass sie durch die Ermordung der beiden Häuptlinge größeren Ruhm erlangt hätten (Ri 7,25-8,3).

Gideon selbst verfolgte zwei andere midianitische Führer, Sebach und Zalmunna, über den Jordan. Er erreichte als erstes Sukkot im

---

[66] Die Midianiter und ihre Verbündeten standen mit 135.000 Mann 33.000 Israeliten unter Gideon gegenüber.

[67] Ibid., S. 278, FN 223.

unteren Jabbok-Tal, weniger als 10 km östlich des Jordans. Dort forderte er Verpflegung für seine geschwächten Truppen, was ihm die Bewohner von Sukkot jedoch verweigerten, da Gideon den Feind noch nicht geschlagen habe und es daher nicht sicher sei, wer siegen und später über sie herrschen werde. Sie wollten seine Führung erst dann anerkennen, wenn er die midianitischen Häuptlinge besiegt habe. Die Menschen von Pnuël (Tulul ed-Dahab)[68], ca. 11 km weiter oben am Jabbok, antworteten Gideon ebenso, so dass er beiden Städten mit Strafen drohte, sobald er von seiner Mission zurückkehren werde.

Was an der Erzählung des transjordanischen Unternehmens bemerkenswert scheint, ist die deutlich regionale Gesinnung, die sich in den vorangegangenen 150 Jahren in Israel entwickelt hatte; eine Gesinnung, die den Zusammenbruch jeglichen Stammes-Zusammenhaltes oder des brüderlichen Zusammengehörigkeits-Gefühls widerspiegelt. Die Männer Sukkots und Pnuëls waren ja trotz allem Israeliten, genauer gesagt Gaditer. Ihr Widerstand gegen Gideon zeigt das Verhalten, das Mose und Josua von den Stämmen östlich des Jordans (4. Mo 32, 6-15.20-27; Jos 22, 13-20) befürchtet hatten. Der Fluss stellte nicht nur eine physische Barriere dar, sondern bildete auch eine psychologische und philosophische Grenze. Die Saat der Desintegration Israels hatte zu keimen begonnen und es sollte nicht mehr lange dauern, bis die transjordanischen Stämme dem Stammesverband praktisch völlig verloren gingen.

Gideon schlug die Midianiter in Karkor (Qarqar), inmitten der syrisch-arabischen Wüste, die von Beduinen bewohnt war (Ri 8, 11), ca. 100 km östlich des Toten Meeres. Obwohl alles gegen ihn sprach, denn das midianitische Heer war noch etwa 15.000 Mann stark, er dagegen hatte nur seine 300 Krieger, setzte sich Gideon durch, zerstreute die Midianiter und nahm Sebach und Zalmunna gefangen. Er kehrte triumphierend nach Pnuël zurück, riss die dortige Zitadelle nieder und tötete die Einwohner. Dann exekutierte er die midianitischen Könige als Vergeltungsschlag für die Jahre ihres Terrors im Gebiet des Stammes Manasse.

---

[68] *Oxford Bible Atlas*, H. G. May, Hrsg., New York, 1984, S. 137.

Als Gideon schließlich seine Heimat Ofra erreichte, wollten ihn die Menschen zum König machen. Dies ist die erste dokumentierte Regung dieser Art unter der Bevölkerung. Es war offensichtlich geworden, dass nur eine dauerhafte Zentralgewalt Sicherheit und Stabilität garantieren konnte. Gideon lehnte jedoch ab (Ri 8,22-23), da es das Wesen der theokratischen Herrschaft verletze: die göttliche Wahl eines nicht auf Erbfolge beruhenden Führers. Er erlaubte aber, dass aus dem Beutegold ein Efod hergestellt und in Ofra aufgestellt wurde, vielleicht als eine Art Palladium oder »göttlicher Umhang«.[69] Dieser wurde jedoch später selbst zum Gegenstand der Götzen-Anbetung, ein Faktum (Ri 8,27), das viel von dem zunichte machte, was Gideon im Namen Jahwes erreicht hatte.

## Abimelechs gescheitertes Königtum

Dem Sieg über die Midianiter folgten 40 Jahre Frieden, von 1180 bis 1140. Doch nach Gideons Tod fiel Israel wieder von Jahwe ab. Zentral-Israel begann, Baal-Berit anzubeten, die heidnische Gottheit Sichems (Ri 8,33). Dafür war wohl Gideons Sohn Abimelech verantwortlich, dessen Mutter eine Konkubine aus Sichem war (Ri 8,31; 9,18). Er fand unter den Sichemitern Anhänger für seine Bestrebungen, König zu werden, und verband den kanaanitischen Kult mit seinen Ambitionen.

Sichem symbolisierte von alters her die Gegenwart Jahwes: Abraham hatte dort seinen ersten Altar gebaut, Jakob hatte dort Land gekauft und einen Brunnen gegraben, Josef lag dort begraben und Josua hatte in Sichem mit der gesamten Nation den Bund erneuert. Das zentrale Heiligtum stand allerdings in Silo. Es scheint, dass Sichem sich in der Hand anti-jahwistischer Gruppen befand, die diese altehrwürdige Verbindung als Rechtfertigung für die Errichtung einer Baal-Kultstätte nutzten.[70] Der Name, unter dem Baal dort

---

[69] Boling, *Judges*, S. 161.

[70] R.E. Clements, »Baal-Berith of Shechem.« *JSS* 13, 1968, 31-32.

bekannt war, Baal-Berit (»Herr des Bundes«), lässt sich wohl auf die Bundestradition des Ortes zurückführen, die mit Abraham begann und sich bis Josua verfolgen lässt. Gemäß gängiger Praxis wurde die bundesschaffende Funktion Jahwes einfach auf Baal übertragen, und man sah nun ihn als den Gott an, der Sichem zu einer heiligen Stätte machte, nicht Jahwe.[71]

Abimelech schlug aus dieser anti-theokratischen Entwicklung Kapital: Als Sohn des Volkshelden Gideon und seiner Konkubine aus Sichem begeisterte er die Menschen für seine politische Sache. Schließlich hatten die Leute von Sichem schon Gideon zu ihrem König machen wollen. Er hatte abgelehnt, aber vielleicht würden sie seinen Sohn als Souverän anerkennen. Ihm standen nur noch die 70 anderen Söhne Gideons im Weg (Ri 8, 30). Also stellte Abimelech Mörder an, die mit ihm nach Ofra zogen, um alle seine Brüder umzubringen. Danach wurde Abimelech in Sichem zum König ausgerufen (Ri 9, 1-6).

Jotam, der jüngste Sohn Gideons, entkam der Ermordung. Er sagte voraus, Abimelechs Herrschaft werde nicht von Dauer sein. Tatsächlich wandten sich die Sichemiter nach drei Jahren gegen Abimelech (Ri 9, 22-23). Nach einigen Anschlägen und Verschwörungen griff Abimelech Sichem an und zerstörte die Stadt.[72] Dann zog er nach Tebez (Tubas), ca. 14 km nördlich von Sichem, wurde jedoch getötet, als er versuchte, die Zitadelle niederzubrennen: Eine Frau ließ vom Dach der Burg einen Mühlstein auf ihn fallen (Ri 9, 50-53). So scheiterte Israels frühestes monarchistisches Experiment.

---

[71] Diese Interpretation steht der der meisten Wissenschaftler entgegen, die umgekehrt behaupten, dass die Stätte ursprünglich dem kanaanitischen Kult gewidmet war und von den Israeliten für die Anbetung Jahwes übernommen wurde. Siehe M. Noth, *Geschichte Israels.* Göttingen, 7. Aufl., 1969, S. 115-116; E. Wright, »Deuteronomy.« *Interpreter's Bible,* G. A. Buttrick, Hrsg., New York, 1953, Bd 2, S. 326.

[72] B. W. Anderson, »The Place of Shechem in the Bible.« *BA* 20, 1957, 16, datiert Sichems Zerstörung um 1100 v. Chr., was mit unserer Chronologie harmoniert, welche den Sieg über die Midianiter der Friedenszeit (1180-1140) voranstellt. Gideon scheint einige Jahre nach dem Ende dieser Friedensperiode gestorben zu sein (Ri 8, 28.32-33), möglicherweise erst 1120.

Die Ortsamen in der Geschichte Abimelechs machen deutlich, dass seine Herrschaft nicht nur zeitlich begrenzt war, sondern auch geographisch, denn seine ganzen Aktivitäten spielten sich im Gebiet Manasses ab. Es gibt nicht den geringsten Hinweis, dass man sich außerhalb seines Stammes für ihn interessiert hätte. Offensichtlich war Israel als Ganzes nicht für eine Monarchie bereit, auf jeden Fall nicht für eine Monarchie, wie Abimelech sie anbot.

## So genannte »kleine« Richter

Die Herrschaft Abimelechs kann die Ursache für das Richteramt Tolas gewesen sein. Er kam aus dem Stamm Issachar, nördlich Manasses. Man kann sich den Tumult in Manasse vorstellen, der durch den Bürgerkrieg nach Abimelechs Abenteuern entstand. Tolas Aufgabe war daher nicht, einem äußeren Feind zu wehren, sondern er sollte für Frieden in Manasse sorgen. Er lebte in Schamir (Samaria)[73] und war dort 23 Jahre im Amt (Ri 10, 1-2). Wenn Gideon 1120 gestorben ist, dann könnte Abimelech von 1120-1117 regiert haben, und Tola wäre von 1117 bis 1094 Richter gewesen. Obwohl wiederholt darauf hingewiesen wurde, dass in der Chronologie Präzision schwer zu erreichen ist, widersprechen diese Daten dem Wenigen, was aus dieser Zeit bekannt ist, nicht.

Kurz nach Tolas Richterzeit – oder nach seinem Tod – begann die Zeit Jaïrs in Gilead. Dieser reiche Bürger Kamons (Qamm), etwa 20 km südöstlich des Sees Genezareth, führte Israel (d. h. Gilead) 22 Jahre lang. Nimmt man an, dass sein Richteramt kurz nach der Einsetzung Tolas als Richter begann, ist für Jaïr die Zeit von 1115-1093 möglich. Folgte Jaïr erst nach Tolas Tod, könnte 1094-1072 als Zeit in Frage kommen. In beiden Fällen lässt sich Jaïrs Richteramt mit dem Jeftahs in Einklang bringen, denn obwohl Jeftahs Daten höchstwahrscheinlich zwischen 1106 und 1100 liegen, war seine Herrschaft in

[73] Aharoni, *Das Land der Bibel*, S. 255.

Mizpa (Jal'ad) zentriert,[74] also mindestens 65 km südlich von Kamon. Jaïrs Herrschaft war auf einige Ortschaften südlich und östlich des Sees Genezareth begrenzt, die in Ri 10,4 Havvoth Jaïr (»Dörfer Jaïrs«) genannt werden.

Nach der midianitischen Bedrohung sowie dem kurzen Königtum Abimelechs fiel Israel wieder von Jahwe ab, nicht nur Clans oder Sippen, sondern die Mehrzahl der Stämme. Sie fingen an, Baale und Astarten anzubeten und nahmen dann noch die Götter Arams, Sidons, Moabs, Ammons und die der Philister hinzu. Daraufhin »verkaufte (Jahwe) sie unter die Hand der Philister und Ammoniter. Und sie zertraten und zerschlugen Israel zu jener Zeit.« (Ri 10,7-8) Diese Aussage kann nur bedeuten, dass Israel gleichzeitig von Philistern und Ammonitern unterdrückt wurde. Der Erzähler berichtet zunächst von der ammonitischen Unterdrückung (Ri 10,8b-12,7), dann der philistäischen (13,1-16,31). Diese Tatsache ist für die Rekonstruktion der Chronologie dieser Zeit wichtig.

## Jeftah

Die Ammoniter, die in Ri 10,7 erwähnt werden, unterdrückten die Israeliten in Transjordanien 18 Jahre lang. Sie überquerten sogar den Fluss und bedrängten Juda, Benjamin und Ephraim. Schließlich versammelten sich die Israeliten in Mizpa und begannen mit der verzweifelten Suche nach einem Führer, der in der Lage wäre, sie zu befreien. Jeftah, ein Sohn Gileads, war nach Tob (eṭ-Ṭaiyibe) ins Exil vertrieben worden, in die tiefste hauranische Wüste (Ri 11,3), wo er bald Gesetzlose um sich sammelte. Einige Zeit nach seinem Exil begann die ammonitische Unterdrückung, so dass die Ältesten Gileads, die sich seiner Fähigkeiten und Führungsqualitäten wohl bewusst waren, ihn nach Mizpa riefen und ihn zu ihrem Führer

---

[74] Y. Aharoni und M. Avi-Yonah, *Der Bibel Atlas.* Hamburg, 1991, Karte 78, und Aharoni, *Das Land der Bibel*, S. 280. M. Noth verlegt Mizpa jedoch nach el-Mischrefe, 2 km nördlich von Jal'ad; siehe Malamat, »Periode der Richter.« *WHJP*, Bd III, S. 322, FN 78.

ernannten. Als Erstes versuchte Jeftah, eine diplomatische Einigung mit den Ammonitern zu erreichen. Sie beklagten, dass die östlichen Stämme Israels seit über 300 Jahren illegal ammonitisches Land besetzt hielten. Aber Jeftahs Delegation erinnerte den König Ammons daran, dass Israel bei der Landnahme kein ammonitisches Land besetzt habe. Das Land, das Ammon beanspruchte, war zu jener Zeit amoritisch gewesen und von König Sihon regiert worden. Mose hatte Amoriter enteignet, keine Ammoniter. Ob Ammon vor der amoritischen Besatzung Anspruch auf dieses Gebiet gehabt hatte, spiele dabei keine Rolle.[75] Weiter fragte Jeftah, warum Ammon gerade jetzt, 300 Jahre nach der Eroberung des amoritischen Reiches, seine Ansprüche auf diese Region geltend mache (Ri 11,26).

Direkt nachdem die Ammoniter abgelehnt hatten, mit ihm zu verhandeln, besiegte Jeftah sie und beendete so die ammonitische Unterdrückung. Die in der Verhandlung genannten 300 Jahre sind wichtig für die Datierung von Exodus und Landnahme (S. 238-240), aber auch für die der Fremdherrschaft von Philistern und Ammonitern. Das Land jenseits des Jordans wurde 1406 erobert, knapp 40 Jahre nach dem Auszug. Daher lassen sich Jeftahs Gespräche mit den Ammonitern auf ca. 1106 datieren, wobei davon ausgegangen wird, dass die 300 Jahre eine exakte Angabe sind. Für eine anderweitige Annahme gibt es keinen Grund. Da die ammonitische Unterdrückung, die Jeftah 1106 beendete, 18 Jahre dauerte, muss sie etwa 1124 begonnen haben. Zu dieser Zeit genoss das Land auf beiden Seiten des Jordans, dank der effektiven Vertreibung der Midianiter durch Gideon in den vorangegangenen Jahrzehnten, Frieden. Es ist möglich, dass die Ammoniter ihre Ansprüche erst nach Gideons Tod erhoben, weil sie dann keinen Grund mehr zur Furcht vor Israel hatten.

Als die Ammoniter Jeftahs Friedensbedingungen abgelehnt hatten, griff er sie auf breiter Front an: von Aroër (unbekannt), das östlich von Rabba lag, dem modernen Amman, bis nach Minnit (unbe-

---

[75] Tatsächlich scheinen die Ammoniter vor Sihons Zeit dieses Gebiet besessen zu haben (4. Mo 21, 26). Siehe E. H. Merrill, »4. Mose.« *Das Alte Testament erklärt und ausgelegt.* J. F. Walvoord und R. F. Zuck, Hrsg., Neuhausen, 1990, S. 293.

kannt), das sich in Ammon östlich des Jabbok befand, und nach Abel-Keramim (Naʿûr?),[76] einige Kilometer nordwestlich Heschbons. Dann kehrte er nach Mizpa zurück. Dort erfüllte er den Schwur, den er geleistet hatte, als er Jahwes Beistand suchte (Ri 11,30-31.39).

Die Reaktionen der Ephraimiter auf Jeftahs Erfolg sind dauernde Verdächtigungen und latente Feindschaft. Sie hatten unter den Ammonitern gelitten und überquerten jetzt den Jordan, um Jeftah zurechtzuweisen, da er sie nicht eingeladen hatte, am Sieg über Ammon teilzuhaben. Ohne über die Konsequenzen nachzudenken und im Einklang mit dem archaischen Geist dieses Zeitalters, drohten sie damit, Jeftahs Haus niederzubrennen. Jeftah protestierte, hatte er doch Ephraim vergeblich zur Teilnahme eingeladen (Ri 12,2). Die Ephraimiter setzten dem nur entgegen, die Gileaditer seien Abtrünnige Ephraims und Manasses und verhielten sich daher Israel gegenüber nicht loyal.[77] Dies zeigt die Probleme, die sich aus der Forderung Rubens, Gads und Manasses nach einem Erbteil jenseits des Jordans ergaben. Die wachsende Entfremdung der östlichen von den westlichen Stämmen zeigt sich in den Maßnahmen, die Jeftah ergriff, um die Ephraimiter davon abzuhalten, nach der Niederlage gegen die Gileaditer den Jordan noch einmal zu überqueren: Er stellte seine Männer in der Nähe der Furten auf. Jeder Überlebende des Kampfes, der nach Westen übersetzen wollte, musste »Schibbolet« sagen. Sprach er es »Sibbolet« aus – eine phonetische Besonderheit des Westens – war er als Ephraimiter identifiziert und konnte getötet werden.[78] So beweist die

[76] Aharoni, *Das Land der Bibel*, S. 437.

[77] Aharoni, »Settlement of Canaan.« *WHJP*, Bd III, S. 123-124. Es gibt beträchtliche Beweise dafür, dass Ephraim einen großen Teil Transjordaniens beanspruchte, wie Erwähnungen des ephraimitischen Waldes in Transjordanien ahnen lassen (2. Sam 18,6). Siehe Malamat, »Period of the Judges.« *WHJP*, Bd III, S. 159.

[78] Vergl. E.A. Speiser, »The Shibboleth Incident.« *BASOR* 85, 1942, 10-13; E.Y. Kutscher, *A History of the Hebrew Language*. Jerusalem, 1982, S. 14-15.

unterschiedliche Entwicklung der Sprache das schnelle Auseinanderdriften der Nation.[79]

Jeftah lebte noch sechs Jahre nach der Vertreibung der Ammoniter (1106-1100). Ihm folgten drei örtliche Richter: Ibzan aus Bethlehem, wahrscheinlich in Juda, diente sieben Jahre (ca. 1100-1093). Elon aus Ajalon in Sebulon richtete Israel zehn Jahre (ca. 1093-1083) und Abdon aus Piraton (Farʿata) in Ephraim acht Jahre (ca. 1083-1075). Diese Männer können ihre Ämter teilweise oder ganz synchron ausgeübt haben, aber in keinem Fall berührte ihre Herrschaft das von Ammonitern und Philistern beherrschte Gebiet.

## Simson

Die Philister begannen Israel im selben Jahr zu unterdrücken wie die Ammoniter (1124). Die philistäische Unterdrückung wird aber erst detaillierter ausgeführt, nachdem der Bericht von Jeftah und den Ammonitern beendet ist, und beginnt mit: »Also taten die Israeliten weiter, was dem Herrn mißfiel«,[80] wie der Erzähler in Ri 10, 6 feststellt. Vers 13, 1a dient als literarische Verbindung zum vorhergehenden Abschnitt über Jeftah, der keine zeitliche Folge von Jeftah und Simson anzeigen, sondern sie nebeneinander stellen will.

Die Gefahr durch die Philister hatte zwar Auswirkungen auf Ephraim, Benjamin und Juda, betraf aber besonders Dan. 40 lange

---

[79] Weitere Beweise dieser Trennung liefert Malamat, »Period of the Judges.« *WHJP*, Bd III, S. 160-161, der herausstellt, dass Ephraim meist als Anstifter dieser Trennung gelten kann. Vergl. auch D. I. Block, »The Role of Language in Ancient Israelite Perceptions of National Identity.« *JBL* 103, 1984, 339, FN 75.

[80] Diese Sicht wird nicht von der üblichen Übersetzung – »und die Israeliten taten wiederum, was dem Herrn mißfiel« – unterstützt (Ri 13, 1a). Das Wort »wiederum« erscheint nicht im hebräischen Text. Wörtlich heißt es: »Und die Söhne Israels *fügten hinzu* Böses zu tun in den Augen des Herrn.« Das Wort, das mit »hinzufügen« übersetzt wird, kann »wiederum tun« bedeuten, muss es aber nicht. Das hebr. Verb *jāsaf* bedeutet hier »fortfahren, etwas zu tun«; aber nur, wenn die hebr. Partikel *ʿôd* hinzugefügt wird, könnte es als »etwas erneut tun« wiedergegeben werden (vergl. Ri 11, 14). Vergl. Boling, *Judges*, S. 85.

Jahre stöhnten die Israeliten unter dem gnadenlosen, brutalen Druck, bis schließlich Jahwe zunächst Simson und dann Samuel berief, sie von dem Joch der Philister zu befreien. Die Unterdrückung begann 1124 und dauerte bis 1084. Simsons Richterzeit fiel in diese Zeit (Ri 15, 20), überdauerte sie jedoch nicht (1. Sam 7, 13-14). Da er 20 Jahre im Amt war (Ri 16, 31), kann er seinen Dienst nicht später angetreten haben als in der Mitte dieser 40 Jahre, also 1104. Er wäre dann nicht älter als 20 gewesen, da seine Geburt dem Beginn des Gerichts der Philister folgte (Ri 13, 5). Zusammengefasst: Die Unterdrückung dauerte von 1124 bis 1084, Simson wurde ca. 1123 geboren, begann sein Amt 1104 und starb spätestens 1084.

Simson, der gottesfürchtigen danitischen Eltern in Zora (Ṣarʿa) im Tal Sorek geboren wurde, war seit seiner Geburt ein Nasiräer und in besonderer Weise mit dem Geist Gottes ausgestattet.[81] Dass dies nicht mit persönlicher Spiritualität gleichzusetzen ist, wird am Lebenswandel dieses jungen Mannes deutlich. Simson dient als aufschlussreiches Zeugnis für das Wesen des Richteramtes, das kein Amt war, das man durch natürliche Gaben, persönliche Integrität oder Erbfolge erlangte, sondern allein durch die souveräne Anordnung Jahwes. Simsons zahlreiche Affären mit philistäischen Frauen zeigen, dass sein Erfolg für Israel nicht in seinem eigenen Charakter begründet lag, sondern in seinem Gott, der ihn dazu befähigte, der Erlöser seines Volkes zu sein.

Simson verliebte sich in eine philistäische Jungfrau aus Timna (Tell el-Baṭaschi), einer Stadt an der israelitisch-philistäischen Grenze. An seiner Hochzeit wettete er um 30 Feierkleider, dass seine Zechgenossen nicht in der Lage wären, ein von ihm erdachtes Rätsel zu lösen. Da seine Frau ihn durch einen Trick dazu brachte, die Antwort preiszugeben, und er so die Wette verlor, ging er sofort in die philistäische Stadt Aschkelon und ermordete 30 Männer, um seine Wettschuld mit ihren Kleidern zu begleichen. Dies ist der erste Anschlag Simsons auf die Philister, der berichtet wird. Als Simson nach Timna zurückkehrte, musste er feststellen, dass seine Frau inzwischen

[81] Aufgabe und Wesen des Nasiräers erklärt R. de Vaux, *Das alte Israel und seine Lebensordnungen.* Bd II, Freiburg, 2. Aufl., 1966, S. 319-321.

einem anderen Mann gegeben worden war. Außer sich vor Wut fing er 300 Füchse, band je zwei und zwei die Schwänze zusammen, zündete sie an und schickte die Tiere durch die Weizenfelder, Ölhaine und Weinberge der Philister, wo sie die Ernte in Brand setzten. Als die Philister zur Vergeltung ansetzten und seine Frau und seinen Schwiegervater umbrachten, erschlug Simson viele Philister. Dadurch gereizt, rüsteten die Philister zum Kampf gegen Juda. Juda geriet in Furcht und Schrecken, da sie unter philistäischer Besetzung lebten (Ri 15,11). Um die Gefahr von sich abzuwenden, lieferten sie Simson an die Philister aus. Der Geist des Herrn kam jedoch über ihn, und er erschlug mit einem Eselskinnbacken tausend Philister in Ramat-Lehi (unbekannt, Ri 15,14-17).

Die zweite Frau in Simsons Leben war eine Prostituierte aus Gaza. Während er sie besuchte, entdeckten ihn einige der Philister. Sie beschlossen, ihm die ganze Nacht aufzulauern, um ihn am Morgen zu fassen. Ihr Plan wurde aber zunichte gemacht, weil Simson um Mitternacht aufstand und auf dem Weg zur Stadt hinaus die Torflügel des Stadttores ergriff und sie bis nach Hebron trug, ca. 65 km entfernt.

Schließlich fiel Simson dem Charme Delilas zum Opfer, die den Philistern das Geheimnis seiner Kraft verriet, nämlich dass sein Haar noch nie geschnitten worden war. Sie schnitten ihm das Haar ab, und Jahwe wich von ihm, mit ihm auch seine Kraft. Simson wurde geblendet und musste in einer Mühle wie ein Lasttier den Mahlstein drehen, ironischerweise in Gaza: Die Stadt, deren Stadttor er durch seine Stärke gestohlen hatte, wurde ihm jetzt in seiner Schwäche zum Gefängnis. Eines Tages wurde Simson in den Tempel Dagons gebracht, des Hauptgottes der Philister. Sein Haar, das Symbol seines nasiräischen Status' und der Kraft Gottes, war wieder gewachsen, und in einer letzten Anstrengung riss er den Tempel Dagons um, der ihn und die Philister unter sich begrub. So tötete er mehr Feinde bei seinem Tod als zu seinen Lebzeiten.

Kritische Wissenschaftler weigern sich, die Erzählungen von Simson wegen der übernatürlichen Taten ihres Helden für historisch zu halten. Sie ziehen es vor, sie als Legenden oder Sagen zu bezeichnen, die dazu dienen, den Ruf Jahwes zu erhöhen, indem man seine Siege eher einem Geist-erfüllten Mann als einer ganzen Armee zuschrieb.[82] Dieser Skeptizismus hat zwei Probleme: Zum einen verkennt er das Wesen der Sagen als literarische Gattung[83] und zum anderen kommt er zu dem Zirkelschluss, da solche selbstständigen Unternehmungen nicht geschehen sein können, seien sie auch nicht geschehen. Aber eine solche Beurteilung geht am Eigentlichen vorbei und sollte nicht zum Maßstab für das Anerkennen von historischer Geschichtsschreibung werden. Denn in der außerbiblischen Literatur gibt es nichts, was diesem Bericht widerspräche. Und außerdem ist biblische Geschichte *Geschichte sui generis*, eine besondere und einzigartige Geschichte, so dass es keinen einsichtigen Grund gibt, die Geschichten Simsons als unglaubwürdig abzulehnen. Historische Uniformität darf keine Zwangsjacke sein, die festlegt, was in der Vergangenheit geschehen sein kann.

## Samuel

Die letzten fünf Kapitel des Richter-Buches bilden zusammen mit dem Buch Rut die »bethlehemitische Trilogie« von Geschichten, die sich zur Zeit der Richter ereigneten. Bevor sie untersucht werden, soll der Bericht von der philistäischen Unterdrückung und von der Richter-Zeit als Ganzes abgerundet werden, indem die ersten Kapitel aus dem 1. Samuel-Buch einbezogen werden.

Das Samuel-Buch beginnt mit der Geschichte von Samuels Geburt als Antwort auf Hannas inständiges Gebet. Er wurde in Ramatajim-Zofim (Rentis) in Ephraim geboren (1. Sam 1,1), nur etwa 8 km nordwestlich von Timnat-Serach, der Grabstätte Josuas, und unge-

---

[82] Diese Meinung wird auch von J.L. Crenshaw in seiner Monographie, *Samson.* Atlanta, 1978, S. 19-26, vertreten.

[83] Eine hervorragende Diskussion des Begriffs *Saga*, besonders als unpräzise Übersetzung des deutschen Begriffes Sage, gibt J.J. Scullion, »Märchen, Sage, Legende: Towards a Clarification of Some Literary Terms Used by Old Testament Scholars.« *VT* 34, 1984, 324-331. Siehe auch A. Jolles, *Einfache Formen, Legende, Sage, Mythe, Rätsel, Sprüche, Kasus, Memorabile, Märchen, Witz.* Tübingen, 2. Aufl., 1958.

fähr 30 km westlich des Heiligtums von Silo.[84] Samuel wurde von seinen Eltern als Nasiräer Gott geweiht und sollte Jahwe in Silo dienen. Da er aus dem Stamm Levi kam (er gehörte zum Clan Kehat, 1. Chr 6, 18 - 23), konnte er als Levit am Heiligtum und an anderen örtlichen Altären dienen.

Während Samuel in Silo heranwuchs, war Eli dort Hoherpriester. Eli war Nachfahre des vierten Aaron-Sohnes Itamar, was sich daraus schließen lässt, dass das Priesteramt später Elis Nachkommen genommen und Zadok gegeben wurde, der von dem dritten Aaron-Sohn Eleasar abstammte (1. Kön 2, 35; vergl. 4. Mo 3, 4; 1. Chr 6, 38). Obwohl Eli selbst nicht nachweisbar des Abfalls schuldig war, verwandelten seine Söhne das Haus Jahwes in Silo in einen kanaanitischen Schrein, mit der Korruption und Unmoral, die dem Baal-Kult eigen war (1. Sam 2, 12 - 17.22 - 25). Wegen dieser Umstände setzte Jahwe die Philister als Werkzeug seiner Züchtigung ein, und in dieser Umgebung berief Gott den jungen Samuel zum Propheten und Richter.

Die Gegenwart der Philister in den frühen Jahren Samuels muss in Verbindung mit der 40 -jährigen Unterdrückung von Ri 13, 1 gesehen werden. Dies wird zum einen aus der Tatsache deutlich, dass Samuel vor 1124, also dem Beginn der Philister-Herrschaft im zwölften Jahrhundert, vermutlich noch nicht geboren war. Die philistäische Unterdrückung dauerte 40 Jahre, von 1124 - 1084, und wurde von Samuel selbst beendet, der es den Israeliten ermöglichte, ihre früheren Gebiete zurückzugewinnen (1. Sam 7, 13 - 14). Diesen Erfolg muss Samuel im Jahre 1084 gehabt haben. Da die Bundeslade schon 20 Jahre in Kirjat-Jearim (1. Sam 7, 2) war, als Samuel die Philister schlug (1084), und sie sich seit dem Fall Silos dort befand, abgesehen von den sieben Monaten in Philistäa (1. Sam 6, 1), muss Silo um 1104 zerstört worden sein.[85] Die Ereignisse von 1104 sollen jetzt genauer untersucht werden.

---

[84] Das Geburtsdatum Samuels wurde schon erörtert und auf ca. 1121, spätestens jedoch 1116, datiert (siehe S. 238 - 240).

[85] Dieses Datum liegt etwa 50 Jahre vor dem allgemein angenommenen Datum der Zerstörung Silos. Siehe z. B. J. Bright, *Geschichte Israels.* Düsseldorf, 1966, S. 171 - 172. Zu beachten ist, dass der biblische Bericht nicht sagt, Silo sei zu der Zeit, als die

Der Erzähler berichtet, dass die Philister sich in Afek versammelten, offensichtlich, um gegen die in Eben-Eser versammelten Israeliten zu kämpfen (1. Sam 4, 1-11). Der hierfür in Frage kommende Ort ist Râs el-ʿEn, etwa 40 km westlich von Silo. Eben Eser (ʿIzbet-Ṣarṭa?)[86] befand sich lediglich dreieinhalb km südöstlich von Afek.[87] Israel erlitt eine gewaltige Niederlage. Abergläubisch führten sie das Fiasko darauf zurück, dass am Schauplatz des Kampfes die Bundeslade gefehlt habe, das Symbol der Gegenwart Jahwes, des Kämpfers Israels, der seine Truppen im heiligen Krieg anführt. Aber heiliger Krieg war durch Jahwe sanktionierter Krieg, so dass die bloße Gegenwart der Bundeslade nicht automatisch bedeuten konnte, dass Jahwe segnen würde. Dennoch wurde die Lade aus Silo herbeigeholt, und obwohl sie die Philister in Schrecken versetzte (1. Sam 4, 6-8), kämpften sie gegen Israel und errangen einen triumphalen Sieg. Elis Söhne Hofni und Pinhas, die für die Bundeslade zuständig waren, wurden ermordet und die Lade selbst als Siegesbeute mitgenommen. Als die Nachricht dieser Katastrophe Silo erreichte, fiel Eli rücklings vom Stuhl und starb. Pinhas' Frau erlitt vor Schreck eine Frühgeburt und gebar einen Sohn, den sie Ikabod (»kein Ruhm«) nannte. Eine beredte Umschreibung für den Verlust der Bundeslade.

Der Angriff der Philister auf Israel in Afek könnte eine Reaktion auf die frühen Plünderungen Simsons gewesen sein, die etwa zu dieser Zeit (1104) begannen. Da Simson mit übernatürlichen Kräften durch den Gott Israels ausgestattet war, schien es keine bessere Möglichkeit für die Philister zu geben, als mit einem Angriff auf Silo das eigentliche Problem, Jahwe, aus der Welt zu schaffen. Die Philister begriffen jedoch schnell, dass Jahwe sich nicht in einer Lade festhalten

---

Lade im Besitz der Philister war, wirklich zerstört worden. Die Stadt könnte auch 50 Jahre, nachdem sie nicht mehr Israels Kult-Zentrum war, zerstört worden sein. Ps 78, 60 spricht davon, dass Jahwe Silo verlassen habe, eine Begebenheit, die 1. Sam 4, 11 berichtet. Jeremia sagt aber, Silo sei zerstört worden (7, 12.14; 26, 6.9), weil Jahwe es als Kultstätte ablehnte. Es muss aber nicht vom selben Ereignis gesprochen werden.

[86] *Oxford Bible Atlas*, S. 127.

[87] Siehe Aharoni und Avi-Yonah, *Der Bibel Atlas*, Karte 83, S. 58.

ließ, und dass seine Macht auch nicht durch das Exil der Lade in Philistäa verschwand. Die Lade wurde buchstäblich als Kriegsgefangene im Tempel Dagons in Aschdod abgestellt. Dort sollte Jahwe in abstoßender Niedrigkeit – so meinten die Philister – zu Füßen der philistäischen Gottheit liegen. Doch am nächsten Morgen lag Dagon ausgestreckt vor der Bundeslade. Seine Diener stellten das Bild Dagons wieder auf, doch es fiel noch einmal schmählich zu Boden; diesmal verlor Dagon Kopf und Arme. Unmissverständlich zeigten sich Jahwes Unvergleichlichkeit sowie seine Unbesiegbarkeit (1. Sam 5,1-4).

Doch nicht nur Dagon wurde geschmäht; die Menschen in Aschdod erlitten eine Tumorplage. Da sie dies als eine Strafe Jahwes ansahen, sandten sie die Bundeslade weg, in ihre Schwesterstadt Gat. Auch dort wurden die Menschen mit derselben Plage geschlagen, und deshalb schickte man die Lade nach Ekron, mit demselben Resultat. Vollkommen verzweifelt beschlossen die Obersten der Philister, Israel die Bundeslade zurückzugeben. Man wollte Jahwe angemessene Opfer bringen, um ihn zu versöhnen und ihn dazu zu bewegen, die Plage von ihnen zu nehmen. Die Tiere, die den Wagen mit der Bundeslade zogen, erreichten Bet-Schemesch, wo ein gewisser Joschua die Lade vorläufig aufnahm. Die Leviten opferten dort Jahwe die Zugtiere der Lade. Einige der Menschen in Beth-Schemesch hatten in die Bundeslade hineingeschaut, was die Heiligkeit der Lade verletzte, und wofür sie bestraft wurden (1. Sam 6,19). Angsterfüllt baten die anderen Bewohner von Bet-Schemesch die Bürger von Kirjat-Jearim (Der el-ʿÂzhar), ungefähr 16 km nordöstlich, die Bundeslade zu beherbergen.

Die Bundeslade blieb 20 Jahre in Kirjat-Jearim im Hause Abinadabs. Erst danach mahnte Samuel die Israeliten, ihren heidnischen Götzen abzuschwören, Jahwe zu dienen und sich darauf vorzubereiten, das Land ein für alle Mal von den Philistern zu befreien. Samuel übernahm jetzt die Führung des Volkes. Denn zum einen war er inzwischen für seine Aufgabe herangereift und zum anderen gab es keinen anderen Führer in Israel. Simson musste also schon gestorben sein. (Er starb, nachdem er das Volk 20 Jahre gerichtet hatte, etwa um 1084.) Nun, 20 Jahre nach dem Raub der Bundeslade durch die

Philister im Jahr 1104, führte Samuel die Israeliten als Richter und Prophet, um das philistäische Problem endgültig zu lösen. Er sammelte das Volk in Mizpa (Tell en-Naṣbe), zwischen Gibeon und Bethel, opferte Jahwe und ermutigte die Israeliten, sich den Philistern tapfer entgegenzustellen, die schon zur Schlacht anrückten. Mit Jahwes Hilfe erreichte Israel einen großen Sieg und drängte die Philister bis nach Bet-Kar zurück. Dieser Ort kann nicht näher bestimmt werden, er wird aber mit Schen (Jeschana oder el-Burj),[88] etwas südlich von Silo assoziiert (1. Sam 7,12). Diese Begegnung beendete die philistäische Besetzung Israels und die damit verbundenen Nöte. Die 40-jährige Unterdrückung war zu Ende. Der Hinweis auf Frieden mit den Amoritern (1. Sam 7,14) deutet an, dass Samuels Sieg über die Philister auch eine Friedenszeit mit der einheimischen amoritischen Bevölkerung des Hügellandes bewirkte.[89]

Diese Leistung Samuels zeichnete ihn als Richter aus, der in der langen Tradition charismatischer Führer stand, die mit Otniël begonnen hatte. Aber seine Rechtsprechung selbst war begrenzt, denn sein Gerichtsbezirk reichte nur von Bethel über Gilgal nach Mizpa, ein Gebiet, das selbst in seiner größten Ausdehnung nicht mehr als 30 km umfasste. Er war auch nicht ständig unterwegs, da er in periodischen Abständen nach Rama (Ramathaim Zophim) zurückkehrte, das er zu seinem bleibenden Wohnsitz machte. Samuel übte sein Richteramt lebenslang aus, auch als später sein Amt der Monarchie weichen musste (1. Sam 7,15; 12,23), denn innerhalb von 35 Jahren sollte Samuel den ersten israelitischen König salben.

---

[88] Der masoretische Text von 1. Samuel liest hier *haššēn*, aber die bevorzugte, auf der Septuaginta basierende Lesart, ist *hayšānâ*, Jeschana.

[89] P.K. McCarter, Jr., *1. Samuel.* Garden City, 1980, S. 147.

## Die bethlehemitische Trilogie

Zunächst soll erst etwas über die schon genannte »bethlehemitische Trilogie« gesagt werden, jene Erzählungen, die von der Zeit der Richter handeln, die Stadt Bethlehem betreffen und auch sonst viele Themen und Motive gemeinsam haben.[90] Diese drei Geschichten sollen recht detailliert analysiert werden, da sie narrative Geschichtsschreibung darstellen. Sie handeln von Individuen, deren Privatleben betrachtet wird und deren Identität sowie Aktivitäten untrennbar mit der davidischen Monarchie verbunden sind, die ihnen folgte. Für ihr Verständnis sind sie entscheidend und wurden deshalb im AT berichtet, um die Wurzeln der davidischen Dynastie zu zeigen und ihre Existenzberechtigung, im Gegensatz zu der König Sauls, zu stützen.

### Micha und der Levit

Die erste dieser Erzählungen ist die Geschichte von Micha und dem Leviten (Ri 17-18).[91] Es scheint, dass ein wohlhabender Mann aus Ephraim namens Micha ein Haus voller Götzen erbaut und seinen eigenen Sohn zum Priester dieses heidnischen Schreins ernannt hatte. Dies, so sagt der Erzähler, war charakteristisch für die Zeit, in der »kein König in Israel« war und »jeder tat, was ihm recht dünkte« (Ri 17,6). Als ein Levit aus Bethlehem auf der Suche nach Anstellung dort vorbeikam, bot Micha diesem an, an Stelle seines nicht-levitischen Sohnes Priester der Hausgötzen zu werden, was der Levit annahm.

In der Zwischenzeit hatte der Stamm Dan, der nicht in der Lage war, sein Erbteil einzunehmen, Kundschafter nach Norden geschickt, um andere Gebiete zu erkunden. Auf dem Weg trafen sie auf den Leviten und holten sich von ihm für ihr Vorhaben eine Weisung

---

[90] Vergl. E. H. Merrill, »The Book of Ruth: Narration and Shared Themes.« *Bib Sac* 142, 1985, 130-141.

[91] F. A. Spina, »The Dan Story Historically Reconsidered.« *JSOT* 4, 1977, 60-71.

seines Gottes. Zufrieden zogen sie nach Lajisch (Tell el-Qadi) weiter, welches etwa 20 km nördlich des Hule-Sees lag, und fanden die Einwohner dort friedfertig und ohne Schutz (Ri 18, 1-7). Dieser gute Bericht ermutigte viele Daniter, nach Lajisch aufzubrechen.

Auf dem Weg nach Norden machten die 600 danitischen Männer, die mit der Unterwerfung Lajischs betraut waren, Station bei Micha und überredeten den Leviten, sich ihnen anzuschließen und Priester des neuen Heiligtums zu werden, das sie in Lajisch erbauen würden. Dort angekommen, zerstörten sie die Stadt und bauten sie unter dem Namen Dan wieder auf. Der Levit wurde Priester ihres Götzenbildes. Nur an dieser Stelle wird der Levit mit Namen genannt: Er war kein Geringerer als Jonatan, der Sohn Gerschoms und somit der Enkel Moses.[92] Diese Information ermöglicht es, den historischen Rahmen der Geschichte genauer zu definieren. Gerschom, Moses Sohn, könnte bereits vor der Landnahme als Angehöriger der rebellischen Generation gestorben sein. Jonatan hätte um 1444, als die Israeliten in der Wüste gegen Gott rebellierten, höchstens 20 Jahre sein dürfen, um in das verheißene Land einziehen zu können. So hätte er zu Beginn der Landnahme 58 Jahre alt gewesen sein können und dennoch wird er in Ri 17, 7 als »jung« bezeichnet. Zwar ist dies eine ungenaue Altersangabe, es kann sich aber sicher nicht auf jemanden über 50 bezogen haben. Wahrscheinlicher ist daher, dass der Levit deutlich unter 50 war.[93] Auch der Hinweis in Ri 18, 1, dass

---

[92] Das *nun suspensum* des masoretischen Textes in Ri 18, 30 reflektiert lediglich apologetische Überlegungen und kann die starke Manuskript-Evidenz, die eher auf »Mose« als auf »Manasse« zu deuten ist, nicht widerlegen. Vergl. Moore, *Judges*, S. 401-402.

[93] Dass Jonatan erheblich jünger war, wird durch die Tatsache gestützt, dass Gerschom Mose und Zippora erst nach etlichen Ehejahren geboren wurde; seine Mutter beschnitt ihn auf dem Weg nach Ägypten in der Erwartung des Auszuges (2. Mo 4, 24-26). Ein Geburtsdatum um 1450 ist deshalb nicht unwahrscheinlich. In diesem Fall könnte er unter denen gewesen sein, die sich für den Einzug nach Kanaan qualifizierten, da er 1444 jünger als zwanzig war. Er wäre dann 1399 nur 50 Jahre alt gewesen und sein Sohn Jonatan könnte zu dieser Zeit ohne Probleme als »junger Mann« bezeichnet worden sein. Obwohl das hebräische *na'ar* (»Jüngling«) sich auch auf einen Diener oder Priester beziehen kann, wird es niemals für einen alten Mann verwendet. Vergl. Aharoni, »Settlement of Canaan.« *WHJP*, Bd III, S. 15.

Dan sein Erbteil noch nicht in Besitz genommen hatte, ist von Bedeutung. Ungeduldig beschloss der Stamm, seine eigenen Wege zu gehen. Es soll hier daran erinnert werden, dass die Aufteilung der Stammesgebiete sieben Jahre nach Beginn der Landnahme beendet wurde, d. h. im Jahr 1399. Dans Zug nach Lajisch muss kurz darauf stattgefunden haben.

Aufgrund von Ri 1,34-36 wird allgemein angenommen, die Migration Dans sei durch Druck der einheimischen Bevölkerung auf das dem Stamm zugeteilte Siedlungsgebiet ausgelöst worden. Jedoch sollte man die Bemerkung in Jos 19,47 beachten, die Daniter hätten Lajisch (Leschem) erobert, nachdem sie Schwierigkeiten gehabt hatten, die Städte ihres Erbes einzunehmen. In Ri 18,8-13 wird jedoch deutlich, dass die Einnahme Lajischs der Besetzung ihres zugewiesenen Gebietes voranging. Die Reihenfolge könnte also gewesen sein, dass ein Teil des danitischen Stammes, aus Unzufriedenheit mit seiner Unfähigkeit, das Erbteil einzunehmen, auf eigene Faust nach Norden zog, um Lajisch zu erobern. Die restlichen Daniter könnten in die Städte eingezogen sein, die Jos 19,40-46 erwähnt. Diese Daniter waren der Stamm, aus dem fast 300 Jahre später Simson kommen sollte.

## Der Levit und seine Konkubine

Die zweite Geschichte der Trilogie handelt von einem Leviten aus Ephraim, der eine junge Frau aus Bethlehem zu seiner Konkubine gemacht hatte (Ri 19-21).[94] Die betonte Bethlehem-Ephraim-Verbindung in beiden Episoden ist offensichtlich ein absichtlich gewähltes Motiv des Erzählers. Der Levit holte seine Nebenfrau aus Bethlehem zurück, wohin sie aus unbekannter Ursache geflohen war, und kam

[94] Die essentielle Historizität dieser Geschichte stellt A. Malamat außer Zweifel. Siehe seine Ausführungen in »Period of the Judges.« *WHJP*, Bd III, S. 161. Der sie zwischen das Richteramt Jeftahs und den ammonitischen Angriff auf Jabesch-Gilead (1. Sam 11) stellt. Eine derart späte Datierung kann jedoch nicht zutreffen, wie oben gezeigt wurde, obwohl Malamat richtig eine Verbindung zwischen Benjamin und Jabesch-Gilead herstellt.

bei der Rückkehr durch das Gibea Benjamins (Tell el-Fûl), wo ihm im Haus eines alten Mannes Obdach gegeben wurde. Das Haus wurde von benjaminitischen Gewalttätern umstellt, die Nebenfrau überfallen und die ganze Nacht brutal missbraucht und misshandelt. Vor der Tür des Gastgebers ließ man sie tot liegen. Der Levit machte in ganz Israel auf diese Schandtat aufmerksam und alle Ältesten Israels versammelten sich in Mizpa. Danach zogen sie hinauf nach Bethel (Ri 20,18)[95] und erbaten dort göttliche Weisung.[96]

Da die Nebenfrau aus Bethlehem stammte, wurde bestimmt, dass zunächst die Männer Judas Benjamin angreifen sollten. Nach zwei Tagen schwerer Rückschläge zogen sich die Israeliten zurück und suchten mit Hilfe des Hohenpriesters Pinhas, des Enkels Aarons, wieder Rat und Segen Jahwes.[97] Am dritten Tag konnte Israel die Benjaminiter vernichtend schlagen; sie löschten sie bis auf 600 Mann aus. Wieder versammelte sich Israel, diesmal um sich dem Problem des nahen Untergangs Benjamins zu stellen. Als Lösung beschaffte man den überlebenden Benjaminitern Frauen aus Jabesch in Gilead und aus Silo, um den Stamm Benjamin zu erhalten.

Der Verweis auf Jabesch in Gilead ist nicht ohne Bedeutung: Die Stadt war sicher in gewisser Hinsicht der Ort von Sauls Vorfahren,

---

[95] Es wurde vorgeschlagen *bêt-'ēl* hier zu verstehen als »Ort Gottes« (d. h. Mizpa), nicht als die gleichnamige Stadt. Dieser Vorschlag umgeht das Problem, Bethels Aufstieg als Kultstätte erklären zu müssen, für das es zu dieser Zeit keine Bestätigung gibt. Daher sind die Verweise auf Bethel (Ri 20,18,26; 21,2) nicht als ein Ortsname, sondern als »heiliger Ort«, also Mizpa, zu verstehen (vergl. Boling, *Judges*, S. 285). Obwohl Silo bereits früh als Stätte des Heiligtums und der Bundeslade festgelegt worden war, muss es zur Zeit der benjaminitischen Rebellion bereits seine Bedeutung verloren haben. Dies zeigt sich in der Anwesenheit der Bundeslade in Bethel (Ri 20,18.23.26-28; 21,1-7) und darin, dass Silo offensichtlich in Ungnade gefallen war (Ri 21,12.19-23). Die Erzählung in 1. Sam 3-4 zeigt, dass Silo später seine Stellung als zentrales Heiligtum zurückgewinnen konnte.

[96] Wesen und Funktion solcher Treffen sind dargelegt bei H. Reviv, »The Pattern of the Pan-Tribal Assembly in the Old Testament.« *JNSL* 8, 1980, 85-94.

[97] So können Ereignisse dieser Erzählung, wie die der Ersten, auf den Beginn der Richter-Zeit datiert werden. Eine Generation nach der Landnahme müssten Moses Enkel und Aarons Enkel Zeitgenossen gewesen sein.

der ja Benjaminit war (1. Sam 9, 1). Die Erzählung zeigt, dass die Frau des benjaminitischen Überlebenden, der Sauls Vorfahre war, ebenfalls aus Silo oder Jabesch in Gilead stammte. Dass Letzteres wahrscheinlicher ist, lässt sich aus Sauls Interesse für Jabesch schließen. Sobald er König geworden war, wurde Jabesch-Gilead von den Ammonitern belagert und wäre ohne sein Eingreifen erobert worden (1. Sam 11, 1-11).[98] Zudem nahmen Männer aus Jabesch nach Sauls Tod und seiner schmählichen Zur-Schau-Stellung in Bet-Schean seine Leiche an sich und begruben sie in ihrer Stadt (1. Sam 31, 11-13).

Die zweite Erzählung der »bethlehemitischen Trilogie« wirft ein deutlich schlechtes Licht auf Benjamin, auf die Ahnenreihe Sauls. Eine pro-davidische Einstellung ist zu erkennen.

## Buch Rut: Patriarchalische Zusammenhänge

Die dritte Erzählung dreht sich anfangs scheinbar nur um eine moabitische Frau, Rut.[99] Der Segen (Rut 4, 11-15) und die Genealogie am Ende des Buches (Rut 4, 17-22) zeigen jedoch, dass der Hauptzweck dieses Buches ist, die Abstammung Davids bis nach Juda und

---

[98] Dass Saul einen Ochsen schlachtete und zerteilte, erinnert an den Mord an der Nebenfrau des Leviten. Dieser Bericht verbindet den Beginn der Regierungszeit Sauls mit seiner Herkunft aus Jabesch in Gilead.

[99] Die jüdische kanonische Tradition, Rut als einen Teil des Richter-Buches anzusehen, beruht auf nachvollziehbaren historischen und literarischen Überlegungen. Die Erzählungen des Buches werden in die Richter-Zeit datiert (Rut 1, 1: »als die Richter richteten«). Damit knüpft das Buch an die beiden letzten Erzählungen des Richter-Buches an. Während die beiden anderen Erzählungen früher liegen, muss Rut gegen Ende angesiedelt werden, da seine Heldin nur drei Generationen vor David lebte. Weiter wiederholt sich die Anklage: »Zu der Zeit war kein König in Israel, und jeder tat, was ihm recht dünkte« (Ri 17, 6; 18, 1; 19, 1; 21, 25), wie ein Refrain durch das gesamte Richter-Buch. Dadurch wird die gesamte Zeit als eine Zeit der moralischen Anarchie und des Bundesbruches charakterisiert. Diese Beurteilung findet sich wieder in den Eröffnungsworten des Rut-Buches: »Zu der Zeit, als die Richter richteten . . .«, wodurch eine Einheit mit dem Richter-Buch entsteht.

Bethlehem zurückzuverfolgen. Wie in den vorangegangenen beiden Erzählungen geht es in dieser Novelle[100] um einen Mann, der von Bethlehem in Juda auszieht (Rut 1,1; vergl. Ri 17,7-8; 19,1-10), aber während die beiden anderen den Ruf der Stadt schädigten, wird er von Elimelech und seiner Familie durch ihr Verhalten gefördert. Im Buch Rut wird Bethlehem zu einem geeigneten Geburtsort für den König David. In der zweiten Erzählung hatten Sauls Vorfahren, die Benjaminiter, eine Bethlehemiterin gedemütigt, entwürdigt und getötet, sicher sehr zu ihrem späteren Bedauern. Doch Bethlehem selbst überlebte und brachte Sauls Nachfolger hervor, einen Mann nach Gottes Herzen. Der Ort Bethlehem ist also in den Geschichten von nicht geringer Bedeutung.

Es fällt auf, dass in Rut Davids Ahnenreihe nicht nur bis zur Richter-Zeit zurückverfolgt wird. Der genealogische Abschnitt in Rut 4 beginnt mit der Segnung des Boas durch die Bewohner Bethlehems. Dieser Segensspruch verbindet Bethlehem (und damit David) mit Perez und Juda: »Der Herr mache die Frau, die in dein Haus kommt, wie Rahel und Lea, die beide das Haus Israel gebaut haben; sei stark in Efrata, und dein Name werde gepriesen zu Bethlehem. Und dein Haus werde wie das Haus des Perez, den Tamar dem Juda gebar, durch die Nachkommen, die dir der Herr geben wird von dieser jungen Frau« (Rut 4,11b-12).

Der synonyme Gebrauch von »Efrata« und »Bethlehem« in dieser Passage erinnert an die erste biblische Erwähnung der beiden Namen, im Zusammenhang mit der Geburt Benjamins und dem Tod Rahels (1. Mo 35,16-19). Könnte es sein, dass dieses Ereignis, wobei Benjamins Leben die Todesursache von Jakobs (Israels) Lieblingsfrau war, in gewisser Weise die Kontroverse zwischen Saul und David antizipierte – der Benjaminiter als Antagonist des Bethlehemiters? Wie

[100] Formkritiker haben seit H. Gunkel diesen Begriff synonym zu dem der »Kurzgeschichte« gebraucht, um das Buch Rut zu beschreiben. Eine Verteidigung dieses Begriffes bietet E. F. Campbell, Jr., *Ruth.* Garden City, 1975, S. 3-6, 21. J. M. Sasson bevorzugt im Gegensatz dazu die Klassifikation »Volksmärchen« in *Ruth: A New Translation with a Philological Commentary and a Formalistic-Folkloristic Interpretation.* Baltimore, 1979, S. 215; ebenso wie O. Loretz, »The Theme of the Ruth Story.« *CBQ* 22, 1960, 391-399.

dem auch sei; es gibt weitere patriarchalische Beziehungspunkte zu der Rut-David-Erzählung, die äußerst aufschlussreich und bedeutend sind.

## Juda und Tamar

Ein Teil des gemeinschaftlichen Segens für Boas und Rut war, dass ihre Familie werden möge »wie das Haus Perez, den Tamar dem Juda gebar« (Rut 4,12). Wahrscheinlich war Tamar eine Fremde, die in das Bundesvolk eingeheiratet hatte (1. Mo 38,6) wie Rut[101a]. Die Umstände in diesen Beziehungen ähneln einander auffallend: a) Als Tamars Ehemann Er, Judas ältester Sohn, starb, heiratete sie gemäß dem Levirat dessen zweiten Sohn Onan. Doch der wollte keine Nachkommen für seinen Bruder zeugen, was Jahwe mit dem Tode bestrafte. Juda fürchtete um das Leben seines dritten Sohnes und gab ihm Tamar nicht zur Frau (1. Mo 38,14-16). Das Levirat ist auch in der Geschichte von Rut und Boas von Bedeutung (Rut 4,5), diesmal allerdings mit erfreulichem Ausgang: Boas zeugte mit Rut Nachkommen für den Namen ihres verstorbenen Ehemannes.[101b] b) Bis zur Unkenntlichkeit verkleidet verführte Tamar ihren Schwiegervater, der nicht wusste, dass er seine Schwiegertochter vor sich hatte (1. Mo 38,14-18). Rut näherte sich Boas im Schutz der Nacht und versteckte sich unter seiner Decke (Rut 3,6-14). c) Nachdem Tamars außereheliche Schwangerschaft offensichtlich wurde, stellte

---

[101a] Nach Jubiläen 41,1-2 und dem Testament Juda 10,1 stammte sie aus Mesopotamien und war eine Tochter Arams.

[101b] Aufschlussreiche Parallelen und Unterschiede zwischen beiden Situationen zeigt A. A. Anderson in »The Marriage of Ruth.« *JSS* 23, 1978, 171-183. Die komplexe Frage, ob es sich bei Ruts Ehe um eine Levirats- oder um eine *gōel*-Ehe handelte, kann hier nicht beantwortet werden. Vergl. besonders die Monografie von D. A. Leggett, *The Levirat and Goel Institutions in the Old Testament with Special Attention to the Book of Ruth.* Cherry Hill, N.J., 1974. Leggett, siehe bes. S. 209-539, argumentiert überzeugend, dass Ruts Ehe sowohl eine *gōel*- wie auch eine Levirats-Ehe war. Dass die beiden nicht immer gemeinsam vorkommen müssen, zeigt J.M. Sasson in »The Issue of Ge'ullah in Ruth.« *JSOT* 5, 1978, 60-63.

Juda sie vor das Dorftribunal, um sie formell der Prostitution anzuklagen und ihren Tod zu suchen. Doch stattdessen wurde sein Vergehen bekannt und er wurde geschmäht (1. Mo 38, 24 - 26). Auch Boas und Rut erschienen vor den Ältesten, aber positiv: damit er als ihr Löser auftreten und ihre bevorstehende Heirat ankündigen konnte. Diesmal wurde das Paar gesegnet und ihr Verhalten wurde gelobt (Rut 4, 1 - 12). d) In beiden Fällen waren die Männer im fortgeschrittenen Alter und zeugten Söhne, obwohl die Aussichten dafür eher gering schienen. e) Am wichtigsten ist jedoch, dass beide, Tamar und Rut, Söhne in der davidisch-messianischen Linie gebaren. Dies ist die stärkste Verbindung zwischen den beiden Erzählungen.

Der Grund, warum die Bibel Davids Stammbaum bis Juda zurückverfolgt, liegt in dem Segen, den Jakob auf seinem Totenbett über Juda aussprach:

*Es wird das Zepter von Juda nicht weichen*
*noch der Stab des Herrschers zwischen seinen Füßen,*
*bis dass der kommt, dem es gehört,*
*und der Gehorsam der Völker gehört ihm.*
(1. Mo 49, 10)

Dass sich dieses Versprechen durch David erfüllte, wird in vielen Abschnitten deutlich, aber nirgends deutlicher als in der Geschichte Ruts, besonders in der Genealogie: Der erste erwähnte Name ist Perez, der illegitime, aber doch erwählte Sohn Judas und Tamars, der seine königlichen Ambitionen durch einen Riss (hebr.: *pereṣ*) für sich geltend machte (1. Mo 38, 29). Entgegen allen menschlichen Erwartungen verdrängte er den Zwillingsbruder von seinem Platz als Erstling und nahm ihm so das Recht, in der Reihe der messianischen Verheißung zu stehen: Bei der Geburt der Zwillinge verdrängte Perez in letzter Sekunde Serach vom Platz des Erstgeborenen.[102]

Das Thema der Nicht-Beachtung sowohl der Tradition als auch der Norm ist in der Tat ein zentraler Punkt dieser kurzen Genealogie,

---

[102] Siehe dazu J. Skinner, *A Critical and Exegetical Commentary on Genesis.* New York, 1910, S. 455 - 456.

was sich darin wiederspiegelt, dass Boas aufgenommen wurde, obwohl er – Matthäus deutet es an – der Sohn Salomons und Rahabs, einer kanaanitischen Hure, war (Mt 1, 5). Dies war sicher ein gewagter und vollkommen unvorhergesehener Gang der Ereignisse. Juda hatte mit einer Frau, die er für eine kanaanitische Prostituierte hielt, einen Sohn gezeugt, Perez. Sein Nachkomme, Salomon, tat das gleiche mit einer kanaanitischen Hure, die den jahwistischen Glauben angenommen hatte, Rahab. Selbst die Wahl Davids widersprach allen Konventionen, da er nicht der älteste Sohn Isais war, sondern der jüngste. Über die eigentliche Genealogie hinaus ist von Bedeutung, dass Salomo, der Erbe der davidischen Dynastie, von Batseba geboren wurde, die erst Frau des Königs David geworden war, nachdem er in ihre Ehe eingebrochen war. Auch Salomo war nicht der älteste Sohn Davids, also nicht der traditionell zum Thronfolger Vorgesehene.

Der biblische Erzähler verfolgte die zentrale Absicht, Verbindungen von Juda und Tamar mit Boas und Rut herzustellen, um zu zeigen, wie sich die königliche Verheißung für Juda an der davidischen Dynastie erfüllte. Dieses Ziel möchte er nicht nur damit erreichen, dass er auf die Ähnlichkeiten in den Geschichten Tamars und Ruts verweist, sondern auch auf entscheidende Kontraste.

## Die Patriarchen und das Königtum

Die zweite Funktion der Rut-Geschichte ist, eine genealogische Verbindung zwischen den Patriarchen und der Monarchie zu schaffen. Der Gebrauch der Genealogien im AT ist bereits sorgfältig untersucht worden und hat einiges sehr Hilfreiches ergeben.[103] Nicht unbedeutend ist, dass die Patriarchen, hier repräsentiert durch Perez, direkt mit der königlich-davidischen Dynastie verbunden werden: David ist der Begründer dieser Dynastie, gleichzeitig der messiani-

---

[103] R. R. Wilson, »The Old Testament Genealogies in Recent Research.« *JBL* 94, 1975, 169-189; ders., *Genealogy and History in the Biblical World.* New Haven, 1977; M. D. Johnson, *The Purpose of Biblical Genealogies.* Cambridge, 2. Aufl., 1988.

sche Prototyp. Auffallend ist das Fehlen jeglichen Hinweises auf Mose. Daraus kann man schließen, dass der Autor den Graben zwischen den Patriarchen und der Monarchie möglichst glatt überbrükken wollte, ohne die Wasserscheide der gesamten historischen und theologischen Erfahrungen Israels, nämlich den Exodus und den Bund vom Sinai, zu kommentieren.

Obwohl das komplexe Thema biblischer Bundesschlüsse außerhalb des in diesem Buch begrenzten Stoffes liegt, muss doch allgemein festgestellt werden, dass der Sinai-Bund sich formal und funktional von den anderen biblischen Bünden unterscheidet.[104] Es gibt aber wichtige Verbindungen und Übereinstimmungen zwischen dem Bund mit Abraham und dem mit David. Dies wird im Buch Rut sehr deutlich. Der Erzähler beabsichtigt klarzustellen, dass die davidische Dynastie ihren Ursprung nicht im Sinai-Bund mit seinen Auflagen hatte, sondern historisch und theologisch vielmehr in den Verheißungen an die Patriarchen begründet ist. Daher mag zwar Israel als das Volk Jahwes aufsteigen oder fallen, gesegnet oder verflucht werden, aber die davidische Dynastie wird ewig bleiben, weil Gott versprochen hatte, durch Abraham eine Linie von Königen entstehen zu lassen, die historisch über Land und Volk Israel herrschen würden, aber weit darüber hinaus Einfluss haben sollten. Die Abraham verheißenen Könige (1. Mo 17, 6.16; beachte den Plural) wurden von Jakob genauer als ein König bezeichnet, dem königliches Zepter und Stab gehören sollten (1. Mo 49, 10). Er, der eine aus Juda, würde sogar über Moab und Edom (4. Mo 24, 17-19) herrschen. Jahwe sandte Samuel nach Bethlehem, um den Nachfolger Sauls zu salben, und sagte ihm dort, dass einer der Söhne Isais zum König erwählt sei (1. Sam 16, 1). Als David mit Öl gesalbt wurde, kam der Geist Gottes auf ihn herab, was nicht nur bestätigte, dass er, der jüngste Sohn,

---

[104] Es gibt sehr viel Literatur zu diesem Thema. Deshalb hier nur ein Hinweis auf die grundlegende Literatur: M. Weinfeld »The Covenant of Grant in the Old Testament and in the Ancient Near East.« *JAOS* 90, 1970, 184-203; D. R. Hillers, *Covenant: The History of Biblical Idea.* Baltimore, 1969; G. E. Mendenhall »Covenant Forms in Israelite Tradition.« *BAR*, Bd III, S. 25-53; ders., *Recht und Bund in Israel und dem Alten Vorderen Orient.* Zürich, 1960.

die richtige Wahl war, sondern auch, dass sich in ihm die Verheißungen an die Patriarchen sich endlich erfüllten.

Das Nebeneinander von Salbung und Königtum ist in vielen anderen Passagen des ATs auffallend, nicht zuletzt in Ps 2. Obwohl es sich um einen anonymen Psalm handelt, gibt es guten Grund zu der Annahme, dass es sich um eine Komposition Davids handelt, die sein messianisches Königtum und seinen Status als Sohn Gottes herausstreichen sollte.[105] Ps 110 spricht so über Davids Königtum, dass seine Herrschaft über ein politisches Amt hinausgeht. Hier wird allerdings nicht die Sohnschaft unterstrichen, sondern sein Priestertum.[106] Bemerkenswert ist einmal die Verknüpfung mit Melchisedek, einem Zeitgenossen der Patriarchen, und zum anderen die Umgehung des Sinai-Bundes sowie aller religiösen Institutionen. David ist sowohl König als auch Priester und dies nicht etwa wegen seiner Zugehörigkeit zum Volke Israel, sondern weil er in direkter Nachfolge der Verheißungen an Abraham, als deren Erfüllung gesehen wird.

Die Verbindung zu den Patriarchen wird in der Einsetzung des davidischen Bundes (1. Chr 15-17) ganz klar: Nachdem David der Bundeslade Räumlichkeiten geschaffen und Kult-Personal berufen hatte, das dort dienen sollte, brachte er, im priesterlichen Efod gekleidet, die Lade zu ihrer neuen Ruhestätte (1. Chr 15,25-28) und opferte dann (1. Chr 16,1-3) – ein Akt, der zu Zeiten des aaronitischen Priestertums für einen Abkömmling Judas vollkommen unangemessen war.[107] Zur Feier der Aufstellung von Thron und Bundeslade sang David eine Dankeshymne (1. Chr 16,8-36), in der er sich direkt auf den abrahamitischen Bund bezog (V. 15-17), aber jede Erwähnung des sinaitischen Bundes vermied. Selbst in dem Bericht

---

[105] Vergl. A. Weiser, *Die Psalmen.* Berlin, 1955, S. 68.

[106] J. W. Bowker, »Psalm CX.« *VT* 17, 1967, 36.

[107] Dies wird vom Autor des Hebräer-Briefes herausgestellt, der zeigt, dass das Priesteramt Jesu nicht aaronitisch war und deshalb nicht zum Sinai-Bund gehörte, da Jesus aus Juda kam. Er ist aber dennoch dem Priestertum Aarons überlegen, weil sein Amt der Ordnung Melchisedeks folgt (Hebr 7,11-17). Zum Priestertum Melchisedek-David siehe A. Johnson, *Sacral Kingship in Ancient Israel.* Cardiff, 1955, S. 27-46.

über die Offenbarung des dynastischen Bundes an David und über seine Antwort im Gebet findet sich kein expliziter Verweis auf den Sinai-Bund, obwohl das Thema »Israel als Gottes auserwähltes Volk und als Davids Nation« darin Vorrang hat (1. Chr 17,7.9.22.24).

Ebenso beeindruckend sind die patriarchisch-davidischen Verbindungen im NT, in dem durch die Erfüllung der davidischen Dynastie-Ansprüche in Jesus die Verheißungen eine weitere Dimension hinzugewinnen. Der Evangelist Matthäus kommentiert dieses Geschlechtsregister mit: »Dies ist das Buch von der Geschichte Jesu Christi, des Sohnes Davids, des Sohnes Abrahams...« (Mt 1,1). Was hier betont wird, ist die Tatsache, dass die historischen Wurzeln des Messias bei Abraham liegen und dass er als davidischer König kam, also als Antwort auf die Verheißung an die Erzväter. Dass es sich dabei um die Erfüllung der messianischen Erwartungen Israels handelte, wird aus den Rufen der Menschenmenge deutlich, als Jesus im Triumphzug in Jerusalem einzog: »Hosianna dem Sohn Davids! Gelobt sei, der da kommt im Namen des Herrn! Hosianna in der Höhe!« (Mt 21,9). Jesus bestätigte diesen Königsruf, als er den Pharisäern deutlich machte, dass der Messias Davids Sohn sei, gleichzeitig aber auch erläuterte, dass der Messias schon vor David war und über David herrschte, was in Ps 110 klar zum Ausdruck kommt (Mt 22,41-46). Dieser Psalm beschreibt den messianischen König als »Priester nach der Ordnung Melchisedeks«. Der Autor des Hebräer-Briefes betont diesen Punkt stark, und obwohl er David nie in diesem Zusammenhang erwähnt, spricht er doch von Jesus Christus als einem besonderen Priester wie der erwähnte Psalm von David. David und Jesus Christus stehen als »Priester nach der Ordnung Melchisedeks« beide außerhalb der mosaischen Priesterordnung und sind allgemeingültiger und verständlicher. Im Hebräerbrief 7,9-10 wird deutlich, wie selbst Levi (noch) in Abrahams Lenden den Zehnten an Melchisedek zahlte. Das priesterliche Kontinuum von Melchisedek über David zu Christus wird vom Mosaismus genauso wenig unterbrochen, wie das königliche von Abraham über David zu Christus. Eine zentrale Absicht in Rut ist, gerade diese Kontinuität zu zeigen, wenigstens die zwischen Abraham und David.

## Die Rolle der moabitischen Frau

Die dritte Funktion dieses Buches hat Rut selbst zum Zentrum. Sie wird auf höchst ungewöhnliche Weise von Gott dazu benutzt, das messianische König- und Priestertum weiterzugeben. Um ihre Rolle zu verstehen, muss ihre Nationalität beachtet werden. Sie war eine Moabiterin, die Tochter einer Nation, die von Lots Sohn Moab abstammte. Moab selbst stammte aus einer Verbindung Lots mit seiner ältesten Tochter (1. Mo 19, 37). Genau wie Lot sich von Abraham getrennt und damit die Familienbande durchschnitten hatte (1. Mo 13, 11), so hatte sich auch Juda von seinen Brüdern getrennt (1. Mo 38, 1) und schließlich hatte Elimelech Bethlehem und seine Sippe verlassen, um in Moab zu leben (Rut 1, 1).[108]

In jedem dieser Fälle folgte die Katastrophe auf dem Fuß: Zwei junge Frauen verloren ihre Ehemänner durch den Tod. In jedem der Fälle war der Bestand der Familie bedroht, was jeweils durch einen Vater oder eine Vaterfigur gelöst wurde, wenngleich es die Frauen waren, die die Initiative für ein heimliches Zusammentreffen ergriffen.

Die bemerkenswerteste Verbindung zwischen den Geschichten ist die ironische Tatsache, dass eine Nachfahrin des unberechenbaren, abtrünnigen Lot, die vornehme und reine Rut, eine Vereinigung mit der abrahamitischen Sippe herbeiführte, von der Lot sich getrennt hatte. Sie war also nicht nur das entscheidende Bindeglied in der messianischen Kette von Abraham zu David (und somit auch zu Christus), sondern auch ein Instrument, die Spaltung zwischen Juda und Moab zu überwinden, ein Typus oder Paradigma der Versöhnung, wie sie Gott unter den Nationen wünscht, eine Versöhnung, die den Erzväter-Segen erfüllte.

Wenn man das Geschlechtsregister in Mt 1 untersucht, entdeckt man, dass nur vier Frauen darin erwähnt werden, unter ihnen Rut.[109]

---

[108] Vergl. H. Fisch, »Ruth and the Structure of Covenant History.« *VT* 32, 1982, 429-432.

[109] Man sollte auch beachten, dass Frauen im Leben Jesu eine bedeutende Rolle gespielt haben, vor allem in der Passions- und Auferstehungszeit (vergl. z. B. Mt 26, 6-13; 27, 55-56; 28, 1-8).

Von diesen waren zwei Kanaaniterinnen, Tamar und Rahab, und eine vermutlich eine Hetiterin, Batseba. Darin wird die Souveränität der Gnade Gottes anschaulich, der auch Fremde, sogar wenig Geachtete, gebrauchen kann, um seine ewige Absicht zu erreichen, und der an solchem Tun sogar seine Lust hat. Wer könnte dies besser verdeutlichen als die loyale, freundliche, reine Rut? Der prophetische Segen, der über ihr und Boas gesprochen wurde, erfüllte sich, und sie wurde »wie Rahel und Lea, die beide das Haus Israel gebaut haben« (Rut 4,11).

# 6. Saul: Missverständnis des Bundes

## Die Forderung nach einem Königtum

Der Refrain des Richter-Buches »zu der Zeit war kein König in Israel« (Ri 17,6; 18,1; 19,1; 21,25) wurde zuletzt vom Volk Israel aufgegriffen, als es Samuel mit der Forderung gegenübertrat: »So setze nun einen König über uns, der uns richte, wie ihn die Heiden haben« (1. Sam 8,5). Samuel lehnte diese Bitte nicht deswegen ab (V. 6), weil der Wunsch nach einem König unangemessen war, sondern weil sie von einem anti-theokratischen Geist getragen wurde und verfrüht war.

Ein Königtum für Israel stand den Absichten Gottes keineswegs entgegen; es war sogar entscheidend für seinen Heilsplan.[1] Der Mensch war nach dem Bild Gottes geschaffen worden, um zu herrschen über »die Fische im Meer und die Vögel unter dem Himmel und über das Vieh und über alle Tiere des Feldes und über alles Gewürm, das auf dem Felde kriecht« (1. Mo 1,26). Im Garten Eden sollte er die ihm eingeräumte Macht ausüben. Später wurde Abraham und Sara verheißen, aus ihrer Nachkommenschaft würden Könige hervorgehen (1. Mo 17,6). Das gleiche Bundes-Versprechen erhielt auch Jakob (1. Mo 35,11), der es segnend seinen Nachkommen weitergab: »Es wird das Zepter von Juda nicht weichen noch der Stab des Herrschers von seinen Füßen, bis der kommt, dem es gehört; und ihm werden die Völker anhangen« (1. Mo 49,10). Schließlich werden in 5. Mo 17, 14-20 Richtlinien für eine Monarchie genannt, die in Israel nach den Regeln Gottes und nach seinem Zeitplan herbeigeführt werden sollte. Zu diesen Regeln gehörte, dass Jahwe selbst den König erwählte (V. 15) und dass dieser das Volk nach den Prinzipien der Tora regieren sollte (V. 18-20).

Die angebliche Spannung zwischen Samuels Ablehnung eines Königtums, wie das Volk es forderte (1. Sam 8; 10,17-27), und seiner positiven Unterstützung Sauls zur Zeit seiner Erwählung und

---

[1] W.C. Kaiser, Jr., *Toward an Old Testament Theology.* Grand Rapids, 1978, S. 144-149; C. Westermann, *Theologie des Alten Testaments in Grundzügen.* ATD Ergänzungsreihe 6, Göttingen, 1978, S. 93-94; S. Talmon, »The Biblical Idea of Statehood.« *The Bible World, Essays in Honor of Cyrus H. Gordon,* G. Rendsburg et al., Hrsg., New York, 1980, S. 239.

Salbung (1. Sam 9, 1 - 10, 16) entbehrt jeder historischen Grundlage.[2] Samuels Kampf richtete sich nicht gegen ein Königtum an sich, sondern dagegen, dass das Volk einen König wünscht, »wie ihn alle anderen Heiden haben«, und gegen ihre Weigerung, auf den Mann der Wahl Gottes zu warten.

Die Ursache für die Dringlichkeit des Wunsches im Volk ist offensichtlich: Samuel war alt geworden, seine beiden Söhne, die ihm als Richter hätten folgen sollen, waren korrupt. Außerdem begann eine Bedrohung von außen, besonders durch die Aramäer im Norden und durch die Ammoniter im Osten. In diesen Zeiten wurde der Ruf nach starker Leitung laut, die nicht mehr lokal begrenzt sein, sondern die gesamte Nation umspannen sollte. Eine solche Führung konnte nur ein König geben. Deshalb kam Jahwe dem Wunsch des Volkes nach und sicherte zugleich Samuel zu, diese Forderung lehne die Herrschaft Gottes ab, nicht etwa Samuel persönlich. Da die Israeliten einen König, wie ihn andere Nationen hatten, einklagten und nicht auf den Erwählten Jahwes warten wollten, sollten sie zwar ihren Willen bekommen, aber sehr zu ihrem späteren Bedauern.[3] Unter der Herrschaft des Königs, nach dem sie riefen, würde die israelitische Jugend zum Militärdienst einberufen und gewaltige Steuern festgesetzt werden. Dagegen werde das Volk sich eines Tages vergeblich

---

[2] Die meisten Kritiker gehen von gegensätzlichen Parallel-Erzählungen aus. Vergl. J. Wellhausen, *Prolegomena zur Geschichte Israels.* Berlin, Leipzig, 1927, S. 251; S. Hermann, *Geschichte Israels in alttestamentlicher Zeit.* München, 1973, S. 174 - 176; O. Kaiser, *Grundriss der Einleitung in die kanonischen und deuterokanonischen Schriften des Alten Testaments.* Bd 1: Die erzählenden Werke, Gütersloh, 1992, S. 116 - 117. Zu den Kapiteln 1. Sam 8 - 12 siehe H. J. Stoebe, *Das erste Buch Samuelis.* Gütersloh, 1973, S. 176 - 240. Eine sorgfältige und überzeugende Widerlegung dieser These gegenläufiger Traditionen bieten J. R. Vannoy, *Covenant Renewal at Gilgal.* Cherry Hill, 1978, bes. S. 197 - 239, und L. Eslinger, »Viewpoints and Point of View in 1. Sam. 8 - 12.« *JSOT* 26, 1983, 61 - 76; ders., *Kingship of God in Crisis: A Close Reading of 1 Samuel 1 - 12.* Sheffield, 1985, S. 260, 266 - 267, 425 - 428. Eine gemäßigte Position, nach welcher der »Deuteronomist« die frühen Traditionen integrierte und harmonisierte, um die Einführung der Monarchie zu rechtfertigen, vertritt D. J. McCarthy, »The Inauguration of Monarchy in Israel: A Form-critical Study of 1. Sam. 8 - 12.« *Interp.* 27, 1973, 401 - 422.

[3] Über den zulassenden Willen Gottes siehe J. B. Payne, »Saul and the Changing Will of God.« *BibSac* 129, 1972, 321 - 325.

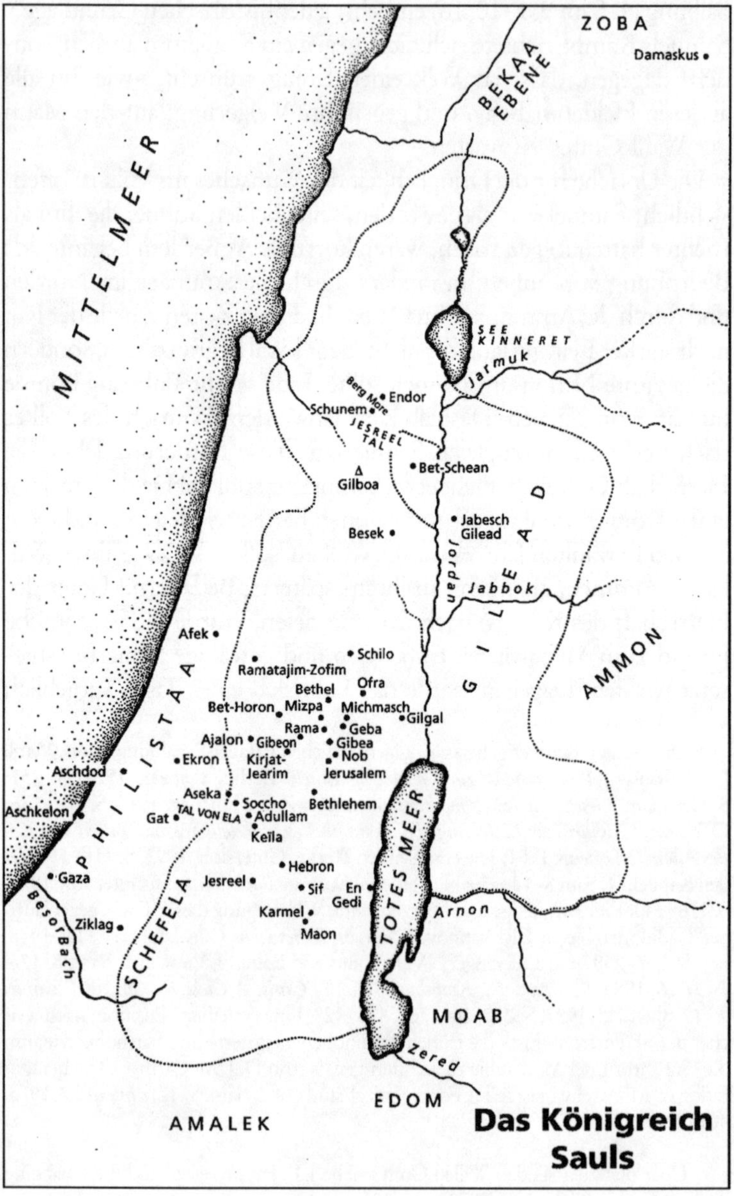

Das Königreich Sauls

auflehnen (1. Sam 8,11-18). Trotz dieser Warnungen wiederholte das Volk seine Bitte und initiierte so einen Prozess, der zur Ernennung Sauls als König führte.

## Die Chronologie des elften Jahrhunderts

Zunächst soll die Chronologie des 11. Jahrhunderts kurz dargestellt werden. Nach der Ära der Richter ist wohl keine Periode der Geschichte Israels vielschichtiger als diese.

Der Ausgangspunkt dieser Chronologie ist die Herrschaft Salomos und Davids, da deren Datierung auf sicheren Angaben beruht. E. Thiele hat gezeigt, dass die Teilung des Reiches 931 v. Chr. stattfand. Sie fiel mit dem Tod Salomos zusammen, der 40 Jahre lang regierte (1. Kön 11,42) und somit 971 David auf den Thron gefolgt war. David selbst kam etwa 1011 an die Macht und regierte 40 ½ Jahre (2. Sam 2,11; 5,5).[4]

Das zentrale Problem betrifft die Regierungszeit Sauls. Offenbar starb er im selben Jahr, in dem David in Hebron zum König über Juda gesalbt wurde (2. Sam 1,1; 2,1-4), also 1011. Das genaue Jahr der Thronbesteigung Sauls ist jedoch nicht gesichert. In seiner Rede in der Synagoge in Antiochien/Pisidien sagt der Apostel Paulus, Saul habe 40 Jahre regiert (Apg 13,21). Dies würde seine Herrschaft auf die Jahre 1051 bis 1011 festlegen. Die meisten Wissenschaftler lehnen diese Jahresangaben ab: Dass die Regierungszeit Davids und Salomos mit je 40 Jahren angegeben werde, sei verdächtig, zweifelsfrei stereotyp.[5] Eine sorgfältige Untersuchung des biblischen Berichts

---

[4] E. R. Thiele, *The Mysterious Numbers of the Hebrew Kings.* Grand Rapids, 1965, S. 51-52. Der Konflikt um die Datierung der Krönung Salomos zwischen dem Jahr 971 und 966 und seinen ersten Arbeiten am Tempel, von denen gesagt wird, dass sie in seinem vierten Jahr stattfanden, ist eher irreal. Die Komplexität dieser Angelegenheit sprengt den Rahmen dieses Kapitels. Es genügt hier, darauf hinzuweisen, dass verschiedene Methoden der Berechnung königlicher Regierungszeiten angewandt werden, die nicht alle mit dem Jahr der Thronbesteigung beginnen.

[5] Siehe dazu H. Donner, *Geschichte des Volkes Israel und seiner Nachbarn in Grundzügen 1.* ATD Ergänzungsreihe 4/1, Göttingen, 1984, S. 231.

jedoch führt zu dem Schluss, dass es sich bei den 40 Jahren nicht um eine Annahme des Paulus oder um geschichtlich wertlose Tradition handelt, sondern um ein Erfordernis des Textes selbst.

Unglücklicherweise ist der Text gerade dort, wo man die Regierungszeit des Königs erwartet,[6] doppelt verdorben: In 1. Sam 13,1 heißt es: »Saul war ... Jahre alt, als er König wurde, und regierte *zwei* Jahre über Israel.« Aus unerklärlichen Gründen ist einerseits sein Alter ausgelassen worden. Zweitens kann man unmöglich alle Ereignisse der Herrschaft Sauls in nur *zwei* Jahre pressen. Als Lösung werden meist zwei abweichende Übersetzungen angeboten: 1. »Saul war *dreißig* Jahre alt, als er König wurde, und zwei*undvierzig* Jahre regierte er über Israel.« Oder 2. »Saul war *dreißig* Jahre alt, als er König wurde. *Als er zwei Jahre lang regiert hatte ...*« Die erste Lösung hat die Vorteile, dass sie dem Muster der üblichen Formulierung für die Regierungszeit eines Königs folgt (vergl. 2. Sam 5,4) und grundsätzlich mit Paulus' runder Zahl von 40 Jahren übereinstimmt.

Gegen eine derartige Rekonstruktion spricht jedoch, dass sowohl die Zahl »dreißig« als auch »zweiundvierzig« in den hebräischen Text eingefügt werden müssen. Erstere aus einigen späteren Manuskripten der Septuaginta, Letztere durch Vermutungen.[7] Die Zahl »dreißig« scheint nicht korrekt zu sein, da Jonatan, Sauls Sohn, bereits am Anfang der Herrschaft Sauls ein militärischer Führer war (1. Sam 13,2-3), also zu alt, um der Sohn eines 30-jährigen Mannes zu sein. Die »zweiundvierzig«, so lautet häufig die Argumentation, ist notwendig, um die Datierung des Paulus zu rechtfertigen. Außerdem soll dadurch, so wird argumentiert, die unübliche Pluralform erklärt werden, die statt der sonst gebrauchten dualen Form der Zahl »zwei« im hebräischen Text zu finden ist. Die Angaben des Paulus könnten

---

[6] Vergl. 2. Sam 2,10; 5,4; 1. Kön 14,21; u. a. Siehe dazu auch H. W. Hertzberg, *Die Samuelbücher*. Göttingen, 4. Aufl., 1968, S. 81, der annimmt, hier habe ursprünglich die Zahl 40 gestanden.

[7] Siehe H. J Stoebe, *Das erste Buch Samuelis*. KAT VIII/1, Gütersloh, 1973, S. 242-243. K. A. Kitchen, *Ancient Orient and Old Testament*. Downers Grove, 1975, S. 75, weist darauf hin, dass auch in außerbiblischen Dokumenten die Jahresangaben eines Königs ausgelassen wurden.

jedoch auch das Resultat eines deduktiven Prozesses gewesen sein, der unten nachvollzogen werden soll. Die im hebräischen Text gebrauchte Pluralform der Zahl »zwei« wird auch in anderen alttestamentlichen Texten gebraucht.[8] Demnach erscheint als beste Lesart: »Saul war (*vierzig*) Jahre alt, als er zu regieren begann. *Als er zwei Jahre lang regiert hatte* ...«. »Vierzig« erscheint sinnvoll, da Saul zu diesem Zeitpunkt wahrscheinlich einen erwachsenen Sohn hatte.[9]

Sauls Sohn und Nachfolger Isch-Boschet, der erst nach Sauls Thronbesteigung geboren wurde, war zu Beginn seiner eigenen Herrschaft 40 Jahre alt, was die Feststellung des Paulus unterstützt, Saul habe 40 Jahre regiert. Dass Isch-Boschet erst zu Beginn von Sauls Herrschft geboren wurde, lässt sich aus dem Vergleich der Söhne Sauls aus den frühesten Jahren seiner Herrschaft (1. Sam 14,49-51) mit der Gesamtaufzählung all seiner Söhne (1. Chr 8,33; 9,39) schließen: Die frühe Liste nennt Jonatan, Jischwi und Malkischua. Die spätere Liste enthält Jonatan, Malkischua, Abinadab und Eschbaal. Eschbaal ist mit Isch-Boschet identisch, und Abinadab mit Jischwi (1. Chr 10,2). Als Saul von den Philistern umgebracht wurde, starben die drei Söhne Jonatan, Abinadab und Malkischua mit ihm (1. Sam 31,2). Nur Isch-Boschet überlebte und ist daher offensichtlich nicht mit Abinadab[10] gleichzusetzen, wie einige Wissenschaftler annehmen.[11]

---

[8] Gesenius, *Hebräische Grammatik*. Völlig umgearbeitet von E. Kautzsch, Leipzig, 28. Aufl., 1909, § 134e.

[9] Weitere unterstützende Argumente liefert E.H. Merrill, »Paul's Use of ›about 450 years‹ in Acts 13:20.« *BibSac* 138, 1981, 256, FN 19. Einen interessanten Vorschlag bringt R. Althann, der auf der Basis der ugaritischen Präposition *b(n)* den Vers übersetzt mit »Saul hatte schon länger als ein Jahr regiert, sogar zwei Jahre hat er über Israel regiert ...« Dies gibt keine Informationen über Sauls Alter, aber vielleicht war dies auch nie Zweck dieser Passage. Vergl. »1. Sam. 13,1: A Poetic Couplet.« *Bib* 62, 1981, 241-246.

[10] E.H. Merrill, »1. Samuel.« *Das Alte Testament erklärt und ausgelegt.* Bd I, J.F. Walvoord and R.B. Zuck, Hrsg., Neuhausen, 1990, S. 559.

[11] Z.B. H.W. Hertzberg, *Samuelbücher*, S. 95.

Ein anderer wesentlicher Faktor zum Erstellen der Chronologie ist die Zeit zwischen Saul und Isch-Boschet, in der Abner die Kontrolle des Reiches übernahm (2. Sam 2, 8-11). Aus nicht näher bekannten Gründen folgte Isch-Boschet nicht unmittelbar auf Saul, was aus folgender Überlegung hervorgeht: David, der im Todesjahr Sauls zum König über Juda gesalbt worden war, hatte schon mehr als sieben Jahre in Hebron regiert (2. Sam 1, 1; 2, 4; 5, 1-5), als er endgültig die Oberherrschaft über Sauls Königtum gewann und als Isch-Boschet starb. Dieser hatte aber nur zwei Jahre regiert, bevor er ermordet wurde, also muss Abner fünf Jahre lang im Norden die Macht ausgeübt haben, bevor er Isch-Boschet zum König ernannte. Zu dieser Zeit war Isch-Boschet 40 Jahre alt; demnach wurde er 35 Jahre vor Sauls Tod geboren, also um 1046. Damit ist auch das Fehlen seines Namens in der frühen Liste der Kinder Sauls zu erklären.

Wenn Isch-Boschet zur Zeit von Sauls Tod 35 Jahre alt, aber nicht vor dem Herrschaftsantritt Sauls geboren worden war, muss Saul länger als 35 Jahre König gewesen sein. Diese Daten lassen sich mit Paulus' 40 Jahren gut harmonisieren. Aus diesen Gründen ist es wahrscheinlich, dass Saul von 1051-1011 regierte.

Daraus ist zu schließen, dass zwischen der Schlacht von Mizpa, in der Samuel die Unterdrückung durch die Philister beendete, und seinem Zusammentreffen mit den Ältesten Israels, die nach einem König verlangten, etwa 33 Jahren liegen. Samuel war zu dieser Zeit alt, wie die Erzählung ausdrücklich feststellt (1. Sam 8, 1.5), wohl schon 70 Jahre alt. Daher ist nicht verwunderlich, dass das Volk einer Führungskrise besorgt entgegensah.

## Die Erwählung Sauls

Viele Wissenschaftler haben festgestellt, dass Sauls Erwählung mehr der Tradition charismatischer Führer und Richter ähnelte als der Gründung einer Dynastie.[12] Seine Abstammung war nicht bedeu-

[12] Talmon, »Biblical Idea.« *Bible World.* S. 244-245; S. Herrmann, *Geschichte Israels in alttestamentlicher Zeit.* München, 1973, S. 170.

tend: Er kam aus dem kleinen Stamm Benjamin, sein Vater Kisch war angesehen, aber nicht aus königlichem Geschlecht.[13] Physisch war Saul allerdings beeindruckend (1. Sam 9,1-2) und seine Bescheidenheit war sympathisch.

## Erste Begegnung Sauls mit Samuel

Saul und Samuel begegnen einander, als Saul nach einigen Eselinnen sucht, die seinem Vater verloren gegangen waren. Da die Suche erfolglos blieb, ging er zu dem berühmten Seher, der in Rama, im Lande Zuf (d.h. Ramathaim Zophim), wohnte, um von ihm zu erfahren, wo er suchen solle.

Samuels Rolle als Seher (*rō'eh*) betont den empfangenden Aspekt des Propheten-Amtes. Ein Prophet war als »Seher« bekannt, wenn er den Willen Jahwes durch Träume, Visionen oder ähnliche Mittel zu erkennen vermochte. Verkündigte er diese Botschaft als Sprecher Jahwes in der Öffentlichkeit, übte er die Rolle des *nābî'* oder »Propheten« aus. Es ist klar, dass Samuel, wie auch andere Propheten, gleichzeitig Prophet und Seher sein konnte; der Unterschied lag nur in der aktuellen Tätigkeit. An dieser Stelle ist ein kleiner Exkurs über Prophetismus nötig, da seine Anfänge gewöhnlich mit Samuel in Verbindung gebracht werden.[14]

---

[13] B.C. Birch, »The Development of the Tradition of the Anointing of Saul in 1. Sam. 9,1-10,16.« *JBL* 90, 1971, 58, folgt Hugo Gressmann und anderen Wissenschaftlern: Er lehnt 1. Sam 9,1-13 als Märchen ab. Nur wenn man so die Historizität der Geschehnisse *a priori* ablehnt, können die Charakteristika, die Birch anführt, als Beweis dienen, die Perikope als rein folkloristisch anzusehen. Er verkennt, dass Geschichte auch in der Gattung Märchen erzählt werden kann. Vergl. S. 30ff.

[14] Institution und Amt des Prophetismus im AT wird beschrieben von Willis J. Beecher, *The Prophets and the Promise.* Grand Rapids, Baker, ND 1963, S. 3-172; P.H.A. Neumann, *Das Prophetenverständnis in der Deutschsprachigen Forschung seit Heinrich Ewald.* Darmstadt, 1979; H.W. Wolff, *Studien zur Prophetie – Probleme und Erträge.* München, 1987; M. Görg, »Der *Nabî'* – ›Berufener‹ oder ›Seher‹.« *BN* 17, 1982, 23-25; ders., »Weiteres zur Etymologie von *nabî'*.« *BN* 22, 1983, 9-11; F.L. Hossfeld, »Wahre und falsche Propheten in Israel.« *BiKi* 38, 1983, 139-144.

Propheten gab es im gesamten aVO.[15] Wenn Menschen Ziele und Absichten der Götter erkennen wollten, befragten sie Personen, die im Prophezeien geschult waren. Sehr viele Weisungen sind in prophetischen Texten aus Mesopotamien enthalten,[16] durch die ein nahezu vollständiges Bild der Kunst des Interpretierens von Omen in Mari, Alalach, Ugarit und Phönizien rekonstruiert werden kann.[17] Wohl gibt es oberflächliche Ähnlichkeiten zwischen dem uns bekannten heidnischen Prophetismus und dem israelitischen, doch auch große Unterschiede – im göttlichen Ursprung wie im ekstatischen Charakter. Der göttliche Ursprung in Jahwe allein und der nicht-ekstatische Charakter der genuinen israelitischen Prophetie sind in der Welt einmalig. Jahwe konnte, im Gegensatz zu den heidnischen Gottheiten, nicht manipuliert werden. Der Seher oder Prophet in Israel ist als passives, aber dennoch vollkommen bewusstes Instrument der göttlichen Offenbarung zu sehen.[18]

Im Propheten-Amt des ATs ist eine Entwicklung zu erkennen, wie 1. Sam 9, 9 deutlich macht: »Vorzeiten sagte man in Israel, wenn man ging, um Gott zu befragen: ›Kommt, lasst uns zu dem Seher gehen!‹ Denn die man jetzt ›Propheten‹ nennt, die nannte man vorzeiten

---

[15] H.B. Huffmon, »Prophecy, Ancient Near Eastern Prophecy.« *ABD*, Bd V, S. 477-482.

[16] A.L. Oppenheim, *Ancient Mesopotamia.* Chicago, 1964, S. 207-227. Texte über »Deutungen der Zukunft in Briefen, Orakeln und Omina.« Siehe *TUAT,* Bd II, S. 18-93.

[17] H.B. Huffmon, »Prophecy in the Mari Letters.« *BAR,* Bd III, Garden City, 1970, S. 119-224; V. W. Rabe, »The Origins of Prophecy.« *BASOR* 221, 1976, 125-128. Siehe auch A. Malamat, *Mari and the Early Israelite Experience.* Oxford, 1989; F. Ellermeier, *Prophetie in Mari und Israel.* Herzberg, 1968; E. Noort, *Untersuchungen zum Gottesbescheid in Mari. Die ›Mariprophetie‹ in der alttestamentlichen Forschung.* Neukirchen, 1977; A. Schmitt, *Prophetischer Gottesbescheid in Mari und Israel.* Stuttgart, 1982; S. Herrmann, »Prophetie in Israel und Ägypten: Recht und Grenze eines Vergleichs.« *Congress Volume, Bonn, 1962,* VTS 9, Leiden, 1963, S. 47-65.

[18] Vergl. H.W. Wolff, »Zur Gotteserfahrung der Propheten.« *Studien zur Prophetie – Probleme und Erträge.* Theologische Bücherei 76, München, 1987, S. 24-38.

›Seher‹.« Dies scheint aber ein Wechsel in der Betonung zu sein und nicht in der Bedeutung: Selbst Abraham wurde als »Prophet« bezeichnet (*nābî'* – 1. Mo 20,7), auch Aaron (2. Mo 7,1) und Mose (5. Mo 34,10). Mose wurde sogar »der Größte der Propheten« genannt. Die Hauptaufgabe dieser frühen »Propheten« war nicht die Verkündigung, sondern ihre Prophetie sollte das, was sie waren und taten, unterstützen. Sie waren also in erster Linie keine Propheten im klassischen Sinne.

Die erste größere Entwicklung wurde von Samuel selbst eingeleitet, sozusagen dem ersten professionellen Vollzeit-Propheten (1. Sam 3,20). Was dies bedeutete, sagt der Satz: »Und der Herr erschien weiter zu Silo, denn der Herr offenbarte sich Samuel zu Silo durch sein Wort. Und Samuels Wort erging an ganz Israel.« (1. Sam 3,21) Zusätzlich gründete Samuel so etwas wie eine Propheten-Schule (1. Sam 19,20). Dort bildete er Männer so weit in den Aspekten der Prophetie aus, wie dies Menschen möglich war. Denn natürlich kann man niemandem beibringen, wie er ein Instrument göttlicher Offenbarung werden kann, da dies ein Geschenk Gottes ist. Organisierte Gruppen von Propheten gab es bis in die Zeit Elias und Elisas hinein (2. Kön 2,3). Von Zeit zu Zeit tauchten auch einzelne Seher und Propheten auf, bis die großen Schriftpropheten im neunten Jahrhundert ihre Tätigkeit aufnahmen. Der organisierte Prophetismus nahm von dieser Zeit an immer mehr ab. Mit dem Schluss des alttestamentlichen Kanons verschwand jeglicher Prophetismus in Israel.

## Salbung Sauls

Als Saul und sein Diener in Rama ankamen, erfuhren sie, Samuel amtiere bei einer Festlichkeit an einem nahe gelegenen Höhenheiligtum. Sie schlossen sich der Prozession an ohne zu wissen, dass Jahwe dem Samuel die Ankunft Sauls für diesen Tag schon offenbart und ihn beauftragt hatte, Saul zum Fürsten (*nāgîd*)[19] zu salben,

[19] Da David, Salomo und andere Könige auch als *nāgîd* bezeichnet werden, Saul wiederum gelegentlich *melek* (»König«) genannt wird, sollte man nicht zu sehr beto-

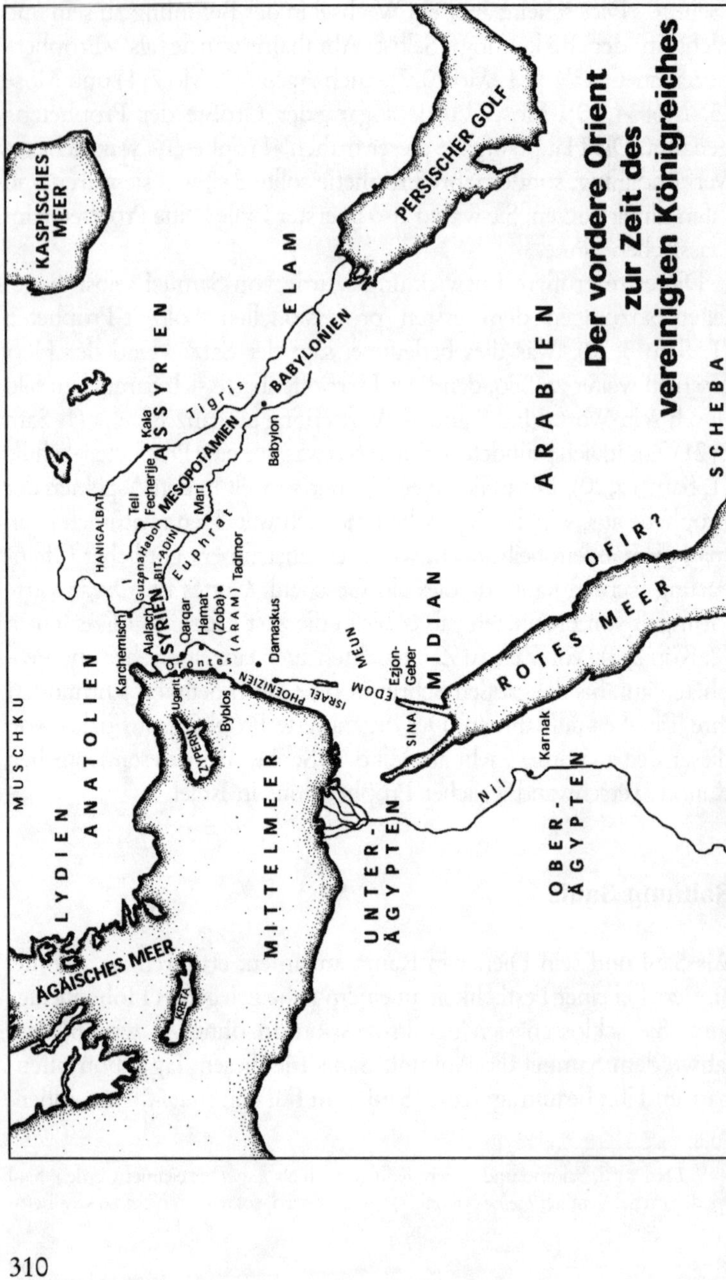
Der vordere Orient
zur Zeit des
vereinigten Königreiches
KASPISCHES MEER
PERSISCHER GOLF
ELAM
ASSYRIEN
BABYLONIEN
Tigris
Kala
Babylon
MESOPOTAMIEN
Tell Fecherije
HANIGALBAT
Habor
Mari
BIT-ADIN
Euphrat
Guzana
Tadmor
Karchemisch
Alalach
SYRIEN
Qarqar
Hamat
(Zoba)
(ARAM)
Orontes
Damaskus
Ugarit
Byblos
PHOENIZIEN
ISRAEL
MEUN
EDOM
Ezjon-Geber
MIDIAN
ARABIEN
SCHEBA
OFIR?
ROTES MEER
SINAI
Karnak
Nil
OBER-ÄGYPTEN
UNTER-ÄGYPTEN
MITTELMEER
ZYPERN
MUSCHKU
ANATOLIEN
LYDIEN
ÄGÄISCHES MEER
KRETA

der die wiederholte Belästigung durch die Philister beenden werde. Als sie den heiligen Ort erreichten, lud Samuel Saul zu einem opulenten Bankett. Aber erst am nächsten Tag eröffnete er ihm, dass er der erwählte Prinz Israels sei (1. Sam 9, 22ff). Saul werde das durch drei Zeichen bestätigt bekommen: Zunächst werde Saul zwei Männer an Rahels Grabstätte in Zelzach treffen (Lage unbekannt, wohl zwischen Jerusalem und Bethlehem), die ihm versichern würden, dass die verlorenen Eselinnen mittlerweile gefunden seien.[20] Als nächstes werde er an der Eiche zu Tabor (Lage unbekannt, aber sicherlich nicht in den Bergen Jesreels) drei Männer treffen, die auf dem Weg nach Bethel sein würden um dort anzubeten. Sie würden zwei Brotlaibe mit ihm teilen (1. Sam 10, 2ff). Schließlich werde er nach Gibea-Elohim (Gibeon, d. h. el-Jîb)[21] kommen, dem Standort einer philistäischen Festung, wo er sich einer Propheten-Prozession anschließen werde. Obwohl er es nie gelernt hatte, werde er mit ihnen musizieren und singen. Dies sei ein Zeichen der Segnung durch den Geist Gottes, der Saul vom niedrigen Bürger zum auserwählten Prinzen seines Volkes verwandeln werde. Später, so Samuel, werde Saul sich in Gilgal wiederfinden. Als Gehorsamsprobe müsse er dort auf ihn, Samuel, warten, da er dort ein Opfer darbringen wolle (1. Sam 10, 5ff).

---

nen, *nāgîd* sei Sauls hauptsächliches Epitheton. Es bedeutet lediglich »Edler« oder »Häuptling«. Vergl. Gesenius-Buhl, *Hebräisches und Aramäisches Handwörterbuch über das Alte Testament.* Berlin, 17. Aufl., 1962, S. 483. A. Alt, »Die Staatenbildung der Israeliten in Palästina.« *Grundfragen der Geschichte des Volkes Israel,* München, 1970, S. 280, meint, *nāgîd* sei auf Saul als den Auserwählten Jahwes bezogen worden, und die Nation habe ihm den Titel *melek* gegeben. Vergl. auch die Bemerkungen von R. de Vaux, *Das Alte Testament und seine Lebensordnungen.* Bd I, Freiburg, 2. Aufl., 1964, S. 118, 154. J. J. Glück, »Nagîd-Shepherd.« *VT* 13, 1963, 144 - 150, sieht in *nāgîd* ein Äquivalent zu *nōqēd* (Hirte) und betrachtet es als königliches Epitheton, nicht als Synonym für »König«.

[20] Eine mögliche geographische Interpretation dieser Suche geben Y. Aharoni und M. Avi-Yonah, *Der Bibel Atlas.* Augsburg, 1991, Karte 86.

[21] So A. Demsky, »Geba, Gibeah, and Gibeon – A Historico-Geographic Riddle.« *BASOR* 212, 1973, 27. Demsky argumentiert, Gibeon sei Sauls Heimatstadt gewesen, Gibea (Tell el-Ful) dagegen eine Stadt, die er später zur Hauptstadt machte (S. 28).

Nachdem alle drei vorhergesagten Zeichen in Erfüllung gegangen waren, rief Samuel in Mizpa Israel zur öffentlichen Krönungszeremonie und Investitur zusammen (1. Sam 10, 17-27). Saul versteckte sich vor der Versammlung. Erst nach längerem Suchen fand man ihn, und nur zögernd willigte er ein, vorgestellt zu werden. Zunächst stellte Samuel ihn formell vor (V. 24). Dann folgte die öffentliche Annahme und Akklamation mit dem Ruf: »Lang lebe der König!« Schließlich akzeptierte Saul das Amtsprotokoll: Er und Israel hörten Samuels Erklärungen zu den Statuten des Königtums, die wahrscheinlich auf Moses Ausführungen beruhten (5. Mo 17, 14-20). So leistete Saul vor Jahwe und dem Volk einen Bundes-Eid, der ihn, den gesalbten Hirten des Volkes, zu ordnungsgemäßem Verhalten verpflichtete.

## Die erste Herausforderung Sauls

Der Glanz dieses Geschehens verblasste jedoch mit den kommenden Ereignissen. Auch wenn Saul von einigen Dienern in seine bescheidene Hauptstadt Gibea begleitet wurde, verachteten ihn andere als ungeeigneten Königskandidaten, was wegen seiner niedrigen Herkunft und seines offensichtlichen Missfallens an öffentlichen Auftritten auch verständlich war. Sogar nachdem er sich in Gibea etabliert hatte, in einem »Palast«, der archäologischen Ausgrabungen zufolge äußerst bescheiden war,[22] zeigte er nur wenig Königswürde. So fanden selbst noch die Bittsteller, die Saul um Hilfe baten, als die erste nationale Krise auftrat, den König beim Pflügen seines Feldes mit

[22] Gibea wurde von W. F. Albright ausgegraben. Vergl. *Excavations and Results at Tell el-Ful (Gibeah of Saul).* AASOR 4, New Haven, 1924; »A New Campaign of Excavation at Gibeah of Saul.« *BASOR* 52, 1933, 6-12. Auf Grund der kulturellen Reste seiner Hauptstadt bezeichnete er Saul als »bäuerlichen Häuptling«. Vergl. *Von der Steinzeit zum Christentum.* Bern, 1949, S. 291. Die Stätte ist derart unscheinbar, dass Joseph Blenkinsopp mit einiger Stichhaltigkeit darauf hinweist, die Hauptstadt Sauls sei nicht Gibea, sondern Gibeon gewesen. Vergl. »Did Saul Make Gibeon His Capital?« *VT* 24, 1974, 1-7. Siehe auch A. Demsky, »Geba, Gibeah, and Gibeon – A Historico-Geographic Riddle.« *BASOR* 212, 1973, 26-31.

einem Ochsengespann (1. Sam 11,5). All dies ist als Übergang vom Richteramt zur Monarchie zu sehen. Zusätzlich zeigte Saul am Anfang seiner Regierung keinen politischen Ehrgeiz. Er herrschte als König über ein Volk, dessen dringlichstes Bedürfnis nicht der Glanz eines eleganten, eindrucksvollen Hofes war, sondern greifbare Solidarität und ein gemeinsames nationales Ziel. Zu lange war die Konföderation in Ost und West, Nord und Süd gespalten gewesen und daher sowohl externer Aggression als auch interner Desintegration ausgesetzt. Saul verkörperte, trotz seines primitiven Königtums, endlich die Hoffnung, Israel könnte überleben.

Diese Hoffnung wurde augenblicklich auf die Probe gestellt, als die Stadt Jabesch in Gilead vom ammonitischen König Nahasch belagert wurde (1. Sam 11,1). Nach der niederschmetternden Niederlage Ammons gegen Jeftah (Ri 11,32f) hatten die Ammoniter über 50 Jahre lang auf eine Gelegenheit zur Rache gewartet. Der dramatische Wechsel zur Monarchie in Israel musste, besonders angesichts des wenig verheißungsvollen Anfangs, wie eine solche Gelegenheit erscheinen. Mit Jabesch in Gilead hatten die Ammoniter ihre Wahl sorgfältig getroffen, denn es lag weit entfernt von Gibea, so dass eine Reaktion Israels eine große Herausforderung an seine logistischen Fähigkeiten darstellte. Außerdem war Jabesch höchstwahrscheinlich die Heimat der nicht-benjaminitischen Vorfahren Sauls.

So war die Stadt militärisch und psychologisch ein angemessenes Ziel für die Ammoniter. Sie belagerten Jabesch und drohten mit der völligen Zerstörung, falls die Bewohner sich nicht vertraglich unterwerfen und zustimmen sollten, dass man ihnen das rechte Auge aussteche (1. Sam 11,2).[23] Diese barbarische Forderung erfüllte einen

---

[23] F. M. Cross weist auf Grund seiner Untersuchung des Qumran-Textes 4Q Sam[a] darauf hin, dass die rubenitischen und gaditischen Untertanen Nahaschs, die wegen ihres Verrats gegen den ammonitischen König auf ähnliche Weise verstümmelt worden waren, aus Ammon entkommen und nach Jabesch-Gilead geflohen waren. Wenn die Rebellen eine solche Behandlung verdienten, dann auch die, die ihnen Unterschlupf gewährten. Also, so Cross, hellt das Qumran-Fragment einen sonst obskuren Punkt im masoretischen Text von Samuel auf. Siehe F. M. Cross »Original Biblical Text Reconstructed from Newly Found Fragments.« *Bible Review* 1, 1985, 26-33; ders., »The Ammonite Oppression of the Tribes of Gad and Reuben: Missing Verses from

Doppelzweck: Zum einen sollte sie die überlegene Stärke Nahaschs herausstellen, zum anderen Sauls Unfähigkeit, Schutz zu gewähren. Deshalb erlaubte der ammonitische König der Stadt Jabesch, Boten in ganz Israel auszusenden, um nach Hilfe zu suchen. Die Ammoniter waren sich ihres Sieges so sicher, dass sie Israel provokativ aufforderten, alles in seiner Macht Stehende zu tun um Jabesch zu retten.[24]

Diese Provokation verklang nicht ungehört: Gottes Geist kam über Saul, wie bei den Richtern im Richter-Buch, und er wurde sehr zornig. Er nahm ein Joch Ochsen, schlachtete sie und ließ ihr Fleisch über die gesamte Nation verteilen (1. Sam 11,7). Dieses Verhalten, das an die Handlungsweise des Leviten mit seiner toten Konkubine erinnerte,[25] sollte wohl die Dringlichkeit der Lage deutlich machen und das Volk anspornen, mit vereinter Kraft die Stadt zu befreien. Darauf sammelten sich 300.000 Israeliten und 30.000 Männer aus Juda in Besek (Chirbet Ibziq), etwa 25 km westlich von Jabesch in Gilead – die größte israelitische Armee seit Josuas Tagen. Am

---

1 Samuel 11 found in 4Q Samuel.« *History, Historiography and Interpretation*, H. Tadmor und M. Weinfeld, Hrsg., Jerusalem, 1984, S. 148-158; T. L. Eves, »One Ammonite Invasion or Two? 1 Sam. 10,27-11,2 in the Light of 4Q Sam$^{a}$.« *WTJ* 44, 1982, 308-326.

[24] Auf der Basis von 2. Sam 2,4b-7 weist D. Edelman in ihrem Aufsatz: »Saul's Rescue of Jabesh-Gilead (1. Sam. 11,1-11): Sorting Story from History.« *ZAW* 96, 1984, 195-209, darauf hin, dass Jabesch in Gilead kein konstituierender Teil Israels, sondern lediglich ein Vasallen-Staat war. Daraus zieht sie die Folgerung, dass die Rettung der Stadt durch Saul nicht als Test seines neu entstandenen Königtums gesehen werden kann, obwohl 1. Sam 11,12-14 klar darauf hindeutet, da ein Vasallen-Staat zu dieser Zeit nicht existieren und keine Hilfe erwarten konnte, wenn Saul nicht bereits Monarch eines bedeutenden transjordanischen Königreichs geworden wäre. Zum einen übersieht sie die Möglichkeit, dass Jabesch in Gilead erst durch Sauls Sieg über die Ammoniter zum Vasallen-Staat wurde; zum anderen weigert sie sich, die Historizität der Beziehung zwischen Saul und Jabesch durch seine Vorfahren anzuerkennen, eine Verbindung, die Sauls starkes Interesse an dem Ort und das Vertrauen der Einwohner in sein Eingreifen erklären würde.

[25] Ein ähnliches Handeln wird aus Mari berichtet. Siehe *Archives royales de Mari.* Charles-F. Jean, Hrsg., Bd II, Paris, 1950, #48, zitiert von Maxwell Miller in, »Saul's Rise to Power: Some Observations Concerning 1. Sam. 9,1-10,16; 10,26-11,15 and 13,2-14,4b.« *CBQ* 36, 1974, 168.

nächsten Tag griffen sie die ammonitischen Belagerer an und schlugen sie in die Flucht, was alle die, die über Sauls Anspruch auf die Königswürde gespottet hatten, zum Schweigen brachte (1. Sam 11,12).

## Der Niedergang Sauls

### Ungehorsam in Gilgal

Angesichts der durch diesen Sieg offensichtlich gewordenen Tatsache, dass Jahwe Saul erwählt hatte, rief Samuel das Volk noch einmal zusammen, dieses Mal in Gilgal, damit die Nation, die jetzt durch die gemeinsame Unterstützung Sauls vereinigt war, sowohl mit Jahwe als auch mit Saul einen Bund schließen sollte.[26] Als Mittler des Bundes ergriff Samuel diese Gelegenheit, um zunächst seine eigene Bundestreue durch das Volk bestätigen zu lassen (1. Sam 12,1-5) und ihnen dann Gottes mächtige Taten aufzuzählen, die er seit der Zeit des Auszuges bis zur Gegenwart vollbracht hatte (V. 6-13). Sie hatten einen König gefordert und Jahwe hatte ihnen in seiner Gnade Saul gegeben. Wenn jetzt Saul und Israel die Bundes-Satzungen einhalten würden, die Protokolle aus 5. Mo 17, dann würde alles gut gehen. Wenn nicht, mussten sie das Missfallen Jahwes erwarten.[27] Dann rief Samuel, als Zeichen der Autorität Jahwes, an der er Anteil hatte, Donner und Regen vom Himmel herab, und das mitten in der Weizenernte, also in der Trockenzeit! Als beides eintraf, erfüllte das die Menschen mit Ehrfurcht, denn sie sahen mit ihren eigenen Augen, dass der Gott Israels allmächtig über Natur und Geschichte herrschte. Die Botschaft war eindeutig: Israel sollte sich Jahwe unterwerfen, selbst als Monarchie.

---

[26] K.-D. Schunk, »König Saul – Etappen seines Weges zum Aufbau eines israelitischen Staates.« *BZ* 36, 1992, 195-206. Er macht deutlich, dass Saul auch politisch fähig war, ein Reich aufzubauen.

[27] Eine detaillierte Studie über die Bundesversammlung in Gilgal gibt Vannoy, *Covenant Renewal at Gilgal*, besonders S. 132-191.

Ermutigt durch den Erfolg seines defensiven Feldzuges gegen Ammon und den Geist der Solidarität und Bundestreue, den er in Gilgal erfahren hatte, unternahm Saul seine erste offensive Aktion: Samuel hatte vor über 30 Jahren die Philister aus Israel vertrieben, aber sie machten weiter die Grenzen Israels unsicher und drangen bei Gelegenheit sogar weit ins Landesinnere vor.[28] Saul wollte diese Aktivitäten ein für alle Mal beenden. Sein erster Angriff galt der philistäischen Garnison in Geba (Jebaʿ),[29] weniger als 8 km von der Hauptstadt entfernt (1. Sam 13,3). Sauls Sohn Jonatan befehligte 1.000 Mann in Gibea, Saul 2.000 Mann in Michmas (Muḫmâs), ca. 3 km hinter Geba. Jonatan griff an um Geba von den Philistern zu befreien. Diese reagierten mit dem Aufmarsch eines gewaltigen Heeres in Michmas und zwangen die Einwohner zur Flucht, während die israelitischen Truppen 20 km nach Osten, nach Gilgal, oder sogar über den Jordan nach Gilead flohen.

Als Saul in Gilgal ankam, erinnerte er sich an Samuels Worte, die dieser zwei Jahre zuvor zu ihm gesprochen hatte. Samuel hatte damals angekündigt, es werde eine Zeit kommen, in der der König sieben Tage lang in Gilgal auf die Ankunft des Propheten warten müsse[30]. Aber Saul wartete nicht, sondern er selbst brachte aus Angst vor dem drohenden Angriff der Philister Jahwe ein Opfer dar und

---

[28] B. Mazar, »The Philistines and Their Ways with Israel.« *WHJP*, Bd III: Judges, B. Mazar, Hrsg., Tel Aviv, 1971, S. 175-176.

[29] Demsky, »Geba, Gibeah and Gibeon.« *BASOR* 212, 1973, 29-30, schlägt allerdings vor, dass Geba nach dem ursprünglichen Geba benannt war (d.h. Gibea Benjamins, Ri 20), das später unter dem Namen Gibea Sauls bekannt wurde, und das kein anderes als Gibeon war (el-Jîb). Das »Geba Benjamins«, das in den meisten hebräischen Handschriften von 1. Sam 13,16 vorhanden ist, soll laut dieser Meinung der gleiche Ort wie das Gibea Benjamins sein.

[30] Viele Wissenschaftler, auch P.K. McCarter, Jr., *1. Samuel.* Garden City, 1980, S. 228, rechnen mit einer hoffnungslos konfusen Wiedergabe der Ereignisse in 1. Sam 13,7b-8. Sie glauben, dass der biblische Geschichtsschreiber oder Redakteur in 1. Sam 10,8 nahe lege, Saul sei binnen einer Woche nach seiner Wahl zum König in Gilgal erschienen. Tatsächlich müsste er mindestens zwei Jahre später in Gilgal erschienen sein, siehe 1. Sam 13,1. Wie C.F. Keil, *Die Bücher Samuels.* Leipzig, 1864, S. 75-76, vor über einem Jahrhundert verdeutlichte, endet die Verwirrung, wenn man den Kon-

verletzte so sowohl Samuels präzise Anweisungen als auch die Vorschriften für das richtige kultische Ritual. Als Samuel eintraf, musste er den König zurechtweisen und ihn darüber in Kenntnis setzen, dass seine Thronfolge, die in gewisser Weise hätte ewig Bestand haben können (1. Sam 13,13), nun vorzeitig zu ihrem Ende kommen werde. An seiner Statt werde Gott die Herrschaft einem Mann »nach seinem Herzen« geben.

## Sauls Zorn über Jonatan

Nachdem er Gilgal verlassen hatte, suchte Saul mit nur 600 Männern in Gibea Zuflucht. Die Philister lagerten hauptsächlich im nahen Michmas, sandten aber plündernde Gruppen von dort aus, einige nach Ofra in Benjamin (eṭ Ṭaiyibe), nordöstlich Bethels, einige nach Bet Horon, westlich von Michmas, und wieder andere nach Zeboïm, offenbar nordwestlich, in Richtung der philistäischen Grenze.[31] Die Freiheit, mit der sie sich mitten in Israel bewegten, zeigt, wie bedrohlich Sauls Lage war. Zum Teil mag, wie der Erzähler andeutet (1. Sam 13,19-22), diese Tatsache der fehlenden Eisentechnologie Israels zugeschrieben werden, denn die Philister scheinen das Monopol der Eisenverarbeitung und so einen strategischen Vorteil gehabt zu haben.[32] Nachdem Saul sich Michmas genähert hatte, bezog er

---

ditional-Charakter der hebräischen Syntax in 1. Sam 10,8 berücksichtigt. Der Prophet sagt damit Folgendes: Sollte Saul jemals nach Gilgal gehen, werde er, Samuel, auch dorthin kommen. Wann immer dies geschehen würde, solle Saul mindestens sieben Tage auf Samuels Ankunft warten. Dass Saul erst zwei Jahre später nach Gilgal kam, ist für die Aussage unwesentlich.

[31] Aharoni und Avi-Yonah, *Der Bibel Atlas*, S. 109, Karte 171.

[32] Obwohl das Wort Eisen (hebr. »*barzel*«) nicht in diesem Abschnitt auftaucht, wird aus anderen Quellen deutlich, dass die Philister in der Metallverarbeitung führend waren und diesen Vorteil bis ins Kleinste nutzten. Siehe dazu T. Dothan, *The Philistines and Their Material Culture*. New Haven, 1982, S. 20; J. D. Muhly, »How Iron Technology Changed the Ancient World and Gave the Philistines a Military Edge.« *BARev* 8, 1982, 52-54.

Stellung in Migron (Tell Miriam), zwischen Michmas und Geba.[33] Jonatan entfernte sich jedoch heimlich und überfiel mit seinem Waffenträger einen philistäischen Posten in der Nähe von Michmas, wobei er etwa 20 Männer tötete. Dieser unerwartete Schlag, zusammen mit einem Erdbeben, versetzte die Philister in solche Panik, dass Saul und seine Begleiter auf ihrem Beobachtungsposten sofort wussten, dass etwas Ungewöhnliches passiert sein musste. Es zeigte sich schnell, dass Jonatan und sein Waffenträger fehlten. Saul rief den Hohenpriester Ahija, der die Bundeslade holen sollte,[34] wahrscheinlich um von Gott Schutz und Wegweisung zu erbitten. Die Philister befanden sich allerdings in solcher Unordnung, dass sie ihre Stellung in Michmas verließen und um ihr Leben rannten. Ein Ergebnis dieser Unordnung war, dass die »'apiru-Söldner«[35] der Philister sich ermutigt sahen, zu Israel überzulaufen. Sie schlossen sich israelitischen Flüchtlingen an, die sich versteckt gehalten hatten, jetzt aber zu den Truppen Sauls stießen, welche den Philistern nachsetzten – nordwestwärts nach Bet-Awen (d. h. Bethel) und von dort schließlich nach Ajalon, bis an die Grenze zu Philistäa.

Saul hatte jeden verflucht, der etwas äße, bevor Gott Israel den Sieg gegeben haben würde. Der Hunger ließ die Männer so matt werden,

---

[33] Laut *Oxford Bible Atlas.* H. G. May, Hrsg., New York, 3. Aufl., 1984, S. 73, 135.

[34] So der masoretische Text von 1. Sam 14, 18. Es scheint jedoch am sinnvollsten, zusammen mit der Septuaginta und anderen Texten, »Efod« statt »Bundeslade« zu lesen, da die Bundeslade offenkundig während der ganzen Regierungszeit Sauls in Kirjat-Jearim blieb. Außerdem lässt die Beschreibung der priesterlichen Handlung in der Erzählung auf den Gebrauch des Efod schließen, nicht etwa der Bundeslade (V. 19, ebenso V. 40-42; 23, 9; 30, 7). Siehe R. W. Klein, *1. Samuel.* Waco, 1983, S. 132, FN 18. G. W. Ahlström, »The Travels of the Ark: A Religio-Political Composition.« *JNES* 43, 1984, 145, der hier den masoretischen Text vorzieht, weist jedoch darauf hin, dass der Efod in den Samuel-Erzählungen in der gesamten Zeit auftaucht, während die Bundeslade in Kirjat-Jearim stand. Siehe dazu auch A. F. Campbell, »Yahwe and the Ark: A Case Study in Narrative.« *JBL* 98, 1979, 42-43, FN 32.

[35] Die frühere Meinung, es handle sich bei ihnen um Hebräer, ist schwer mit dem Wechsel ihrer Treue von den Philistern zu den Israeliten zu vereinbaren. Es ist besser, sie mit N. K. Gottwald, *The Tribes of Yahweh.* Maryknoll, N. Y., 1979, S. 422-425, als *'apiru* zu identifizieren, die aus den Amarna-Briefen gut bekannt sind. Vergl. S. 177.

dass sie kurz vor einer Ohnmacht standen (1. Sam 14, 24.31). Als die Philister vor ihnen geflohen waren, schlachteten die Israeliten daher das zurückgelassene Vieh und aßen gierig vom Fleisch der Tiere, noch ehe es richtig ausgeblutet war. Diese Verletzung des mosaischen rituellen Gesetzes ängstigte Saul so sehr, dass er einen Altar errichtete um ein angemessenes Opfer darzubringen. Danach befragte Saul Jahwe, ob er die Verfolgung der Philister fortsetzen sollte, erhielt aber keine Weisung, was er als Zeichen deutete, dass jemand Jahwes Zorn heraufbeschworen habe. Deshalb ließ er die heiligen Lose werfen und entdeckte, dass sein eigener Sohn Jonatan der Schuldige war: Er hatte, ohne von dem Fluch Sauls über Israel zu wissen, unterwegs Wildhonig gegessen. Nur auf Bitten des Volkes verschonte Saul Jonatan (1. Sam 14, 45). Bereits an diesem Vorfall erkennt man Ansätze von Sauls Irrationalität und Verrücktheit, die später noch stärker zur Ausprägung kommen sollten.

## Sauls Feinde

Nach dem Bericht über das – wenigstens vorübergehende – Ende der philistäischen Bedrohung fasst der Erzähler in 1. Sam 14, 47-48 alle militärischen Aktivitäten Sauls zusammen. Er hatte die Ammoniter bei Jabesch in Gilead und bei anderen Gelegenheiten bekämpft. Auch musste er Feldzüge gegen Moabiter, Edomiter und das aramäische Königreich Zoba führen, über die allerdings keines der erhaltenen außerbiblischen Dokumente ausführlich berichtet. Angesichts dieser Episode ist es wichtig, die Welt Sauls etwas näher zu betrachten, um die äußeren Spannungen zu verstehen, die zu Sauls Entartung führten.

Über Moab und Edom im elften Jahrhundert ist uns weder etwas aus dem AT noch aus außerbiblischen Quellen bekannt. Daher kann nur auf Materialfunde zurückgegriffen werden, deren Interpretation allerdings spekulativ bleiben muss.[36]

Die Information über die aramäischen Staaten ist dagegen um einiges klarer, was hauptsächlich der relativen Fülle der Keilschrift-Texte zu verdanken ist, die vornehmlich aus Assyrien stammen. Die früheste Bezeichnung für die Aramäer scheint *Aḫlamû*[37] gewesen zu sein. Der Ausdruck *'armaya* (Aramäer) tauchte nicht vor 1100 auf. Er wurde benutzt, um die semi-nomadische Bevölkerung zu beschreiben, die zu dieser Zeit das gesamte obere Syrien sowie Nordwest-Mesopotamien besetzt hielt. Tiglat-Pileser I. (1115-1077) bezeichnet sie als »Feinde Assyriens«, die er unter Kontrolle zu bringen versuchte. Aber sie hielten dem assyrischen Druck nicht nur stand, sondern begannen bald, große Teile Mittel- und Nord-Mesopotamiens zu besetzen und zu kontrollieren. Zur Zeit Sauls dominierten sie schon das ganze Gebiet nördlich von Damaskus bis zum Euphrat und sogar darüber hinaus.[38]

---

[36] J.R. Bartlett, »The Moabites and Edomites.« *POTT*, D.J. Wiseman, Hrsg., Oxford, 1973, S. 229-234; B. Oded, »Neighbours in the East.« *WHJP*, Bd IV, Teil 1: The Age of the Monarchies: Political History, A. Malamat, Hrsg., Jerusalem, 1979, S. 252-261. D. Pardee, »Literary Sources for the History of Palestine and Syria II: Hebrew, Moabite, Ammonite, and Edomite Inscriptions.« *AUSS* 17, 1979, 65-69, hat alle bisher gefundenen Inschriften aus Moab, Ammon und Edom, die nicht früher als 850 v. Chr. (die Mescha-Inschrift) datieren, aufgelistet, von denen es nur wenige gibt.

[37] A. K. Grayson, *Assyrian Royal Inscriptions.* Wiesbaden, 1976, Bd 2, S. 13, #1. Diesen Ausdruck gebrauchten die Schreiber des Assyrer-Königs Tiglat-Pileser I. Siehe ders., *Assyrian and Babylonian Chronicles: Texts from Cuneiform Sources.* Locust Valley, N. Y., 1975, S. 189.

[38] M.F. Unger, *Israel and the Aramaens of Damascus.* Grand Rapids, ND 1980, S. 38-44. A. Malamat, »The Aramaens.« *POTT*, D.J. Wiseman, Hrsg., S. 135-138, stimmt Ungers Einschätzung der aramäischen Herrschaft über Syrien und das obere Mesopotamien zur Zeit Sauls zu, obwohl er die Aḫlamû nicht als Aramäer anerkennt. Siehe auch Y. Ikeda, »Assyrian Kings and the Mediterranean Sea: The Twelfth to Ninth Centuries B.C.« *Abr-Nahrain* 23, 1984/85, 29, FN 10.

Ein bedeutendes aramäisches Königreich dieser Zeit war Zoba, das von der Bet-Rehob-Dynastie beherrscht wurde. Diese Nation war im nördlichen Bekaa-Tal beheimatet und kontrollierte effektiv alle Handelsrouten von Anatolien und Mesopotamien südwärts nach Ägypten.[39] Die assyrische Schwäche nach dem Tod Tiglat-Pilesers I. und der kontinuierliche Niedergang Ägyptens während der dritten Zwischenzeit ermöglichten es Zoba, seinen Einfluss buchstäblich in alle Richtungen zu erweitern, Israel eingeschlossen, so dass Saul Defensiv-Maßnahmen gegen Zoba ergreifen musste. Über die Zeit Davids und Salomos hinaus blieb dieses aramäische Königtum eine Bedrohung für Israel.

## Philister

Das Volk der Philister beschäftigte Saul am meisten während seiner Regierungszeit. Diese Nachfahren von Seevölkern, die als Teil einer massiven Migration von nicht-semitischen Stämmen der westlichen Mittelmeer-Region nach Kanaan gekommen waren, hatten sich in Anatolien, Ägypten, Syrien und in anderen ost-mediterranen Gegenden niedergelassen. Sie überrannten und zerstörten das Hetiter-Reich mit seinen syrischen Stadtstaaten, wie Ugarit. Ein ähnlicher Überfall auf Ägypten schlug allerdings fehl, so dass einige der Seevölker, besonders die Peleset und Tjekker, entlang der mittleren und unteren Mittelmeerküste Kanaans ansässig wurden. Bei ersteren handelt es sich um die aus der Bibel so bekannten Philister.

Obwohl es in Kanaan bis zurück in die Zeiten der Erzväter Philister gegeben hatte, war diese Gruppe entweder semitisiert oder von einer neuen Einwanderer-Welle absorbiert worden. Die »neuen« Philister errichteten um 1200 einen Brückenkopf im südwestlichen Kanaan, indem sie hauptsächlich in und um fünf Städte siedelten: entlang der Küste Gaza (Gazze), Aschkelon (ʿAsqalan) und Aschdod

[39] B. Mazar, »The Aramaen Empire and Its Relations with Israel.« *BAR*, III E.F. Campbell, Jr., und D.N. Freedman, Hrsg., Garden City, 1964, S. 131-132.

(Esdûd) sowie Ekron (Chirbet el-Muqannaʿ) und Gat (möglicherweise Tell eṣ-Sâfi) in der Schefela.[40]

Die philistäische Staatsführung wird als »Pentapolis« bezeichnet, da alle fünf Stadtherrscher (hebr.: *seren* – »Herr«) offenbar die gleiche Macht besaßen. Kein Vorhaben, das die Konföderation als Ganzes betraf, konnte ohne Mehrheitsabstimmung, vielleicht sogar nicht ohne Einstimmigkeit, beschlossen werden. Darüber hinaus ist nichts sicher von ihnen bekannt, da keine philistäischen Texte gefunden wurden.[41]

Aus demselben Grund kann die philistäische Sprache nicht näher bestimmt werden. Allerdings glauben die meisten Wissenschaftler, dass sie dem ägäischen Gebiet entstammte und entweder auf Inseln wie Kreta gesprochen wurde oder in Kleinasien (Lydien). Doch solange keine ursprünglichen Texte gefunden sind, müssen diese philologischen Fragen unbeantwortet bleiben.[42]

Genauso unmöglich ist es, etwas über die prä-kanaanitische philistäische Religion zu erfahren, da alle bekannten Götternamen semi-

---

[40] Siehe dazu W. Helck, *Die Beziehungen Ägyptens zu Vorderasien im 3. und 2. Jahrtausend v. Chr.* Wiesbaden, 2. Aufl., 1971, S. 224-234. T. Dothan, »Ekron of the Philistines. Part I: Where They Came From, How They Settled Down and the Place They Worshipped.« *BARev* 16, 1990, S. 26-36; C. S. Ehrlich, *The Philistines in Transition: A History from ca. 1000-730 B.C.E.* Leiden, 1996.

[41] Dothan, *Philistines*, S. 18-19. H. E. Kassis, »Gath and the Structure of the »Philistine« Society.« *JBL* 84, 1965, S. 259-271, meint, die philistäische Kultur, die das AT beschreibt, sei besonders in Gat stark kanaanitisch beeinflusst gewesen. Eine ähnliche Ansicht vertritt E. Noort, *Die Seevölker in Palästina.* Kampen, 1994. T. Dothan und M. Dothan, *Die Philister: Zivilisation und Kultur eines Seevolkes.* München, 1995, weisen auf einige Seevölker hin, die mit noch nicht entzifferten zypro-mykenischen Zeichen versehen sind (S. 171 und Tafel 10). J. F. Brug, *A Literary and Archaeological Study of the Philistines.* BAR International Series 265, Oxford, 1985; I. Singer, »Egyptians, Canaanites, and Philistines in the Period of the Emergence of Israel.« *From Nomadism to Monarchy. Archaeological & Historical Aspects of Early Israel*, I. Finkelstein und N. Na'aman, Hrsg., Jerusalem, 1994, S. 282-338. Zum Thema der Völkerwanderung in der Ägäis und im östlichen Mittelmeerraum siehe F. Schachermayr, *Die Ägäische Frühzeit.* Bd 5: Die Levante im Zeitalter der Wanderungen vom 13. bis zum 11. Jahrhundert v. Chr., Wien, 1952.

[42] K. A. Kitchen, »The Philistines.« *POTT*, D. J. Wiseman, Hrsg., S. 67-68; Mazar, »The Philistines and their Wars with Israel.« *WHJP*, Bd III, S. 165-166.

tisch sind. Wahrscheinlich integrierten die Philister die kanaanitischen Gottheiten in ihr eigenes religiöses System,[43] indem sie sie mit ihren eigenen, traditionellen Göttern gleichsetzten. Als Hauptgott verehrten sie Dagon, einen Getreidegott, der als Vater Hadads oder Baals in den nord-mesopotamischen und syrischen Quellen belegt ist. Seine Gestalt – halb Mensch, halb Fisch –, die in 1. Sam 5, 4 angedeutet wird,[44] könnte diesen Synkretismus widerspiegeln, da daran deutlich wird, dass die Philister als seefahrende Nation die marinen Charakteristika ihres Gottes einerseits beibehalten, ihn aber andererseits ihrer neuen bäuerlichen Lebensweise in Kanaan angepasst haben. So war Dagon also ein Getreidegott, der einen noch ursprünglicheren Fischgott überlagerte. Andere philistäische Götter waren Baal-Zebub und Aschtoret, eine Göttin des kanaanitischen Pantheons, die sie offenbar wenigstens in Bet-Schean anbeteten (1. Sam 31, 8-13). Einzelheiten des Kultus bleiben unklar, obwohl das AT auf philistäische Priester (1. Sam 5, 5; 6, 2), auf die heidnische Praxis des Wahrsagens (1. Sam 6, 2) und des Springens über die Tempelschwelle (1. Sam 5, 5) verweist.[45]

Israels Konflikt mit den Philistern wird bereits zu Schamgars Zeit erwähnt, Israels drittem Richter, der offenbar ihrem frühesten Eindringen um 1230 widerstand (Ri 3, 31). Doch war es erst Simson, der als Erster nachdrücklich gegen die Philister vorging, die seit etwa 1124 begonnen hatten immer weiter vorzudringen. Es könnte die Philister seit dem Anfang ihrer Sesshaftigkeit in Kanaan (um 1190) gut 60 oder 70 Jahre gekostet haben, bis sie so weit erstarkt waren, dass sie ins israelitische Hochland vordringen konnten. Trotz Simsons heroischer Siege sorgten sie 40 Jahre lang für Unruhe in Israel,

---

[43] E. Noort, *Die Seevölker in Palästina*, S. 169-178.

[44] Im Hebräischen heißt es: »nur sein Dagon (*dāgôn*) war noch übrig«, eine Formulierung, die Wissenschaftler seit Wellhausen als »nur sein Fischteil (*dāg*) war übrig« verstanden haben. Verschiedene Ansichten über diesen Sachverhalt gibt L. Spence, *Myths and Legends of Babylonia and Assyria*. London, 1916, S. 151-152. Siehe dazu auch U. Oldenburg, *The Conflict Between El and Ba'al in Canaanite Religion*. Leiden, 1969, S. 56-57; McCarter, *1. Samuel*, S. 119-120.

[45] Dothan, *Philistines*, S. 20-21; Kitchen, »The Philistines.« *POTT*, S. 68.

bis sie schließlich 1084 gezwungen waren, die eroberten israelitischen Städte aufzugeben und sich westlich der Schefela zurückzuziehen. Von dort setzten sie jedoch ihre Raubzüge ins Innere Israels fort, besonders in die Ebenen und Täler, in denen sie ihre Streitwagen einsetzen konnten. Dieser permanente Druck war einer der Gründe dafür, dass Israel einen König forderte, was sich verstärkte, als Samuel zu alt wurde die philistäischen Angriffe abzuwehren.

Das war die Lage, der sich Saul zu Beginn seiner Regierung gegenübersah. Die Philister hatten sich nicht nur in Bet-Schean in der Jesreel-Ebene niedergelassen, sondern es war ihnen auch gelungen, Festungen in Israels Kernland zu bauen und zu besetzen, nur wenige Kilometer von Sauls Hauptstadt Gibea entfernt (1. Sam 10,5). Saul verdrängte sie aus diesem Gebiet und zwang sie zum Rückzug in ihre Küstengebiete (1. Sam 14,46). Es gibt allerdings keine Hinweise, ob es ihm gelang sie auch aus Jesreel zu vertreiben. Erst zur Zeit Davids, nach 1000 v. Chr., wurden die Philister auf ihre ursprüngliche Pentapolis zurückgedrängt. Wegen ihrer Zähigkeit gelang es den Philistern, abgesehen von kurzen Perioden, in denen sie Israel Tribut zahlen mussten, immer unabhängig zu bleiben, was sich erst 722 änderte, als die Assyrer Samaria zerstörten und Juda zur Unterwerfung zwangen.

### Amalekiter

Weitere Feinde Sauls – von ganz anderem Wesen – waren die Amalekiter. Diese Wüstennomaden tauchten immer wieder in Israels Geschichte auf, fast immer als Widersacher. Sie hatten Israels hintere Flanken in der Sinai-Wüste feige und verräterisch angegriffen (2. Mo 17,8-16; 5. Mo 25,17-19), weswegen Jahwe sie zur endgültigen Bestrafung ausgesondert hatte. Dann hatten sie sich mit den Kanaanitern verbündet und die israelitischen Streitkräfte angegriffen, die eben Kanaan vom Süden her zu erobern versuchten (4. Mo 14,45). Noch später hatte Moabs König Eglon die Amalekiter angeheuert und mit ihrer Hilfe das östlich-zentrale Israel erobert (Ri 3,13). Zweifelsohne blieben amalekitische Kontingente im Hügelland Ephraims zurück, selbst nachdem Eglon geschlagen worden war, da sie von Debora erwähnt werden, diesmal positiv, als ihre Verbündeten gegen Jabin und Sisera (Ri 5,14; vergl. 12,15)[46]. Im zwölften Jahrhundert, als Jahwe die Midianiter zur Disziplinierung seines Volkes einsetzte, brachten diese ihre amalekitischen Verbündeten mit (Ri 6,3.33).

Danach werden die Amalekiter als unversöhnliche Feinde Israels dargestellt, die sich mit jedem verbündeten, der Israel schaden konnte. Die Wurzeln dieser Feindschaft liegen im Dunkeln, obwohl ihr Vorfahre Amalek als Enkel Esaus identifiziert wird (1. Mo 36,12). Es könnte sein, dass der Zorn Esaus auf Jakob wegen des Erbes und Erstgeburtsrechts in den anti-israelitischen Aktivitäten Amaleks seinen Ausdruck fand.

Mit der Einsetzung des ersten Königs in Israel war die Zeit gekommen, das amalekitische Problem ein für alle Mal zu lösen (1. Sam 15,1-3), wie Gott es beabsichtigt hatte. Ironischerweise sollte die Vernichtung der Amalekiter auch Sauls Verderben beschleunigen. Als Samuel vor der Schlacht zu Saul kam, teilte dieser ihm Jahwes Absicht mit, die Amalekiter dem Bann (*ḥērem)* zu übergeben, d. h. sie mit allem Besitz von der Erde zu tilgen. Saul sammelte seine Truppen, marschierte südwärts zu den Verstecken der Amalekiter in der Wüste, überfiel sie und vernichtete sie bis an die Grenzen Ägyptens.[47] Zuvor hatte er den unter ihnen lebenden Kenitern, die durch Heirat mit Mose selbst verwandt waren (Ri 1,16; 4,11), zur Flucht geraten (1. Sam 15,6), da sie keine Schuld an den Verbrechen traf, für die Amalek bestraft wurde. Das Gesetz des *ḥērem* übertretend, tötete Saul nicht alle Amalekiter mit ihren Tieren, sondern brachte König Agag und einige erlesene Tiere lebend nach Gilgal zurück, wo ihn Samuel mit seinem Ungehorsam konfrontierte. Selbst Sauls Begründung, er habe die Tiere als Opfer für Jahwe mitgebracht, entlastete ihn nicht. Und so teilte der Prophet ihm mit, dass er als König

---

[46] S. A. Rosen, »Finding Evidence of Ancient Nomads.« *BARev* 14, 1988, 46-53, 58-59.

[47] Y. Aharoni« »The Negeb and the Southern Borders.« *WHJP*, Bd IV:1, S. 292-293.

zu Gunsten eines Besseren, eines Gehorsameren verworfen worden sei.

## Theologische Überlegungen

### Gottes Absicht für das menschliche Königtum

Das Versagen Sauls als König Israels und seine Disqualifikation stellen kein besonderes historisches Problem dar, weil die Geschichte der Könige und Dynastien traditionell von Erfolg und Versagen, Aufstieg und Fall gekennzeichnet ist. Doch hat Sauls tragisches Ende theologische Implikationen, die weit über seine geschichtliche Rolle hinausreichen, denn das Königtum gehörte zum Programm Gottes, seine allmächtige Herrschaft über alles Geschaffene zu demonstrieren und zu verwirklichen.[48] Insgesamt gingen die Menschen des aVOs davon aus, dass die Götter des Himmels durch das Königtum ihre Absichten auf der Erde verwirklichten.[49] Deshalb wurden Könige als göttlich angesehen (wie in Ägypten) oder sie verstanden sich als von Gott/Göttern berufen und befähigt, Autorität auszuüben. In einigen Kulturen gipfelte dies in einer Gott-Mensch-Beziehung, die als Sohnschaft bezeichnet werden kann: Der König wurde als leiblicher oder wenigstens adoptierter Sohn der Götter angesehen.[50]

Dieser Gedanke findet sich auch deutlich im AT, obwohl keinem menschlichen König jemals in irgendeiner Weise Göttlichkeit zuge-

---

[48] Der König als derjenige, der die Ordnung vor Gott herstellt und erhält, ist ein Motiv, das nicht nur in der Tora, sondern auch in den Psalmen und der Weisheitsliteratur auftritt. Vergl. H. A. Kenik, »Code of Conduct for a King: Psalm 101.« *JBL* 95, 1976, 402-403.

[49] Siehe hierzu besonders S. Smith, »The Practice of Kingship in Early Semitic Kingdoms.« *Myth, Ritual, and Kingship*, S. H. Hooke, Hrsg., Oxford, 1958, S. 22-73; H. Frankfort, *Kingship and the Gods.* Chicago, 1948, S. 343-344.

[50] I. Engnell, *Studies in Divine Kingship in the Ancient Near East.* Uppsala, 1943, S. 4-11, 80-81.

schrieben wurde.[51] Deshalb sollte man nicht, wie viele es tun, annehmen, dass die Königsherrschaft in Israel nach dem Muster der umgebenden Zivilisationen errichtet wurde.[52] Vielmehr sollte man das Königtum im aVO als Entartung ansehen, die zeigt, wie über Jahrtausende in den polytheistischen Gesellschaften Gottes Absichten total missverstanden und verdreht wurden. Mächtige Männer missbrauchten die Idee des von Gott bevollmächtigten Königs und begründeten damit ihren eigenen, gnadenlosen Despotismus.

Das Königtum in Israel hatten Mose und die Erzväter ausdrücklich vorhergesagt und gebilligt, noch bevor es errichtet wurde. Die hebräischen Stämme mussten sich erst von der Stammesgesellschaft zu einer Nation entwickeln – ein Übergang, der während des Auszuges und, verstärkt, nach der Sinai-Erfahrung stattfand –, bevor sie einen König über sich haben konnten. Gott errichtete erst mit der Wahl Davids, des »Mannes nach Gottes Herzen«, die menschliche Königsherrschaft in ihrer ursprünglichsten und besten Form. David war nicht nur König, sondern gemäß den rettenden Zielen Gottes in einzigartigem Sinne auch Sohn Gottes. Das beinhaltete, dass Jahwe ihn adoptierte, damit er ihn auf der Erde repräsentieren und eine menschliche Dynastie begründen sollte, in deren Sukzession Gottes eigener Sohn Jesus, der auch Nachkomme Davids war, einmal regieren würde. Deshalb konnte auch nur David einen angemessenen Prototyp für den messianischen König darstellen. Wie der Messias Prophet, Priester und zugleich König sein würde, so wirkte auch

[51] E. Jacob, *Theology of the Old Testament.* New York, 1958, S. 234-239; Frankfort, *Kingship and the Gods*, S. 339. Unserer Meinung nach geht Frankfort allerdings zu weit, wenn er die zentrale Rolle des Königtums in der israelitischen Ideologie verneint (S. 337-344).

[52] So zum Beispiel Engnell, *Studies in Divine Kingship*, S. 174-177. Dies ist die Ansicht einer ganz bestimmten Forschungsrichtung, die vor einer Generation ihre Blütezeit erlebte und deren Ideen in Publikationen, wie denen von Hook, Hrsg., *Myth, Ritual, and Kingship*, dargelegt sind.

David in allen drei Bereichen auf eine Weise, die weit jenseits der normalen Grenzen dieser Ämter lag.[53]

## Sauls Missverständnis des Bundes: Missachtung der priesterlichen Vorrechte

Noch ein Rätsel bleibt zu lösen: Wie konnte Jahwe zwei Königslinien in Israel einsetzen? Zum einen ist offensichtlich, dass er das messianische Königtum für David reserviert hatte. Zum anderen hatte er Saul nicht nur als Zugeständnis an das Volk erlaubt zu regieren,[54] sondern hatte ihm sogar zugesagt, dass seine Dynastie ewig herrschen würde, was sich auch so erfüllt hätte (1. Sam 13,13). Geht man davon aus, dass diese Zusage Gottes an Saul buchstäblich zu verstehen ist (für eine anderweitige Annahme gibt es keinen Grund), dann gibt es nur eine Lösung: Gott hatte die Teilung des Reiches von vornherein beabsichtigt. Wäre Saul gehorsam geblieben, hätten seine Nachkommen ein ewiges Königtum im Norden innegehabt, während Davids Nachfolger Juda im Süden regiert hätten, wie sie es auch taten.[55] Um die Absetzung Sauls und die Verkündigung seiner Nachfolge durch David richtig zu verstehen, muss beachtet werden, dass Sauls anfängliche und auch seine endgültige Verwerfung in Gilgal stattfanden und beide in Zusammenhang mit der Darbringung von Opfern standen. Beim ersten Opfer in Gilgal hatte Saul nicht auf Samuels Ankunft

---

[53] D. J. McCarthy, »Compact and Kingship: Stimuli for Hebrew Covenant Thinking.« *Studies in the Period of David and Solomon and Other Essays*, T. Ishida, Hrsg., Winona Lake, 1983, S. 82; S. Talmon, »The Biblical Idea of Statehood.« *Bible World*, G. Rendsburg, Hrsg., S. 247-248.

[54] Über die angeblich widersprüchlichen »deuteronomistischen« Traditionen, ob Sauls Herrschaft von göttlicher Seite sanktioniert war, siehe A. D. H. Mayes, »The Rise of the Israelite Monarchy.« *ZAW* 90, 1978, 9-10.

[55] Da die königliche messianische Verheißung speziell durch Juda erfüllt werden sollte, wie 1. Mo 49,10 deutlich macht, könnten die Heils-Absichten Gottes bis zu dem eschatologischen Tag, an dem Israel und Juda wieder vereinigt werden, auf das Südreich beschränkt sein.

gewartet, sondern eigenhändig Brandopfer dargebracht, was einem Nicht-Leviten vollkommen und absolut verboten war. Die einzige Ausnahme bildete eine besondere Erlaubnis Jahwes, die aber im Falle Sauls weder direkt vorlag, noch aus einem versteckten Hinweis abgeleitet werden kann. Beim zweiten Vorfall hatte Saul den *ḥērem* Jahwes verletzt, indem er bestimmte Tiere der Amalekiter am Leben gelassen hatte um sie Jahwe zu opfern. Möglicherweise wollte Saul auch dieses Opfer persönlich darbringen. Samuels Anklage stützt diese Interpretation, denn er erinnerte Saul daran, »Gehorsam (sei) besser als Opfer und Aufmerken besser als das Fett von Widdern« (1. Sam 15, 22). Solcher Ungehorsam, so Samuel, sei Rebellion – eine ebenso schwere Sünde wie Zauberei oder Götzendienst.

Sauls Versagen bestand demnach darin, sich priesterliche Vorrechte angemaßt zu haben, die weder ihm noch einem anderen israelitischen König ohne spezifische Sanktion Jahwes je zugekommen wären, auch wenn sie zum heidnischen Königtum im aVO gehörten. Die kultische Rolle des heidnischen Königs war tatsächlich nahezu universell, so dass man es Saul hätte nachsehen können, dass er ihre Rolle kopierte, wenn er nicht die gegenteilige Anweisung von Gott im Gesetz vorgefunden und von Samuel bekräftigt bekommen hätte. Diese Anordnungen waren eindeutig: Kultische Handlungen blieben Priestern und Leviten vorbehalten (4. Mo 3, 10).

Im Gegensatz zu Saul war David als messianischer König von den einschränkenden Bestimmungen der Kultgesetze befreit.[56] Als Sohn Gottes war er ewiger Priester nach der Ordnung Melchisedeks, wenn auch nicht nach der Aarons. Der Autor des Hebräerbriefes führt sorgfältig aus (Hebr 5, 1-10; 6, 13-7, 28), dass das melchisedekische Priestertum dem Aarons überlegen war, da Aaron und Levi sich durch ihren Vorfahren Abraham schon Melchisedek untergeordnet hatten. David, als geistlicher Erbe Melchisedeks (Ps 110, 4), konnte und durfte ungestraft Opfer darbringen, obwohl er nicht aus dem Stamm Levi kam. Genauso dient Jesus Christus aus Juda bis heute als

---

[56] David setzte offensichtlich die priesterliche Linie Melchisedeks fort. Siehe H. Pehlke, »König, Königtum.« *Das Große Bibellexikon*, Bd II, S. 806.

Hoherpriester im Himmel, den aaronitischen Priestern unendlich überlegen.

Trotz seiner Wahl zum König Israels ist Saul niemals »Sohn Gottes« genannt worden. Ihm wurden auch keine priesterlichen Privilegien aufgrund eines solchen Verhältnisses zugebilligt, so dass er mit seiner Tat arrogant und bewusst die Grenzen seines Königtums überschritt. Hierin liegt sein Ungehorsam und damit der Grund für seine Verwerfung. Saul verhielt sich so, als sei sein Königtum von der Art, wie es theologisch und historisch allein für David und dessen Dynastie vorgesehen war.

## Der Aufstieg Davids

### Davids Salbung

Sauls Niedergang fällt mit dem Erscheinen und dem Aufstieg Davids zusammen. Obwohl Samuel die Tragödie beklagte, die über Saul gekommen war, ging er auf Gottes Weisung nach Bethlehem, wo er unter den Söhnen Isais den von Gott auserwählten König finden sollte (1. Sam 16, 1). Jahwe selbst würde ihm sagen, wen er salben solle (1. Sam 16, 3). Als am Ende eines Auswahlverfahrens schließlich der Jüngste, David, vor Samuel erschien, wusste der alte Prophet, dass Gott diesen Jungen erwählt hatte. Dies wurde bestätigt, indem der Geist Gottes direkt nach der Salbung auf David kam (1. Sam 16, 13).[57]

---

[57] Einige kurze Bemerkungen zur Chronologie der Geschichte Israels zur Zeit dieses wichtigen Herrscherwechsels scheinen angebracht: David, der den Thron Judas um 1011, im Alter von 30 Jahren bestieg (2. Sam 5, 4), war 1041 geboren worden oder etwa zehn Jahre, nachdem Sauls Herrschaft begonnen hatte. Er war zur Zeit seiner Erwählung sicher recht jung, aber nicht zu jung gewesen, um die Herden seines Vaters allein zu hüten, so dass er zwölf Jahre alt gewesen sein könnte. Dies datiert die Verwerfung Sauls und Erwählung Davids in die frühen 1020er, was ebenfalls gut mit dem Alter Samuels harmoniert, der zu dieser Zeit etwa 90 Jahre alt gewesen sein müsste.

## Davids Aufenthalt am Hofe Sauls

Der Geist Jahwes war auf David gekommen, aber von Saul gewichen, der dafür von einem bösen Geist bis an sein Lebensende (1. Sam 16, 14) gequält wurde. Um seine Launen und Wutanfälle zu mildern, suchten seine Diener einen Musikanten, dessen Melodien Saul besänftigen könnten. Gemäß einer wunderbaren Fügung wurde David ausgesucht, was nicht nur für Saul, sondern auch für David vorteilhaft war, da er sich so mit dem Leben am Hof vertraut machen konnte und auf seine spätere Rolle vorbereitet wurde. Saul mochte den jungen Mann sehr und machte ihn sehr bald nicht nur zu seinem Musiker, sondern auch zu seinem Waffenträger. David blieb eine gewisse Zeit an Sauls Hof. Allerdings erwähnt der Erzähler das nächste Mal David wieder in Bethlehem.[58]

## Davids Begegnung mit Goliat

Einige Jahre nach Sauls amalekitischem Abenteuer, das für ihn katastrophal geendet hatte, sah er sich wieder mit den Philistern konfrontiert. Sie hofften offenbar, ihren Brückenkopf in Zentral-Israel wiederzugewinnen, mussten jedoch bei Efes-Dammim feststellen, dass ihre und Sauls Truppen in einer Patt-Situation waren. Der Ort, der heute nicht mehr identifiziert werden kann, lag zwischen Socho (Chirbet ʿAbbâd) und Aseka (Tell Zakarîye)[59] im Ela-Tal (1. Sam 17, 1), ca. 33 km südwestlich Jerusalems. Beide Seiten hatten beschlossen, die Begegnung solle nicht durch eine Schlacht der Massen entschieden werden, sondern durch ein Duell. So suchte man je

---

[58] Die Perikope von der Salbung Davids (1. Sam 16, 1 - 13) wird oft als »spät« und »historisch unglaubwürdig« bezeichnet. Doch M. Kessler in »Narrative Technique in 1. Sam. 16, 1 - 13.« *CBQ* 32, 1970, 552 - 553, betrachtet sie als integralen Teil der Erzählung.

[59] Zur Identifikation dieser Orte siehe Y. Aharoni, *Das Land der Bibel.* Neukirchen, 1984, S. 446, 438.

einen herausragenden Kämpfer, der sein Volk vertreten könnte.[60] Die Philister wählten Goliat aus Gat, einen Riesen,[61] der vermutlich von den Anakim abstammte, ein Stamm, der durch Josua aus Hebron vertrieben worden war und sich in philistäischen Städten niedergelassen hatte (Jos 11,21-22).[62] Israel fand jedoch niemanden, der bereit gewesen wäre gegen ihn zu kämpfen.

Schließlich erschien David, der in Bethlehem gewesen war, um seinem alten Vater von Zeit zu Zeit zu helfen, wie es dessen Wunsch war (1. Sam 17,15). Viele Wissenschaftler meinen, dass diese Geschichte eine gegensätzliche Tradition zur Ernennung Davids zum Hofmusiker darstellt, nur weil Saul bei dieser Gelegenheit David nicht wieder erkannte,[63] was aber auch anders erklärt werden kann: Zum einen ist nicht bekannt, wie lange sich die beiden nicht gesehen hatten, und zum anderen können sich Heranwachsende manchmal in ein oder zwei Jahren rapide und drastisch verändern. Deshalb ist denkbar, dass David, obwohl noch immer ein Jugendlicher, seit seiner letzten Dienstzeit bei Saul körperlich entscheidend gereift war. Und wenn man bedenkt, dass Saul ja selbst in seinen besten Zeiten oft verwirrt war, kann man damit rechnen, dass sich seine geistige und emotionale Verfassung in dieser Stress-Situation sicher verschlechtert hatte, vielleicht sogar so weit, dass er einen alten Freund nicht erkannte.

Obwohl David nur zum Schauplatz des Kampfes geschickt wurde, um seinen Brüdern Proviant zu bringen, fühlte er sich so sehr durch das Fluchen des Philisters angegriffen, dass er sich freiwillig zum Duell mit Goliat meldete. Er war nicht verängstigt wie alle

---

[60] Zur Funktion dieser Champions, siehe R. de Vaux, *Das Alte Testament und seine Lebensordnungen*, Bd I, S. 218.

[61] War die Elle 46 cm lang, dann war Goliat 2,85 m groß; maß sie 52,5 cm, dann war er 3,20 m groß. Beide Maße sind möglich.

[62] Vergl. G.A. Wainwright, »Early Philistine History.« *VT* 9, 1959, 79f. Vergl. 5. Mo 2,20f; 2. Sam 21,22.

[63] So O. Eissfeldt, *Einleitung in das Alte Testament*. Tübingen, 3. Aufl., S. 366.

Anderen, sondern nahm den Kampf im Bewusstsein auf, dass der Name und die Ehre Jahwes auf dem Spiel standen. David ging auf Goliat zu, nahm seine Hirtenschleuder und tötete den Riesen (1. Sam 17,45-50). So zeigte David schon früh seinen heiligen Eifer als Gesalbter Jahwes, der mit seinem Gott gegen all die zu Felde zog, die Gottes Allmacht herausforderten.

## Davids Freundschaft mit Jonatan

Diese heldenhafte Tat beeindruckte Saul so, dass er David für immer an seinen Hof holte. Damit löste er sein Versprechen ein, den siegreichen Helden zu belohnen (1. Sam 17,25). Die Familie Davids wurde außerdem von der Steuerlast befreit, weswegen sich auch Saul nach Davids Vater erkundigte (1. Sam 17,56). David durfte Sauls Tochter Michal heiraten und erhielt Reichtümer, die zwar nicht beschrieben werden, aber doch sicher seiner Stellung als Schwiegersohn des Königs und Armeekommandeur angemessen waren. Von größtem Wert für David war allerdings die tiefe Freundschaft mit Sauls Sohn Jonatan. Es war eine bemerkenswerte Beziehung: Jonatan war wesentlich älter als David, so dass ihr Verhältnis eher einer Vater-Sohn-Beziehung glich, als einer Freundschaft unter Gleichaltrigen. Dieser Altersunterschied wird daran deutlich, dass David nicht vor 1041 geboren wurde, Jonatan dagegen 1050 schon Führer einer militärischen Einheit war, zu Beginn der Regierung seines Vaters. Jonatan muss also etwa 30 Jahre älter gewesen sein als David. Warum er sich so um David kümmerte, kann nur vermutet werden: Entweder weil er keine eigenen Kinder hatte oder weil er als reifer Mann erkannt hatte, dass David als König an Stelle Sauls von Jahwe erwählt war, auch wenn seine Herrschaft noch nicht begonnen hatte.

Letztere Vermutung wird durch Jonatans Selbstverleugnung unterstützt: Als der älteste Sohn Sauls wäre er der rechtmäßige Nachfolger seines Vaters gewesen. Auf diese Thronfolge zielte Sauls Warnung an Jonatan, dass er, so lange David lebte, keine Hoffnung haben könnte, das Königtum seines Vaters fortzuführen (1. Sam 20,31). Aber Jonatan wusste, was Saul vergeblich zu leugnen suchte: dass

David der »Mann nach dem Herzen Gottes« war.[64] Deshalb nahm er Abstand von jeglichem politischen Machtstreben, akzeptierte David als König nach dem Herzen Jahwes und verbündete sich mit ihm in unverbrüchlicher Freundschaft und Loyalität. Der Bund zwischen beiden ist in seiner Natur ein formeller Vertrag und wird in 1. Sam 18, 1-3 zum ersten Mal erwähnt. Dieser Bund besiegelte nicht nur eine Freundschaft, denn Jonatan gab darin nicht nur seiner menschlichen Liebe tiefsten Ausdruck, sondern er erkannte damit auch Davids Herrschaft an und schwor ihm Treue, weil David der Gesalbte Jahwes war.[65]

Dafür, dass Jonatan David als den Erwählten König Israels anerkannte, gibt es mehrere Hinweise: Zum einen beruhte der Bund nicht auf Gegenseitigkeit; es handelte sich nur um ein Versprechen Jonatans an David (1. Sam 18, 1.3b; 20, 8.16-17). Zum zweiten verdeutlichte Jonatan seine Unterordnung unter die Anrechte Davids auf den Thron, indem er ihn in sein eigenes Königs-Gewand kleidete (1. Sam 18, 4). Später bemerkte er kommentarlos, dass David ihn überleben und eines Tages seine eigene Position innehaben würde, und bat ihn daher, seinen Nachkommen in Zukunft Gunst zu erweisen (1. Sam 20, 14-15.42). Er sagte sogar ausdrücklich, dass David König werden und er, Jonatan, ihm untertan sein würde (1. Sam 23, 17-18). Drittens galt der Bund nicht nur David persönlich, sondern der gesamten davidischen Dynastie (1. Sam 20, 16). Jonatan wusste, dass Jahwe bei der Erwählung Davids keine Spontan-Entscheidung getroffen hatte, sondern er selbst hatte diese Königslinie eingesetzt, die Sauls Dynastie ersetzen würde und

---

[64] D. Jobling, »Saul's Fall and Jonathan's Rise: Tradition and Redaction in 1. Sam. 14, 1-46.« *JBL* 95, 1976, 371, meint, die Wahl Jonatans zum Nachfolger Sauls sei schon in diesem Bericht über die Schlacht impliziert, den er als pro-jonatanische Erzählung wertet, da Jonatan als Mann nach Gottes Herzen hervorgehoben wird. Dies kann man nur aufrecht erhalten, wenn die eindeutige Aussage in 1. Sam 13, 13 nicht beachtet wird, dass Sauls Dynastie, also Jonatan eingeschlossen, durch eine andere ersetzt werden solle.

[65] Siehe T. N. D. Mettinger, *King and Messiah: The Civil and Sacral Legitimation of the Israelite Kings.* Lund, 1976, S. 39.

Erlösung bringen sollte, was zu jener Zeit nur ansatzweise verstanden werden konnte.

## Davids Flucht

### Der Plan Sauls

Saul beförderte David zu Stand und Ehren, was ein schlauer politischer Zug war, aber zu viel für die anfällige Psyche des kranken Königs, der mit der Nähe Davids nicht umgehen konnte. Mit großem Mut, gemäßigt durch Demut und Umsicht, begab sich David in den Krieg und war so erfolgreich, dass die Barden Israels nach kurzer Zeit seine Erfolge fast schon wie Legenden besangen. Saul sah sich in den Schatten gestellt und begann Pläne zu schmieden, wie er den Vertrauten ausschalten könnte, den er als Rivalen sah.

Saul versuchte zweimal, David mit dem Speer an die Wand zu spießen (1. Sam 18, 11;19, 9), wovor Jahwe David jedoch bewahrte. Schließlich entließ Saul frustriert David aus dem Dienst am Hof und überließ ihm nur noch militärische Aufgaben. Dann versuchte Saul David loszuwerden, indem er von ihm als Brautpreis für die Hand seiner Tochter Michal 100 ermordete Philister verlangte. Normalerweise vereinbarte man als Brautpreis die Zahlung großer Mengen Gold und Silber (1. Sam 18, 25). David erfüllte diese schwierige Aufgabe nicht nur, sondern übererfüllte sie zu 100 %, indem er nicht ein-, sondern zweihundert Philister tötete und die Beweise vorlegte. Die Hochzeit wurde gefeiert, und Saul musste zu seiner Bestürzung erkennen, dass sein Feind sein Schwiegersohn geworden war. Nun bekannte sich Saul offen zu seinen Absichten und ließ selbst Jonatan wissen, David müsse sterben. Jonatan versuchte, seinen Vater umzustimmen, indem er betonte, welche Torheit es sei, unschuldiges Blut zu vergießen (1. Sam 19, 4-5). Saul ließ sich zeitweilig versöhnen, wollte aber David nur wenig später erneut töten. Diesmal bestellte er Mörder, die David in seinem Bett umbringen sollten. Als Michal davon hörte, warnte sie ihren Mann, so dass David rechtzeitig nach Rama zu Samuel fliehen konnte, der ihn aufnahm (1. Sam 19, 18).

Dort blieb David nur kurz, dann suchte er Jonatan auf. Gemeinsam fanden sie einen Weg, wie David ein für alle Mal sicher wissen konnte, ob er auch in Zukunft am Hofe bleiben könnte. Dieses Mal blieb Jonatans Fürsprache bei Saul vollkommen wirkungslos, denn Saul war fest entschlossen David zu töten. Er hatte bemerkt, dass Jonatan selbst Davids Ansprüche auf das Königtum als legitim anerkannte und sich dem »Mann nach Gottes Herzen« verpflichtet hatte (1. Sam 20, 30-31). In seinem Zorn über Jonatans Loyalität gegenüber einer neuen Königslinie ging Saul sogar so weit, seinen Sohn mit dem Tode zu bedrohen. Also gab es für David nur einen Weg: Er musste fliehen, getrennt von Familie und Heimat leben, wenn er überleben und seinen Thron-Anspruch aufrechterhalten wollte.

## Die Ächtung Davids

Zunächst ging David nach Nob (1. Sam 21, 2),[66] einem Dorf auf dem Ölberg, wo der Hohepriester Ahimelech der Stiftshütte vorstand. Da Ahimelech, sonst als Ahija bekannt (1. Sam 14, 3; 22, 9), der Urenkel Elis war, scheint die Vermutung nicht ganz aus der Luft gegriffen, dass entweder sein Vater Ahitub oder er selbst die Stiftshütte von Silo nach Nob gebracht hatte. Man kann nur darüber spekulieren, warum ausgerechnet dieser Ort dafür gewählt worden war. Die Bundeslade selbst dagegen war in Kirjat-Jearim geblieben, in der Obhut der Familie Abinadabs.

Da David und seine Begleiter ohne Proviant und nur mit ihren Kleidern am Leib vor Saul geflohen waren, übermannte sie der Hunger. Deshalb bat David den Priester um Brot. Da Ahimelech nichts von Sauls Zerwürfnis mit David wusste, gab er ihnen das einzige Nahrungsmittel, das vorrätig war: die Schaubrote der Stiftshütte. Dann machte sich David mit Goliats Schwert, das hinter dem Efod,

---

[66] Nob ist wahrscheinlich mit el-ʿIsāwîye gleichzusetzen, siehe Aharoni, *Das Land der Bibel*, S. 444. D. Baly, *Geographisches Handbuch zur Bibel*. Neukirchen, 1966, S. 201, identifiziert es allerdings mit eṭ-ṭūr auf dem Ölberg oder mit rās eṭ-ṭalaʿ auf dem Skopusberg.

vielleicht als Symbol der Souveränität Jahwes gegenüber den Philistern, aufbewahrt worden war, auf den Weg nach Gat, der Heimat Goliats.[67] Diese irrsinnige Handlung, unterstützt durch eine überzeugende Schauspielerei Davids, überzeugte Achisch, den Herrscher Gats davon, dass David geisteskrank sei. Die ekstatischen Propheten der heidnischen Welt verhielten sich genauso und wurden – als heilige Männer – von Strafe verschont, wie sie David, der Bezwinger Goliats, in Gat zu erwarten gehabt hätte.[68] Eigentlich hatte David gehofft, in Gat Aufnahme zu finden, aber König Achisch war, aus welchem Grund auch immer, nicht dazu bereit.

David lebte die nächsten zehn Jahre als Geächteter, immer in Bewegung, ohne festes Zuhause und ohne sichtbare Unterstützung. Zunächst fand er Zuflucht in der Höhle von Adullam, einer Stadt in der Schefela von Juda, ungefähr 25 km südwestlich Bethlehems. Seine Familie, die schon von seinem Elend gehört hatte, und viele Andere kamen zu ihm und unterstellten sich seinem Kommando. Dies deutet darauf hin, dass sie davon ausgingen, dass David, da er ja schon zum König gesalbt war, binnen Kurzem eine Bewegung anführen werde, die auf die Absetzung Sauls zielte. Selbst die Philister ahnten dies (1. Sam 21, 11f), ja, vielleicht verschonten sie David in Gat genau deshalb, weil sie ihn für ihre eigenen Zwecke nutzen und so Sauls Herrschaft untergraben wollten.

David ging es jedoch zunächst ums Überleben, auch wenn er in seinem Exil darum bemüht war, ein gutes Verhältnis zu seinen judäischen Verwandten aufzubauen. Er brauchte ihre Unterstützung für den Augenblick, in dem die Zeit seiner Monarchie kommen sollte. Als Teil dieser Strategie reiste er nach Mizpe in Moab (der Ort ist unbekannt). Er bat dort den Herrscher, seiner Familie Schutz zu gewähren, was ihm zugesichert wurde (1. Sam 22, 3 - 4). Diese Wahl wird dadurch verständlich, dass Davids Urgroßmutter Rut aus

---

[67] B. Mazar, »The Philistines and Their Wars with Israel.« *WHJP*, Bd III, S. 178, meint, dass Gat ein wichtiges politisches Zentrum der Philister wurde, weil die Kriege gegen Israel sie zwangen, ihre Grenze zu Benjamin zu schützen.

[68] Hertzberg, *Die Samuelbücher*, S. 148.

Moab stammte. Möglicherweise hatte David auch vor, sich potentielle Bündnispartner in Moab zu erschmeicheln, denn er wusste genau, dass er und Saul schon bald bei den benachbarten Königshäusern um Unterstützung konkurrieren würden. Israel hatte unter Saul einen Krieg gegen Moab geführt (1. Sam 14, 47), also bestand Grund zu der Annahme, dass der König von Moab, wie die Philister, den Zwist zwischen David und Saul zu ihrem Vorteil nutzen würden. Vereinbarungen, die David mit Philistern und mit Moabitern geschlossen haben mag, hielten nicht sehr lange, denn er machte beide Nationen sehr früh in seiner Regentschaft zu Vasallen-Staaten (2. Sam 8, 1-12).

Der Prophet Gad hatte sich inzwischen David angeschlossen. Er beriet ihn für den Rest seines Exils. Gad empfahl David, Adullam zu verlassen und zum Wald Jaar-Heret (Lage unbekannt) zu ziehen. In der Zwischenzeit hatte Saul im Wahn seine eigenen Stammesgenossen der Untreue bezichtigt, da sie ihm nichts von Jonatans offensichtlicher Solidarität mit David mitgeteilt hatten. Vielleicht um Saul gnädig zu stimmen, teilte ihm Doëg, der Ahimelechs Gunst gegenüber David in Nob beobachtet hatte, alle dort geschehenen Ereignisse mit. Wütend rief Saul die Priester Nobs zusammen, beschuldigte sie des Hochverrats und ließ alle töten. Dann stellte er den Ort unter den *ḥērem* und machte ihn dem Erdboden gleich. Abjatar, ein Sohn Ahimelechs, dem jedoch die Flucht zu David gelang (1. Sam 22, 6-23), diente David fast bis zu dessen Lebensende. Später wurde er, zusammen mit Zadok, Hoherpriester in Israel. Diese Stellung behielt er, bis er mit Davids Sohn Adonija konspirierte, um Salomo daran zu hindern König zu werden. Daraufhin wurde Abjatar seines Amtes enthoben und nach Anatot ins Exil geschickt (1. Kön 2, 26-27).

Auch wenn David vor Saul auf der Flucht war, blieb er sich dennoch der Bedürfnisse seines eigenen Stammes bewusst: Die Philister hatten, vielleicht um Davids Entschlossenheit zu testen, das judäische Dorf Keïla (Chirbet Qîlā) überfallen, etwas südlich von Adullam. David versuchte, den Willen Gottes zu erfahren und befragte den Efod, den Abjatar aus Nob mitgebracht hatte (1. Sam 23, 6). Der Herr sicherte ihm den Sieg zu und so zog David nach Keïla, um seine Landsleute zu befreien. Als Saul davon hörte, marschierte er schnellstens nach Süden, um David und seine Männer in der Stadt gefangen zu nehmen. Doch David hörte rechtzeitig von Sauls Kommen und konnte entkommen. Dann versteckte er sich in der Wüste Sif südöstlich Hebrons. Er hatte erkannt, dass er sich nicht darauf verlassen konnte, dass die Leute von Keïla, die er gerade von den Philistern gerettet hatte, ihn vor Saul schützen würden. Daran wird deutlich, dass David selbst in Juda nicht ungeteilt unterstützt wurde.

Die Sifiter verschwendeten keine Zeit, Saul darüber zu informieren, dass David sich unter ihnen versteckte. Immer einen Schritt voraus, drang David nach Süden in die Wüste Maon vor. Aber auch dorthin verfolgte ihn Saul, so dass er und seine Mannschaft dem Zugriff Sauls nur knapp entgingen. Saul hätte David weiter nachgestellt, aber die Philister fielen im Norden ein und der König musste diesen Angriff abwehren. So zog David ostwärts nach En-Gedi (Tell el Ǧurn).

Nachdem Saul den philistäischen Einfall zurückgeschlagen hatte, nahm er unermüdlich Davids Verfolgung wieder auf und entdeckte ihn in En-Gedi. Diesmal hätte er jedoch sein eigenes Leben verlieren können, da David die Chance hatte, sich Sauls ein für alle Mal zu entledigen, wenn er es gewollt hätte. Wäre er menschlicher Regung gefolgt, hätte er Saul sicherlich umgebracht und so den Weg für die verheißene Monarchie freigemacht. Aber das geistliche Empfinden stand dem entgegen: David wusste, dass Saul Gesalbter Jahwes blieb, bis zu seiner Absetzung durch Jahwe selbst. Auch wenn Sauls Charakter und sein Verhalten dieser göttlichen Ernennung widersprochen haben mögen, so war dies für David kein ausreichender Grund. Er wusste nur Eines, dass der Gott, der ihn erwählt hatte, ihn auch zur rechten Zeit an die Macht bringen würde. Saul, der kurz von Davids Großmut verblüfft und beschämt war, kehrte nach Hause zurück (1. Sam 24). Auch David verließ En-Gedi und zog in die Wüste Paran, nach Karmel (Kirmil), 2 oder 3 km von Maon (Chirbet Ma'în) entfernt.

David hatte von einem wohlhabenden Mann namens Nabal gehört, der in Maon lebte und viel Land und große Herden in Karmel (Chirbet el-Karmil) besaß. Deshalb bat er Nabal um Verpflegung für seine Männer. Bedenkt man, dass Geächtete sich Besitz einfach zu nehmen pflegten, kann Davids Bitte nicht als überzogen angesehen werden. Außerdem hatte David nach dem Zeugnis von Nabals eigenen Männern ihnen Schutz geboten ohne Bezahlung zu fordern (1. Sam 25,15). Dennoch lehnte Nabal Davids Gesuch ab. Hätte seine kluge und schöne Frau Abigajil nicht eingegriffen, die die Versorgung Davids und seiner Männer sicherstellte, hätte Nabal schnell Davids Zorn zu spüren bekommen. Als dieser jedoch erfuhr, wie knapp er dem Zorn Davids entkommen war, bekam er einen Herzinfarkt und starb. David war Abigajil dankbar und von ihrer Weisheit und ihrem Charme so beeindruckt, dass er sofort alles arrangierte, um sie zu heiraten.

Außerdem heiratete er noch Ahinoam aus Jesreel (Chirbet Terrama?),[69] einer Stadt südwestlich Hebrons. Seine erste Frau Michal war ihm von ihrem Vater Saul genommen und einem anderen Mann, Palti, gegeben worden (1. Sam 25,44). Nachdem David in Hebron König geworden war, gebar ihm Ahinoam seinen ersten Sohn, Amnon, und Abigajil seinen zweiten Sohn, Kilab (2. Sam 3,2-3).

Die Sifiter, die David unbändig zu hassen schienen, teilten Saul wieder mit, dass David sich bei ihnen aufhielt. Als Saul sein Lager auf dem Hachila (unbekannt) aufschlug, zog auch David dorthin. Während der Nacht krochen David und sein Neffe Abischai (1. Chr 2,13-16) zur Lagerstätte des Königs. Sie fanden Saul und seinen Armeekommandeur Abner schlafend und hätten beide leicht umbringen können. Ein zweites Mal erinnerte sich David an die Heiligkeit des israelitischen König-Amtes und überließ Sauls Schicksal der Hand Jahwes (1. Sam 26,6-11). Als Saul erwachte und sich der Tatsache bewusst wurde, dass er nur durch die Gnade Jahwes und Davids noch am Leben war, bekannte er seine Sünde gegenüber David und versprach, ihm nie mehr Böses anzutun. David wusste allerdings, dass man diesen Beteuerungen eines Paranoiden nur wenig Bedeutung beimessen konnte und dass Saul ihn weiter verfolgen würde, um ihn zu vernichten.

---

[69] *Oxford Bible Atlas*, S. 132.

## Davids Exil in Philistäa

Für David war es klar, dass es nur eine Frage der Zeit wäre, bis Saul ihn gefangen hätte. Deshalb ergriff er eine drastische Maßnahme: Er suchte Zuflucht bei Achisch, dem Herrscher von Gat (1. Sam 27, 1-7). Eine Reihe nicht bekannter Faktoren müssen eine Rolle gespielt haben, um ein Vertrauensverhältnis zwischen diesen beiden Männern zu schaffen. Zunächst einmal konnten sich Achisch und seine Mannen über den tiefen Graben zwischen Saul und David freuen, denn ohne David mangelte es Saul an militärischer Führung, die die ständige philistäische Bedrohung hätte beenden können, und ohne Saul fehlte es David an einer starken Basis, von der aus er hätte operieren können. Auch hatte Davids Verhalten gegenüber den Philistern ihre Bedenken zerstreut, er werde ihnen weiter Schaden zufügen. Nur einmal während seines Exils, in Keïla, hatte er sie bekämpft, und das war eine Defensiv-Maßnahme gewesen (1. Sam 23, 1-5). Weiter muss David seine Bereitschaft bekundet haben sich Achisch unterzuordnen, wenn er dafür Schutz erhalten würde. Es kann sogar sein, dass er versprach, Juda zum Vasallen-Staat der Philister zu machen, wenn er in Hebron an die Macht gelangen werde, was die folgenden Ereignisse als wahrscheinlich erscheinen lassen.

Wie dem auch sei, Achisch empfing David und seine Männer sehr freundlich und gab ihnen sogar ein Lehen in Ziklag (Tell eš-Šarīa),[70] wo David über ein Jahr lebte (ca. 1012-1011) und das er erst nach Sauls Tod und seiner Thronbesteigung in Juda verließ. Seine Zeit verbrachte David vornehmlich damit, in der Wüste Razzien gegen die Geschuriter, Girsiter und Amalekiter durchzuführen. Herausragendes diplomatisches Geschick, jedoch geringe Aufrichtigkeit bewies David dadurch, dass er die Beute dieser Plünderungen Achisch brachte und ihm sagte, sie stamme aus Juda (1. Sam 27, 10). Es ist daher kein Wunder, dass Achisch David als Abtrünnigen seines eigenen Volkes und als Verbündeten der Philister betrachtete, denn David zeigte sich als äußerst ergebener Vasall.

---

[70] Aharoni, *Das Land der Bibel*, S. 446.

Diese Heuchelei belastete ihn jedoch sehr bald. In der entscheidenden Schlacht zwischen Israel und den Philistern fand er sich plötzlich auf der falschen Seite wieder. Die Philister hatten sich in Afek versammelt und Achisch hatte natürlich darauf bestanden, dass sein Vasall sich ihm und den anderen Fürsten im *coup de grâce* anschlösse. Die anderen vier Philisterfürsten waren nicht von Davids Loyalität überzeugt, sondern glaubten im Gegenteil, David werde in der Hitze des Gefechtes seine Stellung neu überlegen und zu seinem früheren Herrn Saul zurückkehren. Schweren Herzens musste Achisch dem David berichten, dass sie sich gegen seine Teilnahme am Feldzug entschieden hätten. David legte zwar meisterhaft und überzeugend Protest ein, kehrte aber doch erleichtert nach Ziklag zurück (1. Sam 28,1-2; 29).

In der Zwischenzeit hatte sich Israel auf dem Gilboa-Berg (Jebel Fuquʿa), etwa 12 km südlich von Schunem (Sôlem) versammelt. Als Saul die Armee der Philister auf dem Weg in die Schlacht sah, erschrak er zutiefst und wandte sich an ein okkultes Medium im nahe gelegenen En-Dor, auf der Nordseite des Berges More. Er versuchte, seine Identität zu verheimlichen, da er okkulte Praktiken verboten hatte (1. Sam 28, 9); aber als die Frau eine Vision von Samuel heraufbeschwören sollte, erkannte sie ihn als König Saul. Trotzdem beschrieb sie weiter die Geist-Erscheinung, die Saul sofort als den Propheten Samuel erkannte. Geduldig erklärte Samuel noch einmal, dass Saul durch seinen Ungehorsam sein Recht zu herrschen verspielt hatte und dass David seinen Platz einnehmen werde, außerdem offenbarte er Saul weiter, dass er und seine Söhne am nächsten Tag bei der verheerenden Niederlage Israels gegen die Philister sterben würden.

## Sauls Tod

Am nächsten Morgen erreichten die Philister Schunem, von Afek kommend. Nach heftigem Kampf zog sich Israel hastig zurück, aber Saul und seine Söhne konnten nicht mehr fliehen. Als Saul erkannte, dass drei seiner Söhne gefallen und die Niederlage unausweichlich war, beging er Selbstmord, um nicht durch die Philister getötet zu werden (1. Sam 31,4). Die Bewohner der Gegend sahen, dass alles verloren war, flohen und überließen ihre Städte den Feinden. Am nächsten Tag entdeckten die Philister die Leichen Sauls und seiner Söhne. In einem brutalen Racheakt enthaupteten sie den König Israels, stellten seine Rüstung im Tempel ihrer Göttin Astarte aus und befestigten seinen Leichnam an der Außenmauer Bet-Scheans. Doch einige Männer stahlen sich in dieser Nacht aus Jabesch in Gilead, etwa 20 km östlich Bet-Scheans, über den Jordan, holten die Leichname von der Mauer herunter und beerdigten die Toten in ihrer Stadt (1. Chr 10,11-12). So kehrte Saul in die Heimat seiner nicht-benjaminitischen Vorfahrin zurück.

Sobald die Philister David aus dem Militärdienst entlassen hatten, kehrte er in das zerstörte Ziklag zurück. Da die Bevölkerung, samt seiner Familie, von den Amalekitern gefangen genommen worden war, konsultierte der Priester Abjatar Purim und Thummim und fand heraus, Gott erwarte von David, dass er und seine 600 Männer den amalekitischen Feind verfolgten. Nach einem Marsch von vier Tagen waren 200 Männer Davids so erschöpft, dass sie am Bach Besor (Wadi Ghazze) zurückblieben, etwa 25 km südlich Ziklags. Die anderen zogen weiter und fanden einen von den Plünderern zurückgelassenen Ägypter, der bereit war sie zu den Amalekitern zu führen. Davids Männer holten die Amalekiter ein, schlugen sie vernichtend und befreiten ihre Angehörigen unverletzt. Nachdem einiges von der Beute unter die 400 Kämpfer, aber auch die 200 Zurückgebliebenen, aufgeteilt war, sandte David den Rest zur weiteren Verteilung an die Ältesten Judas. Bezeichnenderweise ist Hebron die letzterwähnte Stadt, zu der Davids Gaben geschickt wurden. Seine Großzügigkeit, die ohne Zweifel ehrlich war, sollte schließlich auch helfen sich bei den Judäern einzuschmeicheln, die ihn bald zu ihrem König machen würden.

Am dritten Tag nach Davids Rückkehr nach Ziklag kam ein Bote vom Schlachtfeld in Gilboa, um vom Tod Sauls und seiner Söhne zu berichten. Er gab an, Saul aus Mitleid getötet zu haben. Als Beweis legte er Sauls Krone und Armreif vor (2. Sam 1,10). Der junge Mann war in Wirklichkeit allerdings nicht für Sauls Tod verantwortlich, wie der Erzähler bereits deutlich gemacht hat; er muss aber ein Augenzeuge gewesen sein. Er betrachtete diese Lage als Gelegenheit, Davids Gunst zu gewinnen, konnte er doch als der erscheinen, der Davids letztes Hindernis zum Thron Israels aus dem Weg geräumt hatte. David sah dies jedoch ganz anders: Er, der das Leben des von Gott erwählten Königs bei mindestens zwei Gelegenheiten verschont hatte, konnte wohl kaum die Ermordung Sauls gutheißen, schon gar nicht durch einen heidnischen Amalekiter. Deshalb befahl er, den Boten für ein Verbrechen, das er begangen zu haben behauptete, zu töten. Anschließend schüttete David den Kummer seines Herzens um Saul und Jonatan aus – im »Bogenlied«, einer der ergreifendsten Darstellungen von Trauer und Klage in der Literatur.

Sauls Herrschaft war beendet, wie Samuel vorausgesagt hatte. David stand an einer Wegscheide: Er konnte nicht einfach nach Gibea ziehen und dort Souveränität beanspruchen, da Saul einen überlebenden Sohn besaß, Isch-Boschet, der sicher das Thronfolge-Recht geltend machen würde. Doch mit Sauls Tod erreichte der Druck auf David, die Leitung seines Stammes Juda zu übernehmen, seinen Höhepunkt. Juda war bereit Davids Königherrschaft anzuerkennen und Jahwes eindeutige Führung zeigte, dass der König in Hebron residieren sollte. So zog David im Jahre 1011 v. Chr. nach Hebron und wurde formell zum König von Juda gekrönt (2. Sam 2,1-4).

# 7. David: Das Bundeskönigtum

## Das prä-davidische Israel

Die 80 Jahre, in denen David und Salomo regierten, sind in mancher Hinsicht »das goldene Zeitalter« in Israels vorchristlicher Geschichte, denn bis zu dieser Zeit, selbst zu Sauls besten Zeiten, konnte sich Israel kaum als Königtum bezeichnen, geschweige denn als Staat. Im Großen und Ganzen war das Volk politisch nicht geeint – was nicht am theokratischen Geist in Israel lag, da dieser nicht mehr als ein theologisches Ideal erzeugt hatte. Noch nicht einmal Gott erkannte das Volk als seinen König an, was besonders im Richter-Buch deutlich wird, wo die zentrale Klage mehrmals wiederholt wird, dass es keinen König in Israel gebe. Aus diesem Grund gab es auch keine politische Einheit.

Dass, seit dem Sinai-Bund bis zur Einsetzung Davids in Hebron, beinahe 450 Jahre lang kein Staat existierte, hatte unterschiedliche Gründe. Ganz praktisch war es den Stämmen, die wie Nomaden nach Kanaan zogen, unmöglich, in einem »normalen« nationalen Sinne zu existieren. Innerhalb der Föderation gab es einen Zusammenhalt und alle Stämme erkannten ihre gemeinsame Herkunft und Ethnizität an, außerdem hatten sie eine gemeinsame theologische Basis und identische Ziele. Sie hatten sogar eine Art Verfassung, die das Leben der Einzelnen und der Gemeinschaft regeln sollte. Aber das Land fehlte; und ohne Land bleibt eine Nation Utopie.[1] Während der Landnahme (im frühen 14 Jh.) überwog noch immer die Stammes-Gesellschaft. Zunehmend sah sich Israel aber auch als Gottes Volk, als ein Bundesvolk, dessen Gemeinsamkeiten die Unterschiede weit überwanden. Dadurch war es Josua möglich, die Stämme durch den Geist der Kooperation und der gemeinsamen Interessen zu einen, um die kanaanitische Bevölkerung zu unterwerfen und – zumindest zeitweilig – das Land zu besetzen. Natürlich gab es schon zu dieser Zeit Zeichen von Unabhängigkeitsstreben, wie die Forderung Rubens, Gads und Manasses nach einem transjordanischen Erbteil zeigen (Jos 1, 12-18). Aber wegen seines diploma-

[1] Land ist eine grundlegende Notwendigkeit für eine Nation. Siehe W. Brueggemann, *The Land*. Philadelphia, 1977, bes. S. 28-44.

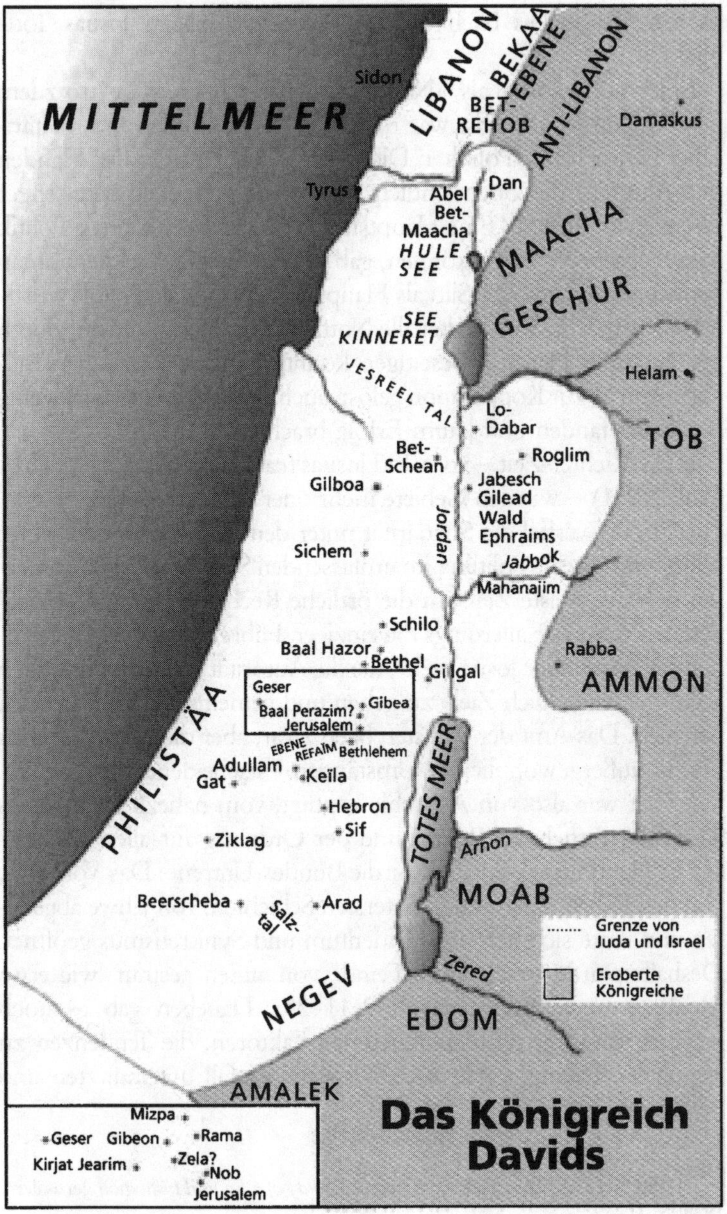
MITTELMEER
LIBANON
BEKAA EBENE
ANTI-LIBANON
Sidon
BET-REHOB
Damaskus
Tyrus
Dan
Abel Bet-Maacha
HULE SEE
MAACHA
GESCHUR
SEE KINNERET
JESREEL TAL
Helam
Lo-Dabar
TOB
Bet-Schean
Roglim
Gilboa
Jabesch Gilead
Wald Ephraims
Jordan
Sichem
Jabbok
Mahanajim
Schilo
Baal Hazor
Bethel
Gilgal
Rabba
AMMON
Geser
Gibea
Baal Perazim?
Jerusalem
EBENE REFAÏM
Bethlehem
PHILISTÄA
Adullam
Gat
Keïla
Hebron
Sif
TOTES MEER
Ziklag
Arnon
MOAB
Beerscheba
Salztal
Arad
Grenze von Juda und Israel
Eroberte Königreiche
Zered
NEGEV
EDOM
AMALEK
Mizpa
Geser
Gibeon
Rama
Kirjat Jearim
Zela?
Nob
Jerusalem
Das Königreich Davids

tischen Geschickes blieb die Konföderation bis zu Josuas Tode intakt.

Israel unter Josua als »Nation« zu bezeichnen wäre trotzdem falsch, denn Josua selbst war mehr ein Bundesmittler und militärischer Führer als ein Politiker. Die wahre Autorität lag in den Händen der Ältesten, die offensichtlich nur selten außerhalb sehr enger Grenzen handelten.[2] Eine Hauptstadt, von der aus nationale Politik hätte betrieben werden können, gab es noch nicht, es sei denn, man betrachtete Gilgal oder Silo als Hauptstadt. Nationale Politik wurde *ad hoc* gemacht. So wurden alle Notfälle, die die Stämme nur durch gemeinsames Handeln beseitigen konnten, durch Josuas persönlichen Aufruf zur Kooperation gelöst, auch wenn sie manchmal wenig Resonanz fanden und kaum Erfolg brachten.

In der Richter-Zeit – vom Tod Josuas (ca. 1366) bis zur Herrschaft Sauls (1051) – wurden Gebiete mehr oder weniger effektiv besetzt. Gleichzeitig verfiel die Solidarität unter den Stämmen. Die Richter selbst waren keine Politiker im umfassenden Sinn, sondern kümmerten sich die meiste Zeit um die örtliche Rechtsprechung. National gesehen waren sie allerdings die einzigen Führer. Es gab keine Männer wie Mose oder Josua mehr, die die Autorität gehabt hätten, allen Stämmen einheitlich Ziele zu geben und gemeinsame Aktionen zu befehlen. Das Amt der Ältesten blieb zwar, aber diese übernahmen nur in außergewöhnlichen Umständen entscheidend die Leitung. Jene Zeit war also von Anarchie geprägt, vom nahezu kompletten Zusammenbruch des Rechts und der Ordnung auf allen Ebenen.

Die Hauptursache dafür war die Bundes-Untreue: Das Volk war, von den Führern bis zu den untersten Schichten, von Jahwe abgefallen und hatte sich tiefstem Heidentum und Synkretismus geöffnet. Deshalb wurde Israel durch Feinde von außen gestraft, wie etwa Moabiter und Midianiter (Ri 2,11-23). Daneben gab es noch weitere, schwerer zu identifizierende Faktoren, die Tendenzen zu regionaler Teilung sowie zu nationalem Zerfall unterstützten und beschleunigten.

---

[2] H. Reviv, *The Elders in Ancient Israel: A Study of a Biblical Institution.* Jerusalem, 1989, S. 37-39.

Die Geographie spielte dabei eindeutig eine Rolle, besonders in der Anfangszeit.[3] So bildete zum Beispiel der Jordan eine natürliche Barriere zwischen den östlichen und westlichen Stämmen, denn zu bestimmten Jahreszeiten war es nahezu unmöglich, den Fluss zu durchqueren, während es zu anderen Zeiten leichter war. Dies war ohne Zweifel Josuas geringste Sorge bei der Kolonialisierung des Ostjordanlandes gewesen (Jos 22,13-20). Er wusste sehr wohl, dass geographische Grenzen leicht zu psychologischen, sogar geistlichen Grenzen werden können. Weitere Beweise für die Ost-West-Entfremdung lassen sich in der Haltung der östlichen Führer gegenüber Gideon erkennen, als dieser die Midianiter durch ihr Gebiet verfolgte (Ri 8,4-9). Dies lässt sich auch zu Jeftahs Zeit (ca. 1100) beobachten, eines Richters aus Transjordanien (Ri 12,1-6). In dieser Erzählung ist interessant, dass sich starke Unterschiede im Dialekt zwischen den Stämmen im Ost- und Westjordanland herausgebildet hatten (Ri 12,6).[4] Obwohl die Dialektunterschiede nicht unbedingt gegenseitige Verdächtigungen und Antagonismen verursachten, wirkten sie doch oft als Verstärker.

Risse im sozio-politischen Gefüge Israels werden auch an anderer Stelle deutlich. Von einem der offensichtlichsten erzählt die Debora-Geschichte: Die Kanaaniter hatten begonnen, die Stämme nördlich der Jesreel-Ebene zu vernichten. Um ihnen Einhalt zu gebieten, bemühte sich Debora nicht nur um die Unterstützung der – direkt betroffenen – nördlichen Stämme, sondern auch um die der anderen (Ri 5,12-18). Das Ergebnis war sehr entmutigend: Weder die

---

[3] Die Verbindung zwischen Geographie und Geschichte ist selbstredend. Syrien-Palästina wird dargestellt in der noch immer wichtigen Arbeit von G. A. Smith, *The Historical Geography of the Holy Land.* London, 1900, S. 43-59. Siehe auch O. Keel, M. Küchler und Chr. Uehlinger, *Orte und Landschaften der Bibel.* Bd 1: Geographisch-geschichtliche Landeskunde, Zürich und Göttingen, 1984, S. 182-205.

[4] Diese interessante Entwicklung verfolgt E. Y. Kutscher, *A History of the Hebrew Language.* Jerusalem, 1982, S. 14-15; D. Marcus, »Ridiculing the Ephraimites: The Shibboleth Incident (Judg 12:6).« *MAARAV* 8, 1992, 95-105; J. Marquart, »Šibbōlet = Ephraimitisch Sibbōlet = Śibbōlet?« *ZAW* 8, 1888, 154-155; W. Diem, »Das Problem von *ś* im Althebräischen und die kanaanitische Lautverschiebung.« *ZDMG* 124, 1974, 243.

Stämme im Osten noch die südlich Jerusalems halfen ihnen, die der anderen Gebiete nur sporadisch. Selbst der Stamm Ephraim, zu dem Debora gehörte, unterstützte sie in ihrem Vorhaben kaum. Auch wenn diese Reaktionen nicht unbedingt Stammesfeindschaften widerspiegeln, beweisen sie doch eine erstaunliche Gleichgültigkeit.

Besseren Einblick in die Rivalitäten der Regionen und Stämme gewinnt man bei sorgfältiger Betrachtung der Erzählung vom Leviten und seiner Konkubine (Ri 19).[5] Die Geschichte ist von profunder Bedeutung, da ihr frühes Datum gegen die Theorie spricht, dass Risse in der Einheit der »Nation« erst spät aufgetreten seien. Zugleich legt sie die schismatischen Tendenzen offen, die letztlich in der vollkommenen Teilung zwischen Israel und Juda endeten.

Wie schon erwähnt, soll diese Erzählung auch die Aufmerksamkeit auf den Antagonismus zwischen Gibea und Bethlehem lenken: Gibea, die Hauptstadt Sauls, repräsentierte die benjaminitische Monarchie Sauls, Bethlehem dagegen die judäische Davids. Dass der Levit aus Ephraim stammte, zog diesen Stamm, wie auch die anderen nördlichen Stämme, mit in die Kontroverse hinein. Die judäische Konkubine wurde in Gibea geschändet und tot vor der Tür des Hauses zurückgelassen, in dem der Levit die Nacht verbracht hatte. Dieser Vorfall verstieß nicht nur grob gegen alle Erwartungen an die Gastfreundschaft, sondern zeigte auch das Fehlen jeglicher Autorität in Gibea und Benjamin. Aber noch gravierender war die Weigerung der benjaminitischen Ältesten, die Übeltäter zu bestrafen. Sie griffen sogar zu den Waffen, um die Verbrecher zu verteidigen. Auf den unmittelbaren Befehl Jahwes zogen die anderen Stämme *unisono* gegen Benjamin in den Krieg und löschten die Benjaminiter fast völlig aus. Daher verweigerten die Israeliten, selbst als alle benjaminitischen Frauen tot waren und der Fortbestand des Stammes gefährdet war, den am Leben gebliebenen Benjaminitern ihre Töchter als Frauen. Stattdessen beschaffte man aus Jabesch in Gilead und Silo Frauen für sie (Ri 21).

---

[5] Siehe S. 283f.

Dieses entsetzliche Ereignis wurde niedergeschrieben, um die Gesetzlosigkeit der Richter-Zeit zu illustrieren. Es erklärt einerseits den Antagonismus der Familien Sauls und Davids, andererseits macht es die politische Zersplitterung des Königreichs selbst zu Davids Zeiten deutlich: Die Feindschaft zwischen Benjamin und Juda war in den frühen Jahren der Herrschaft Davids überall deutlich und dauerte, bis Benjamin von Juda einverleibt und Teil des Südreiches wurde.

Der Aufstieg der Monarchie unter Saul ließ die ständig wachsende Entfremdung zwischen Juda und den Nordstämmen kaum abklingen, sondern die Spaltung vertiefte sich. So stellt der Erzähler zum Beispiel fest: Als Saul das Volk an die Waffen rief, um Jabesch in Gilead von Ammon zu befreien, folgten diesem Aufruf 300.000 Männer aus Israel und 30.000 aus Juda (1. Sam 11,8). Bei seinem Feldzug gegen Amalek ist die Rede von »200.000 Mann Fußvolk und 10.000 Mann aus Juda« (1. Sam 15,4),[6] was nahe legt, dass Juda Saul verhältnismäßig wenig Männer zur Verfügung gestellt hatte. Diese Tatsache ist umso erstaunlicher, wenn man bedenkt, dass Amalek entlang der Südgrenze Judas lebte. Bedeutet das, dass Juda zu diesem Zeitpunkt schon gegen Saul gestimmt war? Ferner wird berichtet, dass, nachdem David Goliat getötet hatte, »die Männer Israels und Judas« die Philister verfolgten (1. Sam 17,52) und David, der zu Saul an den Hof kam, von »ganz Israel und Juda« geliebt wurde (1. Sam 18,16), woran deutlich wird, dass Israel und Juda seit frühester Zeit als getrennte Einheiten gesehen wurden, die ihre eigenen Interessen verfolgten.

---

[6] Aus dieser Stelle folgert R. W. Klein, *1. Samuel.* Waco, 1983, S. 149, dass es »zweifelhaft sei, ob Juda jemals (ganz) Teil von Sauls Königtum war«.

## David in Hebron

### Frühe Diplomatie

Dass die Herrschaft Davids in Hebron begann, ist angesichts dieser Ausführungen nicht verwunderlich. Er war Judäer und hatte sich den Weg für sein Königtum durch sein Exil in Juda sowie durch seine Wohltätigkeit gegenüber Juda geebnet und erkannt, dass Juda *de facto* ein politischer, wenn nicht sogar ein eigener ethnischer Organismus war. Daneben war für ihn noch nicht die Zeit gekommen, Souveränität über das ganze Volk Israel auszuüben, denn noch lebte ein Sohn Sauls, Isch-Boschet, der nach dynastischen Erbfolge-Regeln Anspruch auf das Königtum hatte. Zusätzlich hatte David nicht nur in Sauls Vetter Abner einen starken Gegner, der zum mächtigsten Mann Israels aufgestiegen war, sondern auch das gesamte Nordreich stand David feindlich gegenüber. Deshalb scheint David in Hebron weitere göttliche Anweisungen abgewartet zu haben.

Was in den nächsten sieben Jahren in Hebron geschah, kann als Meisterstück der Diplomatie betrachtet werden: David, der sehr wohl wusste, dass sowohl Israel als auch Juda ihn als Gegner Sauls ansahen, dichtete, als er vom Tod Sauls erfuhr, ein Loblied auf Saul. Das so genannte »Bogenlied« (2. Sam 1, 19-27)[7] beschreibt Saul als »Ruhm« Israels und als »den Mächtigen«. In diesem Gedicht stellte David fest, Saul habe Israel in feine, teure Gewänder gekleidet; deshalb solle Israel um ihn trauern. Diese sicher ehrliche Geste wählte David auch, um sein Wohlwollen für Saul zu zeigen. Wenn Feindschaft bestanden hatte, war sie einseitig und nicht von David gewollt.

Als nächstes versuchte David, sich die Gunst der Menschen in Jabesch in Gilead zu sichern, indem er ihnen für ihren mutigen und hin-

---

[7] Argumente für die Autorenschaft Davids und eine gelungene Analyse von Form und Inhalt finden sich bei M. Sekine »Lyric Literature in the Davidic-Solomonic Period in the Light of the History of Israelite Literature.« *Studies in the Period of David and Solomon and Other Essays.* T. Ishida, Hrsg., Winona Lake, 1983, S. 2-4. Vergl. auch D. N. Freedman, *Pottery, Poetry, and Prophecy.* Winona Lake, 1980, S. 263-274.

gegebenen Dienst dankte, den sie dem Leichnam Sauls erwiesen hatten. Sie hatten ihn aus Bet-Schean weggeholt und in ihrer Stadt begraben (2. Sam 2,4b-7). Diese Annäherungsversuche sollten David eine sichere Ausgangsposition im nördlichen Transjordanien schaffen, eine Position, aus der heraus David Popularität in dieser entfernten und doch wichtigen Region gewinnen konnte. Einige Jahre später holte David Sauls und Jonatans Gebeine aus Jabesch in Gilead zurück, um sie im Grab ihrer Väter in Zela (Chirbet Salah)[8] im Gebiet von Benjamin zu beerdigen (2. Sam 21,12-14).

## David und Abner

Das Haupthindernis auf Davids Weg zum Thron war Abner, Sauls Cousin. Seit Beginn der Herrschaft Sauls hatte er als Oberkommandeur des Heeres gedient (1. Sam 14,50). Er war es auch, der David nach dem Duell mit Goliat zu Saul gebracht (1. Sam 17,55-57) und der, gemeinsam mit David, an der Seite des Königs zu Tisch gesessen hatte (1. Sam 20,25). Auch war er von David verspottet worden, nachdem dieser ihn und Saul schlafend in der Wüste Zif gefunden und verschont hatte (1. Sam 26,5.14-15). Da Abner Sauls Dynastie an hervorragender Stelle gedient hatte und auch David recht gut kannte, war er in einer starken Position. Wenn er auch nicht für sich selbst den Thron beanspruchen konnte, war er doch in der Lage, wenigstens David teuer dafür bezahlen zu lassen.

Fünf Jahre lang gab sich David geduldig mit seinem kleinen Königreich Juda zufrieden. Im Norden war Israel in scheinbar unlösbare Konflikte verstrickt: Saul war tot und hatte nur einen schwächlichen Sohn hinterlassen, der in seine Fußstapfen treten sollte. Dieser jüngste Sohn, dessen Name eigentlich Isch-Baal (»Mann Baals«) war, wurde unter Isch-Boschet (»Mann der Schande«)[9] bekannt, vielleicht

---

[8] So der *Oxford Bible Atlas.* New York, 3. Aufl., 1984, S. 143.

[9] P. K. McCarter, Jr., *2. Samuel.* Garden City, 1984, S. 86, schlägt vor, das *'îš* des masoretischen Textes in Samuel sei dem *'eš* in 1. Chr 8,33 und 9,39 vorzuzie-

ein Hinweis auf Sauls Hang zum Synkretismus, zum anderen aber auch ein Hinweis darauf, dass dieser Sohn nicht den Vorstellungen entsprach. Er hatte offenbar nicht an dem Kampf in Gilboa teilgenommen, in dem sein Vater und seine Brüder starben. Jetzt stellte es sich heraus, dass er nicht in der Lage war den Thron zu besteigen. Schließlich nahm Abner, vielleicht nachdem er die Philister besiegt und aus dem Land vertrieben hatte, Isch-Boschet und machte ihn in Mahanajim (Tell ed-Dahab) im Land Gilead zum Marionettenkönig (2. Sam 2,8-10).[10] Von dort aus regierte er zwei Jahre. Sein Amt endete zur selben Zeit, in der David von Hebron nach Jerusalem umzog: ca. 1004 v. Chr.

Dass Abner die Fäden der Macht in der Hand hatte und nicht Isch-Boschet, machen die folgenden Ereignisse deutlich: Zuerst zogen Abner und seine Männer nach Gibeon, wo sie mit Davids Abgesandtem Joab verhandelten, wahrscheinlich über die Vereinigung der Königreiche und die Nachfolge des Königs. Als die Verhandlungen zum Stillstand kamen, machte Abner den Vorschlag, ihre Differenzen durch körperliches Kräftemessen zu lösen – jede Partei solle zwölf Männer auswählen, die sich im Nahkampf gegenüberstehen sollten. Der Ausgang dieses Kampfes würde dann die Frage klären, wer herrschen sollte (2. Sam 2,12-16). Davids Männer siegten; Abner und seine Männer flohen, dicht gefolgt von Davids Männern. Joabs jüngerer Bruder Asaël suchte sich unglücklicherweise den erfahrenen Kämpfer Abner als Gegner aus, der den jungen Mann in Notwehr tötete. Daraufhin verfolgten ihn Joab und sein Bruder Abischai. Abner entkam und fand bei seinen benjaminitischen Brüdern Zuflucht. Dann stellte er Joab die hochinteressante Frage: »Wie lange willst du dem Volk denn nicht sagen, dass es ablassen soll von seinen Brüdern?« (2. Sam 2,26). War dies ein Friedensangebot? Bot Abner Joab Versöhnung an, weil er wusste, David werde sich zu guter Letzt durchsetzen?

---

hen. Die Wurzel muss in jedem Fall *'îš*, »Mann«, gewesen sein. Die Qumranrollen stützen diese Lesart eindeutig.

[10] A. Negev, Hrsg., *Archäologisches Bibelstellenlexikon*, Neuhausen, 1991, S. 284.

Der Erzähler antwortet darauf, indem er betont, David sei während seiner siebenjährigen Herrschaft in Hebron immer stärker geworden, Sauls Dynastie dagegen immer schwächer (2. Sam 3, 1). Ein Beweis dafür, dass Davids Macht wuchs, ist die Vielzahl seiner Frauen und Kinder, was unter Königen des aVOs üblich war, aber nicht vom biblischen Gesetz sanktioniert wurde. David zeugte, zusätzlich zu den Söhnen, die er mit Abigajil und Ahinoam hatte, Absalom mit Maacha, Adonija mit Haggit, Schefatja mit Abital und Jitream mit Egla. Besonders interessant ist Maacha, da sie als Tochter Talmais, des Königs von Geschur, identifiziert wird. Daran wird deutlich, dass einige der Ehen Davids geschlossen wurden, um die Beziehungen zu den Nachbarvölkern zu festigen.[11] Das Königreich Geschur lag höchstwahrscheinlich östlich des Sees Genezareth,[12] so dass eine Allianz eine Pufferzone zwischen Israel und den wachsenden aramäischen Staaten im Norden bilden sollte.

Da Davids Einfluss wuchs, merkte Abner, dass er sich mit David arrangieren musste, wenn er irgendeine Zukunft haben wollte. Er hatte zwar alles versucht sich auf Sauls Thron zu setzen – bis hin zum Intimverkehr mit einer Nebenfrau Sauls –, aber alles war gescheitert. Deshalb suchte er Mittel und Wege, um Israel an David zu übergeben, damit er sich eine ebenso hohe Position sichern konnte, wie er unter Saul gehabt hatte. Sein intimer Umgang mit Rizpa, der Konkubine Sauls, bot ihm die passende Gelegenheit dazu. Denn als er von Isch-Boschet wegen seines eindeutigen und durchschaubaren Griffes nach dem Thron zurechtgewiesen wurde, leugnete er zwar jegliche persönliche Ambition auf den Thron, drohte ihm aber als Rache für diesen Vorwurf Schritte an, durch die er ganz Israel unter Davids Herrschaft bringen werde. Dies setzte er auch sofort in die Tat um (2. Sam 3, 6-11).

---

[11] J.D. Levenson und B. Halpern, »The Political Import of David's Marriages.« *JBL* 99, 1980, 507-518.

[12] Y. Aharoni, *Das Land der Bibel.* Neukirchen, 1984, S. 39, 248. Nachdem er Ammon ermordet hatte, floh Absalom nach Geschur, der Heimat seiner Mutter (2. Sam 13, 37-38).

Abner schickte zuallererst eine Delegation zu David, um ihm seinen Vorschlag zur Vereinigung zu unterbreiten: einen Bund, der einen friedlichen Übergang der Macht von Sauls Dynastie zu der Davids garantieren würde. Was Abner forderte, kann nur vermutet werden, aber sicherlich erwartete er, mindestens Oberbefehlshaber der israelitischen Armeen zu werden. David akzeptierte enthusiastisch das Angebot, verlangte aber als Zeichen des guten Willens von Abner, dass ihm seine erste Frau Michal wiedergegeben würde, die Tochter Sauls. So würde die Vereinigung der beiden königlichen Familien symbolisiert. Nachdem Michal dem David zurückgegeben worden war, überzeugte Abner die israelitischen Ältesten, besonders die Benjamins, davon, wie weise es wäre, sich David unterzuordnen. Dieser Aufruf war nicht theologisch motiviert, sondern rein pragmatisch: David könnte jetzt Israel von seinen Feinden befreien. Dabei wurde jedoch völlig außer Acht gelassen, dass David der messianische König war, der erwählte Repräsentant Jahwes auf Erden. Diese fehlende Einsicht war ein gravierender politischer Mangel. Für Abner war David ein König, der sich in nichts von den Königen anderer Nationen unterschied.

Abner stand zu seinem Wort und kehrte mit der sicheren Unterstützung der Ältesten zu David nach Hebron zurück. Die beiden einigten sich, einen formellen Vertrag zu schließen und eine Krönungszeremonie zu arrangieren, bei der die gesamte Nation dem neuen König die Treue schwören sollte. Doch bevor die Feierlichkeiten in die Wege geleitet werden konnten, wurde Abner von Joab ermordet. Auf den ersten Blick scheint es, als habe Joab nur den Tod seines Bruders Asaël rächen wollen. Möglich ist aber auch, dass Joab seine Position als Heerführer durch Davids Bund mit Abner bedroht sah.

### König über ganz Israel

David hatte nun ein Problem, das alle Bestrebungen, die beiden Reiche zu vereinigen, zunichte machen konnte: Die Ältesten Israels mussten Abners Ermordung als Schachzug Davids interpretieren, das letzte Hindernis auf dem Weg zur Macht aus dem Weg zu räumen.[13] Doch um diesem Verdacht vorzubeugen, rief David die Staatstrauer um Abner aus und ordnete ein Staatsbegräbnis in Hebron an. David klagte so bitter über Abners Tod, dass ganz Israel und Juda ihm ohne Bedenken die Trauer abnahmen und ihn vom Verdacht der Beteiligung am Mord entlasteten (2. Sam 3,36-39).

Bald meinte man in Israel, ernsthafte Maßnahmen ergreifen zu müssen, um die störungsanfälligen Vereinbarungen, die David und Abner getroffen hatten, nicht zu gefährden. Deshalb wurden zwei Mörder gedungen und nach Mahanajim geschickt, die Isch-Boschet während des Mittagsschlafes töteten.[14] Mit seinem Kopf als Beweisstück liefen sie zu David nach Hebron und erklärten triumphierend, nun könne er sich auf Sauls Thron setzen. David, der fürchten musste mit diesem feigen Mord in Verbindung gebracht zu werden, ließ die Attentäter töten und ihre Leichname öffentlich in Hebron aufhängen. Danach bestattete er Isch-Boschets Kopf in Abners Grab und hoffte so deutlich zu machen, dass er auch um Isch-Boschet trauerte. So zeigte er, dass er nicht durch persönlichen Ehrgeiz Sauls Thron über ganz Israel einnahm, sondern durch göttliche Erwählung.

Als jeder andere mögliche Nachfolger Sauls tot war, erfüllten die Ältesten Israels die Vertragsbedingungen, die Abner in ihrem Auftrag mit David ausgehandelt hatte: Sie zogen nach Hebron, was ihre

---

[13] J.C. Vanderkam, »Davidic Complicity in the Deaths of Abner and Eshbaal: A Historical and Redactional Study.« *JBL* 99, 1980, 521-539, versucht zu zeigen, dass die Morde an Abner und Isch-Boschet nach einem von David ausgeklügelten Plan geschahen. Diese These ruht auf der Behauptung, dass die ursprüngliche Form der Erzählung David verklagte und später in eine pro-davidische Richtung überarbeitet wurde, so dass seine Komplizenschaft nun schwer auszumachen ist.

[14] Die Mörder werden als Benjaminiter aus Beerot identifiziert, einer Enklave im Philistergebiet. Da die Benjaminiter offenbar aus ihrem Stammesgebiet hatten fliehen müssen (2. Sam 4,2b-3), ist es möglich, dass Saul die Beerotiter verfolgt hatte wie bei den Gibeonitern (vergl. 2. Sam 21,1-2) und dass die Ermordung Isch-Boschets ein Racheakt war. Andererseits weist H.W. Hertzberg, *Die Samuelbücher.* Göttingen, 4. Aufl., 1968, S. 215-216, darauf hin, dass die Beerotiter erst nach dem Mord an Isch-Boschet vertrieben wurden.

Unterwerfung und gute Absicht beweisen sollte. Dort bekräftigten sie Davids Recht, über das gesamte Volk zu herrschen, wegen ihrer gemeinsamen Vorfahren, seiner bewiesenen Leistungen als Anführer sowie wegen seiner göttlichen Erwählung. David wurde in einer Bundeszeremonie gekrönt, worin sich sowohl König und Volk einander verpflichteten, als auch gegenüber Jahwe, dem wahren Herrscher.

## Die theologische Geschichte der Chronik-Bücher

An diesem Punkt beginnt das 1. Chronik-Buch seinen Parallel-Bericht der Geschichte Israels. Der unbekannte Autor dieses Dokuments wollte die Geschichte Israels aus Sicht der davidischen Dynastie berichten,[15] wobei das Nordreich nicht übersehen oder gar negativ beurteilt, sondern Juda als der messianische Stamm Davids besonders betrachtet wird. Daher werden manche Geschichten nicht berichtet, da sie für David und seine Dynastie beschämend wären. Seine ehebrecherische Affäre mit Batseba ist dafür wohl das beste Beispiel. Diese Auslassungen implizieren nicht unbedingt, dass der Chronist der davidischen Dynastie gegenüber fanatisch loyal war und dass er Geschichte umschrieb, um sie der »Parteilinie« anzupassen, denn es sind noch genug Peinlichkeiten berichtet, die diese Deutung verbieten. 1. Chronik hat die Absicht, Geschichte zu erzählen, in der die Wiederholung bestimmter Fakten, die schon aus 2. Samuel bekannt sind, vermieden wird. Der Chronist gibt nur solche Ereignisse aus Davids Leben und Karriere wieder, die für seinen besonderen Zweck relevant sind. Vor allem gilt sein Interesse den kultischen Aspekten der Herrschaft Davids, denn er zeigt den messianischen

---

[15] Eine hervorragende Interpretation der Form und Funktion der Arbeit des Chronisten ist bei B. S. Childs, *Introduction to the Old Testament as Scripture*. Philadelphia, 1979, S. 639-655, zu finden. Über die Chronik-Bücher als ein Geschichtswerk schreibt S. Japhet, »The Historical Reliability of Chronicles.« *JSOT* 33, 1985, 83-107; dies., *I & II Chronicles*. Louisville, 1993, S. 32-41.

König gleichzeitig als gesalbten Priester Jahwes. Der Chronist ist also mehr Theologe als Berichterstatter prosaischer Ereignisse. Ihn interessieren weniger politische oder militärische Prozesse, die Davids Herrschaft ermöglichten und ihr Funktionieren erlaubten, als vielmehr die theologische Bedeutung der Herrschaft Davids.[16]

Die Absicht des Chronisten ist von Anfang an eindeutig, denn er sagt nichts über Davids Jugend oder seine Erwählung, was er beides als bekannt voraussetzt, und auch kein Wort über die sieben Jahre zwischen dem Tod Sauls und der Thronbesteigung Davids. Statt dessen beginnt er mit dem Zug der Israeliten nach Hebron, um David als König einzusetzen. Der Erzähler, der die Nachfolge als schon vollzogen betrachtet, betont nur, dass Jahwe hinter Sauls Tod stand und dass Gott selbst David das Königtum gegeben hatte (1. Chr 10,14). Auf der anderen Seite weist der Chronist darauf hin, dass es schon während Davids Exil in Juda und in Israel Menschen gab, die seine Erwählung anerkannten. In 1. Chr 12,1-2 wird explizit gesagt, dass sich unter denen, die sich David anschlossen, als er in Ziklag lebte, auch Verwandte Sauls befanden. Andere kamen aus Gad in Transjordanien und wieder andere waren Benjaminiter, die nicht zum Clan Sauls gehörten (1. Chr 12,16-17). Letztere betrachtete David zunächst mit Vorbehalt. Als sie ihm jedoch zusicherten ihm gegen Saul beizustehen, hieß er sie willkommen. Darüber hinaus schlossen sich David israelitische Überläufer aus Manasse an, als er mit den Philistern Saul in Gilboa bekämpfte (1. Chr 12,19-22). Die Wiedervereinigung Judas und Israels war dadurch schon vorbereitet, bevor Abner sie durch formelle Verhandlungen zum Abschluss brachte.

Das Bestreben des Chronisten, der zeigen will, wie enthusiastisch die Herrschaft Davids in der gesamten Nation aufgenommen wurde, wird außerdem an dem Erzählstil des kurzen Berichtes über die

---

[16] J. D. Newsome, Jr., »Toward a New Understanding of the Chronicler and His Purposes.« *JBL* 94, 1975, 216, weist darauf hin, dass das prophetische Element auch in der Chronik stark vertreten ist und Kult und Monarchie so verbindet, dass die Wiedereinsetzung des Tempeldienstes und die Wiederherstellung des Hauses Davids nach dem Exil vorangetrieben wurden.

Delegation in Hebron im Vergleich zu 2. Samuel sichtbar: Während dort nur davon gesprochen wird, dass alle Stämme zum König nach Hebron kamen (2. Sam 5, 1-3), listet der Chronist jeden Stamm mit Namen und der Gesamtzahl an Männern auf (1. Chr 12, 23-40). Darunter befanden sich auch 3.000 Benjaminiter, obwohl sie bis zuletzt Saul die Treue gehalten hatten. Um die allgemeine nationale Unterstützung für David herauszustellen, wird erzählt, wie selbst die entferntesten Stämme nach Hebron kamen und Lebensmittel und Speisen für die Krönungsfeier mitbrachten. Die Krönungszeremonie dauerte drei Tage, von Festlichkeiten und Freude begleitet (1. Chr 12, 39-41). Ohne Frage wurde Davids Herrschaft über ganz Israel als Heilung angesehen, als Verschmelzen verfeindeter und scheinbar unvereinbarer Elemente zu einem gewaltigen Volk Gottes. Endlich fand die Bildung einer Nation aus dem erwählten Volk unter einem erwählten Herrscher statt. Leider zeigte die folgende Geschichte, dass Pomp und Prunk dieses unvergesslichen Ereignisses nur Patina waren, dünn über eine politische Struktur gestrichen, die nicht loskam von Fraktionalismus und Trennung zwischen den Stämmen.

## Jerusalem als Hauptstadt

Kurz nach seiner Krönung verlegte David die Hauptstadt. Hebron hatte zwar in der Zeit, als David nur Juda regierte, den Bedürfnissen entsprochen, aber jetzt genügte sie aus verschiedenen Gründen nicht mehr. Sie lag vor allem zu weit im Süden, nahezu unerreichbar für die transjordanischen und galiläischen Gebiete. Zudem war sie so eng mit der Geschichte Judas verknüpft, dass sie diesen Stamm verkörperte, und es war nicht zu erwarten, dass die Israeliten sich zu einer Stadt hingezogen fühlten, die so eng mit dem Konflikt der Vergangenheit verbunden war. Drittens war Hebron eine levitische Stadt. Obwohl dies für eine Hauptstadt nicht bedenklich sein musste, hätte diese Tatsache doch dazu führen können, dass ihre Neutralität in religiösen Belangen in Frage gestellt gewesen wäre.

Auf der anderen Seite war David sich bewusst, dass er die Hauptstadt nicht an einen Ort verlegen konnte, der so nördlich lag wie etwa

Sichem oder Silo, da dies von seinen Verwandten aus dem Stamm Juda äußerst missverstanden werden konnte. Er konnte selbstverständlich auch nicht Sauls Hauptstadt Gibea übernehmen, denn sie repräsentierte alles, was Juda verabscheute. David musste einen zentralen und gleichzeitig neutralen Ort finden. Die bei weitem beste Wahl war Jerusalem, die größte, eindrucksvollste und strategisch am günstigsten gelegene Stadt des gesamten Zentralgebietes.[17]

Mindestens 2.000 Jahre vor Davids Zeit hatte es auf dem Berg Ofel eine Siedlung gegeben, die viele Namen getragen hatte, meist jedoch »Jerusalem« oder eine diesem Namen verwandte Form.[18] Die Stadt existierte schon zu Abrahams Zeiten, wie der Verweis auf »Salem«, die Stadt des Priester-Königs Melchisedek bestätigt (1. Mo 14, 18).[19] Die Amarna-Briefe berichten von Jerusalem als einer der führenden kanaanitischen Städte dieser Zeit.[20] Bei der Landnahme kämpften Josua und die Israeliten während ihres Feldzuges im Süden (Jos 10) gegen Adoni-Zedek aus Jerusalem. Es ist nicht eindeutig, ob die Stadt bereits zu dieser Zeit von Josua selbst eingenommen wurde, zweifellos aber nach seinem Tod (Ri 1, 8). Die jebusitische Bevölkerung

---

17 G. W. Ahlström »Was David a Jebusite Subject?« *ZAW* 92, 1980, 285-287, unterbreitet den interessanten, biblisch aber nicht zu haltenden Vorschlag, dass David ein Jebusiter war, für den Jerusalem nicht neutral war. Dies erklärt angeblich die Leichtigkeit, mit der er die Stadt besetzte, und die Einsetzung des jebusitischen Priesters Zadok für Davids Sache. G. E. Mendenhall, »The Monarchy.« *Interp.* 29, 1975, 161-166, geht nicht so weit, schlägt aber vor, David habe Jerusalem und weitere kanaanitische Städte eingenommen, die ihm die nötige, gut entwickelte städtische Infrastruktur geboten hätten, um Israel von seiner bäuerlichen Lebensweise zu einem Lebensstil zu führen, der einer Monarchie, die diesen Namen verdiente, angemessen wäre. Durch dieses Vorgehen habe David das theokratische Ideal des Volkes mit heidnischen Vorstellungen gefüllt.

18 J. J. Simons, *Jerusalem in the Old Testament.* Leiden, 1952; E. Otto, *Jerusalem – die Geschichte der Heiligen Stadt.* Stuttgart, 1980, S. 21-31.

19 G. J. Wenham, »The Religion of the Patriarchs«, *Essays on the Patriarchal Narratives.* A. R. Millard und D. J. Wiseman, Hrsg., Winona Lake, 1983, S. 195.

20 C. F. Pfeiffer, *Tell El Amarna and the Bible.* Grand Rapids, 1963, S. 50-51; R. de Vaux, *The Early History of Israel.* Philadelphia, 1978, S. 103-104.

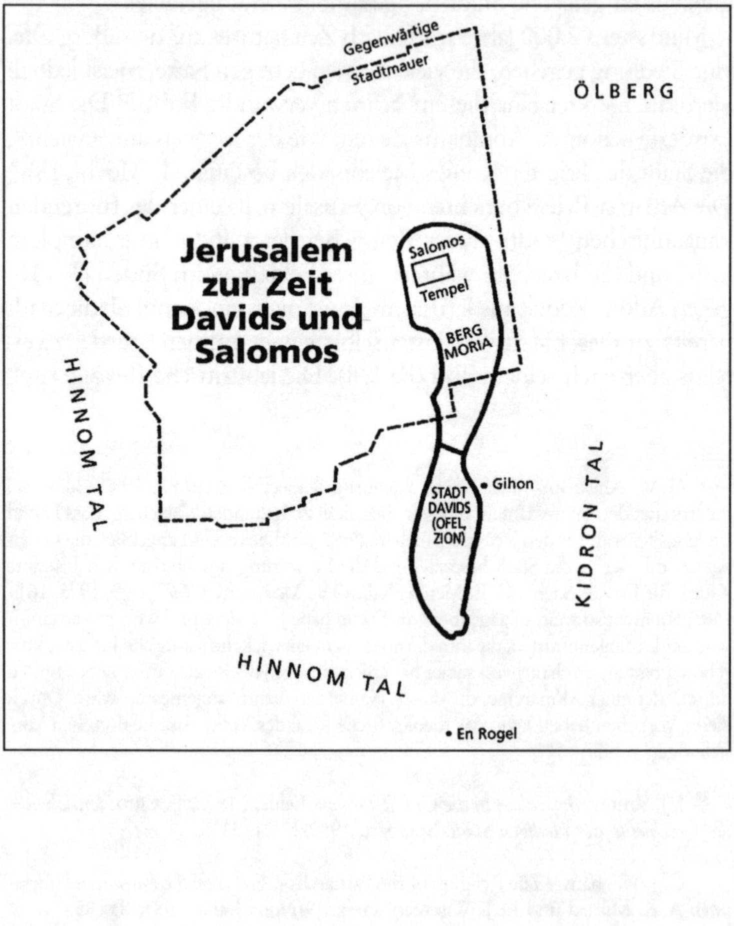
Jerusalem
zur Zeit
Davids und
Salomos
Gegenwärtige
Stadtmauer
ÖLBERG
Salomos
Tempel
BERG
MORIA
STADT
DAVIDS
(OFEL,
ZION)
Gihon
HINNOM TAL
HINNOM TAL
KIDRON TAL
En Rogel

durfte offenbar weiter ihre Stadt bewohnen, so dass sie sehr bald wieder das Geschehen in der Stadt beherrschten (Ri 1,21). Später widersetzte sich die Stadt der israelitischen Herrschaft, bis David sie einnahm und zu seiner Hauptstadt machte.

Ihre lange Geschichte der Unabhängigkeit als jebusitische Enklave im israelitischen Territorium verdankt Jerusalem der Möglichkeit, sich gut verteidigen zu lassen. Neben den anderen bereits erwähnten Vorteilen machte dies die Stadt sehr attraktiv für David, sorgte allerdings auch für ein echtes Problem: Wie konnte die Stadt ohne lange, kostspielige Belagerung eingenommen werden?

Wie andere große, von einer Stadtmauer umgebenen Städte Kanaans hatte auch Jerusalem einen vertikalen Schacht, der mit einem Tunnel verbunden war, der wiederum zu den unterirdischen Wasservorräten außerhalb der Mauern führte.[21] So entscheidend dieses System für das Überleben in einer belagerten Stadt auch war, bot es doch gleichzeitig einen Hauptangriffspunkt: Jeder, der den äußeren Eingang fand, erhielt so leichten Zugang zur Stadt. Joab fand die Außenöffnung des Tunnels unterhalb Jerusalems und leitete durch dieses System den Angriff auf die Stadt ein. Obwohl er wegen des Mordes an Abner in Misskredit geraten war, belohnte man ihn nun für die Tat, Jerusalem für Davids Eroberung geöffnet zu haben. Israel nahm den Ofel ein, der als »Zion« oder »die Stadt Davids« bekannt wurde. David ließ terrassenartige Festungen nach Osten (d. h. Millo) aufbauen (bzw. wieder aufbauen) und vergrößerte dadurch sowohl die Stadt als auch ihre Verteidigungskraft.[22]

---

[21] K. Kenyon, *Jerusalem.* New York, 1967, S. 19-31. Art und Verlauf des Systems stellt A. Issar dar: »The Evolution of Ancient Water Supply System in the Region of Jerusalem.« *IEJ* 26, 1976, 131-133.

[22] Kenyon, *Jerusalem*, S. 49-51.

## Die Entstehung der Macht Davids

An dieser Stelle weicht der Erzähler in 2. Samuel von der strengen Chronologie ab und stellt die Ereignisse der Zeit Davids thematisch dar,[23] was bereits daran deutlich wird, dass er die philistäischen Angriffe auf David erst nach den Berichten über seine Bauvorhaben und nach der Vergrößerung seiner Familie erwähnt. Da der Chronist dem gleichen Muster folgt, ist abzuleiten, dass er 2. Samuel als Vorlage nutzte.

### Philister-Probleme

Der chronologische Vorrang der Philister-Episoden gründet in dem Verweis auf ihren Reverenzbesuch bei David, nachdem sie von seiner Salbung zum König gehört hatten (2. Sam 5,17). Dies geschah unmittelbar nach der Krönungszeremonie in Hebron, bevor David Jerusalem belagert und eingenommen hatte. Die Philister wollten wohl die Wiedervereinigung Judas und Israels im Keim ersticken. Wenigstens zehn Jahre lang hatte es für sie so ausgesehen, als führe David eine anti-israelitische Bewegung an, die ihnen erheblichen Nutzen zu versprechen schien. Saul war, seitdem er zum König

---

[23] Was nun folgt, ist eine radikale Abkehr von der traditionellen Ansicht über die Geschichte der Zeit Davids. Diese Abwendung ist notwendig, um die biblische mit der außerbiblischen Evidenz zu verbinden. Der Geschichtsschreiber schien nicht so sehr an der Chronologie interessiert zu sein, als vielmehr an den großen Errungenschaften Davids, die er in einer Art Ereignis-Collage zu vereinen suchte. Analogien zu dieser Art von Historiographie finden sich auch in mesopotamischen Dokumenten. Vergl. H. Tadmor, »The Inscriptions of Nabunaid: Historical Arrangement.« *AS 16*, Chicago, 1965, S. 351-363; M. Cogan, »Tendentious Chronology in the Book of Chronicles.« *Zion 45*, 1980, 165-172 (hebräisch); ders., »Omens and Ideology in the Babylon Inscription of Esarhaddon.« *History, Historiography and Interpretation.* H. Tadmor and M. Weinfeld, Hrsg., Jerusalem, 1984, S. 85-87; ders., »The Chronicler's Use of Chronology as Illuminated by Neo-Assyrian Royal Inscriptions.« *Empirical Models for Biblical Criticism.* J. H. Tigay, Hrsg., Philadelphia, 1985, S. 205-207; G. Frame, »Another Babylonian Eponym.« *RA 76*, 1982, 157, 159. Siehe zu dem Thema auch D. A. Glatt, *Chronological Displacement in Biblical and Related Literatures.* Atlanta, 1991.

ernannt worden war, ihr Erzfeind gewesen, und es war ihnen nicht gelungen, im Landesinneren Fuß zu fassen, obwohl sie Angriff auf Angriff gegen ihn geführt hatten. Saul hatte sie im Gegenteil zurückgedrängt und in die engen Grenzen ihrer Küstenebene verwiesen. Mit Davids Exil hatte sich diese Situation geändert: Die Philister sahen in ihm, der einst Israels Held und der Feind der Philister gewesen war, einen potentiellen Verbündeten in ihrem Kampf gegen Israel. David hatte zwar keine Schritte gegen Saul unternommen, aber offenbar wirkte er politisch als teilender Faktor, denn im Kampf gegen David verbrauchte Saul Energie und Ressourcen, die er sonst im Kampf gegen die Philister hätte nutzen können. Vermutlich konnten die Philister die Jesreel-Region nur kontrollieren, weil Saul im Süden mit David beschäftigt war.

David tat jedenfalls nichts, was diese philistäischen Hoffnungen zerschlagen hätte. Alles deutete darauf hin, dass er sich ihnen nähern und von Saul abwenden wollte. Dies fand schließlich seinen Ausdruck in dem Vertrag, den David mit Achisch aus Gat schloss, worin er sich zum Vasallen der Philister erklärte (1. Sam 27, 5-7).[24] Einerseits sicherte sich David so einen bleibenden Gebietsanspruch (Ziklag) und Schutz vor Saul, andererseits verpflichtete er sich aber, für die Philister zu kämpfen, was ihn fast in den Krieg gegen sein eigenes Volk geführt hätte.

Nach Sauls Tod kehrte David nicht nur als potentieller König nach Juda zurück, sondern er war höchstwahrscheinlich weiter Achischs Vasall. Die Philister wussten, dass er wohl in Juda sehr beliebt war, doch in Israel weiter als Feind betrachtet wurde. Es wäre für die Philister von Vorteil gewesen, wenn Israel und Juda geteilt geblieben wären und David einen Staat hätte regieren müssen, der sich zumindest nominell unter ihrer Kontrolle befand. David war natürlich auch daran interessiert, den Schein der Allianz mit den Philistern zu wahren, da er mit Israel und dem Problem der Thronfolge beschäftigt war. Deshalb versuchte er, die Wiedervereinigungsverhandlungen mit Abner streng geheim zu halten.

---

[24] P.K. McCarter, Jr., *1. Samuel.* Garden City, 1980, S. 414-415.

Ob diese Rekonstruktion der Verhältnisse zwischen David und den Philistern nun in allen Details richtig ist oder nicht, ist nicht so wichtig, denn es ist bloß ein Erklärungsversuch für den Frieden, der zwischen den Philistern und David bestand, bis sie davon erfuhren, dass er König über ganz Israel geworden war. Erst dann, zu spät, wurde ihnen bewusst, dass seine Freundschaft nur ein Vorwand gewesen war, sein großes Ziel zu verwirklichen: die Vereinigung Israels. Daraufhin versuchten die Philister die Vereinigung zu vereiteln, indem sie einen Präventivschlag in Refaïm (el-Buqeiʿa), einem Tal südwestlich Jerusalems, gegen David führten. Der Erzähler weist in 2. Sam 23 darauf hin, David habe in der Höhle von Adullam seine Stellung bezogen, während die Philister sich in Bethlehem, ca. 25 km talaufwärts nach Nordosten, verschanzt hatten.[25] Bei diesem Geschehen setzten drei der Helden Davids ihr Leben aufs Spiel, indem sie sich nach Bethlehem schlichen, um für ihren König Wasser aus dem Brunnen am Tor zu holen. Wie es dazu kam, dass sich die Philister in Bethlehem aufhielten, und wie sie von dort vertrieben wurden, wird nicht näher erläutert. Nur Davids Sieg über sie bei Baal-Perazim wird berichtet (2. Sam 5, 17-20; vielleicht Sheikh Bedr).[26]

Dennoch griffen die Philister im Tal Refaïm erneut an, wurden allerdings abermals geschlagen. Diesmal vertrieb David sie nicht nur aus dem Gebiet südlich und südwestlich Jerusalems, sondern auch aus dem Gebiet nördlich und westlich davon. So entzog er Jerusalem erfolgreich dem Machtbereich der Philister, was ihm die Einnahme der Stadt der Jebusiter kurz darauf erleichterte.

---

[25] Dies unterstützt die Auffassung, dass die Philister angriffen, bevor David Jerusalem belagerte. Denn warum sollte er sich überhaupt in Adullam aufhalten, wenn er schon in Jerusalem gewohnt hätte? 2. Sam 5, 17 berichtet: »Als die Philister hörten ..., zogen sie alle herauf, um sich Davids zu bemächtigen.« Ihr Ziel war eindeutig Hebron, aber David hatte die Stadt verlassen und war in seine »Festung« gezogen, die Höhle von Adullam (vergl. 2. Sam 23, 13-14).

[26] Dies wird mit Zögern im *Oxford Bible Atlas*, S. 123 vorgeschlagen.

## Bau der Stiftshütte

Obwohl es unmöglich ist chronologisch präzise Aussagen zu machen, scheint doch von Davids ersten Jahren in Jerusalem so gut wie nichts bekannt zu sein. Die ausführlichen Erzählungen, die auf die Geschichte der Eroberung der Stadt folgen, basieren auf dem kurzen Bericht der davidischen Bautätigkeit in Jerusalem, die erst am Ende seiner Herrschaft stattfand. Denn die Bauarbeiten wurden auf Geheiß Hirams, des Königs von Tyrus, von phönizischen Architekten und Baumeistern ausgeführt. Hiram (oder Ahiram), der Sohn Abibaals, regierte in Tyrus von ca. 980-947[27] und war damit sowohl ein Zeitgenosse Davids (1011-971), allerdings nur in dessen letztem Jahrzehnt, als auch Salomos (971-931). Also können Davids Bauvorhaben erst gegen Ende seiner Herrschaft stattgefunden haben, nicht etwa zu Beginn.[28] Auch die Stiftshütte, die er auf dem Berg

[27] F. M. Cross, »An Interpretation of the Nora Stone.« *BASOR* 208, 1972, 17, FN 11. Die im Text angegebenen Daten weichen von denen anderer Wissenschaftler ab. Da sie aber immer mit denen Davids verlängert oder verkürzt werden, bleibt die Überschneidung von zehn Jahren konstant, und das daraus hier entfaltete Argument unberührt. Vergl. W. F. Albright, *Archaeology and the Religion of Israel.* Garden City, 1969, S. 128 (969-936 v. Chr.); J. Bright, *Geschichte Israels.* Düsseldorf, 1966, S. 192 (969-936 v. Chr.); H. J. Katzenstein, *The History of Tyre.* Jerusalem, 1973, S. 82 (ca. 970 + 34 Jahre); B. Mazar, »The Era of David and Solomon.« *WHJP*, Jerusalem, 1979, Bd IV, Teil 1, S. 90.

[28] Diese Schlussfolgerung steht der traditionellen Interpretation so entgegen, dass alles Mögliche vorgeschlagen worden ist, sie zu umgehen. Bright, *Geschichte*, S. 192, geht davon aus, dass David und Hiram nur einige Jahre gleichzeitig regiert hätten. Deshalb schlägt er vor, dass der Vertrag in 2. Sam 5, 11-12 zwischen David und Abibaal, Hirams Vater, abgeschlossen wurde. J. A. Soggin, *Einführung in die Geschichte Israels und Judas.* Darmstadt, 1991, S. 53, dagegen spricht von begrenzter Überschneidung und davon, dass es keine Beweise gibt, dass der Vertrag mit Abibaal oder einem anderen Hiram geschlossen worden sei. Seine Lösung: »die Quellen sind sehr verwirrend hinsichtlich dieser Chronologie.« Da aber alle Wissenschaftler darin übereinstimmen, dass das letzte Jahrzehnt Davids zu Zeiten Hirams war, könnten doch der Vertrag und die folgende Bautätigkeit danach datiert werden (ca. 980). Man darf auch nicht vergessen, dass, falls Hiram schon zu Beginn der Regierung Davids in Jerusalem (ca. 1000-1004) mit diesem in Kontakt stand und Hiram 33 Jahre regierte, er nicht sehr in die Zeit Salomos (971-931) hinein gelebt haben kann, allerspätestens wäre er um 970

Zion errichtete, gehört zu seinen späten Projekten, da der Chronist ausdrücklich darauf hinweist, dass sie erst vorbereitet wurde, nachdem David seine privaten Bauten fertiggestellt hatte (1. Chr 15,1). Die Bundeslade kann nur ziemlich am Ende von Davids Lebzeiten nach Jerusalem zurückgebracht worden sein, nach dem Bau der Stiftshütte, da diese gebaut wurde, um sie zu beherbergen. Daher kann auch Davids Wunsch, einen Tempel zu errichten, erst gegen Ende seines Lebens entstanden sein, denn er kam erst auf, als die Stiftshütte bereits in Jerusalem existierte.

Diese These stellt das gewohnte Verständnis der Herrschaft Davids in Frage. Sie wirft aber auch bestimmte Probleme auf, die zufriedenstellend gelöst werden müssen, wenn sie glaubwürdig sein soll. Sowohl die Samuel- als auch die Chronik-Bücher *scheinen* anzudeuten, dass die Lade in die Stadt kam, gleich nachdem Jerusalem Hauptstadt geworden war, was aber nicht zwingend heißt, dass es auch tatsächlich so war. Denn der israelitischen Geschichtsschreibung geht es nicht immer um eine strikt chronologische Reihenfolge, was sich leicht zeigen lässt.[29] Ein weiterer Einwand könnte lauten: Wieso hätte David 25 Jahre warten sollen, bevor er Jerusalem außer zum

---

gestorben. Der Tempelbau Salomos mit Hirams Handwerkern begann allerdings im Jahre 966 (1. Kön 6,1) und Hiram regierte immer noch in Salomos 20. Jahr (ca. 951; 1. Kön 9,10-14). Nach diesem Argument begann Hirams Herrschaft frühestens 984. Das Jahr 980 scheint demnach ein folgerichtiger Vorschlag zu sein. H. Donner, »Israel und Tyrus im Zeitalter Davids und Salomos.« *JNSL* 10, 1982, 43-52, geht über das chronologische Problem von David und Hiram hinweg und argumentiert: Der Verweis in 2. Sam 5,11 sei eine unhistorische Reflexion einer Beziehung, die in Wirklichkeit nur zwischen Hiram und Salomo bestand. So auch ders., *Geschichte des Volkes Israel und seiner Nachbarn in Grundzügen* 1. ATD Ergänzungsreihe Band 4/1, Göttingen, 1984, S. 200: Die »Texte scheiden ... als historisch zuverlässige Informationsquellen aus.«

[29] Cogan, »Chronicler's Use of Chronology.« *Empirical Models*, S. 197-209. H. Tadmor, »History and Ideology in the Assyrian Royal Inscriptions.« *Assyrian Royal Inscriptions: New Horizons in Literary, Ideological, and Historical Analysis.«* F. M. Fales, Hrsg., Rom, 1981, S. 21-23, hat gezeigt, dass es bei den königlichen Inschriften der Assyrer Tradition war, den Bau oder die Restauration eines Tempels in das erste Jahr des Königs zu verlegen, selbst wenn das Ereignis in Wirklichkeit einige Jahre später stattfand.

Regierungssitz auch zum religiösen Zentrum erklärte? Wo hätte sich Israel während all dieser Jahre zur gemeinsamen Anbetung versammeln sollen?

## Das Zentrum des Kultes vor dem Umzug nach Jerusalem

Leider ist uns weder aus Davids frühen Jahren noch aus der Anfangszeit des Propheten Samuel viel über den Kult bekannt. Das zentrale Heiligtum in Silo erlebte einen geistlichen und moralischen Niedergang, wie aus den ersten Samuel-Geschichten deutlich wird. Dies hielt bis um 1004 an, als die Philister die Bundeslade entwendeten und Silo vermutlich kurz danach aufgegeben wurde. Die Bundeslade blieb in Kirjat-Jearim, nachdem sie aus Philistäa zurückgekommen war. Von dort brachte David sie schließlich nach Jerusalem. Die Stiftshütte hingegen befand sich, wenigstens zeitweise, in Nob, wo Ahimelech Hoherpriester war, ein Nachkomme Elis. Dies lässt sich daraus schließen, dass David in Nob, das auch »die Stadt der Priester« hieß (1. Sam 22,19), Schaubrote erhielt, die in der Stiftshütte auslagen (1. Sam 21,4f).[30]

Samuel opferte in der Zwischenzeit nicht in der Stiftshütte, sondern an verschiedenen Altären und heiligen Stätten.[31] Impliziert dies nun, dass die Stiftshütte nach dem Debakel in Silo zu seinen Lebzeiten nicht mehr existierte? Wegen des Zusammentreffens Davids mit Ahimelech in Nob muss die Frage verneint werden. Der Grund für Samuels mangelnde Verbindung zum zentralen Heiligtum muss darin liegen, dass es von Saul vereinnahmt worden war. Denn nachdem Saul von Jahwe verworfen worden war, verwarf auch Samuel ihn, so dass er alles zurückwies, was mit Saul zusammenhing, einschließlich der Stiftshütte (1. Sam 15, 34-35).

---

[30] Vergl. S. 332.

[31] Samuel stand in besonderer Verbindung zu Mizpa (1. Sam 7,5; 10,17), Gilgal (1. Sam 10,8; 11,14) und Rama (1. Sam 8,4; 15,34; 16,13). Beweise für kultische Handlungen in Rama gibt es aber nicht.

Ausführlichere Informationen über den Opferdienst während Sauls Monarchie sind sicher wünschenswert, lassen sich jedoch kaum finden. Außer Zweifel steht wohl, dass ein zentrales Heiligtum existierte und dass es sich in oder nahe dem politischen Zentrum Gibea befand. Eine Möglichkeit ist Mizpa, 8 km nördlich der Hauptstadt. Dass Samuel dort opferte (1. Sam 7,7-9), muss nicht unbedingt darauf hindeuten, dass es an diesem Ort eine Stiftshütte gab. Aber dass Samuel Jahwe dort im Namen Israels besonders wegen der Wahl des Königs befragte (1. Sam 10,17-24), legt dies nahe. Denn in jenen Tagen wurde der Wille Gottes durch die Benutzung des Priester-Efods bestimmt, der nahezu unauflöslich mit der Stifthütte verbunden war. Die Methode, mit der Saul erwählt wurde, eine binäre Ja-/Nein-Technik, weist auf das Werfen der beiden priesterlichen Lose hin.[32]

Als weitere, vielleicht sogar wahrscheinlichere Möglichkeit bietet sich ein Kultzentrum in Gilgal an, was einleuchtend ist, da sich ein solches in Gilgal schon während der Landnahme befunden hatte (Jos 5,10). Zudem war Gilgal der Schauplatz von Sauls hastigem, gesetzwidrigem Opfer, als die Philister seine Truppen hart bedrängten (1. Sam 13,8-10), und der Ort, wo er das beste amalekitische Beute-Vieh darbringen wollte (1. Sam 15,10-15). Im ersten Fall hatte Samuel diese Stätte ausgesucht, um Jahwe zu opfern (1. Sam 10,8). Saul hatte also richtig gehandelt, als er nach Gilgal zog, um Jahwe zu treffen, beging aber den Fehler sich das Priesteramt anzumaßen.

Unabhängig davon, ob die Stiftshütte sich vor Sauls Verwerfung in Mizpa oder Gilgal befand, war sie nach Sauls Verwerfung eindeutig an keiner der beiden Stätten. Wahrscheinlich stand sie in der Nähe Jerusalems, möglicherweise in Nob; wenigstens zu der Zeit, als

---

[32] Die Sprache dieser Passage – »Saul...wurde erwählt« – erinnert an die Beschreibung des Prozesses, in dem Achan »getroffen wurde« (Jos 7,16-19), ein Prozess, der eindeutig mit der göttlichen Erwählung (Jos 7,14) und der Gegenwart Jahwes verbunden war (Jos 7,23). Dass der Efod mit beiden Ereignissen in Verbindung steht, wird durch 1. Sam 14,40-42 bestätigt, wo Jonatan durch das gleiche Verfahren ausgesondert wurde, weil er einen Bann seines Vaters verletzt hatte. Vergl. Klein, *1. Samuel*, S. 96-97, 140.

David den Goliat besiegte (ca. 1027). Darauf weist die Tatsache hin, dass David Goliats Kopf und vielleicht auch sein Schwert nach Jerusalem brachte (1. Sam 17, 54) und dass er später in Nob Goliats Schwert (1. Sam 21, 9) zurückbekam. Nob war ein Dorf, das von Jerusalem aus jenseits des Kidrons lag, doch Teil Groß-Jerusalems war. Aus unbekannten Gründen hatte Saul entweder befohlen oder zumindest zugelassen, dass die Stiftshütte in Nob aufgebaut wurde, das nahe des Berges Zion lag, wo David später sein eigenes Heiligtum errichtete.

Die Stiftshütte blieb in Nob, bis Saul diesen Ort aus Zorn über die Priester, die David dort versorgt hatten, zerstörte und die Stiftshütte offenbar an einen anderen Ort brachte (1. Sam 22, 11-19), eventuell nach Gibeon, 5 km nordwestlich Gibeas. Denn als die Stiftshütte das nächste Mal während Davids Herrschaft in einem biblischen Bericht erwähnt wird, wird sie dort lokalisiert (1. Chr 16, 39; 21, 29). Später zog Salomo nach Gibeon, um dort Jahwe in Moses Stiftshütte anzubeten (1. Kön 3, 4-5; 2. Chr 1, 3-6). Warum er dorthin ging und nicht etwa zur Stiftshütte Davids auf dem Berg Zion, ist nicht eindeutig. Es deutet allerdings darauf hin, dass Davids Heiligtum, obwohl es die Bundeslade enthielt, als derartig problematische Neuerung angesehen wurde, dass selbst sein Sohn Salomo weiter die Kultstätte in Gibeon besuchte. Dies stützt übrigens die oben genannte These, dass die Bundeslade erst in den letzten Regierungsjahren Davids nach Jerusalem gelangte.

## Der Grund der Verzögerung

Die Lade konnte natürlich erst von Kirjat-Jearim nach Jerusalem umziehen, wenn es dort eine ihr angemessene Stätte gab, was in 2. Sam 6, 17 impliziert und in 2. Chr 1, 4 deutlich gesagt wird. Fraglich ist, warum David so lange mit dem Bau der Stiftshütte wartete und Jerusalem nicht früher auch zum religiösen Zentrum der Nation machte.

Zunächst war Davids Aufstieg, so steil er auch gewesen sein mochte, nicht ohne Schwierigkeiten vonstatten gegangen und die damit zusammenhängenden Veränderungen hatten einen längeren

Zeitraum in Anspruch genommen. Die Anerkennung als politischer und militärischer Führer zu erreichen war dabei die leichtere Übung gewesen, allerdings war es ein ganz besonderer Schritt, sich – entgegen der Tradition – in die religiöse Führung einzumischen, Kult und Krone auf sich selbst und in Jerusalem zu vereinen.

In der gesamten Geschichte Israels bis zu David waren weltliche und religiöse Führung immer sorgfältig getrennt gewesen – selbst Mose hatte Aaron als Priester an seiner Seite und Josua sowie alle Richter blieben streng in den Grenzen ihrer nicht-klerikalen Verantwortung. Saul hatte bei mehr als einer Gelegenheit versucht, priesterliche Vorrechte an sich zu reißen, was ihn teuer zu stehen gekommen war. Es gibt nicht den geringsten Hinweis darauf, dass Saul jemals versucht hätte, Bundeslade und Stiftshütte in seine Hauptstadt Gibea zu verlegen. Wie hätte David in Anbetracht dieser Tradition hoffen können, ohne längere Vorbereitung das zentrale Heiligtum in Jerusalem aufzurichten?

Außerdem hatte David mehr als genug zu tun, denn er musste auf der einen Seite eine neue Regierungsstruktur schaffen und perfektionieren, auf der anderen die Nation gegen Bedrohung von außen verteidigen. Selbst diese Anforderungen konnte er nur allmählich erfüllen. Der Autor des Samuel-Buches sagt, »Davids Macht nahm immer mehr zu, denn der Herr, der Gott Zebaoth, war mit ihm.« (2. Sam 5,10). Er hatte zwar schon gegen die Philister gekämpft, bevor er Jerusalem einnahm, aber dies sollte nicht das Ende seiner Probleme mit diesem Volk sein, das immer wieder Streit suchte. Bei mindestens einer weiteren Gelegenheit, die nicht genau datiert werden kann, aber sicher vor dem Bau seiner Stiftshütte stattgefunden hat (2. Sam 8,1), schlug David die Philister. Dieser Feldzug, vielleicht sogar noch weitere, werden den Helden Davids zugeschrieben (2. Sam 23,9-12). Es mussten aber noch andere Feinde unterworfen werden: Moab, Zoba, Damaskus, Ammon, Amalek und Edom. David integrierte diese Staaten entweder in sein Imperium oder machte sie zu Vasallen, was natürlich eine gewisse Zeit in Anspruch nahm. Erst nachdem diese Königreiche unterworfen waren, konnte sich David mit ganzem Herzen seinen religiösen Zielen zuwenden (2. Sam 7,1; 1. Chr 17,1).

## Bemerkungen zur davidischen Chronologie

Jetzt sollen die wichtigsten Ereignisse in Davids Leben chronologisch betrachtet werden.[33] Die Datierung der Eroberung Jerusalems (ca. 1004) und seines Todes (971) sind kaum streitig. Die Festsetzung anderer Ereignisse ist schwieriger. Einige Anregungen könnten aber weiterhelfen: Wir wissen nicht, wie alt Salomo bei seiner Thronbesteigung war, er scheint jedoch recht jung gewesen zu sein – in seinem Gebet in Gibeon bezeichnet er sich selbst als »kleines Kind«. Selbst wenn man diese Bezeichnung als Übertreibung verstünde, schließt es ein Alter von weit über zwanzig Jahren aus (1. Kön 3,7).[34] Außerdem bezeichnete David, als er Pläne für die Konstruktion des Tempels machte, seinen Sohn als »jung und zart« (1. Chr 22,5; 29,1). Wenn Salomo bei seiner Thronbesteigung nicht älter als zwanzig Jahre alt war, konnte er kaum älter als achtzehn gewesen sein, als David den Tempelbau mit ihm besprach (1. Chr 22,6-16; vergl. 23,1). Salomo wäre dann nicht vor 991 geboren worden, also frühestens dreizehn Jahre nach der Einnahme Jerusalems.[35]

Salomo wurde anderthalb oder zwei Jahre nach Davids Ehebruch mit Batseba geboren, der stattgefunden hatte, als Joab die israelitische Armee im Kampf gegen die Ammoniter in Rabba anführte (1. Chr 20,1ff). Es scheint realistisch, diesen Feldzug auf das Jahr 993

---

[33] Was folgt, ist ein kurzer Überblick über das gesamte Problem der davidischen Chronologie. Ausführlicher diskutiert es E. H. Merrill, »The ›Accession Year‹ and Davidic Chronology.« *JANES* 19, 1987, 101-112.

[34] Der Ausdruck *na'ar qāṭōn* wird an einer anderen Stelle benutzt, um den Jungen zu beschreiben, der Jonatans Pfeile einsammelte (1. Sam 20,35), die Haut Naamans nach seiner wunderbaren Heilung (2. Kön 5,14), das Kind des eschatologischen Königreiches, das die wilden Tiere anführen wird (Jes 11,6), den edomitischen Prinzen Hadad (1. Kön 11,17) sowie die Jugendlichen, die Elisa verspotteten (2. Kön 2,23). Ohne Ausnahme handelte es sich hier um Kinder oder Jugendliche. Siehe W. Gesenius, *Hebräisches und Aramäisches Handwörterbuch über das Alte Testament.* Bearbeitet von F. Buhl, 17. Aufl, Berlin, Göttingen, Heidelberg, 1962, S. 510.

[35] Dieses Argument basiert auf den Daten der Herrschaft Salomos (971-931), die nahezu überall akzeptiert werden.

zu datieren. Dieser Krieg ist die letzte schriftlich festgehaltene militärische Aktion Davids vor der Beschreibung seiner Flucht vor Absalom. Es gibt gute Gründe ihn auch chronologisch für die letzte militärische Handlung zu halten. Außer 2. Sam 8, einer Aufzählung der ausländischen Eroberungen, die im strengen Sinn nicht Teil der Erzählung ist, scheinen alle anderen militärischen Berichte in der Reihenfolge aufgeführt zu sein, in der sie stattfanden.[36]

Die Feldzüge gegen die Ammoniter wurden ausgelöst durch die schändliche Behandlung der Botschafter Davids durch den ammonitischen König Hanun (2. Sam 10, 1-5). Das geschah wohl, bevor David mächtig wurde, da Hanun und seine Räte nicht mit Davids Vergeltung gerechnet hatten. Hanun war der Sohn Nahaschs, der Jabesch-Gilead in den frühen Jahren Sauls belagert hatte (1. Sam 11, 1-5). Nahasch war gerade gestorben, was entweder auf eine extrem lange Regierungszeit hinweist oder darauf, dass Hanun ihm schon auf den Thron folgte, als Davids Regierung erst begonnen hatte.

Als die Ammoniter merkten, dass die Bedrohung durch David größer war, als sie angenommen hatten, heuerten sie Söldner aus Bet-Rehob, Zoba, Maacha und Tob an. Mit ihnen versuchten sie, den israelitischen Angriff auf die ammonitische Hauptstadt Rabba abzuwehren. Davids Generäle Joab und Abischai waren jedoch erfolgreich, nahmen aber die Stadt nicht ein, sondern zwangen die Aramäer und Ammoniter zum Rückzug (2. Sam 10, 6-14; 1. Chr 19, 6-15). Die Aramäer wollten die vermeintliche Gunst der Stunde nutzen, verstärkten ihre Truppen und formierten sich zu einem zweiten Militärschlag gegen die israelitische Armee. Diesmal trafen Hadad-Eser von Zoba und die Israeliten in der Schlacht bei Helam (ʿAlma) aufeinander, in der Wüste östlich des Sees Genezareth. Die Aramäer wurden wieder geschlagen (2. Sam 10, 15-19; 1. Chr 19, 16-19). Damit war ihre Hilfe für die Ammoniter zu Ende.

Rabba wurde zum Jahreswechsel belagert, zur selben Jahreszeit, in der sich Davids Affäre mit Batseba zutrug (2. Sam 11, 1). Der Konflikt mit den Aramäern und der erste Angriff auf Rabba könnten

---

[36] Ein chronologischer Ablauf des Lebens Davids findet sich im Anhang, Tabelle 5.

zwischen 1004 und 993 stattgefunden haben, wahrscheinlich gegen Ende dieser Zeit.

Ein weiteres Geschehen, das chronologisch einzuordnen wäre, sind Absaloms Rebellion und die damit verbundenen Ereignisse. Absalom war David von seiner Frau Maacha in Hebron geboren worden (2. Sam 3,3). Er war also alt genug, schon kurz nach Salomos Geburt eine Bewegung gegen seinen Vater anzustiften.[37] Die genaue Zeit lässt sich nicht mehr ermitteln, bekannt ist aber, dass David am Feldzug gegen die Ammoniter – nach Salomos Geburt und vor Tamars Vergewaltigung – teilnahm. Ein mögliches Datum für die Schändung Tamars durch Amnon wäre 987. Absalom tötete Amnon zwei Jahre später (2. Sam 13,23ff) und ging anschließend drei Jahre (985-982) ins Exil (2. Sam 13,38). Als er schließlich nach Jerusalem zurückkehrte, empfing ihn sein Vater zwei Jahre nicht (2. Sam 14,28). Danach verbrachte er vier weitere Jahre[38] damit, das Vertrauen des Volkes zu gewinnen (980-976), bevor er schließlich öffentlich mit seinem Vater brach (2. Sam 15,7.13).

Der Umzug der Bundeslade nach Jerusalem muss gegen Ende der Herrschaft Davids stattgefunden haben. Die Stiftshütte, die gebaut wurde um sie aufzunehmen, wurde nämlich erst erbaut, nachdem er seine privaten Bauvorhaben beendet hatte. Dieses Argument gründet auf der Tatsache, dass Hiram von Tyrus, der eigentlich den Palast erbaute, erst 980 zu regieren begann, daher Bauprojekte erst danach ausführen konnte. Man sollte auch beachten, dass es bis zur Zeit der Rebellion Absaloms keinen Hinweis auf eine Stiftshütte oder die Bundeslade in Jerusalem gibt. Erst im Bericht über Davids Auszug aus Jerusalem, der durch diesen Aufstand verursacht war, weist der Erzähler darauf hin, dass die Leviten mit Zadok die Bundeslade trugen (2. Sam 15,24) und David sie bat, die Lade nach Jerusalem

---

[37] Wenn Absalom während der Anfangszeit der Herrschaft Davids in Hebron geboren wurde (ca. 1008), wäre er bei der Geburt Salomos (991) siebzehn Jahre alt gewesen.

[38] Der masoretische Text liest hier »vierzig« statt »vier«. Obwohl schwieriger zu lesen, sollte der hebräische Text hier zu Gunsten der Septuaginta, der Vulgata und Josephus aufgegeben werden, siehe McCarter, *II Samuel*, S. 355.

zurückzubringen, wobei er den innigen Wunsch ausdrückte, die Bundeslade und den Wohnort Jahwes später einmal wiederzusehen (2. Sam 15, 25). Beide Formulierungen zeigen eindeutig, dass sich die Stiftshütte bereits vor Davids Flucht in Jerusalem befunden hatte. Angesichts des angenommenen Datums für Absaloms Aufstand müsste die Bundeslade um 977 in die neue Stiftshütte umgezogen sein, was bemerkenswert gut zum Datum der Thronbesteigung Hirams passt (980).

Die hier erwogenen Daten sind kein Dogma, denn die Chronologie sowohl Hirams als auch Absaloms ist nicht gesichert. Wichtig ist, dass kein Wissenschaftler Hiram vor 980 datiert. Auch Absaloms Aufstand kann bei einsichtiger Betrachtung der Beweise nicht früher gewesen sein. Absaloms Festigkeit und Reife in der Führung deutet darauf hin, dass er zwischen 30 und 35 Jahre alt gewesen sein mag. Daher erscheint es logisch, den Aufstand um 976 zu datieren.[39] Hätte Hiram seinen Thron 980 bestiegen, gäbe ihm dies Zeit, Davids Palast zu bauen. Die Spanne danach wäre für David lang genug, eine Stiftshütte zu bauen und die Bundeslade dorthin zu bringen.

Diese neue Datierung des Umzugs der Lade hat mehrere Vorteile: Zunächst erklärt sie, warum im Bericht über Absaloms Rebellion nichts über Jerusalem als zentrales Heiligtum gesagt wird. Zweitens passt sie zu der Vorstellung, dass religiöse Traditionen nicht so leicht zu brechen sind und David daher Kult und Regierung nicht schneller an einem Ort vereinte. Michals Reaktion auf den festlichen Umzug der Lade (2. Sam 6, 16-20) kann keine so unbedeutende Angelegenheit gewesen sein, wie allgemein angenommen wird, sondern vielmehr eine repräsentative Reaktion auf Davids Unternehmen.[40] Er hatte schon vorher versucht die Bundeslade nach Jerusalem zu holen, was aber durch Usas Mangel an Ehrfurcht vereitelt worden war, der die Lade anfasste (2. Sam 6, 1-11). Drei Monate später holte David die Bundeslade nach Jerusalem. In Priesterkleidung – und in

[39] Wenn Absalom, wie oben vorgeschlagen, um 1008 geboren wurde, wäre er 976 Anfang 30 gewesen.

[40] D.F. Payne, *1. & 2. Samuel.* Philadelphia, 1982, S. 185.

eben dieser Funktion – führte er selbst die Prozession an. Daher wird nicht nur Michal zutiefst bestürzt gewesen sein, sondern die gesamte Bevölkerung. Vielleicht verteilte David auch deshalb Essen an die ganze Volksmenge (2. Sam 6, 19), um sich, auch bei Michal, als wahrhaft Gesalbter an Stelle ihres Vaters Saul darzustellen. Die Unzufriedenheit mit diesem Handeln Davids kann sich aber derart verbreitet haben, dass Absalom sie nutzte um seinen Aufstand einzuleiten.

Drittens lässt sich der hier vertretene Standpunkt besser in die Geschichte des Kultes integrieren, wie sie der Chronist darstellt. Er beginnt seinen Bericht von der Bundeslade, wie auch das 2. Samuel-Buch, mit dem Scheitern des ersten Versuches, die Lade nach Jerusalem zu bringen. Diese Bemühung war wohl nicht Usas wegen missglückt, sondern im Wesentlichen deswegen, weil sich der beteiligte Klerus nicht an das Protokoll im Umgang mit der Bundeslade gehalten hatte: Sie hatten nämlich die Lade auf einen Wagen geladen, der von Rindern gezogen wurde, statt sie an Stangen auf den Schultern zu tragen. Beim zweiten Transportversuch achtete David darauf, dass die Priester und Leviten über die richtige Vorgehensweise instruiert wurden (1. Chr 15, 11 - 15). Es werden die Priester Zadok und Abjatar erwähnt (V. 11). Zadok diente schon wenig später mit Abjatars Sohn Ahimelech als Hoherpriester (1. Chr 18, 16; 2. Sam 8, 17). Wahrscheinlich war er viel jünger als Abjatar. Ob er schon 1004 Priester gewesen sein könnte, dem Datum, das gewöhnlich dem Umzug der Bundeslade zugeschrieben wird, ist fraglich, besonders deswegen, weil er bis weit in die Regierungszeit Salomos hinein Priester blieb (1. Kön 2, 35; 4, 4).

Außer Zadok und Ahimelech werden im Zusammenhang mit dem Umzug der Bundeslade nach Jerusalem noch Heman, Asaf und Etan erwähnt, dazu weitere Leviten, Musiker sowie anderes Personal (1. Chr 15, 19). Einige von ihnen waren auch nach dem Umzug für verschiedene kultische Dienste am Ort der Bundeslade verantwortlich (1. Chr 16, 4 - 6). Andere, einschließlich Zadok, wurden von David dazu berufen, an Moses Stiftshütte, die sich weiter in Gibeon befand, Dienst zu tun (1. Chr 16, 39 - 42). Diese Verantwortung blieb an den betreffenden Stiftshütten bestehen, bis der Tempel Salomos 959 (1. Chr 6, 16 - 17) vollendet war. Die Annahme, dass ihre Amtszeit schon 1004 begann und bis 954 dauerte, bereitet angesichts 4. Mo 8, 23-26 Schwierigkeiten. Wenn der Dienst an der Stiftshütte jedoch um 977 endete, ist dieses Problem größtenteils gelöst.

Sowohl Samuel als auch die Chronik deuten an, dass David unmittelbar nach dem Umzug der Bundeslade nach Jerusalem den Wunsch empfand, ein festes Gebäude zu errichten, worin Jahwe angebetet werden könnte. Dass in 2. Sam 7, 1ff gesagt wird, Davids Verlangen nach einem festen Gebäude sei aufgekommen, nachdem Jahwe ihm Ruhe vor seinen Feinden geschenkt hatte, bereitet vielen Interpreten Probleme, bestätigt aber die Richtigkeit der hier vertretenen Interpretation: David war in seinen Anfangsjahren ständig mit militärischen Aktionen beschäftigt. Erst nach der Unterwerfung Rabbas siedelte er die Bundeslade um und bereitete Pläne für einen Tempel vor. Der Chronist ist eindeutig: Das Streben nach dem Bau eines Tempels folgte direkt auf den Umzug der Bundeslade nach Jerusalem. Er beschreibt dann die Vorkehrungen, die David traf – für den Dienst an der Bundeslade und der neuen Stiftshütte in Jerusalem sowie an der mosaischen in Gibeon (1. Chr 16, 37-42). Dann berichtet der Chronist von Davids Rückkehr in seinen Palast. Als David bemerkte, wie dauerhaft dieser im Gegensatz zur Vorläufigkeit der Stiftshütte war, reifte in ihm der Plan für einen Tempelbau (1. Chr 17, 1).

Diesen Plan Davids befürwortete Jahwe jedoch zunächst nicht. Jahwe gestand David nach einer unbestimmten Zeit, in der Absalom rebellierte und David unüberlegt das Volk zählen ließ, zu, Tempelpläne zu zeichnen und die Tempelbediensteten zu ernennen. Er erlaubte ihm auch, die nötigen Materialien zu besorgen (1. Chr 21, 18ff). Absaloms Aufstand endete wahrscheinlich 975, also gerade 4 Jahre vor Davids Tod. Auf die Rebellion folgte aller Wahrscheinlichkeit nach die Volkszählung, durch die sich David vielleicht vergewissern wollte, auf wie viel Loyalität und Stärke er bei einem ähnlichen Aufruhr oder äußeren Angriffen zählen könne.

Das Ende der Pest, die Jahwe wegen der Volkszählung sandte, und der Wunsch Davids, einen Tempel zu bauen, scheinen gleichzeitig gewesen zu sein (1. Chr 21, 14-22, 1): David brachte auf der Tenne Araunas, des Jebusiters, die etwas nördlich Jerusalems lag, Brand-

und Dankopfer dar. Als Jahwe ihm antwortete, nahm David dies als Zeichen, dass dort das Haus des Herrn gebaut werden solle. Daher begann er, die nötigen Materialien zu sammeln. Er teilte seinem jungen Sohn Salomo seine Tempelbau-Pläne mit und ermahnte ihn, Jahwe treu zu sein. Weil David während der überwiegenden Zeit seiner Herrschaft Kriege geführt und Blut vergossen hatte, musste er die Arbeit am Tempel Salomo überlassen, einem Mann des Friedens. Um Israel loyal hinter sich zu wissen, ernannte David seinen Sohn zum Mitregenten (1. Chr 23, 1).[41] Gemeinsam suchten sie Priester und Leviten aus, die im Tempel als Sänger, Torhüter und Schatzmeister dienen sollten.

Die formelle Bekanntmachung seiner Nachfolge war an die gesamte Nation gerichtet. David erklärte den Obersten des Volkes, dass Jahwe ihn zum Regenten erwählt hatte, aber weil er so viele Kriege geführt hatte, dürfe nicht er den Tempel bauen, sondern dieses Vorrecht sei seinem Sohn Salomo vorbehalten. Dann beauftragte er Salomo, treu den Willen Gottes auszuführen und den Tempel genau nach den Plänen, die Jahwe offenbart hatte, zu bauen (1. Chr 28, 9-12). Schließlich wandte er sich wieder an die Fürsten und bat sie, mit Spenden den Bau des Tempels zu unterstützen und voranzutreiben. Sie erfüllten diesen Wunsch des Königs willig. Dann sprach er ein Lob- und Weihe-Gebet und am nächsten Tag feierten sie ein großes Opferfest (1. Chr 29, 20-22a). Zwei Jahre später versammelte sich das Volk um Salomo festlich zum Alleinherrscher zu krönen (1. Chr 29, 22b-23).[42]

---

[41] Vergl. E. Ball, »Co-Regency of David and Solomon.« *VT* 27, 1977, 268-279.

[42] Vergl. 1. Kön 1, 32-40, die Beschreibung der Salbung Salomos. Die Erzählung in 1. Kön deutet an, dass der Plan Adonijas, Salomos Nachfolge zuvorzukommen (V. 5-10), kurz vor Salomos Krönung ihren Höhepunkt fand. Dies geschah etwa zwei Jahre nach Salomos Ernennung zum Mitregenten (1. Chr 23, 1). Es gibt verschiedene Anhaltspunkte, die sowohl eine Periode der Mitherrschaft als auch eine eindeutige Verbindung zu den Aussagen in 1. Chr 29, 22b und 1. Kön 1, 32-40 herstellen: a) Salomo wurde durch seine Erwählung »zum zweitenmal« König (1. Chr 29, 22b); b) Salomos Salbung wird in 1. Chr 29,22b und 1. Kön 1, 39 berichtet, die dem Bericht von Adonijas Aufstand folgt; c) beide Berichte der Krönungszeremonie erwähnen Zadok, der vorher in keiner der Salbungshandlungen in Erscheinung trat. Er wird,

Die letzten Jahre der Herrschaft Davids sollen noch einmal kurz zusammengefasst werden: David brachte die Bundeslade 977 nach Jerusalem. Absaloms Aufstand fand 976/975 statt, die Volkszählung im folgenden Jahr. Salomo wurde 973 Mitregent und 971 Alleinherrscher; im selben Jahr starb David. Die Stiftshütte Davids war während seiner Regierung nur sechs Jahre in Gebrauch, unter Salomo elf Jahre (1. Kön 6, 1.37-38), also bis ca. 960. Die Anbetung in der mosaischen Stiftshütte in Gibeon endete wahrscheinlich zur selben Zeit (ca. 959).

---

als Salomo gesalbt wurde, selber gesalbt (1. Chr 29, 22b). In der Tat führt 1. Kön weiter aus, dass Zadok nach Salomos Tod zum Hohenpriester ernannt wurde (2, 35).

Die Probleme, die entstehen, wenn man kein Zeitintervall zwischen 1. Chr 29, 22a und 22b sieht, behandelt H. G. M. Williamson, *1 and 2 Chronicles.* Grand Rapids, 1982, S. 186-187.

# 8. David: Jahre der Kämpfe

## Die Unabhängigkeit Israels von Ägypten

Das Nicht-Eingreifen der Großmächte, besonders Ägyptens, ist eine wesentliche Ursache für den schnellen Aufstieg Davids und seines Königreiches. Das Reich am Nil durchlebte eine wenig eindrucksvolle Periode, die als »die dritte Zwischenzeit« bekannt wurde (ca. 1100-650).[1] Die Könige dieser Ära waren außenpolitisch schwache Regenten. Ein Zeitgenosse Sauls und Davids, König Psusennes I. (1039-991) aus der 21. Dynastie, schildert in seinen Aufzeichnungen seine innenpolitischen und kulturellen Leistungen, aber keine militärischen Feldzüge nach Palästina.[2] Weder Saul noch David hatten das Geringste von Ägypten zu befürchten, aber auch nicht die Philister. Psusennes' Nachfolger Amenemope (993-978) war außenpolitisch noch weniger aktiv und konnte nicht an die kulturellen Errungenschaften seines Vergängers anknüpfen. Amenemope könnte der König gewesen sein, der dem edomitischen Prinz Hadad Unterschlupf gewährte, den David ins Exil getrieben hatte (1. Kön 11,15-17). Wann David Edom eroberte, kann nicht genau datiert werden, wahrscheinlich geschah das vor 980, also während Amenemopes Regentschaft.[3] Die Königin Tachpenes, deren Schwester Hadad heiratete (1. Kön 11,19), könnte die Frau von Amenemope oder – wahrscheinlicher – von Siamun gewesen sein. Sie wird allerdings anderweitig nicht erwähnt.[4] Siamun (978-959), ein eifriger Bauherr,

---

[1] Eine detaillierte Diskussion bietet K. A. Kitchen, *The Third Intermediate Period in Egypt (1100-650 B.C.)*. Warminster, 1973.

[2] D.B. Redford, »Studies in Relations Between Palestine and Egypt During the First Millenium B.C. II. The Twenty-second Dynasty.« *JAOS* 93, 1973, 4.

[3] Die Chronologie dieser Periode in Ägypten ist sehr kompliziert, da die Quellen widersprüchlich und nicht vollständig sind. Für die Argumentation hier ist unerheblich, ob es sich bei dem betreffenden Pharao um Amenemope oder Siamun handelt. Vergl. J. Černy, »Egypt: From the Death of Ramesses III. to the End of the Twenty-first Dynasty.« *CAH* II:2, 3. Aufl., 1975, S. 644-649; ders. »Das Neue Reich in Ägypten II. Die Ramessiden.« *Fischers Weltgeschichte.* Bd III, Frankfurt, 1980, S. 287-293.

[4] P. Montet, *Das alte Ägypten und die Bibel.* Zürich, 1960, S. 63-64.

interessierte sich mehr für Diplomatie als für militärische Abenteuer. Vielleicht war er der Pharao, der Salomo seine Tochter zur Frau gab und ihr die Stadt Geser als Mitgift schenkte (1. Kön 9,16).[5] Zu Beginn seiner Herrschaft hatte er Geser den Philistern abgerungen und die kanaanitischen Einwohner getötet. Es ist sehr gut möglich, dass David bei dieser ägyptischen Eroberung Gesers half (1. Chr 20,4). Wenn das zuträfe, wäre dies nach 978 geschehen, dem ersten Jahr Siamuns, also etwa als die Bundeslade nach Jerusalem gebracht wurde. Diese Annahme wird dadurch wahrscheinlich, dass David durch seine Hilfe bei der Einnahme Gesers die Philister daran hindern konnte, den Umzug der Bundeslade nach Jerusalem zu stören. Außerdem erklärt sie, weshalb ein relativ schwacher ägyptischer König tief nach Kanaan eindringen konnte, ohne auf israelitische Abwehr zu stoßen.

Abgesehen von diesem Ereignis sind während der gesamten Periode des vereinten Königreichs keine ägyptischen Aktivitäten in Palästina bekannt. Diese Gleichgültigkeit ermöglichte nicht nur den Philistern ihre Unabhängigkeit zu wahren, sondern half auch David und Salomo in Israel eine gewaltige politische Macht zu schaffen, die den internationalen Konkurrenten ebenbürtig wurde.

[5] R. J. Williams, »The Egyptians.« *POTT,* D.J. Wiseman, Hrsg., Oxford, 1973, S. 94-95. Chronologie-Probleme, die die Identifikation des in Frage kommenden Pharaos erschweren, erörtert Redford in seinem Aufsatz »Studies in Relations.« *JAOS* 93, 1973, 5. Dass der betreffende Pharao eventuell Psusennes II. war, diskutiert A. Malamat, »The Kingdom of David and Solomon in Its Contact with Egypt and Aram Naharaim.« *BA* 21, 1958, 96-102; ders., »Aspects of the Foreign Policies of David and Solomon.« *JNES* 22, 1963, 1-17; O. Eissfeldt, »Syrien und Palästina vom Ausgang des 11. bis zum Ausgang des 6. Jahrhunderts v. Chr. Vom Aufkommen des Königtums in Israel bis zum Ende des jüdischen Exils.« *Fischer Weltgeschichte*, Bd IV, Frankfurt, 1967, S. 154.

## Die ammonitischen Kriege

### Erzählung von der Thronnachfolge

Den ersten großen Konflikt, nachdem David Jerusalem erobert hatte, erlebte Israel mit den Ammonitern und ihren Verbündeten, den Aramäern. Der Bericht darüber bildet die Einleitung zu einem längeren Abschnitt im 2. Samuel-Buch, der als die Erzählung von der Thronnachfolge bekannt ist (2. Sam 9-20; 1. Kön 1-2), da das Hauptthema dieser Erzählung Davids Regelung seiner Nachfolge ist, um die Dynastie zu sichern. Nahezu alle Wissenschaftler stimmen überein, dass dies eines der besten Beispiele für Geschichtsschreibung im aVO ist.[6] Zugleich gilt der Text wegen der genialen Verknüpfung von Handlung und Nebenhandlung, der brillanten Charakter-Skizzen und der Aufmerksamkeit, die er dem künstlerischen Stil, wie etwa dem Höhepunkt und der Lösung des Problems, schenkt, als Meisterstück der Biographie und des Geschichten-Erzählens.[7]

---

[6] Siehe bes. J. P. Fokkelman, *Narrative Art and Poetry in the Books of Samuel.* Bd I: King David. Assen, 1981, und die dort zitierte Literatur. Die vorherrschende Sicht von Wesen und Ausmaß der Erzählung um die Thronnachfolge begann mit dem Aufsatz von L. Rost, *Die Überlieferung der Thronnachfolge Davids.* Stuttgart, 1926. Weitere wichtige Beiträge sind R. A. Carlson, *David, the Chosen King.* Uppsala, 1964; D. M. Gunn, *The Story of King David: Genre and Interpretation.* Sheffield, 1978; R. N. Whybray, *The Succession Narrative: A Study of 2. Samuel 9 - 20 and 1 Kings 1 and 2.* Naperville, Ill., 1968; E. Würthwein, *Die Erzählung von der Thronfolge Davids.* Zürich, 1974. Die Gelehrten sind sich uneins über die Abgrenzung und Interpretation dieses Korpus, einige bezweifeln sogar, dass eine solche unabhängige Einheit je existierte. Siehe P. R. Ackroyd, »The Succession Narrative (so-called).« *Interp.* 35, 1981, 383-396. Solche Debatten verändern jedoch nicht den historischen und narrativen Wert des Materials. Eine positivere Wertung der Erzählung als Geschichtsschreibung gibt M. Weinfeld, »Literary Creativity.« *WHJP,* Bd V: The Age of the Monarchies: Culture and Society. A. Malamat, Hrsg., Jerusalem, 1979, S. 41-43.

[7] Eine interessante Studie der Gattungsvielfalt in dem größeren Korpus findet sich bei G. W. Coats, »Parable, Fable, and Anecdote: Storytelling in the Succession Narrative.« *Interp.* 35, 1981, 368-382. Coats widmet zum einen der Parabel Nathans besondere Aufmerksamkeit (2. Sam 12,1-4), die er lieber als Fabel bezeichnet, sowie zum

Der zentrale Punkt der gesamten Erzählung sind Salomos Geburt und die Intrige, durch die er seinem Vater auf den Thron folgte, obwohl er nicht der dynastisch rechtmäßige Erbe war.[8] Dass Salomo überhaupt zur Welt kam, hängt damit zusammen, dass David, der seine Armeen in den Kampf gegen die Ammoniter hätte führen sollen, zu Hause geblieben war und mit Batseba Ehebruch begangen hatte (2. Sam 11,1-5). Zwar starb das erste Kind der beiden (2. Sam 12,18), aber später ging aus ihrer Ehe Salomo hervor. Durch diesen Zusammenhang ist der detaillierte Bericht des ammonitischen Feldzuges in 2. Sam 10 mit der Haupthandlung der Erzählung der Thronnachfolge und damit natürlich auch mit der Geschichte Israels verbunden.[9]

---

anderen der Anekdote, die die weise Frau in Tekoa erzählt (2. Sam 14,5-7). D.M. Gunn, »Traditional Composition in the ›Succession Narrative‹.« *VT* 26, 1976, 214-219 behaupet, die Existenz solcher Gattungen setze eine mündliche Grundlage der gesamten Komposition voraus, weshalb es an geschichtlicher Glaubwürdigkeit fehle. Um eine überzeugende, wenn auch immer noch essentiell skeptische Antwort bemüht sich J. van Seters, »Problems in the Literary Analysis of the Court History of David.« *JSOT* 1, 1976, 22-29.

[8] Whybray, *Succession Narrative*, S. 19-21; J. A. Soggin, *Einführung in die Geschichte Israels und Judas.* Darmstadt, 1991, S. 59; T. Ishida, »Solomon's Succession to the Throne of David – A Political Analysis.« *Studies in the Period of David and Solomon and Other Essays,* Winona Lake, 1983, S. 175-176; P.K. McCarter, Jr., »Plots, True or False: The Succession Narratives as Court Apologetic.« *Interp.* 35, 1981, 355-367. Gegensätzliche Sichtweisen stellt Ishida, »*Solomon's Succession*«, S. 175, FN 2, dar.

[9] H.W. Hertzberg, *Die Samuelbücher.* Göttingen, 4. Aufl., 1968, S. 248. Die Verbindung zwischen den ammonitischen Feindseligkeiten und der Thronfolge-Erzählung zeigt J.I. Lawlor, »Theology and Art in the Narrative of the Ammonite War (2. Samuel 10-12).« *GTJ* 3, 1982, 193-205.

## Überlegungen zur Chronologie

### David und Mefi-Boschet

Der chronologische Rahmen des ammonitischen Kampfes, von dem 2. Sam 10 berichtet, ist schon kurz erörtert worden.[10] Ein erster, allerdings nur vager Hinweis ergibt sich daraus, dass Hanun, der Sohn Nahaschs, in Ammon an die Macht gekommen war (2. Sam 10,1). Da Nahasch bereits mit Saul gekämpft hatte (1. Sam 11,1-5), kann seine Regierungszeit nicht so lange gedauert haben, dass sein Sohn erst sehr spät während Davids Herrschaft an die Macht kam. Deshalb muss von einem frühestmöglichen Datum der ammonitischen Kriege nach der Einnahme Jerusalems (1004) ausgegangen werden. Dieses Datum ergibt sich aus zwei chronologischen Hinweisen: aus der Ankunft Mefi-Boschets an Davids Hof und aus dem Bericht über die große dreijährige Hungersnot. Das erste Ereignis ist in 2. Sam 9 berichtet, was die meisten Wissenschaftler als integralen Teil der Thronnachfolge-Erzählung betrachten. Das Kapitel, das dem Kriegsbericht unmittelbar vorangeht, berichtet von Davids Wunsch, Jonatan zuliebe Überlebenden aus Sauls Familie Barmherzigkeit zu erweisen. Man kann diesem Anliegen kritisch gegenüberstehen, denn eine Beziehung zu Sauls noch immer zahlreichen Anhängern war auch durchaus in Davids politischem Interesse, so dass Davids Motive letztlich nicht geklärt werden können. Ein Diener Sauls, Ziba, teilte ihm mit, Jonatans Sohn Mefi-Boschet sei noch am Leben und lebe in Lo-Dabar (Umm ed-Dabar?), ca. 16 km südöstlich des Sees Genezareth.[11] David sandte nach ihm, ließ ihn an den Hof holen, gewährte ihm eine Rente, die ihn von Gnadenerweisen unabhängig machte, und wies Ziba an für alle Bedürfnisse Mefi-Boschets zu sorgen.[12]

---

[10] Vergl. S. 370ff.

[11] Y. Aharoni, *Das Land der Bibel.* Neukirchen, 1984, S. 443.

[12] Davids königliche Freigebigkeit, mit der er die Nachkommen Sauls versorgte, wird durch ähnliche Verhaltensweisen in der Umwelt Israels in ugaritischen Texten

Dieser Vorgang legte nicht nur den Grundstein dafür, dass die Benjaminiter David später anerkannten, sondern schafft auch eine gewisse chronologische Ordnung. Ein früherer, fast parenthetischer Text teilt mit, Mefi-Boschet sei fünf Jahre alt gewesen, als sein Vater Jonatan in Gilboa starb (1011), d. h. er wurde 1016 geboren. Beim Eintreffen der Nachricht von Jonatans Tod ergriff die Amme Mefi-Boschet und floh mit ihm. Unglücklicherweise ließ sie ihn fallen, so dass er sich schwer an beiden Beinen verletzte und gelähmt wurde (2. Sam 4, 4). Als David (1004) Jerusalem einnahm, war Mefi-Boschet nur zwölf Jahre alt. Doch hatte er, als er in Davids Obhut gebracht wurde, schon selbst einen kleinen Sohn (2. Sam 9, 12). Es ist zwar anfechtbar, ein Argument mit solchen Daten zu stützen, doch berücksichtigt man die Neigung im alten Israel, jung zu heiraten, könnte Mefi-Boschet etwa 20 Jahre alt gewesen sein, als er zu David gebracht wurde, so dass sich dafür das Jahr 996 annehmen lässt.

## Die große Hungersnot

Die dreijährige Hungersnot, die 2. Sam 21, 1-14 berichtet, scheint sich Mitte 990 ereignet zu haben. Dieses Ereignis könnte deshalb außerhalb der chronologischen Anordnung der Ereignisse erzählt werden, damit es mit einem ähnlichen Thema in Kapitel 24 harmoniert. Zwischen den beiden Geschehnissen liegen nur die Zusammenfassungen der Kriege gegen die Philister (21, 15-22), das Loblied (22, 1-51), Davids Abschiedsworte (23, 1-7) sowie die Liste seiner Helden (23, 8-39). Der Historiker geht hier wieder thematisch vor, nicht chronologisch.

---

verdeutlicht. Siehe A. F. Rainey, »The System of Land Grants at Ugarit in Its Wider Near Eastern Setting.« *Fourth World Conference on Jewish Studies*, Jerusalem, 1967, S. 190; Z. Ben-Barak, »Meribaal and the System of Land Grants in Ancient Israel.« *Bib* 62, 1981, 73-91.

Verschiedene Gründe sprechen für die Annahme, dass der Bericht in 2. Sam 21, 1-14 zwischen die Ankunft Mefi-Boschets in Jerusalem und den Beginn der ammonitischen Kriege gehört. Zum einen war die Hungersnot ein Strafgericht Gottes wegen des Massakers, das Saul an den Gibeonitern angerichtet hatte (2. Sam 21, 1), denn diese Tat brach den Bund, den Josua Jahrhunderte zuvor mit dieser Stadt geschlossen hatte (Jos 9, 15-20). Dass Vergeltung für diesen Bundesbruch erst in den letzten Jahren Davids stattgefunden haben sollte, scheint unwahrscheinlich. Nur Sühne dafür konnte die Hungersnot beenden. Daher forderten die Gibeoniter, David müsse sieben Söhne oder Enkel Sauls herausgeben, die sie umbringen würden. David übergab ihnen zwei Söhne von Sauls Konkubine Rizpa und fünf Söhne der Saul-Tochter Merab.[13] Die Gibeoniter hängten die sieben zu Beginn der Gerstenernte auf. Rizpa kämpfte Tag und Nacht gegen alles Getier, das sich an den Leichnamen gütlich tun wollte, bis der Regen einsetzte, der die Dürre beendete.

Wollte man dieses Ereignis auf die letzten Lebensjahre Davids datieren, müsste man annehmen, dass Rizpa zu der Zeit eine alte Frau war, die hingegeben um die Leichname ihrer Söhne kämpfte, die man im Mannesalter umgebracht hätte. Stellt man sich dagegen eine Frau mittleren Alters vor, die um ihre noch jugendlichen Söhne kämpft, kann gut ein früheres Datum angenommen werden.

Davids Reaktion auf Rizpas Hingabe gegenüber den sterblichen Überresten ihrer Söhne stützt ebenfalls eine frühere Datierung: Er sandte nach Jabesch-Gilead, um die Gebeine Sauls und Jonatans zu holen, deren Leichname ebenso zur Schau gestellt worden waren, und ließ sie in Benjamin standesgemäß und ehrenhaft beerdigen. Man kann sich kaum vorstellen, dass er damit 40 Jahre gewartet hätte. Dies anzunehmen fällt besonders schwer, wenn man die Wartezeit in Verbindung mit seinem Wunsch bringt, die Gunst und Loyalität der

---

[13] Der masoretische Text liest hier »Michal« statt »Merab« (2. Sam 21, 8); vielleicht handelt es sich, wie S. R. Driver, *Notes on the Hebrew Text and the Topography of the Books of Samuel.* Winona Lake, ND 1984, S. 352, vorschlägt, um einen *lapsus calami* (vergl. 1. Sam 18, 19).

Benjaminiter und der restlichen nördlichen Stämme zu gewinnen. Tatsächlich muss er die Gebeine Sauls und Jonatans nur wenige Jahre, nachdem die Bewohner von Jabesch-Gilead sie dort beerdigt hatten, nach Zela in Benjamin überführt haben, denn er lobt diese Menschen schon ganz zu Anfang seiner Herrschaft (2. Sam. 2,4-7) für die ehrenhafte Tat, Saul begraben zu haben.

Dennoch kann die Dürre nicht eingesetzt haben, bevor Jerusalem Hauptstadt war, und nicht, bevor Mefi-Boschet am Hof Davids aufgenommen worden war. Dies wird daran deutlich, dass David Mefi-Boschet davor bewahrte, den Gibeonitern und so dem Tod durch den Strang ausgeliefert zu werden, was voraussetzt, dass David von Mefi-Boschets Existenz wusste und ihn schützen konnte (2. Sam 21,7).

So erscheint es am sinnvollsten, die dreijährige Hungersnot auf die Jahre 996-993 zu datieren. Mefi-Boschet wäre zu dieser Zeit alt genug gewesen, Vater eines kleinen Sohnes zu sein, und könnte so bereits an Davids Hof gelebt haben. Zudem können die ammonitischen Kriege, wie noch ausgeführt wird, nicht viel früher als 993 begonnen haben. Man könnte annehmen, dass die Ammoniter David deshalb wenig fürchteten, weil Israel gerade eine schreckliche Hungersnot durchlitten hatte, durch die es geschwächt und verarmt war. Sollte diese Rekonstruktion richtig sein, wird eines deutlich: Dass David die sieben männlichen Nachkommen Sauls an die Gibeoniter auslieferte, musste die Brücke der Versöhnung, die David mit Benjamin zu schlagen versucht hatte, untergraben. Das Mindeste, was er tun konnte, war, die Gebeine Sauls und Jonatans nach Benjamin zurückzubringen und zu hoffen, damit die aufgebrachten Gefühle der Nordstämme zu besänftigen.

### Ursache des Konfliktes

Etwa zu dieser Zeit starb der König der Ammoniter, Nahasch; Thronfolger war sein Sohn Hanun. Leider werden beide nur in den Berichten in Samuel und Chronik erwähnt, nicht in außerbiblischen Quellen. Auch hat die Archäologie nur sehr wenig über die Ammoniter ans Tageslicht gebracht.[14] Somit muss fast die gesamte Frühgeschichte Ammons allein aus dem AT rekonstruiert werden. Die Ammoniter zählten vor Jeftahs Richteramt (1106-1100) zu den Unterdrückern Israels (1124-1106). Zu jener Zeit beanspruchten sie Gebiete südlich des Flusses Jabbok, die Israel seit 300 Jahren besessen hatte. Von frühester Zeit an hatten sie offenbar nur östlich des Jordans gelebt, bis die Amoriter sie noch weiter nach Osten gedrängt hatten. Jedenfalls besiegte Jeftah sie und zwang sie, in den östlichen Wüsten zu bleiben. Unter Nahasch versuchten die Ammoniter erneut, sich weiter nach Westen auszudehnen, ca. 1050, in Sauls ersten Regierungsjahren (1. Sam 11). Doch wieder wurden sie geschlagen. Von Verdrängung nach Osten wird nichts gesagt. Offenbar blieben sie südlich des Jabboks, nachdem sie Rabba (das heutige Amman) zu ihrer Hauptstadt gemacht hatten, wo sie sich zumindest zu Davids Zeit konzentrierten.

Anscheinend gratulierte Nahasch David zur Thronbesteigung (2. Sam 10,2), was angesichtes der Feindschaft zwischen Saul und Nahasch nicht überrascht. Vielleicht erhoffte sich Nahasch nun von David, offenbar Sauls Feind, die Freundschaft Israels. Als Hanun nun Nahaschs Nachfolge antrat, schickte David im Gegenzug eine Gesandtschaft nach Rabba, um Glückwünsche zu überbringen. Diese Geste wurde jedoch missverstanden, Davids offizielle Delegation wurde gedemütigt und nach Hause geschickt. Eine solche Beleidigung konnte David nicht hinnehmen. Deshalb sandte er Joab mit seiner Armee nach Rabba, um diese Behandlung zu rächen (2. Sam 10,1-5).

---

[14] Einen allgemeinen Überblick bietet G. M. Landes, »The Material Civilization of the Ammonites.« *BAR*, Bd II, S. 69-88. Was an ammonitischen Texten noch vorhanden ist – keiner so früh wie die vereinigte israelitische Monarchie datiert –, listet D. Pardee auf: »Literary Sources for the History of Palestine and Syria 2: Hebrew, Moabite, Ammonite, and Edomite Inscriptions.« *AUSS* 17, 1979, 66-69. Vergl. auch B. Obed, »Neighbours on the East.« *WHJP*, Bd IV:1, S. 258-262. Zur ammonitischen Sprache siehe: K. P. Jackson, *The Ammonite Language of the Iron Age*. Chico, 1983. Jetzt auch U. Hübner, *Die Ammoniter. Untersuchungen zur Geschichte, Kultur und Religion eines transjordanischen Volkes im 1. Jahrhundert v. Chr.* Wiesbaden, 1992.

## Ammonitische Allianz

### Aram

Hanun hatte gemerkt, dass er einen folgenschweren Fehler begangen hatte. Um der Vernichtung zu entgehen, brauchte er militärischen Beistand. Daher nahm er die Hilfe der Aramäer aus Zoba und Bet-Rehob, sowie der kleineren Königreiche wie Maacha und Tob in Anspruch.[15]

Bet-Rehob war sowohl der Name einer Stadt als auch eines Staates. Erstere kann nicht mehr nachgewiesen werden. Das Königreich lag im großen Bekaa-Tal zwischen den Gebirgsketten des Libanon und des Anti-Libanon, die sich von Dan im Süden bis zum Königreich Zoba im Norden erstreckten.[16] Dass die Hetiter (um 1200) von den Seevölkern vernichtend geschlagen worden waren, während gleichzeitig in Ägypten die 20. Dynastie rasch verfiel, hatte ganz Syrien und das obere Mesopotamien in die Hand der Assyrer gebracht. Das neue Machtvakuum im Westen jedoch konnten sie nicht füllen, da sie sich mit der neuen babylonischen Dynastie und den Elamitern im Osten auseinander setzen mussten. Mit dem politischen Vakuum in Syrien beschäftigten sie sich erst nach dem Aufstieg des berühmten Tiglat-Pileser I. (1115-1077). Er zog gegen Syrien, um die wachsende politische und militärische Macht der Aramäer zu stoppen.[17] Um 1100 begannen die Aramäer in größerem Stil das untere Mesopotamien zu infiltrieren. Nicht lange danach saß schon ein aramäischer König auf dem babylonischen Thron. Adad-apla-iddina (1067-1057) war nur der erste von vielen Aramäern, die die könig-

[15] Einen kurzen Bericht über den israelitischen Umgang mit seinen nördlichen Nachbarn zur Zeit Davids bietet B. Mazar, »The Aramaean Empire and Its Relations with Israel.« *BAR*, Bd II, S. 131-133. Zur geographischen Lage dieser Reiche siehe S. 224.

[16] M. F. Unger, *Israel and the Aramaeans of Damascus.* Grand Rapids, ND 1980, S. 42.

[17] A.K. Grayson, *Assyrian Royal Inscriptions.* Bd II, Wiesbaden, 1976, S. 89-97, # 4.

lichen Paläste Mesopotamiens besetzten.[18] Daher hatte auch das große Reich der Chaldäer unter Nebukadnezar – 500 Jahre später – syrische Wurzeln.

Tiglat-Pileser konnte die aramäischen Stadtstaaten politisch nicht effektiv eingrenzen, da er wegen zunehmenden babylonischen Drucks in seine Heimat zurückkehren musste. Obwohl andere assyrische Regenten, wie etwa Aššur-bel-kala (1074-1057), sporadische Beutezüge nach Syrien unternahmen, konnten sich die Stadtstaaten bis zum Aufstieg Israels unter David meist frei entwickeln.[19]

Zoba scheint das führende aramäische Königtum des Südens gewesen zu sein. Auch wenn Saul schon gegen seine Könige gekämpft hatte (1. Sam 14,47), so erreichte Zoba doch erst während Davids Regierungszeit unter Rehobs Sohn Hadad-Eser den Höhepunkt seines Einflusses: Sein Gebiet erstreckte sich von Bet-Rehob nordwärts bis Hamat, nordöstlich der Gebirgskette des Anti-Libanon bis Tadmor und südwärts bis Damaskus.[20] Hadad-Eser war also eine bedeutende Persönlichkeit. Wahrscheinlich ist er es, den Salmanasser III. (858-824) den König von »*Arumu*« nannte und der dem assyrischen König Aššur-rabi II. (1013-973) Territorium weggenommen hatte.[21] Dies harmoniert sehr gut mit der biblischen Anmerkung, Hadad-Eser habe einige seiner Truppen von »jenseits des Stromes« (d. h. des Euphrats) zurückrufen müssen, um David entgegenzutreten (2. Sam 10,16).

Maacha und Tob waren zu dieser Zeit kleine Staaten, die Zoba Tribut bezahlten (2. Sam 10,6.19). Maacha lag östlich des Hule-Sees, Tob östlich und südöstlich des Sees Genezareth. Sonst ist kaum etwas

---

[18] D.J. Wiseman, »Assyria and Babylonia c. 1200-1000 B.C.« *CAH*, II:2, S. 466-467.

[19] Y. Ikeda, »Assyrian Kings and the Mediterranean Sea: The Twelfth to Ninth Centuries B.C.« *Abr-Nahrain* 23, 1984/85, 23.

[20] Unger, *Israel and the Aramaeans*, S. 43.

[21] J.D. Hawkins, »The Neo-Hittite States in Syria and Anatolia.« *CAH*, III:1, S. 391-392.

von ihnen bekannt.[22] Damaskus, das zwar in der Zusammenfassung von 2. Sam 8 erwähnt wird, war zwar so früh noch kein bedeutendes Königtum, aber lange vor Davids Zeit schon eine bedeutende Stadt.[23] Erst gegen Ende der Herrschaft Salomos wurde es zum Zentrum aramäischer Macht.

## Moab und Edom

Die Moabiter, die im frühen 13. Jh. Israel unterdrückt hatten, was zum Richteramt Ehuds geführt hatte (Ri 3, 12-30), verdrängten nun entweder die ost-israelitischen Stämme Ruben und Gad oder lebten unter ihnen. Das moabitische Gebiet änderte sich im Laufe der Geschichte beachtlich, befand sich aber im Großen und Ganzen östlich des Jordans, nördlich des Flusses Sered und südlich des Arnons.[24] Bisher ist unbekannt, wie stark und stabil Moab in den Jahren vor David war. Dass Gideon das Gebiet südlich des Jabboks und unmittelbar östlich des Jordans umging, als er die midianitischen Prinzen verfolgte (Ri 8, 4-12), könnte bedeuten, dass moabitische Gebietsansprüche anerkannt wurden. Als David begann vor Saul zu fliehen (ca. 1020), hatte er seine Familie nach Mizpe zum König von Moab geschickt, um dort Schutz zu suchen (1. Sam 22, 3-4). Diese Stätte ist leider nicht eindeutig identifizierbar.[25]

---

[22] Unger, *Israel and the Aramaeans*, S. 45.

[23] W. T. Pitard, *Ancient Damascus: A Historical Study of the Syrian City-State from Earliest Times until Its Fall to the Assyrians in 732 B. C. E.* Winona Lake, 1987, S. 70-72; C. Watzinger und K. Wulzinger, *Damaskus: Die Antike Stadt.* Wissenschaftliche Veröffentlichungen des Deutsch-Türkischen Denkmalschutz-Kommandos, Berlin und Leipzig, 4. Aufl., 1921.

[24] Y. Aharoni, *Das Land der Bibel.* Neukirchen, 1984, S. 349; Oded, »Neighbours on the East.« *WHJP*, Bd IV:1, S. 256.

[25] Aharoni, *Das Land der Bibel*, S. 280.

Im Übrigen bleibt das moabitische Königreich dieser Periode ein Rätsel.[26]

Auch vom Königtum Edom ist nicht viel bekannt.[27] Es lag in der relativ isolierten Region des Hochplateaus östlich und südlich des Toten Meeres. Dieses Gebiet war von einem Königsgeschlecht regiert worden, das bis auf Esau und sogar noch über ihn hinaus zurückging (1. Mo 36, 31ff). Mose war an Edom vorübergezogen, so dass es von der israelitischen Landnahme und Besatzung ausgenommen blieb. Der einzige Hinweis auf Edom in der Zeit zwischen Mose und David ist die Anmerkung in 1. Sam 14, 47, dass Saul gegen Edom kämpfte. Saul könnte dabei die Oberhand behalten haben, denn Doëg, der Mörder, den er anheuerte, war Edomiter. Dies allein lässt aber keinen sicheren Rückschluss zu, dass Edom unter Saul ein Vasall Israels war.

## Sieg über die Ammoniter

Kehren wir zu Davids Kriegen gegen die Ammoniter zurück. Joab belagerte die Stadt Rabba (2. Sam 10, 6-14). Die ammonitischen Truppen bewachten die Stadttore, während ihre aramäischen Verbündeten, etwa 33.000 Mann, sich in den nahen Feldern versammelt hatten. Joab stand also zwei Fronten gegenüber, er war eingekreist. Darum teilte er seine Armee auf: Seine besten Männer führte er selbst gegen die Aramäer, die anderen unterstellte er seinem Bruder Abi-

---

[26] Zu Moab siehe A. Dearman, Hrsg., *Studies in the Mesha Inscription and Moab.* Atlanta, 1989; J. M. Miller, »The Israelite Journey through (around) Moab and Moabite Toponymy.« *JBL* 108, 1989, 577-595; S. Timm, *Moab zwischen den Mächten: Studien zu historischen Denkmälern und Texten.* Wiesbaden, 1989; U. F. Ch. Worschech, *Die Beziehungen Moabs zu Israel und Ägypten in der Eisenzeit: Siedlungsarchäologische und siedlungshistorische Untersuchungen im Kernland Moabs (Ard el-Kerak).* Wiesbaden, 1990; A. H. Van Zyl, *The Moabites.* Leiden, 1960.

[27] Zu Edom siehe J. R. Bartlett, »The Moabites and Edomites.« *POTT*, S. 229-258; ders., *Edom and the Edomites.* Sheffield, 1989; D. V. Edelman, Hrsg., *You Shall Not Abhor An Edomite For He Is Your Brother: Edom and Seir in History and Tradition.* Atlanta, 1995.

schai, der gegen die Ammoniter kämpfte. Diese Strategie war erfolgreich: Die Aramäer flohen nach Norden und die Ammoniter hinter die Stadtmauern. Da stellte Joab die Belagerung ein und kehrte nach Jerusalem zurück.

Zu einer zweiten militärischen Begegnung kam es, als Hadad-Eser seine jenseits des Euphrats stationierten Truppen zurückrief. Unter dem Befehl seines Generals Schobach kamen sie nach Helam (ʿAlma), ca. 65 km östlich des Sees Genezareth. Dorthin führte David seine Truppen, die einen überwältigenden Sieg errangen: Die aramäische Armee wurde vernichtend geschlagen und ihr Befehlshaber getötet. Nicht nur Hadad-Eser kapitulierte, sondern auch seine Vasallen-Könige (2. Sam 10,19). Damit hatte David begonnen, ein Großreich zu formen, auch wenn es gar nicht seine ursprüngliche Absicht gewesen war.

Der Schreiber von 2. Sam 8 erläutert und fasst zusammen, wie David die Aramäer bezwang. Er führt aus, dass von den 40.000 Gefallenen (2. Sam 10,18) 20.000 aus Zoba kamen und 22.000 aus Damaskus.[28] Weiter habe David von Damaskus Tribut erhoben, die goldenen Schilde der Offiziere Hadad-Esers genommen sowie Bronze aus den Städten, über die Hadad-Eser geherrscht hatte. Diese Metalle setzte Salomo später zur Herstellung der Tempelgeräte ein (1. Chr 18,7-8).

Hadad-Esers Unterwerfung führte zur freiwilligen Kapitulation des Königs von Hamat, Toï. Er war ein Feind Hadad-Esers und ergab sich David vielleicht auch, um seinen Schutz in Anspruch nehmen zu können. Toï bestärkte die Aufrichtigkeit seiner Ergebenheit durch großzügige Gold-, Silber- und Bronzegeschenke, die er durch seinen Sohn Hadoram (hebr. Joram) eigenhändig überreichen ließ. David legte auch sie für den späteren Tempel beiseite.

Nun stand zwar Aram fast völlig unter Israels Herrschaft, doch das ammonitische Problem war noch ungelöst. Deshalb ließ David

---

[28] Zur Harmonisierung dieser Zahlen in 2. Sam 8 und 10 siehe E.H. Merrill, »2. Samuel.« *Das Alte Testament erklärt und ausgelegt.* Bd I, J.F. Walvoord und R.B. Zuck, Hrsg., Neuhausen, 1990, S. 585; sowie G.L. Archer, Jr., *Encyclopedia of Bible Difficulties.* Grand Rapids, 1982, S. 184.

Rabba erneut angreifen, blieb allerdings zu Hause zurück. Während er sich in Jerusalem erholte, sah er vom Palastdach Batseba, die Frau seines Nachbarn Uria[29], ein Bad nehmen. Voll Leidenschaft befahl er, sie zu ihm zu bringen, und beging Ehebruch mit ihr. Als David erfuhr, dass Batseba schwanger war, ließ er ihren Ehemann Uria vom Schlachtfeld in Rabba heimholen. Es sollte aussehen, als sei er der Vater des Kindes. Doch schlugen mehrere Pläne fehl, Uria in die Arme seiner Frau zu treiben. David ließ ihn daraufhin in die vorderste Schlachtreihe stellen, wo ihn der sichere Tod erwartete. Uria kam auch tatsächlich um. Nach der Trauerzeit heiratete David Batseba. Als das Kind geboren war, teilte Nathan, der Prophet, David mit, dass das Schwert dieses Haus nicht mehr verlassen werde. Das Kind starb als Zeichen des göttlichen Urteils, aber Jahwe schenkte Batseba später in seiner Gnade einen zweiten Sohn, Salomo, und bahnte so der dynastischen Erbfolge den Weg (2. Sam 11,1-12.25).

Inzwischen hatte Joab die Ammoniter geschlagen und Rabba wieder belagert (2. Sam 12,26-31). Zweifellos wurden die Moabiter dieses Mal tributspflichtig, da die israelitische Armee, um nach Rabba zu gelangen, wahrscheinlich moabitisch kontrollierte Gebiete durchquerte. David ging trotz der Verwandtschaft zu Moab, hart mit den Moabitern um (2. Sam 8,2.12), was unverständlich wäre, es sei denn, Moab hätte sich mit Ammon verbündet oder Davids militärischen Ziele anders behindert. Nach dem Fall Rabbas machte David die Einwohner zu Sklaven und setzte sie barbarischen Repressalien aus (2. Sam 12,31).

## Sieg über Edom

Auch Davids Feldzüge gegen Edom müssen in diesen frühen Jahren vor Salomos Geburt stattgefunden haben. Wahrscheinlich hatte sich Edom mit Moab und Ammon verbündet, um Davids Eindringen in

[29] Dies war der Hetiter Uria, einer der 30 Helden, die David in den Jahren seiner Flucht vor Saul beigestanden hatten: 2. Sam 23,39.

das transjordanische Gebiet zu verhindern, wodurch sich auch Moab und Edom bedroht sahen, obwohl sich Davids Aktion primär gegen Ammon richtete. Die Zeit dieser Feldzüge kann aus 1. Kön 11,14-22 erschlossen werden, wo die Flucht des edomitischen Prinzen Hadad nach Ägypten geschildert wird. In 2. Sam 8, der Zusammenfassung der Kriege Davids, wird von Davids Sieg über 18.000 Edomiter im Salztal (Wadi el-Milḥ) berichtet, das in der Wüste Negev bei Beerscheba und Arad lag.[30] Dies könnte bedeuten, dass Edom Israel vom Süden angegriffen hatte, denn das Tal war israelitisches Gebiet. Der Chronist berichtet, dass die Israeliten unter Abischai den Sieg errangen, der dann Garnisonen in Edom stationierte und Edom zum Vasallen machte (1. Chr 18,12-13).

Der Bericht in 1. Kön 11,15ff widerspricht dem nicht, sondern bezieht sich wohl auf spätere Ereignisse. Nach Edoms Unterwerfung zogen David und Joab wahrscheinlich dorthin, um die getöteten israelitischen Soldaten zu bestatten, aber auch, um die übrige Opposition niederzuschlagen. Einige Mitglieder der königlichen Familie, darunter Hadad, konnten jedoch entkommen und nach Ägypten fliehen, das sie freundlich aufnahm. Hadad heiratete sogar eine Schwägerin des Pharaos. Später kehrte Hadad nach Edom zurück und wurde die Hauptursache für den politischen Niedergang Salomos. Hier ist vor allem wichtig, dass die Könige-Bücher Hadad zur Zeit seines Exils als »noch … sehr jungen Mann« beschreiben. Kurz nach Davids Tod, als Hadad erwachsen geworden war, geheiratet und einen Sohn gezeugt hatte, kehrte er nach Edom zurück (1. Kön 11,20-22). Dies alles geschah wahrscheinlich um 969. Vermutlich floh er 993, also in dem Jahr, das auch für die ammonitischen Kriege angenommen wird, und als er »noch ein Junge« war, nach Ägypten. Daher könnte der edomitische Feldzug das Finale der ammonitisch-aramäischen Kriege gewesen sein, die in 2. Sam 10 beschrieben und in 2. Sam 8 zusammengefasst werden.

Das Szenario kann folgendermaßen rekonstruiert werden: Joab befand sich in Rabba, um die Belagerung der Stadt zu vollenden

---

[30] Die geographische Lage des Salztals ist nicht geklärt.

2. Sam 12,26-28). Inzwischen zog sein Bruder Abischai ins Salztal, um eine edomitische Invasion abzuwehren (1. Chr 18,12-13). Nachdem beides erreicht war, zog David, der persönlich nach Rabba gekommen war um der Zerstörung beizuwohnen, mit Joab nach Edom, um dort die von Abischai begonnene Eroberung zu beenden. Edom wurde zwar Israel tributpflichtig, die königliche Familie Edoms konnte aber nach Ägypten entkommen.

## Der Beginn der internen Probleme Davids

Nach diesen außenpolitischen Eroberungen kam es innerhalb der Familie Davids zu einer Misere, die Vergewaltigung und Mord beinhaltete, David beinahe seine Krone kostete und Salomos Thronfolge gefährdete. Diese familiären Schwierigkeiten erfüllten Nathans Vorhersagen und waren die Strafe für den Ehebruch Davids mit Batseba (2. Sam 12,10-14).

Salomo muss zu Beginn seiner Alleinherrschaft etwa 20 Jahre alt gewesen sein, also etwa 991 geboren worden sein. Danach begannen Davids familiäre Probleme. Während die erste Hälfte der Herrschaft Davids von Segen und Erfolg gekennzeichnet war, waren es in der zweiten Hälfte Niederlagen und Kummer.

### Vergewaltigung Tamars

Der erste schriftliche Beweis für die Prophetie, dass das Schwert nicht mehr aus dem Haus Davids weichen solle (2. Sam 12,10), steht im Zusammenhang mit Tamars Vergewaltigung durch ihren Halbbruder Amnon. Er war Davids ältester Sohn, geboren von der Jesreeliterin Ahinoam (2. Sam 3,2). Er war noch in Hebron geboren worden, Absaloms Schwester dagegen in Jerusalem (1. Chr 3,4-9) und daher einige Jahre jünger als Amnon. Dieser könnte ungefähr 20 Jahre alt gewesen sein, als er sich an ihr verging. Nachdem er sich an ihr befriedigt hatte, schlug seine Leidenschaft in Hass um. Er weigerte sich sie zur Frau zu nehmen, wie das Gesetz in einem solchen Fall bestimmte

(2. Mo 22,15f; 5. Mo 22,28f). Gebrochenen Herzens suchte Tamar Trost und Zuflucht bei ihrem älteren Bruder Absalom.

## Absaloms Rache

Absalom, Davids dritter Sohn (2. Sam 3,3; 1. Chr 3,2), war voll Zorn und sann auf Rache. Er wusste, dass er dazu außergewöhnliche Diplomatie brauchen würde. Anscheinend hielt er es für zwecklos, die Sache David vorzutragen. Der König würde ja doch nichts unternehmen. Zum einen hatte seine Integrität seit dem Ehebruch mit Batseba und dem Mord an Uria gelitten, zum anderen genoss Amnon als Thronfolger Immunität. Daher würde er Verfolgung und Bestrafung entgehen. Aber Absalom ließ die Angelegenheit nicht auf sich beruhen, sondern wartete auf eine Gelegenheit zur Rache. Wahrscheinlich nahm seine eigene Ambition auf den Thron gleichzeitig Gestalt an: Amnons Tod würde nicht nur Tamars Vergewaltigung rächen, sondern auch seine Thron-Chancen verbessern.

Inzwischen hatte David von Amnons Verbrechen erfahren. Obwohl er zornig war, schien er zu einer angemessenen Reaktion außerstande. Vielleicht erkannte er, wie heuchlerisch es wäre, wenn er seinen Sohn für ein ähnliches Verbrechen bestrafte, wie er es begangen hatte. Während David in dieser Angelegenheit untätig blieb, plante Absalom zwei Jahre lang, bis sein Plan ausgereift war: Er lud David zu einem Fest nach Baal Hazor (Tell ʿAṣûr) ein, zwischen Bethel und Silo. Als David die Einladung ausschlug, nötigte Absalom ihn, statt seiner den Kronprinzen zu senden. Amnon kam zum Fest, betrank sich, und wurde dann von Mördern, die Absalom angeworben hatte, umgebracht. Absalom floh zu seinem Großvater Talmai, dem König von Geschur, der ihm drei Jahre lang Asyl gewährte (2. Sam 13,23ff).

Die Vergewaltigung Tamars ist auf ca. 987 datiert worden, die Ermordung Amnons auf ca. 985 und das Exil Absaloms in Geschur[31]

[31] Siehe S. 369ff.

auf 985-982 (S. 371). Als Absalom durch Joabs Vermittlung nach Jerusalem zurückkehrte, blieb er dort zwei Jahre (982-980), in denen er allerdings keinen Kontakt mit seinem Vater hatte. Zu der Zeit hatte der gut aussehende junge Prinz schon vier Kinder gezeugt, darunter eine Tochter namens Tamar. Er hatte zudem das Volk durch seine stattliche Erscheinung beeindruckt. Zuletzt stellte Joab David und Absalom einander gegenüber und scheinbar versöhnten sich die beiden (2. Sam 14, 33). Der rebellische Geist schwelte jedoch weiter in Absaloms Herzen und sollte sich in vier Jahren zu einem offenen Feuer entwickeln und eine Revolution entzünden.

## Das Zentrum des Kultes: Jerusalem [32]

Zu dieser Zeit (980-976) scheint David seine ausgedehnten Bauprojekte (2. Sam 5, 9-12) beendet zu haben, auch die Vorbereitungen für den Tempelbau. Offenbar besaß er schon eine Art Palast sowie weitere öffentliche Gebäude. Da er mit dem Ausbau seines Reiches und neuerdings auch mit den Problemen in der Familie beschäftigt war, hatte er nicht die Infrastruktur entwickeln können, die ein Monarch seines Formates brauchte. Seine Versöhnung mit Absalom ermöglichte ihm nun endlich, Jerusalem zum religiösen und politischen Zentrum zu machen.

David hatte Hiram, der in dem phönizischen Stadtstaat Tyrus an die Macht gekommen war, gebeten, ihm zu diesem Zweck Materialien und Experten für die verschiedenen gewaltigen Projekte zur Verfügung zu stellen.[33] Da die Stadt nun Symbole besaß, die ihrer politischen Bedeutung angemessen waren, begann David mit Maßnahmen, die Jerusalem auch zum Zentrum des Kultes machen sollten. Dazu gehörten der Bau einer vorläufigen Stiftshütte und der

---

[32] Zum Umzug der Bundeslade und zur Verlegung des Kultzentrums siehe schon S. 265ff.

[33] Über das Ausmaß der Bautätigkeit Davids schreibt Y. Aharoni, »The Building Activities of David and Solomon.« *IEJ* 24, 1974, 13-16.

Umzug der Bundeslade von Kirjat-Jearim[34], wo sie 31 Jahre gestanden hatte.[35]

Dieses Vorhaben warf viele Probleme auf: Erstens gab es keinen Präzedenzfall für die Vereinigung von religiösem und politischem Zentrum an einem Ort unter einem Führer, wenigstens nicht in nach-mosaischer Geschichte. Saul hatte Gibea zu seiner Hauptstadt gemacht, die Stiftshütte war jedoch in seiner Zeit nicht dort gewesen. Dennoch hatte sich Saul kultisch so betätigt, wie es für Könige des aVOs üblich war, doch mit verheerenden Folgen. Während Sauls Herrschaft hatte Israel den König weder als politischen, geschweige denn als religiösen Führer gesehen. Sollte es bei David anders sein?

Zweitens befand sich die mosaische Stiftshütte in Gibeon, wohin sie wahrscheinlich von Saul gebracht worden war. An jenem Ort hatte das Volk, auch David, während seiner Herrschaft jahrelang gemeinsam Jahwe angebetet (1. Chr 16,39; 21,29; 1. Kön 3,1-4). Konnte David ohne besondere Offenbarung von Gott die Stiftshütte von Gibeon nach Jerusalem holen? Da Gibeon sich in Benjamin befand, also auf Sauls Stammesgebiet, würden Benjamin und der Norden einen Umzug der gesamten Stiftshütte aus Gibeon mit Argwohn betrachten. Was David tun konnte – und was er schließlich auch tat, war, das mosaische Heiligtum in Gibeon zu lassen, aber auf dem Berg Zion ein neues zu errichten und nur die Bundeslade umzusiedeln.

---

[34] Baala aus Juda (2. Sam 6,2) ist entweder mit Kirjat-Jearim identisch oder liegt in der Nähe; siehe Aharoni, *Das Land der Bibel*, S. 363-364. J. Blenkinsopp, »Kiriatjearim and the Ark.« *JBL* 88, 1969, 146-147, schlägt vor, Kirjat-Jearim könne »ein ziemlich großes Gebiet« bezeichnet haben, zu dem Baala gehörte.

[35] A. F. Campbell, »Yahweh and the Ark: A Case Study in Narrative.« *JBL* 98, 1979, 42-43, zeigt, dass der Hauptzweck der Bundeslade-Erzählungen (1. Sam 4-6; 2. Sam 6) darin besteht, die »davidische Dynastie und die Wahl und Theologie Zions« zu legitimieren. Zudem sollte so auch das alte Stammesdenken zugunsten der Monarchie Davids zurückgewiesen werden.

Die dritte Überlegung hatte mit dieser Umsiedlung zu tun.[36] Die Bundeslade symbolisierte die Gegenwart Jahwes unter seinem Volk. Ohne Jahwes speziellen Auftrag (und in diesem Fall ergibt kein biblischer Bericht eine Autorisierung) war es – milde gesagt – anmaßend von David, einen Umzug vorzunehmen. Dass David den tragischen Tod Usas, der die Reise der Bundeslade von Kirjat-Jearim beaufsichtigte, in Kauf genommen hatte, trägt kaum dazu bei, ihn vom Verdacht der Anmaßung zu befreien (2. Sam 6,6-8).

Viertens, aber keineswegs unwichtig, fehlte es Jerusalem an neuerer religiöser Tradition. Es war von der Zeit der Erzväter bis zur Einnahme durch David ein heidnisches, kanaanitisches Zentrum gewesen und daher war – bis auf Ausnahmezeiten – das Volk Jahwes dort kaum präsent gewesen.

Zweifellos machten die Verbindung der Patriarchen mit Jerusalem die Stadt für David zum einzig angemessenen Ort der Stiftshütte und Bundeslade. In der Tat kann es gerade die Assoziation mit Abraham gewesen sein, die in Davids Bewusstsein die Stadt zur Hauptstadt machte. Dieses Bewusstsein gab ihm genug Mut, trotz aller Probleme, die diese Entscheidung mit sich brachte, Zion als dauerhafte Wohnung seines Gottes zu wählen.[37]

---

[36] Viele Wissenschaftler leugnen die Historizität der Bundeslade-Erzählungen (1. Sam 4-6; 2. Sam 6). Sie betrachten sie eher als Teil eines Mythen-Komplexes, der Jahwes Triumph über das Chaos und andere Feinde feiert. Eine kurze zustimmende Diskussion darüber bietet A. Bentzen, »The Cultic Use of the Story of the Ark in Samuel.« *JBL* 67, 1948, 37-53. Auch wenn die Historizität der Erzählung nicht bewiesen werden könnte, würde die zeitgenössische Existenz ähnlicher kultischer Objekte in frühen semitischen Kulturen zur Zeit des mosaischen Israels die These zumindest in Frage stellen, die Berichte seien Mythen. Vergl. W. F. Albright, *Von der Steinzeit zum Christentum.* Bern, 1949, S. 266. K. A. D. Smeling, »The Ark Narrative Reconsidered.« *New Avenues in the Study of the Old Testament*, A. S. v. d. Woude, Hrsg., Leiden, 1989, S. 128-144, und ders., »Hidden Messages in the Ark Narrative.« *Converting the Past: Studies in ancient Israelite and Moabite historiography*, Leiden, 1992, S. 35-58, sieht in der Erzählung eine Parabel auf die Exilzeit.

[37] David selbst drückt dieses Bewusstsein der Wahl Zions durch Jahwe dadurch aus, dass er dort Palast und Tempel bauen will (Ps 78,68; 87,2; 132). Parallelen dazu gibt G. Buccellati, »Enthronement of the King and the Capital City in Texts from

## Melchisedek, Jerusalem und das königliche Priestertum

Nun soll die historische Begegnung zwischen Abraham und Melchisedek betrachtet werden, die in Genesis 14 beschrieben und später von David in Psalm 110 theologisch interpretiert wird. Nach seinem Sieg über die östlichen Könige im Norden von Damaskus hatte Abraham den mysteriösen Melchisedek getroffen, den König Salems und Priester El Eljons, »des höchsten Gottes« (1. Mo 14,18). Abraham hatte von den besiegten Königen Beute genommen und Melchisedek, nachdem der ihn im Namen El Eljons gesegnet hatte, den Zehnten davon gegeben.

Psalm 76,3 setzt Salem mit Zion gleich und Salem ist identisch mit Jerusalem, was von einer bedeutenden jüdischen und christlichen Tradition bekräftigt wird.[38] Die Identität Melchisedeks ist jedoch problematischer.[39] Einige Wissenschaftler bezweifeln die Historizität des Berichtes vollkommen. Für sie ist dieser Bericht eine Herleitung der Legitimation Jerusalems als heiligen Ort der Hebräer.[40]

---

Ancient Mesopotamia and Syria.« *Studies Presented to A. L. Oppenheim.* R. M. Adams Hrsg., Chicago, 1964, S. 54-61; B. Halpern, *The Constitution of the Monarchy in Israel.* Chico, CA, 1981, S. 17-23; S. Talmon, »The Biblical Idea of Statehood.« *The Bible World*, G. Rendsburg, et al. Hrsg., New York, 1980, S. 239. Zur Theologie Jerusalems im AT siehe J. Schreiner, *Sion-Jerusalem Jahwes Königssitz.* München, 1963.

[38] Vergl. z. B. A. Weiser, *Die Psalmen.* Göttingen, 6. Aufl., 1963, S. 358. Hier gibt es allerdings keinen Konsens. J. G. Gammie, »Loci of the Melchizedek Tradition.« *JBL* 90, 1971, 385-396, führt an, Salem könne nicht Jerusalem sein, und die Melchisedek-Tradition müsse ihre Wurzel woanders haben, nämlich in Sichem. Von dort sei sie nach Silo, Nob und schließlich Jerusalem gelangt. Dem steht jedoch die eindeutige Gleichsetzung von Salem und Zion in Psalm 76,3 und anderen Passagen entgegen.

[39] Verschiedene Sichtweisen gibt L. Sabourin wieder, *The Psalms: Their Origin and Meaning.* Staten Island, 1974, S. 360-362; M. Delcor, »Melchizedek from Genesis to the Qumran Texts and the Epistle to the Hebrews.« *JSJ* 2, 1971, 115-135. Außerdem B. Demarest, *A History of Interpretation of Hebrews 7, 1 - 10 from the Reformation to the Present.* Tübingen, 1976; F. C. Horton, Jr., *The Melchisedek Tradition: A Critical Examination of the Sources to the Fifth Century A. D. and in the Epistle to the Hebrews.* Cambridge, 1976.

[40] G. v. Rad, *Das erste Buch Mose (Genesis).* Göttingen, 10. Aufl., 1976, S. 138-139.

Andere betrachten ihn als Zusammentreffen der frühen Väter Israels mit einem kanaanitischen Priester, der die Anbetung Els bei den Hebräern bekannt machte.[41] Einige konservative Schreiber betrachten Melchisedek als Christophanie, d.h. als Manifestation Jesu Christi vor seiner Menschwerdung. Dies basiert auf der Bedeutung des Namens Melchisedek (»König der Gerechtigkeit«), seiner Verbindung zu Salem (er war König Salems, das bedeutet »König des Friedens«) und dem ausdrücklichen Vergleich Melchisedeks mit Jesus, besonders im Hebräerbrief (7,3.15-17 usw.).[42]

Am meisten überzeugt die Interpretation, die Melchisedek als Typus auf Christus darstellt:[43] Melchisedek verkörperte Leben und Dienst Christi. Geburt und Tod Melchisedeks umgeben ein Geheimnis – wie bei Jesus. Vor allem war er sowohl König als auch Priester, genau wie Jesus, der als Messias kam, um beiden Rollen gerecht zu werden. Er war auch ein Typus für Davids Leben und Dienst – eine Tatsache, die David überrascht haben mag, die er aber dennoch akzeptierte. In Psalm 110 weist David ausdrücklich auf den kommenden messianischen König als »meinen Herrn« hin (V. 1) und bezeichnet sich dann selbst als »Priester nach der Ordnung Melchisedeks«, der die Nationen richten wird (V. 4-6). Der Messias, aber auch David selbst, sind solche königlichen Priester.[44]

Die Idee des königlichen Priesters war der Welt des aVOs keineswegs fremd.[45] Könige hatten auch im Kult regelmäßig eine führende

---

[41] G. Fohrer, *Geschichte der israelitischen Religion.* Berlin, 1969, S. 118.

[42] J. A. Borland, *Christ in the Old Testament.* Chicago, 1978, S. 164-174, widerlegt dies jedoch überzeugend.

[43] P. Fairbairn, *The Typology of Scripture.* Bd I, Grand Rapids, ND 1975, S. 302-305.

[44] L. C. Allen, *Psalms 101-50.* Waco, 1983, S. 78-87.

[45] S. Smith, »The Practice of Kingship in Early Semitic Kingdoms.« *Myth, Ritual and Kingship,* S. H. Hooke, Hrsg., Oxford, 1958, S. 22-73; G. Widengren, *Sakrales Königtum im Alten Testament und im Judentum.* Stuttgart, 1955; K.-H. Bernhardt, *Das Problem der Altorientalischen Königsideologie im Alten Testament.* Leiden, 1961, S. 67-90.

Rolle und waren manchmal die Hauptpriester in ihrem kultischen System. Auch der Erfahrung und Ideologie Israels war ein königliches Priestertum nicht völlig unbekannt[46], denn schon die Erzväter waren sowohl zivile als auch religiöse Führer ihrer Familien und Sippen gewesen. Sie hatten nach eigenem Gutdünken Opfer dargebracht und weitere Kultfunktionen ausgeübt. Vor der Schaffung von Aarons Priesteramt ist keine klare historische Grundlage erkennbar, die die königliche von der priesterlichen Autorität getrennt und beide verschiedenen Personen zugewiesen hätte. Die post-mosaische Sichtweise des ATs war jedoch, dass zwei verschiedene Personen die königliche und die priesterliche Autorität ausübten. Selbst die Jünger Jesu verstanden nicht, wie Jesus sowohl König als auch Priester, Herrscher als auch Retter, sein könne. Sogar die jüdische Gemeinschaft von Qumran erwartete zwei Messiasse: einen priesterlichen Nachkommen Aarons und einen königlichen Nachfolger Davids.[47] Der Autor des Hebräerbriefes hob als erster die zwiefache Rolle Jesu als Priester und König klar hervor. Jesus konnte trotz seiner nicht-aaronitischen Herkunft Priester sein, weil er einer überlegenen Ordnung entstammte, nämlich der Melchisedeks (Hebr 7,4-25).

## David als Priester

Weil er aus der Ordnung Melchisedeks war, konnte David die Rolle des königlichen Priesters ausüben und Jerusalem als Sitz der Bundeslade und der Stiftshütte wählen. Er erkannte, dass er, so wie Melchisedek König Salems gewesen war, als dessen Nachfolger von Jerusa-

---

[46] R. de Vaux, *Das Alte Testament und seine Lebensordnungen.* Bd I, Freiburg, 2. Aufl., 1964, S. 184-186.

[47] H. Ringgren, *The Faith of Qumran.* Philadelphia, 1963, S. 182; J. Charlesworth, Hrsg., *The Messiah.* Philadelphia, 1992; H. Lichtenberger, »Messianische Erwartungen und Gestalten in der Zeit des zweiten Tempels.« *Messiasvorstellungen bei Juden und Christen*, E. Stegmann, Hrsg., Stuttgart, 1993, S. 9-20; F. G. Martínez, »Messianische Erwartungen in den Qumranschriften.« *JBTh* 8, 1993, 171-208.

lem aus regieren musste. Und genau wie Melchisedek Priester des höchsten Gottes war, so konnte er, als Nachfolger Melchisedeks, in dieser höheren Ordnung das heilige Vorrecht des Priester-Amtes vor Jahwe ausüben.[48]

Auf dieser theologischen Basis konnte David Jerusalem zur politischen Hauptstadt aus- und zum kulturellen Zentrum aufbauen. Dabei traf er auf ein ernstes Problem: Würde das Volk diese theologisch radikale Neuorientierung annehmen? Würde es die Auflösung der Tradition akzeptieren, die bisher dem König eine Sonderstellung im religiösen Leben der Nation verweigert hatte?

Es überrascht daher nicht, dass David nach dem Gericht an Usa bei der Fortsetzung der Prozession der Überführung der Bundeslade große Vorsicht walten ließ. Dann aber wurde die Bundeslade angemessen behandelt und fand, sehr umjubelt, endlich ihren Weg auf den Berg Zion. David selbst führte den Zug an, im priesterlichen Efod aus Leinen. Er opferte und tanzte vor Jahwe (1. Chr 15, 2-28). Als die Bundeslade sicher in der Stiftshütte angekommen war, brachten David und die Leviten Brandopfer und Gemeinschaftsopfer vor Jahwe dar (2. Sam 6, 17-18). So bestätigten sie den Bund, der zwischen Jahwe und Israel bestand. Weder der Chronist noch der Autor des Samuel-Buches erwähnen in dem Opfergeschehen einen Priester. Eindeutig fungierte David als Priester und wurde von dem Volk und den Leviten darin anerkannt. Diese priesterliche Rolle übte er auch bei der Ernennung des religiösen Personals aus, das in der Stiftshütte dienen sollte. Diesem Personal standen der Levit Asaf (in Jerusalem) und der Priester Zadok (an der mosaischen Stiftshütte in Gibeon) vor (1. Chr 16, 37-39).[49] Die fehlende Erwähnung eines

---

[48] W. Zimmerli, *Grundriss der alttestamentlichen Theologie.* Stuttgart, 5. Aufl., 1985, S. 83-84; W. Eichrodt, *Theologie des Alten Testaments.* Teil 1, Göttingen und Stuttgart, 8. Aufl., 1968, S. 301-302. D.J. McCarthy, »Compact and Kingship: Stimuli for Hebrew Covenant Thinking.« *Studies in the Period of David and Solomon and Other Essays*, T. Ishida, Hrsg., Winona Lake, 1983, S. 82-83.

[49] Dieser erste Verweis auf Zadok als Priester in Gibeon, nicht in Jerusalem, bringt die in Verlegenheit, die Zadoks Abstammung aus einer kanaanitischen Priesterlinie ableiten wollen, die auf Melchisedek, den Priester des Heiligtums in Jerusalem zurück-

Priesters in Jerusalem könnte darauf hindeuten, dass David wenigstens anfangs die priesterliche Funktion selbst wahrnahm oder dass Abjatar es tat.

Kurz nachdem David die Stiftshütte in Zion vollendet und die Bundeslade hineingebracht hatte, bewegte ihn der große Unterschied zwischen seinem eigenen gewaltigen, wunderschönen Palast und dem zeltähnlichen Gebilde, das die Wohnung Jahwes, des allmächtigen Gottes, darstellte. Er fand es unangemessen, dass er als Mensch in solchem Luxus lebte, während Jahwe ein Nomadendasein führte. Daher plante David einen Tempel zu bauen.

---

geht. Nach ihrer Sicht führte David Zadok in das Priestertum Jahwes ein und stellte ihn schließlich über Abjatar, siehe W. Zimmerli, *Grundriss der alttestamentlichen Theologie*, S. 80-81. F.M. Cross, *Canaanite Myth and Hebrew Epic.* Cambridge, 1973, S. 209-215, ist sich der Schwierigkeiten dieser Position sowie der ebenso komplizierten Probleme bewusst, die Zadoks Genealogie aufwirft. Doch war Zadok für ihn ein aaronitischer Priester in Hebron, schon bevor David König in Jerusalem war. Dies wäre möglich, kann aber nicht bewiesen werden. W. Brueggeman sieht die beiden Priesterämter in einer Spannung: zwischen einer engen, mosaischen Tradition der konkreten Befreiung (Priestertum des Abjatar) und einer Schöpfung-und-Messias-Tradition, die eine allgemeine und königliche Ordnung enthielt (Priestertum des Zadok). Er meint, Letzteres habe unter David die Oberhand gewonnen, sei aber unter Salomo fast abgeschafft worden. Siehe sein Aufsatz, »Trajectories in OT Literature and the Sociology of Ancient Israel.« *JBL* 98, 1979, 170-171. Diese Meinung setzt voraus, dass der in 1. Chr 24, 3 erwähnte Eleasar Zadoks Vater war, und mit Eleasar, dem Priester aus Kirjat-Jearim (1. Sam 7, 1), identisch ist. Nach J. Dus kommt Zadok aus Kirjat-Jearim. J. Dus zitiert von P. R. Davies, »The History of the Ark in the Books of Samuel.« *JNSL* 5, 1976, 17. Da Eleasar allerdings mehr als ein Jahrhundert vor dem Auftreten Zadoks in Kirjat-Jearim zum Priester ernannt wurde, kann diese These nicht aufrecht erhalten werden. S. Olyan, »Zadok's Origins and the Tribal Politics of David.« *JBL* 101, 1982, 185, meint, Zadok sei ein Adjutant Jojadas gewesen und Vater von Salomos General Benaja (1. Chr 12, 27-28). Deshalb komme er aus Kabzeel, tief in der Negev. Jojada war wirklich ein *nāgîd* (Anführer) unter den Leviten (1. Chr 12, 28) sowie Priester (1. Chr 27, 5). Daraus lässt sich aber nicht schließen, dass Zadok Verbindungen zu Aaron hatte oder dass hier derselbe Zadok gemeint ist, der Priester war.

## Die Rebellion Absaloms

### Anlass

Noch bevor diese Pläne weiter gedeihen konnten, zettelte – nach der hier vorgeschlagenen Rekonstruktion – Absalom seinen Aufstand an. Dies muss um 976 geschehen sein, also sechs Jahre nach Absaloms Rückkehr aus Geschur. Absalom hatte Anhänger gewonnen, besonders in Juda, aber auch unter den anderen Stämmen. Als der Moment günstig schien, bat er seinen Vater, nach seinem Geburtsort Hebron ziehen zu dürfen. Er wolle dort einen Schwur erfüllen, den er in Geschur gelobt habe, und Opfer darbringen. Dort angekommen, tat er öffentlich, was er und seine Gefolgsleute jahrelang geplant hatten: Er forderte die Königswürde – ironischerweise in Hebron, wo auch sein Vater David dies 35 Jahre zuvor getan hatte (2. Sam 15,7-12).

Als David schließlich von der Verschwörung erfuhr, verließ er die Hauptstadt. Absalom hatte nicht nur überall Anhänger gewonnen, er hatte selbst Davids wichtigsten Ratgeber, Ahitofel, auf seine Seite gebracht. Unklar sind die Gründe für den Niedergang der Popularität Davids und den Aufstieg Absaloms. Absalom mochte sogar der Wahrheit recht nahe gewesen sein, als er den Bürgern, die eine Audienz mit dem König verlangten, hatte sagen lassen, David sei zu beschäftigt; er könne sie nicht empfangen und ihren Beschwerden keine Abhilfe schaffen. Wenn man hingegen ihn, Absalom, zum Richter ernennen würde, dann könne er für Gerechtigkeit sorgen. Mit dieser Einschätzung der Lage sowie einigen schlauen politischen Aktivitäten gewann Absalom schnell die Herzen der Menschen. Wenn die Annahme stimmt, dass David sich in diesen Jahren mit Bauprojekten und der Etablierung Jerusalems als Hauptstadt beschäftigte, dann könnte er die restlichen Staatsgeschäfte tatsächlich vernachlässigt haben. Außerdem mag es Unwillen beim Volk hervorgerufen haben, dass er sich zu seiner politischen Macht auch die religiöse Autorität angeeignet hatte. Seine Handlungen entfremdeten ihn natürlich von bestimmten Stämmen, vor allem den Benjaminitern. Die abschätzige Reaktion seiner Frau Michal, der Tochter Sauls, mag dafür ein Beispiel sein (2. Sam 6,20).

## Davids Exil

Um seiner Stadt Gewalt zu ersparen, verließ David mit seinen engsten Vertrauten und Anhängern Jerusalem. Unter Letzteren waren auch seine Söldner, die sich natürlich mehr dem König als der Nation verbunden fühlten. Dass David überzeugt davon war, wieder zurückkehren zu können, wird daran deutlich, dass er es einigen seiner Konkubinen überließ, den Palast in seiner Abwesenheit zu führen. Außerdem teilte er dem Priester Zadok mit, dass er mit Gottes Gnade eines Tages wiederkommen werde (2. Sam 15,25).

Zadok und die Leviten schlossen sich David mit der Bundeslade an, als dieser auf dem Weg ins Ostjordanland den Bach Kidron überquerte. Dies setzt voraus, dass Bundeslade und Stiftshütte sich zu dieser Zeit schon in Jerusalem befanden. Sie werden hier zum ersten Mal mit Jerusalem in Verbindung gebracht, was die These stützt, Jerusalem sei nicht vor der Mitte der Herrschaft Davids zentrales Heiligtum geworden. Als die Bundeslade in Jerusalem eingetroffen war, hatte David Zadok dazu ausersehen, den Schrein in Gibeon zu beaufsichtigen. Irgendwann zwischen dieser Ernennung Zadoks und der Rebellion Absaloms hatte Zadok offenbar Gibeon verlassen und sich dem Dienst an der Stiftshütte Davids gewidmet. David bat ihn inständig, die Bundeslade nach Jerusalem zurückzubringen, da Jahwe ihm, dem König, eines Tages erlauben werde, zurückzukehren und sie mitsamt der Wohnung Jahwes dort zu sehen (2. Sam 15,24-29).

Als David den Ölberg hinaufging, erfuhr er, dass sein vertrauter Ratgeber Ahitofel zu Absalom übergelaufen war. Zu diesem Zeitpunkt erschien Huschai, ein enger Freund des Königs. David schmiedete einen Plan, wie er Ahitofels Nutzen für Absalom zunichte machen könnte: Huschai sollte als verdeckter Agent nach Jerusalem zurückkehren und versuchen, Absaloms Vertrauen zu gewinnen. Hatte er das erreicht, sollte er Absalom einen Rat geben, der Ahitofels Rat entgegenstand. Zudem sollte er versuchen, von Absalom Informationen zu erhalten, die er durch die Söhne der Priester Abjatar und Zadok geheim an David weiterleiten sollte (2. Sam 15,32-37).

Dann traf David Ziba, den Diener Mefi-Boschets. Ziba informierte David prompt über Mefi-Boschets Aufenthalt in Jerusalem. Ferner berichtete er David, Mefi-Boschet sei davon überzeugt, dass nach dem Sturz Davids wieder Sauls Dynastie, mit ihm selbst als Haupt, über Israel herrschen werde (2. Sam 16, 1 - 4). Diese Nachricht war falsch und verleumderisch (2. Sam 19, 25ff), zeigt aber doch einen bedeutenden Rest an Sympathie für Saul.[50] Möglicherweise sahen Sauls Anhänger den Bruch zwischen David und Absalom als ideale Gelegenheit, Israel wieder von Juda zu trennen und einen Nachfahren Sauls auf dem Thron zu etablieren. Am erstaunlichsten ist dabei, dass alle Anstrengungen Davids, das Königreich zu einen, sich nur oberflächlich als erfolgreich erwiesen hatten.

Die latente Feindschaft der Benjaminiter gegenüber David brach wieder hervor, kaum dass er außer Sichtweite der Stadt war: In Bahurim (vielleicht Ras el-Temim)[51], auf der Ostseite des Ölberges, begann Schimi, ein Verwandter Sauls, David zu verspotten und zu verfluchen. Seiner Ansicht nach hatte David den Thron Sauls an sich gerissen und Absalom sei jetzt die Strafe Jahwes, um den Spieß umzudrehen. Mit bemerkenswerter Zurückhaltung nahm David die Flüche als von Gott kommend hin: Wenn Gott Schimi gesandt hatte, David zu fluchen, konnte Gott zu seiner Zeit diese Flüche in Segen wandeln.

Absalom war nach Jerusalem gekommen und hatte begonnen, die Regierung in die Hand zu nehmen. Dies wurde auch daran deutlich, dass er sich öffentlich die Konkubinen seines Vaters aneignete.[52] Eine solche Tat zeigte im aVO üblicherweise den Übergang der Macht von einem König zum nächsten an (siehe auch 2. Sam 12, 8; 1. Kön 2, 22-

---

[50] David versprach Ziba für diese scheinbar loyale Information alles, was Saul und seinen Nachfahren gehörte, enteignete also Mefi-Boschet.

[51] Z. Kallai, *Historical Geography of the Bible.* Jerusalem und Leiden, 1986, S. 137.

[52] Dieses Verhalten ist schon von Ruben mit der Konkubine seines Vaters Jakob berichtet worden, S. 102.

23).[53] Absalom plante auch seinen Vater zu verfolgen und die Bedrohung, die er für ihn darstellte, für immer zu beseitigen. Die Idee dazu kam von Ahitofel, der Absalom riet, die Verfolgung sofort aufzunehmen, da David noch schwach und verwirrt sei. Gerade als Absalom dies tun wollte, bot ihm Huschai, der den neuen König inzwischen von seiner Loyalität überzeugt hatte, einen entgegengesetzten Rat an: Er erklärte Absalom, wie waghalsig es sei, Davids erfahrene Krieger mit nur 12.000 Mann anzugreifen. Der Prinz müsse erst eine genügend große Armee um sich sammeln, die David auf dem Feld besiegen oder aus jeder beliebigen Festung holen könnte.

Dieser Hinweis erschien Absalom weise. Also verschob er die Verfolgung. Huschai sandte daraufhin Jonatan und Ahimaaz, die Söhne Abjatars und Zadoks, zum Lager Davids in der Nähe des Jordans. Sie gaben ihm den Rat, den Fluss sofort zu durchqueren und auf der anderen Seite Zuflucht zu suchen. Als Ahitofel sah, dass Absalom seinen Rat ausschlug und dem Huschais folgte, kehrte er nach Hause zurück und erhängte sich (2. Sam 17,23).

David machte sich auf den Weg in Richtung Osten nach Mahanajim (Tell eḏ-Ḏahab el-Garbī)[54] am oberen Jabbok. Dort war Isch-Boschets Regierungssitz gewesen. Doch wurde David willkommen geheißen, vielleicht wegen der gütigen Behandlung Mefi-Boschets, des Enkels Sauls. Freunde aus dem Ostjordanland kamen ihm zur Hilfe, unter denen überraschenderweise auch Schobi war, ein Sohn Nahaschs, des Königs von Ammon (2. Sam 17,27) und damit ein Bruder Hanuns, der Davids Botschafter so erniedrigt hatte. Vermutlich versuchte Schobi durch seine Freundlichkeit die Bosheit seines Bruders wieder gutzumachen. Da Ammon zu dieser Zeit Israel bereits tributpflichtig war, könnte Schobi auch gedacht haben, dass er als Prinz eines tributpflichtigen Staates keine andere Wahl habe, als David zu helfen.[55] Machir aus Lo-Dabar kam ebenfalls mit Proviant

[53] R. de Vaux, *Lebensordnungen*, Bd I, S. 188; M. Tsevat, »Marriage and Monarchial Legitimacy in Ugarit and Israel.« *JSS* 3, 1958, 237-243.

[54] Y. Aharoni, *Das Land der Bibel*, S. 443.

[55] J. Bright, *Geschichte Israels*. Düsseldorf, 1966, S. 191, 198.

und anderen Gütern (2. Sam 17,27-29). Bei ihm hatte Mefi-Boschet gelebt, bevor David ihn aufgenommen hatte, so dass Machirs Großzügigkeit verständlich ist. Der dritte Wohltäter, Barsillai aus Roglim (Bersınyā),[56] einem Dorf ca. 20 Kilometer südöstlich Lo-Dabars, ist sonst unbekannt. Seine Gunst dem König gegenüber brachte ihm Davids Gegeneinladung nach Jerusalem ein (2. Sam 19,34).

## Absaloms Tod

Absaloms Armee, die er der Leitung Amasas, einem Neffen Davids, unterstellt hatte (1. Chr 2, 13-17), hatte mittlerweile den Jordan überquert. David teilte seine Truppen in drei Kompanien auf, die er der Führung Abischais, Joabs und des gatitischen Söldners Ittai unterstellte. Auf Bitten seiner Männer blieb David in Mahanajim zurück. Er sandte seine Männer mit dem ausdrücklichen Wunsch aus, Absalom zu schonen. Die Armeen Davids und Absaloms standen sich im Wald von Ephraim gegenüber. Israel erlitt unter Absalom eine schwere Niederlage und zog sich ungeordnet nach Westen zurück. Absalom verfing sich mit seinen Haaren in den tiefhängenden Zweigen einer Eiche und wurde, während er dort hing, von Joab grausam umgebracht (2. Sam 18,5-15).

Ahimaaz wollte entgegen Joabs Protesten David die Nachricht vom großen Sieg mitteilen. Als er jedoch vor dem König stand, fehlte ihm der Mut, außer dem Sieg die Begleitumstände zu berichten – Absaloms Tod. An seiner Statt überbrachte ein kuschitischer Bote die furchtbare Nachricht vom Tod Absaloms. Wie Joab schon geahnt hatte, begann David bitter zu klagen. Davids Kummer über den Tod seines Sohnes untergrub die Moral der siegreichen Truppen: Sie hatten ihr Leben aufs Spiel gesetzt, für David gegen Absalom – und der König trauerte jetzt um diesen Mann! Das war zuviel für Joab (2. Sam 19,1-8).

---

[56] Laut Aharoni, *Das Land der Bibel*, S. 445, wenn auch mit Fragezeichen.

David hatte schon früher einen jungen Mann bestraft, der vorgegeben hatte, seinen Feind Saul ermordet zu haben (2. Sam 1, 15).[57] Er hatte für Sauls General Abner ein Staatsbegräbnis angeordnet, den Joab selbst umgebracht hatte, und ihn öffentlich betrauert (2. Sam 3, 31-39). Er hatte die Mörder Isch-Boschets hingerichtet, der ein Hindernis für Davids Herrschaft über Israel war (2. Sam 4, 12). Jetzt, einmal mehr, weinte er für alle sichtbar um einen rebellischen Sohn und Konkurrenten um die Krone, den Joab beseitigt hatte (2. Sam 19, 1). Ein Zyniker könnte David außer der Neigung, um seine Feinde zu trauern, eine gewisse politische Motivation unterstellen. Dies mag hier aber kaum der Fall sein: Als Vater wünschte er sich, an Stelle seines Sohnes gestorben zu sein. Waren es nicht Davids eigene ehebrecherische, mörderische Taten, die das Schwert über Absalom gebracht hatten?

Joab sah das allerdings ganz anders. Er tadelte David wegen seiner Gefühllosigkeit ihm und denen gegenüber, die sicher gewesen waren, in Davids Interesse gehandelt zu haben: »Du hast heute alle deine Knechte schamrot gemacht, ... weil du liebst, die dich hassen, und hassest, die dich lieben« (2. Sam 19, 6f). Außerdem müsse, so Joab, David die nun verletzten Gefühle seines Volkes besänftigen, wenn er nicht allein gelassen werden und als Verlierer enden wolle.

## Die Bemühungen Davids um Versöhnung

### Annäherung an Juda

Joabs Mahnung zwang David zu überlegen, wie er die Loyalität Israels und – welche Ironie! – die seines eigenen Stammes wiedergewinnen könnte.[58] Die nördlichen Stämme hatten schon erkannt, dass nach

---

[57] Vergl. S. 339f.

[58] Eine faszinierende Interpretation der Intrige, die sich um Davids Rückkehr spann, liefert H. Tadmor, »Traditional Institutions and the Monarchy: Social and Poli-

Absaloms Tod David wieder an die Macht gebracht werden musste. Juda allerdings ließ nichts dergleichen verlauten. Deshalb bat David die Priester, die Ältesten Judas nach dem Grund ihres Zögerns zu fragen. Er beschämte die Judäer, indem er sie an ihr gemeinsames Erbe erinnerte und ihnen mitteilte, dass alle anderen, auch die nördlichen Stämme, schon ihre Bereitschaft kundgetan hatten, ihn wieder zu inthronisieren. Dann machte er den klugen Schachzug, den überheblichen, nun diskreditierten Joab durch den Judäer Amasa, Absaloms General, zu ersetzen. Dies gefiel dem Volk und sie sandten eine Delegation nach Gilgal, um dem König ihre Treue zu versichern (2. Sam 19, 18).[59]

## Benjamins Umstimmung

Als klar war, dass Juda wieder hinter David stand, kamen auch die benjaminitischen Führer Schimi und Ziba samt Gefolge, um sich mit David zu versöhnen. Abischai wollte Schimi auf der Stelle töten – wegen seiner früheren Lästerung des Königs –, doch David sah in Schimis Kommen eine Möglichkeit, den Bruch mit Benjamin sowie mit dem Rest Israels zu heilen und ließ ihn am Leben.

Nun trat Mefi-Boschet in Erscheinung, den Ziba zuvor des Verrats an David bezichtigt hatte. Während er David auf dem Weg nach Jerusalem begleitete, erklärte Mefi-Boschet, er sei verleumdet worden: Er habe sich David im Exil anschließen wollen; seine körperliche Behinderung hätte dies aber unmöglich gemacht. Wieder zeigte David sein diplomatisches Geschick, indem er nicht nur

tical Tensions in the Time of David and Solomon.« *Studies in the Period of David and Solomon*, S. 247-250.

[59] Gilgal war ein logischer Treffpunkt, da es sich in der Nähe der Jordan-Furt befand. Dennoch sollte man die Tatsache nicht aus den Augen verlieren, dass die Monarchie Davids an der Stelle neu bestätigt wird, an der Saul zunächst mit der Nation einen königlichen Bund geschlossen hatte (1. Sam 11, 14-15).

Mefi-Boschet wieder aufnahm, sondern auch Ziba seine Lüge vergab.[60] So gewann er Benjamins Gunst.

David mühte sich so erfolgreich um Versöhnung, dass Juda und die anderen Stämme zu streiten begannen, wer der loyalste gewesen sei und somit den größten Anspruch auf den König besäße. Für Juda gehörte David durch die Blutsbande zu ihnen. Israel legte Protest ein, da es aus zehn Stämmen bestehe und Juda nur aus einem und dem Clan Benjamin. Außerdem sei die Initiative zu Davids Wiedereinsetzung von ihnen ausgegangen (2. Sam 19,42-44). David sorgte also einerseits zwischen sich und allen Stämmen für Harmonie, bezahlte aber den Preis einer tiefen, schließlich folgenschweren Trennung von Norden und Süden.

## Weitere Probleme

### Schebas Rebellion

Ein Benjaminiter namens Scheba nutzte diesen Streit der Stämme, um einen neuen Aufstand gegen David zu organisieren, dem sich sehr schnell viele wankelmütige Israeliten anschlossen. Was folgte, war ein gescheiterter Vorläufer der Reichsteilung, die Jerobeam 40 Jahre später herbeiführen sollte. Nachdem David sich wieder in Jerusalem niedergelassen hatte, befahl er Amasa, wehrhafte Männer aus Juda zusammenzurufen und Scheba zu verfolgen, bevor dieser noch mehr Schaden anrichten könnte als Absalom. Da Amasa dafür länger brauchte, als David bestimmt hatte, sandte der König Abischai und Joab mit dem stehenden Heer aus. Sie alle trafen sich in Gibeon. Dort gab Joab vor, Amasa zu umarmen, ermordete ihn aber und übernahm dann selbst das Kommando (2. Sam 20,9-10).

---

60 Allerdings nahm er seine Zusage an Ziba, ihm solle alles Eigentum Mefi-Boschets gehören, insofern zurück, als er nun festlegte, beide Männer sollten ihr Eigentum teilen (2. Sam 19,30).

Joab verfolgte Scheba nach Abel-Bet-Maacha (Abel el-Qamḥ) weit in den Norden, in die Nähe Dans. Da es schien, als werde Joab bei seinem Versuch Scheba gefangen zu nehmen, die Stadt zerstören, sorgte eine weise Frau für Schebas Exekution, dessen Kopf als Beweis zu Joab über die Mauer geworfen wurde. Der Aufstand war beendet, aber das Potential für weitaus ernstere Folgen blieb.

## Volkszählung

Nach Absaloms und Schebas Aufstand war es für David sinnvoll, seine militärische Lage für ähnliche Notfälle neu einzuschätzen. Dies mag eine Erklärung für die Volkszählung sein, von der 2. Sam 24 (= 1. Chr 21) berichtet. Den Anstoß zur Volkszählung hatte Jahwe selbst gegeben, weil er Israel zürnte. Die genaue Ursache seines Zornes ist allerdings unbekannt. David zögerte nicht sich seinen langgehegten Wunsch zu erfüllen: Er wollte sich seiner militärischen Stärke vergewissern, um sich im Notfall darauf verlassen zu können.[61]

Obwohl Joab gegen diese Zählung Einspruch erhob, wurde er zum Aufsicht führenden Zähler ernannt. Er begann in Transjordanien, zog einen Kreis nordwärts nach Dan, dann westwärts nach Sidon und Tyrus, bis die Zählung schließlich südlich in Beerscheba endete. In Israel wurden 800.000 wehrfähige Männer gezählt, in Juda 500.000, ohne die Stämme Levi und Benjamin.[62] Erst nachdem die Zählung abgeschlossen war, wurde David sich der Sünde bewusst, die darin lag, dass er sein Vertrauen auf militärische Stärke gesetzt hatte, statt auf Jahwe. Aber nun war es zu spät. Jahwe überließ David die Wahl, wie er David und/oder sein Volk strafen sollte: drei Jahre

---

[61] Zur Volkszählung siehe M. Weinfeld, »The Census in Mari, in Ancient Israel and in Ancient Rome.« *Storia e tradizioni di Israele*, Festschrift für J. A. Soggin, D. Garrone und F. Israel, Hrsg., Brescia, 1991, S. 293-298.

[62] Die Schwierigkeiten dieser und ähnlich großer Zahlen diskutiert J. W. Wenham, »Large Numbers in the Old Testament.« *Tyn Bull* 18, 1967, 19-53, bes. 33-34.

Hungersnot, drei Monate Flucht für David vor dem Feind oder drei Tage Pest. David entschied sich nicht für die Strafe, die ihn allein getroffen hätte, sondern für die, in der sie allein auf die Gnade Gottes angewiesen waren. Das Ergebnis war eine Pest-Plage, die 70.000 Menschen in ganz Israel dahinraffte.

Als Jahwes Urteil Jerusalem treffen sollte, ließ er das Schwert des Engels an der Tenne Araunas, eines jebusitischen Bürgers Jerusalems, innehalten. David sah den Engel, fiel voll Reue vor Jahwe nieder und bekannte, dass er allein die Strafe verdient hätte. Dann erhob er sich, verhandelte mit Arauna und kaufte ihm die Tenne ab. Er errichtete dort einen Altar, auf dem er dem Herrn Brand- und Dankopfer darbrachte. Da hörte die Plage auf.

## Der Plan Davids für einen Tempel

### Davids Motive

Wichtig an der Geschichte der Volkszählung und ihres Nachspiels ist Davids Erkenntnis, dass Araunas Tenne der Ort sei, an dem Jahwes Tempel gebaut werden sollte (1. Chr 21,28-22,1). Mit diesem Verständnis begann er, Baumaterialien zu sammeln. Seine Arbeiter sollten wenigstens die Vorarbeiten für den Tempel leisten, den Salomo vollenden sollte.

David äußerte den Wunsch, einen Tempel zu errichten, nachdem Hiram von Tyrus ihm einen Palast gebaut hatte und die Bundeslade nach Jerusalem überführt worden war. Aus verschiedenen Gründen, wohl auch durch Absaloms Revolte, konnte das Projekt nicht gleich in Angriff genommen werden. Jetzt, vier oder fünf Jahre später, schien der Moment gekommen, besonders, da Araunas Tenne gekauft und ihrem heiligen Zweck zugeführt worden war.

Weshalb David einen Tempel bauen wollte, ist klar: Er wollte das Missverhältnis beenden, dass er in einem herrlichen Zedernholz-Palast lebte, während Jahwe nur ein Zelt bewohnte (2. Sam 7,1-2; 1. Chr 17,1). Das Verständnis königlicher Souveränität im aVO ist hier entscheidend: Keinem König wurde die volle Souveränität zuerkannt, so lange er sich keine angemessene Wohnung errichtet hatte.[63] Wenn dies schon bei Menschen so war, wie viel mehr musste es dann auf die Götter, die wahren Könige, zutreffen, denen die Herrscher der Erde untertan waren. Etymologische Studien weisen darauf hin, dass das hebräische Wort für »Tempel« einen Palast assoziiert. Die Sumerer bezeichneten ihre Paläste als *E.GAL* (»großes Haus«). Dieser Begriff hielt über das Akkadische (*ekallu*) Einzug ins Hebräische (*hêkāl*). Auch der Tempel Jahwes wurde nicht nur als kultischer Bau angesehen, sondern als Palast, den der Herrscher des Himmels und der Erde bewohnte.[64]

Während Israels Nomadendaseins mochte es für Jahwe passend gewesen sein, in einem Zelt zu leben, aber mittlerweile siedelte die Nation schon 400 Jahre im Land. Warum sollte also Jahwes Wohnung immer noch vorläufig aussehen? Wie sein Volk war Jahwe nach Kanaan gekommen, um dort zu bleiben. Sein Palast sollte daher Stabilität und Pracht ausstrahlen, um seine Beständigkeit und seine überlegene Herrschaft über reale und imaginäre Mächte auszudrücken.

## Jahwes Antwort

Dies waren eindeutig Davids Motive, die die Grundlage für sein Vorhaben bildeten. Jahwes Antwort durch den Propheten Nathan war erstaunlich: »Der Herr wird dir ein Haus bauen« (2. Sam 7,11). Ferner wies er David darauf hin, dass Jahwe vom Exodus bis zu jenem Tage zufrieden gewesen war, in einem Zelt zu leben. Selbst wenn er eines Tages in einem Tempel wohnen sollte, werde nicht David, sondern ein direkter Nachkomme ein solches Bauwerk errichten. Er eröffnete David in einer der bemerkenswertesten und theologisch bedeutsamsten Aussagen der Bibel, dass Jahwe David eine Dynastie

---

[63] A.L. Oppenheim, *Ancient Mesopotamia.* Chicago, 1964, S. 95-98.

[64] R. de Vaux, *Lebensordnungen*, Bd II, S. 98-100.

geben werde, die kein Ende haben werde. Er werde David ein Haus bauen und nicht etwa David ihm (2. Sam 7, 11 - 13).[65] Die alten Verheißungen an die Erzväter über das ewige Königtum wurden so schließlich gegenüber David bekräftigt und fanden in seinen Nachkommen ihre Erfüllung.

Jahwe verwies darauf, dass er David vom Schafhirten zum Hirten des Volkes gemacht hatte. Eine Bestätigung dieser göttlichen Erwählung ließ sich an Davids Erfolgen sowie an den Verheißungen für die Zukunft erkennen: Davids Name (d. h. sein Ruf) solle groß werden, sein Volk immer im Land bleiben und ein direkter Nachkomme Jahwe einen Tempel bauen. Davids Sohn Salomo, der die dynastische Erbfolge sicherte und der messianische Sohn Davids war, würde für immer regieren.[66]

Diese Verheißung wird im Allgemeinen als »davidischer Bund« bezeichnet. Rein technisch hat er die Form einer königlichen Schenkung, mit der ein Herrscher gnädig einen Vasallen mit einem Lehen beschenkte. Diese Schenkung kann der Dank des Herrschers für eine Tat des Vasallen sein, die dieser für seinen Herrn getan hat, oder einfach der Güte und Freundlichkeit des Königs entspringen.[67] Hier trifft eindeutig Letzteres zu, da das ewige Königtum schon lange vor Davids Geburt verheißen worden war. Von Anfang an war es Gottes Bestreben, sein eigenes Volk – eigentlich die ganze Welt – durch eine Königslinie zu regieren, an deren Schluss der Sohn Gottes

---

[65] Siehe dazu P. J. Calderone, *Dynastic Oracle and Suzerainty Treaty: 2 Samuel 7, 8 - 16.* Manila, 1966.

[66] W. C. Kaiser, Jr., *Toward an Old Testament Theology.* Grand Rapids, 1978, S. 149 - 164; Talmon, »Biblical Idea.« *The Bible World,* S. 247 - 248.

[67] M. Weinfeld, »The Covenant of Grant in the Old Testament and in the Ancient Near East.« *JAOS* 90, 1970, 184 - 186. E. T. Mullen, Jr., »The Divine Witness and the Davidic Royal Grant: Ps. 89, 37 - 38.« *JBL* 102, 1983, 207 - 218, weist darauf hin, dass eine derartige Schenkung einen göttlichen Zeugen brauchte. Obwohl dieser in 2. Sam 7 und 1. Chr 17 fehlt, ist er in Ps 89, 37 zu finden (V. 38 im hebräischen Text): ein königliches Orakel, das, laut Mullen, das Orakel Nathans interpretieren soll. Zu Ps 89 siehe auch G. W. Ahlström, *Psalm 89. Eine Liturgie aus dem Ritual des leidenden Königs.* Lund, 1959.

selbst steht. Diese Linie, so begriff David jetzt, sollte mit ihm beginnen.

## Einmaligkeit des davidischen Königtums

David wurde einzigartig von Jahwe adoptiert und so Sohn Gottes. Die Priesterrolle, die er angenommen hatte, war der aaronitischen Ordnung überlegen und von ihr unabhängig. Die Könige des aVOs sahen sich entweder selbst als göttlich oder aber als mit göttlicher Autorität ausgestattet. David war sich jedoch, wie alle seine Nachkommen bewusst, dass der wahre Gott des Universums ihnen die Herrschaft aus Gnade verliehen hatte. Sie sollten ihn auf der Erde vertreten und sich auf den eschatologischen Tag vorbereiten, von dem an der Letzte der Linie, »der zweite David«, für alle Zeiten allein regieren werde.[68]

Nicht alle theologischen oder historischen Implikationen des davidischen Königtums können hier verfolgt werden. Den so genannten »Königs-Psalmen«, die sich mit diesem Motiv beschäftigen, soll allerdings kurz Beachtung geschenkt werden. In Psalm 2 beschreibt sich David als den »Gesalbten« Jahwes (V. 2), der als Gottes Sohn gezeugt wurde (V. 7) und der die Nationen der Erde regieren wird (V. 8-9). Diese Beschreibung kann kaum auf einen beliebigen irdischen König zutreffen, sondern nur auf jemanden, der von Jahwe besonders erwählt wurde, wie David.[69] In ähnlicher Weise redet David in Psalm 18 von der Regentschaft über ein Volk, das er persönlich nicht kannte (V. 44). David ist auch Empfänger der ewigen *ḥesed* (»Gnade«) Jahwes (V. 51). Psalm 45 feiert die Ehe des Königs und versichert, Gott habe ihn gesalbt, damit er über anderen stünde (V. 8). In Psalm 72 spricht Salomo von der universellen, ewigen Herrschaft des Königs (V. 8-11): Sein Name wird ewig Bestand haben und in ihm werden alle Nationen auf Erden gesegnet sein (V. 17). In Psalm 101 hat David

---

[68] Kaiser, *Toward an Old Testament Theology*, S. 152, 161-162.

[69] P.C. Craigie, *Psalms 1-50*. Waco, 1983, S. 65-69.

Jahwes moralisch-geistliche Richter-Rolle inne. Er beansprucht Vorrechte, die sonst Gott vorbehalten sind (V. 5-8).

In Psalm 110 werden beide Ämter Davids, König und Priester, einander gegenübergestellt.[70] Die Adoption durch Jahwe wird in den Versen 1-2 betont. Diese Beziehung sichert ihm den Sieg über alle Feinde. Zudem wird er »ewiger Priester nach der Ordnung Melchisedeks« genannt (V. 4). Endlich wird David, d.h. Christus, im Eschaton die Nationen richten und sein Haupt im Triumph erheben (V. 5-7).

Davids Reaktion auf Gottes bedingungsloses Versprechen an ihn und Israel ist sehr bedeutsam: Zunächst wundert er sich darüber, warum Jahwe ihn unter allen Menschen erwählt hat und ihn behandelt, als sei er der Erhabenste (1. Chr 17,17). Ihn erstaunt auch, dass der Bund mit ihm auf ewig geschlossen wurde und seine Nachkommen einschließt. All dies, sagt David, habe der einzige Gott getan, der ihn aus Gnade erwählt und sein Volk Israel als sein ewiges Erbe erlöst hat. Er betet darum, Gott möge immer an ihn und sein Haus denken. Dieses Gebet, dessen ist er sich sicher, wird Gott erhören (1. Chr 17,27). Die gleiche geistliche Haltung zeigt sich auch in Davids letzten Worten (2. Sam 23,1-7).

Ohne Frage wusste David, dass Gott in seiner Allmacht ihn als ein Instrument erwählt hatte, durch das er die Welt zeitlich, wie auch ewig, segnen wollte.

## Vorbereitungen für den Tempel

Davids Wunsch, Jahwe einen Tempel zu bauen, hatte einen vollkommen unerwarteten Gewinn gebracht: David durfte sich zwar einen seiner Herzenswünsche nicht erfüllen, stattdessen aber würde Gott ihm ein Haus bauen, an dem sich Jahwes Allmacht ewig und unverbrüchlich zeigen würde. Auch wenn es David zwar verwehrt blieb, den Tempel selbst zu bauen, so durfte er doch die Vorbereitungen

---

[70] S. Terrien, *The Elusive Presence*. New York, 1978, S. 295-296.

dafür treffen. Der Autor von 2. Sam deutet diese Vorbereitungen nur an, dagegen geht der Chronist, der an kultischen Angelegenheiten besonders interessiert ist, mehr ins Detail. Deutlich stellt er heraus, dass die eigentlichen Vorbereitungen für den Tempelbau erst nach dem Kauf der Tenne Araunas stattfanden. Dieser Kauf fand kurz nach Schebas Aufstand statt, d. h., dass das Kaufdatum gegen Ende der Herrschaft Davids liegen muss, jedoch früh genug, um das Personal zu rekrutieren, das Material zu sammeln sowie eine kurze Ko-Regentenschaft Salomos mit einzuschließen. Wahrscheinlich wäre ein Datum um 973.

David suchte unter den Fremden im Land Steinmetze heraus und befahl ihnen, Steinblöcke nach seinen Angaben zu hauen (1. Chr 22, 2). Dies war möglich, weil Gottes Geist ihm schon alle Pläne und Angaben für den Tempel bis ins kleinste Detail offenbart hatte (1. Chr 28, 12). Außer den Steinquadern ließ er Gegenstände aus Eisen, Bronze und Zedern vorfertigen.

Als Nächstes beauftragte er seinen Sohn Salomo fortzuführen, was er nur beginnen konnte (1. Chr 22, 6-13). David hatte sich gewünscht, den Tempel bauen zu dürfen. Dieses Vorrecht wurde ihm verweigert, da er ein Mann des Krieges gewesen war. Aber Gott hatte ihm einen Sohn verheißen, dessen Name – Salomo (*Šĕlōmōh*) – schon von Frieden (*šalôm*) zeugt. Auch er werde Sohn Gottes sein, wie Jahwe es in dem königlichen Bund versprochen hatte, und auf dem ewigen Thron Davids sitzen (1. Chr 22, 10). Als die Zeit zur Nachfolge gekommen war, musste Salomo sich dem Tempelbau verpflichten, besonders aber auch diesem Bund.

David befahl den Führern Israels, mit Salomo in jeder Hinsicht zusammenzuarbeiten (1. Chr 22, 17). Gott hatte ihnen an allen Grenzen Frieden gegeben. Nun war es an der Zeit, den Tempel zu bauen und die Bundeslade, das Zeichen der Anwesenheit Gottes unter dem Volk, dorthin zu bringen. Er verlieh seiner Forderung, Salomo zu ehren und ihm zu gehorchen, Nachdruck, indem er ihn zu seinem Mitregenten machte und so Salomos Autorität legitimierte.[71]

---

[71] Dass Salomo hier zum Mitregenten ernannt wird, ist daran zu erkennen, dass David ihn später als den »Erwählten Gottes« bezeichnet (1. Chr 29, 1). Salomo wird

Danach erinnerte David die Führer Israels an ihre Pflichten gegenüber Bund und Tempel (1. Chr 28,1-8). Er wiederholte seinen Herzenswunsch, Jahwe einen Tempel zu errichten, was Gott ihm aber wegen der vielen Kriege verwehrt habe. Weiter führte er aus, Gott habe ihn schon zum ewigen König erwählt, als Jakob die Stämme segnete (1. Mo 49). Von allen Söhnen Davids hatte Jahwe Salomo als Nachfolger ausersehen. Salomos göttliche Ernennung war genauso legitim wie Davids.

Dann beauftragte David vor den versammelten Führern Israels Salomo mit der Verantwortung für das Königreich (1. Chr 28,20-21): Er müsse Jahwe immer gehorsam und loyal sein. Dies schließe auch die kleinsten Details der Tempelkonstruktion ein. David hatte sich genaue Aufzeichnungen gemacht, die er Salomo mitteilte (1. Chr 28,11). Das Gebäude durfte mit Menschenhänden erbaut werden, sogar mit Hilfe der heidnischen Phönizier, aber es musste Jahwes Entwurf entsprechen (1. Chr 28,19). Die irdische Struktur war ein Abbild dessen, was Gott im Sinn hatte. Jedes Detail sollte etwas über Wesen und Ziele Gottes aussagen. Selbst der König durfte in einem so heiligen Unternehmen nicht seine Vorstellungskraft und Kreativität einbringen.[72]

Zu den Kosten teilte David mit, er habe schon lange Edelmetalle und -steine in der öffentlichen Schatzkammer gesammelt (1. Chr 29,1-5). Diese Objekte, darunter zweifellos militärische Beute oder Tribut, waren gesondert aufbewahrt worden, um Jahwe zur Verfügung zu stehen. Zu dieser Sammlung hatte David aus seinen privaten Reichtümern einiges hinzugefügt und forderte seine Führer auf,

---

auch »zum zweitenmal« zum König ernannt (V. 22b). Vergl. L. J. Wood, *Israel's United Monarchy*. Grand Rapids, 1979, S. 276-277; E. Ball, »The Co-Regency of David and Solomon (1 Kings 1).« *VT* 27, 1977, 268-279.

[72] T. N. D. Mettinger, »YHWH SABAOTH – The Heavenly King on the Cherubim Throne.« *Studies in the Period of David and Solomon*, S. 119-123, geht so weit zu sagen, der Tempel stelle einen »Himmel auf Erden« dar. Man mag seine Parallelen zur Mythologie des aVOs in Frage stellen, doch überzeugt sein Argument, der Tempel sei eine irdische Lokalisierung des göttlich-himmlischen Wohnsitzes.

es ihm nachzutun. Die Reaktion war überwältigend: Die Fürsten Israels gaben für den Tempel über 170 Tonnen Gold, 345 Tonnen Silber, 610 Tonnen Bronze, 3450 Tonnen Eisen sowie Edelsteine (1. Chr 29,6-9).[73]

Schließlich schloss David die Versammlung mit einem Lob- und Bittgebet (1. Chr 29,10-19). Er rühmte Gott als den, von dem aller Segen, der Reichtum eingeschlossen, stammt und dem die Menschen ihre Existenz verdanken. Dann flehte er Jahwe an, dafür zu sorgen, dass das Volk und der neue König Gott und den Bundes-Bedingungen gehorsam bleiben würden. Als David zu Ende gebetet hatte, verbeugten sich alle vor Jahwe und seinem Gesalbten, dem König, um ihre Hingabe auszudrücken.

## Die Krönung Salomos

Zwei Jahre später, noch zu Davids Lebzeiten, wurde Salomo öffentlich gekrönt. David hatte ihn schon zum Nachfolger bestimmt. Nun musste diese Ernennung feierlich begangen und ratifiziert werden. Bei Sauls und Davids Ernennung war ähnlich vorgegangen worden. Auch sie wurden zuerst persönlich ernannt und dann dem Volk in einer öffentlichen Amtseinführungszeremonie präsentiert. Daher weist der Chronist darauf hin, Salomo sei »zum zweiten Mal« als König anerkannt und nun von Jahwe gesalbt worden (1. Chr 29,22b). Später schworen alle öffentlichen Beamten und alle anderen Söhne Davids dem neuen König Gehorsam (1. Chr 29,23-24).

Der Chronist vermittelt den Eindruck, der Machtwechsel von David zu Salomo sei ruhig und ohne Protest geschehen. Dies war nicht der Fall, wie wir aus den ersten Kapiteln von 1. Kön wissen. Der Chronist war an Ergebnissen interessiert, nicht an den Umständen oder Handlungen, die ihnen vorausgingen. Dieses Desinteresse

[73] Ein Vergleich mit 2. Chr 9,9.13 und dem Paralleltext 1. Kön 10,10.14 lässt diese Angaben möglich erscheinen.

zeigt sich besonders in der Politik, da der Chronist vor allem Wert auf Tempel- und Kultangelegenheiten legte.

1. Kön 1-2 ordnen die meisten Wissenschaftler der Erzählung von der Thronnachfolge in 2. Sam 9-20 zu, da diese sonst unvollständig wäre.[74] Den eigentlichen Rahmen von 1. Kön 1-2 bilden die letzten Tage Davids, genauer: die Zeit zwischen Salomos Ernennung zu Davids Mitregenten (1. Chr 23, 1) und seiner öffentlichen Krönung (1. Chr 29, 22b-24). David war mittlerweile alt und gebrechlich geworden, vielleicht nicht mehr ganz mit dem politischen Tagesgeschehen vertraut. Er hatte seine Tempelbau-Pläne schon bekannt gegeben, und man hatte begonnen, Arbeiter und Material zu sammeln. Auch hatte David verkündet, dass sein Sohn Salomo neben der königlichen Nachfolge die Aufsicht des Tempelbaus übernehmen würde.

Die Nachricht von der offiziellen Wahl Salomos traf nicht überall auf Zustimmung, besonders nicht bei Adonija, der glaubte, ein älteres Anrecht auf den Thron zu haben. Salomo war bei weitem nicht der älteste Sohn Davids. Daher konnte er dem Brauch nach nicht erwarten, die Nachfolge seines Vaters anzutreten. Amnon, Davids ältester Sohn, war ja von seinem Bruder Absalom ermordet worden. (Kilab, der Zweitälteste – 2. Sam 3, 3 –, war von der Bildfläche verschwunden.) Absalom, der Nächste in der dynastischen Linie, war bei seiner missglückten Rebellion ums Leben gekommen. Adonija als Vierter war inzwischen der älteste lebende Sohn Davids, und Salomo war etwa 15 Jahre jünger als Adonija. Doch wurde Salomo von Geburt an von Jahwe geliebt (2. Sam 12, 24) und David war sicher, dass nach ihm Salomo König werden sollte (1. Chr 22, 9-10).

Als Adonija und seinen Anhängern klar wurde, dass David die Wahl Salomos durch die öffentliche Krönung offiziell machen wollte, griffen sie zu einer Präventivmaßnahme: Adonija sammelte ein eigenes Militärkontingent um sich, was David offenbar nicht beunruhigte, und gewann den Heerführer Joab und den Priester Abjatar als

[74] Ishida, »Solomon's Succession.« *Studies in the Period of David and Solomon*, S. 186-187.

Mitverschwörer. Sie, seine restlichen Brüder und weitere Beamte rief er in En-Rogel (Bir Ajub) zusammen, wo das Kidron- und das Hinnom-Tal aufeinandertreffen. Dort ernannten die Rebellen Adonija zum König (1. Kön 1, 9.11.18).

In der Zwischenzeit erfuhr der Prophet Nathan von der Verschwörung und sandte Batseba zu David, die ihm davon berichtete. Nathan kam dann in Davids Räume und bestätigte die Nachricht Batsebas. Er erklärte David, dass zögerliches Vorgehen in dieser Angelegenheit Salomos Thronnachfolge gefährden würde, da dann Adonija den Thron besteigen werde. Darauf rief David den Priester Zadok und weitere ihm ergebene Männer herbei. Er wies sie an, unverzüglich Schritte zu unternehmen, um Salomo offiziell in Gihon, im Kidron-Tal, etwas nördlich von En Rogel, zu krönen.

Auf Davids Befehl geleiteten Zadok, Nathan, Benaja und einige andere Männer Salomo, der auf Davids königlichem Maultier ritt, nach Gihon, wo Zadok Salomo in aller Öffentlichkeit zum König salbte. Obwohl sich das Volk in Eile und nicht sehr zahlreich versammelt hatte, erkannte es freudig und mit feierlicher Hingabe Salomo als König an und gelobte, ihm untertan zu sein (1. Kön 1, 39-40; 1. Chr 29, 22). Die zustimmenden Rufe und der Lärm des Festes drangen zu Adonija und seinen Anhängern, die nicht weit entfernt ihren eigenen Triumph feierten. Im selben Augenblick erschien ein Bote, der ihnen das Scheitern ihres Unternehmens berichtete, da Salomo mit Zustimmung Davids und des gesamten Volkes gekrönt worden war. Adonijas Mitverschwörer flohen in Panik, er selbst eilte zum großen Altar auf den Berg Zion, um Salomos Strafe zu entgehen. Salomo vergab ihm gnädig (1. Kön 1, 53) und lud ihn zu den Krönungsfestlichkeiten ein. Der Chronist berichtet: »Und alle Oberen und Helden, auch alle Söhne des Königs David, stellten sich unter den König Salomo.« (1. Chr 29, 24)

Kurz nach Salomos Krönung starb sein Vater David, im Alter von 70 Jahren. Er hatte 40 Jahre regiert – 7 in Hebron und 33 in Jerusalem. Der Chronist berichtet, David habe ein langes Leben, Reichtum und Ehre genossen. Man könne die Einzelheiten seiner Herrschaft in den Berichten Samuels, Nathans und Gads nachlesen. Die Berichte Samuels sind in den kanonischen Büchern Samuels zu finden. Die

Werke Gads und Nathans, die wohl die Hauptquelle für den Chronisten waren, werden nur hier erwähnt und sind in den Samuel-Büchern nicht zu finden.

## Die Reichsverwaltung Davids

### Militär

Ein Staat von der Größe und Bedeutung des davidischen Königreiches braucht eine ausgefeilte politische und religiöse Ordnung.[75] Bereits während seiner Flucht vor Saul hatte David begonnen, Menschen um sich zu sammeln, die später zum Kern seiner Regierung gehörten. Diese Kerngruppe von 600 Mann (1. Sam 27,1f) hatte natürlich anfangs einen stark militärischen Charakter. Während seines Exils stieß auch Abjatar zu ihm, der Sohn des Priesters Ahimelech. Abjatar sollte viele Jahre Davids persönlicher Seelsorger sein.

Von Davids siebenjähriger Herrschaft in Hebron ist wenig bekannt. Joab diente, wenigstens inoffiziell, als Oberbefehlshaber der Truppe. Nachdem er der Armee freien Zugang zu Jerusalem verschafft hatte, wurde er in diesem Amt bestätigt. Er behielt es, obwohl seine Position zeitweise sehr stark gefährdet war[76], bis zur Thronbesteigung Salomos. Als er sich jedoch in der Thronfolge für Adonija entschied, war er nicht mehr haltbar. Abjatar fungierte wahrscheinlich weiter als Priester, welche kultische Funktion er jedoch ausübte, ist nicht bekannt. Davids Familie wuchs während der Zeit in Hebron auch durch politische Ehen, die er mit Töchtern fremder Könige und Oberhäupter einging. So knüpfte er in der Zeit in Hebron bescheidene internationale Beziehungen.

---

[75] Einen hilfreichen Überblick gibt S. Yeivin, »Administration.« *WHJP*, Bd V, 147-171.

[76] Vergl. S. 409, wo seine Mahnung nach dem Sieg über Absaloms Truppen ihn bei David diskreditierte.

Davids 600 Männer müssen, nachdem er Judas König geworden war, zu einer noch wichtigeren Streitmacht geworden sein, auch wenn es hierfür keine Bestätigung gibt. Abner hielt es für nötig, sich mit David zu verbünden, statt gegen ihn in den Krieg zu ziehen. Das zeigt, welch große militärische Herausforderung David für die Nordstämme war. Dabei sollte man berücksichtigen, dass Abners Truppen durch die Philister in Gilboa dezimiert worden waren. Nachdem David König über ganz Israel geworden war, konnte er die Philister mindestens zweimal in Refaïm (el Baqʿa) schlagen.

Die Vereinigung Judas und Israels bürdete David nicht nur mehr Verantwortung auf, sondern verlangte auch nach neuen Strukturen, die es der Nation ermöglichten, sich von den Traumata der militärischen Bedrohung von außen und der Stammeskonflikte von innen zu erholen. Nachdem David eine gewisse Einheit erreicht hatte, konnte er in Jerusalem eine Zentralregierung aufbauen, ohne lokale Stammesunterschiede und -interessen opfern zu müssen. Diese Zentralregierung kann jedoch höchstens als lockere Föderation gesehen werden. Bis in seine letzten Jahre musste David das politische Auseinanderdriften von Juda und dem Norden bekämpfen. Doch beweisen seine Kriegserfolge gegen Ammoniter, Aramäer und andere Völker seine Fähigkeit, wenigstens zeitweise sein Volk zu einen.

Der Kern der Armee Davids bestand weiter aus denen, die ihm schon in den Jahren in der Wüste gedient hatten. 30 Anführer befehligten die Truppen; über ihnen standen »drei Helden« und Joab (2. Sam 23, 8-39). Während er in Ziklag war, wurde Davids Truppe noch durch Benjaminiter, Gaditer und Manassiter verstärkt (1. Chr 12, 1-22). Zu ihnen stießen noch Tausende aus den anderen Stämmen, die als bewaffnete Bürgerwehr nach Hebron zogen, um David zum König ganz Israels zu machen.[77] Die meisten Männer gehörten allerdings nicht zur regulären Truppe, sondern konnten nach Bedarf als Reserve zusammengerufen werden.

---

[77] Bemerkenswert erscheint, dass es trotz der beiden Aushebungen nur einen Generalstabschef gab, was darauf hindeutet, dass David auch im Heer um Einheit bemüht war.

In Friedenszeiten unter Davids Königtum standen jeden Monat andere 24.000 Männer unter Waffen (1. Chr 27, 1-15). Obwohl jeder Stamm seinen eigenen Offizier hatte (V. 16-22), gibt es keine Hinweise darauf, dass das etwas mit dem monatlichen Wechsel zu tun hatte. Offenbar waren weder die Offiziere, die für jeden Monat verantwortlich waren, noch die 24.000 Männer unter ihrem Kommando nach Stammeszugehörigkeit eingeteilt.

### Zivilverwaltung

Zusätzlich zur Militärverwaltung gab es natürlich auch zivile Beamte, die sich um die Aufgaben der Zentralregierung kümmerten. Unter ihnen befand sich ein Schreiber (*sōfēr*), vermutlich der Chef der Zivilverwaltung, dessen Funktionen aber nicht genau bekannt sind. Der Chef der königlichen Kanzlei war ein Mazkir. Seine Aufgabe war wohl, dem König vor Audienzen sachdienliche Hinweise zu geben. Daneben gab es Berater und weitere Beamte, deren Pflichten nicht näher ausgeführt sind (2. Sam 8, 15-18; 20, 23-26; 1. Chr 18, 14-17). Zu dieser Kategorie gehörten Davids Söhne (2. Sam 8, 18b; 1. Chr 18, 17). Andere Beamte waren für zentrale und abgelegene Lagerhäuser, Feldarbeiter, Weinberge, Weinwirtschaft, Oliven- und Feigenbäume, die Olivenölwirtschaft, die Viehherden, Kamele und Esel zuständig (1. Chr 27, 25-31). Dies deutet darauf hin, dass zum einen diese Geschäfte und Erzeugnisse sich in königlichem Besitz befanden, zum anderen der König den Privatsektor stark regulierte und kontrollierte.

### Kult

Auch das religiöse Leben Israels war unter David sehr gut organisiert. Über das Wesen des Kultes und die Zusammensetzung des Kult-Personals vor Eintreffen der Bundeslade in Jerusalem kann nur gemutmaßt werden. Ein Nachkomme Elis, Abjatar, war Hoherpriester, sowohl in den Jahren vor als auch in Hebron. Wie er dieses Amt ausübte, ist unklar. Er hatte den priesterlichen Efod bei sich, mit dem er den Willen Gottes in bestimmten Angelegenheiten ermittelte. Kult-Akte für den Staat, wie Opfer oder andere religiöse Handlungen, gab es auf den verschiedenen Kulthöhen, besonders in Gibeon, wo Moses Stiftshütte errichtet worden war.

Nachdem David eine neue Stiftshütte erbaut und die Bundeslade auf den Zion umgesiedelt hatte, führte er mit den Plänen für einen Tempel eine stark verfeinerte religiöse Hierarchie ein (1. Chr 23-26). Dabei nahm er wahrscheinlich weiter seine Aufgabe als königlicher Priester wahr. Sowohl Abjatar als auch Zadok fungierten beim Umzug der Bundeslade nach Jerusalem als aaronitische Priester (1. Chr 15, 11). Zadok füllte diese Rolle später in der mosaischen Stiftshütte in Gibeon aus (1. Chr 16, 39-40). Dies kann allerdings nur wenige Jahre gedauert haben, da Zadok später, während der Rebellion Absaloms, für die Bundeslade in Jerusalem verantwortlich war. Kurz darauf trat Abjatar anscheinend vom aktiven Dienst zurück und sein Sohn Ahimelech wurde Priester (2. Sam 8, 17; 1. Chr 18, 16). Letzterer verschwindet aus unbekannten Gründen aus dem Blickwinkel des Erzählers. Zur Zeit Salomos tritt Abjatar wieder als Priester auf, diesmal jedoch gegen David.[78] Dieser Fehler kostete ihn das Priesteramt, da Salomo, als er König wurde, Abjatar durch Zadok ersetzte. So endete das Priestertum Elis und das des Zadoks begann.

Neben den Priestern waren auch die Leviten am Umzug der Bundeslade beteiligt gewesen. Bis dahin gibt es keinen Hinweis auf Organisation und Verteilung der Verantwortung auf die verschiedenen levitischen Familien. Tatsächlich ist das Scheitern des ersten Versuches, die Bundeslade nach Jerusalem zu bringen, auch auf das unangemessene Verhalten eines Leviten zurückzuführen (1. Chr 15, 13).

---

[78] P. K. McCarter, Jr., *II. Samuel.* Garden City, 1984, S. 253-254, schlägt wie viele andere vor, 2. Sam 8, 17 sei verfälscht. Es müsse »Abjatar, der Sohn Ahimelechs« heißen. Dies ist unwahrscheinlich, da überall sonst Zadok und Abjatar als Co-Priester erwähnt werden (1. Chr 24, 3.31). Ahimelech wird als Sohn Abjatars identifiziert (1. Chr 24, 6). Ein überzeugendes Argument, das unsere Sichtweise stützt, dass Abjatar einige Zeit von seinem Sohn ersetzt wurde und dann wieder auftrat, bietet C. F. Keil, *Die Bücher Samuels.* Leipzig, 1864, S. 265-266.

David befahl daraufhin bestimmten Leviten, sich um die richtige Behandlung und Erhaltung der Bundeslade zu kümmern (1. Chr 16, 4-6)[79]. Was dies für die tägliche Anbetung in Zion bedeutete, weiß man nicht, da Moses großer Bronzealtar noch immer in Gibeon stand (1. Chr 16, 39-40). Man muss davon ausgehen, dass auch in Zion ein solcher Altar errichtet wurde. Bekannt ist aber nur, dass David, nachdem er Araunas Tenne gekauft hatte, dort einen Altar errichtete und darauf opferte, da der Dienst an der Bundeslade Opfer erforderte (1. Chr 16, 1-2).
Das Vorhaben des Tempelbaus und der stärker strukturierte Ablauf der kultischen Handlungen machte es nötig, die Verantwortung der Leviten weiter zu verteilen. David zählte 38.000 Leviten, die 30 Jahre oder älter waren. Von diesen ernannte er 24.000 zu Tempeldienern, 6.000 zu Amtsleuten und Richtern, 4.000 zu Torwächtern und 4.000 zu Sängern und Musikern. Sie alle wurden nach ihren levitischen Sippen – Gerschon, Kehat und Merari – weiter unterteilt (1. Chr 23, 1-6). Die Priester wurden durch Los-Entscheid in 24 Abteilungen aufgeteilt. Sie wechselten einander beim Dienst am Tempel ab. Da die Leviten den Priestern dienten, waren sie ähnlich wie diese eingeteilt (1. Chr 24, 31).
David hinterließ eine sorgfältig strukturierte politische und religiöse Verwaltung. Die alten Stammesunterschiede existierten noch, aber mit David hatte endlich ein Gefühl nationaler Einheit Einzug gehalten. Israel war unter den Nationen der Welt ein ausgewachsener Staat geworden. Alle konstituierenden Elemente einer Nation – Land, Armee, politische Verwaltung und zentraler Kult – waren fest etabliert. Nun lag es an Salomo, auf diesem Fundament zu bauen und Gottes Volk zu einem Königtum von Priestern zu machen, durch die Gott die Welt segnen würde.

---

[79] Die Aufgaben der Priester, Leviten und des restlichen Tempelpersonals der Periode Davids beschreibt R. de Vaux, *Lebensordnungen*, Bd II, S. 208-224.

# 9. Salomo: Vom Glanz zur Gefahr

## Übergangsprobleme

David hinterließ eine Monarchie, die er geformt hatte und durch die Israel eine führende Rolle unter den Nationen der damaligen Welt zukam. Er hatte die Stämme geeint, ohne die ihnen eigene Verbundenheit und Identität zu zerstören, und hatte die Grenzen Israels gegen die traditionellen Feinde gesichert. Beziehungen zu neuen Staaten, wie etwa dem aramäischen Königtum, hatte er aufgebaut, meist als der Überlegene. Weiter hatte er Jerusalem zum politischen und religiösen Zentrum der Nation gemacht. Dieser letzte Beitrag ist der bedeutendste, da er zeigt, wie die patriarchalischen und sinaitischen Bundes-Traditionen mit der Vorstellung einer von Gott erwählten Monarchie verschmolzen. David hatte verstanden, dass er, als adoptierter Sohn Jahwes (Ps 2,7; 2. Sam 7,14), das Volk nicht nur regierte, sondern auch repräsentierte. Er konnte die Nation von dieser Wahrheit überzeugen und sie so auf ihre historische und eschatologische Rolle vorbereiten – als die Nation, bei der die Völker der Erde die Erlösung suchen sollten.

### Dynastische Nachfolge

Wie bereits angemerkt[1] vollzog sich der Wechsel von David zu Salomo nicht ohne Zwischenfälle. Nicht alle Israeliten befürworteten den Gedanken einer Dynastie. Die jedoch, die für die davidische Dynastie eintraten, wollten – gemäß der Norm, die in anderen Dynastien galt – als Nachfolger nicht Salomo, sondern Adonija, Davids ältesten lebenden Sohn. Diese Sicht wurde so vehement vertreten, dass Adonija und seine Anhänger versuchten, Salomos Krönung zuvorzukommen, obwohl David lange vor seinem Tod bekannt gegeben hatte, dass Salomo der rechtmäßige Thronfolger sein solle. Der Plan schlug fehl, machte aber Salomo die tatsächlichen und potentiellen Gefahren bewusst, die seine Regierung bedrohten.

---

[1] Siehe S. 420f.

Warum einige, die zu Davids treusten und loyalsten Freunden gehört hatten, Adonija unterstützten, ist unklar. Die Gründe müssen jedoch darüber hinaus reichen, dass er als ältester Sohn der traditionelle Nachfolger hätte sein müssen. Davids ausdrücklicher Wunsch in dieser Angelegenheit hatte sicherlich mehr Gewicht als die Tradition. Die Lösung kann auch nicht nur in ihrer Abneigung gegen Salomo liegen, da die Aufzeichnungen nichts dergleichen vermuten lassen. Sie vermitteln dagegen den Eindruck, dass die Verschwörung keineswegs gegen Salomo gerichtet war, sondern gegen David. Salomo war nur die Person, die zwischen Adonija und dem Thron stand.

## Joabs Treulosigkeit

Die einleuchtendste Erklärung für die Verschwörung scheinen persönliche Ruhmsucht und Ehrgeiz der Verschworenen gewesen zu sein; Adonija fühlte sich zurückgesetzt, da David ihn zu Gunsten Salomos übergangen hatte. Er beschloss, die Sache selbst in die Hand zu nehmen. Dazu brauchte er Männer, die seinen Ehrgeiz teilten und durch ähnliche Frustration motiviert waren. Einer von ihnen war sein Vetter Joab, ein Neffe Davids – der Sohn einer Schwester Davids, Zeruja (1. Chr 2,16). Seit den Jahren vor Hebron hatte er sich durch treue Dienste für David ausgezeichnet und war schließlich Israels Befehlshaber geworden. Doch Davids diplomatische und militärische Entscheidungen scheinen Joab immer wieder Rätsel aufgegeben zu haben. Für ihn war Davids Haltung schwankend, zumindest zweideutig. Während Joab gegen Davids Feinde rigoros und schonungslos vorgehen wollte und es auch tat, besonders gegenüber Abner und Absalom, suchte David nach friedlichen Lösungen. Zweifellos sah Joab dies als Zeichen persönlicher Schwäche. Diese »Schwäche« mag er auch in dem jungen Salomo erkannt haben.

Joab war sich wohl der untergeordneten Rolle bewusst, die er in Davids Plänen spielte, was ihn zusätzlich zum Handeln motiviert haben könnte. Er war für Absaloms Tod verantwortlich und hatte sich gegenüber dem trauernden David taktlos verhalten. Deshalb war er ausgerechnet durch seinen Vetter Amasa ersetzt worden, der die Funktion des Oberbefehlshabers schon unter Absalom innegehabt hatte (2. Sam 17,25). Joab erlangte seine Position zurück, indem er Amasa ermordete. Von diesem Moment an war sein Verhältnis zu David wohl sehr gespannt. Joab musste damit rechnen, mit dem Machtwechsel wieder abgesetzt zu werden. So beschloss er, Adonija in der Thronfolge zu unterstützen, in der Hoffnung, Adonija würde sich durchsetzen und ihn in der neuen Regierung zum Oberbefehlshaber machen.

## Abjatars Treulosigkeit

Adonijas zweiter Hauptverbündeter war der Priester Abjatar. Wie Joab war Abjatar seit der Zeit, als er aus dem Heiligtum in Nob geflohen war, um sich David in der Wüste anzuschließen (1. Sam 22,18-23), diesem in allen Umständen treu gewesen. Während sein Co-Priester Zadok in Gibeon amtierte, genoss er sogar das Privileg, in der Stiftshütte Davids zu dienen. Was veranlasste Abjatar dazu, David und Salomo die Treue zu brechen und sich der Pro-Adonija-Fraktion anzuschließen? Die Antwort ist die gleiche wie bei Joab: Abjatar befürchtete, seinen Einfluss einzubüßen, eventuell sogar als Oberpriester ersetzt zu werden.

Abjatar war ein direkter Nachkomme Elis, eines Priesters aus der aaronitischen Linie Itamars (1. Chr 24,1-6),[2] deren Ende wegen der Sünden der Söhne Elis unabdingbar kommen musste (1. Sam 2,30-36, vergl. 1. Kön 2,27). Abjatar kannte dieses göttliche Urteil sicher. Wahrscheinlich wachte er ständig darüber, dass es sich nicht zu seinen Lebzeiten erfüllte. So lange er in Davids Gunst stand, hatte er nichts zu befürchten. Diese Gunst war jedoch in den letzten Jahren beeinträchtigt worden. Abjatar war sicher nach dem Einzug der

---

[2] Daten für diese Genealogie gibt E. H. Merrill, »1. Chronik.« *Das Alte Testament übersetzt und erklärt*, J. F. Walvoord und R. B. Zuck, Hrsg., Bd II, Neuhausen, 1991, S. 172; C. F. Keil, *Die Bücher Samuels*. Leipzig, 1864, S. 32-36. Selbst F. M. Cross, *Canaanite Myth and Hebrew Epic*. Cambridge, 1973, S. 196, gibt zu, dass »der Chronist Zadok auf den Aaroniter Eleasar und Abjatar auf den Aaroniter Itamar zurückführt«.

Bundeslade in Jerusalem Hoherpriester geblieben. Jedoch sah er seine Position wohl zunehmend von dem jungen Priester Zadok bedroht. Zadok wird in den Aufzeichnungen zum ersten Mal bei der Umsiedelung der Bundeslade aus dem Hause Obed-Edoms nach Jerusalem erwähnt (1. Chr 15,11). Wenig später wurde er schon Co-Priester neben Abjatar. Er diente zuerst in Gibeon und dann an der Bundeslade auf dem Berg Zion (2. Sam 15,24). Als beide zum letzten Mal erwähnt werden, stand sein Name dem Abjatars voran (2. Sam 20,25).

Am meisten beunruhigte Abjatar wohl die Tatsache, dass Zadok seine Abstammung auf Eleasar, den zweiten Sohn Aarons zurückführen konnte, den Jahwe als Priester akzeptiert hatte. Zadok stand also für die priesterliche Linie, die eines Tages die Linie Itamars ersetzen würde, der Abjatar entstammte. Daher ist es nicht verwunderlich, dass Abjatar es für richtig hielt, sich der Adonija-Bewegung anzuschließen, die ihm viel versprechend schien. Es erschien ihm wohl logisch, dass beim Übergang der Königswürde auf Salomo eine entscheidende Änderung im Priesteramt eintreten, d. h. Zadok ihn dann wohl ersetzen würde.

Trotz dieser Überlegungen bleibt Zadoks Werdegang als Priester ein Geheimnis. In 1. Chr 16,39 könnte der Satz: »Und den Priester Zadok und seine Brüder ... bestellte David, bei der Wohnung des Herrn auf der Höhe bei Gibeon ... (zu dienen)« einen gewissen Hinweis geben. Möglich wäre, dass Zadok schon vorher dort gedient hatte und jetzt darin bestätigt wurde.[3] Wenn dem so wäre, stammte er wohl aus einer Priesterfamilie, die Saul dort nach den Greueltaten von Nob eingesetzt hatte. Sollte diese Annahme zutreffen, so hat Saul seinen Teil zur Erfüllung der Weissagung Samuels über die neue Priesternachfolge beigetragen, indem er sich den Nachfahren Eleasars zuwandte, nicht denen Itamars. Deshalb war es in Abjatars Augen schlichtweg unerträglich, dass Zadok von David begünstigt wurde, hatte er, Abjatar, doch von Anfang an seine Loyalität gegenüber David gezeigt, indem er Saul verlassen hatte. Dass nun Zadok

---

[3] R. de Vaux, *Das Alte Testament und seine Lebensordnungen.* Bd II, Freiburg, 2. Aufl., 1962, S. 209-210, meint, dies sei die vom Chronisten beabsichtigte Bedeutung.

die Vormacht errungen hatte, war für Abjatar mehr, als er tolerieren konnte.

## Das Scheitern der Opposition gegen Salomo

Doch selbst mit dieser einflussreichen Unterstützung konnte Adonija sich nicht durchsetzen. Zadok, Benaja, Nathan und weitere Vertraute Davids konnten sehr wohl Adonijas ehrgeizige Pläne vereiteln. Sie erreichten, dass David Salomo den Thron rechtzeitig sicherte. Auch wenn Adonija und seine Gefolgschaft sich offenkundig nach kurzer Zeit Salomo unterwarfen, beendete dies ihre Opposition gegenüber dem neuen König nicht. David hatte Salomo davor gewarnt, unter besonderem Hinweis auf Joab. Er hatte Salomo sogar zu einer Handlung geraten, zu der er selbst sich nie hatte durchringen können: Er solle Joab für die blutigen Verbrechen der Vergangenheit bestrafen (1. Kön 2,5-6). Doch war offenbar auch Salomo an Vergebung und Versöhnung interessiert. Wenn Salomo seine Herrschaft mit einer gewaltsamen Säuberungsaktion begonnen hätte, hätte das seinen Namen »Mann des Friedens« (hebr. *Schlomo*) Lügen gestraft und den hohen moralischen Standard des Volkes untergraben.

Nach Davids Tod begann die versteckte Opposition sich zu zeigen: Zuerst bat Adonija die Königsmutter Batseba, Davids Konkubine Abischag zur Frau nehmen zu dürfen. Als Batseba ihrem Sohn die Bitte vorgetragen hatte, durchschaute Salomo die Absicht dahinter: »Warum bittest du um Abischag von Schunem für Adonija? Erbitte ihm doch auch das Königtum! Denn er ist mein älterer Bruder« (1. Kön 2,22). Adonija hatte erneut versucht, nicht gerade subtil, seine politischen Interessen voranzutreiben: Wer den königlichen Harem übernahm, beabsichtigte auch, die Königswürde zu übernehmen. Salomo, der dadurch von der Unnachgiebigkeit überzeugt war, mit der Adonija sein politisches Ziel ansteuern würde, ordnete die Exekution seines Bruders an.

Wahrscheinlich hatte der Priester Abjatar die Bitte Adonijas unterstützt. Als Salomo davon erfuhr, verurteilte er ihn zu »Hausarrest« in seinem Heimatdorf Anatot.[4] Damit fiel die Priesterlinie allein den Nachkommen Eleasars zu. Als Joab von Salomos drastischen und entschiedenen Maßnahmen erfuhr, lief er zum großen Altar auf dem Zion, um sein Leben zu retten. Im Auftrag Salomos forderte Benaja Joab wiederholt auf, das Heiligtum zu verlassen, doch vergeblich. Daraufhin ermordete Benaja Joab, der selbst oft mörderisch und brutal vorgegangen war, und erhielt Joabs Stelle als Oberbefehlshaber.

Obwohl Salomo so die Bedrohung durch Adonija in den Griff bekam, schien dieses Ereignis seinen Hunger nach Vergeltungsmaßnahmen anzustacheln: Zuerst rief er Schimi zu sich, den Verwandten Sauls, der David auf seinem Weg ins Exil verspottet und bedroht hatte (2. Sam 16, 5-8). Salomo stellte auch ihn unter Hausarrest: Er müsse sterben, sobald er Jerusalem verlassen würde. Als Schimi drei Jahre später die Stadt verließ, um zwei entflohene Sklaven einzufangen, ließ Salomo ihn töten. Bei solchen Schritten überrascht die Aussage des Autors der König-Bücher nicht: »Und das Königtum wurde gefestigt durch Salomos Hand« (1. Kön 2, 46).

## Die Versammlung in Gibeon

Chronologisch bereitet die Herrschaft Salomos nicht annähernd so viele Schwierigkeiten wie die Davids. Mit Ausnahme erzählerischer Passagen, die je nach Thema eingefügt zu sein scheinen, spiegelt die Ordnung in 1. Kön und 2. Chr den chronologischen Ablauf der Begebenheiten wieder. Salomos Bündnis mit Siamun von Ägypten (1. Kön 3, 1) scheint allerdings nicht in Kraft getreten zu sein, ehe er

---

[4] Nob ist wahrscheinlich el-ʿIsāwîye, weniger als drei Kilometer von Anatot entfernt, welches zweifellos Râs el-Ḫarrûbe ist. Beide lagen nicht ganz 5 Kilometer nordöstlich von Jerusalem. Siehe Y. Aharoni und M. Avi-Yonah, *Der Bibel Atlas.* Hamburg, 1991, Karte 154. Wahrscheinlich wohnten die Priester aus der Linie Itamars und Elis nach dem Zusammenbruch Silos als Kultzentrum in Anatot, machten aber Nob zur Stätte der Stiftshütte. Vergl. T. N. D. Mettinger, »YHWH SABAOTH – The Heavenly King on the Cherubim Throne.« *Studies in the Period of David and Solomon and Other Essays*, T. Ishida, Hrsg., Winona Lake, 1983, S. 129.

mit den Tyrern über Hilfe beim Tempelbau verhandelt hatte. Dies setzt Salomos Bitte um Weisheit voraus, da Hiram sich darauf bezieht (1. Kön 5,21).

Der Chronist hat also Recht, wenn er den Bericht der Herrschaft Salomos mit Salomos Erscheinen vor Jahwe in Gibeon beginnen lässt. Warum Salomo dorthin zog und das Volk dorthin zusammenrief, und nicht zum Berg Zion, ist unklar. Es könnte sein, dass Salomo bei dieser Gelegenheit vor allem opfern wollte und daher die Anwesenheit der Bundeslade nicht unbedingt nötig war, dafür aber der große Bronzealtar in Gibeon wichtig war, das mosaische Original (2. Chr 1,1-6), während der Altar in Zion nicht auf eine solche Tradition zurückblicken konnte.[5]

Jedenfalls scheint Salomos Entscheidung, die Versammlung in Gibeon abzuhalten, Jahwe nicht missfallen zu haben, denn er erschien ihm dort und erfüllte seinen Herzenswunsch – nach Weisheit, um sein Volk richtig regieren zu können. Zusätzlich versprach Jahwe ihm Reichtümer und Ehre.

Salomos Gebet bei dieser Gelegenheit ist besonders bedeutsam, denn es zeigt, wie er seine Rolle als Nachfolger Davids auffasste: Er sah sich als die Erfüllung der göttlichen Verheißung an David (1. Kön 3,6) und als von Jahwe – in seiner Allmacht – erwählten Inhaber des Thrones Davids. Diese Auffassung sollte noch deutlicher werden in seinem Gebet zur Tempelweihe.[6]

---

[5] Außerdem, so J. M. Myers, *II Chronicles.* Garden City, 1965, S. 6, wurde Zadok noch immer mit Gibeon in Verbindung gebracht und er könnte Salomo eindrücklich gebeten haben, Jahwe in Gibeon zu suchen.

[6] R. L. Braun, »Solomon, the Chosen Temple Builder: The Significance of 1 Chronicles 22, 28, and 29 for the Theology of Chronicles.« *JBL* 95, 1976, 581-590, weist darauf hin, dass der Chronist die Erzählung über Salomo beginnt, indem er die göttliche Erwählung, den Tempel zu bauen, an den Anfang stellt (1. Chr 22,18-19), als ob es sich dabei um Salomos primäres, wenn nicht gar einziges Ziel handelte.

## Die internationalen Beziehungen

### Israel und Tyrus

Kurz nach dieser Theophanie empfing Salomo Gesandte Hirams, des Königs von Tyrus, der ihm zur Thronbesteigung gratulierte. Dieser handelte so, weil er mit David befreundet gewesen war (1. Kön 5,1). Hiram, der um 980 in der großen Hafenstadt Tyrus an die Macht gekommen war,[7] hatte nahezu zehn Jahre gleichzeitig mit David regiert und für ihn Bauprojekte durchgeführt. Salomo wollte wohl nicht nur von seiner Freundschaft profitieren, sondern auch von seinem Können, als er ihn einlud, am Bau des Tempels und weiterer öffentlicher Projekte, die er plante, mitzuarbeiten.

Hiram freute sich über das Angebot und schlug vor, das Holz nach Joppe zu flößen. Salomo könne es von dort nach Jerusalem weitertransportieren (1. Kön 5,23; 2. Chr 2,15). Er wollte ihm auch geschickte Handwerker senden. Diese Fachkräfte sollten unter der Aufsicht eines gewissen Hiram stehen, eines Halb-Israeliten, der sich in allen Arten der Kunst und des Handwerks auskannte (2. Chr 2,12-13, vergl. 1. Kön 7,13-14).[8] Als Gegenleistung sollte Salomo Hiram mit Getreide und anderen Nahrungsmitteln in großer Menge versorgen. Nachdem all diese Abmachungen getroffen worden waren, wurden sie in einem offiziellen Vertrag ratifiziert (1. Kön 5,26).[9]

---

[7] Vergl. S. 372. Obwohl M. B. Rowton, »The Date of the Founding of Solomon's Temple.« *BASOR* 119, 1950, 20-22, die Daten Salomos und Hirams neun Jahre zurückdatiert, zeigt er, dass es eine bemerkenswerte Übereinstimmung zwischen biblischen und phönizischen Quellen bei der Datierung des Tempels gibt.

[8] Für eine mögliche Identifikation des Hiram (*Huram-Abi*) siehe H. J. Katzenstein, *The History of Tyre.* Jerusalem, 1973, S. 100. Der Autor von 1. Kön bezeichnet ihn als Sohn einer Witwe aus Naftali, während der Chronist ihn einen Daniter nennt. Wahrscheinlich war seine Mutter eine gebürtige Daniterin und lebte in Naftali oder umgekehrt. Vergl. E. H. Merrill, »2. Chronik.« *Das Alte Testament*, Bd II, S. 181.

[9] Dieser Vertrag enthielt mehr als nur eine geschäftliche Transaktion, was der technische Begriff *šālôm* (»friedliche Beziehung«) verdeutlicht. Siehe J. Gray, *1 & 2 Kings.* Philadelphia, 1970, S. 154.

## Israel und Ägypten

Nach seiner Thronbesteigung und vor Beginn des Tempelbaus schloss Salomo einen Bund mit dem Pharao von Ägypten. Dieser Bund mag von dem Vertrag beeinflusst worden sein, den Salomo kurz zuvor mit Hiram von Tyrus geschlossen hatte. Der Pharao, mit dem Salomo verhandelte, war Siamun aus der 21. Dynastie, der von 978 bis 959 regierte. Zwar war er in erster Linie mit Innenpolitik beschäftigt, doch hatte er auch ein Interesse an Palästina. Dies wird in einem Relief deutlich, das ihn in Siegerpose mit einer Gruppe von Gefangenen darstellt, die vermutlich Philister waren, worauf die abgebildete Doppelaxt hinweist, die in der Ägäis und den west-anatolischen Gebieten benutzt wurde.[10] Sie könnten unterworfen worden sein, als der Pharao Geser angriff, es einnahm, anzündete und seine kanaanitischen Einwohner tötete, wie 1. Kön 9,16 berichtet. Wann diese Aktion gegen die Philister stattfand, ist nicht sicher. Sollte David daran beteiligt gewesen sein, dann wäre es möglich, sie auf kurz nach 978 zu datieren. Beteiligte sich David jedoch nicht, fand die Zerstörung Gesers womöglich in den letzten Jahren seiner Regierung statt, als er mit anderen Problemen beschäftigt war, wie etwa der schrecklichen Plage, die durch die unweise Volkszählung ausgelöst wurde.[11]

Sehr bald war Siamun wohl bewusst, dass Salomo über ein Königreich herrschen würde, das seinem an Macht und Einfluss nicht nachstünde. Also beschloss er, zum eigenen Vorteil freundliche Beziehungen mit dem jungen Monarchen zu pflegen und ihn als gleichrangig

---

[10] P. Montet, *Das alte Ägypten und die Bibel.* Zürich, 1960, S. 64-66; T. und M. Dothan, *Die Philister: Zivilisation und Kultur eines Seevolkes.* München, 1995, S. 198-199. Einwände gegen diese Interpretation des so genannten Tanis-Reliefs bietet A. R. Green, »Solomon and Siamun: A Synchronism Between Dynastic Israel and the Twenty-first Dynasty of Egypt.« *JBL* 97, 1978, 363-364. Green hält Siamun für Salomos Schwiegervater.

[11] A. Malamat, »A Political Look at the Kingdom of David and Solomon and Its Relations with Egypt.« *Studies in the Period of David and Solomon*, S. 198, geht davon aus, dass die Eroberung Gesers Salomos Alleinherrschaft vorausgegangen sei.

anzuerkennen.[12] Dies wird daran deutlich, dass er bereit war, Salomo seine eigene Tochter zur Frau zu geben.[13] Normalerweise heirateten Pharaonen fremde Prinzessinnen, aber sie gaben nicht fremden Königen ihre eigenen Töchter. Daher war diese Hochzeit in der Geschichte Ägyptens nahezu beispiellos, da Ägypten so vor aller Welt Schwäche und Versöhnung eingestand.

Möglicherweise verfolgte Siamun mit diesem Abkommen die Absicht, ein Gegengewicht zum Vertrag zwischen Israel und Tyrus zu schaffen, durch den Salomo sich hätte gegen Ägypten stellen können. Siamun könnte aber auch das Ziel verfolgt haben, Salomo als Gegengewicht gegenüber der irritierenden Gegenwart der Philister an seiner Nordost-Grenze zu wissen, so dass Ägypten von ihnen nichts zu befürchten hatte. Am wahrscheinlichsten ist jedoch, dass der Pharao mit Sorge beobachtete, wie Militanz und Imperialismus im Norden und Osten zunahmen. Ein Bündnis mit Salomo konnte einen Puffer zu Assyrien schaffen, der bis zum Euphrat reichte.

Sich über Assyriens Machtzuwachs zu sorgen, war begründet, da hundert Jahre zuvor Tiglat-Pileser I. in Syrien und Phönizien zu solcher Macht gekommen war, dass er sogar Ägypten Zugeständnisse hatte abringen können.[14] Obwohl Assyrien – in erster Linie wegen der Schwierigkeiten mit den Aramäern – eine Periode der Schwäche durchlebte, ahnten aufmerksame Beobachter der internationalen Szene, dass es zu einer ernsten Bedrohung des gesamten östlichen

---

[12] Salomos Prestige war so groß, dass die Regierung Ägyptens nach seinem Vorbild ausgerichtet wurde. Siehe A.R. Green, »Israelite Influence at Shishak's Court?« *BASOR* 233, 1979, 59-62.

[13] A. R. Schulman, »Diplomatic Marriage in the Egyptian New Kingdom.« *JNES* 38, 1979, 190-191; K. A. Kitchen, *The Third Intermediate Period in Egypt.* Warminster, 2. Aufl., 1986, S. 278-283. H.D. Lance, »Gezer in the Land and History.« *BA* 30, 1967, 34-47, schlägt vor, Geser habe zu Beginn der Herrschaft Salomos zu Ägypten gehört; ein fehlgeschlagener Angriff Siamuns auf Israel habe dazu geführt, dass die Stadt in Salomos Besitz übergegangen sei. Das »Geschenk« der Stadt als Mitgift wäre dann ein Geschenk gewesen, über das Siamun keine Kontrolle hatte.

[14] D. J. Wiseman, »Assyria and Babylonia c. 1200-1000 B.C.« *CAH*, II:2, 3. Aufl., 1975, S. 461.

Mittelmeerraumes werden könnte. Dies sollte zwar erst lange nach Salomo und Siamun geschehen, doch bewog diese Möglichkeit Ägypten und Israel, gemeinsame Sache zu machen, wenigstens so lange Salomo an der Macht war.

Als Teil des Hochzeitsvertrages schenkte der Pharao Salomo die Stadt Geser als Mitgift für seine Tochter. Geser lag auf dem Weg von der Hafenstadt Joppe nach Jerusalem. Die Baumaterialien, die sich Salomo von Hiram gesichert hatte, wurden auf diesem Weg anscheinend ohne Unterbrechung transportiert. Daher kann man annehmen, dass sich Geser zu der Zeit, als der Tempelbau begann, unter Salomos Kontrolle befand. Den Vertrag zwischen Salomo und Siamun und die Hochzeit könnte man auf Grund folgender chronologischer Überlegungen datieren: Der Tempel wurde 966 begonnen, in Salomos viertem Jahr, nachdem Salomo Geser übernommen hatte. Weiter ist bekannt, dass Schimi 967 starb, im dritten Jahr Salomos (1. Kön 2, 39ff). Diese und weitere Taten zeugen davon, dass Salomo das Königreich fest im Griff hatte (1. Kön 2, 46). Dies führte wohl dazu, dass Siamun Salomos Macht anerkannte. Die Hochzeit könnte also im Jahre 967 oder 966 stattgefunden haben.

## Die Bauprojekte Salomos

### Der Tempel

#### Konstruktion und Design

Als Salomo die Regierungsgeschäfte fest in seiner Hand hatte, wandte er seine Aufmerksamkeit gewaltigen Bauprojekten zu. Er begann mit dem Tempel. David hatte schon Araunas Tenne, den von Gott erwählten Standort gekauft, geheiligt und angefangen, das Gebiet vorzubereiten, damit die Arbeit beginnen konnte. Er hatte auch Baumaterialien bereitgestellt, vor allem behauene Steinblöcke und wertvolle Metalle. Mit den Phöniziern hatte er schon über die Qualitäts-Hölzer verhandelt, die dort geschlagen und nach Israel eingeführt werden mussten. Salomo brauchte nur noch Materialien und

Handwerker zusammenzubringen und das eigentliche Bauen konnte beginnen.

Als Hiram informiert wurde, alles sei für den Baubeginn fertig, lieferte er das versprochene Holz. Als Gegenleistung sandte Salomo Nahrungsmittel und andere Naturalien. Er verpflichtete auch 30.000 Holzfäller, die, in monatlichen Schichten zu zehntausend Mann, Hirams Arbeitern im Libanongebirge halfen. Auch 70.000 Träger und 80.000 Steinmetze wurden dienstverpflichtet. Alle Arbeiter wurden von 3.300 Vorarbeitern beaufsichtigt, die ihrerseits dem Aufseher für Fronarbeit, Adoniram, unterstanden (1. Kön 5,27-32).[15]

Obwohl die Quellen reichlich Informationen über Aussehen und Besonderheiten des Tempels liefern, ist es leider unmöglich, ihn detailgetreu wiederzugeben.[16] Sein Grundmuster stimmt sowohl mit dem der mosaischen Stiftshütte als auch dem allgemein üblichen Tempel des aVOs überein.[17] Doch bleibt der größte Teil seiner einmaligen Merkmale der architektonischen und künstlerischen Vorstellung überlassen, die sich auf die nur knappen und teilweise unverständlichen Beschreibungen des Textes stützen kann. Dennoch ist sicher, dass der Tempel atemberaubend schön und ein imposantes Bauwerk gewesen sein muss, das die Ehrfurcht gebietende Majestät

---

[15] Das System der Fronarbeit in Israel beschreibt J. A. Soggin, »Compulsory Labor Under David and Solomon.« *Studies in the Period of David and Solomon*, S. 259-267. Siehe auch R. de Vaux, *Das Alte Testament und seine Lebensordnungen.* Bd I, Freiburg, 2. Aufl., 1964, S. 227-229.

[16] Zu den Bemühungen, den Tempel zu reproduzieren, siehe C. L. Meyers, »The Elusive Temple.« *BA* 45, 1982, 33-41; M. C. Klein und H. A. Klein, *Temple Beyond Time.* New York, 1970, S. 35-49; V. Fritz, »Der Tempel Salomos im Licht der neueren Forschung.« *MDOG* 112, 1980, 53-68. Th. A. Busink, *Der Tempel von Jerusalem. Von Salomo bis Herodes.* Bd I, Leiden, 1970, S. 162-275, liefert eine Fülle bibliographischer Angaben.

[17] W. F. Albright, *Archaeology and the Religion of Israel.* Garden City, 1969, S. 138-150; A. Kuschke, »Tempel.« *Biblisches Reallexikon*, K. Galling, Hrsg., 2. Aufl. 1977, S. 333-342; V. Hurowitz, *I Have Built an Exalted House. Temple Buidling in Light of Mesopotamia and Northwest Semitic Writings.* Sheffield, 1992.

und Ehre Gottes symbolisierte. Die siebenjährige Bauzeit ergab ein Gebäude, das unter den Bauwerken der alten Welt des Nahen Ostens wohl einmalig war.

### Erscheinung Gottes

Als der Tempel vollendet und die Ausstattung fertig gestellt war, brachte Salomo die Bundeslade von ihrem alten Platz in der davidischen Stiftshütte auf dem Berg Zion zu ihrer neuen Wohnung auf den Berg Morija (1. Kön 8,1-11):[18] In angemessener Haltung schlossen sich der Bundeslade die Ältesten, Priester und der König in einer Prozession an und brachten auf dem Weg zum Tempel unzählige Opfer dar. Nachdem die Bundeslade hinter dem Vorhang im Allerheiligsten abgesetzt worden war und die Priester sich zurückgezogen hatten, füllte sich das ganze Gebäude mit der Wolke der Gegenwart Jahwes. Damit zeigte Gott seine Zustimmung zu allem, was David und Salomo getan hatten. Der Tempel war nun ein sichtbares Symbol der Wohnung Gottes unter den Menschen.

Salomo als königlicher Priester wandte sich dann dem Volk zu, um es zu segnen, genau wie David es getan hatte, als die Bundeslade in die Stiftshütte nach Zion gebracht worden war. In diesem Segen machte Salomo deutlich, dass sich die Verheißung an David, sein Sohn werde den Tempel bauen, erfüllt hatte. Salomo sah diesen dynastischen Aspekt des Bundes, den Jahwe mit seinem Vater geschlossen hatte, ganz deutlich (1. Kön 8,20). Da Salomo nun Davids Thron und das Königs-Amt innehatte, konnte die Bundeslade, das Symbol für Gottes Erlösungswerk an Israel, nun Ruhe finden. So vereinte Salomo den mosaischen Sinai-Bund, durch den das Volk erwählt, befreit und zu Dienern berufen worden war, mit dem

---

[18] R.E. Friedman, »The Tabernacle in the Temple.« *BA* 43, 1980, 241-248, argumentiert stichhaltig, die gesamte Stiftshütte sei entfernt und im Tempel aufgebaut worden.

davidischen, durch den ein messianischer König berufen war, eine Dynastie aufzurichten, deren letzter Vertreter eines Tages die gesamte Erde regieren sollte.[19]

## Salomos Gebet und Tempelweihe

Die Verbindung der beiden Bünde, in Salomos Segen nur angedeutet, wird im folgenden Weihegebet näher ausgeführt. In dieser bemerkenswerten theologischen Abhandlung ehrt Salomo die Einzigartigkeit und Unvergleichlichkeit Jahwes, des Gottes, der seinen Bund eingehalten hat – zunächst mit David und nun mit seinem Sohn (1. Kön 8,22-26). Dann räumt der König ein, wie unzulänglich selbst dieser großartige Tempel als Wohnung des Herrschers des Himmels und der Erde sei. Dennoch, so sagt er, sei Gott herabgestiegen und habe sich unverkennbar dazu bekannt und in diesem Tempel niedergelassen, damit sein Volk ihn dort suchen möge. Wenn sie sündigen würden und dann unter den darauf folgenden Niederlagen, Dürre, Pest oder sogar Gefangenschaft zu leiden hätten, so müssten sie Jahwe reuevoll im Tempel um Vergebung und um Wiederherstellung bitten. Jahwe werde dies tun, so betete Salomo, weil Israel sein Volk sei, das er als sein besonderes Erbe aus Ägypten befreit habe (V. 27-53).

Nach diesem Gebet stand Salomo auf, um die Versammlung noch einmal zu segnen. Er erinnerte sie daran, die Einweihung des Tempels sei ein Zeichen dafür, dass Jahwe die Verheißung, die er durch Mose gegeben hatte, erfülle. Das bedeutet, dass Davids Königtum und Salomo als sein Nachfolger die Ziele, die Jahwe durch seinen Bund für Israel verfolgte, nicht behinderten. Sie waren im Gegenteil die logische und theologische Erweiterung dieser Ziele (V. 54-61).

Schließlich brachte Salomo, als königlicher Priester, Jahwe ein

---

[19] Gray, *1 & 2 Kings*, S. 213.

gewaltiges Opfer dar[20] und rief ein nationales Fest aus, das vierzehn Tage dauerte. Danach kehrten die Menschen voller Freude über den Segen Gottes für ihren König und die Nation in ihre Häuser zurück (V. 62-66).

## Der Königspalast

Nach Vollendung des Tempels begann Salomo mit dem Bau seines großartigen Palastes. Dieses Projekt nahm dreizehn Jahre in Anspruch. Es scheint sicher zu sein, dass die beiden Bauprojekte nacheinander gebaut wurden. Obwohl 1. Kön 3, 1 vom Bau »seines Hauses und des Hauses des Herrn« spricht, sagt der Erzähler, der Bau des Tempels habe sieben Jahre (1. Kön 6, 38) und der des Palastes dreizehn Jahre (1. Kön 7, 1) gedauert. Die gesamte Bauperiode betrug also zwanzig Jahre (1. Kön 9, 10). Der Tempel wurde demnach 959 v. Chr. fertig gestellt, der Palast nicht vor 946.

Die königliche Residenz wurde größer als der Tempel. Sie bestand offenbar aus einem zentralen Hauptgebäude, dem Palast, der als Libanon-Waldhaus[21] bekannt ist, sowie entweder aus einer Flügel-Anlage oder aus Hallen und Vorhallen, wie etwa der Gerichtshalle und Salomos Privatquartieren. Anhand des biblischen Textes lässt sich nicht feststellen, wie diese Gebäude zueinander oder zum Tempel standen,[22] jedoch muss der gesamte Komplex beeindruckend

---

[20] Salomos eigentliche Aufgabe bei Opfern ist nicht so eindeutig wie die Davids, als er den Zug, der die Bundeslade nach Jerusalem brachte, anführte (2. Sam 6). Es steht allerdings fest, dass er kultische Tätigkeiten ausführte. Siehe D. J. McCarthy, »Compact and Kingship: Stimuli for Hebrew Covenant Thinking.« *Studies in the Period of David and Solomon*«, S. 81-82; K. Galling, »Königliche und nicht-königliche Stifter beim Tempel von Jerusalem.« *ZDPV* 68, 1949-51, 134-142.

[21] Das Libanon-Waldhaus war nach den Angaben in 1. Kön 7, 2 ca. 46 m lang, ca. 23 m breit und ca. 13, 5 m hoch. Die Höhe deutet darauf hin, dass es aus mehreren Stockwerken bestand.

[22] Wegen Hes 43, 7-9 ist anzunehmen, dass der Tempel und der Palast sehr eng beieinander gestanden haben.

gewesen sein.[23] Israels Königtum konnte sich nun unter den großen Nationen der Welt durchaus sehen lassen, zumindest wenn man die öffentlichen Gebäude als Vergleichspunkt nimmt.

Die ganze Zeit hatte Siamuns Tochter in Übergangsquartieren auf dem Berg Zion gelebt. Als Salomo den Tempel und seinen Königspalast vollendet hatte, errichtete er seiner Lieblingsfrau einen Palast, der der Gerichtshalle und seinen eigenen Gemächern ähnelte. Die Gründe, weshalb die ägyptische Prinzessin umgesiedelt wurde, sind interessant: Zum einen waren um den neuen Stadtbezirk, in dem sich der Tempel befand, noch keine Schutzmauern errichtet worden (1. Kön 3, 1; vergl. 9, 24). Zum anderen hätte sie, wenn sie ständig im Palast Davids gelebt hätte, der in unmittelbarer Nähe zum Tempel stand, als Nicht-Israelitin die Heiligkeit des Tempelbezirks verletzt (2. Chr 8, 11). Der Chronist weist so auf Salomos Sensibilität gegenüber dem Problem hin, dass eine heidnische Frau und Königin inmitten des Bundesvolkes lebte.[24]

## Weitere Projekte

Keines der weiteren Bauvorhaben Salomos kann genau datiert werden. Dennoch ist es angemessen, sie in Anerkennung seines Fleißes und Reichtums als auch seiner ausgedehnten politischen und wirtschaftlichen Vorherrschaft zu erwähnen. Zunächst stärkte und erweiterte er Jerusalem, indem er eine Mauer errichtete, die die alte jebusitische Stadt (den Ofel und den Berg Zion oder die Stadt Davids) sowie das Tempel-Areal und die öffentlichen Gebäude etwas nördlich des Ofels einschloss. Die Größe des Gebiets betrug im Durchschnitt von Nord nach Süd 915 m und von Ost nach West 190 m. Gemessen an der Größe anderer Städte jener Zeit aus diesem

---

[23] D. Ussishkin, »King Solomon's Palaces.« *BA* 36, 1973, 78-105, findet mindestens sechs separate Strukturen, von denen einige Gebäudekomplexe bildeten.

[24] H. G. M. Williamson, *1 and 2 Chronicles.* Grand Rapids, 1982, S. 231.

Teil der Welt war es eine bedeutende Stadt.[25] Salomo ließ auch am Millo arbeiten (1. Kön 9, 15.24; 11, 27), als einem Teil der Verteidigungsanlage. Millo, eigentlich »Füllung«, bezieht sich wahrscheinlich auf terrassenähnliche Strukturen, die auf den steilen Hügeln errichtet worden waren,[26] und die natürlich den Bau von Verteidigungsmauern und verschiedenen Gebäuden enorm erleichterten.

Außerhalb der Hauptstadt ordnete Salomo die Entwicklung und die Befestigung weiterer Städte an, besonders Hazor, Megiddo und Geser (1. Kön 9, 15).[27] Diese drei Städte, die strategisch an Handelsrouten lagen, hatten Lagerräume und militärische Hauptquartiere, von denen aus Salomo den Warentransfer effektiv kontrollieren konnte. Ausgrabungen an diesen drei Orten haben erbracht, dass ihnen zu Salomos Zeiten Grundriss, Funktion und Bedeutung gemeinsam waren. Auch Bet-Horon (Bet ʿUr eṭ-Ṭaḥtā), nordwestlich Gibeons, und Baalat (Qatra), südwestlich Gesers, wurden erneut befestigt. Dies geschah wohl, um den Philistern und anderen Völkern den Zugang ins Innere Israels zu erschweren (1. Kön 9, 17-18). Tamar (ʿĒn Ḥoṣb) in der Araba, ca. 40 km südlich des Toten Meeres, sicherte die Südgrenze.[28]

---

[25] M. Broshi, »Estimating the Population of Ancient Jerusalem.« *BARev* 4/2, 1978, 10-12, meint, dass Jerusalem z. Zt. Salomos etwa 10 Hektar groß war und zwischen 4.500 und 5.000 Einwohner hatte.

[26] Ebd., S. 50-51. Siehe auch B. Mazar, *Der Berg des Herrn.* Bergisch-Gladbach, 1979, S. 155-158. Eine gegensätzliche Ansicht – die Terrassen sollten mit den »Feldern des Kidrontals« (*šadmôt qidrôn*, 2. Kön 23, 4) gleichgesetzt werden, nicht mit dem Millo – vertritt L. E. Stager, »The Archaeology of the East Slope of Jerusalem and the Terraces of the Kidron.« *JNES* 41, 1982, 111-121.

[27] Vergl. hierzu Y. Yadin, »Excavations at Hazor (1955-58).« *BAR*, Bd II, S. 199; Yadin, »New Light on Solomon's Megiddo.« *BAR*, Bd II, S. 240-142; Y. Aharoni» »The Stratification of Israelite Megiddo.« *JNES* 31, 1972, 302-311; W. G. Dever, »Gezer Revisited.« *BA* 47, 1984, 206-218.

[28] Archäologische Beweise für salomonische Befestigungsanlagen in der Negev bietet R. Cohen, »The Iron Age Fortresses in the Central Negev.« *BASOR* 236, 1979, 77-78.

Außenposten außerhalb des Heimatlandes wurden ebenfalls in die Verteidigung des Landes einbezogen. Der Autor von 1. Kön 9,19 spricht in allgemeinen Begriffen von Orten »im Libanon und im ganzen Lande seiner (Salomos) Herrschaft«. Der Chronist allerdings sagt genauer, Salomo habe die Dörfer, die ihm von Hiram gegeben worden waren, erneuert, Hamat-Zoba (Ḥamā) am Orontes eingenommen und selbst die wichtige Wüstenoase Tadmor (oder Palmyra), ca. 230 km nordöstlich von Damaskus gelegen (2. Chr 8, 2-6), wiederhergestellt und befestigt. Auf diese Weise schuf Salomo eine Kette von Verteidigungsposten, die nicht nur Jerusalem und Israel selbst Schutz boten, sondern auch die Hauptstraßen sicherten, die zu seinem Reich und hindurch führten.

## Die Risse in Salomos Reich

Salomos Kontrolle über diese weit verstreuten Städte setzt voraus, dass er auch die Nationen und Regionen, in denen sie lagen, kontrollierte.[29] Dies erstaunt nicht, da David die transjordanischen Königreiche und große Teile Syriens durch die ammonitischen Kriege zu Vasallen oder sogar zu Provinzen gemacht hatte. Nichts weist darauf hin, dass sich daran etwas geändert hätte, als Davids Stern in seinen späten Jahren sank. Salomo übernahm ein intaktes Reich. Zudem blieben die Bündnisse, die David mit wohlwollenden Staaten, wie etwa Tyrus, geschlossen hatte, unter Salomo nicht nur bestehen, sondern wurden fester. Zusätzlich nahm er neue Beziehungen auf, wie zum Beispiel die wichtige zu Ägypten.

### Beginn des Niedergangs

In Salomos letzten Regierungsjahren begann das Reich jedoch, sich um ihn herum aufzulösen, sogar der alte Gegensatz zwischen Juda und Israel trat wieder ans Tageslicht. Der Grund wird in den Auf-

[29] J. Bright, *Geschichte Israels.* Düsseldorf, 1966, S. 203.

zeichnungen eindeutig genannt: »Der Herr aber wurde zornig über Salomo, dass er sein Herz von dem Herrn, dem Gott Israels, abgewandt hatte« (1. Kön 11,9). Damit war besonders seine Toleranz gegenüber der Abgötterei gemeint, bis hin zur Unterstützung eines synkretistischen Kultes. Er hatte viele Frauen genommen, vermutlich im Zusammenhang mit dem Abschluss internationaler Verträge und weiterer Bündnisse. Diese forderten von ihm die Freiheit, ihre einheimischen Götter anzubeten, so dass Salomo heilige Stätten und weitere Kultvorrichtungen einrichtete, um ihre Forderungen zu erfüllen. Jahwes Urteil darüber bestand im Entzug des Reiches, ein Urteil, das Salomo noch selbst mitansehen musste. Um Davids willen sollte jedoch nicht alles verloren sein, auch wenn Israel Jerobeam zufallen würde, einem der obersten Beamten Salomos, so sollten doch Juda und Jerusalem für immer zum Gebiet des Hauses Davids gehören.

## Edoms Unabhängigkeit

Der erste Riss in der Reichsstruktur Salomos zeigte sich östlich des Toten Meeres in der Provinz Edom. Dieses stolze Königreich war in der ersten Hälfte seiner Regierungszeit unter Davids Herrschaft gekommen, wahrscheinlich in Verbindung mit den ammonitischen Kriegen. Im Lauf dieser Eroberung hatte Joab einen Genozid durchführen lassen, der den größten Teil der männlichen Bevölkerung ausgelöscht hatte. Hadad, ein Prinz der edomitischen Königsfamilie, war unter denen, die entkommen konnten. Er und seine Beschützer flohen durch die Wüste über Midian und Paran bis nach Ägypten, wo sie schließlich Asyl fanden (1. Kön 11,14-18), wahrscheinlich unter dem Pharao Amenemope (993-978).[30] Man nimmt an, dass Hadad nicht vor der Herrschaft Siamuns (978-959) ins heiratsfähige Alter kam, so dass es vielleicht Siamuns Schwägerin war, die er heiratete (1. Kön 11,19). Wenn dies stimmt, ist die Ironie darin kaum zu

---

[30] Green, »Solomon and Siamun.« *JBL* 97, 1978, 363, FN 49.

übersehen: Siamun gibt seine Tochter Salomo zur Frau und seine Schwägerin Salomos Todfeind.

Hadad muss schon zu Beginn der Herrschaft Salomos nach Edom zurückgekehrt sein. Der Geschichtsschreiber weist nämlich ausdrücklich darauf hin, dass die Kunde von Davids und Joabs Tod ihn zur Rückkehr bewog (1. Kön 11,21). Er verbrachte dort nach aller Wahrscheinlichkeit etwa die nächsten 30 Jahre, denn erst als Salomo alt war, machte Hadad, genau wie Salomos andere Feinde, seine Unabhängigkeit geltend. Unklar ist, inwieweit die Edomiter ihre Souveränität wieder erlangten.[31] Als sie das nächste Mal erwähnt werden, etwa 75 Jahre später, scheinen sie zumindest unter lockerer Kontrolle Joschafats zu stehen, des Königs von Juda (1. Kön 22,48).

## Reson aus Damaskus

Einen zweiten Riss im Reich Salomos verursachte Reson aus Damaskus.[32] Nachdem David den König von Zoba, Hadad-Eser, besiegt hatte, konnte Reson, der frühere Vasall Hadad-Esers, sich von seinem Herrn lösen und sein eigenes Machtzentrum in Damaskus etablieren.[33] Obwohl Damaskus, wenigstens theoretisch, bis zu Salomos Lebensende Provinz Israels blieb, verursachte Reson während dieser Jahre ständige Unruhe. Schließlich entzog entweder er oder sein Nachfolger Tabrimmon Damaskus der israelitischen Herrschaft.

---

[31] Es könnte sein, dass Hadad Edom bis auf das Gebiet des Golfes von Aqaba fest in der Hand hatte – so B. Oded, »Neighbours on the East.« *WHJP*, Bd IV, Teil 1: The Age of the Monarchies: Political History, A. Malamat, Hrsg., Jerusalem, 1979, S. 254. Zu Hadad siehe auch J.R. Bartlett, »An Adversary against Solomon, Hadad the Edomite.« *ZAW* 88, 1976, 205-266.

[32] M.F. Unger meint, dass Reson identisch sei mit Hesjon, dem Gründer der Damaskus-Dynastie. Siehe sein *Israel and the Aramaeans of Damascus.* Grand Rapids, ND 1980, S. 57.

[33] Ebd., S. 54.

Dies geschah wahrscheinlich kurz nach Salomos Tod und der Reichsteilung.

## Jerobeams Aufstand

Das dritte Instrument, mit dem Jahwe Salomo bestrafte, war Jerobeam ben Nebat, einer seiner vertrautesten und bedeutendsten Beamten. Der Erzähler berichtet, dass zu der Zeit, als der Millo in Jerusalem gebaut wurde, Salomo den jungen Jerobeam traf. Er beeindruckte den König derart durch seinen Fleiß, dass er ihn zum Aufseher über alle Zwangsarbeiter im Gebiet Ephraims machte (1. Kön 11, 27-28). Auch Jahwe hatte Jerobeam bemerkt. So geschah es, dass der Prophet Ahija aus Silo eines Tages Jerobeam beiseite nahm und ihm mitteilte, zehn Stämme Israels würden sich von der davidischen Herrschaft freimachen. Er, Jerobeam, sei von Jahwe dazu ausersehen sie anzuführen. Diese Unterredung wurde Salomo zugetragen. Jerobeam, der zu dieser Zeit keinerlei politischen Ehrgeiz zeigte, musste unter Lebensgefahr nach Ägypten fliehen. Der herrschende ägyptische König war wohl Schischak (945-924) aus der 22. Dynastie, ein fähiger Herrscher, der fünf Jahre nach Salomos Tod sowohl Juda als auch Israel plündern und verwüsten sollte. Jerobeam blieb bis zu Salomos Tod bei Schischak und kehrte dann zurück, um der erste König des Nordreichs zu werden.

## Die Salomonische Staatskunst

### Vier politische Einflussgebiete

Kernland

Es stellt sich die Frage, ob der Begriff »Großreich« auf die israelitische Hegemonie des zehnten Jahrhunderts anwendbar ist.[34] Wenn ein »Großreich« allein an der territorialen Ausdehnung festgemacht wird, trifft dies nicht zu. Hat man allerdings eine Herrschaft über fremde Länder und Völker im Blick, die sich nicht unbedingt an einer tatsächlichen Integration in den dominierenden Staat zeigen muss, dann fällt die Situation unter David und Salomo sicher unter die Vorstellung über ein Großreich.[35] Eine viel versprechende Spur könnte sein, die verschiedenen Bereiche zu betrachten, über die David und Salomo politischen Einfluss ausübten.

Zunächst gab es das Vaterland selbst. Israel war unter David von einer relativ losen Konföderation nahezu autonomer Stämme zu einer klar erkennbaren nationalen Einheit mit starker Zentralregierung, gemeinsamer Diplomatie und Militär gewachsen. Sowohl unter David als auch unter Salomo hatte Israel geographisch den gleichen Umfang wie zur Zeit der Stammes-Herrschaft. Das heißt, Israel umfasste das Gebiet, das den Stämmen zur Zeit der Landnahme zugeteilt worden war. Historisch und eschatologisch jedoch kennt das AT ein Israel, das über die Stammesgrenzen hinausging, aber dies scheint in der Zeit der geeinten Monarchie nie der Fall gewesen zu sein.

---

[34] Begriffe, die die verschiedenen Phasen des israelitischen Staates und ihre soziopolitischen Verzweigungen beschreiben, siehe Malamat, »A Political Look.« *Studies in the Period of David and Solomon*, S. 192-197.

[35] Probleme, »Reich« zu definieren, erläutert C.L. Meyers, »The Israelite Empire: In Defense of King Solomon.« *Michigan Quarterly Review* 22, 1983, 415-416.

## Provinzen

Das Kernland Israel verleibte sich unter Salomo nicht offiziell Länder ein, die außerhalb der traditionellen Grenzen lagen. Salomo hatte allerdings von David einige Provinzen geerbt, die vor allem aus Königreichen und Staaten bestanden, die unmittelbar an Israel grenzten. Darunter befanden sich Damaskus, Ammon, Moab, Edom und weitere kleinere Fürstentümer. Sie wurden zwar nicht als integraler Bestandteil des Kernlandes betrachtet, verloren aber trotzdem ihre Unabhängigkeit und wurden direkt von Salomo durch israelitische Gouverneure oder andere Untergebene regiert. Sie waren steuer- und wehrpflichtig. Es wurde erwartet, dass sie Israel gegen alle Feindseligkeiten verteidigten. Im Gegenzug durften sie mit Schutz und Privilegien durch die Zentralregierung rechnen.[36]

## Vasallen-Staaten

Das dritte Gebiet politischen Einflusses, das darauf hindeutet, dass der Begriff »Großreich« für Israel unter Salomo doch passend sein könnte, war die lose und weniger strenge Kontrolle der Vasallen-Staaten. Diese abhängigen Nationen – darunter Zoba, Hamat, Arabien, möglicherweise auch Philistäa – hatte Israel mit Hilfe militärischer oder diplomatischer Mittel unter seine Kontrolle gebracht. Man gestand ihnen eine gewisse Autonomie zu, etwa durch einheimische Herrscher und innere Finanzpolitik. Sie waren allerdings dazu verpflichtet, die Souzeränität des israelitischen Königs anzuerkennen, Güter und Dienste dem König zu bestimmten Gelegenheiten als Tribut zu leisten und der Zentralregierung unter allen Umständen treu zu bleiben, besonders in Kriegszeiten. Salomo war als Großkönig dafür verantwortlich, diese Gebiete seines Reiches zu verteidigen und ihnen auch sonst die nötige Hilfe zu leisten.[37]

---

[36] A. Alt, *Zur Geschichte des Volkes Israel.* München, 1979, S. 308ff.

[37] Details über Salomo als Großkönig, der über ein System von Vasallen-Staaten herrschte, sind, zugegeben, in den biblischen Berichten rar. Derartige Beziehungen

Salomos imperiale Reichspolitik enthielt auch ein Netzwerk an Paritätsverträgen mit benachbarten oder gar fernen Völkern, mit denen er freundschaftliche Beziehungen pflegte. In diesen Verträgen wurde die Gleichheit der Unterzeichnenden anerkannt. Sie verpflichteten sich zu gegenseitiger Verteidigung, Handel, sicherer Durchreise, Auslieferung von Flüchtlingen und anderem. Das bekannteste Beispiel ist die Beziehung zwischen Salomo und Hiram von Tyrus.[38] Kein Herrscher unterstand dem anderen, die Bedingungen ihres Vertrages waren eindeutig zum Vorteil beider. Tyrus stellte Männer und Materialien für die großen Bauprojekte Salomos zur Verfügung, während Israel mit Schiffsladungen voller Nahrungsmittel bezahlte. Später überließ Salomo Hiram zwanzig galiläische Städte. Obwohl Hiram mit ihnen nicht zufrieden war, bezahlte er 120 Talente Gold für sie (1. Kön 9,10-14). Auch die Phönizier stellten Seeleute für Israels Handelsmarine, was ohne Zweifel als Teil ihrer Vertragspflichten zu deuten ist (1. Kön 9,26-28).[39]

Salomo schloss auch zu Beginn seiner Herrschaft mit Ägypten einen solchen Bund. Dieser Abschluss wurde durch die Heirat Salomos mit Siamuns Tochter und durch die Mitgift, der kanaanitischen Stadt Geser, besiegelt. Worin Salomos Gegenleistung bestand, ist nicht bekannt. Es könnte sein, dass es nur die Zusicherung war, Ägyptens nordöstliche Grenze zu beschützen. Das Dokument scheint auch Handelsklauseln enthalten zu haben, da Salomo in Ägypten Streitwagen erwarb, die er an den hetitischen und den aramäischen König in den Norden verkaufte. Auslieferungspflichten haben wahrscheinlich gefehlt, da Jerobeam nach Ägypten floh und

---

können jedoch aufgrund ähnlicher Strukturen im aVO angenommen werden. Siehe G.E. Mendenhall, »Covenant Forms in Israelite Tradition.« *BAR*, Bd III, 1970, S. 28-32.

[38] D.J. McCarthy, *Old Testament Covenant.* Atlanta, 1972, S. 193.

[39] J.M. Sasson, »Canaanite Maritime Involvement in the Second Millenium B.C.« *JAOS* 86, 1966, 126-137.

dort bis nach dem Tod Salomos in Sicherheit war (1. Kön 11,40). Natürlich besteht die Möglichkeit, dass zu dieser Zeit die Beziehungen zwischen Ägypten und Israel schon abgebrochen worden waren. Wie die Invasion Schischaks in Juda und Israel beweist,[40] waren sie in jedem Fall in dessen späteren Jahren beendet.

## Innerstaatliche Verwaltung

Es gibt nur sehr wenig Informationen über das alltägliche Funktionieren der gesamten Reichsverwaltung, doch Organisation und Bürokratie in Israel selbst werden im biblischen Bericht beschrieben.[41] Fast gleichzeitig mit seiner Thronbesteigung hatte Salomo Schritte unternommen, um seine Position durch entscheidende Verwaltungsakte zu festigen. Darunter fielen die Ersetzung des Priesters Abjatar durch Zadok und die Wahl Benajas zum obersten Befehlshaber des Heeres. Zu den hohen Beamten gehörten zwei Schreiber, die Chefs der Zivilverwaltung und der Staatskanzlei, der Aufseher über die Vögte, der Hofmarschall sowie der Frondienst-Minister.

Diese Vögte waren in Wirklichkeit Gouverneure von Gerichtsbezirken, die mehr oder weniger mit den Stammesgebieten identisch waren. Denn Salomo war sich der Stärke der Tradition bewusst und wagte es nicht, die Stammesunterschiede ganz aufzugeben. Doch wusste er, dass die Beibehaltung dieser Unterschiede jeglichen Geist der Einheit bremsen und die Etablierung einer »Nation Israel« im wahren Sinne des Wortes vorzeitig beenden würde. Salomos Schwierigkeit bestand darin, einerseits Israels Staat zu formen, um Homogenität und Zentralgewalt zu fördern, andererseits aber die geheiligten und ehrwürdigen Stammesideale nicht zu verletzen.

---

[40] Siehe dazu S. Herrmann, »Operationen Pharaohs Schoschenk I. im östlichen Ephraim.« *ZDPV* 80, 1964, 55-79; K. A. Kitchen, *Third Intermediate Period.* Warminster, 2. Aufl., 1986, S. 294-300.

[41] S. Yeivin, »Administration.« *WHJP*, Bd V, S. 147-171.

Die Lösung dieses Problems sah er darin, die Nation in zwölf Verwaltungsdistrikte einzuteilen. Diese Einteilung korrespondierte sowohl mit den zwölf Stämmen als auch den zwölf Monaten des Jahres.[42] Jeder dieser zwölf Distrikte unterstand einem Gouverneur (1. Kön 4,7-19), der dem Aufseher der Gebietsbeamten verpflichtet war. Jeder Distrikt war dafür verantwortlich, der Zentralregierung jedes Jahr Rationen für einen gesamten Monat zur Verfügung zu stellen. Notfalls mussten die Distrikte, wahrscheinlich je nach Bevölkerungszahl, doch unabhängig vom monatlichen Rotationsprinzip, auch Männer stellen, sowohl für zivile als auch für militärische Dienste. Als Salomo zum Beispiel 180.000 Männer rekrutierte, die er für seine riesigen Bauvorhaben benötigte, rief er sie ohne Rücksicht auf ihre Stammeszugehörigkeit aus seinem ganzen Herrschaftsgebiet zusammen (1. Kön 5,27-29).

Zwischen den Israeliten, die zeitweise zum Dienst verpflichtet waren, und den Nicht-Israeliten, die zur Fronarbeit gezwungen waren, bestand jedoch ein Unterschied (1. Kön 9,15-22). Die Nicht-Israeliten waren von der einheimischen kanaanitischen Bevölkerung übrig geblieben. Sie hatten keinen Bundesstatus und deshalb in Israel auch keinerlei Rechte als freie Personen. Dies machte sie zu den besten Kandidaten für alle Arten niedriger Arbeit, wenn der König sie dafür brauchte. Die Israeliten dienten dem Staat dauerhaft nur in der Armee, wahrscheinlich einer Berufsarmee, oder als Aufseher über die Frondienstgruppen, die an verschiedenen Zivilprojekten beschäftigt waren.[43]

---

[42] J. Bright, »The Organization and Administration of the Israelite Empire.« *Magnalia Dei, the Mighty Acts of God: Essays on the Bible and Archaeology in Memory of G. E. Wright,* F. M. Cross, et al., Hrsg., Garden City, 1976, S. 193-208; R. de Vaux, *Lebensordnungen,* Bd I, S. 216-220; A. Alt, »Israels Gaue unter Salomo.« *Alttestamentliche Studien. Rudolf Kittel zum 60. Geburtstag dargebracht.* BZAW 13, Gießen, 1913, S. 1-19.

[43] Soggin, »Compulsory Labor Under David and Solomon.« *Studies in the Period of David and Solomon.* S. 266.

## Verwaltungsbezirke

Es wurde bereits darauf hingewiesen, dass die zwölf Bezirke ungefähr den zwölf Stammesgebieten entsprachen. Wie genau sie dies taten, ist allerdings umstritten, da die Grenzen nicht immer eindeutig beschrieben werden. Einige Informationen lassen sich aber in der Bibel finden, so dass man wenigstens eine allgemeine Vorstellung der Grenzen und ihrer Bedeutung für die Geschichte Israels erhält.[44]

Der erste dieser Bezirke wird als »Gebirge Ephraim« bezeichnet und kann ungefähr mit dem Stammesgebiet Ephraim gleichgesetzt werden. Der zweite lag westlich von Juda und Benjamin, im Gebiet des ursprünglichen Erbteils Dans. Der dritte Bezirk, »das Land Hefer«, lag an der Mittelmeerküste zwischen Joppe im Süden und dem Wadi Schihor im Norden. Dieses Gebiet gehörte ursprünglich zum westlichen Manasse und Ephraim, befand sich aber genau genommen bis in die Zeit Davids oder Salomos unter kanaanitischer Kontrolle. Der vierte Bezirk umschloss die Küstenebene nördlich Hefers bis zum Gebirgszug Karmel, das er ebenfalls einschloss. Dieses Gebiet, ein Teil Manasses und Sebulons, war jedoch, wie Hefer, zum größten Teil in kanaanitischer Hand geblieben. Der fünfte Bezirk bildete von Megiddo im Nordwesten nach Bet-Schean im Osten und Jokneam im Südosten ein unregelmäßiges Gebiet. Es war im Grunde genommen identisch mit West-Manasse; die Küstengebiete dieses Stammes zählten jedoch nicht dazu. Der sechste Bezirk, mit Zentrum in Ramot in Gilead, lag in der riesigen Landschaft Transjordaniens. Er umschloss ca. 17 Kilometer östlich des Jordans und die gewaltigen Wüsten zwischen den Flüssen Jabbok und Yarmuk. Der siebte Distrikt befand sich ebenfalls in Transjordanien. Er erstreckte sich über die gesamte Länge des Jordan-Tales vom See Genezareth bis zum Toten Meer und lag westlich des soeben beschriebenen Bezirkes sowie des Königreichs Ammon. Der achte Bezirk befand sich weit im Norden und umfasste das ursprüngliche

[44] Siehe Y. Aharoni, *Das Land der Bibel. Eine historische Geographie.* Neukirchen, 1984, S. 318-328, sowie auch die hilfreiche Zusammenstellung bei de Vaux, *Lebensordnungen*, Bd I, S. 216-217.

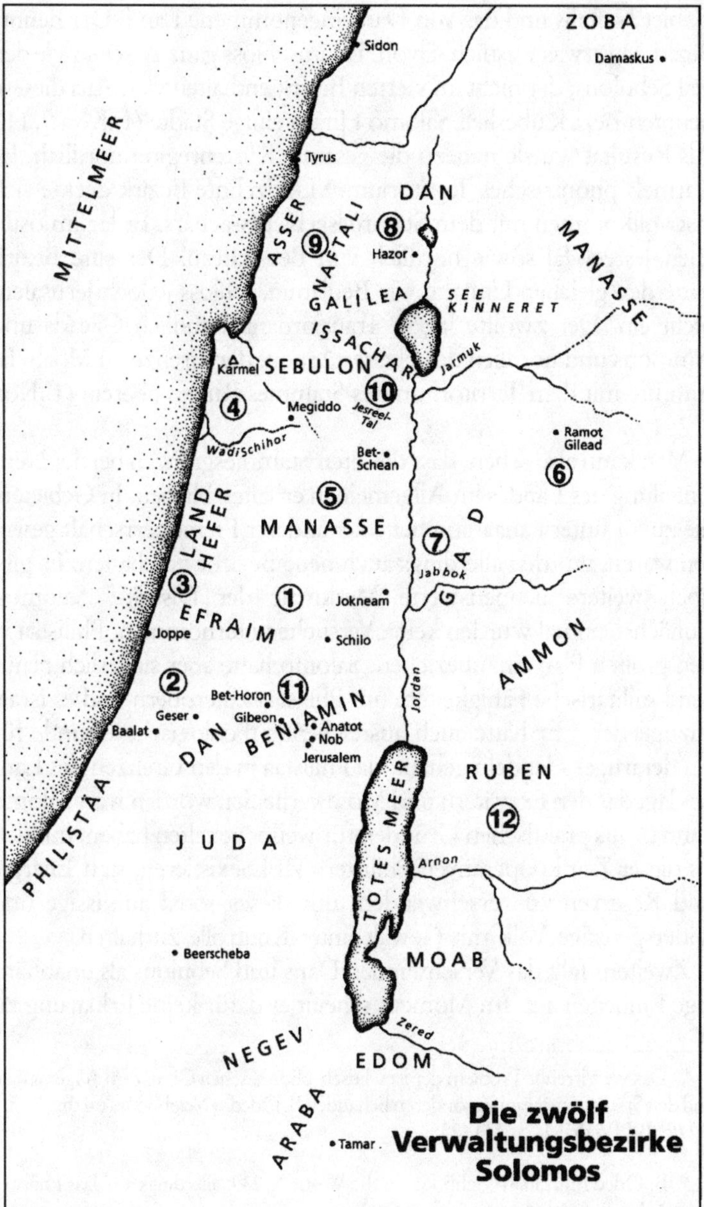


**Die zwölf Verwaltungsbezirke Solomos**

Gebiet Naftalis und das von Dan eingenommene Land. Der neunte Bezirk lag etwas westlich davon. Er umschloss ganz Asser sowie den Teil Sebulons, der nicht im vierten Bezirk enthalten war. Aus diesem neunten Bezirk überließ Salomo Hiram einige Städte (1. Kön 9,11). Als Resultat wurde nahezu die gesamte Küstenregion nördlich des Karmels phönizisches Territorium.[45] Der zehnte Bezirk deckte sich fast vollkommen mit dem Stammesgebiet Issachars. Er lag im östlichen Jesreel-Tal sowie nördlich von Bet-Schean. Der elfte Bezirk hatte den gleichen Umfang wie Benjamin, schloss jedoch Jerusalem nicht ein. Der zwölfte lag in Transjordanien südlich Gileads und Ammons und nördlich des Flusses Arnon, der Grenze zu Moab. Er stimmte mit dem Territorium des Stammes Ruben überein (1. Kön 4,7-19).

Man kann also sehen, dass die alten Stammesgrenzen bei der Neueinteilung des Landes im Allgemeinen erhalten blieben. In Gebieten, die zuvor unter kanaanitischer oder anderer Fremdherrschaft gewesen waren, wurden allerdings auch neue Bezirke geschaffen. Es gibt noch weitere nennenswerte Merkmale der Distrikte Salomos. Zunächst einmal wurden keine Versuche unternommen, Philistäa in den großen Plan einzubeziehen. Salomo hatte aber sicherlich genügend militärische Fähigkeiten, um Philistäa zu erobern und es Israel anzugliedern. Er hätte auch ausreichende theologische Gründe für ein derartiges Handeln gehabt, da Philistäa in den Grenzen des Landes lag, das den Erzvätern und Mose verheißen worden war. Salomo kann es aus praktischen Gründen für weiser gehalten haben, mit den zu dieser Zeit kooperativen Philistern zu koexistieren, statt Energie und Reserven zu verschwenden, um dieses sonst aufsässige und widerspenstige Volk mit Gewalt unter Kontrolle zu halten.[46]

Zweitens fällt das Verschwinden Dans und Sebulons als unabhängige Einheiten auf. Im Moment scheint es dafür keine Erklärung zu

---

[45] Das verwirrende Problem der israelitisch-phönizischen Grenze im Allgemeinen und den Städtetransfer im Besonderen behandelt B. Oded, »Neighbours on the West.« *WHJP*, Bd IV, Teil 1, S. 234-235.

[46] B. Oded führt in »Neighbours in the West.« S. 239, allerdings an, dass Philistäa unter Salomo zumindest ein Tribut-Staat war.

geben. Salomo könnte allerdings Dan absichtlich nicht berücksichtigt oder in Naftali integriert haben, um Tendenzen zum Heidentum entgegenzuwirken, die diesen Stamm seit der frühen Richterzeit gekennzeichnet hatten.

Der dritte erstaunliche Faktor ist die Übertragung der Küstengebiete Aschers von Israel an Phönizien.[47] Die einzig rationale Erklärung dafür bietet Salomos Geldnot: Nach zwanzig Jahren des Bauens an Großprojekten scheinen ihm die Mittel ausgegangen zu sein, Hiram für Holz und Gold bezahlen zu können. Das Gold allein wog 120 Talente, ca. vier Tonnen. Hiram war mit der Transaktion nicht zufrieden, als er sich die neu erworbenen Städte genauer ansah.[48] Doch scheint er sie behalten zu haben, wenigstens für kurze Zeit (vergl. 1. Kön 9, 10-14 mit 2. Chr 8, 2).

Am bemerkenswertesten ist jedoch, dass Jerusalem und Juda von der Einteilung ausgenommen sind.[49] Dies bedeutet, dass Jerusalem und das umliegende Gebiet als föderaler Bezirk angesehen wurden, der von den Verpflichtungen der übrigen Nation befreit war. Dass zwischen Israel und Juda schon zu Salomos Zeiten eine Demarkationslinie bestand, wird aus den Kommentaren des Erzählers ersichtlich. Wie z. B.: »Juda und Israel aber waren zahlreich wie der Sand am Meer« (1. Kön 4, 20); oder: »so dass Juda und Israel sicher

---

[47] H. Donner, »The Interdependence of Internal Affairs and Foreign Policy During the Davidic-Solomonic Period (with Special Regard to the Phoenician Coast).« *Studies in the Period of David and Solomon*, S. 207-208. Ders., »Israel und Tyrus im Zeitalter Davids und Salomos.« *JNSL* 10, 1987, S. 43-52.

[48] G. W. Ahlström, *The History of Ancient Palestine from the Palaeolithic Period to Alexander's Conquest.* D. Edelman, Hrsg., Sheffield, 1993, S. 517, FN 4, verweist auf eine private Kommunikation von R. Amiran, nach der der Küstenstreifen von Akko zum ersten Mal in den zwanziger Jahren dieses Jahrhunderts entwässert worden ist. Der Grund für Hirams Unzufriedenheit war ihre Lage in einem Sumpfgebiet, das von Mücken verseucht war.

[49] R. de Vaux, *Lebensordnungen*, Bd I, S. 219-220, nimmt an, Juda werde vermutlich in 1. Kön 4, 19b erwähnt (»Ein Amtmann war in diesem Lande«). Sein Vorschlag, die Bezirke Judas unter Salomo könnten durch die Einteilungen in Josua 15, 21-62 nachgewiesen werden, einer Passage, die er nach der Reichsteilung datiert, entbehrt jeder biblischen Grundlage.

wohnten, jeder unter seinem Weinstock und unter seinem Feigenbaum, von Dan bis Beerscheba, solange Salomo lebte« (1. Kön 5, 5). Die Befreiung von Steuern, Zwangsarbeit und weiteren Lasten kann mit Salomos judäischer Abstammung erklärt werden, war aber wohl der Faktor, der nach seinem Tod am meisten zur Reichsteilung beitrug.[50] Als Salomos Nachfolger Rehabeam die Petitionen des Volkes wegen ihrer großen Steuer- und Arbeitslast zurückwies,[51] antwortete es ihm spöttisch: »Was haben wir für einen Teil an David oder Erbe am Sohn Isais? Auf, zu deinen Hütten, Israel! So sorge nun du für dein Haus, David!« (1. Kön 12, 16).

Ganz offensichtlich richtet sich diese Klage nicht nur gegen die schweren Belastungen an sich, sondern vor allem gegen diskriminierenden Lasten.[52] Dass die Menschen aus dem Volk Juda über diese Unterdrückung schweigen, spricht eindeutig dafür, dass sie nicht zu den Opfern gehörten.

## Finanzpolitik

Es wird berichtet, dass die Zentralregierung sich sowohl durch Zwangsarbeit als auch durch Besteuerung der Bürger finanzierte.[53] Allerdings wird nichts über die Höhe der Steuer gesagt oder welcher Prozentsatz des gesamten Reichseinkommens direkt aus israeliti-

---

[50] S. J. de Vries, *1. Kings.* Waco, 1985, S. 71-72, rechnet mit einem gesonderten, nicht überlieferten Steuer- und Wehrpflichtsystem für Juda. Sonst müsste ein Bericht der unmittelbar folgenden Unruhen zu finden sein. Genau dies ist der Punkt! Diskriminierende Behandlung spielte schließlich bei der Reichsteilung eine entscheidende Rolle. Vergl. J. A. Soggin, *Einführung in die Geschichte Israels und Judas.* Darmstadt, 1991, S. 72-73.

[51] Dazu siehe C. Hauer, Jr., »The Economics of National Security in Solomonic Israel.« *JSOT* 18, 1980, 63-72.

[52] Siehe dazu auch W. Thiel, »Soziale Auswirkungen der Herrschaft Salomo.« *Charisma und Institution*, T. Rendtorff, Hrsg., Gütersloh, 1985, S. 297-314.

[53] R. de Vaux, *Lebensordnungen*, Bd I, S. 224-229.

schen Quellen stammte. Obwohl die Last dem Volk ungeheuer erschienen haben mag, kann der unermessliche Reichtum Salomos nicht allein auf Grund der Steuern angehäuft worden sein.

Eine Lösung könnte darin liegen, dass Salomo in seinen Provinzen und Vasallenstaaten Tribut eintrieb, sowie in seinen Erlösen, die er mit seiner berühmten Klugheit aus dem internationalen Handel zog. Man sollte auch nicht vergessen, dass Salomo mit der kanaanitischen Bevölkerung, die noch immer in verschiedenen Enklaven im Land lebte, unbegrenzte Sklavenarbeitskraft zur Verfügung stand. Die Arbeitskraft dieser Menschen setzte die Israeliten frei, Handwerk und Gewerbe zu treiben. Auf diese Weise entstand in Israel ein vollkommen neues Phänomen: eine wohlhabende Mittelklasse, die Zeit und Mittel besaß, auf kreativen und neuen Wegen Kultur und Handel zu betreiben.[54]

Etwas von diesem gehobenen Lebensstil, den Salomos Wirtschaftspolitik ermöglichte, beschreibt der biblische Erzähler so: »Sie aßen und tranken und waren fröhlich« (1. Kön 4,20). Dann, als ob er erklären wolle, wie diese Lage der Dinge zu Stande gekommen war, berichtet er weiter von Salomos Herrschaft. Sie erstreckte sich über alle Länder vom Euphrat bis nach Ägypten, die, gemäß damaliger Politik, Salomo Tribut bezahlen mussten. Dazu ein Beispiel: Allein der Bedarf des Königshofes betrug täglich 30 *kor*[55] feines Mehl, 60 *kor* grobes Mehl, 10 Stück Stallvieh, 20 Stück Weidevieh, 100 Schafe und Ziegen, sowie Wildbret (1. Kön 5,2-3). Einiges davon kam direkt aus Israel, aber vieles war Teil des ausländischen Tributes.

Salomos persönlichen Bedürfnisse, so enorm sie auch scheinen mögen, beanspruchten nur einen sehr kleinen Teil von den Einnahmen der Staatskassen. Jedes Jahr, so der Erzähler, nahm Israel zusätzlich zu dem Gold, das es durch Handel und Gewerbe erwirtschaftete,

---

[54] H. Reviv, »The Structure of Society.« *WHJP*, Bd V, S. 138-143.

[55] Man kann nicht exakt in heutige Maße umrechnen. Ein *kor* war ein großes Hohlmaß, vielleicht ca. 250 Liter.

666 Talente (ca. 23 Tonnen) Gold ein (1. Kön 10,14-15).[56] Diese erstaunliche Menge erbrachten wahrscheinlich allein die Steuern und Tributzahlungen. Kein Wunder also, dass Salomo derartigen Glanz über Jerusalem und weitere Orte seines Reiches ausschütten konnte. Auch dass Besucher aus der gesamten östlichen Welt kamen, die seinen Reichtum und Prunk mit eigenen Augen sehen wollten, überrascht nicht.

## Internationaler Handel

Der internationale Handel war die andere Haupteinnahmequelle Salomos. Handel fand mit Nationen statt, die unter Israels politischer Kontrolle standen. Der Bericht geht jedoch besonders auf die wirtschaftlichen Bande zwischen Israel und den Nationen ein, zu denen friedliche und gleichberechtigte Beziehungen bestanden. Bemerkenswert ist Salomos Rolle als internationaler An- und Verkäufer. Er schlug Kapital aus Israels strategischer Lage als Knotenpunkt der Land- und Seewege der östlichen Mittelmeerwelt und errichtete eine Zollstation in Israel, die alle internationalen Waren passieren mussten. Waren, die nach Israel ein- oder ausgeführt wurden, waren zollpflichtig. Die Einnahmen wanderten in Israels Staatskasse. Außerdem war es Salomo möglich, für viele Güter und Erzeugnisse das Monopol an sich zu bringen und dann mit großem Profit zu verkaufen.

Eine Andeutung dieses Prozesses lässt sich in dem Vertrag zwischen Hiram von Tyrus und Salomo erkennen: Darin war festgelegt, dass Hiram Holz für Salomos Bauprojekte stellen und im Gegenzug Weizen und Olivenöl erhalten sollte. Dies scheint eine ausgewogene Transaktion gewesen zu sein, die keiner der beiden Parteien einen besonderen Vorteil brachte: Israel hatte keine bedeutenden Holzvorräte und Tyrus, eingezwängt zwischen Meer und Bergen, war stark

---

[56] Zu den unglaublichen Meng Goldes, die Salomo anhäufte, siehe A. R. Millard, »Does the Bible Exaggerate King Solomon's Golden Wealth?« *BARev* 15/3, 1989, 20-29, 31, 34.

abhängig von landwirtschaftlichen Importen.[57] Allerdings musste später, nach Fertigstellung der Bauten, neu über den Vertrag verhandelt werden, da Salomo nicht mehr in der Lage war, genügend Weizen und Öl als Bezahlung für die von Hiram gelieferten Baumaterialien zu beschaffen.[58] Angesichts des unermesslichen Reichtums Salomos ist dies schon verwunderlich. Aber es könnte sein, dass Salomo erst in der Zeit nach der Verhandlung des betreffenden Vertrages so reich wurde. Der Chronist scheint diese Ansicht zu unterstützen. Er sagt, nach den zwanzig Jahren des Bauens habe Salomo »die Städte, die Hiram Salomo gegeben hatte, ausgebaut und ließ die Israeliten darin wohnen« (2. Chr 8,2). Weshalb Hiram die Städte Salomo wieder zurückgab, lässt sich nicht mehr feststellen.

Auf jeden Fall kann es nicht lange angehalten haben, dass Hiram wegen der Angelegenheit mit den Dörfern verstimmt war und die Beziehungen zu Salomo kühl blieben, da er Israels Handelsmarine mit Seeleuten ausrüstete (1. Kön 9,26-28).[59] Diese Flotte, die von Ezjon-Geber, dem edomitischen Hafen im Golf von Aqaba, operierte, legte bei der Suche nach Gold, Sandelholz, Edelsteinen, Elfenbein,

---

[57] B. Oded, »Neighbours on the West«, *WHJP.* Bd IV, Teil 1, S. 233. Das Reich von Tyrus bestand aus drei Teilen, zwei Inseln und dem alten Tyrus, das auf dem Festland den Inseln gegenüberlag. Das Festland-Tyrus wird in der Bibel (LÜ) »die feste Stadt Tyrus« genannt (Jos 19,29; 2. Sam 24,7). Auf der Hauptinsel lag die Stadt, die fast die gesamte Insel einnahm, ca. 58 Hektar. Auf der kleinen Insel stand nur ein Baal-Tempel. Seit der Zeit Alexanders des Großen ist die Hauptinsel mit dem Festland durch einen Damm verbunden, so dass der frühere Inselstaat heute eine Halbinsel geworden ist. Siehe H.J. Katzenstein, *The History of Tyre.* Jerusalem, 1973, S. 9-14.

[58] Da Salomo sich im ursprünglichen Vertrag verpflichtet hatte, das von Hiram gelieferte Holz, Gold und die Handwerker mit Agrarprodukten zu bezahlen, aber in 1. Kön 9,10-14 nach zwanzigjähriger Bautätigkeit keine Lieferung von Agrarprodukten erwähnt wird, wohl aber von Hiram berichtet wird, dass er alle seine Vertragsauflagen erfüllt hatte, wird angenommen, dass Salomo in Zahlungsschwierigkeiten gekommen war.

[59] Die Phönizier waren erfahrene Seefahrer. Vergl. B. Oded, »Neighbours on the West.« *WHJP,* Bd IV, Teil 1, S. 228-230; S. Moscati, *Die Phönikier.* Zürich, 1966, S. 162-164.

Affen und Pavianen große Entfernungen zurück (1. Kön 10,11-12.22).[60] Unter ihren Zielen waren Ofir (wahrscheinlich in Süd-Arabien[61] oder im östlichen Zentralafrika gelegen) und Tarsis (vermutlich Sardinien[62] oder vielleicht sogar Spanien). Möglich ist sogar, dass der Handel Salomos Flotte im Osten bis nach Indien brachte.

Im Landhandel standen Pferde und Streitwagen im Mittelpunkt.[63] Salomo allein besaß 1.400 Streitwagen und 12.000 Pferde in seinen

---

[60] Zur Seefahrt im aVO siehe R. R. Stieglitz, »Long Distance Seafaring in the Ancient Near East.« *BA* 47, 1984, 134-142, besonders 139-141.

[61] Aharoni und Avi-Yonah, *Der Bibel Atlas*, Karte 15, lokalisieren Ofir im südlichen West-Arabien, am unteren Ende des Roten Meeres. Andere meinen, Ofir müsse in Südost-Arabien gelegen haben. W. F. Albright, *Archaeology and the Religion of Israel.* Baltimore, 5. Aufl., 1968, S. 133-135, 212, meint, es habe wohl irgendwo im heutigen Somalia gelegen. Andere Wissenschaftler, die sich auf die Aussagen von Josephus (*Ant. 8.164*), der Septuaginta und Vulgata zu Hiob 28,16 stützen, ziehen einen Ort in Indien vor; siehe R. Schreiden, »Les entreprises navales du roi Salomon.« *Annuaire de l'Institut de philologie et d'histoire orientales et slaves* 13, 1953, 587-590. Dass Ofir in Indien gelegen haben könnte, wird von K. Luke, »Did Solomon Trade with India?« *Indian Theological Studies* 31, 1994, 10-25, rundweg abgelehnt. Jedenfalls war Ofir kein erfundener Ort. Das wird deutlich an zwei hebräischen Ostraka, die man auf dem Tell Qasile gefunden hat und die eindeutig sagen, dass man in Israel Gold aus Ofir kannte; siehe B. Maisler, »Two Hebrew Ostraca from Tell Qasile.« *JNES* 10, 1951, 265-267.

[62] Aharoni und Avi-Yonah, *Der Bibel Atlas*, Karte 15. Für Sardinien spricht, dass man dort eine phönizische Inschrift aus dem 9. Jahrhundert gefunden hat, die eine der Städte auf Sardinien mit Tarschisch bezeichnet; siehe *Corpus inscriptionum semiticarum* I:144 und W. F. Albright, »The Role of the Canaanites in the History of Civilization.« *The Bible in the Ancient Near East*, G. E. Wright, Hrsg., Garden City, 1961, S 346-347. Andere wollen Tartessus, im Südwesten Spaniens, im Guadalquivir-Tal, mit Tarsis identifizieren. Dort gab es eine phönizische Kolonie; siehe Herodot 1.163; 4.152 und W. F. Albright, »Role of the Canaanites.« S. 347. Schon die alten Griechen und Römer berichteten vom Erz-Reichtum dieses Gebietes; siehe Strabo, *Geographika.* 3.2.11, und Plinius, *Naturalis historia.* 37.43. In letzter Zeit wurde auch Karthago mit Tarsis identifiziert; siehe P.-R. Berger, »Ellasar, Tarschisch und Jawan, Gn 14 und Gn 10.« *WdO* 13, 1982, 50-78. Zur Diskussion der Identifikation siehe M. Görg, »Ophir, Tarschisch und Atlantis.« *BN* 15, 1981, 79-82.

[63] Y. Ikeda, »Solomon's Trade in Horses and Chariots in Its International Setting.« *Studies in the Period of David and Solomon*, S. 215-228.

Wagenstädten und in Jerusalem. Ohne Zweifel handelte er mit weitaus größeren Zahlen dieser hochdotierten Güter. Die Hyksos und Hurriter hatten Wagen in der Welt des Nahen Ostens bekannt gemacht und die Kanaaniter und Philister hatten die Bekanntheit der Streitwagen noch gesteigert.[64] Erst mit David begann Israel in den Genuss zu kommen, derartig hochentwickelte militärische Ausrüstung zu besitzen. Und dann bereits unter Salomo übte Israel ironischerweise fast die Kontrolle darüber aus, welche Länder Streitwagen erhalten konnten und welche nicht. Der Grund dafür ist, dass Ägypten sowohl die besten Pferde als auch die besten Wagen produzierte (1. Kön 10,28-29).[65] Jedes Pferd brachte 150 Schekel Silber ein, jeder Wagen 600 Schekel. Der Handel florierte zwischen Ägypten und den hetitischen und aramäischen Stadtstaaten Nordsyriens. Sicher schlug Salomo aus all diesen Transaktionen ansehnlichen Profit.

Eine weitere Einkommensquelle lag außerhalb der gewöhnlichen Handels- und Tributleistungen. Sie bestand aus den Geschenken reicher Potentaten, die Salomo aus der ganzen bekannten Welt besuchten. Am berühmtesten war die Königin von Scheba (später als Saba bekannt), einem Königreich an der südwestlichen Spitze der arabischen Halbinsel, fast 2000 Kilometer von Jerusalem entfernt.[66] Zweifelsohne selbst ungeheuer reich, kam diese edle Frau mit allen Arten seltener und wertvoller Güter, darunter Gewürzen, Edelsteinen und 120 Talenten (ca. 4 Tonnen) Gold als Geschenk, weil sie von Salomos Weisheit gehört hatte und davon, dass Jahwe mit

---

[64] Ebd., S. 216-218.

[65] Der masoretische Text liest hier *mimmiṣrājim* (»aus Ägypten«), aber viele Wissenschaftler wollen den hebr. Text ändern in *mimmuṣrî* (»aus Musri«), wegen verschiedener Hinweise auf einen Ort namens Musri (Gray, *1 & 2 Kings*, S. 268-269). Dieser Vorschlag wird aber von anderen Handschriften nicht gestützt. Y. Ikeda, »Solomon's Trade.« *The Period of David and Solomon*, S. 215, 227-229, stellt nicht nur die Existenz eines Musri neben Ägypten in Frage, sondern betont auch, dass Ägypten in vor-salomonischer Zeit tatsächlich zum Zentrum der Pferdezucht wurde.

[66] G. van Beek, »Frankincense and Myrrh.« *BAR*, Bd II, S. 125.

ihm war.[67] Salomo beschenkte sie ähnlich, das Ausmaß wird allerdings nicht ausgeführt. Solche Besuche trugen nicht nur erheblich dazu bei, Salomos Schatzkammer zu füllen, sondern auch seinen Status unter den Herrschern zu festigen. Unter Salomo erreichte Israel international den Gipfel an Macht und Ansehen. Neben Assyrien und Ägypten konnte Israel zu Recht beanspruchen, eine der drei Großmächte des zehnten Jahrhunderts v. Chr. im aVO zu sein.

## Der geistliche und moralische Verfall

Israels politischen, militärischen und ökonomischen Erfolge waren in Salomos letzten Jahren allerdings nur der Lack, der die Verdorbenheit der sozialen, kulturellen und geistlichen Institutionen überdeckte. Zu Beginn der Herrschaft Salomos sprechen die Berichte einhellig sowohl von der grundlegenden Gerechtigkeit und Moral des Königs als auch der Reichsbevölkerung, wie sie auch darin übereinstimmen, dass sich das Bild 40 Jahre später radikal gewandelt hatte.

Salomo hatte von seinem Vater sowohl die riesige Verantwortung der Regierung als auch das noch viel größere Privileg geistlicher Führerschaft übernommen. Die erste Aufgabe löste er recht gut oder wenigstens effektiv, bei der zweiten erwies er sich als Versager. Dies ist umso tragischer als Salomo anscheinend anfangs alle Vorsichtsmaßnahmen getroffen hatte, sich vor solchen Gefahren zu schützen: Er hatte seine Regierungszeit mit einer heiligen Versammlung in Gibeon begonnen und war dort dem lebendigen Gott begegnet (1. Kön 3, 4 - 5). Als Gott ihn fragte, was er sich mehr als alles andere wünsche, bat er um Weisheit, sein Volk auf Gottes Wegen führen zu können. Danach begann er, den Tempel zu errichten, und vollendete diese ihm von Gott gegebene Aufgabe. Mehr als zwanzig Jahre später

---

[67] Zu dem gesamten Komplex ›Salomo und die Königin von Saba‹ siehe die Aufsätze in J. B. Pritchard, Hrsg., *Solomon and Sheba.* London, 1974. Inschriften bezeugen Königinnen in Arabien schon im 8. Jh. v. Chr.; siehe N. Abbot, »Pre-Islamic Arab Queens.« *AJSL* 58, 1941, 1-22.

erschien Gott Salomo zum zweiten Mal und bestätigte ihm seine Bundesverheißungen (1. Kön 9,1-9). Er teilte Salomo seine Zufriedenheit über den Tempel und seine Absicht mit, seinen Namen für immer dort wohnen zu lassen. Allerdings sei sein Segen über das Königshaus und den Tempel selbst an Bedingungen geknüpft: Wenn Salomo sich loyal und gehorsam zeige, würden beide für immer Bestand haben. Sollte Salomo Gott untreu werden, würden Königshaus und Tempel, ja die ganze Nation, so lange in der Bedeutungslosigkeit versinken, bis Jahwe in seiner Allmacht alles wiederherstellen werde. Die spätere Geschichte zeigt, dass es genau so kam: Salomo und seine Nachkommen verletzten Buchstaben und Geist des Bundes und folglich erlitten Israel und Juda Niederlage und Deportation.

Salomos und Israels geistlicher Niedergang kam nicht über Nacht. Man kann seine Regierungszeit auch nicht in eine gerechte und eine ungerechte Periode aufteilen. Vielmehr kann man ein stetiges Abkommen von jenem heiligen Maßstab sehen, zu dem Salomo sich selbst (wenigstens als Ideal) zu Beginn seiner Herrschaft bekannt hatte. Der junge König, obwohl mit den edelsten Absichten gesegnet, scheint sich im Strudel geschichtlicher Umstände verfangen zu haben, gegen die er machtlos war.

Der Autor der Könige-Bücher deutet an, dass Salomo schon sehr früh einige Kompromisse einging, die für sein Verhalten die Weichen stellten:[68] Er heiratete die Tochter des Pharaos. Auch wenn diese Ehe politisch motiviert war, verstieß sie doch gegen den Verhaltenskodex, der für den erwählten, königlichen Sohn Jahwes galt (5. Mo 17,14-17). Darüber hinaus betete Salomo, obwohl er Jahwe verehrte und in seinen Geboten wandelte, auf heiligen Höhen an, die für jeden Jahwe-Verehrer tabu waren, mit Ausnahme der Höhe in Gibeon. Der Erzähler macht die Verbindung zwischen Salomos verbotenen Ehen und seiner verbotenen Anbetung sehr deutlich. Er weist darauf

[68] R. B. Dillard, »The Chronicler's Solomon.« *WTJ* 43, 1981, 290-292, beschreibt, warum der Chronist die negative Einschätzung Salomos und die theologischen Gründe dafür weglässt. Siehe auch R. L. Braun, »Solomonic Apologetic in Chronicles.« *JBL* 92, 1973, 503-516.

hin, dass Salomo neben der Tochter des Pharaos viele ausländische Frauen liebte und diese seinen Abfall und Synkretismus verstärkten (1. Kön 11, 3).

Die unerlaubte Polygamie Salomos entstand schon früh. So gibt es Beweise, dass Salomo die heidnische Ammoniterin Naama schon geheiratet hatte, bevor er die Tochter des Pharaos zur Frau nahm, sogar, bevor er König wurde: Sie war die Mutter seines Sohnes Rehabeam, der 41 Jahre alt war, als er nach Salomos 40-jähriger Herrschaft seinem Vater auf den Thron folgte (1. Kön 14, 21). Außerdem heiratete Salomo Frauen aus Moab, Edom, Sidon und von den Hetitern, was den Israeliten verboten war (2. Mo 23, 31-33; 34, 12-16). Allmählich wandten sie sein Herz von Jahwe ab, bis er schließlich neben Jahwe auch Aschtoret, Moloch und Chemosch anbetete. Er stellte sogar heilige Orte bereit, an denen er und seine Frauen an den heidnischen Kulten teilnehmen konnten, die zu diesen fremden Göttern gehörten. Es war eine Mischung aus körperlicher und geistlicher Polygamie, die das Gericht Jahwes über Salomo und sein Königreich brachte, das Gericht, das seinen besonderen geschichtlichen Ausdruck in der unheilbaren Spaltung Israels in zwei getrennte Teilreiche fand.

## Salomo und das Wesen der Weisheit

Der gesamte moralische und geistliche Verfall geschah, obwohl Gott Salomo mit solcher Weisheit gesegnet hatte, dass er in der alten Welt als Weisester aller Sterblichen bekannt war (1. Kön 5, 11). Wie konnte ein Mann, der von Gott so begabt worden war, gegenüber den moralischen und geistlichen Angelegenheiten so unsensibel sein? Die Antwort findet sich im Wesen der biblischen Weisheit.

Auch wenn die biblische Weisheit hier nicht in ihrer Vielschichtigkeit behandelt werden kann, ist eine kurze Bemerkung doch angebracht:[69] Zuallererst wurde »Weisheit« in Israel und im aVO nicht

---

[69] Ein hilfreicher Überblick bei J. L. Crenshaw, *Old Testament Wisdom: An Introduction.* Atlanta, 1981; H. D. Preuß, *Einführung in die alttestamentliche Weisheitsliteratur.* Stuttgart, 1987.

unbedingt gleichgesetzt mit Wissen, Bildung oder Wissenschaft. »Weisheit« hatte mit der Fähigkeit zu tun, das Leben gekonnt zu leben, eine Fähigkeit, die nur besaß, wer Gott kannte und fürchtete. Deshalb betont das AT die Gegensätze zwischen Weisen und Narren, d. h. Gerechten und Sündern.[70]

Dies bedeutet allerdings nicht, dass man weise sein konnte ohne auf Fakten und Phänomene zu achten. Beweise für die Weisheit Salomos sind zum Beispiel in seinen 3000 Sprichwörtern und über 1000 Liedern zu finden, auch wenn sie sich mit so weltlichen Themen wie Bäumen, Tieren, Vögeln und Fischen (1. Kön 5, 12) beschäftigen. »Weisheit« bedeutet hier nicht nur das Verstehen von Botanik und Zoologie, sondern die Klarheit der Erkenntnis, dass diese Organismen und die gesamte Schöpfung Gottes Werk sind und dass an ihren Eigenarten und Gewohnheiten die Ziele Gottes für das Leben im Allgemeinen erkannt werden können.[71]

Zusätzlich zu diesen Vergleichen und Metaphern direkt aus der Welt der Natur[72] bot die Weisheitsliteratur des ATs auch Einblick in Charakter und Persönlichkeit des Menschen. Ohne die Einsichten der modernen Psychologie und Psychiatrie verstand sie die menschlichen Antriebe und Gefühle und konnte so Rat anbieten, der auf dem moralischen und ethischen Wesen Gottes selbst beruhte. Die Weisheitstexte liefern dazu reichlich Beispiele. Das Beste darunter ist die Erzählung über die beiden Prostituierten, die dasselbe Baby beanspruchten und ihren Streit vor Salomo brachten (1. Kön 3, 16-28). In einem einzigartigen Beispiel für die Weisheit des ATs befahl der König, das Baby zu zerteilen und jeder Frau eine Hälfte zu geben. Ihrem Instinkt gehorchend, gab die wahre Mutter ihren Anspruch auf, damit das Kind am Leben bleiben konnte. So kam ans Licht, wer die wahre Mutter war, der Salomo das lebende Kind überließ. Die Weisheit seiner Entscheidung kam nicht aus einem Lehrbuch oder

---

[70] J. L. Crenshaw, *Old Testament Wisdom: An Introduction*, S. 24, 31.

[71] Ebd., S. 50-52.

[72] D. R. Hillers, »The Effective Simile in Biblical Literature.« *JAOS* 103, 1983, 181-185.

langer Erfahrung, sondern sie stammte aus seinem Grundverständnis des Wesens Gottes und derer, die nach seinem Bilde geschaffen worden sind.

Trotz seiner überragenden Weisheit kam es zum moralischen und geistlichen Niedergang Salomos. Denn er hatte es versäumt, die Bedingungen, die an die von Gott geschenkte Weisheit geknüpft waren, zu beachten. Salomos Sünde, so viele Frauen zu nehmen und sich anderen Göttern zuzuwenden, widerlegt nicht seine ausgesuchte Weisheit. Sicher aber widerlegt sie jede Behauptung, er habe sein eigenes Leben und das des Königreiches ganz nach den Prinzipien der Weisheit ausgerichtet.

Vierzig Jahre lang konnte Salomo zusehen, wie Israel zu ungekannter Größe, die niemals wiederkehren sollte, aufstieg. Durch Gottes Gnade starb er schließlich, ohne mit eigenen Augen ansehen zu müssen, welche Früchte seine fehlgeleitete und verheerende Politik trug: den Bruch des Königreiches in zwei unversöhnliche Hälften.

# 10. Das geteilte Königreich

## Die Wurzeln der Staatsteilung

Salomos Tod ebnete den Weg für ein entscheidendes Ereignis, das zu den traumatischsten in Israels Geschichte zählt – die offizielle, dauerhafte Trennung des Königreiches in zehn Nordstämme, von nun an als »Israel« oder »Ephraim« bekannt, und zwei Südstämme, von nun an als »Juda« bekannt. Diese Spaltung hatte verheerende Folgen für die Psyche der Nation, war aber für aufmerksame Beobachter nicht überraschend gekommen, da ihre theologischen und politischen Wurzeln tief in Israels Vergangenheit zurückreichten.

Die Einstellungen und Ereignisse, die für das krankende Bundesvolk symptomatisch waren, wurden schon beschrieben. Verschärft wurde die Situation durch weitere Faktoren, von denen sich einige menschlicher Kontrolle entzogen: Schon die Zuweisung der Stammesterritorien unter Josua hatte die Saat der Entfremdung in sich getragen, indem natürliche geographische Grenzen Gruppen des Volkes abtrennten. Da gab es den Jordan, der die Oststämme vom Westen abschnitt. Daraus folgten Misstrauen und sogar, von Zeit zu Zeit, militärische Geplänkel zwischen beiden Seiten. Das Jesreel-Tal trennte die so genannten »galiläischen« Stämme von Manasse und Ephraim. Doch der Keil zwischen beiden war mehr praktischer als geographischer Natur: Die Kanaaniter, die nicht aus Jesreel und anderen weiten Tälern hatten vertrieben werden können, besetzten das Land zwischen Nord- und Mittel-Israel von der Zeit der Landnahme bis zur Herrschaft Davids. Beweise für die faktische Abschottung Galiläas fanden sich noch zur Zeit des NTs.[1]

Besonders einschneidend war jedoch die Trennung zwischen Juda und den restlichen Stämmen, die schon früh begann und sich ständig vertiefte. Wieder scheint die Geographie eine Rolle gespielt zu haben, schuf sie doch eine Atmosphäre, in der Stammesunabhängigkeit gedeihen konnte: Nach Norden war Juda durch das tiefe Sorek-Tal

---

[1] D. Baly, *Geographisches Handbuch zur Bibel.* Neukirchen, 1966, S. 123ff: Z. Zt. des NT konnte man die Galiläer auch an ihrem Dialekt erkennen (Mt 26,73).

von Zentral-Israel abgeriegelt.[2] Im Westen lebten die Philister, ein fremdes Volk. Im Süden lag die unwirtliche Negev-Wüste mit ihrer ebenso feindlichen, nomadischen Bevölkerung. Im Osten bildete das Tote Meer die Grenze. Juda war also am stärksten von allen Stämmen getrennt und daher sehr anfällig für ein Gefühl der Isolation. Dies lässt sich scheinbar kaum damit vereinbaren, dass im Bund der Erzväter Juda von Anfang an versprochen war, ein politisches und theologisches Zentrum zu werden. Als Jakob seine Söhne zum Abschied segnete, versicherte er: »Es wird das Zepter von Juda nicht weichen« (1. Mo 49,10) – ein unmissverständlicher Hinweis darauf, dass das historische und messianische Königtum aus diesem Stamm kommen sollte. Die Abstammung Davids, dargestellt im Buch Rut und in 1. Chr 2,3-17, verbindet eindeutig die Verheißung an die Väter mit der historischen Erfüllung und klärt ein für alle Mal Judas theologische Vorherrschaft unter den Stämmen, trotz seiner geographischen Benachteiligung.[3]

Während der langen Richter-Zeit entwickelte sich eine Spannung zwischen Judas königlicher Bestimmung und der tatsächlichen Entfremdung des Stammes vom Norden. Die so genannte »Bethlehemitische Trilogie« (Ri 17-18; 19-21; Rut),[4] besonders die Geschichte Ruts, soll Bethlehem – und damit Juda – als Geburtsort der wahren Dynastie etablieren. Außerdem werden, fast schon gleichnisartig, die Wurzeln der Rivalität dargestellt – zwischen dem benjaminitischen Königtum Sauls, dessen Zentrum in Gibea lag, und dem judäischen Davids, das in Bethlehem seinen Ursprung hatte. Besonders deutlich wird dies in der Geschichte des Leviten, der seine bethlehemitische Konkubine nach Gibea brachte, wo sie von den Benjaminitern brutal vergewaltigt und getötet wurde. Der Stamm zeigte keine Reue, bestrafte auch die Übeltäter nicht angemessen, sondern zog gegen Juda und die restlichen Stämme in den Krieg, wobei er so gut wie aus-

---

[2] Ebd., S. 94.

[3] E. H. Merrill, »The Book of Ruth: Narration and Shared Themes.« *BibSac* 142, 1985, 130-141.

[4] Siehe S. 281ff.

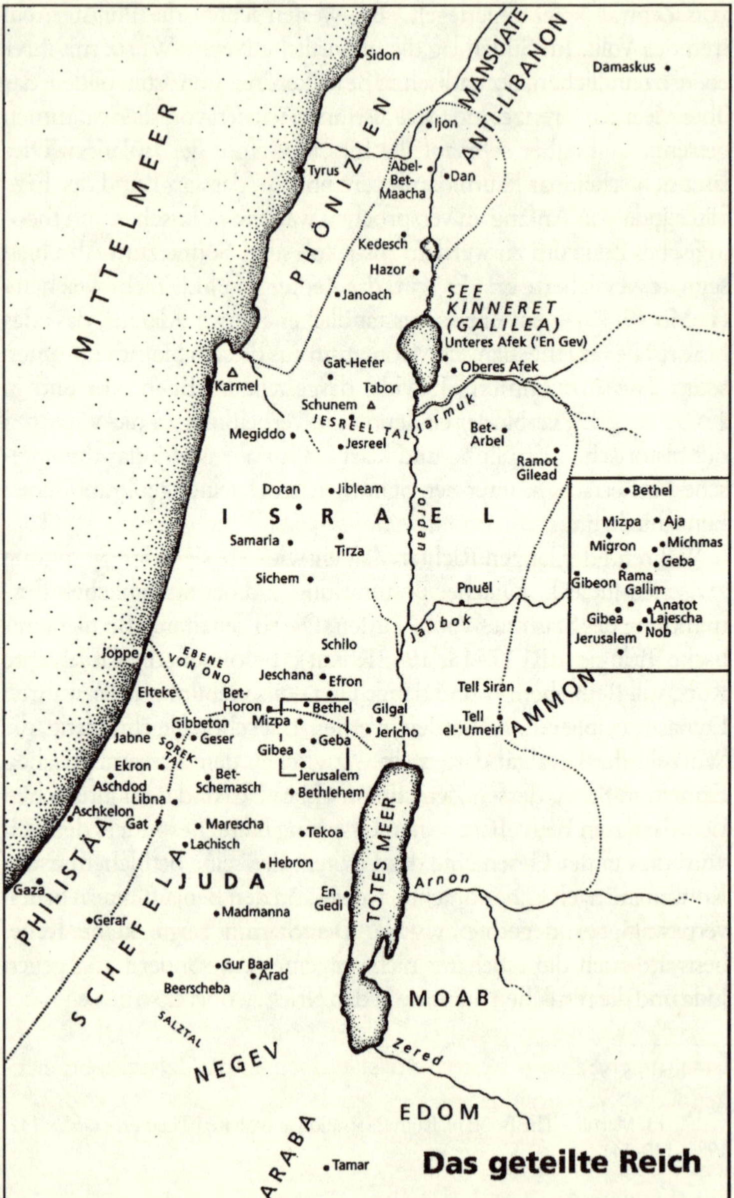


Das geteilte Reich

gelöscht wurde. Der Stamm wäre auch tatsächlich untergegangen, so dass es folglich weder Saul noch sein Königtum gegeben hätte, wären nicht Frauen aus Jabesch, Gilead und Silo gezwungen worden, die überlebenden Benjaminiter zu heiraten (Ri 20-21). Die Absicht dieser Erzählung ist es, exemplarisch die schlechten Neigungen Benjamins aufzuzeigen und das Unrecht zu beschreiben, das an Juda begangen wurde.

Gegen Ende der Richter-Zeit war die Polarisierung zwischen Juda und Israel ein Faktum. Der Autor des 1. Samuel-Buches erwähnt Sauls Armee, die aus Männern Israels sowie Judas bestand (1. Sam 11,8; 15,4; 17,52). Er weist auch darauf hin, dass, aus Sicht der Philister, Juda (d. h. Davids Truppen) als eigene Einheit von der Armee Israels zu unterscheiden sei. In dieser Unterscheidung spiegelt sich sicherlich zum Teil der Wunsch der Philister wider, einen Keil zwischen die beiden Teile Israels zu treiben, und doch ist diese Sicht ein Hinweis darauf, dass von vielen bereits eine Trennung zwischen Juda und Israel bemerkt wurde.

Den letzten Zweifel darüber, ob sich Juda wirklich von Israel abgespalten hatte, räumte David aus, als er – den Wünschen seiner Landsleute gemäß – in Hebron König über das quasi unabhängige Königtum Juda wurde. Nur durch äußerst geschickte, gewinnende Diplomatie konnte er schließlich seine Herrschaft auch auf den Norden ausdehnen, was länger als sieben Jahre dauerte. Die scheinbare Einheit, die er erreichte, war allerdings nur Fassade: Absalom entfachte bei seinem Aufstand den schwelenden Juda-Israel-Antagonismus zu neuem Leben. Außerdem musste David bei seiner Rückkehr aus dem Exil bitteren Hass und Eifersüchteleien auf beiden Seiten beruhigen, bevor er sowohl Israels als auch Judas Loyalität wiedergewinnen konnte. Auch einen weiteren Aufstand, diesmal von einem Mitglied der Fraktion Sauls geführt, musste er bekämpfen.

Zwar wird nicht erwähnt, ob der Konflikt zwischen Juda und Israel unter Salomo weiter schwelte, doch ist die Tatsache bezeichnend, dass Salomo Juda von den schweren Dienstpflichten und Steuerlasten ausgenommen hatte, die er allen anderen Stämmen auferlegte. Weshalb der weise Salomo einen derartigen Fehler begehen konnte, bleibt ein Rätsel. Er hätte sich kaum eine verheerendere und ungeeignetere Maßnahme ausdenken können, denn es ist ein Wunder, dass die offene Rebellion des Nordreiches erst nach Salomos Tod ausbrach und nicht schon vorher. Allein die Kraft der Persönlichkeit Salomos und sein diplomatisches Geschick verhinderten wohl, dass sich die Unzufriedenheit Israels schon zu seinen Lebzeiten entlud.

Es gibt auch einen theologischen Aspekt der Spaltung des Königreiches.[5] Man könnte argumentieren, die Rivalitäten der Stämme und die zügellose, unmäßige Politik Salomos seien nur Ausdruck von etwas anderem: Salomo hatte Geist und Buchstaben des Bundes zwischen David und Jahwe verletzt, eines Bundes, dem er als Erbe der Dynastie verpflichtet war. Sein Ungehorsam wurde besonders in seinen unweisen Heiraten und seiner Toleranz heidnischer Götter greifbar. Der Erzähler sagt: »Der Herr aber wurde zornig über Salomo, dass er sein Herz von dem HERRN, dem Gott Israels abgewandt hatte, der ihm zweimal erschienen war« (1. Kön 11,9). Salomo hatte sich anderen Göttern zugewandt, das war der Inbegriff der Bundes-Untreue. Sie war der Hauptgrund dafür, dass das Königreich – mit Ausnahme Judas und Jerusalems – von Salomo und seinen Nachkommen genommen und Jerobeam gegeben werden sollte (1. Kön 11,11-13).

## Der unmittelbare Anlass für die Staatsteilung

### Salomos Nachfolger – Rehabeam

Jerobeam ben Nebat, ein Aufseher über die Fronarbeiter im Bezirk Ephraim, hatte schon vom Propheten Ahija erfahren, dass er über die zehn Stämme Israels herrschen solle (1. Kön 11,31). Nur der Stamm Juda werde, wegen Jahwes bedingungsloser Verpflichtung an David,

[5] Dies ist der Hauptpunkt der so genannten »deuteronomistischen Sicht« der König-Bücher. Sie geht davon aus, das Hauptanliegen dieser Geschichten sei es, die Herrschaft jedes Königs an Hand seiner Treue oder Untreue gegenüber dem Bund mit Jahwe zu beurteilen. Siehe J. van Seters, *In Search of History*. New Haven, 1983, S. 311-314, 359-361.

in der Hand der Dynastie Davids bleiben.[6] Gott hatte Jerusalem als seine Wohnung auf Erden auserwählt. David und seine Nachkommen sollten für alle Zeiten dort der Welt die Gegenwart Gottes und seine Erlösungsabsicht deutlich machen. Die Nachkommen Davids würden zwar für ihre Untreue diszipliniert werden, doch nicht für immer. Jahwe werde mit seinem eigenen, unerforschlichen Plan seine ewigen Ziele durch seinen auserwählten Diener David erreichen (1. Kön 11,34-39).

Auf Salomo folgte sein Sohn Rehabeam, der siebzehn Jahre regierte (931 bis 913).[7] Offenbar war er Salomos erster Sohn aus der Ehe mit Naama aus Ammon, die aus Diplomatie geschlossen worden war (1. Kön 14,21). Da Rehabeam mit 41 Jahren König wurde und Salomo 40 Jahre lang regierte, hatte Salomo Naama wahrscheinlich während seiner kurzen Ko-Regentschaft mit David

---

[6] Benjamin verband sich mit Juda, so dass beide als ein Stamm unter dem Namen »Juda« bekannt wurden (vergl. 1. Kön 12,21; 2. Chr 11,1.10; 15,2.9; Esr 4,1). Von Bedeutung ist, dass Benjamin mit Juda David bei seiner Rückkehr aus dem Exil begrüßte (2. Sam 19,16-17). Der Treuebruch Benjamins vom Rest Israels zur Familie Davids könnte also bereits vor Salomos Zeit stattgefunden haben. Das Problem der zehn Nordstämme und lediglich eines Südstammes behandelt C. F. Keil, *Die Bücher der Könige.* Gießen, 1988, ND der 2. Aufl. von 1876, S. 143-144, sowie Z. Kallai, »Juda and Israel – A Study in Israelite Historiography.« *IEJ* 28, 1978, 256-257.

[7] Für die Daten des geteilten Königtums siehe Anhang, Tabelle 6 und E. R. Thiele, *The Mysterious Numbers of the Hebrew Kings.* Grand Rapids, 1965. Eine hilfreiche Einschätzung der Schwierigkeiten, die die Rekonstruktion einer Chronologie, die auf biblischen Daten beruht, verursacht, geben H. Tadmor, »The Chronology of the First Temple Period.« *WHJP*, Bd 4, Teil 1, Jerusalem, 1979, S. 44-60; A. R. Green, »Regnal Formulas in the Hebrew and Greek Texts of the Book of Kings.« *JNES* 42, 1983, 167-180; J. M. Miller, »Another Look at the Chronology of the Early Divided Monarchy.« *JBL* 86, 1967, 276-288. Zu den verschiedenen Lösungsansätzen siehe auch: K. T. Andersen, »Die Chronologie der Könige von Israel und Juda.« *Studia Theologica* 23, 1969, 69-114; J. Begrich, *Die Chronologie der Könige von Israel und Juda und die Quellen des Rahmens der König–Bücher.* Tübingen, 1929; A. Jepsen, »Zur Chronologie der Könige von Israel und Juda. Eine Überprüfung.« *Untersuchungen zur israelitisch-jüdischen Chronologie.* Ders. und R. Hanhart, Hrsg., BZAW 88, Berlin, 1964, S. 4-48; ders., »Noch einmal zur Israelitisch-Jüdischen Chronologie.« *VT* 18, 1968, 31-46; S. Mowinckel, »Die Chronologie der israelitischen und jüdischen Könige.« *Acta Orientalia* 9, 1932, S. 161-277; V. Pavlovsky und E. Vogt, »Die Jahre der Könige von Juda und Israel.« *Bib* 45, 1964, 321-343.

geheiratet. Die Heirat könnte in die Wege geleitet worden sein, um Salomos Bestimmung als Kronerbe Nachdruck zu verleihen.

Wie sein Vater lebte auch Rehabeam in Polygamie. Er nahm eine Enkelin Davids, seine eigene Cousine Mahalat (2. Chr 11, 18) sowie Maacha, die Tochter Abischaloms[8], zur Frau. Insgesamt hatte er 18 Frauen und 60 Konkubinen, einige von ihnen mag er von Salomo »geerbt« haben. Die allgemeine Charakterisierung Rehabeams ist: »Er tat übel und richtete sein Herz nicht darauf, dass er den Herrn suchte« (2. Chr 12, 14).

Erstaunlich an der Thronbesteigung Rehabeams ist, dass sie nicht in Jerusalem, sondern in Sichem stattfand (1. Kön 12, 1; 2. Chr 10, 1). Ob dies als Krönung durch die Nordstämme zu verstehen ist, die auf eine frühere in Jerusalem durch Juda folgte,[9] ist unwichtig. Dennoch wird daran deutlich, dass die Nation so gespalten war, dass Rehabeam es für nötig hielt, den alten Ort der Bundes-Erneuerung aufzusuchen, um die Nordstämme für sich zu gewinnen. Sichem war der Ort, an dem Josua die Nation zusammengerufen hatte, um ihre Hingabe an Jahwe zu erneuern. Vielleicht erschien er deswegen Rehabeam als geeigneter Ort, das Volk zu versammeln, um die auseinanderfallende Monarchie zusammenzuhalten.

## Israels Rebellion

Die Spannung der ganzen Lage zeigt sich darin, dass die Krönung zu einer Verhandlung wurde, in der die Sprecher Israels – geführt von Jerobeam – Rehabeam Bedingungen stellten, die er erfüllen musste, wenn er ihre Unterstützung erhalten wollte (1. Kön 12, 3-4).

---

[8] Diese Person ist nicht mit Absalom, dem Sohn Davids, zu verwechseln, denn: (a) die Tochter Absaloms hieß Tamar (2. Sam 14, 27), (b) in 1. Kön 15, 2.10 ist von Abischalom und nicht von Absalom die Rede, (c) Maachas Vater wird an anderer Stelle »Uriel von Gibea« (2. Chr 13, 2) genannt. Vergl. E. H. Merrill, »2. Chronik.« *Das Alte Testament erklärt und ausgelegt*, J. F. Walvoord und R. B. Zuck, Hrsg., Neuhausen, 1991, Bd II, S. 192.

[9] J. M. Myers, *2 Chronicles.* Garden City, 1965, S. 65.

Salomo, sagten sie, habe sie hart und ungerecht behandelt. Rehabeam sollte versprechen, dies nicht fortzusetzen, sondern ihr Joch zu erleichtern. Er bat die alten Ratgeber seines Vaters um Hilfe,[10] die ihm nahe legten, auf die Forderungen des Nordens einzugehen. Seine Altersgenossen hingegen rieten ihm, das nicht zu tun, sondern stattdessen die Aufrührer unter Kontrolle zu bringen, indem er die Unterdrückung, die sein Vater begonnen hatte, nicht nur fortsetzte, sondern noch verschärfte. Leider missachtete er die Weisheit der Älteren und drohte dem Volk mit noch schwererer Last. Damit war der Weg für Jahwes Gericht frei, das er angekündigt hatte, wenn das Haus Davids den Bund nicht einhalten würde.

Wie ein Mann sprach die Delegation Israels aus, was sich angebahnt hatte, aber unausgesprochen geblieben war: eine Unabhängigkeitserklärung: »Was haben wir für Teil an David, oder Erbe am Sohn Isais? Auf, zu deinen Hütten, Israel! So sorge nun du für dein Haus, David!« (1. Kön 12,16).

Dies kennzeichnete den endgültigen Bruch. In einem letzten, verzweifelten Versöhnungsversuch sandte Rehabeam seinen Minister für öffentliche Angelegenheiten, Adoram, zu Verhandlungen mit den Führern der Nordstämme, doch ohne Erfolg: Sie steinigten ihn zu Tode und Rehabeam musste sich nach Jerusalem zurückziehen.

## Jerobeams Thronbesteigung

Währenddessen ernannte Israel per Akklamation Jerobeam zum König über ihre neu entstandene Monarchie.[11] Sofort zeigten sich

---

[10] A. Malamat, »Kingship and Council in Israel and Sumer: A Parallel.« *JNES* 22, 1963, 247-253, schlägt vor, in den Ältesten (*zĕqēnîm*) und jungen Männern (*jĕlādîm*) keine unterschiedlichen Altersgruppen, sondern ein politisches Zweikammernsystem zu sehen, das aus Delegierten des Volkes und den Prinzen bestand.

[11] Nach der Ankündigung seiner Erwählung zum König über das Nordreich war Jerobeam vor Salomo geflohen und hatte bei Schischak (oder Schoschenk), dem Gründer der 21. Dynastie Ägyptens, Zuflucht gefunden (1. Kön 11,40); vergl. P. Montet, *Das alte Ägypten und die Bibel.* Zürich, 1960, S. 67.

seine überragenden Verwaltungsfähigkeiten, indem er das zentral gelegene, heilige Sichem zu seiner Hauptstadt machte. Außerdem profitierte er von der engen Beziehung, die er zu dem mächtigen ägyptischen König Schoschenk[12] aufgebaut hatte.

Der endgültige Bruch zwischen Israel und Juda war, wie die Historiker wiederholt herausgestellt haben, ein Urteil Gottes. Der Versuch, diesen Bruch zu heilen, war daher sinnlos, egal ob Rehabeam ihn unternahm oder jemand anderes. Dennoch versuchte Rehabeam zunächst, ihn rückgängig zu machen: Er kehrte nach Juda zurück und stellte eine riesige Armee zusammen, um Israel mit Gewalt einzunehmen. Schemaja, ein Prophet Jahwes, überzeugte ihn allerdings, dass die Geschehnisse von Gott kämen und akzeptiert werden müssten (1. Kön 12,21-24; 2. Chr 11,1-4).

## Die Herrschaft Rehabeams

Während der ersten drei Jahre seiner Regentschaft fand Rehabeam sich mit der unmissverständlichen, unabänderlichen Tatsache ab, dass er über ein Königreich herrschte, das nur noch ein Schatten des alten war: Juda war zwar immer noch das Volk Gottes und er war Erbe der ruhmreichen Dynastie Davids mit all seinen Bundesansprüchen und Privilegien, aber Judas Position in der Gemeinschaft der Nationen hatte praktisch keine Ähnlichkeit mit Israels Glanz zur Blütezeit unter Salomo. Rehabeam musste daher das theokratische Ideal Judas als des auserwählten Volkes mit den Alltagsrealitäten des politischen und militärischen Lebens in Einklang bringen.

Als eine der ersten Maßnahmen gliederte er Benjamin ein, was, obwohl es eine wichtige Errungenschaft war, nicht genauer erzählt

---

[12] J.P.J. Olivier, »In Search of a Capital for the Northern Kingdom.« *JNSL* 11, 1983, 117-132, versucht aufgrund der Tatsache, dass Jerobeam eher einen nationalen und keinen territorialen Staat regierte, zu argumentieren, es habe im Norden keine Hauptstadt gegeben, bis Omri Samaria erbaute. Dieses Argument basiert auf sozialanthropologischen Theorien, die im biblischen Text wenig Unterstützung finden.

wird,[13] und errichtete Zitadellen an der das Königreich umgebenden Grenze (2. Chr 11,5-12).[14] Beides sollte das winzige Königreich vor Angriffen von außen, besonders vor Israel schützen. Danach ernannte er seinen Sohn Abija zu seinem Vize-Regenten;[15] seine anderen Söhne setzte er im ganzen Land als Kommandanten der befestigten Städte ein (2. Chr 11,22-23).

Das entscheidendste Ereignis dieser frühen Jahre der Reichstrennung hatte Rehabeam weder geplant noch ausgeführt: Die Priester und Leviten der Nordstämme verließen ihre Heimat, nachdem Jerobeam dort seinen unerlaubten Kult eingeführt hatte. Sie immigrierten nach Juda und das ermutigte andere dazu, ihnen entweder ebenfalls nach Juda zu folgen oder wenigstens mit der königlichen Familie Davids zu sympathisieren (2. Chr 11,13-17). Als Antwort darauf baute Jerobeam seine eigenen Heiligtümer in Dan und Bethel (1. Kön 12,28-32).

Nach kurzer Zeit kehrte Rehabeam Jahwe und seinem Bund den Rücken zu. In seinem fünften Jahr bekam Juda die Konsequenzen dafür zu spüren – Schoschenk, der berühmte Begründer der 22. Ägyptischen Dynastie, fiel in Juda ein. Er war seit langem der erste Pharao, der die Größe des alten Ägyptens wiederherstellen konnte.[16] In seiner 21-jährigen Herrschaft (945-924)[17] brachte er Ober- und Unterägypten wieder zusammen, erneuerte die ausländischen Handelsbeziehungen mit Byblos und anderen phönizischen und aramäi-

---

[13] Vergl. FN 6.

[14] Für die Lage dieser Städte siehe Y. Aharoni und M. Avi-Yonah, *Der Bibel Atlas.* Augsburg, 1991, Karte 119.

[15] Es gibt keinerlei Hinweise auf eine Ko-Regentschaft, wie S. Yeivin in seinem Aufsatz: »The Divided Kingdom: Rehobeam-Ahaz/Jerobeam-Pekah.« *WHJP*, Bd IV, Teil 1, S. 130, gezeigt hat.

[16] I. E. S. Edwards, »Egypt: From the Twenty-second to the Twenty-fourth Dynasty.« *CAH* III:1, Cambridge, 3. Aufl., 1982, S. 539-549.

[17] Für die Daten der 22. Dynastie Ägyptens siehe K. A. Kitchen, »Late-Egyptian Chronology and the Hebrew Monarchy.« *JANES* 5, 1973, 231-233.

schen Staaten und wartete geduldig darauf, dass sich die Ereignisse in Israel zu seinen Gunsten entwickelten. Er hatte schon Salomos Feind und Israels künftigem König Jerobeam Zuflucht gewährt, nicht aus Güte, sondern aus politischem Interesse.

Als Salomo 931 v. Chr. starb, wartete Schoschenk nicht allzu lange mit seinem Feldzug. Unter dem Vorwand eines Grenzzwischenfalls mit einigen semitischen Stammesangehörigen[18] zog Schoschenk nach Juda. Zunächst nahm er die befestigten Städte ein und drang 926/925 bis an die Stadtmauern Jerusalems vor, zog dann aber mit seiner Armee aus Ägyptern und Söldnern in das Nordreich. Jerobeam muss äußerst überrascht gewesen sein, da er allen Grund hatte, sich vor Ägypten sicher zu fühlen. Schoschenk aber, als er sah, wie leicht Juda aufgegeben hatte,[19] griff in der für die Ägypter typischen Launenhaftigkeit auch nach Israel.

Warum Schoschenk diese Operation nicht fortsetzte, ist unklar. Offenbar war er fürs Erste mit der Beute zufrieden, besonders mit den reichen Goldschätzen des Tempels, die er aus Juda und Israel erhalten hatte. Dann starb er, bevor er weitere Maßnahmen treffen konnte. Sein Sohn Osorkon I. (924 - 889) nahm wenigstens eine Zeit lang von weiteren Eroberungen Abstand. Er war vielmehr daran interessiert, den Tempel Atums mit Reichtum zu überschütten. Die riesigen Mengen Gold und Silber, die er dazu einsetzte,[20] können sehr wohl aus dem Tempel in Jerusalem gestammt haben.

Ursache für diese Verwüstung des Landes und die Plünderung des Tempels war gravierende Sünde: Der Autor des 1. König-Buches

---

[18] Edwards, »Egypt.« in *CAH* III:1, S. 546.

[19] Yeivin interpretiert Schoschenks Bericht dieser Expedition (eine Inschrift, die an der Wand des großen Tempels in Karnak gefunden wurde) dahingehend, dass Israel und nicht Juda sein eigentliches Ziel war. Er schlägt vor, Schoschenk habe versucht, Handelsrouten nach Byblos und Mesopotamien zu eröffnen, aber auch Jerobeam zu bestrafen, da dieser den erwarteten Tribut nicht gezahlt hatte. Yeivin, »Divided Kingdom.« *WHJP*, Bd IV, Teil 1, S. 133-134.

[20] Nach J. H. Breasted mehr als 250 000 kg; siehe sein *A History of Egypt*. New York, 1967, S. 444.

weist darauf hin, dass Rehabeam und seine Anhänger ein neues Tief in ihrer Abgötterei erreicht hatten. Sie hatten Heiligtümer auf den Höhen, heilige Steine (*maṣṣebôt*) und Aschera-Pfähle errichtet und nahmen sogar an ritueller Prostitution mit Homosexuellen teil (1. Kön 14, 21-24).[21] Bedenkt man den Synkretismus, den Salomo wegen seiner vielen Frauen eingeführt hatte, darunter Naama, der Mutter Rehabeams, überrascht diese Wende der Ereignisse nicht.

Die letzten zwölf Jahre der Herrschaft Rehabeams sahen die Erzähler wohlwollender: »Weil er sich demütigte, wandte sich des Herrn Zorn von ihm, dass er ihn nicht ganz verdarb« (2. Chr 12,12). Es gab aber noch Jahre des Streites mit Jerobeam. Der Erzähler sagt, Juda und Israel hätten ständig miteinander gekämpft (1. Kön 14,30). Leider gibt es keine Hinweise, wer der Stärkere war. In gewissem Sinn verlor dabei jeder, da das Schauspiel kämpfender Brüder nicht nur die Söhne Jakobs in Misskredit brachte, sondern auch ihren Gott.

## Die Herrschaft Jerobeams

War die geistliche Situation in Juda schlecht, so war sie im Israel Jerobeams noch schlechter.[22] Der neue König, dem eine immer währende Dynastie verheißen war, wenn er dem Herrn treu bliebe (1. Kön 11,38),[23] verschwendete keine Zeit. Er etablierte seine Herr-

[21] Diese pseudoreligiösen Praktiken und ihr Zubehör beschreibt H. Ringgren, *Die Religionen des Alten Orients*. Göttingen, 1979, S. 228-240.

[22] R. L. Cohn, »Literary Technique in the Jerobeam Narrative.« *ZAW* 97, 1985, 23-35, bietet eine ausgezeichnete literarische Analyse der chiastischen Struktur der Erzählung um Jerobeam (1. Kön 11,26-14,20). Diese Studie veranschaulicht erneut die Tatsache, dass die geschichtlichen Abschnitte der Bibel faktisch wahr sind, jedoch oft in literarischen Formen verfasst worden sind, die nicht übereinstimmen mit unserem heutigen literarischen Stil. Sehr häufig ist die Erzählung nicht chronologisch angeordnet. In diesem Fall gibt es dafür allerdings keine Beweise.

[23] Diese Verheißung ist analog zu der an Saul, siehe 1. Sam 13,13. Da in beiden Fällen der König Jahwes Bedingungen nicht einhielt, es also folglich keine immerwährende Dynastie gab, ist es müßig, über diese Verheißungen im Bund mit David zu spekulieren. Vergl. Cohn, »Literary Technique.« *ZAW* 97, 1985, 27.

schaft als Maßstab des Schlechten, an dem sich alle nachfolgenden Könige Israels maßen (1. Kön 13,34; 15,30, vergl. 16,2-3.19 usw.). Seine »Dynastie«, wenn man sie überhaupt so nennen kann, hielt nur 24 Jahre, was zur Regel in Israel werden sollte: Eine königliche Familie folgte auf die nächste, sodass die Nation in ihrer kurzen Geschichte von 210 Jahren fünf verschiedene Dynastien erlebte. (Juda hingegen blieb, trotz Zeiten des Abfalls, immer unter der Herrschaft der davidischen Dynastie.)

Jerobeam baute Sichem wieder auf und machte es zur Hauptstadt. Pnuël (Tulul eḏ-Ḏahab),[24] östlich des Jordans am Jabbok gelegen, wurde ebenfalls wieder aufgebaut, vielleicht als transjordanisches Provinzzentrum (1. Kön 12,25). Bei der Auswahl dieser Orte beeinflusste ihn zweifellos, dass Sichem und Pnuël mit Jakob assoziiert wurden.[25]

Auch wenn Jerobeam sich bei der Wahl Sichems und Pnuëls von heiligen Traditionen leiten ließ, trat er diese Traditionen bei seinem nächsten Schritt mit Füßen: Er setzte Bethel und Dan als Kultzentren fest, da ihm klar war, dass die politische Spaltung der Nation nicht die Tendenz der Israeliten im Keim ersticken konnte, die großen religiösen Feste in Jerusalem zu besuchen. Dort würden die Israeliten den Geist nationaler und religiöser Einheit aufnehmen. Deshalb brauchte er Orte in seinem Königreich, an denen sich die Israeliten zum Opfern und zur Anbetung versammeln könnten.

Diese Handlung stand natürlich im Gegensatz zu den mosaischen Anweisungen, die Gemeinschaftsanbetung zu zentralisieren (5. Mo 12,1-14). Doch die praktischen Überlegungen waren für Jerobeam wichtiger als diese theologischen Forderungen. Er musste die Wiedervereinigung Israels mit Juda um jeden Preis verhindern, da ein Zusammenschluss für ihn den Verlust aller königlichen Privilegien

---

[24] Y. Aharoni, *Das Land der Bibel.* Neukirchen, 1984, S. 444.

[25] B. Halpern, »Levitic Participation in the Reform Cult of Jerobeam I.« *JBL* 95, 1976, 31-32. Dass die Wahl auch politisch motiviert gewesen sein könnte, macht P. Galpaz, »The Reign of Jeroboam and the Extent of Egyptian Influence.« *BN* 60. 1991, S. 13-19, deutlich.

bedeutet hätte. Vielleicht hat er aber auch Folgendes erwogen: Da Israel von Juda unabhängig geworden war, war Jerusalem auch nicht mehr länger Israels Kultzentrum, trotz der Tatsache, dass Bundeslade und Tempel in Jerusalem standen.

Weshalb Jerobeam seine Schreine in Bethel und Dan errichtete, und nicht etwa in Sichem, ist etwas problematisch. In Juda vereinten sich politisches und religiöses Leben in Jerusalem; warum sollten sie nicht auch in Israel zusammengehören? Sichem, das ist gewiss, wäre als Kultzentrum keine unangemessene Wahl gewesen. Keine andere Stätte in Israel konnte auf eine derartige Tradition zurückblicken: Abraham, Jakob und Josef waren alle an diesem Ort gewesen und Josua hatte das Volk in Sichem zusammengerufen, damit es sich dem Bund mit Jahwe neu verpflichte. Anzunehmen ist jedoch, dass Jerobeam als Pragmatiker einen Platz suchte, der die Vorteile langer Tradition mit einer passenden Lage vereinte. Bethel war dafür sehr geeignet,[26] da Jahwe dort Jakob mindestens zweimal begegnet war (1. Mo 28,19; 35), Abraham dort einen Altar errichtet (1. Mo 12,8) und Samuel an diesem Ort Recht gesprochen hatte (1. Sam 7,16). Man konnte also überzeugend argumentieren, Bethel sei der Geburtsort des israelitischen Glaubens. Außerdem, und dies war von zentraler Bedeutung für Jerobeam, lag Bethel nur etwas nördlich der Grenze zu Juda und an der Hauptstraße, die den Norden mit dem Süden verband. Das Volk Israel konnte sich dort aus dem gesamten südlichen und mittleren Teil des Nordreiches leicht versammeln. Zusätzlich mussten sie durch Bethel ziehen, wenn sie nach Jerusalem wollten.

Die Wahl Dans zum zentralen Kultort ist viel schwieriger zu erklären. Es lag zwar an der nördlichen Grenze Israels und war deshalb für die Menschen der Jesreel-Region und weiter nördlich leicht zu erreichen, aber jeder verband die religiöse Geschichte Dans mit offensichtlichem Götzendienst, der ein Ausmaß gehabt hatte, das selbst Jerobeams Toleranz übertraf. Als die Daniter die Bevölkerung Lajischs getötet und ihr Land besetzt hatten, hatten sie Jonatan, einen Enkel Moses, als ihren Priester mitgebracht. Dann hatten sie das

[26] Ebd., S. 32.

Götzenbild, das sie von Micha gestohlen hatten (Ri 18,27.30-31), aufgestellt und in ihrer Stadt Dan ein Zentrum der Anbetung geschaffen, das mit allem Möglichen außer Jahwe zu tun hatte. Wie konnte Jerobeam von dem Volk Israel erwarten, an einen Ort mit derart heidnischer Vergangenheit zu pilgern?

Möglicherweise liegt die Antwort in der Eigenart des Kultes, den Jerobeam einführte. Er hatte zwei goldene Kälber an den beiden Altären aufgestellt und sie als Götter bezeichnet, die Israel aus Ägypten gebracht habe. Dann ernannte er Nicht-Leviten zu Priestern und machte, wenigstens in Bethel, den fünfzehnten Tag des achten Monats zum besonderen Festtag. Die Vertreter der alttestamentlichen Wissenschaft sind sich über die volle Bedeutung dieser Neuerungen Jerobeams nicht einig.[27] Eines ist jedoch gewiss: Er brachte Bethel und Dan mit dem Exodus in Verbindung.[28] Die zwei Kälber, seien sie nun selbst Götzen oder lediglich Sockel, auf denen der unsichtbare Jahwe stehen sollte,[29] erinnern an das goldene Kalb, das Aaron machte, während Mose auf dem Berg Sinai weilte. Die Sätze, die bei der Präsentation der Kälber gesprochen wurden, sind mit denen aus 2. Mose identisch: »Siehe, da ist dein Gott, Israel, der dich aus Ägyptenland geführt hat.« (2. Mo 32,4, vergl. 1. Kön 12,28)

---

[27] Siehe dazu G. Ahlström, *Royal Administration and National Religion in Ancient Palestine.* Leiden, 1982; E. Danelius, »The Sins of Jeroboam Ben-Nebat.« *JQR* 58, 1967-68, 95-114, 204-223; J. Debus, *Die Sünde Jerobeams.* Göttingen, 1967; S. Talmon, »Die Kalender- und Kultreform Jerobeams I.« *Gesellschaft und Literatur in der Hebräischen Bibel: Gesammelte Aufsätze.* Y. Aschkenasy et al., Hrsg., Bd I, Neukirchen, 1988, S. 56-79.

[28] B. Halpern, »Levitic Participation.« *JBL* 95, 1976, 39-40.

[29] W.F. Albright, *Von der Steinzeit zum Christentum.* Bern, 1949, S. 297-299. J.N. Oswalt, »The Golden Calves and the Egyptian Concept of Deity.« *EQ* 45, 1973, 13-20, führt recht überzeugend an, dass die Kälber tatsächlich Götzen waren. Als Sockel für einen unsichtbaren Jahwe hätten sie sonst nicht derartige prophetische Abscheu vor dem, was sowohl Aaron als auch Jerobeam taten, erweckt. Siehe zu dem Thema auch: K.M. Obbink, »Yahwebilder.« *ZAW* 47, 1929, 264-266; H. Motzki, »Ein Beitrag zum Problem des Stierkultes in der Religionsgeschichte Israels.« *VT* 25, 1975, 470-485; M. Weippert, »Gott und Stier.« *ZDPV* 77, 1961, 93-117.

Beide Berichte[30] erzählen, dass nach der Schaffung und Anerkennung der neuen Götter lange gefeiert wurde. Weiter hatte Aaron als Priester und, in Moses Abwesenheit, auch als Bundesmittler fungiert. Jerobeam ernannte sich nun, zusätzlich zu seinem königlichen Amt, zum Haupt des Kultes. Dies wird daran deutlich, dass er am Altar in Bethel erschien und dort selbst Opfer darbrachte. Es könnte sein, dass er sich selbst als zweiten Aaron verstand, mit dem Recht, ein von Jerusalem getrenntes religiöses System aufzubauen und zu beaufsichtigen. Er nahm sich selbst die Vorrechte der Monarchie Davids heraus, besonders das des erwählten und von Gott als Sohn adoptierten Königs. Er wollte nicht nur politischer Leiter des Volkes sein, sondern auch priesterlicher Mittler.[31] Er sah sich selbst als Israels Entsprechung des messianischen Herrschers Judas, eines königlichen Priesters nach der Ordnung Melchisedeks.

Diese Interpretation erklärt Jerobeams Dreistigkeit, sich das Priesteramt anzueignen und Priester außerhalb der aaronitischen Linie einzusetzen. Es erklärt auch, warum er es wagte, in Bethel und Dan Zentren der Anbetung zu schaffen. Ebenso wie David, der als Priester nach der Ordnung Melchisedeks Stiftshütte und Bundeslade nach Jerusalem gebracht hatte – einem Ort, der bis dahin in der israelitischen Geschichte bedeutungslos war –, schuf nun Jerobeam willkürlich seinen eigenen Kult in Dan und Bethel. Letzteres hatte sogar im Gegensatz zu Jerusalem den Vorteil einer langen religiösen Tradition.

Weshalb Jerobeam in seinem Kult goldene Kälber einsetzte, ist unverständlich, zumal, wenn man daran denkt, was aus Aarons goldenem Kalb geworden war: Das Gold war zu Staub gemahlen und mit Wasser vermischt worden und die Israeliten, die es angebetet hatten, mussten dieses Gemisch trinken. Der Grund für die Handlung Jerobeams scheint tiefe Feindschaft gegenüber den Leviten gewesen

---

[30] Siehe G. N. Knoppers, »Aarons' Calf and Jerobeam's Calf.« *Fortunate The Eyes That See: Essays in Honor of David Noel Freedman in Celebration of His Seventieth Birthday*, Grand Rapids, 1995, S. 92-104.

[31] J. Gray, *1 & 2 Kings.* Philadelphia, 1970, S. 315-318.

zu sein.[32] Die Leviten waren es gewesen, die das Schwert in die Hand genommen hatten, um die Verehrer des goldenen Kalbes zu töten. Nun überging Jerobeam die Leviten, indem er seine eigenen Priester ernannte, und stellte in höchster Ironie seine eigenen goldenen Kälber her, um seine Verachtung des levitischen Priestertums auszudrücken. Hatte nicht Moses eigener Enkel Jonatan (Ri 18, 30), der an dem konkurrierenden Altar in Dan als erster Priester diente, Jerobeam ein Beispiel gegeben? Zeigt diese Geschichte nicht, dass selbst innerhalb Moses eigener Familie Raum für verschiedene religiöse Praktiken war? Wie konnte Jerobeam für goldene Kälber bestraft werden, wenn Moses eigener Enkel in Dan einem Kult vorgestanden hatte, der Götzen anbetete, die keinerlei Verbindung mit dem Auszug aus Ägypten hatten?

Zugegeben, vieles an dieser Argumentation kann nicht durch die biblische Erzählung erhärtet werden. Auch der biblische Text gibt keine Auskunft, welche Motive oder Überlegungen Jerobeam angetrieben haben könnten. Klar ist, dass er sich als königlicher Priester eines neuen, legitimen religiösen Systems verstand. Wie er dies mit der Vergangenheit in Verbindung brachte, besonders mit dem Vorfall des goldenen Kalbes nach dem Auszug, ist umstritten. Dennoch stimmt die Mehrheit der Wissenschaftler überein, Jahwe habe Jerobeams Handeln als Sünde eingestuft, als Inbegriff des Abfalls.

Jahwes Missfallen war offensichtlich. Er sandte einen Propheten aus Juda, der gegen Jerobeam und sein neu geschaffenes religiöses System vorgehen sollte (1. Kön 13). Als er in Bethel ankam, protestierte der uns unbekannte Mann Gottes gegen den Altar, der den Kern des Abfalls symbolisierte. Die Zeit werde kommen, so sagte er, in der ein Nachfahre Davids namens Josia die Körper der abtrünnigen Priester darauf opfern und ihn dann zerstören werde. Dann

---

[32] F. M. Cross, *Canaanite Myth and Hebrew Epic.* Cambridge, 1973, S. 198-200, nimmt wie viele andere Wissenschaftler an, Jerobeams Angriff auf das aaronitische Priestertum sei lediglich eine Interpretation des Deuteronomisten. Jerobeam habe in Wirklichkeit in Bethel ein aaronitisches Priestertum ernannt. Diese Ansicht wird durch den biblischen Text aber nicht gestützt.

wandte sich der Prophet an Jerobeam. Als dieser seine Hand gegen den Mann Gottes ausstreckte, um ihn festzunehmen, verkümmerte sie. Selbst als Jahwe die Hand des Königs in seiner Gnade wieder herstellte, stand es unwiderruflich fest, dass er und seine irreführende Religion dem göttlichen Gericht verfallen waren.

Bald wurde der Kronprinz Abija schwer krank. Trotz der verzweifelten Bitten seiner Mutter an den Propheten Ahija starb der junge Prinz (1. Kön 14, 17). Als Grund dafür gab Ahija an, dass Jerobeam, obwohl er mit dem größten Teil des Königtums Davids beschenkt worden war, doch nicht dem Vorbild Davids gefolgt war, sondern den Bund mit Jahwe schwer verletzt hatte, indem er sich andere Götter gemacht und so den Gott Israels zurückgewiesen hatte. Jahwe werde daher die Dynastie Jerobeams bald enden lassen und Israel schließlich selbst aus dem guten Land bis hinter den Fluss Euphrat vertreiben, weil es Jerobeam in seinem Götzendienst gefolgt war (1. Kön 14, 6-16).

Details der letzten Jahre der Herrschaft Jerobeams sind sehr knapp. Offenbar hatte er die Hauptstadt nach Tirza (Tell el-Fârʿa) verlegt, etwa dreizehn Kilometer nordöstlich von Sichem. Dies lässt sich daraus schließen, dass berichtet wird, dass Jerobeams Frau nach dem Gespräch mit dem Propheten Ahija nach Tirza zurückkehrte. Auch alle Nachfolger Jerobeams residierten bis zum Regierungsantritt Omris in Tirza. Warum er seine Hauptstadt verlegte, kann nicht mit Sicherheit bestimmt werden. Möglich wäre, dass die Invasion Schoschenks nach Juda und Israel 926/925 zur Zerstörung Sichems geführt oder zumindest Jerobeams Umzug aus Sichem in ein sichereres Quartier beschleunigt hatte.[33] Darüber hinaus ist von Jerobeam bekannt, dass er ständig Krieg mit Rehabeam und nach dessen Tod mit dessen Sohn Abija, der nur drei Jahre regierte, führte. Leider haben wir keine Informationen über den Grund für diesen ständigen Konflikt. Die plausibelste Theorie ist, dass die davidischen Könige Israel mit Juda vereinen und so das ganze davidische Königtum wiedererlangen wollten.

---

[33] J.A. Soggin, *Einführung in die Geschichte Israels und Judas.* Darmstadt, 1991, S. 136.

## Die Bedrohung durch Nachbarvölker

Aus außerbiblischen Quellen lassen sich Informationen entnehmen, die indirekt Licht auf das Leben in Israel und Juda von 931 bis 910 v. Chr. werfen. Wie bereits dargestellt, folgte in Ägypten Osorkon I. seinem Vater Schoschenk und regierte von 924 bis 889, weit über die Zeit Rehabeams und Jerobeams hinaus.[34] Auch wenn es keine Berichte über einen direkten ägyptischen Einfluss auf palästinische Angelegenheiten bis 897 gibt,[35] so ergriff er doch Maßnahmen, um die ägyptischen Beziehungen zu Byblos zu erneuern.[36] Vom offenkundig wirtschaftlichen Nutzen für beide Parteien einmal abgesehen, garantierte ein derartiger Schritt Ägypten auch einen sicheren Brückenkopf im Norden Israels und gleichzeitig brachte er einen freundschaftlich gesonnenen Verbündeten, der gegenüber den mächtiger werdenden, expandierenden Aramäern wichtig war.

Die Errichtung einer aramäischen Dynastie in Damaskus durch Hesjon (Reson) während der Herrschaft Davids, möglicherweise schon 900 v. Chr., wurde bereits beschrieben. Obwohl die Chronologie höchst unsicher ist, scheint Hesjon mindestens bis zum Tod Salomos gelebt zu haben. Ihm folgten sein Sohn Tabrimmon und sein Enkel Ben-Hadad (ca. 900-841).[37] Diese Folge wird vom biblischen

---

[34] Edwards, »Egypt.« *CAH* III:1, S. 549-552.

[35] Siehe S. 496.

[36] H. J. Katzenstein, *The History of Tyre.* Jerusalem, 1973, S. 121.

[37] Diese Daten sind ungefähre Schätzungen, die aus den Daten M. F. Ungers, *Israel and the Aramaeans of Damascus.* Grand Rapids, ND 1980, S. 56-61, gewonnen wurden. Die frühe Datierung Ben-Hadads, die eine extrem lange Herrschaft von mindestens sechzig Jahren erfordert, basiert auf der Tatsache, dass König Bascha von Israel etwa in seinem dreizehnten Jahr (896 v. Chr.) gegen Ben-Hadad eine Niederlage erlitt (1. Kön 15,20). Um dieses Problem einer derart langen Herrschaft zu vermeiden, argumentieren manche Wissenschaftler mit einem Ben-Hadad I. und Ben-Hadad II. vor Hazael. Vergl. W. H. Shea, »The Kings of the Melqart Stela.« *Maarav* 1, 1978-1979, 159-160. Shea weist jedoch selbst darauf hin, dass mehrere hintereinander folgende Ben-Hadads dem gewöhnlichen dynastischen Muster in Syrien-Palästina entgegenstehen (S. 171). F. M. Cross, »The Stele Dedicated to Melcarth by Ben-Hadad of Damascus.« *BASOR* 205, 1972, 42, kompliziert die Sache mit drei Ben-Hadads von 885-841 noch mehr.

Erzähler dokumentiert (1. Kön 15,18) und von der so genannten »Bar-Hadad-Stele« bestätigt, die sagt: »Bir-hadad, Sohn des ? Ṭab-Rammân, Sohn Ḫaḏyân, König von Aram«.[38]

Von Hesjons Heldentaten ist nur bekannt, dass er sich vom König Zobas, Hadad-Eser, trennte und in Damaskus niederließ (1. Kön 11, 23-24). Von diesem strategischen Zentrum aus griff er Salomo und vermutlich auch Jerobeam und Rehabeam an. Die ständigen Unruhen zwischen Israel und Juda bewirkten, dass er dies relativ ungehindert tun konnte. Weitere Faktoren für den Aufstieg von Damaskus waren die relative Schwäche der restlichen aramäischen Staaten und die anhaltende Machtlosigkeit Assyriens, wenigstens bis zur Herrschaft Adad-niraris II. (911-891). Auch das Volk des Meerlandes im unteren Mesopotamien stellte so früh noch keine Gefahr dar.

## Abija aus Juda

In Juda verschlechterte sich die Lage nach dem Tod Rehabeams ständig, da sein Sohn und Nachfolger Abija (913-911) nicht auf den Wegen Davids wandelte. Dennoch sagt der Erzähler: »Um Davids willen gab der Herr, sein Gott, ihm eine Leuchte zu Jerusalem, dass er seinen Sohn nach ihm erweckte und Jerusalem erhielt« (1. Kön 15,4). Es war also wiederum der unverdiente Bundessegen, der in

---

[38] Unger, *Israel and the Aramaeans,* S. 56. Diese Lesart der Bar-Hadad-Stele, sonst als Melquart Stele bekannt, wird keineswegs allgemein akzeptiert. Eine hilfreiche Diskussion von alternativen Lesarten bieten J. A. Dearman und J. M. Miller, »The Melqart Stele and the Ben Hadads of Damascus: Two Studies.« *PEQ* 115, 1983, 95-101. Dearman kommt zu dem Schluss, es habe kein Herrscher namens Ben-Hadad zwischen 865 und 806 existiert, damit leugnet er die Historizität von 1. Kön 20; 22, 1-38. Miller dagegen identifiziert den Ben-Hadad der Stele als Sohn Hazaels (nach 806). Vergl. auch Shea, »The Kings of the Melqart Stela.« S. 170; B. Oded, »Neighbours in the East.« *WHJP,* Bd IV, Teil 1, S. 267. Eine deutsche Übersetzung ist in *KAI,* Bd II, S. 203, und *TUAT,* Bd I, S. 625 zu finden. Oft wird die Stele auch »Ben-Hadad-Stele« genannt, da der »bar-Hadad« der Stele mit dem Ben Hadad des ATs identfiziert wird. Da diese Gleichsetzung aber umstritten ist, wird hier nur von der »Bar-Hadad-Stele« gesprochen und die aramäische Bezeichnung für Sohn (*bar*) nicht automatisch mit der hebräischen (*ben*) gleichgesetzt.

der Verheißung an David seinen Ursprung hatte und Davids Dynastie trotz des gegenwärtigen schlechten Herrschers den Fortbestand sicherte.

Jahwes bleibende Gnade zeigte sich daran, dass Abija erfolgreich Widerstand gegen alle Angriffe Jerobeams leisten konnte, was der Chronist besonders betont.[39] Nach seiner Thronbesteigung sah sich Abija mit einem scheinbar unüberwindlichen Gegner konfrontiert, da Jerobeam ihm auf dem Berg Zemarajim (Râs eṭ-Ṭaḥûne) entgegenstand, nur ein oder zwei Meilen von Bethel entfernt.[40] Abija war nach Norden gezogen, um Israel für das Königreich Davids zurückzugewinnen (2. Chr 13, 4 - 12). Er erinnerte die Israeliten daran, dass Jahwe den Bund des Königtums nur mit David geschlossen hatte und erklärte, die Nation unter Jerobeam sei unrechtmäßig. Jerobeam, so Abija, habe den naiven Rehabeam übervorteilt, um seine eigene konkurrierende Herrschaft zu bilden. Natürlich lässt sich Abijas Objektivität in dieser Beziehung in Frage stellen. Doch kann sein Argument, Jerobeams Götzendienst sei in jeder Hinsicht dem Willen Gottes entgegengesetzt, nicht widerlegt werden. Da der wahre Glaube nur in Juda und in Judas Einhaltung der Forderungen Jahwes zu finden sei, sollte Israel, so Abija, zum Haus David zurückkehren.

Jerobeam ignorierte diesen Aufruf und kesselte Abijas Armee ein. Um Abijas theologischen Standpunkt zu bestätigen, griff Jahwe selbst als göttlicher Kriegsherr ein und befreite Juda aus der Misere. Abija nutzte die Gelegenheit, eroberte die israelitischen Städte Bethel, Jeschana (Bur/el-Isāne?) und Efron (eṭ-Ṭaiyibe) und schwächte so

---

[39] Aus verschiedenen Gründen, wie dem Fehlen einer Parallele in 1. Kön, der enormen Soldatenzahlen und Beweisen für das Theologisieren des Chronisten, halten viele Wissenschaftler den Bericht vom Kampf in Zemarajim für unhistorisch. Siehe die Argumente von R. W. Klein, »Abijah's Campaign Against the North (2. Chr 13) – What were the Chronicler's Sources?« *ZAW* 95, 1983, 210 - 217. Einem Ereignis die Historizität abzusprechen, nur oder gerade weil es nicht in beiden synoptischen Berichten erwähnt wird, bedeutet, den Zugang des Chronisten zu anderen Quellen zu übersehen. J. Bright, *Geschichte Israels.* Düsseldorf, 1966, S. 228, ist der Meinung, »der Vorfall ist gewiss historisch«.

[40] Eine Rekonstruktion der Strategie der Schlacht bieten Aharoni und Avi-Yona, *Der Bibel Atlas*, Karte 121.

Jerobeam sowohl religiös als auch politisch, der sich nie von diesem Schlag erholen konnte. Abija gewann an Macht, wie die Größe seines Harems bezeugt (2. Chr 13,21).

## Asa aus Juda

### Chronologische Überlegungen

Jerobeam überlebte Abija um ein oder zwei Jahre. Für kurze Zeit regierte er also gleichzeitig mit Asa, dem nächsten Herrscher der Linie Davids. Der Autor des 1. König-Buches identifiziert Asa als »Sohn Maachas« (1. Kön 15,10). Da es sich bei ihm aber ohne Zweifel um den Sohn Abijas handelt, wird hier wohl ausgesagt, dass Maacha seine Großmutter gewesen sei. Der Grund für die Betonung dieser Beziehung ist, dass Maacha die Errichtung eines Aschera-Pfahls in Jerusalem befohlen hatte (1. Kön 15,13), den Asa bei seinen Reformen zerstörte. Es ist anzunehmen, dass Asa bei seiner Machtübernahme sehr jung war. Sein Vater hatte nur drei Jahre regiert und war wahrscheinlich bei seinem eigenen Tod recht jung. Beachtenswert ist auch Asas Regierungszeit von 41 Jahren (911-870), die ungewöhnlich lang ist. Dennoch mag sein Tod als verfrüht angesehen werden, da der Erzähler betont, dass Asa während der letzten Jahre seines Lebens fußkrank war (1. Kön 15,23). Ob er tatsächlich an dieser Krankheit starb, kann nicht bestimmt werden. Es beeinträchtigte ihn aber anscheinend so sehr, dass er seinen Sohn Joschafat während der letzten drei Jahre seines Lebens zum Ko-Regenten ernannte.[41]

Die chronologische Struktur der Herrschaft Asas ist etwas kompliziert und verlangt nach detaillierter Diskussion. Der Chronist berichtet, auf Asas Thronbesteigung seien Jahre des Friedens gefolgt, wohl von 911-901. Offenbar führte Asa in dieser Periode oder kurz

---

[41] E.R. Thiele, *The Mysterious Numbers of the Hebrew Kings*, S. 70. Zur Ko-Regentschaft als Kennzeichen der israelitischen und judäischen Monarchie siehe ders., »Coregencies and Overlapping Reign Among the Hebrew Kings.« *JBL* 93, 1974, 174-200.

danach seine große religiöse Reform durch, die ihren Höhepunkt in der Absetzung seiner Großmutter[42] und der Zerstörung ihres Aschera-Pfahls fand. Ist er, laut unserer These, sehr jung an die Macht gekommen, begann er wahrscheinlich nicht sofort mit der Reform, sondern könnte etwa zehn Jahre gebraucht haben, um die nötige Reife und Unabhängigkeit zu erlangen.

Während dieser Zeit baute Asa auch Judas Verteidigungsanlagen aus, indem er die Außenposten, die Rehabeam errichtet hatte, befestigte und vielleicht auch vermehrte. Diese Jahre, so betont der Chronist, waren für Juda Jahre des Friedens (2. Chr 14,6). Die Reformen fanden schließlich in einer großen Versammlung in Jerusalem ihren Abschluss, zu der nicht nur Juda, sondern auch die Treuen aus Ephraim, Manasse und Simeon eingeladen waren (2. Chr 15,8-15). Diese Versammlung wurde in Asas 15. Regierungsjahr abgehalten (ca. 896).

In seinem 35. Jahr, was in das Jahr 876 zu datieren wäre, war Asa in einen Krieg verwickelt (2. Chr 15,19). Mit diesem Datum beginnt die Chronologie schwierig zu werden. Denn zum einen nimmt man an, dass es sich bei diesem Krieg um die Auseinandersetzung mit Serach, dem Kuschiter (2. Chr 14,8-14) handelt, die allgemein auf kurz nach 900 datiert wird.[43] Aber viel mehr Probleme macht die Angabe in 2. Chr 16,1, wo gesagt wird, dass Asa in seinem 36. Jahr, also 875, gegen Baschan aus Israel in den Krieg zog, der aber bereits 886, also elf Jahre zuvor, gestorben war.

---

[42] N. E. A. Andreasen, »The Role of the King Mother in Israelite Society.« *CBQ* 45, 1983, 179-194. H. Donner, »Art und Herkunft des Amtes der Königinmutter im Alten Testament.« *Festschrift J. Friedrich zum 65. Geburtstag*, R. v. Kienle et al., Hrsg., Heidelberg, 1959, S. 105-145. R. de Vaux, *Das Alte Testament und seine Lebensordnungen.* Freiburg, 1984, Bd I, S. 190-193.

[43] Edwards, »Egypt.« *CAH* III:1, S. 552, meint, dass dieser Kampf 897 stattfand. Dies stimmt mit dem angenommenen Zeitpunkt der großen Versammlung (896) überein, zu der Kriegsbeute, wahrscheinlich vom kuschitischen Feind, mitgebracht wurde (2. Chr 15,11). Vergl. auch Yeivin, »Divided Kingdom.« *WHJP*, Bd IV:1, S. 136; K. A. Kitchen, *The Third Intermediate Period in Egypt (1100-650 v. Chr.).* Warminster, 1973, S. 309.

Für dieses Problem hat es verschiedene Lösungsvorschläge gegeben. Einige Wissenschaftler verbessern »35« und »36« zu »15« und »16«. Für die Richtigkeit dieser Änderung gibt es keinerlei Hinweise aus dem Text.[44] Andere verlängern die Jahre Baschas drastisch, um ihn zum Zeitgenossen der letzten Jahre Asas zu machen.[45] Dies ignoriert nicht nur vollkommen die biblischen Zeugnisse, sondern erfordert auch eine Anpassung nahezu aller anderen Könige Israels und Judas. Außerdem bringt es die Datierung des Feldzuges gegen Serach vollkommen durcheinander.

Die beste Lösung scheint die von E. R. Thiele zu sein, der vorschlägt, dass »35« und »36« sich nicht auf die Jahre der Herrschaft Asas beziehen, sondern auf die Jahre, die seit dem festgelegten *terminus a quo* der Teilung des Königreiches vergangen seien.[46] Da der *terminus a quo* ins Jahr 931 datiert wird, wäre Asas 35. Jahr 897 und sein 36. das Jahr 896 gewesen. Obwohl es sich hierbei um eine ungewöhnliche Methode der Datierung von Ereignissen im Leben eines Königs handelt, ist sie weder unmöglich noch unwahrscheinlich. Ein Argument dafür ergibt sich, wenn man die Jahre Rehabeams (17) und Abijas (3) zu den 15 Asas, die seinem ersten Krieg vorausgingen (vergl. 2. Chr 15,10.19), addiert. So ergeben sich genau 35, von denen der Erzähler vermutlich ausgeht.

Wenn der Konflikt zwischen Asa und Bascha im 36. Jahr (2. Chr 16,1) auftrat, muss es sich bei dem Krieg in seinem 35. Jahr (15,19)

---

[44] Diese Lösung wird von E. L. Curtis zitiert, *A Critical Commentary on the Books of Chronicles.* Edinburgh, 1910, S. 387, aber nicht akzeptiert. R. B. Dillard, »The Reign of Asa (2 Chronicles 14-16): An Example of the Chronicler's Theological Method.« *JETS* 23, 1980, 217, nimmt an, der Chronist arbeitete mit einer anderen Texttradition und der moderne Leser müsse mit der Möglichkeit rechnen, dass diese Tradition falsch war, oder sich zumindest von Samuel/Könige unterschied. Für eine Übersicht der verschiedenen Lösungsversuche mit Bibliographie siehe S. Japhet, *I&II Chronicles.* Louisville, 1993, S. 703-705.

[45] W. F. Albright, *The Biblical Period from Abraham to Ezra.* New York, 1963, S. 116-117.

[46] Thiele, *Mysterious Numbers,* S. 60.

um die militärische Auseinandersetzung mit Serach in Marescha gehandelt haben. Der Zeitpunkt dieses Krieges wäre das 15. Jahr der Regierung Asas, 897. Von Serach ist aus außerbiblischen Quellen nahezu nichts bekannt. Die Beschreibung im AT scheint darauf hinzuweisen, dass er ein nubischer oder arabischer Söldner war, der unter Osorkon I. diente.[47]

## Asas Kriege

Bei dieser ersten militärischen Auseinandersetzung rief Asa Jahwe an, weil er sah, dass er ihn brauchte. Der Chronist berichtet, Jahwe habe nicht nur geholfen, sondern »der Herr schlug die Kuschiter« (2. Chr 14, 11). Diese Formel erinnert an die alte Tradition des heiligen Krieges. Der Kampf gegen Serach, der enorme Verluste mit sich brachte, erstreckte sich von Marescha (Tell Sandaḥanne), in der Nähe Lachischs, bis nach Gerar, mehr als 30 km südwestlich.[48] Gerar war offenbar zu dieser Zeit in ägyptischer Hand, denn 2. Chr 14, 12-15 beschreibt die Zerstörung und Plünderung von Feindesland.

Der Feldzug Asas gegen Bascha im darauf folgenden Jahr ist von weitaus größerem Interesse und Bedeutung, weil er nicht nur das geteilte Haus Israel einschloss, sondern auch die Aramäer. Der Autor des 1. König-Buches sagt, zwischen Asa und Bascha habe alle Tage Krieg geherrscht (1. Kön 15, 16). Zweifelsohne meinte er damit den feindseligen Geist, der im Laufe der Zeit zur offenen Aggression führte.

Die Provokation kam von Bascha (909-886), der wahrscheinlich in seinem 13. Jahr eine Befestigung in Rama (er-Râme), in Grenznähe zu Juda, baute. Dieses Bauwerk sollte die Israeliten daran hindern, nach Juda zu gehen, was schon Jerobeam zu erreichen versucht hatte, indem er Bethel als Kultzentrum ausgewählt hatte. Während Baschas

[47] T. C. Mitchell, »Israel and Judah Until the Revolt of Jehu (931-841 v. Chr.).« *CAH* III:1, S. 462-263; Kitchen, *Third Intermediate Period*, S. 309.

[48] Aharoni und Avi-Yonah, *Der Bibel Atlas*, Karte 122.

Herrschaft stieg die Zahl der Israeliten, die den moralischen und geistlichen Bankrott des Nordens erkannten und nach Süden zogen, um entweder an den Festen in Jerusalem teilzunehmen oder dauerhaft auszuwandern.

Baschas Ziel war es, diese Reisen zu unterbinden. Asa, aus welchen Gründen auch immer, sah diesen Schritt als Bedrohung seiner eigenen Sicherheit. Er unternahm also Maßnahmen, um sich die Unterstützung des Königs von Damaskus, Ben-Hadad, zu sichern. Ben-Hadad hatte einmal einen Vertrag mit Israel geschlossen. Asa bewog ihn, den Vertrag zu brechen und sich an das bindende Versprechen ihrer Vorfahren zu erinnern (2. Chr 16,3). Als weiteres Überzeugungsmittel bot Asa Ben-Hadad Silber und Gold aus dem Tempel und den königlichen Schatzkammern an.

Durch derartige Argumente überzeugt, marschierte Ben-Hadad Richtung Süden gegen Israels nördliche Gebiete und nahm schnell nacheinander Ijon (Tell ed-Dibbîn), Dan, Abel-Bet-Maacha und große Teile Naftalis ein, darunter das Genezareth-Gebiet etwas westlich des Sees Genezareth oder Galiläa.[49] Bascha war gezwungen, sein Projekt in Rama aufzugeben und sich in seine Hauptstadt Tirza zurückzuziehen (1. Kön 15,16-22), vielleicht, um dort Ben-Hadads weiteres Vordringen abzuwarten. Asa zerstörte darauf das unvollendete Werk in Rama und erbaute aus den Materialien seine eigene Verteidigungsmauer in Geba (Ǧebaʿ) und Mizpa (Tell en-Naṣbe), erstere östlich und letztere westlich von Rama.

Die Tatsache, dass Ben-Hadad sowohl mit Juda als auch mit Israel Verträge schloss, zeigt den wachsenden Einfluss und die Bedeutung von Damaskus unter den kleineren Staaten in Syrien und Palästina. Es beweist auch das diplomatische Geschick Ben-Hadads, der wusste, wie man zum größten eigenen Vorteil eine Seite gegen die andere ausspielen konnte. Er war nicht nur durch die Bezahlung von Silber und Gold angenehm entlohnt worden, sondern hatte fast die gesamte galiläische Region unter seine Herrschaft gebracht. Damit hatte er Zugang zur Mittelmeerküste und darüber hinaus gewonnen.

---

[49] Für die Route siehe Aharoni und Avi-Yonah, *Der Bibel Atlas*, Karte 124.

Damaskus hatte bereits den Vorteil, an der Königsstrasse und an weiteren wichtigen Routen südlich und östlich des Antilibanons zu liegen. Jetzt kontrollierte es die Hauptstraßen von Ägypten über die Küstenebene bis nach Mesopotamien.[50]

## Das Wiedererstarken Assyriens

Der Aufstieg von Damaskus wurde teilweise dadurch begünstigt, dass keine Großmacht, wie etwa Assyrien, in diesem Gebiet aktiv war.[51] Die Welt des östlichen Mittelmeeres genoss diese Freiheit seit den Tagen Tiglat-Pilesers I. Sie ging aber dem Ende zu. Aufmerksame Beobachter des Weltgeschehens konnten bereits um 900 v. Chr. die Bewegungen des assyrischen Riesen erkennen. Obwohl es noch fast 50 Jahre dauern sollte, bevor sie in seine Hände fielen, konnten die kleinen Königreiche im Westen ihn schon kommen hören.[52]

In seinem vierten Feldzug drang Adad-nirari II. zum ersten Mal nach Westen vor (911-891).[53] Er griff die Region Ḫanigalbat am oberen Euphrat an. Hier traf er auf die aramäischen Aḫlamû- und die

---

[50] Unger, *Israel and the Arameans*, S. 62.

[51] Die parallele assyrische und aramäische Inschrift auf einer Statue, die auf Tell Fecherije, in der Gozanregion entdeckt wurde und die aus der Mitte des neunten Jahrhunderts stammt, zeigt, dass die Aramäer enormen kulturellen, wenn nicht sogar politischen Einfluss auf ihre assyrischen Nachbarn hatten. Dieser Aufstieg der Aramäer könnte Assyrien zu seiner Expansion nach Westen angestiftet haben, die besonders unter Aššur-naṣirpal II. begann. Die Bedeutung der Statue zeigt A. R. Millard, »Assyrians and Aramaeans.« *Iraq* 45, 1983, 106; und ders., »The Tell Fekheriyeh Inscriptions.« *Biblical Archaeology Today*, Jerusalem, 1990, S. 518-524; Ran Zadok, »Remarks on the Inscription of Hdys'y from Tell Fakhariya.« *TA* 9, 1982, 118-129.

[52] Für die Regierungsdaten der neo-assyrischen Herrscher siehe Anhang, Tabelle 7.

[53] A. K. Grayson, »Assyria: Ashur-dan II. to Ashur-Nirari V. (934-745 v. Chr.).« *CAH* III:1, S. 250.

Suḫu-Stämme, die er isolieren und schlagen konnte.[54] In einer Serie von Angriffen (ca. 901-896) eroberte er schließlich ganz Ḫanigalbat und unterstellte es dem assyrischen Einfluss. Weitere aramäische Stämme in dem oberen Habor-Gebiet wurden bis 900 unterworfen. Als Ben-Hadad seine Herrschaft begann (ca. 900), war das ganze obere Mesopotamien fest in assyrischer Hand. Ben-Hadad, genau wie Asa, Bascha und andere Herrscher, waren sich der großen Ereignisse im Norden sicher bewusst. Sie wussten auch, was dies für ihre kleinen Reiche bedeutete. Deshalb ist es nicht verwunderlich, dass internationale Verträge zwischen den verschiedenen Staaten Syriens und Palästinas abgeschlossen wurden. Das AT berichtet von Bündnissen zwischen Asa und Ben-Hadad auf der einen und Bascha und Ben-Hadad auf der anderen Seite (1. Kön 15,18-19; 2. Chr 16,3).

Der Nachfolger Adad-niraris, Tukulti-Ninurta II. (890-884), führte die Politik seines Vorgängers mit der eindeutigen Absicht fort, ein assyrisches Großreich zu schaffen. Von Interesse für jeden, der Israels Geschichte studiert, sind seine Landeroberungen im Westen bis nach Muschku (Phrygien?) im westlichen Zentral-Anatolien, durch einen Feldzug, der 885 stattfand.[55] Seine Karriere war jedoch kurz. Die Aufgabe, ein Imperium zu bauen, blieb Aššur-nasirpal II. (883-859) überlassen.[56] Er begann ein Programm mit jährlichen Feldzügen in den Westen, die für ihre Grausamkeit bekannt wurden. Um 875 hatte er alle nördlichen aramäischen Staaten bis nach Bit-Adini, am oberen Euphrat, unter assyrische Kontrolle gebracht. Israel, Juda und Damaskus wurden allerdings 25 Jahre lang ver-

---

[54] Vergl. A. K. Grayson, *Assyrian Royal Inscriptions.* Wiesbaden, 1976, Bd II, S. 86-87, Zeilen 30-41. H. Klengel, Hrsg., *Kulturgeschichte des alten Vorderasien.* Berlin, 1989, S. 295, ist allerdings der Meinung, dass es den Assyrern nicht gelang, diesen halbnomadischen Stämmen eine nachhaltige Niederlage beizubringen.

[55] Grayson, »Assyria.« *CAH* III:1. S. 252; ders., *Assyrian Royal Inscriptions*, Bd II, S. 104, Zeilen 33-45.

[56] Grayson, »Assyria.« *CAH* III:1, S. 253-259; Y. Ikeda, »Assyrian Kings and the Mediterranean Sea: The Twelfth to Ninth Centuries B.C.« *Abr-Nahrain* 23, 1984-1985, 23-26.

schont, bevor sie in den Strudel der internationalen Ereignisse gerissen wurden, der durch den unaufhaltsamen Sog der assyrischen Kriegsmaschinerie unter Salmanasser III. entstand.

## Nadab von Israel

Kurz nachdem Asa über Juda zu herrschen begonnen hatte, starb Jerobeam und sein Sohn Nadab bestieg den Thron (1. Kön 14,20). Seine nur zweijährige Herrschaft zeichnete sich vor allem durch Nachahmung des schlechten Beispiels seines Vaters aus. Die Weissagung des Propheten erfüllte sich: Nadab wurde gewaltsam getötet und Jerobeams Dynastie endete nach nur zwei Generationen (1. Kön 14,14). Das Haus Jerobeams sollte niemals wieder an die Macht gelangen, dies wollte Nadabs Mörder, Bascha, sicherstellen. Also begann er, die gesamte königliche Familie auszulöschen. Dies alles geschah »um der Sünden Jerobeams willen, die er tat und womit er Israel sündigen machte und den Herrn, den Gott Israels, zum Zorn reizte« (1. Kön 15,30). Die Regierungszeiten der übrigen Könige Israels werden mit ermüdender Eintönigkeit ähnlich beschrieben.[57]

## Die Dynastie Baschas von Israel

### Baschas Herrschaft

Der Ausführende des heiligen Zornes Jahwes war Bascha ben Ahija aus Issachar, ein israelitischer Offizier. Nadab belagerte Gibbeton (Tell Melât), eine philistäische Festung, etwas nördlich von Gezer. Vielleicht hoffte er, an Judas nordwestlicher Flanke einen Stützpunkt zu etablieren und gleichzeitig die problematische Anwesenheit der

[57] Dies ist nur eins der vorherrschenden Themen, die in 1. und 2. Kön zu finden sind und eine prophetische Verurteilung von Israels Geschichte des Bundesbruches. Vergl. Z. Zevit, »Deuteronomistic Historiography in 1 Kings 12-2 Kings 17 and the Reinvestiture of the Israelian Cult.« *JSOT* 32, 1985, 57-73.

Philister in der Nähe der wichtigen Vorratsstadt Geser zu beenden. Während der Belagerung wandte sich Bascha gegen seinen König, tötete ihn und ging nach Tirza, um den königlichen Thron zu besetzen.

Bascha, der Gründer der zweiten Dynastie im Nordreich, regierte 24 Jahre (909-886), gleichzeitig mit Asa von Juda. Die neue Dynastie veränderte jedoch nicht das Wesen der Regierung. Bascha wandelte genau wie Nadab auf den Wegen Jerobeams. Nach kurzer Zeit kam ein Prophet, Jehu ben Hanani, und verkündete Bascha das gleiche Urteil, das Ahija über Jerobeam ausgesprochen hatte. Das Königshaus würde vollkommen vernichtet werden, obwohl ihm Gott zunächst gestattet hatte, an die Macht zu kommen (1. Kön 16,1-4). Jahwes Angebot eines fortwährenden Königtums war real, aber an Bedingungen geknüpft. Ein König wie Jerobeam, Bascha oder sonst jemand, den Gott erwählt hatte und der sich seinem Willen unterstellte, in welcher Form auch immer er offenbart würde, konnte sicher sein, dass seine Linie in Israel niemals enden werde. Wurde er jedoch untreu und fiel ab, und die Könige Israels taten dies ohne Ausnahme, musste er mit dem sicheren und furchtbaren Gericht Gottes rechnen. Die messianische Monarchie war David und seinen judäischen Nachkommen vorbehalten. Dies schloss jedoch ein ewiges Königshaus über Israel nicht aus.

Abgesehen von seinen Kämpfen mit Asa, die den letzten Teil seiner Herrschaftszeit einnahmen (ca. 896-886), ist nur wenig von Bascha bekannt. Er hatte ein Bündnis mit Ben-Hadad aus Damaskus geschlossen, einen Pakt, den Ben-Hadad zu Gunsten Asas brach. Auch verlor Bascha einen beträchtlichen Teil seines Landes im Norden an seinen früheren Verbündeten. Abschließend kann von Bascha gesagt werden, dass er offensichtlich eines natürlichen Todes starb. Dies wurde, wie wir noch sehen werden, zur Ausnahme unter den Königen des Nordreichs.

## Elas Herrschaft

Bascha gründete, genau wie Jerobeam, eine Dynastie, die mit ihm und seinem Sohn Ela nur zwei Generationen bestand. Wie Nadab regierte auch Ela nur zwei Jahre (886-885). Erstaunlicherweise geht der Vergleich weiter, denn Ela fiel wie Nadab einem vertrauten Offizier und Freund zum Opfer. Nach einer Zechtour im Hause seines Hofmarschalls Arza wurde Ela vom Kommandanten eines Kavalleriekorps, Simri, angegriffen und getötet (1. Kön 16,8-14). Simri löschte Baschas gesamte Familie aus, genau wie Bascha es mit Jerobeams Sippe getan hatte. Simri hatte allerdings eigenmächtig gehandelt, ohne von Gott in irgendeiner Weise bestätigt worden zu sein. Er gründete keine Dynastie und überlebte nur sieben Tage. Die Feiern im Hause Arzas hatten offenbar stattgefunden, während die Armee Israels unter ihrem Oberbefehlshaber Omri erneut Gibbeton belagerte. Als die Nachricht von dem Coup das Heerlager erreichte, ernannten die Truppen ihren General Omri zum König (1. Kön 16,16). Omri und seine Anhänger begaben sich dann auf den Weg nach Tirza. Als Simri erkannte, dass er keine Unterstützung besaß und von Omri jeden Moment gefasst werden konnte, setzte er den Palast in Brand und kam in den Flammen um.[58] Der Weg zum Königtum war nun für Omri frei.

## Omri aus Israel

Es sollte für Omri keine leichte Thronbesteigung werden, denn Tibni ben Ginat hatte es geschafft, Anhänger um sich zu sammeln, und leitete so eine neue Führungskrise ein. Wer er war und woher er kam, ist unbekannt. Seine Bemühungen, eine Alternative zu Omri zu bieten, waren schnell beendet. Er selbst wurde getötet und Omri wurde König (1. Kön 16,21-22). Tirza blieb während der ersten sechs Jahre

[58] Archäologische Beweise für den Brand und Omris Vorarbeit für die Wiederherstellung Tirzas gibt D. N. Pienaar, »The Role of Fortified Cities in the Northern Kingdom During the Reign of the Omride Dynasty.« *JNSL* 9, 1981, 151-152.

Omris (885-874) Hauptstadt. Um 880 erwarb der König den mächtigen Hügel von Schemer, baute dort seine Stadt und nannte sie Samaria. Er errichtete auch ausgedehnte Befestigungen um den Gipfel und erbaute in ihrer Mitte einen Palast und weitere Regierungsgebäude.

Diese Stätte war schon seit frühesten Zeiten immer wieder besiedelt worden, doch erst als Omri sie zu seinem Regierungssitz machte, wurde sie eine bedeutende Stadt.[59] Dies ist angesichts ihrer strategischen Lage erstaunlich. Die Stadt lag auf der Spitze des Hügels, von dem man eine überragende Sicht auf das Tal hatte. Somit war sie vor heimlichen Überfällen sicher und leicht zu verteidigen. Samaria blieb bis 722, als die Assyrer sie einnahmen, Israels Hauptstadt. Danach war es Provinzsitz der Assyrer und Perser. Herodes der Große baute es wieder auf und nannte es Sebaste, nach Augustus Cäsar, seinem Patron (*Sebastos* ist das griechische Wort für »Augustus«). Der heutige Name des angrenzenden Dorfes, Sebastia, spiegelt diese Umbenennung durch Herodes wider.

Die Verlegung der Hauptstadt von Tirza nach Samaria, ca. 20 km westlich, stieß nicht auf ungeteilte Zustimmung. Noch Jahre später hatte eine Gemeinschaft von Rebellen ihr Quartier in Tirza und wetteiferte selbst in der Mitte des achten Jahrhunderts noch mit Samaria um die Vorherrschaft. Weshalb Omri trotz des eindeutigen Widerstandes einen derartigen Schritt unternahm, ist schwer nachvollziehbar. Er könnte sich und seine neue Dynastie als Vertreter des Wandels nach der nun diskreditierten Herrschaft Jerobeams und seiner Nachfolger gesehen haben. Ein eindeutiges Signal dieses Wandels war der Verzicht auf Tirza zu Gunsten einer neuen Stadt, die nicht mit dieser Vergangenheit in Verbindung gebracht werden konnte.[60]

Obwohl die biblischen Geschichtsschreiber wenig Informationen über ihn bieten, war Omri unter den frühen Königen Israels einer der

---

[59] E. G. Wright, »Samaria.« *BAR*, Bd II, S. 248-257.

[60] Weitere Vorschläge zur Verlegung der Hauptstadt bietet H. Donner, *Geschichte des Volkes Israel und seiner Nachbarn in Grundzügen 2.* ATD Ergänzungsreihe 4/2, Göttingen, 1986, S. 266-267.

einflussreichsten. Selbst unter den Großmächten war er so anerkannt, dass sein Name zum Synonym für sein Königreich wurde. So wird Israel zum Beispiel in assyrischen Texten, die mehr als ein Jahrhundert nach seinem Tod geschrieben worden sind, *Bīt Ḫumrî* (Haus Omris) genannt.[61] Israelitische Könige, die auf ihn folgten, wurden manchmal »Söhne Omris« genannt, auch wenn sie aus anderen Dynastien stammten.

Der Grund für Omris Prestige ist nicht gesichert. Die relativ wohlhabende und mächtige Herrschaft seines Sohnes Ahab weist allerdings darauf hin, dass Omri ein festes Fundament gelegt haben muss.[62] Er muss eine solide Finanzpolitik betrieben und sich durch seine geschickte Diplomatie gegen feindliche Angriffe abgesichert haben. Darüber hinaus muss er auch wirtschaftliche und politische Bündnisse eingegangen sein, die für ihn selbst äußerst vorteilhaft waren. Ein bedeutendes Beispiel dafür ist sein Verhältnis zu Ittobaal, dem König von Tyrus und Sidon (887-856), das schließlich zur Heirat seines Sohnes Ahab mit der tyrischen Prinzessin Isebel führte.[63] Diese Ehe war für Israels und Judas geistliches Wohlergehen verheerend. Ansonsten hatte die Beziehung zwischen Omri und Ittobaal sichtbare Vorteile für beide Parteien: Tyrus hatte sich ohne Zweifel von dem wachsenden Einfluss Damaskus' bedroht gefühlt und einen Verbündeten willkommen geheißen.[64] Für Israel hatte eine Verbindung mit Tyrus seit der Zeit Davids den Zugang zu einer größeren Welt des Handels und der Wirtschaft bedeutet. Diese Verbindung war in Israel nach Salomo zerbrochen, oder zumindest äußerst gespannt gewesen, also begrüßte Omri den erneuerten Kontakt mit Tyrus und freute sich über den Nutzen, den der wachsende Handel

---

[61] Mitchell, »Israel and Judah.« *CAH* III:1, S. 467.

[62] Siehe dazu W. Gugler, *Jehu und seine Revolution: Voraussetzung, Verlauf, Folgen.* Kampen, 1996, S. 19-80.

[63] Katzenstein, *History of Tyre*, S. 144.

[64] B. Oded, »Neighbours on the West.« *WHJP*, Bd IV:1, S. 234.

bringen konnte. Gleichzeitig müssen die Bande zwischen Israel und Phönizien in Damaskus mit Argwohn betrachtet worden sein. So erstaunt es nicht, dass Ben-Hadad mit Israel unter Ahab Krieg führte.[65]

## Joschafat aus Juda

### Ko-Regentschaft mit Asa

Bevor der Konflikt zwischen Ahab und Ben-Hadad beleuchtet wird, soll kurz der Übergang der Macht von Asa aus Juda an seinen Sohn Joschafat betrachtet werden. Die chronologische Rekonstruktion erfordert eine Datierung von Asas Tod auf das Jahr 870 und der Thronbesteigung Joschafats auf 873. Das würde eine dreijährige Ko-Regentschaft bedeuten. Der Chronist scheint dies auch in seinem Bericht anzudeuten, als er Asas Fußkrankheit in seinem 39. Jahr erwähnt (2. Chr 16,12). Dies fiele dann auf das Jahr 873, also das Jahr, in dem Joschafat seine Regierungszeit begann. Wegen Asas Behinderung wurde also ein System der Koregentschaft eingeführt, das danach sehr häufig von den Königen Israels und Judas benutzt wurde.[66]

Die Beurteilung Asas in den geschichtlichen Quellen variiert. Beide Berichte stimmen darin überein, dass er im Allgemeinen ein gottesfürchtiger Herrscher war, der auf den Wegen Davids wandelte. Er schaffte den Götzendienst bis auf einige Höhenheiligtümer ab und versuchte die reine Anbetung Jahwes wiederherzustellen. Diese Reform fand auf Befehl des Propheten Asarja (2. Chr 15,1-8) statt, der sagte, dass Jahwe mit Juda sein werde so wie er zur Zeit der Richter mit ihren Vorvätern gewesen war. Gott würde aber nicht automatisch mit ihnen sein, sondern nur, wenn sie ihn suchen würden. Nach

---

[65] Für die zahlreichen Gründe der Feindschaft siehe Unger, *Israel and the Aramaeans*, S. 66.

[66] Thiele, *Mysterious Numbers*, S. 70.

Vollendung der Reform berief Asa eine große Versammlung in Jerusalem ein. Er opferte Jahwe zahllose Opfer und bestätigte den Bund mit Jahwe (2. Chr 15,9-15).

Doch neben diesem positiven Verhalten war Asa ein Bündnis eingegangen, um sich Ben-Hadads Unterstützung gegen Bascha zu sichern – ein Annäherungsversuch, den der Prophet Hanani scharf kritisierte (2. Chr 16,1-9). Statt auf Jahwes Hilfe zu vertrauen, hatte sich Asa menschlichen Mitteln zugewandt und sogar die Tempelschatzkammer geleert, um eine Lösung für sein Problem zu erkaufen. Um sich seiner Sünde zu entledigen, nahm Asa den Mann Gottes gefangen, der ihn ermahnt hatte, und in seiner Frustration unterdrückte er sein eigenes Volk. Selbst als ihn ein Fußleiden befiel, hielt er sich an seine Ärzte, statt sich an Jahwe zu wenden, dessen Ziel es war, Asa durch diese Not zu sich zurückzubringen (2. Chr 16,7-12).

Es gibt allerdings einen bedeutenden Unterschied zwischen dem Wesen des Ungehorsams Asas und dem seiner israelitischen Zeitgenossen. Ihre Sünde stellte einen totalen Abfall von den Richtlinien des Bundes mit Jahwe dar, eine Ablehnung seiner Herrschaft. Asa hatte trotz seiner Fehler ein Herz für Gott. Seine Sünde bestand darin, statt sich der göttlichen Souveränität unterzuordnen an den entscheidenden Schnittstellen seines Lebens menschlicher Weisheit zu vertrauen. Gott, der das Herz ansieht, kann Impulse und Motivationen erkennen, die Menschen verborgen bleiben.

## Joschafats Leistungen

Asas Sohn Joschafat bestieg den Thron Judas, als er 35 Jahre alt war. Er regierte 25 Jahre (873-848), davon drei Jahre als Mitregent seines Vaters. Zu dieser Zeit regierte Ahab im Nordreich von Samaria aus, der 874 seinem Vater Omri gefolgt war. Joschafat begann also seine Alleinherrschaft in Ahabs viertem Jahr (1. Kön 22,41). Da Ahab 24 Jahre (bis 853) König war, regierten beide den größten Teil ihrer Herrschaft zeitgleich.

Das Urteil der Geschichte ist Joschafat gegenüber milde. Er wandelte auf den Wegen Jahwes, besonders in seinen frühen Jahren, und vernichtete alle Merkmale des Götzendienstes, außer einigen Höhenheiligtümern (1. Kön 22, 43; 2. Chr 17, 3-6). Es ist offenkundig, dass er am Anfang seiner Regierungszeit Ahab nicht traute, denn seine ersten Amtshandlungen waren die Verstärkung der Garnisonsstädte entlang der Grenze mit Israel (2. Chr 17, 1-2). Dieses Misstrauen hielt jedoch nicht lange vor. Bald schon machte Joschafat mit Ahab gemeinsame Sache; er heiratete sogar in Omris Dynastie ein. Dieses Bündnis mit Ahab sollte eines Tages zu einer strengen prophetischen Zurechtweisung führen: »Sollst du so dem Gottlosen helfen und die lieben, die den Herrn hassen?« (2. Chr 19, 2).

Unter Joschafat erreichte Israel – als Frucht des göttlichen Segens sowie auf Grund kluger Finanzpolitik – Wohlstand und Stärke, wie es sie seit Salomo nicht mehr erlebt hatte. Dies schuf unter seinen Nachbarn einen derartigen Respekt, dass einige von ihnen, besonders die Philister und Araber, sich freiwillig seiner Herrschaft unterwarfen und ihm Tribut zahlten (2. Chr 17, 10-11). Dabei spielte Eigennutz eine große Rolle, denn ihr Hauptmotiv war sicherlich die Suche nach zusätzlichem judäischen Schutz vor der nicht mehr zu übersehenden assyrischen Kriegsmaschinerie. Sie wandten sich wie selbstverständlich an Joschafat, da dieser in seinen Vorratsstädten gute Vorsorge getroffen und eine Armee von ungeheurem Ausmaß geschaffen hatte (2. Chr 17, 12-19).

Eine weitaus größere Quelle der Stärke Joschafats, eine Stärke des Herzens und des Geistes, waren seine missionarischen Aktivitäten, die er in ganz Juda während seines dritten Jahres durchführte (2. Chr 17, 7-9). Hohe Beamte, Leviten und Priester durchzogen das ganze Land und lehrten das Volk aus der Tora. Nachdem Joschafat den Bund mit Ahab geschlossen hatte,[67] drangen einige von ihnen mit ihrer Botschaft sogar bis ins Hügelland Ephraims vor (2. Chr 19, 4).

Joschafat leitete auch radikale Änderungen in der Rechtsprechung der Nation ein (2. Chr 19, 5-11). Er setzte in allen befestigten Städten Judas und in Jerusalem Richter ein und schuf eine Art höchsten Gerichtshof, der aus religiösem und nicht-religiösem Personal

[67] P. Kalluveettil, *Declaration and Covenant.* Rom, 1982, S. 57-58, 83, 162.

bestand. Es war ihre Aufgabe, die Fälle, die ihnen aus den unteren Gerichten zugetragen wurden, anzuhören. Den Vorsitz hatten Amarja, der Hohepriester, und Sebadja, der leitende Beamte Judas. Der König wies sie an, vor Jahwe gerecht zu richten, denn ihm waren sie zuletzt verantwortlich und seinen heiligen Richtlinien musste sich alles menschliche Verhalten unterordnen.

Der historische Bericht schweigt über bestimmte Ereignisse, die nach 868, Joschafats drittem Jahr (vergl. 2. Chr 17, 7), geschahen. Die Geschichte beginnt 853, als Joschafat sich von Ahab überreden ließ, ihm bei der erneuten Einnahme Ramot in Gilead aus der Hand der Aramäer behilflich zu sein (1. Kön 22, 1 - 4). Der Konflikt wurde für beide Parteien zur Katastrophe. Ahab starb in der Schlacht. Sein hinterbliebener Sohn Ahasja folgte ihm auf den Thron. Die unkluge Kollaboration brachte Juda nicht nur den scharfen Verweis des Sehers Jehu ein, sie stürzte die Nation auch in eine Reihe von Kriegen und weiteren Tragödien.

Wahrscheinlich durch die Niederlage und den Tod Ahabs durch die Aramäer ermutigt, starteten die kleinen transjordanischen Staaten Moab, Ammon und Mëun[68] einen Angriff auf Joschafat (2. Chr 20, 1). Als er schließlich davon erfuhr, hatten die feindlichen Truppen schon das Tote Meer überquert und ihr Lager in Hazezon-Tamar (d. h. En-Gedi) aufgeschlagen.[69] Alarmiert rief Joschafat ein allgemei-

[68] Das *mēhā'ammônîm* (von den Ammonitern) des masoretischen Textes sollte, wie in der Septuaginta, *mēham-mĕ'ûnîm* (von den Mëunitern) gelesen werden. Die Mëuniter waren ein arabischer Stamm, der in Edom sowie östlich und südlich des Toten Meeres lebte (2. Chr 20, 10.22-23; 1. Chr 4, 41; 2. Chr 26, 7). Siehe Merrill, »2. Chronik.« *Das Alte Testament erklärt und ausgelegt,* S. 198; H. G. M. Williamson, *1 and 2 Chronicles.* Grand Rapids, 1982, S. 293-294; R. Borger und H. Tadmor, »Zwei Beiträge zur alttestamentlichen Wissenschaft aufgrund der Inschriften Tiglathpilesers III.« *ZAW* 94, 1982, 250-251.

[69] Die meisten Wissenschaftler setzen Hazezon-Tamar mit Tamar ('En Ḥoṣb) in der Araba südlich des Toten Meeres gleich; vergl. Aharoni, *Das Land der Bibel,* S. 441.446. Sinnvoll ist allerdings, die Identifikation Hazezon Tamars mit En-Gedi nicht aufzugeben, da der Erzähler berichtet, der Feind sei »von der anderen Seite des Meeres« (d. h. des Toten Meeres) gekommen. Vergl. auch die von Aharoni und Avi-Yonah vorgeschlagene Route in *Der Bibel Atlas,* Karte 133.

nes Fasten aus und versammelte das Volk in Jerusalem zum Gebet. Joschafat erinnerte in seiner Bitte Gott an seine alten Verheißungen und wies auf die Ironie hin, wenn das Volk, das Jahwe vor dem Schwert Israels unter Mose bewahrt hatte, nun Juda vertilgen sollte (2. Chr 20,10-12).

Jahwe antwortete auf das Gebet durch Jahasiel, einen Leviten, der König und Volk die Gegenwart Gottes zusicherte. Alles, was sie zu tun hatten, war abzuwarten und die Befreiung, die Jahwe ihnen schenken wollte, zu beobachten. Am nächsten Tag zog Judas Armee in die Wüste Tekoa, um den Feind zu treffen. Die Anrufung Jahwes, die Lob- und Dankopfer und das direkte Eingreifen Jahwes zeigten es: Dies war ein Heiliger Krieg und Jahwe war der Sieger.[70] In totaler Verwirrung gingen die feindlichen Truppen gegeneinander los, bis sich alle selbst umgebracht hatten. Joschafat und Juda kehrten triumphierend mit riesiger Kriegsbeute nach Jerusalem zurück und sangen Jahwe Loblieder.

Wie bereits vermerkt, trat Ahabs Sohn Ahasja, der nur zwei Jahre lang regierte (853-852), dessen Nachfolge an. Man könnte meinen, Joschafat habe aus seiner unglücklichen Verbindung mit dem korrupten Haus Ahabs gelernt. Offensichtlich aber nicht, denn er ging auch mit Ahasja (2. Chr 20,35-36) einen Bund ein. Diese Verbindung diente zwar eher kommerziellen, nicht militärischen Zwecken, war aber dennoch in den Augen Jahwes nicht zu befürworten. Erneut kam ein Prophet zu Joschafat und kündigte diesmal die Zerstörung der großen Schiffsflotte an, die er zusammen mit Ahasja in Ezjon-Geber gebaut hatte. Und so kam es auch.

Die Anwesenheit judäischer Schiffe in Ezjon-Geber, der edomitischen Hafenstadt im Golf von Aqaba, weist darauf hin, dass Juda Edom noch immer beherrschte. Der Autor des König-Buches bemerkt, dass Edom in den letzten Jahren Joschafats keinen König hatte, sondern sich unter der Verwaltung eines Statthalters befand, den ohne Zweifel Joschafat selbst ernannt hatte (1. Kön 22,48). Diese direkte Oberherrschaft Israels über Edom überdauerte Joschafat jedoch nicht. Denn als Edom das nächste Mal in den biblischen

---

[70] F. M. Cross, *Canaanite Myth and Hebrew Epic*. Cambridge, 1973, S. 105-106.

Berichten während der Herrschaft Jorams erwähnt wird, hat es wieder einen eigenen König (2. Kön 3,9).

Edom scheint seine Unabhängigkeit ohne großen Kampf wiedererlangt zu haben. Denn als Joram von Israel Joschafat um Hilfe bat, um seine aufständische Provinz Moab unter Kontrolle zu bringen, sicherte er sich auch die Hilfe des Königs von Edom. Vielleicht bewirkte Joschafats Schiffskatastrophe in Ezjon-Geber den Verlust der Kontrolle über Edom.[71] Aber die edomitische Unabhängigkeit war sehr kurz. Zur Zeit Jorams, des Sohnes Joschafats, musste sie von Edom neu erstritten werden (2. Kön 8,20).

Der entscheidendste Aspekt des moabitischen Aufstandes war jedoch die Tatsache, dass Joschafat zum dritten Mal ein Kompromiss-Bündnis mit Omris Dynastie einging. Seine Neigung, sich mit seinen gottlosen Amtsgenossen aus dem Norden einzulassen, sprengt alle Erklärungsversuche.

## Ahab von Israel

### Ahabs Sünde

Der Impuls zu Joschafats verschiedenen Verflechtungen kam aus dem Nordreich und begann mit Ahab. Als er 874 auf Omri folgte, regierte er die nächsten 22 Jahre ein Königreich, das, dank der energischen Vorgehensweise seines Vaters, über ein gewisses Maß an Wohlstand und internationalem Einfluss verfügte, in dem aber auch moralische und geistliche Dekadenz herrschten. Als ob der innere Abfall von Jahwe nicht genügte, heiratete Ahab auch noch Isebel, die Tochter des sidonischen Königs Etbaal und führte ihren Baals- und Ascherakult in Samaria ein. Damit war der Kult Jahwes offiziell durch das

[71] J.R. Bartlett, »The Moabites and Edomites.« *POTT,* D.J. Wiseman, Hrsg., Oxford, 1973, S. 236, schlägt vor, die Zerstörung der Schiffe sei nicht Ergebnis einer Naturkatastrophe, sondern das edomitischer, möglicherweise sogar israelitischer, Feindschaft gewesen.

Heidentum ersetzt worden, nicht einmal eine Koexistenz war ihm gestattet.[72]

## Elias Dienst

Anstatt sein Volk abzuschreiben, erweckte Jahwe einen der faszinierendsten und mysteriösesten Menschen der biblischen Geschichte, den Propheten Elia, um sie mit ihrer Sünde und seinem Gericht zu konfrontieren. Eines Tages erschien der Prophet wie aus heiterem Himmel vor König Ahab. Er sagte ihm, Israel werde einige Jahre keinen Regen erhalten, da es von Jahwe abgefallen sei und sich den Baalen zugewandt habe (1. Kön 17,1). Drei Jahre später (1. Kön 18,1) trat Elia wieder in der Öffentlichkeit auf. Am Berg Karmel, der Stätte eines großen Baal-Altars, suchte er die Konfrontation mit den Baals- und Aschera-Priestern. Das Ergebnis war die totale Diskreditierung der heidnischen Propheten und ihrer Götter. Als die heidnischen Propheten getötet worden waren, verkündete Elia König Ahab, die Dürre sei beendet. Baal, der angebliche Gott des Donners, Regens und der Fruchtbarkeit, war gezwungen, sich voll Scham vor dem allmächtigen Jahwe, dem einzig wahren Gott, zurückzuziehen. Jahwe – und nicht Baal – hatte sich als Quelle des Lebens und Segens gezeigt.[73]

Trotz dieser wundersamen Demonstration der Macht Jahwes fand Ahab nicht zum Glauben an Jahwe. Er und Isebel zwangen Elia sich

---

[72] Das Wesen des phönizischen Kultes beschreiben D. Harden, *The Phoenicians.* New York, 1962, S. 82-114; M. Hutter, »Grundzüge der phönikischen Religion.« *Religionsgeschichte Syriens. Von der Frühzeit bis zur Gegenwart.* P. W. Haider et al., Hrsg., Stuttgart, 1996, S. 128-136.

[73] Diesen Bericht stellt L. Bronner, *The Stories of Elijah and Elisha.* Leiden, 1968, als anti-kanaanäische Polemik dar. G. E. Saint-Laurent, »Light from Ras Shamra on Elijah's Ordeal upon Mount Carmel.« *Scripture in Context,* C. D. Evans et al., Hrsg., Pittsburgh, 1980, S. 123-139. F. E. Eakin, Jr., »Yahwism and Baalism Before the Exile.« *JBL* 84, 1965, 413, weist darauf hin, dass der Sieg Elias die Unterscheidungsmerkmale Jahwes eindeutig herausstellte und somit eine Integration des Jahwismus in den Baalismus verhinderte.

auf den Horeb (Sinai) zurückzuziehen. Dort traf der Prophet an genau der Stelle, an der dies Mose 600 Jahre zuvor erlebt hatte, Jahwe von Angesicht zu Angesicht. Der Gott der Bundesverheißung war immer noch bereit, seinem Volk zu begegnen und es zu segnen, wenn es die Bedingungen des Gehorsams und Glaubens beachtete. Der Gott des Karmels war auch der Gott des Horebs. Und er war auch der allmächtige Gott Israels und der Nationen. Beweis seiner Überlegenheit war sein Auftrag an Elia, er solle den Weg, den er gekommen war, zurückgehen und Elisa zu seinem Nachfolger als Prophet, Jehu zum König von Israel und Hasaël zum König von Damaskus salben (1. Kön 19,15-16).

Die Chronologie der Geschichten Elias ist schwer zu rekonstruieren.[74] Die Verweise auf Jehu und Hasaël deuten darauf hin, dass sie Elia schon bekannt waren. Jehu wurde allerdings erst 841 König, also zwölf Jahre nach Ahabs Tod. Er regierte 28 Jahre. Scheinbar bekam Elia seinen Auftrag gegen Ende der Regierungszeit Ahabs. Wahrscheinlich erhielt er den Auftrag mindestens vier Jahre vor dem Tod des Königs und somit vor der Belagerung von Samaria durch Ben-Hadad. Die Umzingelung Samarias fand vier Jahre vor Ahabs tödlicher Verwundung beim Feldzug in Ramot in Gilead (853) statt (1. Kön 20,1.26; 22,1). Ein Datum um 857 als Zeitpunkt der Wanderung Elias zum Horeb wäre also angemessen. Da diese Reise nach vierjähriger Dürre stattfand, muss Elia König Ahab zuerst etwa um 860 getroffen haben, 14 Jahre nach dem Beginn seiner Herrschaft – ein Zeitraum, der ausreichte, dass die gottlosen Zustände, die die Erzählung beschreibt, sich dermaßen entfalten konnten.

[74] Der Erzähler hatte nur wenig Interesse an der Chronologie. Er beschäftigte sich vielmehr mit thematischen Zusammenhängen und Entwicklungen. Vergl. R. L. Cohn, »The Literary Logic of 1 Kings 17-19.« *JBL* 101, 1982, 333-350.

## Ben-Hadads Invasionen

Der Grund für Ben-Hadads Angriff auf Samaria ist nicht bekannt. Er könnte die Antwort auf die wachsende Freundschaft zwischen Israel und Sidon gewesen sein, welche durch die Ehe Ahabs mit Isebel belegt ist. Ben-Hadad sah in dieser Verbindung sicher ein Hindernis für seinen Zugang zum Meer und zu den Handelsrouten an der Küste.[75] Wenn die vorgeschlagene Chronologie korrekt ist, hätte zu dieser Zeit Salmanasser III. von Assyrien schon mit seinen Feldzügen nach Aram und Palästina begonnen und damit Ben-Hadad in die Verteidigung gedrängt. Der biblische Erzähler sagt, Ben-Hadad sei von 32 Königen begleitet worden, ein Hinweis darauf, dass er schon Bündnisse geschlossen hatte, um der wachsenden assyrischen Bedrohung entgegenzutreten. Vielleicht hatte er versucht, Ahab freundschaftlich als Verbündeten zu gewinnen, aber als seine Annäherungsversuche misslungen waren, beschloss er, Israel in die Koalition zu zwingen.

Wie dem auch sei, Ben-Hadad kam, belagerte Samaria und verlangte die Zahlung eines ungeheuren Lösegeldes (1. Kön 20,3). Ahab, dem wahrscheinlich keine Wahl blieb, stimmte den harten Bedingungen zu. Danach erhöhte Ben-Hadad die Forderungen und wollte freie Hand über Ahabs gesamten Besitz. Ahab weigerte sich und durch das Wort eines Gottesmannes ermutigt, machte er einen Ausfall. Er traf auf die feindlichen Soldaten, als Ben-Hadad und die restlichen Könige betrunken waren und brachte ihnen eine vernichtende Niederlage bei (1. Kön 20, 13-21).

---

[75] Unger, *Israel and the Aramaeans*, S. 66, schlägt außerdem vor, Ben-Hadad habe, indem er von Israels Schwäche nach der Hungersnot profitierte, ein Bündnis zwischen Israel und Assyrien zu verhindern versucht . Aus der Sprache in 1. Kön 20, 3 - 4 wird für B.O. Long, »Historical Narrative and the Fictionalizing Imagination.« *VT* 35, 1985, 407 - 412, ersichtlich, dass Ahab ein Vasall Ben-Hadads war und dieser lediglich den bei einer derartigen Verbindung fälligen Tribut einforderte. Als die Forderungen unmäßig wurden, zog Ahab in den Krieg und errang die Unabhängigkeit. In einer zweiten Begegnung (V. 26 - 34) werden die beiden Protagonisten als gleichwertig dargestellt . Obwohl es in dem Bericht keine weiteren Hinweise auf eine derartige Beziehung gibt, ist dies nicht unmöglich.

Im nächsten Jahr kam Ben-Hadad zurück. Diesmal trat ihm Ahab in Afek entgegen, wahrscheinlich in der Ebene östlich des Sees Genezareth.[76] Die Aramäer waren sich ihres Sieges sicher, denn ihre Niederlage im vergangenen Jahr führten sie darauf zurück, dass Jahwe ein Gott der Berge sei (1. Kön 20,28). Deshalb dachten sie, dass sie in der Ebene nichts zu befürchten hätten, da Jahwe sich außerhalb seines Elementes befände. Diese beschränkte Sicht vom Gott des Universums erwies sich als gewaltiges, fatales Missverständnis. Gott schenkte Israel den Sieg und der aramäische König wäre getötet worden, hätte Ahab nicht den kurzsichtigen Wunsch gehabt, mit Ben-Hadad ein Bündnis einzugehen.

Im Bundesvertrag gab Ben-Hadad die Städte, die seine Vorgänger Israel weggenommen hatten, zurück und garantierte Ahab freien Handelszugang nach Damaskus (1. Kön 20,34). Die Städte, um die es sich handelte, waren wahrscheinlich die, die Ben-Hadad 40 Jahre zuvor Bascha weggenommen hatte (1. Kön 15,20), sowie andere, die noch früher an Hesjon und Tabrimmon verloren worden waren. Ohne Zweifel sahen beide Könige noch weitere Vorteile in dem Vertrag, besonders den der gemeinsamen Front gegen Salmanasser.

## Ahabs Tod

Das schnell entstandene Bündnis war jedoch sehr zerbrechlich. Nach nur drei Jahren, als es keinen Nutzen mehr brachte, wurde es aufgegeben. Ahab war entschlossen, Ramot in Gilead (Tell Rāmît) von den Aramäern zurückzugewinnen. Diese wichtige Stadt war unter Salomo Bezirkshauptstadt gewesen, offenbar aber einige Jahre vor Ahab an Damaskus gefallen, vielleicht während des Konfliktes zwischen Bascha und Ben-Hadad. Ahab wollte Ramot in Gilead wahr-

[76] Aharoni, *Das Land der Bibel*, S. 346, FN 45, bringt es mit 'En Gev, einem »unteren Afek«, das unterhalb und einige Kilometer westlich von Fīq, dem »oberen Afek« lag, in Verbindung.

scheinlich in seinen Besitz bringen, weil es strategisch an einer Hauptstraße von Assyrien gelegen war. Vielleicht fühlte sich Ahab nach seiner erfolgreichen Begegnung mit Salmanasser in Qarqar vom Imperialismus beflügelt und entschloss sich, als ersten Schritt zur Wiederherstellung des Ruhmes Israels Transjordanien erneut zu annektieren.

Das ganze Vorhaben kam jedoch nie über die bloße Idee hinaus, da Ahab beim Versuch der Umsetzung starb. Sein Leichnam wurde in seine Heimat Samaria gebracht. Dort erfüllte sich, was der Prophet Elia vorausgesagt hatte (1. Kön 22, 38): Sein Blut wurde von Hunden aufgeleckt. So endete die Herrschaft Ahabs. Omris Dynastie war allerdings noch nicht zu Ende, denn Ahabs Sohn Ahasja setzte die Jahwe-feindliche Regierungspolitik weiter fort.

## Die Bedrohung durch Assyrien

An dieser Stelle ist es hilfreich, die internationale Lage zu betrachten, um die frenetischen Anstrengungen zu verstehen, Allianzen zu schaffen, die Ben-Hadad, Ahab, Joschafat und die anderen Herrscher der Kleinstaaten im Mittelmeergebiet unternahmen. Die Augen der Welt, einschließlich Arams und Palästinas, waren natürlich auf das mächtige Assyrien gerichtet. Das erneuerte Reich hatte begonnen, sich unter Adad-nirari II. (911-891) nach Westen auszudehnen. Unter Tukulti-Ninurta II. (890-884) wurde dies noch verstärkt und zur Zeit Ahabs und Joschafats hatte das Reich unter Aššur-naṣirpal II. (858-824) schon äußerst bedrohliche Ausmaße angenommen.[77] Um 875 etwa war dieser bereits bis nach Bit-Adini am oberen Euphrat vorgedrungen und hatte alle aramäischen Staaten dieser Region unter seine Kontrolle gebracht. Sein Nachfolger,

---

[77] Grayson, »Assyria.« in *CAH* III:1, S. 253-259; R. Labat, »Assyrien und seine Nachbarn (Babylonien, Elam, Iran) von 1000 bis 617 v. Chr.« *Fischer Weltgeschichte*, Bd IV, S. 9-44.

Salmanasser III. (858-824), machte es zum erklärten Ziel Assyriens, die gesamte westliche Welt seiner Herrschaft zu unterstellen.[78]

Innerhalb von drei Jahren hatte Salmanasser Bit-Adini eingenommen und war nach Westen über den Euphrat gezogen, um die wichtige Stadt Karkemisch zu erobern.[79] Der Feldzug fand 857 statt, ein Jahr, bevor Ben-Hadad und Ahab ihren Vertrag in Afek schlossen. Daraus wird der wahre Grund für diesen Vertrag ersichtlich: Dieses merkwürdige Gespann vergaß seine Unterschiede im Interesse der Selbsterhaltung. 853[80] war Salmanasser im Süden schon bis Qarqar (Khirbet Qerqur) am Orontes vorgedrungen, etwas über 160 km von Damaskus entfernt. Nach seinen eigenen Aufzeichnungen traf er dort auf eine große Koalition von Königen, die von Ben-Hadad angeführt wurde und Ahab einschloss.[81] In assyrischer Manier gibt er an, einen großen Sieg errungen zu haben. Die Wahrheit war allerdings etwas anders. Allein die Tatsache, dass er nicht weiter vordrang und sich sogar nach Kalach, in seine Hauptstadt, zurückzog, zeigt, dass es sich bestenfalls um eine Patt-Situation handelte. Außerdem fühlten sich Ben-Hadad und Ahab nach Qarqar derartig vom assyrischen Druck befreit, dass sie ihren Vertrag brachen und ihre Feindschaft wieder aufnahmen.

Während er im Osten seines Herrschaftsbereichs war, hatte Salmanasser Babylon nach einem dortigen Bürgerkrieg in sein Reich

---

[78] Die assyrische Imperialpolitik dieser Zeit, die vor allem von ökonomischen und kommerziellen Absichten motiviert war, legt H. Tadmor dar: »Assyria and the West: The Ninth Century and Its Aftermath.« *Unity and Diversity*, H. Goedicke und J. J. M. Roberts, Hrsg., Baltimore, 1975, S. 38-40.

[79] Grayson, »Assyria.« *CAH* III:1, S. 260; R. Labat, »Assyrien.« *Fischer Weltgeschichte*, S. 30.

[80] W. H. Shea, »A Note on the Date of the Battle of Qarqar.« *JCS* 29, 1977, 242, ist der Meinung, dass der Kampf in Qarqar 854 stattgefunden habe, ein Datum, das ihm mehr Raum für das folgende Zerwürfnis von Aram und Israel gibt.

[81] Eine Übersetzung des Textes gibt J. B. Pritchard, *ANET*. 2. Aufl., Princeton, 1955, S. 278-279. Auszüge von den Inschriften des Schwarzen Obelisken gibt auch *TUAT*, Bd I, S. 362-363.

integriert (850). Er kehrte schließlich in den Westen zurück und belagerte Damaskus 841, das zu dieser Zeit von Hasaël regiert wurde.[82] Israel entging unter Jehu, dem neuen König, einem ähnlichen Schicksal nur durch hohe Tributzahlungen an Salmanasser.[83] Schließlich ließ Salmanasser davon ab, die westliche Welt zu belästigen und gab so Israel und Juda für nahezu hundert Jahre Freiheit zum Atmen.

## Der Nachfolger Ahabs

### Ahasja aus Israel

In der Zeit zwischen Ahabs Tod und Jehus Thronbesteigung regierten zwei Söhne Ahabs, Ahasja (853-852) und Joram (852-841). Ahasja verehrte, wie sein Vater, Baal und andere heidnische Götter und wurde, wie sein Vater, vom Propheten Elia dafür zurechtgewiesen. Die Konfrontation erreichte ihren Höhepunkt, nachdem Ahasja sich bei einem Sturz verletzt hatte und Boten zum philistäischen Gott Baal-Zebub sandte, um die Aussichten auf Genesung zu erfragen (2. Kön 1, 1-2). Elia fing die Boten ab und sagte ihnen, der König habe mit seiner Konsultation heidnischer Gottheiten das Missfallen Jahwes auf sich gezogen. Der Mann Gottes sagte ihnen dann, Ahasja werde sich nicht erholen.

---

82 J. A. Brinkman, »Additional Texts from the Reigns of Shalmaneser III. and Shamshi-Adad V.« *JNES* 32, 1973, 43-44.

83 Dies ist auf dem berühmten schwarzen Obelisken festgehalten. Foto und Übersetzung finden sich bei D. W. Thomas, Hrsg., *Documents from Old Testament Time.* London, 1958, S. 54-55. P. K. McCarter, Jr., »Yaw, Son of Omri: A Philological Note on Israelite Chronology.« *BASOR* 216, 1974, 5-7 nimmt allerdings an, das *ia-ú-a* (oder *ia-a-ú*) der Stele solle Joram und nicht Jehu heißen. Jaw als Kosenamen für Joram zu lesen, löst zwei Probleme: (a) der König auf dem Schwarzen Obelisken wird »Sohn Omris« genannt, eine unwahrscheinliche Bezeichnung für Jehu, der die Familie Omris auslöschte und seine eigene Dynastie gründete; und (b) es ist nicht anzunehmen, dass ein König in seinem ersten Jahr Tribut zahlte. Als Erwiderung auf McCarter siehe E. R. Thiele, »An Additional Chronological Note on Yaw, Son of Omri.« *BASOR* 222, 1976, 25-26, und M. Weippert, »Jau(a) Mar Humri: Joram oder Jehu von Israel?«, *VT* 28, 1978, 114-118.

Es wurde schon von Joschafats Versuchen berichtet, mit Ahasja eine Handelsmarine zu gründen[84]. Als dieses Unternehmen scheiterte, scheint Edom den Vorteil der Situation genutzt zu haben, um sich von Judas Vorherrschaft zu befreien. Offenbar löste sich Edoms Nachbar im Norden, das Königreich Moab, etwa zur gleichen Zeit vom Nordreich, dessen Vasall es mindestens seit Omris Zeit gewesen war.[85] Genauer gesagt, trat der Bruch nach Ahasjas tödlichem Unfall ein, vielleicht sogar erst nach der Thronfolge seines Bruders Joram. Die Moabiter hatten einen neuen, effektiven Anführer gefunden: Mescha. Er hatte inmitten des Chaos, das durch Ahabs Tod und Ahasjas Verletzung ausgelöst worden war, Israels Herrschaft abgeschüttelt.[86] Dagegen ergriff Joram sofort Maßnahmen, um Mescha wieder unter Kontrolle zu bekommen (2. Kön 3,4-9a).

### Joram aus Israel

Dieser zweite Sohn Ahabs war, wie der Erzähler sagt, böse, aber keineswegs so böse wie sein Vater und seine Mutter. Er beendete nämlich ihre dreiste und offene Baals-Anbetung zu Gunsten des quasijahwistischen Kultes Jerobeams. Dies muss als positiver Schritt gewirkt haben; es lässt Joram aber kaum zum Reformer werden. Joschafat hatte sich, wie vorherzusehen, den Bemühungen seines

---

[84] Vergl. S. 509.

[85] G. Rendsburg, »A Reconstruction of Moabite-Israelite History.« *JANES* 13, 1981, 67, argumentiert, Moab habe sich während der turbulenten Zeit der Spaltung Jerobeams von Israel gelöst und sei bis zur Zeit Omris unabhängig gewesen.

[86] Außerbiblische Berichte finden sich in der so genannten Mescha-Inschrift. Eine Übersetzung des Textes bietet Pritchard, *ANET*, S. 320-321. Eine gute Integration der Daten aus der Inschrift sowie der im AT gibt B. Oded, »Neighbours on the East.« *WHJP*, Bd IV:1, S. 256-257; B. Bonder, »Mesha's Rebellion Against Israel.« *JANES* 3, 1970-71, 82-88; G. Rendsburg, »Reconstruction.« *JANES* 13, 1981, 68, meint, dass die Revolte in den letzten Tagen Ahabs stattgefunden habe. Dies basiert allerdings auf einer falschen Lesung des Meschatextes.

nördlichen Nachbarn angeschlossen, Moab wieder einzugliedern.[87] Wie in seiner Kollaboration mit Ahab gegen die Aramäer bestand Joschafat auch jetzt darauf, einen wahren Mann Gottes nach dem Ausgang ihres Vorhabens zu befragen. Dieser Prophet war Elisa ben Schafat, ein Schüler Elias. Er offenbarte ihnen, dass Jahwe eingreifen und ihnen einen großen Sieg schenken werde.[88]

Ermutigt reisten Joram, Joschafat und der König von Edom nach Süden um das Tote Meer herum und dann nach Norden durch Edom nach Moab.[89] Als sie zum Fluss Sered gelangten, der die Grenze zwischen Edom und Moab bildete, war dieser über die Ufer getreten. Die Moabiter waren in der Zwischenzeit nach Süden marschiert um die Eindringlinge zurückzudrängen. Im frühen Tageslicht sah das Wasser, als es die Strahlen der Sonne reflektierte, rot wie Blut aus. In der Annahme, ihre Feinde hätten sich zerstritten und einander umgebracht, griffen die Moabiter an. Erst zu spät stellten sie ihren schrecklichen Irrtum fest. Voll Verzweiflung opferten sie den Kronprinzen Moabs, den Sohn Meschas, einem Götzen als Brandopfer,

---

87 J.D. Shenkel, *Chronology and Recensional Development in the Greek Text of Kings.* Cambridge, 1968, S. 92-108, meint, der judäische König hier sei Ahasja und nicht Joschafat gewesen. Er stützt dies auf den Text der Septuaginta, besonders auf den des Lukians, dessen Chronologien er gegenüber dem masoretischen Text für besser hält. Hat er Recht, so muss diese Zeit der biblischen Geschichte neu geschrieben werden. Thiele hat in »Coregencies.« *JBL* 93, 1974, 184-188, allerdings gezeigt, dass Shenkel zu seiner Schlussfolgerung kommt, indem er den Text der verschiedenen griechischen Versionen seiner Argumentation »anpasst«.

88 Das Auftreten Elisas an dieser Stelle (2. Kön 3, 11) könnte als Hinweis dafür gesehen werden, dass Elia bereits gen Himmel gefahren war. Elia schrieb aber einen Brief an Joram aus Juda (2. Chr 21, 12-15), der nach Joschafat regierte. A. R. Green nimmt in »Regnal Formulas.« *JNES* 42, 1983, 176, an, Elisa habe diesen Brief geschrieben. Greens eigener Vorschlag einer Ko-Regentschaft von Joschafat und Joram (S. 173) würde diese Spannung jedoch auflösen (vergl. 2. Kön 1, 17).

89 Die Reiseroute ist bei Aharoni und Avi-Yonah, *Der Bibel Atlas,* Karte 132, nachgezeichnet. J. Liver, »The Wars of Mesha, King of Moab«. *PEQ* 99, 1966, 27 theoretisiert, die Könige hätten diese Route gewählt und nicht die nördlich des Toten Meeres wegen der starken Festungen, die Mescha nördlich von Moab errichtet hatte. Von diesen berichtet die Mescha-Inschrift.

der doch noch Sieg schenken sollte (2. Kön 3, 27). Von diesem Menschenopfer angewidert, zogen sich Israel und Juda, ohne Moab eingenommen zu haben, zurück.

Ein zweites bedeutendes Ereignis während Jorams Herrschaft war der Besuch Naamans (2. Kön 5). Dieser heldenhafte Kommandant der Armeen Ben-Hadads, der sich mit einer ernsthaften Hautkrankheit infiziert hatte,[90] hatte von einem Hausmädchen seiner Frau, einer Kriegsgefangenen aus Israel, von Elisas Wunderkräften gehört. Daraufhin beschloss er, Hilfe suchend nach Samaria zu ziehen. Sein leichter Zugang zu der Hauptstadt Israels deutet darauf hin, dass der Bruch zwischen Israel und Damaskus, der zu Ahabs Tod geführt hatte, geheilt sein musste. Jorams Reaktion auf Ben-Hadads Brief zu Gunsten Naamans zeigt aber auch, dass zwischen ihnen keine sehr freundschaftliche Atmosphäre herrschte.

Die mangelhafte Versöhnung zwischen Israel und Damaskus wird besonders nach Naamans Heilung und Rückkehr als Anhänger Jahwes sichtbar. Denn die alte Feindschaft brach wieder auf (2. Kön 6, 8). Der folgende Krieg, der eindeutig von Ben-Hadad ausging, stieß den Aramäern bitter auf. Jede ihrer Bewegungen war den Israeliten im Voraus bekannt. Schließlich fand man die Ursache. Der Prophet Elisa war die Informationsquelle, da Gott ihm die Strategie der Aramäer offenbarte. Also beschloss Ben-Hadad zum Aufenthaltsort Elisas, Dotan, zu marschieren und diesen Informanten ein für alle Mal zu beseitigen. Doch Jahwe beschützte seinen Diener, indem er den Feind blendete und ihn nach Samaria leitete. Elisa riet Joram, den syrischen Feind zu schonen und ihn nach Hause zurückkehren zu

---

[90] Das hebräische Wort in 1. Kön 5, 1, das gewöhnlich mit Lepra übersetzt wird, wird benutzt um verschiedene Hautkrankheiten zu bezeichnen. Es ist außerordentlich schwer, nach den in der Bibel beschriebenen Symptomen der unterschiedlichen Krankheiten eine dem heutigen Stand der Medizin gerecht werdende Diagnose vorzunehmen. Siehe E. V. Hulse, »The Nature of Biblical ›Leprosy‹ and the Use of Alternative Medical Terms in Modern Translations of the Bible.« *PEQ* 107, 1975, 87-105; J. Wilkinson. »Leprosy and Leviticus: The Problem of Description and Identification.« *SJT* 30, 1977, S. 153-169; M. Görg, »›Ausschlag‹ an Häusern: Zu einem problematischen Lexem in Lev 14, 37.« *BN* 14, 1981, 20-25; K. V. Mull und C. S. Mull, »Biblical Leprosy – Is It Really?« *BR* 8, 1992, 32-39, 62.

lassen. Danach sandten die Aramäer nie wieder ein kleines Heer gegen Israel.[91]

Doch schon bald kehrten sie mit einer gewaltigen Armee zurück und belagerten Samaria. Diese Umzingelung war so effektiv, dass die Einwohner dem Kannibalismus verfielen. Als es schien, die Einwohner seien durch die extreme Hungersnot in der Stadt zur Aufgabe gezwungen, entdeckten Bettler, die nichts zu verlieren hatten, außerhalb der Stadtmauer, dass die Aramäer in Panik geflohen waren. Jahwe hatte die Belagerer glauben lassen, die Hetiter und Ägypter kämen den Israeliten zu Hilfe. Deshalb waren die Aramäer Hals über Kopf geflohen, so dass ihr Lager intakt geblieben war und die Samariter sich jetzt mit der Nahrung versorgen konnten, die sie so dringend benötigten (2. Kön 6,24-7,16).

Die Daten des Besuchs Naamans und der beiden Invasionen Ben-Hadads sind nicht ganz gesichert; die folgende Erzählung über Elisa und die schunemitische Frau gibt aber einige Hinweise (2. Kön 8,1-6): Elisa wies die Frau, deren Sohn er zuvor zum Leben erweckt hatte, an, das Land zu verlassen, da eine siebenjährige Hungersnot drohe, was sie auch tat. Als sie nach den sieben Jahren in ihr Haus zurückkehrte, fand sie es samt ihren Äckern von Fremden in Besitz genommen. Deshalb wandte sie sich an den König, der ihr das Eigentum wieder zukommen ließ, nachdem er von Elisas Diener Gehasi ihre Identität erfahren hatte. Von historischem Interesse ist hier der Verweis auf Gehasi. Am Ende der Naaman-Geschichte wird berichtet, dass Gehasi mit einer Hautkrankheit geschlagen wurde und den Dienst bei Elisa quittieren musste. Naamans Geschichte folgt also zeitlich auf die Hungersnot. Außerdem fand die ganze Hungersnot in Jorams Regierungszeit statt (852-841). Sie muss bis mindestens 845 gedauert haben. Naamans Heilung und Ben-Hadads Invasionen liegen also gegen Ende der Herrschaft Jorams.[92]

---

[91] Hier muss die Bedeutung von 2. Kön 6,23 liegen; einige Zeit danach kehrte Aram nämlich mit einer großen Armee zurück (6,24). Vergl. T. R. Hobbs, *2. Kings.* Waco, 1985, S. 78.

[92] A. R. Green vertritt in »Regnal Formulas.« *JNES* 42, 1983, 178, die Auffassung, die Belagerung Samarias (2. Kön 6,24-7,20) habe zwischen 845 und 841 stattgefun-

## Die Salbung Hasaëls von Damaskus

Gegen Ende der Regierung Jorams begann Elisa, die beiden unerledigten Teile des Auftrages auszuführen, die sein Meister Elia am Horeb erhalten hatte: die Salbung Jehus zum König von Israel und die Hasaëls zum König von Damaskus. Elisa ging zunächst nach Damaskus (2. Kön 8,7-15). Ob sich Ben-Hadad und Joram versöhnt hatten, ist dabei unerheblich. Ben-Hadad begrüßte den Propheten mit offenen Armen, da er auf göttliche Heilung seiner Krankheit hoffte. Als Ben-Hadads Diener Hasaël sich erkundigte, ob der König sich erholen werde, antwortete Elisa höchst rätselhaft: »Geh hin und sage ihm: Du wirst genesen! – Aber der Herr hat mir gezeigt, dass er des Todes sterben wird« (V. 10). Danach kündigte Elisa an, Hasaël werde zum großen Leidwesen Judas König werden, denn er werde grausam und unaufhörlich Krieg gegen das Volk Gottes führen. Durch diese Worte ermutigt, schlich sich Hasaël in Ben-Hadads Schlafgemach und ermordete den schlafenden König.[93]

---

den. Diese Datierung ist logisch, da sie sowohl die siebenjährige Hungersnot als auch die Belagerung Dotans (2. Kön 6,8-23) vorher möglich macht. Green schlägt ebenfalls vor (S. 177), der erste Kontakt Elisas mit der schunemitischen Frau (2. Kön 4,8) sei zehn Jahre vor Ende der siebenjährigen Hungersnot geschehen. Ihr Kind wurde mindestens ein Jahr nach diesem Kontakt geboren; es war also bei seinem Tod mindestens zwei Jahre alt und die Hungersnot dauerte noch weitere sieben Jahre an. Weiterhin meint Green, der erste Kontakt Elisas mit der schunemitischen Frau müsse während der Herrschaft Joschafats passiert sein. Joram regierte nämlich nicht einmal zwei Jahre. Das Auftreten Joschafats im moabitischen Feldzug (2. Kön 3) ist daher historisch korrekt. Die Namen des nordisraelitischen Königs Joram und des judäischen Ahasja sind kürzlich in Fragmenten einer aramäischen Stele vom Tell Dan entdeckt worden. Siehe A. Biran und J. Naveh, »An Aramaic Stele Fragment from Tel Dan.« *IEJ* 43, 1993, 81-89; dies., »The Tel Dan Inscription: A New Fragment.« *IEJ* 45, 1995, 1-18; V. Sasson, »The Old Aramaic Inscription from Tel Dan: Philological, Literary and Historical Aspects.« *JSS* 40, 1995, 11-30.

[93] Dies wird indirekt durch eine Inschrift Salmanassers III. bestätigt, in der Hasaël »Sohn eines Niemand« (mar la mammana) genannt wird. Siehe E. Michel, »Die Assur-Texte Salmanassars III. (858-824).« *WdO* 1, 1947, 57ff. Eine Übersetzung findet sich in *TUAT*, Bd I, S. 365. So leitete Hasaël eine neue und blutige Ära der aramäischen Geschichte ein.

## Joram aus Juda

Bevor Jehus Salbung beschrieben wird, soll kurz auf die Geschichte Judas zur Zeit Jorams zurückgegriffen werden. Der judäische König Joschafat hatte sowohl Ahab als auch dessen Sohn Ahasja überlebt. Ja, er regierte bis ins fünfte Jahr Jorams hinein, des zweiten Sohnes Ahabs, bis er 848 starb, und sein Sohn Joram, der nur acht Jahre lang regierte (848-841), ihm auf den Thron folgte.

Jetzt trat eine der Folgen aus Joschafats schicksalhaften Bündnissen mit der Omri-Dynastie zu Tage: Joram, so der biblische Erzähler, war wie Ahab und die Könige Israels böse, denn er hatte Ahabs Tochter Atalja geheiratet. Irgendwann hatte Joschafat diese Heirat offenbar arrangiert, um mit den Feinden Jahwes ein Kompromiss-Bündnis einzugehen. Doch trotz der Sünde Jorams zerstörte Jahwe Juda nicht, sondern blieb seiner Verheißung an David treu (2. Chr 21,5-7).

Schon zu Beginn seiner Herrschaft zeigte Joram die Grausamkeit, die später seine gesamte Verwaltung kennzeichnen sollte. Aus Furcht vor einem möglichen Staatsstreich durch seine Brüder ließ er diese ermorden (2. Chr 21,4). Er musste allerdings auch Niederlagen erfahren. Als Erstes rebellierte Edom und stellte einen eigenen König auf. Dieses Fürstentum hatte seit vielen Jahren ein ständig wechselndes Verhältnis zu Juda gehabt.[94] In Joschafats späteren Jahren hatte Edom kurz seine Unabhängigkeit gewonnen (vergl. 1. Kön 22,48; 2. Kön 3,9). Zu Beginn seiner Regierungszeit hatte Joram Edom unter seine Kontrolle gebracht. Aber nun kam es zu einem neuen Aufstand. Obwohl Joram eine beträchtliche Streitmacht aufstellte, um die Unruhe niederzuschlagen, gelang es ihm nicht. Edom blieb von judäischer Herrschaft frei (2. Kön 8,20-22).

[94] Eine gute Analyse der abwechselnden Perioden der edomitischen Unabhängigkeit und Unterdrückung durch Juda bietet Green, »Regnal Formulas.« *JNES* 42, 1983, 176-177.

Libna (Tell eṣ-Ṣâfi)[95], eine bedeutende Stadt in der Schefela, lehnte sich ebenfalls auf, möglicherweise durch die Philister angestiftet. Diese hatten mit den Arabern, welche in der Nähe der Kuschiter wohnten, Jerusalem selbst angegriffen, den königlichen Palast geplündert und die königliche Familie, außer Joram und seinen jüngsten Sohn Ahasja, weggeführt (2. Chr 21,16-18).[96] All dies geschah, so der Erzähler, weil Joram auf den Höhen Heiligtümer hatte errichten lassen und so Juda zum Abfall verführt hatte, was schon der Prophet Elia in einem Brief an Joram vorausgesagt hatte (2. Chr 21,12-15), dem einzigen Schriftstück, das von diesem berühmten Mann Gottes erhalten ist.

Joram starb einen schrecklichen Tod an einer Erkrankung der Eingeweide.[97] Auf ihn folgte Ahasja, der wiederum nur ein Jahr regierte (841). Als Ataljas Sohn und Jorams Neffe, des Königs von Israel, war sein Verhalten alles andere als gottesfürchtig.

## Die Salbung Jehus

Wir wenden uns jetzt noch einmal der Erfüllung des Auftrages zu, den Elia am Horeb erhalten hatte, nämlich die Omri-Dynastie durch eine von Jehu neu gegründete zu ersetzen. Hasaël, der den Thron von Damaskus durch Mord errungen hatte, begann seine lange Herrschaft (841-801), indem er einem Angriff Jorams und Ahasjas auf

---

[95] Diese Gleichsetzung ist etwas umstritten. Vergl. A. Negev, Hrsg., *Archäologisches Bibel-Lexikon.* Neuhausen, 1991, S. 275, Yeivin, »Divided Kingdom.« *WHJP,* Bd IV:1, S. 150. Y. Aharoni, *Das Land der Bibel,* S. 443, setzt es mit Tell Bornâṭ gleich.

[96] Da weder die Erzählung noch die Archäologie Beweise liefern, dass die Stadt zerstört wurde, interpretieren die meisten Wissenschaftler den fraglichen Feldzug als Angriff auf abgelegene Ortschaften, die in der Nähe von Jerusalem lagen, da ein Lösegeld in Form der königlichen Familie und der Schätze des Königs gezahlt wurde. Vergl. z.B. Myers, *II Chronicles,* S. 122.

[97] Für eine mögliche Diagnose der Krankheit siehe Green, »Regnal Formulas.« *JNES* 42, 1983, 176, FN 31.

Ramot in Gilead Widerstand leistete (2. Kön 8,28-29). Joram hatte ohne Zweifel gehofft, in der Verwirrung, die auf Hasaëls Coup gegen Ben-Hadad gefolgt war, diesen strategischen Außenposten zurückzuerobern. Doch die Sache entwickelte sich für Israels König sehr schlecht. Er wurde verwundet und musste sich nach Jesreel zurückziehen, sein nördliches Verwaltungszentrum, um sich zu erholen. Ahasja, sein junger Neffe, verließ ebenfalls den Ort des Kampfes um seinen verwundeten Onkel zu besuchen.

In der Zwischenzeit hatte Jehu ben Nimschi, ein Kommandant der israelischen Armee, einen Prophetenschüler Elisas empfangen, der ihm bekannt gab, dass Jahwe ihn zum König von Israel erwählt habe. Der junge Prophet salbte ihn daraufhin mit Öl. Als Jehu seinen Offizierskameraden berichtete, was geschehen war, sahen diese dahinter Jahwes Willen und ernannten Jehu zu ihrem König. Sofort begann Jehu, einen Plan zu entwickeln, um seine Sache voranzutreiben. Er ließ seine Freunde Stillschweigen schwören und ritt nach Jesreel, um sein Vorhaben auszuführen. Als er dort ankam, wurde er von Joram und Ahasja erwartet, die sehr schnell den Grund seines Besuches erfuhren. Sie versuchten zu fliehen, allerdings zu spät. Jehu tötete Joram im Feld Naboths, wie Elia es vorausgesagt hatte (2. Kön 9,25-26; 1. Kön 21,19.29). Ahasja gelang die Flucht nach Samaria, er wurde jedoch bald gefasst und Jehu übergeben, der sich offenbar in der Nähe Ibleams, ca. 15 km südlich von Jesreel befand. Doch noch einmal entkam Ahasja, diesmal wurde er aber tödlich verletzt und starb in Megiddo.[98]

In solch kurzer Zeit hatte Jehu sowohl den König Israels als auch den Judas umgebracht und war selbst an die Macht gelangt. Die Dynastie Omris hatte ein Ende gefunden, die verwandte Linie in Juda war zum Teil ausgelöscht und für Gottes Volk bot sich eine neue Chance.

---

[98] Dieses Ahasja betreffende Szenario ist eine Rekonstruktion, die auf 2. Kön 9,27 und 2. Chr 22,7-9 basiert. Für weitere Details, siehe Merrill, »2. Chronik.« *Das Alte Testament erklärt und ausgelegt*, Bd II, S. 201.

# 11. Jehus Dynastie und das damalige Juda

## Jehu von Israel

Das Jahr 841 gehört zu den bedeutendsten in der Geschichte des alten Israel, da in diesem Jahr sowohl in Israel die Herrschaft Jorams, als auch in Juda die Jorams und Ahasjas endete und gleichzeitig die Regierung Jehus begann, der die beständigste Dynastie gründete, die das Nordreich haben sollte (841-753).[1] Außerdem war 841 auch das Jahr, in dem die Fortsetzung der messianischen Linie Davids an einem seidenen Faden hing: Nachdem Jehu Ahasja umgebracht hatte, begann Atalja, die sowohl die Mutter Ahasjas als auch eine Tochter Ahabs war, die judäische Königsfamilie systematisch auszurotten (2. Kön 11,1). Doch durch göttliche Vorsehung überlebte ein noch sehr junger Sohn Ahasjas, so dass die davidische Dynastie fortbestand. Schließlich war 841 auch ein international bedeutendes Jahr, denn in diesem Jahr unternahm Salmanasser III. einen seiner erfolgreichsten und weitreichendsten Feldzüge nach Westen.[2] Er belagerte Damaskus, das zu der Zeit von Hasaël regiert wurde, und hätte zweifelsohne Israel erobert, hätte nicht Jehu in seinem ersten Jahr bedeutenden Tribut an die Assyrer gezahlt.[3]

[1] E. Thiele, *The Mysterious Numbers of the Hebrew Kings*. Grand Rapids, 1965, S. 50-52. Zu Jehus Machtergreifung und deren Folgen siehe W. Gugler, *Jehu und seine Revolution: Voraussetzungen, Verlauf, Folgen.* Kampen, 1996.

[2] A.K. Grayson, »Assyria: Ashur-dan II. to Ashur-Nirari V. (934-745 B.C.).« *CAH*, Bd III:2, Cambridge, 3. Aufl., 1982, S. 262-263. Über diesen Feldzug berichtet Salmanasser III. im Annalen-Fragment und in der Marmorplatten-Inschrift, vergl. E. Michel, »Die Assur-Texte Salmanassars III. (858-824), 3. Fortsetzung, 22. Text.« *WdO* 1, 1949, S. 265-268; ders., »Die Assur-Texte Salmanassars III. (858-824), 6. Fortsetzung, 23. Text.« *WdO* 2, 1954, S. 27-45.

[3] Dass Jehu an Salmanasser III. Tribut zahlte, ist auch in drei assyrischen Inschriften bezeugt; siehe *TUAT*, Bd I, S. 366-367; J. V. Kinnier-Wilson, »The Kurba'il Statue of Shalmaneser III.« *Iraq* 24, 1962, 94. In der Beischrift des Schwarzen Obelisken werden die einzelnen Objekte des Tributs aufgeführt, vergl. *TUAT*, Bd I, S. 363.

Wie erwähnt, war Jehu von Jahwe berufen und mit der Aufgabe betraut worden, das Haus Omris für immer von Israels Thron zu verbannen. Er ließ daher nicht nur den letzten König töten, sondern auch die Königinmutter Isebel (2. Kön 9,21-37). Sie trug die Hauptverantwortung dafür, dass Israel bereitwillig zur Baals-Verehrung übergegangen war. Elia hatte ihr dafür einen furchtbaren Tod vorausgesagt (1. Kön 21,23) und Jehu erfüllte diese Prophezeiung (2. Kön 9,32-37).

Als Nächstes wandte er sich den überlebenden Nachkommen Ahabs zu. Nachdem er sich der Loyalität der samaritanischen Führer versichert hatte, befahl er ihnen, die königliche Familie zu vernichten und ihm als Beweis ihre Häupter nach Jesreel zu senden. Dann argumentierte er gegenüber der Bevölkerung von Jesreel folgendermaßen: Dass die Einwohner Samarias die Köpfe gebracht hätten, zeige, dass er ihre Symphatie erhalten habe und dass sie es gewesen waren, die die Familie Ahabs verworfen hätten. Um die Vernichtung zu vollenden, brachte er danach noch Ahabs Familie und Freunde, die in Jesreel lebten, um. Auch die Priester, die unter ihm den Baalen gedient hatten, verschonte er nicht (2. Kön 10,11). Damit waren beide Regierungszentren Israels in Jehus Hand.

Um seine Herrschaft zu sichern, unternahm Jehu noch zwei weitere Schritte, die ihn nach Samaria führten. Auf dem Weg dorthin traf er einige Verwandte Ahasjas von Juda. Er ließ sie ermorden, ganz so, wie kurz zuvor den König. Dann, nachdem er in Samaria eingetroffen war, vernichtete er den Rest der Familie Ahabs, bis niemand aus dem königlichen Geschlecht mehr am Leben war. Dies war allerdings nicht sein einziges Motiv für die Reise nach Samaria. Jehu wusste sehr wohl, dass Israels Abfall von seinen religiösen Führern ausging. Also rief er die Propheten und Priester Baals zusammen, wobei er sie allerdings glauben ließ, er wolle Baal anbeten und die Baals-Verehrung im Volk vertiefen. Als sie sich alle im großen Baals-Tempel versammelt hatten, sorgte er dafür, dass kein Mann, der an Jahwe glaubte, mehr darunter war, ließ Türen und Fenster scharf bewachen, schickte eine Truppe bewaffneter Männer in den Tempel und ließ sie bis auf den letzten Mann niedermetzeln. Schließlich befahl Jehu, den Tempel und die Anbetungs-Gegenstände zu vernichten und den Platz in eine öffentliche Toilette umzuwandeln (2. Kön 10,27).[4]

Es könnte der Eindruck entstehen, als habe die gründliche Ausrottung der Dynastie Omris und der öffentlichen Baals-Anbetung den Weg für die Rückkehr zum reinen Jahwismus geebnet. Leider war dem nicht so, denn Jehu war zwar ein Feind des klassischen Baalismus, aber kein Jahwe-Verehrer. Er war ein Synkretist von der Machart Jerobeams und ein Anhänger des Kultes um die goldenen Kälber in Dan und Bethel. Deshalb erging ein Gerichtswort Jahwes an ihn: Er hatte Gottes Willen über Ahab und sein Haus treu ausgeführt. Seine Dynastie sollte daher lange Bestand haben, aber nicht ewig dauern (2. Kön 10,30-31). Schon zu seinen Lebzeiten verwirklichte sich das göttliche Gericht, was besonders gut an der Minderung seines Herrschaftsbereiches durch andere Könige ersichtlich wird.

## Atalja von Juda

Der junge König Ahasja von Juda hatte unter dem verderblichen Einfluss seiner Mutter Atalja gestanden, auch seine wichtigsten Ratgeber waren Mitglieder des israelitischen Hofes gewesen (2. Chr 22,4). Was immer sie vorschlugen, führte er aus. So schloss er sich Joram von Israel an, als dieser zu dem unglücklichen Feldzug gegen Hasaël in Ramot in Gilead auszog (2. Chr 22,5). Nach dem frühen Tod Ahasjas und vieler Familienmitglieder durch Jehus »Reinigungsaktion«[5] trat seine Mutter an seine Stelle.

Als Tochter des israelitischen Königshauses sah Atalja den Tod ihres Sohnes nicht so sehr als Katastrophe, sondern als Gelegenheit, Juda unter israelitische Kontrolle zu bekommen, und hoffte damit, auch die Linie Omris in Samaria wieder etablieren zu können. Nach

[4] Vergl. T. R. Hobbes, *2 Kings*. Waco, 1985, S. 130. W. Gugler, *Jehu*, S. 188-194.

[5] Jehu rottete die israelitischen Familienangehörigen, Atalja die judäischen aus.

Ahasjas Tod brachte sie daher ihre eigenen Söhne und Enkel um, die in Jerusalem geblieben waren! Jorams Tochter Joscheba[6] versteckte jedoch ihren kleinen Neffen Joasch, den Sohn Ahasjas. Während der sechs Jahre, in denen Atalja widerrechtlich herrschte (841-835), wurde der Junge von Joscheba und ihrem Mann, dem Hohenpriester Jojada,[7] im Tempel versteckt und erzogen.

Endlich war die Zeit für Jojada gekommen, Joasch als rechtmäßigen davidischen König vorzustellen. Der Hohepriester gewann die Unterstützung der Offiziere, die wiederum die Leviten und die Obersten der Sippen für seinen Plan gewannen: Soldaten wurden an strategischen Punkten rund um den Tempel stationiert. Außer Priestern und Leviten musste jeder sterben, der den Tempel zu betreten versuchte. Schließlich wurde Joasch aus seinem Versteck geholt und sollte sich in der Nähe des großen Altars vorne am Tempel hinstellen. Jojada setzte dem Jungen die Krone Davids auf den Kopf, salbte ihn und übergab ihm eine Kopie des Königsgesetzes Moses (5. Mo 17,14-20). Die Versammelten konnten ihre Freude nicht länger zurückhalten und riefen: »Lang lebe der König!« (2. Kön 11,12).[8] Atalja, die von all dem nichts geahnt zu haben schien, hörte diesen Beifall, den Jubel und das Trompetengeschmetter. Sie eilte zum Tempel, um die Bedeutung des Ganzen zu erfahren und verstand sofort, worum es ging. Doch ihr Ruf: »Verrat! Verrat!« stieß auf taube Ohren. Die Offiziere brachten sie aus dem Tempelbezirk und töteten sie am Rosstor, also am Palast (2. Kön 11,16; 2. Chr 23,15).

---

[6] Joscheba war eine Tochter Jorams (2. Kön 11,2), vielleicht aber von einer anderen Frau als Atalja. Der Chronist sagt, dass Joscheba die Frau des Hohenpriesters Jojada war (2. Chr 22,11).

[7] Die Illegitimität der Herrschaft Ataljas macht der biblische Erzähler daran deutlich, dass er sein Muster verlässt und keinen direkten chronologischen Verweis auf ihre Herrschaft gibt. Die Angabe von sechs Jahren entsteht allein aus einer Schlussfolgerung. Vergl. W.R. Wilfall, »The Chronology of the Divided Monarchy of Israel.« *ZAW* 80, 1968, 328-329; E.R. Thiele, *Mysterious Numbers*, S. 71.

[8] Die Sprache spiegelt das Krönungsritual wider, vergl. J. Gray, *1&2 Kings*. Philadelphia, 1970, S. 573-575; R. de Vaux, *Das Alte Testament und seine Lebensordnungen*. Freiburg, 1964, Bd II, 2. Aufl., S. 166-174.

Der Hohepriester ließ dann den König und das Volk einen Bund mit Jahwe schließen, indem sie gelobten, Gott treu zu sein (2. Kön 11,17).[9] Als Zeichen ihres Eides zerstörten sie den Baals-Tempel, zerschmetterten die heidnischen Götzen und Altäre und töteten den Baals-Priester. Dann stellte Jojada die Anbetung im Tempel wieder so her, wie im mosaischen Gesetz beschrieben. Zuletzt geleitete er den jungen König aus dem Tempel und setzte ihn auf den Thron seines Vaters David, um deutlich zu machen, dass Gott sein Versprechen an David gehalten hatte, dass es ihm in der messianischen Linie nie an Nachkommen fehlen werde.

## Die Rolle der anderen Nationen

### Assyriens Vorstöße

Ataljas Regiment fiel mit den ersten sechs Jahren der Herrschaft Jehus im Norden zusammen, worüber die biblischen Berichte aber sehr wenig sagen. Die assyrischen Annalen jedoch sind beim Füllen dieser Lücke äußerst hilfreich. Nach dem Kampf in Qarqar, in dem sich eine Koalition westlicher Könige, darunter Ahab, dem assyrischen Imperialismus widersetzt hatte, war Salmanasser III. in sein Heimatland zurückgekehrt, um sich für vier Jahre den Problemen dort zu widmen. Er kehrte jedoch 849, 848, 845 und 841 in den Westen zurück und traf, bis auf das letzte Mal, immer auf eine starke Opposition. 841 gelang es ihm endlich, Hasaël, den König von Damaskus, zu schlagen und Jehu von Israel zu Tribut-Zahlungen zu verpflichten, wie auf dem berühmten schwarzen Obelisken bezeugt

---

[9] Es ist schwierig, den Ablauf anhand des Textes exakt zu rekonstruieren. Für die verschiedenen Ansätze siehe G. Fohrer, »Der Vertrag zwischen König und Volk in Israel.« *ZAW* 71, 1959, 11-13, der hier nur eine Bundes-Erneuerung sieht. T. Ishida, *Royal Dynasties in Ancient Israel.* Berlin, 1977, S. 115, ist der Meinung, der König habe als Bundesmittler fungiert. D.J. McCarthy, *Treaty and Covenant.* Rom, 1978, S. 215, 260-261, meint, hier sei nur von einem Bund zwischen zwei Parteien die Rede: auf der einen Seite Jahwe, auf der anderen der König mit dem Volk.

ist.[10] Es mag Zufall sein, dass dies in Jehus erstem Jahr geschah. Vielleicht spielte aber auch die Instabilität eine Rolle, die durch den gewaltsamen Umsturz der israelitischen Regierung entstanden war.[11] Da Salmanasser Israel tributpflichtig gemacht hatte und Damaskus nahezu völlig zerstört war, konnte er sich anderen Gebieten zuwenden. Nach 838 widmete er sich Nordsyrien sowie – ostwärts und nordwärts – Medien und Armenien.

Durch Salmanassers Rückzug wurde Israels Territorium anfällig für Verwüstungen durch Hasaël. Von Gott als Strafinstrument verwendet, marschierte er gegen Transjordanien und nahm Israel im Süden alle Gebiete bis zum Arnon ab (2. Kön 10,32-33). Der politische Grund dafür ist offensichtlich: Jehu hatte sich Salmanasser untertänig ergeben und zum assyrischen Vasallen erklärt, statt sich Hasaëls heldenmütigem Widerstand gegen Assyrien anzuschließen. Hasaëls Einfall nach Israel war also sowohl gegen Assyrien als auch gegen Israel gerichtet. Die Angriffe Hasaëls scheinen 837/836 stattgefunden zu haben. Denn einerseits können sie nicht vor dem Abzug Salmanassers geschehen sein (er verließ den Westen erst 838, nach einem fehlgeschlagenen Feldzug gegen Damaskus); und andererseits kann man davon ausgehen, dass der Wunsch nach schneller Vergeltung Hasaël dazu drängte, unmittelbar nach Salmanassers Abzug zu handeln.[12]

---

[10] Der Text findet sich in *TUAT*, Bd I, S. 362-363. W. Gugler, *Jehu*, S. 206-218, bezweifelt diese traditionelle Interpretation.

[11] M. C. Astour, »841 B.C.: The First Assyrian Invasion of Israel.« *JAOS* 91, 1971, 388-389, meint, Jehus Pogrome seien von seinem Wunsch motiviert gewesen, Assyrien zu gefallen, indem er die anti-assyrischen Elemente in Israel und Juda zerstörte.

[12] H. Donner, »The Separate States of Israel and Judah.« *Israelite and Judean History*, J.H. Hayes und J.M. Miller, Hrsg., Philadelphia, 1977, S. 413.

### Ägyptens Schwäche

Ägypten waren diese Unruhen in Israel und Juda sehr wohl bekannt. Zweifellos hätten die Pharaonen sehr gerne daraus Kapital geschlagen, konnten es aber wegen des aufsteigenden assyrischen Imperialismus nicht. Ägypten war kein Gegner für Salmanasser, also versuchte König Osorkon II. (874-850), sich politisch mit den assyrischen und den palästinischen Staaten zu verbünden, um zu verhindern, dass Assyrien gegen Ägypten vordringen würde.[13] Die ägyptische Bündnistreue zeigte sich daran, dass ägyptische Truppen an der Schlacht bei Qarqar teilnahmen.[14]

Mit Osorkons Nachfolger Takeloth II. (850-825) wurde Ägyptens Position weiter geschwächt. Theben begann nun sich gegen den Norden aufzulehnen, um von Oberägypten unabhängig zu werden. Daher konnten weder Jehu noch Joasch von dem Königreich am Nil Hilfe gegen Feinde wie Hasaël oder Salmanasser erwarten.

## Joasch von Juda

### Jahre der Gerechtigkeit

Die Ereignisse während der Regierung Ataljas sind nicht dokumentiert. Man kann allerdings davon ausgehen, dass Juda während dieser sechs Jahre (841-835) von den Krisen verschont blieb, die das benachbarte Nordreich Hasaëls wegen durchlitt. Hasaël sah die Tochter Ahabs wahrscheinlich als Verbündete, oder zumindest als gemeinsame Gegenspielerin zu Jehu, da sie, nachdem dieser ihre Familie vernichtet hatte, ihm mehr feindlich als wohlwollend gesonnen war.

---

[13] K. A. Kitchen, *The Third Intermediate Period in Egypt (1100-650 B.C.)*. Warminster, 1973, S. 324.

[14] Ebd., S. 325.

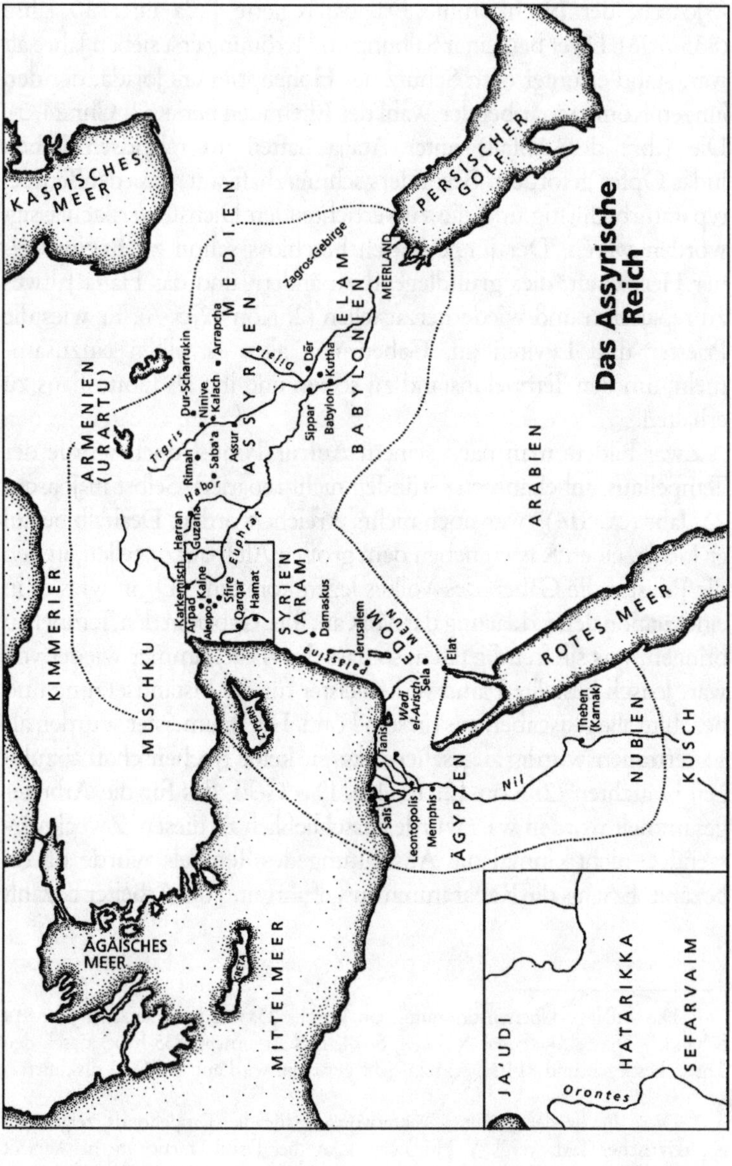
Das Assyrische Reich
KASPISCHES MEER
PERSISCHER GOLF
MEDIEN
Zagros-Gebirge
ELAM
MEERLAND
BABYLONIEN
ASSYRIEN
ARMENIEN (URARTU)
Dur-Scharrukin
Ninive
Kalach
Arrapcha
Diyala
Dēr
Kutha
Babylon
Sippar
Tigris
Rimah
Saba'a
Assur
Habor
Harran
Guzana
Euphrat
Karkemisch
Arpad
Kalne
Aleppo
Sfire
Qarqar
Hamat
SYRIEN (ARAM)
Damaskus
Jerusalem
Palästina
EDOM
MEUN
Sela
Elat
ARABIEN
ROTES MEER
KIMMERIER
MUSCHKU
ZYPERN
Tanis
Wadi el-Arisch
Sais
Leontopolis
Memphis
ÄGYPTEN
Nil
Theben (Karnak)
NUBIEN
KUSCH
ÄGÄISCHES MEER
KRETA
MITTELMEER
JA'UDI
HATARIKKA
SEFARVAIM
Orontes

Joasch, der Nachkomme Davids, regierte Juda über 40 Jahre (835-796). Da er bei seiner Salbung und Krönung erst sieben Jahre alt war, stand er unter dem Schutz des Hohenpriesters Jojada, der den jungen König sogar bei der Wahl der Ehefrauen beriet (2. Chr 24, 3). Die Jahre des Abfalls unter Atalja hatten im religiösen Leben Judas Opfer gefordert. Besonders schmerzhaft war, dass der Tempel reparaturbedürftig und die zu verrichtenden Dienste vernachlässigt worden waren. Der junge Joasch beschloss schon zu Beginn seiner Herrschaft, dies grundlegend zu ändern und das Haus Jahwes zu reparieren und wiederherzustellen (2. Kön 12, 5-6). Er wies die Priester und Leviten an, Gaben von allen Israeliten einzusammeln, um den Tempel instand zu setzen und ihn als Gotteshaus zu erhalten.

Zwar bildete man nach seinem Aufruf Fonds, doch wurde der Tempel aus unbekannten Gründen nicht repariert. Selbst in Joaschs 23. Jahr (ca. 814)[15] war noch nichts erreicht worden. Deshalb befahl er Jojada, einen Kasten neben dem großen Altar aufzustellen, in den die Priester die Gaben des Volkes legen konnten.[16] Dann wies er in einer nationalen Erklärung das Volk an, ihre Gaben in den Tempel zu bringen, was sie freudig taten, so dass der Kasten immer wieder voll war. Joasch bestellte Handwerksmeister für die Instandsetzung und bezahlte alle Ausgaben aus diesem Fond. Die Baumeister wurden als so vertrauenswürdig angesehen, dass sie keine Rechenschaft abzulegen brauchten (2. Kön 12, 10-16). Das Geld, das für die Arbeiter gesammelt worden war, wurde ausschließlich zu diesem Zweck verwendet, nicht einmal die Ausstattung des Tempels wurde davon bezahlt. Erst als die Reparaturen ausgeführt und die Arbeiter bezahlt

[15] Die zufällige Übereinstimmung von Joaschs 23. mit Jehus letztem Jahr 814 behandelt Thiele, *Mysterious Numbers*, S. 74. Das Argument, 835 habe Joasch den Thron bestiegen und 814 sei sein 23. Jahr gewesen, wird auf S. 71-72 diskutiert.

[16] Diese Praxis der geteilten Verantwortung für die Tempelfonds zeigt auch ein assyrischer Text. Vergl. V. Hurowitz, »Another Fiscal Practice in the Ancient Near East: Kings 12, 5-27 and a Letter to Esarhaddon (*LAS* 277).« *JNES* 45, 1986, 289-294.

waren, wurden aus dem Silber und Gold, das dank der Großzügigkeit des Volkes übrig geblieben war, Gefäße für den Dienst im Hause Jahwes hergestellt (2. Chr 24,14).

## Jahre des Abfalls

Offenbar kurz nach dem Ende dieser Instandsetzungs-Arbeiten starb der Priester Jojada (2. Chr 24,15). Mit ihm endete auch die geistliche Stabilität, unter deren Einfluss Joasch fast von Geburt an gestanden hatte. Jetzt begann der König, sich von Jahwe abzuwenden und zu tolerieren, dass das Volk Aschera anbetete, die Göttin, die schon von seiner Großmutter Atalja verehrt worden war. Als wollte er seine Sünde noch verschlimmern, ordnete Joasch an, den Propheten Secharja zu steinigen, den Sohn seines eigenen gottesfürchtigen Mentors Jojada. Jahwe hatte Secharja gesandt, um den König und das Volk zurechtzuweisen und ihn eindringlich zu bitten, von seinen falschen Wegen umzukehren.

Der Abfall Joaschs und des Volkes und die Steinigung Secharjas zogen als Strafe Gottes die Invasion der Aramäer in Juda nach sich, die sogar die Stadt Jerusalem bedrohten (2. Chr 24,23-25). Viele Oberen Israels wurden getötet und Joasch selbst verwundet. Schließlich fand er ein tragisches Ende: Attentäter aus seinen eigenen Reihen töteten ihn im Bett, wo er seine Verletzungen kurieren wollte. All das geschah, weil Joasch und das Südreich Jahwe verlassen hatten, wie der Geschichtsschreiber bemerkt (2. Chr 24,24).

## Außenpolitische Lage

### Hasaël von Damaskus

Die aramäische Invasion, die Joaschs Tod den Weg bereitete, kann nicht mit Hasaëls Feldzug gleichgesetzt werden, der in 2. Kön 12,18-19 beschrieben wird, da Hasaël bereits 801 starb, aber Joasch noch bis 796 lebte. Zudem haben die beiden Berichte außer dem gemeinsamen Feind keine Gemeinsamkeiten.[17] In 2. Kön wird zum Beispiel erwähnt, dass Jerusalem gefallen wäre, hätte Joasch es nicht mit dem gesamten Tempelschatz freigekauft.

Wie bereits erwähnt,[18] hatte Hasaël die Abwesenheit Salmanassers III. genutzt, ständig Druck auf Israel auszuüben, seinen Feind im Süden. So verlor Israel große Gebiete, besonders in Transjordanien. Nach dem Tod Jehus von Israel verschlimmerte sich die Lage noch, denn nun war Jehus Sohn Joahas (814-798) das ständige Opfer Hasaëls und seines Sohnes Ben-Hadad II. (2. Kön 13,3.7.22-25). Hätte der assyrische König Adad-nirari III. nicht in die syrisch-palästinischen Angelegenheiten eingegriffen, hätten die Aramäer neben Israel wahrscheinlich auch Juda in die Knie gezwungen.

## Assyriens Wiedererstarken

Hasaël blieb nicht nur während der restlichen Herrschaft Salmanassers III. vor assyrischen Eingriffen verschont, sondern auch während der seines Sohnes und Thronfolgers Schamschi-Adad V. (823-811).[19] Schamschi-Adad, der sich gegen einen Aufstand behaupten musste, kam nur unter großen Schwierigkeiten dank der Unterstützung des Königs des Meerlandes, Marduk-zakir-šumi I., an die Macht. Außer Damaskus blieben alle assyrischen Satellitenstaaten im Westen untertänig und ließen sich problemlos verwalten, so dass es für den assyrischen König dort keinen unmittelbaren Handlungsbedarf gab. Ein stärkeres Eingreifen in diesen Gebieten war auch gar nicht möglich, denn von 818 bis zu seinem Tod führte Schamschi-Adad Krieg gegen seinen früheren Verbündeten, Babylon. Daher wird klar, warum

---

[17] Die meisten Wissenschaftler erachten 2. Kön 12,18-19 und 2. Chr 24,23-25 fälschlich als verschiedene Berichte desselben Geschehens. Siehe z. B. J. M. Myers, *II Chronicles.* Garden City, N. Y., 1965, S. 138-139.

[18] Siehe Seite 533.

[19] Grayson, »Assyria.« *CAH* III:1, S. 269-271.

Hasaël zwischen 837 und 805 so ungestört und ganz nach Belieben gegen seine Nachbarn vorgehen konnte.

Etwa zur Zeit der Thronbesteigung des nächsten assyrischen Königs, Adad-nirari III. (810-783), wurde Babylon unterworfen. Trotzdem bestand zunächst noch kein assyrisches Interesse an den Ländern im Westen. Denn Adad-nirari war noch ein Junge, als er die Nachfolge seines Vaters antrat, und regierte unter dem Patronat seiner Mutter Sammuramat.[20] Zusammen bauten sie die Stadt Kalach wieder auf und machten sie zu ihrer Hauptstadt. Nachdem er 808 Guzana zurückerobert hatte, drang Adad-nirari nach Westen vor und führte 805 einen Feldzug gegen Damaskus und Palästina. In weiteren Feldzügen brachte er bis 796 fast ganz Syrien unter seine Kontrolle.[21] Aber das gesamte Gebiet, einschließlich Damaskus und des Südens, ging bald wieder verloren, weil Assyrien von anderer Seite bedroht wurde. Frühestens 743, unter Tiglath-Pileser III., nahm Assyrien seine imperialistischen Bestrebungen im Westen wieder auf.

---

[20] W. W. Hallo und W. K. Simpson, *The Ancient Near East.* New York, 1971, S. 129. Grayson widerspricht in »Assyria.« *CAH* III:1, S. 271-272, und sagt, die Idee einer Ko-Regentschaft beruhe auf einer Fehlinterpretation des relevanten Textes.

[21] Auf der Basis der Tell-er-Rimāḫ-Stele, die Joahas von Samaria (798-782) erwähnt, datieren die meisten Wissenschaftler Adad-niraris letzten Feldzug gegen Mansuate auf 796. W. B. Shea, »Adad-Nirari III and Jehoasch of Israel.« *JCS* 30, 1978, S. 101-113, führt allerdings an, die Rimāḫ-Stele beziehe sich, genau wie die Saba'a-Stele, auf einen früheren Feldzug (805) im gleichen Gebiet. Dies erfordert eine ebenso frühe Datierung Joahas. Shea übersieht die stereotype Art, in der königliche Inschriften abgefasst sind und gibt der Möglichkeit nicht genügend Raum, dass die gleichen Orte bei verschiedenen Feldzügen im Abstand von fast 10 Jahren unterworfen worden sein könnten. Siehe auch H. Tadmor, »The Historical Inscriptions of Adad-Nirari III.« *Iraq* 35, 1973, 141-150; H. Donner, »Adadnirari III. und die Vasallen des Westens.« *Archäologie und Altes Testament*, Festschrift für K. Galling, A. Kuschke und E. Kutsch, Hrsg., Tübingen, 1970, S. 49-59. Beide Inschriften sind in Auszügen nachzulesen in *TUAT*, Bd I, S 368-369.

## Joahas von Israel

Hasaëls Invasion in Juda, die nur in 2. Kön 12, 18 und 13, 3 erwähnt wird, scheint nach Joaschs 23. Jahr stattgefunden zu haben (d. h. nach 814).[22] Dies war auch das Jahr, in dem die Tempelschätze aufgefüllt wurden und die eigentlichen Tempelreparaturen begannen. Der Tribut, den Joasch Hasaël bezahlte, um Jerusalem zu retten, stammte sicherlich aus diesen Quellen. Außerdem war das 23. Jahr Joaschs auch das Todesjahr Jehus sowie das der Thronbesteigung des Joahas, des Sohnes Jehus (2. Kön 13, 1). Der Autor der König-Bücher legt Wert darauf zu berichten, dass zu dieser Zeit die Einfälle Hasaëls in Israel intensiver wurden (13, 3).[23] Daher lässt sich vermuten, der Tod Jehus (im Jahr 814) habe Hasaël veranlasst, gleichzeitig Israel, Gat und Jerusalem anzugreifen. Schamschi-Adad aus Assyrien war zu jener Zeit vollkommen mit seinem Kampf gegen Babylon beschäftigt und hätte nichts unternehmen können, um Hasaëls Eroberungen zu stoppen.

Obwohl Joahas von Israel ein schlechter König war, rief er Jahwe an, als Hasaël Israel bedrängte. Jahwe antwortete, indem er einen »Befreier« sandte, der Israel aus der aramäischen Herrschaft half (2. Kön 13, 5). Die meisten Wissenschaftler meinen, dabei habe es sich um Adad-nirari III. gehandelt, der 805 einen erfolgreichen Westfeldzug durchführte, wobei er Hasaël unterwarf und wodurch Israel befreit wurde.[24] In der Zwischenzeit war Israels Armee in einem erbärmlichen Zustand: Der Erzähler berichtet, sie habe nur aus

---

[22] S. Yeivin, »The Divided Kingdom: Rehobeam-Ahaz/Jeroboam-Pekah.« *WHJP*, Bd IV, Teil 1, The Age of the Monarchies: Political History. A. Malamat, Hrsg., Jerusalem, 1970, S. 152, datiert Hasaëls Einfall auf 813.

[23] Auf die Verkleinerung des israelitischen Gebietes könnte ein Ostraka von Samaria hinweisen, das nur Steuerzahlungen von einigen Städten nahe der Hauptstadt aufführt; vergl. Yeivin, »Divided Kingdom«, S. 153.

[24] In der Steintafel-Inschrift Adad-niraris III. wird Hasaël als *Mari'* (»Herr«) identifiziert, ganz als ob dies sein Name und nicht etwa ein Titel sei. Siehe M. F. Unger, *Israel and the Aramaeans of Damascus*. Grand Rapids, ND 1980, S. 80. Adad-nirari besiegte

50 Reitern, zehn Wagen und 10.000 Infanteristen bestanden (2. Kön 13,7)!

Den zweiten Feldzug von Damaskus aus gegen Jerusalem, bei dem Joasch tödlich verwundet wurde, kann Hasaël nicht angeführt haben, da er 801 starb[25], während Joasch bis 796 lebte.[26] Der ungenannte aramäische König, der den Feldzug anführte, muss Hasaëls Sohn Ben-Hadad II. gewesen sein, der die Interventionspolitik seines Vaters in Israel und Juda fortführte. In seine Hände lieferte Jahwe Israel unter der Regierung Joahas' immer wieder aus (2. Kön 13,3), aber Joasch, Joahas' Sohn, konnte bereits wieder die israelitischen Städte zurückgewinnen, die Ben-Hadad erobert hatte (13,25). Jerobeam II. von Israel rang Ben-Hadad schließlich das große aramäische Territorium ab, das Israel zu Salomos Ruhmeszeiten gehört hatte (2. Kön 14,25-27).

## Die internationale Szene

### Assyrien

Bevor die Herrscher Joaschs von Israel und Amazjas von Juda betrachtet werden, ist es notwendig einen Blick auf die anderen Staaten des achten Jahrhunderts zu werfen. Sie spielten eine immer wichtigere, unübersehbare Rolle in der Geschichte des geteilten Königreiches. Die Großmacht der Welt des nahen Ostens zu dieser Zeit und für noch zwei weitere Jahrhunderte war Assyrien.

Mit dem Rückzug Adad-niraris III. aus dem Westen nach 796 begannen für dieses Gebiet 50 Jahre, in denen kein assyrischer

---

auch Damaskus und seinen König Ben-Hadad 796. Er könnte also auch zu dieser Zeit als »Befreier« Israels in Erscheinung getreten sein, das von Joahas regiert wurde. H. Tadmor, »Assyria and the West: The Ninth Century and Its Aftermath.« *Unity and Diversity*. H. Goedicke und J.J.M. Roberts, Hrsg., Baltimore, 1975, S. 40.

[25] Unger, *Israel and the Aramaeans*, S. 82.

[26] Thiele, *Mysterious Numbers*, S. 72-73.

Angriff stattfand. Ihm folgte sein Sohn Salmanasser IV., der nur zehn Jahre regierte (782-773).[27] Salmanasser musste sich die meiste Zeit gegen das Königreich Urartu behaupten und konnte Teile seines Reiches nicht unter Kontrolle halten, von entfernten Ländern wie Aram ganz zu schweigen. Seinem Bruder Aššur-dan III. (772-755) erging es nur ein wenig besser, obwohl seine Annalen in seinem ersten Jahr einen Angriff auf Damaskus und verschiedene weitere gegen Hatarika (Hadrach) verzeichnen.[28] Assyriens militärische Schwäche wird an Aššur-dans Unvermögen deutlich, in vier Jahren keinen einzigen Feldzug durchgeführt zu haben, was in der assyrischen Geschichte einzigartig ist, und an seiner Unfähigkeit, Aufstände niederzuschlagen, besonders in Guzana.

Ein dritter Sohn Adad-niraris wurde als Nächster König. Während der kurzen Regierung Adad-niraris V. (754-745) gab es nur einen bedeutenden Feldzug, den gegen Arpad im Jahr 754. Ein Attentat auf den König beendete die Zeit der assyrischen Schwäche, denn auf seinen Tod folgte (wenn er ihn nicht sogar selbst herbeigeführt hat) einer der berühmtesten Regenten Assyriens: Tiglat-Pileser III.

## Ägypten

In Ägypten war die politische Lage sehr komplex. Dies lag an den zeitgleichen und miteinander konkurrierenden 22. und 23. Dynastien.[29] Takeloth II. der 22. Dynastie (850-825) war Zeuge des wachsenden Unabhängigkeits-Kampfes der Stadt Theben. Der Bruch

[27] Grayson, »Assyria.« *CAH* III:1, S. 276-277.

[28] Ebd., S. 277.

[29] Kitchen, *Third Intermediate Period*, S. 326-333. Etwas andere Daten und eine detaillierte Diskussion der ägyptischen Chronologie dieser Periode bietet K. Baer, »The Libyan and Nubian Kings of Egypt: Notes on the Chronology of Dynasties XXII to XXVI.« *JNES* 32, 1973, 6-15.

erschien unvermeidbar. Bevor es soweit kam, starb Takeloth und sein jüngerer Sohn Schoschenk III. trat die Nachfolge an, nachdem er den Thron dem rechtmäßigen Erben, seinem älteren Bruder Osorkon, weggenommen hatte. Zunächst schien Schoschenk im Norden und Süden erfolgreich zu einen, doch dann trat in Leontopolis ein konkurrierender König auf, Petubastis, der der Gründer der 23. Dynastie war und 25 Jahre über das Westdelta regierte (818-793).

Obwohl Schoschenk III. über 50 Jahre als Pharao in Tanis saß (825-773), war sein Königreich, verglichen mit dem seiner Vorgänger, ein kleines Scheichtum. Um die Sache noch zu verschlimmern, erklärten verschiedene Fürsten im Delta ihre Unabhängigkeit von Petubastis und von Schoschenk. Oberägypten bekundete in der Zwischenzeit seine Loyalität gegenüber Petubastis. Dies wurde allerdings durch den Aufstieg der Prinzen des Norddeltas und die zunehmende Anwesenheit von Nubiern im Süden ausgeglichen. 737 forderte Pianchi aus Nubien in Theben die Herrschaft und gründete dort die 25. Dynastie. Zehn Jahre später gründete Tefnacht I. (727-720) die 24. Dynastie, die so genannte Saïtenlinie der Könige, im nördlichen Delta. Diese beiden neuen Königslinien existierten parallel zueinander, aber auch zur 22. und 23. Dynastie in deren letzten Jahren. Erstere endete unter Osorkon IV. etwa um 715, letztere unter Schoschenk etwa zur gleichen Zeit.[30]

Hieraus wird deutlich, dass Ägypten den größten Teil des achten Jahrhunderts hoffnungslos zerteilt und nahezu machtlos war. Israel und Juda hatten aus diesem Teil der Welt nichts zu befürchten. Ironischerweise hofften dennoch beide auf Hilfe aus Ägypten gegen das Vorrücken Assyriens.

---

[30] Kitchen, *Third Intermediate Period*, S. 362-377; H. de Meulenaere, »Die Dritte Zwischenzeit und das Äthiopische Reich.« *Fischer Weltgeschichte*, Bd IV, Frankfurt, 1964, S. 226-240.

## Damaskus

Wieder war Damaskus in der Lage, seine schwächeren südlichen Nachbarn zu bedrohen, was es auch sehr schnell zu seinem Vorteil nutzte. Diesmal erwies sich die Situation allerdings als völlig verändert: Sowohl Israel als auch Juda besaßen nun starke, einfallsreiche Herrscher, die nicht nur dem aramäischen Eindringen widerstanden, sondern auch entschiedene Maßnahmen ergriffen, um ihr Gebiet zu Lasten der Feinde zu vergrößern, die zu lange auf ihre Kosten gelebt hatten.[31]

# Joasch von Israel

Der dritte Regent aus der Linie Jehus von Israel war Joahas' Sohn Joasch, der von 798 bis 782 v. Chr. regierte. Wie sein Vater und Großvater wandte auch er sich nicht von den Sünden Jerobeams ab. Dennoch war Gott Joasch gnädig und schenkte ihm nicht nur verschiedentlich Siege über die Aramäer, sondern auch über Amazja von Juda. Allein die Tatsache, dass er zu dem sterbenden Propheten Elisa zog, um ihn zu trösten und Rat von ihm einzuholen (2. Kön 13,14-19), zeigt, dass diese Einschätzung Joaschs (als eines weiteren israelitischen Königs in der götzendienerischen Tradition all seiner Vorgänger) nicht ganz so abwertend gemeint sein kann.

Joasch muss Elisa seinen Besuch sehr früh in seiner Regentschaft abgestattet haben, vielleicht ca. 796. Dies wird daran deutlich, dass Ben-Hadad II. gerade in Damaskus die Macht von Hasaël übernommen hatte, der 801 gestorben war. Hasaël war für Jehu und seinen Sohn Joahas eine ständige Bedrohung gewesen. Nach Hasaëls Tod musste Israel glauben, nun sei die Zeit gekommen, Rache zu üben und verlorene Gebiete zurückzugewinnen. Sicher war das mit ein Grund, weshalb Joasch den sterbenskranken Propheten aufsuchte: Er wollte wissen, ob er mit seiner Armee die Aramäer unter Ben-

---

[31] A. Jepsen, »Israel und Damaskus.« *AfO* 14, 1942, S. 153-172.

Hadad besiegen könnte. Als er eine bejahende Antwort bekam, zog er gegen Ben-Hadad in den Krieg. Wie Elisa vorausgesagt hatte, erzielte er drei bemerkenswerte Siege, durch die er verlorene Gebiete zurückgewann. Wäre er mutiger gewesen und hätte er Jahwe mehr Glauben geschenkt, hätte er den aramäischen Feind ganz vernichten können.

Die Städte, die Joasch wiedergewann, sind nicht näher aufgeführt. Es wird nur berichtet, dass es sich um die handelte, die Ben-Hadad dem Vater Joaschs (2. Kön 13,25) weggenommen hatte. Das impliziert, dass Ben-Hadad, der 801 zu regieren begonnen hatte, die aggressive Vorgehensweise seines Vaters gegen Israel fortgesetzt hatte. Obwohl Jahwe zwischen 805 und 796 einen »Befreier« erweckt hatte, vermutlich den assyrischen König Adad-nirari, war Israel nun wieder ungeschützt, da sich Adad-nirari um dringende Angelegenheiten in seiner Heimat kümmern musste. Fraglos nutzte Ben-Hadad den Abzug der Assyrer dazu, weitere israelitische Gebiete zu beanspruchen. Joaschs Bitte um Rat bei dem Mann Gottes ist somit nicht verwunderlich.

## Amazja von Juda

Ein weiterer Hinweis darauf, dass Joaschs Feldzüge gegen Damaskus in den Anfangsjahren seiner Herrschaft stattfanden, ist, dass Joasch so gut wie keine Zeit mehr für die Aramäer hatte, nachdem Amazja König von Juda geworden war, da Juda dann zum Hauptproblem des Nordreiches wurde. Amazja, der Sohn Joaschs von Juda, bestieg den Thron Davids 796 und regierte bis 767, überlebte also Joasch von Israel um fünfzehn Jahre. In den Quellen wird er meist wohlwollend erwähnt, obwohl er Jahwe nicht mit ganzem Herzen folgte.

Als er seine Herrschaft gefestigt hatte, was durch die Tatsache erschwert war, dass sein Vater einem Attentat zum Opfer gefallen war, ließ er die Mörder seines Vaters umbringen (2. Chr 25,3). Danach organisierte und baute er Judas Militärmaschinerie wieder auf. Dieser Schritt sollte Juda sowohl vor einem militanten, stärkeren

Nordreich schützen, als auch ermöglichen, Land wiederzugewinnen, das in den vergangenen 50 Jahren verloren gegangen war.

Die Beziehungen zum Nordreich hatten sich noch nicht so weit verschlechtert, dass es offenen Krieg gegeben hätte; was sich daran zeigt, dass Amazja 100.000 israelitische Söldner geworben hatte. Dennoch war dieser Schritt unklug, wie der Chronist verdeutlicht, denn das Nordreich war von Jahwe verworfen worden und konnte deshalb dem Südreich keine Hilfe sein: Juda sollte dem Herrn vertrauen und nicht menschlicher Hilfe. Ironischerweise löste ausgerechnet Amazjas anschließende Weigerung, die Israeliten zu behalten, die von ihm seit langem erwartete, offene Feindseligkeit aus (2. Chr 25,5-13).

Als Amazja seine riesige Armee aufstellte, beabsichtigte er, Edom als Provinz Judas zurückzugewinnen. Edom war seit dem Bericht über Jorams Herrschaft, fünfzig Jahre zuvor, nicht mehr erwähnt worden. Damals rebellierte es gegen Juda und wurde eine unabhängige Nation mit eigenem König.[32] Wahrscheinlich ist es bis zu Amazjas Zeit ein selbstständiges Königreich geblieben. Amazjas Schritt war also weniger eine Reaktion auf eine kurz zuvor vorausgegangene edomitische Abspaltung von Juda, sondern eher der Versuch, Judas alten Ruhm wiederzuerlangen.

Jedenfalls trafen Judas Truppen die Verteidigungs-Streitkräfte Edoms im Salztal (Wadi el-Milḥ), zwischen Beerscheba und Arad, und brachten ihnen eine vernichtende Niederlage bei. Er tötete 10.000 Edomiter in der Schlacht. Mit unbeschreiblicher, nicht zu rechtfertigender Brutalität ließ er weitere 10.000 von der Spitze eines Felsens in den Tod stürzen. Dann zog er weiter zu Edoms Hauptstadt, Sela, und brachte sie wieder unter Judas Herrschaft (2. Kön 14,7; 2. Chr 25,11-12).

Sein Triumph über die Edomiter mochte Amazja ein gewisses Prestige bringen, förderte jedoch keineswegs seine Rolle als geist-

---

[32] Offenbar ermöglichte der Aufstand gegen Juda zur Zeit Jorams (2. Kön 8,20-22) Edom die Unabhängigkeit bis zur Zeit Amazjas. Vergl. B. Oded, »Neighbours on the East.« *WHJP*, Bd IV:1, S. 255.

licher Führer des Volkes. Denn als Beute brachte er edomitische Götzen mit, die er aufstellte und in Jerusalem verehrte. Selbst die Warnungen eines Propheten Gottes bewirkten bei ihm keine Umkehr. Deshalb sagte dieser dem König ein tragisches und gewaltsames Ende voraus (2. Chr 25,14-16).

Inzwischen waren die israelitischen Söldner, die Amazja aus dem Dienst entlassen hatte, voll Zorn in ihr Heimatland zurückgekehrt. Auf dem Weg dorthin hatten sie geplündert und gemordet. Das besondere Objekt ihres Zornes waren die Städte Judas »von Samaria bis nach Bet-Horon« gewesen (2. Chr 25,13). Diese überraschende Information bedeutet, dass an manchen Orten im ganzen Nordreich judäische Kolonien bestanden.[33] Vielleicht waren dies die Städte, die Asa eingenommen hatte. Es könnte sich allerdings auch um die Siedlungen gehandelt haben, in die Joschafat Priester und Leviten als Lehrer gesandt hatte (vergl. 2. Chr 15,8; 17,2; 19,4).

Amazja glaubte offenbar, Joasch habe dieses Massaker geduldet, wenn nicht sogar unterstützt und forderte den König von Israel zu einer unmittelbaren Konfrontation heraus (2. Chr 25,17, vergl. V. 21).[34] Die Eroberung Edoms musste Amazja das nötige Vertrauen gegeben haben, sich gegen seinen mächtigeren nördlichen Nachbarn zu erheben. Joasch war sich ebenfalls sehr sicher, hatte er doch mittlerweile Ben-Hadad aus Damaskus unterworfen und die verlorenen Städte seines Vaters wiedererlangt. Die Bühne war frei für eine Kraft-

[33] Einige Wissenschaftler sehen hier einen Überlieferungsfehler. Deshalb will H. G. M. Williamson, *1 & 2 Chronicles.* Grand Rapids, 1982, S. 330, »Migron« anstelle von »Samaria« lesen, weil es orthographisch ähnlich ist. Er folgt darin W. Rudolph, *Chronikbücher.* Tübingen, 1955, S. 278-279. Für diese Änderung gibt es aus anderen Textquellen keine Evidenz. Yeivin, »Divided Kingdom.« *WHJP,* Bd IV:1, S. 159, schlägt vor, »aus Samaria« beziehe sich auf die Herkunft der Angreifer, d. h. Truppen aus Samaria plünderten judäische Städte. Die im Text genannte Lösung wird auch befürwortet von S. Japhet, *I & II Chronicles.* Louisville, 1993, S. 865.

[34] Yeivin, »Divided Kingdom.« *WHJP,* Bd IV:1, S. 160, nimmt an, es sei ein friedlicher Annäherungsversuch gewesen, zum Knüpfen wirtschaftlicher Verbindungen. Doch schließt der Gebrauch des Ausdrucks »sie maßen sich miteinander« in 2. Kön 14,11 und 2. Chr 25,21 dies eindeutig aus.

probe, die sogar zu einer Wiedervereinigung der beiden Königreiche unter dem einen oder anderen Herrscher hätte führen können.

Joaschs Antwort auf den von Amazja hingeworfenen Fehde-Handschuh kam in Form eines Gleichnisses. Er verglich sich selbst mit einer mächtigen Zeder des Libanons und den König von Juda mit einer Distel (2. Chr 25,18-19) und warnte Amazja, er solle sich nach dem Sieg über Edom nicht der Illusion hingeben, das mächtige Israel bezwingen zu können.

Amazja berücksichtigte diese Warnung aber nicht, sondern führte seine Armee in die Schlacht von Bet-Schemesch. Der Chronist weist darauf hin, dass Amazjas Sturheit von Jahwe kam, denn Jahwe beabsichtigte, Amazja durch Joasch für seine Abgötterei zu strafen (2. Chr 25,20): Nicht nur das Volk von Juda fiel in Schande, auch Amazja musste mit Joasch als Gefangener nach Jerusalem ziehen. Dort wurde er Zeuge der Zerstörung der Stadtmauer, des Raubes der heiligen Schätze aus dem Tempel Jahwes und der Plünderung seines Palastes (2. Chr 25,22-24).

Amazja selbst kam knapp mit dem Leben davon. Offenbar nahm Joasch ihn als Gefangenen mit nach Samaria (2. Kön 14,13-14), aber warum er ihn verschonte, bleibt ein Rätsel. Die Antwort könnte in den Daten dieser Ereignisse liegen. Die Autoren sowohl der Königals auch der Chronik-Bücher betonen, dass Amazja 15 Jahre länger lebte als Joasch (2. Kön 14,17; 2. Chr 25,25). Dies könnte darauf hinweisen, dass Amazja am Leben blieb und aus der Gewalt Israels entlassen wurde, weil sein Bezwinger kurz nach dessen Sieg gestorben war. Wenn das so ist, fand der Kampf in Bet-Schemesch wahrscheinlich 783 oder 782 statt.[35]

---

[35] Bedenkenswert ist auch die Überlegung, die Ernennung Asarjas (= Usija) zum Nachfolger Amazjas sei nötig gewesen weil Amazja gefangen genommen worden sein könnte. In diesem Fall hätte der Kampf in Bet-Schemesch 792, dem Jahr der Thronbesteigung Asarjas, stattgefunden. Thiele, *Mysterious Numbers*, S. 86-87, nimmt an, die »15 Jahre«, die Amazja länger lebte als Joasch, bezögen sich auf die Zeit zwischen Amazjas Freilassung nach Joaschs Tod (782) und seinem eigenen Ende 767. Usija wäre dann nur während der zehn Jahre König gewesen, in denen Amazja in Gefangenschaft war.

Die letzten fünfzehn Jahre Amazjas wurden durch Joaschs Tod nicht gerade erleichtert, wie man annehmen möchte, denn Israels nächster König, Jerobeam II., war noch mächtiger und gefährlicher als Joasch. Außerdem gab es in Juda eine Verschwörung um Amazja zu beseitigen. 767 schlugen die Verschwörer zu und Amazja musste aus Jerusalem fliehen. Er kam nicht weiter als Lachisch, denn dort wurde er überwältigt und getötet. Da Amazja von seinem Sohn Asarja (Usija) ersetzt wurde, kann es sich nicht um eine Maßnahme gegen die davidische Dynastie gehandelt haben. Usija hatte schon mit ihm zusammen über zwanzig Jahre lang regiert. Nach der wahrscheinlichsten Theorie war die feige Tat des Mörders ironischerweise von dem Verlangen motiviert, die reine Anbetung Jahwes im Königtum wiederherzustellen (vergl. 2. Chr 25, 27).[36]

## Jerobeam II. von Israel

### Chronologie

Der Tod und die Nachfolge von Joasch und Amazja verursachen einige komplizierte chronologische Probleme, auf die kurz eingegangen werden muss. Joasch starb 782. Zu dieser Zeit begann sein Sohn Jerobeam II. seine Herrschaft. Jerobeam seinerseits starb 753; das ergibt rein rechnerisch eine Regierungszeit von 29 Jahren. Der Autor der König-Bücher spricht allerdings von einer Gesamtherrschaft von 41 Jahren (2. Kön 14, 23). Die beste Lösung dieses Problems ist, eine zwölfjährige Ko-Regentschaft von Jerobeam und Joasch anzunehmen, so dass die 41 Jahre Regierungszeit eigentlich 793 begannen,[37] wofür es aber keinen expliziten Hinweis aus dem alttestamentlichen Bericht gibt. Ko-Regentschaft war in vielen Epochen des aVOs eine

[36] Myers, *II Chronicles*, S. 146.

[37] E. R. Thiele, »Coregencies and Overlapping Reigns Among the Hebrew Kings.« *JBL* 93, 1974, 192-193.

häufige Praxis und ist auch in Juda bekannt gewesen. Darüber hinaus wurden sowohl die Herrschaft des Joahas, als auch die Joaschs von Israel von inneren und äußeren Gefahren bedroht, die ihnen ihre gespannte Lage und die Notwendigkeit, die Nachfolge der Dynastie zu sichern, bewusst machten. Auch weitere Faktoren, wie etwa Krankheit, könnten eine Ko-Regentschaft erforderlich gemacht haben.

Wenn eine zwölfjährige Überschneidung der Regentschaft zwischen Joasch und Jerobeam problematisch ist, was ist dann von den 25 gemeinsamen Jahren der Regierung von Amazja von Juda und seinem Sohn Usija zu halten? Die Forscher sind sich bei dem Datum des Todes Usijas von 740 nahezu einig. Die 52 Jahre, die in 2. Kön 15,2 und 2. Chr 26,3 erwähnt werden, erfordern eine Thronbesteigung um 792, nur vier Jahre nach Amazjas Krönung. Da Amazja 767 starb, regierte Usija mit ihm 25 Jahre. Normalerweise scheint dies unwahrscheinlich, es ist allerdings nicht unmöglich, und tatsächlich auch der beste Weg um alle Fakten unterzubringen.[38] Amazja war zu Beginn seiner Herrschaft, 796, 25 Jahre alt (2. Kön 14,2). Zu Beginn der Ko-Regentschaft Usijas 792, wäre Amazja 29 oder 30 Jahre gewesen. Usija war damals 16,[39] Amazja war also 14, als sein Sohn geboren wurde. Dies ist zugegebenermaßen ein junges Alter, um einen Sohn zu zeugen, aber im Kontext der Heiratsbräuche der alten Welt scheint es nicht völlig unbekannt.[40]

Die chronologischen Daten der Regierungszeiten Jerobeams II. und Usijas können gelöst werden, wenn man beiden eine lange Ko-Regentschaft mit ihren Vätern zugesteht. Die politischen und militärischen Erfordernisse der ersten Hälfte des achten Jahrhunderts

---

[38] Ebd., S. 193.

[39] Dies ist die Bedeutung von 2. Kön 14,21. Siehe Thiele, *Mysterious Numbers*, S. 83-84. Den größten Teil seiner Herrschaft regierte Amazja zusammen mit seinem Sohn.

[40] R. de Vaux, *Das Alte Testament und seine Lebensordnungen*. Bd I, Freiburg, 2. Aufl., 1964, S. 60.

machen ein derartiges Postulat wahrscheinlich. Es sollte auch beachtet werden, dass Jerobeam und Usija größtenteils gleichzeitig regierten: Der erste regierte von 793 bis 753, der zweite von 792 bis 740.

## Israels Ruhm

Nur kurz berichten die historischen Texte des ATs von Jerobeams Herrschaft. Wie noch gezeigt wird, haben die Propheten einiges über die Zustände zu sagen, die unter seiner Regierung herrschten. Ihr Urteil war, er sei genauso schlecht wie sein Namensvetter Jerobeam ben Nebat. Was ihm an Gottesfurcht mangelte, versuchte er durch Politik wettzumachen. Er trat in die Fußstapfen seines Vaters Joasch, der ihm wohl bei seinen militärischen Feldzügen half. Jerobeam konnte nicht nur ehemalige israelitische Gebiete zurückerobern, die über die Jahre an Damaskus gefallen waren, sondern auch das gesamte südliche Aram und Transjordanien wieder unter israelitische Herrschaft bringen (2. Kön 14,25-28). Seit Salomos Zeit hatte Israel kein solch großes Gebiet mehr beherrscht.

Jerobeams Erfolg in seinen militärischen Unternehmungen war jedoch nicht die Folge seiner Frömmigkeit, sondern trat, im Gegenteil, trotz seiner Bosheit ein. Das hatte der Prophet Jona verkündigt. Der Grund für Israels Befreiung war das Erbarmen Jahwes, denn er erinnerte sich an sein Versprechen, sie nicht zu vertilgen (2. Kön 14,25-27). Aber ein Gerichtstag für Israel werde ganz sicher kommen. Jetzt aber sei die Zeit dafür noch nicht da. Jene Zeit war eine Zeit der Gnadenfrist und der Gunst. Vielleicht sollte die Zeit, in der Jahwe die ursprüngliche Ausdehnung des Königreichs wiederherstellte, die Nation sogar zur Rückkehr bewegen, zur Einhaltung des Bundes.

Jerobeam hatte in erster Linie deshalb solche Erfolge, weil Assyrien nicht in der Lage war einzugreifen. Das mächtige Reich befand sich an einem absoluten Tiefpunkt und war in Auslands-Angelegenheiten vollkommen unfähig. Außerdem hatte Ben-Hadad II. von Damaskus um 773 eine große Niederlage durch Zakkur von Hamat einstecken müssen.[41] Er könnte sogar in diesem Kampf umgekommen sein. Zuvor hatte er eine Reihe von Städten an Joasch von Israel verloren. Er hinterließ Damaskus bei seinem Tod stark geschwächt. Entweder in der Zeit zwischen dem Tod Joaschs (782) und dem Ben-Hadads II. (ca. 773) oder kurz darauf begann Jerobeam mit dem Wiederaufbau seines Reiches. Dies schloss sogar Damaskus selbst ein, obwohl die Eroberung von Damaskus in außerbiblischen Texten nicht erwähnt und von kritischen Forschern gewöhnlich abgelehnt wird.[42] Wahrscheinlich fiel Damaskus während der Zeit von Ben-Hadads Nachfolger, dessen Name nicht überliefert ist, an Jerobeam. Der nächste bekannte Herrscher war Rezin, der 750 in Damaskus an die Macht kam und als ihr letzter König mit der Stadt um 732 unterging.[43] Es besteht aber auch die Möglichkeit, dass von einem Herrscher in Damaskus zwischen 773 und 750 nichts bekannt ist, weil es einfach keinen gab.[44] Jerobeams Eroberung des Gebietes nördlich von Hamat kann so entscheidend gewesen sein, dass Damaskus noch nicht einmal das Privileg eines Vasallen-Staates erhielt, sondern direkt Jerobeams Souveränität unterstellt wurde. Man kommt nicht umhin zu bemerken, dass ein neuer aramäischer König, in der Person Rezins, ca. 750, gleichzeitig mit dem Todesjahr Jerobeams und sei-

---

[41] Eine Diskussion über die vorgeschlagenen Daten bietet Unger, *Israel and the Aramaeans*, S. 85-89. Zur Zakkur-Stele siehe *TUAT*, Bd I, S. 626-628.

[42] Oded lässt in »Neighbours on the East.« *WHJP*, Bd IV:1, S. 268 diese Möglichkeit allerdings offen und bezieht sich auf die En-Gev-Ausgrabungen sowie auf den Vertrag von Sfire als Beweis. Zum Vertrag von Sfire siehe J. A. Fitzmyer, *The Aramaic Inscriptions of Sefire*. Rom, 1967; eine deutsche Bearbeitung findet sich in *KAI*, Nr. 222-224.

[43] Unger, *Israel and the Aramaeans*, S. 95. Wahrscheinlich berichtet in den Annalen Tiglat-Pilesers III., Zeilen 205-209; vergl. *TUAT*, Bd I, S. 372.

[44] T. C. Mitchell, »Israel and Judah from Jehu Until the Period of Assyrian Domination (841 - ca. 750 B.C.).« *CAH* III:1, S. 510, verweist auf einen gewissen Hadianu (= Hezion) dieser Periode, der nur in einer unveröffentlichten Inschrift Salmanassers IV. erwähnt wird. Dies ist die so genannte Pazarcik-Stele. Ob Hezion als König von Damaskus gesehen werden darf, ist allerdings unsicher.

nes Sohnes Secharja (beide 753), den letzten Mitgliedern der mächtigen Dynastie Jehus, genannt wird.

## Usija von Juda

Juda erlebte während dieser Zeit unter seinem gottesfürchtigen König Usija ebenfalls eine Erneuerung und einen einzigartigen Wohlstand. Während der gemeinschaftlichen Herrschaft mit seinem Vater Amazja muss er eine Menge über Staatsangelegenheiten erfahren haben. Sowohl der Autor der König-Bücher als auch der Chronist legen besonderen Wert auf die Tatsache, dass Usija ein Kandidat des Volkes und nicht etwa seines Vaters war. Das wird aus dem Satz deutlich: »Da nahm das Volk von Juda den Usija ..., und sie machten ihn zum König« (2. Chr 26,1). Diese Tat fand zu Amazjas Lebzeiten statt, als er noch regierte. In anderen Worten, die Ko-Regentschaft war dem König aufgezwungen worden.[45]

Unterstützung für eine Theorie der Ko-Regentschaft lässt sich auch in zwei anderen Aussagen finden. Zunächst weisen beide historische Quellen auf etwas hin, was sonst nur eine Nebensache zu sein scheint: Usija baute Elat wieder auf und gliederte es nach dem Tod seines Vaters in sein Reich ein (2. Kön 14,22; 2. Chr 26,2). Man gewinnt daraus den Eindruck, dass Usija erst nach dem Tod seines Vaters so handelte, aber schon als Ko-Regent darüber nachgedacht hatte. Ansonsten wäre der Hinweis auf Ahasjas Tod selbstverständlich und damit überflüssig.

Noch bedeutsamer ist die Aussage des Chronisten, Secharja habe den jungen Usija in der Gottesfurcht unterrichtet (2. Chr 26,5). Es handelte sich hier wohl um Secharja, den Sohn Jojadas, der den König Joasch zurechtwies, weil dieser erlaubt hatte, dass in Jerusalem Götzen angebetet wurden. Secharja wurde für seinen Mut mit dem

---

[45] Yeivin, »Divided Kingdom.« *WHJP*, Bd IV:1, S. 161, ist der Meinung, Amazja sei zu Gunsten Usijas abgesetzt worden. Dafür gibt es aber keinen Grund, denn Amazja regierte bis 767, Usijas Ko-Regentschaft begann schon 792.

Tod bestraft (2. Chr 24, 17-22). Dies führte zu einer Reihe von Ereignissen, die in Joaschs Tod 796 gipfelten. Das Martyrium Secharjas fand nur ein Jahr zuvor statt. Um von Secharja unterwiesen worden zu sein, musste Usija spätestens 797 ein belehrbares Alter gehabt haben. Dies harmoniert mit der Rekonstruktion einer beginnenden Ko-Regentschaft, als Usija sechzehn war. In diesem Fall wäre er 797 elf Jahre alt gewesen, durchaus in der Lage, zur Zeit Secharjas nach Gott zu suchen.

Usijas Herrschaft, die in 2. Kön nur kurz zusammengefasst ist, wird vom Chronisten ausführlich geschildert. Sein Interesse am Militär wird betont: Er reorganisierte Judas Armee und vergrößerte sie, bis sie schließlich aus mehr als 300.000 gut ausgebildeten Männern bestand, und rüstete sie mit modernsten Waffen aus. In Jerusalem ließ er Maschinen bauen, die Pfeile und Steine schleudern konnten.[46]

So ausgerüstet, griff Usija die Philister an. Er riss die Mauern Gats, Jabnes (Yebna) und Aschdods nieder und baute Verteidigungsstädte in der Nähe Aschdods und an anderen Orten der Philister wieder auf (2. Chr 26, 6). Danach wandte er sich den Arabern im Gebiet von Gur-Baal (Tell Ghurr), zwischen Beerscheba und Arad, zu[47] und unterwarf sie. Die Mëuniter,[48] die in der Araba, ganz in der Nähe des Toten Meeres lebten, unterwarfen sich ebenfalls. Schließlich besiegte Usija noch die Ammoniter und machte sie zu einem Vasallen-Staat Judas.[49] Dies war allerdings nicht von Dauer, denn Jotam, der Sohn

---

[46] Der hebräische Text lässt keine genauere Beschreibung dieser Maschinen zu. Der Text in 2. Chr 26, 15 bedeutet buchstäblich übersetzt: »Erfindungen, die Erfindung von Erfindern«. Für verschiedene interpretative Möglichkeiten siehe Y. Sukenik, »Engines Invented by Cunning Men.« *BJPES* 13, 1946-7, 19-24; Y. Yadin, *The Art of Warfare in Biblical Lands.* London, 1963, S. 325-327.

[47] *Oxford Bible Atlas.* H.G. May, Hrsg., New York, 3. Aufl., 1984, S. 69, 130.

[48] Die Mëuniter werden auch außerhalb der Bibel erwähnt, siehe R. Borger und H. Tadmor, »Zwei Beiträge zur alttestamentlichen Wissenschaft aufgrund der Inschriften Tiglatpilesers III.« *ZAW* 94, 1982, 250-251.

[49] Oded, »Neighbours on the East.« *WHJP,* Bd IV:1, S. 262.

Usijas, unterwarf die Ammoniter erneut (2. Chr 27, 5). Das Ergebnis dieser Außenpolitik war eine sehr gefestigte Nation unter einem König, der nah und fern berühmt wurde.

Usija zerstörte nicht nur, sondern war auch ein berühmter Bauherr. Er konstruierte Verteidigungsanlagen um und in Jerusalem, die sehr beeindruckend gewesen sein müssen. Seine bedeutendste Errungenschaft war allerdings die Besiedlung der Wüsten und der Schefela, eine technische und landwirtschaftliche Meisterleistung, die zum Vorbild für die späteren Generationen werden sollte, darunter die Nabatäer und selbst die Israelis des 20. Jahrhunderts.[50] Die Bemerkung des Chronisten, Usija »hatte Lust am Ackerbau« (2. Chr 26, 10), verweist auf die Motive seiner kreativen und weitreichenden Projekte.

Tragischerweise trug gerade Usijas Erfolg in militärischen und inneren Angelegenheiten zu seinem Ende bei. Der Chronist berichtet: »sein Herz überhob sich zu seinem Verderben« (2. Chr 26, 16). Rücksichtslos missachtete er die mosaischen Anweisungen (4. Mo 17, 5) und maßte sich das aaronitische Vorrecht an, Jahwe im Tempel Weihrauch darzubringen. Daraufhin wurde er von dem Priester Azarja und anderen zur Rede gestellt und aufgefordert, den heiligen Bezirk zu verlassen. Als er sich voll Arroganz weigerte, befiel ihn eine von Jahwe gesandte Hautkrankheit, die ihn kultisch unrein machte. Die Priester wiesen ihn aus dem Tempel. Er sollte Jahwes heilende Gnade nicht erfahren, so dass er den Rest seiner Tage als ein von der Gemeinschaft Ausgestoßener verbringen musste. Die Regierungsgeschäfte hatte er seinem Sohn Jotam übergeben. Selbst im Tod wurde er geächtet, denn er wurde nicht in den Gräbern der Könige bestattet, sondern in einem angrenzenden Feld, für alle Zeiten eine stille Mahnung an seine Missachtung der heiligen Ordnung Gottes.

---

[50] E. H. Merrill, »Agriculture in the Negev: An Exercise in Possibilitism.« *NEASB* 9, 1977, S. 23-25. L. E. Stager, »Farming in the Judean Desert During the Iron Age.« *BASOR* 221, 1976, S. 145-148; Y. Aharoni, »The Negeb and the Southern Borders.« *WHJP*, Bd IV:1, S. 296. Auch die Archäologie scheint seine Bautätigkeit zu bestätigen; vergl. Y. Aharoni, *The Archaeology of the Land of Israel.* Philadelphia, 1982, S. 251.

Usijas Sünde war nicht die Opferung von Weihrauch gewesen, vielmehr bestand sie darin, dies im Tempel auf dem Rauchopfer-Altar getan zu haben. Denn der Dienst im Tempel war ausschließliches Privileg der Priester der aaronitischen Linie. Als Erbe Davids, des Priesters nach der Ordnung Melchisedeks, genoss er, wie David und Salomo vor ihm, tatsächlich priesterliche Vorrechte. Seine Rolle als messianischer Priester ist allerdings nicht mit der besonderen Aufgabe des aaronitischen Priesters zu verwechseln. Obwohl die Bedingungen für den messianischen Priesterdienst im AT nicht ausformuliert sind, gehörten Räucheropfer im Hause des Herrn eindeutig nicht dazu.[51]

## Der Dienst der Propheten

Mit diesen Ausführungen ist fast das Ende der 100-jährigen Periode erreicht, die mit Jehu begann und ihren Höhepunkt im gewaltsamen Tod seines vierten Nachfolgers, Secharja, erreichte. Nur dreizehn Jahre danach starb der judäische König Usija. Noch ist allerdings nicht die ganze Geschichte erzählt. Die Schriften der damaligen Propheten, die diese Könige kannten und Bürger ihrer Königreiche waren, enthalten viele Informationen über die sozialen, ökonomischen, politischen und religiösen Kräfte und Zustände, die einen Einfluss auf die Geschichte der beiden Königreiche hatten.

### Organisation der Propheten

Die Propheten und Seher des alten Israels spielten im Leben der Nation eine bedeutende Rolle. Besonders Samuel ist für seine Vermittler-Rolle zwischen Jahwe und dem Volk in seinen ersten Jahren

[51] Wie de Vaux, *Lebensordnungen*, Bd I, S. 185, herausstellt, konnten Könige bei bestimmten Gelegenheiten als Priester auftreten und taten dies auch. Dieses Sonderrecht erstreckte sich allerdings nur auf »wirklich priesterliche« Handlungen.

und später als »Königmacher« bekannt. Sein größtes Vermächtnis ist vielleicht die Prophetenschule, die er offenbar gründete und deren Mitglieder (wie etwa Natan oder Gad) den Königen, unter denen sie dienten, immer wieder das Wort Gottes verkündeten.

Es ist schwer zu erkennen, wie stark die Propheten unter Samuel und danach offiziell organisiert waren, auch wenn offensichtlich ist, dass sie häufig in Gruppen auftraten und in einer Art Gemeinschaft lebten. Es gab aber auch viele, die alleine tätig waren und kamen und gingen, wie der Geist Gottes sie führte. Man weiß nicht, ob sie Mitglieder einer Prophetengilde waren oder ob sie die prophetischen Vereinigungen abwiesen als etwas, das heidnischen Institutionen ähnelte. Wie standen sie zu Kult und Priestertum? Waren sie wichtige Elemente in der etablierten religiösen Hierarchie oder sahen sie sich als deren Gegner an? Waren sie mit dem Palast verbunden? Wenn ja, waren sie dann nur angestellt, um dem König gefällige Worte zu offenbaren? Wenn nicht, wie stand der König zu ihnen?

### Propheten-Amt

Solche wichtigen Fragen sind schon in vielen ausführlichen Abhandlungen über das Propheten-Amt beantwortet worden.[52] Hier genügt es zu wissen, dass die wahren Propheten Gottes von ihm ernannt wurden, um als dritte geistliche Ordnungskraft neben Priester und König zu stehen. Genau wie deren Funktion hatte auch ihre Rolle ihren Ursprung bei Gott, war aber weniger »offiziell«. Statt in den Kreisen etablierter Religion und Politik zu stehen, standen die Propheten außerhalb als Korrekteure oder Ratgeber.[53] Doch wurden sie

---

[52] Siehe z. B. W. J. Beecher, *The Prophets and the Promise.* Grand Rapids, ND 1963; J. Blenkinsopp, *Geschichte der Prophetie in Israel.* Stuttgart, 1998; C. H. Bullock, *An Introduction to the Old Testament Prophetic Books.* Chicago, 1986.

[53] G. E. Wright and R. H. Fuller, *The Book of the Acts of God.* Garden City, 1960, S. 149-151.

nicht als Gegner von Tempel und Staat gesehen, sondern als Sprachrohre Gottes, die Volk, Priestern und König entsprechend der göttlichen Absichten Worte des Segens, der Ermutigung, des Rates, der Ermahnung oder des Gerichtes verkündeten. Nirgends im AT sahen Propheten mit Missfallen oder Verachtung auf die königlichen und priesterlichen Einrichtungen und Ämter herab.[54] Sie trennten klar zwischen diesen gottgegebenen Ämtern und den Persönlichkeiten, die sie innehatten. Es gab unter Priestern und Königen Gerechte und Ungerechte, was die Propheten dann auch ansprachen. Aber auch unter den Propheten gab es falsche und wahre, die als solche bezeichnet und mit denen auch dementsprechend verfahren wurde, auch wenn das Prophetenamt, egal wer es für sich beanspruchte, ein heiliges Amt war.

Jede Gesellschaft der alten Welt hatte ihre Propheten, doch waren die Israels in vielerlei Hinsicht einzigartig.[55] Es war ihnen bewusst, dass Jahwe sie gerufen hatte. Ihre Glaubwürdigkeit und Echtheit war unbestechlich, selbst wenn es sie die Freiheit oder gar das Leben kostete. Sie führten ihr Amt allein im Namen Jahwes. Jede ihrer Voraussagen traf in dem Zeitrahmen und historischen Zusammenhang ein, der in der Weissagung selbst bestimmt war.

Wahre Propheten waren außerdem Instrumente Gottes. Sie versuchten nicht, wie die heidnischen Wahrsager und Zauberer, ihren Gott nach eigenen Plänen und Zwecken zu manipulieren. Die Propheten Jahwes konnten das Vorhaben ihres Gottes nicht erkennen, es sei denn, Jahwe ergriff die Initiative und offenbarte sich, zum Beispiel in einer Vision. Sie konnten die Vorhaben Gottes auch nicht durch Zaubergesänge oder andere manipulierende Mittel verhindern. Sie konnten ernstlich beten oder auch andere darum bitten, damit Gott seine angekündigten Absichten ändern möge. Änderte

---

[54] W. Eichrodt, *Theologie des Alten Testaments.* Bd I, Göttingen und Stuttgart, 8. Aufl., 1968, S. 244-247.

[55] W. Zimmerli, *Grundriss der alttestamentlichen Theologie.* Stuttgart, 5. Aufl., 1985, S. 84-91.

Gott in Antwort auf die Gebete sein Vorhaben, dann tat er es auf Grund seines souveränen Willens. Solche Erhörung bezweckte nichts Anderes, als ihm selbst die Ehre zu geben und seinem Volk Gutes zu tun.

Der wahre Prophet, ob er nun einer prophetischen Zunft angehörte oder nicht, war allein Gott für sein Amt verantwortlich. Auch darin unterscheidet sich der Prophet in Israel radikal von denen der umgebenden Kulturen, die ihren Dienst nach dem Höchstgebot taten. Sie schafften es immer, irgendwie ein Wort der Götter zu hören, das ihrem Arbeitgeber gefiel. Israels Seher taten also mehr, als nur die Geheimnisse der Phänomene des Himmels und der Erde zu lüften. Ihr Dienst bestand nicht in bloßer Interpretation von Zeichen und Omen, sondern sie verkündeten das von Gott empfangene Wort und sollten so Leben verändern. Deshalb behandelten sie Fragen der Moral, der Gerechtigkeit und des Reiches Gottes. Die Propheten redeten in der Tat von Themen der nahen und fernen Zukunft, sie verloren aber nie den Kontakt zu der Welt, in der sie lebten. Wie es erforderlich war, sprachen sie in ihre gegenwärtige Welt Worte der Ermutigung und des Trostes oder der bitteren Kritik. Nur in Israel war diese Art des Prophetentums bekannt. Nur in Israel war der Prophet ein objektives, unvoreingenommenes Sprachrohr des einzigen und wahren Gottes.

## Geschichte des Prophetismus

Die Propheten-Bewegung als solche begann mit Samuel und ließ einige herausragende Persönlichkeiten entstehen, deren Namen schon im Rückblick erwähnt wurden. Es waren Männer Gottes wie Samuel selbst, Natan, Gat, Ahija, Jehu ben Hanani und Secharja. Zusätzlich gab es eine Reihe anderer, die anonym blieben. Viele von ihnen wurden mit der Prophetenschule in Verbindung gebracht, die Samuel gegründet hatte. Ob diese Schule nach Samuels Tod als Institution bestehen blieb, ist unbekannt. Jedenfalls war sie Vorbild für ähnliche Bewegungen unter Elia und Elisa. In Elisas Zeit wurden die Schüler »Prophetenjünger« genannt (2. Kön 2,3.5.7; 4,1.38; 5,22).[56]

Diese Gemeinschaft begann offensichtlich damit, dass Elia um 855 v. Chr. Elisa salbte. So wurde Elisa zum Jünger des Tischbiters, lernte von ihm und bereitete sich darauf vor seinem Meister zu folgen. Irgendwann sammelten sich junge Propheten um Elia und Elisa. Als Elia zum Himmel auffuhr, hatte sich die Gruppe in Bethel und Jericho niedergelassen. Offenkundig lebten die Männer in einer Art Kommunität zusammen. Dies zeigt sich daran, dass es in Jericho so viele wurden, dass ihnen der Wohnraum zu eng wurde, so dass Elisa sie ermutigte, angemessene Unterbringungen zu bauen, was sie auch taten (2. Kön 6,1-2).

Vor seiner Himmelfahrt galt Elia als ihr Meister. Mit seinem Propheten-Mantel übergab er auch die Führung der Schule an Elisa, was die jungen Propheten auch sofort anerkannten. Die Anrede »Vater« zeugt von nahezu ehrfürchtigem Respekt und hilft auch, die Bezeichnung »Prophetenjünger« zu verstehen. Diese Bezeichnung und die Existenz der Gemeinschaft wird sonst nirgends erwähnt, noch nicht einmal kurz nach dem Tode Elisas.[57] Der Prophet Amos lehnte 25 Jahre nach Elisas Tod jegliche Verbindung mit dem offiziellen Prophetismus ab, indem er König Jerobeam II. sagte, er habe weder eine Ausbildung zum Propheten, noch sei er ein »Prophetenjünger« (Am 7,14). Dies war natürlich keine Abwertung der prophetischen Ordnung, sondern nur sein Eingeständnis, nicht mit ihnen in Verbindung zu stehen.

Häufig unterscheidet man zwischen den »Schrift-« oder »kanonischen« Propheten und den »mündlichen«, wie etwa Elia und Elisa,

---

[56] J. G. Williamson, »The Prophetic Father: A Brief Explanation of the Term ›Sons of the Prophets‹.« *JBL* 85, 1966, 344-348, versteht den Ausdruck so, dass er die Führungsrolle einer Hauptperson impliziert (z. B. Samuel, Elia oder Elisa), die einer Vereinigung von Propheten vorstand.

[57] J. R. Porter, *JTS*, 1981, 423-429, sieht die »Prophetenjünger« als *ad-hoc*-Gemeinschaft an, die als ein gegen Omri gerichtetes Element entstand, besonders unter Elisa, und die auf die Periode der Dynastie Omris begrenzt war. Es gibt allerdings keine Beweise für diese Begrenzung der Bewegung.

die keine geschriebenen Botschaften hinterließen, mit Ausnahme von Elias kurzem Brief in 2. Chr 21,12-15. Manche meinen auf Grund der erhaltenen Schriften, die Schriftpropheten seien eine höhere Ordnung von Propheten gewesen oder theologisch bedeutsamer.[58] Dies entbehrt jedoch jeglicher Grundlage, da doch zwei der größten Propheten, Moses und Samuel, nicht zu den »kanonischen« Propheten gehören, und sie doch Werke schufen, die in ihrer literarischen Kunstfertigkeit und theologischen Reife nahezu beispiellos sind.

»Schrift-« und »mündliche« Propheten unterscheiden sich darin, dass Gott in seinem allmächtigen Willen beschloss, die Schriften der Propheten nach Elia aufzubewahren und nicht die Natans, Gads oder eines anderen, frühen Propheten. Zudem ist ersichtlich, dass man nicht alles, was die Propheten schrieben, als »kanonisch« betrachten kann. Warum der Auswahlprozess, der die »kanonische« Prophetie festlegte, mit Obadja begann und mit Maleachi endete, wissen wir nicht; es ist für diese Studie auch irrelevant. Alles, was wir im Hinblick auf den übernatürlichen Charakter der Schriften des ATs sagen können, ist, dass der Geist Gottes die Auswahl ebenso kontrollierte wie die Abfassung der Texte selbst.

## Die frühesten Schriftpropheten

### Obadja

Die ersten vier Schriftpropheten, Obadja, Joel, Amos und Jona, schrieben während der Zeit, die oben dargestellt wurde (ca. 840-740). Das kleine Buch Obadja wird auf die zweite Hälfte des neunten Jahrhunderts datiert. Damit ist Obadja (mit Joel) zu den frühesten Schriftpropheten zu rechnen.[59] Leider ist von ihm nichts bekannt. Er

---

[58] W. O. E. Oesterley und T.H. Robinson, *Hebrew Religion: Its Origin and Development.* New York, 2. Aufl., 1937, S. 222-223.

[59] G.L. Archer, Jr., *Einleitung in das Alte Testament.* Bd II, Bad Liebenzell, 1989, S. 176-178. Die Datierung des Propheten Obadja ist in der alttestamentlichen Wissen-

erwähnt auch keine besonderen Personen oder Ereignisse, die zu sicheren Daten führen könnten. Die Botschaft betrifft Edom, das in großer Arroganz und Selbstgefälligkeit Juda nicht geholfen hatte, als Jerusalem geplündert wurde. Obwohl verschiedene historische Ereignisse zu den verschiedenen Zeiten in Frage kommen, wird hier die Eroberung Jerusalems zur Zeit Jorams von Juda angenommen. Zu seiner Zeit griffen Philister und Araber Jerusalem an, raubten den Palast aus und verschleppten außer Joahas, Jorams jüngsten Sohn, die gesamte königliche Familie (2. Chr 21, 16-17). Dieses Geschehen könnte sich durchaus zur Zeit Obadjas ereignet haben, weil Joram vorher eine Invasion nach Edom angeführt hatte, um einen Aufstand gegen Juda dort niederzuschlagen. Jorams Versuch schlug unglücklicherweise fehl. Sehr wahrscheinlich ist der Stolz Edoms, den der Prophet beschreibt, aus dieser Begebenheit zu erklären (2. Kön 8, 20-22). Als Jerusalem schließlich selbst unter feindliche Angriffe fiel, muss sich Edom wohl geweigert haben, Beistand zu leisten. Möglicherweise trug es sogar zu Judas Demütigung bei. Das tragische Ende, so prophezeite Obadja, sowie die Unterwerfung Edoms unter Jahwes Volk sollten am Tag des Herrn geschehen.

### Joel

Das Buch Joel spricht von einer Zeit schwerer Plage und Hungersnot (1, 2-20). Dann werde eine Invasion Judas folgen, die er voraussah – durch eine unzählbare und furchterregende Armee des Nordens (2, 1-10). Gott werde sich seines Volkes jedoch wieder erbarmen und das feindliche Heer vertreiben. Dann werde auch die Hungersnot enden und das Land werde wieder Wohlstand und Reichtum erleben dürfen (2, 21-27).

Militärische Eroberungen und Hungersnöte waren wiederkehrende Quellen des Unheils für Israel und Juda. Dass sie zur gleichen Zeit erscheinen, wie bei Joel beschrieben, war jedoch ungewöhnlich.

---

schaft sehr umstritten. Sie reicht vom 9. Jh. v. Chr. bis zum 1. Jh. n. Chr; vergl. W. Dietrich, »Obadja/Obadjabuch.« *TRE*, Bd 24, 1994, S. 715-720, besonders S. 716.

Und doch ist so etwas in den Jahren Elisas zu finden. Man wird sich an das Eintreten des Propheten vor König Joram für eine Frau erinnern, die nach Philistäa geflohen war, um einer siebenjährigen Hungersnot zu entgehen. Als sie zurückkehrte, fand sie ihr Haus und ihren Besitz von anderen okkupiert. Also wandte sie sich Hilfe suchend an Elisa. Der König befahl daraufhin, ihr alles wiederzugeben (2. Kön 8,1-6). Wie schon dargelegt,[60] scheint klar, dass die Hungersnot zu Beginn der Herrschaft Jorams stattfand, etwa von 852 bis 845.

Man wird sich erinnern, dass Salmanasser III. 853 in Qarqar gegen eine Koalition aus aramäischen und philistäischen Königen kämpfte, was zu einer Patt-Situation führte. Der assyrische König musste sich dann einige Jahre nach Assyrien zurückziehen, um dringende innenpolitische Angelegenheiten zu regeln. 841 gelang es ihm aber, Hasaël in Damaskus zu belagern und von Jehu in dessen erstem Regierungsjahr hohe Tribut-Zahlungen zu erhalten. Salmanasser hätte problemlos an Samaria vorbei bis nach Jerusalem ziehen können. Zu dieser Zeit hatte Joram den Thron Davids inne. Er war mit vielen Problemen beschäftigt, wie etwa dem edomitischen Aufstand, so dass er der weit überlegenen assyrischen Armee kaum etwas entgegenzusetzen gehabt hätte.

Warum verfolgte Salmanasser dieses Ziel nicht und errang den so gut wie sicheren Sieg nicht? Jedem, der Geschichte im Endeffekt als Ergebnis göttlicher Ziele sieht, ist die Antwort klar: Jahwe, der Gott Judas, griff in seiner Gnade ein, wendete die gewaltige nördliche Armee und beendete die verheerenden Plagen (2. Chr 21,7). Joel scheint genau diese Dinge zu beschreiben – und zwar in der Zeit zwischen dem Beginn der Hungersnot (ca. 852) und dem Einfall der Assyrer (841). Deshalb müsste Joel ein Zeitgenosse Obadjas und Elisas gewesen sein. Alle drei hatten während der Herrschaft Jorams von Juda bedeutende Ämter inne.[61]

---

[60] Vergl. S. 521f.

[61] Argumente für ein Datum nach dem Exil bietet L. C. Allen, *The Books of Joel, Obadiah, Jonah and Micah.* Grand Rapids, 1976, S. 19-25. Das hier vertretene frühe Datum wird von A. F. Kirkpatrick angemessen verteidigt, *The Doctrine of the Prophets.* London, 1892, S. 57-72.

Amos aus Tekoa, der mutige und unabhängige Prophet, der zum Hof Jerobeams II. gesandt wurde, diente in den Tagen Usijas und Jerobeams (Am 1,1). Da keine anderen Könige im Buch erwähnt werden, ist davon auszugehen, dass das öffentliche Amt des Amos in die Zeit dieser beiden Könige fiel, also zwischen 767 und 753. Er selbst gibt sein öffentliches Auftreten noch genauer an. Er habe die göttliche Botschaft »zwei Jahre vor dem Erdbeben« (1,1) erhalten. Wann dieses Erdbeben sich ereignete, ist nicht sicher, allgemein angenommen wird aber ca. 760 v. Chr.[62]

Das Buch des Amos ist voller historischer Anspielungen, besonders in den Fremdvölker-Sprüchen (Kap. 1-2).[63] Amos verweist zunächst darauf, dass Damaskus Gilead verwüstet habe, was zur Zeit Jehus unter Hasaël stattfand (1,3-5). Diese furchtbaren Taten, so der Prophet, werden die Zerstörung von Damaskus und die Deportation seiner Bevölkerung bewirken. Dies erfüllte sich 732, als Tiglat-Pileser III. von Assyrien Damaskus einnahm und damit seine Bedeutung für den Rest der alttestamentlichen Zeit beendete.

Auch die Philister würden gerichtet werden, weil sie mit Edom gemeinsame Sache gegen Gottes Volk in Juda machten (1,6-8). Diese Weissagung scheint sich in einem gewissen Maß erfüllt zu haben. Wie schon im Zusammenhang mit der Prophetie Obadjas ausgeführt, hatte sich Edom erfolgreich gegen Juda erhoben. Die

---

[62] H. W. Wolff, *Dodekapropheton 2: Joel und Amos.* Neukirchen, 1969, S. 106, 155, weist darauf hin, dass sich im Stratum VI von Hazor Anzeichen von Zerstörungen finden, die durch ein Erdbeben in der ersten Hälfte des 8. Jh. verursacht worden sind. Dieses Datum fällt in die Zeit der Alleinherrschaft Jerobeams und Usijas. Archäologische Untersuchungen weisen darauf hin, dass dieses Erdbeben auch Zerstörungen in Lachisch und Geser verursacht hatte; vergl. W. G. Dever, »A Case-Study in Biblical Archaeology: The Earthquake of ca. 760 B.C.« EI 23: *Avraham Biran Volume.* E. Stern und T. Levi, Hrsg., 1992, 27-35.

[63] L. M. Muntingh, »Political and International Relations of Israel's Neighbouring Peoples according to the Oracles of Amos.« *Studies on the Books of Hosea and Amos,* OTWSA, Pretoria, 1964/65, S. 134f.

Philister hatten danach Jerusalem erobert und die königliche Familie gefangen genommen. Der Bericht in 2. Chr 21 lässt die Sache damit auf sich beruhen. Allerdings deutet Amos an, dass die Philister ihre Gefangenen an die Edomiter ausgeliefert hatten, bei denen es ihnen nicht allzu gut erging. Wegen dieses verwerflichen Betruges sollten die philistäischen Städte den Zorn Jahwes zu spüren bekommen und dieses Zorngericht erging 712, durch Sargon II.[64]

Auch Tyrus hatte, wie die Philister, israelitische Gefangene an die Edomiter ausgeliefert (1,9-10). Dies war ein direkter Bruch des Bundes zwischen Israel und Tyrus, der seit den Tagen Davids und Hirams bestanden hatte. Leider lassen sich die Verweise des Amos auf Tyrus nicht in die Berichte der König- oder Chronik-Bücher einbinden. Dies bedeutet aber nicht, dass Amos hier unhistorisch wäre. Er gibt nur eine historische Tatsache an, die die anderen beiden Quellen aus irgendwelchen Gründen nicht erwähnen. Auch Tyrus werde – wie Damaskus und Philistäa – wegen seiner Sünde gegen Israel zerstört werden. In assyrischen Dokumenten gibt es übergenug Hinweise auf die Rolle, die Assyrien später bei der Vollstreckung dieses Urteils spielte.

Edom ist Gegenstand der nächsten Wehe-Botschaften des Propheten (1,11-12). In einer allgemeinen Aussage wird von der unaufhörlichen Feindschaft Edoms zu Israel gesprochen, die seit der Zeit, als die Stämme auf der Wüstenwanderung waren, bis zur Zeit des Amos herrschte. Amos wiederholt Obadjas ernste Warnung und kündigt den Tag an, an dem von Edom nichts als Asche zurückbleiben werde. Diese Katastrophe brach zweimal über Edom herein, unter Asarhaddon und unter Assurbanipal von Assyrien.[65]

Danach kam Ammon an die Reihe, eine weitere Nation, die denselben Ursprung wie Israel hatte (1,13-15). Anlass für die Droh-

---

[64] W. W. Hallo und W. K. Simpson, *The Ancient Near East.* New York, 1971, S. 140; R. Labat, »Assyrien und seine Nachbarländer.« *Fischer Weltgeschichte*, Bd IV, S. 60.

[65] J. R. Bartlett, »The Moabites and Edomites.« *POTT*, D. J. Wiseman, Hrsg., Oxford, 1973, S. 240-242.

worte des Propheten gegen Ammon war der Umgang mit Gilead während der ammonitischen Gebietserweiterung. Dieses Gebiet lag nur wenig westlich von Ammon und wurde schon zu Jeftas Zeiten, im späten 12. Jh., von Ammon beansprucht. Es mag in den folgenden Jahrhunderten nicht berichtete Versuche gegeben haben, es mit Gewalt einzunehmen. Daher kann der genaue, vom Propheten zitierte Anlass nicht bestimmt werden. Vielleicht stand er in Verbindung zu der hinterhältigen Absprache der Ammoniter mit Moabitern und Mëunitern, sich gegen Ende der Regierung Joschafats gegen ihn zu stellen. Obwohl das Bündnis ein Fehlschlag gewesen war, könnte es sehr wohl die ammonitische Absicht widerspiegeln, auf judäischem Boden Fuß zu fassen.[66] Jedenfalls war die Botschaft des Propheten folgende: Ammon werde unrühmlich untergehen. Die Eroberung Ammons durch Sanherib 701 könnte das in Frage kommende Gericht gewesen sein,[67] aber auch die durch Nebukadnezar 582.[68]

Auch gegen Moab erhob Amos (2,1-3) Anklage und kündete Gericht an. Grund für den göttlichen Zorn war diesmal, ironischerweise, die Entweihung der Gebeine des Königs von Edom, die zu Kalk verbrannt worden waren. Weder der prophetische Bezug noch die Bedeutung der Tat ist sofort erkennbar. Amos kann nicht die Anstrengung Jorams von Israel und der Könige Judas und Edoms im Sinn gehabt haben, Mescha, den aufständischen Herrscher Moabs, wieder unter israelitische Kontrolle zu bringen (2. Kön 3). Als Mescha bei dieser Gelegenheit sah, dass sein Fall hoffnungslos und sein Leben in Gefahr war, opferte er seinen eigenen Sohn dem Gott Chemosch als Brandopfer. Dies versetzte Israel in großen Zorn und der Kampf wurde abgebrochen. Amos verurteilte allerdings die Verbrennung der Gebeine eines Königs von Edom, nicht des Prinzen

---

66 Oded, »Neighbours on the East.« *WHJP,* Bd IV:1, S. 262, meint, die Ammoniter hätten den aramäischen Druck auf Israel und Juda zur Zeit Ben-Hadads I. und Hasaëls zu ihrem Vorteil genutzt.

67 A. T. Olmstead, *History of Assyria.* Chicago, ND 1975, S. 300.

68 J. Bright, *Geschichte Israels.* Düsseldorf, 1966, S. 362-363.

von Moab, also eine Tat, die wahrscheinlich näher an seiner eigenen Zeit stattgefunden hatte.[69] Möglicherweise entbrannte Gottes Zorn über Moab nicht nur, weil Gott außer sich war wegen dieser Respektlosigkeit den Toten gegenüber. Die Tat könnte vielmehr ein Faktor gewesen sein, der Israel daran gehindert hatte, Moab zu unterwerfen.[70] Dafür werde Moab bestraft werden, sagte der Prophet, was durch verschiedene assyrische Feldzüge geschah.[71]

Das Hauptaugenmerk des Amos lag allerdings auf seinem eigenen Volk, Juda, und, noch intensiver, auf dem Nordreich Israel. Er redete von Judas Bundesbruch und vom Gericht Gottes, das unausweichlich folgen müsse. Er beschrieb die moralischen und geistlichen Zustände, die Ephraim und Israel in den Tagen Jerobeams II. kennzeichneten: Unter Jerobeams energischer Führung waren immer mehr Menschen immer reicher geworden und diese Klasse begann, die Armen auf jede nur erdenkliche Weise zu unterdrücken. Sie verkauften die Bedürftigen in die Sklaverei (2,6), begehrten immer stärker die mageren Besitztümer der Hilflosen (2,7), lagen sogar während der Anbetung Jahwes in ungeheuerlicher Heuchelei auf den Kleidern, die sie als Pfand genommen hatten, und tranken dabei Wein, den sie als Mahngebühr eingetrieben hatten (2,8). All dies und Schlimmeres taten sie, obwohl Jahwe sie aus ägyptischer Hand befreit hatte, um sie zu seinem eigenen privilegierten Volk von Dienern zu machen. Als Folge davon sollte Bethel als der Ort derartiger synkretistischer Anbetung zerstört und die prunkvollen Häuser der Reichen und Vornehmen niedergerissen werden (3,13-15).

---

[69] Wolff, *Dodekapropheton 2: Joel und Amos*, S. 197-198.

[70] T.E. McComiskey, »Amos,« *Expositor's Bible Commentary*. Bd 7: Daniel-Minor Prophets, F.E. Gaebelein, Hrsg., Grand Rapids, 1985, S. 291.

[71] Moab war Vasall verschiedener assyrischer Könige, z.B. Tiglat-Pilesers III., vergl. *TUAT*, Bd I, S. 375; Sanheribs, vergl. *TUAT*, Bd I, S. 388; Asarhaddons, vergl. R. Borger, *Die Inschriften Asarhaddons*. Graz, 1956, S. 60; und Asurbanipals, vergl. M. Streck, *Asurbanipal und die letzten assyrischen Könige bis zum Untergang*. Leipzig, 1916, S. 138-139.

Teile dieses Urteils waren schon eingetroffen und zwar durch Hungersnot, Dürre und Insektenplage, von Israels unaufhörlichen und schwächenden Kriegen ganz zu schweigen (Kap. 4). Sollte Israel nicht seine ehebrecherischen Wege aufgeben und in wahrer Buße Jahwe suchen, wäre seine Zerstörung am Tag Jahwes unvermeidlich. Die Assyrer hatten schon Kalne (Kullani)[72] im Norden Syriens eingenommen, möglicherweise bei einem frühen Feldzug Salmanassers III., und auch Hamat erobert.[73] Selbst Philistäa hatte mittlerweile unter fremden Herrschern gelitten (6,2). Wie lange konnten die verwöhnten Einwohner Samarias noch hoffen, einem ähnlichen Schicksal zu entgehen? Während sie sich auf ihren Elfenbeinbetten ausruhten und sich an delikatem Essen und köstlichen Weinen gütlich taten, waren sie den Armen und Leidenden im Land gegenüber gefühllos geworden. Dafür würden sie einen hohen Preis bezahlen müssen.

Amos wurde mitten in seiner prophetischen Mission an Samaria von Amazja unterbrochen, dem Priester aus Bethel. Er befahl ihm, seine Predigt zu beenden und nach Juda zurückzukehren, da er für seine Dienste offensichtlich von jemandem bezahlt werde, wie es bei den heidnischen Propheten üblich war (7,10-13). Amos bestritt aber, für seine prophetische Tätigkeit einen Lohn zu erhalten. Er habe ein gewinnträchtiges Geschäft verlassen, um Jahwes Auftrag auszuführen. Als wahrer Sprecher Gottes verkündete er nun Amazja, dessen Familie und dem gesamten Land Israel das Gericht Gottes. Sie würden in ein fremdes Land verschleppt, dort schmachtend klagen und nach dem Wort Gottes hungern (7,17; 8,11-12).

Ein Rest des Volkes solle jedoch errettet werden. Am Tag des Herrn werde er das zusammengebrochene Zelt Davids wieder aufrichten und es so mächtig machen wie in alten Zeiten (9,11). Amos

---

[72] P. Rost, *Die Keilschrifttexte Tiglat-Pilesers III. nach den Papierabklatschen und Originalen des Britischen Museums.* Leipzig, 1893, S. 20-21, 22-23.

[73] J.D. Hawkins, »The Neo-Hittite States in Syria and Anatolia.« *CAH* III:1, S. 390-391; O. Eißfeldt, »Syrien und Palästina vom Ausgang des 11. bis zum Ausgang des 6. Jahrhunderts v. Chr.: Vom Aufkommen des Königtums in Israel bis zum Ende des jüdischen Exils.« *Fischer Weltgeschichte*, Bd IV, S. 182.

verkündete, an diesem Tag werde Jahwe seine Erlösten ins Land zurückbringen, in ein Land, das unbeschreiblich fruchtbar und ertragreich sein werde. Dann würden sie in seiner Wahrheit so tief wurzeln, dass niemand sie je mehr ausreißen und davontragen könne.

## Jona

Amos war in seinem prophetischen Zeugnis gegenüber Jerobeam II. nicht allein: Auch Jona ben Amittai aus Gat-Hefer (Chirbet ez-Zerraʿ), ca. acht Kilometer nordwestlich des Tabors,[74] der einzige Prophet aus Galiläa, brachte diesem König von Israel das Wort Gottes. Im Gegensatz zu Amos war es ein Wort der Ermutigung. Jerobeam, so Jona, werde Damaskus und Hamat zurückgewinnen und das Königtum Israel in seiner früheren Größe wiederherstellen (2. Kön 14, 25). Dieses erfolgreiche Unternehmen geschah nicht vor 773.[75] Jona muss also wenigstens einige Jahre vor diesem Datum dieses Ereignis prophezeit haben. Der Verweis auf Jona in 2. Kön 14 sollte Beweis genug dafür sein, dass Jona eine historische Figur war, und nicht, wie viele annehmen, der Anti-Held einer Parabel.[76] Seine Historizität wird nicht deshalb primär in Frage gestellt, weil berichtet wird, dass er Jerobeam die Wiederherstellung des Reiches prophezeite, sondern weil manches von dem, was im Buch Jona berichtet wird, heute nicht mehr vorstellbar ist.

---

[74] Y. Aharoni, *Das Land der Bibel.* Neukirchen, 1984, S. 271.

[75] Vergl. S. 552.

[76] Siehe L. Allen, *Joel, Obadiah, Jonah and Micah*, S. 175-181. G. M. Landes, »Linguistic Criteria and the Date of the Book of Jonah.« *EI* 16, 1982, 162-163, datiert das Buch aus linguistischen Gründen auf das sechste Jahrhundert. Sollten seine Schlussfolgerungen korrekt sein, könnten sie nur beweisen, dass das Buch in seiner heutigen Form aus dieser Zeit stammt. Eine Erwiderung auf Allens Ansicht, Jona sei ein Gleichnis, bietet D. J. Wiseman, »Jonah's Niniveh.« *Tyn Bull* 30, 1979, 32-34. Zur Datierung Jonas und zur Gattung des Buches siehe G. Maier, *Der Prophet Jona.* Wuppertal, 2. Aufl., 1979, S. 17-29.

Es ist hier unmöglich, die kontroverse Diskussion um die literarischen Gattungen und die damit verbundene Historizität des Jona-Buches darzulegen. Man sollte aber bedenken, dass Jesus selbst die Historizität bestätigte, indem er die historische Tatsache seines eigenen Todes, Begräbnisses und der Auferstehung mit den Erfahrungen Jonas im Bauch des großen Fisches verglich (Matt 12,40).[77] Wenn man Jona, aus welchem Grund auch immer, als nicht-historische Erzählung versteht, wird es schwierig, wenn nicht gar unmöglich, irgendetwas im AT für historisch zu halten.

Die Ereignisse des Jona-Buches passen durchaus in die Zeit, in die der Autor der König-Bücher den Propheten setzt. Es wurde oben gezeigt, dass Jonas Vorhersage an Jerobeam einige Jahre vor 773 gemacht wurde. Er beendete seine eigenen Schriften sicher später, da das Buch mit einem völlig verzweifelten und zerschlagenen Jona endet. Subjektiv ist es unwahrscheinlich, dass er in diesem Zustand unter seinem Volk irgendwelche Glaubwürdigkeit genoss.

Mehrmals wurde betont, in welch trauriger Verfassung sich Assyrien nach der Herrschaft Adad-niraris III. (810-783) befand. Innere Unruhen und Druck mächtiger Feinde von außen, wie etwa durch Urartu und die aramäischen Staaten, zwangen es in die Defensive, bis 745 der große Tiglat-Pileser III. an die Macht kam. Dies ist die Zeit, in der Israel unter Jerobeam II. und Juda unter Usija Gebiete zurückerlangten, die sie eingebüßt hatten. Mit ihnen gewannen sie auch einen großen Teil ihres internationalen Prestiges wieder. In dieser Zeit führte Jona sein Propheten-Amt aus.

Diese chronologische Eingrenzung ergibt als wahrscheinlichste Zeit für die Mission Jonas in Ninive die Regierung Aššur-dans III. (772-755). Zwar sind keine königlichen Inschriften aus seinen Regierungsjahren überliefert, doch stufen die assyrische Eponymliste und andere indirekte Zeugen seine Herrschaft als Periode von ungekanntem Chaos ein: Assur, Arrapḫa, Guzana und viele andere gegnerische Staaten und abhängige Gebiete rebellierten. Zudem traten wiederholt Plagen und Hungersnöte auf, bis das Reich schließlich verarmt und völlig in Unordnung war.

[77] E.H. Merrill, »The Sign of Jonah.« *JETS* 23, 1980, 23-40.

In eine solche Zeit scheint die Botschaft des Propheten vom Gericht und dem universellen Erlösungswerk des Gottes Israels am besten zu passen: Assyriens eigener Götterhimmel und Kult hatten kläglich versagt. Wenn überhaupt, dann schienen König und Volk jetzt bereit, auf die Worte des einzig lebendigen Gottes zu hören. Zudem hatte er Assyrien schon als Zuchtrute in seine Hand genommen. In einigen Jahren würde Assyriens Rolle geklärt und bestätigt werden. Wie passend, dem Instrument des Zornes Gottes zunächst selbst die Möglichkeit zu bieten, seine Gnade zu erleben! Und der König und das Volk taten Buße, allerdings nur oberflächlich und ohne bleibende Ergebnisse. Weil sie dies taten, wurden sie die Erstgeborenen des Glaubens und der Erlösung aus den Heiden. Jesus selbst sagte, das Urteil über die Pharisäer werde schärfer sein als das über Ninive, denn die Bewohner Ninives hätten bei der Predigt Jonas Buße getan. Damit berief Jesus sich wieder auf Jonas Historizität; die Pharisäer weigerten sich aber, Buße zu tun, als der zu ihnen sprach, der größer war als Jona (Lk 11,32).

# 12. Die Strafe Jahwes: Assyrien und der göttliche Zorn

## Ursachen für Israels Untergang

In der Mitte des 8. Jh. fanden einige wichtige Ereignisse statt, die innerhalb von 30 Jahren zum Zusammenbruch von Damaskus, der Eroberung Samarias, dem Ende der Nation Israel und beinahe zur Kapitulation Judas führen sollten. Der Impuls zu diesem Großereignis kam vom wieder erstarkten Assur unter Tiglat-Pileser III. und seiner unermüdlichen Kriegsmaschinerie. Mehr als 130 Jahre terrorisierte Assyrien nicht nur Juda, sondern den gesamten aVO, bis der babylonische König Nabopolassar und sein berühmter Sohn Nebukadnezar dieser Plage ein Ende bereiteten.

In diesem Kapitel sollen die komplexen Faktoren herausgearbeitet werden, die zum Ende Israels und beinahe zum Untergang Judas führten. Sie sind, wie alle Ereignisse der biblischen Geschichte, im Wesen theologisch. Sowohl die biblischen Erzähler als auch die Propheten machen deutlich, dass Israel und Juda Wind gesät und daher Sturm geerntet hatten. Weil sie dem Bund mit Jahwe nicht mehr treu waren, erlebten sie nun die Flüche, die in den Bundesdokumenten angekündigt worden waren (5. Mo 28,15-68).

Natürlich gab es auch weltliche Gründe für diese Entwicklung: Tyrannei und Unvollkommenheiten in der Regierung, unverantwortliche Finanzpolitik, unkluge internationale Beziehungen, Klassenkämpfe, Gewalt und Kriminalität und eine Menge anderer Übel, die das soziale und nationale Leben der beiden Königreiche bedrohten. Es ist ein Wunder, dass die beiden Nationen überhaupt so lange existierten. Dies, so kann man mit den Propheten schlussfolgern, war nur durch das geduldige Erbarmen des liebenden Gottes möglich, der seine Bundesverheißungen einhielt, obwohl sein Volk sie verlassen hatte (Hos 11).

## Das Ende der Dynastie Jehus

Welche gewaltsamen Zustände in den letzten 30 Jahren Israels das Leben prägten, lässt sich am blutigen Ende der Dynastie Jehus erkennen. Jehu war eine lange und erfolgreiche Herrschaft verheißen worden, weil er gehorsam die Familie Omris sowie den Baalismus im Land ausgelöscht hatte (2. Kön 10,30). Seine Nachkommen sollten den Thron Israels vier weitere Generationen lang innehaben – ein Rekord in der bewegten Geschichte des Nordreichs. Schließlich wurde Secharja, der letzte der Dynastie Jehus, nach nur sechsmonatiger Amtszeit (753) ermordet.[1] Der Übeltäter war Schallum ben Jabesch. Er konnte die Frucht seiner Gewalttat jedoch kaum genießen, da er selbst nach einem Monat umgebracht wurde (2. Kön 15,8-15).

Der Führer der Verschwörung gegen Schallum war Menahem ben Gadi von Tirza. Dass im Bericht darüber (2. Kön 15,13-16) wiederholt auf Samaria und Tirza verwiesen wird, hat eine tiefer gehende Bedeutung: Es wird kein gewöhnlicher Griff nach der Macht beschrieben, sondern der Versuch, die Vorherrschaft des alten politischen Zentrums in Tirza wiederherzustellen.[2] Jerobeam hatte nach kurzer Zeit seine Residenz von Sichem nach Tirza verlegt, die so lange Hauptstadt des Nordreichs war, bis Omri den Hügel Schemer gekauft und dort um 880 v. Chr. seine neue Hauptstadt errichtet hatte. Sicher war der Umzug von Tirza nach Samaria nicht überall auf Zustimmung gestoßen. So blieben in Tirza einige Partisanen und sicherlich auch ein Rest von Groll. Diese Anti-Samaria-Fraktion hat wohl auch Menahem vertreten. Dennoch ließ er, um die Unterstützung des Volkes zu gewinnen, den Regierungssitz in Samaria.

Menahem regierte zehn Jahre (752-742) und war ein Zeitgenosse Usijas. Wie beinahe alle seine Vorgänger wird auch er als »böser König« beschrieben, der die Wege Jerobeams, des Sohnes Nebats, nicht verließ. Einzelheiten seiner schlechten Herrschaft fehlen,

---

[1] Wenn nicht anders angezeigt, stammen die Daten der Könige Israels und Judas in diesem Kapitel aus E. R. Thiele, *The Mysterious Numbers of the Hebrew Kings.* Grand Rapids, 1965, S. 81.

[2] J. Bright, *Geschichte Israels.* Düsseldorf, 1966, S. 272, charakterisiert Tirza als »ehemalige Hauptstadt«. Er versäumt allerdings, zusammen mit anderen Wissenschaftlern, auszuführen, worin das ungewöhnliche Interesse des biblischen Erzählers für Tirza besteht.

bekannt ist nur, dass er bei der Invasion des assyrischen Königs Tiglat-Pileser hohe Tribute bezahlte und ihn so zum Abzug bewegen konnte (2. Kön 15,19-20).

## Assyrien und Tiglat-Pileser III.

In den Jahrzehnten nach Adad-niraris III. Tod (783) hatte Assyrien so gut wie keinen politischen oder militärischen Einfluss auf die damalige Welt. Mit dem Erscheinen des Ursurpators Tiglat-Pileser, auch Pulu genannt oder im AT Pul,[3] der von 745-727 regierte, änderte sich die Lage grundsätzlich.[4] Er machte sich sofort daran, drei Hauptziele zu erreichen: die Ordnung in Babylonien wiederherzustellen, die erneute Kontrolle über Syrien zu gewinnen und die Nordgrenzen gegen Urartu zu verteidigen. In Babylonien hatte schon lange Aufruhr geherrscht, der durch die Ankunft aramäischer Einwanderer noch verstärkt worden war. Zusammen mit den Einheimischen bildeten sie einen mächtigen politischen Faktor und wurden als »Kaldu« (Chaldäer) bezeichnet.[5] Diese Verbindung führte schließlich zum Aufstieg des neubabylonischen Reiches. Tiglats Lösung des babylonischen Problems war, einen einheimischen Regenten einzusetzen, Nabonassar. Die Schwierigkeiten mit dem nördlichen Nachbarn Urartu löste er durch eine Reihe von Feldzügen, die Urartu zur assyrischen Provinz machten.

---

[3] A. T. Olmstead, *History of Assyria*. Chicago, ND 1975, S. 181; Bright, *Geschichte*, S. 270-271.

[4] Weitere Einzelheiten der Herrschaft Tiglat-Pilesers bieten J. D. Hawkins, »The Neo-Hittite States in Syria and Anatolia.« *CAH*, Bd III:1, J. Boardman, et al., Hrsg., Cambridge, 3. Aufl., 1982, S. 409-415; R. Labat, »Assyrien und seine Nachbarn (Babylonien, Elam, Iran) von 1000 bis 617 v. Chr. / Das neubabylonische Reich bis 539 v. Chr..«, *Fischer Weltgeschichte*, Frankfurt, 1989, Bd IV, S. 511-558.

[5] Diese Entwicklung wird bei J.A. Brinkman, *A Political History of Post-Kassite Babylonia, 1158-722 B.C.*. Rom, 1968 ausführlich dokumentiert.

Tiglats Hauptinteresse lag jedoch im Westen. Als die Lage an allen anderen Orten stabil war, wandte er sich westwärts. In seinem ersten Syrienfeldzug 743 besiegte er Arpad (Tell Erfad), etwas nördlich von Aleppo, und terrorisierte die übrigen Kleinstaaten Syriens und Palästinas. Viele von ihnen ergaben sich daraufhin kampflos, andere boten nur pro forma Widerstand.[6] Menahem von Israel war unter den Ersteren.[7] Sowohl die Annalen Tiglat-Pilesers als auch die Berichte des ATs bestätigen Menahems Bereitschaft, Tribut an Tiglat-Pileser zu zahlen, um seine Position in Samaria zu sichern.[8] Obwohl das AT dies nicht erwähnt, könnte Tiglat-Pileser auch mit Usija (= Asarja) von Juda Kontakt gehabt haben. Doch ist der assyrische Text, demzufolge eine solche Verbindung angenommen wird, mehrdeutig, so dass man nicht zu viel aus ihm herauslesen sollte.[9]

---

[6] Die verbesserte Lage, die unter Assyrien in den transjordanischen Ländern herrschte, beschreibt B.Oded, »Neighbours on the East.« *WHJP*, Bd IV, Teil 1, The Age of the Monarchies: Political History, A. Malamat, Hrsg., Jerusalem, 1970, S. 270-272.

[7] W. W. Hallo, »From Qarqar to Carchemish: Assyria and Israel in the Light of New Discoveries.« *BAR*, E. F. Campbell, Jr., und D. N. Freedman, Hrsg., Garden City, 1964, Bd II, S. 169-170. L. D. Levine, »Menahem and Tiglath-pileser: A New Synchronism.« *BASOR* 206, 1972, 40-42, datiert den Feldzug Tiglat-Pilesers, der Menahem von den Tributzahlungen überzeugt haben soll, in das Jahr 738. Das wäre aber gemäß der biblischen Chronologie vier Jahre nach Menahems Tod. Obwohl, wie Levine betont, dieser »sichere Synchronismus« zwischen Menahem und Tiglat-Pileser beachtet werden muss (S. 42), bleibt doch sein Argument, das sich auf die iranische Stele beruft, Menahems Tribut sei nach 742 gezahlt worden, unbewiesen. Levines Ausführungen werden von H. J. Katzenstein, *The History of Tyre.* Jerusalem, 1973, S. 205, und von W. H. Shea, »Menahem and Tiglat-pileser III.« *JNES* 37, 1978, 43-49, widerlegt. Shea jedoch datiert die Tributzahlung ins Jahr 740, das ist aber nach der hier vertretenen Meinung immer noch zu spät. M. Cogan, »Tyre and Tiglath-Pileser III.« *JCS* 25, 1973, 96-99, akzeptiert ebenfalls 740, wenigstens für den Tribut Tubails von Tyrus.

[8] Die assyrischen Texte finden sich in *TUAT,* Bd I, S. 371.

[9] Hallo, »From Qarqar to Carchemish.« *BAR*, Bd II, S. 170, interpretiert »*Az-ri-a-u* von *Ia-ú-da-a-a*« als Verweis auf Asarja, im Gegensatz zu Wissenschaftlern wie S. Herrmann, *Geschichte Israels in alttestamentlicher Zeit.* München, 1973, S. 304, der den fraglichen Herrscher als König des nordwestsyrischen Staates Ja'udi identifiziert. Für Hermanns Standpunkt spricht das Fehlen jeglicher biblischen Verweise auf einen assyrischen Einfall bis nach Juda während der Herrschaft Asarjas.

Eine zweite Feldzug-Serie begann 734 und endete 732. Neben der Einnahme von Gaza brachte sie Tiglat noch einen weiteren Erfolg: König Ahas von Juda hatte ihn verzweifelt um Beistand gegen Pekach von Israel und Rezin von Damaskus gebeten (2. Kön 16,5-7; Jes 7,1-2). Tiglat willigte ein und zwang 732 Damaskus zur Kapitulation. Sicher hätte Israel das gleiche Schicksal ereilt, wäre nicht Pekach ermordet und durch den pro-assyrischen Marionettenherrscher Hosea ersetzt worden.[10] Ahas hatte sich und sein Volk um einen hohen Preis an den heidnischen Assyrer verkauft.

In seinen letzten Jahren beschäftigten Tiglat-Pileser wieder so sehr Probleme mit Babylonien, dass er seine Feldzüge in den Westen abbrechen und Juda und Israel einige Jahre der Erholung geben musste. Selbst als er Babylonien, nun vom beharrlichen und widerstandsfähigen Marduk-apla-iddina regiert – im AT Merodach-Baladan genannt –,[11] schließlich unterworfen hatte, kehrte Tiglat-Pileser nicht mehr in den Westen zurück.

Nach seinem Tod folgte ihm 727 sein Sohn Salmanasser V., der nur fünf Jahre regierte (727-722).[12] Zwei Jahre lang beschäftigten ihn die babylonischen Aufstände, die die letzten Jahre seines Vaters ausgefüllt hatten. Dann zog er nach Westen, um die Kontrolle über Phönizien und Philistäa wiederzuerlangen, und belagerte Samaria fünf Jahre lang, was 722 zum Zusammenbruch der Stadt und zur Deportation der Einwohner führte (2. Kön 17,3-6).[13] Inzwischen begann die Belagerung von Tyrus, die Assyriens nächster König, Sargon II., zu Ende führte. Sargon gibt zwar auch an, Samaria eingenommen zu

---

[10] Der assyrische Text in Übersetzung ist in *TUAT*, Bd I, S. 374, zu finden.

[11] Einen vollständigen Bericht seines Lebens und seiner Karriere gibt J.A. Brinkman, »Merodach-Baladan II.« *Studies Presented to A.L. Oppenheim*, R.M. Adams, Hrsg., Chicago, 1964, S. 6-53.

[12] Hawkins, »Neo-Hittite States.« *CAH* III:1, S. 415-416. R. Labat, »Assyrien und seine Nachbarländer«, *Fischer Weltgeschichte*. Bd IV, S. 58-59.

[13] S. Timm, »Die Eroberung Israels (Samarias) 722 v. Chr. aus assyrisch-babylonischer Sicht«. *WdO* 20-21, 1989-90, 61-82.

haben,[14] doch sind sich die meisten Wissenschaftler einig, dass er sich in diesem Fall mit fremden Federn schmückt und in Wahrheit Salmanasser diese Leistung erbrachte.[15]

## Menahem von Israel

Wenden wir uns nun wieder Menahem zu. Seine freiwillige Kapitulation vor Tiglat-Pileser könnte etwas mit einer Verschwörung gegen ihn zu tun gehabt haben. Denn nur zwei Jahre, nachdem sein Sohn Pekachia die Thronfolge angetreten hatte, wurde dieser von Pekach und einer Gruppe Gileaditern ermordet.[16] Ob Menahem sich auf die Seite der Assyrer stellte, um die Gefahr gegen Ende seiner Tage abzuwenden, oder ob die Verschwörung wegen seiner Sympathie mit den Assyrern entstand, wird wohl nie geklärt werden können. Bekannt ist, dass er eine horrende Summe an die Assyrer bezahlte: »Menahem gab Pul tausend Zentner Silber,[17] damit er's mit ihm hielte und sein Königtum befestigte« (2. Kön 15,19).

Wenn Menahem am Leben geblieben wäre und Tiglat-Pileser nicht nach Norden hätte zurückkehren müssen, hätte diese Strategie zum Erfolg führen können, auch wenn sie für eine Nation, die vorgab, dem Gott des Bundes zu vertrauen, unangemessen war. Doch zählen »Wenn's« in der Geschichte nicht. Menahem starb, nachdem er der Bevölkerung das Geld für den Tribut abgerungen hatte, und Pekachja wurde nach ihm König (742-740). Tiglat-Pileser reorgani-

---

[14] Siehe *TUAT,* Bd I, S. 379.

[15] Die unparteiische babylonische Chronik schreibt Samarias Fall ausschließlich Salmanasser V. zu. Siehe H. Tadmor, »The Campaigns of Sargon II of Assur: A Chronological-Historical Study.« *JCS* 12, 1958, 22-40, 77-100.

[16] H.J. Cook, »Pekah.« *VT* 14, 1964, 128.

[17] Die hebräische Maßeinheit, die Luther mit Zentner wiedergibt, sind umgerechnet ca. 34 Tonnen.

sierte die nordsyrischen Staaten und Phönizien und überließ Israel seinen eigenen inneren Angelegenheiten.[18]

## Die letzten Tage Israels

### Pekachs Aufstand

Der Aufstand, der offenbar schon zu Menahems Lebzeiten geschwelt hatte, trat unter Pekachjas Herrschaft offen zu Tage. Er hatte kaum seine königlichen Vorrechte zu genießen begonnen, als ihn Pekach ben Remalja, ein Armeeoffizier, mit einer starken antiassyrischen Gruppe von Gileaditern ermordete (2. Kön 15,23-25). Als Pekachja aus dem Weg geräumt war, ernannte sich Pekach zum König und brach unmittelbar das von Menahem geschlossene Bündnis mit Assyrien. Zweifellos fühlte er sich in seinem Handeln sicher, denn Tiglat-Pileser war immer noch mit anderen Reichsaufgaben beschäftigt. Es ist schwierig zu erkennen, ob Pekach allein aus patriotischem Eifer handelte, oder ob er eine syro-palästinische Konföderation schaffen wollte, die unter seiner Leitung Assyrien zurückdrängen sollte.

### Tiglat-Pilesers Rückkehr

Was immer Pekachs Ziele gewesen waren, sie sollten binnen sechs Jahren zunichte gemacht werden. Denn 734 kehrte Tiglat-Pileser in den Westen zurück und begann sehr schnell, große Teile Syriens und Palästinas zu annektieren, besonders in Galiläa und in Transjordanien.[19] Zu den eroberten Städten gehörten Ijon (Tell ed-Dibbîn), Abel

---

[18] Siehe bes. Katzenstein, *History of Tyre,* S. 204-205. Eine sehr erhellende Diskussion der assyrischen Reichsstruktur im Westen bietet I. Eph'al, »Assyrian Domination in Palestine.« *WHJP*, Bd IV:1, S. 282-288.

[19] B. Oded, »Observations on Methods of Assyrian Rule in Transjordania After the Palestinian Campaign of Tiglath-Pileser III.« *JNES* 29, 1970, 177-186.

Bet Maacha (Abil el Qamḥ), Janoach (Yānûḥ), Kedesch (Tell Qades) und Hazor (Tell el Qedaḥ);[20] alle lagen in den alten Stammesgebieten Aschers und Naftalis. Gilead wird wahrscheinlich gesondert angeführt, da es stark anti-assyrisch ausgerichtet war. Zum ersten Mal spricht der Geschichtsschreiber von jenem assyrischen Brauch, der großen Einfluss auf die restliche israelitische Geschichte haben sollte: Tiglat-Pileser brachte Gefangene nach Assyrien (2. Kön 15,29).

Inzwischen hatte Hoschea ben Ela die drohende Gefahr erkannt, Pekach beseitigt und war mit Zustimmung der Assyrer, wenn nicht sogar auf deren Anweisung, Israels letzter König geworden. Seine Regierungszeit (732-722) stellt das letzte Jahrzehnt der Geschichte des Nordreichs während der Zeit des ATs dar.

## Chronologie der Herrschaft Pekachs

Vor der Erörterung dieses Jahrzehnts soll zunächst die komplexe Frage nach der Chronologie der gesamten Periode und besonders der Pekachs gestellt werden.[21] Im Grunde dreht sich das Problem um die Aussage, Pekach habe im 52. Jahr Usijas, also 740, über Israel zu herrschen begonnen und 20 Jahre regiert (2. Kön 15,27). Wenn dieser *terminus a quo* richtig ist, wäre er 720 gestorben. Dies ist aber ganz offensichtlich unmöglich, da es das Ende des Königreiches so weit nach hinten verschöbe, dass für die Regierung Hoscheas kein Raum bliebe.

Pekachs Regierung könnte aber auch 752 begonnen haben. Das würde bedeuten, dass nach seinen 20 Herrschaftsjahren Hoschea um 732 den Thron bestieg. Wenn Pekachs Herrschaft 752 anfing, dann

---

[20] All diese Bestimmungen sind bei Y. Aharoni zu finden, *Das Land der Bibel*, S. 437-445.

[21] Dieses Problem nimmt bei Thiele, *Mysterious Numbers*, S. 118-140, ein ganzes Kapitel ein, was seine Komplexität andeutet. Die gegenwärtige Diskussion verdankt Thiele sehr viel; es gibt allerdings an verschiedenen Punkten Unterschiede. N. Na'aman, »Historical and Chronological Notes on the Kingdoms of Israel and Judah in the Eighth Century B.C.« *VT* 36, 1986, 71-92.

müsste er für einige Jahre mit Menahem und Pekachja als Ko-Regent regiert haben, wofür aber Beweise fehlen. Deshalb wird die Zahl 20 als ein Schreibfehler gewertet.[22] Bevor man jedoch die 20 Jahre als Schreibfehler abtut, sollte man die merkwürdigen Umstände der Thronbesteigung Pekachs betrachten. Im strengen Sinn kann es wirklich keine Ko-Regentschaft zwischen Menahem und Pekach gegeben haben, denn Pekach war nicht von königlichem Geblüt. Es gab also keinen Grund ihm eine derartige Ehre zu erweisen. Pekach könnte aber von gewissen Teilen der Bevölkerung, besonders in und um Samaria, als Gründer einer rivalisierenden Dynastie anerkannt worden sein.[23]

Hier die Argumentation dieser Hypothese: Wenn Pekach 20 Jahre regierte und 732 umgebracht wurde, begann er seine Herrschaft in genau demselben Jahr, in dem Menahem Schallum ermordete und ebenfalls zu regieren anfing (752). Menahem stammte aus Tirza und repräsentierte eine anti-samarische Fraktion, die dort seit Omris Zeit bestand. Pekach wäre dann der Repräsentant der pro-samarischen Partei gewesen. Obwohl er zwölf Jahre geduldig als Kommandant der israelitischen Armee ausharren musste,[24] genoss er die Anerkennung mächtiger Personen in Samaria; viele erkannten ihn sogar als König an.[25] Erst nachdem Menahem und Tiglat-Pileser von der

---

[22] T. R. Hobbs, *2 Kings*. Waco, 1985, S. 201, plädiert eindeutig für eine Ablehnung der Zahl 20. In 15, 32 und 16, 1 scheinen aber die 20 Jahre als richtig vorausgesetzt worden zu sein. Verbesserungsvorschläge bietet Cook in »Pekah.« *VT* 14, 1964, 121-122.

[23] J. Gray, *1 & 2 Kings*. Philadelphia, 1970, S. 64-65, sieht den *terminus a quo* für Pekach in dem Moment, als er sich zum ersten Mal in einer anti-assyrischen Anstrengung gegen Menahem erhob.

[24] Dieser vor-monarchischen Rolle Pekachs scheint durch ein Siegel bestätigt zu werden, das von P. Bourdereuil diskutiert wird, »A Note on the Seal of Pekah the Armour-Bearer, Future King of Israel.« *BA* 49, 1986, 54-55. Siehe auch Cook, »Pekah.« *VT* 14, 1964, 124-126.

[25] Cook weist in »Pekah.« *VT* 14, 1964, S. 127, darauf hin, dass assyrische Inschriften, *TUAT*, Bd I, S. 371, 373-374, Menahem »Menahem von Samaria« nennen, dagegen wird Pekach als Herrscher von *Bit Humria* genannt, die normale assyrische Bezeichnung für das Nordreich. Dies deutet zweifelsfrei auf ein geteiltes

Bildfläche verschwunden waren, sah er seine Zeit für gekommen. Er tötete Pekachja, erklärte Israels Unabhängigkeit von Assyrien und blieb die nächsten acht Jahre im alleinigen Besitz der Macht. Diese Hypothese lässt sich natürlich nicht beweisen, aber sie erklärt alle bekannten Fakten.

## Hoschea von Israel

Israels letzter König, Hoschea ben Ela, kam als assyrische Marionette an die Macht.[26] Seine Wahlmöglichkeiten waren äußerst begrenzt, da Damaskus 732, im Jahr seiner Thronbesteigung, in Schutt und Asche gelegt wurde. Klar war auch, dass Tiglat-Pilesers nächstes Ziel Samaria hieß. Hoschea war allerdings keine verlässliche Marionette, wie sich herausstellte, denn als Tiglat-Pileser in den Osten zurückkehren musste, um die babylonischen Aufstände niederzuschlagen, verkündigte Hoschea seine Unabhängigkeit von Assyrien. Ihm blieb jedoch wenig Zeit sie zu genießen, weil Salmanassar V. die imperialistische Politik seines Vaters wieder aufnahm. Salmanasser kam 725 nach Israel, um Hoscheas Loyalität einzufordern. Als er diese nicht erhielt, belagerte er Samaria. Obwohl die Stadt drei Jahre lang tapfer aushielt, musste sie sich doch 722 ergeben.

---

Nordreich hin: Die Bezeichnung »Menahem von Samaria« könnte darauf hinweisen, dass er dort formal als König anerkannt wurde. W.H. Shea, »The Date and Significance of the Samaria Ostraca.« *IEJ* 27, 1977, 21-23, der einige Ostraka diskutiert, kommt zu der Folgerung, Pekachs Herrschaft habe tatsächlich 20 Jahre gedauert, zum Teil gleichzeitig mit Menahem, zum Teil nach ihm. Angesichts der Diskussion ist es schon verwunderlich, wenn H. Donner, *Geschichte des Volkes Israel und seiner Nachbarn in Grundzügen 2.* Göttingen, 1986, S. 306, FN 21, die 20-jährige Regierungszeit Pekachs in 2. Kön 15,27 ohne jede Begründung als falsch abtut.

[26] Siehe *TUAT,* Bd I, S. 374.

## Ägyptens Bedeutung

Ein Grund für Hoscheas Sinneswandel und seine Ablehnung der Vorherrschaft Assyriens war, dass sich ein Aufstieg Ägyptens abzeichnete.[27] Als Salmanassers Nachfolger den Thron bestieg, hatte Tefnacht I. (727-720), aus dem Königshaus von Sais im nördlichen Delta, die 24. Dynastie von Ägypten gegründet, deren Vorherrschaft die Prinzen der 22. und 23. Dynastie bald anerkannten. Mit großer Zuversicht versuchte Tefnacht, ganz Ägypten zu einen, indem er nach Süden marschierte, um die nubische Dynastie Pianchis (737-716) unter seine Kontrolle zu bringen. Diese so genannte 25. Dynastie erwies sich aber als äußerst widerstandsfähig und nahm Tefnachts Herausforderung an. Die entscheidende Schlacht in Memphis brachte Pianchi nicht nur den Sieg, sondern auch die Herrschaft über ganz Ägypten. Pianchi kehrte nach Süden zurück, ohne im Delta irgendeine Form von Regierungs-Verwaltung aufgebaut zu haben. Dies ermöglichte nicht nur Tefnacht, sondern auch den anderen Prinzen aus dem Delta Stabilität und Stärke zu gewinnen. Einer von ihnen, Osorkon IV. (730-715) aus der 22. Dynastie, ist wahrscheinlich »So, der König von Ägypten«, an den sich Hoschea hilfesuchend wandte (2. Kön 17, 4).[28] Dieser Aufruf war allerdings vergeblich, so dass Salmanasser seine am Ende erfolgreiche Belagerung ungestört fortsetzen konnte.

---

[27] K. A. Kitchen, *The Third Intermediate Period in Egypt* (1100-650 B.C.). Warminster, 1973, S. 362-368.

[28] Ebd., S. 374. Siehe auch R. Borger, »Das Ende des ägyptischen Feldherrn Sib'e = Sô'.« JNES 19, 1960, 49-53; R. Krauß, »Sō, König von Ägypten – ein Deutungsvorschlag.« *MDOG* 110, 1978, 49-54.

## Die Auswirkungen vom Untergang Samarias

### Theologische Auswirkungen

Der Untergang Samarias versetzte nicht nur Israels politischem Leben, sondern auch seinem Verständnis vom Wesen des Bundes einen gewaltigen Schlag. Sollte 722 das Ende des Nordreiches bedeuten? Waren die Verheißungen und die Geduld Gottes am Ende? Diese Fragen müssen nicht nur die israelitischen Überlebenden beschäftigt haben, sondern auch das Volk in Juda. Konnte Juda, obwohl der Thron Davids sich in Jerusalem befand, auf ein besseres Schicksal hoffen?

Diese Fragen stellten vor allem die Propheten. Der Autor des 2. König-Buches beschäftigt sich in für ihn einzigartiger Weise auch mit der theologischen Bedeutung des Endes Israels. Er sagt, Samaria sei untergegangen und die Bevölkerung deportiert worden, weil die Israeliten gegen Jahwe gesündigt hatten (2. Kön 17,7). Gottes Volk war seinem Herrscher, der sie aus der Knechtschaft der Ägypter befreit hatte, untreu geworden. Ihre Untreue gegenüber Jahwe war daran deutlich geworden, dass sie andere Götter trotz Jahwes ständigen Ermahnungen durch seine Boten, die Propheten, angebetet hatten (2. Kön 17,15-17). Das war Hochverrat. Das unvermeidliche Ergebnis, das Gericht Gottes, folgte in Form des Exils. Das Volk wurde aus dem verheißenen Land deportiert.

Juda, so der Autor des 2. König-Buches, war keineswegs besser als das Nordreich (2. Kön 17,19). Sie ahmten Israels Abfall nach und mussten so mit einem ähnlichen Schicksal rechnen. Diesen Abfall verkörperte Israels erster König Jerobeam, dessen frevelhaftes Verhalten allen folgenden Generationen zum Beispiel geworden war. Es gleicht schon einem kleinen Wunder, dass die Strafe für etwa 200 Jahre Bundesbruch nur die Vertreibung aus dem Land des Bundes und die Auslieferung in die Hände einer anderen Nation war. Und genau darin liegt die Ironie: Eigentlich hätte Israel den anderen Nationen als Diener Gottes den Weg zu Jahwe zeigen sollen, doch jetzt war es deren Gefangene.

Gemäß der assyrischen Praxis wurden die Einwohner Samarias und des Umlandes an verschiedene Orte im assyrischen Reich deportiert. Dafür wurden Gefangene aus anderen Nationen in Samaria angesiedelt.[29] Das Ziel dabei war offenbar, Nationalgefühle auszurotten und Unabhängigkeitsbestrebungen zu verhindern. Die Praxis der Um- und Neuansiedlung sollte auch starken Einfluss auf den Judaismus und die frühe Kirche haben. Das merkwürdige Völkergemisch, das sich daraus ergab, wurde »Samaritaner« genannt.

Der biblische Erzähler gibt drei Bestimmungsorte der deportierten Israeliten an: Halach, Gosan sowie »die Städte der Meder« (2. Kön 17,6), auch wenn sich das assyrische Exil nicht auf diese drei beschränkt zu haben scheint.[30] Halach kann nicht genau bestimmt werden.[31] Gosan ist keine andere als die bekannte und wichtige Stadt Tell Halaf[32] am Fluss Harbor, etwa 100 km südöstlich Harans. Die »Städte der Meder« lagen östlich der zentralen und nördlichen Zagros-Bergkette, zwischen dem heutigen Iran und dem Irak.

Schon früher waren unter Tiglat-Pileser Israeliten deportiert worden, das war allerdings größtenteils auf die zweieinhalb transjorda-

---

[29] I. Eph'al, »Assyrian Dominion in Palestine.« *WHJP*, Bd IV:1, S. 283. Siehe auch *TUAT*, Bd I, S. 382, 386; B. Oded, *Mass Deportations and Deportees in the Neo-Assyrian Empire*. Wiesbaden, 1979, S. 70, zur Deportationspolitik der Assyrer.

[30] In Kalach sind verschiedene hebräische Namen gefunden worden, siehe W. F. Albright, »An Ostracon from Calah and the North-Israelite Diaspora.« *BASOR* 149, 1958, 33-36; I. Eph'al, »Israel. Fall and Exile.« *WHJP*, Bd IV:1, S. 190-191; R. Zadok, *The Jews in Babylonia During the Chaldean and Achaemenian Periods according to the Babylonian Sources*. Haifa, 1979, S. 7-22, 97.

[31] Eph'al, »Israel: Fall and Exile.« *WHJP*, Bd IV:1, S. 189-190, möchte es mit Halahhu gleichsetzen, einer Stadt und einem Bezirk nordöstlich Ninives an der Straße nach Ḫorṣabād (Dur Scharruken). J. Scharbert, *Zwangsumsiedlungen in Vorderasien zwischen dem 10. und dem 6. Jahrhundert v. Chr. nach altorientalischen und biblischen Quellen*. Sudetendeutsche Akademie der Wissenschaften und Künste, Geisteswissenschaftliche Klasse, Sitzungsberichte, Jahrgang 1988, Heft 1, München, 1988.

[32] M. Noth, *Die Welt des Alten Testaments*. Berlin, 4. Aufl., 1962, S. 235.

nischen Stämme beschränkt geblieben. Berücksichtigt man diese erste Deportation nicht, dann scheint die kurze Wiederholung der Stammesgenealogie, in der der Chronist darauf hinweist, dass Tiglat-Pileser die östlichen Stämme gefangen nahm (1. Chr 5,26), verwirrend zu sein. Dies ist aber kein Anachronismus oder etwa eine falsche Zuschreibung der Eroberung Salmanassers an Tiglat-Pileser, wie einige Wissenschaftler vertreten,[33] sondern eine weitere Ausführung von 2. Kön 15,29, wodurch der Feldzug von 734-732 zusammengefasst wird: »Tiglat-Pileser … nahm … Gilead und Galiläa … und führte sie weg nach Assyrien.« Das Ziel war nahezu das gleiche, wie das des größten Teils der Israeliten zehn Jahre später, außer dass der Chronist noch den Namen *Hara* hinzufügt, vielleicht eine Korrumpierung von *'ārê (mādāj)*, »Städte (der Meder)« (vergl. 2. Kön 17,6; 18,11).[34]

## Ursprung der Samaritaner[35]

Die nach Samaria verschleppten Menschen stammten aus Orten wie Babylon, Kuta (Tell Ibrahim, ca. 32 km nordöstlich Babylons), Awa (Tell Kefr ʿAya am Fluss Orontes in Nordsyrien),[36] Hamat (Ḥamā) und Sefarwajim (in der Nähe Hamats im oberen Syrien).[37] Eine der-

[33] H. G. Williamson, *1 and 2 Chronicles.* Grand Rapids, 1982, S. 67, vertritt diese Sicht.

[34] E. L. Curtis, *A Critical and Exegetical Commentary on the Books of Chronicles.* Edinburgh, 1910, S. 126.

[35] Über die Samaritaner siehe A. D. Crown, Hrsg., *The Samaritans.* Tübingen, 1989; F. Dexinger, »Der Ursprung der Samaritaner im Spiegel der frühen Quellen.« *Die Samaritaner.* F. Dexinger und R. Pummer, Hrsg., Darmstadt, 1992, S. 67-140; J. Zangenberg, *Samareia: Antike Quellen zur Geschichte und Kultur der Samaritaner in deutscher Übersetzung.* Tübingen, 1994.

[36] *Oxford Bible Atlas.* H. G. May, Hrsg., New York, 3. Aufl., 1984, S. 123.

[37] Y. Aharoni und M. Avi-Yonah, *Der Bibel Atlas.* Augsburg, 1991, Karte 150.

artige Ansammlung von Völkern schuf natürlich ein Durcheinander von Sprachen, Bräuchen und religiösen Praktiken.[38] Trotz ihrer neuen Umgebung begannen die Deportierten damit, ihre eigenen Kulte in Samaria einzuführen, bis Jahwe eingriff und Löwen gegen die Götzenanbeter sandte, um einige der Menschen zu töten. Als der assyrische König, wahrscheinlich Sargon II., von dem Unglück hörte, das über seine neue Kolonie hereingebrochen war, schickte er einen israelitischen Priester zurück, der dem Kult in Bethel vorstehen und das Volk zu angemessener Anbetung anleiten sollte (2. Kön 17,27-28).[39] So entwickelte sich ein äußerst synkretistisches System, worin jede nationale Gruppe zwar mit den Lippen Jahwe ehrte, aber weiter auf den Höhen ihren eigenen Göttern diente. Dieser Zustand hielt sich noch bis in die Zeit des biblischen Erzählers (2. Kön 17,34.41), mindestens jedoch bis 560 v. Chr., und dauerte sogar noch länger an, wie aus den Zeugnissen nach-exilischer Schreiber, z. B. Esra und Nehemia, deutlich wird. Trotz missionarischer Aktivitäten, die Judas Jahwisten von Zeit zu Zeit unternahmen, entwickelte sich der samaritanische Kult nur ganz allmählich zu seiner monotheistischen Form, wie sie, zum Beispiel im NT, zu ersehen ist.

---

[38] Die assyrische Praxis, neuerrungenen Provinzen, wie etwa Israel, fremde Kulte aufzuzwingen, beschreibt M. Cogan, *Imperialism and Religion: Assyria, Judah and Israel in the Eighth ans Seventh Centuries B. C. E.* Missoula, Mont, 1974, S. 105-110. Die Vasallen-Staaten entgingen solchem Zwang. Juda war also dank seiner Tributzahlungen und anderer Treuebezeugungen in religiösen Angelegenheiten autonom. Siehe C. D. Evans, »Judah's Foreign Policy from Hezekiah to Josiah.« *Scripture in Context.* C. D. Evans et al., Hrsg., Pittsburgh, 1980, S. 158.

[39] Eine genaue Parallele in einem assyrischen Text führt S. Paul an: »Sargon's Administrative Diction in 2 Kings 17:27.« *JBL* 88, 1969, 73-74.

## Juda und der Untergang Samarias

### Das chronologische Problem

Die Geschichte des Untergangs Samarias und des Endes der Nation Israel ist ohne Verweis auf die Ereignisse im benachbarten Juda nicht vollständig. Im Todesjahr des Usija von Juda (740) begann der Dienst des Propheten Jesaja (Jes 6,1). Gegen Ende seiner Herrschaft hatte Usija gesündigt, da er sich Vorrechte der aaronitischen Priester angemaßt hatte.[40] Seinen Stolz musste er mit einer Hautkrankheit und Quarantäne in seinen Privatgemächern bezahlen, was ihm in seinen letzten Jahren so zusetzte, dass er gezwungen war, die Zügel der Regierung seinem jungen Sohn Jotam zu übergeben (2. Chr 26,21). Im Folgenden soll geklärt werden, in welchem Jahr diese Ereignisse stattfanden.

Jotam hatte seine Herrschaft im zweiten Jahr Pekachs begonnen und den Thron 16 Jahre lang innegehabt (2. Kön 15,32-33). Außerdem wissen wir, dass Jotams Sohn Ahas schon zwölf Jahre an der Macht war, als Hoschea von Israel den Thron bestieg (2. Kön 17,1), das wäre 744 gewesen.[41] Aus diesen Daten entsteht folgendes Problem: Wenn Ahas 744 zu regieren begann und sein Vater Jotam vor ihm 16 Jahre lang geherrscht hatte, muss Jotam um 760 König geworden sein. Um die Sache noch komplizierter zu machen: Trat Jotam seine Herrschaft in Pekachs zweitem Jahr an, so erfordert dies den Beginn der Herrschaft Pekachs im Jahr 762. Allgemein wird aber der Amtsantritt Pekachs nicht früher als auf 740 datiert, also über 16 Jahre nach Jotam.

Eine Lösung lässt sich folgendermaßen finden: Wie schon erörtert, könnten einige Gruppen in Israel Pekach wahrscheinlich schon 752 zum König ernannt haben. Des Weiteren kann man vermuten, dass die »16 Jahre« Jotams aus zwei Elementen bestanden: aus einer Periode, die man als dominante Herrschaft bezeichnen kann, und aus

---

[40] Siehe S. 555ff.

[41] Thiele, *Mysterious Numbers*, S. 129.

einer Zeit der Ko-Regentschaft mit seinem Sohn Ahas.[42] Die Erstere umfasste die Spanne von 750-740, also bis zu Usijas Tod. Es scheint eine gewöhnliche Ko-Regentschaft gewesen zu sein, da Usija bis 740 den Titel des Staatsoberhauptes trug. Der Chronist meint allerdings, die gesamte Regierungsautorität sei schon zur Zeit der Krankheit seines Vaters auf Jotam übergegangen, d. h. er sei Alleinherrscher gewesen (2. Chr 26,21). Deshalb ist es korrekt zu sagen, Jotams Regierung habe in Pekachs zweitem Jahr begonnen, allerdings nur, wenn zugestanden wird, dass Pekachs Herrschaft 752 begann, wie es die anderen Daten erfordern.

Weitere Unterstützung erfährt diese Chronologie Jotams durch die Herrschaftsdaten Rezins von Damaskus, der von ca. 750-732 regierte.[43] Er begann nämlich gemeinsam mit Pekach zu Jotams Zeit Juda zu verfolgen (2. Kön 15,37). Dies zog sich bis in die Regierungszeit des Sohnes Jotams, Ahas, hin (2. Kön 16,5). Da Rezin und Pekach 732 starben, muss Ahas seine Herrschaft vorher angetreten haben. Der Autor des 2. König-Buches sagt, Ahas habe im 17. Regierungsjahr Pekachs den Thron des Südreiches übernommen, also im Jahr 735 (2. Kön 16,1). Wie sein Vater regierte er 16 Jahre (V. 2). Somit wäre seine Herrschaft von 735 bis 719 zu datieren. Doch wie wir bereits gesehen haben, begann die Herrschaft Hoscheas von Israel 732, was nach 2. Kön 17,1 im zwölften Regierungsjahr des Ahas stattfand. Demzufolge fing dessen Regentschaft 744 und nicht 735 an.

Die Annahme einer Ko-Regentschaft von Jotam und Ahas von 744 bis 735 scheint die Lösung dafür zu sein. Danach hätte Ahas 16 Jahre lang die Oberherrschaft gehabt. Die »16 Jahre« beziehen sich also nur auf seine Zeit als Alleinherrscher, während »das zwölfte Jahr Ahas'« (2. Kön 17,1), das Hoscheas Thronbesteigungsjahr ist, auf das

---

[42] Der Ausdruck »dominante Herrschaft« wird hier benutzt, um die ungewöhnliche Situation zu beschreiben, in der ein Sohn, Jotam, mit seinem Vater, Usija, gemeinsam regierte, der Erstere jedoch in beherrschender Position. Dies ist deutlich die Absicht von 2. Chr 26,21.

[43] M. F. Unger, *Israel and the Aramaeans of Damascus.* Grand Rapids, ND 1980, S. 95.

zwölfte Jahr seit Beginn der Ko-Regentschaft verweist. Auf Grund anderer Daten muss Ahas mindestens bis 715 gelebt haben, da er dann von seinem Sohn Hiskia abgelöst wurde. Die Datierung Hiskias ist relativ gesichert, da in seinem 14. Jahr Sanherib in Juda einfiel (2. Kön 18,13). Dieser Feldzug wird von allen in das Jahr 701 datiert. Der Verweis auf Hiskias Thronbesteigung in Juda im dritten Jahr Hoscheas, um 729 (2. Kön 18,1), muss sich demnach auf eine weitere Ko-Regentschaft beziehen. Es wird angenommen, dass Ahas und Hiskia 14 Jahre miteinander regierten.

Wenn Ahas bis 715 lebte und seine Herrschaft 735 begann, wie konnte er dann 16 Jahre regiert haben? Die Lösung sind vier Jahre Ko-Regentschaft auch zwischen Jotam und Ahas (735-731), die aus unbekannten Gründen nicht in die erwähnten Herrschaftszeiten der beiden eingeschlossen sind. Mit anderen Worten: Sie waren während dieser Zeit gleichgestellt.[44]

Eine Zusammenfassung der oben vorgenommenen Rekonstruktion sieht so aus: Jotam wurde Mitherrscher, während sein Vater Usija noch lebte. Nachdem er elf Jahre, bis zu Usijas Tod 740, quasi als Oberhaupt regiert hatte, war er bis 735 Alleinherrscher. Unterdessen hatte Jotam 744 Ahas zu seinem Vize-Regenten ernannt, obwohl Usija noch am Leben war. Von 735 bis 731 waren die beiden dann gleichgestellt, keiner von ihnen hatte Vorrang. Am Ende dieser Zeit wurde Ahas als Alleinherrscher eingeführt – für die nächsten 16 Jahre, bis 715. Hiskia wurde 729 zum Assistenten seines Vaters; er diente mit ihm bis 715, regierte bis 696 allein und schließlich, zusammen mit Manasse, bis 686.

Das Alter, mit dem diese Monarchen an die Macht kamen, wird im biblischen Bericht erwähnt und ist für die Diskussion relevant. Dabei geht es vor allem um die Frage, auf welchen Beginn der Herrschaft (Ko-Regentschaft oder Alleinherrschaft) sich die Altersangabe bezieht. Jotam war 25 Jahre alt, als er die Macht von Usija 750 übernahm (2. Kön 15,33). Ahas begann seine Herrschaft mit 20 Jahren

---

[44] Cook vertritt in »Pekah.« *VT* 14, 1964, 121, die Auffassung, 2. Kön 15,30 »behält die Tradition bei, dass Jotam noch vier Jahre gelebt habe, nachdem seine offizielle Herrschaft beendet war.«

(2. Kön 16, 2). Das könnte bedeuten, dass er mit 20 Jahren 744 zum Ko-Regenten ernannt wurde. Demnach müsste er 764 geboren worden sein. Jotam wurde aber 775 geboren, er wäre demnach erst elf Jahre alt gewesen, als sein Sohn zur Welt kam – das wäre sehr unwahrscheinlich. Offenbar war Ahas erst 20 Jahre alt, 735, und Jotam zu dieser Zeit 40 Jahre. Jotam starb also 715 mit 40 Jahren. Hiskia war bei seinem Regierungsantritt 25 Jahre. Beide Male (bei Ahas und Hiskia) muss sich das angegebene Alter auf den Beginn der Alleinherrschaft beziehen, bei Hiskia also auf das Jahr 715: Wenn er im Jahr 729 schon 25 Jahre gewesen wäre, dann wäre er nur ein Jahr jünger gewesen als sein Vater Ahas! Wenn er aber im Jahr 715 erst 25 Jahre alt war, wurde er im Jahr 740 geboren, als Ahas 15 Jahre alt war. Dies mag noch immer schwierig erscheinen, ist aber nicht unmöglich. Es gibt dafür tatsächlich Parallelen.[45] Darüber hinaus ist es einleuchtender als jede andere Alternative.

Zum Schluss dieses Exkurses soll betont werden, dass diese Daten, die einigen Wissenschaftlern unvereinbar erscheinen, doch harmonisch zusammengefasst werden können.[46] Ko-Regentschaften und ein junges Alter von Königen bei der Geburt ihrer Söhne sind aus der Welt des aVOs bekannt.[47]

---

[45] Thiele, *Mysterious Numbers*, S.128; M. T. Roth, »Age at Marriage and the Household: A Study in Neo-Babylonian and Neo-Assyrian Forms.« *Comparative Studies in Society and History* 29, 1987, 725-747.

[46] Thiele, *Mysterious Numbers*, S. 138-140, zögert hier, von zwölfjähriger Ko-Regentschaft (nach seiner Rekonstruktion) zwischen Jotam und Ahas auf der einen, sowie Ahas und Hiskia auf der anderen Seite zu reden. Er unterstellt dem biblischen Herausgeber, er habe die Anfangszeiten der Regierung Pekachs und Jotams fälschlich auf 740 und 739 gelegt, anstatt zwölf Jahre früher. Kein Wissenschaftler hat mehr dazu beigetragen, die Komplexitäten der Monarchen Israels zu enträtseln als er. Dabei hat er die Zahlen des masoretischen Textes nicht verändert. Es ist schon merkwürdig, dass er bei Jotam und Ahas seine Arbeitsmethode ändert. Zugegeben ist es schwierig zu verstehen, warum der Chronist manchmal Ereignisse in der Alleinherrschaft datiert und ein anderes Mal in der Ko-Regentschaft, ohne es zu vermerken.

[47] Siehe die überzeugende Dokumentation von N. Na'aman, »Historical and Chronological Notes on the Kingdoms of Israel and Judah in the Eigth Century B.C.« *VT* 36, 1986, 83-91.

## Jotam von Juda

Jotam von Juda regierte an Stelle seines Vaters Usija von 750 bis 740. Nach dessen Tod im Jahre 740 herrschte er noch bis 731 über Juda (2. Chr 27, 1-9). Er wird als guter König geschildert, der tat, was vor Jahwe richtig war. Das Volk behielt allerdings seine heidnischen Wege bei. Sie brachten Opfer und Weihrauch auf den Höhen dar. Wie Usija startete Jotam gewaltige Befestigungsprogramme in und um Jerusalem und im Hinterland. Bedenkt man die schwierigen Zeiten, in denen er lebte, war dies dringend nötig. Irgendwann, vielleicht nach Tiglat-Pilesers III. Feldzug-Serie (743-738), als Menahem von Israel zur Zahlung von Tribut gezwungen wurde, führte Jotam einen Angriff gegen Ammon, das ihm danach drei Jahre tributpflichtig war. Ermöglicht wurde dies wahrscheinlich durch Tiglats erzwungenen Rückzug nach Assyrien, der etwas später als 738 stattfand. Demnach war Ammon bis 735 tributpflichtig, also bis in das Jahr, in dem Ahas seine gleichberechtigte Ko-Regentschaft mit Jotam begann. Ohne Zweifel besteht eine Verbindung zwischen Ahas' Thronbesteigung und der Tatsache, dass die Ammoniter zwar nicht auf Tiglat-Pilesers frühen Tributlisten zu finden sind, aber jetzt neben Ahas Tribut zahlen.[48]

Entscheidender für Judas Außenpolitik war die immanente Bedrohung, die in Jotams letzten Jahren von dem Bündnis zwischen Damaskus und Samaria ausging, das von Rezin und Pekach angeführt wurde. Von Anfang an – um 735 – war das Bündnis als Strafmaßnahme gegen Juda gedacht, das sich jetzt unter der gleichberechtigten Regierungsverantwortung von Jotam und Ahas befand. Denn Juda war nicht bereit gewesen, sich der Koalition gegen Tiglat-Pilesers zweite Großoffensive (734-732) anzuschließen, zu der auch andere Staaten, wie etwa Philistäa und Edom, gehörten. Ahas verweigerte nicht nur die Kooperation, sondern arbeitete auch, wie Jesaja sehr deutlich macht, gerne mit den Assyrern zusammen, um der aus seiner Sicht sicheren Vernichtung zu entgehen (Jes 7).

---

48 Hallo, »From Qarqar to Carchemish.« *BAR*, Bd II, S. 171.

## Ahas von Juda

Die Rezin-Pekach-Koalition war in erster Linie nicht gegen Jotam von Juda gerichtet, der offiziell noch die Regierungsgeschäfte leitete, sondern vielmehr gegen seinen energischen und dreisten Sohn Ahas, der noch nicht einmal 20 Jahre alt war. Anders als sein Vater und Großvater wandelte dieser junge Monarch nicht auf den Wegen Jahwes. Deshalb lieferte ihn Jahwe, wie der Chronist in seiner theologischen Interpretation der Ereignisse herausstellt, auch an Rezin, den König von Aram aus; dieser besiegte ihn und nahm viele Judäer gefangen. Eine weitere Niederlage musste er gegen Pekach von Israel einstecken, der ihm schwere Verluste beibrachte, darunter den Tod seines Sohnes und einiger seiner höchsten Beamten. Wie Rezin nahm Pekach viele Gefangene und eine Menge Beute mit in seine Hauptstadt (2. Chr 28,5-8).

Diese zwei Straffeldzüge, die vom Autor der König-Bücher nicht erwähnt werden, müssen 735 oder kurz danach durchgeführt worden sein. Denn sowohl Rezin als auch Pekach waren 732 schon tot. Wie schon erwähnt, waren diese Feldzüge wahrscheinlich als Vergeltung für Ahas' eindeutige pro-assyrische Haltung und für seine Weigerung am anti-assyrischen Bündnis teilzunehmen, das in ganz Syro-Palästina Fuß zu fassen begonnen hatte, gedacht. Diese Schutzgemeinschaft war für die westlichen Staaten überlebensnotwendig, denn Tiglat-Pileser hatte schon seine zweite Serie von Feldzügen gestartet, die die assyrische Hegemonie entlang des Mittelmeeres wiederherstellen sollte. Vorher hatte er schon Menahem von Israel tributpflichtig gemacht und Rezin unterworfen.[49]

Rezin hatte höchstwahrscheinlich 753, nach dem Tod Jerobeams II. von Israel, die aramäische Dynastie in Damaskus wieder eingesetzt.[50] Jerobeam hatte Damaskus während seiner Glanzzeit offenbar

---

[49] E. Vogt, »Die Texte Tiglath-Pilesers III: über die Eroberung Palästinas.« *Bib* 45, 1964, 348-354; M. Weippert, »Menahem von Israel und seine Zeitgenossen in einer Stele-Inschrift des assyrischen Königs Tiglathpileser III. aus dem Iran.« *ZDPV* 89, 1973, 26-53.

[50] Siehe S. 552f.

unter seinen Einfluss gebracht (ca. 773). Damit hatte auch in Damaskus ein 20-jähriges Interregnum bis zum Aufstieg Rezins begonnen. Damaskus' neue Unabhängigkeit hing sicher mit den chaotischen Bedingungen in Samaria zusammen, von denen der gewaltsame Umsturz der Jehu- und die Errichtung der Menahem-Dynastie zeugen. Menahem bezahlte Tribut an Tiglat-Pileser, um dessen Unterstützung zu gewinnen, entweder gegen Rezin oder gegen innere Regime-Gegner.

Als Tiglat-Pileser sich 738 zurückzog, konnten Rezin und Pekach anfangen, eine syro-palästinische Konföderation für die schon erwartete zweite assyrische Eroberungswelle aufzubauen. Damaskus war mittlerweile zum Machtzentrum sowie zum selbstverständlichen Führer in ganz Syrien geworden und konnte so die nördlichen Staaten für die Sache gewinnen.[51] Nach kurzer Zeit schlossen sich Tyrus, Sidon und andere phönizische Zentren an, selbst Philistäa und Edom willigten ein, wenn vielleicht auch zögernd. Nur Juda machte nicht mit. Ahas, ganz unabhängig davon, welche Fehlentscheidungen er sonst traf, war clever genug, um die uneingeschränkte Herrschaft der Assyrer über das östliche Mittelmeer als eine Frage der Zeit zu erkennen. Er beschloss, sich dem Gewinner anzuschließen und nicht etwa denen, die meinten, siegen zu können.

Auf die Invasionen Rezins und Pekachs (ca. 735) folgte bald ein vereinter Versuch, Jerusalem militärisch umzustimmen. Ahas, von Jesaja ermutigt, verweigerte stur seine Unterstützung des Bündnisses (Jes 7,1-9), stattdessen sandte der König ein verzweifeltes Hilfegesuch an Tiglat-Pileser (2. Kön 16,7-9). Inzwischen nutzten die Edomiter und Philister die Lage, fielen in Juda ein und konnten judäische Außenposten einnehmen (2. Chr 28,16-18). Rezin, der vielleicht die Sinnlosigkeit der weiteren Belagerung Jerusalems erkannte, zog ab, weiter nach Süden, zum strategischen Hafen Elat, den er eroberte und Edom übergab (2. Kön 16,5-6). So hatte Juda den Zugang zum südlichen Meer verloren.

---

[51] Eph'al, »Israel: Fall and Exile.« *WHJP*, Bd IV:1, S. 184-185.

Als Tiglat-Pileser diese Wende bemerkte, zog er 734 nach Westen, griff Aschkelon, Gaza und Geser an, besiegte sie, beendete die Belagerung Jerusalems und befreite die Stadt. Als nächstes griff er den aufsässigen Rezin von Damaskus an, eroberte die Stadt 732 und brachte ihr eine solche Niederlage bei, dass sie zu Zeiten des ATs keine bedeutende Macht mehr wurde. Schließlich wandte er sich gegen Israel, beraubte es seiner nördlichen und östlichen Gebiete und setzte seinen eigenen Kandidaten auf Israels Thron, Hoschea.[52]

Ahas hatte für sein Überleben einen schwindelerregenden Preis gezahlt, in Form von Geld und in moralischen und geistlichen Kompromissen. Der Chronist vermerkt, dass Tiglat-Pileser nicht die erwartete Hilfe brachte, sondern Ahas letztlich nur Schwierigkeiten bereitete (2. Chr 28,21). Ahas plünderte den Tempel, seine eigene Schatzkammer und die Wohlhabenden in seinem Volk, um die hohen Schutzgelder zu entrichten, die Tiglat verlangte. Als Akt des Dankes opferte Ahas den Göttern von Assyrien, die er für seine Rettung verantwortlich wähnte, und ließ ihnen auch im ganzen Land Altäre errichten. Kein Wunder, dass Jesaja König Ahas mit bittersten Worten verurteilte und den Tag ankündigte, an dem Juda Assyriens schrecklichen Zorn zu spüren bekommen sollte (Jes 7,17).

Dieser Zorn kam jedoch nicht plötzlich, da Ahas Assyrien sein Leben lang untertänig blieb und Tiglat-Pileser mit den Aufständen in seiner Heimat, besonders in Babylonien, alle Hände voll zu tun hatte. Der Assyrer hätte nicht in den Westen zurückkehren können, selbst wenn er es gewollt hätte, und als der innenpolitische Druck schließlich nachließ, war er tot.

---

[52] Hallo, »From Qarqar to Carchemish.« *BAR*, Bd II, S. 173-174. Die assyrischen Texte finden sich in *TUAT*, Bd I, S. 370-374. Basierend auf einem kürzlich entdeckten Synchronismus zwischen Assyrien und Israel schlägt Na'aman »Historical and Chronological Notes.« *VT* 36, 1986, 71-74, vor, dass Hoschea nach Tiglats Rückzug aus den Westländern Pekach 732 beseitigte. Der *coup d'état* sowie Hoscheas Regierungsantritt sollten daher auf 731 datiert werden, um das Problem der 9-jährigen Herrschaft Hoscheas, die 722 endete, zu lösen.

## Sargon II. von Assyrien

Tiglat-Pilesers Nachfolger, Salmanasser V. (727-722), der in seinem letzten Regierungsjahr Samaria einnahm, vermied jede Feindseligkeit gegenüber Juda, wohl, weil er Ahas' Vertrag mit Assyrien noch immer für gültig hielt. Salmanassers Nachfolger Sargon setzte diese Politik wenigstens bis zu Ahas' Tod 715 fort. In keiner Inschrift Sargons wird von einem Feldzug nach Juda berichtet, obwohl seine Texte voll von Maßnahmen gegen Judas Nachbarn sind. Auch das AT berichtet nichts Derartiges.[53] All dies bezeugt die dauerhafte Loyalität Ahas' gegenüber seinen assyrischen Herren. Eine Loyalität, die nur durch dauerhaften Ungehorsam gegen Jahwe zu Stande kam.

Sargon war wahrscheinlich nicht ein Sohn Tiglat-Pilesers, sondern ein Usurpator. Er regierte das riesige Assyrer-Reich von 722 bis 705 und gehört zu den Herrschern, die die meisten assyrischen Kriege geführt haben. So berichtet er, bedeutende Feldzüge in jedem Jahr seiner 17-jährigen Herrschaft durchgeführt zu haben. In den Annalen seines ersten Jahres rühmt er sich des Untergangs Samarias. In Wirklichkeit stimmt jedoch die biblische Versicherung, Salmanasser V. sei dafür verantwortlich gewesen. Wie verschiedene Gelehrte gezeigt haben, nahm Sargon diese Eroberung für sein erstes Regierungsjahr in Anspruch, damit der Bericht seines ersten Regierungsjahres nicht ohne wichtigen militärischen Sieg blieb.[54]

Sargons Thronbesteigung führte zu zahlreichen Aufständen im ganzen Reich. 720 begann er diese Probleme anzugehen, indem er eine Allianz von Elamitern und Babyloniern angriff – in Der (Bedrai), ca. 130 km nordöstlich Babylons.[55] Obwohl jeder Seite den

---

[53] Hawkins, »Neo-Hittite States.« *CAH* III:1, S. 416-417.

[54] W. W. Hallo und W. K. Simpson, *The Ancient Near East.* New York, 1971, S. 138.

[55] A. K. Grayson, *Assyrian and Babylonian Chronicles.* Locust Valley, 1975, S. 73-74, Chronik 1.1.33-37.

Sieg für sich beansprucht, war es wahrscheinlich er, der geschlagen wurde. Der Führer der babylonischen Truppen war kein anderer als Marduk-apla-iddina, der Merodach-Baladan der Bibel.[56]

Sargon zog dann unmittelbar nach Westen, um die große syriopalästinische Koalition unter Hamat zu besiegen.[57] Er eroberte Damaskus zurück und sogar Samaria,[58] das jetzt als assyrische Provinz galt.[59] Er verlangte von Juda zur Bestätigung der Loyalität hohen Tribut und zog danach durch Ekron und Gaza bis an die Grenze Ägyptens, wo er den Führer Unterägyptens, Sib'e, zur Kapitulation zwang.[60] Schließlich kehrte er in den Norden nach Tyrus zurück und vollendete die Belagerung dieser Festung, die Salmanasser schon fünf Jahre zuvor, 725, begonnen hatte.[61]

In einem zweiten Westfeldzug (717-716) überrollte Sargon Karkemisch und zog wieder nach Ägypten, wo er eine entscheidende Schlacht in der Nähe des Wadi el-Arisch gewann.[62] Von Gefechten mit Juda wird allerdings nichts berichtet, woraus man schließen

---

[56] Brinkman, »Merodach-Baladan 2.« *Studies Presented to A. Leo Oppenheim.* Chicago, 1964, S. 13.

[57] *TUAT,* Bd I, S. 379.

[58] Samaria wurde also zwei Mal eingenommen. Siehe Eph'al, »Israel: Fall and Exile.« *WHJP,* Bd IV:1, S. 187.

[59] A. Alt, »Das System der assyrischen Provinzen auf dem Boden des Reiches Israel«, *ZDPV* 52, 1929, 220-242; ders. *Kleine Schriften,* Bd II, S. 188-205.

[60] Kitchen liest in *The Third Intermediate Period,* S. 373, den ägyptischen Namen als Re'e, nicht als Sib'e und identifiziert ihn als Armeekommandanten unter Osorkon IV., nach 743. M. Elat, »The Economic Relations of the Neo-Assyrian Empire with Egypt.« *JAOS* 98, 1978, 20-34, meint, Assyriens enormes Interesse an Ägypten seit der Zeit Tiglat-Pilesers sei grundsätzlich ökonomischer Art gewesen. Assyriens Eroberungen in Syro-Palästina hätten die Handelsstraßen nach Ägypten freihalten sollen.

[61] Katzenstein, *History of Tyre,* S. 229-230.

[62] Kitchen, *Third Intermediate Period,* S. 375-376; Pritchard, *ANET,* S. 286c.

kann, dass Ahas, mittlerweile in seinem vorletzten Regierungsjahr, friedlich und loyal blieb.[63]

## Hiskia von Juda

Doch änderte sich die Lage nach 715 drastisch: Ahas' Sohn Hiskia erklärte sich allein Jahwe loyal und beendete so den Vasallen-Status gegenüber Assyrien (2. Kön 18,7). Sargon konnte diese Gehorsamsverweigerung nicht sofort brechen, kehrte aber (eventuell auch nur ein Gesandter) 712 nach Westen zurück, um die weit verbreiteten Aufstände niederzuschlagen, die vielleicht Hiskia initiiert hatte.[64] Nachdem er seine Vasallen-Staaten wieder unter Kontrolle gebracht hatte, zog Sargon heim nach Assyrien, um wieder gegen den hartnäckigen Marduk-apla-iddina der Meerland-Dynastie aus Babylonien zu kämpfen.[65] Darüber hinaus erachtete Sargon es für nötig, seine nordwestlichen Flanken vor Muschku in Kleinasien zu schützen, bis er 709 mit dessen König Mita einen Freundschaftsvertrag schloss.[66] Schließlich brach 706 aus dem Norden eine Invasion der Kimmerier über ihn herein. Im folgenden Jahr starb er, möglicherweise an den Folgen dieser Feindseligkeiten.[67]

---

[63] Evans, »Judah's Foreign Policy.« *Scripture in Context*, S. 161, geht sogar so weit zu sagen: »Es gibt weiterhin keine Beweise …, dass Juda jemals unter militärischen Aktionen von Sargon II. zu leiden hatte.«

[64] Pritchard, *ANET*, S. 286-287. Einen ausgezeichneten Überblick des gesamten Feldzuges bietet G. L. Mattingly, »An Archaeological Analysis of Sargon's 712 Campaign Against Ashdod.« *NEASB* 17, 1981, 47-64.

[65] Dies fand im zwölften Jahr Merodach-Baladans oder 710 statt. Siehe Grayson, *Assyrian and Babylonian Chronicles*, S. 75, Chronik 1-2. 1-5; Brinkman, »Merodach-Baladan 2.« *Studies Presented to A. Leo Oppenheim*, S. 18-19.

[66] Hawkins, »Neo-Hittite States.« *CAH* III:1, S. 421.

[67] Olmstead, *History of Assyria*, S. 267.

## Jahre der Ko-Regentschaft

Hiskia wurde 729 v. Chr., im dritten Jahr Hoscheas von Israel, Ko-Regent Ahas (2. Kön 18, 1).[68] Zu dieser Zeit war er elf Jahre alt[69] und hatte deshalb wohl keinen oder wenig Einfluss auf Judas Abgötterei unter seinem Vater. Dieser Abfall beeinflusste aber zweifelsohne den jungen Prinzen sehr. Als er in seinem 25. Lebensjahr König wurde, hatten ihn die langen Jahre geistlichen Bankrotts, der außerhalb seiner Kontrolle lag, so getroffen und frustriert, dass er sofort eine große geistliche Reform im Staat begann, die jeden Bereich des Lebens in Juda einschloss (2. Kön 18, 3-6).

## Hiskias Reformen

Der religiöse Verfall unter Ahas war ganz eng mit Judas Abhängigkeit von Assyrien verbunden. Denn es war die Annäherung an Tiglat-Pileser sowie seine Entscheidung für das religiöse System des heidnischen Assyrien gewesen, die zu Ahas' endgültiger Abkehr von Jahwe und dessen Bund geführt hatten. Daher überrascht nicht, dass sich die politischen Beziehungen zu Assyrien, nun unter Sargon II., nach Hiskias Reform verschlechterten.

Beim genauen Lesen der Quellen zeigt sich, dass die geistliche Erneuerung dem Bruch mit Assyrien zwar vorausging, aber nicht unmittelbar damit verbunden war.[70] Der Chronist berichtet, wie Hiskia im ersten Monat seines ersten Jahres[71] den Tempel samt den

---

[68] Zu Hiskia siehe M. Hutter, *Hiskia, König von Juda.* Graz, 1982.

[69] Die »25 Jahre« von 2. Kön 18, 2 beziehen sich offenkundig auf Hiskias Alter, als er 715 seine Alleinherrschaft antrat. Vergl. S. 589ff.

[70] Evans, »Judah's Foreign Policy.« *Scripture in Context*, S. 162, weist darauf hin, dass es keinerlei Hinweise auf einen anti-assyrischen Aufstand während der Reform gibt.

[71] M. Cogan, »The Chronicler's Use of Chronology as Illuminated by Neo-Assyrian Royal Inscriptions.« *Empirical Models for Biblical Criticism*, J. H. Tigay, Hrsg.,

dazugehörigen Kulthandlungen wieder eröffnete (2. Chr 29,3ff). Dies erforderte gründliche Reparatur-Arbeiten, denn das heilige Gelände war wegen Ahabs Sakrileg rituell unrein geworden, außerdem war es nicht angemessen erhalten worden und verfallen. Hiskia versammelte also die Priester und Leviten und beauftragte sie, sich wieder dem religiösen Dienst zu weihen und sich ihm bei der Erneuerung des Bundes mit Jahwe anzuschließen.

Das Reinigungswerk dauerte 16 Tage. Als es schließlich beendet war, berief der König eine feierliche Versammlung ein und befahl den Priestern, Brand- und Sündopfer für das gesamte Volk darzubringen. Während des Opferrituals brachen die Tempelchöre und Orchester in lautstarken Jubel aus und brachten so Lob und Dank zum Ausdruck. Der Gottesdienst wurde mit Dankopfern beendet, die den Ernst und die völlige Hingabe derer ausdrückten, die sie darbrachten.

Als in Hiskias erstem Jahr der Monat des Passafestes anbrach, versuchte er, es wieder national einzuführen; offenbar war es seit vielen Jahren nicht mehr gefeiert worden. Mangels ausgebildeter Priester sah er sich jedoch einem unlösbaren Problem gegenüber (2. Chr 30,1-9). Außerdem war ihm nicht genug Zeit geblieben, seine Absichten publik zu machen, so dass es denen, die weiter entfernt wohnten, unmöglich war anzureisen. Deshalb verschob er das Fest in den zweiten Monat und schickte Kuriere von Dan nach Beerscheba, um die Menschen dazu einzuladen.[72] Die ausgesandte Botschaft war mehr als nur eine Einladung – sie war ein Aufruf an Israel und Juda, zum Gott ihrer Väter zurückzukehren und ihre Bundestreue zu ihm zu erneuern. Selbst wenn sie nur ein Rest sein sollten,

---

Philadelphia, 1985, S. 202-203, beschreibt dies als ein »Pseudo-Datum«, das Hiskias Interesse an Tempel-Angelegenheiten zeigt, nicht unbedingt seine Reformbemühungen. Die Gründe, weshalb der Chronist Hiskias Reform viel gründlicher beschreibt, als der gekürzte Bericht in 2. Kön es tut, erläutert J. Rosenbaum, »Hezekiah's Reform and the Deuteronomistic Tradition.« *HTR* 72, 1979, 23-43.

[72] Allein die Tatsache, dass Hiskia in der Lage war, Boten durch ganz Israel zu schicken und dass er eine zusagende Antwort erwarten durfte, zeigt, dass Assyrien unter Sargon nur sehr wenig Kontrolle über dieses Gebiet besaß; vergl. H. Reviv, »The History of Judah from Hezekiah to Josiah«, *WHJP*. Bd IV:1, S. 194-195.

ließ er ihnen sagen, werde Gott diesen Rest segnen und ihm seine Gunst wieder zuwenden (2. Chr 30,6-9).

Das Volk Israel war allerdings so gleichgültig geworden, dass viele von ihnen nicht nach Jerusalem kamen, um das Passafest mit ihren judäischen Verwandten zu feiern. Dennoch war eine große Menschenmenge am 14. Tag des zweiten Monats beisammen, um an dem Fest teilzunehmen, das an ihre Erwählung als Volk Gottes und an ihre Befreiung aus Ägypten erinnerte. Einige von ihnen waren zeremoniell unrein, vielleicht wegen der langen Zeit geistlicher Laxheit, aber Hiskia trat für sie vor dem Herrn ein: Jahwe möge nicht auf die rituelle Unreinheit ihrer Hände sehen, sondern auf die Hingabe ihrer Herzen (2. Chr 30,18-19).

Nicht nur die vorgeschriebene Zeit von sieben Tagen, sondern ganze 14 Tage dauerte das Fest, so voller Freude waren alle Menschen. Seit der Zeit Salomos, so der Chronist, hatte es dergleichen nicht gegeben. Gott im Himmel hörte, wie sie ihre Herzen in Lobpreis und Dank vor ihm ausschütteten – und war erfreut (2. Chr 30,23).

Wahrscheinlich durch dieses Fest motiviert, wurden alle Zeichen und Symbole heidnischen Kultes entfernt und zerstört. Das bedeutete nicht nur die Vernichtung der Höhen und Altäre im Süden und im Norden, sondern auch die Vernichtung der bronzenen Schlange, die Moses vor langer Zeit in der Wüste Sinai gemacht hatte (2. Kön 18,3.4; 2. Chr 31,1): Die Tatsache, dass die Israeliten inzwischen jenen Gegenstand als Gott verehrt hatten, der früher ein Symbol der heilenden Gnade ihres Gottes gewesen war, beweist, wie völlig verdorben ihre Kultpraxis war.

Auf die offizielle Anerkennung der Bundeserneuerung, die durch die Passa-Feierlichkeiten zum Ausdruck gebracht wurde, folgte eine vollkommene Reorganisation des religiösen Personals sowie seiner Pflichten.[73] Hiskia teilte die Priester und Leviten gemäß dem mosai-

[73] Die Zentralisation des Kults bewirkte auch eine umwälzende politische und administrative Reorganisation. Sie könnte sich im Fund von über 1000 Gefäßgriffen mit königlichem Stempel (*lmlk*) in Lachisch und an vielen anderen Stätten widerspiegeln. C. D. Evans, »Judah's Foreign Policy.« *Scripture in Context*, S. 163, meint, diese königlichen Vorratsgefäße seien für das Sammeln und Verteilen religiöser Opfer benutzt worden.

schen Gesetz auf. Er befahl dem Volk, sich ihm anzuschließen und den Zehnten zu geben, um für die Bedürfnisse derer zu sorgen, die im Tempel dienten. Die Menschen gaben nach diesem Aufruf großzügig und hatten vier Monate später große Mengen von Erzeugnissen und anderen Gütern im Tempel zusammengebracht. Es war tatsächlich so viel, dass neue Vorratskammern errichtet werden mussten, um alles unterzubringen. Verantwortliche wurden dazu bestimmt, die Güter zu verwalten und gerecht an den Klerus und seine Familien zu verteilen, gleichgültig, ob sie in Jerusalem oder in entlegenen Dörfern lebten. Hiskia erfüllte also seine königlichen und priesterlichen Pflichten treu vor dem Herrn. »Und alles … gelang ihm«, wie der Chronist vermerkt (2. Chr 31,21).

## Rebellion gegen Assyrien

Zu Beginn seiner Herrschaft, vermutlich kurz nach der religiösen Erneuerung, erhob sich Hiskia gegen Sargon von Assyrien und weigerte sich, länger die enormen Tribute zu zahlen, die Assyrien von Ahas erwartet hatte. Doch dabei beließ er es nicht, sondern griff assyrische Marionettenstaaten wie Philistäa an (2. Kön 18,8). Dabei befreite er das Land von den verhassten Feinden, die einige Ansiedlungen in Juda selbst besetzt hatten (2. Chr 28,18).[74] Weder das Buch der Könige noch der Chronik berichten merkwürdigerweise über Sargons Reaktion auf Hiskias kühne Initiative.

Sargons Feldzug 717-716, bei dem er einen Aufstand in Karkemisch, Nordsyrien, niedergeschlagen hatte, wurde schon genannt.[75] Danach hatte er Schilkanni (= Osorkon IV.) von Ägypten am Wadi

[74] B. Oded, »Neighbors on the West.« *WHJP*, Bd IV:1, S. 244. In einer assyrischen Inschrift wird berichtet, die Einwohner von Ekron hätten ihren Herrscher abgesetzt und ihn Hiskia von Juda überantwortet; siehe *TUAT*, Bd I, S. 389; S. Mittmann, »Hiskia und die Philister.« *JNWSL* 16, 1990, 91-106; H. Tadmor, »Philistia under Assyrian Rule.« *BA* 29, 1966, 86-102.

[75] Vergl. S. 595.

el-Arisch unterworfen. Zu dieser Zeit (715) war Ahas von Juda gestorben, Assyriens loyaler Diener. Sein Sohn Hiskia, ein starker Assyrien-Gegner, übernahm sein Amt. Warum Sargon von diesem Amtswechsel nichts wusste, oder warum er, wenn er davon wusste, nicht sofort Schritte unternahm, um Hiskia zur Ordnung zu rufen, bleibt ein Rätsel. Stattdessen kehrte er zu seiner neu erbauten Hauptstadt Dur-Scharrukin (Ḫorsabad) zurück.[76]

Ein Glaubender wird in Sargons Vernachlässigung Hiskias einen klassischen Fall göttlicher Vorsehung und Bewahrung erkennen. Während der Assyrer in seinem Heimatland weilte, hatte Hiskia Gelegenheit, Reformen durchzuführen, sogar Boten durch die assyrische Provinz Samaria zu senden, um die Israeliten zur Beteiligung am Passafest aufzurufen. Doch diese Ruhepause vor den Assyrern dauerte nur bis 712. Dann kehrte Sargon an die Westküste zurück, um einen Philisteraufstand in Aschdod niederzuschlagen,[77] mit Schabaka, dem nubischen Nachfolger Osorkons, Beziehungen aufzunehmen und Hiskia für seine Abtrünnigkeit zu bestrafen. Jesaja 20 berichtet von diesem assyrischen Feldzug, doch weder er noch andere Quellen wissen etwas vom Ausgang für Hiskia. Man kann nur vermuten, dass Sargon seine Ziele nicht erreichte, obwohl sich wenigstens ein assyrischer Text auf Juda als Tribut-Staat bezieht. Hiskia wird somit wohl vorübergehend ein Untertan Sargons gewesen sein.[78] Für den Rest der Regierungszeit Sargons (712-705) entging Juda weiteren assyrischen Angriffen. Mit Sanheribs Thronnachfolge

---

[76] Hallo und Simpson, *Ancient Near East*, S. 140.

[77] Eph'al, »Assyrian Domination in Palestine.« *WHJP*, Bd IV:1, S. 277.

[78] Die Tributliste, die Juda einschließt, findet sich bei Cogan, *Imperialism and Religion*, S. 118. Cogan datiert sie auf 712 v.Chr. Darauf und auf weiteren Beweisen basierend, geht A. R. Jenkins, »Hezekiah's Fourteenth Year.« *VT* 26, 1976, 284-298, sogar so weit, die Belagerung Jerusalems in Hiskias 14. Jahr mit Sargon zu verbinden, nicht mit Sanherib. Damit löst sich auch das Problem der Zwei-Feldzüge-Hypothese; siehe FN 84. Abgesehen davon, dass dies Hiskias Thronbesteigung auf 727, und nicht – wie bereits festgelegt – auf 729 datieren würde, steht es auch dem biblischen Bericht entgegen, der das 14. Jahr Hiskias mit Sanherib verknüpft (2. Kön 18, 13).

änderte sich dies jedoch. Im Jahre 701 richteten die Assyrer wieder verheerenden Schaden im Westen an.

## Belagerung Jerusalems durch Sanherib

Sanherib regierte von 705 bis 681. Obwohl er Sargons Sohn war, begann er, Entscheidendes in der assyrischen Politik zu ändern, darunter der Umzug der Hauptstadt von Dur-Scharrukin nach Ninive.[79] Er war kaum an die Macht gekommen, als er mit einem Aufstand in Babylon konfrontiert wurde, der von Marduk-apla-iddina angeführt wurde, dem alten Feind Assyriens.[80] Dieser Anführer der aramäischen Meerland-Dynastie war gerade aus dem Exil zurückgekehrt, das ihm Sargon auferlegt hatte. Mit charakteristischer Beharrlichkeit gewann er von so weit entfernten Quellen wie Elam im Osten und den aramäischen Staaten im Westen Unterstützung für die Unabhängigkeit Babylons. Sogar Hiskia schloss sich diesen Bestrebungen an. Marduk-apla-iddina schickte auf jeden Fall Botschafter nach Jerusalem, um sich Hiskias Hilfe zu versichern (Jes 39). Ob sie jemals zu Stande kam, lässt sich nicht sagen.

Jedenfalls gewann Sanherib, nahm die Stadt Babylon ein und stellte die assyrische Autorität wieder her. Er unterwarf auch das gesamte Gebiet des Meerlandes. Erstaunlicherweise schlug Marduk-apla-iddina später zurück und lehnte sich um 700 wieder auf. Wieder, nun zum letzten Mal, wurde er besiegt, und Aššur-nādin-šumi, ein Sohn Sanheribs, wurde in Babylon als Regent einge-

---

[79] Olmstead, *History of Assyria*, S. 283-336. Die relevanten assyrischen Texte Sanheribs finden sich bei D. F. Luckenbill, *The Annals of Sennacherib*. Chicago, 1927. Siehe auch R. Borger, *Babylonisch-Assyrische Lesestücke*. Rom, 2. Aufl., 1979, S. 68-71. Die Inschrift über den 3. Feldzug findet sich in *TUAT*, Bd I, S. 388-391.

[80] H. W. F. Saggs, »The Assyrians.« *POTT*, D. J. Wiseman, Hrsg., Oxford, 1973, S. 163; L. D. Levine, »Sennacherib's Southern Front: 704-689 v. Chr.« *JCS* 34, 1982, 29-34. Die Texte sind nachzulesen bei Luckenbill, *Sennaherib*, 1.1-64.

setzt.[81] Inzwischen rebellierte auch Hiskia, ermutigt durch Ägypten (2. Kön 18, 13.21). 701 marschierte Sanherib also nach Westen, bekämpfte Ägypten und Juda in Elteke (Tell esch-Schallaf), westlich von Geser, und drohte Jerusalem mit Strafe.[82] Hiskia war gezwungen, sich mit einer astronomischen Summe freizukaufen, die seinen Palast- und Tempelschatz nahezu leerte.[83] Sanherib, damit unzufrieden, kesselte die Stadt wieder ein und hätte sie sicherlich so lange hungern lassen, bis sie sich ergeben hätte, wenn Jahwe nicht eingegriffen und die assyrische Armee zerstört hätte. Sanherib musste also mit leeren Händen nach Ninive zurückkehren.[84]

---

[81] Olmstead, *History of Assyria*, S. 289-290; Levine, »Sennacherib's Southern Front.« *JCS* 34, 1982, 41; Brinkman, »Merodach-Baladan 2« *Studies Presented to A. Leo Oppenheim*, S. 26-27.

[82] Luckenbill, *Sennacherib*, 2.37-3.49, enthält den Text. Siehe auch *TUAT*, Bd I, S. 389-390. A. van der Kooij, »Das assyrische Heer vor den Mauern Jerusalems im Jahre 701 v. Chr.« *ZDPV* 102, 1986, 93-109.

[83] A. R. Millard, »Sennacherib's Attack on Hezekiah.« *Tyn Bull* 36, 1985, 71, meint, der Tribut sei nicht sofort gezahlt, sondern später nach Ninive gesandt worden. Dies könnte bedeuten, dass Hiskia Zahlung nur versprach. Diese Abmachung war für Sanherib unbefriedigend und führte zu einer zweiten Belagerung. Hiskia erfüllte die Absprache sogar, als die Assyrer zum Rückzug gezwungen waren.

[84] Die These, Sanherib habe zwei Feldzüge gegen Jerusalem unternommen, zwischen denen 15 Jahre lagen, wurde besonders von J. Bright vorangetrieben, *Geschichte Israels*, S. 305-311. Sie kann allerdings nicht akzeptiert werden. Das Argument baut darauf, dass Tirhaka von Nubien (2. Kön 19, 9), der zur Zeit der Belagerung Jerusalems durch Sanherib eine ägyptische Armee nach Palästina führte, im Jahr 701 zwischen 14 und 18 Jahre alt gewesen sei. Dies ließe ihn ganz offensichtlich als militärischen Kommandanten ausscheiden. Es wird also angenommen, dass er 15 Jahre später, 686, einen weiteren Feldzug unternahm. Die Vorstellung, Tirhaka sei 701 ein Teenager gewesen, beruht allerdings auf einer Fehlinterpretation, sowohl der 25. Dynastie als auch der Stele 4 und 5 aus Kawa. Wie Kitchen, *Third Intermediate Period*, S. 157-161, zeigt, war Tirhaka 701 eher 20 oder 21 Jahre alt und daher sehr wohl in der Lage, zumindest »nomineller Anführer des Feldzuges« zu sein. Die Tatsache, dass er in 2. Kön 19, 9 »kuschitischer König« genannt wird, kann nur eine Vorwegnahme seiner Königsherrschaft sein, die in Wirklichkeit 690 begann. Es gibt darüber hinaus in Sanheribs Annalen keinen Verweis auf einen Jerusalem-Feldzug nach 701. Auch das AT kennt keinen zweiten Feldzug. Bright und weitere Wissenschaftler nehmen allerdings

## Beteiligung Ägyptens

Bevor die Einzelheiten der Krise untersucht werden, soll kurz die politische Lage in Ägypten dargestellt werden, da die biblischen Quellen, besonders Jesaja, viel über die ägyptische Beteiligung an Judas Angelegenheiten dieser Zeit reden.[85] Die verwirrende Situation in Ägypten des letzten Drittels des 8. Jh. wurde schon geschildert. Die 22. und 23. Dynastie beherrschten sehr begrenzte Gebiete in der Delta-Region. Zur gleichen Zeit war in Sais im Norden die 24. Dynastie an die Macht gekommen und die 25. im entlegenen Süden.

---

in Anspruch, einen entdeckt zu haben, indem sie 2. Kön 18, 14-16 aus seinem Kontext isolieren (auf diese Weise sehen sie es als Bericht des Feldzuges von 701). 2. Kön 18, 17-19, 37 sowie Jesaja 36-37 bleiben als Bericht des mutmaßlichen 2. Feldzuges bestehen.

D. Fewell, »Sennacherib's Defeat: Words at War in 2 Kings 18:13-19:37.« *JSOT* 34, 1986, 79-90, hat gezeigt, dass die Passage aus Könige, auf der die Hypothese der zwei Feldzüge ruht, eine »zusammenhängende Einheit« mit einem klaren konzentrischen Rahmen ist. Obwohl über die Zahl der Feldzüge keine Schlussfolgerung gezogen wird, kann Fewells Analyse des Textes nur zu der Folgerung führen, dass der Erzähler von *einer* Hauptepisode redet. Siehe auch A. F. Rainey, »Taharqa and Syntax.« *TA* 3, 1976, 40.

Kürzlich hat W. H. Shea, »Sennacherib's Second Palestine Campaign.« *JBL* 104, 1985, 401-418, einige neu veröffentlichte Texte aus Assyrien (K 6205 + BM 82-3-23, 131), Palästina (das Adon-Papyrus) und Ägypten (die Tempel-Inschrift aus Karnak) verglichen und ist zu dem Ergebnis gekommen, dass sie alle entschieden auf einen zweiten Feldzug Sanheribs hindeuten. Er datiert ihn auf 688/87. Sheba gründet vieles in seiner Argumentation auf die Arbeit von H. Tawils, »The Historicity of 2 Kings 19:24 [= Isaiah 37:25]: The Problem of Ye'ōrê Māṣôr.« *JNES* 41, 1982, 195-206, der assyrische Texte, die von Sanheribs Bau von Bewässerungsanlagen in Muṣur (dem Berg Muṣri bei Ninive) im Jahr 694 reden, benutzte. Tawil setzt das akkadische *Muṣri* mit dem hebräischen *māṣôr* in 2. Kön 19, 24 (= Jes 37, 25) gleich. Er weist darauf hin, die assyrischen Gesandten hätten sich nicht 701 eines Ereignisses rühmen können, das 694 stattfand. Tawil schlägt allerdings vor, das hebräische Wort, das *Muṣri* bezeichne, könne von einem späteren Herausgeber in die Rede eingefügt worden sein. Siehe auch E. Vogt, *Der Aufstand Hiskias und die Belagerung Jerusalems, 701 v. Chr.* Rom, 1986; R. Liwak, »Die Rettung Jerusalems im Jahr 701 v. Chr.« *ZThK* 89, 1986, 137-166.

[85] Letztere siehe besonders Kitchen, *Third Intermediate Period*, S. 356-387. O. Kaiser, »Die Verkündigung des Propheten Jesaja im Jahre 701.« *ZAW* 81, 1969, S. 304-315.

737 gewann Pianchi, der nubische König der 25. Dynastie, die Kontrolle über das ganze südliche Ägypten. Anschließend drang er nach Norden vor und errang durch ein entscheidendes Gefecht bei Memphis auch die Herrschaft in Unterägypten.[86]

Als Pianchi nach Süden zurückkehrte, proklamierte Tefnacht aus der 24. Dynastie die Herrschaft über Unterägypten. Osorkon IV. aus der 25. Dynastie (»König So« in der Bibel) war offenbar sein Vasall. Nach Pianchis Tod zog Schabaka, der nächste König der 25. Dynastie, nach Norden, um Ägypten gegen die drohende Invasion Sargons zu vereinen, was ihm auch gelang . Ägypten blieb aber wohl nur deshalb von dem, sicher vernichtenden, assyrischen Schlag verschont, weil Schabaka einen philistäischen Prinzen an Sargon auslieferte. Schabaka regierte von da an mit assyrischer Erlaubnis bis zu seinem Tod im Jahr 702.

Ein Sohn Pianchis, Schebitku, folgte auf Schabaka. Nach Sargons Tod (705) brach allgemein ein Geist der Rebellion aus und Schebitku marschierte 701 mit seinen bewaffneten Truppen nach Norden. Er wollte sich den palästinischen Staaten anschließen, darunter Juda, die dem neuen König Assyriens, Sanherib, entgegentraten.[87] Als Schebitku ankam, könnte Hiskia Sanherib schon Tribut versprochen haben. Jedenfalls beendeten die Assyrer die Feindseligkeiten gegen Jerusalem, als sie erfuhren, Schebitku sei auf dem Weg. Sanherib konfrontierte die Armeen Ägyptens und Judas in Elteke.[88] Er siegte, teilte seine Armee und ließ einen Teil in Jerusalem zurück, offenbar um Hiskia für seine Zusammenarbeit mit den Rebellen zu strafen.

Inzwischen hatte sich ein großes Truppenkontingent aus Ägypten auf den Weg gemacht, unter Führung des Kronprinzen Tirhaka, was

---

[86] Vergl. H. De Meulenaere, »Die Dritte Zwischenzeit und das äthiopische Reich.« *Fischer Weltgeschichte*, Bd IV, S. 234-239.

[87] N. Na'aman, »Sennacherib's Letter to God on his Campaign to Judah.« *BASOR* 214, 1974, 33-34.

[88] Es ist natürlich möglich, dass Tributzahlungen und Plünderungen der außerhalb gelegenen Städte Judas nach dem Sieg Sanheribs über Elteke geschahen, nicht vorher. Siehe Eph'al, »Assyrian Domination in Palestine.« *WHJP*, Bd IV:1, S. 278-279.

Sanherib sehr bald erfuhr. Er teilte Hiskia mit, er solle daraus keine Hoffnung schöpfen, da Assyrien alle seine früheren Feinde vollkommen vernichtet habe (2. Kön 19, 9-13). Und tatsächlich erwies sich Ägypten als »zerbrochenes Rohr« (2. Kön 18, 21). Schebitku und Tirhaka zogen sich zurück, ohne Assyrien weiter Schaden zuzufügen. Hiskia brauchte Ägyptens Unterstützung allerdings ohnehin nicht, denn Jahwes Heerscharen vernichteten Sanheribs mächtige Armee (2. Kön 19, 32-36).

## Tod Sanheribs

Nach seiner Heimkehr hatte Sanherib zuerst mit der Meerland-Dynastie, dann mit den Elamitern alle Hände voll zu tun.[89] Er versuchte, mit Schiffen in Elam zu landen, wurde aber zurückgedrängt. Die Elamiter griffen darauf ihrerseits Babylonien an. Der dortige Gouverneur Aššur-nādin-šumi, Sanheribs Sohn, wurde gefangen genommen. Drei Jahre später, 692, fand im Dijala-Tal eine große Schlacht zwischen den Elamitern und Assyrern statt. Die Begegnung endete in einem Patt. Sanherib griff 689 Babylon an, jetzt regiert von dem einheimischen Mušēzib-Marduk, und siegte.[90] In den letzten acht Jahren unter Sanherib blieb Babylon ohne König. Sanherib selbst fiel der Verschwörung zweier seiner Söhne zum Opfer.[91] Ein

---

[89] Olmstead, *History of Assyria,* S. 283-286; Levine, »Sennacherib's Southern Front.« *JCS* 34, 1982, 41.

[90] J. A. Brinkman, »Sennacherib's Babylonian Problem: An Interpretation.« *JCS* 25, 1973, 94-95.

[91] Grayson, *Assyrian and Babylonian Chronicles,* S. 81, Chronik 1.3, 34-38. S. Parpola, »The Murder of Sennacherib.« *Death in Mesopotamia.* B. Alster, Hrsg., Kopenhagen, 1980, S. 171-182, hat gezeigt, dass es sich bei dem Mörder um Sanheribs Sohn Arad-Ninlil handelte, der in Wirklichkeit Arda-Mulissi geheißen haben müsste, denn die sumerische Gottheit Ninlil hieß in Assyrien Mulissi. Dieser Name könnte hinter dem biblischen Adrammelech stehen. Siehe dazu auch *TUAT,* Bd I, S. 391-392.

dritter Sohn, Asarhaddon, trat in die Fußstapfen seines Vaters und entschärfte die Lage, die zu eskalieren gedroht hatte.[92]

## Hiskias letzten Jahre

Der Blick auf diesen Hintergrund erleichtert es, den etwas verwirrenden Bericht des letzten Teils der Herrschaft Hiskias zu rekonstruieren, der in 2. Kön, 2. Chr und Jes zu finden ist. Die Verwirrung entsteht, weil die Berichte nicht immer chronologisch angeordnet sind, besonders nicht bei Jesaja. Häufig stellten die biblischen Erzähler ihren Stoff lieber nach thematischen, aktuellen oder theologischen Gesichtspunkten zusammen, nicht nach denen eines Historiographen heute.[93] Dennoch sind die Hauptfäden deutlich erkennbar und die Ereignisse lassen sich gut miteinander verbinden. Das Folgende wiederholt Teile der oben geführten Diskussion, wobei das Hauptschwergewicht auf dem biblischen Bericht liegt.

### Hiskias Krankheit

Die Geschichte beginnt mit Hiskias Krankheit, einem Ereignis, das in allen drei Quellen berichtet wird (2. Kön 20, 1-19; 2. Chr 32, 24-26; Jes 38-39). Die Krankheit muss vor Sanheribs Einfall aufgetreten sein, da diese Invasion im Bericht über Hiskias Krankheit vorausgesehen wird (2. Kön 20, 6). Die Rolle Merodach-Baladans ist bei der Einordnung hilfreich, denn er sandte Boten zu Hiskia, scheinbar, um seine Freude darüber auszudrücken, dass Hiskia von seiner Krankheit genesen sei. Der eigentliche Grund war jedoch, Hiskias Unterstützung in seinem Unabhängigkeitsstreben zu erhalten. Da

---

[92] Siehe *TUAT*, Bd I, S. 393-395.

[93] Evans, »Judah's Foreign Policy.« *Scripture in Context*, S. 164. Zu der nicht immer chronologischen Anordnung der Kapitel in der Bibel siehe: D. A. Glatt, *Chronological Displacement in Biblical and Related Literatures.* Atlanta, 1993.

sein Aufstand 703 begann, muss Hiskias Krankheit später aufgetreten sein.[94] Außerdem führte Hiskias Gebet um Genesung zur Verlängerung seines Lebens um 15 Jahre. Er starb 686, nach 29-jähriger Herrschaft. Das Gebet muss also 701 gesprochen worden sein. Die Krankheit selbst kann daher auf 702 oder 701 datiert werden.

## Sanheribs Feldzug

Sehr bald nach Hiskias Genesung und dem Aufbruch der Gesandten Merodach-Baladans kam Sanherib in den Westen und rückte gegen Jerusalem vor. Dieser Feldzug wird in 2. Kön und Jes berichtet. Der Grund für Sanheribs Handeln bleibt unsicher, auch wenn die meisten Gelehrten annehmen, Hiskia habe an dem recht massiven Befreiungskampf gegen die Assyrer teilgenommen, der ganz Syro-Palästina erfasst hatte. Wenn die folgende Annahme zutrifft, Merodach-Baladan sei zuerst in Jerusalem gewesen und Hiskia habe einer Art beidseitigem Verteidigungspakt zugestimmt, könnte Sanherib mit seinem Angriff auf Jerusalem das Ziel verfolgt haben, Hiskia für seine Untreue zu bestrafen und seine Bindung an die Meerland-Dynastie zu zerstören.

Dass etwas Derartiges geschah, ist an Hiskias Botschaft für Sanherib ersichtlich. Dieser hatte schon große Teile Judas zerstört und führte seine Truppen nun gegen die Ägypter, Philister und andere Völker in der Nähe von Elteke. In demütiger Reue gibt Hiskia zu: »Ich habe Unrecht getan, zieh weg von mir. Was du mir auferlegst, will ich tragen« (2. Kön 18, 14). Eindeutig gesteht Hiskia hier ein Ver-

---

[94] Reviv, »The History of Judah from Hezekiah to Josia.« *WHJP*, Bd IV:1, S. 196, datiert die Gesandtschaft auf 703/702. Wohl auch, weil Merodach-Baladan in Jes 39, 1 »König« genannt wird, schlägt J. H. Walton, »New Observations on the Date of Isaiah.« *JETS* 28, 1985, 129, das Jahr 703 vor, das letzte Jahr, in dem er diesen Titel trug. Siehe auch J. Reade, »Mesopotamian Guidelines for Biblical Chronology.« *Syro-Mesopotamian Studies* 4.1., 1981, S. 2; Brinkman, »Merodach-Baladan II.« *Studies Presented to A. Leo Oppenheim*, S. 33. Die Gesandtschaft kann allerdings nicht so früh gewesen sein, da sie nach Hiskias Krankheit stattfand, die etwa 702 auftrat.

gehen ein, wahrscheinlich die Weigerung, Tribut zu zahlen. Er verspricht Sanherib die Tributzahlung und sendet sie ihm nach. Er geht sogar so weit, das Gold von den Türen und Türrahmen des Tempels zu entfernen. Damit lässt sich auch der Besuch von Merodach-Baladans Gesandschaft datieren: Da Hiskia ihnen all seine Schätze zeigte, müssen sie vor dem eben beschriebenen Feldzug in Jerusalem gewesen sein, da jetzt alles Gold als Tribut an Sanherib bezahlt worden war.[95]

Da Sanherib einerseits mit Hiskias Versprechen zufrieden war und andererseits unter wachsendem Druck des Schlachtfeldes stand, zog er sich von Jerusalem zurück und bekämpfte die Koalition der Aufständischen zunächst in Lachisch und dann in Libna (2. Kön 18, 17; 19, 8). Er besiegte sie, zerstörte viele judäische Städte und kehrte dann wieder nach Jerusalem zurück.[96] Als Vorbereitung auf eine lange Belagerung hatte Hiskia den Zugang zu den Wasservorräten außerhalb der Stadt verrammelt, damit die Assyrer sie nicht nutzen konnten.[97] Danach verstärkte er die Mauern und sorgte für einen großen Vorrat an Waffen (2. Chr 32, 1-5). Als Sanherib seinen Hauptvorstoß auf Lachisch unternahm, sandte er drei seiner Beamten, Tartan, Rabsaris und Rabschake,[98] um mit Hiskia über die

---

[95] Evans, »Judah's Foreign Policy.« *Scripture in Context*, S. 163.

[96] Der Verlauf dieses Feldzuges kann durch die Zusammenführung zweier Textfragmente viel besser nachvollzogen werden; siehe N. Na'aman, »Sennacherib's ›Letter to God‹.« *BASOR* 214, 1974, 25-39. Dies bedeutete einen Durchbruch in der Harmonisierung der assyrischen und biblischen Berichte. Siehe N. Na'aman, »Sennacherib's Campaign to Judah and the Date of the LMLK Stamps.« *VT* 29, 1979, 69-70. Die Zerstörung Lachischs im Jahr 701 ist durch die sorgfältige Analyse D. Ussishkins, »The Destruction of Lachisch by Sennacherib and the Dating of the Royal Judean Storage Jars.« *TA* 4, 1977, 52-53, sehr wahrscheinlich gemacht worden.

[97] Über die Wasserversorgung um Jerusalem siehe R. und E. Zenger, »Die verschiedenen Systeme der Wassernutzung im südlichen Jerusalem und die Bezugnahme darauf in biblischen Texten.« *UF* 14, 1982, 279-294.

[98] Gray, *1 & 2 Kings*, S. 678, gibt die Bedeutung dieser Bezeichnungen wider mit: »Oberkommandierender«, »Obereunuch« und »Oberdiener«. Für *rab-schaqeh*, siehe

Kapitulationsbedingungen zu verhandeln. Um eine kostspielige und zeitraubende militärische Einnahme der Stadt zu verhindern, versuchten sie, die Bürger zur Aufgabe zu bewegen. Sie erinnerten sie an die furchterregende Macht der assyrischen Kriegsmaschinerie, die vor nichts zurückschreckte, um sie einzuschüchtern. Selbst die Truppen Ägyptens, von denen das Gerücht umging, sie seien unter dem Kommando Tirhakas auf dem Weg, seien dagegen machtlos. Damit die Bürger der Stadt sie hören und verstehen konnten, riefen die assyrischen Offiziellen laut: Ergebt euch, dann wird Sanherib Jerusalem nicht strafen! Außerdem versprachen sie, dass der assyrische König sie sogar belohnen und ihnen Frieden und Wohlstand garantieren werde, der ihre bisherigen Erfahrungen übersteigen sollte (2. Kön 18,31-35).

Diese verlockenden Angebote hätten vielleicht ihr Ziel erreicht, hätte Jesaja nicht König Hiskia samt dem Volk davon überzeugt, ihre Befreiung von Gott zu erwarten. Jahwe, so versicherte der Prophet, werde eingreifen und die Assyrer zum Rückzug bewegen (2. Kön 19,6-7). Inzwischen kehrte der Rabschake zu Sanherib zurück, um ihm Bericht zu erstatten und fand den König nicht mehr in Lachisch, sondern in Libna. Sanherib hatte mittlerweile von der nördlichen Truppenbewegung der Nubier unter Tirhakas Kommando erfahren. Vermutlich führte er Hiskias Unnachgiebigkeit auf sein Vertrauen auf nubische Hilfe zurück. Sanherib sandte nämlich sofort weitere Boten mit einem Brief nach Jerusalem, in dem er Hiskia riet sich zu ergeben. Wie könne Tirhaka eine Hilfe sein, so der Brief, wo doch die assyrischen Könige immer wieder ihre schreckliche Macht über die Nationen, die sich ihnen entgegenstellten, demonstriert hätten (2. Chr 32,17; 2. Kön 19,10-14)?

---

R. A. Henshaw, »Late Neo-Assyrian Officialdom.« *JAOS* 100, 1980, 290, 299. Zur Bedeutung des Tartan siehe E. Klauber, *Assyrisches Beamtentum nach Briefen aus der Sargonidenzeit.* Leipzig, 1910, S. 60-63; zum Rabsaris und Rabschake siehe H. Tadmor, »Rab-saris and Rab-sha-keh in 2 Kings 18.« *The Word of the Lord Shall Go Forth.* Festschrift für D.N. Freedman, C.L. Meyers und M. O'Connor, Hrsg., Winona Lake, 1983, S. 279-285.

Als Hiskia den Brief erhielt, breitete er ihn vor dem Herrn aus und bat Jahwe in einem Gebet eindringlich, seine Macht und Kraft gegen den gotteslästerlichen König von Assyrien zu zeigen. Sanherib war rücksichtslos über die Götter und Könige vieler Nationen hinweggegangen. Diese Götter waren aber keine wahren Götter und die Nationen nicht das Volk Gottes gewesen. Jetzt könnte der Gott Judas in seiner rettenden Gnade beweisen, dass er allein Gott sei.

Als Hiskia das Gebet beendet hatte, kam eine Botschaft Jesajas, die ihm versicherte, Gott werde antworten. Der Gott Israels hatte von allen Erfolgen Assyriens gewusst, bevor sie eingetroffen waren. Er selbst war es ja gewesen, der sie zugelassen hatte. Assyriens Prahlerei und ihr Versäumnis anzuerkennen, dass sie nur ein Instrument Jahwes waren, sollte zu ihrem tragischen Untergang führen. Juda hingegen solle dem assyrischen Angriff entgehen, da Jahwe drastisch eingreifen und die Stadt Davids mit seinem starken Arm erhalten werde (2. Kön 19,20-28).

In eben dieser Nacht tötete der Engel Jahwes 185 000 Männer der assyrischen Armee.[99] Vollkommen demoralisiert und zerstört beendete Sanherib sein Unterfangen und begab sich mit dem Rest seiner einst mächtigen Armee auf den Rückzug nach Ninive. Sanheribs Annalen prahlen zwar mit seinem »Erfolg«, Hiskia in Jerusalem »wie einen Vogel im Käfig« eingesperrt zu haben,[100] aber in üblicher, propagandistischer Manier verschweigt er den tragischen Ausgang seines Abenteuers.

---

[99] Skeptiker können den Bericht natürlich als »narrative Theologie« abqualifizieren, um den Begriff R. E. Clements zu gebrauchen, *Isaiah and the Deliverance of Jerusalem, JSOTS* 13, Sheffield, 1980, S. 21. Millard sieht das Ereignis als ein Beispiel göttlichen Eingreifens, »Sennacherib's Attack on Hezekiah.« *Tyn Bull* 36, 1985, 75-77.

[100] Luckenbill, *Sennacherib*, 3.18-23; *TUAT*, Bd I, S. 389-390.

## Die letzten fünfzehn Jahre

Die biblischen Geschichtsschreiber hüllen sich über die restlichen fünfzehn Jahre der langen Herrschaft Hiskias nahezu in Schweigen. Der Chronist weist allerdings darauf hin, dass es Jahre des ungewöhnlichen materiellen Wohlstandes waren (2. Chr 32, 27 - 29). Die königlichen Schatzkammern wurden wieder mit Reichtümern gefüllt und neue Kornspeicher mussten gebaut werden, um die reichen Ernten unterzubringen. Hiskia ließ auch einen Tunnel graben, um Jerusalems Zugang zu den Wasservorräten außerhalb der Stadtmauern zu sichern. Ein technisches Wunder, das noch immer Erstaunen hervorruft.[101] Weitere derartige Unternehmungen wurden in seinem ganzen Gebiet durchgeführt.[102] Als er 686 starb, überließ er die Geschicke der Regierung seinem Sohn und Ko-Regenten Manasse.

# Die Sicht der Propheten

Am Ende der Darstellung der wichtigsten Zeit in Israels Geschichte soll auch die Sicht der Propheten beachtet werden, die an den entscheidenden Ereignissen beteiligt waren und halfen, ihren Ausgang zu formen. Wiederholt wurde Jesaja genannt, speziell die historischen Daten seines Buches, die die Berichte in den König- und Chronik-Büchern ergänzen. Doch Jesajas prosaische Präsentation historischer Fakten macht nur einen kleinen Teil seiner Bedeutung aus. Weit wichtiger sind seine Interpretation dieser Tatsachen und seine Rolle als Sprecher Gottes bezüglich Israels Politik, Ethik und Religion.

---

[101] K. Kenyon, *Jerusalem.* New York, 1967, S. 69 - 71. Zum Text der Inschrift, die im Tunnel gefunden wurde, und der historischen Bedeutung siehe V. Sasson, »The Siloam Tunnel Inscription.« *PEQ* 114, 1982, 111 - 117.

[102] Das explosionsartige Wachstum Jerusalems und seiner Umgegend nach 700 v. Chr., das M. Broshi, »The Expansion of Jerusalem in the Reigns of Hezekiah and Manasseh.« *IEJ* 24, 1974, 21 - 26, auf die Massenwanderung aus Israel zurückführt, wird von archäologischen Beweisen überzeugend gestützt.

Jesaja war als Prophet sowohl aktives Mitglied seiner Gesellschaft als auch Sprachrohr seines Gottes, das zeitgenössische und eschatologische Wahrheiten vermittelte. Er stand aber nicht allein: Hosea und Micha waren seine Zeitgenossen. Auch sie lieferten einzigartige Beiträge zur geschichtlichen und geistlichen Lage ihrer Zeit. Hosea war der Erste von ihnen.

## Hosea

Hosea ben Beeri, der hauptsächlich im Nordreich tätig war, übte sein Amt viele Jahre aus. Er selbst sagt, er habe in den Tagen Usijas, Jotams, Ahas', Hiskias von Juda und Jerobeams II. von Israel geredet (Hos 1,1). Diese formelhafte Einleitung ist von historischem Interesse. Sie deutet eine Interessenverschiebung Hoseas an: von Israel nach Juda. Dies kann daran gesehen werden, dass die Herrschaft Jerobeams II., des einzigen aufgeführten Königs von Israel, 753 endete, während die Ko-Regentschaft Hiskias nicht vor 729 und seine Alleinherrschaft nicht vor 715 begann. Man kann Hoseas fehlenden Verweise auf spätere Könige Israels, wie Menahem, Pekach oder Hoschea nur erklären, wenn er in Jerobeams letzten Jahren Samaria verließ oder einfach sein Blickfeld änderte,[103] was einleuchtender wäre.[104] Leider gibt es in seiner Schrift so gut wie keine Hinweise auf seinen Wohnort.

Am Anfang des Buches befiehlt Jahwe dem Propheten Hosea, eine Ehebrecherin zu heiraten. Kurz nachdem er dies getan hat – es gibt keinen Grund zur Annahme, die Heirat sei lediglich ein Gleichnis

---

[103] F. L. Andersen und D. N. Freedman, *Hosea.* Garden City, 1980, S. 147-148, bieten die plausible Erklärung an, Hosea habe Jerobeam als letzten legitimen König Israels angesehen, weil er, neben Secharja, der Letzte aus Jehus Linie war und sein Tod eine ungekannte politische Katastrophe einleitete.

[104] E. B. Pusey, *The Minor Prophets.* Grand Rapids, ND 1967, Bd I, S. 19, sagt, Hosea hebe »seine Prophetie mit den Namen der Könige Judahs hervor, da das Königreich von Juda ein theokratisches Königreich war«.

oder eine figurative Erfahrung[105] –, wird ein Sohn geboren, dessen Name Jesreel anzeigte, dass Jehus Dynastie ihrem Ende entgegenging. Dies erfüllte sich, indem Schallum 753 den letzten Spross der Jehu-Dynastie, Secharja, umbrachte. Da Hosea Secharja nicht erwähnt, muss die Vorhersage gemacht worden sein, als Jerobeam noch am Leben war. Die literarische Struktur der ganzen Komposition ist so beschaffen, dass die »Heiratsmetapher« eindeutig in der Chronologie den frühesten Teil bildet; daher scheint ein Datum etwas vor 753 als *terminus a quo* für Hoseas öffentliches Amt am wahrscheinlichsten.

Jahwes Anweisung, die ehebrecherische Gomer zu heiraten, sollte den Ehebruch Israels symbolisieren, das Jahwe durch seinen Bund am Sinai »geheiratet« hatte. Gomer war also eine Illustration für den Bundesbruch durch Israel. Sie war unbescholten, als der Prophet sie heiratete, erst danach wurde sie zur Prostituierten, die sich jedem hingab, der ihren Preis bezahlen konnte. So habe auch Israel gehandelt, sagte der Prophet. Deshalb müsste durch die Scheidung dem Ehebruch ein Ende bereitet werden. Doch hielten Jahwes große Liebe und seine Treue zu diesem Bund ihn davon ab, so wie Hosea auch Gomer nicht zurückweisen konnte. Obwohl die Nation sich von ihrem göttlichen Geliebten entfernt und den Baalen zugewandt hatte, werde er sie zu sich zurückbringen, nachdem er ihr vergeben und sie für immer von ihrer Abtrünnigkeit geheilt habe (Hos 2).

Die Hinweise auf die Liebhaber Israels (z. B. Hos 2, 5.7) sind ein beredtes Zeugnis dafür, wie weit Israel unter Jerobeam II. abgefallen war. Wie sein Namensvetter hatte Jerobeam die Altäre in Dan und Bethel toleriert und dabei den mosaischen Jahwismus völlig vernachlässigt. So waren alle Arten von Verbrechen und Gewalttaten entstanden und es gab eine allgemeine Unempfänglichkeit für Wunsch und Willen des heiligen Gottes. Statt ihn anzubeten, wandte sich das Volk den Höhen und Hainen zu, in denen sie Hurerei trieben. Ihre

---

[105] Die verschiedenen Sichtweisen hat S. Bittner, *Die Ehe des Propheten Hosea: Eine auslegungsgeschichtliche Untersuchung*. Göttingen, 1975, zusammengestellt. Siehe auch G. Fohrer, *Die symbolischen Handlungen der Propheten*. Zürich, 2. Aufl., 1968, S. 76-78.

Abtrünnigkeit war so tief eingewurzelt und so durchdringend, dass der Prophet einsehen musste, wie hoffnungslos das weitere Eintreten für sie war. Ephraim, das Nordreich, war fest an seine Götzen gebunden. Für Juda, das bis zu einem gewissen Grad frei von solchen Verwirrungen geblieben war, bat Hosea, dass es sich abseits von Gilgal und Bet-Awen halten möge (Hos 4, 15).[106]

Diese Worte könnten darauf hinweisen, dass Hosea jetzt in Juda wohnte, nicht mehr in Israel. Er scheint auch Israel wie aus einer Distanz zu sehen. Zum Beispiel sagt er, als er sich auf »König Jareb« von Assyrien – wahrscheinlich ein Chiffre für Tiglat-Pileser – bezieht,[107] Ephraim sei »hin nach Assur« gezogen (Hos 5, 13), was höchstwahrscheinlich Hoscheas Unterwerfung unter den assyrischen Monarchen im Jahre 732 beschreibt. Außerdem werden die Verweise auf Juda jetzt deutlicher, obwohl Ephraim noch immer Hoseas Interesse beherrscht.

Hosea bleibt seinem Auftrag als Prophet treu und ruft Israel weiter zur Buße. In Wahrheit spürte er aber wohl die Unfähigkeit des Volkes zur Umkehr: Gottes Volk hatte kein Verlangen, zu seinem Herrn zurückzukommen. Stattdessen wandten sie sich an Assyrien und sogar an Ägypten – eine Strategie, die nur Zerstörung bringen konnte. Der Aufruf an Ägypten, den Hosea erwähnt (Hos 7, 11), könnte sehr gut der Hoscheas von Israel, des letzten Königs von Israel, gewesen sein (2. Kön 17, 4). In der turbulenten Übergangszeit von Tiglat-Pileser III. zu Salmanasser V. (ca. 727) hatte sich dieser an Osorkon IV. gewandt. Dafür werde Hoschea vernichtet werden, so wie »Schalman Bet-Arbeel zerstörte« (Hos 10, 14-15).[108] Schalman

---

[106] Viele Wissenschaftler sehen den Verweis auf Juda hier als editorische Einfügung eines späteren judäischen Redaktors. Siehe z. B. H. W. Wolff, *Dodekapropheton 1: Hosea.* Neukirchen, 2. Aufl., 1965, S. 111-112. J. L. Mays, *Hosea.* Philadelphia, 1969, S. 77, zeigt jedoch, dass dies keineswegs der Fall ist. Der Prophet warnt Juda davor, in dieselbe Falle zu treten wie ihr nördlicher Nachbar.

[107] Wolff, *Hosea*, S. 147.

[108] Aharoni, *Das Land der Bibel*, S. 438, identifiziert Bet-Arbeel mit Irbid, einer Stadt in Gilead, südöstlich des Sees Genezareth.

ist natürlich kein anderer als Assyriens König Salmanasser V. (727-722), der Samaria vernichtend schlug und viele Einwohner gefangen nahm.

Die historische Zwangslage Israels sei hoffnungslos, so Hosea, doch die Geschichte habe nicht das letzte Wort. Der Tag werde kommen, an dem Gott sein Volk zurückbringen werde und sie für immer von ihrem Götzendienst befreit sein sollten. Die Bande, die sie und ihn einst in ehelicher Bundesliebe verbunden hatten, werden dann wieder geheilt sein (Hos 14,5-10).

## Jesaja

Vielleicht der mächtigste und bekannteste der alttestamentlichen Propheten ist Jesaja ben Amoz, der ein jüngerer Zeitgenosse Hoseas war. Nach seinen eigenen Informationen wurde er 740, im Todesjahr König Usijas, öffentlich ins Propheten-Amt eingeführt. In diesem Jahr berührte einer der Seraphim seine Lippen mit der Kohle vom Altar und der hohe und erhabene Herr berief ihn, zu seinem Volk zu gehen und ihm eine Botschaft der Rettung und des Gerichts zu verkünden (Jes 6).

Es ist nicht möglich – und würde den Rahmen dieses Buches sprengen – das gesamte Spektrum der Theologie Jesajas zu erörtern. Seine Schriften sollen daher lediglich als Hintergrund für die Geschichte Israels während seines Wirkens dienen. Oft spricht Jesaja über diese Geschichte, wenn er sich an seine Zeitgenossen wendet. Selbst seine eschatologischen Weissagungen gehen sehr oft von dem historischen Rahmen aus, in dem er selbst lebte.

Obwohl Jesaja manchmal chronologische Daten oder Verweise auf historische Ereignisse bietet, mit deren Hilfe seine Botschaften eingeordnet werden können, ist dies nicht allgemein der Fall. Deshalb ist es nicht möglich, seine Botschaften historisch genau zu datieren. Seine Erzählungen scheinen generell chronologisch zu sein. Es gibt aber viele Passagen, die thematisch oder theologisch angeordnet sind, nicht chronologisch. Ein Beispiel dafür ist seine Berufung. Obwohl es sich um das früheste geschichtliche Ereignis in seinem Buch handelt, erscheint es erst in Kapitel 6, nicht etwa am Anfang.

Zwei große historische Erzählungen sind im Buch Jesaja zu finden: Kapitel 7-8 und Kapitel 36-39. Erstere betrifft Ahas' Regierungszeit und letztere die Hiskias. Beide Erzählungen wurden bereits in den Ausführungen zu diesen beiden Königen behandelt. Hier sind allerdings spezielle Nuancen bei Jesaja zu beachten. Der Chronist weist darauf hin, dass Jesajas Werk eine der Hauptquellen für Hiskias Herrschaft war, eine Quelle, auf die er sich vorrangig gestützt haben mag (2. Chr 32,32). Zusätzlich zu den beiden erwähnten längeren Passagen treten im ganzen Buch, wie beiläufig, historische Bezüge auf. Sie tragen ebenfalls dazu bei, unser Bild dieser Zeit zu vervollständigen. Deshalb soll auch ihnen in der folgenden Diskussion Raum gegeben werden.

Der lange und herausragende Werdegang des »Fürsten unter den Propheten« erstreckte sich über Teile der Herrschaft Usijas, Jotams, Ahas' und Hiskias (ca. 740-681). Erstaunlich, dass er in der Einleitung seines Buches keine Könige von Israel erwähnt, obwohl er es später tut. Der Grund dafür muss sein, dass er als Prophet dazu berufen war, allein Juda anzusprechen. So hatte er keinen Grund, sich in seiner Einleitung auf die Herrscher des Nordreiches zu beziehen.[109] Außerdem gab es nach dem Fall Samarias im Jahr 722 dort keinen Staat oder König mehr, so dass Jesaja Juda lange Jahre seine ungeteilte Aufmerksamkeit widmen konnte. Tatsächlich zeigen sorgfältige Analysen seiner Schriften, dass der Sitz im Leben fast seines gesamten Werkes in den Jahren nach 722 zu finden ist. Die einzige Ausnahme bildet die Erzählung in Kapitel 7, in der Ahas' tödliches Bündnis mit Assyrien gegen Rezin von Damaskus und Pekach von Israel geschildert wird.

In der ersten Botschaft des Buches, einem *rîb* oder Disputationstext,[110] spricht Jesaja von Jerusalem, »der Tochter Zions«, die von den

---

[109] E.J. Young, *The Book of Isaiah*. Grand Rapids, 1965, Bd I, S. 28-29.

[110] Diese bedeutende prophetisch-literarische Gattung wird in B. Gemser, »The Rîb – or Controversy Pattern in Hebrew Mentality.« *VTS* 3, Leiden, 1955, S. 120-137, erklärt. Siehe dazu auch H.B. Huffmon, »The Covenant Lawsuit in the Prophets.« *JBL* 78, 1959, 285-295; J. Limburg, »The Root rîb and the Prophetic

zerstörten Städten Judas abgeschnitten ist, als sei sie eine belagerte Stadt (Jes 1,2-9).[111] Israel war eindeutig schon gefallen und Jerusalem selbst in großer Gefahr. Man denkt sofort an Sanheribs Feldzug 701, als die Assyrer, wie 2. Kön 18,13 berichtet, gegen Judas befestigte Städte zogen und sie einnahmen. Die nächste Prophezeiung beschreibt allerdings eine sehr viel frühere Zeit, möglicherweise die Jotams, wird doch die Aussage gemacht, über Juda sollten Kinder herrschen (Jes 3,4 – Ahas?) und Jahwe werde die verdorbenen Herrscher seines Volkes richten (Jes 3,13-15).[112] Die Frauen Jerusalems erinnern mit ihrem Geschmeide, ihrem stolzen Gehabe und ihrer Gleichgültigkeit dem Herrn gegenüber an die Frauen Samarias. Auch dies passt zu der Periode zwischen Usija und Hiskia, für eine andere Datierung der Kapitel 4 und 5 gibt es keine anderen internen Beweise.

Kapitel 6 erzählt die Berufung des Propheten im Jahr 740, »in dem Jahr, als der König Usija starb« (Jes 6,1). Der Rahmen von Jes 7,1-10,4 ist die Zeit des Rezin-Pekach-Bündnisses gegen Juda, also einige Jahre später als das Ereignis in 6,1. Dieser Vertrag wurde zwischen Staaten geschlossen, die seit Jahrhunderten verfeindet gewesen waren. Doch angesichts der viel größeren Bedrohung, der Invasion Tiglat-Pilesers III. (734), hatten sie ihre Unterschiede einen Augenblick lang vergessen. Obwohl Jotam rein theoretisch noch bis zu seinem Tod 731 König Judas war, lag die wahre Macht in den Händen seines jungen Sohnes Ahas. Dieser hatte sich mit Assyrien zusammengetan, zum größten Ärger von Damaskus und Israel, und wurde deshalb zur Zielscheibe ihres Zorns.

---

Lawsuit Speeches.« *JBL* 88, 1969, 291-304; K. Nielsen, *Yahwe as Prosecutor and Judge: An Investigation of the Prophetic Lawsuit (Rib-Pattern), JSOTS 9, Sheffield, 1978.*

111 *P. Machinist, »Assyria and Its Image in the First Isaiah.« JAOS* 103, 1983, 724-729, beachtet hier – sowie in weiteren Passagen Jesajas, die auf die Assyrer verweisen – die Ausdrucksweise und vergleicht sie mit königlichen Inschriften aus dem Assyrien dieser Zeit. Klar ist, dass Jesaja Zeuge dessen war, was er berichtet, und dass er mit der assyrischen Sprache und Literatur vertraut war.

112 T.K. Cheyne, *The Prophecies of Isaiah.* New York, 1886, Bd I, S. 22; F. Delitzsch, *Jesaja.* Giessen, 1984, ND der 3. Aufl. von 1879, S. 58.

Jesajas Erzählung bezieht sich offenbar auf Rezins und Pekachs vereinte Bemühungen, Jerusalem einzunehmen, und nicht auf ihre voneinander unabhängigen Angriffe kurz vorher (2. Chr 28, 5-8). Ahas hatte schon unter seinen nördlichen Nachbarn leiden müssen und war somit verständlicherweise beim Gedanken an einen Feldzug, der wahrscheinlich zum Verlust seiner Hauptstadt, wenn nicht seines Lebens, führen würde, in großen Schrecken versetzt.[113]

In seiner Gnade sandte Jahwe Jesaja, um Ahas zu versichern, er werde weiterem Leiden durch Rezin und Pekach entgehen. Ihre Tage seien gezählt, so der Prophet, und ihre Bestrebungen, Ahas zu entfernen und durch einen Sohn Tabeals zu ersetzen, würden zu nichts führen (Jes 7, 5-9). Dann wies der Prophet König Ahas an, Jahwe um die Bestätigung zu bitten, dass alles genauso geschehen werde, wie er es vorausgesagt hatte. Ahas hatte sich aber schon dafür entschieden, Assyrien um Hilfe zu bitten und weigerte sich deshalb, Jesajas Anweisungen zu folgen. Dieser kündigte daraufhin an, eine Frau werde einen Sohn gebären, dessen Name Immanuel sein sollte. Dieser werde das Zeichen der Gunst Gottes trotz Ahas' Unglaubens sein. In Gottes Vorsehung war dieses Kind, im messianischen Sinn, Jesus Christus von Nazareth. Das spezielle Zeichen für Ahas und seinen Hof war allerdings ein sonst unbekanntes Kind, das von einer jungen, dem König bekannten, Frau geboren werden sollte.[114] Bevor das Kind Gut und Böse unterscheiden konnte, sollten sowohl Rezin als auch Pekach ihren Thron verlieren und Ahas selbst die Verwüstungen des

---

[113] Viele Alttestamentler sehen die Ereignisse in 2. Chr 28, 5-8 und Jes 7, 1-2 als identisch. Sorgfältiges Studium zeigt jedoch, dass Rezin und Pekach Ahas zunächst getrennt angriffen und ihn dann wenig später gemeinsam attackierten. Eine überzeugende Darstellung dieser Interpretation bietet Young, *Book of Isaiah*, Bd I, S. 267-269.

[114] Verschiedene Ansichten zu dem wichtigen messianischen Abschnitt liefert H. M. Wolf, »A Solution to the Immanuel Prophecy in Isaiah 7:14-8:22.« *JBL* 91, 1972, 449-456; W. C. Kaiser, Jr., *Toward an Old Testament Theology*. Grand Rapids, 1978, S. 207-220. Kaiser nimmt an, das verheißene Kind sei Ahas' Sohn Hiskia gewesen. Es wurde aber schon dargelegt, dass Hiskia 740 geboren wurde. Nur wenn man in den Berichten Textfehler annimmt, etwas, was Kaiser nicht tut, kann diese Meinung aufrechterhalten werden, siehe J. McHugh, »The Date of Hezekiah's Birth.« *VT* 14, 1964, 446-453.

assyrischen Eroberers erfahren. So geschah es auch: Damaskus fiel 732 und sein König Rezin wurde exekutiert. Fast gleichzeitig wurde Pekach ermordet und durch den assyrischen Favoriten Hoschea ersetzt, so dass sich das Prophetenwort binnen zwei Jahren nach der Ankündigung erfüllte. Sieben Jahre später traf Salmanasser V. ein, eroberte Samaria und drohte Ahas zweifellos mit weiterem Schaden, wenn er sich illoyal verhielte. Nicht vor Hiskias Herrschaft jedoch, zehn Jahre später, begann Assyrien eine Reihe von Angriffen auf Juda. Sie sollten Juda beinahe in den Ruin treiben, den das Nordreich schon erlitten hatte. Die assyrischen Plünderungen, so Jesaja, würden schließlich in eine Besetzung des Landes Juda münden, die Bevölkerung erheblich dezimieren und die Landwirtschaft ruinieren.

Aus der gleichen Epoche stammt die Warnung in Jes 9, 7-20, die davon spricht, wie Samaria von Rezins Feinden, also von den Assyrern und ihren Verbündeten, terrorisiert werden sollte. Auch kündigte Jesaja an, ein ähnliches Gericht werde auch über Juda kommen, an dem sogar Israel beteiligt sein werde. Dieser ganze Komplex von Ereignissen sollte auf dem Hintergrund von Israels Kapitulation vor Tiglat-Pileser (743-742) und der darauf folgenden Invasion Judas – erst durch Rezin und im folgenden Jahrzehnt durch Pekach – gesehen werden.

Die Rede in Jes 10, 5-19 wird später gehalten worden sein als die eben erwähnte. Sie handelt nämlich vom Gericht über die Assyrer, das Jahwe als seine strafende Rute nach Juda schicken werde. In ihrer Hybris, so der Prophet, würden die Assyrer verkennen, dass ihre Stärke in der Allmacht des Gottes Israels liegt. Stattdessen begönnen sie mit endlosen Aufzählungen ihrer Siege über vernichtete Feinde, darunter Damaskus und Samaria, ganz so, als ob letztendlich sie selbst dafür verantwortlich seien (Jes 10, 8-11; vergl. 2. Kön 18, 34-35; 19, 12-13). Solche Prahlerei liegt natürlich auch 701 in den Mitteilungen des Rabschakes an Hiskia vor, als Sanherib Jerusalem belagerte. Die bevorstehende Bedrohung durch die Assyrer wird von dem Propheten sehr bildhaft geschildert (Jes 10, 28-32). Er berichtet, die Assyrer hätten schon Aja (Chirbet Ḥayyân),[115] ca. 16 km nördlich

[115] Aharoni, *Das Land der Bibel*, S. 437.

Jerusalems, erreicht und seien durch Migron (Tell Miriam) gezogen,[116] das noch näher an der Hauptstadt lag. Sie hätten Vorräte in Michmas (Muḫmâs) angelegt,[117] nahe Migron, und planten schon, sich etwas südlicher in Geba (Ǧebaʿ)[118] niederzulassen – alles, um die Belagerung Jerusalems vorzubereiten. Großer Schrecken sei deshalb in Rama, Gibea, Gallim (Chirbet Kaʿkûl),[119] Lajescha (el-ʿIsāwîyeh)[120] und Anatot (Rās el-Ḫarrûbe),[121] alles nördliche Vorstädte der Hauptstadt. Offenbar kündigte sich auch ein assyrischer Vorstoß aus südlicher Richtung an. Denn der Prophet sagt, die Bevölkerung Madmenas,[122] zwischen Beerscheba und Hebron, sei geflohen. Der Großteil der Forscher lokalisiert Madmena jedoch nördlich Jerusalems (vielleicht Chirbet Soma); dann suggeriert die gesamte Liste von Städten einen Marsch allein aus dem Norden. Die Einwohner Gebims (unbekannt)[123] und Nobs, auf dem Ölberg, bereiteten sich ebenfalls auf die unvermeidliche Zerstörung durch die Assyrer vor.[124]

---

[116] *Oxford Bible Atlas*, S. 135.

[117] Aharoni, *Das Land der Bibel*, S. 444.

[118] Ebd., S. 440.

[119] *Oxford Bible Atlas*, S. 129.

[120] Ebd., S. 134; Aharoni setzt el-ʿIsāwîyeh allerdings mit Nob gleich, *Das Land der Bibel*, S. 444.

[121] Aharoni, *Das Land der Bibel*, S. 438. Eine Karte von Sanheribs Route bieten Aharoni und Avi-Yonah, *Der Bibel Atlas*, Karte 154.

[122] Oder Madmanna; siehe Aharoni, *Das Land der Bibel*, S. 443.

[123] Identifizierungsmöglichkeiten bietet H. H. Walker, »Where were Madmenah and the Gebim?« *JPOS* 13, 1933, 90-93.

[124] Zu den in Jes 10, 28-32 erwähnten Ortschaften siehe O. Kaiser, *Das Buch des Propheten Jesaja Kapitel 1-12.* Göttingen, 5. Aufl., 1981, S. 234-238; H. Wildberger, *Jesaja Kapitel 1-12.* Neukirchen, 1972, S. 423-433; H. Donner, »Der Feind aus dem Norden.« *ZDPV* 84, 1968, 46-54.

Diese Rede Jesajas ist sehr hilfreich zur Rekonstruktion der Strategie hinter beiden Operationen Sanheribs gegen Jerusalem 701. Dies gilt besonders für die frühere Operation, die zu Hiskias Versprechen führte, Tribut zu bezahlen. Zu der Zeit war Sanherib selbst in Lachisch, nachdem er die befestigten Städte Judas angegriffen hatte (2. Kön 18, 13-14). Diese müssen auch die Städte einschließen, die der Prophet Jesaja erwähnt. Dass Sanherib gegen Lachisch kämpfte, könnte darauf schließen lassen, dass auch Lachisch eine judäische Festung war, die den Zugang nach Jerusalem vom Südwesten aus bewachte.[125] Sanheribs Boten, deren Kapitulationsforderungen zurückgewiesen worden waren, kehrten zurück. Sie fanden Sanherib nicht mehr in Lachisch, sondern in Libna, ca. 16 km weiter nördlich. Die Assyrer wollten also, nachdem sie Städte im Norden, Süden und Osten Jerusalems eingenommen hatten, auch die Hauptverteidigungsposten im Westen einnehmen und Jerusalem so allein und schutzlos lassen. Als dies erreicht war, belagerten sie Jerusalem. Hätte Gott nicht eingegriffen, wäre die Stadt sicher in die Hände der Assyrer gefallen.

Ein ausführlicherer Bericht über Sanheribs Feldzug im Jahr 701 steht in Jes 36-37. Hier berichtet der Prophet in nur einem Vers (Jes 36, 1) über die erste Phase des Feldzugs, die Zerstörung des Umlandes von Jerusalem und die Tribut-Forderungen. Sein Interesse dagegen gilt der übernatürlichen Befreiung Jerusalems aus der assyrischen Belagerung. Das Ziel ist eindeutig: Jahwes Eingreifen zu Gunsten seines Volkes soll herausgestellt werden – als Antwort darauf, dass Jesaja und König Hiskia im Gebet für das Volk und die Stadt eingetreten waren. Dies ist ein klassisches Beispiel der »heiligen Geschichte«, einer Historiographie, die die Fakten zwar akkurat wiedergibt, sich aber hauptsächlich mit der theologischen Bedeutung dieser Fakten beschäftigt.

[125] Auf der Basis der so genannten *lmlk* Stempel, siehe FN 73, identifiziert N. Na'aman, »Hezekiah's Fortified Cities and the LMLK Stamps.« *BASOR* 261, 1986, 10-11 die befestigten Städte als die 15 in 2. Chr 11, 6-10 aufgezählten Städte, ein Abschnitt, den er in die Periode Hiskias datiert. Er nimmt an, Hiskia habe Außenposten verstärkt, die bereits zu Rehabeams Zeit errichtet worden seien.

Das eigentliche Thema, das Jesaja behandelt, betrifft nicht etwa den Kampf zwischen Assyrien und Juda, sondern die widerstreitenden Theologien und Ideologien. Die Frage, um die es geht, ist: »Wer ist Gott?« Die Ansprache des Rabschake besagt, Assyrien sei unbesiegbar, da seine Götter unbesiegbar seien (Jes 36,13-20). Es sei für Hiskia zwecklos, Jahwe zu vertrauen, denn der werde, genau wie die Götter Hamats, Arpads und Sefarwajims, von der assyrischen Gewalt fortgerissen. Sanheribs Brief enthielt genau dieselbe Botschaft: Es sei Jahwe nicht mehr möglich, Juda zu retten, ebenso wenig wie die anderen Götter ihre Nationen hätten retten können (Jes 37,10-13).

Hiskia fasste die assyrische Drohung richtig als theologische Herausforderung auf, nicht etwa als politische oder militärische. Er wandte sich an Jahwe und pries ihn als den einzigen Herrscher über alle Königreiche der Erde. Jahwes Anspruch auf absolute Souveränität ruhe auf seinem Werk als Schöpfer des Himmels und der Erde, diese Macht besitze nur er. Die Götter der anderen Nationen konnten von den Assyrern zerstört werden, da sie nicht Götter waren, sondern nur Kreationen ihrer törichten Anbeter.

Jesajas Botschaft auf Hiskias Gebet greift dies auch auf. Der Assyrer, so Jesaja, habe den Gott Judas verspottet und gelästert (Jes 37,21-35). Der Gott Judas war es aber, der Assyrien überhaupt hatte erstarken lassen und der ihnen gestattete, als sein Instrument gegen seine ungehorsamen Kinder vorzugehen. Assyriens Götter hätten weder etwas mit Assyriens Erfolg noch mit Judas Krise zu tun. Zudem werde Jahwe aller Welt zeigen, dass er Assyrien mächtig werden, aber auch untergehen lassen könne und dies tun werde. So vernichtete er in jener Nacht Sanheribs Armee. Ein zweiter Beweis der Souveränität Jahwes über alle konkurrierenden religiösen Systeme zeigte sich, ironischerweise, gerade im Tempel der assyrischen Götter (Jes 37,38). Sanherib wurde in Ninive ermordet, als er gerade seinen Gott Nisroch anbetete. Damit wurde der Gott, der ihn vor den Toren Jerusalems hatte ohnmächtig unterliegen lassen, 20 Jahre später ein für alle Mal als Gebilde assyrischer Einbildung entlarvt: Nicht ein Mal einem Diener, der ihn ernstlich anbetete, konnte er helfen.

Dass hier nur die Hauptabschnitte des Buches Jesaja untersucht wurden, die als historische Dokumente dienen können, bedeutet nicht, dass der Rest des Werkes des Propheten, selbst die streng eschatologischen Teile, als Zeugnis für die Geschichte Israels wertlos seien. Im Gegenteil, der Rest seines Buches dient als wichtiges Messinstrument für die Gesinnung seiner Zeit. Doch der Wert dieser anderen Abschnitte für die Geschichtsschreibung ist begrenzt, weil der Prophet sehr lange lebte (ca. 765-680). Daher kann man seine Aussagen in Bezug auf soziologische, politische, ökonomische oder religiöse Fragen nicht so einfach mit historischen Ereignissen in Verbindung bringen. Bei den meisten der Weissagungen ist es sowieso nicht möglich, außer auf sehr subjektiver Basis, sie zu datieren. Diese Unsicherheit hält den verantwortlich recherchierenden Historiographen davon ab, sie zur Rekonstruktion der Geschichte Israels heranzuziehen.

## Micha

Das kurze Werk des Propheten Micha soll dieses Kapitel abschließen. Leider stellt er weniger Historisches zur Verfügung als sein älterer und bekannterer Zeitgenosse Jesaja.[126] Auch er sprach zu Jerusalem. Anders jedoch als Jesaja richtet er seine Botschaft an beide Königreiche. Der allgemeine Eindruck des moralischen und geistlichen Verfalls in Israel und Juda, der Jesajas Werk charakterisiert, findet sich auch bei Micha. Er rahmt seine Gerichts- und Hoffnungsbotschaften aber nicht in eine geschichtliche Erzählung wie Jesaja. Deshalb kann Micha nur mit Vorsicht als Zeuge des Ablaufs der Ereignisse seiner Zeit zu Rate gezogen werden.

Michas früheste Prophetien gehen eindeutig weiter zurück als in das Jahr 722. Er sagt nämlich den Untergang Samarias als Ausdruck des Zornes Jahwes über Israels Königshaus voraus (Mi 1,6-7). Jerusalem fiel ebenfalls unter das prophetische Gerichtswort, da sein

[126] Eine kurze, hervorragende Einleitung in den historischen Kontext Michas bietet L. C. Allen, *The Books of Joel, Jonah, and Micah.* Grand Rapids, 1976, S. 239-253.

König, zweifellos Ahas, Juda in ebenso betrübliche Sünde geführt habe. Die Gerichtsbotschaft durfte allerdings nicht in Philistäa verkündigt werden, denn die philistäischen Feinde hatten Juda schon geplündert. Sie sollten keine Gelegenheit haben, sich Judas bevorstehender Niederlage durch die Assyrer zu brüsten.

Michas restliche Botschaft kann nicht genau datiert werden: Israel und Juda würden schließlich untergehen, aber auch ihr assyrischer Feind (Mi 5,5-6). Wenn die Tage erfüllt sein würden, werde das Volk des Herrn jedoch wiederhergestellt werden. Unter ihrem messianischen König würden sie für alle Zeiten die Früchte des ewigen Bundes genießen, der mit den Erzvätern geschlossen worden war (Mi 7,7-20). Wie Jesaja beendet Micha seine Botschaft mit einem Hoffnungsschimmer, der in starkem Kontrast zu den düsteren Aussichten steht, die Juda zu Beginn des 7. Jhs erwarteten.

# 13. Schwindende Hoffnung: Judas Zerfall

## Das Erbe Hiskias

Als im Jahr 686 der fromme König Hiskia und kurz darauf Jesaja starben, begann der Niedergang des Südreichs auf allen Gebieten des nationalen Lebens, von dem Juda sich, außer zur Zeit der hervorragenden Herrschaft Josias, nicht mehr erholen sollte. Die Ursachen für diesen genau 100 Jahre währenden Niedergang (686-586) sind nicht leicht zu bestimmen. Sicher hatte auch Hiskia selbst Anteil daran, obwohl die Geschichte über ihn im Großen und Ganzen sehr positiv urteilt.

### Stolz und seine Auswirkungen

Ein spezieller Charakterfehler Hiskias zeigt sich darin, wie der Empfang der Botschafter Merodach-Baladans aus der Meerland-Dynastie beschrieben wird. Der Chronist bezieht sich kurz auf diesen Vorfall: Hiskias Heilung durch Jahwe ließ das Herz des Königs stolz werden, eine unangemessene Reaktion auf diesen Gunsterweis Gottes. Deshalb benutzte Jahwe die Botschafter, um sein Herz zu prüfen (2. Chr 32,25.31). Der Autor des 2. König-Buches sowie der Prophet Jesaja weisen darauf hin, dass Hiskia den Chaldäern die Schätze des Königreiches zeigen ließ (2. Kön 20,12-15; Jes 39,1-4). Diese Gesandten waren gekommen, um Hiskias Unterstützung zu erlangen, da er ein Assyrien-Gegner war. Merodach-Baladan hatte seit Jahren versucht einen von Assyrien unabhängigen chaldäischen Staat zu errichten. Hiskias Öffnung der öffentlichen Schatzkammern kann nur bedeuten, dass er dem vorgeschlagenen Bündnis mit den Chaldäern wohlwollend gegenüberstand und er die Delegation durch Reichtum und Macht seines Königreiches beeindrucken wollte. Dies, so der Chronist, war ein Akt des Stolzes, der Jahwes Zorn auf Juda und Jerusalem zog.

Hiskia tat Buße, so viel ist sicher. Doch teilte ihm Jesaja mit, die Zeit werde kommen, in der die politischen Nachkommen eben jener Chaldäer nach Jerusalem zurückkehren würden. Sie würden alle Schätze Judas rauben und die Söhne und Töchter des Königshofes nach Babylon verschleppen (Jes 39,5-7).

### Die Oberflächlichkeit der Reformen

Diese Sünde des Königs war nicht die eigentliche Ursache für das prophetische Gerichtswort. Denn es war nur *eine* öffentliche Handlung gewesen, wenn auch eine besonders schwerwiegende, da sie der König selbst begangen hatte. Noch ernster waren allerdings die allgemein üblichen Verstrickungen der Bevölkerung in jede nur vorstellbare Art des Bundesbruches. Ein kurzer Rückblick auf Jesajas Botschaften offenbart unterschwellige Unmoral und Götzendienst im ganzen Land, trotz der Erneuerung, die Hiskia im Volk zu Beginn seiner Herrschaft bewirkt hatte. Die Anbetung war Heuchelei geworden (Jes 1,10-15), die Mächtigen beuteten die Schwachen und Schutzlosen aus (Jes 1,21-23) und die Oberklasse schwelgte im Luxus, den sie durch Unterdrückung der Massen erlangt hatte (Jes 3,16-24). Jahwe hatte sein Volk aus der Knechtschaft in Ägypten befreit und sie in den wunderbaren Weinberg des verheißenen Landes gesetzt. Als er jedoch erlesene Trauben von ihnen erwartete, waren ihre Früchte faul (Jes 5,1-7). Vom Geist der Habgier und Völlerei verzehrt, häuften sie große Ländereien an und tranken vom Morgen bis zum Abend. Jahwes Segen missachteten sie vollkommen (Jes 5,8-12). Sogar die Führer, Propheten und Priester mit eingeschlossen, hatten sich von der Wahrheit des Bundes abgewandt und ihr Amt zum eigenen Vorteil missbraucht.

Hiskias edler Charakter hebt sich äußerst scharf von dieser verdorbenen Generation ab. Er war kein Paradigma des nationalen Lebens, sondern stand in starkem Kontrast dazu. Welchen Nutzen die religiöse Erneuerung auch gebracht haben mochte, sie war oberflächlich und kurz. Das Urteil der Propheten über diese Zeit ist einstimmig: schuldig wegen Hochverrats. Als Hiskias und Jesajas mildernder Einfluss entfiel, verfiel Judas moralisches und geistliches Leben sogar noch schneller.

## Manasse von Juda

Judas Untergang kann an Hiskias Sohn Manasse, der den Thron 686 als Alleinherrscher bestieg und bis 642[1] an der Macht blieb, sehr deutlich gesehen werden. Dass er 55 Jahre herrschte, impliziert, dass er sich zwischen 696 und 686 die Regierungsverantwortung mit Hiskia teilte. Warum Manasse von seinem Vater im zarten Alter von zwölf Jahren an diesen verantwortungsvollen Platz gestellt wurde, bleibt unbekannt. Möglich ist, dass Hiskias beinahe tödliche Krankheit (ca. 702) ihn veranlasste, seine Nachfolge zu regeln, sobald sein Sohn ein angemessenes Alter erreicht hatte.[2]

Rätselhaft ist auch, weshalb Hiskias Sohn nicht die Gottesfurcht seines Vaters übernommen hatte, sondern dass er das Gegenteil all dessen verkörperte, wofür Hiskia gestanden hatte. Als Manasse Alleinherrscher geworden war, wandte er sich den kanaanäischen Kulten zu. Wie Ahab von Israel errichtete er Baal-Altäre und Aschera-Bilder und ging sogar so weit, seine Söhne im Hinnom-Tal zu opfern. Anhänger jeglicher heidnischen Religionspraktik (Zauberer, Wahrsager, Hexen, Medien und Spiritisten) wurden wieder eingestellt. Der absolute Höhepunkt seiner Gotteslästerung war die Errichtung eines Aschera-Bildes mitten im heiligen Tempel, genau an dem Ort, von dem Jahwe gesagt hatte, er wolle dort seinen Namen ewig wohnen lassen (2. Kön 21,2-7).

Auf Grund dieser völligen Abkehr von Jahwe und seinem Bund erging der Richterspruch Gottes durch seine Propheten an Juda: Das Südreich werde das gleiche Schicksal erleiden wie das Nordreich. Nach denselben Kriterien, denen zufolge Samaria verurteilt worden

---

[1] Wenn nicht anders erwähnt, stammen die Daten aus E. R. Thiele, *The Mysterious Numbers of the Hebrew Kings.* Grand Rapids, 1965, S. 161. Die Chronologie der letzten Jahre Judas ist in den Details nicht ohne Probleme, eine Angelegenheit, die hier nicht behandelt werden kann. A. R. Green, »The Chronology of the Last Days of Judah: Two Apparent Discrepancies.« *JBL* 101, 1982, 57-73, mag als Beispiel dafür dienen.

[2] Thiele, *Mysterious Numbers*, S. 157-158.

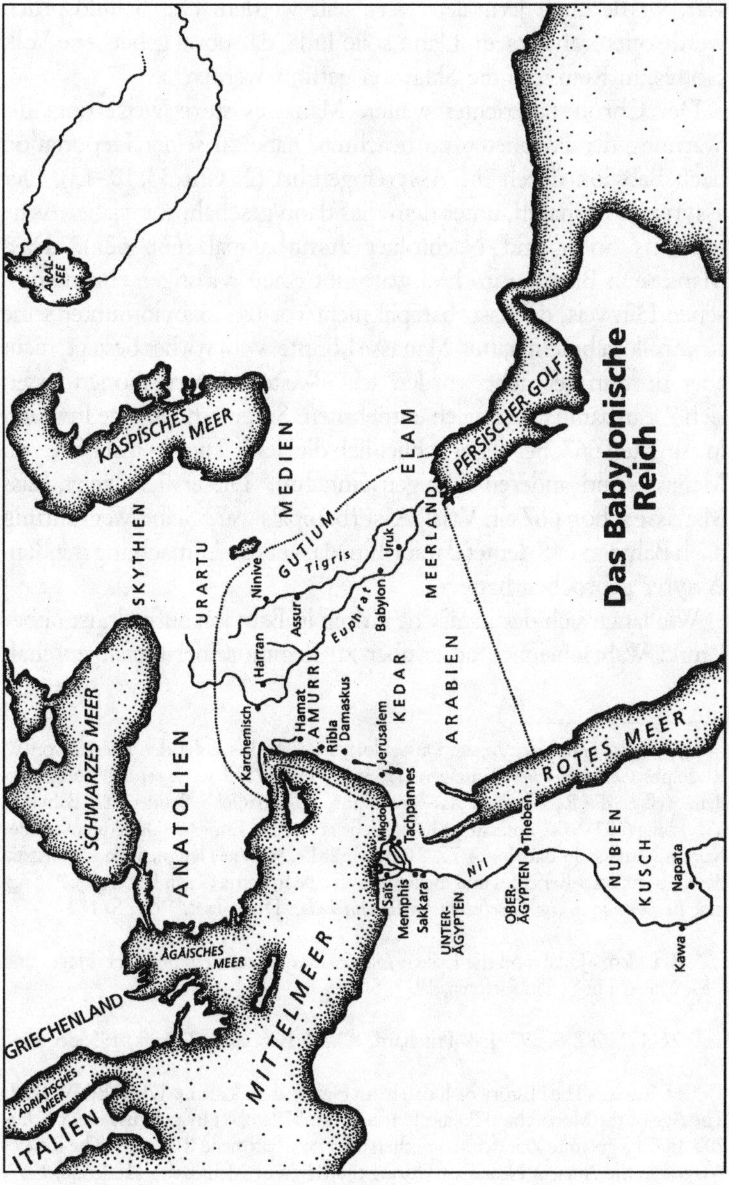
Das Babylonische Reich
ARAL-SEE
KASPISCHES MEER
SCHWARZES MEER
ÄGÄISCHES MEER
ADRIATISCHES MEER
MITTELMEER
PERSISCHER GOLF
ROTES MEER
ITALIEN
GRIECHENLAND
ANATOLIEN
SKYTHIEN
URARTU
MEDIEN
GUTIUM
ELAM
MEERLAND
AMURRU
KEDAR
ARABIEN
NUBIEN
KUSCH
UNTER-ÄGYPTEN
OBER-ÄGYPTEN
Tigris
Euphrat
Nil
Ninive
Assur
Harran
Karchemisch
Hamat
Ribla
Damaskus
Jerusalem
Babylon
Uruk
Migdol
Tachpannes
Sais
Memphis
Sakkara
Theben
Napata
Kawa

war, werde auch Jerusalem verurteilt werden. Der Schuldspruch werde offenkundig sein. Dann solle Juda, das übrig gebliebene Volk Gottes, in Ketten in die Sklaverei geführt werden.

Der Chronist berichtet weiter, Manasses sture Weigerung, die Warnung der Propheten zu beachten, habe zu seiner Deportation nach Babylon durch die Assyrer geführt (2. Chr 33,10-13). Der assyrische Monarch, unter dem dies dann geschah, war sicher Asarhaddons Sohn und Nachfolger Assurbanipal (668-627).[3] Dass Manasse in Babylon im Exil war, gibt einen wichtigen chronologischen Hinweis, da Assurbanipal nicht vor 648 Babylon unter seine Kontrolle gebracht hatte.[4] Manasse könnte wohl vorher besiegt, nicht aber dorthin gebracht worden sein. Weitere Informationen lassen sich Assurbanipals Annalen entnehmen: Sie erwähnen eine Invasion in Ägypten 667, bei der er schließlich die Stadt Theben mit Hilfe von Manasse und anderen Königen einnahm.[5] Dieser Text zeigt, dass Manasse schon 667 ein Vasall Assurbanipals war.[6] Seine Wegführung nach Babylon 648 deutet darauf hin, dass er die Abmachung mit dem Assyrer gebrochen hatte.

Wie lange sich der judäische König in Babylon aufhielt, ist unbekannt. Wahrscheinlich tat er aber zu Beginn seiner Gefangenschaft

---

[3] J. Bright, *Geschichte Israels.* Düsseldorf, 1966, S. 314, folgt der Theorie von W. Rudolph, *Chronikbücher.* Tübingen, 1955, S. 315-317, Manasse sei deportiert worden, weil er die Rebellion Šamaš-šum-ukīns, Assurbanipals Bruder und Babylons Vizekönig (652-648), unterstützt habe. Siehe auch E. L. Ehrlich, »Der Aufenthalt des Königs Manasse in Babylon.« *TZ* 21, 1965, 281-286. Viele leugnen die Historizität des Deportations-Berichtes und meinen, er sei eine fromme Legende; vergl. J. A. Soggin, *Einführung in die Geschichte Israels und Judas.* Darmstadt, 1991, S. 172.

[4] B. Oded, »Judah and the Exile.« *Israelite and Judaean History*, J. H. Hayes und J. M. Miller, Hrsg., Philadelphia, 1977, S. 445.

[5] *TUAT*, Bd I, S. 397. J. B. Pritchard, *ANET*, Princeton, 2. Aufl., 1955, S. 294.

[6] H. Reviv, »The History of Judah from Hezekiah to Josiah.« *WHJP*, Bd IV, Teil 1: The Age of the Monarchies: Political History. A. Malamat, Hrsg., Jerusalem, 1979, S. 200. Für die gesamte Zeit der assyrischen Vorherrschaft siehe R. Gane, »The Role of Assyria in the Ancient Near East During the Reign of Manassah.« *AUSS* 35, 1997, 26-32.

Buße. Der Herr hörte sein ernstliches Gebet und ermöglichte in seiner Gnade, dass Manasse nach Jerusalem zurückkehren durfte und wieder auf den Thron Davids eingesetzt wurde. Nach seiner Rückkehr zerstörte Manasse die Zeichen des Heidentums, die er hatte aufstellen lassen, und führte die Anbetung des wahren Gottes wieder ein. Das Volk versammelte sich allerdings weiter auf den Höhen, wie der Chronist bemerkt, aber um Jahwe zu opfern (2. Chr 33,17). Manasse befestigte auch Jerusalem und die Außenposten neu, was er entweder tat, weil er weitere Angriffe der Assyrer im Westen befürchtete oder weil es von den Assyrern verlangt worden war, die Manasse noch immer als ihren Vasallen betrachteten.[7]

Die Erzählung des Chronisten über Manasses Sünde, Deportation, Buße und Wiederherstellung dient als mikrokosmischer Prototyp der Gefangenschaft ganz Judas: Die Nation sündigte und wurde ins babylonische Exil gebracht. Dort taten die Gefangenen Buße und wurden dann durch den bundestreuen Gott wieder in alle Rechte eingesetzt. Die Propheten dieser Zeit müssen Manasses Erfahrungen bemerkt und sie entsprechend als Schema für das Südreich und dessen unvermeidliches Ende benutzt haben.

## Amon von Juda

Manasses Sohn Amon scheint diese Lektion allerdings weder gehört noch beachtet zu haben. Er kehrte das System, das sein bußfertiger Vater geschaffen hatte, um und belebte das Heidentum neu (2. Kön 21,19-24; 2. Chr 33,21-25). Dies kann wenigstens teilweise auf den schlechten elterlichen Einfluss zurückgeführt werden, dem der junge Prinz in seinen entscheidenden Jahren ausgesetzt war. Er war nämlich mindestens 16 Jahre vor der Umkehr und Rückkehr seines Vaters nach Jerusalem geboren worden (vergl. 2. Kön 21,19). Es ist auch wahrscheinlich, dass es im Königreich politische und religiöse Interessenvertreter gab, die Manasses Reformen nicht befürworteten und die alte synkretistische Ordnung wiederherstellen wollten. Es war

[7] H. Reviv, »The History of Juda.« *WHJP*, Bd IV:1, S. 200.

Teil ihrer Strategie, den jungen König dazu zu bewegen, die Politik seines Vaters zu verlassen und sich ihnen anzuschließen.

Es ist auch anzunehmen, dass Manasses Heimkehr durch einen Treueeid an die assyrische Regierung erkauft worden war, und Amon, der vor Assurbanipal auf der Hut war, versuchte in dessen Gunst zu bleiben. Amons Ermordung binnen zweier Jahre kann sehr wohl durch eine Gruppe von Assyrien-Gegnern ausgeführt worden sein (2. Kön 21,23). Diese Aufständischen ihrerseits wurden von Mitgliedern einer Gegenbewegung ermordet, die 640 Amons achtjährigen Sohn Josia auf den Thron setzten (2. Kön 21,24).[8] Josia lehnte sich schließlich gegen Assyrien auf. Er starb bei dem Versuch, eine Allianz aus Medern und Chaldäern zu unterstützen, die Assyriens Zerstörung wollte.

## Die internationale Lage: Assyrien und Ägypten

Im 7. Jh. wurde die damals bekannte Welt zunächst von Assyrien und Ägypten beherrscht, dann von Babylonien.[9] Acht Jahre nach Babyloniens Eingliederung in den assyrischen Machtbereich 689 wurde Sanherib während eines Kultaktes in Ninive ermordet. Sein Sohn Asarhaddon, der seinen Vater in Babylonien vertrat, eilte sofort nach Ninive zurück, sorgte für Ordnung und nahm den assyrischen Thron ein. In der Zwischenzeit waren die Mörder, zwei Söhne Sanheribs, nach Urartu geflohen und bedrängten Assyrien von dort aus viele Jahre.

Die Meerland-Dynastie in Babylonien zog aus dem Durcheinander ihren Vorteil und erklärte wieder ihre Unabhängigkeit. Die Auf-

---

[8] Bright, *Geschichte*, S. 320.

[9] Für eine Darstellung der damaligen Weltlage siehe besonders die Asarhaddon-Texte bei R. Borger, *Die Inschriften Asarhaddons, König von Assyrien.* AfO Beiheft 9, 1956; Pritchard, *ANET*, S. 289-291; *TUAT*, Bd I, S. 393-399; R. Labat, »Assyrien und seine Nachbarländer (Babylon, Elam, Iran) von 1000 bis 617 v. Chr. / Das neubabylonische Reich bis 539 v. Chr.« *Fischer Weltgeschichte*, Frankfurt, 1982, Bd IV, S. 76-84.

ständischen hatten gehofft, von den Elamitern unterstützt zu werden, doch diese Unterstützung traf nicht ein. Asarhaddon konnte den Aufstand niederschlagen und einen Herrscher seiner Wahl einsetzen.[10]

Weiterer Ärger entstand im Nordwesten durch eine Reihe von Gefechten mit den Ischkuzai, einem Volk, das später als »Skyten« bekannt wurde. Verträge mit ihnen über eine königliche Heirat, die Assyrien beträchtliche Grenzgebiete kostete, bannten zunächst die Gefahr. Im Westen probten auch die Sidonier den Aufstand gegen die Assyrer. Erst nachdem Asarhaddon diese Stadt 677 eingenommen hatte, konnte er der Region neue Stabilität geben.[11]

Asarhaddon schloss dann eine Reihe von Verträgen mit den Medern, den alten Feinden der mesopotamischen Staaten. Diese Verträge, viele von ihnen sind erhalten, sind von besonderem Interesse, da sie nicht nur Informationen über geschichtliche Angelegenheiten geben, sondern auch über die literarische Struktur der neo-assyrischen Staatsverträge.[12] Das Bündnis, auf das sie sich beziehen, war allerdings äußerst zerbrechlich, so dass sich bereits nach zehn Jahren Assyrien und Medien in erbittertem Krieg befanden.

Wieder kümmerte sich Asarhaddon um Assyriens schwierigstes Problem, das des Meerland-Volkes, das stur an dem Ziel festhielt, Babylon zu einem von Assyrien unabhängigen Königtum zu machen.[13] Schon ganz am Anfang seiner Herrschaft hatte er einen ihrer Aufstände niederschlagen müssen. Scheinbar konnte aber nichts außer der vollkommenen Zerstörung der chaldäischen Machtzentrale und die Einsetzung eines Herrschers aus dem assyrischen

---

[10] Asarhaddons Politik der Versöhnung gegen Babylonien schildert J.A. Brinkman, »Through a Glass Darkly: Esarhaddon's Retrospects on the Downfall of Babylon.« *JAOS* 103, 1983, 35-42; B.N. Porter, *Images, Power, and Politics: Figurative Aspects of Esarhaddon's Babylonian Policy.* Philadelphia, 1993.

[11] H.J. Katzenstein, *The History of Tyre.* Jerusalem, 1973, S. 259.

[12] D.J. Wiseman, *The Vassal Treaties of Esarhaddon.* London, 1958.

[13] A.T. Holmstead, *History of Assyria.* Chicago, 1975, ND, S. 350-352.

Königshaus eine gewisse Stabilität bringen. Er kam daher auf die Idee einer Art dualer Monarchie: Einer seiner Söhne, Assurbanipal, sollte als Prinzregent über Assyrien herrschen, ein zweiter Sohn, Šamaš-šum-ukīn, über Babylon.[14] Das würde dem Stolz der Völker im Süden schmeicheln, da sie so auf die gleiche Stufe mit Assyrien gestellt wurden, und doch den Assyrern erlauben, ganz Mesopotamien zu kontrollieren. Obwohl dieses Arrangement einige Zeit zu funktionieren schien, überging es die fast schon fanatische Entschlossenheit der chaldäischen Prinzen, Babylonien um jeden Preis zu beherrschen.

So wurde das babylonische Problem wenigstens zeitweise gelöst, und Asarhaddon begann seine erfolgreichste Unternehmung: die Eroberung Ägyptens.[15] Das Königreich am Nil wurde damals (671 v. Chr.) vom nubischen König Tirhaka regiert, der allerdings mit anderen Problemen beschäftigt war und deshalb Memphis und das gesamte Unterägypten an die Assyrer verlor.[16] Er erholte sich allerdings und gewann bis zum Jahr 669 Unterägypten zurück. Als Asarhaddon dagegen einschreiten wollte, starb er auf dem Weg nach Ägypten.[17] Wahrscheinlich war Manasse von Juda im Zusammenhang mit Asarhaddons erfolgreichem Feldzug gegen Ägypten 671 Vasall Assyriens geworden.

In Ägypten war Tirhaka 690, nach dem Tod seines Bruders Schebitku, König der berühmten 25. nubischen Dynastie geworden. Als junger Militäroffizier von etwa 20 Jahren hatte er 701 an dem gescheiterten Versuch Ägyptens und seiner Verbündeten teilgenommen, Sanherib aus Juda zu vertreiben. Als er schließlich Pharao wurde,

---

[14] Ebd., S. 396-397.

[15] K. A. Kitchen, *The Third Intermediate Period of Egypt (1100-650 B.C.)*. Warminster, 1973, S. 391-392; A. Spalinger, »Esarhaddon and Egypt: An Analysis of the first Invasion of Egypt.« *Or* 43, 1974, 295ff.

[16] Der assyrische Text, der diese Eroberung dokumentiert, findet sich bei A. K. Grayson, *Assyrian and Babylonian Chronicles*. Locust Valley, N. Y., 1975, S. 85, Chronik 1.4.23-27.

[17] Ebd., 11, 30-33.

regierte er die erste Hälfte seiner 26-jährigen Herrschaft in Frieden. Um das Jahr 674 begann Assyrien allerdings bedrohlich Aufmerksamkeit zu erregen. Obwohl Asarhaddon zunächst von den ägyptischen Grenzen zurückgedrängt wurde, gelang es ihm 671 Memphis einzunehmen. Selbst Asarhaddons Tod 669 bewirkte nur wenig Ruhe für Tirhaka: Assurbanipal, der nächste König Assyriens, nahm 667 militärische Operationen gegen Ägypten auf.[18] Dies führte nicht nur wieder zum Fall von Memphis, sondern auch zum Eindringen assyrischer Truppen nach Theben selbst, dem Innersten Ägyptens, so dass Tirhaka noch weiter nach Süden zurückgedrängt wurde, nach Napata, und dort binnen drei Jahren (664) starb.

Assurbanipal von Assyrien (668-627)[19] hatte nach dem Tod seines Vaters sofort Schritte unternommen, um seine Position als unangefochtener Monarch zu sichern.[20] Zunächst musste er sich um die Meder kümmern, die nicht nur die mit Asarhaddon abgeschlossenen Verträge gebrochen, sondern auch wichtige Handelsrouten ins iranische Binnenland abgeschnitten hatten. Assurbanipals eigener Bruder, Šamaš-šum-ukīn, der Herrscher der babylonischen Provinzen, wurde in dieser Zeit aktiv und schmiedete Pläne, sich einen bedeutenderen Herrschaftsbereich zu schaffen.

Von größtem Interesse für Assurbanipal war allerdings die gefährliche Lage in Ägypten.[21] So bald als möglich nahm er seines Vaters

[18] Kitchen, *Third Intermediate Period*, S. 392-393.

[19] Die Chronologie des letzten halben Jahrhunderts der assyrischen Geschichte ist äußerst problematisch. Hier wird das System von J. Oates, »Assyrian Chronology. 631-612 B.C.« *Iraq* 27, 1965, 135-159, übernommen.

[20] Die Primärquellen für Assurbanipal sind zu finden bei R. S. Lau, *The Annals of Ashurbanipal.* Semitic Studies Series 2, Leiden, 1903; M. Streck, *Ashurbanipal.* Bd III, Leipzig, 1916; R. C. Thompson, *The Prisms of Esarhaddon and of Asurbanipal.* London, 1931; A. C. Piepkorn, *Historical Prism Inscriptions of Ashurbanipal.* Chicago, 1933; M. Cogan, »Ashurbanipal Prism F: Notes on Scribal Techniques and Editorial Procedures.« *JCS* 29, 1977, 97-107, siehe auch FN 27.

[21] Die komplexen Geschäfte Assurbanipals mit Ägypten werden von A. J. Spalinger hervorragend erläutert: »Assurbanipal and Egypt: A Source Study.« *JAOS* 94, 1974, 316-328.

imperialistischen Pläne wieder auf. Er eroberte Memphis zurück und reagierte nach Tirhakas Tod auf Versuche ägyptischer Gegenmaßnahmen. Dann ernannte er Psammetich I., den Sohn Nechos I. von Saïs, zum Herrscher Ägyptens und führte so eine neue, die 26. Dynastie ein.[22]

Die gerade erwähnten »Gegenmaßnahmen« führte Tirhakas Neffe Tantamane[23] (664-656) an. Ihm gelang es, Memphis zeitweilig zurückzuerobern, Necho I., den letzten Herrscher der 24. Dynastie zu töten und in ganz Ägypten als nächster König anerkannt zu werden. Assurbanipals Feldzug im Jahr 663 vertrieb Tantamane aus dem Norden, obwohl er noch immer als König von Theben betrachtet wurde.

Mittlerweile war Psammetich I. (663-610) von Assurbanipal zum Regenten Ägyptens ernannt worden. Als loyaler Vasall der Assyrer besaß er deren Unterstützung und konnte so bis zum Jahr 656 die Kontrolle über das Delta, Mittelägypten und Theben erlangen. Er entfernte Tantamane vom Thron, so dass Ägypten um 655 von Nubien bis zum Mittelmeer unter einem Herrscher vereint war. Durch den Erfolg, Ägypten wieder geeinigt zu haben, und ohne Zweifel durch die anderweitigen Probleme Assurbanipals ermutigt, weigerte sich Psammetich 656, Assyrien weiter Tribut zu zahlen. Ägypten blieb dennoch bis zu Psammetichs Tod und darüber hinaus Assyriens Verbündeter.

Manche der Schwierigkeiten, denen sich Assurbanipal gegenüber sah, waren durch die Elamiter verursacht worden, die größten wohl aber von seinem Bruder Šamaš-šum-ukīn, der noch in Babylonien herrschte.[24] Die Gründe für den Konflikt saßen tief und waren komplex. Der Konflikt brach aus, als Šamaš-šum-ukīn über politische Entscheidungen seines Bruders öffentlich eine abweichende Meinung äußerte. Assurbanipal hatte lokale Herrscher bestimmt, die

[22] Kitchen, *Third Intermediate Period*, S. 394-395.

[23] Das ist der assyrische Name, der ägyptische war Tanutamun.

[24] Olmstead, *History of Assyria*, S. 440-452.

Šamaš-šum-ukīns Autorität umgingen.[25] Daraufhin bildete sich eine Allianz von Elam, Guti, Amurru, Arabien, gewissen aramäischen Staaten und Babylonien selbst. Schon 652 griffen ihre vereinten Streitkräfte Assyrien an.[26] Assurbanipal gelang es allerdings, dieser Revolte standzuhalten. Šamaš-šum-ukīn war besiegt und vollkommen demoralisiert, so dass er Selbstmord beging.[27] Assurbanipal bestrafte Elam schwer und schlug die assyrischen Prinzen, die an dem Umsturzversuch teilgenommen hatten. Diese Vergeltungsschläge verschob er aus verschiedenen Gründen bis in die Jahre 642-639. Danach enden Assurbanipals Annalen, so dass seine letzten 15 Jahre im Dunkeln liegen.[28]

Ihm folgte sein Sohn Aššur-eṭil-ilāni (627-623). Aufmerksame Beobachter müssen gewusst haben, dass die Tage Assyriens gezählt waren. Aššur-eṭil-ilāni konnte in seiner kurzen Regierungszeit mindestens zwei Aufstände niederschlagen, aber Babylonien, Medien, Phönizien und Juda selbst wiesen seine Autorität offen zurück.

Nach einer Rebellion regierte der General Sin-šum-lišir Assyrien nur für kurze Zeit, bis ein anderer Sohn Assurbanipals auf den Thron kam, Sin-šar-iškun (623-612). Dies geschah im 3. Jahr Nabopolassars. Er war der babylonische Nachfolger des assyrischen Statthalters Kandalanu.[29] Sin-šar-iškun kämpfte gegen Nabopolassar, um Babylonien unter die assyrische Oberherrschaft zurückzutreiben. Nabopolassar erwies sich allerdings als sehr fähig, diesen Bestrebun-

---

[25] Sami S. Ahmed, »Causes of Shamash-shum-ukin's Uprising, 652-651 B.C.« *ZAW* 79, 1967, 1-13. Weitere Möglichkeiten bietet G. Frame, »Another Babylonian Eponym.« *RA* 76, 1982, 166.

[26] J. A. Brinkman, »Foreign Relations of Babylonia from 1600 to 635 B.C.: The Documentary Evidence.« *AJA* 76, 1972, 279.

[27] Olmstead, *History of Assyria*, S. 475. Assurbanipals Erfolge sind überzeugend dokumentiert bei M. Cogan und H. Tadmor, »Ashurbanipal's Conquest of Babylon: The First Official Report – Prism K.« *Or* 50, 1981, 229-240.

[28] Olmstead, *History of Assyria*, S. 627-628.

[29] Oates, »Assyrian Chronology.« *Iraq* 27, 1965, S. 146-148.

gen zu widerstehen, und begann seinerseits mit Offensivmaßnahmen.

Langsam schmolz das assyrische Gebiet dahin und Sin-šar-iškun konnte den Prozess nicht umkehren. 614 ging die alte Stadt Assur an die Meder verloren. Nur zwei Jahre später fiel auch Ninive an diesen unbezwingbaren Feind. Nabopolassar berichtet im besterhaltenen historiographischen Dokument dieser Zeit, der »babylonischen Chronik«, er habe sich dem Mederkönig Cyaxares bei der Eroberung Assurs anschließen wollen, sei aber in Babylon aufgehalten worden.[30]

Mit dem Untergang Ninives und dem Ende Sin-šar-iškuns kam der letzte König von Assyrien an die Macht: Aššur-uballiṭ II. (612-609). Er war ein Armeeoffizier, der die assyrischen Streitkräfte in Haran neu formierte, nachdem Ninive gefallen war. Allerdings musste er Haran wieder verlassen, als es von den Babyloniern schwer angegriffen wurde.[31] Necho II. von Ägypten unternahm einen tapferen Versuch, den Assyrern zur Hilfe zu kommen. Offenbar fürchtete er die wachsende Macht der medisch-babylonischen Achse. Die ägyptische Armee wurde aber von dem kleinen Heer Josias von Juda abgefangen und könnte so lange genug aufgehalten worden sein um den babylonischen Sieg zu sichern.[32]

Aššur-uballiṭ war gezwungen Haran zu verlassen und zog wieder nach Westen, diesmal in die wichtige Stadt Karkemisch am oberen Euphrat. Die babylonischen Armeen, inzwischen unter ihrem hervorragenden Kommandanten und Kronprinzen Nebukadnezar, nahmen unermüdlich die Verfolgung auf und vernichteten den Rest der Assyrer für immer.[33] Wieder sandte Ägypten Verstärkung, doch

---

[30] B.M. 21901, 11.28-29, veröffentlicht bei D.J. Wiseman, *Chronicles of Chaldaean Kings (625-556 B.C.) in the British Museum*. London, 1961, S. 59.

[31] B.M. 21901, 11. 58-62.

[32] Den Hintergrund zu diesem Kampf in Megiddo und die Strategie dahinter erläutert A. Malamat, »Josiah's Bid for Armageddon.« *JANES* 5, 1973, 267-279; G. Pfeifer, »Die Begegnung zwischen Pharao Necho und König Josia bei Megiddo.« *MIOF* 16, 1969, 297-307.

[33] B.M. 21946, 11. 1-7.

auch sie wurden geschlagen und ganz aus Syrien und Palästina vertrieben. So verließ Assyrien die Bühne der Weltgeschichte nach fast 1200-jähriger Existenz als Nation. Die Rute Jahwes, mit der er sein Volk gezüchtigt hatte, hatte ihre Aufgabe erfüllt.

## Josia von Juda

### Beziehungen zu Assyrien

Vor diesem Hintergrund erhält der biblische Bericht über Josias Herrschaft eine tiefere Bedeutung: Wie wiederholt betont, fand biblische Geschichte nicht in einem Vakuum statt. Da der internationale Handel über Palästina abgewickelt wurde, wurde es immer wieder in die Wirbel der Weltereignisse hineingerissen – wie ein kleines Boot unfreiwillig in den Sog eines großen Strudels.

Zu keiner Zeit war dies mehr der Fall als in Josias Tagen. Während seiner Regierungszeit (640-609) sollte sich das gesamte Gleichgewicht der Mächte in der nahöstlichen Welt radikal ändern: Assyrien lag in den letzten Zügen und Ägypten war noch immer ein Schatten seiner selbst, wenn es auch stabiler war als jahrhundertelang zuvor. Auf der anderen Seite begannen die Meder und die Perser, sich aus ihrer Abgeschiedenheit im Hochland Irans zu begeben. Sie zeigten unmissverständlich, dass sie bald ein Faktor sein würden, mit dem zu rechnen sei. Am dramatischsten war allerdings der kometenhafte Aufstieg des Neubabylonischen Reiches aus den chaldäischen Königreichen. Es wurde für die ganze Welt sichtbar, dass Babylon das Zentrum großer Macht war und die politischen Ereignisse von nun an lange lenken würde. Dies war die Weltlage, als Josia die Nachfolge Amons antrat.

Sehr wahrscheinlich war Amon, wie sein Vater Manasse, den Assyrern treu geblieben. Er wurde von jemandem umgebracht, der unter dem falschen Eindruck stand, Assyriens Kollaps stehe unmittelbar bevor. Dass Ägypten, Judas riesiger Nachbar im Süden, die assyrische Souveränität zumindest mit den Lippen anerkannte, schien die Aufständischen nicht zu beeindrucken. Doch teilte die

Mehrheit in Juda diese Gefühle offenbar nicht, denn Amons Mörder wurden selbst umgebracht. Eine pro-assyrische Fraktion übergab 640 Josia, der zu dieser Zeit acht Jahre alt war, den Thron.[34] Alles, was man von der Politik Josias weiß, deutet jedoch darauf hin, dass er bald zu einem Gegner Assyriens wurde, also änderte er seine ursprüngliche Politik innerhalb einiger Jahre.

In der Vergangenheit hatten die Propheten vor einer Verbindung mit den Assyrern gewarnt, doch die Propheten aus der Zeit Josias – Jeremia, Habakuk und Zefanja – schweigen zu dem Thema. Nahum bildet eine Ausnahme: Sein gesamtes Buch dreht sich um den Untergang Ninives, aber mit keinem Wort wird ein Bundesschluss zwischen Juda und Assyrien erwähnt. Die Aufmerksamkeit der Propheten in Josias Zeit ist vielmehr auf Babylon gerichtet. Zu Beginn der Herrschaft Josias, 640, war nämlich offenkundig, dass Juda nicht durch Assyrien gerichtet werden würde, sondern durch Babylonien. Den Babyloniern sollte Juda allerdings keinen Widerstand entgegensetzen, anders als gegenüber Assyrien. Jeremia verweist wiederholt darauf, Juda müsse sich Babylon ergeben, nicht im Sinne unterwürfiger Vasallenschaft, sondern in der unumgänglichen Anerkennung Babylons als des Werkzeugs, mit dem Jahwe sein Volk im Exil disziplinieren würde.

Über Josias Verhältnis zu Assyrien sagen die Quellen wenig, auch die zeitgenössischen biblischen Berichte übersehen es beinahe völlig. Dies bleibt so bis zum Ende Assyriens, als Josia sich den ägyptischen Truppen in Meggido entgegenstellte und somit bei der babylonisch-medischen Attacke auf Haran indirekt mitwirkte, deren Ziel die völlige Vernichtung Assyriens war.

[34] Man darf die religiöse Motivation der Befürworter Josias nicht geringschätzen. C. D. Evans, »Judah's Foreign Policy from Hezekiah to Josiah.« *Scripture in Context.* C. D. Evans et al., Hrsg., Pittsburgh, 1980, S. 170 weist darauf hin, dass »das Volk des Landes« Josia auf den Thron gesetzt habe »um die Nachfolge Davids zu sichern«.

## Religiöse Reformen

Josias wahres Interesse lag auf dem Gebiet der Reformen.[35] Schon in seinem 6. Regierungsjahr (632), als er erst 16 Jahre alt war, wandte er sein Herz dem Anliegen Gottes zu. Vier Jahre später begann er, systematisch alle heidnischen Spuren zu beseitigen (2. Chr 34, 3).[36] Dies hatte Josias Großvater Manasse zum größten Teil schon einmal getan, als er aus der assyrischen Gefangenschaft zurückgekehrt war. Josias Vater Amon hatte allerdings Manasses Werk vollkommen zunichte gemacht und es geschafft, in seinen zwei kurzen Regierungsjahren die kanaanäischen Kulte wieder einzuführen. Josia entfernte nicht nur diese Scheußlichkeiten gründlicher als jeder andere zuvor aus Juda, sondern er schloss auch weit entfernte Regio-

[35] Die Ansicht einiger Wissenschaftler, z. B. von W. E. Claburn, »The Fiscal Basis of Josiah's Reforms.« *JBL* 92, 1973, 11-22, Josias Motive oder Methoden seien nicht religiös motiviert gewesen, ist mit Hilfe des Textes selbst nicht aufrechtzuerhalten. Die archäologischen Grabungen scheinen eine Kultreform zu bestätigen; siehe Chr. Kehlinger, »Gab es eine joschijanische Kultreform? Plädoyer für ein begründetes Minimum.« *Jeremia und die deuteronomistische Bewegung*, W. Gross, Hrsg., Weinheim, 1995, S. 57-89.

[36] Der Autor des 2. König-Buches berichtet von der ersten Tat Josias in dessen 18. Jahr (622), dem Jahr der Entdeckung der Tora-Rolle, der Reformen und des großen Passafestes (2. Kön 22, 3; 23, 23). Was dieser Bericht in ein Jahr zu pressen scheint, muss tatsächlich einige Jahre in Anspruch genommen und, wie der Chronist schildert, in Josias achten Jahr begonnen haben. J. Gray, *1 & 2 Kings*. Philadelphia, 1970, S. 725, meint, der Verfasser des 2. König-Buches habe wahrscheinlich diese drei Stadien der Reform zusammengezogen. M. Cogan, »The Chronicler's Use of Chronology as Illuminated by Neo-Assyrian Royal Inscriptions.« *Empirical Models for Biblical Criticism*, J. H. Tigay, Hrsg., Philadelphia, 1985, S. 204-205, sieht den Chronik-Bericht als Beispiel dafür, entscheidende königliche Leistungen auf das erste Jahr oder den Beginn der Regentschaft eines Königs zu datieren, um in diesem Fall die »Frühzeitigkeit und Eigenmotivation der Frömmigkeit des Königs zu demonstrieren«. Obwohl diese Theorie in anderer Hinsicht angewandt werden kann, bietet sie hier kaum ein passendes Beispiel. F. M. Cross und D. N. Freedman, »Josiah's Revolt Against Assyria.« *JNES* 12, 1953, 56-58, haben versucht, die Ereignisse aus Josias 8., 12. und 18. Jahr mit Hauptkrisen in der assyrischen Geschichte zu verknüpfen, mit wenig Erfolg; siehe die Antwort Evans', »Judah's Foreign Policy.« *Scripture in Context*, S. 171.

nen, wie Naftali, in seine Reformen ein.[37] Von besonderem Interesse sind die Zerstörung des Altars und der Höhen in Bethel sowie die Verbrennung der Gebeine jener Priester, die dort in Jerobeams Tagen gedient hatten (2. Kön 23,15-20). So wurde das prophetische Wort erfüllt, dass Josia ein für alle Mal den synkretistischen Kult in Bethel entfernen werde (1. Kön 13,1-2).

Die Abschaffung des Götzendienstes war allerdings nur eine Seite der Reformen. Jetzt war es für Josia an der Zeit, die Nation zu Jahwe zurückzubringen und Anbetung und Gottesdienst nach Moses Vorschriften wieder einzuführen. Diese Arbeit begann im 18. Jahr des Königs (622) mit dem Erlass, den Tempel zu reparieren, der seit Hiskias Zeit, 60 Jahre zuvor, sehr vernachlässigt worden war (2. Kön 22,5-6). Nachdem er große Geldsummen in der Bevölkerung gesammelt hatte, beauftragte Josia den Priester Hilkija darüber zu wachen, dass davon Arbeiter für das Projekt eingestellt würden. Als Hilkija das Geld aus der Schatzkammer des Tempels holte, fand er eine Kopie des Mose-Buches, die er sofort an den Schreiber Schapan weitergab. Der brachte es zum König und begann es ihm vorzulesen. Als Josia Gottes Wort über Jahwes Zorn und sein Gericht hörte, zerriss er auf der Stelle voll Angst und in tiefster Buße sein Gewand.

Hier kann unmöglich der genaue Inhalt der Schriftrolle, die Hilkia fand, diskutiert werden. Sie bestand eindeutig mindestens aus 5. Mose, möglicherweise sogar aus allen fünf Büchern Moses, denn einige der Maßnahmen, die Josia ergriff, setzen Moses Lehren voraus.[38] Noch erstaunlicher ist, wie die Tora Jahrzehnte lang verloren sein konnte, so dass sie nur durch »Zufall« um 622 entdeckt wurde. Einige Wissenschaftler meinen, das »gefundene« Dokument

---

[37] Wie Reviv, »History of Judah.« *WHJP*, Bd IV:1, S. 203-204, hervorhebt, deutet dies an, dass Josias politischer Einfluss weit über die Grenzen des eigentlichen Juda hinausging.

[38] Siehe besonders O. T. Allis, *The Five Books of Moses.* Philadelphia, 1949, S. 178-184; P. Tagliacarne, *»Keiner war wie er« – Untersuchungen zur Struktur von 2. Kön 22-23.* St. Ottilien, 1989, S. 372-410.

sei das fünfte Buch Mose, doch es sei nie verloren gewesen, sondern es handle sich dabei um ein Werk, das ein Prophetenzirkel zusammengestellt habe, der an Reformen interessiert gewesen sei. Um ihm kanonische Autorität zu verleihen, habe man es Mose zugeschrieben. Es habe mosaische Traditionen aufgenommen, aber stamme keinesfalls aus Moses Feder, sondern von einem anonymen Schreiber des 7. Jh. Vielleicht, so der Vorschlag, sei es zu Manasses Zeit von einer Untergrundbewegung verfasst und im Tempel plaziert worden, in der Hoffnung, es werde dort gefunden werden und könne Manasse animieren, Jahwe zu suchen. Es sei allerdings nicht mehr zu seiner Zeit entdeckt worden, sondern erst 622 per Zufall aufgetaucht.[39]

Diese Rekonstruktion lässt die übliche jüdische Tradition über die Autorenschaft von 5. Mose außer Acht. Sie erklärt auch nicht, wie es möglich war, dass, wenn das Dokument vorher nicht existierte, zu Josias Zeit niemand, auch nicht die Priester und Schreiber, Moses Autorenschaft in Frage stellten. Außerdem lassen sich Aspekte der Reform Josias, die offenbar ganz auf der Lehre von 5. Mose basierten, schon lange vor Josia in Israels religiösem Leben finden. Die Kritiker müssten eigentlich eingestehen, dass die wichtigsten Vorschriften aus 5. Mose schon lange vor der Entdeckung der Schriftrolle im Tempel bekannt waren. Ist es denn wirklich so unglaublich, dass 5. Mose schon lange existierte, aber im Leben des Volkes unterdrückt wurde, bis es durch Hilkija zufällig wieder entdeckt wurde?

Im Zeitalter der Druckmaschinen und der millionenfachen Verbreitung von Druck-Kopien fällt es schwer, nachzuvollziehen, welche Kostbarkeit geschriebene Texte in der alten Welt waren. Doch selbst einige der wichtigsten Werke, die auf haltbaren Tontafeln verzeichnet sind, gibt es nur in einfacher Ausführung, obwohl man einige der großen Bibliotheken der frühen Vergangenheit entdeckt

---

[39] Diese Sicht wird von E. W. Nicholson, *Deuteronomy and Tradition.* Philadelphia, 1967, S. 1-17, passend zusammengefasst, aber nicht vollständig akzeptiert. Zu den vielen Hypothesen sagt H.-D. Hoffmann, *Reform und Reformen.* Zürich, 1980, S. 212: »Das Resümee der schier unübersehbaren Diskussion kann man nur in dem Satz zusammenfassen, dass hier wieder einmal buchstäblich ›alles möglich‹ gewesen ist.«

hat. Was muss erst von den Schriften des ATs gesagt werden, geschrieben auf vergänglichen Materialien (wie Papyrus, Leder und Pergament)? Außerdem ist es sehr unwahrscheinlich, dass die Schriften zu irgendeiner Zeit des ATs in mehr als höchstens einigen Dutzend Kopien existierten. Wenn nicht äußerste Sorgfalt darauf verwendet wurde, sie zu erhalten, konnten sie in Kriegen oder Naturkatastrophen vernichtet werden oder einfach mit der Zeit verfallen. Versuchen wir, die Geschehnisse auf diesem Hintergrund zu rekonstruieren: Ein widergöttlicher, despotischer Herrscher hatte vielleicht nahezu alle Abschriften der Tora zerstört, um seine gotteslästerlichen Ziele zu erreichen. In der Vorsehung Gottes kann es aber einem gottesfürchtigen Priester oder Schreiber gelungen sein, eine Kopie in einem Versteck im Tempel zu sichern. Er mag gebetet haben, sie möge nicht vernichtet werden, bevor sie wieder ihren Platz als Basis des israelitischen Lebens einnehmen konnte. So könnte es in etwa gewesen sein.

Josia, der sehr wohl wusste, dass dieses Schriftstück, das man ihm vorlas, Gottes Wort war, befragte Gott, welche Bedeutung diese Schriftrolle für seine Situation habe. Die Antwort kam durch die Prophetin Hulda. Das darin angedrohte Gericht werde gewiss eintreffen. Doch Josia selbst würde verschont werden, da er den Herrn von ganzem Herzen gesucht hatte. Darauf reagierte Josia nicht mit satter Selbstzufriedenheit, sondern zeigte seine große Liebe zu seinem Volk, indem er es zur Erneuerung des Bundes mit seinem Gott führte: Er versammelte Judas Führer und die Einwohner Jerusalems im Tempel. Dort ließ Josia öffentlich die Bundesbedingungen vorlesen, bestätigte seine persönliche Treue zum Bund und ermahnte auch seine Hörer eindringlich dazu (2. Kön 23,1-3).

Der Zeremonie der Bundes-Erneuerung folgte die Feier des größten Passafestes in der Geschichte Israels seit Mose und Samuel (2. Chr 35,1-19). Es wurde ebenfalls streng nach der neu entdeckten Schriftrolle durchgeführt, die genau angibt, wie Priester und Leviten organisiert und vorbereitet sein sollen, wie mit der heiligen Bundeslade umgegangen und wie geopfert werden soll. Der König selbst stellte 30.000 Schafe und Ziegen zur Verfügung, dazu 3.000 Rinder für das Volk. Andere Führer gaben, diesem Beispiel folgend, ebenfalls sehr großzügig. Als alles bereit war, begann das Schlachten und das Blut wurde, wie in den mosaischen Vorschriften beschrieben, versprengt. Die Tempelmusiker nahmen ebenfalls daran teil, auch die Torwächter führten ihre Pflichten buchstabengetreu aus. Schließlich bezeugten die Laien aus Samaria und Juda in ihrer Anbetung die erlösende Gnade Gottes, der sie noch einmal aus den Fesseln des Heidentums befreit und sie zu seinem besonderen Volk gemacht hatte (2. Mo 12,25-27).

Doch all dies genügte nicht, um Gottes Gericht abzuwenden. Manasses Sünde, der das Volk zum Bruch des Bundes angeleitet hatte, hatte die Saat unvermeidlicher Zerstörung Judas gepflanzt – auch trotz Manasses Buße und Josias Reformen. Sowohl Buße als auch Reformen genügten aus göttlicher Sicht nicht, da beide nur oberflächlich waren. Keine von beiden drang zur Ebene dauerhafter und Leben verändernder Erneuerung durch (2. Kön 23,26-27). Die unabwendbare Konsequenz waren Niederlage und Deportation. Ein frommer Rest sollte eines Tages daraus hervorgehen, als Instrument, durch das der Herr Israel weiterführen würde – auf sein Ziel der Erlösung zu.

## Der Untergang Jerusalems

### Das Debakel von Megiddo

Die Quellen schweigen über die nächsten 13 Jahre. Necho II. von Ägypten marschierte 609 auf die dringende Bitte Aššur-uballiṭs von Assyrien durch Palästina nach Norden. Er war auf dem Weg nach Ḥaran, um seinen assyrischen Freund vor der näher rückenden babylonischen Militärmacht zu retten. Josia, Babylon gegenüber loyal, erfuhr von Nechos Plänen und versuchte die ägyptischen Truppen abzufangen, in der Hoffnung, sie zu besiegen, oder zumindest ihren Vorstoß nach Haran zu stoppen (2. Kön 23,29). Obwohl Juda zweifelsohne an militärischer Stärke und an Umfang gewonnen hatte, war es der verheerenden militärischen Gewalt Ägyptens bei weitem nicht gewachsen. Mutig stellte Josia sich Necho in Megiddo entgegen. Dabei handelte er, wie der Chronist bemerkt, dem Willen Gottes zuwider (2. Chr 35,22).[40] Am Ende standen Judas vollkommene Niederlage und Josias früher Tod – im Alter von 39 Jahren. Was ihn zu solcher Unbesonnenheit und solchem Ungehorsam motivierte, wird wohl unbekannt bleiben.[41] Für seine Zeitgenossen war Josia ein Mann von einzigartiger Hingabe an sein Volk und seinen Gott. Der Prophet Jeremia schrieb zu seinen Ehren Klagelieder, von denen der Chronist berichtet, dass das Volk sie bis in seine eigene Zeit sang (2. Chr 35,25).

## Joahas von Juda

Josias Tod muss den gottesfürchtigen Menschen in Juda, die darauf gehofft hatten, der von Josia eingeleitete Frieden werde fortgeführt, der Wohlstand ausgebaut und die religiöse Treue gehalten, einen vernichtenden Schlag versetzt haben. Wie oberflächlich die Treue zu Jahwe war, lässt sich daran erkennen, dass fast über Nacht die gesamte Nation wieder von Jahwe abfiel.

Josias Nachfolger war sein Sohn Joahas[42], ein böser König, dessen nur dreimonatige Herrschaft Necho II. von Ägypten beendete (2. Kön 23,31-33). Nechos Armee war zwar südlich und westlich des Euphrats von den Babyloniern nach der Schlacht von Haran

---

[40] S. B. Frost beschreibt das Weglassen dieses Details durch den »Deuteronomisten« als »Verschwörung des Schweigens«, da es für ihn schwierig gewesen sei, dies mit dem Bild von Josia in Einklang zu bringen. Der Chronist allerdings habe kein Problem damit gehabt, Josias Tod seiner persönlichen Sünde zuzuschreiben. »The Death of Josiah: A Conspiracy of Silence.« *JBL* 87, 1968, 369-382. Wenn es einen Versuch der Vertuschung oder Schönfärberei gäbe, warum ist die Erzählung vom Tod überhaupt in Könige erhalten?

[41] Mögliche Erklärungen bietet A. Malamat, »The Last Kings of Judah and the Fall of Jerusalem.« *IEJ* 18, 1968, 137, FN 1.

[42] Malamat, »The Last Kings of Judah and the Fall of Jerusalem.« *IEJ* 18, 1968, 140, meint, Joahas' Ernennung durch das »Volk des Landes« (2. Kön 23,30), obwohl er nicht der älteste Sohn war, deute einen Coup an, durch den ein Gegner Ägyptens auf den Thron Judas gesetzt werden sollte.

zurückgedrängt worden, doch konnte sie wenigstens einige Maßnahmen zur Machterhaltung im unteren Syrien und Palästina durchführen. Die Babylonier hatten vor allem mit Überbleibseln des assyrischen Widerstandes zu kämpfen, so dass sie daran gehindert wurden, diese Gebiete für sich selbst in Anspruch zu nehmen, was erst nach dem Fall Karkemischs im Jahr 605 geschah.

Die ägyptische Dominanz in Palästina wird daran deutlich, wie Necho König Joahas behandelte. Er setzte ihn ab und ließ ihn nach Ribla in Zentralsyrien bringen, wo er unter ägyptischer Aufsicht blieb. Dann setzte Necho Joahas' älteren Bruder Jojakim an seine Stelle und forderte von Juda, als Zeichen der Unterwerfung unter die ägyptische Vorherrschaft, Tribut von hundert Talenten Silber und einem Talent Gold.[43] Später wurde Joahas aus Ribla nach Ägypten verbannt, wo er auch starb (2. Kön 23,34).

### Jojakim von Juda

Um Ägypten den geforderten Tribut zahlen zu können, musste Jojakim die Steuerlast des Volkes erhöhen (2. Kön 23,35), was ihn bei seinen Untertanen nicht eben beliebt machte. Solange die Ägypter die Macht hatten, konnte Jojakim nichts dagegen unternehmen. Die Befreiung vom ägyptischen Joch brachte 605 die babylonische Armee unter ihrem Kommandanten Nebukadnezar, der den Euphrat überquerte, die Ägypter aus Palästina vertrieb und Jojakim unter Babylons Schutz stellte. Bald zeigte sich allerdings, dass dieser »Schutz« nichts anderes war als die Fortsetzung der Knechtschaft unter einem neuen Herrn.

---

[43] Das sind ca. 3,4 t Silber und 34 kg Gold.

## Das neubabylonische Reich

### Geschichtlicher Hintergrund

Das Neubabylonische Reich spielte in Judas Geschichte von 609-539 v. Chr. eine entscheidende Rolle. Aus dieser Periode gibt es geschichtliche Dokumente von bemerkenswerter Objektivität und Detailtreue, die die Quellen des ATs ergänzen. Sie bieten ungewöhnlichen Einblick in die komplexen Faktoren, die zusammen Judas Untergang und Wiederherstellung bewirkten.[44] Zunächst soll jedoch ein Blick auf den geschichtlichen Hintergrund geworfen werden.[45]

Nach dem Zusammenbruch der kassitischen Oberherrschaft in der Mitte des 12. Jh. fiel Nord-Mesopotamien an Assyrien. Den südlichen Teil beanspruchte die 2. Isin-Dynastie, die bis etwa 1027 an der Macht blieb. Auf sie folgten wieder drei kleinere Dynastien (1026-980). Die erste von ihnen war die so genannte »2. Meerland-Dynastie«: Sie erstreckte sich bis zu den marschigen Küstengebieten am Persischen Golf. Danach errang ein gebürtiger Babylonier, Nabu-mukin-apli (979-944), die Kontrolle über dieses Gebiet. Um 890 etwa hatte Assyrien Babylonien besiegt. Der Prozess des assyrischen Niedergangs begann 626. Bis zu seinem endgültigen Untergang behielt Assyrien die Kontrolle über Zentral- und Süd-Mesopotamien, auch wenn es natürlich sporadische Aufstände gab und einige Male die Vorherrschaft verloren ging.[46]

---

[44] Eine grundlegende bibliographische und dokumentarische Quelle für diese Periode liefert R. Borger, »Der Aufstieg des neubabylonischen Reiches.« *JCS* 19, 1965, 59-78.

[45] Für die folgenden Ausführungen wurde besonders J. A. Brinkman, *A Political History of Post-Kassite Babylonia, 1158 - 722 B.C.* Rome, 1968, zu Rate gezogen. Über diese Periode siehe auch W. v. Soden, *Einführung in die Altorientalistik.* Darmstadt, 1985, S. 50-57; und R. Labat, »Assyrien und seine Nachbarländer (Babylon, Elam Iran) von 1000 bis 617 v. Chr./Das neubabylonische Reich bis 539 v. Chr.«, *Fischer Weltgeschichte*, Bd IV, S. 93-100.

[46] Siehe Anhang, Tabelle 8 für die Daten der neubabylonischen Könige.

Mittlerweile hatten sich aramäische Einwanderer einen Weg durch das Tigris-Euphrat-Becken gebahnt. Dort wohnten sie mit anderen ethnischen Gruppen zusammen, wie den Kaldu (oder Chaldäern), die zuerst in einem Dokument aus der Herrschaftzeit Assur-nasirpals II. von Assyrien (ca. 878) erwähnt werden.[47] Die drei Hauptstämme der Chaldäer, Bit-Yakin, Bit-Dakkuri und Bit-Amukani, erscheinen zum ersten Mal in Texten der Ära Salmanassers III. (ca. 850). Sie wurden schließlich der bestimmende politische Faktor im Süden und waren die Vorreiter des Neubabylonischen Reiches, das Nabopolassar 626 gründete. Es ist also korrekt, »Chaldäer« und »Neubabylonier« austauschbar zu benutzen, da sie ein und dasselbe Volk, bzw. Völker-Gemisch beschreiben, das zu nachkassitischer Zeit Zentral- und Unter-Mesopotamien besetzt hielt. Ihre ältesten Wurzeln könnten sumerisch-akkadisch sein. Bis zum ersten Jahrtausend hatten sie aber auch andere ethnische Elemente integriert, vor allem aramäische Stämme.

## Nabopolassar

Der erste Schritt zur dauerhaften Unabhängigkeit Babylons von Assyrien fand ironischerweise unter der Herrschaft Šamaš-šum-ukīns (686-648) statt, eines Sohnes Asarhaddons von Assyrien, Vizekönig von Babylonien. Sein Bruder Assurbanipal (668-627) opponierte gegen ihn, da er ihm separatistische Absichten unterstellte. Nach Šamaš-šum-ukīns Aufstand regierte Assurbanipal über ein geeintes Assyrien und Babylonien. Möglicherweise beziehen sich die Berichte, die einen babylonischen Herrscher namens Kandalanu erwähnen, in Wirklichkeit auf Assurbanipal unter einem Decknamen.[48] Auf Assurbanipal folgte in Assyrien einer seiner Söhne, Aššur-eṭil-ilāni (627-623). Ein anderer Sohn, Sin-šar-lišir, über-

[47] Brinkman, *Political History*, S. 260.

[48] Oates, »Assyrian Chronology.« *Iraq* 27, 1965, 159; siehe auch J. Reade, »The Accession of Sinsharishkun.« *JCS* 23, 1970, 1.

nahm 623 in Babylon für einige Monate die Regierung. In Assyrien kam später Sin-šar-iškun an die Macht (623-612) und versuchte, auch Sin-šar-lišir im Süden abzulösen. Daran hinderte ihn allerdings Nabopolassar, ein Chaldäer, den vielleicht Sin-šar-iškun selbst, als er drei Jahre zuvor assyrischer General über die Armeen in Babylon war, zum Gouverneur des Meerlandes ernannt hatte.

Nabopolassar bekämpfte gemäß der babylonischen Chronik Sin-šar-iškun in Uruk und errang einen deutlichen Sieg.[49] Am 23. November 626 v. Chr. bestieg er dann offiziell den Thron in Babylon. Dieser Schritt wurde allerdings von den Assyrern weder akzeptiert noch anerkannt. Drei Jahre versuchten die Assyrer vergeblich, Nabopolassar sein neues Gebiet wieder abzunehmen. Schließlich trieb er 623 Sin-šar-iškun, der gerade zum König gekrönt worden war, ganz aus dem Land.[50]

Neun Jahre später, 614, eroberte Nabopolassar die alte heilige Stadt Assur, nachdem sie von den Medern geplündert worden war.[51] Danach schloss er ein Bündnis mit dem medischen König Cyaxares, das vielleicht durch eine Ehe zwischen den Familien befestigt wurde.[52] 612 nahm Nabopolassar mit Hilfe der Umman-Manda (vielleicht die Skythen)[53], sowie der Meder Ninive ein.[54] Die Assyrer verlegten ihren Regierungssitz daraufhin nach Haran, aber Nabopolassar eroberte mit der Unterstützung der Umman-Manda[55] auch

---

[49] Wiseman, *Chronicles.* S. 51 (B. M. 25127).

[50] Reade, »Accession«, *JCS* 23, 1970, 5.

[51] Grayson, *Assyrian and Babylonian Chronicles*, S. 93, Fall of Niniveh Chronicle 24-30; *ANET*, S. 304b und 305a.

[52] Wiseman, *Chronicles*, S. 16.

[53] Ebd., S. 16.

[54] Grayson, *Assyrian and Babylonian Chronicles*, S. 94, Fall of Niniveh Chronicle 38-49.

[55] W. F. Albright, »The Seat of Eliakim and the Latest Preexilic History of Judah, with Some Observations on Ezekiel.« *JBL* 51, 1932, 86-87, identifiziert die Umman-

diese Stadt, besetzte sie ein Jahr lang und vertrieb 609 die Assyrer und ihre ägyptischen Verbündeten, die versuchten, Haran wieder einzunehmen, indem er sie westwärts über den Euphrat trieb.[56] In den nächsten drei Jahren waren die Babylonier vor allem mit Urartu beschäftigt, um Handelsrouten zu öffnen und die Nordgrenzen zu sichern. Schließlich wandte sich Nabopolassar gegen die einzig übrige Festung Assyriens, Karkemisch, was 605 vernichtend geschlagen wurde, und Ägypten wurde so zum Rückzug aus Nordsyrien gezwungen. Diesen entscheidenden Schlag gegen Karkemisch führte nicht Nabopolassar persönlich, sondern sein junger Sohn und Hauptkommandant, Nebukadnezar. Der energische Prinz, der mit dem Sieg über Ägyptens Truppen unter Necho nicht zufrieden war, verfolgte sie über den Euphrat bis nach Hamat. Das AT weist sogar darauf hin, dass Nebukadnezar Necho südwärts bis nach Ägypten verfolgte, Jerusalem zu Tributzahlung zwang und zur Übergabe einiger Einwohner als Gefangene, darunter der Prophet Daniel.[57]

## Nebukadnezar

Als Nabopolassar unerwartet starb, beendete Nebukadnezar Nechos Verfolgung und kehrte nach Babylon zurück, um sich den Thron zu sichern. Er bestieg den Thron am 7. September 605 und blieb bis zum Jahresende in Babylon. Dann aber nahm er wieder den Westen ins Visier.

Jojakim war ein Kandidat Nechos von Ägypten gewesen, der Palästina und das südliche Syrien in den Jahren von 609 bis 605

---

Manda als Meder und nicht als Skythen – eine Sicht, die richtig zu sein scheint. So auch bereits B. Landsberger und Th. Bauer, *ZA* 37, 1927, 81-83. Zu den Skythen allgemein siehe R. Rolle, *Die Welt der Skythen.* Luzern, 1980.

[56] Grayson, *Assyrian and Babylonian Chronicles*, S. 96, Fall of Niniveh Chronicle 66-72.

[57] Wiseman, *Chronicles*, S. 26, zitiert 2. Kön 24, 7 und Josephus, *Jewish Antiquities*, X.6 in der Loeb Classical Library Edition.

besetzt hatte. Er war ebenso schlecht wie sein Bruder Joahas, so dass wegen seiner Sünde das Gericht Jahwes über ihn hereinbrach. Bis Nebukadnezar die Ägypter nach der Schlacht von Karkemisch dauerhaft aus Palästina vertrieb, war Juda ein Vasall Ägyptens gewesen und hatte hohe Tribute zahlen müssen. Nebukadnezar gliederte Juda unmittelbar ins babylonische Reich ein und verlangte denselben Tribut, der bislang an Ägypten gezahlt worden war.

Betrachtet man die Quellen aufmerksam, erkennt man deutlich, dass Nebukadnezar nach dem Fall Karkemischs[58] tief nach Syro-Palästina vordrang. Einige seiner Truppen gelangten sogar bis nach Jerusalem. Blitzschnell säuberte er das Land von den Ägyptern, zwang Jojakim zum Treueschwur und sandte eine Reihe jüdischer Gefangener zurück in seine Hauptstadt.[59] All dies geschah binnen weniger Wochen, denn Nebukadnezar musste sofort nach Babylon zurückkehren, als sein Vater Nabopolassar am 15. August 605 starb.[60]

Wie der Autor des 2. König-Buches verdeutlicht, blieb Jojakim drei Jahre ein treuer Untergebener der Babylonier (605-602). Dann lehnte er sich aus ungenannten Gründen auf,[61] wofür ihm schnelle Vergeltung sicher war (2. Kön 24, 1-2): Nebukadnezar sandte Truppen aus Babylonien und einigen westlichen Vasallen-Staaten wie Aram, Moab und Ammon, die Jojakim zur Unterwerfung zwan-

---

58 Zur Schlacht bei Karkemisch siehe die Ausführungen von E. Vogt, »Die neubabylonische Chronik über die Schlacht bei Karkemisch und die Einnahme Jerusalems.« *VTS* 4, 1957, S. 67-96. Siehe auch Jer 46, 2-12.

59 Ob Nebukadnezar im Jahr 605 vor Jerusalem stand, siehe dazu U. Worschech, »War Nebukadnezzar im Jahre 605 vor Jerusalem?« *BN* 36, 1987, 57-60.

60 *TUAT*, Bd I, S. 403.

61 Malamat, »Last Kings.« *IEJ* 18, 1968, 142-143, setzt Jojakims Aufstand zu dem babylonischen Konflikt mit Ägypten im Winter von 601/600 v. Chr. in Beziehung. Er wird in einem aramäischen Brief aus der Stadt Saqqara erwähnt. Der Brief findet sich bei W. H. Shea, »Adon's Letter and the Babylonian Chronicle.« *BASOR* 223, 1976, 61-64, in *KAI*, Nr. 266 und in *TUAT*, Bd I, S. 633-634. Der König Adon war König von Ekron, vergl. »The Identity of King Adon.« *BA* 44, 1981, 36-52.

gen.[62] Der Chronist sagt, Nebukadnezar habe Jojakim sogar in Ketten gelegt, um ihn als Kriegsgefangenen nach Babylon zu transportieren (2. Chr 36,6). Offenbar gab dieser zwar nach,[63] aber Nebukadnezar nahm zur Strafe viele heilige Geräte aus dem Tempel mit nach Babylon in seine eigenen heidnischen Tempel. Bis zu seinem Tod im Jahr 598 blieb Jojakim dann Babylon untertan.

Inzwischen hatte Nebukadnezar einige Feldzüge gegen Judas westliche Nachbarn geführt. Die Tatsache, dass Nebukadnezar hauptsächlich durch diese Staaten beansprucht worden war, könnte Jojakim den Mut gegeben haben, sein Bündnis mit Nebukadnezar zu brechen. In jedem Fall verdeutlichen die Chroniken, dass Nebukadnezar in seinem ersten Regierungsjahr, 604, seinen ersten Feldzug unternahm: Er stieß tief nach Palästina vor und nahm die philistäische Stadt Aschkelon ein. Im vierten Jahr, 601, kam es zu einer großen Schlacht mit Necho II. an der Grenze Ägyptens, die offensichtlich mit Gleichstand endete.[64] Vielleicht war der Babylonier aber auch nicht ganz ohne Erfolg, denn er könnte Juda im Lauf dieser Kampagne wieder unter seine Oberherrschaft gebracht haben.

---

[62] Wiseman, *Chronicles*, S. 31, hebt hervor, der Feldzug gegen Jojakim sei in den babylonischen Berichten nicht zu finden (B.M. 21946, revers 5-7), da Nebukadnezars Hauptziel Ägypten und nicht Juda war. J.R. Bartlett, »Edom and the Fall of Jerusalem, 587 B.C.« *PEQ* 114, 1982, 16, meint, »Aram« solle in 2. Kön 24,2 nicht durch »Edom« ersetzt werden, wie einige Wissenschaftler vorschlagen. Denn die edomitische Feindschaft gegen Arad, die in Briefen aus dieser Periode beschrieben wird, könnte sich sowohl auf die Jahre 587-586 als auch auf 600-598 beziehen; so Y. Aharoni, »Three Hebrew Ostraca from Arad.« *BASOR* 197, 1970, 28.

[63] W. Baumgartner, »Neues keilschriftliches Material zum Buche Daniel.« *ZAW* 44, 1926, 51-55, und M.K. Mercer, »Daniel 1:1 and Jehoiakim's Three Years of Servitude.« *AUSS* 27, 1989, 179-192, meinen, der judäische König sei tatsächlich ins babylonische Exil gebracht worden.

[64] In der babylonischen Chronik wird berichtet, Nebukadnezar habe sich im Jahr nach der Schlacht um seine Streitwagen und Pferde gekümmert, was darauf hindeuten könnte, dass er in der Schlacht mit Necho II. schwere Verluste hinnehmen musste; siehe *TUAT*, Bd I, S. 403; Wiseman, *Chronicles*, S. 70f.

## Jechonja[65] und Zedekia von Juda

In seinem 6. Jahr (599/598) zog Nebukadnezar nach Nordsyrien, in seinem 7. (598/597) nahm er Jerusalem ein, das Jojakims Sohn und Nachfolger Jechonja verteidigte (2. Kön 24,10-17). Am 15./16. März 597 setzte er einen anderen Sohn Josias als König ein, Zedekia.[66] Die letzte Tat Nebukadnezars, die in der babylonischen Chronik erwähnt wird, ist sein Feldzug gegen die Elamiter. Leider bricht die Chronik 594/593 ab und aus babylonischen Quellen ist bis 557/556 nichts mehr bekannt. Das AT berichtet von seiner Eroberung Jerusalems im Jahr 587/586; die außerbiblischen Texte schweigen dazu.

Jechonja nahm offensichtlich eine anti-babylonische Haltung ein, worauf Nebukadnezar sofort reagierte. Nach nur dreimonatiger Herrschaft sah Jechonja seine Stadt von babylonischen Truppen umringt und ergab sich schnellstens.[67] Diesmal allerdings wurde die königliche Familie mit anderen führenden Persönlichkeiten deportiert, darunter der Prophet Hesekiel. Judas hochrangige Offiziere sowie die geschicktesten Handwerker mussten ebenfalls alles verlassen und ins Exil ziehen. Schließlich bediente sich Nebukadnezar wieder an den Tempelschätzen und trug sie als Zeichen des totalen Erfolges nach Babylon (2. Kön 24,10-16).

Zedekia, Jechonjas Onkel und Josias Sohn, blieb als Marionette Babylons in Juda. Die jüdische Bevölkerung betrachtete aber Jechonja bis zu seinem Tod als wahren Nachfolger Davids.[68] Zwar

---

[65] Auch bekannt als Jojachin.

[66] Wiseman, *Chronicles*, S. 66-73; B.M. 21946, revers 11-13; *TUAT*, Bd I, S. 403-404.

[67] Malamat meint in »Last Kings.« *IEJ* 18, 1968, 144, die Belagerung habe höchstens einen Monat gedauert.

[68] W.F. Albright, »Seal of Eliakim.« *JBL* 51, 1932, 91-92. Die Ambivalenz, die durch die Existenz zweier Könige in Juda während des letzten Jahrzehntes entstand, beschreibt M. Noth, »Die Katastrophe von Jerusalem im Jahre 587 v. Chr. und ihre Bedeutung für Israel.« Ders., *Gesammelte Studien zum Alten Testament.* München, 3. Aufl., 1966, S. 346-371.

kehrte Jechonja nie mehr nach Jerusalem zurück, doch wurde ihm nach langen Jahren als politischer Gefangener in Babylon eine Regierungspension zugesprochen. Offenbar behandelte man ihn in Babylon nicht als Gefangenen, sondern ähnlich einem Ehrengast (2. Kön 25,27-30).[69] Für die jüdische Gemeinde im Exil muss es danach ausgesehen haben, als ob die Zeit kommen werde, in der Jechonja sie triumphierend nach Jerusalem zurückbringen und den früheren Ruhm des Hauses Davids wiederherstellen werde.[70]

Zedekia war *de facto* König von Juda (597) bzw. von dem Staatsgebilde, das noch übrig war (2. Kön 24,17). Schlecht wie seine Brüder nahm er die Ratschläge des Propheten Jeremia nicht an, Babylons Oberherrschaft als Willen Gottes anzuerkennen, sondern lehnte sich gegen Nebukadnezar auf und führte so die sichere und schnelle Katastrophe herbei.[71] Der Zeitpunkt dieses Aufstandes kann nicht genau bestimmt werden (siehe Hes 17,11-18), aber 588 zog Nebukadnezar gegen Jerusalem und begann eine Belagerung, die zum Untergang der Stadt im Juli 586 und zum Ende der judäischen Monarchie führte (2. Kön 25,1-7).[72] Zedekia entkam durch eine Öffnung in der Stadtmauer und floh ins Gebiet von Jericho, wurde allerdings bald überwältigt und zu Nebukadnezars syrischem Hauptquartier nach Ribla gebracht. Dort musste er die Hinrichtung seiner Söhne mitansehen, bevor er geblendet und nach Babylon deportiert wurde.

---

[69] Dieses Ereignis ist auch in außerbiblischen Quellen belegt; siehe W. Weidner, »Jojachin, König von Juda, in babylonischen Keilschrifttexten«, *Mélanges syriens offerts à M. René Dussaud.* Paris, 1939, Bd II, S. 923-935.

[70] J. D. Levenson, »The Last Four Verses in Kings.« *JBL* 103, 1984, 361, nimmt an, der Geschichtsschreiber habe selbst angesichts der Verzweiflung an dieser Hoffnung festgehalten. Dass das die Meinung im Volk war, macht Jer 28,1-4 deutlich.

[71] Malamat, »Last Kings.« *IEJ* 18, 1968, 151, verbindet diesen Aufstand mit der Thronbesteigung Hofras von Ägypten im Februar 589, einem Ereignis, das Zedekia zur Ablösung von Babylonien ermutigt haben könnte.

[72] A. Malamat, »The Last Years of the Kingdom of Judah.« *WHJP*, Bd IV:1, S. 218-220.

## Folgen

Jerusalems wichtigsten öffentlichen Gebäude und Residenzen wurden von babylonischen Truppen unter Nebusaradans Kommando in Brand gesteckt und dem Erdboden gleichgemacht. Danach zertrümmerten sie die großen Verteidigungsmauern (2. Kön 25, 8-10). Die einst großartige Stadt lag nun als schwelende Ruine da, die nicht einmal die dort noch lebenden, einfachsten Bewohner schützen konnte.

Was immer im Tempel noch von Wert war, eigneten sich die babylonischen Truppen an und schleppten es als Kriegsbeute nach Babylon. Die Bevölkerung selbst, außer den Ärmsten und Einflusslosen, wurde *en masse* deportiert. Nur einigen wurde erlaubt zu bleiben, unter ihnen Jeremia. Die wichtigsten Führer, etwa der Hohepriester Seraja und seine Gehilfen, wurden in Ribla vor Nebukadnezar gebracht und dort gnadenlos hingerichtet (2. Kön 25, 18-21). Danach waren Jerusalem und Juda nicht mehr der Brennpunkt der göttlichen Bundesaktivität auf der Erde. Die Verantwortung für die Fortführung des Bundes ruhte von da an auf den Exulanten, die im östlichen Mittelmeerraum von Ägypten bis zum Persischen Golf verstreut worden waren. An ihnen wollte Jahwe seine unveränderte Verheißung erfüllen, sie zu erlösen und mit sich zu versöhnen. Dies alles bezeugen die Propheten dieser Zeit.

Der Chronist macht, wie üblich, ebenfalls eine Aussage über die theologische Bedeutung dieser furchtbaren Ereignisse. Er sagt, Jerusalem sei trotz der geduldigen Versuche Jahwes gefallen, das Volk durch die Propheten zur Vernunft zu bringen. Sie hatten diese Boten verspottet, bis es keinen Ausweg als Zerstörung und Deportation mehr gab (2. Chr 36, 15-16). Weil sie die Rolle als Söhne und Töchter Jahwes abgelehnt hatten, mussten sie jetzt im Exil Sklave eines heidnischen Despoten sein. Erst wenn die Zeit der Disziplinierung herum wäre, durften sie erwarten, in ihr Heimatland zurückzukehren und ihre Verantwortung als erwähltes Volk Gottes wieder zu übernehmen.

## Das Zeugnis der Propheten

Die Darstellung dieses letzten Jahrhunderts der Geschichte Israels war eine Aufzählung der politischen und militärischen Ereignisse. Im Folgenden soll über die wissenschaftliche Geschichte hinaus die tiefere Bedeutung ins Auge gefasst werden. Natürlich haben die biblischen Erzähler dies schon dadurch geleistet, dass sie nur bestimmte Geschehnisse auswählten, die sie schriftlich festhielten und durch theologische Urteile bewerteten. Ihre Ausführungen sind aber ohne die Worte der Propheten dieser Zeit unvollständig.

### Nahum

Einer der frühsten Propheten dieser Epoche ist Nahum, der Elkoschiter, dessen Botschaft insgesamt den letzten Tagen Assyriens vorausging.[73] Von ihm selbst ist nur wenig bekannt, da er nur in der Einleitung zu seinem Buch etwas über sich sagt, aber das restliche AT ihn nicht erwähnt. Seine Prophezeiung über Ninive ist besonders interessant, da nur er und Jona sich mit Assyrien beschäftigten. Anders als Jona, dessen Buch Ninive als Beispiel für Gottes universelles Erlösungs-Anliegen hinstellt, trägt Nahum eine Last – das Gericht Gottes über diese Stadt.

Das Eingangslied schildert Jahwes rächende Majestät (Nah 1,2-8).[74] Dann spricht der Prophet sowohl zu Juda als auch zu Ninive: Ninive befinde sich am Rand der Zerstörung, weil es bösartigen Götzendienst getrieben und das Gottesvolk grausam behandelt habe. Wie Theben werde es vollkommen untergehen (Nah 3,8-10)

---

[73] Eine knappe einleitende Diskussion bietet R. K. Harrison, *Introduction to the Old Testament.* Grand Rapids, 1969, S. 926-930.

[74] R.L. Smith, *Micah-Malachi.* Waco, 1984, S. 72-73. Andere Gelehrte verlängern das Lied wegen seines angenommenen akrostischen Aufbaus bis Kap. 2,3. Siehe zum Beispiel G.B. Gray, *The Forms of Hebrew Poetry.* London, 1915, S. 243-263.

und vor aller Welt zum Schauspiel werden. Keine noch so entschlossene Vorsorge-Maßnahme werde das abwenden können, denn Assyriens tragisches Ende sei beschlossene Sache. Wenn es erst gefallen sei, werde es niemals wieder aufsteigen, da es tödlich verwundet sein werde, für immer hingerafft.

Obwohl man diese anti-assyrische Schmährede nicht genau datieren kann, war die Bedrohung Assyriens schon offenkundig. Die Babylonier schlugen 612 Ninive vernichtend. Dass Nahum nicht auf die Babylonier verwies, könnte darauf hindeuten, dass er früher sprach. Sogar der Fall Thebens 663 scheint von Nahums Zeit noch recht weit entfernt zu sein. Am sinnvollsten ist die Annahme, der Prophet habe den Beginn des Untergangs Assyriens vorausgesehen, bevor offenbar wurde, dass Assyriens Untergang von Nabopolassar von Babylonien verursacht werden würde. Daher erscheint es angemessen, die Prophezeiung Nahums auf das letzte Drittel der Herrschaft Assurbanipals (640-627) zu datieren.

Bis dahin war Josia, der strenge Assyrien-Gegner, König von Juda geworden. Juda hatte schon unter Josias Großvater Manasse schwer unter Assyrien gelitten (Nah 2,12-14). Sicher hat Josias eigene Politik zu assyrischen Repressalien oder zumindest Drohungen geführt. Das Trostwort des Nahum an Juda könnte sich an den frommen König Josia gerichtet haben, um ihn zu ermutigen. Möglicherweise spielte Nahum 632, im achten Jahr des jungen Monarchen, bei den ersten Anzeichen der Reformen in Juda eine signifikante Rolle.

### Habakuk

Von Habakuk ist noch weniger bekannt als von Nahum.[75] Er war ein ebenso begabter Komponist wie Prophet (Hab 3,19), der in den letzten Tagen der Geschichte Judas auftrat. Sein Verweis auf die Babylonier deutet darauf hin, dass sie schon unabhängig waren und

---

[75] Harrison, *Introduction*, S. 931-938.

Assyrien bedrohten. Dies setzt voraus, dass Nabopolassar bereits babylonischer König geworden war, also nach 626 (Hab 1,6-11). Ein *terminus ad quem* 605 ist nahezu sicher, da das Gericht über Juda in weiter Ferne zu liegen scheint.[76] Auf der anderen Seite ist Juda gefährdet, die Ungerechtigkeit nimmt überhand und es gibt keinen Ausweg, so dass man sich kaum vorstellen kann, dass Josia an der Macht war. Die moralische und zivile Anarchie passt eher auf Jojakims ersten Jahre (608-605).

Habakuk beschreibt die babylonischen Horden äußerst plastisch (Hab 1,5-11). Sie beginnen, die Nationen so zu überrollen, wie die Welt es noch nie gesehen hat. Nichts kann sich ihnen entgegenstellen. Sie tun dies in stolzer Selbstgerechtigkeit, so dass Habakuk Schwierigkeiten hat, die Arroganz und Gottlosigkeit der Babylonier damit in Einklang zu bringen, dass sie als Gottes Werkzeug Juda und die Nationen züchtigen sollten (Hab 1,13).

Die Antwort des Herrn stimmt mit der Einschätzung des Propheten überein: Die Babylonier seien ein verdorbenes Volk, das aus Gier nach dem Reichtum der Nationen seine Kleider mit Blut besudelt habe. Jahwe gestehe Babylon zwar Erfolg und Wachstum zu, doch werde es zu guter Letzt den Becher seines Gerichts trinken müssen. Vergeblich werde es dann seine toten Götter anrufen, denn nur Jahwe ist Gott. Zufrieden komponierte Habakuk ein Gebet, in dem er die Ehrfurcht gebietende Person des Herrn und seine Taten in der Geschichte feiert:[77] Vom Auszug bis zur Landnahme hatte Jahwe seinen starken Arm gegen seine Feinde erhoben, sein Volk befreit und Israel Sieg und Rettung gebracht (Hab 3,1-15). Angesichts dieser Vergangenheit könne Juda also Jahwe vertrauen, trotz des Anrückens der babylonischen Truppen. Was auch geschieht, so singt der Prophet, alles wird gut werden, denn Jahwe ist allmächtig.

---

[76] Harrison datiert in *Introduction*, S. 936, das Buch, wie die meisten Wissenschaftler, nach 605. G. L. Archer, Jr., *Einleitung in das Alte Testament.* Bd II, Bad Liebenzell, 1989, S. 250, datiert es »nach dem Tode Josias (609) ...«.

[77] Siehe besonders W. F. Albright, »The Psalm of Habakkuk.« *Studies of Old Testament Prophecy.* H. H. Rowley, Hrsg., Edinburgh, 1950, S. 1-18.

## Zefanja

Die Zeit Zefanjas, des dritten Propheten der letzten Jahre Judas, ist leichter zu bestimmen als seine Identität. Er erzählt, er sei aus königlichem Geblüt – der Ur-Urenkel des Königs Hiskia –,[78] und er habe in Josias Regentschaft prophezeit (Zef 1,1). Dass Zefanja nicht auf Josias Reformen hinweist, lässt darauf schließen, dass Zefanja sein Amt vor der Reinigung des Tempels (622) ausübte.[79] Diese Annahme lässt sich durch die Beschreibung des geistlichen und moralischen Verfalls Judas stützen: Das Volk verehre die Sterne und schwöre bei Moloch (= Milkom),[80] wie in den Tagen Manasses und Amons und auch wie noch in Josias Kinderjahren (Zef 1,4-6). All dies, so der Herr, werde er am großen Tag des Gerichts bestrafen, einem nahen, unabwendbaren Tag (Zef 1,14-18).

Juda werde diese Zeit des Zornes jedoch nicht alleine erleiden, auch die anderen Nationen hätten Jahwes Gnadenangebot zurückgewiesen und müssten die Konsequenzen tragen. Die Philister werden zuerst genannt (Zef 2,4-7). Tatsächlich erfuhren sie 604 die furchtbare Macht Nebukadnezars bei seinem ersten Feldzug.[81] Moab und Ammon, die zwar Judas Verwandte waren, aber nur Hass für es übrig hatten, würden auch vernichtet werden (Zef 2,8-11). Zwar fehlen in den Quellen eindeutige Beweise für die Erfüllung dieser

---

[78] Siehe jedoch Smith, *Micah-Malachi*, S. 125, der argumentiert, dies könne kein Verweis auf König Hiskia sein, denn dieser habe keinen Sohn namens Amarja gehabt. Dieser Einwand beruht auf der Annahme, dass, falls Hiskia einen Sohn namens Amarja hatte, dieser auch an anderer Stelle erwähnt sein müsste.

[79] Harrison, *Introduction*, S. 940.

[80] Eine mögliche archäologische Bestätigung der Anbetung Molochs aus genau dieser Zeit ist zu finden bei R. W. Younker, »Israel, Judah, and Ammon and the Motifs on the Baalis Seal from Tell el-'Umeiri.« *BA* 48, 1985, 173-180. Zu dem religionsgeschichtlichen Problem des Moloch-Kultes siehe G. C. Heider, *The Cult of Molek: a Reassessment.* Sheffield, 1985; R. Albertz, *Religionsgeschichte Israels in alttestamentlicher Zeit.* ATD Ergänzungsreihe Bd VIII:1, Göttingen, 1992, S. 297-301.

[81] Wiseman, *Chronicles*, S. 69 (B.M. 29146, 1.18).

Voraussagen, doch gibt es keine guten Gründe, die dagegen sprächen.[82]

Die Weissagung über die Kuschiter (Zef 2, 12) hat mit der Niederlage der nubischen Dynastie, die von Theben aus über Oberägypten geherrscht hatte, zu tun. Die genaue Erfüllung dieser Prophezeiung ist schwer festzustellen. Aber da die Weherufe über die anderen Nationen mit Strafen durch Babylonien zu tun haben, könnte hier Nebukadnezars versuchte Eroberung Ägyptens 567 gemeint sein.[83] Das letzte Gericht in der Liste über die fremden Nationen gilt Assyrien: Es werde durch die Babylonier vernichtet werden – wie alle, die sich den Zorn Gottes durch ihr falsches Verhalten gegenüber seinem Volk zugezogen haben (Zef 2, 13-15). Zur Zeit der Weissagung existierte Ninive noch, ein Hinweis darauf, dass Zefanjas Amt dem Untergang der Stadt 612 vorausging. Dies bestätigt den Eindruck, der Prophet habe seine Blüte zu Beginn der Herrschaft Josias gehabt. Somit sind die anderen Weissagungen in diesem Kapitel ebenfalls vor der Zerstörung Ninives gemacht worden. Diese große Stadt, so verkündete Zefanja, werde vollkommen vernichtet und unbewohnbar gemacht werden. Tatsächlich geriet die Stadt Ninive vollkommen in Vergessenheit, bis Archäologen eine Stätte entdeckten, Kujundschik, an der Ninive gestanden haben könnte.[84]

Schließlich sprach Zefanja wieder zu seiner eigenen Stadt und Nation. Er kritisierte Herrscher, Propheten und Priester wegen ihrer vollkommenen Missachtung der Bundesprinzipien Jahwes scharf (Zef 3, 1-7). Juda, sein Volk, obwohl häufig und dramatisch errettet, habe sich geweigert, Jahwe zu fürchten und seine Wege zu ändern.

---

[82] J.R. Bartlett, »The Moabites and Edomites.« *POTT,* D.J. Wiseman, Hrsg., Oxford, 1973, S. 242-243.

[83] Der Text ist nachzulesen bei Pritchard, *ANET,* S. 308, und bei H. Winckler, *Altorientalische Forschungen.* Leipzig, 1897, S. 511ff. Siehe auch A. Gardiner, *Egypt of the Pharaos.* London, 1961, S. 361-362.

[84] A. Parrot, *Niniveh and the Old Testament.* New York, 1955, S. 16-17.

Juda werde deshalb Jahwes Zorn zu spüren bekommen. Aber aus der heidnischen Welt und aus Juda werde ein gottesfürchtiger Rest heraustreten, der Jahwes Namen loben und in der ganzen Welt bekannt machen werde. Selbst die, die bis ans Ende der Erde verstreut sein würden, sollten die Gunst des Herrn wiedererlangen (Zef 3,14-20).

Die Unterscheidung zwischen geschichtlicher und eschatologischer Erfüllung ist bei allen Propheten oft sehr schwer festzustellen. Gott richtete Juda und die Nationen mehr als einmal zu Zeiten des ATs und jedes Mal ging das Volk geläutert hervor und hielt sich an die rettenden Bundes-Bedingungen. Genauso wahr ist, dass die Gerichte und Wiederherstellungen in geschichtlichen Zeiten nicht all das vollkommen erfüllten, was der Prophet im Blick hatte. Ein letzter Höhepunkt, bei dem der Herr mit allen Menschen zusammentreffen wird und worin Gericht und Rettung ihren letzten Ausdruck finden werden, steht noch aus.

### Jeremia

Der größte Prophet der vorexilischen Generation Judas war Jeremia. Bei ihm finden sich die meisten Informationen, so dass er als geschichtliche Quelle[85] große Bedeutung für diese Zeit hat. Er ist aber auch ein bedeutender theologischer Interpret. Sein Werk wird eingeleitet, indem sich Jeremia selbst als Sohn Hilkias und Bürger der priesterlichen Gemeinschaft von Anatot (Ras-el-Harrube) vorstellt, einer levitischen Stadt an den Nordhängen des Ölberges. Dies lässt vermuten, Jeremia habe eine doppelte Rolle gehabt: die des Priesters, für die er durch Geburt und Ausbildung qualifiziert war, und die des Propheten, für die ihn Jahwe durch Berufung befähigte. Nichts in Jeremias

[85] Zu Jeremia als historischer Quelle siehe F. C. Fensham, »Nebukadnezar in the Book of Jeremiah.« *JNSL* 10, 1982, 53-56.

Schriften deutet darauf hin, dass er ein kultischer Prophet gewesen sei oder dass er ein besonderes Interesse am Tempel gehabt hätte.[86]

Glücklicherweise datiert Jeremia viele seiner Prophetien. Sein Buch ist allerdings nicht streng chronologisch aufgebaut, deshalb soll beim Versuch, die Geschichte Judas aus Jeremias Perspektive wiederzugeben, nicht zu sehr auf Passagen zurückgegriffen werden, die keine chronologischen Hinweise bieten. Trotzdem sind auch die undatierten Abschnitte zum Verständnis des Umfeldes, in dem Jeremia lebte und arbeitete, wichtig.

Am Anfang seines Buches gibt Jeremia Datum und Dauer seines Dienstes an: Er sagt, das Wort Gottes sei im 13. Jahr Josias zu ihm gekommen, das heißt 627 (Jer 1,2). Er wirkte öffentlich während der gesamten Herrschaft Joahas', Jojakims, Jechonjas und Zedekias, bis zum Ende des Königreiches 586 und darüber hinaus. Jeremia war also Zeuge der Ereignisse der letzten 40 Jahre Judas; er übte sein Amt sogar noch aus, nachdem über Jerusalem das verheerende Gericht ergangen war. Zwar erhielt er das Angebot, in Juda zu bleiben und nicht mit den Gefangenen ins babylonische Exil zu gehen, aber nachdem er eine Weile in Jerusalem geblieben war, kam er nach Ägypten, zweifellos gegen seinen Willen. Als Letztes berichtet sein Buch von der Freilassung Jechonjas aus der babylonischen Gefangenschaft 562, unter Evil-Merodach von Babylon (Jer 52, 31-34). Obwohl Jeremia dann 85 oder 90 Jahre alt gewesen sein musste, gibt es keinen Grund anzunehmen, er habe Jechonjas Befreiung nicht persönlich niedergeschrieben.

Jeremia wurde 627 ins Prophetenamt berufen, einige Zeit nach Josias ersten Reformversuchen, fünf Jahre vor der Entdeckung der Torarolle im Tempel und der großen religiösen Erweckung, die ihr unmittelbar folgte. Dies erklärt, warum Jeremias frühesten Botschaften an Juda Worte der Verdammnis waren. Gott hatte ihn berufen, den Nationen, auch Juda, eine Botschaft der Entwurzelung und der Zerstörung zu verkünden, aber auch, dass sie am Ende neu aufge-

[86] G. Fohrer, *Geschichte der israelischen Religion.* Berlin, 1969; Lizenzausgabe: Freiburg, 1992, S. 263-264.

baut und wieder eingesetzt werden sollten (Jer 1, 10). Jeremia musste dem auserwählten Volk mitteilen, dass Jahwe es für seine Sünden züchtigen werde – eine Botschaft, die es nicht hören wollte, vor deren Verkündigung Jeremia sich aber nicht fürchten musste, weil Jahwe ihn beschützen werde (Jer 1, 17-19).

Judas Sünde bestand in der Untreue gegenüber seinem Gott Jahwe, der sie aus Ägypten ins gelobte Land gebracht hatte. Das Volk aber hatte ihn wegen anderer Götter verlassen. Jeremia drückt es so aus: »... mein Volk tut eine zwiefache Sünde: mich, die lebendige Quelle verlassen sie und machen sich Zisternen, die doch rissig sind und kein Wasser geben.« (Jer 2, 13)

Alle Züchtigungen, die der Herr ihnen schon durch Assyrien und Ägypten geschickt hatte, hatten diese Haltung des Volkes nicht geändert: Es hatte sich, gleich einer treulosen Ehefrau, anderen Liebhabern hingegeben (Jer 3, 1). Dennoch liebte Jahwe sein Volk und sehnte die Versöhnung herbei. Deshalb befahl er Jeremia, ihnen ein Wort der Hoffnung zu verkünden, denen in Juda und in Israel. Dieses Wort könnte Josia dazu veranlasst haben, die Einwohner des Nordens zu seinem großen Passafest im Jahr 622 einzuladen. Jeremia sah allerdings einen Widerspruch zwischen der optimistischen Botschaft und der schon sehr realen Gefahr durch den Feind am Horizont.[87] Jerusalem würde bald belagert werden. Die Priester und Propheten verkündeten zwar Frieden, doch gab es keinen wirklichen Frieden (Jer 8, 11). Stattdessen konnte der Prophet das Schnauben der feindlichen Pferde deutlich hören (Jer 8, 16).

Das herannahende Unglück sollte aber nicht die vollständige Auslöschung des Volkes bedeuten, da der Herr seine Verheißungen für die, die Buße taten und ihre Bundestreue erneuerten, aufrechterhalten würde. Dieser Rest sollte eines Tages zurückkehren in das Land, das Jahwe ihren Vorfahren gegeben hatte (Jer 16, 14-15). Ihre

---

[87] E. M. Yamauchi, »The Scythians: Invading Hordes from the Russian Steppes.« *BA* 46, 1983, 90-99, sieht diesen »Feind aus dem Norden« als eine Mischung aus Chaldäern und Skythen. Die Anwesenheit der Letzteren wird durch charakteristisch skythische Kunstgegenstände gestützt, die in Palästina gefunden wurden.

Gefangenschaft stand allerdings fest; auch werde es Katastrophen und Zerstörungen jeder Art geben. Als Zeichen dafür sollte Jeremia unverheiratet bleiben: Wenn ihm nämlich Kinder geboren worden wären, wären sie sicher in diesen schlimmen Zeiten umgekommen (Jer 16,1-4). Doch gab es Hoffnung für jeden, der dem Herrn vertraute: Er werde überleben und dem Tag des Zornes und Gerichtes standhalten (Jer 17,7-8).

Der größte Teil der Kapitel 1-17 spielt zu Josias Zeit, wahrscheinlich vor der Restauration des Tempels und der Entdeckung der Torarolle im Jahr 622.[88]

Es ist durchaus anzunehmen, dass Jeremias ernste Warnungen vor der Katastrophe den jungen König Josia beeinflusst haben. Josia unternahm wohl auf Jeremias Rat jene Reformen, von der die historischen Quellen des ATs berichten. Auch wenn die öffentlichen Festlichkeiten dies anzudeuten schienen, bewirkte Josias Reformen keine bleibenden Ergebnisse. Doch zeigt sie, dass Jeremias Dienst in seinen frühen Jahren nicht ganz vergeblich war.

Da es keine spezifischen chronologischen Hinweise gibt, kann man nicht genau sagen, ob einige Aussagen Jeremias zwischen dem Jahr 622 und Jojakims Thronfolge 608 in das Buch Eingang fanden. Die Kapitel 1-17 stammen aus Josias Anfangszeit; alle folgenden Kapitel können in die Zeit nach 609 eingeordnet werden. Die Jahre zwischen 622 und 608 waren wohl eine Zeit relativer Stabilität, des Friedens und geistlicher Erneuerung, so dass kein prophetisches Wort nötig war, besonders kein Gerichtswort.

Diese Lage änderte sich nach 609 entscheidend, da Josias Sohn Jojakim an die Macht gekommen war. Bald darauf nahm Jeremia seinen öffentlichen Dienst wieder auf; die früheste Botschaft findet sich in Kapitel 26, worin Jeremia »im Anfang der Herrschaft Jojakims« ein Wort vom Herrn erhält. Josias Söhne Joahas und Jojakim hatten nicht

---

[88] Jeremias Botschaft in diesen Kapiteln enthält nur Verdammnis und Gericht, so dass nahe liegt, dass noch keinerlei nationale Buße stattgefunden haben kann.

Dies soll nicht heißen, Kapitel 1-17 stellten eine unabhängige literarische Einheit dar. Das komplexe Problem der Einteilung des Buches Jeremia schildert J. Bright, *Jeremiah*. Garden City, 1965, S. LV-LXXXV.

lange gebraucht, um Juda von seinem gottesfürchtigen Weg abzubringen. Jahwe reagierte und warnte Jerusalem durch Jeremia, es werde vollkommen zerstört werden, wie das alte Silo, wenn es Jahwes Wort nicht beachtete (26, 9). Einige verlangten, Jeremia wegen seiner unliebsamen Rede auf der Stelle hinzurichten. Andere dagegen rieten, ihn zu verschonen, wie Micha zu Hiskias Zeiten; sein Wort solle als Mitteilung Gottes gehört werden. Die zweite Gruppe setzte sich durch und Jeremia kam frei. Doch Uria, ein anderer Prophet, hatte dieses Glück nicht: Sein mutiges Zeugnis bezahlte er mit dem Leben (Jer 26, 20-24).

Im Jahr 605 berichtet Jeremia von bedeutenden Ereignissen. Die genauen chronologischen Daten, die der Prophet zur Verfügung stellt, weisen darauf hin, dass die Stadt vor Nebukadnezar kapituliert hatte und Jojakim deshalb praktisch unter babylonischer Herrschaft stand. Doch blieb die Stadt unversehrt und ihre Bevölkerung litt nur wenig. Man war optimistisch und so wurde das Warnsignal missachtet, das der erste babylonische Einfall hätte geben sollen.

Jeremia hatte Juda 23 Jahre das Wort Gottes verkündet – doch umsonst! Jetzt sagte er ein noch schärferes Gericht voraus (Jer 25): Nun werde Nebukadnezar kommen, die Nation völlig vernichten und das Volk in eine 70-jährige Gefangenschaft wegführen (Jer 25, 11). Aber Juda solle Gottes Zorn nicht allein zu spüren bekommen: Alle Nationen des aVOs würden unter den vernichtenden Schlägen der babylonischen Kriegsmaschinerie zu leiden haben. Einzelheiten dieser Eroberungen finden sich in den Kapiteln 46-49. Ägypten, das zuerst erwähnt wird (Jer 46, 2-28), hatte gerade eine tiefe Niederlage in Karkemisch erlitten. Doch war dies erst der Anfang seiner Probleme. Nebukadnezar sollte nicht eher zufrieden sein, bis Memphis verwüstet wäre und Theben sich unter babylonischer Kontrolle befände. Dies alles erfüllte sich im Jahr 567.

Auch die Philister würden den Zorn des Gottes Israels zu spüren bekommen (Jer 47, 1-7). Schon bevor Necho II. von Ägypten 609 Gaza angriff, hatte Jeremia vorausgesagt, dass die philistäische Pentapolis aus völlig unerwarteter Richtung militärisch erobert werden würde – aus dem Norden. Erfüllt wurde dies 604, mit Nebukadnezars Feldzug in seinem ersten Regierungsjahr.

Selbst Moab (Jer 48,1-47), Ammon (Jer 49,1-6) und Edom (Jer 49,7-22), die gleicher Abstammung wie Juda waren, sollten nicht entkommen. Der babylonische Adler würde auf sie niederstoßen und alles Fleisch von ihren Knochen fressen. Für Moab und Ammon wolle der Herr jedoch nicht ihr Ende, sondern sie in kommenden Zeiten wiederherstellen. Edom dagegen solle sich nie wieder erholen und nicht mehr von Menschen bewohnt werden, wie Sodom und Gomorra.

Zu guter Letzt würden Damaskus, Kedar und Hazor unter Babyloniens zermalmenden Angriffen leiden (Jer 49,23-33). Die Städte würden in Schutt und Asche gelegt und ihre Bevölkerung in alle vier Winde zerstreut werden. Ihre Weigerung, den Gott Israels anzuerkennen und ihm zu dienen, müsse zu unabwendbarem und gnadenlosem Gericht führen.

In Jojakims viertem Jahr hatte der Herr Jeremia befohlen, alle verkündeten Gerichtsworte über Juda und die Nationen niederzuschreiben. Gehorsam diktierte Jeremia seinem Schreiber Baruch, der seine Worte auf einer Schriftrolle festhielt (Jer 36). Dies muss nach der Unterwerfung Jerusalems durch Nebukadnezar geschehen sein, da die Schriftrolle die Gerichtsurteile enthielt, die Jeremia nach Jojakims Kapitulation verkündet hatte. Das erste davon wurde über Ägypten nach der Schlacht von Karkemisch gesprochen. Baruch nahm die fertige Schriftrolle und las sie vor dem Tempel dem Volk vor, im neunten Monat von Jojakims fünftem Jahr, das als Fastenzeit ausgerufen worden war (Jer 36,9-10).[89]

Der Inhalt dieser Schriftrolle ärgerte König Jojakim so sehr, dass er sie in Stücke schneiden und im Feuer, vor dem er saß, verbrennen ließ. Obwohl er die Worte von dem bevorstehenden Gottesgericht gehört hatte, zeigte er weder Angst noch Betroffenheit. Jojakim war wohl von den Babyloniern nicht streng genug bestraft worden, auch wenn diese hohe Tributzahlungen verlangt und eine Reihe wichtiger

---

[89] Bright, *Jeremiah*, S. 182, stellt heraus, dass dies derselbe Monat war, in dem die babylonische Armee die Stadt Aschkelon einnahm. Judas Fasten könnte also sehr wohl durch diesen Angriff ausgelöst worden sein.

Gefangener weggeführt hatten. Noch genoss er als Vasall Nebukadnezars die Vorteile des babylonischen Schutzes.

Dennoch stand das Wort des Propheten fest: Jerusalem werde unter das göttliche Gericht fallen und das Volk bis an die Enden der Erde verstreut werden. Als Beweis dafür, dass Jahwes Wort sich erfüllen werde, diktierte Jeremia den Inhalt der ersten Rolle Baruch noch einmal. Diesmal war die Botschaft direkt an Jojakim gerichtet: Seine Familie werde Davids Thron nicht länger innehaben und er selbst werde im Tod den Folgen seines sündigen Ungehorsams ausgeliefert sein (Jer 36,30).

Jeremias einzige Mitteilung, die sich eindeutig an Jojakims Sohn Jechonja wandte, ist Kapitel 22, in dem das Gericht über Jojakim und seine Linie enthalten ist. Das Datum der Prophezeiung ist 597, kurz nach Jojakims Tod. Einleitend fordert Jeremia den jungen König auf, sich an Jahwe zu wenden; er erinnert Jechonja daran, dass eine Politik, die auf Gier und Stolz basiert, sowohl seinen Onkel Joahas als auch seinen Vater Jojakim in Verbannung und schrecklichen Tod geführt hatte. Sollte er sich nicht besser verhalten, und Jeremia stand der Sache pessimistisch gegenüber, müsse auch er mit einem furchtbaren Ende rechnen. Er werde als Kriegsbeute nach Babylon geführt werden und nie mehr in seine Heimat zurückkehren. Schlimmer noch, keiner seiner Nachkommen werde je den Thron Davids innehaben (Jer 22,24-30).

Die Geschichte bezeugt die Erfüllung des Propheten-Wortes. Der Dynastie Davids fehlte es aber nicht an einem legitimen Nachfolger: Gott hatte, treu seiner unveränderlichen und bedingungslosen Verheißung, David einen Nachkommen aus einer anderen Linie erweckt – der Nathans und nicht Salomos:[90] Jesus, der Pflegesohn des Zimmermanns Josef, eines Nachkommen Jojakims, wurde im Schoß Marias empfangen, die wie ihr Mann eine Nachfahrin Davids war, aber nicht der Könige Judas (Luk 3,31).

---

[90] M. D. Johnson, *The Purpose of Biblical Genealogies.* Cambridge, 1969, S. 243-249. Ich verdanke Verweis und Einsicht hier meinem Kollegen D. Bock. Siehe auch E. H. Merrill, »1. Chronik.« *Das Alte Testament erklärt und ausgelegt,* J. F. Walvoord und R. B. Zuck, Hrsg., Bd II: 1. Könige-Hoheslied, Neuhausen, 1991, S. 149.

Zu Beginn der Herrschaft Zedekias 593 (Jer 27, 1; vergl. 28, 1) wiederholte Jeremia die Gerichtsbotschaft an Juda und seine Nachbarn (Jer 27-28): Nebukadnezar werde kommen; Widerstand sei zwecklos! Einzig sinnvoll seien Kapitulation und Unterwerfung. Andere Propheten widersprachen aber gleichzeitig: Das Exil werde nicht lange dauern, Jechonja werde zurückkehren und die gestohlenen Tempelgeräte zurückbringen. Besonders einer von ihnen, Hananja ben Azzur, bestätigte zuversichtlich, all dies werde innerhalb zweier Jahre geschehen (Jer 28, 3-4). Doch vor Jahresende war Hananja tot und zwei Jahre später war offenbar, dass er gelogen hatte. Jeremias Vorhersage von 70 Jahren dagegen blieb bestehen.

Ungefähr gleichzeitig schrieb Jeremia zwei Briefe, einen an die Gefangenen in Babylon (Jer 29, 4-23) und den anderen in Form eines langen prophetischen Orakels, das die Babylonier selbst betraf (Jer 50-51). Der erste Brief wurde von einer jüdischen Delegation überbracht, die Zedekia zu einer Audienz mit Nebukadnezar nach Babylon schickte (Jer 29, 1-3). Den zweiten überbrachte eine Gesandtschaft, der Zedekia selbst angehörte (Jer 51, 59). Der Grund für diese Reisen ist unbekannt; es ist aber möglich, dass sie mit den jährlichen Tributzahlungen in Verbindung standen.[91]

Der an die Exulanten gerichtete Brief wies sie an, im Land ihrer Gefangenschaft sesshaft zu werden und geduldig auf das Ende der 70 Jahre zu warten. Erst danach könnten sie nach Hause zurückkehren. Der Prophet riet dem Volk zu heiraten, Familien zu gründen, Häuser zu bauen, Geschäfte zu gründen und sich den babylonischen Autoritäten unterzuordnen, was die allgemein günstigen Lebensbedingungen der nach Babylon Verschleppten zeigt, denn so spricht man nicht Kriegsgefangene in Konzentrationslagern an. Jeremia setzte sie darüber in Kenntnis, dass Hoffnung auf baldige Heimkehr gegenstandslos sei. Ihre nahe Zukunft liege in Babylon, nicht in Jerusalem. Aber dies werde nicht immer so sein. In Gottes guter Zeit werde Jahwe sein auserwähltes Volk in das verheißene Land zurückbringen.

[91] Bright, *Jeremiah*, S. 211.

Das Gericht über Babylon (Jer 50-51) schildert drastisch den Zusammenbruch des großartigen Reiches unter den Hammerschlägen des nördlichen Feindes. So werde die Wiederherstellung der Exulanten ermöglicht, die dann erkennen würden, dass Babylonien und Assyrien nur Schachfiguren des Allmächtigen waren. Die Meder und ihre Verbündeten würden die Stadt zu Staub machen und ihr Standort werde in Vergessenheit geraten. Um diese Tatsache zu verdeutlichen, befahl Jeremia dem Kurier, den Text der Prophezeiung öffentlich in Babylon zu verlesen. Danach musste er einen Stein an die Rolle binden und das Ganze in den Euphrat werfen. So wie es in den dunklen Wassern versinken werde, müsse auch Babylon im Meer der Nationen untergehen (Jer 51,63-64).

Der zunehmende Einfluss Ägyptens im ersten Jahrzehnt des 6. Jh. löste eine Machtverschiebung im aVO aus. Zedekia, ein zögerlicher Vasall Babyloniens, brach 588 sein Bündnis mit Nebukadnezar und zog damit die sofortige Vergeltung auf sich. Während die Babylonier nach Westen zogen, verkündete Jeremia in den Gleichnissen vom Töpfer (Jer 18) und vom zerbrochenen Krug (Jer 19), Judas Ende sei nahe – wie das Gefäß würde auch Jerusalem bald zertrümmert und ein Müllabladeplatz werden.

Jeremias Kühnheit und der Vorwurf, er untergrabe die jüdische Moral, brachten ihn in den Block (Jer 20). Obwohl er schon am nächsten Tag freigelassen wurde, kamen ihm ernsthafte Zweifel an seiner Berufung und seiner Botschaft, verursacht durch psychischen Stress und physischen Missbrauch in der Haft. Warum sollte der Herr ihn dazu führen Unterordnung zu predigen, wenn es doch traditionell das Prophetenwort in der Stunde bitterster Not gewesen war, sich auf den starken Arm Gottes zu verlassen, der erretten konnte und dies auch sicher wollte? König Zedekia und das Volk stellten die gleiche Frage. Sollte Jeremia, wenn die Babylonier wirklich kämen, nicht vielmehr seinen König und sein Volk zum Widerstand in der Kraft Gottes auffordern, statt sie durch scheinbar verräterische Aufforderungen zur Kapitulation zu überreden? Als Zedekia seinen Rat suchte, konnte ihm Jeremia nur zum Aufgeben raten. Der Grund war einfach: Gott hatte Jerusalems Zerstörung beschlossen; und dagegen konnte nichts unternommen werden.

Mitten in der Belagerung Jerusalems schien es eine Weile so auszusehen, als ob die falschen Propheten Recht behalten sollten, nicht Jeremia: Hofra von Ägypten (= Apries) fiel in Palästina ein und zwang Nebukadnezar, sich um seine hinteren Flanken zu kümmern (Jer 37, 11).[92] Die Babylonier zogen sich vorübergehend zurück und die Stadt gewann die nötige Ruhepause. Selbst Jeremia nutzte die Situation und versuchte, die Hauptstadt zu verlassen, um sich um Geschäfte in seiner Heimat Benjamin zu kümmern. Er wurde allerdings daran gehindert und angeklagt, zu den Babyloniern überlaufen zu wollen, so dass man ihn in ein Gefängnis warf (Jer 37, 15). Die Lage wurde immer schlimmer: Gerüchte über Jeremias scheinbar verräterische Ansichten und Taten führten dazu, dass man ihn in einer schlammigen Zisterne einkerkerte. Dort wäre er gewiss gestorben, hätte nicht der Kuschiter Ebed-Melech eingegriffen (Jer 38, 7-13).

Immer noch unter Arrest, bot Jeremia Zedekia einen letzten Rat an: »Gib auf! Dann werden du und deine Familie sowie die Stadt dem Tod und der Zerstörung entgehen« (Jer 38, 17-23). Zedekia war beinahe überzeugt. Allein sein Standesdünkel und die Erwartung, er müsse inmitten der sicheren Katastrophe den Anschein des Mutes bewahren, hinderten ihn daran, dem Gottesmann Glauben zu schenken. Diese Sturheit stürzte den König und sein ganzes Volk ins Verderben.

Im Jahr 587, kurz vor Jerusalems Untergang, erhielt Jeremia im Gefängnis Besuch von seinem Cousin Hanamel. Er bat Jeremia nachdrücklich, ihm einen Acker in Anatot abzukaufen (Jer 32, 6-15). Hanamel glaubte offenbar, dass er selbst bald ins Exil müsse, während Jeremia zurückbleiben und so für seinen Besitz sorgen könne. Jeremia war damit, nach Gottes Anweisung, einverstanden und befahl Baruch, die Schriftrolle, auf der die Transaktion festgehalten war, an sich zu nehmen und bis zum Ende des Exils in einem Tongefäß aufzubewahren. Dann könnten Jeremias Erben ihr Land und ihren Besitz einfordern.

---

[92] Malamat datiert diese Episode in »Last Kings.« *IEJ* 18, 1968, 152, auf das Frühjahr 587.

Jeremias Vorgehen bezeugte das Versprechen des Herrn, er werde sein Volk wieder ins Land bringen und mit ihnen einen neuen Bund schließen (Jer 32, 37 - 41). Jahwe würde selbst die Initiative ergreifen, um seinem Volk ein neues Herz zu schenken, eine neue Art, ihn zu lieben und ihm zu gehorchen. Das Land würde noch einmal Fülle und Segen erleben. Aus Tod und Trümmern der verfallenen Stadt würden neues Leben und neue Hoffnung entstehen. Die alten messianischen Verheißungen Jahwes sollten in Erfüllung gehen, wenn ein Erbe Davids für immer dessen Thron einnehmen würde (Jer 33, 14 - 18). Die Gegenwart war tatsächlich unbeschreiblich düster, aber in den Tagen der Wiederherstellung würde Jahwe seinen großartigen, umfassenden Plan durchführen, Israel und alle Nationen der Erde zu erlösen und zu erretten.

Schließlich traf der Gerichtstag, den Jeremia und seine Mitpropheten vorausgesagt hatten, ein. Jerusalems Mauern wurden durchbrochen und die Babylonier nahmen die Stadt ein. Zedekia floh um sein Leben zu retten. Er wurde allerdings gefasst, geblendet und in Ketten nach Babylon gebracht. Jerusalem wurde aller Schätze beraubt und niedergebrannt (Jer 39, 1 - 10). Inzwischen wurde Jeremia befreit, dem der babylonische Kommandant Nebusaradan freistellte, ob er mit nach Babylon ziehen oder in Juda bleiben wolle. Jeremia entschied sich für Letzteres. So wurde er Zeuge einer Reihe weiterer tragischer Ereignisse.

Bevor die Babylonier die Gegend verließen, setzten sie den probabylonischen Juden Gedalja als Gouverneur über die im Land bleibenden Bauern ein (Jer 40, 7). Er schlug sein Hauptquartier in Mizpa auf und regelte von dort Judas Angelegenheiten gemäß den Wünschen seiner babylonischen Herren. Doch war nicht jeder mit diesem Arrangement zufrieden und binnen kurzem leitete Jischmael ben Netanja eine Verschwörung, um Gedalja loszuwerden. Jischmael vertrat die Interessen Baalis, des Königs von Ammon.[93] Dieser blickte

---

[93] Eine wichtige, neue Bestätigung dieses Namens liefert L. G. Herr, »The Servant of Baalis.« *BA* 48, 1985, 169 - 172; H. O. Thompson und F. Zayadine, »The Works of Amminadab.« *BA* 37, 1974, 13 - 19, hatten Baalis zuvor richtig als Sohn Amminadabs identifiziert, der in einer Flaschen-Inschrift aus Tell Siran erwähnt wird.

offenbar neidisch auf die Aussichten eines halb-unabhängigen Judas, das schon jüdische Flüchtlinge aus den umliegenden Staaten anzuziehen begann, einschließlich seines eigenen (Jer 40,12).[94]

Als Johanan ben Kareach, ein jüdischer Armeeoffizier, die Nachricht von der Verschwörung hörte, bat er Gedalja um die Erlaubnis, Jischmael umzubringen, bevor das Komplott weiter gedeihe (Jer 40,13-15). Gedalja aber schenkte dem Bericht keinen Glauben und lehnte dies ab. Einige Monate später bewirtete Gedalja Jischmael und eine Gruppe seiner Kameraden in Mizpa, als sie sich plötzlich gegen den Gouverneur erhoben und ihn, einige seiner Beamten, sowie die babylonischen Soldaten töteten (Jer 41,1-3). Jischmael nahm Gefangene und zog nach Ammon. Bevor er allerdings Gibeon passieren konnte, wurde er von Johanan und dessen Anhängern aufgehalten. Johanan befreite die Gefangenen Jischmaels, doch dem Aufrührer und acht seiner Männer gelang die Flucht nach Ammon. Daraufhin zog Johanan südwärts nach Ägypten, denn er fürchtete, die Babylonier würden ihn und seine Gruppe für den Mord an Gedalja verantwortlich machen (Jer 41,16-18).

Auf ihrem Weg trafen sie Jeremia und baten ihn, bei Jahwe für sie einzutreten. Jeremia antwortete, sie sollten nicht nach Ägypten gehen, sondern im Land bleiben. Die Babylonier würden sie nicht bedrängen, da Jahwe mit ihnen sei. Zögen sie allerdings nach Ägypten, so würden sie unter Hungersnot und Schwert zu leiden haben (Jer 42).

Aber Johanan missachtete die Worte des Propheten und begab sich nach Ägypten. Mit ihm zogen auch die Mitglieder der königlichen Familie, die die Babylonier in Gedaljas Obhut zurückgelassen hatten. Selbst Jeremia und Baruch wurden gezwungen, mitzugehen und fanden sich schließlich in Tachpanhes (Tell Dafanne) im nordöstlichen Delta wieder (Jer 43,1-7).[95] Dort redete Jahwe zu dem

[94] Bartlett, »Edom and the Fall of Jerusalem.« *PEQ* 114, 1982, 18-19.

[95] Die historischen und geographischen Beschreibungen der jüdischen Siedlungen in Ägypten bestätigt E. D. Oren »Migdol: A New Fortress on the Edge of the Eastern Nile Delta.« *BASOR* 256, 1984, 31-32.

Propheten und offenbarte ihm, dass Nebukadnezar eines Tages an genau der Stelle, an der die Juden Zuflucht suchten, sein königliches Zelt aufbauen werde. Sein Gerichtsurteil, Ägypten zu zerstören, werde auch die Vernichtung der jüdischen Flüchtlinge bedeuten, die dort Asyl gesucht hatten.

Jeremia bereitete deshalb eine Nachricht vor, die in der jüdischen Diaspora, die sich über ganz Ägypten zerstreut hatte, verteilt wurde. Sie hatten sich größtenteils dem ägyptischen Lebensstil angepasst, auch den religiösen Systemen, und so ihre Identität und Rolle als Kinder des Bundes verleugnet. Dafür sollten sie wie ihre Vorfahren die Züchtigung des Herrn erfahren. Die jüdische Gemeinschaft in Ägypten werde bis auf einen Rest zerstört, der in ihr Heimatland zurückkehren sollte (Jer 44,1-14).

Wieder stieß Jeremias Warnung auf taube Ohren. Statt sich dem Herrn zuzuwenden, schworen die ägyptischen Juden, ihre heidnischen Wege fortzusetzen und von Ägyptens Göttern Segen und Schutz zu erwarten (Jer 44,15-19). Resigniert konnte Jeremia nur die Botschaft des Gottesgerichts wiederholen und die Ägypter warnen, dass sie wegen ihrer Sünden Gottes Zorn erleiden müssten. Hofra, der zu dieser Zeit regierte (589-570), werde an seine Feinde ausgeliefert werden. Die heidnische Schutzhütte Ägypten, unter der die ungehorsamen Juden Zuflucht gesucht hatten, werde krachend zu Boden stürzen (Jer 44,30).

Jeremias Geschichte endet hier (ca. 585), es folgt lediglich noch ein Verweis auf die Freilassung Jechonjas aus dessen babylonischer Gefangenschaft im Jahr 562 (Jer 52,31-34). Da gegenteilige Dokumente fehlen, ist anzunehmen, dass Jeremia den Rest seiner Tage in Ägypten verbrachte, wo er in der dortigen Exilgemeinde lebte und ihr diente. Warum er nach 585 von keinen Ereignissen mehr berichtet, ist nicht bekannt. Doch wie sein Hinweis auf die Befreiung Jechonjas zeigt, blieb er mit dem jüdischen Leben in der ganzen Welt in Verbindung.

# 14. Das Exil und die erste Rückkehr

## Überblick

### Wegführung des Volkes

Als die Babylonier im Jahr 605 v. Chr. Jerusalem zum ersten Mal einnahmen, leitete das eine Periode ein, die Jeremia als 70-jährige Gefangenschaft schildert. Sie begann in diesem Jahr und endete 539 mit dem Untergang Babylons.[1] Diese Jahrzehnte sind in der modernen Literatur unter dem Begriff »Exil« bekannt. Der Ausdruck ist sehr treffend, da er nicht nur die gewaltsame Wegführung der politischen, religiösen und wirtschaftlichen Elite der jüdischen Bevölkerung bezeichnet, sondern auch die Abwesenheit Jahwes. Die wirkliche Tragödie des Exils lag eben nicht in der Verschleppung des Volkes oder etwa der vollkommenen Zerstörung der Stadt und des Tempels, sondern im Weggang Jahwes aus der Mitte seines Volkes. Seine Abwesenheit wird in einer der Visionen Hesekiels deutlich: Er sah den Umzug der *Schekina*, der Herrlichkeit des Herrn, aus dem Tempel auf den Gipfel des Ölberges (Hes 11,23). In gewisser Weise war das Ende der jüdischen Gefangenschaft (539/538) nicht synonym mit dem Ende des Exils, denn Jahwe kehrte nicht gleichzeitig zurück, um einen neuen Tempel zu bewohnen. Die Propheten sagten vielmehr voraus, er werde erst im eschatologischen Zeitalter wiederkehren, wenn der Messias selbst die Herrlichkeit des Herrn sein werde (Hag 2,7-9).

Der Beginn der ersten Phase des Exils Judas war ungefähr zeitgleich mit Nebukadnezars (605-562) Thronbesteigung. Der junge Prinz hatte die Ägypter in der Schlacht von Karkemisch im Jahr 605 besiegt. Der frühe Tod seines Vaters hinderte ihn allerdings daran, sein Ziel weiter zu verfolgen, die Ägypter aus Palästina zu vertreiben.

---

[1] J. Bright, *Jeremiah*. Garden City, 1965, S. 160-161. Diese Zahl ist offenbar gerundet, da die Gefangenschaft in Wirklichkeit nur 66 Jahre dauerte. Sie ist aber genau genug, um von Daniel benutzt zu werden (Dan 9,1-2). Der Verweis auf die 70 Jahre in Sach 1,12 und 7,5 bezieht sich auf eine andere Periode: von der Zerstörung des Tempels 586 bis zum Wiederaufbau 515. Siehe D. L. Petersen, *Haggai and Zechariah 1-8*. Philadelphia, 1984, S. 149. Petersen datiert diese Zeit allerdings zwischen 590 und 520.

Es gelang ihm jedoch, Jerusalem einzunehmen und jüdische Gefangene mit in seine Hauptstadt zu nehmen.[2] Er machte Jojakim zum König Judas, was sich als unklug herausstellte, da Jojakim gegen die babylonische Oberherrschaft rebellierte. Nebukadnezar war gezwungen, 601 zurückzukehren und noch einmal 597, nachdem Jojakims Sohn Jojachin an die Macht gelangt war. Nebukadnezar schickte den jungen König ins Exil und dort blieb er bis zu seinem Tod. In der Zwischenzeit setzte Nebukadnezar Jojakims Bruder Zedekia auf den Thron. Auch dies erwies sich wegen Zedekias Eigensinn als politisch riskant. Nebukadnezar kam 586 wieder, zerstörte Jerusalem und den Tempel völlig und führte die Oberschicht der israelitischen Gesellschaft ins Exil.

## Leben in der Diaspora

Das Exil dauerte bis zu Kyros' Befreiungsdekret 538 und der ersten Rückkehr der Exulanten.[3] Über die Situation in Palästina zu dieser Zeit geben die Quellen wenig Auskunft, obwohl es Beweise für eine eher pessimistische allgemeine Lage gibt.[4] Die jüdischen Exulanten,

---

[2] Das Schweigen der babylonischen Aufzeichnungen zur Belagerung Jerusalems 605 (siehe Dan 1,1) genügt nicht, um sie zu widerlegen. Siehe D. J. Wiseman, »Some Historical Problems in the Book of Daniel.« *Notes on Some Problems in the Book of Daniel*, D.J. Wiseman et al., Hrsg., London, 1965, S. 18.

[3] Die Eroberung Babylons und die Ereignisse, die dazu führten, stellt A. T. Olmstead, *History of the Persian Empire*. Chicago, 1948, S. 49-58, dar. Siehe auch S. Smith, *Babylonian Historical Texts Relating to the Capture and Downfall of Babylon*. London, 1924.

[4] Siehe W. F. Albright, *The Biblical Period from Abraham to Ezra*. New York, 1963, S. 84-87. Vorschläge zur politischen Organisation bietet S. E. McEvenue, »The Political Structure in Judah from Cyrus to Nehemiah.« *CBQ* 43, 1981, 353-364. Siehe auch den Literaturüberblick von W. Schottroff, »Zur Sozialgeschichte Israels in der Perserzeit.« *VuF* 21, 1982, 46-68. M. Meissner, *Die Achämenidenkönige und das Judentum*. Berlin, 1938, S. 6-32; L. Cagni, »History, Administration and Culture of Achaemenid Mesopotamia.« *Monarchies and Socio-Religious Traditions in the Ancient Near East*, T. Mikasa, Hrsg., Wiesbaden, 1984, S. 55-62; H. P. Müller, »Phönizien und Juda in exilischer-nachexilischer Zeit.« *WdO* 6, 1970-71, 189-204.

die entweder vor oder während der Deportationen durch Nebukadnezar nach Ägypten gezogen waren, schienen das bessere Los gezogen zu haben. Sie waren allerdings, auch hier sind die Quellen sehr spärlich, beinah ausnahmslos auf einen Ort beschränkt: Elephantine.[5]

Über das jüdische Leben in Babylonien sind wir sehr viel besser informiert, da die biblische Literatur einige Hinweise bietet. Das Leben war insgesamt angenehm und das Volk passte sich bemerkenswert gut der neuen Umgebung an.[6] Dieses Urteil wird von den wenigen keilschriftlichen Berichten bestätigt, die das jüdische Leben beschreiben.[7] Y. Kaufmann meint, es gebe keine Beweise für Antisemitismus unter den Babyloniern. Die Juden hätten hingegen häufig materiellen Wohlstand genossen und seien sogar zu hohen politischen Ämtern aufgestiegen.[8]

---

[5] B. Porten, *Archives from Elephantine: The Life of an Ancient Jewish Military Colony.* Berkeley, 1968. Siedlungen an anderen Stellen Ägyptens behandelt E. D. Oren, »Migdol: A New Fortress on the Edge of the Eastern Nile Delta.« *BASOR* 256, 1984, 35-36. Zu den Inschriften von Elephantine siehe auch O. Rubensohn, *Elephantine-Papyri.* Berlin, 1907; E. Sachau, *Aramäische Papyrus und Ostraka aus einer jüdischen Militärkolonie zu Elephantine.* Leipzig, 1911.

[6] Zum Beispiel Jer 29,4-7; Hes 33,30-32. Eine gegenteilige Sicht vertreten J. M. Wilkie, »Nabonidus and the Later Jewish Exiles.« *JTS* 2, 1951, 36-44; I. Eph'al, »On the Political and Social Organization of the Jews in Babylonian Exile.« *ZDMG* 133, Supplement 5, XXI Deutscher Orientalistentag 1980, Wiesbaden, 1983, S. 106-112.

[7] Diese bestehen aus den Muraschu-Dokumenten und weiteren Materialien, die bei M. D. Coogan, »Life in the Diaspora: Jews at Nippur in the Fifth Century B.C.« *BA* 37, 1974, 6-12, zu finden sind; ders., *West-Semitic Personal Names in the Murasu Documents.* Cambridge, Mass., 1976. Diese Materialien wurden ursprünglich von H. V. Hilprecht und A. T. Clay veröffentlicht, *Business Documents of Murashu Sons of Nippur Dated in the Reign of Artaxerxes 1 (464-424 B.C.).* Babylonian Expedition 9, Philiadelphia, 1898.

[8] Y. Kaufmann, *History of the Religion of Israel.* Bd IV, New York, 1970, S. 9-11. Siehe auch J. Morgenstern, »The Message of Deutero-Isaiah in Its Sequential Unfolding.« *HUCA* 29, 1958, 5-6. Dass Juden sogar bevorzugt behandelt wurden, lässt sich an Jojachin erkennen, dem Evil-Merodach im Alter eine königliche Versorgung

Die meisten Juden, die zur Zeit des Dekrets von Kyros lebten, gehörten einer Generation an, die das Mutterland nicht aus erster Hand kannte und im Exil geboren war. Obwohl sie vielleicht noch an Jerusalem dachten und davon träumten, waren sie eher babylonisch geprägte Menschen. Nur die Idealisten unter ihnen und die ältere Generation sehnten sich nach dem verheißenen Land. Erstaunlich ist, dass Scheschbazar, Serubbabel und weitere Anführer der ersten Rückwanderungswelle die Mehrzahl der Juden nicht dazu bewegen konnten, sie nach Juda zu begleiten. Dies wird verständlich, wenn man die recht gastfreundliche Art des Lebens in Babylon vergleicht mit den düsteren Aussichten eines Neubeginns in einem Land des Todes und der Asche. Im Grunde geht es aber um die Anpassungsfähigkeit des Volkes. Wie zahllose andere Flüchtlingsvölker zeigte sich an ihnen die Flexibilität der menschlichen Psyche: Sie nahmen das Land und seine Kultur in sich auf und fühlten sich ihm so zugehörig, dass sie lieber darin bleiben, als in ihre ursprüngliche Heimat zurückkehren zu wollen.

Es wäre naiv, wollte man dagegen argumentieren, die Juden hätten unter den relativ angenehmen Bedingungen des babylonischen Exils leben können, ohne sie in sich aufzunehmen, da sie der jüdischen Kommunität und Tradition stark verbunden gewesen seien (und sind). Es setzt zudem ein stures Beharren in rein jüdischer Tradition oder strikte Isolation voraus, die dem, was über Juda im Exil bekannt ist, nicht entspricht. Die Juden haben in der Geschichte ihr Verlangen sowie ihr Können demonstriert, gute Bürger des Landes zu sein, das sie gerade bewohnen. Dies schließt Militärdienst, Erziehung, Kultur und, nicht zuletzt, Sprache ein. Die Juden des babylonischen Exils waren weder physisch noch intellektuell isoliert. Sie nahmen die

---

zugestand. Vergl. W. F. Albright, »King Jehoiachin in Exile.« *BAR*, Bd I, D. N. Freedman und G. E. Wright, Hrsg., Garden City, 1962, 106-107. Coogan meint in »Life in the Diaspora.« *BA* 37, 1974, 9-10, es gebe »keine Anzeichen von Diskriminierung oder Beschränkung aufgrund von Religion oder Volkszugehörigkeit. Juden sind an den gleichen vertraglichen Beziehungen zu gleichen Zinsen beteiligt, wie ihre nichtjüdischen Zeitgenossen in Nippur.« Obwohl die Umstände, die Coogan beschreibt, ein Jh. später als das eigentliche Exil liegen, gibt es keinen Grund zur Annahme, es habe im 6. Jh. erhebliche Unterschiede in der Behandlung der Juden gegeben.

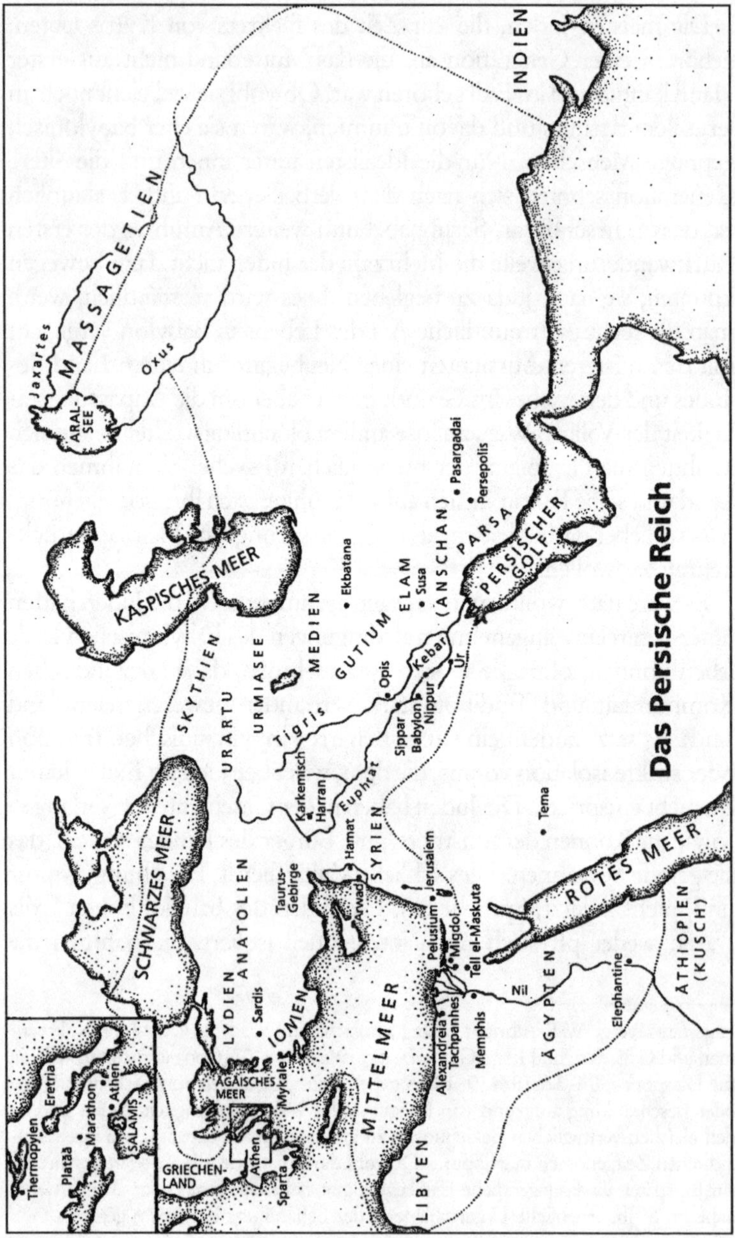
Das Persische Reich
INDIEN
MASSAGETIEN
Jaxartes
Oxus
ARAL-SEE
KASPISCHES MEER
SKYTHIEN
URARTU
URMIASEE
MEDIEN
Ekbatana
GUTIUM
ELAM
Susa
(ANSCHAN)
PARSA
Pasargadai
Persepolis
PERSISCHER GOLF
Tigris
Euphrat
Opis
Kebar
Ur
Sippar
Babylon
Nippur
Karkemisch
Harran
Hamat
SYRIEN
Tema
SCHWARZES MEER
LYDIEN
ANATOLIEN
Taurus-Gebirge
Arwad
Jerusalem
Sardis
IONIEN
Mykale
ÄGÄISCHES MEER
GRIECHENLAND
Athen
Sparta
MITTELMEER
Pelusium
Migdol
Tell el-Maskuta
Alexandreia
Tachpanhes
Memphis
Nil
ÄGYPTEN
Elephantine
ROTES MEER
ÄTHIOPIEN (KUSCH)
LIBYEN
Thermopylen
Platää
Marathon
Eretria
Athen
SALAMIS

Gesellschaft, in der sie lebten, tief in sich auf, achteten aber sorgfältig auf die Wahrung von Glauben, Lebensstil und Traditionen ihrer Vorfahren.[9] Besonders die Propheten Jesaja und Hesekiel sind Zeugen für die doppelte Teilhabe der Juden an den alten Wegen ihrer Vorfahren und an der neuen Welt, deren Bilder, Metaphern und Lebensmuster sie aufnahmen und für ihre heiligen Zwecke anwandten.[10] Sie redeten zu einem Volk, das in die Kultur seiner Zeit und seines Aufenthaltsortes eingetaucht war. Konnten die ewigen Ziele Gottes für sein Volk wie auch für Babylon besser mitgeteilt werden als in der Sprache, mit der sie vertraut waren? Die Sprache der Juden war sicher durchgehend hebräisch. Ihr Hebräisch war aber mit lexikalischen und literarischen Begriffen angereichert, die zweifellos ihren Ursprung in Babylons reichem kulturellen und religiösen Sprachschatz hatten.

## Heimkehr aus dem Exil

Als Gottes Zeit gekommen war, beendete er das Exil, und die Rückkehr begann, wenngleich nicht ohne Schwierigkeiten. Der Tod Nebukadnezars 562 ging dem rapiden Verfall des Neubabylonischen Reiches voraus und ebnete den Weg für Kyros und die Perser. Nebukadnezars Sohn und ineffektiver Nachfolger, Evil-Merodach (562-560),[11] entließ Jojachin von Juda aus der Verbannung und stat-

---

[9] A. J. Zuckerman, »The Coincidence of Centres of Jewry with Centers of Western Civilization.« *Shiv'im: Essays and Studies in Honor of Ira Eisenstein*, R. A. Brauner, Hrsg., New York, 1977, S. 99-116.

[10] Hesekiels Wissen über Babylon beruhte darauf, dass er Augenzeuge und wirklicher Teilnehmer war, während Jesaja solche Dinge, bes. in den Kapiteln 40-55, nur voraussagte. Siehe E. H. Merrill, »The Language and Literary Characteristics of Isaiah 40-55 as Anti-Babylonian Polemic.« Ph. D. Dissertation, Columbia University, 1984.

[11] Über seine Herrschaft siehe H. Sack, *Amel-Marduk, 562-560 B.C.: A Study Based on Cuneiform, Old Testament, Greek, Latin and Rabbinical Sources.* Neukirchen, 1972.

tete ihn bis zu seinem Tod mit einer königlichen Pension aus. Der nächste Regent war Evil-Merodachs Schwager Neriglissar (560-556), der den Zusammenbruch des Reiches ebenso wenig verhindern konnte wie sein unglücklicher Sohn Labaši-Marduk, der von Menschen ermordet wurde, die die Macht des Gottes Marduk mindern wollten. Sie setzten Nabonidus auf den Thron (555-539),[12] der den Mondgott Sin verehrte, dessen Kultzentren sich in Ur und Haran befanden. Dies entfremdete ihn sowohl dem Klerus als auch der Bevölkerung Babylons, denn dort war das Zentrum der Marduk-Anbetung. Natürlich missfiel dies auch Marduk selbst, wie viele Inschriften mitteilen, so dass er Wege suchte, Nabonidus zu entfernen und einen »Hirten« zu finden, der die babylonische Herde treuer führen würde.[13]

Solch ein Hirte war Kyros von Anschan. Er hatte die mächtigste politische und militärische Streitkraft geschaffen, die die Welt bis dahin gekannt hatte.[14] Nach einigen blitzartigen Schlägen gegen seine Feinde konnte Kyros 539 Babylon umzingeln und fast ohne Gegenwehr einnehmen. Nabonidus war es zur Gewohnheit geworden, der Hauptstadt fernzubleiben. Er tat dies sogar (oder gerade) zu Neujahr, weil der König an den traditionellen Riten als Hauptperson teilnehmen musste. Er war so oft und so lange nicht in Babylon, dass *de facto* die Kontrolle in Händen seines Sohnes Belsazar lag. Dieser

---

[12] Diese Serie von Ereignissen wird bei S. Smith dokumentiert, *Babylonian Historical Texts Relating to the Capture and Downfall of Babylon.* London, 1924. Siehe auch R. P. Dougherty, *Nabonidus and Belshazzar.* New Haven, 1929; Olmstead, *History.* S. 34-38. Zur Regierung des Nabonidus siehe jetzt P.-A. Beaulieu, *The Reign of Nabonidus, King of Babylon (556-539 B.C.).* New Haven, 1989.

[13] Ein Stück Propaganda (der so genannte »persische Versbericht von Nabonidus«), der die Sünden des Nabonidus detailliert aufzählt und Kyros' Ernennung durch Marduk berichtet, findet sich bei Smith, *Babylonian Historical Texts,* S. 82-97 und in J. B. Pritchard, *ANET,* Princeton, 2. Aufl., 1955, S. 312-315. Auch der berühmte Zylinder von Kyros verdeutlicht dies, siehe *TUAT,* Bd I, S. 408-410. Die Transliteration des Textes findet sich bei F. H. Weissbach, *Die Keilinschriften der Achämeniden.* Leipzig, 1911, S. 2-7.

[14] S. Langdon, *Die Neubabylonischen Königsinschriften.* Leipzig, 1912, S. 252-261, n.6 (Nabon), bes. 1.29-35.

unglückselige Vizekönig hatte beim Untergang seiner Stadt und bei der Ankunft des persischen Kommandanten und Gouverneurs von Gutium, Gubaru, die Befehlsgewalt. Belsazar starb offenkundig während des Konfliktes oder kurz darauf.[15] Nabonidus wurde gefangen genommen, aber unmittelbar danach begnadigt. Zwei Wochen später zog Kyros triumphierend in die Stadt ein und feierte, dass ihm der letzte Schritt zur nahezu universellen Hegemonie geglückt war.[16]

Kyros verfolgte die einsichtige und wohltätige Politik, allen gefangenen Völkern die Rückkehr in ihre Heimat zu erlauben, was natürlich auch die Juden einschloss. Sie sahen in diesem Erlass das Wirken Gottes, der sein prophetisches Wort erfüllte. Die Befreiung war für sie nicht weniger bedeutsam und kein geringeres Wunder als der Auszug aus Ägypten unter Mose. So ist auch die Sprache der Propheten, zum Beispiel in Jesaja 40-66, voller Motive, die an den Exodus erinnern. Auch wenn die Mehrheit der Exilgemeinde sich wohl bequem in Babylon niedergelassen hatte, hatten aber die Menschen, die einen Blick für die ewigen Ziele Gottes hatten, in der Gefangenschaft eine Strafe gesehen und in der Aussicht auf Rückkehr ein sicheres Zeichen, dass Gott sein Volk nicht verlassen hatte.

## Die Welt während des Exils

### Verfall und Untergang Babylons[17]

Binnen eines Jahres nach Jerusalems Eroberung hatte Nebukadnezar die Insel von Tyrus belagert. Sidon, Arvad und das Festland von Tyrus hatte er schon in seiner Hand.[18] Die Belagerung dauerte

[15] Dougherty, *Nabonidus and Belshazzar*, S. 174-175.

[16] Olmstead, *History*, S. 38-51.

[17] R. Labat, »Assyrien und seine Nachbarländer.« *Fischer Weltgeschichte*, Bd IV, Frankfurt, 1980, S. 100-111. K. Galling, *Studien zur Geschichte Israels im persischen Zeitalter.* Tübingen, 1964, S. 1-60.

[18] H.J. Katzenstein, *The History of Tyre.* Jerusalem, 1973, S. 330-331.

13 Jahre, doch selbst nachdem sich die Insel schließlich 573 ergeben hatte; konnten die Babylonier nur wenig Nutzen aus ihren Mühen ziehen. Als »Kompensation« zog Nebukadnezar 568 nach Ägypten und verwüstete einen großen Teil des Nil-Tales. Nur das westliche Delta scheint unbeeinträchtigt geblieben zu sein.

Die restlichen Jahre Nebukadnezars sind, was die außerbiblischen Quellen betrifft, in Dunkel gehüllt. Klar ist, dass er 562 starb und ihm sein Sohn Evil-Merodach folgte. Letzterer war für die Freilassung Jojachins aus dem babylonischen Gefängnis verantwortlich. Ansonsten steht der Bericht seiner Herrschaft in eher negativem Licht. Nach nur zwei Jahren Regentschaft wurde er vom Ehemann seiner Schwester, Neriglissar, ermordet.

Nerigilissar unternahm wenigstens einen großen Feldzug über die Taurus-Gebirgskette hinaus, möglicherweise der Gegenzug zu einem Vorstoß der Meder nach Zentral-Anatolien. Neriglissar vollendete auch einige beeindruckende Bauprojekte. Seine Herrschaft war jedoch nur kurz (560-556). Sein junger Sohn und Nachfolger, Labaši-Marduk, hatte erst einen Monat regiert, als er erschlagen wurde.

Welche Rolle Nabonidus beim Tod Labaši-Marduks spielte, ist unbekannt. Jedenfalls fand er sich auf dem Thron Babylons als Nachfolger der Dynastie Nabopolassars wieder, die genau 70 Jahre gedauert hatte.[19] Nabonidus war der Sohn eines Edelmannes namens Nabû-balassu-iqbi und einer Hohenpriesterin des Mondgottes Sin, Adda-guppi'. Sie erreichte ein sehr hohes Alter und beeinflusste als erfolgreiche kultische Führungsperson das religiöse Leben ihres Sohnes sehr. Daher spielte sie auch beim Untergang Babylons eine entscheidende Rolle.[20]

---

[19] Olmstead, *History*, S. 35-36.

[20] P.B. Ackroyd, *Exile and Restoration*. Philadelphia, 1968, S. 19-20. Siehe auch R. Labat, »Assyrien und seine Nachbarländer.« *Fischer Weltgeschichte*, Bd IV, S. 103-110. Für die in diesem Kapitel beschriebene Periode siehe besonders K. Galling, *Studien zur Geschichte Israels im Persischen Zeitalter*. Tübingen, 1964, S. 1-60.

Wenn Nabonidus mit dem hohen Beamten gleichen Namens in Nebukadnezars achten Jahr (597) identisch ist, muss er 555 schon in fortgeschrittenem Alter gewesen sein.[21] Dies ist sehr gut möglich, da seine Mutter, die 547 starb, im Jahr 650 geboren worden war.[22] Einige Wissenschaftler setzen Nabonidus auch mit Labynetos gleich, der 585 einen Disput zwischen den Lydern und Medern schlichtete.[23]

Nabonidus war ein Anhänger des Mondgottes Sin, was keine ernsthaften Schwierigkeiten bereitete, so lange er nur Untertan war, wenn auch ein wichtiger. Erst als er König von Babylon wurde, änderte sich die Lage drastisch: Babylon hatte sich der Marduk-Verehrung, der Hauptgottheit des babylonischen Götterhimmels, verschrieben. Sofort entbrannte ein Konflikt, der nicht nur Nabonidus ruinieren sollte, sondern das gesamte babylonische Reich.

Die Krise ließ nicht auf sich warten: Schon im Jahr seiner Thronbesteigung berichtete Nabonidus von einem Traum, worin Marduk ihm befohlen habe, den verfallenen Tempel Sins wiederaufzubauen, den so genannten E-ḫul-ḫul.[24] Dies war zweifellos ein Versuch des neuen Königs, die Einführung der Sin-Anbetung im religiösen Zuständigkeitsbereich Marduks zu rechtfertigen und den Verdacht der Priester und des Volkes zu zerstreuen, dies könne unangemessen sein.

In seinem ersten vollen Regierungsjahr (555), als er seine Kritiker wenigstens vorübergehend beruhigt hatte, unternahm Nabonidus

---

[21] Dougherty, *Nabonidus and Belshazzar*, S. 31; R. Labat »Assyrien und seine Nachbarländer.« *Fischer Weltgeschichte*, Bd IV, S. 103.

[22] A. K. Grayson, *Assyrian and Babylonian Chronicles*. Locust Valley, 1970, S. 107, Nabonidus Chronicle 2.13-14. Siehe auch *ANET*, 311-312, über die Inschrift der Basaltstele des Nabonidus, die das Leben der Familie vom 21. Jahr Assurbanipals bis ins 9. von Nabonidus wiedergibt. Siehe auch B. Landberger, »Die Basaltstele Nabonid's von Eski-Harran.« *Halil Edhem Hatira Kitabi*. Ankara, 1947, S. 115ff.

[23] D.J. Wiseman, *Chronicles of Chaldaean Kings (626-556 B.C.) in the British Museum*. London, 1961, S. 39; R. Labat, »Assyrien.« *Fischer Weltgeschichte*, Bd IV, S. 102.

[24] A. L. Oppenheim, »Historical Texts«, in Pritchard, *ANET*, S. 310.

seinen ersten Feldzug nach Nordwesten, der zur Eroberung Hamats und Harans führte. In seinem dritten Jahr war er wieder in Syrien und konnte andere Städte dieser Region einnehmen. Besonders interessant war für ihn Haran, das zusammen mit der antiken Stadt Ur das Zentrum der Sin-Anbetung war. Vorher hatte er einen Vertrag mit Kyros gegen die Meder abgeschlossen, in deren Händen sich Haran zu dieser Zeit befand. Die Meder hatten daraufhin die Stadt verlassen, um die Perser zu bekämpfen. Dies gab Nabonidus die Möglichkeit, in die Stadt vorzudringen und sie selbst zu beanspruchen.[25]

Sofort begann Nabonidus, Haran als Kultzentrum wieder aufzubauen. Er errichtete eine große Statue des Mondgottes und stellte den E-ḫul-ḫul-Tempel wieder her. Dies verstärkte die Verdächtigungen der babylonischen Geistlichkeit weiter. Es war ihnen klar geworden, dass Nabonidus nicht nur versuchte, Sin zu höherer Stellung zu verhelfen, sondern Marduk ganz durch ihn zu ersetzen.[26] Die Lage wurde für Nabonidus so unangenehm, dass er in seinem sechsten Jahr (550) freiwillig zehn Jahre ins Exil nach Tema ging, der großen Oase in der syrisch-arabischen Wüste östlich des Roten Meeres.[27]

Nabonidus dankte aber keineswegs ab, sondern überließ die alltäglichen Regierungsgeschäfte seinem Sohn Bel-šar-uṣur (= Belsazar). Die gesamte Periode ist leider nur begrenzt dokumentiert.[28] Klar ist

---

[25] S. Smith, *Isaiah, Chapters XL-LV.* London, 1944, S. 33.

[26] Dies wird in dem so genannten »persischen Versbericht von Nabonidus« ausgedrückt. Siehe Smith, *Babylonian Historical Texts*, S. 88, persischer Versbericht 2.10-17; *ANET*, S. 312-315.

[27] Dies lässt sich aus der Tatsache annehmen, dass die Nabonidus-Chronik im sechsten Jahr über diese Sache schweigt, sie ihn aber im siebenten Jahr (549) in Tema plaziert, siehe Grayson, *Assyrian and Babylonian Chronicles*, S. 16, Nabonidus Chronicle 2.5; W. Röllig, »Nabonid und Tema.« *Compte Rendue de l'onzième Recontre Assyriologique Internationale.* Bd XI, Leiden, 1964, S. 21-32.

[28] Siehe jedoch Dougherty, *Nabonidus and Belshazzar*, S. 96-97, 133; G. F. Hasel, »The Book of Daniel: Evidences Relating to Persons and Chronology.« *AUSS* 19, 1981, 42-45; A. R. Millard, »Daniel 1-6 and History.« *EQ* 49, 1977, 71-72.

jedoch, dass Nabonidus in der Zeit seiner Abwesenheit von Babylon mit militärischen Angelegenheiten beschäftigt war, die besonders gegen die arabischen Stämme gerichtet waren, die immer deutlicher in Erscheinung traten und für Ärger sorgten.[29] Er entwickelte allerdings auch Interesse an Antiquitäten, sammelte und restaurierte Kunstobjekte und baute Tempelruinen und andere altertümliche Bauwerke wieder auf.[30] Von Belsazar ist fast nichts bekannt, bis zu jener schicksalhaften Nacht 539, als er die Schrift an der Wand wahrnahm, die seinen Untergang voraussagte.

Während Nabonidus zehn Jahre in Tema verbrachte (550-539), baute Kyros sein Reich mit Eifer auf. Bald fehlte nur noch Babylon in seinem großen Herrschaftsgebiet. Im Herbst 539 nahm er die Stadt Opis am Tigris ein. Am 10. Oktober eroberte er Sippar, das keinen Widerstand leistete. Im Jahr 539 war Nabonidus nach Babylon zurückgekehrt, und zwar gerade rechtzeitig, um den Zusammenbruch dieser berühmten Stadt mitzuerleben: Widerstandslos ergab sie sich Gubaru, dem Gouverneur von Gutium und Kommandanten der persischen Armee am 12. Oktober. Zwei Wochen später, am 29. Oktober 539, zog Kyros selbst friedlich in die Stadt ein. Er verbot Zerstörungen, ernannte Gubaru zum Gouverneur und ließ die religiöse und zivile Verwaltung Babylons unverändert.[31]

## Ursprünge des Perserreiches

Kyros' Wurzeln reichen sowohl zu den Medern als auch den Persern. Beide waren Nachkommen arischer Stämme, die aus Russland südwärts zur urartuanischen Hochebene gezogen waren. Um 1000

---

[29] W.F. Albright, »The Conquests of Nabonidus in Arabia.« *JRAS*, 1925, 293-295.

[30] W.L. Reed, »Nabonidus, Babylonian Reformer or Renegade?« *LexTQ* 12, 1977, 24.

[31] Grayson, *Assyrian and Babylonian Chronicles*, S. 109-111, Nabonidus Chronicle 3.12-28.

v. Chr. hatten sie sich nahe dem Urmia-See niedergelassen, im Nordwesten des heutigen Iran. Die Meder zogen allmählich ostwärts und besetzten den Westen Irans, südlich des Kaspischen Meeres. Die Perser wanderten weit in den Südosten und siedelten sich im Südwesten des Iran an, dem Persischen Golf zu.[32]

Die königliche Linie, der Kyros entstammte, wurde von Achaimenes gegründet (700-675)[33] und ist als »achämenidische« Dynastie bekannt. Ein Sohn des Achaimenes, Teispes (675-640), dehnte die Grenzen Parsas (Persiens) im Süden bis nach Pasargadai aus. Da sein Machtbereich sehr umfangreich war, teilte Teispes ihn unter seinen beiden Söhnen auf: Ariaramnes übernahm den Süden, Kyros I. den Norden. Er erlangte auch die Unabhängigkeit von den Medern wieder, die Parsa um 670 zum Vasallen-Staat gemacht hatten.

Die Linie des Ariaramnes (640-615) schloss die Herrscher Arsames, Hystaspes und Darius Hystaspes ein, während aus der des Kyros I. (640-600) Kambyses I. (600-559) hervorging und jener Kyros II. (559-530), der allgemein als Reichsgründer angesehen wird. Kambyses regierte Parsa, nachdem es wieder medische Provinz geworden war. Er heiratete die Tochter des Mederkönigs Astyages. Kyros II., als Nachkomme dieser Verbindung, vereinte die Königshäuser Mediens und Persiens in sich.

Der medische Zeitgenosse des Persers Achaimenes war Deiokes, von dem wenig bekannt ist. Sein Sohn Phraortes (675-653) war es, der Parsa ungefähr 670 zum Vasallen-Staat gemacht hatte. Mit seinem Tod in der Schlacht gegen die Assyrer 653 öffnete sich für Teispes wieder der Weg in die Unabhängigkeit. Der medische Thron blieb wegen der skytischen Vorherrschaft im nordwestlichen Iran von 653 bis 625 unbesetzt. Kyaxares überwältigte die Skythen

---

[32] R. Ghirshman, *Iran.* Hammondsworth, 1954, S. 90-96. Siehe auch W. Hinz, *Darius und die Perser.* Baden-Baden, 1976. Für die Regierungszeiten der persischen Könige siehe Anhang, Tabelle 9.

[33] Für die folgenden Ausführungen bis zu Kyros II. siehe Ghirshman, *Iran*, S. 95-126; K. Galling, *Studien zur Geschichte Israels im persischen Zeitalter.* Tübingen, 1964, S. 24-42.

und Assyrer und brachte ganz Nord-Mesopotamien unter medische Kontrolle, dazu den Iran. Er unterwarf auch Persien und setzte Kambyses in dieser Provinz als Gouverneur ein. Auf Kyaxares folgte sein Sohn Astyages (558-550), dessen Tochter den Perser Kambyses heiratete und die Mutter des großen Kyros II. werden sollte.

Kyros II. selbst war ein Vasall seines Großvaters und regierte über ein als »Anschan« bekanntes Gebiet.[34] Er machte Pasargadai zu seiner Hauptstadt[35] und begann die Perserstämme, die sich zuvor einer Versöhnung widersetzt hatten, zu einen. Er schloss auch ein Bündnis mit Nabonidus von Babylonien, was einer Rebellion gegen Astyages gleichkam, da die Babylonier mittlerweile erbitterte Feinde der Meder waren. Als Astyages ihn in seine Reichshauptstadt Ekbatana[36] rief, weigerte sich Kyros, dorthin zu ziehen. Der alte König griff seinen eigensinnigen Enkel an; die Armee des Astyages wurde jedoch abtrünnig und in einem meisterhaften Schachzug zog Kyros gegen Ekbatana, nahm seinen Großvater gefangen und machte Medien selbst zur persischen Provinz.

Kyros II. erhob sofort Anspruch auf alle Gebiete der Meder, was unmittelbar zur Konfrontation mit Lydien führte, einem mächtigen Königtum in West-Kleinasien, an der Ägäis. Zu dieser Zeit stand es unter der Herrschaft von Kroisos, einem Herrscher, dem die klassische griechische Literatur sagenhaften Reichtum zumaß. Kroisos erahnte die Eroberungs-Ambitionen des schon berühmten Persers. Er marschierte nach Osten, um Kyros von der hellenistischen Einfluss-Sphäre fernzuhalten. Kyros zwang ihn zum Rückzug in seine Hauptstadt Sardis und besiegte ihn dort 547. Dann machte er das Königreich des Kroisos zur neuen persischen Satrapie (= persische Provinz, von einem Statthalter verwaltet) Saparda und knüpfte mit

[34] Olmstead, *History*, S. 34-51; Smith, *Isaiah*, S. 35-48.

[35] Zu den Funden der Stadt siehe E. M. Yamauchi, *Persia and the Bible*. Grand Rapids, 1991, S. 315-334.

[36] Zur Geschichte der Stadt siehe ebd., S. 305-314.

den Griechen dieser Gegend freundschaftliche Bande. Sie sollten ihm später als Verbündete und Söldner dienen.

Durch das Exil Nabonidus' in Tema begann inzwischen der Zerfall Babylons unter dem inkompetenten Belsazar. Viele babylonische Provinzen fielen Persien zu, z. B. Elam. Kyros II. sandte 539 eine Armee unter seinem General Gubaru nach Babylon, um es einzunehmen.[37] Die Stadt fiel kampflos. Kyros machte sie sofort zur Hauptstadt einer weiteren persischen Satrapie, Babirus, die Syrien, Phönizien und Palästina unter ihrer Jurisdiktion vereinte.

Babylon kapitulierte vor Kyros unter anderem wegen der bitteren Feindschaft gegen Nabonidus und seinen Sohn, die in deren religiösen Haltung gegen Marduk begründet war. Kyros dagegen galt als von Marduk gesandt. Denn er hatte sich den Ruf erworben, ein aufgeklärter Herrscher mit sehr konzilianten Ansichten zu sein und behielt in den eroberten Ländern den *status quo* bei, soweit es nicht seine Souveränität gefährdete. Ein Merkmal seiner Politik war daher, die Gottheiten der besiegten Völker anzuerkennen und nicht zu versuchen, ihnen seine eigenen Götter aufzuzwingen. Deshalb wurde über ihn gesagt, er käme auf ausdrücklichen Wunsch Marduks nach Babylon, denn Marduk sei verärgert über Nabonidus' Respektlosigkeit und wolle ihn durch einen anderen König ersetzen. Dieser solle ein Hirte sein, der Marduks Menschenherde treuer umsorge; und dieser Hirte sei kein anderer als Kyros II.

Seine aufklärerische Politik beeinflusste auch das Schicksal der jüdischen Gemeinde in Babylonien. Kyros erwies ihrem Gott Jahwe die gleiche Achtung wie Marduk und all den anderen Gottheiten. Eine logische Konsequenz dieser Politik war der Erlass, der den

---

[37] Die Nabonidus-Chronik berichtet, dass am 16. Tag des Monats Taschritus »Ugbaru, der Gouverneur der Guti und die Armee von Kyros ohne Kampf in Babylon einzogen« (3.15-16). Weiter wird erzählt, dass »Gubaru, sein Gebietsoffizier, die Gebietsoffiziere in Babylon ernannte« (3.20), und Ugbaru »in der Nacht zum Elften des Monats Marchesvan starb« (3.22). W. H. Shea argumentiert, Ugbaru und Gubaru seien ein und dieselbe Person. Beide seien von dem Gubaru, der von Kyros einige Zeit später zum Satrapen ernannt wurde, zu unterscheiden, »Darius the Mede: An Update.« *AUSS* 20, 1982, 245; siehe dazu auch L. L. Grabbe, »Another Look at the Gestalt of ›Darius the Mede‹.« *CBQ* 50, 1988, 198-213.

Juden die Rückkehr in ihr Heimatland erlaubte. Nur wenn der Tempel in Jerusalem wiederhergestellt würde, konnte Jahwe wirklich als Judas Gott angebetet werden. Kyros, ernsthaft bemüht, sich Jahwes Gunst zu sichern, erlaubte dem jüdischen Volk die Heimkehr und gab ihnen Befugnis und Mittel, ihre Stadt samt dem Tempel wieder, ihrem Gott angemessen, aufzubauen.

Nach diesem Dekret 538 bewahrte und vergrößerte Kyros II. sein ungeheures Reich weiter. Er starb 530 in einer Schlacht gegen die Massageten im Fluss-Tal des Jaxartes in Zentral-Asien.

## Das jüdische Volk während des Exils

### In Juda

Trotz all dieser umwälzenden Ereignisse in der Welt hatte Gottes auserwähltes Volk seine Identität gewahrt, obwohl es sich nicht mehr als Nation an einem Ort befand. Der unglückliche Rest, der weder nach Babylon deportiert worden war (605, 597 und 586), noch unter Johanan nach Ägypten geflohen war, bestand aus nicht mehr als vielleicht 20.000 Personen.[38] Wie Jerusalem lagen alle großen Städte in Schutt und Asche. Die Landbevölkerung fristete mühsam ihr Dasein als Kleinbauern oder Viehzüchter. Einen Einblick in ihr elendes Dasein bekommt man durch Jeremias Klagelieder, die zwar poetisch, aber realistisch darstellen, wie das Leben auch des Durchschnittsbürgers ausgesehen haben mag. Eine andere Quelle ist Hes 33,21-29.

Man darf allerdings nicht daraus schließen, in Juda habe es keinen Gemeinschaftssinn mehr gegeben.[39] Sicher war man bestrebt, Häuser und Städte, aber auch die Infrastruktur des sozialen Lebens wieder

---

[38] Albright, *Biblical Period*, S. 87; S. S. Weinberg, »Post-Exilic Palestine: an Archaeological Report.« *Proceedings of the Israel Academy of Sciences & Humanities* 4, 1971, S. 78-97.

[39] Eine gute Einschätzung der Lage Judas zur Zeit des Exils bietet Ackroyd, *Exile and Restoration*, S. 20-21. Siehe auch H.-P. Müller, »Phönizien und Juda in exilisch-nachexilischer Zeit.« *WdO* 6, 1970-71, 189-204.

aufzubauen. In der Provinzstruktur, die Babylon dem Land aufgezwungen hatte, bildete sich eine Art Lokalregierung. Außerdem verschwand der Kult nicht ganz, obwohl er mit der Zerstörung des Tempels eine neue Form angenommen haben muss. Höchstwahrscheinlich entstanden Einrichtungen, ähnlich den späteren Synagogen in der Diaspora, die das Bedürfnis der Menschen nach gemeinsamer Anbetung und nach dem Studium der Tora befriedigten.[40] Doch im Großen und Ganzen schweigen die biblischen Texte über die Aktivitäten der nicht-exilischen Gemeinde.

## In Babylon

Obwohl natürlich Juda die geographische Verankerung des Bundesvolkes blieb, wurde ironischerweise Babylon seine historische und intellektuelle Heimat, nicht nur in den Jahrzehnten des Exils, sondern auch in den kommenden Jahrhunderten. Babylon war in den ersten Jahrhunderten der christlichen Ära Zentrum einer blühenden religiösen Gemeinde, die ihre eigene, von Jerusalem und Alexandria unabhängige, jüdische Tradition entwickelt hatte. Fromme Schreiber und Gelehrte schufen dort einen babylonischen Talmud und eine babylonische masoretische Schule, in der biblische Manuskripte mit örtlich geprägten Eigenarten hergestellt wurden.[41]

---

[40] Verschiedene Vorschläge sind zu finden bei S. Zeitlin, »The Origin of the Synagogue.« *The Synagogue: Studies in Origins, Archaeology, and Architecture*, J. Gutmann, Hrsg., New York, 1975, S. 14-26; zur Entwicklung der Synagoge siehe auch K. Hruby, *Die Synagoge – geschichtliche Entwicklung einer Institution.* Zürich, 1971; M. Noth, »Die Katastrophe von Jerusalem im Jahre 587 v. Chr. und ihre Bedeutung für Israel.« *Gesammelte Studien zum Alten Testament*, München, 3. Aufl., 1966, S. 346-371; P.B. Ackroyd, *Israel under Babylon and Persia.* London, 1970, S. 27-28.

[41] S. Safrai, »Das Zeitalter der Mischna und des Talmuds (70-640).« *Geschichte des jüdischen Volkes: Von den Anfängen bis zur Gegenwart*, H.H. Ben-Sasson, Hrsg., München, 3. Aufl., 1994, S. 377-384. Eine Beschreibung des babylonischen Exils als florierende jüdische Zeit findet sich bei D. W. Thomas, »The Sixth Century B.C.: A Creative Epoch in the History of Israel.« *JSS* 6, 1961, 33-46.

Dies überrascht nicht sonderlich, da die Exulanten die politische, intellektuelle und religiöse Elite waren und das jüdische Leben daher stark prägten. Sie begannen in ihren eigenen Ghettos zu leben. Als sich abzeichnete, dass sie eine lange Zeit dort verbringen würden, begannen sie sich niederzulassen, Besitz zu erwerben und Handel zu treiben. Einige von ihnen versuchten anfangs, sich dem zu widersetzen, doch mit der Zeit sahen sie in friedlicher Koexistenz die einzige praktikable Lösung.[42] Und in der Tat fühlten sie sich so wohl, dass die Mehrheit von ihnen nicht nach Juda zurückkehrte, als Kyros II. ihnen den Weg dazu ebnete.

## Die Sicht Hesekiels

Den besten Einblick in das Leben im babylonischen Exil liefert der Prophet Hesekiel, der seinen gesamten Dienst dort verrichtete. Wie Jeremia war auch Hesekiel Priester, was durch sein Zeugnis (1, 3) und sein großes Interesse an Kult-Angelegenheiten deutlich wird. Seine Schriften sind für eine historische Rekonstruktion besonders geeignet, da sie größtenteils chronologisch geordnet und mit Daten versehen sind.[43]

Einleitend berichtet der Prophet, dass er sich im 30. Jahr bei den Exulanten am Fluss Kebar befand. Der Kebar ist der *nār kabari*, der auch in babylonischen Dokumenten erwähnt wird, ein Kanal, der vom Euphrat abzweigt.[44] Die Zeitangabe »30. Jahr« bezieht sich wohl

---

[42] J. Bright, *Geschichte Israels.* Düsseldorf, 1966, S. 354 - 355; W. D. Shea, »Daniel 3: Extra-Biblical Texts and the Convocation on the Plain of Dura.« *AUSS* 20, 1982, 30 - 32.

[43] Einen gründlichen Rückblick auf all diese Daten bieten K. S. Freedy und D. B. Redford, »The Dates in Ezekiel in Relation to Biblical, Babylonian and Egyptian Sources.« *JAOS* 90, 1970, 462 - 485.

[44] Heute ist er als *šaṭṭ en-nîl* bekannt, siehe W. Zimmerli, *Ezechiel 1: Ezechiel 1 - 24.* Neukirchen, 1969, S. 83; H. Donner, *Geschichte des Volkes Israel und seiner Nachbarn in Grundzügen.* Bd II, Göttingen, 1986, S. 384.

auf Hesekiels eigenes 30. Lebensjahr.[45] Dies war das Jahr 593 v. Chr., das fünfte Jahr des Exils Jojachins (1, 2). Diese Gewohnheit, Ereignisse nach dem Exil Jojachins zu datieren, stützt das Argument,[46] dass Jojachin als wahrer Erbe Davids betrachtet wurde, nicht Zedekia.[47]

Der Herr beauftragte Hesekiel, sich um die Exilgemeinde am Kebar zu kümmern, besonders um die Siedlung Tel-Abib (3, 15).[48] Seine Botschaft an die Exulanten hatte mit Jerusalems nahe bevorstehender Zerstörung zu tun. Zweifellos glaubten sie, die heilige Stadt werde bestehen bleiben. Hesekiel musste ihnen deutlich machen, dass Jerusalem nur so lange unbesiegbar war, so lange Gottes Volk treu blieb. Sie aber waren Jahwe untreu geworden. Die Lage in Jerusalem war schlimmer als je zuvor, so dass nur noch Gottes Gericht folgen konnte. Hesekiel veranschaulichte dies drastisch: Er zeichnete das Bild einer belagerten Stadt (4, 1-3), schor sein Haar (5, 1-4) und fertigte Sklaven-Ketten (7, 23-27), alles Zeichen für den bevorstehenden Untergang Zions. Im Jahr 592, im sechsten Jahr, saß Hesekiel mit dem jüdischen Ältestenrat in seinem Haus, als der Herr ihn in einer Vision nach Jerusalem führte. Dort wurde er Zeuge einer Reihe abscheulicher religiöser Perversionen, die Judas Führer im heiligen Tempel verübten (8). Die Cherubim und die Herrlichkeit Gottes verließen daraufhin den Tempel und schwebten über den Ölberg. Dies bedeutete, dass die Vernichtung der Stadt und des Tempels beschlossen waren. Doch bevor Hesekiel den Auszug der *Schekina* sah, hörte er die gleiche Verheißung wie alle seine prophetischen Vorgänger: Gottes Volk werde wegen seiner Sünde in trostlose Gefangenschaft und Sklaverei geraten; er werde ihnen aber ein neues Herz geben, das ihn lieben und ihm dienen werde, und er werde sie auch wieder in ihr

---

[45] W. Eichrodt, *Der Prophet Hesekiel, Kap. 1-18.* Göttingen, 1959, S. 3.

[46] Siehe Seite 658f.

[47] Dazu auch Zimmerli, *Ezekiel.* Bd I, S. 43-44.

[48] Zu Tel-Abib siehe die Beschreibung in H. Donner, *Geschichte des Volkes Israel,* S. 384; Y. Aharoni und M. Avi-Yonah, *Der Bibel Atlas.* Augsburg, 1991, Karte 163.

Land zurückbringen. Wie dürre Gebeine, die zu neuem Leben erwachten, sollten auch sie verjüngt und Israel wieder mit Juda vereint werden. David selbst werde dann als König über sie herrschen (11,14-21; 37).

## Die Schau Daniels

Daniel ist die zweite wichtige Informationsquelle über das Leben der Exulanten in Babylon vor dem Erlass des Kyros und lebte sogar über diese Zeit hinaus. Von ihm stammen unschätzbare Informationen über die persische Herrschaft in Babylon unter Darius, dem Meder, und Kyros. Hier soll nicht auf die Diskussion über die Historizität Daniels oder der Ereignisse, die er beschreibt, eingegangen werden.[49] Sein Bericht steht außerbiblischen Texten nicht entgegen. Auch seine Rhetorik und seine Sprache sind deutlich im 6. Jh. beheimatet, in der Zeit, in der das Buch geschrieben sein soll.

Seinem Bericht zufolge wurde Daniel mit anderen Adeligen im Lauf der ersten Eroberung Jerusalems 605 von Nebukadnezar gefangen genommen und nach Babylon gebracht. Dort wählte Aschpenas, der Oberste der Hofbeamten, Daniel und einige seiner jungen Kameraden aus, um in Sprache und Literatur Babylons unterwiesen zu werden. Ziel war es, sie für das diplomatische Corps vorzubereiten. Sie sollten eines Tages die Interessen Babyloniens vertreten können, vielleicht sogar in Palästina. Sie waren gelehrige Schüler, weigerten sich aber, ihren religiösen Überzeugungen zuwiderzuhandeln und sich den babylonischen Sitten anzupassen.

---

[49] Dazu siehe zum Beispiel A. J. Ferch, »The Book of Daniel and the ›Maccabaen Thesis‹.« *AUSS* 21, 1983, 129-241; J. Goldingay, »The Book of Daniel: Three Issues.« *Themelios* 2, 1977, 45-49; G. F. Hasel. »The Book of Daniel and Matters of Language: Evidences Relating to Names, Words, and the Aramaic Language.« *AUSS* 19, 1981, 211-225; A. Millard, »Daniel 1-6 and History.« *EQ* 49, 1977, 67-73; G. J. Wenham, »Daniel: The Basic Issues.« *Themelios* 2, 1977, 49-52; E. M. Yamauchi, »Daniel and Contacts Between the Aegean and the Near East Before Alexander.« *EQ* 53, 1981, 37-47.

Nebukadnezar hatte in seinem zweiten Regierungsjahr einen Traum, der ihn sehr beunruhigte (Dan 2). Er verlangte unter Androhung der Todesstrafe von seinen Zeichendeutern die Auslegung des Traumes. Als niemand dazu in der Lage war, bot Daniel seine Dienste an. Er sagte dem König, dass er nur als Beauftragter des wahren Gottes rede. Dann offenbarte Daniel ihm den Traum und dessen Bedeutung. Nebukadnezar, der von der Wahrheit dieser Aussage überzeugt war und Jahwes Macht anerkannte, beförderte Daniel und seine drei Freunde in Positionen mit großer Autorität in der Provinz Babylonien. Obwohl weder Daniel noch seine Freunde in außerbiblischen Texten identifiziert werden können, gibt es genügend Beweise, dass Fremde, auch Juden, in der babylonischen Regierung aufsteigen konnten und manchmal sogar höchste Ämter erreichten.[50]

Später hatte Nebukadnezar einen weiteren Traum, den wieder Daniel auslegte: Da der König in seiner Hybris die Allmacht des Höchsten nicht anerkannt hatte, solle er wie ein Tier leben. Sieben Jahre lang werde er geisteskrank sein und nicht herrschen können (Dan 4), danach werde er gesund werden und seine Regierungsgeschäfte wieder aufnehmen können. All dies erfüllte sich wie vorausgesagt. Nebukadnezar erkannte schließlich, dass er nur ein Werkzeug des himmlischen Königs war.[51]

Historisch-kritische Wissenschaftler leugnen, dass Nebukadnezar unter der von Daniel beschriebenen Krankheit litt. Ihre Argumente sind jedoch unzureichend für die Ablehnung eines historischen Textes.[52] Obwohl der Wahnsinn des Königs bisher in keinem außerbiblischen Dokument belegt werden konnte, sollte berücksichtigt werden, dass die babylonischen Aufzeichnungen über die Jahre Nebukadnezars, in denen die Krankheit wahrscheinlich auftrat, nämlich

---

[50] Dazu auch Shea, »Daniel 3.« *AUSS* 20, 1982, S. 46-47.

[51] Zur Krankheit Nebukadnezars siehe J.G. Baldwin, *Daniel.* Leicester, 1978, S. 109-110; R.K. Harrison, *Introduction to the Old Testament.* London, 1970, S. 1115-1117.

[52] Siehe zum Beispiel L.F. Hartman und A.A. Di Lella, *The Book of Daniel.* Garden City, 1978, S. 178-179.

im letzten Jahrzehnt seines Lebens, sich fast ganz in Schweigen hüllen. Es gibt vollkommen unzureichende Versuche, diesem Kapitel des Daniel-Buches dennoch Glaubwürdigkeit zu verleihen, indem man sagt, Daniel beziehe sich auf Nabonidus, nicht auf Nebukadnezar.[53] So wird aber nicht nur die Verlässlichkeit Daniels als historische Quelle in Frage gestellt; auch die (angenommene) Krankheit des Nabonidus ähnelt der in Daniel beschriebenen kaum.[54]

Aus unbekannten Gründen erwähnt Daniel mit keinem Wort die Periode zwischen der Herrschaft Nebukadnezars und der Belsazars. Als er das nächste Mal zur Feder greift, berichtet er von der denkwürdigen Nacht 539, in der Belsazar während eines Trinkgelages ein Wort vom Gott des Himmels erhält: Die Meder und Perser seien auf dem Weg, seiner Herrschaft ein Ende zu setzen und sein Königtum an sich zu reißen. Belsazar, der die Unabwendbarkeit des Gerichtes verstand, ehrte in seiner vielleicht hellsten Stunde den Mann, der ihm die schicksalhafte Nachricht überbracht hatte, und machte ihn zum dritten Mann im Königreich. Damit stand Nabonidus an erster, Belsazar an zweiter und Daniel an dritter Stelle in der babylonischen Hierarchie.[55]

Kurz danach kam es auch schon zum tragischen Ende: Der persische General Gubaru nahm Nabonidus gefangen und Belsazar wurde ermordet. Babylon wurde eine der vielen persischen Satrapien. Daniels Verweise auf »Darius, den Meder« (6, 1) und »Darius, den Sohn des Ahasveros« (9, 1) scheinen seine Art zu sein, den General Gubaru zu beschreiben. Er war es, der »über das Reich der Chaldäer König wurde« (9, 1). Dieser Herrschaftswechsel war Daniels Fähigkeiten als Staatsmann nur förderlich. Denn als Kyros auf den begabten Administrator aufmerksam wurde, der schon seit über 60 Jahren im öffentlichen Dienst stand, ernannte er ihn zu einem der

---

[53] Ackroyd, *Exile and Restoration*, S. 37; N. W. Porteous, *Das Buch Daniel.* Göttingen, 2. Aufl., 1968, S. 58.

[54] Hasel, »The Book of Daniel.« *AUSS* 19, 1981, 38-42.

[55] W.H. Shea, »Nabonidus, Belsazar,« and the Book of Daniel: An Update.« *AUSS* 20, 1982, 133-149.

drei Aufseher, die über das gesamte Provinzsystem des Reiches gesetzt waren.[56] Daniel war so effektiv, dass Kyros ihn sogar ganz an die Spitze seines Reiches setzen wollte. Aber Daniels Kollegen schmiedeten voller Neid einen Plan, der den König zwang, Daniel zum Tode zu verurteilen. Durch ein Wunder wurde er aber errettet, was Kyros, wie schon Nebukadnezar vor ihm, veranlasste, die Überlegenheit des Gottes Daniels anzuerkennen.

Im ersten Jahr »Darius', des Meders« (539) verstand Daniel, dass die »70 Jahre«, von denen Jeremia gesprochen hatte, nahezu um waren und seine Landsleute bald den Tempel wieder aufbauen sollten (Dan 9,1-2). Bald würde Kyros erlauben, dass Tausende von Juden nach Jerusalem zurückkehren durften, um die Bundesgemeinschaft auf heiligem Boden neu zu errichten. Doch Daniel sah das Exil so lange nicht als beendet an, so lange der Tempel in Trümmern lag. Sein Gebet war es, Gott möge sein verwüstetes Heiligtum gnädig ansehen (9,17) und seinen heiligen Namen dort wieder wohnen lassen (9,19). Dieses Gebet wurde auf bemerkenswerte Weise erhört: Die Propheten Haggai und Sacharja konnten das Volk dazu bringen, Jahwes Wohnung wieder aufzubauen.

Es gab allerdings noch eine wichtigere Antwort auf Daniels Gebet. Jahwe sagte über die »70 Jahre« des Exils, er werde am Ende der »siebzig Sieben« (= 70 Jahrwochen) etwas viel Großartigeres tun als nur den Tempel wieder aufzubauen. Er werde den Gesalbten senden, den messianischen Retter, der für sein Volk sterben und so den Widerstand gegen Gottes Ziele beenden sollte (Dan 9,24-27).[57]

---

[56] Die Ernennung wurde eigentlich von »Darius, dem Meder« ausgesprochen, obwohl sie von Kyros kam (Dan 6,1, vergl. 6,29). Es scheint hier am sinnvollsten, Sheas Gleichsetzung von »Darius dem Meder« mit dem Gouverneur von Gutium, Gubaru, zu akzeptieren, der Babylon als Oberhaupt der persischen Armee einnahm, »Darius the Mede.« *AUSS* 20, 1982, 234-247. Die Ansicht, Darius sei der zweite Gubaru, vertritt J. C. Whitcomb, Jr., *Darius the Mede*. Philadelphia, 1963. Eine Identifikation des Darius mit Kyros selbst vertritt Wiseman, »Some Historical Problems.« *Notes on Some Problems*, S. 9-16. Eine kritische Beurteilung der verschiedenen Lösungsversuche für dieses noch ungelöste Problem bietet L. L. Grabbe, »Another Look at the Gestalt of ›Darius the Mede‹.« *CBQ* 50, 1988, 198-213.

[57] J. D. Pentecost, »Daniel«, *Das Alte Testament erklärt und ausgelegt*. J. F. Walvood und R. B. Zuck, Hrsg., Neuhausen, 1991, Bd III, S. 430-435.

## In Ägypten

Das dritte Zentrum der jüdischen Bevölkerung nach Judas Zusammenbruch lag in Ägypten, wohin Israel schon immer bevorzugt Zuflucht genommen hatte. Abraham war während einer Hungersnot dorthin gezogen, Josef lebte dort, später auch Jakob mit der gesamten Familie; und auch Jerobeam suchte und fand in Ägypten Asyl. Dies lag zum einen an der Nähe zu Palästina, zum anderen aber auch an der Affinität zwischen beiden Völkern. Obwohl Ägypten die Israeliten zu Sklaven gemacht hatte und für sie deshalb Knechtschaft verkörperte, sah Jahwe das Land mit besonderem Wohlwollen an. Viele eschatologischen Segensverheißungen für Israel enthalten auch besondere Vorteile für Ägypten (Jes 19,24-25).

Es ist daher nicht erstaunlich, dass israelitische und judäische Flüchtlinge zu biblischen Zeiten immer wieder in Ägypten Schutz suchten. Ziemlich sicher taten sie dies auch, während die Assyrer 722 Samaria eroberten, und auch Jeremia berichtet, er habe an einem Zug nach Ägypten teilgenommen, nachdem Jerusalem an Nebukadnezar gefallen war. Das Kontingent bestand aus den führenden Militäroffizieren, Mitgliedern der königlichen Familie und Juden, die kurz zuvor aus benachbarten Ländern nach Juda zurückgekehrt waren, weil Gedalja zum Gouverneur ernannt worden war (Jer 43,4-7). Ihr unmittelbares Ziel war Tachpanhes (Tell Defenneh)[58] im östlichen Delta (Jer 43,8), schließlich siedelten sie sich aber auch in Migdol (Tell el-Her), im nordöstlichen Delta, und in Memphis an. Zu Jeremias Zeiten drangen sie schon allmählich nach Oberägypten ein, gründeten dort entweder neue Siedlungen oder schlossen sich bestehenden an (Jer 44,1).

Offenbar sah der Herr diese Einwanderung nach Ägypten mit Unwillen (Jer 42,15-17), da sie dem bemitleidenswerten Rest in Juda eine nur winzige Basis übrig ließ. Außerdem hatten die Juden, die

[58] Dieser Ort wird auch in einer Inschrift des 6. Jh. erwähnt. Siehe A. Dupont-Sommar, »Note on a Phoenician Papyrus from Saqqara.« *PEQ* 81, 1949, 52-57.

schon länger in Ägypten gewesen waren, begonnen, dem jahwistischen Glauben den Rücken zuzukehren und die Götter ihres neuen Landes anzubeten. Deshalb würde Ägypten durch Nebukadnezar das Urteil Gottes treffen, auch die Zahl der im Land lebenden Juden sollte dezimiert werden.

Die babylonische Eroberung kam und brachte die von Jeremia vorhergesagte Verwüstung. Nicht alle Juden in Ägypten kamen um, mindestens eine Kolonie überlebte, die in Elephantine in Oberägypten. Sie wurde nach dem Exil zum Zentrum des jüdischen politischen Lebens, allerdings auch eines Kultes, der mit einem konkurrierenden Tempel in Verbindung gebracht wurde.[59] Später, im 4. Jh., förderte Alexander die Umsiedlung Tausender von Juden von Palästina nach Ägypten in seine neue Stadt Alexandria. Innerhalb weniger Generationen wurde diese Gemeinde zum Brennpunkt jüdischen Lebens und Denkens, vielleicht dem weltweit dynamischsten und kreativsten Ort.

## Die Welt während der Zeit der Restauration

Es ist wichtig, den geschichtlichen Zusammenhang zu verstehen, aus dem die Exilgemeinden, besonders die Babyloniens, in das verheißene Land zurückkehrten und den prophezeiten Wiederaufbau begannen. Besonders die biblischen Quellen Esra und Nehemia liefern reiche Informationen aus dieser Zeit, vom Erlass des Kyros 538 bis zu Nehemias Gouverneurs-Amt (ca. 430). Die zeitgenössische persische Geschichte dagegen bietet diese Informationen erst nach einer mühevollen Rekonstruktion.

[59] Porten, »The Religion of the Jews of Elephantine in Light of the Hermopolis Papyri.« *JNES* 28, 1969, 116-121; ders., »The Jews in Egypt.« *CHJ*, Bd I, 1984, S. 385-393.

## Kambyses II. von Persien[60]

Im Jahr 530 zog Kyros zum Gebiet des Flusses Jaxartes in Zentralasien, um dort der Verletzung seiner Nordgrenze durch die Massageten vorzubeugen. Er wurde in diesem Konflikt allerdings tödlich verwundet und starb binnen drei Tagen. Sein Sohn Kambyses, dem er die Verantwortung übertragen hatte, holte den Leichnam seines Vaters heim nach Pasargadai und nahm dann den achämenidischen Thron ein.

Kambyses II. (530-522) hatte viele Jahre wichtige Funktionen in der persischen Regierung ausgeübt. Schon 538 hatte Kyros ihn zum Thronfolger bestimmt.[61] Bei seiner Thronbesteigung war er Gouverneur des wichtigen Bezirks um Sippar, nördlich Babylons, und trug sogar den Titel »König von Babylon«. Nun versuchte er, sein Prestige zu vergrößern und seine Nachfolge zu sichern, indem er seine Schwestern heiratete und seinen leiblichen Bruder Bardija tötete, was er vor der Öffentlichkeit geheim zu halten suchte.[62]

Die erste entscheidende Handlung des neuen Königs war der Feldzug nach Ägypten. Ägypten war eines der vier größeren Königreiche (Medien, Lydien, Babylonien, Ägypten), das noch zu erobern war.[63] Mit phönizischen Verbündeten griff er Amasis II. (570-526) an und ließ dem Ganzen einen Sieg über Psammetich III. (526-525) in Pelusium folgen. Kambyses ließ Psammetich hinrichten und marschierte dann südwärts zur äthiopischen Grenze. Dort annektierte er die nahen äthiopischen Gebiete. Danach formte er ganz Ägypten zu einer Satrapie namens Mudraja, mit Memphis als Hauptstadt. Er ernannte seinen Verwandten Arjandes zum Satrapen und kehrte nach Persien zurück.

---

60 E.M. Yamauchi, *Persia and the Bible.* Grand Rapids, 1990, S. 93ff.

61 Olmstead, *History*, S. 86-93, 107-108.

62 Siehe T.C. Young, Jr., »The Consolidation of the Empire and Its Limits of Growth under Darius and Xerxes.« *CAH*, Bd IV, 2. Aufl., 1988, S. 53-54.

63 Olmstead, *History*, S. 88-92.

Kambyses war kaum losgezogen, als er erfuhr, ein Usurpator habe die Macht ergriffen, der sich als sein ermordeter Bruder Bardija ausgab. Dieser Betrüger, vermutlich Smerdis oder Gaumata, gewann zunächst in Babylonien Anhänger. Er wurde am 1. Juli 522 im ganzen Reich zum König ausgerufen. Als Kambyses sah, dass alles verloren war, beging er Selbstmord.[64]

## Darius Hystaspes von Persien

Gaumatas Erfolg war nur möglich, gerade weil Kambyses den Tod Bardijas geheim gehalten hatte und deshalb keinerlei Beweise für dessen Tod besaß. Man kann davon ausgehen, dass Bardija zu Lebzeiten große Beliebtheit unter bestimmten Gruppen erlangt hatte, die die Thronnachfolge durch Kambyses ablehnten. Nicht jeder ließ sich durch Gaumata täuschen und so entstand schon bald ein Plan, den Thronräuber zu stürzen und die rechtmäßige Herrschaft in Persien wiederherzustellen. Den Coup leitete Darius Hystaspes, der mit sechs Kollaborateuren Gaumata am 29. September 522 ermordete und sich selbst an die Spitze setzte.[65]

Der Staatsstreich war kein besonders populärer Schritt. Darius war zwar von königlich achämenidischem Geblüt – er stammte über Ariaramnes von Teispes ab –, kam allerdings nicht aus der unmittelbaren Familie des Kyros. Um weiterem Widerstand entgegenzuwirken, ließ Darius eine längere Inschrift anfertigen, die in allen Einzelheiten beschrieb, wie Kambyses seinen Bruder Bardija ermordet hatte. Ferner berichtete er darin, dass Gaumata nicht Bardija war, sondern ein Betrüger. Trotzdem brachen im ganzen Reich Aufstände aus. Babylon war wegen seiner Bedeutung für Darius besonderes

---

64 Diese Meinung vertreten viele Wissenschaftler, aber nicht alle. Siehe E. Herzfeld, »Der Tod des Kambyses.« *BSOAS* 8, 1935-1937, 589-597; W. Schulze, »Der Tod des Kambyses.« *Sitzungsberichte der Preussischen Akademie der Wissenschaften*, 1912, S. 685-703; M. Dandamayev, *Persien unter den ersten Achämeniden.* Wiesbaden, 1976, S. 146-148.

65 Olmstead, *History*, S. 107-116; Yamauchi, *Persia*, S. 138ff.

wichtig. Aber er war zu Beginn seiner Herrschaft militärisch zu schwach, um diese Satrapie unter Kontrolle zu bringen. Deshalb setzte Darius diplomatisches Geschick ein und 520 gelang es ihm, die persische Autorität in Babylonien wieder durchzusetzen. Als die anderen aufständischen Staaten das sahen, ordneten auch sie sich dem Perser unter.

Erst jetzt konnte Darius mit seinen weitreichenden Verwaltungs- und Regierungsreformen beginnen. Wichtig dabei war die Weiterentwicklung des Rechtssystems, das schon wegen der Unabänderlichkeit der königlichen Edikte bekannt geworden war. Sowohl Daniel (Dan 6, 8.13.16) als auch Ester (Est 1, 19) waren sich dieses Merkmals der persischen Rechtsprechung bewusst.[66] Zweifellos basierte es auf Gesetzesvorläufern, wie etwa dem »Kodex Hammurabi«. Das Gesetz wurde unter Darius wenigstens mit einem theoretischen Gerechtigkeitsanspruch ausgelegt.[67]

Eine weitere Leistung war die vollkommene Überarbeitung der Finanzpolitik.[68] Darius führte Standards in Münzwesen, Gewichten und Maßen ein und erleichterte so Handel und Gewerbe. Parallel zu diesen Reformen ergab sich unglücklicherweise eine starke Inflation, die weitere Eingriffe der Regierung im Privatsektor auslöste, was im gesamten Reich äußerst unbeliebt war. Die Folgen wogen schwer und trieben Darius fast in den Ruin.

Ein drittes Gebiet der Aktivitäten waren große Bauprojekte. Bis 521 hatte Darius die Hauptstadt nach Susa verlegt, dem alten Elam, ca. 500 km nordwestlich von Pasargadai, und dort einen prächtigen Palast errichtet.[69] Auf dieses Gebäude verweisen sowohl Ester als

---

66 P. Frei und K. Koch, *Reichsidee und Reichsorganisation im Perserreich.* Freiburg und Göttingen, 2. Aufl., 1996, S. 149-155.

67 Olmstead, *History*, S. 119-134; T.C. Young, Jr., »Consolidation.« *CAH* IV, S. 93-99.

68 Olmstead, *History*, S. 186-194.

69 W. Culican, *The Medes and the Persians.* New York, 1965, S. 87-89. Zur Geschichte der Stadt Susa siehe E.M. Yamauchi, *Persia and the Bible*, S. 279-303.

auch Nehemia als »Festung Susa« (Est 1,2.5; 9,6; Neh 1,1). Später begann Darius mit der Anlage einer ganz neuen Stadt, Persepolis. Dort hoffte er, seine Hauptstadt dauerhaft etablieren zu können. Er konnte das Vorhaben allerdings nur beginnen, sein Sohn und Nachfolger Xerxes vollendete es. Susa scheint jedoch das Regierungszentrum geblieben zu sein; Persepolis wurde dagegen ein »Vorzeigestück«, eine Touristenattraktion, die spätere persische Könige ihren wichtigen Gästen zeigten, um sie zu beeindrucken.[70]

Das einzig bedeutende Gebiet des Reiches, das noch 520 eigene Wege ging, war Mudraya, Ägypten.[71] Darius zog 519 in dieses entfernte Land und kam dabei, wie Karawanen und Armeen seit Jahrtausenden, durch Syrien und Palästina. Auch diese Länder waren zu dieser Zeit Teil der babylonischen Satrapie. Doch wegen ihrer Entfernung von Babylon und Susa war es schwierig, sie zu überwachen, so dass dort ständig Unruhen herrschten. Nur durch direktes Eingreifen konnten die persischen Könige eine gewisse Ordnung aufrechterhalten.

So geschah es auch 520 in Juda: Die Juden hatten begonnen, Jerusalem mit dem Tempel wieder aufzubauen, und waren dabei sofort bei den Samaritanern und bei Tattenai, dem Satrapen der Provinz, auf Widerstand gestoßen. Die jüdischen Führer teilten Darius mit, Kyros selbst habe die Bauvorhaben genehmigt. Als er dies in seinen königlichen Archiven bestätigt fand, befahl er, die Anfeindungen der Juden sofort zu beenden (Esr 6,1-13).

519 drang Darius nach Ägypten ein und zog ungehindert bis vor Memphis. Die Stadt kapitulierte bereitwillig, da er mit dem dortigen Kult sympathisierte. Doch bevor er seinen Besitz dort konsolidieren

---

[70] Ebd., S. 89-90. Einen ausgezeichneten Überblick über die persische Kunst und Architektur bietet D. Schmandt-Besserat, *Ancient Persia: The Art of an Empire*. Austin, 1978. Zu Geschichte und Interpretation der Stadt siehe E. M. Yamauchi, *Persia and the Bible*, S. 335-377.

[71] Olmstead, *History*, S. 141-144.

konnte, musste er nach Susa zurückkehren, da man versucht hatte, ihm den Thron zu rauben.[72]

Darius blieb die nächsten Jahre in Susa, erlag aber schließlich seinem Expansionsdrang. Um 516 war er im Osten bis nach Indien vorgedrungen. Danach kehrte er nach Afrika zurück, um die Libyer zu kontrollieren. Seine Vorstöße in den Norden waren allerdings nicht so erfolgreich, da die Skythen ihm starken Widerstand leisteten und ihn zum Rückzug zwangen. Noch immer unbefriedigt, fasste er Europa ins Auge. Sein erster Versuch, die unabhängigen ägäischen Staaten unter seine Kontrolle zu bringen, misslang. Die ionischen Staaten, die sich schon unter persischer Herrschaft befanden, spalteten sich ab, um ihren verfolgten Verwandten zu helfen. Er siegte aber schließlich und integrierte sie in seinen Herrschaftsbereich.[73]

Verwöhnt durch seinen Erfolg, wollte er noch mehr. Er segelte 490 über das ägäische Meer, um Athen und weitere Stadtstaaten der griechischen Halbinsel zu erobern.[74] Die Stadt Eretria wurde zerstört und versklavt. Alarmiert stellten sich die Athener Darius entgegen. In der entscheidenden Schlacht bei Marathon erlitten die Perser eine schmähliche Niederlage und mussten sich aufs kleinasiatische Festland zurückziehen. Darius war überzeugt, der Sieg sei ihm wegen mangelnder militärischer Stärke entgangen. Er wollte nach Griechenland zurückkehren, um zu beenden, was er begonnen hatte. Allerdings hinderte ihn ein Aufstand in Ägypten daran, es sofort zu tun. Bevor Darius dieses neue Problem völlig lösen konnte, starb er und hinterließ seine großen Pläne seinem Sohn Xerxes (486-465).

Obwohl Darius wie die meisten mächtigen Herrscher anmaßend stolz war, selbstsüchtig, ehrgeizig und seine Fähigkeiten überschätzend, war er relativ weitsichtig, kultiviert und gütig. Er entwarf und begann den Bau der großartigen Stadt Persepolis, die bis heute als

[72] G. B. Gray und M. Cary, »The Reign of Darius.« *CAH*, Bd IV, Cambridge, 2. Aufl., 1939, S. 182-184, 212-214.

[73] Ebd., S. 214-228.

[74] Ebd., S. 233-268.

eines der sieben antiken Weltwunder gilt. Er unterstützte auch den Bau eines Kanals zwischen dem Nil und dem Roten Meer. Bedeutender als diese Vorhaben war allerdings der Aufbau eines Netzwerkes von Hauptstraßen und eines Postsystems. So verband er die Teile seines riesigen Reichs miteinander und ermöglichte schnelle Kommunikation, von der man vorher nur träumen konnte.[75] Am bedeutendsten war jedoch, dass er der gerade heimgekehrten und kämpfenden jüdischen Gemeinschaft Schutz und Sicherheit bot. Unter seiner Souveränität war sie frei von jeder Bedrohung, abgesehen vom unbedeutenden Ärger mit feindlichen Nachbarn.

## Die erste Rückkehr

### Kyros als Werkzeug Jahwes

Im 19. Jh. wurde ein Tonzylinder mit einer Inschrift entdeckt, die den Erlass des Kyros des Großen wiedergab und den gefangenen Völkern in Babylon die Rückkehr zu ihren Ursprungsorten erlaubte. Diese Inschrift, in erster Linie ein Propagandastück, sollte zeigen, dass Kyros von Marduk, Babylons Gott, berufen sei und dass seine Herrschaft über Babylon und die Welt in Einklang mit dem Willen der Götter stehe. Man kann das politische und psychologische Genie des Mannes kaum in Abrede stellen. Tatsächlich war seine Politik genial, Fremden die Rückkehr in ihre Heimat und den Aufbau einer eigenen Regierung in der größeren Struktur seines Reiches zu gestatten.[76]

Die biblischen Erzähler und Propheten erkannten Kyros' Genie natürlich an, aber sie sahen auch, dass es Jahwe war, der Kyros berufen und begabt hatte, nicht Marduk. Jesaja sprach von Kyros als dem

---

[75] E. M. Yamauchi, *Persia and the Bible*, S. 174-178.

[76] Eine Übersetzung des Textes findet sich bei *TUAT*, Bd I, S. 408-410. Die negative Seite dieser Politik sollte jedoch nicht übersehen werden. Siehe A. Kuhrt, »The Cyrus Cylinder and Achaemenid Imperial Policy.« *JSOT* 25, 1983, 83-97.

»Hirten« Jahwes (Jes 44,28), seinem »Gesalbten«, dessen rechte Hand er hielt, um ihn für die Unterwerfung der Nationen zu stärken (Jes 45,1). Er war es, den der Herr benutzen würde, um die Rückkehr seines Volkes sowie den Wiederaufbau seiner Stadt und des Tempels zu ermöglichen.

Welche Rolle Daniel dabei spielte, ist unklar. Jedenfalls muss man seine Bedeutung anerkennen. Die jüdischen Exulanten sahen in Kyros' Erlass allein Jahwes Werk. Sowohl der Chronist (2. Chr 36,22-23) als auch Esra (Esr 1,1-4)[77] interpretierten das Dekret als die Erfüllung des Jeremia-Wortes (Jer 25,8-14; 29,10-14). Sie hielten daran fest, Jahwe habe Kyros zu einer solch edlen Handlungsweise angeregt, nicht Marduk. Man sollte nun aber nicht in die Berichte hineinlesen, dass Kyros zum Jahwe-Anhänger geworden wäre. Er war ebensowenig ein Anhänger Jahwes wie Nebukadnezar es gewesen war, als er Jahwe vor Daniel lobte. Beide waren Synkretisten, die aus politischen Gründen jeden neuen Gott in ihren Götterhimmel aufnahmen. Doch standen beide unleugbar unter der Kontrolle des allmächtigen Gottes des Himmels und der Erde, der sie, ob sie wollten oder nicht, benutzte, um seine heiligen Ziele zu erreichen.[78]

## Scheschbazar, der Anführer der Rückkehr

Die wichtigsten Informationen über die erste Rückkehr aus dem Exil stammen von Esra, einem Priester aus der Familie des Zadok (Esr 7,1-5), einem professionellen Schreiber und Tora-Lehrer. Zwar kehrte er nicht vor dem Jahr 458 in seine Heimat Jerusalem zurück, also 80 Jahre nach dem Erlass des Kyros II., doch besaß er offenbar ausgezeichnete Quellen, sowohl geschriebene Memoranda als auch

---

[77] K. Galling, »Die Proklamation des Kyros in Esra 1.« *Studien,* S. 61-77.

[78] E. H. Merrill, »Daniel as Contribution to Kingdom Theology.« *Essays in Honor of J. Dwight Pentecost,* S. D. Toussaint und C. H. Dyer, Hrsg., Chicago, 1986, S. 211-225.

mündliche Überlieferungen, so dass in seinem Buch bemerkenswerte Einzelheiten geboten werden.

Laut Esra gab Kyros den Juden nicht nur die Erlaubnis zur Rückkehr, sondern legte auch fest, dass die Völker, unter denen sie lebten, ihnen auf jede nur mögliche Weise helfen sollten (Esr 1, 3-4). Außerdem wurden alle Tempelschätze, die Nebukadnezar Jahre zuvor geraubt und in babylonischen Schreinen aufgestellt hatte, Scheschbazar, dem Prinzen von Juda, übergeben.[79] Jojachin war wahrscheinlich schon tot. Scheschbazar führte die Exulanten zurück nach Jerusalem (Esr 1, 11), nachdem er von Kyros zum Gouverneur des neu konstituierten Staates gemacht worden war (Esr 5, 14). Dort legte er das Fundament des Tempels (Esr 5, 16). Da er nicht wieder erwähnt wird, ist Scheschbazars Identität zur Streitfrage geworden. Viele Wissenschaftler nehmen an, er sei kein anderer als Serubbabel,[80] die wichtigste politische Figur der ersten Jahrzehnte in Juda. Dies ist allerdings unmöglich, da Serubbabel niemals als »Prinz« bezeichnet wird. Darüber hinaus ist Serubbabel nicht Jojachins Sohn, sondern Schealtiëls (Esr 3, 8). Wahrscheinlich ist Scheschbazar identisch mit Schenazzar, einem der Söhne Jojachins, der in 1. Chr 3, 18 genannt wird.[81] Im nächsten Vers wird Serubbabel als »Sohn Pedajas« bezeichnet, der wie Schealtiël ein Sohn Jojachins war. Ob Serubbabel jetzt Schealtiëls oder Pedajas Sohn war, ist nicht festzustellen, er war in jedem Fall Schenazzars (d. h. Scheschbazars) Neffe. Es ist gut möglich, dass Scheschbazar kurz nach seiner Rückkehr starb und Serubbabel ihm als Verantwortlicher folgte.

---

[79] K. Galling, »Das Protokoll über die Rückgabe der Tempelgeräte.« *Studien*, S. 78-88.

[80] Zum Beispiel C. F. Keil, *Chronik, Esra, Nehemia und Esther*. Giessen und Basel, ND 1990, S. 411; M. Saebo, »The Relation of Sheshbazzar and Zerubbabel Reconsidered«, *SEÅ* 54, 1989, 168-177. Einen ausführlichen Vergleich zwischen Scheschbazar und Serubbabel präsentiert S. Japhet, »Sheshbazzar and Zerubbabel – Against the Background of the Historical and Religious Tendencies of Ezra-Nehemiah.« *ZAW* 94, 1982, 66-98.

[81] Bright, *Geschichte*, S. 374; H. Tadmor, »Die Zeit des Ersten Tempels, die babylonische Gefangenschaft und die Restauration.« *Geschichte des jüdischen Volkes*, S. 210.

## Die Zahl der Heimkehrer

Insgesamt kehrten 42.360 Israeliten heim, dazu 7.337 Sklaven und 200 Sänger (Esr 2, 64-65). Die Heimkehrer waren wohl vor allem Judäer, obwohl man nicht ausschließen kann, dass Einwohner des ehemaligen Nordreiches unter ihnen waren.[82] Nehemia bemerkt (Neh 7, 4-5), Jerusalem sei in seinen Tagen, fast 100 Jahre später, sehr dünn besiedelt gewesen. Er durchforschte die Genealogien[83], um festzustellen, ob einige der frühen Heimkehrer direkt aus Jerusalem stammten und sich auch dort hätten niederlassen sollen, nicht in den umliegenden Gebieten. Dies vermittelt den Eindruck, nur ein sehr kleiner Prozentsatz der heimgekehrten Juden sei aus Jerusalem gewesen. Jerusalem war 605, 597 und 586 der Wucht der babylonischen Angriffe vollkommen ausgesetzt gewesen und nur 25.000 Menschen waren insgesamt ins Exil geführt worden, so dass es sehr wahrscheinlich ist, dass unter den Heimkehrern relativ wenige ursprüngliche Einwohner Jerusalems waren. Außerdem waren wohl die Nachfahren der ehemals wirtschaftlich erfolgreichen Jerusalemer eher dazu geneigt, in Babylon zu bleiben, um nicht etwa zu einem, wie es ihnen scheinen musste, niedrigeren Lebensstandard zurückzukehren.

## Probleme nach der Rückkehr

Es muss einige Zeit gedauert haben, bis die Rückkehr organisiert und die Reise selbst beendet war. Wenn Esra sich auf den »siebten Monat« bezieht (Esr 3, 1), dann meint er den »siebten Monat des ersten Jahres der Heimkehr«. Da der Erlass des Kyros im Jahr 538

[82] Gefangene Völker behielten in Babylonien ihre Homogenität und Identität. Es wäre also kein Problem gewesen, *en bloc* in die Heimatländer zurückzukehren. Siehe I. Eph'al, »The Western Minorities in Babylonia in the 6th-5th Centuries B.C.: Maintenance and Cohesion.« *Or* 47, 1978, 4-90, bes. 83.

[83] K. Galling, »Die Liste der aus dem Exil Heimgekehrten.« *Studien*, S. 89-108.

herausgegeben wurde, muss das »Jahr der Heimkehr« 537 sein.[84] Zu dieser Zeit hatte das Volk schon damit begonnen sich niederzulassen. Im siebenten Monat bauten sie unter der Führung des Priesters Josua und Serubbabel auf dem Tempelberg über den Ruinen des alten Altars einen neuen und feierten das erste Laubhüttenfest seit dem Exil. Wie Salomo es Jahrhunderte zuvor getan hatte, bestellten die Menschen Baumaterialien aus Sidon und Tyrus und begannen mit dem Bau des Hauses des Herrn. Das Fundament wurde im zweiten Monat des folgenden Jahres, 536, unter priesterlicher Aufsicht gelegt. Als dies getan war, lobten die Heimkehrer Jahwe. Sie sangen das Lied, das David zum Umzug der Bundeslade in ihrer neuen Stiftshütte auf dem Berg Zion komponiert hatte (Esr 3,10-11; 1. Chr 16,34). Die Freude war allerdings nicht ungeteilt: Das Fundament des neuen Gebäudes machte deutlich, dass der neue Tempel, verglichen mit dem Bau Salomos, bedeutungslos und blass bleiben würde. Die gemischten Gefühle der Ältesten, die sich an den ersten Tempel erinnerten (Esr 3,12-13), waren eine der größten Schwierigkeiten, die der Prophet Haggai einige Jahre später ansprechen sollte (Hag 2,3).

Das Weinen der Ältesten muss Serubbabel und seine Kollegen demoralisiert haben. Es war aber nicht ihr einziges Problem. Die Samaritaner, ein Gemisch aus nicht-exilischen Israeliten und Völkern, die assyrische Könige in den Norden verpflanzt hatten, hatten einen synkretistischen Kult entwickelt, der äußerlich einen Anstrich von Jahwismus hatte, im Wesen aber heidnisch war.[85] Als sie von dem Tempelprojekt in Jerusalem erfuhren, wollten sie daran teilnehmen und sich der Bundesgemeinde in Jerusalem anschließen. Die judäischen Führer, die die Unreinheit des religiösen Systems der

---

[84] F. C. Fensham, *The Books of Ezra and Nehemiah.* Grand Rapids, 1982, S. 58-59.

[85] S. Talmon, »Biblische Überlieferungen zur Frühgeschichte der Samaritaner.« Ders., *Gesellschaft und Literatur in der Hebräischen Bibel.* Gesammelte Aufsätze I, Neukirchen, 1988, S. 132-151. Zu den Samaritanern siehe besonders J. Zangenberg, *Samareia: Antike Quellen zur Geschichte und Kultur der Samaritaner in deutscher Übersetzung.* Tübingen, 1994.

Samaritaner erkannten, lehnten Annäherungsversuche ab, vielleicht auch von einem Gefühl der Exklusivität motiviert. Derart zurückgewiesen, fingen die Samaritaner an, die Arbeit am Tempel zu stören und führten diese Belästigungen 16 Jahre lang fort (536-520).

Das jüdische Geschick wendete sich 522, nach dem Regierungsantritt von Darius Hystaspes. Von 520 an konnte Darius sich um Angelegenheiten an den Rändern seines Reiches kümmern, darunter das Problem des samaritanisch-judäischen Gegensatzes. Dieser hatte sich intensiviert, nachdem Haggai und Sacharja die Heimkehrer ermutigt hatten, ihre Kräfte stärker in den Aufbau des Tempels einzubringen. Das geschah in Darius' zweitem Jahr. Die Samaritaner wandten sich daraufhin an Tattenai, den Satrapen der gesamten Region westlich des Euphrats. Er bezweifelte die Genehmigung für die Juden zum Bau und verfasste einen Brief an Darius, worin er die Legalität der jüdischen Aktivität in Frage stellte (Esr 5).

Da die Juden sich auf das Dekret des Kyros beriefen, leitete Darius eine Suche in den Archiven Babyloniens ein, um festzustellen, ob ein derartiges Dokument tatsächlich existiere. In Ekbatana, der alten medischen Hauptstadt, in der Kyros zur Zeit des Erlasses residiert hatte, fand man eine Abschrift.[86] Darius war nun von der Rechtmäßigkeit der jüdischen Sache vollkommen überzeugt und erließ ein Edikt, das den Heimkehrern half: Er befahl Tattenai und seinen Untergebenen, die Juden beim Aufbau des Tempels nicht zu stören und ihnen nicht nur die Kosten für den Wiederaufbau des Tempels zu bezahlen, sondern auch für die Aufrechterhaltung des öffentlichen Gottesdienstes (Esr 6, 6-12). Sollten sie das nicht tun, dann drohe ihnen schwere Strafe. Da Darius nur Monate später seinen Feldzug nach Ägypten unternahm, könnte es sehr wahrscheinlich sein, dass er auf dem Weg in Jerusalem vorbeischaute, um zu sehen, ob alles befehlsgemäß geschehen war.

---

[86] Olmstead, *History*, S. 57.

## Ermutigung durch die Propheten

### Haggai

Haggai und Sacharja hatten großen Anteil an der Ermutigung des Volkes, den Tempel trotz aller Schwierigkeiten zu bauen. In 16 langen Jahren hatte man am Tempel wenig mehr getan als die Fundamente gelegt. Andererseits hatten die Heimkehrer Häuser für sich gebaut und begonnen ein recht komfortables Leben zu führen. Jahwes Haus jedoch war noch Ruine, weil sein Volk den Wiederaufbau wegen des samaritanischen Widerstandes auf die lange Bank geschoben hatte.

Der Prophet Haggai, über dessen persönliches Leben nichts bekannt ist, sprach zuerst zu den Heimkehrern. Vielleicht wusste er, dass Darius seine Position in Susa gesichert hatte und es ihm deshalb möglich wäre, den Wiederaufbau zu fördern. Er ermahnte die Heimkehrer, unverzüglich mit dem Tempelbau zu beginnen und ihre eigenen selbstsüchtigen Interessen hintanzustellen (Hag 1,4-9). Binnen drei Wochen gelang es Serubbabel und Josua, eine Arbeitstruppe zusammenzustellen, die den Wiederaufbau mit neuem Enthusiasmus fortführte. Als das Gebäude Formen annahm, wurde für jedermann sichtbar, das es nie die Maße und Schönheit des salomonischen Tempels erreichen würde. Aber Haggai erinnerte das Volk daran, dass diese Faktoren nie das Entscheidende am Tempelbau gewesen waren. Das Entscheidende war, dass es einen Tag geben würde, an dem Jahwe diesen unscheinbaren Bau mit seiner Herrlichkeit füllen würde (Hag 2,6-9). Dann und nur dann würde der Tempel seine eigentliche Funktion erfüllen.

### Sacharja

Zwei Monate nach Haggais erster Botschaft, als am Tempel schon weitergebaut wurde, rief der Prophet Sacharja zur Umkehr auf: Es werde ihr grundlegendes Bedürfnis nicht befriedigen, wenn sie nur ein Gebäude für den Gottesdienst errichteten. Die Gemeinschaft mit ihrem Gott wiederherzustellen und ein neues Bundesverhältnis einzugehen, sei aber nur möglich, wenn das Volk auch innerlich umkehre (Sach 1,2-6). Drei Monate später, immer noch in Darius' zweitem Regierungsjahr, empfing Sacharja seine erste Vision. Eine ihrer Botschaften war, der Tempel werde fertig gestellt werden. Die Visionen sagten in apokalyptischer Weise den Sieg Judas über alle feindlichen Nationen voraus. Außerdem würden alle bußfertigen Menschen durch das Zeugnis des gehorsamen Bundesvolkes zu Jahwe kommen. Serubbabel und Josua, die Repräsentanten der zivilen und geistlichen Autorität, würden sehr erhöht werden und am eschatologischen Tag vor dem Messias stehen (Sach 3-4). Dann ging Sacharja in einem bemerkenswerten Akt zu Josua und krönte ihn mit einem königlichen Diadem, weil er ihn als Prototyp des Messias sah (Sach 6,9-15). Indem er das tat, vereinte Sacharja priesterliche und königliche Privilegien in seiner Person, wie David es auch getan hatte. Josua symbolisierte die wieder belebte davidische Dynastie.

Der Tempel wurde 515 fertig gestellt, im sechsten Jahr des Darius, 20 Jahre nach der Grundsteinlegung (Esr 6,15). Dieses Datum markierte das Ende von Jeremias »70 Jahren« im kultischen Sinne: Solange Jahwe keinen irdischen Wohnplatz in Jerusalem hatte, konnte sein Volk auch nicht wirklich zu Hause sein. Obwohl die Herrlichkeit des Herrn von dem neuen Tempel nicht sichtbar Besitz ergriff – dies war für das Ende der Zeit vorbehalten – freute sich das Volk doch über die Güte Gottes und weihte den Tempel mit überschwänglichem Lob und vielen Opfern. Juden und Proselyten feierten zusammen das nächste Passa. Als Gott sein Volk 900 Jahre zuvor aus der ägyptischen Knechtschaft befreit hatte, hatten sie dies mit dem ersten Passa gefeiert. Jetzt feierten sie Passa, weil Gott sein Volk aus der babylonischen Knechtschaft erlöst und es noch einmal in das verheißene Land gebracht hatte.

Mit dem Ende dieses Festes fällt Schweigen über das Land Juda: Es gibt keine historischen Dokumente über die Heimkehrer, bis kurz nach dem Regierungsantritt des Perserkönigs Xerxes (486-465). Das hübsche jüdische Mädchen Ester gewann sein Herz und änderte das Leben der Juden im Exil.

# 15. Wiederherstellung und neue Hoffnung

100 Jahre nach Vollendung des zweiten Tempels ging die Geschichte Israels im AT dem Ende entgegen. Aus biblischen Dokumenten ist über die Jahre von 515 bis ca. 474 wenig bekannt. Der Inhalt dieses Kapitels beschränkt sich deshalb fast völlig auf die mittlere Hälfte des fünften Jh.[1] Die wichtigsten biblischen Quellen dieser Jahre sind Esra und Nehemia; aber auch Ester und Maleachi liefern entscheidende Beiträge für das Verständnis der besonderen Probleme, denen sich die übrige Exilgemeinde und der jüdische Staat gegenübersahen.

## Der persische Einfluss

In der letzten Ära Judas blieb Persien die beherrschende Weltmacht, bis 333 v. Chr. Alexander der Große aufstieg, der 330 Persepolis eroberte. Die persische Geschichte dieser Zeit soll hier kurz zum besseren Verständnis der biblischen Geschichte, die in diesem Zeitraum überall persischen Einfluss voraussetzt, wiederholt werden.

### Xerxes

Darius Hystaspes, unter dessen Schutz die Judäer ihren Tempel wieder aufgebaut hatten, starb 486. Ihm folgte sein Sohn Xerxes, im AT als Ahasverus bekannt.[2] Schon Jahre vorher hatte ihn sein Vater zum

---

[1] Eine ausgezeichnete bibliographische Quelle dieser Periode ist M. Mor und U. Rappaport, »A Survey of 25 Years (1960-1985) of Israeli Scholarship on Jewish History in the Second Temple Period (539 B.C.E.-135 C.E.).« *BTB* 16, 1986, 56-58. Die Schwierigkeiten, die Geschichte einer Periode zu rekonstruieren, über die nur wenige biblische Texte vorhanden sind, beschreibt P. R. Ackroyd, »Faith and Its Reformulation in the Post-exilic Period: Sources.« *TD* 27, 1979, 323-334, sehr anschaulich.

[2] Die persische Geschichte unter Xerxes findet sich bei A. T. Olmstead, *History of the Persian Empire.* Chicago, 1948, S. 230-288. Ausführlich beschreibt E. M. Yamauchi, *Persia and the Bible.* Grand Rapids, 1991, S. 187-239, den persischen Hintergrund des Buches Ester. R. D. Wilson, *A Scientific Investigation of the Old Testament.* Chicago, 1959, S. 69, FN 25, hat überzeugend dargelegt, dass »Ahasveros« die hebräische Wiedergabe von Xerxes ist.

Nachfolger bestimmt; daher lief der Führungswechsel ohne Schwierigkeiten ab. Dank seiner Statthalterschaft über Babylonien war er bestens für die große Verantwortung gerüstet, die sein neues Amt mit sich brachte.

Xerxes' Hauptinteresse galt der Vollendung des königlichen Palastes in Susa sowie der Erweiterung von Persepolis. Das zweite Projekt beschäftigte ihn in den 21 Jahren seiner Herrschaft immer wieder (486-465). Ein anderes dringenderes Anliegen war allerdings Ägypten, das sich sofort nach seiner Thronbesteigung gegen ihn erhob. Er löste dieses Problem in weniger als zwei Jahren. Da er jedoch die ägyptische Religion unterdrückte, verlor er die Priester, ohne deren Unterstützung er kaum mit ägyptischer Unterordnung rechnen konnte.

Wie sein Vater schien auch Xerxes unwiderstehlich nach Westen gezogen zu werden – zur Eroberung Griechenlands. Nachdem er seine Armeen und Flotten reorganisiert hatte, marschierte er 481 nach Westen. Die hoffnungslos zersplitterten griechischen Staaten konnten keine effektive Koalition bilden und wurden zunächst von den überlegenen persischen Streitkräften empfindlich geschlagen. Selbst die gefürchteten Spartaner wurden bei den Thermopylen besiegt, obwohl sie bis zum letzten Mann kämpften. In Salamis änderte sich die Lage: Als Xerxes dort Tausende griechischer Kämpfer gefangen hatte, unterschätzte er deren fast schon sprichwörtlichen Mut und verlor mehr als 200 persische Schiffe. Er suchte nach einem Sündenbock und bezichtigte die phönizischen und ägyptischen Söldner der Feigheit. Da verließen sie ihn und gingen in ihre Heimatländer zurück.[3]

Nachdem er seinem General Mardonios das Kommando über die persischen Truppen in Griechenland übertragen hatte, brach Xerxes nach Persien auf. Mardonios erlitt durch eine Reihe taktischer Schnitzer eine Niederlage nach der anderen und kam schließlich in der

[3] H. Bengsten, »Das Perserreich und die Griechen.« *Fischer Weltgeschichte*, Bd V, Frankfurt, 1965, S. 50-63; ausführlicher jedoch G. L. Hammond, »The expedition of Xerxes.« *CAH*, Bd IV, Cambridge, 2. Aufl., 1988, S. 546-591.

Schlacht von Platää ums Leben. Den vernichtenden Schlag erhielt Xerxes 479 in Mykale, womit all seine Wünsche endeten, Griechenland zu erobern. Die Griechen hatten mittlerweile zwei der persischen Armeen vernichtet und eine dritte zur Rückkehr nach Asien gezwungen. Dieser für Persien niederschmetternde Verlust ermöglichte es den Griechen, die Schlagkraft gemeinsamen Vorgehens zu erkennen. Deshalb gründeten sie 478 mit Athen als dominierenden Partner den delisch-attischen Seebund, der für die Schaffung der griechischen Nation wesentlich war.[4]

Inzwischen war Xerxes vollkommen diskreditiert und begann ein zügelloses Luxusleben zu führen. Er liebäugelte mit den schönsten Frauen des Hofes, darunter auch den Ehefrauen einiger seiner höchsten Beamten, und streute somit die Saat zu irreparablem Zwist.[5] Seine Ausschweifungen bezahlte er schließlich mit dem Leben: Er wurde im Palast ermordet.[6]

## Artaxerxes I.

Der Thron sollte eigentlich an Darius II. weitergegeben werden, den ältesten Sohn des Xerxes. Darius wurde jedoch von seinem Bruder Artaxerxes umgebracht – mit Unterstützung von Artabanos, dem Hauptmann der Leibwache.[7] Artaxerxes bestieg den Thron und versuchte, die Glaubwürdigkeit der Zentralregierung durch Reorganisation der Satrapien und Rücknahmen einiger Steuern, die sein Vater eingeführt hatte, wiederherzustellen. Der Erfolg war gering. Da privater Grund und Boden, wenn die Steuern nicht bezahlt wurden, an

---

[4] H. Bengsten, »Die Begründung des Delisch-Attischen Seebundes und die Entstehung des attisch-spartanischen Dualismus.« *Fischer Weltgeschichte*, Bd V, S. 70-81.

[5] Einiges davon wird bei Herodot IX. 109-113 bildhaft geschildert.

[6] Siehe Diodorus XI. 69.

[7] Olmstead, *History*, S. 289-290.

die Krone fiel, ergaben sich erneut Unruhen, sogar Aufstände, besonders in den entlegeneren Provinzen. Im Jahr 460 weigerte sich Ägypten, weiter Tribut zu zahlen. Für diesen kühnen Widerstand erhielt es die Unterstützung der delischen Liga.[8] Persien legte dieses Bündnis jedoch lahm, indem es Sparta bestach, gegen Athen Krieg zu führen. Dieser Schachzug gefährdete nicht nur Ägypten, sondern auch Athen, und neutralisierte das Vorhaben der Liga.

Allein Athen gelang es zu überleben und selbst eine Art Reich zu formen.[9] Dies forderte weitere persische Feindseligkeiten heraus. Von 450 bis zum Beginn der Peleponnesischen Kriege 431 wechselte die Kontrolle der Ägäis mehrfach zwischen Athen und Persien. Keine Partei konnte dauerhaft die Oberhand gewinnen. Der Redner und Staatsmann Perikles hatte Athen 458 an die Spitze der griechischen Staaten geführt, was bei diesen Furcht und Entrüstung ausgelöst hatte.[10] Die folgenden Bürgerkriege entbanden Artaxerxes vom weiteren Vorgehen in seinen westasiatischen Provinzen. Sie erlaubten ihm auch, sich um Angelegenheiten zu kümmern, die seiner Heimat näher lagen, nämlich um die ständigen Unruhen in Juda über den Wiederaufbau der Jerusalemer Mauern. Er starb 424, etwa gleichzeitig mit dem Ende der Periode des ATs. Dadurch bietet sich dieses Datum als angemessener Schluss des Rückblicks auf die persische Geschichte an.

---

[8] Siehe Thukydides 1.104.1-2.

[9] B. Bury, *A History of Greece.* London, 1963, S. 346-425.

[10] H. Bengtson, »Perikles und die Bildung der extremen attischen Demokratie.« *Fischer Weltgeschichte*, Bd IV, S. 82-107.

## Esters Einfluss

Das einzige biblische Zeugnis der Herrschaft Xerxes' ist das Buch Ester. Diesem Dokument sprechen fast alle kritischen Wissenschaftler die historische Glaubwürdigkeit ab.[11] Das tun sie nicht etwa, weil Aussagen des Buches im Widerspruch zu Informationen aus persischen, griechischen oder anderen außerbiblischen Quellen dieser Zeit stünden,[12] sondern weil jene Quellen Details nicht erwähnen, wie das Purimfest, die Existenz Esters oder ihres Cousins Mordechai.[13] Aber ein *argumentum e silentio* sollte in ernsthafter Geschichtsschreibung nie benutzt werden. Das Buch Ester muss man als glaubwürdiges, historisches Dokument anerkennen, das in der

---

[11] Eine typische Ansicht vertritt J. A. Soggin, *Introduction to the Old Testament.* Philadelphia, 1980, S. 404. Er fasst zusammen: »Uns liegen hier keine Einzelheiten von Ereignissen, die wirklich stattfanden, sondern ein historischer Roman vor.« Verteidiger der historischen Glaubwürdigkeit des Buches sind G. L. Archer, Jr., *Einleitung in das Alte Testament.* Bd II, Bad Liebenzell, 1989, S. 329-334 und J. S. Wright, »The Historicity of the Book of Esther.« *New Perspectives on the Old Testament*, J. B. Payne, Hrsg., Waco, 1970, S. 37-47.

[12] Wie R. Gordis, »Studies in the Esther Narrative.« *JBL* 95, 1976, 44, hervorhebt, besitzt der Autor des Ester-Buches »ausgezeichnete Kenntnisse des persischen Gesetzes, der Bräuche sowie der Sprache der achämenidischen Periode«. Siehe auch W. F. Albright, »The Lachish Cosmetic Burner and Esther 2:12.« *A Light unto My Path: OT Studies in Honor of Jacob M. Myers*, H. Bream, et al., Hrsg., Philadelphia, 1974, S. 25-32; W. W. Hallo, »The First Purim.« *BA* 46, 1983, 19-29; A. R. Millard, »The Persian Names in Esther and the Reliability of the Hebrew Text.« *JBL* 96, 1977, 481-488; ders., »In Praise of Ancient Scribes.« *BA* 45, 1982, 143-153; C. A. Moore, »Archaeology and the Book of Esther.« *BA* 38, 1975, 62-79; A. L. Oppenheim, »On Royal Gardens in Mesopotamia.« *JNES* 24, 1974, 328-333; W. H. Shea, »Esther and History.« *AUSS* 14, 1976, 227-246.

[13] Ein undatierter persischer Text erwähnt allerdings einen gewissen »Marduka« (das babylonische Äquivalent des hebräischen Namens *Mordechai*), der unter Darius Hystaspes oder Xerxes ein hoher Beamter war. C. A. Moore, »Archaeology and the Book of Esther.« *BA* 38, 1975, 74, meint, dieser »Marduka« könne der Mordechai der Bibel sein. Siehe dazu auch E. M. Yamauchi, »Mordechai, the Persepolistablets, and the Susa excavations.« *VT* 42, 1992, 272-275, und A. Ungnad, »Keilinschriftliche Beiträge zum Buch Esra und Esther.« *ZAW* 58, 1940/1941, 240-244 und *ZAW* 59, 1942/1943, 219.

Ära enstanden ist, die es glaubwürdig beschreibt, bis das Gegenteil bewiesen ist.[14]

Das Buch Ester beginnt im dritten Jahr des Xerxes, ca. 483. Der König befand sich in Susa und hatte den Vorsitz bei einem üppigen Bankett zu Ehren seiner Untertanen aus seinem ganzen Reich – von Indien bis Kusch, wie der Erzähler mitteilt. Sechs Monate hatte Xerxes die Pracht seines Hofes demonstriert, um nun mit einem siebentägigen Bankett alles abzurunden.[15] Nach einer Woche voller Gelage und Lustbarkeiten befahl der König, seine Frau Vaschti vor die Versammlung zu bringen. Er wollte ihre Schönheit als weiteren Beweis seiner Herrlichkeit vorführen (Est 1, 10-12). Als sie sich jedoch weigerte zu erscheinen, entthronte der König sie und suchte eine Frau, die ihre Stelle als Königin einnehmen sollte (Est 2, 1-4).[16]

So führt der Erzähler Ester ein, eine junge Jüdin, die mit ihrem älteren Cousin Mordechai in Susa lebte. Ihre Anwesenheit dort weist einerseits auf die weite Verbreitung der jüdischen Diaspora 100 Jahre nach dem Fall Jerusalems hin, andererseits verdeutlicht dies aber auch, dass die Mehrheit der Exiljuden im Land ihrer Gefangenschaft geblieben waren, obwohl sie die Möglichkeit zur Rückkehr hatten. Ihre Assimilation in die neue Welt wird an den Namen der Hauptfiguren dieser Geschichte deutlich:[17] »Mordechai« ist die hebräische

---

[14] S. B. Berg, *The Book of Esther.* Missoula, 1979, S. 2, 10; F. Altheim und R. Stiehl, *Die aramäische Sprache unter den Achämeniden.* Frankfurt, 1963, S. 207; S. Talmon, »›Wisdom‹ in the Book of Esther.« *VT* 13, 1963, 449.

[15] Man sollte zwischen den sechs Monaten der Festlichkeiten und der einen Woche des Banketts, die folgte, unterscheiden. Der Grieche Xenophon beschreibt in *Cyropaedia* VIII.4.1-27 ein persisches Bankett. Der assyrische König Assurbanipal bewirtete einmal zehn Tage lang in Nimrud 69.574 Gäste, vergl. D. W. Wiseman, »A New Stela of Assur-Nasir-Pal II.« *Iraq* 14, 1952, 24-44; C. A. Moore, »Archaeology and the Book of Esther.« *BA* 38, 1975, 69.

[16] Wright, »Historicity.« *New Perspectives,* S. 40-43, liefert einige recht überzeugende Argumente dafür, dass es sich bei Vaschti im Buch Ester um niemand anderen handelte, als um die Amestris der klassischen Texte. Der Widerspruch gegen diese Gleichsetzung beruht auf einer Fehlinterpretation von Herodot 7.114.

[17] Moore, *Esther,* S. 19-20.

Übersetzung des babylonischen Götternamens *Marduk.* Weshalb ein frommer Jude einen solchen Namen trug, ist nicht leicht zu erklären.[18] Der Name seiner Cousine hat auch einen heidnischen Klang: »Ester« ist eine Form von Ischtar, der babylonischen Göttin der Liebe und des Krieges. Sie besaß allerdings auch einen hebräischen Namen, Hadassa (Est 2,7), unter dem sie wahrscheinlich in der jüdischen Gemeinde bekannt war.

Mordechais Bedeutung am babylonischen Hof zeugt außerdem davon, dass Juden in die obersten Schichten von Regierung und Gesellschaft aufsteigen konnten.[19] Man sollte dem in Mordechais Fall allerdings nicht zu viel Bedeutung beimessen, da er seiner Cousine verbot, ihre jüdische Identität zu erkennen zu geben (Est 2,10), und wahrscheinlich selbst ebenso verfuhr. Dies erklärt vielleicht, warum er und Ester nicht-hebräische Eigennamen trugen, die sie vielleicht selbst gewählt hatten.

Xerxes machte 479, in seinem siebten Jahr, Ester nach der Vorbereitungszeit zur Königin. Zu jener Zeit hatte er Ägypten und Babylonien unter seine Kontrolle gebracht und seinen erfolglosen Feldzug gegen die griechischen Staaten gestartet. Xerxes war 479 aus dem Westen zurückgekehrt und hatte Mardonios allein die Niederlage in der Schlacht von Platää erleiden lassen. Wahrscheinlich wurde Ester kurz nach Xerxes' Rückkehr von seinen griechischen Abenteuern Königin.[20]

Xerxes' demütigende Niederlage mag die Verschwörung zweier Palastbediensteter erklären, den König zu ermorden, was Mordechai aufdeckte (Est 2,19-23). Dass Mordechai den Plan vereitelte, wurde

---

[18] Vorschläge zur Namensdeutung gibt M. D. Coogan, »Life in the Diaspora: Jews at Nippur in the Fifth Century B.C.« *BA* 37, 1974, 10-11.

[19] Ebd., S. 10; B. Porten, *Archives from Elephantine: The Life of an Ancient Military Colony.* Berkeley, 1968, S. 279-280.

[20] Eine detaillierte Rekonstruktion der Ereignisse des Ester-Buches mit außerbiblischen Dokumenten bietet W. H. Shea, »Esther and History.« *AUSS* 14, 1976, 227-246.

in den Archiven vermerkt und sollte sich als entscheidend erweisen. Wie sehr Mordechai einen Gunstbeweis des Xerxes brauchen würde, sollte sich zeigen, nachdem Haman mit einem der höchsten Regierungsposten betraut worden war[21] und von allen anderen Beamten einen Kniefall verlangte. Mordechai weigerte sich und begründete das damit, solches Benehmen widerspräche seinen Überzeugungen als Jude. Da kam Haman die Idee, sich Mordechais zu entledigen und gleichzeitig ein Pogrom gegen alle Juden anzustiften: Xerxes hatte es aufgegeben, Griechenland zu erobern, und suchte einen Sündenbock, dem er die Schuld zuweisen könnte. Hamans Vorschlag, die Juden seien ein ideales Opfer, gefiel dem König sehr gut, und ein Edikt zu ihrer Vernichtung wurde erlassen. Es sollte 474, im zwölften Jahr des Xerxes, ausgeführt werden.

Inzwischen hatte der König die Archive durchsuchen lassen und dabei den Bericht über Mordechais Bedeutung für die Vereitelung des Mordplanes gefunden (Est 6,1-3). Aus diesem Grund entschloss er sich, Mordechai mit einem hohen Amt zu betrauen.[22] Auch Ester erlaubte er, irgendeinen Wunsch zu äußern. Mutig sprach sie zum ersten Mal von ihrer jüdischen Identität und schilderte dem König alles, was Haman gegen Mordechai und ihr Volk geplant hatte. Xerxes lies Haman sofort töten und verfasste einen Gegenerlass, der die Juden im ganzen Reich vor Hamans übler »Säuberungsaktion« schützte. Als überall die örtlichen Beamten erkannten, dass Xerxes jetzt die Juden unterstützte, halfen sie, die anti-jüdische Bewegung niederzuschlagen. Und so half der Gott Israels, obwohl er im ganzen Buch Ester nicht namentlich erwähnt wird, seinem Volk wieder durch seinen starken Arm.

---

[21] Nach unseren jetzigen Dokumenten war Haman nicht Hofmarschall; siehe W. Hing, »Achämenidische Hofverwaltung.« *ZA* 61, 1971, 308.

[22] Nach A. Ungnad, »Keilschriftliche Beiträge zum Buch Esra und Ester.« *ZAW* 58, 1940, 240-244; *ZAW* 59, 1942/43, 219, war Mordechai ein hoher Finanzbeamter und mit Marduk identisch. Aber in mehr als 30 Tontafeln aus Persepolis, die in die Zeit von 505-499 datiert werden, gibt es wenigstens vier Individuen, die den Namen Marduka oder Marduku tragen. E. M. Yamauchi, »Mordechai, ...« *VT* 42, 1992, 272-275.

Zur Erinnerung an diese wundersame Errettung wurde das Purimfest eingesetzt, ein Fest, das den Wandel der Trauer in Freude ausdrückt (Est 9,26-28). Wie die mosaischen Feste soll auch das Purimfest ausnahmslos von jeder Generation gefeiert werden – zur Erinnerung daran, wie treu Gott sein Volk Israel bewahrt hat.

## Die zweite Rückkehr: Esra und Nehemia

### Das Problem der Reihenfolge

Etwa 16 Jahre nach der Einsetzung des Purimfestes in Susa machte sich der Schreiber und Priester Esra an der Spitze eines Kontingents jüdischer Rückkehrer auf den Weg von Babylon nach Jerusalem. Er datiert seine Reise ins siebte Jahr des Artaxerxes, also ins Jahr 458 (Esr 7,8). Der persische König hatte die Rückkehr genehmigt und sogar einen Erlass herausgegeben, dessen Text Esra überliefert hat. Alles Gold und Silber, das Esra vom König aus babylonischen Quellen und von Juden erhielte, sollte nach Jerusalem mitgenommen und dort zum Kauf von Opfertieren für den Tempelkult Jahwes verwendet werden. Wenn dies nicht genügen würde, könnten die Juden aus der königlichen Schatzkammer mehr anfordern. Überschüssige Mittel sollten Esra und sein Volk nach eigenen Wünschen verwenden. Schließlich war Esra dazu autorisiert, in der gesamten transeuphratischen Satrapie Beamte einzusetzen. Sie sollten Experten der Tora sein und für ihre Einhaltung sorgen.

Ein Problem an dieser Stelle betrifft die Identität des Verfassers dieses Erlasses: Artaxerxes. Von der Lösung dieses Problems hängt die Datierung der Rückkehr Esras ab, aber auch die zeitliche Folge von Esra und Nehemia. Allgemein geht man davon aus, dass Esra unter Artaxerxes I. (464-424) nach Jerusalem zog, Nehemia 13 Jahre später unter demselben König.[23] Esras Reise fand 458 statt, im sieb-

---

[23] Eine ausführliche Diskussion dieses Problems findet sich bei J. Bright, *Geschichte Israels*. Düsseldorf, 1966, S. 412-425; A. Pavlovsky, »Die Chronologie der Tätigkeit Esdras – Versuch einer Lösung.« *Bib* 38, 1957, 275-305, 428-456; U. Kellermann, »Erwägungen zum Problem der Esradatierung.« *ZAW* 80, 1968, 55-87.

ten Jahr des Artaxerxes I., Nehemias Rückkehr 445, in seinem 20. Jahr.

Eine beträchtliche Zahl von Wissenschaftlern hat eine alternative Sicht: Sie datieren Nehemias Rückkehr nach Jerusalem zwar auch in das Jahr 445 unter Artaxerxes I., aber Esra sei nicht vor dem siebten Jahr Artaxerxes' II. (404 - 358) heimgekehrt. Dies würde Esras Rückkehr auf das Jahr 398 festlegen[24] und Nehemia einen Zeit-Vorsprung von mehr als 45 Jahren geben. J. Brights Standpunkt ist, dass Esra 428 ankam. Er nimmt an, das »siebte Jahr« in Esra 7,7-8 stehe für »37. Jahr«, was willkürlich ist.[25] Das würde bedeuten, dass Nehemia 27 Jahre vor Esra zurückgekehrt wäre.

Gegen die traditionelle Reihenfolge, Esra vor Nehemia zu datieren, werden vier Argumente vorgebracht. Auf sie soll im Folgenden geantwortet werden:

*1. Nehemia kehrte nach Jerusalem zurück, um die Stadtmauern wieder aufzubauen. Aber es scheint, als Esra heimkehrte, standen die Mauern schon.*[26] Esras Worte »Gott ... hat uns nicht verlassen ... damit er uns ein Bollwerk in Juda und Jerusalem gebe« (Esr 9, 9) können wohl kaum wörtlich verstanden werden, da es um Juda keine Mauern gab. Außerdem benutzt Esra das Wort *gāḏēr* für »Mauer«, während das übliche Wort, das Jerusalems Mauern beschreibt, *ḥômâ* ist.[27] Das unter 1. angeführte Argument lässt sich auch dadurch entkräften, dass die Annahme berechtigt erscheint, es habe eine wirkliche Mauer kurz vor Nehemias Rückkehr in Jerusalem gegeben. Denn sonst lässt sich sein Erstaunen über die Zerstörung der Jerusa-

---

[24] O. Eißfeldt, *Einleitung in das Alte Testament.* Tübingen, 3. Aufl., 1964, S. 752-753; N.H. Snaith, »The Date of Ezra's Arrival in Jerusalem.« *ZAW* 63, 1951, S. 62-63.

[25] Bright, *Geschichte*, S. 423.

[26] Ebd., S. 414-415.

[27] F. C. Fensham, *The Books of Ezra and Nehemiah.* Grand Rapids, 1982, S. 130-131; I. H. Eybers, »Chronological Problems in Ezra–Nehemiah.« *OTWS* 19, 1979, 12.

lemer Stadtmauer (Neh 1, 3-4) nicht erklären.[28] Warum sollte er 140 Jahre nach der Zerstörung der Mauern durch Nebukadnezar darüber traurig sein? Ferner ist höchst unwahrscheinlich, dass er nicht über die Zerstörung durch Nebukadnezar unterrichtet war. Deshalb handelt es sich bei der Mauer, von der er eigentlich dachte, dass sie noch stehe, um eine Mauer aus seiner Zeit.

2. *Esra und Nehemia scheinen voneinander nichts gewusst zu haben und liefern auch keine Beweise dafür, Zeitgenossen gewesen zu sein. Die drei Passagen, in denen sie zusammen auftreten (Neh 8, 9; 12, 26.36) sind nur spätere Glossen.*[29] Dass die gemeinsame Erwähnung von Esra und Nehemia spätere Glossen seien, ist eine pure Spekulation. Tatsache ist, dass Nehemia Esra tatsächlich erwähnt. Die Nicht-Erwähnung Nehemias im Esra-Buch liegt wohl daran, dass Esra die meisten seiner großen Aufgaben in den 13 Jahren vor Nehemias Ankunft beendet hatte. Abgesehen davon war es bei Zeitgenossen durchaus üblich, einander nicht zu erwähnen: Haggai erwähnt seinen Zeitgenossen Sacharja nicht, Jesaja seinen Zeitgenossen Micha nicht.

Bright bietet eine andere Rekonstruktion an: Die Texte in Nehemia, die sich auf Esra beziehen, werden von ihm akzeptiert und er geht davon aus, dass beide Zeitgenossen waren. Jedoch datiert er Nehemia früher als Esra. Ferner schlägt er eine chronologische Neuordnung des historischen Materials vor. Bright ist der Meinung, da Esra von Artaxerxes beauftragt war, das Gesetz zu lehren (Esr 7, 25), müsse die Gesetzeslesung kurz nach Esras Ankunft stattgefunden

---

[28] P. R. Ackroyd, *Israel Under Babylon and Persia.* London, 1970, S. 174-175. Esra 5, 3 mag andeuten, dass Serubbabel Aufbauarbeiten an der Mauer durchgeführt hatte. Die Bedeutung des aramäischen *'uššarnā'* ist allerdings unklar, obwohl die Vulgata und die Peschitta es als »Mauer« verstehen. Siehe C. F. Keil, *Chronik, Esra, Nehemia und Esther.* Gießen und Basel, ND 1990, S. 445; Smith, »Date of Ezra's Arrival.« *ZAW* 63, 1951, 58-59; Eybers, »Chronological Problems.« *OTWSA* 19, 1979, 10, 12. H. G. M. Williamson, *Ezra, Nehemiah.* Waco, 1985, S. 70, weist darauf hin, dass das Wort in den aramäischen Papyri relativ häufig im Zusammenhang mit einem Boot, Haus und Tempel erscheint, was darauf schließen lässt, dass es wohl etwas mit »Holz« zu tun hat. Nach Esr 5, 8 und 6, 4 brauchte man Holz zum Tempelbau.

[29] Eißfeldt, *Einleitung*, S. 749; A. H. J. Gunneweg, *Nehemia.* Gütersloh, 1987, S. 113-114, 154.

haben. Außerdem »lässt die Zerknirschung des Volkes wegen der Ehen mit fremden Frauen (Esr 10,1-4) und seine Bereitschaft, nach dem Gesetz zu verfahren (V. 3), vermuten, daß die öffentliche Verlesung schon stattgefunden hatte, ...«.[30] So nimmt er an, Esra habe nach der Ankunft in Jerusalem 428 (Esr 7-8) begonnen, das Gesetz vorzulesen (Neh 8). Danach habe er das Volk mit dem Thema der Mischehen konfrontiert (Esr 9-10). Sie hätten daraufhin ihre Sünden bekannt und Bundestreue geschworen (Neh 9-10).

Laut traditioneller Interpretation kehrte Esra bereits 458 zurück (Esr 7-8). Als er hörte, dass viele Mitglieder des heiligen Volkes sich durch Heirat mit ihren heidnischen Nachbarn vermischt hatten, bekannte Esra mit ihnen die Sünden (Esr 9-10). Dann, nachdem Nehemia 445 heimgekehrt und die Mauern Jerusalems wieder aufgebaut hatte, las Esra den Israeliten das Gesetz vor (Neh 8). Diese bekannten daraufhin ihre Sünden und versprachen, die Gebote Gottes zu halten (Neh 9-10).

Brights Vorschlag wäre attraktiv, wenn er nicht das Einfügen der Zahl »30« in Esra 7,7-8 erforderte. Er argumentiert, die ursprüngliche Lesart des Textes ergebe, Esra sei im 37. Jahr von Artaxerxes, also 428, in Jerusalem eingetroffen. Nach dieser Chronologie kam zuerst Nehemia an (445), kehrte 433 nach Susa zurück und traf Jahre später, bei seiner zweiten Rückkehr nach Jerusalem, zum ersten Mal auf Esra. So sehr man sich eine solche Lösung wünschen mag, sollte man sie doch ohne Manipulation des Textes zu erreichen suchen.

*3. Esra hat das Problem der Mischehen mit größerer Strenge und Endgültigkeit behandelt als Nehemia und ist deshalb später als dieser.* Man nimmt an, dass Nehemia zu milde war und nur verlangte, die Juden sollten in Zukunft ihre Kinder nicht an Fremde verheiraten (Neh 13,25). Esra dagegen bestand darauf, schon geschlossene Ehen zwischen Juden und nicht-jüdischen Frauen zu beenden (Esr 10,10-14).[31] Also wird gefolgert, dass Esra Nehemias Reformen verschärfte

---

[30] Bright, *Geschichte*, S. 418.

[31] J. M. Miller und J. H. Hayes, *A History of Ancient Israel and Judah*. Philadelphia, 1986, S. 473-474; Snaith, »Date of Ezra's Arrival.« *ZAW* 63, 1951, 61.

und damit nach ihm in Jerusalem war. Dies sind äußerst spärliche Beweise. Denn nach der traditionellen Sichtweise wäre genug Zeit zwischen Esras Reform (457) und der Nehemias (um 430) gewesen (etwa 25 Jahre), so dass Mischehen wiederholt zum Problem hätten werden können. Zudem ist es willkürlich zu argumentieren, eine Maßnahme sei strenger oder einschneidender als die andere. Besser ist es anzunehmen, Esra und Nehemia sahen sich jeweils bestimmten Problemen gegenübergestellt und reagierten darauf mit angemessenen Mitteln.[32]

*4. Der Hohepriester in Jerusalem zu Lebzeiten Nehemias war Eljaschib (Neh 3, 1.20-21; 13, 28). Esra jedoch zog sich in die Gemächer von Eljaschibs Sohn, Johanan, zurück (Esr 10, 6).* Das Argument ist: Esra kann nicht vor Nehemia gewesen sein, weil er Zuflucht bei dem Sohn des Hohenpriesters, der zur Zeit Nehemias in Jerusalem amtierte, fand.[33] Denn in Neh 12, 10-11.22 werden in der priesterlichen Linie Jeschua, Jojakim, Eljaschib, Jojada, Johanan und Jaddua genannt. Daraus wird ersichtlich, dass der dort genannte Johanan ein Enkel Eljaschibs ist und nicht sein Sohn. Schließlich wird auf das Elephantine-Papyri verwiesen, in dem Johanan als Hoherpriester Jerusalems im siebten Jahr von Darius II. erwähnt wird.[34] Dies wäre das Jahr 407, also 50 Jahre nach dem traditionellen Datum der Ankunft Esras in Jerusalem. Demnach müsste er im siebten Jahr des Artaxerxes II. (398), nicht im siebten Jahr des Artaxerxes I. (458) zurückgekehrt sein.

Auf dieses gewichtige Argument lässt sich Folgendes antworten: Es gibt Gründe dafür anzunehmen, dass der in Esra erwähnte Johanan nicht unbedingt mit dem Johanan, über den Nehemia berichtet, identisch sein muss. Zum einen ließe sich so erklären, warum Johanan einmal in Esra als Eljaschibs Sohn, aber in Nehemia als ein Enkel Eljaschibs bezeichnet wird. Zum anderen sollte man

---

[32] Eybers, »Chronological Problems.« *OTWSA* 19, 1979, 14.

[33] Ackroyd, *Israel under Babylon and Persia*, S. 193.

[34] Miller und Hayes, *History*, S. 469; *TUAT*, Bd I, S. 255, Zeile 18.

beachten, dass Eljaschib in Esr 10,6 nicht als »Priester« bezeichnet wird und somit nicht zwingend der Eljaschib aus Nehemias Zeit sein muss; es kann sich also um zwei unterschiedliche Familien handeln.[35] Und schließlich berichtet Josephus[36] über den in Nehemia erwähnten Johanan, den Enkel Eljaschibs, er habe seinen eigenen Bruder Jeschua umgebracht. Denn Bigvai, der auf Nehemia als Gouverneur folgte, hatte versucht, diesen als Hohenpriester einzusetzen.[37] Sollte Esra bei einem solchen Menschen wirklich zu Gast gewesen sein? Oder war er vielleicht doch bei einem anderen Johanan?

Ein attraktives Angebot, diese Beweise miteinander zu verbinden, bietet F. M. Cross, der von einer Haplographie in den priesterlichen Genealogien in Neh 12 ausgeht:[38] Er setzt eine Originalliste voraus, in der es zwei Eljaschibs und zwei Johanans gab, ein Paar zu Esras Zeit und eines zu Nehemias Zeit. Das Problem bei diesem Vorschlag ist, dass seine Meinung von keinem biblischen Manuskript unterstützt wird, und somit ist es eine reine Mutmaßung. Auch wenn so das Problem der Reihenfolge von Esra und Nehemia gelöst wäre, sollte man Texte nicht auf Grund einer Hypothese rekonstruieren.

Angesichts dieser ausführlichen Argumentations-Abwägung scheint vieles für die traditionelle Sichtweise zu sprechen,[39] Esra vor Nehemia zu datieren. Diese Sicht ist natürlich nicht unproblematisch, bietet aber eine gute Rekonstruktion, um die Erzählung der beiden Bücher zu verstehen.

---

[35] Fensham, *Ezra and Nehemiah*, S. 136.

[36] *Jüdische Altertümer*, XI, 7, 1.

[37] F.M. Cross, »A Reconstruction of the Judean Restoration.« *Interp.* 29, 1975, 188-189, auch veröffentl. in *JBL* 94, 1975, 4-18.

[38] Ebd., 189-190.

[39] K. Kellermann, »Erwägungen zum Problem der Esradatierung.« *ZAW* 80, 1968, 55-87.

## Der Priester und Schreiber Esra

Artaxerxes I. erlaubte Esra, eine Gruppe von Exulanten nach Jerusalem zu führen. Er ermächtigte ihn, in den trans-euphratischen Provinzen alles zu tun, was er für nötig hielt. Es ist schwer zu glauben, der König habe so gehandelt, weil er den Juden etwas Gutes habe tun wollen. Welche politischen Faktoren könnten also Artaxerxes zu dieser wohlwollenden Politik motiviert haben?

Durch die Neutralisation der delischen Liga nach 460 war es Artaxerxes I. möglich, sich mit Angelegenheiten zu befassen, die der Heimat näher lagen. Er befahl Megabyzos, einem Beamten, der Sparta zum Angriff auf Athen bestochen hatte und der danach zum Gouverneur der Satrapie von Syrien gemacht worden war, persische Truppen aus dem südlichen Kilikien in einen Krieg gegen Ägypten zu führen, dem Verbündeten Athens. Megabyzos besiegte die Athener Truppen auf Prosopitis, einer Insel im Nil-Delta, und unterwarf 456 Ägypten selbst.[40] Sehr wahrscheinlich hielt Artaxerxes 458 eine ihm treue jüdische Provinz für einen wichtigen Posten für die bevorstehende Disziplinierung Ägyptens.[41] Wie hätte er sich der jüdischen Loyalität besser versichern können als dadurch, Esra, dem sehr populären und mächtigen jüdischen Oberhaupt, zu erlauben, jüdisches Leben und jüdische Kultur in diesem kleinen, für den persischen Erfolg entscheidenden Land zu erneuern?

Esra stellte am Ahawa-Kanal die Karawane der Heimkehrer zusammen, fastete und betete mit ihnen und verteilte dann unter den führenden Priestern und Leviten die Schätze, die er vom König und der jüdischen Gemeinde eingesammelt hatte (Esr 8,15-30). In der heiligen Stadt angekommen, opferten sie Jahwe Brandopfer und führten das Aufbau- und Reformwerk fort. Der Tempelbau war schon 58 Jahre zuvor beendet worden, seit dieser Zeit hatten aber

---

[40] Olmstead, *History*, S. 308; Bengtson, »Perikles.« *Fischer Weltgeschichte*, Bd V, S. 92-93; Thukydides I.109.3; Diodorus Kl. 77.1.5.

[41] C. Schultz, »The Political Tensions Reflected in Ezra–Nehemiah.« *Scripture in Context*, C.D. Evans et al., Hrsg., Pittsburgh, 1980, S. 233-234.

geistliche und moralische Unreinheit um sich gegriffen. Daher sah sich Esra genötigt, unmittelbar entscheidende Schritte zu unternehmen, das religiöse und soziale Leben der jungen Gemeinschaft zu säubern und zu erneuern.

Der wichtigste Punkt seiner Tätigkeit betraf die Mischehen: Esra hatte erfahren, dass das Volk, einschließlich der Priester und Leviten, mit den umliegenden heidnischen Völkern Mischehen eingegangen war. Dieses Handeln widersprach den mosaischen Lehren. Er war darüber so aufgewühlt, dass er Gottes Angesicht voll Trauer suchte (Esr 9,3-15). Gott hatte treu einen kleinen Rest vor dem Gericht errettet. Jetzt aber, so klagte Esra, stehe dieser Rest in der Gefahr, seine Privilegien als Volk Gottes aufs Spiel zu setzen. Wie ihre Vorfahren unter Josua, fast ein Jahrtausend zuvor, gingen sie unheilige Bündnisse mit den Völkern des Landes ein. Wenn der Herr ihnen diese Sünde nicht vergäbe, wäre alle Hoffnung auf ihren Fortbestand als Bundesnation dahin.

Die Antwort war so, wie Esra erfleht hatte: Das Volk bereute, die Priester und die anderen Führer bestätigten mit ihnen ihre Hingabe an den Bund und ihre Bundespflicht, ein heiliges und reines Volk zu sein (Esr 10,1-8). Drei Tage später versammelten sich alle Männer in Jerusalem und erhielten dort Anweisungen über die Auflösung ihrer illegalen Ehen. Auch wenn der Bericht darüber sehr vage ist, muss man davon ausgehen, dass die Einzelnen sich von ihren nicht-israelitischen Partnern scheiden ließen. Dass 25 Jahre später Nehemia sich zu ähnlichem Handeln gezwungen sah, macht deutlich, dass Esra dieses Problem nicht endgültig zu lösen vermocht hatte.

### Der Gouverneur Nehemia

Nur vom ersten Jahr Esras in Juda ist etwas bekannt, über die 13 Jahre bis zur Ankunft Nehemias, 445, nichts. Dies waren zweifellos schwierige Jahre, aus internen Gründen und wegen der ständigen Bedrängnis durch die Samaritaner und anderer, die wegen der Privilegien der jüdischen Heimkehrer aufgebracht waren. Nehemias Grund für seine Reise nach Jerusalem, sein Aufgewühltsein durch die

Zustände in Jerusalem (Neh 1,3), legt ein beredtes Zeugnis über Esras Probleme ab.

Der syrische Gouverneur Megabyzos hatte Ägypten unterworfen und die griechischen und ägyptischen Kommandanten nach Susa mitgenommen, wobei er ihnen versprach, ihnen dort Schutz zu bieten. Einige Jahre lang hielt dieses Versprechen. Allerdings verlangte 449 Amestris[42], die Witwe des Xerxes und Königinmutter des Artaxerxes, die Hinrichtung dieser Männer. Dass man ihre Forderung erfüllte, versetzte Megabyzos derartig in Zorn, dass er aus Susa floh, nach Syrien zurückkehrte und von dort die Unabhängigkeit der trans-euphratischen Satrapie erklärte. Er hatte genug Anhänger, um mindestens zwei Feldzüge gegen sich zurückzuschlagen. Nachdem er seinen Standpunkt behauptet hatte, kehrte er nach Susa zurück und wiederholte seine Loyalität der persischen Krone gegenüber.[43]

Die politische Lage in der syrisch-palästinischen Satrapie war für Artaxerxes sehr prekär. Er wusste sehr wohl, dass solche Ereignisse sich wiederholen konnten und er seine aufständischen Territorien dann eventuell nicht zurückgewinnen könnte. Natürlich wollte er alles tun, um seine Position zu festigen. Nehemia bot sich schließlich an, die Lage in Jerusalem zu stabilisieren. König Artaxerxes war bereit die Bitte zu erfüllen, denn so konnte er einen Mann seines Vertrauens über Juda setzen, der Persien loyal bleiben und ein Klima der Ruhe und Ordnung schaffen würde.[44]

Megabyzos hatte sich 449 erhoben und seine Treue etwa zwei Jahre später erneuert. Nehemia bat 445, im 20. Jahr Artaxerxes, nach Jerusalem ziehen zu dürfen (Neh 2,1). Es ist anzunehmen, dass in ganz Syro-Palästina nach 449 Chaos herrschte und das dringende Bedürfnis nach einer starken Hand bestand. Besonders schwer betroffen war Juda, das unter ständigen verbalen oder physischen

[42] Vergl. S. 725, FN 16: Nach mancher Ansicht identisch mit Königin Vaschti.

[43] Olmstead, *History*, S. 312-313; H. Bengston, »Syrien in der Perserzeit.« *Fischer Weltgeschichte*, Bd V, S. 373.

[44] J.M. Cook, *The Persian Empire*. New York, 1983, S. 128.

Angriffen der Samaritaner und ihrer Verbündeten litt. Der Bericht über die zerstörten Mauern Jerusalems könnte von der Zerstörung sprechen, die die Stadt in diesen turbulenten Jahren erdulden musste.[45]

Nehemia ist eine der anregendsten Figuren der biblischen Geschichte. Wie viele talentierte und ehrgeizige Juden in der Diaspora, war er in die Ränge der Regierung aufgestiegen. Schließlich hatte er das Amt des königlichen Mundschenks erlangt.[46] Zwischen König und Mundschenk musste unbegrenztes Vertrauen bestehen: Der Mundschenk hätte bestochen werden können, Gift in den Becher des Königs zu gießen oder ihm sonst Schaden zuzufügen. Trotz dieser hohen Loyalität zu seinem König war Nehemia seinem Gott mit noch stärkerer Loyalität verpflichtet. Mit seinem Herzen war er ganz in Jerusalem und wie Daniel hat er wahrscheinlich täglich, mit dem Gesicht gen Zion, gebetet.

Nehemias Bruder Hanani und einige Andere kamen 445 von einer Reise nach Jerusalem zurück (Neh 1, 1-3). Ob sie für den König eine Inspektion durchgeführt hatten, kann nicht gesagt werden. Sie berichteten Nehemia von der Zerstörung und Verzweiflung, die sie überall in der heiligen Stadt gesehen hatten. Dies lastete so schwer auf ihm, dass er viele Tage fastete und betete. Er erinnerte den Herrn an seine Verheißungen, sein verstreutes Volk wiederherzustellen und zu segnen. Dann bat er darum, vor den Augen des Königs Gnade zu finden und an Jerusalems Wiederaufbau teilhaben zu dürfen (Neh 1, 4-11).

Artaxerxes bemerkte schnell Nehemias Niedergeschlagenheit und erkundigte sich nach deren Ursache. Als Nehemia ihm diese mitteilte, erlaubte der König ihm, nach Jerusalem zu reisen und dort den

---

[45] Über mögliche Zerstörungen in Jerusalem nach der Einnahme durch Nebukadnezar siehe J. Morgenstern, »Jerusalem – 485 B.C.« *HUCA* 27, 1956, 101-179; 28, 1957, 15-47; 31, 1960, 1-29. Vielleicht wird die Zerstörung in Esr 4, 23 reflektiert.

[46] Die Bedeutung des Mundschenks am persischen Hof behandelt Olmstead, *History*, S. 217: »Hinter Xerxes stand der Mundschenk, der in späteren achämenidischen Zeiten sogar mehr Einfluss ausüben sollte, als der Oberbefehlshaber.« Siehe auch Xenophon, *Cyropaedia* I.3.9; E. Weidner, »Hof- und Harems-Erlasse assyrischer Könige aus dem 2. Jahrtausend v. Chr.« *AfO* 17, 1954/1955, 257-293.

Aufbau der Stadt zu leiten. Er gab ihm königliche Briefe mit, die ihm eine sichere Reise garantierten und die nötigen Baumaterialien zusicherten (Neh 2, 1-10). Nehemia fand 445 alles schlimmer vor, als er es sich vorgestellt hatte. Die Mauern der Stadt und der Gebäude waren zerfallen und die benachbarten Herrscher stellten sich dem Wiederaufbau in den Weg (Neh 2, 11-20).

Einer dieser Herrscher war der Horoniter Sanballat. Er wird in den aramäischen Papyri von Elephantine im 17. Jahr Darius' II., 407, als »Gouverneur von Samaria« bezeichnet.[47] Da er zu dieser Zeit schon erwachsene Söhne hatte, ist es mehr als wahrscheinlich, dass er schon 40 Jahre zuvor[48] der dortige Gouverneur war. Der Gouverneur von Ammon, Tobija, ist weniger bekannt.[49] Der Araber Geschem, der dritte Hauptgegner, wird auch außerhalb der Bibel erwähnt. Die Hauptinformation über ihn stammt von einer silbernen Schale, die 1947 in Tell el-Mašḥuta in Unterägypten entdeckt wurde.[50] Wie drei weitere ähnliche Schalen hat sie eine der Göttin Han-'Ilat gewidmete Inschrift. Eine Zeile liest: »... das, was Qaynu, der Sohn Gašmu, König von Qedar, Han-'Ilat als Opfer darbrachte«. Gašmu ist der biblische Geschem.[51] Aufgrund der besonderen aramäischen Schrift,

---

[47] Sanballat war Statthalter von Samaria, siehe *TUAT*, Bd I, S. 256. Die Dynastie der Sanballatiden hat wahrscheinlich bis zum Ende des persischen Reiches gedient, siehe F. M. Cross, »Papyri of the Fourth Century B. C. from Dâliyeh.« *New Directions in Biblical Archaeology*, D. N. Freedman und J. C. Greenfield, Hrsg., Garden City, 1971, S. 47-48, 59-63; ders., »A Reconstruction of the Judean Restoration.« *JBL* 94, 1975, 4-18; Porten, *Archives*, S. 289-293.

[48] Also zur Zeit der Ankunft Nehemias in Jerusalem.

[49] Siehe jedoch B. Mazar, »The Tobiads.« *IEJ* 7, 1957, 137-145, 229-238. Er hat die Familiengeschichte der Tobiaden über neun Generationen verfolgen können. Das hebräische Wort *'ebed* in Neh 2, 19, das Luther mit »Knecht« übersetzt, ist wohl besser mit »hoher Beamter« wiederzugeben, wenn nicht mit unserem Begriff »Minister«.

[50] W. J. Dumbrell, »The Tell el-Maskhuta Bowls and the ›Kingdom‹ of Qedar in the Persian Period.« *BASOR* 203, 1971, 33-44; F. M. Cross, »Geshem the Arabian, Enemy of Nehemiah.« *BA* 18, 1955, 46-47.

[51] In Neh 2, 19; 6, 1 wird der Name *gešem* gebraucht, jedoch in Neh 6, 6, im hebräischen Text, heißt die Person *gašmû*.

der Art der Schale und athenischer Münzen vom selben Ort datierte man diese Inschrift in die Zeit um 400.

Der größte Widerstand entstand aber nicht wegen der Einsetzung des Jahwekultes (Esr 5, 3), sondern wegen Judas Wiedererwachen als lebensfähiger Staat und Rivale ihrer Fürstentümer. Wahrscheinlich hatten sie Megabyzos in seinemAufstand beigestanden und stuften Nehemia als starken Pro-Perser ein, was er auch war, der die Region im Dienst von Artaxerxes überwachen sollte. Ihr Widerstand gegen Nehemias Projekt zeigte gewisse Überreste von Unabhängigkeit gegenüber Persien, vor allem, da sie den Inhalt von Artaxerxes' Ermächtigungsbrief sehr wohl kannten.[52]

Nehemia verlor keine Zeit. Binnen drei Tagen verschaffte er sich einen kompletten Überblick über den Umkreis der Stadt, um den Verlauf der Mauern und die zum Wiederaufbau nötigen Schritte zu bestimmen. Er beriet dann mit den jüdischen Führern, was zu tun sei. Sanballat, Tobija und Geschem hatten zunächst vergeblich versucht, die Arbeit durch Spott zu behindern. Nun behaupteten sie, die Juden seien ihrem König gegenüber illoyal – eine absurde Anklage. Da das Werk schnell voranschritt, waren sie sehr beunruhigt. Sobald die Stadtmauern geschlossen wären, würde Jerusalem militärischer Bedrohung trotzen können. Das war für sie ein eindeutiges Zeichen jüdischer Unabhängigkeit und schließlich jüdischer Vorherrschaft im ganzen Gebiet. Vielleicht war eine »Neuauflage« des davidischen Reiches doch nicht zu weit hergeholt? Jedenfalls stimmte dies mit der prophetischen Erwartung überein.

Da Sticheleien und Spott ihre Wirkung verfehlt hatten, suchte die Opposition nach Vorwänden und forderte Verhandlungen, in deren Verlauf sie Nehemia umbringen wollten. Besonders Sanballat und Geschem wollten Nehemia überreden, sich mit ihnen in der Ebene von Ono (Kafr 'Anā),[53] ca. 16 km östlich Joppes, zu tref-

---

[52] J.A. Soggin, *Einführung in die Geschichte Israels und Judas.* Darmstadt, 1991, S. 205-206. Zur politischen Lage in Syrien und Mesopotamien siehe O. Leuze, *Die Satrapieneinteilung in Syrien und im Zweistromland.* Halle, 1935.

[53] Y. Aharoni, *Das Land der Bibel.* Neukirchen, 1984, S. 444.

fen.[54] Fünf Mal verhandelten sie mit ihm, das letzte Mal in Form eines Briefes von Sanballat. Darin beschuldigte er Nehemia monarchischer Ambitionen, die seiner Treue zu Artaxerxes entgegenstünden (Neh 6,5-7). Sanballat deutete darin auch an, er werde diesen Verrat nicht dem persischen König weitermelden, wenn Nehemia sich mit ihm treffen und ein Abkommen aushandeln würde.

Nehemia erkannte die Finte und wies den Versuch zurück, der ihn aus der Stadt locken und in Todesgefahr bringen sollte. Die Intrige war allerdings noch nicht beendet. Schemaja ben Delaja, von Tobija und Sanballat angeheuert, legte Nehemia nahe, er möge sich vor einer angeblichen Bande von Raubmördern im Tempel in Sicherheit bringen (Neh 6,10-14). Nehemia bemerkte, dass man ihn dazu verleiten wollte, öffentlich Feigheit zu zeigen, was die jüdische Moral untergraben und ihn in den Augen des Volkes diskreditiert hätte. Daher verließ er sich allein auf den Herrn, damit der ihn stärke und ermutige.

Nach nur 52 Tagen war die Mauer repariert. Wegen archäologischer Unzugänglichkeit können heute ihr Verlauf und die Größe des umschlossenen Stadtgebietes nicht mehr bestimmt werden. Nach der besten Interpretation der Daten von Nehemia war das nach-exilische Jerusalem sehr klein, kleiner als die vor-exilische Stadt.[55] Erst die Vergrößerung durch die Makkabäer im 2. Jh. v. Chr. stellte die ursprüngliche Größe der Stadt wieder her. Doch demoralisierte die Fertigstellung des Projektes die Feinde der Juden, denn sie sahen darin Jahwes Werk (Neh 6,16).

Nachdem die Stadt gesichert war, machte sich Nehemia an die noch wichtigeren Aufgaben, die Regierung zu reorganisieren und eine dringend nötige, geistliche und moralische Reform durchzuführen.[56] Zuerst ernannte er Türhüter, Sänger und weiteres levitisches

---

[54] Man betrachtete es offenbar als neutralen Ort. Es lag außerhalb Judas Grenzen, zwischen Aschdod und Samaria. Siehe J. M. Myers, *Ezra-Nehemiah*. Garden City, N.Y., 1965, S. 138.

[55] K. Kenyon, *Jerusalem*. New York, 1967, S. 105-111.

[56] Das Ausmaß der Reform behandelt E. M. Yamauchi, »Two Reformers Compared: Solon of Athens and Nehemiah of Jerusalem.« *Bible World*, G. Rendsburg et al., Hrsg., New York, 1980, S. 269-292.

Personal und berief seinen Bruder Hanani zum Bürgermeister der Stadt (Neh 7,1-3). Danach nahm er ökonomische Probleme in Angriff (Neh 5,1-5). Der Prophet Haggai hatte schon die Habsucht einiger Menschen im Volk angeprangert: selbstsüchtiges Handeln zu ihrem eigenen Vorteil auf Kosten des Tempels und der Armen (Hag 1,2-6). Der gleiche Geist hatte bereits in Esras Jahren geherrscht und zeigte sich nun auch in Nehemias Zeit. Der Bürgerkrieg durch Megabyzos hatte das Problem verschärft, aber auch die ständigen Störungen der Samaritaner und ihrer Verbündeten. Dass Jerusalem während der Bauarbeiten so gut wie belagert war, hatte das Elend nur noch verschlimmert. Es gab nur wenig Nahrungsmittel und die, die welche verkauften, taten es zu Wucherpreisen.

Einige Juden mussten ihren Besitz mit einer Hypothek belasten, um Essen kaufen zu können. Wieder andere mussten Schulden machen, um die persischen Steuern zu bezahlen. Da sie ihre Schulden nicht zurückzahlen konnten, waren sie gezwungen, ihren Gläubigern ihre Kinder als Schuldsklaven zu überlassen. Das Schändliche daran war, dass die, die auf Kosten der Armen Profit machten, nicht Heiden waren, sondern reiche Juden! Sie versklavten ihre eigenen Volksgenossen, während gleichzeitig Gelder der Gemeinschaft dazu benutzt wurden, Juden aus heidnischer Schuldsklaverei freizukaufen (Neh 5,6-8). Zornerfüllt verlangte Nehemia, diese Praktiken zu beenden und sofort alle Personen sowie allen Besitz zurückzugeben.

Als nächstes versuchte Nehemia, die Bevölkerung gleichmäßiger im Land zu verteilen. Offenbar hatten sich die meisten Rückkehrer in jenen Dörfern und Städten angesiedelt, in denen die Babylonier am wenigsten zerstört hatten. Jerusalem war wegen der verheerenden Verwüstung nahezu verlassen (Neh 7,4). Jetzt, da der Tempel und die Mauer wiederhergestellt waren, war es an der Zeit, Privathäuser zu errichten und die spärlich besiedelte Stadt zu bevölkern. Nehemias Plan zielte darauf, die Stammbäume der Heimkehrer zu untersuchen. Wer aus Jerusalem stammte, sollte gebeten werden, wieder dorthin zu ziehen.

Im siebten Monat des Jahres versammelte Nehemia das ganze Volk in Jerusalem um das Herbstfest zu feiern. Am ersten Tag des Monats, dem Neujahrstag, stand Esra auf, um den versammelten Massen aus der Tora vorzulesen (Neh 8, 1-4). Als einige zu weinen begannen, bat Nehemia sie eindringlich, sich doch vielmehr zu freuen, da dies ein heiliger Tag Jahwes sei (Neh 8, 9-11). Sie bauten daraufhin nach seinen Anweisungen Hütten für das Laubhüttenfest. Am 15. Tag des Monats begannen die Feiern, die eine Woche dauerten. Sie gedachten an Gottes wunderbare Versorgung des Volkes in der Wüste, und wie er es ins gelobte Land geführt hatte. Die ganze Zeit las Esra aus den heiligen Schriftrollen vor und das Volk freute sich über die Erfahrung ihres neuen Auszuges und der neuen Bewahrung.

Am 24. Tag des siebten Monats berief Nehemia eine besondere Versammlung ein, bei welcher der Bund bestätigt wurde (Neh 9, 1). Der Bundestext selbst war in Form eines Gebetes abgefasst, das mit dem Lob Jahwes als dem Schöpfer beginnt: Er allein ist Gott.[57] Als nächstes wird er als »Gott der Geschichte« bezeichnet, der Abraham und die Väter erwählt und ihnen das Land Kanaan als Erbteil versprochen hatte. Er befreite sein unterdrücktes Volk mit mächtigen Taten aus der ägyptischen Sklaverei, gab ihnen am Sinai das Gesetz und brachte sie, nachdem er ihren Ungehorsam in der Wüste gestraft hatte, schließlich in das Land, das er ihnen zu geben versprochen hatte. Trotzdem hielten sie an ihrer Sünde fest, bis sie aus dem Land gerissen und von fremden Völkern gefangen genommen wurden. Gott aber war gnädig und barmherzig und gab ihnen das Land wieder. Nun flehten sie zum Schluss Jahwe an, ihre Reue anzuerkennen und sich ihrer Not anzunehmen: Sie waren zwar wieder im Land, aber immer noch Vasallen eines fremden Königs (Neh 9, 32-10, 1).

Als alle feierlich die Verpflichtung rezitiert hatten, schrieben die Verantwortlichen alles auf und unterschrieben das Dokument (Neh 10, 1). Das ganze Volk verpflichtete sich mit Schwur und Fluch und bestätigte seine Absichten, die Forderungen des Bundes zu halten (Neh 10, 30). Sie verpflichteten sich insbesondere, Ehen mit Heiden zu vermeiden, den Sabbat einzuhalten, die Tempelsteuern zu bezahlen, die Zehnten-Regel und das Opfer der Erstgeburt einzuhalten und treu den Dienst im Tempel Gottes zu erfüllen.

---

[57] Zu Nehemia 8-10 als eine Reflektion des Bundes, siehe D. J. McCarthy, »Covenant and Law in Chronicles-Nehemiah.« *CBQ* 44, 1982, 34-35.

Alle diese Ereignisse scheinen 445, dem ersten Jahr Nehemias in Jerusalem, stattgefunden zu haben. Er blieb zwölf Jahre dort und kehrte dann kurz nach Susa zurück (Neh 5,14; 13,6-7). Während der Jahre seiner Abwesenheit von Jerusalem (ca. 433-430) wurde offenbar die Bevölkerung neu über das Land verteilt, wie Nehemia gefordert hatte. Dies mag die Gelegenheit gewesen sein, bei der der Priester Eljaschib nach Jerusalem zog.[58] Auf jeden Fall fand Nehemia bei seiner Rückkehr aus Susa Eljaschib und – zu seinem großen Missfallen – auch seinen alten Feind Tobija dort vor. Tobija war durch Heirat mit einigen führenden Bürgern Jerusalems verwandt (Neh 6,17-18). Er hatte irgendwie diese Verbindungen dazu genutzt, direkt in den Tempelbereich zu ziehen. Nehemias Reaktion war vorhersehbar: Er befahl, Tobija hinauszuwerfen und die Räume, die er bewohnt hatte, zeremoniell zu reinigen.

Man weiß nicht, welche dringende Angelegenheit Nehemia 433 nach Susa zurückgerufen hatte. Es könnte sein, dass seine Beurlaubung abgelaufen war und er sie dort verlängern ließ. Wie dem auch sei, er blieb zwar nicht sehr lange in Susa, aber doch lange genug, um Probleme ans Tageslicht treten zu lassen, darunter die Aufnahme Tobijas in Eljaschibs Tempelunterkunft. Nehemia bemerkte auch, dass die Leviten vernachlässigt worden waren, der Sabbat gebrochen worden und das alte Problem der Mischehen wieder voll aufgebrochen war. Ein Sohn des Priesters Jojada hatte sogar Sanballats Tochter geheiratet (Neh 13,28)!

Nehemia musste wieder drastisch eingreifen. Er weihte die Mauer ein[59] – möglicherweise am Jahrestag ihrer Errichtung – und nahm dies als Gelegenheit, ein System zu schaffen, das die Leviten aus den

---

[58] Fensham, *Ezra and Nehemiah*, S. 260. Fensham weist, unserer Meinung nach völlig zu Recht, darauf hin, dass dieser Eljaschib nicht mit dem Hohenpriester Eljaschib verwechselt werden darf, da der Letztere kaum als »Aufseher der Lagerräume« bezeichnet worden wäre (Neh 13,4).

[59] Obwohl die meisten Wissenschaftler Neh 12,27-47 mit Neh 6,15 in Verbindung bringen, z.B. Myers, *Ezra-Nehemiah*, S. 202, gibt es keinen Hinweis, dass der Begriff »Einweihung« nur eine anfängliche Weihe bedeutet. Bright, *Geschichte*, S. 402, schlägt vor, die erste Einweihung habe einige Jahre nach dem Bau stattgefunden. Die

Opfern des Volkes versorgen sollte, wie das Gesetz es vorschrieb. Er ließ auch die mosaische Vorschrift über den Ausschluss von Fremden aus der heiligen Versammlung Israels vorlesen, besonders von Ammonitern und Moabitern (Neh 13,1-3; vergl. 5. Mo 23,3-6). Zweifellos war dies die Reaktion auf die Anwesenheit des Ammoniters Tobija im Tempelhof. Dann wandte sich Nehemia der Übertretung des Sabbats zu und legte strenge Leitlinien nieder, an die sich Juden und Heiden zu halten hatten, wenn sie dem göttlichen Gericht und Nehemias Zorn entgehen wollten (Neh 13,15-22). Schließlich wies Nehemia auch die zurecht, die Mischehen geschlossen hatten, und züchtigte einige von ihnen sogar körperlich. Er warnte sie davor, diese Praxis weiterzuführen und so sein Missfallen und das des Herrn zu erregen.

## Der Prophet Maleachi

Als letzter Zeitgenosse dient der Prophet Maleachi als Informationsquelle der alttestamentlichen Geschichte. Von ihm ist wenig bekannt – vielleicht noch nicht einmal sein Name[60] –, sein Dienst scheint zeitweise parallel zum Gouverneursamt Nehemias verlaufen zu sein. Die fehlenden Verweise auf Nehemia sowie Maleachis Aufrufe gegen einige Missstände im religiösen und sozialen Leben, die Nehemia bei seiner zweiten Ankunft in Jerusalem berichtigte, könnten darauf hindeuten, dass Maleachi seine Botschaft in genau der Zeit verkündete, in der Nehemia sich in Susa befand. Eine Datierung von 433 bis 425 ist daher sehr wahrscheinlich.[61]

---

Ausdrücke »zu dieser Zeit« in Neh 12,44 und »an diesem Tag« in Neh 13,1 und die Einheit von Neh 12,27-13,3 machen deutlich, dass alle diese Ereignisse etwa 430 nach Nehemias Rückkehr nach Jerusalem stattfanden.

[60] »Maleachi« (hebr. *mal'ākî*) bedeutet »mein Bote« und könnte ein *nom de plume* für einen anonymen Propheten sein; siehe J. G. Baldwin, *Haggai, Zechariah, Malachi.* Downers Grove, 1972, S. 211.

[61] W. C. Kaiser, Jr., *Malachi: God's Unchanging Love.* Grand Rapids, 1984, S. 17.

Weder Nehemia noch Esra erscheinen in Maleachis Schrift. Einige Wissenschaftler glauben, Esra sei vor 432 gestorben.[62] Dies könnte den Niedergang des Kultes in Juda während Nehemias Abwesenheit erklären, auch den der Zivilverwaltung – ein Zustand, der Maleachis Aufrufe zur Buße und die folgende Reform Nehemias auslöste. Das große Anliegen des Propheten ist die Übertretung des Bundes: Gott hatte sein Volk geliebt, so Maleachi, aber sie schätzten diese Liebe nicht und belohnten sie sogar mit Ungehorsam und Schande (Mal 1,6-14). Dies hatte sich in ihren gotteslästerlichen Opfern von lahmen und kranken Opfertieren gezeigt. Ihre Priester hatten sich von der Lehre der Tora abgewandt und den levitischen Bund gebrochen (Mal 2,8). Außerdem hatten viele Juden ihre Eheversprechen gebrochen, sich von ihren rechtmäßigen Frauen scheiden lassen und so ihre tiefe Missachtung des Bundes ausgedrückt. Denn auch Jahwe war ein Bundesverhältnis mit dem Volk eingegangen, analog mit dem Ehebund (Mal 2,10-16). Doch auch diesen missachteten sie. Deswegen würde der Herr seinen messianischen Boten senden, um das Bundesvolk vom Bösen zu befreien und auch den Rest zu reinigen, der vor ihm in Wahrheit wandeln sollte. An diesem Tag, so versicherte Maleachi, werde »die Sonne der Gerechtigkeit und Heil unter ihren Flügeln« aufgehen (Mal 3,20) und der Herr werde »das Herz der Väter bekehren zu den Söhnen und das Herz der Söhne zu ihren Vätern« (Mal 3,24). So würden die ewigen Ziele Gottes erreicht. Er werde die Geschichte zu ihrem Höhepunkt führen – mit der Erlösung und Wiederherstellung in seinem geliebten Sohn.

Die Geschichte des ATs schließt mit dem letzten Kapitel des letzten Buches des alttestamentlichen Kanons. Die Geschichte Israels als eines Königtums der Priester endet damit aber nicht. Das AT ist – so gesehen – kein abgeschlossenes Buch, sondern hat ein offenes Ende. Die Ziele Gottes, im AT angedeutet und vorhergesagt, werden im NT dargestellt und in der Gemeinde und im eschatologischen Israel verwirklicht.

---

[62] So Eybers, »Chronologial Problems.« *OTWSA* 19, 1979, S. 15. Wenn Esra vor 432 starb, muss die Mauer vor Nehemias Rückkehr aus Susa eingeweiht worden sein, da Esra als Teilnehmer aufgeführt ist (Neh 12,36).

Die Geschichte Israels sollte nicht nur als sozio-politisches Phänomen gesehen werden, sondern als Jahwes Erlösungsplan, als theologische Botschaft: Die menschliche Welt, von Gott durch den Sündenfall entfremdet, ist noch immer Ziel seiner Liebe und Gnade. Das AT erzählt die Geschichte von der Ausführung dieser Gnade durch einen auserwählten Mann – Abraham, der Vater einer auserwählten Nation (Israel) wurde, eines Königreichs von Priestern. Aufgabe dieses Volks war es, in mikrokosmischer Form zu zeigen, was es hieß, das erlöste Volk Gottes und der Mittler seiner rettenden Offenbarung für die Welt zu sein.

Das Volk Israel versagte zur Zeit des ATs kläglich. Ein heiliger Rest bestand allerdings weiter und legt bis heute Zeugnis von der bleibenden Bundestreue des Herrn ab. Das Königtum der Priester ist damit kein Relikt aus alten Tagen an fernen Orten, sondern beweist der Welt noch heute, dass der König der Könige und Herr der Herren gnädige Ziele für die Menschen hat.

# Anhang

*Tabelle 1*

Die Daten der Bronzezeit

| | |
|---|---|
| Frühe Bronzezeit (FB) | 3000-2000 |
| Frühe Bronzezeit I | 3000-2800 |
| Frühe Bronzezeit II | 2800-2500 |
| Frühe Bronzezeit III | 2500-2200 |
| Frühe Bronzezeit IV | 2200-2000 |
| Mittlere Bronzezeit (MB) | 2000-1550 |
| Mittlere Bronzezeit I | 2000-1900 |
| Mittlere Bronzezeit II | 1900-1550 |
| Späte Bronzezeit (SpB) | 1550-1200 |
| Späte Bronzezeit I | 1550-1400 |
| Späte Bronzezeit II | 1400-1200 |

*Tabelle 2*

Die Daten der Patriarchen

| | |
|---|---|
| Geburt des Terach | 2296 |
| Geburt des Abram | 2166 |
| Abram verlässt Haran | 2091 |
| Geburt des Ismael | 2080 |
| Bestätigung des Bundes | 2067 |
| Vernichtung von Sodom und Gomorra | 2067 |
| Geburt des Isaak | 2066 |
| Tod der Sara | 2029 |
| Hochzeit des Isaak | 2026 |
| Geburt von Jakob und Esau | 2006 |

| | |
|---|---|
| Tod des Abraham | 1991 |
| Hochzeit des Esau | 1966 |
| Tod des Ismael | 1943 |
| Jakobs Reise nach Haran | 1930 |
| Hochzeiten des Jakob | 1923 |
| Geburt des Juda | 1919 |
| Ende der 14-jährigen Arbeit des Jakob für seine Frauen | 1916 |
| Geburt des Josef | 1916 |
| Jakob trennt sich von Laban | 1910 |
| Jakobs Ankunft in Sichem | 1910 |
| Vergewaltigung der Dina | 1902 |
| Hochzeit des Juda | 1900 |
| Verkauf des Josef an die Midianiter | 1899 |
| Josef im Gefängnis | 1889 |
| Josefs Befreiung aus dem Gefängnis | 1886 |
| Tod des Isaak | 1886 |
| Anfang der siebenjährigen Hungersnot | 1879 |
| Erster Besuch der Brüder in Ägypten | 1878 |
| Zweiter Besuch der Brüder in Ägypten | 1877 |
| Jakobs Umzug nach Ägypten | 1876 |
| Tod des Jakob | 1859 |
| Tod des Josef | 1806 |

*Tabelle 3*

Die zwölfte ägyptische Dynastie

| | |
|---|---|
| Amenemhat I. | 1991-1962 |
| Sesostris I. | 1971-1928 |
| Amenemhat II. | 1929-1895 |
| Sesostris II. | 1897-1878 |
| Sesostris III. | 1878-1843 |
| Amenemhat III. | 1842-1797 |
| Amenemhat IV. | 1798-1790 |
| Sebekneferu | 1789-1786 |

*Tabelle 4*

## Die achtzehnte und neunzehnte ägyptische Dynastie

*Die achtzehnte Dynastie*

| | |
|---|---|
| Ahmose | 1570-1546 |
| Amenophis I. | 1546-1526 |
| Thutmosis I. | 1526-1512 |
| Thutmosis II. | 1512-1504 |
| Hatschepsut | 1503-1483 |
| Thutmosis III. | 1504-1450 |
| Amenophis II. | 1450-1425 |
| Thutmosis IV. | 1425-1417 |
| Amenophis III. | 1417-1379 |
| Amenophis IV. / Echnaton | 1379-1362 |
| Semenchkare | 1364-1361 |
| Tutanchamun | 1361-1352 |
| Aja | 1352-1348 |
| Haremhab | 1348-1320 |

*Die neunzehnte Dynastie*

| | |
|---|---|
| Ramses I. | 1320-1318 |
| Sethos I. | 1318-1304 |
| Ramses II. | 1304-1236 |
| Merenptah | 1236-1223 |

Die Reihenfolge und die Regierungszeiten der Herrscher Amenmesses, Sethos II. und Merenptah-Siptah, die auch noch zur 19. Dynastie gezählt werden, sind vollkommen unsicher.

*Tabelle 5*

## Das Leben Davids

| | |
|---|---|
| Geburt Davids | 1041 |
| Salbung Davids durch Samuel | ca. 1029 |
| Davids Exil | ca. 1020-1011 |
| Salbung Davids zum König über Juda | 1011 |
| Salbung Davids zum König über ganz Israel und Einnahme Jerusalems | 1004 |
| Große Hungersnot | ca. 996-993 |
| Ammonitische Kriege | ca. 993-990 |
| Ehebruch mit Batseba | ca. 992 |
| Geburt Salomos | ca. 991 |
| Vergewaltigung Tamars | ca. 987 |
| Tod Amnons | ca. 985 |
| Exil Absaloms | ca. 985-982 |
| Bau des David-Palastes | ca. 979 |
| Bau der davidischen Stiftshütte und Umzug der Bundeslade | ca. 977 |
| Rebellion Absaloms und Exil Davids | ca. 976 |
| Die Volkszählung | ca. 975 |
| Ko-Regentschaft Salomos mit David | ca. 973-971 |
| Krönung Salomos und Tod Davids | ca. 971 |

*Tabelle 6*

## Die Könige des geteilten Reiches

| *Israel* | | *Juda* | |
|---|---|---|---|
| Jerobeam | 931-910 | Rehabeam | 931-913 |
| Nadab | 910-909 | Abija | 913-911 |
| Bascha | 909-886 | Asa | 911-870 |
| Ela | 886-885 | | |
| Simri | 885 | | |
| Omri | 885-874 | | |
| Ahab | 874-853 | Joschafat | 873-848 |
| Ahasja | 853-852 | | |
| Joram | 852-841 | Joram | 848-841 |
| Jehu | 841-814 | Ahasja | 841 |
| | | Atalja | 841-835 |
| Joahas | 814-798 | Joasch | 835-796 |
| Joasch | 798-782 | Amazja | 796-767 |
| Jerobeam II. | 793-753 | Usija (Asarja) | 792-740 |
| Sacharja | 753 | | |
| Schallum | 752 | | |
| Menahem | 752-742 | Jotam | 750-731 |
| Pekachja | 742-740 | | |
| Pekach | 752-732 | Ahas | 735-715 |
| Hoschea | 732-722 | Hiskia | 729-686 |
| | | Manasse | 696-642 |
| | | Amon | 642-640 |
| | | Josia | 640-609 |
| | | Joahas | 609 |
| | | Jojakim | 608-598 |
| | | Jojachin (Jechonja) | 598-597 |
| | | Zedekia | 597-586 |

*Tabelle 7*

Die neo-assyrischen Könige

| | |
|---|---|
| Adad-nirari II. | 911-891 |
| Tukulti-Ninurta II. | 890-884 |
| Aššur-nasirpal II. | 883-859 |
| Salmanasser III. | 858-824 |
| Schamschi-Adad V. | 823-811 |
| Adad-nirari III. | 810-783 |
| Salmanasser IV. | 782-773 |
| Aššur-dan III. | 772-755 |
| Aššur-nirari V. | 754-745 |
| Tiglat-pileser III. | 745-727 |
| Salmanasser V. | 727-722 |
| Sargon II. | 722-705 |
| Sanherib | 705-681 |
| Asarhaddon | 681-669 |
| Assurbanipal | 668-627 |
| Aššur-eṭil-ilāni | 627-623 |
| Sin-šum-lišir | 623 |
| Sin-šar-iškun | 623-612 |
| Aššur-uballiṭ II. | 612-609 |

*Tabelle 8*

Die neubabylonischen Könige

| | |
|---|---|
| Nabopolassar | 626-605 |
| Nebukadnezar II. | 605-562 |
| Evil-Merodach | 562-560 |
| Neriglissar | 560-556 |
| Labaši-Marduk | 556 |
| Nabonidus | 555-539 |

*Tabelle 9*

Die persischen Könige

| | |
|---|---|
| Kyrus II. | 559-530 |
| Kambyses II. | 530-522 |
| Gaumata | 522 |
| Darius Hystaspes | 522-486 |
| Xerxes (Ahasveros) | 486-465 |
| Artaxerxes I. (Artahsasta) | 464-424 |
| Darius II. | 423-404 |
| Artaxerxes II. | 404-358 |

# BIBLIOGRAPHIE

Diese Bibliographie enthält nur eine Auswahl von Büchern zur Historiographie, Geschichte und Zivilisation des aVOs und des alten Israel.

## Der alte Vordere Orient


Albrektson, B., *History and the Gods: An Essay on the Idea of Historical Events as Divine Manifestations in the Ancient Near East and in Israel.* Coniectanea Biblica, Old Testament Series 1. Lund: Gleerup, 1967.

Bottéro, J., et al., Hrsg., *The Near East: The Early Civilisations.* New York: Delacorte; London: Weidenfeld and Nicholson, 1967.

Burney, Ch. A., *The Ancient Near East.* Ithaca, N.Y.: Cornell University Press, 1977.

*Cambridge Ancient History.* Bd I-II, 3. Aufl., I. E. S. Edwards et al., Hrsg.; Bd III-IV, 2. Aufl., J. Boardman et al., Hrsg., Cambridge: Cambridge University Press, 1970-1988.

*Cambridge History of Judaism.* Bd I, W. D. Davies und L. Finkelstein, Hrsg., Cambridge: Cambridge University Press, 1984.

Cancik, H., *Grundzüge der Hethitischen und Alttestamentlichen Geschichtsschreibung.* Abhandlungen des Deutschen Palästinavereins, Wiesbaden, 1976.

Ders., *Mythische und historische Wahrheit. Interpretationen der hethitischen, biblischen und griechischen Historiographie.* Stuttgart: Katholisches Bibelwerk, 1970.

Childe, V. G., *New Light on the Most Ancient East.* New York: Norton, 1969.

Dentan, R. C., Hrsg., *The Idea of History in the Ancient Near East.* American Oriental Series 38. New Haven: Yale University Press, 1955.

Ders. und W. Röllig, Hrsg., *Kanaanäische und Aramäische Inschriften I-III.* 3. Aufl., Wiesbaden: Harrassowitz, 1971-1976.

Finegan, J., *Archaeological History in the Ancient Middle East.* Boulder, Col.: Westview, 1979.

*Fischer Weltgeschichte.* Bd II-IV, E. Cassin et al., Hrsg., Bd V, H. Bengtson, Hrsg., Frankfurt am Main: Fischer Taschenbuch, 1965-1967.

Frankfort, H., *The Birth of Civilization in the Near East.* Bloomington, Ind.: Indiana University Press; Garden City, N.Y.: Doubleday, 1950.

Hallo, W. W. und W. K. Simpson, *The Ancient Near East.* New York: Harcourt Brace Jovanovich, 1971.

Hawkes, J., *The First Great Civilizations.* New York: Knopf, 1973; Harmondsworth: Penguin, 1977.

Helck, W., *Die Beziehungen Ägyptens und Vorderasiens zur Ägäis bis ins 7. Jahrhundert v. Chr.* Darmstadt: Wissenschaftliche Buchgesellschaft, 1979.

Hoerth, A. J., et al., Hrsg., *Peoples of the Old Testament.* Grand Rapids: Baker Books, 1994.

Jepsen, A. und K.-D. Schunk, Hrsg., *Von Sinuhe bis Nebukadnezar: Dokumente aus der Umwelt des Alten Testaments.* 4. überarbeitete Aufl., Berlin: Evangelische Verlagsanstalt, 1988.

Kaiser, O., et al., Hrsg., *Texte aus der Umwelt des Alten Testamentes.* Gütersloh: Gerd Mohn, 1982-1997.

Klengel, H., et al., Hrsg., *Kulturgeschichte des alten Vorderasien.* Veröffentlichungen des Zentralinstituts für Alte Geschichte und Archäologie der Akademie der Wissenschaften der DDR. Bd XVIII, Berlin: Akademie, 1989.

Kupper, J.-R., *Les nomades en Mésopotamie au temps des rois de Mari.* Paris: Société d'édition »Les Belles Lettres«, 1957.

Mellaart, J., *Earliest Civilizations of the Near East.* New York: McGraw-Hill, 1965.

Meyers, E. M., Hrsg., *The Oxford Encyclopedia of Archaeology in the Near East.* Bd I-V, New York und Oxford: Oxford University Press, 1997.

Millard, A. R., et al., Hrsg., *Faith, Tradition and History: Old Testament Historiography in Its Near Eastern Context.* Winona Lake, Ind.: Eisenbrauns, 1994.

Moscati, S., *Die Altsemitischen Kulturen.* Stuttgart: Kohlhammer, 1961.

Nissen, H. J., *Grundzüge einer Geschichte der Frühzeit des Vorderen Orients.* 2. Aufl., Darmstadt: Wissenschaftliche Buchgesellschaft, 1990.

Nissen, H. J. und J. Renger, *Mesopotamien und seine Nachbarn, Politische und Kulturelle Wechselbeziehungen im Alten Vorderasien vom 4. bis 1. Jahrtausend v. Chr.* 2. verbesserte Aufl., Berliner Beiträge zum Vorderen Orient, Bd I, Berlin: Dietrich Reimer, 1987.

Pritchard, J. B., Hrsg., *Ancient Near Eastern Texts Relating to the Old Testament.* 3. Aufl. mit Supplement, Princeton: Princeton University Press, 1969.

Röllig, W., Hrsg., *Altorientalische Literaturen.* Neues Handbuch der Literaturwissenschaft, Bd I, Wiesbaden: Akademische Verlagsgesellschaft Athenaion, 1978.

Sasson, J. M., et al., Hrsg., *Civilizations of the Ancient Near East.* Bd I-IV, New York: Mac Millan, 1995.

Schmökel, H., Hrsg., *Kulturgeschichte des Alten Orient: Mesopotamien, Hethiterreich, Syrien-Palästina, Urartu.* Augsburg: Weltbild, 1995. ND der Ausgabe aus dem Alfred Körner Verlag, Stuttgart.

Soden, W., von *Einführung in die Altorientalistik.* Darmstadt: Wissenschaftliche Buchgesellschaft, 1985.

Van Seters, J., *In Search of History.* New Haven: Yale University Press, 1983.

Wiseman, D. J., *Peoples of Old Testament Times.* Oxford: Clarendon, 1973.

## Israel

Ackroyd, P. R., *Israel Under Babylon and Persia.* London, Oxford: University Press, 1970.

Ahlström, G. W., *The History of Ancient Palestine from the Palaeolithic Period to Alexander's Conquest.* With a Contribution by G. O. Rollefson, edited by D. Edelman, Journal for the Study of

the Old Testament Supplement Series 146, Sheffield: Sheffield Academic Press, 1993.
Albright, W. F., *Von der Steinzeit zum Christentum.* Bern: A. Francke, 1949.
Alt, A., *Zur Geschichte des Volkes Israel.* Eine Auswahl aus den ›Kleinen Schriften‹, S. Herrmann, Hrsg., 2. Aufl., München: C. H. Beck'sche Verlagsbuchhandlung, 1979.
Beek, M., *Geschichte Israels: Von Abraham bis Bar Kochba.* 5. Aufl., Stuttgart: Kohlhammer, 1983.
Ben-Sasson, H. H., Hrsg., *Geschichte des Volkes Israel: Von den Anfängen bis zur Gegenwart.* 3. Aufl., München: C. H. Beck'sche Verlagsbuchhandlung, 1994.
Beyerlin, W., Hrsg., *Religionsgeschichtliches Textbuch zum Alten Testament.* 2. Aufl., 1985, ATD Ergänzungsreihe, Bd I, Göttingen: Vandenhoeck & Ruprecht, 1985.
Bright, J., *Altisrael in der neueren Geschichtsschreibung.* Abhandlungen zur Theologie des Alten und Neuen Testaments 40, Zürich und Stuttgart: Zwingli, 1961.
Ders., *Geschichte Israels: Von den Anfängen bis zur Schwelle des Neuen Bundes.* Vorwort von G. Johannes Botterweck, 1. Aufl., Düsseldorf: Patmos, 1966.
Ders., *A History of Israel.* 3. rev. Aufl., Philadelphia: Westminster Press, 1981. Eine 4. Aufl. wird von einem Autorenkolleg bearbeitet.
Castel, F., *The History of Israel and Judah.* New York: Paulist Press, 1985.
Clauss, M., *Geschichte Israels bis zur Zerstörung Jerusalems (587 v. Chr.).* München: C. H. Beck, 1986.
Donner, H., *Einführung in die biblische Landes- und Altertumskunde.* 2. Aufl., Darmstadt: Wissenschaftliche Buchgesellschaft, 1988.
Ders., *Geschichte des Volkes Israel und seiner Nachbarn in Grundzügen 1 und 2.* ATD Ergänzungsreihe 4/1 und 4/2, Göttingen: Vandenhoeck & Ruprecht, 1984 und 1986.
Fohrer, G., *Geschichte Israels: Von den Anfängen bis zur Gegenwart.* 3. Aufl., Heidelberg: Quelle und Meyer, 1982.
Fritz, V., *Einführung in die biblische Archäologie.* Darmstadt: Wissenschaftliche Buchgesellschaft, 1985.

Ders., *Die Entstehung Israels im 12. und 11. Jahrhundert v. Chr.* Biblische Enzyklopädie, Bd II, Stuttgart, Berlin, Köln: W. Kohlhammer, 1996.

Galling, K., *Studien zur Geschichte Israels im Persischen Zeitalter.* Tübingen: J. C. B. Mohr, 1964.

Ders., Hrsg., *Textbuch zur Geschichte Israels.* 3. Aufl., Tübingen: J. C. B. Mohr, 1979.

Gottwald, N., *The Tribes of Yahweh.* Maryknoll, N.Y.: Orbis, 1979.

Grant, M., *The History of Ancient Israel.* New York: Scribner, 1984.

Greenberg, M., *The Hab/piru.* New Haven: American Oriental Society, 1955.

Gunneweg, A. H. J., *Geschichte Israels bis Bar Kochba.* 6. Aufl., Stuttgart: Kohlhammer, 1989.

Hayes, J. H. und J. M. Miller, Hrsg., *Israelite and Judean History.* Philadelphia: Westminster, 1977.

Herrmann, S., *Geschichte Israels in alttestamentlicher Zeit.* 2. Aufl., München: Chr. Kaiser, 1980.

Jagersma, H., *Israels Geschichte zu alttestamentlicher Zeit.* Konstanz: Christliche Verlagsanstalt, 1982.

Kenyon, K. M., *Archäologie im Heiligen Land.* Neukirchen-Vluyn: Verlag des Erziehungsvereins, 1967.

Kitchen, K. A., *Alter Orient und Altes Testament.* Wuppertal: R. Brockhaus, 1965.

Ders., *The Bible in Its World: The Bible and Archaeology Today.* Exeter: Paternoster, 1977.

Kittel, R., *Geschichte des Volkes Israel.* Bd I-II, 5. Aufl., Gotha: Friedrich Andreas Perthes A.-G., 1922.

Lemche, N. P., *Early Israel: Anthropological and Historical Studies on the Israelite Society Before the Monarchy.* Supplements to Vetus Testamentum, Bd XXXVII, Leiden: E. J. Brill, 1985.

Ders., *Die Vorgeschichte Israels: Von den Anfängen bis zum Ausgang des 13. Jahrhunderts v. Chr.* Biblische Enzyklopädie, Bd I, Stuttgart, Berlin, Köln: W. Kohlhammer, 1996.

Long, V. Ph., *Israel's Past in Present Research.* Essays on Ancient Israelite Historiography, Winona Lake: Eisenbrauns, 1999.

Mayes, A. D., *Israel in the Period of the Judges.* Naperville, Ill.: Alec R. Allenson, 1974.

Mendenhall, G. E., *Recht und Bund in Israel und dem Alten Vorderen Orient.* Theologische Studien Heft 64, Zürich: EVZ, 1960.

Metzger, T. M., *Grundlagen der Geschichte Israels.* 5. Aufl., Neukirchen-Vluyn: Verlag des Erziehungsvereins, 1985.

Miller, J. M. und J. H. Hayes, *A History of Ancient Israel and Judah.* Philadelphia: Westminster, 1986.

Noth, M., *Geschichte Israels.* 2. Aufl., Göttingen: Vandenhoeck & Ruprecht, 1954.

Ders., *Überlieferungsgeschichtliche Studien: Die sammelnden und bearbeitenden Geschichtswerke im Alten Testament.* 3. Aufl., Darmstadt: Wissenschaftliche Buchgesellschaft, 1967.

Orlinsky, H. M., *Ancient Israel.* 2. Aufl., Ithaca, N.Y.: Cornell University Press, 1960.

Renz, J. und W. Röllig, Hrsg., *Handbuch der Althebräischen Epigraphik.* Bd I-III, Darmstadt: Wissenschaftliche Buchgesellschaft, 1995.

Stern, E., et al., Hrsg., *The New Encyclopedia of Archaeological Excavations in the Holy Land.* Bd I-IV, Jerusalem: The Israel Exploration Society & Carta; New York, London: Simon & Schuster, 1993.

Smelik, K. A. D., *Historische Dokumente aus dem alten Israel.* Göttingen: Vandenhoeck & Ruprecht, 1985.

Soggin, J. A., *Einführung in die Geschichte Israels und Judas: Von den Ursprüngen bis zum Aufstand Bar Kochbas.* Darmstadt: Wissenschaftliche Buchgesellschaft, 1991.

Thomas, D. W., Hrsg., *Archaeology and Old Testament Study.* Jubilee Volume of the Society for Old Testament Study 1917-1967, Oxford: Clarendon, 1967.

Thompson, Th. L., *Early History of the Israelite People from the Written and Archaeological Sources.* Studies in the History of the Ancient Near East, Bd IV, Leiden, New York, Köln: Brill, 1992.

Vaux, de, R., *The Early History of Israel.* Bd I: From the Beginnings to the Exodus and Covenant of Sinai; Bd II: From the Entry into

Canaan to the Period of the Judges, London: Darton, Longman & Todd, 1978.
Wood, L. J., *A Survey of Israel's History*. Grand Rapids: Zondervan, 1970.

# STICHWORTVERZEICHNIS

# BIBELSTELLENVERZEICHNIS